Arbeitsschutz von A-Z

Inhaltsverzeichnis

A

Inhaltsverzeichnis	3
Abbrucharbeiten	9
Absentismus	12
Absturzsicherung	12
Akkreditierung	16
Alarmplan	16
Alkoholmissbrauch	18
Alleinarbeit	22
Alternative Betreuung	24
Altmaschinen	27
Altstoffe	28
AMS-Beauftragter	28
AMS-Konzepte	30
Anlegeleitern	33
Anschlagmittel	38
Arbeiten in Behältern	41
Arbeiten unter Spannung	43
Arbeitnehmerüberlassung	44
Arbeitsmedizin	46
Arbeitsmedizinische Vorsorge	47
Arbeitsmittel	51
Arbeitsplatzgrenzwert (AGW)	52
Arbeitsschutzausschuss	53
Arbeitsschutzmanagement	55
Arbeitsschutz-Managementsysteme	57
Arbeitsschutzorganisation	61
Arbeitsstätte	63
Arbeitsunfall	64
Arbeitszeit	68
Atemschutz	72
Audit	77
Augen- und Gesichtsschutz	80
Aushangpflichten	85
Auslandseinsätze	87
Auslösewerte	91
Barrierefreiheit	92
Batterieladestationen	96
Bauarbeiten	101
Baustellen	103
Baustelleneinrichtung	105
Befähigte Person	108
Beinaheunfall	111
Beleuchtung	113
Berufsgenossenschaften	121
Berufskrankheit	123

Betreuungsumfang	124
Betriebliche Gesundheitsförderung	128
Betriebliches Eingliederungsmanagement	131
Betriebliches Gesundheitsmanagement	136
Betriebsanweisung	141
Betriebsarzt	143
Betriebsklima	145
Betriebsrat	149
Betriebssanitäter	151
Betriebssicherheitsmanagement	152
Bildschirmarbeitsplatz	156
Bildschirmbrille	161
Biologische Arbeitsstoffe	164
Biologischer Grenzwert (BGW)	168
Biomonitoring	169
Brandschutz	171
Brandschutzbeauftragter	173
Brandschutzhelfer	176
Brandschutzordnung	177
Brandschutzübung	180
Brennbare Flüssigkeiten	182
Burn-out-Syndrom	185
CE-Kennzeichnung	188
Chemikalienschutzhandschuhe	189
Compliance	195
Dampfkessel	196
Defibrillator	198
Demografischer Wandel	200
Drogenmissbrauch	204
Druckbehälter	208
Eigenschutz	210
Einstufung	212
Elektrische Anlagen und Betriebsmittel	214
Elektrofachkraft	216
Elektroprüfung	218
Elektrosmog	223
Elektrotechnisch unterwiesene Person	227
Emissionsschutz	229
Ergonomie	230
Ersatzstoffe	234
Erste Hilfe	238
Ersthelfer	240
Erzeugnis	243
Explosionsfähige Atmosphäre	243
Explosionsschutz	244
Explosionsschutzdokument	248
Explosionsschutzmaßnahmen	249
Explosionstechnische Kenngrößen	251
Exposition	256
Fachkraft für Arbeitssicherheit	258
Fahrgerüste	261

Inhaltsverzeichnis

Fahrlässigkeit	266
Fahrzeuge	267
Feuchtarbeiten	270
Feuerlöschgeräte	272
Flucht- und Rettungswege	275
Flurförderzeuge	277
Flüssigkeitsstrahler	280
Fremdfirmen	283
Führungskräfte	285
Fußschutz	286
Gase	292
Gasflaschen	295
Gefährdungsbeurteilung	299
Gefahrenhinweise	301
Gefahrenpiktogramme, Gefahrensymbole	304
Gefahrgutklassen	305
Gefahrguttransport	311
Gefährliche Abfälle	313
Gefahrstoffe	317
Gehörschutz	319
Gemische	325
Gerüste	325
Gesunde Führung	328
Glastüren, Glaswände, Verglasungen	332
Globally Harmonised System (GHS)	337
Grenzwerte	339
GS-Zeichen	341
Haftung	343
Hand- und Armschutz	345
Hautschutz	355
Hebebühnen	360
Herstellungs- und Verwendungsverbote	362
Hitze- und Lichtschutz	362
Hitzearbeit	368
Hochgelegene Arbeitsplätze	370
Hochziehbare Personenaufnahmemittel	372
Home Office	374
Hubgeräte	379
Hygiene	382
Hygienemanagement	385
Immissionsschutz	386
Infektionsschutz	387
Instandhaltung	391
Inverkehrbringen	394
Ionisierende Strahlung	394
Jugendarbeitsschutz	397
Kältearbeit	401
Kennzahlen	402
KMR-Stoffe	405
Konformitätserklärung	407
Kontamination	409

Kontinuierlicher Verbesserungsprozess (KVP)	412
Koordinator	414
Kopfschutz	417
Küchen	423
Kühlschmierstoffe	425
Künstliche Mineralfasern	431
Laboratorien	433
Ladebrücken	438
Laderampen	442
Ladungssicherung	448
Lager, Lagereinrichtungen	450
Lärm	453
Laser	456
Leitern	458
Löschwasser-Rückhaltung	461
Managementhandbuch	469
Managementsystem	473
Manuelle Lastenhandhabung	476
Maschinen	482
Mechanische Leitern	484
Medikamente	486
Mehrzweckleitern	490
Mobbing	494
Mutterschutz	498
Nachgeschaltete Anwender	500
Nachhaltigkeitsmanagement	500
No-Longer Polymer Liste	505
Non-Phase-in-Stoffe	505
Notausgänge, Notausstiege	505
Notfall	506
Notruf (Erste Hilfe)	507
OHSAS 18001	509
Optische Strahlung	511
Ortsgebundene Leitern	514
Pausenräume, Bereitschaftsräume, Liegeräume	518
Pausenregelungen	522
PDCA-Prinzip/-Zyklus	526
Personen-Notsignalanlagen	526
Persönliche Schutzausrüstung (PSA)	530
Pflichtenübertragung	534
Phase-in-Stoffe	536
Präsentismus	537
Prävention	537
Pressen	540
Prozesse	541
Prüfungen	546
PSA gegen Absturz	548
PSA gegen Ertrinken	557
Psychische Belastung	561
Rampen	565
Rauchen	566

Inhaltsverzeichnis

Raumabmessungen	571
Raumakustik	572
Raumklima	576
REACH	581
Reinigungsarbeiten	583
Repetitive Strain Injury (RSI)	588
Rettungskette	590
Risikowerte	591
Rohrleitungen	591
R-Sätze	593
Sammelstellen	597
Sanitätsraum	599
Schichtarbeit	602
Schleifmaschinen	605
Schutzeinrichtungen	609
Schweißen und Schneiden	612
Schutzkleidung	615
Selbstentzündliche Stoffe	621
Sensibilisierende Stoffe	622
Sicherheits- und Gesundheitsschutzkennzeichnung	623
Sicherheits- und Gesundheitsschutzplan	629
Sicherheitsbeauftragter	632
Sicherheitsbeleuchtung	634
Sicherheits-Certifcat-Contraktoren (SCC)	635
Sicherheitsdatenblatt	639
Sicherheitshinweise	643
Sicherheitsmanagementsystem	647
Sicherheitsnotduschen	650
Sicherheitsregeln für Arbeiten an elektrischen Anlagen	653
Sicherheitsschränke	658
Signalwörter	661
Sitz-Steh-Dynamik	661
Sonderbauten	666
S-Sätze	670
Stand der Technik	673
Stäube	677
Staubexplosion	680
Stech- und Schnittschutz	681
Steharbeitsplätze	683
Stehleitern	684
Steigbolzen, Steigbolzengänge	689
Steigeisengänge	690
Stetigförderer	691
Stoffsicherheitsbericht	692
Stolpern und Stürzen	693
Strahlenschutz	695
Strahlenschutzbeauftragter	698
Strahlenschutzbereiche	699
Strahlenschutzverantwortlicher	701
Stress	702
Tageslicht	706

Tankstellen	708
Toner	710
Treppen	713
Tritte	717
Türen und Tore	717
Überwachungsbedürftige Anlagen	724
Umkleideräume	725
Umweltmanagement	726
Unfallanzeige	730
Unfallstatistik	732
Unfallversicherung	734
Unterkünfte	740
Unterlassene Hilfeleistung	743
Unterweisung	744
Veranstaltungen	747
Verantwortung	749
Verbandbuch	750
Verbandkasten	751
Verfahrens- und stoffspezifische Kriterien (VSK)	755
Verkehrssicherheit	755
Verkehrswege	759
Verkettete Anlagen	760
Versicherungspflicht (Unfallversicherung)	761
Vibrationen	764
Vorankündigung	766
Vorsorgekartei	767
Wegeunfall	770
Werkzeugmaschinen	775
Wertschätzung	777
Winden	781
Zeit- und Zielmanagement	783
Zoneneinteilung	789
Zugelassene Überwachungsstellen	791
Zuggeräte	792
Zündquellen	794
Zusammenlagerung (Gefahrstoffe)	797
Zweihandschaltungen	799
Zwischenprodukte	800

Abbrucharbeiten

Abbrucharbeiten sind Arbeiten zur Beseitigung von baulichen Anlagen, einschließlich der dafür notwendigen vorbereitenden und abschließenden Arbeiten. Zu den vorbereitenden und abschließenden Arbeiten zählen Tätigkeiten zur Baustelleneinrichtung und -räumung (Aufstellung/Abbau von Großgeräten, Bauwagen und Containern, Verkehrsflächen und Transportwegen, Lagerflächen, Medienversorgung, Baustellensicherung, Arbeits- und Schutzgerüste, Abfallentsorgung).

Gesetze, Vorschriften und Rechtsprechung

Wesentliche Arbeitsschutzvorgaben für Abbrucharbeiten enthalten neben dem allgemein geltenden Recht (ArbSchG, BGV A1) folgende Vorschriften und Regeln:

- Gefahrstoffverordnung (GefStoffV)
- TRGS 519 «Asbest: Abbruch-, Sanierungs- oder Instandhaltungsarbeiten»
- TRGS 521 «Abbruch-, Sanierungs- und Instandhaltungsarbeiten mit alter Mineralwolle»
- BGV C22 «Bauarbeiten» inkl. Durchführungsanweisungen
- BGI 665 «Abbrucharbeiten»

Weitere Rechtsgrundlagen mit Vorgaben für Abbrucharbeiten sind:

- Bundes-Immissionsschutzgesetz (BImschG)
- Kreislaufwirtschafts- und Abfallgesetz (Krw-/AbfG)
- Musterbauordnung bzw. die Bauordnungen der Länder und ergänzende Verwaltungsvorschriften
- ATV DIN 18459 VOB Vergabe- und Vertragsordnung für Bauleistungen – Teil C: Allgemeine Technische Vertragsbedingungen für Bauleistungen (ATV) – Abbruch- und Rückbauarbeiten

1 Gefährdungen

Abbrucharbeiten bergen ein hohes Gefährdungspotenzial. Das äußert sich u. a. durch folgende Unfallgefährdungen:

- Absturz von hochgelegenen Arbeitsplätzen und Verkehrswegen,
- Erschlagenwerden von ein- oder umstürzenden Bauteilen,
- Überrollt- oder Gequetschtwerden von Baumaschinen oder -fahrzeugen,
- Getroffenwerden von herabfallenden Teilen,
- → Stürzen, Stolpern, Ausrutschen.

Darüber hinaus sind Gefährdungen und -belastungen für die Beschäftigten möglich, wie z. B.:

- → *Gefahrstoffe* (Einatmen gefährlicher Stoffe, z. B. Quarzstaub, alte → *künstliche Mineralfasern* oder Asbest),
- → *Lärm*,
- → *Vibrationen* (Hand-Arm-, Ganzkörpervibrationen).

2 Vorbereitung von Abbrucharbeiten

2.1 Abbruchplanung des Bauherrn

Der Bauherr als Träger des Bausubstanzrisikos und der Planungsverantwortung veranlasst grundsätzlich eine Bestandsaufnahme und ggf. erforderliche weitere Bausubstanzuntersuchungen. Damit erhält man Kenntnis über die relevanten arbeitsschutz- und abfallrechtlichen Problemstoffe der baulichen Anlage. Das Vergaberecht fordert von den öffentlichen und den meisten privaten Bauherren eine Fortführung der Abbruchplanung bis der Abbruch i. S. von § 9 VOB/A eindeutig und erschöpfend beschrieben ist und eine sichere Preisermittlung für spätere Arbeitgeber möglich wird. Hierzu gehören in der Regel folgende Leistungen:

- Abbruch- und Entsorgungskonzept,
- Mengenermittlung,
- Ausschreibung/Vergabe,
- sonstige Fachplanungen.

Ein Antrag auf Abbruchgenehmigung ist bei genehmigungspflichtigen Abbruchvorhaben bzw. Anzeige bei vereinfachten Genehmigungsverfahren vom Bauherrn bei der Bauaufsichtsbehörde einzureichen.

> **Praxis-Tipp: Verpflichtungen für den Bauherrn**
>
> Unabhängig von den Arbeitsschutzpflichten der späteren Arbeitgeber treffen den Bauherrn im Vorfeld einer Abbruchmaßnahme ggf. weitreichende Erkundungs-, Planungs-, Informations-, Organisations- und Nachweispflichten. Hilfreich dafür sind neben der Beauftragung geeigneter Erfüllungsgehilfen auch rechtzeitige Abstimmungen mit der zuständigen Behörde auch über regionale Besonderheiten!

2.2 Abbruchplanung des Abbruchunternehmers

Auf Basis der Abbruchgenehmigung und der sonstigen maßgeblichen Unterlagen aus der Untersuchung des Abbruchobjektes trifft der Abbruchunternehmer seine Vorbereitungen. Hierzu ist ggf. eine ergänzende Untersuchung des baulichen Zustandes erforderlich. Mit den vorliegenden Informationen wählt der Arbeitgeber die Abbruchtechnologien und -methoden (s. nachfolgende Punkte 2.3 ff.) sowie die dazu notwendigen Hilfsverfahren und -mittel. Darauf aufbauend ist eine schriftliche Abbruchanweisung zu erarbeiten, die vor Aufnahme der Abbrucharbeiten auf der Baustelle vorliegen muss.

> **Wichtig: Abbruchanweisung als Gefährdungsbeurteilung**
>
> Eine Abbruchanweisung kann, korrekte Erarbeitung vorausgesetzt, wesentliche Anforderungen für eine baustellenspezifische → *Gefährdungsbeurteilung* nach ArbSchG erfüllen, da mit ihr durch eine Beurteilung der für die Beschäftigten mit ihrer Arbeit verbundenen Gefährdung dokumentiert wird, welche Maßnahmen des Arbeitsschutzes erforderlich sind.

Der Arbeitgeber benennt für die spätere Ausführung der Abbrucharbeiten einen Aufsichtführenden nach § 9 BGV A1.

3 Abbruchmethoden

Abtragen

Das Abtragen ist das manuelle, schichtenweise Abbrechen von Teilen der baulichen Anlage mit handgeführten mechanischen Arbeitsmitteln (z. B. Meißel, Hammer, Spitzhacke, Brechstange, Handsäge) oder mit handgeführten Elektro-, Druckluft- oder Hydraulikgeräten (z. B. Bohrhammer, Schlagbohrer).

Einreißen, Einziehen

Unter der Methode Einreißen/Einziehen wird das Umziehen von Teilen der baulichen Anlage mithilfe von Seilen, Ketten oder mit dem teleskopierbaren Abbruchstiel mit Abbruchkopf eines Hydraulikbaggers verstanden. Dabei können → *Winden*, Greifzüge, Baufahrzeuge und Erdbaumaschinen als Zugvorrichtung für Zugmittel sein.

Abgreifen

Bei der Methode des Abgreifens werden die Teile der baulichen Anlage mechanisch mittels Greifer (angebracht an einem Abbruchbagger) von oben nach unten abgetragen.

Einschlagen

Unter dem Einschlagen versteht man das Zerstören von Teilen der baulichen Anlage durch stählerne Fallbirnen, Schlagkugeln oder -keile, die an Trägergeräten (meist Seilbagger) hängen.

Dabei kann die Fallbirne im freien Fall in senkrechter Richtung (Fallschlag) oder in waagerechter Richtung (Schwingschlag oder Schwenkschlag) zum Einsatz kommen.

Eindrücken

Mithilfe hydraulisch betriebener Bagger, Frontlader oder Planierraupen werden Teile der baulichen Anlage beim Eindrücken zum Einsturz gebracht. Dabei muss das Arbeitsgerät, z. B. der teleskopierbare Abbruchstiel, den höchsten Punkt des abzubrechenden Teils erreichen können.

Demontieren

Das Demontieren, als Umkehrvorgang der Montage, ist das Auseinandernehmen von Teilen der baulichen Anlage durch Lösen der kraft- bzw. formschlüssigen Verbindungen oder durch Abtrennen und Durchsägen bzw. durch thermische Trennverfahren.

Sprengen

Sprengen ist das Zerstören/Niederlegen von baulichen Anlagen durch die Verwendung von Explosivstoffen.

Mechanisches Trennen

Mechanische Trennverfahren, wie das Kernbohren, Sägen, Schneiden, Fräsen, Schälen dienen dem Zerkleinern oder dem Teilabbruch von Teilen der baulichen Anlage, dem Herstellen von Öffnungen und der Vorbereitung anderer Abbruchmethoden.

Brennschneiden

Das Brennschneiden ist ein thermisches Trennverfahren, bei dem das durch den Schneidbrenner erhitzte Material mit dem Strahl (Sauerstoff-Brenngas-Gemisch) oxidiert und aus der dabei entstandenen Schnittfuge geblasen wird. Als Brenngas wird z. B. Acetylen oder Propan eingesetzt.

Weitere Abbruchmethoden

Weitere Abbruchmethoden sind:
- thermisches Trennen mit Kern- oder Pulverlanzen,
- Sprengen mit expandierenden Gemischen,
- hydraulisches Spalten,
- Hochdruckwasserstrahlschneiden.

4 Durchführung von Abbrucharbeiten

Dem Arbeitgeber obliegt die ordnungsgemäße, den technische Baubestimmungen und den genehmigten Abbruchvorlagen entsprechende Ausführung der Arbeiten. Dazu gehört die ordnungsgemäße Einrichtung der Abbruchbaustelle (z. B. Absperrung und Kennzeichnung der Abbruchbaustelle, → *Fluchtwege*, sanitäre Anlagen, Warnposten, Signalgeräte), aber auch der sichere Betrieb.

Gefahrenbereiche, die durch Abbrucharbeiten entstehen, dürfen nicht betreten werden. Um das zu erreichen, muss der Aufsichtführende für eine Absperrung sorgen und ggf. auch für eine Kennzeichnung mit Warnzeichen oder Warnposten, die erforderlichenfalls mit Signalgeräten ausgerüstet sind. Vorgeschriebene Sicherheitsabstände sind einzuhalten. Bei unvorhergesehenen, gefahrdrohenden Zuständen müssen die Abbrucharbeiten bis zur Klärung des weiteren Vorgehens unterbrochen werden.

Abbrucharbeiten dürfen nur mit sicheren (z. B. Fahrerkabinen mit widerstandsfähigen Schutzdächern und Frontschutz) und geeigneten (z. B. ausreichende Reichhöhe) Baumaschinen ausgeführt werden. Einreißarbeiten dürfen nur unter Beachtung der Vorgaben für die Zugmittel durchgeführt werden (§ 23 BGV C22). Abbrucharbeiten mit handgeführten Arbeitsmitteln sind möglichst zu vermeiden. Bauliche Anlagen und Teile davon dürfen nicht durch Unterhöhlen oder Einschlitzen umgelegt werden. Der kontinuierliche Abtransport des Abbruchmaterials ist zu gewährleisten, um eine Überlastung von Decken und Wänden zu vermeiden und Treppenhäuser, Verkehrs- und Fluchtwege freizuhalten.

5 Abbrucharbeiten in kontaminierten Bereichen

Kann bei einem Abbruchobjekt eine Verunreinigung mit → *Gefahrstoffen* oder → *biologischen Arbeitsstoffen* über eine gesundheitlich unbedenkliche Grundbelastung hinaus nicht ausgeschlossen werden, müssen für die Abbucharbeiten weitergehende Schutzmaßnahmen ergriffen werden. Bekanntes Beispiel hierfür ist die Einrichtung einer Schwarz-Weiß-Anlage.

> **Praxis-Tipp: Sozialräume in kontaminierten Bereichen**
>
> Die Errichtung und Nutzung von Sozialräumen und → *Unterkünften* sind in kontaminierten Bereichen nur zulässig, wenn das Eindringen von gefahrstoffbelasteter Atmosphäre unmöglich ist.

Abdeckungen aus Stahl sind Bleche und Gitter.

Netzkonstruktionen bzw. Stahlgittermatten können zum Unter- bzw. Überspannen eingesetzt werden.

Absentismus

Unentschuldigtes Fernbleiben eines Mitarbeiters von der Arbeit. Die Ursache des Fehlens wird in einer unzureichenden Motivation vermutet. Absentismus ist ein Indikator (Hinweisgeber) für die Qualität der Arbeitsbedingungen bzw. die Arbeitsfähigkeit und Leistungsbereitschaft eines Mitarbeiters.

Albert Ritter

Absturzsicherung

Eine Absturzsicherung ist eine Maßnahme, die das Herabfallen von Personen von höher gelegenen Ebenen auf eine tiefer gelegene Fläche bzw. einen Gegenstand, das Durchbrechen durch eine nicht tragfähige Fläche oder das Hineinfallen bzw. Versinken in flüssigen oder körnigen Stoffen verhindern soll.

Gesetze, Vorschriften und Rechtsprechung

Absturzsicherungen fordern v. a. Anhang 2.1 Arbeitsstättenverordnung (ArbStättV) und in Anhang 2 Nr. 5 Betriebssicherheitsverordnung (BetrSichV).

Im Technischen Regelwerk sind insbesondere ASR A2.1 «Schutz vor Absturz und herabfallenden Gegenständen, Betreten von Gefahrenbereichen» und TRBS 2121«Gefährdung von Personen durch Absturz – Allgemeine Anforderungen» bedeutsam.

Auch im Regelwerk der Unfallversicherungsträger finden sich an vielen Stellen Forderungen nach absturzgesicherten Arbeitsplätzen und Verkehrswegen, z. B. in der BGV C 22 «Bauarbeiten». Als Hilfestellung bei der Umsetzung der Arbeitsschutzpflichten steht die BGI 807 «Sicherheit von Seitenschutz, Randsicherungen und Dachschutzwänden als Absturzsicherungen bei Bauarbeiten» zur Verfügung. Sicherheitstechnische Produktanforderungen an Absturzsicherungen enthalten zudem DIN Normen, wie z. B die DIN EN 13374 «Temporäre Seitenschutzsysteme», die DIN EN 1263 «Schutznetze» oder die DIN EN 795 «Persönliche Absturzschutzausrüstung – Anschlageinrichtungen».

1 Wann sind Absturzsicherungen notwendig?

Unter dem Begriff Absturzsicherung werden Geländer, feste Abschrankungen oder Absperrungen, Brüstungen, Abdeckungen und ähnliche Einrichtungen zusammengefasst. Eine Absturzsicherung ist eine zwangsläufig wirksame, kollektive, technische Schutzmaßnahme, die einen Absturz auch ohne bewusstes Mitwirken der Beschäftigten verhindert. Die damit verbundene

Absturzsicherung

Absturzgefährdung kann gem. Abschn. 4.1 ASR A2.1 und Abschn. 3.3 TRBS 2121 nach folgenden Kriterien bewertet werden:

- Höhenunterschied zwischen Absturzkante und tiefer liegender Fläche oder Gegenstand,
- Abstand zur Absturzkante,
- Beschaffenheit des Standplatzes (Neigungswinkel), der Standfläche (z. B. Rutschhemmung),
- Beschaffenheit der tiefer liegenden Fläche oder des Gegenstandes,
- Art und Dauer der Tätigkeit, körperliche Belastung,
- Arbeitsumgebungsbedingungen, z. B. Sichtverhältnisse, Erkennbarkeit, Vibrationen, gleichgewichtsbeeinflussende Faktoren, Witterungseinflüsse.

Eine Gefährdung durch Absturz liegt bei einer Absturzhöhe von mehr als 1 m vor (Abschn. 4.1 Abs. 4 ASR A2.1). Befinden sich Arbeitsplätze oder Verkehrswege 0,2 m bis 1 m oberhalb einer angrenzenden Fläche, ist im Rahmen der Gefährdungsbeurteilung zu ermitteln, ob und welche Absturzsicherungen erforderlich sind. Bei einer Gefährdung des Hineinfallens oder des Versinkens in Stoffen ist unabhängig von der Absturzhöhe ein Schutz gegen Absturz vorzusehen. Eine weitere Unterscheidung nach Absturzhöhen enthält BGV C 22 «Bauarbeiten». Demnach müssen Absturzsicherungen vorhanden sein:

- unabhängig von der Absturzhöhe an Arbeitsplätzen oder → *Verkehrswegen* an und über Wasser oder anderen festen oder flüssigen Stoffen, in denen man versinken kann;
- bei mehr als 1 m Absturzhöhe, an freiliegenden Treppenläufen und -absätzen, Wandöffnungen oder Bedienungsständen von → *Maschinen* und deren Zugängen;
- bei mehr als 2 m Absturzhöhe an allen übrigen Arbeitsplätzen und Verkehrswegen;
- bei mehr als 3 m Absturzhöhe an Arbeitsplätzen und Verkehrswegen auf Dächern;
- bei mehr als 5 m Absturzhöhe beim Mauern über die Hand und beim Arbeiten an Fenstern.

Praxis-Tipp: Umgang mit den vorgegebenen Absturzhöhen
Der deutsche Gesetzgeber verzichtet im staatlichen Arbeitsschutzrecht verstärkt auf die Angabe konkreter Zahlenwerte. Sie werden schrittweise durch flexible Schutzziele abgelöst. Diese verweisen i. d. R. auf das Ergebnis der betrieblichen → *Gefährdungsbeurteilung*, die damit weiter an Bedeutung gewinnt. Intention des Gesetzgebers ist es, z. B. Absturzgefährdungen nicht nur von der Absturzhöhe abhängig zu machen, sondern auch andere Einflussgrößen zu berücksichtigen.

1 Abdeckung

Die Abdeckung horizontaler Öffnungen (Bodenöffnungen) oder nicht ausreichend tragfähiger Flächen insbesondere an Arbeitsplätzen und Verkehrswegen ist eine Maßnahme zum Schutz vor einem Absturz. Sie ist eine technische, direkt wirkende Schutzmaßnahme, da sie einen Absturz nicht zulässt. Als abdeckbare Dach- oder Deckenbzw. Bodenöffnungen gelten Öffnungen mit einer Kantenlänge von max. 3 m oder einer Fläche von max. 9 m^2. Die zur Abdeckung verwendeten Materialien müssen ausreichend tragfähig und witterungsbeständig sein (Bretter, d ≥ 3,0 cm, Holzbohlen, d ≥ 3,0 cm, Bleche, Stahlplatten, Gitter, Netzkonstruktion, Stahlgittermatten). Die Tragfähigkeit der Abdeckung muss ein Begehen sowie auch ggf. ein Befahren bzw. Überfahren mit Arbeitsgeräten ermöglichen. Abdeckungen müssen gegen Verschieben gesichert sein, damit Öffnungen nicht unbeabsichtigt freigelegt werden können.

2 Absperrung

Eine Absperrung wird i. d. R. in einem Mindestabstand von 2 m zur Absturzkante errichtet, um ein unbewusstes oder unbefugtes Betreten des Gefahrenbereiches zu verhindern. Damit handelt es sich um eine technische, direkt wirkende Maßnahme zum Schutz vor Absturz. Zur Errichtung der Absperrung können verschiedene Materialien wie Holz und Stahl verwendet werden. Die konstruktive Ausbildung erfolgt normalerweise über Geländer, Gurte, Ketten, Seile und Seitenschutzpfosten. Ergänzt wird die Sicherung des Gefahrenbereiches durch eine gut sichtbare Kennzeichnung entsprechend der ASR A1.3 «Sicherheits- und Gesundheitsschutzkennzeichnung» («Zutritt für Unbefugte verboten»). Bei Verkehrswegen ist als Schutzmaßnahme auch ausreichend, wenn die Abgrenzung des Gefahrenbereiches optisch deutlich erkennbar ist.

3 Umwehrung an Absturzkanten

Absturzkanten sind durch Umwehrungen so zu gestalten, dass Beschäftigte nicht abstürzen können. Angewendet werden können:

- Brüstung,
- Geländer,
- Schutzgitterelemente, geschlossene Bohlwände oder 3-teiliger Seitenschutz mit Schutznetzen.

Umwehrungen sind eine technische, direkt wirkende Maßnahme zur Absturzsicherung, d. h. sie lassen einen Absturz nicht zu. Umwehrungen sollen das Abstützen einer Person gewährleisten, die sich an ihnen anlehnt oder ihr Halt bieten, wenn sich eine Person beim Laufen an der Umwehrung mit den Händen festhält. Außerdem soll die Umwehrung eine Person abwehren, die gegen den Seitenschutz läuft oder fällt. Die Umwehrungen müssen mind. 1 m hoch sein. Beträgt die Absturzhöhe mehr als 12 m, muss die Höhe der Umwehrung mindestens 1 m betragen. Brüstungen sind geschlossene, i. d. R. massiv ausgeführte Absturzsicherungen. Sie verhindern darüber hinaus auch ein Hindurchrutschen. Daher dürfen zwischen Boden und Oberkante keine horizontalen Bauteile vorhanden sein, die beim Versuch zu klettern als Auftritt verwendet werden können. Die Höhe der Umwehrungen darf bei Brüstungen bis auf 0,80 m verringert werden, wenn die Tiefe der Umwehrung mindestens 0,20 m beträgt und durch die Tiefe der Brüstung ein gleichwertiger Schutz gegen Absturz gegeben ist. Werden Geländer als Umwehrung verwendet können nach arbeitsschutzfachlichen Gesichtspunkten 3 verschiedene Arten unterschieden werden:

- Geländer mit geschlossener Füllung
- Geländer mit senkrechten Stäben (Füllstabgeländer (**Abb. 1**); max. lichter Abstand der Füllstäbe: 0,18 m, bei baulichen Anlagen, in denen mit dauernder oder häufiger Anwesenheit von Kindern gerechnet werden muss, sollte das Kopfmaß von 89 mm gemäß DIN EN 1176-1 Berücksichtigung finden).

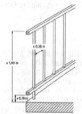

Abb. 1: Füllstabgeländer (Quelle: ASR A2.1)

- Geländer als 3-teiliger Seitenschutz/Knieleistengeländer (**Abb. 2**) (mit Handlauf, Knieleiste und Fußleiste, Zwischenabstand nicht größer als 0,50 m, Fußleiste mind. 0,05 m hoch und unmittelbar an Absturzkante angeordnet).

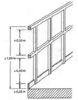

Abb. 2: Knieleistengeländer (Quelle ASR A2.1)

Für die Errichtung einer temporären Absturzsicherung als 3-teiligem Seitenschutz (z. B. bei Bauarbeiten) sind Güteanforderungen an die Bauteile (Holzbauteile, Rohre, Netze, Zurrgurte) zu erfüllen. Darüber hinaus sind die von der ASR A2.1 abweichenden Maße des Seitenschutzes (Oberkante Geländer ≥1 m, Abstand zwischen Geländer- und Zwischenholm bzw. Zwischenholm und Bordbrett max. 0,47 m, Höhe Bordbrett nach DIN EN 13372:2004: ≥ 0,15 m) vorgegeben.

4 Sicherung an Wandöffnungen

Sicherungen zum Schutz vor Absturz sind an Wandöffnungen erforderlich, wenn:
- die Brüstungshöhe geringer als 1m ist (oder 0,80 m wenn Umwehrungstiefe > 0,20 m),
- die Breite größer als 0,18 m und die Höhe größer als 1 m sind und
- bei denen eine Gefährdung durch Absturz besteht.

Umwehrungen können fest angebracht oder beweglich ausgeführt sein, dürfen sich nicht zur tiefer liegenden Seite hin öffnen lassen und müssen mit einer Sicherung gegen unbeabsichtigtes Öffnen oder Ausheben versehen sein. Sie können z. B. aus verschieb- oder schwenkbaren Schranken, Schleusengeländern oder Halbtüren bestehen.

5 Gerüste

→ *Gerüste* sind temporäre Baukonstruktionen veränderlicher Länge und Breite, die an der Verwendungsstelle aus Gerüstbauteilen zusammengesetzt und wieder auseinander genommen werden können. Als Arbeitsgerüste dienen sie zur Bereitstellung eines sicheren Arbeitsplatzes, z. B. für die Errichtung, die → *Instandhaltung*, die Instandsetzung und den Abbruch von baulichen Anlagen und des dazu notwendigen Zugangs (TRBS 2121 Teil 1 «Gefährdungen von Personen durch Absturz – Bereitstellung und Benutzung von Gerüsten», DIN EN 12811-1 «Temporäre Konstruktionen für Bauwerke – Teil 1: Arbeitsgerüste – Leistungsanforderungen, Entwurf, Konstruktion und Bemessung»). Zu den Arbeitsgerüsten gehören auch Fahrgerüste, z. B. fahrbare Gerüste nach DIN 4420-3 und fahrbare Arbeitsbühnen.

Jede Gerüstlage, die als Arbeits- und Zugangsbereich genutzt werden kann, muss während der Benutzung durch Seitenschutz gesichert sein. Maßnahmen zum Schutz gegen Absturz sind dann nicht erforderlich, wenn die Arbeits- und Zugangsbereiche höchstens 0,30 m von anderen tragfähigen und ausreichend großen Flächen entfernt liegen. Anforderungen an den Seitenschutz können z. B. DIN EN 12811-1, DIN 4420-1 oder den Aufbau- und Verwendungsanleitungen der Gerüsthersteller entnommen werden.

Demnach müssen Arbeits- und Zugangsbereiche durch einen Seitenschutz gesichert werden, der aus einem Geländerholm, Zwischenseitenschutz (Knieleiste) und einem Bordbrett besteht. Der Seitenschutz muss gegen unbeabsichtigtes Lösen gesichert sein. Die Abmessungen entsprechen den Anforderungen der DIN EN 13372 (OK Geländerholm ≥ 1 m, Bordbrett ≥ 0,15 m, Zwischenabstände max. 0,47 m).

Akkreditierung

Verfahren, nach dem eine anerkannte und autorisierte Stelle einer Organisation, die Konformitätsbewertungen durchführen möchte (z. B. eine Zertifizierungsgesellschaft), die formelle Anerkennung erteilt, dass diese Organisation kompetent ist, entsprechende Prüfungen und Zertifizierungen von Managementsystemen, Personen und Produkten durchzuführen.

Albert Ritter

Alarmplan

Der Alarmplan ist eine dokumentierte Handlungsanleitung zur Informationsweiterleitung im Notfall. Er ist an entsprechend exponierten Stellen im Unternehmen auszuhängen. Durch den Alarmplan erhalten Personen im Notfall eine kurze und leicht verständliche Handlungsanleitung zur Weitergabe aller notwendigen Informationen. Zum einen sollen dadurch andere Personen über den Notfall informiert werden, um z. B. den betroffenen Unternehmensbereich zu verlassen. Zum anderen werden externe Rettungskräfte (z. B. Feuerwehr, Polizei, medizinischer Rettungsdienst) und interne Selbsthilfegruppen (z. B. Brandschutzhelfer) über den Notfall in Kenntnis gesetzt und können entsprechend reagieren. Ein Alarmplan ist für den Brandfall zwingend vorgeschrieben (s. a. Brandschutzordnung Teil A).

Gesetze, Vorschriften und Rechtsprechung

Grundlegend sind § 10 Arbeitsschutzgesetz und § 22 BGV A1 «Grundsätze der Prävention».

1 Pflicht des Unternehmens

Die Erstellung eines Alarmplans (**Abb. 1**) ist die Aufgabe des Unternehmers, unterstützt durch die betriebliche → *Sicherheitsfachkraft* sowie den → *Brandschutzbeauftragten* (wenn vorhanden). Ziel der Erstellung eines Alarmplanes muss die schnelle Alarmierung externer und interner Hilfskräfte sein, um den Schutz von Beschäftigten, von Betriebsfremden, der Nachbarschaft und evtl. der Umwelt zu gewährleisten.

Abb. 1: Musteralarmplan

2 Inhalte

Eine **erste Alarmstufe** zur sofortigen Alarmierung externer Hilfskräfte wie Feuerwehren oder Polizei ist unabhängig von Ausmaß und Schwere des Ereignisses gemäß nachfolgendem Grundschema zu erstellen.

Eine schnelle und korrekte Alarmierung einer externen Stelle muss folgende Mindestinformationen beinhalten:

- Wer alarmiert?
- Was ist wo geschehen?
- Art des Ereignisses, z. B. Brand oder Explosion, Stofffreisetzung.
- Genaue Ortsbeschreibung und Zeitpunkt des Ereignisses.

- Sind Personen verletzt?
- Anzahl der verletzten Personen, Art der Verletzung.
- Werden Personen vermisst oder/und befinden sich diese in einem Gefahrenbereich?
- Bestehen Gefährdungen aus umliegenden Bereichen?
- Bestehen Umweltgefährdungen?

Weitere externe Alarmmaßnahmen werden von dieser Stelle weitergegeben, z. B. Alarmierung eines Notarztes, von sonstigen Rettungsorganisationen, Umweltämtern und sonstigen Behörden. Dies können auch Versorger sein, z. B.: Elektrizitätswerk und Gasversorger.

Eine sog. **zweite Alarmstufe** muss dann für die Alarmierung von internen Selbsthilfekräften und Entscheidungsträgern erstellt werden.

Interne Selbsthilfekräfte, z. B. Hausfeuerwehren oder Erste-Hilfe-Gruppen, sammeln sich nach Alarmauslösung an bestimmten Sammelpunkten und begeben sich an den Einsatzort und können dort bis zum Eintreffen der externen Rettungskräfte wichtige und notwendige Sofortmaßnahmen einleiten. Dieser Einsatz muss von einem internen Entscheidungsträger koordiniert und angewiesen werden.

Der Alarmplan muss ferner betriebliche und private Rufnummern von wichtigen Verantwortlichen, z. B. von Geschäftsführern oder Technischen Leitern, von Brandschutzbeauftragten oder Fachkräften für Arbeitssicherheit, beinhalten.

In Abhängigkeit von der Gebäudegröße und dem möglichen Gefährdungspotential sollten Alarmpläne nicht nur intern mit den betroffenen Stellen, sondern auch mit den externen Hilfskräften wie Polizei und Feuerwehr besprochen und ein Exemplar dort hinterlegt werden.

Wichtig: Aktualisierung und Unterweisung

Die ständige Aktualisierung des Alarmplans ist Grundvoraussetzung für ein funktionierendes Alarmwesen.

Alle Beschäftigten müssen mind. einmal jährlich oder nach Änderungen des Alarmplanes über dessen Inhalt unterwiesen werden.

Ronny Senft

Alkoholmissbrauch

Mäßiger Alkoholkonsum ist fester Bestandteil unserer Kultur. Alkoholmissbrauch ist hingegen wegen der damit verbundenen physischen und psychischen Gesundheitsgefahren nicht nur gesellschaftlich unakzeptabel, sondern am Arbeitsplatz ein besonderes Produktivitäts- und Sicherheitsrisiko. Alkoholabhängigkeit ist zudem international als Krankheit eingestuft. Wegen der hohen Zahl von Betroffenen in der Gesamtbevölkerung muss grundsätzlich in jedem Betrieb davon ausgegangen werden, dass alkoholkranke oder -gefährdete Mitarbeiter unter der Belegschaft sein können. Die betrieblich verantwortlichen Fach- und Führungskräfte sind daher gut beraten, Handlungskonzepte für solche Fälle zu erarbeiten. Nur mit konsequentem und einheitlichem Vorgehen können Alkoholprobleme im Betrieb zielorientiert und rechtssicher angegangen werden, was sowohl der Fürsorgepflicht gegenüber dem Betroffenen und seinem Umfeld als auch dem Betriebswohl entspricht.

Gesetze, Vorschriften und Rechtsprechung

Entgegen weit verbreiteter Vorstellungen ist Alkoholkonsum am Arbeitsplatz nicht allgemein untersagt. Grundsätzlich gilt § 15 BGV A1. Demnach dürfen sich die Mitarbeiter durch den Konsum von Alkohol, Drogen oder anderen berauschenden Mitteln nicht in einen Zustand versetzen, durch den sie sich selbst oder andere gefährden können.

Allerdings sind zahlreiche Betriebe den sich ändernden gesellschaftlichen Einstellungen längst gefolgt und dazu übergegangen, ein absolutes Alkoholverbot in einer Dienst- oder betrieblichen Anweisung oder entsprechenden Vereinbarung zu verankern. Eine solche Anweisung wird häufig mit allgemeinen betrieblichen Sicherheitsinteressen begründet. Damit ist sie dann auch arbeitsschutzrechtlich bindend.

1 Wirkung von Alkohol

1.1 Akute Wirkung

Alkohol wirkt auf den menschlichen Organismus toxisch, wobei es wie bei allen Schadstoffen, natürlich auf die Menge ankommt. Er beeinflusst in erster Linie das Gehirn, wodurch v. a. Wahrnehmung und Gefühle verändert werden. Allgemein wirkt Alkohol zunächst anregend, in steigenden Mengen betäubend. Über die Schleimhäute des Verdauungstrakts wird Alkohol schnell in den Blutkreislauf aufgenommen. Der Blutalkoholgehalt wird in Promille (abgekürzt ‰, Anzahl Teile reinen Alkohols auf 1000 Teile Blut) angegeben.

- **Ab ca. 0,2 ‰** verändert sich das persönliche Verhalten: Menschen fühlen sich zwangloser und freier, wodurch u. a. die Hemmschwelle sinkt, weiteren Alkohol zu trinken. Aber Konzentrations-, Reaktions- und Sehvermögen lassen gleichzeitig bereits merklich nach.
- **Ab ca. 1 ‰** setzt das Rauschstadium ein (überzogen heitere oder depressive Stimmung, Torkeln, Lallen).
- **Ab ca. 2 ‰** kommt es zu Bewusstseinstrübungen bis hin zur Bewusstlosigkeit.
- **Bei ca. 3 ‰** droht eine tödliche Alkoholvergiftung. Das entspricht etwa einen Wert von 6 g reinem Alkohol pro kg Körpergewicht. Bei Kindern liegt dieser Wert deutlich geringer (ca. 3 g). Dadurch sind auch Heranwachsende deutlich stärker gefährdet.

Äußere Umstände wie Erschöpfung, ein leerer Magen oder die Einnahme von Medikamenten können dazu führen, dass Alkohol deutlich heftiger wirkt. Außerdem verschieben sich die Wirkungsschwellen abhängig von den persönlichen Konsumgewohnheiten.

Der Abbau von Alkohol erfolgt aus dem Blut über die Leber (Zerlegung in Kohlendioxid und Wasser). Man geht von einem Abbau von 0,15 Promille pro Stunde aus (bei Frauen deutlich geringere Abbaurate als bei Männern).

1.2 Langfristige Wirkung

Langfristig wirkt sich Alkohol auf viele Organe und Funktionen schädigend aus, z. B.

- **Hirnfunktion:** Bei jedem Vollrausch sterben Millionen von Hirnzellen ab. Zuerst leiden Gedächtnis und Konzentrationsvermögen, Kritik und Urteilsfähigkeit, später kommt es zu einem Verfall der Intelligenz.
- **Leber:** Es kommt zu einer Leberschwellung, später zu Leberverfettung bis hin zum Leberzerfall (Zirrhose);
- erhöhtes Risiko für **zahlreiche weitere Gesundheitsstörungen** wie Magen- und Darmentzündungen, Krebs (Mund- und Rachenraum, Verdauungsorgane, Bauchspeicheldrüse, Leber), Störungen des Sexuallebens, Herz-Kreislauf-Probleme.
- **Veränderungen der Persönlichkeitseigenschaften:** Alkoholiker fallen im sozialen Umfeld oft durch Reizbarkeit, Unzuverlässigkeit, Unberechenbarkeit oder Aggressivität auf, was wiederum zu Vereinsamung und Depression führt. Besonders bei Jugendlichen leidet die psychische Reifung (mangelndes Selbstvertrauen und Selbstwertgefühl, fehlende emotionale Stabilität).

1.3 Alkoholabhängigkeit

Körperliche Alkoholabhängigkeit entwickelt sich i. d. R. über längere Zeiträume. Daher empfinden Betroffene die Gefahr zunächst nicht («Ich kann jederzeit aufhören»).

Die körperliche Abhängigkeit äußert sich zunächst unspezifisch durch Unruhezustände, Gereiztheit oder Schlaflosigkeit, wenn kein Alkohol getrunken wird. Später kommt es zu Schweißausbrüchen, morgendlichem Zittern, Krampfanfällen, schweren Angstgefühlen, Depressionen, Aggressivität usw.

Psychisch äußert sich die Abhängigkeit durch das unüberwindbare Gefühl, den Lebensanforderungen ohne Alkohol nicht gewachsen zu sein.

Jugendliche reagieren auch hier empfindlicher und geraten umso schneller in eine Alkoholabhängigkeit, desto früher sie mit dem (selbst maßvollen) Alkoholkonsum begonnen haben.

Alkoholabhängigkeit hat immer auch soziale Folgen: Zwischenmenschliche Beziehungen werden vernachlässigt, die damit verbundenen Schuld- und Schamgefühle sowie die Isolation verstärken wiederum den Alkoholkonsum. Daher stellt eine Alkoholabhängigkeit einen sich selbst verstärkenden Prozess dar, der irgendwann im totalen Zusammenbruch des Lebensgefüges endet.

Durch die mittelbaren Folgen einer Alkoholabhängigkeit werden die Menschen im Umfeld des Betroffenen zum Teil erheblich beeinträchtigt und geschädigt. Ehepartner und Kinder, die oft jahrelang erfolglos versuchen, die Folgen einer Alkoholabhängigkeit innerhalb und außerhalb der Familie zu kompensieren, geraten dabei nicht selten durch Überforderung oder Nachahmung selbst in ein Suchtverhalten oder erleiden andere psychische Beeinträchtigungen.

2 Alkoholprobleme erkennen

Alkoholmissbrauch ist in der Gesamtbevölkerung weit verbreitet. Es muss davon ausgegangen werden, dass etwa 5 % der Bevölkerung behandlungsbedürftig betroffen sind. Im erwerbsfähigen Alter ist der Anteil noch größer. Studien gehen davon aus, dass bis zu 7–10 % der Beschäftigten einen problematischen Umgang mit Alkohol haben oder bereits abhängig sind.

Als typische Anzeichen gelten:

- häufige kurze Fehlzeiten,
- stark schwankende Leistungsfähigkeit,
- starke Stimmungs- und Motivationsschwankungen,
- plötzliche, unerwartete Leistungsmängel,
- heimliche Alkoholvorräte (manchmal getarnt in Flaschen alkoholfreier Getränke),
- Alkoholfahne (bzw. die entsprechenden Vertuschungsversuche).

Weil aber viele dieser Anzeichen unspezifisch sind und auch andere Ursachen haben können, bleibt die Wahrnehmung eines Alkoholproblems für Kollegen und Vorgesetzte oft lange eine Sache des «Bauchgefühls», was den Umgang damit erschwert.

> **Wichtig: Alkoholabhängigkeit ist keine Frage der Trinkgewohnheiten**
>
> Wann und wie viel jemand trinkt, sagt noch nichts über den Grad seiner Abhängigkeit. Es gibt Alkoholabhängige, die durchaus über längere Zeiträume abstinent leben können, aber ihren Konsum im Einzelfall nicht kontrollieren können («Quartalssäufer»), als auch solche, die ihre tägliche Trinkmenge lange Zeit stabil halten, aber auf keinen Fall auf Alkohol verzichten können («Spiegeltrinker»).

3 Umgang mit betroffenen Beschäftigten

Obwohl statistisch betrachtet kaum ein Betrieb nicht betroffen sein dürfte, tun sich Betriebe vielfach schwer mit dem Thema Alkoholmissbrauch. Sie fürchten

- die Auseinandersetzung mit einem in jeder Hinsicht unangenehmen Thema,
- eine unangemessene Einmischung in die Privatsphäre der Beschäftigten,
- eine ungünstige Wirkung in der Öffentlichkeit,
- ungeklärte rechtliche Rahmenbedingungen.

Tatsächlich wird von niemandem im Betrieb erwartet, Diagnosen zu stellen oder gezielt «Jagd» auf potenzielle Betroffene zu machen. Jedoch erledigt sich Alkoholkrankheit i. d. R. nicht von selbst, denn es gehört zum Suchtverhalten dazu, dass der Betroffene das Problem von sich wegschiebt und nicht von sich aus dagegen aktiv wird. Wegsehen verschleppt daher die alkoholbedingten Probleme auf unbestimmte Zeit mit allen negativen Folgen für den Betrieb, für Betroffene und Angehörige.

Vorgesetzte und Kollegen sind allerdings keine Therapeuten. Wohlgemeinte Hilfsversuche (den Betroffenen z. B. entschuldigen, seiner Verantwortung entheben, ihn vor Alkohol «schützen») führen in aller Regel dazu, dass die «Helfer» ungewollt in das Suchtgeschehen mit einbezogen werden («Co-Alkoholismus»). Nur der Betroffene selbst kann sein Suchtverhalten durchbrechen, und das i. d. R. nur mit professioneller Hilfe.

Alkoholmissbrauch

> **Achtung: Einflussmöglichkeit beschränkt**
>
> Risikoreiches und schädliches Verhalten ist vom Recht auf persönliche Freiheit gedeckt. Der Betrieb kann verlangen, dass die vertragliche vereinbarte Arbeitsleistung erbracht wird und gefährdeten Menschen Hilfe anbieten. Wenn kein arbeitsrechtlich relevantes Fehlverhalten festzustellen ist und der Betroffene keine Hilfe annehmen will, bleibt die Sucht Privatsache.

4 Gesprächsmodelle

Je nach Ausgangssituationen kommen unterschiedliche Gesprächsansätze im Umgang mit Betroffenen infrage:

4.1 Fürsorgegespräch

Wer immer Anzeichen von Alkoholmissbrauch bei einem Betroffenen feststellt, ohne dass es dadurch zu einer offenkundigen Pflichtverletzung kommt, kann ihn auf kollegialer Ebene ohne jeden arbeitsrechtlichen Charakter ansprechen:

- Wahrnehmung darstellen, nach Problemen fragen;
- deutlich machen, dass ein solches Gespräch aus dem Wunsch entsteht, den Betroffenen zu unterstützen;
- auf Hilfsangebote hinweisen.

Je häufiger und deutlicher ein Betroffener solche Rückmeldungen bekommt, desto größer wird für ihn der Druck, selber etwas zu unternehmen.

> **Achtung: Trunkenheit macht arbeitsunfähig**
>
> Offensichtlich alkoholisierte Mitarbeiter müssen im Rahmen der Fürsorgepflicht vom Arbeitsplatz entfernt und begleitet nach Hause gebracht werden. In kritischen Fällen, wenn besondere Gefahren drohen (Teilnahme am Straßenverkehr unter Alkoholeinfluss, Betrieb gefährlicher → *Maschinen*), sind hier alle Mitarbeiter zur Aufmerksamkeit verpflichtet.

4.2 Klärungsgespräche

Klärungsgespräche werden durch den Vorgesetzten dann geführt, wenn deutliche Pflichtverletzungen erkennbar sind, der Hintergrund aber unklar ist.

- Pflichtverletzungen aufzeigen;
- Verhaltensänderung anmahnen;
- Fürsorge signalisieren und auf Hilfsangebote hinweisen;
- Gesprächsnotiz fertigen, die aber nur die Beteiligten erhalten.

Auf Wunsch kann zu einem solchen Gespräch der → *Betriebsrat* zugezogen werden.

4.3 Stufengespräche

Stufengespräche sind Bestandteil von Stufenplänen (s. u.). Daran nehmen i. d. R. mehrere betrieblich Verantwortliche und → *Betriebs-*/Personalrat teil. Themen sind:

- offensichtlich suchtbedingte Pflichtverletzungen (Ausfallzeiten, Leistungsabfälle, Alkoholvorräte usw.),
- ein bestimmtes Verhalten fordern und Sanktionen, abgestimmt mit Hilfsangeboten und Beobachtungszeiträumen, festlegen (z. B.: Kontaktaufnahme mit Suchtberatung innerhalb von 4 Wochen, sonst nächste Prozessstufe).

Stufengespräche werden in der Personalakte dokumentiert.

> **Praxis-Tipp: Informationen zu Stufenmodellen**
>
> Stufenpläne sind unverzichtbar zur Intervention bei Suchtproblemen und sollten in Betriebs- oder Dienstvereinbarungen fixiert werden und alle psychoaktiven Substanzen erfassen (auch → *Medikamente*, illegale → *Drogen*). Sie haben immer das Ziel, Betroffene dazu zu bringen, Beratungs- und Hilfsangebote anzunehmen und so das Suchtverhalten zu durchbrechen. Sie

stellen aber auch einen arbeitsrechtlichen Prozess dar. Er beinhaltet und regelt in letzter Konsequenz die Kündigung, möglichst mit Aussicht auf Wiedereinstellung nach erfolgter Therapie. Enthalten sind aber auch Regelungen, wie bei erneuter Auffälligkeit nach längeren unkritischen Phasen vorzugehen ist.

Suchtberatungsstellen, Berufsgenossenschaften und andere Einrichtungen der Gesundheitspflege (z. B. Bundeszentrale für gesundheitliche Aufklärung) bieten Informationen und Beratung für den Umgang mit Alkoholkranken im Betrieb und Muster für Stufenpläne sowie Trainings an, in denen die oft schwierigen Gespräche mit Abhängigen geübt werden können.

5 Prävention

Zur Prävention gegen Alkoholmissbrauch kann beitragen:

- Geregelter Umgang mit Alkohol im Betrieb, z. B. durch eine «Betriebsanweisung Alkohol», in der festgeschrieben wird, ob und unter welchen Umständen der Konsum von Alkohol im Betrieb gestattet ist.
- Weitmöglichster Verzicht auf den Ausschank von Alkohol bei betrieblichen Veranstaltungen.
- Alkoholkonsum und seine Risiken thematisieren, z. B. im Rahmen der Ausbildung oder in Unterweisungen.

Praxis-Tipp: Alkoholverbot nicht nur auf dem Papier

Wichtiger als ein möglichst drastisch formuliertes Alkoholverbot ist unter präventiven Gesichtspunkten, die ganze Unternehmenskultur im Hinblick auf einen verantwortungsvollen Alkoholkonsum. Eine Betriebs- oder Dienstvereinbarung sollte daher auch immer berücksichtigen, wie bei Betriebsausflügen oder -festen, Gästebewirtungen usw. zu verfahren ist. Sie sollte nicht durch pauschale Ausnahmen («mit Genehmigung der Geschäftsführung») ausgehöhlt werden.

Wichtig: Alkohol am Arbeitsplatz in Zahlen

Schätzungsweise 10–13 % der → *Arbeits-* und → *Wegeunfälle* passieren unter Alkoholeinfluss. Alkoholabhängige fehlen etwa 16-mal so häufig wie andere Arbeitnehmer, nicht nur durch alkoholbedingte Ausfälle, sondern weil sie häufiger an anderen Krankheiten leiden und länger zur Genesung brauchen. Insgesamt bringen Alkoholabhängige über einen mehrjährigen Zeitraum betrachtet nur dreiviertel der möglichen Arbeitsleistung. 100 alkoholgefährdete oder abhängige Mitarbeiter (statistisch in einem Betrieb mit ca. 1.500 Mitarbeitern zu erwarten) verursachen in 5 Jahren ihren Betrieben Kosten von über 1,5 Mio. EUR (nach Angaben der Bundeszentrale für gesundheitliche Aufklärung).

Cornelia von Quistorp

Alleinarbeit

Alleinarbeit bedeutet, dass eine Person allein, außerhalb von Ruf- und Sichtweite zu anderen Personen, Arbeiten ausführt. Alleinarbeit an sich stellt kein Arbeitsschutzproblem dar. Allerdings sollten age sog. gefährliche Arbeiten nicht allein ausgeführt werden. Ist hier Alleinarbeit unumgänglich bzw. übersteigt das Risiko eine gewisse Schwelle, muss sichergestellt werden, dass im Notfall Hilfe geleistet werden kann, z. B. durch Personen-Notsignalanlagen.

1 Definition

Alleinarbeit liegt vor, «wenn eine Person allein, außerhalb von Ruf- und Sichtweite zu anderen Personen, Arbeiten ausführt» (Abschn. 2.7.2 BGR A1). Dieser Sachverhalt tritt grundsätzlich mehr oder weniger überall im Arbeitsleben auf, z. B.:

- wenn außerhalb der Regelarbeitszeit gearbeitet wird,
- im Reinigungsdienst «nach Feierabend»,

Alleinarbeit 23

- im Einzelhandel in kleinen Betrieben bzw. in betriebsschwachen Zeiten,
- im Handwerk (in Kleinbetrieben und bei Montagen),
- im Außendienst,
- in der Landwirtschaft,
- in Anlagen aller Art, in denen wenig Personal eingesetzt ist (Chemie, Ver- und Entsorgung, Lebensmittelverarbeitung usw.),
- in ausgedehnten Lagern, Archiven usw.,
- im Wach- und Sicherungsgewerbe.

Alleinarbeit ist weit verbreitet und jeder Mensch ist im Arbeitsleben hier und da einmal alleine tätig. Das macht deutlich, dass Alleinarbeit ein Alltagsphänomen ist, das dem üblichen Lebensrisiko entspricht und keinesfalls generell unzulässig ist. Trotzdem gibt es gerade im Hinblick auf Alleinarbeit immer wieder Situationen im betrieblichen Alltag, in denen die Sicherheit der «Alleinarbeiter» kritisch hinterfragt wird, z. B. wenn es zu einem beunruhigenden Vorfall gekommen ist. Daher ist es wichtig, dass im Rahmen der betrieblichen Sicherheitsarbeit mögliche Alleinarbeitssituationen analysiert und ggf. Sicherheitsmaßnahmen festgelegt werden.

1 Gefährliche Alleinarbeit

Der Begriff «Gefährliche Arbeiten» ist u. a. in der BGV A1 verankert und hat nicht nur, aber auch in Bezug auf Alleinarbeit Relevanz:

«Wird eine gefährliche Arbeit von einer Person allein ausgeführt, so hat der Unternehmer über die allgemeinen Schutzmaßnahmen hinaus für geeignete technische oder organisatorische Personenschutzmaßnahmen zu sorgen» (§ 8 Abs. 2 BGV A1).

Die BGR A1 legt diese Aussage weiter aus:

«Gefährliche Arbeiten sind solche, bei denen eine erhöhte Gefährdung aus dem Arbeitsverfahren, der Art der Tätigkeit, den verwendeten Stoffen oder aus der Umgebung gegeben ist, weil keine ausreichenden Schutzmaßnahmen durchgeführt werden können» (Abschn. 2.7.1 BGR A1).

«Grundsätzlich sollte eine «gefährliche Arbeit» nicht von einer Person allein ausgeführt werden. Ausnahmsweise kann es aus betrieblichen Gegebenheiten notwendig sein, eine Person allein mit einer «gefährlichen Arbeit» zu beauftragen. In diesem Fall hat der Unternehmer in Abhängigkeit von der Gefährdung an Einzelarbeitsplätzen geeignete Maßnahmen zur Überwachung zu treffen. Diese Überwachung kann durch technische oder organisatorische Maßnahmen umgesetzt werden» (Abschn. 2.7.2 BGR A1).

Eine beispielhafte Auflistung gefährlicher Arbeiten in Abschn. 2.7.1 BGR A1 macht deutlich, dass hier tatsächlich an besonders risikoreiche Arbeiten in bestimmten Branchen gedacht ist:

- Arbeiten mit → *Absturzgefahr*,
- Arbeiten in Silos, → *Behältern* oder engen Räumen,
- Schweißen in → *engen Räumen*,
- Feuerarbeiten in brand- oder → *explosionsgefährdeten Bereichen* oder an geschlossenen Hohlkörpern,
- Gasdruckproben und Dichtigkeitsprüfungen an Behältern,
- Erprobung von technischen Großanlagen, wie Kesselanlagen,
- Sprengarbeiten,
- Fällen von Bäumen,
- Arbeiten im Bereich von Gleisen während des Bahnbetriebes,
- der Einsatz bei der Feuerwehr,
- Vortriebsarbeiten im Tunnelbau,
- Arbeiten an offenen Einfüllöffnungen von Ballenpressen, die mit Stetigförderern beschickt werden und deren ungesicherten Aufgabestellen,
- Arbeiten in gasgefährdeten Bereichen,
- Hebezeugarbeiten bei fehlender Sicht des Kranführers auf die Last,

- Umgang mit besonders gefährlichen Stoffen, z. B. in chemischen, physikalischen oder medizinischen → *Laboratorien*.

Darüber hinaus gibt es Aussagen zum Umgang mit bzw. zur Zulässigkeit von Alleinarbeit in den berufsgenossenschaftlichen Regelungen bestimmter Branchen wie:

- Forstbetriebe,
- Steinbrüche,
- Spezialtiefbau,
- Hafenbetriebe,
- → *Instandhaltung*,
- → *Küchen*, Backbetriebe und Gaststätten.

Aus der Tatsache, dass hier das Unfallverhütungsrecht im Hinblick auf gefährliche Alleinarbeit konkretisiert wird, darf jedoch im Sinne eines guten betrieblichen Sicherheitsstandards nicht geschlossen werden, dass Alleinarbeit in allen anderen Fällen stets bedenkenlos und ohne weitere Maßnahmen erfolgen kann. Vielmehr ist hier wie so oft eine gründliche → *Gefährdungsbeurteilung* wichtiger als der sture Blick in die Vorschriften.

Ob und welche Risiken von Alleinarbeit ausgehen und welche Maßnahmen sinnvoll sind, ist – von offensichtlichen Gefahrsituationen wie den oben genannten abgesehen – von den Bedingungen im Einzelfall abhängig. So spielt neben technischen Risiken natürlich auch die persönliche Lage der betroffenen Beschäftigten (Alter, Erfahrung, Gesundheitszustand, persönliches Sicherheitsbedürfnis) eine Rolle.

> **Praxis-Tipp: Bewertungssystem für Einzelarbeitsplätze**
>
> Um solche Beurteilungen objektiv und nachvollziehbar durchzuführen, ist die BGR 139 «Personen-Notsignalanlagen» hilfreich. Sie enthält ein kennziffernbasiertes Bewertungssystem für Einzelarbeitsplätze, dass auch für Fälle anwendbar ist, in denen Personen-Notsignalanlagen als Maßnahme viel zu hoch gegriffen wären.

2 Maßnahmen gegen Risiken bei Alleinarbeit

Ergibt die → *Gefährdungsbeurteilung*, dass zur Sicherung von Einzelarbeitsplätzen eine umfassend wirksame technische Maßnahme erforderlich ist, ist der Einsatz von geeigneten → *Personen-Notsignalanlagen* angezeigt. Weitergehende Informationen enthält BGR 139 «Einsatz von Personen-Notsignalanlagen». Diese Anlagen sind technisch relativ aufwendig und verlangen eine gewisse Akzeptanz bei den Beschäftigten, die sich je nach Ausführung und Arbeitssituation unter Umständen kontrolliert oder in ihrer Privatsphäre beeinträchtigt führen.

Obwohl solche Anlagen in bestimmten Bereichen (Anlagenbetrieb) etabliert und bewährt sind, sind sie daher sicher nicht das Mittel der Wahl für jede Art von Risiko bei Alleinarbeit.

Zu den organisatorischen Maßnahmen zählen z. B. Kontrollgänge einer zweiten Person, zeitlich abgestimmte Telefon-/Funkmeldesysteme oder ständige Kameraüberwachung.

Insbesondere die telefonische Kontaktaufnahme bietet viele Möglichkeiten, objektiv mehr Sicherheit zu schaffen und den Beschäftigten Angstgefühle zu nehmen. Durch die allgemeine Verbreitung von Mobiltelefonen ist die Möglichkeit, telefonisch im Notfall Hilfe herbeizurufen, bereits stark verbessert. Natürlich kann kein Handy eine Personennotsignalanlage ersetzen. Aber gerade in Bereichen, in denen das Risiko von dem des Alltagslebens kaum abweicht, ist ein funktionsbereites Handy in der Tasche für viele Beschäftigte eine wesentliche Erleichterung, die ggf. auch über den Betrieb leicht zu organisieren ist («Notfallhandy»).

Cornelia von Quistorp

Alternative Betreuung

Alternative Modelle zur sog. Regelbetreuung im Arbeitsschutz werden als alternative Betreuung bzw. Unternehmermodell bezeichnet. Die alternative, bedarfsorientierte betriebsärztliche und sicherheitstechnische Betreuung kann in Betrieben mit bis zu max. 50 Beschäftigten angewendet werden. Dabei legt die zuständige Berufsgenossenschaft (BG) als gesetzlicher Unfallversicherungsträger die Obergrenze für die Mitarbeiterzahl fest.

Eine Sonderform ist die alternative bedarfsorientierte betriebsärztliche und sicherheitstechnische Betreuung in Betrieben mit 10 und weniger Beschäftigten durch Kompetenzzentren. Hier stehen bei Bedarf Experten für Arbeits- und Gesundheitsschutz zur Verfügung. Dieses Modell wurde bisher nur von 2 Berufsgenossenschaften eingeführt.

Gesetze, Vorschriften und Rechtsprechung

Grundlegend sind Arbeitsschutzgesetz, Arbeitssicherheitsgesetz und DGUV Vorschrift 2, v. a. Anlagen 3 und 4.

1 Bedingungen

Voraussetzung für eine alternative Betreuung ist, dass der Unternehmer über Arbeits- und Gesundheitsschutz informiert und für dessen Umsetzung motiviert ist.

Das sog. Unternehmermodell nach Anlage 3 DGUV Vorschrift 2 erfordert, dass der Unternehmer aktiv in das Betriebsgeschehen eingebunden ist. Deshalb liegt die Obergrenze bei max. 50 Beschäftigten. Sind mehrere Personen als «Unternehmer» tätig, übernimmt der technische Leiter die Verantwortung für Arbeits- und Gesundheitsschutz.

Der Unternehmer entscheidet allein darüber, ob und in welchem Umfang eine externe Betreuung erfolgt. Sowohl arbeitsmedizinische als auch sicherheitstechnische Betreuung kann als alternative Betreuung umgesetzt werden.

Bei **besonderen Anlässen** (bedarfsorientiert) muss sich der Unternehmer von einem → *Betriebsarzt* oder einer → *Fachkraft für Arbeitssicherheit* betreuen lassen.

Besondere Anlässe für den Einsatz von Fachkraft für Arbeitssicherheit **und** Betriebsarzt können u. a. sein (s. Anlage 3 bzw. Anlage 1 DGUV Vorschrift 2):

- Planung, Errichtung und Änderung von Betriebsanlagen,
- Einführung neuer → *Arbeitsmittel*, Arbeitsstoffe, bzw. → *Gefahrstoffe*, die ein erhöhtes Gefährdungspotenzial zur Folge haben,
- Einführen neuer Arbeitsverfahren und grundlegende Änderung,
- Gestaltung neuer Arbeitsplätze und -abläufe,
- Untersuchung von → *Unfällen* und Berufskrankheiten,
- Beratung der Beschäftigten über besondere Unfall- und Gesundheitsgefahren bei der Arbeit,
- Erstellen von Notfall- und → *Alarmplänen*.

Eine Fachkraft für Arbeitssicherheit kann erforderlich sein zum Durchführen sicherheitstechnischer Überprüfungen und Beurteilungen von Anlagen, Arbeitssystemen und Arbeitsverfahren.

Weitere Anlässe für den Einsatz eines Betriebsarztes können sein:

- grundlegende Umgestaltung von Arbeitszeit-, Pausen- und Schichtsystemen,
- Durchführen *arbeitsmedizinischer Vorsorgeuntersuchungen*, Beurteilungen und Beratungen sind erforderlich,
- Suchterkrankungen, die gefährdungsfreies Arbeiten beeinträchtigen,
- Fragen des Arbeitsplatzwechsels sowie der Eingliederung und Wiedereingliederung behinderter Menschen und der (Wieder-)Eingliederung von Rehabilitanden,
- Häufung gesundheitlicher Probleme,
- Auftreten posttraumatischer Belastungszustände,
- Gefahr einer Pandemie,
- spezielle demographische Entwicklungen im Betrieb (z. B. «Überalterung» der Belegschaft).

Sonstige Experten, die weder Betriebsarzt noch Fachkraft für Arbeitssicherheit sind, können bei Themen wie Lärmminderungs-, Brandschutz- und Lüftungsmaßnahmen als Berater hinzugezogen werden (Nr. 3 Anlage 3 DGUV Vorschrift 2).

1 Umsetzung

Die alternative Betreuung umfasst

- Motivation,
- Information,
- Fortbildung und
- die Inanspruchnahme bedarfsorientierter Betreuung.

Damit der Unternehmer seine Aufgaben erfüllen kann, ist er verpflichtet, an Seminaren mit folgenden Inhalten teilzunehmen (vgl. Anlage 3 DGUV Vorschrift 2 der BGN):

- u. a. → *Verantwortung* des Arbeitgebers, Arbeitsschutz als Führungsaufgabe, wirtschaftliche Aspekte, → *Gefährdungsbeurteilung*, Methoden der → *Unterweisung* (Motivation);
- u. a. Grundlagen zur Durchführung der Gefährdungsbeurteilung, Inhalte und Organisation von Unterweisungen, Prävention, Maschinen-, Anlagen- und Gerätesicherheit, branchenspezifische Informationen (Information).

Sowohl die Anzahl erforderlicher Lehreinheiten als auch der Zeitraum, in dem die Seminare absolviert werden müssen, sind in der Anlage 3 DGUV Vorschrift 2 festgelegt und variieren bei den verschiedenen Berufsgenossenschaften.

Anschließend muss der Unternehmer an bestimmten Fortbildungsmaßnahmen teilnehmen, deren Umfang ebenfalls festgelegt ist. Seminare und Fortbildungsveranstaltungen werden u. a. von den Berufsgenossenschaften angeboten.

Die BG Metall Nord Süd fordert z. B., dass Seminare zur Motivation und Information innerhalb von 2 Jahren und die Fortbildung nach höchstens 5 Jahren absolviert werden.

Bei der alternativen Betreuung durch Kompetenzzentren variieren die Vorgaben für Methode und Umfang der Motivations- und Informationsmaßnahmen sowie der Zeitabstand für die erforderliche Fortbildung – in Abhängigkeit von der Betreuungsgruppe nach Anlage 2 DGUV Vorschrift 2. Dies gilt bei BGN und BGHW auch für das Unternehmermodell.

Der Unternehmer muss nachweisen, dass er die Vorgaben erfüllt. Dazu sind folgende schriftlichen Nachweise erforderlich:

- Nachweis über die Teilnahme an Maßnahmen zu Motivation, Information und Fortbildung,
- aktuelle Unterlagen über die durchgeführte Gefährdungsbeurteilung,
- Berichte nach § 5 DGUV Vorschrift 2: Schriftlicher Bericht der → *Fachkraft für Arbeitssicherheit* und des → *Betriebsarztes* über die Erfüllung der ihnen übertragenen Aufgaben sowie deren Zusammenarbeit.

> **Achtung: Vorgaben müssen eingehalten und Maßnahmen dokumentiert sein**
> Erfüllt der Unternehmer die Vorgaben nicht (z. B. fehlende schriftliche Nachweise, Seminare und Fortbildung nicht im vorgegebenen Zeitraum absolviert, Gefährdungsbeurteilung nicht durchgeführt), unterliegt sein Unternehmen der Regelbetreuung.

2 Nutzen

Besonders für kleine Unternehmen mit geringem Gefährdungspotenzial kann die alternative Betreuung Vorteile bieten:

- Kosten für eine Regelbetreuung entfallen,
- Betreuung orientiert sich am tatsächlichen Bedarf,
- Betriebsabläufe können verbessert und Qualität gesichert werden,
- rechtssicheres Arbeiten ist möglich,
- der Unternehmer kennt seine Aufgaben im Arbeits- und Gesundheitsschutz und ist mit seinen Beschäftigten in Kontakt, als Vorbild kann er sicheres Verhalten am Arbeitsplatz fördern.

Bettina Huck

Altmaschinen

Maschinen, die bis zum 31.12.1992 erstmalig in Betrieb genommen wurden, werden als Altmaschinen bezeichnet.

Gesetze, Vorschriften und Rechtsprechung

- EU-Arbeitsmittelbenutzungsrichtlinie (89/655/EWG)
- Betriebssicherheitsverordnung (BetrSichV)
- EU-Maschinenverordnung (2006/42/EG)
- Maschinenverordnung (9. ProdSV)
- BGR 500 «Betreiben von Arbeitsmitteln»

1 Inbetriebnahme entscheidend

Für Alt- und Gebrauchtmaschinen gelten – abhängig von erstmaliger Inbetriebnahme – unterschiedliche Anforderungen hinsichtlich der umzusetzenden Sicherheitsstandards. Der Kauf oder Verkauf von Gebrauchtmaschinen/Altmaschinen in Deutschland bzw. innerhalb des europäischen Binnenmarktes kann dazu führen, dass → *Maschinen* auf Sicherheitsstandards angepasst werden müssen.

2 Altmaschinen

→ *Maschinen*, die bis zum 31.12.1992 erstmalig in Betrieb genommen wurden, werden als **Altmaschinen** bezeichnet. Das liegt nicht am Alter der Maschinen, sondern an der Anwendung der bis zu diesem Zeitpunkt gültigen Rechtsvorschriften für Bau und Ausrüstung dieser Maschinen. Für diese Maschinen gilt das alte Recht, d. h. die zum 1.1.2004 außer Kraft gesetzten «alten» Unfallverhütungsvorschriften (VBG-Vorschriften), weiter.

2.1 Anpassung nach EU-Arbeitsmittelbenutzungs-Richtlinie

Seit dem 1.1.1997 müssen Altmaschinen den Mindestbestimmungen der EU-Arbeitsmittelbenutzungsrichtlinie (89/655/EWG) entsprechen. Obwohl die Altmaschinen u. U. angepasst werden mussten, haben derartig nachgerüstete Maschinen keine → *CE-Kennzeichnung* erhalten. Die Übergangsfrist für erforderliche Anpassungen endete am 30.6.1998.

2.2 Anpassung nach Betriebssicherheitsverordnung

Seit dem 3.10.2002 gelten für alle Altmaschinen die Bestimmungen der Betriebssicherheitsverordnung (BetrSichV). Diese entsprechen den Anforderungen der EU-Arbeitsmittelbenutzungs-Richtlinie.

Nach § 7 Abs. 2 BetrSichV müssen Altmaschinen den zum Zeitpunkt der Inbetriebnahme geltenden Unfallverhütungsvorschriften oder sonstigen Vorschriften entsprechen.

> **Achtung: Mindestvorschriften**
>
> Altmaschinen müssen jedoch mind. auf das Niveau von Anhang 1 Nr. 1 und 2 BetrSichV (Mindestvorschriften für Arbeitsmittel) gebracht werden und sind daher ggf. anzupassen.

3 Gebrauchtmaschinen

Wenn eine in Betrieb befindliche → *Maschine* an Dritte veräußert wird oder man von Dritten derartige Maschinen erwirbt (Besitzerwechsel), werden diese Maschinen **Gebrauchtmaschinen** genannt.

Bei einer Veräußerung müssen Gebrauchtmaschinen ohne → *CE-Kennzeichen* und → *Konformitätserklärung* mind. den Anforderungen der EU-Arbeitsmittelbenutzungs-Richtlinie entsprechen. Dies gilt für den Handel mit Gebrauchtmaschinen innerhalb des gesamten EWR (Europäischer Wirtschaftsraum). Eine Einfuhr von Maschinen aus Ländern, die nicht zum EWR gehören, entspricht auch bei Gebrauchtmaschinen dem erstmaligen Inverkehrbringen neuer Maschinen. In diesem Fall gelten die Forderungen der EU-Maschinenrichtlinie 2006/42/EG.

4 Wesentliche Veränderungen

Wurde eine Gebrauchtmaschine für den Verkauf nur optisch aufbereitet und im Rahmen einer Generalüberholung auf einen neuwertigen Stand gebracht, entspricht eine derartige Verbesserung keiner wesentlichen Veränderung.

Gebrauchtmaschinen müssen dann auf das aktuelle Sicherheitsniveau gebracht werden, wenn eine **wesentliche Veränderung** vorgenommen wird. Dann liegt nämlich mit Besitzerwechsel ein erneutes Inverkehrbringen vor. Von einer wesentlichen Veränderung ist dann auszugehen, wenn durch die Veränderung eine Risikoerhöhung bewirkt wird. Bei Veränderungen sind hierbei zu berücksichtigen:

- Funktionsänderung,
- Veränderung des Anwendungsbereichs,
- Änderung der Ausstattung und
- Leistungsänderung.

Eine wesentliche Veränderung liegt i. d. R. dann vor, wenn es zu einer Risikoerhöhung kommt, bei der irreversible Verletzungen oder Sachschäden mit einer hohen Wahrscheinlichkeit eintreten können.

Dirk Rittershaus

Altstoffe

Altstoffe sind Stoffe, die bereits vor Herbst 1981 auf dem Markt waren. Sie sind im «Europäischen Verzeichnis der auf dem Markt vorhandenen chemischen Stoffe» (EINECS = European Inventory of Existing Commercial chemical Substances) gelistet. Dieses sog. Altstoffverzeichnis umfasst rund 100.000 verschiedene Stoffeinträge. Die Recherche von in EINECS gelisteten Stoffen ist im Internet über das European chemical Substances Information System (ESIS) möglich.

Benedikt Vogt

AMS-Beauftragter

Der AMS-Beauftragte (auch Managementsystembeauftragter für das Arbeitsschutz-Managementsystem) ist eine von der Unternehmensleitung beauftragte Person. Sie ist zuständig für die Prozesse Einführung, Aufrechterhaltung, Reporting, regelmäßige Bewertung und Weiterentwicklung des Arbeitsschutz-Managementsystems sowie die Steuerung der im AMS geregelten Arbeitsschutzprozesse unter Berücksichtigung der Arbeitsschutzpolitik, -ziele und Festlegungen.

Gesetze, Vorschriften und Rechtsprechung

Die gängigen AMS-Standards (z. B. Nationaler Leitfaden für AMS (NLA), → *OHSAS 18001*) sehen die Benennung eines qualifizierten Managementsystembeauftragten für das → *Arbeitsschutz-Managementsystem (AMS)* vor. Die Funktion eines → *AMS-Beauftragten* kann auch ein Managementsystembeauftragter eines anderen Managementsystems (z. B. der QM-Beauftragte) übernehmen.

1 Warum ein AMS-Beauftragter?

Praktische Erfahrungen zeigen, dass ein → *Managementsystem* kein Selbstläufer ist. Damit ein solches System in Gang kommt sowie angewendet, am Leben gehalten und die Wirksamkeit sicherstellt wird, bedarf es eines Kümmerers. Die oberste Leitung eines Unternehmens ist in aller Regel zeitlich nicht in der Lage, diese Aufgabe mit zu übernehmen. Die Konzepte fast aller Managementsysteme sehen deshalb die Funktion eines Managementsystembeauftragten vor, der direkt an die oberste Leitung des Unternehmens berichtet.

2 Funktion eines AMS-Beauftragten

Der AMS-Beauftragte ist der Systembeauftragte für das betriebliche → *Arbeitsschutz-Managementsystem* und damit der Prozessverantwortliche für das AMS. Er ist der Geschäftsführung unmittelbar unterstellt.

> **Wichtig: Keine Zuständigkeit für fachliche Fragen des Arbeitsschutzes**
>
> Im Gegensatz zu den Arbeitsschutzexperten, wie z. B. der → *Fachkraft für Arbeitssicherheit*, ist er nicht für fachliche Fragen des Arbeitsschutzes zuständig, sondern für die folgenden Prozesse:
> - Einführung und Aufrechterhaltung eines → *AMS*,
> - Reporting,
> - regelmäßige Bewertung und Weiterentwicklung des betrieblichen AMS,
> - Koordination mit anderen → *Managementsystemen* bzw. die Einbindung in ein integriertes Managementsystem.

Er arbeitet dabei v. a. mit den → *Führungskräften*, der → *Fachkraft für Arbeitssicherheit*, dem → *Betriebsarzt*, → *Sicherheitsbeauftragten* sowie der → *Arbeitnehmervertretung* eng zusammen.

3 Wer kann die Funktion eines AMS-Beauftragten übernehmen?

Die AMS-Standards legen nicht fest, wer die Funktion des AMS-Beauftragten in einem Unternehmen wahrnehmen soll. Dies hängt entscheidend von den betrieblichen Bedingungen ab. Für die Auswahl einer geeigneten Person sind v. a. eine hohe Akzeptanz bei der obersten Leitung und beim Management sowie Kompetenzen in den Bereichen Projektmanagement, Prozessgestaltung und -steuerung, Moderation und Coaching maßgebend.

> **Wichtig: Personalunion mit Fachkraft für Arbeitssicherheit nicht sinnvoll**
>
> Die → *Fachkraft für Arbeitssicherheit* sollte nur in Ausnahmefällen – z. B. in kleineren Betrieben – auch die Funktion des AMS-Beauftragten übernehmen. Erfahrungsgemäß gehen sonst fachliche Arbeitsschutzaspekte und der Arbeitsschutzalltag zulasten des «Managen» des → *AMS* und das AMS wird zum Werkzeug der Arbeitsschutzexperten und nicht des Managements.

Praktiziert ein Unternehmen auch andere → *Managementsystemen*, wie z. B. ein Qualitäts- oder → *Umwelt-Managementsystem* oder ist dies beabsichtigt, sind die Aufgaben zusammenzuführen und an eine oder mehrere Personen (AMS-Beauftragte) mit der Verpflichtung einer intensiven Zusammenarbeit zu übertragen. Nur so lassen sich Synergien nutzen und eine hohe Wirksamkeit der Managementsysteme erzielen.

4 Aufgaben

Die Aufgaben, Zuständigkeiten und Befugnisse des AMS-Beauftragten sind betriebsspezifisch festzulegen und im AMS-Handbuch zu dokumentieren. Wesentliche Aufgaben eines AMS-Beauftragten sind:

- Aufbau, Umsetzung und Aufrechterhaltung einer geeigneten → *Arbeitsschutzorganisation*;
- Koordination mit anderen → *Managementsystemen* bzw. Einbindung in ein integriertes Managementsystem;

- Beratung der Geschäftsführung, der Betriebsleiter, der → *Führungskräfte* und der Beauftragten hinsichtlich der Anwendung des AMS;
- regelmäßige Überprüfung der Einhaltung der Festlegungen des → *AMS* und erforderlichenfalls Veranlassen von Maßnahmen zu deren Umsetzung;
- Bereitstellung von AMS-Methoden und Unterstützung bei deren Anwendung (Information und Schulung);
- die Förderung der Beteiligung aller Beschäftigten am → *AMS*;
- Sicherstellung der Anwendung und der Pflege des Dokumentationssystems (AMS-Handbuch inkl. Verfahrens- und Arbeitsanweisungen sowie weitere Aufzeichnungen);
- Bereitstellung von Indikatoren (→ *Kennzahlen*) zur Beurteilung der Wirksamkeit des Arbeits- und Gesundheitsschutzes sowie des → *AMS*;
- regelmäßige Ermittlung der Wirksamkeit des Arbeits- und Gesundheitsschutzes sowie des → *AMS*;
- Reporting: Information der Geschäftsführung und der Betriebsleitung über die Leistung des → *AMS*, den Stand und die Wirksamkeit der Anwendung sowie über die Notwendigkeit von Verbesserungsmaßnahmen;
- Beratung hinsichtlich Verbesserungsmöglichkeiten im → *AMS*;
- Hinwirken auf eine Bewertung des Arbeits- und Gesundheitsschutzes und des AMS durch das Management sowie eine ständige Verbesserung (Weiterentwicklung) des → *AMS*.

> **Wichtig: Aufgaben, Befugnisse und Ressourcenzusage schriftlich regeln**
>
> Die Geschäftsführung muss die zur Wahrnehmung der Aufgaben erforderlichen Befugnisse übertragen, die zur Erfüllung der Aufgaben notwendigen zeitlichen und finanziellen Ressourcen zur Verfügung stellen und die erforderliche Fortbildung gewährleisten. Die Aufgaben, Befugnisse und zugesicherten Ressourcen sollten im AMS-Handbuch geregelt werden. Sinnvoll ist auch die Erstellung einer schriftlichen Stellen- oder Funktionsbeschreibung.

5 Bestellung/Beauftragung

Der AMS-Beauftragte ist durch die Geschäftsführung – möglichst unter Einbeziehung der → *Arbeitnehmervertretung* sowie → *Fachkraft für Arbeitssicherheit* – schriftlich zu bestellen.

Albert Ritter

AMS-Konzepte

Ein AMS-Konzept (synonym wird auch die Bezeichnung AMS-Standard verwendet) ist ein Leitfaden mit Empfehlungen (teilweise auch Forderungen) zum Aufbau eines Arbeitsschutz-Managementsystems (AMS). Es umfasst eine Darlegung der Struktur der Managementsystemelemente, eine Beschreibung der Elemente und deren Zusammenwirken sowie Forderungen hinsichtlich der Gestaltung der Elemente.

1 Keine gesetzliche Vorgabe

Die Einführung eines → *Arbeitsschutz-Managementsystems* wird derzeit weder vom Gesetzgeber noch von den Trägern der gesetzlichen Unfallversicherung explizit gefordert. Sie machen zwar Vorgaben zur Umsetzung der Gesetze, Vorschriften etc. sowie zur Sicherstellung der Wirksamkeit und zur Nachweisbarkeit der Umsetzung, überlassen aber die Art und Weise der Realisierung weitgehend dem jeweiligen Unternehmen.

Insbesondere das Arbeitsschutzgesetz fordert aber auch eine wirksame Systematik der Umsetzung sowie die Wahrnehmung der Führungsverantwortung im Arbeitsschutz. Indirekt wird also durchaus die Anwendung einer – wie auch immer gestalteten – Systematik gefordert. Ein Arbeitsschutz-Managementsystem stellt eine solche Systematik dar, wobei die Einführung freiwillig ist und nur Empfehlungen zur Gestaltung des unternehmensspezifischen AMS gemacht werden. Solche Empfehlungen sind v. a.

- die «Gemeinsamen Eckpunkte für AMS-Konzepte»,
- der «nationale Leitfaden für AMS (NLA)»,
- die AMS-Leitfäden des Länderausschusses für Arbeitsschutz und Sicherheitstechnik (LASI-Leitfäden AMS),
- die AMS-Leitfäden der Bundesländer (z. B. das bayerische AMS-Konzept «OHRIS: Occupational Health- and Risk-Managementsystem» sowie
- die AMS-Leitfäden einiger Berufsgenossenschaften (z. B. AMS Bau und das Gütesiegel «Sicher mit System»).

Immer mehr Unternehmen verlangen von ihren Werksvertragspartnern (v. a. den Kontraktoren) einen anerkannten Nachweis eines systematischen und wirksamen Arbeitsschutzes. Daher besitzen die AMS-Konzepte, die diesen Arbeitsschutz-Managementsystemen zugrunde liegen (v. a. das «→ *Sicherheits-Certifikat-Contraktoren*»), eine besondere Relevanz. AMS-Konzepte können demzufolge als normative Vorgabe betrachtet werden.

1 Intention der AMS-Konzepte

Jedes Unternehmen, das ein → *Arbeitsschutz-Managementsystem* einführen möchte, sollte dieses AMS unternehmensspezifisch gestalten und mit dem ggf. vorhandenen Managementsystem (z. B. einem Qualitäts-Managementsystem) verbinden. Wenn sie eine ausreichende Anerkennung besitzen, liefern AMS-Konzepte eine wichtige Orientierungsgrundlage für den Aufbau (die Entwicklung) des «eigenen» AMS, seine Weiterentwicklung und Bewertung. Einige sind auch die Grundlage für die Zertifizierung des praktizierten → *ArbeitsschutzManagementsystems*.

Wichtig: Auswahl eines passenden AMS-Konzepts

Die Orientierung an einem AMS-Konzept gibt einem Unternehmen Sicherheit beim Aufbau sowie bei der Weiterentwicklung seines Arbeitsschutz-Managementsystems. Die Auswahl eines geeigneten AMS-Konzepts ist sehr wichtig. Sie hängt v. a. ab von der Unternehmenspolitik (z. B. Orientierung an einem Business Excellence Konzept), den betrieblichen Besonderheiten (z. B. internationale Ausrichtung, Kontraktor) sowie den Kunden- und Marktforderungnissen (z. B. werden zertifizierte Nachweise für ein intaktes AMS gefordert oder honoriert).

Grundlage für die Auswahl eines geeigneten AMS-Konzepts sollten die Antworten auf folgende Fragen sein:

- Was will das Unternehmen?
- Was wollen die Kunden?
- Welche Managementsysteme sind im Unternehmen bereits vorhanden?

2 Arten von AMS-Konzepten

Die vorliegenden AMS-Konzepte lassen sich in 3 Gruppen einteilen:

2.1 Eckwertepapiere

Sie beschreiben Anforderungen an die Entwicklung eines AMS-Konzepts und haben deshalb für die Entwicklung eines unternehmensspezifischen AMS eher eine indirekte Bedeutung. Bedingt könnten sie auch zum Aufbau eines unternehmensspezifischen AMS genutzt werden.

Die wesentlichsten Eckwertepapiere sind:

- Gemeinsame Eckpunkte für AMS-Konzepte
- LASI-Leitfäden AMS
- ILO-Leitfaden für Arbeitsschutz-Managementsysteme

2.2 Leitfäden und Normen

Sie beschreiben Anforderungen an ein betriebliches AMS.

Die derzeit wesentlichsten Leitfäden sind:

- Nationaler Leitfaden für Arbeitsschutz-Managementsysteme: NLA 2003
- Occupational Health and Safety Assessment Series: OHSAS 18001:2007
- Sicherheits-Certifikat-Contraktoren: SCC und SCP 2011
- Occupational Health- and Risk-Managementsystem: OHRIS 2010

2.3 Handlungshilfen

Sie gehen in der Regel vom NLA aus und beschreiben branchenspezifisch Anforderungen an ein betriebliches AMS. Dabei geben sie auch konkrete Hinweise zur Anwendung und Hilfen (z. B. Mustervorlagen, Auditchecklisten). Solche Handlungshilfen haben inzwischen einige Unfallversicherungsträger (z. B. BG BAU, BG ETEM, BGHM, BGN, BG RCI sowie VBG) und einige Verbände erarbeitet.

3 Wesentliche AMS-Konzepte

Derzeit liegen mehrere AMS-Konzepte in Form von Leitfäden und Normen vor. Alle AMS-Konzepte gehen von einer freiwilligen Anwendung aus.

Die Wesentlichsten zeigt die folgende Tabelle.

Titel	Ausrichtung		zertifizierbar?	
	national	international	ja	nein
Nationaler (deutscher) Leitfaden für Arbeitsschutz-Managementsysteme: NLA 2003	X			X
Occupational Health and Safety Assessment Series: OHSAS 18001:2007		X		
wortgleiche englische Norm: BS OHSAS 18001:2007		X	X	
Sicherheits-Certifikat-Contraktoren: SCC und SCP 2006		X	X	
AMS-Leitfäden von Arbeitsministerien einzelner Bundesländer, z. B.: - Occupational Health- and Risk-Managementsystem: OHRIS 2010 - Leitfaden Arbeitsschutzmanagement der Hessischen Arbeitsschutzverwaltung: ASCA 2007	X			X
Branchenspezifische Handlungshilfen einzelner Unfallversicherungsträger, z. B.: - Gütesiegel «Sicher mit System», z. B. der StBG - «AMS-Bau» der Bau-BG - «AMS – Arbeitsschutz mit System» der VBG				

Albert Ritter

Anlegeleitern

Anlegeleitern sind ein-, zwei- und dreiteilige Leitern, die zur ihrer Benutzung an feste, tragfähige Untergründe angelegt werden müssen. Einteilige Anlegeleitern können mit Sprossen oder Stufen ausgerüstet sein, mehrteilige Anlegeleitern haben konstruktionsbedingt nur Sprossen. Die Stufen bzw. Sprossen sind durch Bördelung, Nietung, Verschraubung oder Verschweißung fest mit 2 Holmen verbunden und bilden damit den «Steigschenkel». Der Gesamtlängenbereich von Anlegeleitern beträgt etwa 2 m bis 16 m.

Alle Anlegeleitern müssen an den Holmenden mit geeigneten Abrutschsicherungen ausgestattet sein. Die Abrutschsicherungen der unteren Holmenden (Leiterfüße) weisen eine Shore-Härte zwischen 70 und 80 (Shore A) auf und sollten profiliert sein.

Zu den Anlegeleitern zählen auch Leitern für Spezialaufgaben wie Glasreiniger- oder Obstbaumleitern.

Gesetze, Vorschriften und Rechtsprechung

- Produktsicherheitsgesetz (ProdSG)
- BGV D36 «Leitern und Tritte»
- EN 131 Teil 1 «Leitern; Benennungen, Bauarten, Funktionsmaße»
- EN 131 Teil 2 «Leitern; Anforderungen, Prüfung, Kennzeichnung»
- EN 131 Teil 3 «Leitern; Benutzerinformationen»
- DIN 4567 «Leitern; Bemessungsgrundlagen für Leitern für den besonderen beruflichen Gebrauch»
- DIN 68361 «Obstbaumleitern aus Holz; Maße, Anforderungen und Prüfung»
- DIN 68362 «Holz für Leitern und Tritte; Gütebedingungen»
- DIN 68363 «Obstbaumleitern aus Aluminium; Maße, Anforderungen und Prüfung»

1 Einteilige Anlegeleitern

Anlegeleitern werden aus parallel verlaufenden Holmen mit dazwischen liegenden Sprossen (**Sprossenanlegeleitern**) oder Stufen (**Stufenanlegeleitern**) hergestellt (s. **Abb. 1**). Die mind. 80 mm tiefen Stufen bieten im Vergleich zu den nur mind. 20 mm tiefen Sprossen einen ergonomischeren Stand.

Das lichte Maß (Fußfreiraum) zwischen den Holmen beträgt mindestens 280 mm. Als Werkstoffe sind Aluminium, Stahl, Holz und glasfaserverstärkter Kunststoff (GFK) gebräuchlich. Alle 4 Holmenden müssen mit geeigneten Abrutschsicherungen (Leiterfüßen) versehen sein. Nur wenn die Form der Sprossen (z. B. Dreikantsprossen) die Anlegerichtung der Leiter vorgibt, müssen nur die unteren Holmenden als Leiterfüße ausgeführt sein. Die oberen Holmenden sind aber zur Vermeidung des Hängenbleibens mit Stopfen etc. zu verschließen.

Einteilige Anlegeleitern werden bis zu einer Länge von ca. 8 m hergestellt. Längere einteilige Anlegeleitern sind sperrig und nicht mehr sicher zu handhaben.

Abb. 1: Anlegeleiter (Quelle: KRAUSE)

1 Zwei- und dreiteilige Schiebeleitern

Zwei- und dreiteilige Anlegeleitern wurden entwickelt, um größere Höhen von Anlegeleitern aus erreichen zu können. Sie werden als Schiebeleitern bezeichnet. Es handelt sich entweder um ausschiebbare oder mit einem Seilzug ausziehbare Leitern. Die zweiteilige Schiebeleiter kann bis zu einer Gesamtlänge von etwa 12 m; die dreiteilige Schiebeleiter bis zu einer Gesamtlänge von etwa 16 m in Sprossenabständen verstellt werden.

Zwei- oder dreiteilige Schiebeleitern werden aus 2 bzw. 3 in Beschlägen übereinander geführten Sprossenanlegeleitern gebildet. Die obere(n) Leiter(n) sind mit Steckhaken ausgestattet, mit denen sich diese Leiterteile in Sprossenabständen verschieben und arretieren lassen. Die Steckhaken müssen Abhebesicherungen aufweisen, damit sich die Leiterteile – z. B. beim Versetzen der ausgeschobenen Leiter – nicht unbeabsichtigt voneinander lösen können.

Wird das Ausschieben der Leiterteile mittels Seilzug durchgeführt, werden diese Leitern oft auch **Seilzugleitern** genannt (s. **Abb. 2**). Hier werden anstelle der einfachen Steckhaken feder- oder schwerkraftbetätigte Beschläge eingesetzt, die auch beim Ausfall des Zugseiles das Einhaken/-rasten angehobener Leiterteile schon nach einem Fallweg von einem Sprossenabstand sicherstellen.

Abb. 2: Schiebeleiter mit Seilzug, zweiteilig (Quelle: KRAUSE)

2 Teleskopanlegeleitern

Teleskopanlegeleitern bestehen aus ineinander geführten Holmsegmenten mit dazwischen liegenden Sprossen oder Stufen. Durch Ausziehen der Segmente lässt sich diese Bauart in Sprossenabständen bis zur Gesamtlänge (meist 11 Sprossen) einsetzen. Die Segmente sind mit beidseitigen Verriegelungen ausgestattet, die selbsttätig einrasten müssen. Vor dem Besteigen muss man sich darüber vergewissern! Beim Ausziehen der Leiter darf es nicht möglich sein, im Verlauf des Steigweges einzelne Sprossensegmente nicht auszuziehen (aufeinander liegen zu lassen), denn in diesem Fall ist die in der Norm EN 131 begründete Forderung nach gleichen Sprossen-/Stufenabständen nicht erfüllt.

Die Leiter gibt es in den meisten Fällen nur in «Haushaltsqualität» (s. **Abb. 3**). Dabei müssen die «Prüfgrundsätze für Teleskopleitern» erfüllt sein.

Anlegeleitern

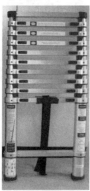

Abb. 3: Teleskopleiter in «Haushaltsqualität»

In wenigen Fällen werden diese Prüfgrundsätze deutlich übertroffen; die Leiter kann dann beim Erfüllen der Norm EN 1147 sogar für den Feuerwehreinsatz geeignet sein (s. **Abb. 4**).

Abb. 4: Teleskopleiter in «Industriequalität»

Der Vorteil dieser in den letzten Jahren zunehmend verbreiteten Bauart liegt in der platzsparenden Aufbewahrung bzw. dem platzsparenden Transport sowie der Möglichkeit, die Leiterlänge einzustellen.

Die Leiter ist konstruktionsbedingt jedoch sehr anfällig gegenüber Verschmutzungen. Dies kann schon nach kurzer Zeit zum Ausschlagen der Holmführungen führen mit dem Ergebnis, dass die Durchbiegung der nun lockerer ineinander geführten Holmsegmente deutlich ansteigt.

Außerdem ist diese Leiterbauart schlagempfindlich. Wird ein Holmsegment eingebeult, kann dies dazu führen, dass sich die Leiter in diesem Bereich nicht mehr vollständig ausfahren und verriegeln lässt.

Aus diesen Gründen ist die Leiter in «Haushaltsqualität» (s. **Abb. 2**) nicht für den rauen gewerblichen Einsatz zu empfehlen.

3 Glasreinigerleitern

Glasreinigerleitern werden je nach Standhöhe in **Etagenleitern** (max. Standhöhe 2 m) und **Tourenleitern** (max. Standhöhe 7 m) unterschieden. Beide werden zur Reinigung von Glasflächen, z. B. Fenstern, Glaswänden, Glasfassaden, verwendet (s. **Abb. 5**).

Abb. 5: Glasreinigerleiter (Quelle: KRAUSE)

Glasreinigerleitern bestehen i. d. R. aus mehreren Steckleiterteilen; einem Fußteil, einem Kopfteil und einem oder mehreren Mittelteilen. Die Fußteile von Etagenleitern sind breiter als normale Anlegeleitern, da das oberes Ende des Kopfteiles als Punktanlage (Polster oder Rolle) ausgebildet ist. Ihre gestreckte Form entspricht einem schmalen Dreieck. Zur Benutzung wird die Glasreinigerleiter z. B. an ein Fensterkreuz angelegt.

Anforderungen an Glasreinigerleitern enthalten die Durchführungsanweisungen zu § 5 Abs. 2 BGV D36. Die für Anlegeleitern sonst übliche Auslegung für eine Belastung von 1,5 kN beträgt nach der hier genannten Norm DIN 4567 nur 0,8 kN. Dieser Wert, der in vielen Fällen nicht einmal das Personengewicht abdeckt, soll im Zuge der Überarbeitung der Norm jedoch erhöht werden. Die Hersteller von Glasreinigerleitern legen diesen Leitertyp daher schon seit Jahren für mindestens 1,0 kN aus.

Die zu berücksichtigende Sicherheitszahl für Glasreinigerleitern aus Aluminium oder Stahl beträgt S = 1,75.

Die Holmquerschnittsabmessungen für Glasreinigerleitern aus Holz stimmen mit den Angaben in **Tab. 1** überein. Darüber hinaus beträgt die max. Leiterbreite am Fußende 700 mm.

Der Sprossenquerschnitt für Sprossen aus Holz beträgt in jedem Falle 22/35 mm. Die Holzqualität muss der Norm DIN 68362 entsprechen.

Für Glasreinigerleitern aus Kunststoff sind keine konkreten Anforderungen festgelegt. Sie müssen so gestaltet sein, dass ihre Sicherheit der von Holzleitern oder Metallleitern entspricht.

Leiterlänge/Sprossenzahl	Holmquerschnitt in mm
12	23/55
14	23/58
15	23/60
18	23/65
28	27/73

Tab. 1: Querschnittsabmessungen für Holme aus Holz

4 Obstbaumleitern

Obstbaumleitern werden in landwirtschaftlichen Obstanbaubetrieben ausschließlich bei Ernte- und Pflegearbeiten an Obstbäumen verwendet.

Obstbaumleitern bestehen aus ein- oder zweiteiligen Holz- oder Aluminiumanlegeleitern mit und ohne Stützen (s. **Abb. 6**). Am Fußende und an den Stützen sind Metallspitzen als Abrutschsicherungen angebracht.

Einteilige Obstbaumleitern mit 16 Sprossen oder mehr sowie zweiteilige Obstbaumleitern müssen zusätzlich mit Spreizsicherungen (Ketten, Gurten) ausgerüstet sein.

Anforderungen an Obstbaumleitern enthalten die Durchführungsanweisungen zu § 5 Abs. 2 BGV D36 und die Normen DIN 68361 und DIN 68363. In der Durchführungsanweisung ist die für einen Festigkeitsnachweis erforderliche Last mit 1,0 kN (ca. 100 kg) festgelegt. Diese Last ist gegenüber der in EN 131 angegebenen Last von 1,5 kN stark reduziert.

Abb. 6: Glasreinigerleiter (Quelle: KRAUSE)

Die Normen DIN 68361 und 68363 sind i. W. Maßnormen. Lediglich eine Prüfmethode zur Ermittlung ausreichender Festigkeit der Holme ist beschrieben, wobei die Prüfkraft 650 N beträgt. Auch dieser Wert ist gegenüber der vergleichbaren Prüfkraft von 1,1 kN in EN 131 reduziert.

Mit Blick auf die verringerte Tragfähigkeit und Standsicherheit von Obstbaumleitern sind Benutzer-informationen anzubringen, die darauf hinweisen, dass

- die Obstbaumleiter nur im Obstbau verwendet werden darf,
- mehrteilige Obstbaumleitern (auch mit Stützen) mit dem Leiterkopf an tragfähige Baumteile anzulegen sind,
- mehrteilige Obstbaumleitern nicht frei aufgestellt werden dürfen,
- der Neigungswinkel der Leiter nicht kleiner als 75° sein darf.

Darüber hinaus ist an der Obstbaumleiter die max. zulässige Belastung von 100 kg (= ca.1.000 N = 1,0 kN) anzugeben und das Herstellerzeichen sowie das Herstellungsdatum (Monat, Jahr) oder eine Serien-Nr. aufzubringen.

Wenn diese Voraussetzungen erfüllt sind, darf der Hersteller die Leitern mit dem DIN-Zeichen und der Normnummer kennzeichnen.

5 Bauleitern

Die Bauleiter ist eine Anlegeleiter aus Holz, die vorwiegend auf Baustellen eingesetzt wird. Ihre Holme werden aus vollen oder einmal längs geteilten (aufgeschnittenen) Fichtenstangen hergestellt. Die Sprossen sind aus Schnittholz gefertigt.

Die Bauleiter ist aufgrund ihrer Abmessungen schwer und unhandlich. Dies ist ein Grund dafür, dass ihre Anwendung auf der Baustelle immer mehr an Bedeutung verloren hat.

Konkrete Anforderungen an Bauleitern enthält nur die Unfallverhütungsvorschrift BGV D36 § 5 Abs. 2 einschließlich Durchführungsanweisung (vgl. **Tab. 2**).

Leiterlänge in m (max.)	Holmmaße in mm (min.) rund	Holmmaße in mm (min.) halbrund	Leiterbreite in mm (max.)	Sprossenquerschnitt in mm (min.)
4	65	80	450	30/50
6	70	90	500	35/50
8	75	100	650	40/60
10	85	110	650	40/60

Tab. 2: Hauptabmessungen von Bauleitern

Die Sprossenenden sind in die Holme eingelassen (eingekerbt). Die Tiefe der Einkerbung beträgt 2 cm. Die Sprossenenden sind mit je 2 Nägeln, 75 mm lang, befestigt.

Jürgen Chilian

Anschlagmittel

Anschlagmittel sind nicht zum Hebezeug (z. B. Kran) gehörende Lastaufnahmeeinrichtungen, die eine Verbindung zwischen dem zum Hebezeug gehörenden Tragmittel (z. B. Kranhaken) und der zu hebenden Last oder zwischen dem Tragmittel und einem nicht zum Hebezeug gehörenden Lastaufnahmemittel (z. B. Greifer) herstellen.

Gesetze, Vorschriften und Rechtsprechung

Praxisorientierte Informationen zum Thema Anschlagen von Lasten enthält die BGI 556 «Anschläger». Spezielle Informationen zu einzelnen Arten von Anschlagmitteln enthalten:

- BGR 150 «Rundstahlketten als Anschlagmittel in Feuerverzinkereien»
- BGR 151 «Gebrauch von Anschlag-Drahtseilen»
- BGR 152 «Gebrauch von Anschlag-Faserseilen»

1 Definition

Anschlagmittel sind z. B. (vgl. **Abb. 1**):

- Anschlagseile,
- Anschlagketten,
- Hebebänder und
- Zubehörteile, z. B. Haken, Ösen, Verbindungs- und Verkürzungsglieder, Ösenhaken, Schäkel, Ringe, Ösenschrauben.

Abb. 1: Anschlagseil, -kette und Hebeband

2 Sicheres Anschlagen von Lasten

Lasten müssen sicher angeschlagen werden. Dabei dürfen sich die Lasten, Lastaufnahme- sowie Anschlagmittel nicht unbeabsichtigt lösen oder verschieben. Die Lastaufnahme- und Anschlagmittel sind entsprechend den zu handhabenden Lasten, den Greifpunkten, den Einhakvorrichtungen, den Witterungsbedingungen sowie der Art und Weise des Anschlagens auszuwählen. Bei der Benutzung von Lastaufnahme- und Anschlagmitteln müssen den Beschäftigten angemessene Informationen über deren Eigenschaften zur Verfügung stehen. Verbindungen von Anschlagmitteln sind deutlich zu kennzeichnen, sofern sie nach der Benutzung nicht getrennt werden.

3 Hinweise auf dem Anschlagmittel

Alle Anschlagmittel haben einen deutlich sichtbaren Hinweis (vgl. **Abb. 2**) auf die zulässige Tragfähigkeit und/oder sind ggf. mit einem Schild zu versehen, auf dem die zulässige Tragfähigkeit für die einzelnen Betriebszustände angegeben ist.

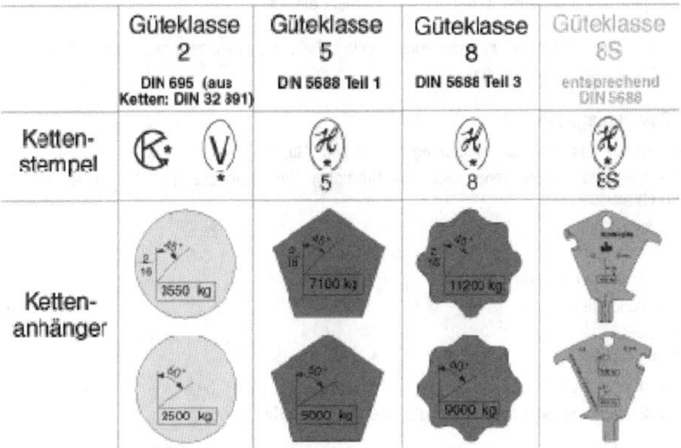

	Güteklasse 2 DIN 695 (aus Ketten: DIN 32 391)	Güteklasse 5 DIN 5688 Teil 1	Güteklasse 8 DIN 5688 Teil 3	Güteklasse 8S entsprechend DIN 5688
Kettenstempel	Ⓚ Ⓥ	H 5	H 8	H 8S
Kettenanhänger	3550 kg / 2500 kg	7100 kg / 5000 kg	11200 kg / 9000 kg	

Abb. 2: Beispiel: Kennzeichnung von Anschlagketten

4 Ablegereife

Die Ablegereife von Anschlagmitteln gibt an, wann das jeweilige Anschlagmittel nicht mehr genutzt werden darf.

4.1 Prüffristen

Der Unternehmer muss dafür sorgen, dass Lastaufnahmeeinrichtungen in Abständen von längstens einem Jahr durch einen Sachkundigen geprüft werden. Im Abstand von längstens drei Jahren müssen Rundstahlketten, die als Anschlagmittel verwendet werden, auf Rissfreiheit und Hebebänder mit aufvulkanisierter Umhüllung auf Drahtbrüche geprüft werden.

Die Prüffristen können jedoch auch verkürzt werden. Das ist insbesondere dann der Fall, wenn die Lastaufnahmemittel besonders häufig genutzt werden, mit hohem Verschleiß zu rechnen ist oder die Umgebungsbedingungen zu Korrosion führen.

Außerordentliche Prüfungen der Lastaufnahmeeinrichtungen sind nach Schadensfällen oder besonderen Vorkommnissen, die die Tragfähigkeit beeinflussen können, sowie nach Instandsetzung fällig.

Lastaufnahmemittel, die auffällig sind, d. h. durch die Prüfung gefallen sind, müssen «abgelegt» (entsorgt) werden.

Anstelle des o. g. Sachkundigen tritt nach BetrSichV/TRBS 1203 die → *Befähigte Person*, die entsprechend qualifiziert und ausgebildet sein muss. Wenn Mitarbeiter bei ihrer täglichen Sichtkontrolle von sich aus Mängel feststellen, müssen die Lastaufnahmemittel ebenfalls abgelegt werden.

4.2 Prüfkriterien

Bei der Prüfung der Lastaufnahmemittel gelten folgende Kriterien:

4.2.1 Anschlagketten

Anschlagketten sind ablegereif bei:

- Bruch eines Kettengliedes,
- Anrissen, Oberflächenverletzungen oder festigkeitsbeeinträchtigenden Korrosionsnarben von mehr als 10 % des noch vorhandenen Kettendurchmessers,
- Längung, auch einzelner Kettenglieder, um mehr als 5 %,
- Abnahme der Glieddicke an irgendeiner Stelle auf die nächst kleinere genormte Dicke oder
- Verformung eines Kettenglieds.

4.2.2 Anschlagseile

Anschlagseile aus Stahldraht sind ablegereif bei (vgl. **Abb. 3**):

- Auftreten von mindestens sechs Drahtbrüchen auf einer Länge von 6d (d = Seildurchmesser),
- Litzenbrüchen,
- Aufdoldungen,
- Lockerung der äußeren Lage,
- Quetschungen,
- Knicken,
- Kinken (Klanken),
- Korrosionsnarben,
- Beschädigungen oder starken Abnutzungen der Seilendverbindungen.

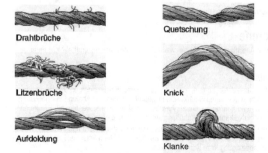

Abb. 3: Ablegereife von Anschlagseilen aus Stahldraht

4.2.3 Hebebänder

Hebebänder sind ablegereif bei:

- Beschädigungen der Webkante oder des Gewebes und Garnbrüchen in großer Zahl, z. B. mehr als 10 % des Querschnitts,
- stärkerer Verformung infolge von Wärmeeinwirkung,
- Schäden an der Vernähung des Bandes,
- Schäden infolge von Einwirkung aggressiver Stoffe,
- Beschädigung der aufvulkanisierten Gummiauflage bei Stahldrahtbändern oder
- Beschädigung der Beschlagteile.

4.2.4 Lasthaken

Lasthaken sind ablegereif bei:

- Anrissen, insbesondere Querrissen in Schaft, Hals, Gewinde oder Hakenmaul, Aufweitung des Hakenmauls um mehr als 10 % oder
- Abnutzung im Hakengrund um mehr als 5 %.

4.2.5 Naturfaserseile

Naturfaserseile (Ma, Ha) sind ablegereif bei:

- Bruch einer Litze,
- mechanischen Beschädigungen, starkem Verschleiß oder Auflockerungen,
- Herausfallen von Fasermehl beim Aufdrehen des Seiles,
- Schäden infolge feuchter Lagerung oder Einwirkung aggressiver Stoffe,
- Garnbrüchen in großer Zahl, z. B. mehr als 10 % der Gesamtgarnzahl im am stärksten beschädigten Querschnitt,
- Lockerung der Spleiße.

4.2.6 Chemiefaserseile

Chemiefaserseile (PA, PP, PES) sind ablegereif bei:

- Bruch einer Litze,
- Garnbrüchen in großer Zahl, z. B. mehr als 10 % der Gesamtgarnzahl im am stärksten beschädigten Querschnitt,
- starker Verformung infolge Wärme, z. B. durch innere oder äußere Reibung oder Wärmestrahlung,
- Lockerung der Spleiße,
- Schäden infolge Einwirkung aggressiver Stoffe.

Arne Gotzen

Arbeiten in Behältern

Unter Behältern versteht man mit festen Wänden umgebene luftaustauscharme Bereiche, z. B. Tanks, Kessel, Schächte, Maschinen oder Rohrleitungen. Die Arbeit in Behältern umfasst alle Tätigkeiten, bei denen sich Beschäftigte in Behältern aufhalten. Dazu gehören Reinigungs- und Wartungsarbeiten, Inspektionen und Reparaturen. Das Arbeiten in Behältern oder auch engen Räumen stellt eine der gefährlichsten Tätigkeiten dar.

Diese Gefährdungen haben ihre Ursache in der besonderen räumlichen Enge oder in den sich im Behälter befindlichen Stoffen bzw. Einrichtungen. Daher sind besondere Vorsichtsmaßnahmen zu ergreifen, wenn Behälter befahren werden oder in ihnen gearbeitet wird.

Arbeiten in Behältern

Gesetze, Vorschriften und Rechtsprechung

Regeln zum sicheren Arbeiten in Behältern enthalten BGR 117-1 «Behälter, Silos und enge Räume» und BGR 117-2 «Umgang mit transportablen Silos».

1 Mit welchen Gefährdungen ist zu rechnen?

Bei der Arbeit in Behältern sind die in **Tab. 1** aufgeführten Gefährdungen möglich.

Gefährdung	Beispiele
Organisatorische Mängel	Keine → *Unterweisung*, kein Erlaubnisschein
→ *Gefahrstoffe*, Stoffe und Zubereitungen	Sauerstoffanreicherung durch Fehlbedienung beim → *Schweißen*, Reststoffe im Behälter, Entfernen oder Aufbringen von Beschichtungsstoffen im Behälter
Sauerstoffmangel	Fehlende Belüftung, Sauerstoffverbrauch bei der Arbeit
Brände, Explosionen	Vorhandene brennbare Stoffe
Absturz	Absturz in den Behälter oder im Behälter
Mechanische Einwirkungen	Bewegliche Teile oder Einbauten wie Fördereinrichtungen, verwendete Flüssigkeitsstrahler
Elektrischer Strom	Unfall durch verwendete elektrische Geräte wie Handleuchten oder elektrische Handwerkzeuge
Hitze oder Kälte	Aufgeheizte oder kalte Behälterteile, Schweißarbeiten
Strahlung	z. B. durch Messgeräte
Erhöhte körperliche Belastungen	Körperlich schwere Arbeit im Behälter, Arbeiten in Zwangshaltungen
Nicht ausreichende Rettungsmaßnahmen	Fehlender Sicherungsposten, fehlende Einrichtungen/Geräte für die Notfallrettung
Versinken oder Verschütten	Der Behälter enthält noch Reststoff oder das Produkt

Tab. 1: Gefährdungen bei der Arbeit in Behältern

2 Welche Vorsichtsmaßnahmen sind zu ergreifen?

Die Vorgehensweise für das Arbeiten in Behältern muss der Unternehmer festlegen. Bevor mit den Arbeiten begonnen werden kann, sind diese Punkte zu beachten:

- Die im speziellen Einzelfall möglichen Gefährdungen müssen ermittelt und beurteilt werden.
- Die sich ergebenden technischen, organisatorischen und persönlichen Schutzmaßnahmen einschließlich Notfall- und Rettungsmaßnahmen sind in einem schriftlichen Befahrerlaubnisschein zusammenzufassen. Einen Mustererlaubnisschein enthält Anhang 1 BGR 117. Daraus folgt, dass die Arbeit in Behältern **nur mit einer schriftlichen Erlaubnis** gestattet ist.
- Es sind alle notwendigen Sicherheitsmaßnahmen zu treffen.
- Die Rettung muss trainiert werden.
- Alle beauftragten Personen müssen über die Gefährdungen und Schutzmaßnahmen unterrichtet werden. Die beauftragten Personen haben per Unterschrift auf dem Befahrerlaubnisschein zu bestätigen, dass sie Kenntnis der festgelegten Maßnahmen haben. Handelt es sich um regelmäßig wiederkehrende Tätigkeiten, so sind die beteiligten Personen mindestens halbjährlich zu → *unterweisen*.
- Eine weisungsbefugte aufsichtsführende Person ist einzusetzen.

Während bestimmter Arbeiten in Behältern ist mindestens ein Sicherungsposten, der mit der im Behälter arbeitenden Person in ständigem Kontakt (z. B. Sicht, Rufweite etc.) steht, einzurichten. Der Sicherungsposten muss Hilfe holen können, ohne seinen Platz zu verlassen.

Bettina Huck

Arbeiten unter Spannung

Arbeiten unter Spannung sind Arbeiten, bei denen eine Person mit Körperteilen oder Gegenständen (Werkzeuge, Geräte, Ausrüstungen oder Vorrichtungen) unter Spannung stehende Teile berührt oder in die Gefahrenzone gelangt.

Gesetze, Vorschriften und Rechtsprechung

Das Arbeiten unter Spannung ist erlaubt, wenn weder Körperdurchströmung noch Lichtbogenbildung zu einer Gefährdung führen. Ansonsten darf unter Spannung nur gearbeitet werden, wenn zwingende Gründe vorliegen und besondere technische, organisatorische und persönliche Maßnahmen eingehalten werden. Die BGV A3 legt die Voraussetzungen fest, unter denen Arbeiten unter Spannung durchgeführt werden dürfen. Die BGR A3 konkretisiert die Maßnahmen.

1 Wann Arbeiten unter Spannung nicht erlaubt ist

§ 6 BGV A3 «→ *Elektrische Anlagen und Betriebsmittel*» legt fest, wann Arbeiten unter Spannung **grundsätzlich** nicht durchgeführt werden dürfen:

1. An unter Spannung stehenden aktiven Teilen elektrischer Anlagen und Betriebsmittel darf, abgesehen von den Festlegungen in § 8 BGV A3, nicht gearbeitet werden.
2. Vor Beginn der Arbeiten an aktiven Teilen elektrischer Anlagen und Betriebsmittel muss der spannungsfreie Zustand hergestellt und für die Dauer der Arbeiten sichergestellt werden.

«Arbeiten an unter Spannung stehenden aktiven Teilen elektrischer Anlagen und Betriebsmittel» werden auch als «**Arbeiten unter Spannung**» bezeichnet.

Arbeiten unter Spannung sind grundsätzlich nicht erlaubt, weil mit diesen Arbeiten eine erhöhte Gefährdung verbunden ist.

2 Herstellung des spannungsfreien Zustandes

Durch Einhalten der → *5 Sicherheitsregeln* wird sichergestellt, dass das Arbeiten in spannungsfreiem Zustand sicher abläuft:

1. freischalten,
2. gegen Wiedereinschalten sichern,
3. Spannungsfreiheit feststellen,
4. erden und kurzschließen,
5. benachbarte, unter Spannung stehende Teile abdecken oder abschranken.

3 Ausnahmen von der Regel

Doch es gibt die Ausnahmen des § 8 BGV A3, die als «zulässige Abweichungen» bezeichnet werden. Von dem o. g. § 6 BGV A3 «darf abgewichen werden, wenn»

- durch die Art der Anlage eine Gefährdung durch Körperdurchströmung oder durch Lichtbogenbildung ausgeschlossen ist oder
- aus zwingenden Gründen der spannungsfreie Zustand nicht hergestellt und sichergestellt werden kann.

Ist es aus zwingenden Gründen nicht möglich, einen spannungsfreien Zustand her- bzw. sicherzustellen muss auf jeden Fall dafür gesorgt werden, dass

- durch die Art der bei diesen Arbeiten verwendeten Hilfsmittel oder Werkzeuge eine Gefährdung durch Körperdurchströmung oder durch Lichtbogenbildung ausgeschlossen ist und
- mit diesen Arbeiten nur Personen beauftragt werden, die für diese Arbeiten an unter Spannung stehenden aktiven Teilen fachlich geeignet sind, und
- weitere technische, organisatorische und persönliche Sicherheitsmaßnahmen festlegt und durchgeführt werden, die einen ausreichenden Schutz gegen eine Gefährdung durch Körperdurchströmung oder durch Lichtbogenbildung sicherstellen.

4 Weitere Informationen

Die Durchführungsanweisung zu § 8 BGV A3 konkretisiert diese Maßnahmen. Insbesondere werden die «zwingenden Gründe» beschrieben, unter denen die Arbeiten unter Spannung erlaubt sind. Weiterhin werden Arbeiten genannt, die von einer → *Elektrofachkraft* und/oder einer **elektrotechnisch unterwiesenen Person** und/oder einem elektrotechnischen Laien unter Spannung durchgeführt werden dürfen. Die BGR A3 «Arbeiten unter Spannung an elektrischen Anlagen und Betriebsmitteln» beschreibt ausführlich die Maßnahmen, die beim Arbeiten unter Spannung zu beachten sind. Der Schwerpunkt liegt auf organisatorischen Voraussetzungen für die Arbeiten und die Ausbildung der Beschäftigten.

5 Neuerungen

Im Juli 2010 wurde die TRBS 2131 «Elektrische Gefährdungen» außer Kraft gesetzt – damit gelten wieder die Anforderungen der BGV A3. Anforderungen an die Befähigte Person zur Prüfung von elektrischen Anlagen und Betriebsmitteln sind in der TRBS 1203 «Befähigte Personen» geregelt. Durch die Aufhebung der TRBS 2131 sind die Begriffe «→ *Elektrofachkraft*,» «*elektrotechnisch unterwiesene Person*» und «elektrotechnischer Laie», die in der BGV A3 geregelt sind, wieder anzuwendende Begriffe. Es ist davon auszugehen, dass dieser Zustand nur einen Übergang darstellt, da grundsätzlich die Betriebssicherheitsverordnung durch Technische Regeln konkretisiert werden soll. Die in der BGV A3 genannten Grundanforderungen für Arbeiten unter Spannung sind somit wieder anzuwenden. Im Rahmen der → *Gefährdungsbeurteilung* sind dabei die für den Einzelfall festgelegten Schutzmaßnahmen hinsichtlich ihrer Wirksamkeit zu bewerten.

Dirk Rittershaus

Arbeitnehmerüberlassung

Wenn ein Arbeitgeber seine Arbeitnehmer Dritten zur Arbeitsleistung überlässt, spricht man von Arbeitnehmerüberlassung. Im Gegensatz zum Fremdfirmeneinsatz im Rahmen von Werk- und Dienstverträgen gehen wesentliche Arbeitgeberpflichten dabei auf den entleihenden Betrieb über. Daher hat bei Leiharbeitnehmern zwar der verleihende Arbeitgeber gewisse Grundpflichten im Arbeitsschutz. Den Entleiher treffen aber ebenfalls weitreichende Verpflichtungen, die Einhaltung der Arbeitsschutzvorschriften zu gewährleisten. I. d. R., sind die sich daraus ergebenden jeweiligen Pflichten und Schnittstellen im Rahmen des Leihvertrags definiert, der unbedingt schriftlich niedergelegt werden muss.

Gesetze, Vorschriften und Rechtsprechung

Grundlegend ist das Arbeitnehmerüberlassungsgesetz. Es regelt die Pflichten von Verleiher und Entleiher. Informationen für die Praxis enthalten die BGI 528 «Sicherheit und Gesundheitsschutz durch Koordinieren», BGI 865 «Einsatz von Fremdfirmen im Rahmen von Werkverträgen», BGI 5020 «Zeitarbeit – sicher, gesund und erfolgreich» und BGI 5021 «Zeitarbeit nutzen – sicher, gesund und erfolgreich».

1 Rechtsgrundlage Arbeitnehmerüberlassungsgesetz

Nach § 11 Abs. 6 AÜG unterliegt die Tätigkeit des Leiharbeitnehmers beim Entleiher den für den Betrieb des Entleihers geltenden Vorschriften des Arbeitsschutzes. Der Entleiher muss bei der Ausarbeitung des Leihvertrags angeben, welche Arbeitsaufgaben und -bedingungen den Leiharbeitnehmer erwarten und welche Qualifikationen und Kompetenzen er mitbringen muss. Daraus ergibt sich für den Verleiher die Pflicht, sich entsprechend zu informieren und geeignete Beschäftigte auszuwählen bzw. dafür zu sorgen, dass die vorgesehenen Mitarbeiter ausreichend qualifiziert, ggf. auch betriebsärztlich untersucht und ausgestattet sind.

Ist der Leiharbeitnehmer dann vor Ort, liegen die Arbeitnehmerpflichten vor allem beim Entleiher. Er muss für die Integration des Beschäftigten in sein Arbeitsschutzsystem sorgen, z. B. durch arbeitsplatzspezifische → *Unterweisungen*, Sicherheitsanweisungen usw. Im gesamten

Arbeitnehmerüberlassung

Prozess muss darauf geachtet werden, dass Informationen nicht nur zwischen ver- und entleihendem Betrieb ausgetauscht werden müssen, sondern dass die betroffenen Arbeitnehmer ebenfalls über Arbeitsbedingungen, Gefahren und Schutzmaßnahmen informiert sind, ggf. in deren Muttersprache, wenn das zum Verständnis erforderlich ist.

Dabei muss immer berücksichtigt werden, dass der Leiharbeitnehmer im arbeitsrechtlichen Sinn Beschäftigter des verleihenden Unternehmens bleibt. Unabhängig von der Branche, in der er eingesetzt wird, bleibt er auch in der gesetzlichen Unfallversicherung des Verleihers. Zwischen den Berufsgenossenschaften gibt es vor diesem Hintergrund allerdings Vereinbarungen, nach denen die Berufsgenossenschaft des Entleihers ihre Aufsichtspflicht auch gegenüber den bei anderen UVV-Trägern versicherten Leiharbeitnehmern wahrnimmt.

2 Pflichten des Entleihers (beispielhaft)

- → *Gefährdungsbeurteilung* für die vorgesehenen Arbeitsplätze erstellen;
- Anforderungsprofil für die benötigten Mitarbeiter entwickeln und dem Verleiher zur Verfügung stellen;
- überprüfen, ob die angeforderten Leiharbeitnehmer über die nötigen Qualifikationen verfügen (z. B. Ausbildungsnachweise, Grundlagenunterweisung, nötige Vorsorgeuntersuchungen, Berechtigung zum Führen von → *Fahrzeugen*/→ *Flurförderzeugen* usw.);
- ggf. erforderliche → *Schutzausrüstung* zur Verfügung stellen und die Benutzung sicherstellen;
- betriebs- und tätigkeitsspezifische → *Unterweisung* durchführen (z. B. Verhalten im Brandfall, → *Fluchtwege*, Umgang mit bestimmten → *Maschinen*, Anlagen, Verfahren);
- allgemeine Berücksichtigung von Sicherheit und Gesundheitsschutz bei der Arbeitsgestaltung (→ *Arbeitsstätte*, Arbeitsorganisation, → *Arbeitsmittel*, Arbeitsstoffe usw.).

3 Pflichten des Verleihers (beispielhaft)

- → *Gefährdungsbeurteilung* erstellen (unter Berücksichtigung der Informationen des entleihenden Betriebs);
- Anforderungsprofil der benötigten Mitarbeiter ermitteln;
- geeignete und qualifizierte Mitarbeiter auswählen bzw. Mitarbeiter entsprechend vorbereiten/ausbilden;
- ggf. geeignete → *persönliche Schutzausrüstung* bzw. → *Arbeitsmittel* beschaffen, für notwendige Prüfungen und Einweisung der Beschäftigten sorgen;
- Mitarbeiter in den allgemeinen Grundlagen sicheren Verhaltens → *unterweisen* (bei Arbeitsaufnahme, ggf. bei Tätigkeitswechsel, mind. jährlich);
- Einhaltung sicherer und gesundheitsschonender Arbeitsbedingungen beim Entleiher überprüfen;
- wirksames Arbeitssicherheitskonzept im Zeitarbeitsunternehmen einführen (z. B. betriebsärztliche und sicherheitstechnische Beratung, → *Unfallstatistik*, Ausbildung von Disponenten und → *Sicherheitsfachkräften* in Arbeitsschutzdingen).

Wichtig: Dokumentenqualität beachten

Gerade in der Arbeitnehmerüberlassung wird besonderer Wert auf aktuelle und stimmige Dokumente gelegt. Weil der verleihende Arbeitgeber nicht in täglichem Kontakt mit seinen Arbeitnehmern steht, wird erwartet, dass ein reibungsloser Informationsfluss sichergestellt ist. Dazu ist nachzuweisen:

- genaue Bezeichnung der auszuführenden Tätigkeiten im Überlassungsvertrag;
- Verpflichtung des Entleihers, Änderungen beim Einsatz der Leiharbeitnehmer nicht ohne vorherige Rücksprache vorzunehmen;
- regelmäßiger, dokumentierter Kontakt zum Entleiher mit Check des Tätigkeitsprofils und der Gefährdungsbeurteilung (Richtwert alle 3 Monate).

4 Praktische Umsetzung

In der Praxis kann es durchaus sein, dass einzelne Pflichten zwischen Ver- und Entleiher anders verteilt werden. Zum Beispiel ist es organisatorisch manchmal sinnvoll, notwendige Vorsorgeuntersuchungen über den entleihenden Betrieb abzuwickeln. In jedem Fall ist es wesentlich, dass bei Zustandekommen des Leihvertrags die Schnittstellen im Arbeitsschutz präzise abgestimmt und schriftlich fixiert sind. Das gilt besonders auch für die gegenseitige Information bei Veränderungen im Arbeitsverhältnis, beim Auftreten von → *Unfällen* usw. Wenn eine große Zahl von Beschäftigten dauerhaft in einen Betrieb verliehen wird, ist es sinnvoll, einen Verantwortlichen des Zeitarbeitsunternehmens vor Ort zu benennen, der Arbeitsschutzfragen koordiniert und Pflichten im Arbeitsschutz (z. B. Kontrollen, → *Unterweisungen* usw.) wahrnimmt (On-Site-Manager).

Achtung: Umfassende Meldepflichten bei Unfällen

Wenn Leiharbeitnehmer einen → *Arbeitsunfall* erleiden, bestehen Meldepflichten gegenüber
- der BG des entleihenden Unternehmens
- dem verleihenden Unternehmen
- der BG des verleihenden Unternehmens (i. d. R. über den Verleiher),
- bei entsprechender Unfallschwere gegenüber staatlichen Aufsichtsbehörden und der Polizei.

Wegen der höheren Zahl der Beteiligten kann es hier leicht zu Kommunikationsfehlern und Verwechslungen kommen. Alle Meldungen, Anzeigen und Kontakte sollten daher dokumentiert werden.

Im Zeitarbeitsunternehmen selber haben in Arbeitsschutzfragen typischerweise die Personalentscheidungsträger (Disponenten) besondere Verantwortung. Sie müssen im Kontakt mit den Kunden oft unterschiedlicher Branchen vor Ort die Arbeitsbedingungen einschätzen und geeignetes Personal auswählen.

Praxis-Tipp: BG-Angebote nutzen

Die für die Zeitarbeitsbranche zuständige Verwaltungs-BG stellt für den gesamten Themenbereich Arbeitnehmerüberlassung umfangreiches, aktuelles Informations- und Arbeitsmaterial zur Verfügung und bietet Arbeitsschutzseminare speziell für die Zeitarbeitsbranche an.

Die BGI 5020 «Zeitarbeit – sicher, gesund und erfolgreich» für Zeitarbeitsunternehmen ermöglicht es, ein komplettes Arbeitsschutzmanagementsystem im branchenangepassten Format zu etablieren und stellt dazu viele konkrete Arbeitshilfen zur Verfügung. Die BGI 5021 mit dem gleichen Titel wendet sich an entleihende Unternehmen und bietet Informationen und Checklisten für die sicherheitsbewusste Auswahl von Zeitarbeitsunternehmen und Mitarbeitern.

Cornelia von Quistorp

Arbeitsmedizin

Die Arbeitsmedizin als vorrangig präventivmedizinisches Gebiet umfasst die Wechselbeziehungen zwischen Arbeit und Beruf einerseits sowie dem Menschen, seiner Gesundheit und seinen Krankheiten andererseits. Sie ist darauf ausgerichtet, die Gesundheit des Menschen in seiner Arbeitsumwelt zu fördern und aufrechtzuerhalten. Die Arbeitsmedizin wirkt arbeitsbedingten Gesundheitsgefahren durch präventive und hygienische Maßnahmen entgegen. Sie ist auf die Vorbeugung, Erkennung und Therapie arbeitsbedingter Gesundheitsschäden am Arbeitsplatz gerichtet. Sie wirkt mit bei der medizinischen, beruflichen und sozialen Rehabilitation sowie der betrieblichen Wiedereingliederung gesundheitlich beeinträchtigter oder behinderter Menschen.

1 Beschreibung des Fachgebiets

Arbeitsmedizin ist interdisziplinär. Verschiedene Fachrichtungen der Medizin, Psychologie und Sozialwissenschaften leisten ihren Beitrag. Dazu kommen Grundkenntnisse und Verständnis für technische, wirtschaftliche und rechtliche Zusammenhänge. Zu den Schwerpunkten zählen:

- Arbeitsphysiologie, → *Ergonomie*, Arbeits- und Betriebspsychologie, Arbeitspathologie, Arbeitstoxikologie;
- Arbeitswelt und Arbeitsorganisation, rechtliche Grundlagen, spezielle Berufskunde, Verkehrsmedizin, Sozialversicherungsrecht;
- Arbeitsbedingte Erkrankungen, u. a. Berufskrankheiten, einschließlich der pathogenetischen, pathophysiologischen und pathologischen Grundlagen, Erkennung und Bewertung der Leistungsfähigkeit, Belastbarkeit und Einsatzfähigkeit;
- Arbeitshygiene mit den verschiedenen beeinflussenden Faktoren sowie der damit in Verbindung stehenden Umweltmedizin;
- → *Arbeitsmedizinische Vorsorgeuntersuchungen* und Früherkennungsmaßnahmen einschließlich Bewertung der Leistungsfähigkeit, Belastbarkeit und Einsatzfähigkeit;
- Unfallverhütung und Arbeitssicherheit unter besonderer Berücksichtigung der → *Ersten Hilfe* und deren Organisation;
- Gesundheitsberatung, → *Prävention* einschließlich Impfwesen und Gesundheitsförderung am Arbeitsplatz, psychosomatische Grundversorgung;
- Rehabilitation im Betrieb, Einsatz chronisch Kranker und schutzbedürftiger Personen am Arbeitsplatz;
- Allgemeine und spezielle medizinische Laboruntersuchungen, Probenentnahme und sachgerechte Probenbehandlung, Bewertung der Befunde und deren Einordnung in die diagnostische Fragestellung oder das Krankheitsbild;
- Begutachtung insbesondere zum Zusammenhang zwischen Erkrankung und Arbeit, Grundlagen der Epidemiologie, Dokumentation und Statistik;
- Qualitätssicherung ärztlicher Berufsausübung.

2 Arbeitsmedizinische Fachkunde

Die Gebietsbezeichnung **Facharzt für Arbeitsmedizin** oder (gleichbedeutend) **Arbeitsmediziner** bescheinigt die arbeitsmedizinische Fachkunde. Sie ist Voraussetzung für eine Bestellung zum Betriebsarzt (§ 4 ASiG, DGUV Vorschrift 2) oder für die Durchführung → *arbeitsmedizinischer Vorsorgeuntersuchungen*, die der Arbeitgeber nach der Gefahrstoffverordnung oder der Biostoffverordnung in Auftrag geben muss. Den Facharzttitel verleiht die zuständige Landesärztekammer, wenn der Arzt

- mindestens vier Jahre in festgelegten Fachgebieten, davon mindestens 21 Monate in der praktischen Arbeitsmedizin
- in für die Weiterbildung zugelassenen Einrichtungen ärztlich tätig war,
- einen dreimonatigen theoretischen Kurs in Arbeitsmedizin absolviert hat und
- eine Prüfung vor der Ärztekammer bestanden hat.

Die arbeitsmedizinische Fachkunde wird auch mit der Zusatzbezeichnung **Betriebsmedizin** nachgewiesen, die ebenfalls durch die Landesärztekammer verliehen wird und vom Arzt an der Stätte seiner betriebsärztlichen Tätigkeit geführt werden darf.

Michael Hans Mayer

Arbeitsmedizinische Vorsorge

Der Umgang mit Gefahrstoffen und gefährdende Tätigkeiten bewirken teilweise erst nach mehrjähriger Einwirkung sehr schwerwiegende Schädigungen der Gesundheit. Manchmal sind die Schädigungen nicht heilbar und führen im schlimmsten Fall zum Tod. Ziel der arbeitsmedizinischen Vorsorge ist, arbeitsbedingte Erkrankungen einschließlich Berufskrankheiten durch regelmäßige Untersuchungen frühzeitig zu erkennen und zu verhindern. Arbeitsmedizinische Vorsorge ist Teil des betrieblichen Gesundheitsschutzes. Die Maßnahmen der arbeitsmedizinischen Vorsorge stellen den Gesundheitszustand fest und können dazu führen, dass Beschäftigte bestimmte Tätigkeiten nicht mehr ausüben dürfen. Sog. Eignungs- bzw. Tauglichkeitsuntersuchungen, wie sie z. B vor der Einstellung von Beamten oder zur Feststellung der Tauglichkeit für bestimmte Tätigkeiten durchgeführt werden, sind dagegen nicht Bestandteil der arbeitsmedizinischen Vorsorge.

Gesetze, Vorschriften und Rechtsprechung

Grundlegend ist die Verordnung zur arbeitsmedizinischen Vorsorge (ArbMedVV). Zu deren Konkretisierung werden Arbeitsmedizinische Regeln (AMR) erlassen.

Hinweise für die Gefährdungsbeurteilung und die Auswahl des zu untersuchenden Personenkreises enthalten die BGI 504 und ihre Teile.

Die BGG 904 «Berufsgenossenschaftliche Grundsätze für arbeitsmedizinische Vorsorgeuntersuchungen» und ihre Teile enthalten konkrete Informationen für die Durchführung arbeitsmedizinischer Vorsorgeuntersuchungen, z. B. zu Ablauf, Untersuchungsart und Fristen, Prüfmerkmalen, Verfahren, mit Hinweisen zur Beurteilung der Ergebnisse.

1 Wann sind Vorsorgeuntersuchungen notwendig?

Für bestimmte → *Gefahrstoffe* bzw. gefährdende Tätigkeiten sind in der Verordnung zur arbeitsmedizinischen Vorsorge (ArbMedVV) arbeitsmedizinische Vorsorgeuntersuchungen vorgeschrieben (Pflichtuntersuchungen) bzw. als Angebotsuntersuchung genannt. Die Durchführung der Vorsorgeuntersuchungen ist meist an die Überschreitung eines → *Grenzwerts* gekoppelt. Diese werden z. B. in der BGI 504 festgelegt (vgl. **Tab. 1**). Die darin beschriebenen Auswahlkriterien haben für den Arzt einen empfehlenden Charakter und sind allgemein anerkannte Regeln der Arbeitsmedizin.

Nummer	Bezeichnung des Grundsatzes
G 1.1	Mineralischer Staub, Teil 1: Quarzhaltiger Staub
G 1.2	Mineralischer Staub, Teil 2: Asbestfaserhaltiger Staub
G 1.3	Mineralischer Staub, Teil 3: Keramikfaserhaltiger Staub
G 1.4	Staubbelastung
G 2	Blei oder seine Verbindungen (mit Ausnahme der Bleialkyle)
G 3	Bleialkyle
G 5	Ethylenglykoldinitrat oder Glycerinnitrat (Nitroglykol oder Nitroglycerin)
G 6	Kohlendisulfid (Schwefelkohlenstoff)
G 7	Kohlenmonoxid
G 8	Benzol
G 9	Quecksilber oder seine Verbindungen
G 10	Methanol
G 11	Schwefelwasserstoff
G 12	Phosphor (weißer – Tetraphospor)
G 13	Tetrachlormethan (Tetrachlorkohlenstoff)
G 14	Trichlorethen (Trichlorethylen)
G 15	Chrom-VI-Verbindungen
G 16	Arsen oder seine Verbindungen (mit Ausnahme des Arsenwasserstoffs)
G 17	Tetrachlorethen (Perchlorethylen)
G 18	Tetrachlorethan oder Pentachlorethan
G 19	Dimethylformamid

Arbeitsmedizinische Vorsorge

Nummer	Bezeichnung des Grundsatzes
G 20	Lärm
G 21	Kältearbeiten
G 23	Obstruktive Atemwegserkrankungen
G 23a	Mehlstaub
G 23b	Platinverbindungen
G 23c	Staub von Zuckmücken und deren Larven
G 23d	Naturgummilatex und naturgummilatexhaltiger Staub
G 23e	Enzymhaltige Stäube
G 23f	Dicarbonsäureanhydride (DCA)
G 23g	Labortierstaub, Haut- und Haarbestandteile
G 23h	Getreide- und Futtermittelstäube
G 23i	Atemwegsreizende (chemisch-irritative und chemischtoxische) Arbeitsstoffe
G 24	Hauterkrankungen (mit Ausnahme von Hautkrebs)
G 25	Fahr-, Steuer- und Überwachungstätigkeiten
G 26	Atemschutzgeräte
G 27	Isocyanate
G 29	Toluol, Xylole
G 30	Hitzearbeiten
G 31	Überdruck
G 32	Cadmium oder seine Verbindungen
G 33	Aromatische Nitro- oder Aminoverbindungen
G 34	Fluor oder seine anorganischen Verbindungen
G 35	Arbeitsaufenthalt im Ausland unter besonderen klimatischen und gesundheitlichen Belastungen
G 36	Vinylchlorid
G 37	Bildschirmarbeitsplätze
G 38	Nickel oder seine Verbindungen
G 39	Schweißrauche
G 40	Krebserzeugende und erbgutverändernde Stoffe
G 40a	• Acrylnitril
G 40b	• Polycyclische aromatische Kohlenwasserstoffe (PAK)
G 40c	• Beryllium
G 40d	• 1,3-Butadien
G 40e	• 1-Chlor-2,3-epoxypropan (Epichlorhydrin)
G 40f	• Cobalt und seine Verbindungen
G 40g	• Dimethylsulfat
G 40h	• Hydrazin
G 41	Arbeiten mit Absturzgefahr
G 42	Tätigkeiten mit Infektionsgefährdung
G 43	Biotechnologie
G 44	Hartholzstäube (u. a. Buchen- und Eichenholzstaub)
G 45	Styrol
G 46	Belastungen des Muskel- und Skelettsystems einschließlich Vibrationen

Tab. 1: Grundsätze für arbeitsmedizinische Vorsorgeuntersuchungen

> **Wichtig: Bestimmte Untersuchungen in Betriebsvereinbarung festlegen**
>
> Für Tätigkeiten, für die in der ArbMedVV bisher keine Pflicht- oder Angebotsuntersuchungen festgelegt sind (z. B. G 25 «Fahr, Steuer- und Überwachungstätigkeiten») empfiehlt es sich, Untersuchungen in einer Betriebsvereinbarung zu regeln.

2 Wer führt Untersuchungen durch und welches Ziel haben sie?

Die Untersuchungen führen grundsätzlich → *Betriebsärzte* durch. Nach § 7 ArbMedVV muss der Arzt grundsätzlich die Gebietsbezeichnung «Arbeitsmedizin» oder die Zusatzbezeichnung «Betriebsmedizin» führen. Hat der bestellte Betriebsarzt für bestimmte Untersuchungen nicht die erforderlichen Fachkenntnisse oder die speziellen Anerkennungen oder Ausrüstungen, muss ein Arzt hinzugezogen werden, der die Anforderungen erfüllt.

Eine arbeitsmedizinische Vorsorgeuntersuchung kann sich auf ein Beratungsgespräch beschränken, «wenn ... körperliche oder klinische Untersuchungen nicht erforderlich sind» (§ 2 Abs. 2 ArbMedVV).

Der Arbeitgeber muss

- Pflichtuntersuchungen veranlassen (§ 4 ArbMedVV),
- Angebotsuntersuchungen anbieten (§ 5 ArbMedVV),
- Wunschuntersuchungen nach § 11 ArbSchG ermöglichen.

Der Gesetzgeber legt den Zeitpunkt für Untersuchungen fest (§ 2 Abs. 6 ArbMedVV):

- **Erstuntersuchung:** vor Aufnahme einer gefährdenden Tätigkeit,
- **Nachuntersuchung:** während einer gefährdenden Tätigkeit oder nach ihrer Beendigung,
- **Nachgehende Untersuchung:** nach Beendigung, wenn nach einer längeren Latenzzeit Gesundheitsschäden auftreten können, z. B. bei «Tätigkeiten mit Exposition gegenüber krebserzeugenden oder erbgutverändernden Stoffen und Zubereitungen der Kategorie 1 oder 2 im Sinne der Gefahrstoffverordnung» (Anhang Teil 1 Abs. 3 ArbMedVV).

Sowohl Arbeitnehmer als auch Arbeitgeber werden über das Ergebnis der Untersuchung informiert. Dabei erfährt der Arbeitgeber nur, ob sein Mitarbeiter für die Tätigkeiten weiterhin geeignet ist, oder ob besondere Maßnahmen erforderlich sind, damit er die Tätigkeit weiterhin ausüben darf.

Die arbeitsmedizinische Vorsorge hat also das Ziel, durch gezielte Untersuchungen rechtzeitig Veränderungen am Gesundheitszustand festzustellen. Der Arbeitnehmer muss sich nicht zwingend untersuchen lassen. Verweigert er die Untersuchung, hat er jedoch kein Anrecht darauf, die gefährdende Tätigkeit weiter auszuüben.

> **Wichtig: Vorsorgekartei**
>
> Über Pflichtuntersuchungen muss der Arbeitgeber eine → *Vorsorgekartei* führen (§ 4 Abs. 3 ArbMedVV). Sie muss Angaben über Anlass, Tag und Ergebnis jeder Untersuchung enthalten. Die Kartei kann automatisiert geführt werden. Bis zur Beendigung des Beschäftigungsverhältnisses müssen die Angaben aufbewahrt und anschließend grundsätzlich gelöscht werden (ggf. Aufbewahrungsfristen beachten: i. Allg. 6 Jahre für Personalunterlagen).

3 Welche Arbeitsmedizinischen Regeln sind zu beachten?

Arbeitsmedizinische Regeln konkretisieren die ArbMedVV. Seit Oktober 2011 gibt es 2AMR. Sie regeln wie Beschäftigte über das Angebot für arbeitsmedizinische Vorsorgeuntersuchungen informiert werden müssen (Nr. 1) bzw. Fristen für die Aufbewahrung von ärztlichen Unterlagen (Nr. 2).

Gemäß AMR Nr. 1 zu § 5 ArbMedVV muss das Angebot jedem Mitarbeiter, der einer Gefährdung durch die im Anhang zur ArbMedVV genannten Tätigkeiten ausgesetzt ist, **persönlich in**

schriftlicher Form gemacht werden. Ein Aushang oder ein mündliches Angebot genügen also nicht mehr. Die AMR liefert ein Musteranschreiben an den Beschäftigten.

AMR Nr. 2 zu § 6 ArbMedVV regelt die Fristen für die Aufbewahrung ärztlicher Unterlagen. Unterlagen müssen

- **mind. 40 Jahre nach der letzten Untersuchung** aufbewahrt werden bei Tätigkeiten mit krebserzeugenden oder erbgutverändernden Stoffen oder Zubereitungen der Kategorie K 1 oder K 2 im Sinne der Gefahrstoffverordnung.
- **10 Jahre nach der letzten Untersuchung** aufbewahrt werden bei sonstigen Tätigkeiten.

Es wird empfohlen, die ärztlichen Unterlagen von arbeitsmedizinischen Vorsorgeuntersuchungen ebenfalls 40 Jahre aufzubewahren bei Tätigkeiten, die zu Berufskrankheiten führen und eine längere Latenzzeit haben können (gilt für Pflichtuntersuchungen nach § 4 ArbMedVV, Angebotsuntersuchungen nach § 5 ArbMedVV sowie Untersuchungen auf Wunsch des Beschäftigten nach § 11 ArbSchG).

Ärztliche Unterlagen umfassen dabei alle Befundunterlagen, z. B. auch Röntgenaufnahmen. Der Arzt, der die Vorsorgeuntersuchung durchführt, ist dafür verantwortlich, dass die Schweigepflicht eingehalten und die Unterlagen aufbewahrt werden.

Bettina Huck

Arbeitsmittel

Arbeitsmittel sind Werkzeuge, Geräte, Maschinen oder Anlagen. Diese setzen sich aus mehreren Funktionseinheiten zusammen, die zueinander in Wechselwirkung stehen. Der sichere Betrieb dieser Arbeitsmittel wird im Wesentlichen von diesen Wechselwirkungen bestimmt. Zu den Arbeitsmitteln gehören auch überwachungsbedürftige Anlagen, die zu den Technischen Arbeitsmitteln zählen.

Gesetze, Vorschriften und Rechtsprechung

Aufgrund des umfassenden Begriffs sind zahlreiche Vorschriften auf EU-Ebene, im Bundesrecht und im berufsgenossenschaftlichen Vorschriften- und Regelwerk bedeutsam. Beispielhaft zu nennen sind im Hinblick auf das Inverkehrbringen von Arbeitsmitteln die EU-Maschinen-Richtlinie 2006/42/EG und das Produktsicherheitsgesetz (ProdSG). Grundlegend für den Betrieb von Arbeitsmitteln ist v. a. die Betriebssicherheitsverordnung (BetrSichV). Zahlreiche Hinweise für den Betrieb einzelner Arbeitsmittel enthält z. B. die BGR 500 «Betreiben von Arbeitsmitteln».

1 Technische Arbeitsmittel

Technische Arbeitsmittel sind verwendungsfertige Arbeitseinrichtungen, die bestimmungsgemäß ausschließlich bei der Arbeit verwendet werden und deren Zubehörteile sowie Schutzausrüstungen nicht Teil einer Arbeitseinrichtung sind. Hierzu gehören vor allem Werkzeuge, Arbeitsgeräte, Arbeits- und Kraftmaschinen, Hebe- und Fördereinrichtungen sowie Beförderungsmittel.

Verwendungsfertig bedeutet, dass die Arbeitseinrichtungen bestimmungsgemäß verwendet werden können, ohne dass weitere Teile eingefügt werden müssen.

2 Sicherheitstechnische Anforderungen

An den Inverkehrbringer (Hersteller, Importeur, Händler) und den Arbeitgeber werden von gesetzlicher Seite her sicherheitstechnische Anforderungen und Voraussetzungen in Bezug auf das Inverkehrbringen bzw. Bereitstellen der Arbeitsmittel gestellt.

Der Arbeitgeber muss bei der Bereitstellung von Arbeitsmitteln Maßnahmen treffen, damit den Beschäftigten Arbeitsmittel zur Verfügung gestellt werden können, die die Sicherheit und die Gesundheit der Beschäftigten nicht gefährden.

Bereitstellung umfasst auch Montagearbeiten wie den Zusammenbau eines Arbeitsmittels einschließlich der für die sichere Benutzung erforderlichen Installationsarbeiten.

Die zu treffenden Maßnahmen müssen dem Ergebnis der → *Gefährdungsbeurteilung* und dem Stand der Technik entsprechen. Bei der Festlegung der Maßnahmen sind für die Bereitstellung und Benutzung von Arbeitsmitteln auch die ergonomischen Zusammenhänge zwischen Arbeitsplatz, Arbeitsmittel, Arbeitsorganisation, Arbeitsablauf und Arbeitsaufgabe zu berücksichtigen; dies gilt insbesondere für die Körperhaltung, die Beschäftigte bei der Benutzung der Arbeitsmitteln einnehmen müssen.

Arne Gotzen

Arbeitsplatzgrenzwert (AGW)

Der Arbeitsplatzgrenzwert (AGW) ist der Grenzwert für die zeitlich gewichtete durchschnittliche Konzentration eines Stoffs in der Luft am Arbeitsplatz in Bezug auf einen gegebenen Referenzzeitraum. Er gibt an, bis zu welcher Konzentration eines Stoffs akute oder chronische schädliche Auswirkungen auf die Gesundheit im Allgemeinen nicht zu erwarten sind. Anders ausgedrückt ist der AGW die höchstzulässige Konzentration eines Arbeitsstoffs (Gas, Dampf oder Schwebstoff) in der Luft am Arbeitsplatz, die nach dem gegenwärtigen Stand der Kenntnis auch bei wiederholter und langfristiger *Exposition* i. A. die Gesundheit der Beschäftigten nicht beeinträchtigt. Der Arbeitgeber muss dafür sorgen, dass Grenzwerte eingehalten werden.

Gesetze, Vorschriften und Rechtsprechung

Grundlegend sind § 2 Abs. 7 Gefahrstoffverordnung (GefStoffV) und TRGS 900 «Arbeitsplatzgrenzwerte».

1 Gesundheitsbasierte Grenzwerte

Die früheren MAK-Werte wurden durch die Gefahrstoffverordnung vom 23.12.2004 vom → *Arbeitsplatzgrenzwert (AGW)* abgelöst und der europäischen Sprachregelung angepasst. Es gibt damit nur noch einen Luftgrenzwert, den Arbeitsplatzgrenzwert. Alle Grenzwerte im Gefahrstoffrecht sind gesundheitsbasiert.

2 Bezugssystem

Grundlage ist i. d. R. eine tägliche 8-stündige Exposition (Schichtmittelwert) und eine durchschnittliche Wochenarbeitszeit von 40 Stunden (in 4-Schichtbetrieben 42 Stunden je Woche im Durchschnitt von 4 aufeinander folgenden Wochen). Expositionsspitzen während einer Schicht werden entsprechend mit Kurzzeitwerten beurteilt, die nach Höhe, Dauer, Häufigkeit und zeitlichem Abstand gegliedert sind. Das Einhalten der Luftgrenzwerte dient dem Schutz der Gesundheit von Arbeitnehmern vor einer Gefährdung durch das Einatmen von Stoffen.

3 Veröffentlichung der AGW

Die Arbeitsplatzgrenzwerte werden vom Ausschuss für Gefahrstoffe gem. § 20 GefStoffV vorgeschlagen und regelmäßig überprüft. Für → *Grenzwerte* gibt es in der Gefahrstoffverordnung nur allgemeine Regelungen, die dann in entsprechenden TRGS konkretisiert werden (z. B. Luftgrenzwerte in der TRGS 900). Die TRGS (Technische Regeln Gefahrstoffe) werden mit der Zeit auf die neuen Begriffe umgestellt werden. In der aktuellen TRGS 900 wurde bereits einigen Stoffen ein AGW zugeordnet. Andere Stoffe, die in der alten TRGS 900 enthalten waren und noch keinen AGW haben, wurden in eine sog. Bearbeitungsliste überführt. Der Unterausschuss III des Arbeitskreises Gefahrstoffe des BMAS wird sich noch detaillierter mit diesen Stoffen befassen und entscheiden, ob ein gesundheitsbasierter Luftgrenzwert veröffentlicht wird. Für diese Stoffe können die alten MAK-Werte weiterhin als Richtschnur genutzt werden.

Die TRK-Werte (Synonym für den Gefahrstoffschutz beim Umgang mit → *krebserzeugenden Stoffen*) entsprechen dagegen nicht mehr den neuen Anforderungen. Arbeitsplatzgrenzwerte für krebserzeugende, erbgutverändernde und fruchtbarkeitsschädigende Stoffe müssen vom Ausschuss für Gefahrstoffe (AGS) erst noch aufgestellt werden.

Für krebserzeugende Stoffe, für die derzeit kein Arbeitsplatzgrenzwert (AGW) festgelegt werden kann, gelten sog. Risikowerte. Der Ausschuss für Gefahrstoffe (AGS) legt diese stoffspezifischen Konzentrationen auf der Grundlage des Risikos, an Krebs zu erkranken, fest.

> **Wichtig: Fehlende Grenzwerte**
>
> Seit mit Inkrafttreten der Gefahrstoffverordnung vom 23.12.2004 die MAK- und TRK-Werte zurückgezogen wurden, fehlen vielfach Grenzwerte zur Beurteilung der Gefährdung. Falls es für einen Stoff oder ein Gemisch keinen AGW gibt, kann deshalb auf alternative Grenzwerte zurückgegriffen werden, z. B. den DNEL (Derived No Effect Level). Während AGWs in wissenschaftlichen Gremien wie der DFG Senatskommission oder dem Ausschuss für Grenzwerte berufsbedingter Exposition gegenüber chemischen Arbeitsstoffen (SCOEL) festgelegt werden, erfolgt die Ermittlung des DNEL durch Hersteller oder Importeur. Kritiker befürchten, dass derartige Grenzwerte eher das wirtschaftliche Interesse der Unternehmen im Blick haben als die Gesundheit der Beschäftigten.

Bettina Huck

Arbeitsschutzausschuss

Arbeitgeber mit mehr als 20 Beschäftigten sind verpflichtet, einen Arbeitsschutzausschuss in ihrem Betrieb zu bilden. Er bringt die mit Sicherheit und Gesundheitsschutz befassten Funktionsträger zusammen, um über die Angelegenheiten des Arbeitsschutzes zu beraten. Dieses Gremium ist kein Beschluss-, sondern ein Beratungsorgan. Die Entscheidung über die zu veranlassenden Maßnahmen liegt beim Arbeitgeber oder seinem Vertreter.

Gesetze, Vorschriften und Rechtsprechung

Organisation und Aufgaben des Arbeitsschutzausschusses sind in § 11 Arbeitssicherheitsgesetz geregelt (Details zur Ermittlung der Beschäftigtenzahl, Pflichtteilnehmer, vierteljährlicher Sitzungszyklus).

1 Wann muss ein Arbeitsschutzausschuss eingerichtet werden?

Das Unternehmen muss dann einen Arbeitsschutzausschuss bilden, wenn es mehr als 20 Mitarbeiter hat. Bei der Berechnung der Beschäftigtenzahl muss der Arbeitgeber von seiner durchschnittlichen Beschäftigtenzahl ausgehen. «Ausnahmezeiten» wie besondere Saisongeschäfte fließen in die Saldierung nicht mit ein. Teilzeitbeschäftigte werden nach einem bestimmten Schlüssel berücksichtigt.

Bei Unternehmen mit mehreren Niederlassungen ist es üblich, einen zentralen Arbeitsschutzausschuss einzurichten, gerade wenn die einzelnen Filialen eher klein und/oder gleichartig sind. Es ist aber in jedem Fall darauf zu achten, dass (z. B. durch verbindliche Teilnahme von Vertretern aus den Filialen) der Informationsfluss in beide Richtungen gewährleistet ist und die Arbeit des Ausschusses nicht abgekoppelt von der Wirklichkeit in den Niederlassungen läuft.

2 Die Aufgaben der einzelnen Mitglieder

- **Arbeitgeber oder ein von ihm Beauftragter**

  Die Sitzungen des Arbeitsschutzausschusses müssen vom Arbeitgeber terminiert und einberufen werden. Ihm fällt auch die Benennung und ordnungsgemäße Einladung der anderen Mitglieder zu. Den Vorsitz hat der Arbeitgeber selbst (bei juristischen Personen das vertretungsbefugte Organ) oder ein von ihm Beauftragter. Der Beauftragte muss ein Arbeitnehmer des Unternehmens sein. In der Auswahl des Beauftragten ist der Arbeitgeber frei, insbesondere werden keine Mitbestimmungsrechte der Personalvertretung berührt. Der Beauftragte sollte über Kenntnisse im Arbeitsschutz verfügen, um den Arbeitgeber angemessen vertreten zu können.

- **2 vom → *Betriebsrat* bestimmte Betriebsratsmitglieder**

  Die 2 Betriebsratsmitglieder, die in den Arbeitsschutzausschuss entsandt werden, sind durch einen Betriebsratsbeschluss zu bestimmen. Auf die Auswahl des → *Betriebsrats* hat der Arbeitgeber keinen Einfluss – in dieser Entscheidung ist der Betriebsrat frei. Die benannten Ausschussmitglieder können bei Verhinderung durch andere Betriebsratsmitglieder vertreten werden. Für die Vertretungsregelung ist ebenfalls ein Beschluss des Betriebsrats erforderlich. Auch die Abberufung oder das Ausscheiden eines oder beider Betriebsratsmitglieder aus dem Arbeitsschutzausschuss und die Neubesetzung der Positionen ist ohne Einflussnahme des Arbeitgebers möglich. Einer Begründung seitens des Betriebsrats bedarf es nicht.

- **Betriebsärzte**

  Mitglieder des Ausschusses sind ferner → *Betriebsärzte*. Hier hat der Gesetzgeber keine Höchstzahl vorgegeben. Ist für das Unternehmen nur ein Betriebsarzt bestellt, ist er nach § 11 Mitglied des Arbeitsschutzausschusses. Dies gilt sowohl für Betriebsärzte, die auch Arbeitnehmer des Unternehmens sind, als auch für externe Betriebsärzte. Bei mehreren im Unternehmen beschäftigten Betriebsärzten entscheidet der Arbeitgeber, wer in den Arbeitsschutzausschuss berufen wird. Da gesetzlich keine Anzahl angegeben ist, kann der Arbeitgeber auch mehrere Betriebsärzte berufen. Der → *Betriebsrat* hat auf diese Entscheidung keinen Einfluss. Die Abberufung einzelner oder mehrerer Betriebsärzte kann vom Arbeitgeber ohne Beteiligung des Betriebsrats erfolgen.

- **Fachkräfte für Arbeitssicherheit**

  Die im Unternehmen bestellten externen oder internen → *Fachkräfte für Arbeitssicherheit* gehören dem Arbeitsschutzausschuss ebenfalls an. Hinsichtlich der Anzahl, Berufung und Abberufung ist der Unternehmer analog den Betriebsärzten frei in seiner Entscheidung.

- **Sicherheitsbeauftragte nach § 22 SGB VII**

  Entsprechend den Betriebsärzten und den Fachkräften für Arbeitssicherheit ist hier ebenfalls keine Anzahl der zu berufenden → *Sicherheitsbeauftragten* vorgegeben. Für die Berufung und Abberufung gilt das dort Erwähnte entsprechend.

Zur Steigerung der Effektivität des Arbeitsschutzausschusses ist es sinnvoll, je nach Themenstellung auch andere Sicherheitsexperten, wie z. B. Brandschutz-, Laser- oder → *Strahlenschutzbeauftragte*, zu den Sitzungen des Arbeitsschutzausschusses einzuladen.

3 Welche Aufgaben hat der Ausschuss?

Der Arbeitsschutzausschuss hat die Aufgabe, Angelegenheiten des Arbeitsschutzes und der Unfallverhütung zu beraten. In diesem Ausschuss sollen die verschiedenen Aspekte des Arbeitsschutzes von den verschiedenen Interessengruppen diskutiert und koordiniert werden. Ein Ziel ist die Verbesserung der Kommunikation und der Zusammenarbeit im Unternehmen. Dazu gehören die Auflistung der ermittelten Mängel, die Vorschläge zur Verbesserung der Arbeitsbedingungen und der Koordination. Der Arbeitsschutzausschuss kann nur Vorschläge für die einzelnen Punkte machen. Die Entscheidung über die durchzuführenden Maßnahmen trifft der Arbeitgeber oder sein Beauftragter.

Gerade in kleineren und mittleren Unternehmen, die sich in der betrieblichen Gesundheitsförderung engagieren oder ein Gesundheitsmanagementsystem einführen, kann der Arbeitsschutzausschuss auch in diesem Aufgabenfeld tätig werden. In kleineren Unternehmen ist der Arbeitsschutzausschuss oft ähnlich zusammengesetzt wie der Arbeitskreis Gesundheit, sodass sich eine Verknüpfung anbietet.

4 Weiteres

Der Arbeitsschutzausschuss muss grundsätzlich einmal im Quartal einberufen werden. Wenn im Unternehmen auf Fragen des Arbeits- und Gesundheitsschutzes Wert gelegt wird, wird man schnell feststellen, dass wesentlich seltenere Sitzungen kein effektives Arbeiten ermöglichen.

Der Arbeitsschutzausschuss kann sich bei Bedarf oder auf Antrag eine Geschäftsordnung geben.

Friedrich Hodemacher

Arbeitsschutzmanagement

Arbeitsschutzmanagement bedeutet den betrieblichen Arbeitsschutz (zu dem auch der Gesundheitsschutz, die Ergonomie sowie die Gesundheitsförderung zu zählen sind) mittels eines Systems zu managen. Das bedeutet: Die Ziele im Arbeitsschutz und deren Umsetzung werden geplant, die Umsetzung erfolgt entsprechend den Vorgaben durch die verantwortlichen Führungskräfte und Mitarbeiter, die Wirksamkeit der Maßnahmen und die Erreichung der Ziele werden ermittelt, bei Soll-Ist-Abweichungen werden Korrekturen und Verbesserungen vorgenommen und kontinuierlich wird nach Verbesserungsmöglichkeiten Ausschau gehalten. Das systematische Vorgehen und systematische Arbeitsschutzhandeln trägt zum Schutz der Beschäftigten und Dritter vor Arbeitsunfällen, Berufskrankheiten und arbeitsbedingten Erkrankungen, zur Gesundheitsförderung sowie zur Anlagensicherheit bei. Arbeitsschutz managen ist vor allem ein Führungsprozess.

1 Arbeitsschutzmanagement – eine Pflicht?

Von einem Unternehmen wird derzeit weder vom Gesetzgeber, noch von seinem Unfallversicherungsträger die Anwendung eines Arbeitsschutzmanagements explizit gefordert. Betrachtet man allerdings die Forderungen des Arbeitsschutzgesetzes an einen Arbeitgeber, so wird deutlich, dass die Kernpunkte eines Arbeitsschutzmanagements direkt und die ihm zugrundeliegende Strategie indirekt gefordert werden:

- Das Arbeitsschutzgesetz geht von einem zeitgemäßen, präventiven Arbeitsschutzverständnis aus (v. a. § 5).
- Es verpflichtet den Arbeitgeber, die erforderlichen Arbeitsschutzmaßnahmen «zu treffen» – also zu ermitteln, zu planen und umzusetzen, sie «auf ihre Wirksamkeit zu überprüfen» und erforderlichenfalls «anzupassen» – also zu korrigieren oder zu verbessern (§ 3 Abs. 1 ArbSchG).
- Der Arbeitgeber muss für die Umsetzung des Arbeitsschutzes «eine geeignete Organisation» aufbauen, die «erforderlichen Mittel bereitstellen» und Sicherheit und Gesundheitsschutz in die betrieblichen Führungsstrukturen einbinden (§ 3 Abs. 2 ArbSchG), z. B. durch die Auswahl und Beauftragung geeigneter Führungskräfte (§ 7 ArbSchG), die Übertragung von Unternehmerpflichten (§ 13 ArbSchG) etc.

Der nationale «Leitfaden für Arbeitsschutzmanagementsysteme» ist ein von allen im Arbeitsschutz relevanten Gruppen (BMAS, Arbeitsschutzbehörden der Länder, Träger der gesetzlichen Unfallversicherung, Sozialpartner) autorisierter Bezugsstandard, besitzt damit einen «normativen» Charakter und ist als wichtige Empfehlung des Gesetzgebers sowie der Unfallversicherungsträger zu betrachten.

Im Gegensatz zu diesen indirekten Forderungen erwarten und fordern immer mehr Kunden von ihren Auftragnehmern einen nachweisbar wirksamen Arbeitsschutz bzw. ein intaktes Arbeitsschutzmanagement. Ein Beispiel dafür ist die petro-chemische Industrie. Hier verlangen die Unternehmen von ihren Kontraktoren den Nachweis eines wirksamen Sicherheits-, Gesundheits- und Umweltschutz-Managementsystems (SGU) i. d. R. entsprechend dem AMS-Standard «→ *Sicherheits-Certifikat-Contraktoren (SCC)*» bzw. «→ *Sicherheits-Certifikat-Personaldienstleister (SCP)*».

2 Arbeitsschutz mit System managen

2.1 Managen – mehr als ein Modewort

Es ist ein Zeichen unserer Zeit, dass heute fast alle betrieblichen Aufgaben «gemanagt» und diese Prozesse als «Management» bezeichnet werden. Ganz selbstverständlich sprechen wir heute von Projektmanagement, Qualitätsmanagement, → *Umweltmanagement*, Kostenmanagement etc. Doch brauchen wir nun auch noch ein Arbeitsschutzmanagement?

Bei einer zeitgemäßen Unternehmensführung werden heute alle wesentlichen betrieblichen Aufgaben gemanagt. Managen umfasst dabei ganz allgemein das Ausrichten, Planen, Steuern, Initiieren, Kontrollieren und kontinuierliches Verbessern von Strukturen, → *Prozessen* und Tätigkeiten. Ihm liegt ein Regelkreis, der bekannte → *PDCA-Zyklus*, zugrunde. Ein Kernpunkt des Managens ist diese Abfolge:

- **Planen (plan):** Wesentliche Aufgaben sind Analyse der Ausgangssituation, Formulierung von Zielen und Erarbeitung eines Maßnahmenplans.
- **Umsetzen (do):** Hier erfolgt die (ggf. pilotartige) Umsetzung der Maßnahmen – also die Realisierung entsprechend der Planung.
- **Überprüfen/Bewerten (check):** Bereits bei der Umsetzung beginnt die Überprüfung, ob die Maßnahmen geeignet und zielführend sind. Die Ergebnisse fließen in die Steuerung oder Lenkung der Umsetzung ein. Der Arbeitsschritt umfasst darüber hinaus die Ermittlung der Wirksamkeit der Maßnahmen und der Zielerreichung sowie die Bewertung des Ergebnisses.
- **Handeln/Anwenden (act):** Ausgehend von den Ergebnissen des dritten Schritts werden bei einem positiven Ergebnis die Maßnahmen als Standard definiert. Bei Soll-Ist-Abweichungen werden dagegen Korrekturen und ein Verbesserungsprozess eingeleitet.

Vor diesem Hintergrund verwundert es nicht, dass gemanagte Aufgaben eine hohe Effektivität und Effizienz besitzen. Um eine umfassende → *Prävention* zu erreichen und den Sicherheitsstandard mit einem akzeptablen Aufwand weiter zu verbessern, sollte deshalb auch der Arbeitsschutz gemanagt werden.

2.2 Arbeitsschutz mit System managen – Warum?

Die sehr umfangreichen Bemühungen des klassischen Arbeitsschutzes haben unbestritten zu deutlichen Verbesserungen der Arbeitsbedingungen beigetragen. Weniger Gefährdungen und körperliche Belastungen wirken sich erkennbar positiv auf die Unfallzahlen aus. Solche Anstrengungen sind auch in Zukunft zur Erhaltung und kontinuierlichen Verbesserung des betrieblichen Sicherheitsstandards dringend erforderlich. Für weitere Verbesserungen sowie v. a. für eine Steigerung der Wirksamkeit der umfangreichen Sicherheitsmaßnahmen und für störungsfreie Betriebsabläufe (Prozesse) sind zusätzlich «neue Wege» sowie eine nutzenorientiertere Sichtweise vor allem beim Management (Arbeitsschutz nützt dem Betrieb, dem Management und den Beschäftigten) notwendig.

Schaut man sich an, wie heute erfolgreiche Unternehmen ihre betrieblichen Aufgaben (z. B. Innovationen, Produktion, Qualität) managen, so wird deutlich, dass auch die betriebliche Aufgabe «Sicherheit, Gesundheitsschutz und Gesundheitsförderung» systematisch organisiert und professionell angewendet – d. h. durch die Führungskräfte gemanagt – werden sollte. Der → *demografische Wandel*, der insbesondere einen längeren Erhalt der Arbeits- und Beschäftigungsfähigkeit erfordert, verstärkt die Notwendigkeit eines umfassenden Arbeitsschutzes, der die Sicherheit, Gesundheit und Arbeitsfähigkeit der Beschäftigten sichert und fördert. Hierfür ist ein → *Managementsystem* sinnvoll.

2.3 Wie ein Arbeitsschutzmanagement funktioniert

Arbeitsschutzmanagement steht für ein systematisches, zielorientiertes Organisieren des Arbeitsschutzes und die gemeinsame, professionelle, von den Führungskräften gemanagte Umsetzung. Damit ist das Arbeitsschutzmanagement Teil der Führung eines Unternehmens bzw. das Subsystem, das die konsequente, effektive und effiziente Erfüllung der öffentlich-rechtlichen Verpflichtungen und sonstiger Vorgaben bezüglich Sicherheit, Gesundheit und Arbeitsfähigkeit managt.

Ein Arbeitsschutzmanagement

- **gibt dem betrieblichen Arbeitsschutz eine klare Ausrichtung** durch eine formulierte und kommunizierte Arbeitsschutzpolitik sowie regelmäßig neu festzulegende und zu vereinbarende Arbeitsschutzziele (inkl. → *Kennzahlen*);
- **stellt ein systematisches Vorgehen sicher** durch eine dokumentierte → *Arbeitsschutzorganisation*, die eine Struktur schafft, Zuständigkeiten regelt, Prozesse beschreibt und Hilfsmittel, wie Formulare, Checklisten etc. zur Verfügung stellt;

- nimmt das **Management in die Verantwortung** durch die Übertragung von Aufgaben und Verantwortung sowie durch Sensibilisierungs- und Qualifizierungsmaßnahmen;
- **bezieht die Beschäftigten aktiv ein** durch die Stärkung der Eigenverantwortung sowie Mitwirkungsmöglichkeiten;
- **unterstützt und lenkt die Umsetzung** durch Beratung, Coaching und Rückmeldung;
- **ermittelt die Eignung, Wirksamkeit und Zielerreichung**, z. B. durch Audits;
- **stellt die Dokumentation und damit die Nachweisbarkeit sicher** und
- trägt zu einer **kontinuierlichen Verbesserung** des Arbeitsschutzes und des Arbeitsschutzmanagements bei.

2.4 Integraler Bestandteil der Unternehmensführung

Ein Arbeitsschutzmanagement sollte immer integraler Bestandteil aller organisatorischen und führungstechnischen Methoden (z. B. Prozessmanagement, Zielvereinbarung) eines Unternehmens sein. Dadurch stehen Sicherheit und Gesundheitsschutz nicht außerhalb der «normalen» Führungs- und Geschäftsprozesse und ganzheitliche, prozessorientierte Maßnahmen sind erfahrungsgemäß wirkungsvoller.

> **Praxis-Tipp. Einbindung des Arbeitsschutzmanagements in ein integriertes Management**
>
> Verknüpfen Sie das Arbeitsschutzmanagement mit den im Unternehmen vorhandenen oder noch aufzubauenden Managementsystemen (z. B. dem Qualitäts- und → *Umwelt-Managementsystem*). Dadurch entsteht ein integriertes Managementsystem. Neben der Nutzung von Synergien entwickelt sich dadurch eine besser abgestimmte Führung des Betriebs.

Albert Ritter

Arbeitsschutz-Managementsysteme

Unter einem Arbeitsschutz-Managementsystem (AMS) versteht man ein Managementsystem für die Umsetzung des betrieblichen Arbeitsschutzes (inkl. Gesundheitsschutz, Ergonomie und Gesundheitsförderung): Miteinander verbundene bzw. zusammenwirkende Elemente und Verfahren, die dem betrieblichen Arbeitsschutz eine klare Ausrichtung geben (durch eine Arbeitsschutzpolitik sowie jährlich festgelegte Arbeitsschutzziele), die Umsetzung organisieren und lenken (Arbeitsschutzorganisation), die Eignung der Festlegungen sowie die Wirksamkeit der Maßnahmen regelmäßig ermitteln und berichten, eine Bewertung durch das obere Management veranlassen sowie kontinuierliche Verbesserungen im Arbeitsschutz sowie beim Arbeitsschutz-Managementsystem anstoßen.

1 Arbeitsschutzmanagement – eine Pflicht?

Von einem Unternehmen wird derzeit weder vom Gesetzgeber noch von seinem Unfallversicherungsträger die Anwendung eines Arbeitsschutzmanagements explizit gefordert. Betrachtet man allerdings die Forderungen des Arbeitsschutzgesetzes an einen Arbeitgeber, so wird deutlich, dass die Kernpunkte eines → *Arbeitsschutzmanagements* direkt und die ihm zugrundeliegende Strategie indirekt gefordert werden:

- Das Arbeitsschutzgesetz geht von einem zeitgemäßen, präventiven Arbeitsschutzverständnis aus (v. a. § 5 ArbSchG).
- Es verpflichtet den Arbeitgeber, die erforderlichen Arbeitsschutzmaßnahmen «zu treffen» – also zu ermitteln, zu planen und umzusetzen, sie «auf ihre Wirksamkeit zu überprüfen» und erforderlichenfalls «anzupassen» – also zu korrigieren oder zu verbessern (§ 3 Abs. 1 ArbSchG).
- Der Arbeitgeber muss für die Umsetzung des Arbeitsschutzes «eine geeignete Organisation» aufbauen, die «erforderlichen Mittel bereitstellen» und Sicherheit und Gesundheitsschutz in

die betrieblichen Führungsstrukturen einbinden (§ 3 Abs. 2 ArbSchG), z. B. durch die Auswahl und Beauftragung geeigneter → *Führungskräfte* (§ 7 ArbSchG), die → *Übertragung von Unternehmerpflichten* (§ 13 ArbSchG) etc.

Der nationale «Leitfaden für Arbeitsschutzmanagementsysteme» ist ein von allen im Arbeitsschutz relevanten Gruppen (BMAS, Arbeitsschutzbehörden der Länder, Träger der gesetzlichen Unfallversicherung, Sozialpartner) autorisierter Bezugsstandard, besitzt damit einen «normativen» Charakter und ist als wichtige Empfehlung des Gesetzgebers sowie der Unfallversicherungsträger zu betrachten.

Im Gegensatz zu diesen indirekten Forderungen erwarten und fordern immer mehr Kunden von ihren Auftragnehmern einen nachweisbar wirksamen Arbeitsschutz bzw. ein intaktes Arbeitsschutzmanagement. Ein Beispiel dafür ist die petro-chemische Industrie. Hier verlangen die Unternehmen von ihren Kontraktoren den Nachweis eines wirksamen Sicherheits-, Gesundheits- und Umweltschutz-Managementsystems (SGU) i. d. R. entsprechend dem AMS-Standard «→ *Sicherheits-Certifikat-Contraktoren (SCC)*» bzw. «→ *Sicherheits-Certifikat-Personaldienstleister (SCP)*».

2 Kennzeichen eines Managementsystems

Ein → *Managementsystem* ist ein komplexes Werkzeug zum Managen (Führen, Organisieren und Weiterentwickeln) eines Unternehmens bzw. einer betrieblichen Aufgabe (Qualität, Arbeitsschutz etc.). Stellt dieses Werkzeug ein strukturiertes System (ein Ordnungssystem) dar, spricht man von einem Managementsystem. In kleineren Betrieben wird auch die Bezeichnung Führungs- und Organisationskonzept verwendet. Managementsysteme gelten allgemein als eine wesentliche Voraussetzung für das wirtschaftliche Handeln eines Unternehmens.

Managementsystemen liegt der → *PDCA- Zyklus* zugrunde. Demzufolge sind wesentliche Kennzeichen eines Managementsystems:

> **Wichtig. Kennzeichen eines Managementsystems**
> - gibt den Entscheidungsprozessen und dem Handeln der Beschäftigten durch eine Politik (Visionen, …) und vereinbare Ziele eine klare Ausrichtung;
> - schafft die Voraussetzungen für die Umsetzung (regelt die Bereitstellung der erforderlichen Ressourcen, schafft Strukturen und definiert Prozesse und Tätigkeiten);
> - plant und lenkt die Umsetzung;
> - ermittelt regelmäßig die Eignung der Festlegungen des Managementsystems sowie die Wirksamkeit der Umsetzung;
> - berichtet über den Stand der Umsetzung, die Zielerreichung sowie Soll-Ist-Abweichungen;
> - veranlasst eine regelmäßige Bewertung des Erreichten und des Managementsystems durch das obere Management;
> - initiiert Korrekturen und kontinuierliche Verbesserungen – auch beim Managementsystem selbst.

Ein Managementsystem umfasst alle organisatorischen und führungstechnischen Festlegungen, Maßnahmen und Methoden, die

- die Prozesse der Leistungserstellung an der Vision sowie den Zielen ausrichten und beherrschbar machen sollen,
- ein systematisches Handeln der Organisation bewirken und so
- das Erreichen der festgelegten Ziele sicherstellen.

Es vereinheitlicht bzw. standardisiert betriebliche Prozesse und Handlungen – schafft also Routinen. Für das Management ist es der Bezugsrahmen für die jeweiligen Aufgaben und ein Führungsinstrument, für die Mitarbeiter vor allem eine Handlungsorientierung und ein Nachschlagewerk.

Orientiert sich das Managementsystem an einem anerkannten Managementsystem-Standard (z. B. einer Norm) kann das Managementsystem auch zertifiziert werden.

3 Kennzeichen eines Arbeitsschutz-Managementsystems

Wichtig: Definition
Ein Arbeitsschutz-Managementsystem ist der Teil des → *Managementsystems* eines Unternehmens, der zur Umsetzung des betrieblichen Arbeitsschutzes (inkl. Gesundheitsschutz, Ergonomie und Gesundheitsförderung) dient.

Einem zeitgemäßen AMS liegt der → *PDCA-Zyklus* zugrunde und seine Struktur orientiert sich an der Gliederung der gängigen Managementsysteme (QMS und UMS). Beim Aufbau eines unternehmensspezifischen AMS orientieren sich die meisten Unternehmen an einem → *AMS-Konzept*, das ihnen für ihr Unternehmen als geeignet erscheint.

Die o. g. Kennzeichen eines Managementsystems gelten – übertragen auf den betrieblichen Arbeitsschutz – auch für ein AMS.

Ein Arbeitsschutz-Managementsystem besteht aus folgenden Kernelementen:

- einer Arbeitsschutzpolitik bzw. einem Leitbild;
- messbaren Arbeitsschutzzielen, die top-down heruntergebrochen und vereinbart werden;
- der Ausrichtung der Entscheidungen und des Handelns des Managements und der Beschäftigten an der Arbeitsschutzpolitik sowie den vereinbarten Zielen;
- aufbauorganisatorische Festlegungen (z. B. Hierarchie, Verantwortung, Zuständigkeiten, Befugnisse);
- ablauforganisatorische (teilw. standardisierte) Regelungen (z. B. Arbeitsverfahren, Informations- und Entscheidungsprozesse);
- → *Audits* zur regelmäßigen Ermittlung der Eignung der Festlegungen und der Wirksamkeit der Maßnahmen;
- → *kontinuierlicher Verbesserungsprozess*.

4 Entwicklung und Umsetzung von AMS

Die Auseinandersetzung mit der Thematik Arbeitsmanagement, Arbeitsschutz-Managementsysteme und Konzepte für AMS hat in Deutschland im Wesentlichen erst im Vorfeld des ISO Workshops «Occupational Health and Safety Management Systems Standardization» (5. und 6. Sept. 1996, Genf) sowie vor dem Hintergrund der Normungsaktivitäten insbesondere in England begonnen. Zuvor wurden derartige Fragestellungen unter dem Stichwort «Organisation der betrieblichen Arbeitssicherheit» diskutiert.

Fortschrittliche Unternehmen wenden bereits seit längerem eine Systematik zur Umsetzung des betrieblichen Arbeitsschutzes an. Häufig war diese jedoch weniger ein Werkzeug des Managements, sondern ein Instrument vor allem der leitenden → *Fachkräfte für Arbeitssicherheit*. Sie bezeichneten dieses Instrument erst später als → *Managementsystem*.

Die auch bei uns zu erkennende zunehmende Relevanz des Themas «Arbeitsschutz-Managementsysteme» hat vielfältige Aktivitäten ausgelöst. Einige wesentliche Meilensteine sind:

- Entwicklung des Standards «→ *SCC: Sicherheits Certifikat Contractoren*» als gemeinsamer branchenspezifischer Sicherheitsstandard für Kontrakteuren, die in der Mineralölindustrie tätig werden wollen, durch die Mineralöl- und Chemieindustrie in den Niederlanden in 1994.
- Übertragen des SCC-Systems auf deutsche Verhältnisse.
- Formulierung eines «Gemeinsamen Standpunkts zu AMS» 1997. Hier haben sich das BMAS, die obersten Arbeitsschutzbehörden der Bundesländer, die Träger der gesetzlichen Unfallversicherung und der Sozialpartner auf eine gemeinsame Position bezüglich der Argumente für ein AMS, den Rahmenbedingungen für AMS, den Anforderungen an ein AMS sowie dem Handlungsbedarf in Europa verständigt.

- Erarbeitung mehrerer AMS-Konzepte (v. a. Leitfäden zur Strukturierung und zum Aufbau eines Arbeitsschutz-Managementsystems) v. a. durch die Arbeitsministerien der Länder sowie Berufsgenossenschaften.
- Verstärkte Einführung von AMS in fortschrittlichen Unternehmen ab Ende der 1990er-Jahre.
- Vereinbarung von «Eckpunkten zur Entwicklung und Bewertung von Konzepten für Arbeitsschutzmanagementsysteme» zwischen dem BMAS, den obersten Arbeitsschutzbehörden der Bundesländer, den Trägern der gesetzlichen Unfallversicherung und den Sozialpartnern im Jahr 1999. Damit wurde eine von allen im Arbeitsschutz relevanten Gruppen getragene Bezugsgrundlage (Plattform und Mindestforderungen) für die Entwicklung und Bewertung von AMS-Konzepten geschaffen.
- 2 Vorstöße zur Einleitung eines Normungsverfahrens für AMS auf ISO-Ebene. Nach einem ersten Versuch Mitte der 1990er-Jahre ist auch in 2000 der Vorstoß v. a. des britischen Normungsinstituts BSI zur Einleitung eines Normungsverfahrens für AMS auf ISO-Ebene knapp an der geforderten Zweidrittel-Mehrheit gescheitert.
- Entwicklung des internationalen AMS-Standards (ist keine Norm) → OHSAS: Occupational Health and Safety Assessment Series unter der Federführung des britischen Normungsinstitutes BSI im Jahr 1999. Dieses AMS-Konzept gewinnt international zunehmend an Bedeutung, in Deutschland «nur» bei den größeren Unternehmen.
- Entwicklung eines «Leitfadens für Arbeitsschutz-Managementsysteme» (Guidelines on Occupational Safety and Health Management Systems) durch die ILO (International Labour Organization) im Jahr 2001.
- Erarbeitung eines nationalen Leitfadens für AMS (NLA), abgeleitet aus dem ILO-Leitfaden durch das BMWA, die obersten Arbeitsschutzbehörden der Bundesländer, die Träger der gesetzlichen Unfallversicherung und die Sozialpartner im Jahr 2002 (veröffentlicht 2003). Damit wurde ein von allen im Arbeitsschutz relevanten Gruppen getragener Leitfaden zur Strukturierung, zum Aufbau und zur Bewertung (interne Bewertung sowie für eine freiwillige Systemkontrolle durch einen Träger der gesetzlichen Unfallversicherung und/oder der staatlichen Arbeitsschutzbehörden) eines Arbeitsschutz-Managementsystems vorgelegt.
- Revision des internationalen AMS-Konzepts «OHSAS: Occupational Health and Safety Assessment Series» im Jahr 2007; zeitgleiches Veröffentlichung dieses Standards (weitgehend wortgleich) als englische Norm BS OHSAS 18001:2007. Seit seiner Veröffentlichung gewinnt dieser Standard v. a. in Asien und Europa an Bedeutung. In Deutschland besitzen die AMS-Konzepte OHSAS 18001:2007 und SCC:2006 die größte Bedeutung.

5 Einbindung des AMS in ein integriertes Managementsystem

Ein AMS ist Teil des → *Managementsystems* des Unternehmens. Deshalb sollten alle in einem Unternehmen praktizierten Managementsysteme – wo immer möglich – zusammengeführt werden.

Praxis-Tipp: Insellösungen vermeiden!

Verknüpfen Sie das Arbeitsschutz-Managementsystem mit den im Unternehmen vorhandenen oder noch aufzubauenden Managementsystemen (z. B. dem Qualitäts- und Umwelt-Managementsystem). Dadurch entsteht ein integriertes Managementsystem (IMS). Neben der Nutzung von Synergien sowie der Vermeidung von Mehrfacharbeit entwickelt sich dadurch eine besser abgestimmte Führung des Betriebs. Erfahrungsgemäß ist der Aufwand für die Aufrechterhaltung eines IMS deutlich geringer.

Albert Ritter

Arbeitsschutzorganisation

Unter Arbeitsschutzorganisation werden alle Strukturen und Maßnahmen verstanden, mit denen der Arbeitgeber sicherstellt, dass seine zahlreichen Verpflichtungen für den Arbeitsschutz aus den gesetzlichen und berufsgenossenschaftlichen Vorschriften erfüllt werden. Die Organisationsstruktur orientiert sich an Betriebsgröße und -struktur, an den im Unternehmen angewandten Arbeitsverfahren, den technischen Arbeitsmitteln und den daraus resultierenden Gefahren für die Beschäftigten.

Gesetze, Vorschriften und Rechtsprechung

Der Arbeitgeber muss gemäß § 3 Abs. 2 Nr. 1 ArbSchG für eine geeignete Arbeitsschutzorganisation sorgen. Diese Formulierung lässt dem Unternehmer einen großen Handlungsspielraum, führt allerdings auch zu einer hohen Verantwortung für das installierte Organisationsmodell. Neben dem Arbeitsschutzgesetz werden wesentliche Details v. a. in folgenden Rechtsnormen geregelt:

- Arbeitssicherheitsgesetz
- BGV A 1 «Allgemeine Vorschriften»
- DGUV V 2 «Betriebsärzte und Fachkräfte für Arbeitssicherheit»

1 Welche Fachkräfte wirken bei der Arbeitsschutzorganisation mit?

Arbeitgeber

Er hat die Generalverantwortung für die Arbeitssicherheit und damit auch für die organisatorische Struktur seines Unternehmens. Bei Personen- oder Kapitalgesellschaften müssen die bestellten oder berufenen Organe (Vorstand, Geschäftsführung etc.) diese Pflichten wahrnehmen. Einzelne Aufgaben im Arbeitsschutz kann der Arbeitgeber auf «zuverlässige und fachkundige Personen» schriftlich übertragen (§ 13 ArbSchG).

Fach- und → *Führungskräfte*

Sie sind vom Unternehmer eingesetzt und ihm in der betrieblichen Hierarchie unterstellt. Fach- und Führungskräfte sind für einen bestimmten Teilbereich im Unternehmen zuständig und haben Weisungsbefugnis. Sie sind für die Sicherheit der unterstellten Mitarbeiter verantwortlich. Weisungsbefugnis und Verantwortung des Vorgesetzten richten sich nach dem vom Unternehmer zugewiesenen Aufgaben- und Kompetenzbereich (Delegationsprinzip). Die Fach- und Führungskräfte müssen daher im Rahmen der ihnen zugewiesenen Kompetenzen Maßnahmen für die Sicherheit und Gesundheit der ihnen unterstellten Mitarbeiter ergreifen. Dafür empfiehlt sich eine schriftliche → *Pflichtenübertragung*

→ *Fachkraft für Arbeitssicherheit*

Abhängig von der Betriebsart und der Betriebsgröße muss jeder Arbeitgeber eine → *Fachkraft für Arbeitssicherheit* schriftlich bestellen und in einem bestimmten Umfang beschäftigen. Die Fachkraft für Arbeitssicherheit berät und unterstützt in allen Fragen des Arbeitsschutzes und der Unfallverhütung (§ 5 ASiG).

Ausnahmen gibt es für Kleinbetriebe, deren Arbeitgeber sich durch Schulung und Anleitung selbst in den Stand setzen können, die Arbeitsschutzorganisation weitgehend eigenständig zu betreiben (→ *Unternehmermodelle*).

Betriebsarzt

Nach § 2 ASiG ist der Unternehmer verpflichtet, einen → *Betriebsarzt* zu bestellen. In der Regel wird ein externer Betriebsarzt vertraglich verpflichtet werden.

> **Wichtig: Einsatzzeitenermittlung nach DGUV V 2**
>
> Ab 2011 erfolgt die sicherheitstechnische und betriebsärztliche Beratung nach DGUV V 2, nach der branchenübergreifend Einsatzzeiten gefährdungsabhängig zu bestimmen sind.

Elektrofachkraft

Der Arbeitgeber muss gemäß §§ 2, 3 BGV A3 eine → *Elektrofachkraft* bestellen, die die → *elektrischen Anlagen und Betriebsmittel* den elektrotechnischen Regeln entsprechend errichtet, ändert, in Stand hält und insbesondere Prüfungen nach § 5 BGV A3 in den vorgegebenen Fristen durchführt.

Brandschutzbeauftragter

Die gesetzliche Verpflichtung zur Bestellung eines → *Brandschutzbeauftragten* ist branchenabhängig unterschiedlich. Eine ausdrückliche Verpflichtung in den Unfallverhütungsvorschriften ist nicht aufgeführt. Teilweise wird die Pflicht zur Bestellung aus § 10 Abs. 2 ArbSchG hergeleitet. Bei entsprechenden Gefahren empfiehlt es sich, einen Mitarbeiter adäquat ausbilden zu lassen und ihn anschließend zu bestellen. In Versicherungsverträgen gegen Brandschäden kann vertraglich die Bestellung eines Brandschutzbeauftragten oder eines Mitarbeiters, der für den Brandschutz zuständig sein soll, vorgeschrieben sein (z. B. Krankenhäuser und andere Pflegeeinrichtungen, Anlagen mit besonderem technischem Risiko). Dann hat der Unternehmer keine Wahl hinsichtlich der Bestellung, will er seine Ansprüche im Schadensfall nicht verlieren.

Ersthelfer

→ *Ersthelfer* mit entsprechender Ausbildung müssen in allen Betrieben und Unternehmen bestellt werden. Die Anzahl der ausgebildeten Ersthelfer orientiert sich an der Zahl der Beschäftigten und der Betriebsart. Die Zahl bewegt sich zwischen 5 % (Verwaltungs- und Handelsbetriebe) und 10 % (sonstige Betriebe) der Mitarbeiter. Es sollte darauf geachtet werden, dass die Anzahl der männlichen und weiblichen Ersthelfer in einem ausgewogenen Verhältnis zueinander steht und die Namen im Betrieb publik gemacht werden (Aushänge in den Abteilungen).

Arbeitsschutzausschuss

In Betrieben mit mehr als 20 Beschäftigten muss jeder Arbeitgeber einen → *Arbeitsschutzausschuss* bilden, der mindestens einmal vierteljährlich zusammentritt. Die Zusammensetzung ist in § 11 ASiG geregelt.

Sicherheitsbeauftragte

In Betrieben mit regelmäßig mehr als 20 Beschäftigten muss der Unternehmer unter Beteiligung des → *Betriebsrats* → *Sicherheitsbeauftragte* bestellen (§ 22 SGB VII). Die Sicherheitsbeauftragten müssen den Arbeitgeber bei den Maßnahmen des Arbeitsschutzes und der Unfallverhütung unterstützen. In ihrer Eigenschaft als Sicherheitsbeauftragte tragen sie keine Verantwortung. Vermeiden Sie deshalb unbedingt, dass Fach- und → *Führungskräfte* sowie andere Sicherheitsexperten zu Sicherheitsbeauftragten bestellt werden, da Interessenkollisionen unvermeidlich sind.

Weitere Beauftragte

Je nach Gefährdungspotenzial kann der Arbeitgeber verpflichtet sein, weitere Beauftragte zu bestellen. Darunter fallen z. B. Laserschutzbeauftragte nach BGV B2, Gefahrgutbeauftragte nach der Gefahrgutbeauftragtenverordnung, Beauftragter für Lagersicherheit nach DIN EN 15635, Abfallbeauftragte nach Kreislaufwirtschafts- und Abfallgesetz, → *Strahlenschutzbeauftragte* nach § 31 Strahlenschutzverordnung u. a.

Friedrich Hodemacher

Arbeitsstätte

Die Arbeitsstätte ist eine Örtlichkeit auf einem umgrenzten Grundstück oder Grundstückskomplex, auf dem mindestens eine Person ständig haupt- oder nebenberuflich arbeitet.

Gesetze, Vorschriften und Rechtsprechung

Zentrale Regelungen zur Errichtung und Betrieb von Arbeitsstätten enthalten die Arbeitsstättenverordnung (ArbStättV) und die dazu geltenden Arbeitsstätten-Richtlinien bzw. Arbeitsstätten-Regeln. Die neuen Arbeitsstätten-Regeln ersetzen nach und nach die Arbeitsstätten-Richtlinien, die insoweit noch bis 31.12.2012 in Kraft sind.

Bei der Errichtung von Arbeitsstätten ist auch das jeweilige Bauordnungsrecht der Länder zu beachten. In Einzelfällen kann es zu Normkollisionen kommen. Solche Konflikte werden so gelöst, dass jeweils die Rechtsvorschrift einzuhalten ist, die die weitergehenden Anforderungen an den Normadressaten stellt. In Härtefällen kann bei der zuständigen Aufsichtsbehörde (Amt für Arbeitsschutz bzw. Gewerbeaufsichtsamt oder Bauordnungsbehörde bzw. Bauamt) eine Ausnahmegenehmigung beantragt werden (§ 3 Abs. 3 ArbStättV).

1 Was gehört zur Arbeitsstätte?

Arbeitsstätten sind:
- Arbeitsräume in Gebäuden (einschließlich der Ausbildungsstätten),
- Arbeitsplätze auf dem Betriebsgelände im Freien,
- → *Baustellen*,
- Verkaufsstände im Freien im Zusammenhang mit Ladengeschäften,
- Wasserfahrzeuge, schwimmende Anlagen auf Binnengewässern.

Zur Arbeitsstätte gehören auch:
- alle → *Verkehrswege* im Betrieb,
- Lager-, Maschinen- und Nebenräume,
- → *Pausen-, Bereitschafts-, Liegeräume* und Räume für körperliche Ausgleichsübungen,
- → *Umkleide-*, Wasch- und Toilettenräume,
- → *Sanitätsräume*.

2 Was regelt die ArbStättV generell?

Die ArbStättV ist eine der zentralen Vorschriften, die zu Sicherheit und Gesundheit am Arbeitsplatz beitragen. Sie soll Gesundheitsbelastungen am Arbeitsplatz und damit auch → *Arbeitsunfälle* und Berufskrankheiten verhüten (→ *Prävention*): Durch eine genaue Regelung der Einrichtung und Beschaffenheit von Arbeitsplätzen sollen mögliche Gefahrenstellen so entschärft werden, dass es nicht zu Unfällen oder dauerhaften Gesundheitsbelastungen kommen kann.

Viele Regelungen umfassen Maßnahmen zur menschengerechten Gestaltung von Arbeitsplätzen, z. B. zur Lärmverhinderung oder zu ordnungsgemäßen Luft-, Temperatur- und Raumverhältnissen. Das trägt, neben der Sicherheit eines grundsätzlichen Wohlbefindens am Arbeitsplatz, ebenfalls dazu bei, Krankheiten zu verhindern, die sich zu Berufskrankheiten auswachsen können. Wichtig ist auch die Regelung einwandfreier sozialer Einrichtungen, wie z. B. der Regeln zu → *Erholungs-* und Sanitärräumen.

> **Praxis-Tipp: Aushangpflicht**
>
> Die ArbStättV gehört zu den sog. «→ *Aushangpflichtigen Gesetzen*», d. h. sie ist in geeigneter Form durch Betriebsaushänge allen Arbeitnehmern zugänglich zu machen.

Die praktische Umsetzung der ArbStättV wird durch die Arbeitsstätten-Regeln (ASR) erleichtert und unterstützt, die zu den Vorschriften der ArbStättV detaillierte technische Regeln anbieten.

Die ASR werden vom Bundesministerium für Wirtschaft und Arbeit im Bundesanzeiger bekannt gegeben und nach einem vorgeschriebenen Verfahren erstellt.

Sie umfassen allgemein anerkannte Regeln der Sicherheitstechnik, → *Arbeitsmedizin* und → *Hygiene*. Derzeit gibt es 30 ASR, z. B. zur Gestaltung von Fußböden, → *Türen* und → *Verkehrswegen*, zur Einrichtung von Räumen mit → *Feuerlöschern*, zur Einrichtung von Sanitär- und → *Pausenräumen* usw.

3 Kontrolle und Sanktionen

Zur Umsetzung dieser Vorschriften ist der Arbeitgeber gesetzlich verpflichtet. Dazu bedient er sich im Betrieb seiner betrieblichen Beauftragten, der → *Sicherheitsfachkraft* wie auch des Managements. Jeder Arbeitnehmer ist zudem gehalten, seinen Arbeitsplatz in einer – den Vorschriften entsprechenden – ordnungsgemäßen Form zu erhalten.

Die Aufsicht führen in erster Linie die staatlichen Arbeitsschutzbehörden (Gewerbeaufsicht und Ämter für Arbeitsschutz, Baubehörden usw.), aber auch die Berufsgenossenschaften. Die BGV A 1 «Grundsätze der Prävention» ermöglicht es den Berufsgenossenschaften seit dem 1.1.2004, ihrem Präventionsauftrag auch auf der Grundlage staatlicher Vorschriften nachzukommen.

Verstößt ein Arbeitgeber gegen diese Vorschriften, so kann das seitens der staatlichen Aufsicht Bußgelder, Auflagen oder gar die Entziehung der gewerberechtlichen Erlaubnis zur Folge haben. Die Vorschriften der ArbStättV sind Schutzgesetze im Sinne des § 823 Abs. 2 BGB, d. h. bei Verstößen können Regressansprüche des Arbeitnehmers gegen den Arbeitgeber entstehen!

Joachim Schwede

Arbeitsunfall

Arbeitsunfälle sind Unfälle, die eine in der gesetzlichen Unfallversicherung versicherte Person infolge einer versicherten Tätigkeit erleidet.

Zu den versicherten Tätigkeiten zählt auch das Zurücklegen des mit der versicherten Tätigkeit zusammenhängenden unmittelbaren Weges nach und von dem Ort der Tätigkeit (→ *Wegeunfälle*).

Gesetze, Vorschriften und Rechtsprechung

Den Begriff «Arbeitsunfall» bestimmt § 8 Abs. 1 SGB VII und verbindet diesen mit der versicherten Tätigkeit (§§ 2, 3 oder 6 SGB VII). Die Rechtsprechung enthält zahlreiche Urteile zum Begriff «Arbeitsunfall» (z. B. BSG, Urteil v. 22.9.2009, B 2 U 4/08 R).

1 Arbeitsunfall

Arbeitsunfälle sind Unfälle von Versicherten infolge einer den Versicherungsschutz nach §§ 2, 3 oder 6 SGB VII begründenden Tätigkeit (versicherte Tätigkeit, vgl. § 8 Abs 1 Satz 1 SGB VII).

Unfälle sind zeitlich begrenzte, von außen auf den Körper einwirkende Ereignisse, die zu einem Gesundheitsschaden oder zum Tod führen (Unfallereignis, vgl. § 8 Abs. 1 Satz 2 SGB VII).

Ein Arbeitsunfall erfordert, dass

- die Verrichtung der Tätigkeit des Versicherten zur Zeit des Unfalls der versicherten Tätigkeit zuzurechnen ist (innerer oder sachlicher Zusammenhang),
- die versicherte Tätigkeit zu dem zeitlich begrenzten von außen auf den Körper einwirkenden Unfallereignis geführt hat (Unfallkausalität) und
- das Unfallereignis einen Gesundheitserstschaden oder den Tod des Versicherten verursacht hat (haftungsbegründende Kausalität[1]).

---

[1] BSG, Urteil v. 17.2.2009, B 2 U 26/07 R.

Länger andauernde Unfallfolgen aufgrund des Gesundheitsschadens (haftungsausfüllende Kausalität) sind keine Voraussetzung für die Feststellung eines Arbeitsunfalls[2].

2 Ausgewählte Tätigkeiten

2.1 Dienstlich veranlasste Auswärtstätigkeiten

Unfallversicherungsschutz besteht immer dann, wenn die Versicherten Tätigkeiten nachgehen, die für den Antritt der dienstlich veranlassten Auswärtstätigkeit maßgeblich waren[3]. Nicht versichert sind Tätigkeiten, die eindeutig der Privatsphäre zuzuordnen sind und denen man sich beliebig zuwenden kann (z. B. Besichtigungen oder Ausflüge).

Arbeitnehmer stehen auch unter dem Schutz der gesetzlichen Unfallversicherung, wenn sie auf Veranlassung des Arbeitgebers an einer **Weiterbildungsmaßnahme** teilnehmen.

Erfolgt die Weiterbildung aus eigener Initiative und auf eigene Kosten, besteht ebenfalls Versicherungsschutz, wenn sie die beruflichen Chancen verbessert und nicht rein privaten Interessen dient. Der Versicherungsschutz erstreckt sich auf die Zeit des Seminars selbst sowie auf die An- und Abreise.

2.2 Betriebssport

Betriebssport ist eine versicherte Tätigkeit, wenn dadurch ein Ausgleich zur einseitigen beruflichen Belastung geschaffen werden soll[4]. Dies setzt einen zeitlichen Zusammenhang mit der Arbeit und eine gewisse Regelmäßigkeit voraus.

Erforderlich ist zusätzlich

- eine betriebsbezogene Organisation und
- ein im Wesentlichen auf den Betrieb bezogener Teilnehmerkreis.

Bei der einzelnen Betätigung darf der Wettbewerbscharakter nicht im Vordergrund stehen, deshalb ist die Teilnahme von Betriebssportgemeinschaften am allgemeinen Wettkampfbetrieb nicht versichert.

2.3 Betriebliche Gemeinschaftsveranstaltungen

Eine Teilnahme an Betriebsfesten, Betriebsausflügen oder ähnlichen betrieblichen Gemeinschaftsveranstaltungen kann der versicherten Beschäftigung ebenfalls unter bestimmten Voraussetzungen zugerechnet werden[5]:

- Der Arbeitgeber will die Veranstaltung als eigene betriebliche Gemeinschaftsveranstaltung zur Förderung der Zusammengehörigkeit der Beschäftigten untereinander durchführen.
- Er hat zu der Veranstaltung alle Betriebsangehörigen oder bei Gemeinschaftsveranstaltungen für organisatorisch abgegrenzte Abteilungen des Betriebs alle Angehörigen dieser Abteilung eingeladen oder einladen lassen.
- Mit der Einladung muss der Wunsch des Arbeitgebers deutlich werden, dass möglichst alle Beschäftigten sich freiwillig zu einer Teilnahme entschließen.
- Die Teilnahme muss vorab erkennbar grundsätzlich allen Beschäftigten des Unternehmens oder der betroffenen Abteilung offenstehen und objektiv möglich sein.

Es reicht nicht aus, nur den Beschäftigten einer ausgewählten Gruppe die Teilnahme anzubieten oder zugänglich zu machen.

Nur in Ausnahmefällen, in denen Beschäftigte von vornherein nicht teilnehmen können, muss die umfassende Teilnahmemöglichkeit nicht für alle Mitarbeiter bestehen.

Gründe dafür können sein, dass etwa aus Gründen der Daseinsvorsorge der Betrieb aufrechterhalten werden muss oder wegen der Größe der Belegschaft aus organisatorisch-technischen

---

[2] BSG, Urteil v. 4.9. 2007, B 2 U 24/06 R.
[3] BSG, Urteil v. 19.8. 2003, B 2 U 43/02 R.
[4] BSG, Urteil v. 13.12. 2005, B 2 U 29/04 R.
[5] BSG, Urteil v. 22. 9. 2009, B 2 U 4/08 R.

Gründen eine gemeinsame Betriebsveranstaltung ausscheidet. In diesen Fällen sind aber alle Beschäftigten einzuladen, deren Teilnahme möglich ist.

2.4 Heimarbeitsplatz

Der Schutz der → *gesetzlichen Unfallversicherung* beschränkt sich auf Unfälle im Arbeitsraum, d. h. Unfälle im übrigen Bereich der Wohnung sind nicht versichert. Der Versicherungsschutz beginnt mit dem Durchschreiten der Eingangstür des Arbeitsraums und endet mit dessen Verlassen. Ereignet sich der Unfall in Räumen, die gleichzeitig privaten und beruflichen Zwecken dienen, spricht die Vermutung so lange gegen einen Arbeitsunfall, wie nicht belegt worden ist, dass der Unfall tatsächlich bei einer beruflichen Arbeit geschehen ist.

2.5 Befördern oder Reparieren von Arbeitsgeräten

Arbeitnehmer üben eine versicherte Tätigkeit aus, wenn sie ein Arbeitsgerät oder eine Schutzausrüstung verwahren, befördern, in Stand halten und erneuern oder sich ein Arbeitsgerät oder eine Schutzausrüstung auf Veranlassung durch den Unternehmer erstmals beschaffen.

3 Wegeunfall

Zu den versicherten Tätigkeiten zählt auch das Zurücklegen des mit der versicherten Tätigkeit zusammenhängenden unmittelbaren Weges nach und von dem Ort der Tätigkeit (§ 8 Abs. 2 Nr. 1 SGB VII). Dabei muss die Tätigkeit zur Zeit des Unfalls im sachlichen Zusammenhang mit dem versicherten Zurücklegen des Wegs stehen. Diese Voraussetzung ist erfüllt, wenn das Handeln des Versicherten zur Fortbewegung auf dem Weg zur oder von der Arbeitsstätte gehört[6]. Unterbrechungen des Wegs, die nicht geringfügig sind, beenden den Versicherungsschutz[7].

4 Ausschluss des Arbeitsunfalls

4.1 Gelegenheitsursache

Sind mehrere Ursachen für das Unfallereignis maßgebend (z. B. dienstliche Tätigkeit und eine Erkrankung aus innerer Ursache), ist nach der Theorie der wesentlichen Bedingung zu entscheiden, ob ein Arbeitsunfall eingetreten ist[8]. Wenn das versicherte Unfallereignis die wesentliche Bedingung für die Unfallfolgen ist und der Gelegenheitsursache keine überragende Bedeutung zukommt, dann handelt es sich um einen Arbeitsunfall.

Ein Arbeitsunfall ist dagegen ausgeschlossen, wenn die Gelegenheitsursache die wesentliche Ursache für das Unfallereignis war.

4.2 Eigenwirtschaftliches Interesse

Wenn der Unfallverletzte zum Unfallzeitpunkt eigenwirtschaftliche Interessen verfolgt hat, dann fehlt es am sachlichen Zusammenhang mit der versicherten Tätigkeit; ein Arbeitsunfall ist ausgeschlossen[9]. Gibt der Verletzte für sein Handeln sowohl versicherte als auch private Gründe an (gemischte Motivationslage), ist zur Beurteilung des sachlichen Zusammenhangs zwischen der versicherten Tätigkeit und der Verrichtung zur Zeit des Unfalls darauf abzustellen, ob die Verrichtung hypothetisch auch dann vorgenommen worden wäre, wenn die privaten Gründe des Handelns nicht vorgelegen hätten.

> **Praxis-Beispiel: Gemischte Motivationslage**
> Ein Arbeitnehmer verletzt sich während der Arbeitszeit bei der Reparatur einer Hebebühne im Betrieb seines Arbeitgebers. Die Hebebühne sollte für Arbeiten am privaten PKW des Arbeit-

---

[6] BSG, Urteil v. 4. 9. 2007, B 2 U 24/06 R.
[7] BSG, Urteil v. 27. 3. 1990, 2 RU 36/89.
[8] BSG, Urteil v. 9. 5. 2006, B 2 U 1/05 R.
[9] BSG, Urteil vom 12.5.2009, B 2 U 12/08 R

nehmers verwendet werden. Die Arbeit gehört nicht zur Beschäftigung des Klägers. Allerdings ist die Instandsetzung der Hebebühne für den Arbeitgeber nützlich, weil sie den Einsatz der Arbeitszeit anderer Arbeitnehmer oder die Vergütung eines Werkunternehmers erspart. Die Verrichtung ist einerseits durch das eigenwirtschaftliche Interesse des Klägers an der Reparatur seines Privat-PKWs motiviert gewesen, sie ist andererseits für den Arbeitgeber nützlich.

Ein Arbeitsunfall ist nicht eingetreten, weil der Arbeitnehmer ohne die Absicht, seinen privaten PKW zu reparieren, nicht an der Hebebühne gearbeitet hätte.

4.3 Besondere Sachverhalte

Ein Eigenverschulden (Fahrlässigkeit und grobe Fahrlässigkeit) des Versicherten ist in der gesetzlichen Unfallversicherung bei der Annahme eines Versicherungsfalls ohne Bedeutung. Auch bei eigenem Verschulden liegt ein Wegeunfall vor, wenn die übrigen Voraussetzungen für einen Arbeitsunfall erfüllt sind. War jedoch Trunkenheit, Rauschgift- oder Tablettenmissbrauch die rechtlich allein wesentliche Ursache des Unfalls, entfällt der Versicherungsschutz. Gleiches gilt in den Fällen, in denen das Unfallereignis vorsätzlich herbeigeführt wurde.

Alkohol

Ein Arbeitsunfall ist dann nicht gegeben, wenn die alkoholische Beeinflussung für den Eintritt des Unfalls derart bedeutsam war, dass demgegenüber die betrieblichen Umstände in den Hintergrund gedrängt und bedeutungslos werden. Ein typischer Fall der alkoholbedingten Herabsetzung der Leistungsfähigkeit ist die eingeschränkte Fahrtüchtigkeit von Kraftfahrern, weil der Alkoholgenuss ihre Wahrnehmungs- und Reaktionsfähigkeit beeinträchtigt. Von absoluter Fahruntüchtigkeit ist bei einer Blutalkoholkonzentration von 1,1 ‰ auszugehen[10].

Praxis-Tipp: Relative Fahruntüchtigkeit

Beweisanzeichen für eine alkoholbedingte Fahruntüchtigkeit bei einer Blutalkoholkonzentration von weniger als 1,1 ‰ sind:

- Fahrweise des Versicherten, z. B. überhöhte Geschwindigkeit,
- Fahren in Schlangenlinien,
- plötzliches Bremsen,
- Missachten von Vorfahrtszeichen oder einer roten Ampel,
- Überqueren einer großen Kreuzung ohne Reduzierung der Geschwindigkeit,
- Benehmen bei Polizeikontrollen,
- sonstiges Verhalten, das eine alkoholbedingte Enthemmung und Kritiklosigkeit erkennen lässt.

Drogen

Ähnlich wie beim Alkoholgenuss beseitigt die Einnahme von legalen oder illegalen Drogen den sachlichen Zusammenhang zwischen der versicherten Tätigkeit und der Verrichtung zur Zeit des Unfalls, wenn sie zu einer Lösung vom Betrieb geführt hat[11]. Cannabiskonsum ist die wesentliche Ursache eines Unfalls, wenn ein THC-Wert von mindestens 1 ng/ml im Blut festgestellt wurde und weitere Beweisanzeichen die drogenbedingte Fahruntüchtigkeit des Versicherten belegen. Derartige Beweisanzeichen sind Gangunsicherheiten, Müdigkeit, Apathie, Denk-, Konzentrations-, Aufmerksamkeits- und Wahrnehmungsstörungen, leichte Ablenkbarkeit.

Vollrausch

Vollrausch und Leistungsausfall liegen dann vor, wenn der Versicherte so hochgradig betrunken ist, dass er zum Unfallzeitpunkt bzw. in naher Zukunft das Wesentliche seiner eigentlichen Tätigkeit nicht oder nur grob fehlerhaft verrichten kann[12]. Konkret ist die Situation des Leistungs-

---

[10] BSG, Urteil vom 25. 11. 1992, 2 RU 40/91.
[11] BSG, Urteil vom 30.1.2007, B 2 U 23/05 R.
[12] BSG, Urteil v. 5. 9. 2006, B 2 U 24/05 R.

ausfalls gegeben. Es liegt dann der Zustand der Volltrunkenheit vor, der zu einer Lösung vom Versicherungsschutz führt, d. h., ein Arbeitsunfall kann unter keinen Umständen mehr angenommen werden. Die Lösung vom Versicherungsschutz tritt durch den Zustand der Volltrunkenheit ein, ohne dass es z. B. eines Verweises von der Arbeitsstelle durch einen Vorgesetzten bedürfte.

5 Beweislast des Versicherten

Der Unfallversicherungsträger hat den Sachverhalt von Amts wegen zu ermitteln (§ 20 Abs. 1 Satz 1 SGB X). Nach dem Grundsatz der objektiven Beweislastverteilung geht die Unbeweisbarkeit eines anspruchsbegründenden Tatbestands zulasten des Versicherten[13].

6 Anzeigepflicht des Unternehmers

Unternehmer sind nach § 193 SGB VII verpflichtet, einen Arbeits- oder Wegeunfall dann anzuzeigen, wenn ein Beschäftigter getötet oder so schwer verletzt wird, dass er für mehr als 3 Tage arbeitsunfähig ist.

7 Haftungsausschluss

Personen, die durch eine betriebliche Tätigkeit einen Versicherungsfall von Versicherten desselben Betriebs verursacht haben, sind zum Ersatz des Personenschadens nur verpflichtet, wenn sie den Versicherungsfall vorsätzlich oder auf einem nach § 8 Abs. 2 Nr. 1 – 4 SGB VII versicherten Weg herbeigeführt haben (§ 105 Abs. 1 Satz 1 SGB VII). Das gleiche Haftungsprivileg genießt der Unternehmer, in dessen Betrieb sich der Arbeitsunfall ereignet hat (§ 105 Abs. 1 Satz 1 SGB VII). Der Forderungsübergang nach § 116 SGB X ist jeweils ausgeschlossen. Damit können zivilrechtliche Ansprüche (z. B. Schmerzensgeld) durch den Geschädigten nur bei Vorsatz oder im Zusammenhang mit Wegeunfällen geltend gemacht werden.

Norbert Finkenbusch

Arbeitszeit

Arbeitszeit im Sinne des Arbeitszeitgesetzes ist die Zeit vom Beginn bis zum Ende der Arbeit ohne die Ruhepausen. Arbeitszeiten bei mehreren Arbeitgebern sind zusammenzurechnen. Im Bergbau unter Tage zählen die Ruhezeiten zur Arbeitszeit.

Gesetze, Vorschriften und Rechtsprechung

Arbeitsrecht: Gesetzlich geregelt ist die Arbeitszeit im Arbeitszeitgesetz (ArbZG). Zu beachten ist das Ladenschlussgesetz des Bundes und die Ladenöffnungsgesetze der Länder. Rechtsprechung: BAG, Urteil v. 13.2.1992, 6 AZR 638/89 (Definition der Ruhepause); BAG, Urteil v. 25.10.1989, 2 AZR 633/88 (Arbeitsbereitschaft ist die Zeit wacher Achtsamkeit im Zustand der Entspannung); BAG, Urteil v. 10.6.1959, 4 AZR 567/56 (Definition des Bereitschaftsdienstes).

1 Arbeitszeitschutz

Der Arbeitszeitschutz umfasst die öffentlich-rechtlichen Vorschriften über die tägliche Höchstarbeitszeit, über die Festlegung der zeitlichen Lage der Arbeitszeit während eines Tages, über Pausen und arbeitsfreie Zeiten nach Ende der täglichen Arbeit und über Sonn- und Feiertagsruhe. Er ist vor allem im Arbeitszeitgesetz geregelt.

---

[13] BSG, Urteil v. 27.10.2009, B 2 U 23/08 R.

2 Geltungsbereich des Arbeitszeitgesetzes

Das Arbeitszeitgesetz gilt für alle Arbeitnehmer über 18 Jahre. Es ist nach § 18 ArbZG nicht anzuwenden auf Leitende Angestellte i. S. von § 5 Abs. 3 BetrVG und u. a. auf Chefärzte und Arbeitnehmer in häuslicher Gemeinschaft sowie für den liturgischen Bereich der Kirchen und der Religionsgemeinschaften.

> **Achtung: Sonderregelungen**
>
> Sonderregelungen gelten für Arbeitnehmer in Bäckereien und Konditoreien (s. u.), für Besatzungsmitglieder i. S. des Seemannsgesetzes und teilweise für den öffentlichen Dienst, die Luftfahrt und die Binnenschifffahrt[14].

3 Tägliche Höchstarbeitszeit

Das Arbeitszeitgesetz regelt die tägliche Höchstarbeitszeit und etliche Ausnahmen.

3.1 Höchstarbeitszeit

Die werktägliche Arbeitszeit darf **8 Stunden** grundsätzlich nicht überschreiten. Sie kann bis zu **10 Stunden** verlängert werden, wenn innerhalb von 6 Kalendermonaten oder innerhalb von 24 Wochen im Durchschnitt 8 Stunden werktäglich nicht überschritten werden[15].

3.2 Abweichende Regelungen durch Tarifvertrag

Nach § 7 ArbZG kann in einem Tarifvertrag oder aufgrund eines Tarifvertrags in einer Betriebs- oder Dienstvereinbarung abweichend von § 3 ArbZG (tägliche Höchstarbeitszeit) zugelassen werden,

- die Arbeitszeit über 10 Stunden werktäglich zu verlängern, wenn in die Arbeitszeit regelmäßig und in erheblichem Umfang Arbeitsbereitschaft oder Bereitschaftsdienst fällt,
- einen anderen Ausgleichszeitraum festzulegen.

Sofern der **Gesundheitsschutz** der Arbeitnehmer durch einen entsprechenden **Zeitausgleich** gewährleistet wird, können nach § 7 Abs. 2 ArbZG ferner Anpassungen im landwirtschaftlichen Bereich, in Krankenhäusern, Alten- und Pflegeheimen sowie im öffentlichen Dienst zugelassen werden.

3.3 Höchstgrenzen bei Tarifverträgen

Werden verlängerte Arbeitszeiten tariflich zugelassen, muss nach § 7 Abs. 8 ArbZG grundsätzlich gewährleistet sein, dass die Arbeitszeit einschließlich Arbeitsbereitschaft und Bereitschaftsdienst im **Durchschnitt** von 12 Monaten **48 Wochenstunden** nicht überschreitet. Die Übergangsregelung für Alttarifverträge ist zum 31.12.2006 ausgelaufen. Die Übergangsregelung erfasste zudem die 48-Stunden-Grenze nicht[16].

3.4 Höchstgrenzen bei Betriebs- bzw. Individualvereinbarung

Im Geltungsbereich eines Tarifvertrags nach § 7 Abs. 1, 2 oder 2a ArbZG können abweichende tarifvertragliche Regelungen im Betrieb eines **nicht tarifgebundenen Arbeitgebers** durch Betriebs- oder Dienstvereinbarung oder, wenn ein Betriebs- oder Personalrat nicht besteht, durch schriftliche Vereinbarung zwischen Arbeitgeber und dem Arbeitnehmer übernommen werden[17].

Aufgrund der Regelungen nach § 7 Abs. 2a, 3 bis 5 ArbZG – jeweils in Verbindung mit § 7 Abs. 2a ArbZG – darf die Arbeitszeit nur verlängert werden, wenn der Arbeitnehmer **schriftlich eingewilligt** hat. Der Arbeitnehmer kann die Einwilligung mit einer Frist von 6 Monaten schriftlich widerrufen.

---

[14] §§ 18 bis 21 ArbZG.
[15] § 3 ArbZG.
[16] BAG, Beschluss v. 24.1.2006, 1 ABR 6/05.
[17] § 7 Abs. 3 ArbZG.

Die Arbeitszeit darf allerdings auch in einem solchen Fall **48 Stunden wöchentlich** im **Durchschnitt** von 6 Kalendermonaten nicht überschreiten[18].

4 Zeitliche Lage der Arbeitszeit

Sie ist für Männer nicht allgemein vorgeschrieben, wohl aber für **Mütter** und **Jugendliche**.

5 Ruhepausen

Nach § 4 ArbZG hat der Arbeitgeber den Arbeitnehmern während einer zusammenhängenden Arbeitszeit Ruhepausen zu gewähren. Der Begriff ist gesetzlich nicht definiert. Er wird allgemein verstanden als im Interesse des Arbeitnehmers stehende **Arbeitsunterbrechung**, während der er **nicht zur Arbeitsleistung herangezogen** werden darf und die er nach **eigener Vorstellung** verbringen kann[19].

> **Wichtig: Länge der Ruhepausen**
>
> Die Ruhepausen betragen grundsätzlich bei einer Arbeitszeit von mehr als 6 Stunden 30 Minuten und bei einer Arbeitszeit von mehr als 9 Stunden 45 Minuten. Länger als 6 Stunden hintereinander dürfen Arbeitnehmer nicht ohne Ruhepause beschäftigt werden.

6 Bereitschaftsdienst, Arbeits- und Rufbereitschaft

Aufgrund des Urteils des Europäischen Gerichtshofs vom 9.9.2003[20] wurden Arbeits- und Bereitschaftsdienst neu geregelt und insgesamt als **Arbeitszeit** im Sinne von § 2 Abs. 1 ArbZG gewertet.

6.1 Arbeitsbereitschaft

Die Arbeitsbereitschaft ist geprägt von einer gegenüber der vollen Arbeitsleistung nur geminderten, nicht die gesamte Aufmerksamkeit beanspruchenden Tätigkeit. Das Bundesarbeitsgericht definiert sie als **Zeit wacher Achtsamkeit im Zustand der Entspannung**. Gegenüber der Vollarbeit stellt die Arbeitsbereitschaft in körperlicher und geistiger Hinsicht eine mindere Leistung dar[21]. Bei der Arbeitsbereitschaft muss der Arbeitnehmer bereit sein, aus dem Zustand der wachen Aufmerksamkeit **zur Arbeit** gerufen zu werden[22].

6.2 Bereitschaftsdienst

Im Unterschied zu Vollarbeit und Arbeitsbereitschaft liegt Bereitschaftsdienst vor, wenn der Arbeitnehmer sich an einer **vom Arbeitgeber bestimmten Stelle** innerhalb oder außerhalb des Betriebs aufhalten muss, um erforderlichenfalls unverzüglich die Arbeit aufnehmen zu können[23]. In diesem Rahmen kann der Arbeitnehmer während des Bereitschaftsdienstes seine Zeit weitgehend frei gestalten und kann in Zeiten ohne Inanspruchnahme auch ruhen, da er – anders als bei der Arbeitsbereitschaft – nicht zu «wacher Aufmerksamkeit» verpflichtet ist.

6.3 Rufbereitschaft

Rufbereitschaft liegt regelmäßig dann vor, wenn sich der Arbeitnehmer auf Anordnung des Arbeitgebers außerhalb der regelmäßigen Arbeitszeit an einer dem Arbeitgeber anzuzeigenden Stelle aufzuhalten hat, um **auf Abruf** die Arbeit aufzunehmen. Der Arbeitnehmer kann sich an

---

[18] § 7 Abs. 8 Satz 2 ArbZG.
[19] BAG, Urteil v. 13.2.1992, 6 AZR 638/89.
[20] EuGH, Urteil v. 9.9.2003, C-151/02.
[21] BAG, Urteil v. 25.10.1989, 2 AZR 633/88.
[22] BAG, Urteil v. 19.12.1991, 6 AZR 592/89.
[23] BAG, Urteil v. 10.6.1959, 4 AZR 567/56.

einer beliebigen Stelle aufhalten. Er muss die Arbeitsstätte aber in **angemessen kurzer Zeit** erreichen können[24].

> **Achtung: Keine Arbeitszeit**
> Die Rufbereitschaft ist **keine Arbeitszeit** im Sinne von § 2 Abs. 1 ArbZG. Sie bleibt daher auch bei der Berechnung der zulässigen Arbeitszeiten außer Ansatz.

7 Notfälle

Bei vorübergehenden Arbeiten in Notfällen und in außergewöhnlichen Fällen kann unter den Voraussetzungen des § 14 ArbZG u. a. von der Regelung über die tägliche Höchstarbeitszeit in § 3 ArbZG abgewichen werden.

Soweit von diesen Befugnissen Gebrauch gemacht wird, darf die Arbeitszeit 48 Stunden wöchentlich im Durchschnitt von 6 Kalendermonaten oder 24 Wochen nicht überschreiten.

8 Ausnahmebewilligung

Für kontinuierliche Schichtbetriebe und Montagestellen, für Saison- und Kampagnebetriebe sowie für den öffentlichen Dienst können weitere Ausnahmen u. a. von der täglichen Höchstarbeitszeit durch die **Aufsichtsbehörde** bewilligt werden[25].

9 Aushang und Arbeitszeitnachweis

Der Arbeitgeber ist verpflichtet, einen Abdruck des **Arbeitszeitgesetzes** und der für den Betrieb geltenden (abweichenden) Tarifverträge und Betriebs- oder Dienstvereinbarungen an geeigneter Stelle im Betrieb zur Einsichtnahme auszulegen oder auszuhängen[26]. Ferner hat der Arbeitgeber die über die **werktägliche Arbeitszeit** des § 3 Satz 1 ArbZG hinausgehende Arbeitszeit der Arbeitnehmer aufzuzeichnen und ein Verzeichnis der Arbeitnehmer zu führen, die in eine Verlängerung der Arbeitszeit nach § 7 Abs. 7 ArbZG eingewilligt haben.

10 Bäckereien und Konditoreien

Für Bäckereien und Konditoreien ist in § 2 Abs. 3 ArbZG der Zeitraum für die Nachtarbeit abweichend vom generell für Nachtarbeit geltenden Zeitraum (23 bis 6 Uhr) auf die Zeit von 22 bis 5 Uhr festgesetzt worden. Die einschränkenden Vorschriften des Arbeitszeitgesetzes für Nachtarbeit in Bäckereien und Konditoreien gelten daher nur dann, wenn die Arbeit vor 3 Uhr beginnt.

11 Ladenschlussgesetz

Das **Ladenschlussgesetz des Bundes** gilt als partielles Bundesrecht in den Ländern fort, in denen es noch kein eigenes Landesgesetz gibt[27]. Das Ladenschlussgesetz schreibt zwingend vor, dass Verkaufsstellen aller Art, Wochenmärkte und das ambulante Gewerbe für den geschäftlichen Verkehr geschlossen sein müssen an Sonn- und Feiertagen, montags bis freitags bis 6 Uhr und ab 20 Uhr, samstags bis 6 Uhr und ab 20 Uhr, am 24. Dezember, wenn dieser Tag auf einen Werktag fällt, bis 6 Uhr und ab 14 Uhr. Verkaufsstellen für Bäcker- oder Konditorwaren dürfen bereits um 5.30 Uhr öffnen. Die beim Ladenschluss anwesenden Kunden dürfen noch bedient werden. Das Ladenschlussgesetz sieht etliche Ausnahmen für einzelne Gewerbezweige vor.

---

[24] BAG, Urteil v. 19.12.1991, 6 AZR 592/89.
[25] § 15 ArbZG.
[26] § 16 Abs. 1 ArbZG.
[27] Art. 125a GG.

> **Wichtig: Ladenöffnungsgesetze der Länder**
> Die meisten **Bundesländer** haben zudem eigene Ladenschlussgesetze erlassen, die weitergehende Öffnungszeiten zulassen.

Arbeitnehmer dürfen in Verkaufsstellen an Sonn- und Feiertagen nur während der ausnahmsweise zugelassenen Öffnungszeiten und für unerlässliche Vorbereitungs- und Abschlussarbeiten während weiterer 30 Minuten beschäftigt sein, aber nicht mehr als 8 Stunden. Für Sonn- und Feiertagsarbeit in Verkaufsstellen ist den Arbeitnehmern in derselben Woche Freizeit zu gewähren, wenn die Arbeit länger als 3 Stunden gedauert hat; mindestens jeder dritte Sonntag muss dann beschäftigungsfrei bleiben. Weitere Einzelheiten enthält § 17 LadenSchlG.

Atemschutz

Atemschutz ist der Oberbegriff für die Gruppe der Persönlichen Schutzausrüstungen (PSA), die dem Benutzer gefährdungsfreies Atmen ermöglicht. Diese PSA wird auch Atemschutzgerät genannt. Mit einem Atemschutzgerät werden schädigende Partikel durch Einsatz von Partikelfiltern aus der Luft zurückgehalten. Sofern es sich um gasförmige Schadstoffe handelt, werden Gasfilter eingesetzt. Kombinationen aus partikel- und gasförmigen Schadstoffen werden durch den Einsatz von Kombinationsfiltern aus der Luft gefiltert. Sofern Partikel-, Gas- oder Kombinationsfilter nicht eingesetzt werden können, weil diese keine oder keine ausreichende Filterwirkung ermöglichen, werden Isoliergeräte eingesetzt. Bei Isoliergeräten erhält der Benutzer Atemluft aus einem Atemluftvorrat zur Verfügung gestellt. Der Benutzer ist beim Einsatz eines Isoliergeräts vollständig von der Umgebungsatmosphäre isoliert.

Gesetze, Vorschriften und Rechtsprechung

Für Atemschutz ist grundsätzlich die BGR 190 «Benutzung von Atemschutzgeräten» anzuwenden. Sie konkretisiert die PSA-Benutzungs-Verordnung. Für Feuerwehren gilt die FwDV 7 «Atemschutz». Für die Gefährdungsbeurteilung sind die Gefahrstoffverordnung und die Technischen Regeln Gefahrstoffe zu berücksichtigen. Dabei nennen die TRGS 900 «Arbeitsplatzgrenzwerte» und die TRGS 903 «Biologische Grenzwerte» die für das Einatmen von Gefahrstoffen und biologischen Arbeitsstoffen einzuhaltenden Grenzwerte, die bei der Auswahl von Atemschutz Berücksichtigung finden. Die Durchführung arbeitsmedizinischer Vorsorgeuntersuchungen für Atemschutzgeräteträger ist in der ArbMedVV geregelt.

1 Atemschutzgeräte

Atemschutzgeräte sind → *PSA*, die dann eingesetzt werden, wenn atembare, die Gesundheit gefährdende, Umgebungsatmosphäre vorliegt und durch technische oder organisatorische Schutzmaßnahmen die Gesundheit der Mitarbeiter nicht ausreichend geschützt werden kann.

Unterschieden wird zwischen:

- **Filtergeräten**, die Partikel, Gase oder Kombinationen aus Partikel oder Gasen aus der Umgebungsatmosphäre filtern. Filtergeräte sind umgebungsluft*abhängige* Atemschutzgeräte.
- **Isoliergeräten** als umgebungsluft*unabhängige* Atemschutzgeräte. Sofern Atemschutzgeräte zum sicheren Verlassen von Bereichen eingesetzt werden, werden diese Isoliergeräte Selbstretter genannt.

Die Teile des Atemschutzgeräts, die die Verbindung mit dem Träger des Atemschutzgeräts herstellen, werden Atemanschluss genannt. Als Atemanschlüsse für Filtergeräte stehen filtrierende Halbmasken, Halbmasken/Viertelmasken, Mundstückgarnituren, Vollmasken, Atemschutzhauben oder Atemschutzhelme zur Verfügung:

- **Halbmasken** umschließen Mund, Nase und Kinn. **Viertelmasken** umschließen Mund und Nase. An sie werden Filter bis max. 300 g Gewicht angeschlossen.
- **Filtrierende Halbmasken** umschließen Mund, Nase und Kinn. Die Maske besteht aus einem filtrierenden Material.

- **Mundstückgarnituren** dichten den Mund ab und werden mit den Zähnen gehalten. Die Nase wird mit einer Nasenklemme verschlossen.
- **Vollmasken** umschließen das ganze Gesicht und schützen gleichzeitig die Augen. An Vollmasken werden Filter oder Isoliergeräte angeschlossen.

> **Achtung: Brillenträger**
>
> Achten Sie beim Einsatz von Vollmasken darauf, dass Brillenträger Maskenbrillen einsetzen. Dabei handelt es sich um bügellose Brillen, die innen am Maskenkörper befestigt werden. Das Tragen von Kontaktlinsen unter einer Vollmaske kann zu einem zusätzlichen Risiko führen, da bei einer Augenreizung oder dem Verrutschen der Linse ein Zugriff nicht möglich ist. Daher: Kontaktlinsen unter einer Vollmaske nicht einsetzen.

Bei **Atemschutzhauben** und **Atemschutzhelmen** muss dem Träger des Atemschutzgeräts die gefilterte Luft bauartbedingt mithilfe eines Gebläses zugeführt werden. Bei Halbmasken, Viertelmasken, Mundstückgarnituren und Vollmasken besteht ebenfalls die Möglichkeit, diese als gebläseunterstützten Atemanschluss zu erhalten.

Damit Untersuchungskriterien für → *arbeitsmedizinische Vorsorgeuntersuchungen* unterschieden werden können, werden Atemschutzgeräte in 3 Gerätegruppen eingeteilt:

- **Gerätegruppe 1:** Das Gerätegewicht beträgt max. 3 kg und der Atemwiderstand ist gering. Beispiele: Filtergerät mit Partikelfilter der Partikelfilterklassen P1 und P2 oder gebläseunterstütztes Filtergerät mit Voll- oder Halbmaske.
- **Gerätegruppe 2:** Das Gerätegewicht beträgt max. 5 kg und der Atemwiderstand ist erhöht. Beispiele: Filtergerät mit Partikelfilter der Partikelfilterklasse P3, mit Gasfilter oder mit Kombinationsfilter.
- **Gerätegruppe 3:** Das Gerätegewicht ist größer als 5 kg und der Atemwiderstand ist erhöht. Beispiele: Frei tragbares Isoliergerät (Pressluftatmer) oder Regenerationsgerät.

2 Filtergeräte als umgebungsluftabhängige Atemschutzgeräte

Umgebungsluftabhängige Atemschutzgeräte filtern für den Menschen schädliche atembare Stoffe aus der Umgebungsatmosphäre. Sie dürfen nur dann eingesetzt werden, wenn

- die Sauerstoffkonzentration mind. 17 Vol.-% beträgt,
- die Sauerstoffkonzentration beim Einsatz von CO-Filtern mind. 19 Vol.-% beträgt,
- die Umgebungsbedingungen bekannt sind (Schadstoffzusammensetzung, Konzentration, zeitliche Konzentrationsveränderungen etc.),
- die Einsatzgrenzen für Filtergeräte nicht überschritten werden oder
- nicht mehr gefilterte → *Gase* gerochen oder geschmeckt werden können.

Je nach vorliegenden Schadstoffen werden unterschiedliche Filtertypen eingesetzt. Für Partikel werden Partikelfilter verwendet, für Gase gibt es Gasfilter. Treten gleichzeitig Partikel und Gase auf, werden Kombinationsfilter eingesetzt.

2.1 Partikelfilter

Partikelfilter gibt es für Vollmasken, Halbmasken, Viertelmasken und Mundstückgarnituren. Der Filterkörper wird dabei mittels Schraubgewindeanschluss auf den Maskenkörper geschraubt. Das Abscheidevermögen der Partikelfilter wird in 3 Filterklassen eingeteilt:

- Filterklasse P1 – geringes Abscheidevermögen,
- Filterklasse P2 – mittleres Abscheidevermögen,
- Filterklasse P3 – hohes Abscheidevermögen.

Bei **partikelfiltrierenden** Halbmasken besteht der Maskenkörper aus einem Filtergewebe, das Partikel aus der Luft filtert. Partikelfilter werden in 3 Filterklassen eingeteilt:

- Filterklasse FFP1 – geringes Abscheidevermögen,

- Filterklasse FFP2 – mittleres Abscheidevermögen,
- Filterklasse FFP3 – hohes Abscheidevermögen.

> **Achtung: Maximale Schadstoffkonzentration für Partikelfilter**
>
> Je nach Atemanschluss dürfen Partikelfilter nur eingesetzt werden, wenn die Staubkonzentration in der Luft den dafür geltenden Grenzwert nur um einen bestimmten Faktor überschreitet. Diese Faktoren sind in Tab. 14 und 15 in Anhang 1.3.2.2 BGR 190 aufgeführt.

> **Wichtig: Einsatzdauer von Partikelfiltern**
>
> Die Einsatzdauer von Partikelfiltern richtet sich nach dem Atemwiderstand. Wird dieser durch Staubeinlagerungen oder Feuchtigkeit (Atemfeuchte, Schweiß) unangenehm hoch, dann sind Partikelfilter zu wechseln. Eine Reinigung oder Desinfektion des Filters scheidet aus. Partikelfilter dürfen nicht von mehreren Personen benutzt werden. Partikelfilter werden mit «NR» gekennzeichnet, wenn ein Mehrfachgebrauch auf die Dauer einer Arbeitsschicht begrenzt ist. Sind Partikelfilter mit «R» gekennzeichnet, dann ist eine Wiederbenutzung über die Dauer einer Arbeitsschicht hinaus möglich.

2.2 Gasfilter

Gasfilter gibt es für Vollmasken, Halbmasken, Viertelmasken, Mundstückgarnituren. Je nach Gas werden die Filtertypen eingeteilt in

- A-Filter,
- B-Filter,
- E-Filter und
- K-Filter.

Wie bei den Partikelfiltern gibt es eine Klasseneinteilung in jeweils 3 Klassen (A1, A2, A3, …, K3). Die Filterklasse gibt dabei an, ob

- eine niedrige Gaskonzentration = 1,
- eine mittlere Gaskonzentration = 2 oder
- eine hohe Gaskonzentration = 3

vorliegen darf.

Die erlaubte max. Gaskonzentration je Gas und je Gasfilterklasse ist in Tab. 13 in Anhang 1.2.2 BGR 190 aufgeführt.

2.2.1 Gebrauchsdauer

Die **Gebrauchsdauer** ist für den jeweiligen Arbeitseinsatz festzulegen. Sofern der Durchbruch von → *Gasen* oder Dämpfen durch Geruch oder Geschmack wahrgenommen werden kann, ist leicht erkennbar, wann die Aufnahmekapazität des Gasfilters erschöpft ist.

> **Wichtig: Gebrauchsdauer von vielen Faktoren abhängig**
>
> Eine generelle Aussage über die Gebrauchsdauer kann nicht gemacht werden, da diese von äußeren Bedingungen abhängt, wie
> - Konzentration des Schadstoffs,
> - Luftbedarf des Geräteträgers,
> - Luftfeuchtigkeit und
> - Lufttemperatur.

Sollen **Gasfilter mehrmals eingesetzt** werden (Ausnahme z. B. AX-Filter), müssen sie gasdicht verpackt werden. Zeitpunkt der Anwendung, Einsatzbedingungen, Einsatzdauer und Schadstoff sind schriftlich festzuhalten. Der gebrauchte Filter darf höchstens 6 Monate aufbewahrt werden.

Atemschutz

> **Achtung: Keine Verwendung für anderen Schadstoff**
> Bei einem erneuten Einsatz darf ein Gasfilter nicht für einen anderen Schadstoff wiederverwendet werden.

Bei der Lagerung von gebrauchten Gasfiltern kann es zum Durchwachsen von Mikroorganismen kommen, die zu einer möglichen Infektionsgefahr führen können. Bei Auftreten von Geruch oder Geschmack ist daher von einer erneuten Verwendung gebrauchter Gasfilter abzusehen.

2.2.2 Die Besonderheiten von AX-Filtern

Gase oder Dämpfe organischer Verbindungen, deren Siedepunkt höchstens 65 °C beträgt, werden Niedrigsieder genannt. Niedrigsieder werden in 4 Gruppen eingeteilt. Niedrigsieder der Gruppen 1 und 2 können von A-Filtern nicht zurückgehalten werden. Dafür sind spezielle AX-Filter erforderlich. AX-Filter dürfen nicht für Niedrigsiedergemische bzw. Gemische aus einem Niedrigsieder und anderen organischen Verbindungen eingesetzt werden.

> **Wichtig: Bedingungen für den Einsatz von AX-Filtern**
> - Es dürfen nur Filter im Anlieferungszustand eingesetzt werden (der Filter muss vor der Verwendung noch ordnungsgemäß versiegelt sein; die Lagerung ist entsprechend den Herstellerangaben möglich).
> - Bei Niedrigsiedern der Gruppe 1 darf der AX-Filter bei einer Gaskonzentration bis 100 ml/m³ höchstens für 40 Minuten und bis 500 ml/m³ für höchstens 20 Minuten eingesetzt werden.
> - Bei Niedrigsiedern der Gruppe 2 darf der AX-Filter bei einer Gaskonzentration bis 1.000 ml/m³ höchstens für 60 Minuten und bis 5.000 ml/m³ für höchstens 20 Minuten eingesetzt werden.
> - Diese Einsatzzeitbegrenzung darf auf eine Arbeitsschicht (8 Stunden) verteilt werden; darüber hinaus ist der Einsatz unzulässig.
> - AX-Filter dürfen nicht für Niedrigsiedergemische bzw. Gemische aus einem Niedrigsieder und anderen organischen Verbindungen eingesetzt werden.
> - AX-Filter dürfen dann als A2-Filter eingesetzt werden, wenn kein Niedrigsieder vorhanden ist.

> **Praxis-Beispiel: Treibgasgemische**
> Bei Treibgasgemischen (Propan/Butan) liegt z. B. der Ausschluss für die Verwendung eines AX-Filters vor (Butan als Niedrigsieder der Gruppe 2 sowie Propan als andere organische Verbindung).

> **Praxis-Tipp: Besonderheit von Niedrigsiedern**
> Auf eine Besonderheit bei einem Niedrigsieder möchten wir Sie aufmerksam machen. Aceton ist ein häufig eingesetztes Lösemittel, das gerne für Reinigungszwecke eingesetzt wird. Beachten Sie bei dem Niedrigsieder Aceton, dass dieses Lösemittel hautresorptiv (hautdurchlässig) ist. Nicht jeder → *Chemikalienschutzhandschuh* ist gegen den Hautkontakt mit Aceton geeignet.

2.3 Besondere Atemanschlüsse für Filtergeräte

Neben filtrierenden Halbmasken, Halbmasken/Viertelmasken, Mundstückgarnituren und Vollmasken stehen auch **Atemschutzhauben** oder **Atemschutzhelme** zur Verfügung. Bei Atemschutzhauben und Atemschutzhelmen muss dem Träger des Atemschutzgeräts die gefilterte Luft bauartbedingt mithilfe eines Gebläses zugeführt werden. Bei Halbmasken, Viertelmasken, Mundstückgarnituren und Vollmasken besteht ebenfalls die Möglichkeit, diese als gebläseunterstützten Atemanschluss zu erhalten.

3 Isoliergeräte als umgebungsluftunabhängige Atemschutzgeräte

Umgebungsluftunabhängige Atemschutzgeräte werden Isoliergeräte genannt. Sie bieten Schutz vor Sauerstoffmangel und schadstoffhaltiger Atmosphäre. Isoliergeräte führen dem Träger gesundheitsunschädliche Atemluft zu. Sie werden unterteilt in frei tragbare und nicht frei tragbare Isoliergeräte. Sie werden z. B. immer dann eingesetzt, wenn die o. g. Bedingungen für das Tragen von Filtergeräten nicht erfüllt werden können.

3.1 Pressluftatmer

Pressluftatmer sind frei tragbare Isoliergeräte, die den Atemluftvorrat in Druckluftflaschen bei 200 bar oder 300 bar Fülldruck bevorraten. Dabei ist der Begriff **Pressluftatmer** die Kurzbezeichnung für Behältergeräte mit Druckluft.

Die Kombination aus Druckminderer und Lungenautomat ermöglicht dem Geräteträger, dass die benötigte Luftmenge bei einem erträglichen Druck eingeatmet werden kann. Als Atemanschluss werden Vollmasken oder Mundstückgarnituren verwendet.

Bei der Verwendung von **Vollmasken** werden **Pressluftatmer** mit Normaldruck und mit Überdruck unterschieden. Bei Geräten mit Normaldruck wird beim Einatmen ein geringer Unterdruck im Maskeninnern erzeugt. Eine Leckage kann nun dazu führen, dass dabei Schadstoffe in das Innere der Maske gelangen können. Bei Überdruckgeräten kann das nicht vorkommen, da im Maskeninnern auch beim Einatmen stets ein Überdruck vorliegt.

3.2 Schlauchgeräte

Schlauchgeräte stellen dem Atemschutzgeräteträger die schadstofffreie Atemluft über einen längeren Schlauch zur Verfügung. Funktionsbedingt werden Frischluft-Schlauchgeräte und Druckluft-Schlauchgeräte unterschieden. Bei beiden Geräten trägt der Benutzer keine schwere Druckgasflasche auf dem Rücken.

3.3 Atemschutzgeräte zur Selbstrettung

Atemschutzgeräte, die dem Benutzer die Flucht aus Bereichen mit schadstoffhaltiger Umgebungsatmosphäre ermöglichen, werden als Selbstretter oder Fluchtgeräte bezeichnet. Für diese Geräte ist keine arbeitsmedizinische Vorsorgeuntersuchung erforderlich. Selbstretter sind je nach Aufgabe als Filtergeräte oder Isoliergeräte einsetzbar.

4 Voraussetzungen für die Benutzung von Atemschutzgeräten

4.1 Gefährdungsbeurteilung

Grundlage für die Benutzung von Atemschutz ist das Vorliegen einer → *Gefährdungsbeurteilung*, aus der hervorgeht, dass die Gefährdung nicht durch technische oder organisatorische Maßnahmen auf ein gesundheitlich verträgliches Maß reduziert werden kann. Nur in solchen Fällen darf Atemschutz zum Einsatz kommen.

4.2 Belastung von Atemschutzgeräteträgern

Atemschutzgeräteträger werden bei der Benutzung von Atemschutzgeräten besonders belastet. Belastungsfaktoren, die berücksichtigt werden müssen, sind:

- Gerätegewicht,
- Atemwiderstand,
- körperliche Arbeit,
- Umgebungstemperatur,
- ggf. eingeschränkter Wärmeaustausch (isolierende Schutzkleidung).

Aufgrund dieser Belastungsfaktoren wird die Dauer pro Arbeitseinsatz, die Anzahl der Einsätze pro Arbeitsschicht und die Anzahl der Einsatztage je Arbeitswoche begrenzt (Tragezeitbegrenzung, vgl. Anhang 2 BGR 190).

4.3 Arbeitsmedizinische Vorsorgeuntersuchung

Atemschutzgeräteträger müssen vor der erstmaligen Tätigkeit und danach wiederkehrend arbeitsmedizinisch untersucht (→ *Vorsorgeuntersuchung*) werden, um eine gesundheitliche Eignung feststellen zu können. Die arbeitsmedizinische Vorsorgeuntersuchung ist in der ArbMedVV geregelt. Hier wird hinsichtlich Angebotsuntersuchungen und **Pflichtuntersuchungen** unterschieden. Pflichtuntersuchungen für Geräte der Gerätegruppen 2 und 3 (z. B. Partikelfilter der Partikelfilterklasse P3, Gasfilter, Kombinationsfilter, Vollmasken, Pressluftatmer) sind erforderliche Untersuchungen. Ohne eine erfolgreiche Untersuchung darf für diese Gerätegruppen ein Atemschutzgeräteträger nicht mit Atemschutzgeräten tätig werden. Werden nur Atemschutzgeräte der Gerätegruppe 1 (z. B. Partikelfilter der Partikelfilterklasse P1 und P2) eingesetzt, dann ist dafür lediglich eine **Angebotsuntersuchung** erforderlich. Der Arbeitgeber muss diese Untersuchung anbieten, sie ist aber nicht erforderlich für den Einsatz von Atemschutzgeräten. Nähere Informationen enthält Anhang 3 BGR 190.

4.4 Schulung und Übung

Atemschutzgeräteträger werden jährlich theoretisch geschult und es findet eine praktische Übung statt. Die Schulung erfolgt durch dafür besonders ausgebildetes Personal. Inhalte dieser Ausbildung sind in Abschn. 3.2.4 BGR 190 aufgeführt.

4.5 Unterweisung

Für die Benutzung von Atemschutzgeräten werden Geräteträger durch den Vorgesetzten auf Grundlage von → *Betriebsanweisungen* → *unterwiesen*. Beispielhafte Betriebsanweisungen enthält Anhang 5 BGR 190.

4.6 Wartung

Atemschutzgeräte sind durch Atemschutzgerätewarte in regelmäßigen Abständen zu warten. Wartungsfristen enthalten die Tabellen 4 bis 11 in Abschn. 3.3.2 BGR 190.

Dirk Rittershaus

Audit

Als Audit wird im Allgemeinen ein dokumentiertes Verfahren zur systematischen und unabhängigen Untersuchung und Bewertung von Aktivitäten und deren Ergebnissen anhand festgelegter Kriterien verstanden. Audits sollen feststellen, ob die Aktivitäten und die daraus resultierenden Ergebnisse den geplanten Vorgaben entsprechen und ob diese Vorgaben effizient verwirklicht werden sowie, ob sie geeignet sind, die Ziele zu erreichen. Audits sind ein fester Bestandteil jedes Managementsystems.

Gesetze, Vorschriften und Rechtsprechung

Das deutsche Arbeitsschutzrecht verlangt keine Audits. Die in § 3 Arbeitsschutzgesetz geforderte Überprüfung der Wirksamkeit des Arbeitsschutzes wird durch Arbeitsschutz-Audits stark unterstützt. Durch die Ergebnisse der Complianceaudits lässt sich belegen, dass die für das Unternehmen zutreffenden öffentlich-rechtlichen Verpflichtungen und Regeln der Technik im Arbeitsschutz erfüllt bzw. eingehalten werden.

Die Durchführung von Audits ist bei der Anwendung eines → *Arbeitsschutzmanagements* obligatorisch. Ohne Audits oder Assessments wird ein kein Managementsystem funktionsfähig, denn sie ermöglichen den für jedes Managementsystem zwingend erforderlichen Regelkreis (→ *PDCA-Zyklus*). Ob neben internen Audits auch externe Audits und insbesondere Zertifizierungsaudits erforderlich sind, hängt von der Zielsetzung der Anwendung des Managementsystems (v. a. Zertifizierung ja/nein) ab.

1 Zweck von Audits

Zu den grundlegenden Prinzipien erfolgreichen Handelns gehört es, regelmäßig zu überprüfen, ob die Ausrichtung stimmt, man auf dem richtigen Weg ist, richtig vorgeht, die nächsten Schritte zielführend sind etc. – sowie bei Bedarf nachzusteuern. Das gilt selbstverständlich auch für den Arbeitsschutz. Prozesse werden deshalb entsprechend dem Regelkreisprinzip gesteuert, d. h., durch Beobachtungen und Erhebungen wird zeitnah geprüft, ob Abweichungen vorliegen und nachgesteuert werden muss. Eine solche Überprüfungsmethode ist auch für → *Managementsysteme* erforderlich.

Durch die Festlegung der Ziele, Grundsätze, Zuständigkeiten, Prozesse (Abläufe) und Verfahren ist ein Managementsystem zunächst fixiert. Ob das Managementsystem wirklich praktikabel ist, angewendet wird und v. a. auch wirksam ist, stellt sich erst mit der Zeit heraus. Um das festzustellen und um das Managementsystem kontinuierlich zu verbessern, muss es planmäßig und konsequent in festgelegten Zeitabständen überprüft und bewertet werden. Die wichtigste Methode dafür ist das Auditieren. Eine Alternative sind Assessments. Assessments bzw. Self-Assessments sind v. a. bei umfassenden Qualitätsmanagementsystemen (z. B. TQM gem. dem EFQM-Modell) üblich.

Die Unterschiede zwischen einem Audit und einem Assessment sind gering. Assessments haben gegenüber Audits einen konstruktiveren Charakter. Audits bewerten Aktivitäten und deren Ergebnisse primär in Bezug zum «Soll», also den definierten Vorgaben (Wie soll es sein?) und Zielen (Was soll erreicht werden?). Ein Audit ermittelt damit die Erreichung bzw. Einhaltung oder Abweichung bzw. Nichteinhaltung. Ein Assessment betrachtet stärker auch die Potenziale und hinterfragt die Prozesse und Ergebnisse.

2 Kennzeichen und Formen

Der aus dem Lateinischen stammende Begriff «Audit» (audire = hören, zuhören) wird im Management entsprechend dem englischen bzw. amerikanischen Begriffsverständnis verwendet. Hier steht Audit für Revision oder Rechenschaftslegung.

Ein Audit überprüft gelebte Prozesse, erstellte Produkte oder laufende Projekte vor dem Hintergrund eines definierten «Soll». Das hierzu verwendete Verfahren, das Audit, ist in Anlehnung an die ISO 19011 definiert als ein systematischer, unabhängiger und dokumentierter Prozess zur Erlangung von Auditnachweisen sowie deren objektiver Auswertung, um zu ermitteln, inwieweit die Auditkriterien erfüllt sind.

Audits sollen Schwachstellen aufdecken, konkrete Hinweise auf Verbesserungsmöglichkeiten liefern, zu einem kontinuierlichen Verbesserungsprozess beitragen und damit den wirtschaftlichen Erfolg eines Unternehmens fördern.

Beim Praktizieren eines Managementsystems können unterschiedliche Audittypen zum Einsatz kommen.

Differenzierung nach dem Gegenstand des Audits:

- **Systemaudit** (betrachtet – überprüft und bewertet – ein Managementsystem);
- **Complianceaudit** (Überprüfung der Übereinstimmung mit einem Regelwerk, Fragenkatalog);
- **Prozess- oder Verfahrensaudit** (betrachtet – überprüft und bewertet – die Eignung und Wirksamkeit eines bestimmten Prozesses bzw. Verfahrens);
- **Produktaudit** (betrachtet – überprüft und bewertet – zufällig ausgewählte Produkte auf Übereinstimmung mit den vorgegebenen Spezifikationen);
- **Projektaudit** (betrachtet – überprüft und bewertet – die Vorgehensweise in einem Projekt sowie den Fortschritt);
- **Lieferantenaudit** (betrachtet – überprüft und bewertet – die Leistungs- und Qualitätsfähigkeit, Zuverlässigkeit etc. eines Zulieferers).

Differenzierung nach der Ausrichtung des Audits:

- **Interne Audits:** Sie werden von entsprechend qualifizierten Mitarbeitern des Unternehmens (internen Auditoren) anhand verbindlicher Verfahrensanweisungen durchgeführt. Bei der Durchführung der Audits sind diese Auditoren unabhängig und weisungsfrei.

- **Externe Audits:** Sie werden von betriebsfremden, entsprechend qualifizierten Auditoren (z. B. Kunden, Berater, Zertifizierungsgesellschaften) anhand definierter Verfahrensanweisungen durchgeführt. Bei der Durchführung der Audits sind die Auditoren unabhängig und weisungsfrei.

3 Audits im Arbeitsschutz

Zur Ermittlung der Ist-Situation werden im Arbeitsschutz traditionell Begehungen (Betriebs-/ Sicherheitsbegehungen) durchgeführt. Dabei stehen die Beobachtung der gelebten Arbeitsschutzpraxis sowie die Ermittlung von Gefährdungen im Vordergrund.

Bei Audits im Arbeitsschutz werden darüber hinaus auch die Organisation, die Prozesse, das Aufgabenverständnis, die Zusammenarbeit, die Eignung der Regelungen, die Dokumentation etc. betrachtet und vor dem Hintergrund der Vorgaben (des Sollzustandes) bewertet. Daraus werden Stärken und Verbesserungsmöglichkeiten abgeleitet. Aufgabe eines Audits ist es nicht, Abweichungen vom Idealzustand aufzuzeigen, sondern nur vom Sollzustand. Jedes Audit ist eine Momentaufnahme und kann deshalb keinen Anspruch auf Vollständigkeit erheben.

> **Wichtig: Definition «AMS-Audit»**
>
> Ein AMS-Audit ist ein systematisches, unabhängiges und dokumentiertes Verfahren zur Untersuchung und Bewertung der tatsächlichen Gegebenheiten in einem Unternehmen hinsichtlich der Organisation und gelebten Praxis des betrieblichen Arbeitsschutzes. Anhand definierter Kriterien des Referenzsystems (dem → *AMS* sowie den rechtlichen und ggf. darüber hinausgehenden eigenen Vorgaben) wird geprüft, ob bzw. inwieweit die tatsächlichen Gegebenheiten den im Arbeitsschutz-Managementsystem definierten Vorgaben (bzw. denen des → *AMS-Konzepts*) hinsichtlich Vollständigkeit und Wirksamkeit entsprechen (Systemaudit) und ob bzw. inwieweit das Unternehmen die ordnungsrechtlichen und sich selbst vorgegebenen Verpflichtungen einhält (Complianceaudit).

Audits im Rahmen des → *Arbeitsschutzmanagements* sollen im Wesentlichen überprüfen:

- ob bzw. inwieweit die festgelegten Aufgaben im Arbeitsschutz wahrgenommen werden,
- ob bzw. inwieweit die festgelegten Prozesse, Verfahren und Methoden angewendet (gelebt) werden,
- ob die Festlegungen (Zuständigkeiten, Prozesse und Verfahren) praktikabel und geeignet sind,
- ob bzw. inwieweit die Festlegungen dem zugrunde liegenden Referenzsystem entsprechen; grundsätzlich sind dies die öffentlich-rechtlichen und sich selbst auferlegten Verpflichtungen; bei einer Orientierung an einem bestimmten AMS-Standard (z. B. → *SCC* oder → *OHSAS 18001*) umfasst das Referenzsystem auch die normativen Forderungen dieses AMS-Standards,
- ob das AMS wirksam ist.

3.1 AMS-Systemaudit

Ein → *AMS* erfordert regelmäßige interne Systemaudits. Externe Systemaudits sind nur erforderlich bei einer Zertifizierung oder einer freiwilligen Systemkontrolle durch den zuständigen Unfallversicherungsträger und/oder die staatliche Arbeitsschutzbehörde.

Ein Systemaudit überprüft das gesamte Arbeitsschutz-Managementsystem eines Unternehmens oder definierter Teile davon. Es überprüft und beurteilt, ob das Arbeitsschutz-Managementsystem geeignet ist, die Arbeitsschutzpolitik umzusetzen und die Arbeitsschutzziele zu erreichen, ob es angewendet wird, wirksam ist und wo Korrekturen und Verbesserungen notwendig bzw. möglich sind. Die Basis (das Referenzsystem) dafür sind die Festlegungen im → *AMS-Handbuch*, die für das Unternehmen zutreffenden öffentlich-rechtlichen Verpflichtungen sowie das zugrunde liegende → *AMS-Konzept*.

Nach dem Audit wird vom Leiter des Auditteams ein Ergebnisbericht erstellt und der obersten Leitung sowie dem Management übergeben.

Die internen Systemaudits dienen dem Management dazu, die Organisation des Arbeitsschutzes sowie die Wirksamkeit der Umsetzung kontinuierlich zu überwachen, zu beurteilen und Verbesserungsmaßnahmen einzuleiten.

3.2 AMS-Complianceaudit

Das Praktizieren eines → AMS erfordert auch regelmäßige Complianceaudits. Diese werden i. d. R. intern durchgeführt. Bei einer Zertifizierung oder einer freiwilligen Systemkontrolle durch den zuständigen Unfallversicherungsträger und/oder die staatliche Arbeitsschutzbehörde sind sie Bestandteil der hierzu durchgeführten Audits.

Ein Complianceaudit (Erfüllungsaudit) ist eine systematische und dokumentierte Untersuchung der konformen Regelung des Arbeitsschutzes sowie eine Überprüfung, ob Abweichungen von den Vorgaben des ordnungsrechtlichen Vorschriften- und Regelwerks oder von einem, von Behörden oder der obersten Leitung eines Unternehmens geforderten Sollzustand bestehen.

Die Ergebnisse der Überprüfung und Vorschläge für geeignete Abhilfemaßnahmen werden dokumentiert und der obersten Leitung des Unternehmens vorgelegt.

Albert Ritter

Augen- und Gesichtsschutz

Augen- und Gesichtsschutz sind ein Teil der Persönlichen Schutzausrüstung (PSA). Trotz der Auswahl sicherer Arbeitsverfahren und entsprechender Schutzmaßnahmen sind die Augen und das Gesicht in vielen Arbeitsbereichen und bei zahlreichen Tätigkeiten schädigenden äußeren Einflüssen ausgesetzt. Der Einsatz von Schutzbrillen bzw. Augenschutz und Gesichtsschutz als Persönliche Schutzausrüstung ist erforderlich. Zum Augen- und Gesichtsschutz gehören:

- Gestellbrillen
- Korbbrillen
- Korrektionsschutzbrillen
- Vorstecker
- Schutzschilde
- Schutzschirme/Visiere
- Schutzhauben
- Gesetze, Vorschriften und Rechtsprechung

Ergibt die Gefährdungsbeurteilung, dass trotz technischer und organisatorischer Schutzmaßnahmen mit Augen- oder Gesichtsverletzungen zu rechnen ist, muss den Mitarbeitern Augen- bzw. Gesichtsschutz zur Verfügung gestellt werden. Generelle Rechtsgrundlage für den Einsatz von PSA sind die PSA-Benutzungs-Richtlinie 89/656/EWG bzw. die PSA-Benutzungsverordnung (PSA-BV).

Konkrete Anforderungen an die Auswahl, Beschaffung, Bereitstellung und die Benutzung von Augen- und Gesichtsschutz gehen aus der BGR 192 «Benutzung von Augen- und Gesichtsschutz» hervor. Anhang 3 Nr. 3 BGR 192 enthält Beispiele für Normen, die in Verbindung mit Augen- und Gesichtsschutz relevant sind.

1 Gefährdungen

Tab. 1 enthält mögliche Gefährdungen, die zu einer Schädigung der Augen oder des Gesichts führen können. Bei vielen Tätigkeiten ist mit dem Zusammentreffen mehrerer Gefährdungen zu rechnen. So entstehen z. B. beim Austritt von Flüssigkeiten oder Gasen unter hohem Druck gleichzeitig mechanische, chemische und thermische Gefährdungen.

Augen- und Gesichtsschutz

Gefährdung	Beschreibung
mechanisch	- Fremdkörper, die auf das Auge treffen und in das Auge eindringen können. - Staubpartikel können zwischen Lider und Augapfel gelangen und zu Reizungen oder zu Entzündungen führen, ohne die Hornhaut des Auges zu verletzen. - Späne, Splitter, Körner etc., die auf das Auge treffen, führen beim Eindringen in die Hornhaut zu Verletzungen (Geschwindigkeit und Größe des Fremdkörpers bestimmen das Schadensausmaß.
optisch	- Eine optische Schädigung des Auges entsteht durch die Energie von Strahlung aus natürlichen oder künstlichen Lichtquellen, die auf das Auge auftrifft (Erwärmung des Auges). Die Gefährdung ist abhängig von der Wellenlänge der Strahlung. Man unterscheidet zwischen ultravioletter Strahlung, sichtbarem Licht, infraroter Strahlung und Laserstrahlung. Besteht nicht nur direkte Strahlung, sondern auch Streustrahlung, ist eine Arbeitsbrille mit Seitenschutz erforderlich.
chemisch	- Eine chemische Schädigung des Auges wird durch feste, flüssige oder gasförmige Stoffe hervorgerufen, die in das Auge eindringen und zu Verätzungen führen können. Da chemische Stoffe auch seitlich auf das Auge einwirken können, ist ein umfassender Augenschutz erforderlich. - Chemische Schädigungen durch feste Stoffe entstehen erst durch das Reagieren mit der Augenflüssigkeit. Gasförmige Stoffe sind Dämpfe, Nebel und Rauche, die zu Schädigungen der Schleimhäute der Augen führen können. Schädigende flüssige chemische Stoffe sind vorwiegend Säuren und Laugen, wobei von Laugen die größeren Gefährdungen ausgehen.
thermisch	- Eine thermische Schädigung der Augen wird bei allen extremen Temperatureinwirkungen hervorgerufen. Kälteeinwirkung (Aufenthalt in kalter Witterung oder Kühlhäusern) kann zum Tränen des Auges und zu Erfrierungserscheinungen führen. Hitzeeinwirkungen als Strahlungswärme (von Öfen) oder als Berührungswärme (Auftreffen heißer Flüssigkeiten oder Fremdkörper) kann zu Verbrennungen führen.
biologisch	- Biologische Agenzien (Bakterien, Viren, Sporen) können über das Auge in den Körper gelangen und Infektionen verursachen.
elektrisch	- Bei Schaltarbeiten oder Kurzschlüssen in elektrischen Energieverteilungsanlagen können Störlichtbögen entstehen. Durch die entstehenden hohen Temperaturen und wegspritzende Teilchen besteht die Gefahr, dass Auge und Gesicht erheblich geschädigt werden.

Tab. 1: Mögliche Gefährdungen für Augen und Gesicht

2 Arten von Augen- und Gesichtsschutz

Die **Augenschutzgeräte** bestehen im Allgemeinen aus dem Tragkörper und den Sichtscheiben. Die Tragkörper sind Schutzbrillen und, wenn außerdem der Schutz von Gesicht, Hals und der Atemwege erforderlich ist, sind es Schutzschilde, Schutzschirme oder Schutzhauben.

Die **Tragkörper** müssen je nach Art und Größe der Einwirkungen über eine ausreichende mechanische Festigkeit und Beständigkeit gegen Temperatureinwirkungen und Chemikalien verfügen. Die mechanische Festigkeit wird unterschieden in schwache und starke Stoßbelastung. Tragkörper enthalten als Kennzeichnung das Identifikationszeichen des Herstellers, den Verwendungsbereich und das Zeichen für die Stoßprüfung (falls zutreffend).

Der **Schutzschild** wird vom Benutzer mit einer Hand gehalten. Es schützt neben den Augen auch das Gesicht und Teile des Halses vor herumfliegenden Spänen und Splittern, vor Chemikalien und Strahlung. In dem Schutzschild ist ein ausreichend großes Fenster, in das die erforderlichen Sichtscheiben eingesetzt werden können. Am häufigsten werden Schutzschilde beim Schweißen eingesetzt.

Der **Schutzschirm** schützt das Gesicht mit einer Sichtscheibe, und je nach Länge und Erweiterungsteilen (Schürzen) auch Teile des Halses. Die Sichtscheibe wird mit Tragehilfen am Kopftragegestell oder Schutzhelm befestigt und kann an den Tragehilfen starr, leicht auswechselbar oder hochklappbar befestigt sein.

Die **Schutzhaube** umschließt rundherum den Kopf und Hals und – je nach Ausführung – die oberen Schulterpartien. Sie besteht aus undurchsichtigem Material und ist mit einem Fenster für die Sichtscheibe ausgestattet.

Die **Sichtscheiben** werden in Abhängigkeit von ihrer Schutzwirkung eingeteilt in Sicherheitsscheiben und Sichtscheiben. Die Werkstoffe für Sichtscheiben müssen die in den DIN-Normen gestellten Anforderungen an die optische Qualität, mechanische und thermische Beständigkeit sowie gegen UV-Strahlung und gegen glühende Körper erfüllen. Als Werkstoff werden sowohl Glas wie Kunststoff verwendet, für Sicherheitssichtscheiben ohne Filterwirkung oft auch eine Kombination aus beiden Werkstoffen.

Mit **Sicherheitsscheiben** sollen vorwiegend mechanische Augenschäden verhindert werden. Kunststoffscheiben sind gegen Säuren, Laugen und Lösemittel beständig und werden wegen ihres geringen Gewichts sowie wegen der minimalen Haftung von Metallsplittern bevorzugt eingesetzt.

Sichtscheiben mit Filterwirkung sollen schädliche Strahlen so filtern, dass sie für das Auge verträglich sind, und außerdem sollen gute Sichtbedingungen erhalten bleiben. Die Filterwirkung wird in Schutzstufen unterteilt. Sie ergeben sich aus dem für den Blendschutz erforderlichen Lichttransmissionsgrad im sichtbaren Spektralbereich, wobei auf ausreichenden Schutz gegen Blendung, UV- und IR-Strahlung geachtet wird. In Abhängigkeit von der Strahlenart werden unterschieden:

- Schweißer-Schutzfilter,
- Schutzfilter gegen Ultraviolett-Strahlung (UV),
- Schutzfilter gegen Infrarot-Strahlung (IR),
- Laser-Schutzfilter.

Tab. 2 zeigt Beispiele für Augen- und Gesichtsschutz.

Gestellbrille Schutzbrille, die mit Ohrbügeln oder mit Tragehilfen für die Befestigung am Schutzhelm ausgerüstet sein kann (ggf. mit Seitenschutz). (Ausführungen mit 2 Scheiben oder mit einer Scheibe erhältlich)	
Korbbrille Korbartiger Tragekörper aus elastischem Material, umschließt den Augenraum und schmiegt sich an das Gesicht an	
Korrektionsschutzbrille Meist Gestellbrille mit optisch korrigierender Wirkung	

Augen- und Gesichtsschutz

Vorstecker Tragekörper mit Fassungen für Sicherheits- oder Filtersichtscheiben; werden auf Korrektionsschutzbrille aufgesteckt	
Schutzschild Mit der Hand gehaltene PSA, die Gesicht und Teile des Halses schützt	
Schutzschirm, Visier Tragehilfe mit Sicherheitssichtscheibe, die am Helm oder mit Kopfhalterung direkt auf dem Kopf getragen wird und Gesicht/Hals schützt	
Schutzhaube Schützt meist Kopf und Hals	

Tab. 2: Beispiele für Augen- und Gesichtsschutz (Bilder: Infield, Sperian, Uvex)

Achtung: Fehlsichtige Mitarbeiter
«Normale» Brillen haben keine Schutzwirkung und sind daher keine PSA. Der Unternehmer muss daher auch fehlsichtigen Mitarbeitern einen geeigneten Augen- bzw. Gesichtsschutz zur Verfügung stellen.

Praxis-Tipp: Arbeiten von kurzer Dauer
Für kurzzeitige Arbeiten über wenige Minuten können z. B. Korb-, Überbrillen oder Visiere getragen werden. Kombinationen mit Korb- oder Überbrillen neigen allerdings zum Beschlagen, können dadurch zu zusätzlichen Gefährdungen führen und werden deshalb erfahrungsgemäß oft abgelehnt. Außerdem verursachen derartige Kombinationen oft Doppelbilder oder Spiegelungen.

Daher wird der Einsatz von Korrektionsschutzbrillen empfohlen, da sie Schutzfunktion und korrigierende Wirkung vereinen. Korrektionsschutzbrillen werden erfahrungsgemäß von den betroffenen Mitarbeitern problemlos getragen und darüber hinaus regelmäßig besser gepflegt. In der Anschaffung ist dieser Augenschutz zwar teurer, dies gleicht sich allerdings in fast allen Fällen durch die erheblich längere Benutzungsdauer aus.

3 Kennzeichnung

Augen- und Gesichtschutz muss entsprechend den Normen gekennzeichnet sein. Sichtscheiben und Tragkörper sind getrennt gekennzeichnet. Bestehen beide aus einer Einheit, befindet sich die Kennzeichnung auf dem Tragkörper. Die Kennzeichnung von Sichtscheiben muss die wesentlichen Inhalte der **Abb. 1** enthalten.

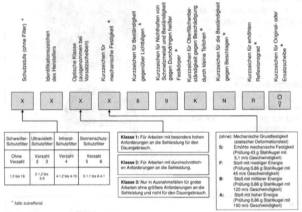

Abb. 1: Kennzeichnung von Sichtscheiben

4 Einsatz

Beim Einsatz von Augen und Gesichtschutz ist es erforderlich, dass diese einen ausreichenden Schutz vor den in der → *Gefährdungsbeurteilung* ermittelten Gefährdungen bieten. Darüber hinaus ist bei der Auswahl auch auf eine ausreichenden Tragekomfort zu achten. Dies ist besonders wichtig, wenn die Beschäftigten weitere PSA wie z. B. → *Gehörschutz* und/oder → *Kopfschutz* tragen müssen (z. B. können Brillenbügel Kapselgehörschützer in ihrer Wirksamkeit erheblich beeinflussen; auch können Augen- und → *Atemschutz* sich gegenseitig behindern). Die Pflicht zum Tragen von Augen- oder Gesichtschutz wird durch die Gebotszeichen in **Abb. 2** kenntlich gemacht.

Bei der Benutzung können Verunreinigungen, z. B. durch Stäube und Flüssigkeiten, auftreten und Hautreizungen oder sogar Infektionen verursachen. Deshalb ist Augen- und Gesichtschutz in regelmäßigen Abständen zu reinigen, zu pflegen und ggf. zu desinfizieren.

Abb. 2: Gebotszeichen Augen- und Gesichtsschutz benutzen

Wichtig: Fremdkörper im Auge

Schutzbrillen schützen vor dem direkten Aufprall von Spänen, Splittern oder Grobstaub auf das Auge. Trotz Einsatz von Schutzbrillen kann es zum Unfalltyp «Fremdkörper im Auge» kommen. Der Fremdkörper wird mit den Fingern in das Auge gerieben (zwischen Hornhaut und Augenlid). Es besteht auch die Möglichkeit, dass sich die Fremdkörper in den Haaren verfangen oder auf dem Tragekörper der Schutzbrille ablagern. Nach dem Absetzen der Brille können die Fremdkörper dann ins Auge gelangen.

Achtung: Reinigung von Augen- und Gesichtsschutz

Die Reinigung von Augen- und Gesichtsschutz ist sehr wichtig. Werden z. B. Sicht- oder Sicherheitsscheiben aus Kunststoff trocken gereinigt, so kann dies zum «blind» werden des Materials führen. Die Folge ist eine schlechte Sicht und oftmals der Grund für eine Nichtbenutzung. Bei der Reinigung sind daher auch die Hinweise der Hersteller zu berücksichtigen. Informationen zur richtigen Reinigung ist Teil der → *Unterweisung*.

5 Auswahl

Die Vielfalt auf dem Gebiet des Augen- und Gesichtsschutzes als → *Persönliche Schutzausrüstung* ist sehr groß. Nachdem im Rahmen der Gefährdungsbeurteilung die Bereiche ermittelt wurden, in denen Augen- und Gesichtsschutz erforderlich sind, können folgende Beteiligte bei der Auswahl des richtigen Augen- und Gesichtsschutzes helfen:

- Mitarbeiter bzw. Vorgesetzte, die bereits Erfahrungen besitzen,
- → *Betriebsarzt*,
- → *Fachkraft für Arbeitssicherheit*,
- PSA-Lieferant,
- Hersteller von Augen- und Gesichtsschutz,
- Aufsichtsperson der Berufsgenossenschaft.

Dirk Haffke

Aushangpflichten

Für eine größere Zahl von Gesetzen hat der Gesetzgeber vorgesehen, dass diese auf geeignete Weise im Betrieb bekannt gemacht werden müssen, um den Gedanken des Arbeits- und Gesundheitsschutzes im Betrieb zu fördern. Man spricht in diesem Zusammenhang von «Aushangpflichtigen Gesetzen».

Gesetze, Vorschriften und Rechtsprechung

Zahlreiche Vorschriften des Bundesrechts und des berufsgenossenschaftlichen Vorschriften- und Regelwerks sind aushangpflichtig. Siehe dazu unten.

1 Für wen gilt die Aushangpflicht?

Die Aushangpflicht gilt für jeden Arbeitgeber, der mind. 1 Arbeitnehmer beschäftigt, unabhängig von dessen Rechtsform.

2 Welche Vorschriften sind aushangpflichtig?

- Allgemeines Gleichbehandlungsgesetz (AGG)
- Arbeitszeitgesetz (ArbZG)
- Arbeitsgerichtsgesetz (ArbGG; Auszug)
- Bürgerliches Gesetzbuch (BGB; nur arbeitsrechtliche Vorschriften)
- Druckluftverordnung (nur in Betrieben, die dem Schutzbereich unterfallen)
- Heimarbeitsgesetz (nur in Betrieben, die dem Schutzbereich unterfallen)
- Jugendarbeitsschutzgesetz (JArbSchG)
- Jugendarbeitsschutzuntersuchungsverordnung
- Ladenschlussgesetz (LSchlG; das LSchlG gilt nur noch in Bayern, alle anderen Bundesländer haben eigene Gesetze erlassen, die nur noch z. T. aushangpflichtig sind)
- Mutterschutzgesetz (MuSchG)
- Röntgenverordnung (nur in Betrieben, die dem Schutzbereich unterliegen)
- Seemannsgesetz (nur in Betrieben, die dem Schutzbereich unterliegen)
- Sozialgesetzbuch VII (SGB VII; Auszug)
- Strahlenschutzverordnung (nur in Betrieben, die dem Schutzbereich unterliegen)

Die Aushangpflicht ist jeweils im genannten Gesetz geregelt.

Aus betrieblichen oder gesetzgeberischen Gründen angebracht (aber nicht verpflichtend!) ist der Aushang von

- Arbeitsstättenverordnung
- Bundesurlaubsgesetz
- Bundeselterngeldgesetz

Die einschlägigen Vorschriften des berufsgenossenschaftlichen Regelwerks (BGV–BG-Vorschriften; ehedem Unfallverhütungsvorschriften) sind ebenfalls auszuhängen.

Auch Tarifverträge oder Betriebsvereinbarungen können vorsehen, dass diese durch Aushang im Betrieb allen Arbeitnehmern bekannt gemacht werden müssen.

3 Wie ist der Aushangpflicht nachzukommen?

Der Aushangpflicht wird der Arbeitgeber dadurch gerecht, dass diese an einem «Schwarzen Brett» ausgehängt werden. Der Arbeitnehmer muss ungestört und von Vorgesetzten unkontrollierbar diese Gesetze einsehen können. In größeren Unternehmen mit mehreren Betriebsteilen, verschiedenen Baukörpern oder Stockwerken, verschiedenen Filialen usw. muss in jeder dieser Einheiten ein Aushang erfolgen. Der Arbeitnehmer muss die Vorschriften «stets» einsehen können, d. h. ein Aushang in Räumen, die nicht immer zugänglich sind, reicht nicht aus.

Der Aushang muss die jeweils aktuell geltenden Gesetze umfassen.

> **Praxis-Tipp: Aushangpflichtige Gesetze**
> Viele Verlage geben Textsammlungen unter dem Titel «Aushangpflichtige Gesetze» heraus, die oftmals bereits mit einer Kordel zum Aufhängen versehen sind. Wird hier die jeweils aktuelle Auflage verwendet, kommt man seiner Aktualitätsverpflichtung ohne Probleme nach.

Die berufsgenossenschaftlichen Regelungen werden von der zuständigen Berufsgenossenschaft dem Arbeitgeber zum Aushang überlassen.

In Zeiten, in denen der PC am Arbeitsplatz zur «Standardausrüstung» gehört und die Firmenintranets viele wichtige Informationen enthalten, kann der «Aushangverpflichtung» auch durch eine Bereitstellung der Gesetze in diesem Intranet nachgekommen werden, allerdings nur dann, wenn sichergestellt ist, dass jeder Mitarbeiter Zugang zu einem solchen Arbeitsplatz hat!

In einigen Vorschriften ist von einer «Auslegeverpflichtung» die Rede. Diese entspricht der Aushangverpflichtung.

4 Welche Folgen hat ein Verstoß gegen die Aushangpflicht?

Ein Verstoß gegen die Aushangpflicht widerspricht der Fürsorgepflicht des Arbeitgebers aus § 611 BGB. Dieser Verstoß kann im Schadensfall eine zivilrechtliche Haftung des Arbeitgebers für Schäden nach sich ziehen, die der Arbeitnehmer erleidet, weil er Vorgaben nicht einhalten konnte, ohne von diesen zu wissen.

Die Erfüllung der Aushangverpflichtung wird von den Aufsichtsbehörden wie auch von den Berufsgenossenschaften kontrolliert. Fehlende, unvollständige oder fehlerhafte Aushänge können Bußgelder nach sich ziehen.

Sollen tarifvertragliche Regelungen oder Betriebsvereinbarungen durch Aushang im Betrieb bekannt gegeben werden, kann sich der Arbeitgeber nicht auf diese berufen, wenn der Aushang unterblieben ist. So kann es passieren, dass z. B. Ausschlussfristen nicht zur Geltung kommen können.

Joachim Schwede

Auslandseinsätze

Für eine zunehmende Zahl von Arbeitnehmern gehören Auslandseinsätze zum Berufsalltag. Sind diese befristet und bleibt während der Zeit das Arbeitsverhältnis bei ihrem inländischen Arbeitgeber bestehen, dann gilt der Schutz der gesetzlichen Unfallversicherung im Ausland weiter. Allerdings gibt es dabei eine Reihe von Bedingungen und Formalitäten zu beachten. Außerdem müssen praktische Fragen für einen sicheren Auslandaufenthalt geklärt werden. Wenn das Ziel weiter entfernt liegt, sind das z. B. Impfungen, die Bedingungen des Einsatzes und der Gesundheitsversorgung im Aufenthaltsland.

Gesetze, Vorschriften und Rechtsprechung

Grundsätzlich ist der Schutz der deutschen gesetzlichen Unfallversicherung auf das Inland beschränkt. Für die vor Ort Beschäftigten von Auslandniederlassungen gilt er z. B. nicht (sog. Ortskräfte). Unterschiedliche Rechtsgrundlagen führen dazu, dass der Schutz der gesetzlichen Unfallversicherung im Ausland wirksam bleibt:

- EU-Verordnungen (EWG) Nr. 1408/71 und Nr. 574/72 betrifft Mitarbeiter deutscher Unternehmen, die für nicht länger als 12 Monate ins EU-Ausland entsandt werden.
- Abkommen über soziale Sicherheit, in die die gesetzliche Unfallversicherung einbezogen ist, bestehen mit einigen Nicht-EU-Staaten (Bulgarien, Israel, Kroatien, Marokko, Serbien und Montenegro, Türkei, Tunesien) und ermöglichen den Fortbestand der Unfallversicherung bei Einsätzen dort (für 12 bis 36 Monate, manchmal darüber hinaus gehend).
- Ausstrahlungsregelung des § 4 Sozialgesetzbuch IV betrifft Mitarbeiter, die in andere als die o. g. Länder entsendet werden (ohne feste Zeitgrenze).

Freiwillige Auslandversicherungen ermöglichen einige Unfallversicherungsträger für Fälle, für die die anderen Grundlagen nicht herangezogen werden können, z. B. weil das Beschäftigungsverhältnis im Inland für die Zeit des Auslandseinsatzes ruht. Alle weiteren arbeitsschutzrechtlichen Bestimmungen gelten im Ausland fort, soweit das umsetzbar ist und Rechtsnormen des Ziellandes nicht dagegen sprechen.

1 Unfallversicherungsschutz im Ausland

Damit der Schutz der gesetzlichen Unfallversicherung im Ausland bestehen bleibt, müssen bestimmte Bedingungen erfüllt sein, die von den Umständen im Einzelnen und vom Zielland bestimmt werden. I. d. R. gilt:

- Das Arbeitsverhältnis im Inland muss aufrecht erhalten werden.
- Beschäftigte, die ihr Arbeitsverhältnis zum Zweck des Auslandseinsatzes neu aufgenommen haben, müssen vorher zumindest in Deutschland ihren gewöhnlichen Aufenthalt gehabt haben.
- Für viele (nicht alle) Zielländer darf der Auslandseinsatz eine bestimmte Dauer nicht überschreiten (meist zwischen 12 und 36 Monate).
- Die Nationalität des Beschäftigten spielt keine Rolle.

1.1 EU und Abkommenstaaten

Für EU-Länder beruht der Unfallversicherungsschutz auf bestehenden EU-Gesetzen bzw. für bestimmte Drittstaaten auf EU-Abkommen (Island, Liechtenstein, Norwegen, Schweiz).

Mit einigen Nicht-EU-Staaten (Bulgarien, Israel, Kroatien, Marokko, Serbien und Montenegro, Türkei, Tunesien) bestehen außerdem Abkommen der Bundesrepublik Deutschland über soziale Sicherheit, die auch die gesetzliche Unfallversicherung einbeziehen (Abkommenstaaten).

Achtung: Versicherungsbedingungen im Einzelfall prüfen

Internationales Sozialrecht ist sehr differenziert. Selbst innerhalb der EU gibt es einige länderspezifische Abweichungen. Deswegen ist es wichtig, im konkreten Fall mit der zuständigen Unfallversicherung alle Versicherungsfragen zu klären.

Praxis-Tipp: Länderspezifische Ansprechpartner finden

Um unfallversicherungsrechtliche Fragen in Zusammenhang mit Auslandstätigkeiten effektiv bearbeiten zu können, haben einzelne Berufsgenossenschaften innerhalb der DGUV jeweils die Zuständigkeit für ein oder mehrere Länder übernommen, mit denen versicherungsrechtliche Vereinbarungen bestehen. Auf diese Weise werden Anfragen und Versicherungsfälle nicht nach BG-Zugehörigkeit, sondern von der sog. Verbindungsstelle der für das betroffene Land zuständigen BG bearbeitet. Die entsprechende Liste ist unter www.dguv.de zu finden. Geht es um Länder, mit denen keine Versicherungsabkommen bestehen (z. B. in Übersee), bleibt die eigene BG Ansprechpartner.

In der EU und den Abkommenstaaten werden die Leistungen im Rahmen der gesetzlichen Unfallversicherung über die entsprechenden Sozialversicherungssysteme der Zielländer erbracht, und zwar nach dortigen Bestimmungen («Sachleistungsaushilfe»). Das heißt, dass nicht immer das in Deutschland vorgesehene Leistungsspektrum gewährleistet ist und ggf. im Zielland vorgeschriebene Zuzahlungen zu leisten sind, die später allerdings i. d. R. durch die deutschen Unfallversicherungsträger erstattet werden.

Achtung: Zusätzlicher Versicherungsschutz nötig

Die gesetzliche Unfallversicherung deckt gerade im Ausland nicht alle wesentlichen Risiken ab. Für private Erkrankungen und Unfälle (sowie natürlich für mitreisende Familienmitglieder) wird eine Auslandskrankenversicherung benötigt (wenn nicht, wie das bei einigen gängigen EU-Reiseländern der Fall ist, weitgehende Sozialversicherungsabkommen bzw. Kooperationen der Krankenkassen bestehen). Sinnvoll kann auch eine Rücktransportversicherung sein, denn weil die Leistungen der gesetzlichen Unfallversicherung per Sachleistungsaushilfe grundsätzlich im Ausland erbracht werden, sind Rücktransporte nur dann vorgesehen, wenn medizinisch absolut nötig.

Auslandseinsätze

Nachweis des Versicherungsschutzes

Um bei Eintritt des Versicherungsfalles medizinische Leistungen in Anspruch nehmen zu können (oder auch im Ausland die Weiterbehandlung eines vor Antritt des Auslandseinsatzes eingetretenen Versicherungsfalles zu ermöglichen), sind je nach Zielland unterschiedliche Dokumente erforderlich, die vor Antritt des Einsatzes zu beschaffen sind. Welche Bescheinigungen das sind und wer für die Beschaffung und Ausstellung zuständig ist, geht aus den Informationen der Unfallversicherungsträger zurück (Entsendemerkblatt, s. u.).

> **Praxis-Tipp: Europäische Versicherungskarte**
>
> Im allen EU-Staaten sowie Island, Norwegen, Schweiz und Liechtenstein sollte auf jeden Fall die europäische Krankenversicherungskarte mitgeführt werden, die die deutschen Krankenversicherungen ausstellen. Sie ermöglicht unbürokratisch einen Start der medizinischen Leistungen, auch wenn die vollständigen Unfallversicherungsdokumente nicht zu Hand sind.

> **Achtung: Wahlleistungen können nicht erstattet werden**
>
> Werden im Rahmen der Heilbehandlung Wahlleistungen in Anspruch genommen, die im Zielland nicht von der gesetzlichen Unfallversicherung übernommen werden, können diese auch von den deutschen Unfallversicherungsträgern nicht erstattet werden (auch wenn sie hier zum Standard gehören).

1.2 Nicht-Abkommenstaaten

In allen Zielländern, die nicht unter die gesetzlichen Regelungen oder Abkommen zur Sozialversicherung fallen (z. B. die nord-, südamerikanischen und asiatischen sowie die meisten afrikanischen Staaten, Russland) muss der Reisende selbst entsprechende Vorsorge zur gesundheitlichen Versorgung auch im Fall von → *Unfällen* und Berufskrankheiten tragen, z. B. in dem entsprechende Verträge mit Auslandskrankenversicherungen abgeschlossen werden, in denen der Reisende selbst und nicht der Arbeitgeber Vertragspartner ist.

Trotzdem ist der Arbeitgeber im Rahmen seiner Fürsorgepflicht gehalten, den Arbeitnehmer dabei entsprechend zu unterstützen und für die Kosten zunächst aufzukommen. Im Nachhinein erstattet der zuständige inländische Unfallversicherungsträger dann nach Beleg der Kosten «in angemessenen Umfang». Dazu ist es sinnvoll, im Vorhinein oder auch im akuten Fall kurzfristig mit dem Unfallversicherungsträger zu klären, was erstattungsfähig ist (besonders wichtig z. B. im Hinblick auf teure Rücktransporte).

> **Wichtig: Doppelversicherung bei Aufenthalt in Nicht-Abkommenstaaten möglich**
>
> In Nicht-Abkommenstaaten müssen trotz der in Deutschland bestehenden Unfallversicherung u. U. zusätzlich Beiträge zu dortigen Sozialversicherungssystemen gezahlt werden, unabhängig davon, wie die medizinischen Leistungen tatsächlich dargestellt bzw. abgerechnet werden.

2 Arbeitsschutz im Ausland

Grundsätzlich muss das in Deutschland verfolgte Schutzniveau auch im Ausland eingehalten werden. Wo Abweichungen unvermeidlich sind, muss über eine → *Gefährdungsbeurteilung* so weit wie möglich sichergestellt werden, dass keine untragbaren Risiken auftreten.

Bei Verstößen gegen Unfallverhütungsvorschriften bei Arbeiten im Ausland kann der Unfallversicherungsträger gegen das Unternehmen im Inland Maßnahmen ergreifen.

Bei länger andauernden Arbeiten im Ausland (z. B. → *Baustellen* i. S. v. BGV C 22 «Bauarbeiten») ist vom Unternehmen folgendes zu regeln bzw. zu veranlassen:

- Anzeige der Auslandstätigkeit beim zuständigen Unfallversicherungsträger (soweit in den Unfallverhütungsvorschriften oder sonst durch den Unfallversicherungsträger gefordert);
- ggf. Anzeige der Tätigkeiten bei den deutschen Auslandvertretungen;

- Sicherstellen der → *Ersten Hilfe* und Medizinischen Versorgung vor Ort (ggf. in Zusammenarbeit mit dem ausländischen Auftraggeber). Dazu gehört u. a.: Erste-Hilfe-Material, → *Ersthelfer*, Rettungsgerät, Transportmittel/Verkehrsverbindung zu einem geeigneten Arzt/Krankenhaus, Dokumentation aller Hilfeleistungen/ Behandlungen. Informationen geben die Verbindungsstellen der Unfallversicherungsträger, Arbeitgeberverbände, die deutschen Auslandsvertretungen, Hilfeleistungsorganisationen wie das DRK u. a.);
- schriftliche Bestellung eines verantwortlichen Leiters für die Durchführung der Unfallverhütungsmaßnahmen, der Ersten Hilfe und für die Einleitung einer Heilbehandlung im Ausland (möglichst mit Vertreter), entsprechende → *Unterweisung*, Bereitstellen aller notwendigen Informationen zum Unfallschutz (Unfallverhütungsvorschriften, Bestimmungen des Ziellandes);
- Einbeziehung der Auslandtätigkeit in die betriebliche Sicherheitsorganisation (→ *Betriebsarzt*, → *Fachkraft für Arbeitssicherheit*, → *Sicherheitsbeauftragte*);
- ärztliche Beratung bzw. → *arbeitsmedizinische Vorsorge* vor der Entsendung in Gebiete mit besonderen klimatischen und gesundheitlichen Belastungen (s. u.);
- meldepflichtige und tödliche → *Unfälle* sowie Berufskrankheiten (bzw. Verdacht darauf) sind dem deutschen Unfallversicherungsträger sobald wie möglich zu melden. Besteht noch bei der Rückkehr Behandlungsbedarf, ist umgehend ein Durchgangsarzt aufzusuchen.

> **Wichtig: Vordruck Medical Report**
>
> Ärztliche Leistungen bei Versicherungsfällen im Ausland sollten auf dem dafür vorgesehen, internationalen Formular «Medical Report» dokumentiert werden. (verfügbar in englisch/französisch oder spanisch/portugiesisch, siehe Entsendemerkblatt). Das erleichtert die Bearbeitung späterer Ansprüche gegenüber der Sozialversicherung.

3 Reisemedizin und Impfungen

Bei Reisen in Länder, in denen besondere klimatische oder gesundheitliche Rahmenbedingungen herrschen, muss der Betriebsarzt entsprechend beraten. Themen sind je nach Zielland z. B.:

- Impfprophylaxe, z. B. Hepatitis A und B, Malariaprophylaxe (wegen der weiten Verbreitung und des hohen Ansteckungsrisikos besonders wichtig);
- Hinweise zum persönlichen Verhalten (Vermeidung von lebensmittelbedingten Infektionen, Sexualverhalten);
- ggf. Mitnahme von Material und/oder Medikamenten zur Ersten Hilfe oder Erstbehandlung in Ländern mit schwachen Gesundheitssystemen.

Bei längeren Aufenthalten in entsprechenden Ländern (mehr als 3 Monate) ist der Untersuchungsgrundsatz G 35 «Arbeitsaufenthalt im Ausland unter besonderen klimatischen und gesundheitlichen Belastungen» (BGG 904-35) anzuwenden. Dieser sieht neben einer Untersuchung vor der Ausreise auch eine Rückkehruntersuchung vor (bei Auslandaufenthalten von mehr als 1 Jahr).

> **Praxis-Tipp: «Tropenuntersuchung» auch für Familienangehörige vorsehen**
>
> Aus medizinischer Sicht ist eine der BGG 904-35 entsprechende Untersuchung auch für mitreisende Familienangehörige absolut sinnvoll (wird i. d. R. von den Krankenkassen getragen).

> **Wichtig: Entsendemerkblatt der DGUV**
>
> Die DGUV stellt alle relevanten Informationen in einem sehr ausführlichen Entsendemerkblatt zur Verfügung, das von der ehemaligen Deutschen Verbindungsstelle Unfallversicherung – Ausland (DVUA) innerhalb des HVBG herausgebracht wurde (siehe unter www.dguv.de). Die DVUA gibt es mit Übergang des HVBG in die DGUV allerdings nicht mehr unter diesem Namen. Die Funktionen hat die DGUV unter der Bezeichnung Referat Koordination Verbindungsstelle/Sachleistungsaushilfe übernommen.

Cornelia von Quistorp

Auslösewerte

Lärm und Vibrationen am Arbeitsplatz gefährden die Gesundheit der Beschäftigten. Der Arbeitgeber ist verpflichtet, derartige Belastungen zu vermeiden bzw. zu verringern. Zum Schutz vor Lärm und Vibrationen legt die Lärm- und Vibrations-Arbeitsschutzverordnung (LärmVibrationsArbSchV) für Lärm obere und untere Auslösewerte und für Vibrationen Auslösewerte und Expositionsgrenzwerte fest. Bei Überschreiten der Auslösewerte müssen Maßnahmen zur Vermeidung und Verringerung von Lärm bzw. Vibrationen ergriffen werden. Auslösewerte dienen also als Warngrenze bzw. Einschreitgröße. Der Expositionsgrenzwert ist festgelegt als der Wert, dem der Beschäftigte maximal ausgesetzt sein darf. Im Rahmen einer Gefährdungsbeurteilung ist zu ermitteln, ob und in welchem Maß die Beschäftigten Lärm bzw. Vibrationen am Arbeitsplatz ausgesetzt sind. Messungen müssen gem. dem → *Stand der Technik* und von fachkundigen Personen durchgeführt werden.

Gesetze, Vorschriften und Rechtsprechung

Auslösewerte sind in der Lärm- und Vibrations-Arbeitsschutzverordnung (LärmVibrationsArbSchV) festgelegt.

Die Technischen Regeln zur LärmVibrationsArbSchV (TRLV Lärm und TRLV Vibrationen) geben Hinweise zu Beurteilung der Gefährdung, Messung und Schutzmaßnahmen.

1 Obere und untere Auslösewerte bei Lärmexposition

In § 6 LärmVibrationsArbSchV sind obere und untere Auslösewerte für Lärmbelastungen festgelegt. Die Werte beziehen sich auf eine 8-Stunden-Schicht und legen die durchschnittliche Lärmbelastung sowie einen Höchstwert fest:

- obere Auslösewerte $L_{EX, 8h}$ = 85 dB (A) bzw. $L_{pC, peak}$ = 137 dB (C);
- untere Auslösewerte $L_{EX, 8h}$ = 80 dB (A) bzw. $L_{pC, peak}$ = 135 dB (C).

Bei der Anwendung dieser Werte wird die dämmende Wirkung eines persönlichen → *Gehörschutzes* nicht berücksichtigt (§ 6 LärmVibrationsArbSchV).

2 Maßnahmen zur Vermeidung und Verringerung der Lärmexposition

Wird einer der oberen Auslösewerte überschritten, sind technische und organisatorische Maßnahmen zum Schutz der Beschäftigten festzulegen und durchzuführen. Priorität haben dabei Maßnahmen, die dort ansetzen, wo der → *Lärm* entsteht (§ 7 LärmVibrationsArbSchV). Geeignete Maßnahmen zur Verringerung bzw. Vermeidung von Lärmexposition können sein (in der Reihenfolge ihrer Priorität):

Technische Maßnahmen:

- alternative Arbeitsverfahren;
- Einsatz von → *Arbeitsmitteln*, die keinen oder weniger Lärm verursachen;
- Gestaltung von Arbeitsplatz bzw. Gebäude unter dem Aspekt Lärmschutz;
- technische Vorrichtungen zum Lärmschutz, z. B. Kapselung von → *Maschinen* oder Abdichtung zur Schalldämmung.

Organisatorische Maßnahmen:

- Arbeitszeiten mit hoher Lärmbelastung zeitlich beschränken;
- der Arbeitgeber ist gem. § 7 LärmVibrationsArbSchV auch dazu verpflichtet, Lärmbereiche zu kennzeichnen und wenn möglich abzugrenzen, sobald einer der oberen Auslösewerte erreicht oder überschritten wird.

Werden trotz der durchgeführten Maßnahmen die unteren Auslösewerte überschritten, muss der Arbeitgeber

- dem Beschäftigten einen geeigneten persönlichen → *Gehörschutz* zur Verfügung stellen;

- sicherstellen, dass der Beschäftigte ihn bei Erreichen oder Überschreiten eines der oberen Auslösewerte auch trägt (§ 8 LärmVibrationsArbSchV).

3 Auslösewerte und Expositionsgrenzwerte bei Vibrationen

§ 9 LärmVibrationsArbSchV regelt Expositionsgrenzwerte und Auslösewerte bei Vibrationsexposition sowie Maßnahmen zur Vermeidung und Verringerung. Für Hand-Arm- bzw. Ganzkörpervibrationen gelten verschiedene Auslöse- und Expositionsgrenzwerte. Sie sind bezogen auf durchschnittliche Werte einer 8-Stunden-Schicht und definieren für Ganzkörpervibrationen Belastungen in horizontaler (x-und y-) sowie in vertikaler (z-)Richtung:

Hand-Arm-Vibrationen:
- Expositionsgrenzwert $A(8) = 5$ m/s^2
- Auslösewert $A(8) = 2,5$ m/s^2

Ganzkörpervibrationen:
- Expositionsgrenzwert $A(8) = 1,15$ m/s^2 in X- und Y-Richtung und $A(8) = 0,8$ m/s^2 in Z-Richtung
- Auslösewert $A(8) = 0,5$ m/s^2

Im Anhang Vibrationen der LärmVibrationsArbSchV ist festgelegt, wie Vibrationsexposition ermittelt, bewertet bzw. gemessen wird.

4 Maßnahmen zur Vermeidung und Verringerung der Exposition durch Vibrationen

Die Auslösewerte für Vibrationen dienen der → *Prävention*. Bei Überschreitung der Werte müssen technische und organisatorische Maßnahmen festgelegt und durchgeführt werden, um die Vibrationsbelastung zu verringern. Die Expositionsgrenzwerte dürfen nicht überschritten werden, da hier bei lang anhaltender Einwirkung mit Gesundheitsschäden gerechnet werden muss. Wird einer der Expositionsgrenzwerte trotz bereits durchgeführter Maßnahmen überschritten, ist der Arbeitgeber deshalb dazu verpflichtet, dass «unverzüglich» weitere Maßnahmen zur Vermeidung bzw. Verringerung ergriffen werden (§ 10 LärmVibrationsArbSchV). Maßnahmen können sein (in der Reihenfolge ihrer Priorität):

Technische Maßnahmen:
- alternative Arbeitsverfahren;
- Einsatz von → *Arbeitsmitteln*, die vibrationsmindernd bzw. vibrationsgemindert sind;
- Gestaltung von Arbeitsplatz bzw. Gebäude unter dem Aspekt Vibrationsschutz.

Organisatorische Maßnahmen: Arbeitszeiten mit vibrationsintensiver Tätigkeit zeitlich beschränken. Grundsätzlich gilt es auch hier, die Vibration am Entstehungsort zu vermeiden bzw. zu verringern.

Ergänzend zu technischen und organisatorischen Maßnahmen tragen → *persönliche Schutzausrüstungen* wie z. B. Antivibrations-Schutzhandschuhe (HAV) dazu bei, die Gesundheit der Beschäftigten zu schützen.

Bettina Huck

Barrierefreiheit

Barrierefreiheit bezeichnet das Prinzip, dass die gestaltete Umwelt allen Menschen so weit wie möglich unabhängig von ihren individuellen Fähigkeiten und Bedürfnissen ermöglichen soll, sich selbstständig zu bewegen und Einrichtungen und Informationen zu nutzen. Im deutschen Sprachgebrauch löst der Begriff die Bezeichnung «behindertengerecht» zunehmend ab und ist auch nicht auf Menschen mit Behinderung beschränkt, sondern schließt auch die Belange z. B.

von Älteren oder Personen, die Kleinkinder bei sich haben, mit ein. Barrierefrei sollen dabei nicht mehr vorrangig nur bauliche Anlagen sein, sondern alle Bereiche, in denen der Mensch mit seiner Umgebung in Kontakt kommt, also z. B. auch der Umgang mit elektronischen Daten und automatisierten Abläufen, die Gestaltung von Sprache, die Erkennbarkeit von Dokumenten usw.

Gesetze, Vorschriften und Rechtsprechung

Der Begriff Barrierefreiheit ist in § 4 Behindertengleichstellungsgesetz (BGG) verankert: «Barrierefrei sind bauliche und sonstige Anlagen, Verkehrsmittel, technische Gebrauchsgegenstände, Systeme der Informationsverarbeitung, akustische und visuelle Informationsquellen und Kommunikationseinrichtungen sowie andere gestaltete Lebensbereiche, wenn sie für behinderte Menschen in der allgemein üblichen Weise, ohne besondere Erschwernis und grundsätzlich ohne fremde Hilfe zugänglich und nutzbar sind.»

Um dahin zu kommen, dass zunehmend weniger Barrieren in gestalteten Lebensbereichen auftreten, definiert § 5 BGG das Instrument der Zielvereinbarung. Danach sind anerkannte Verbände, die die Interessen behinderter Menschen vertreten, berechtigt, mit Verbänden und Organisationen des öffentlichen Lebens (Branchenverbänden, aber auch staatl. und kommunalen Stellen, Körperschaften usw.) Zielvereinbarungen auszuhandeln, in denen festgelegt wird, wie gestaltete Lebensbereiche künftig zu verändern sind, um dem Anspruch behinderter Menschen auf Zugang und Nutzung zu genügen. Zielvereinbarungen enthalten Mindestanforderungen, die Festlegung von Fristen bzw. Zeitplänen und u. U. auch Vertragsstrafen abreden. Bisher gibt es allerdings bundesweit nur relativ wenige Zielvereinbarungen.

Da die Gültigkeit des BGG prinzipiell auf die Bereiche beschränkt ist, in denen Bundesrecht gültig ist, gibt es auch **länderspezifische Rechtsnormen zur Integration von Menschen mit Behinderungen**, die z. T. gleiche oder ähnliche Regelungen zur Barrierefreiheit enthalten, z. T. aber auch abweichen.

Größere praktische Bedeutung haben die **niederrangigen Rechtsnormen**, v. a.

- die (länderspezifisch unterschiedlichen) Vorgaben der Landesbauordnungen zum barrierefreien Bauen,
- Richtlinien und Regeln, wie die ASR V3a.2 «Barrierefreie Gestaltung von Arbeitsstätten», und VDI Vorschriften, z. B. VDI 6000 «Sanitärräume», VDI 6008 «Barrierefreie Lebensräume»,
- unterschiedliche DIN-Normen zur barrierefreien Gestaltung, v. a. DIN 18040 «Barrierefreies Bauen» (besonders Teil 1 «Öffentlich zugängliche Gebäude»),
- weitere DIN-Normen zu Detailfragen wie Bodenindikatoren zur Orientierung, Kontrastgestaltung von Informationssystemen, Notrufsystemen u. v. m.).

1 Barrierefreiheit in Arbeitsstätten

Das Prinzip der Barrierefreiheit hat als grundsätzliches Ziel, das Lebensumfeld ganz allgemein und selbstverständlich so zu gestalten, dass möglichst alle Menschen sich darin orientieren und bewegen können. So global betrachtet ist es wünschenswert, dass der Betreiber einer Arbeitsstätte bei allen betrieblichen Entscheidungen Barrierefreiheit anstrebt und entsprechend berücksichtigt. Praktisch steht aber oft die Frage im Raum, ob und in welchem Umfang barrierefreie Gestaltung in Arbeitsstätten verbindlich realisiert werden muss. Dabei sind unterschiedliche rechtliche Hintergründe zu berücksichtigen.

2 Gleichstellungsgesetz

Konkrete Umsetzungserfordernisse ergeben sich aus den nach BGG getroffenen Zielvereinbarungen bzw. aus den vergleichbaren Ländergesetzen (zzt. vorgesehen für Mecklenburg-Vorpommern, Nordrhein-Westfalen, Saarland, Hessen, Thüringen, Sachsen). Danach kann z. B. ein Unternehmerverband oder ein öffentlicher Arbeitgeber mit einem anerkannten Behindertenverband vereinbaren, dass in einem bestimmten Zeitraum dafür gesorgt wird, dass in allen zugehörigen Arbeitsstätten mobilitäts- und sinnesbehinderte Menschen beschäftigt werden können. Z. T. sind bestimmte Vorgaben zur Barrierefreiheit für öffentliche Einrichtungen der Länder auch unmittelbar in Ländergesetzen verankert.

Zielvereinbarungen sind grundsätzlich bindend und würden ggf. auch Nachrüstungspflichten nach sich ziehen, sind bisher tatsächlich allerdings meist eher auf öffentlich zugängliche Bereiche und weniger auf Arbeitsstätten bezogen und allgemein noch selten.

3 Landesbauordnungen

Viele Bauordnungen der Länder enthalten konkrete Anforderungen an Barrierefreiheit für bestimmte Bauten. Davon sind Betreiber dann betroffen, wenn es sich bei der Arbeitsstätte um ein solches Objekt handelt (länderspezifisch, meist aber Einrichtungen des Kultur und des Bildungswesens, Sport- und Freizeitstätten, Einrichtungen des Gesundheitswesens, Büro-, Verwaltungs- und Gerichtsgebäude, Verkaufs- und Gaststätten sowie Stellplätze, Garagen und Toilettenanlagen).

Anforderungen gibt es z. B. für

- Eingänge (Mindestbreiten, stufenlos, ausreichende Bewegungsfläche),
- Rampenneigungen, Zwischenpodeste an Rampen und Treppen,
- Handläufe,
- Toilettenräume.

Die Anforderungen nach Landesbauordnungen beziehen sich weitgehend nur auf die Bedürfnisse von Menschen mit Mobilitätseinschränkungen. Sie sind größtenteils schon lange bekannt und meist auch umgesetzt. Einschränkend wirkt, dass für Bestandsbauten, Umnutzungen und schwierige bauliche Situationen oft Ausnahmeregelungen vorgesehen sind. Z. T. sind die Forderungen nach Landesbauordnung auch ausdrücklich nur auf die öffentlich zugänglichen Bereiche von öffentlichen Gebäuden bezogen, sodass Arbeitsplätze außerhalb dieser Bereiche danach nicht unbedingt barrierefrei sein müssen.

> **Wichtig: Normen und Richtlinien zur Barrierefreiheit**
>
> DIN-Normen und VDI-Richtlinien sind als solche zunächst nicht unbedingt rechtlich bindend. Wenn aber für einen Bereich oder ein Projekt Barrierefreiheit zu realisieren ist, dann sollte von den konkreten Angaben in den etablierten Normen und Regeln ausgegangen werden, weil sie den Stand der Technik in den betreffenden Bereichen wiedergeben. Abweichungen in begründeten Einzelfällen sind immer möglich und zum Teil auch nötig, gerade wenn es um bestimmte Bedürfnisse einzelner Nutzer geht, die nicht immer von allgemeingültigen Normen abgebildet werden.

4 Arbeitsstättenrecht

In § 3 Abs. 2 **Arbeitsstättenverordnung** wird Barrierefreiheit nur für den Fall eingefordert, dass tatsächlich Menschen mit Behinderungen beschäftigt werden und nur bezogen auf deren Bedürfnisse: «Beschäftigt der Arbeitgeber Menschen mit Behinderungen, hat er Arbeitsstätten so einzurichten und zu betreiben, dass die besonderen Belange dieser Beschäftigten im Hinblick auf Sicherheit und Gesundheitsschutz berücksichtigt werden. Dies gilt insbesondere für die barrierefreie Gestaltung von Arbeitsplätzen sowie von zugehörigen Türen, Verkehrswegen, Fluchtwegen, Notausgängen, Treppen, Orientierungssystemen, Waschgelegenheiten und Toilettenräumen.»

Dazu sind relativ weite Ausnahmeregelungen vorgesehen, die allerdings in einem schriftlichen Verfahren durch die zuständige Arbeitsschutzaufsichtsbehörde zu genehmigen sind und den Schutz des Beschäftigten nicht einschränken dürfen. Die länderspezifischen baurechtlichen Vorschriften (s. o.) bleiben ausdrücklich unberührt.

In der deutlich jüngeren **ASR V3a.2** «Barrierefreie Gestaltung von Arbeitsstätten» ist bereits ein modernerer und weitergehender Ansatz zur Barrierefreiheit erkennbar.

Auch danach muss der Arbeitgeber Barrierefreiheit zwar nur individuell entsprechend den Bedürfnissen der bei ihm Beschäftigten sicherstellen, aber ausdrücklich unabhängig vom festgestellten Grad der Behinderung, also nicht etwa nur für sog. Schwerbehinderte mit einer Minderung der Erwerbsfähigkeit von mehr als 50 %. Auch dann, wenn ein Mitarbeiter darauf verzichtet, eine Behinderung überhaupt offiziell feststellen zu lassen, hat der Arbeitgeber die nötigen Maßnahmen zu ergreifen, damit dieser sicher und gesundheitsschonend arbeiten kann. Diese

Barrierefreiheit

Maßnahmen sind in einer Gefährdungsbeurteilung festzulegen, bei der nach der im Arbeitsschutz üblichen Rangfolge technische vor organisatorischen vor personenbezogenen Maßnahmen umzusetzen sind. Nur, wenn es dabei für den Arbeitgeber zu unverhältnismäßigen Aufwendungen kommt, darf davon abgewichen werden.

In die Beurteilung müssen alle Bereiche einer Arbeitsstätte mit einbezogen und entsprechend gestaltet werden, zu denen die Betroffenen Zugang haben müssen.

Praxis-Beispiel: Verhältnismäßigkeit der Maßnahmen

Selbstverständlich muss jeder Beschäftigte die Möglichkeit haben, bei Bedarf persönlichen Kontakt mit der Personalvertretung eines Betriebs aufzunehmen. Wenn das Betriebsratsbüro nur über Treppen erreichbar ist, ist es aber sicher nicht verhältnismäßig, einen Treppenlift zu installieren, damit ein mobilitätseingeschränkter Beschäftigter dort hingelangen kann. Vielmehr gibt es sicher in jedem Betrieb eine Möglichkeit, dass ein solcher Kontakt unter Wahrung aller Interessen an einem erreichbaren Ort stattfinden kann. Anders sähe es aus, wenn ein mobilitätseingeschränkter Beschäftigter in den Betriebsrat gewählt wird oder wenn in einem größeren Betrieb eine größere Zahl von Beschäftigten nicht ausreichend gut über Treppen gehen kann.

Wichtig: Wann spricht man von einer Behinderung?

Eine **Behinderung** liegt vor, wenn die körperliche Funktion, geistige Fähigkeit oder psychische Gesundheit mit hoher Wahrscheinlichkeit länger als 6 Monate von dem für das Lebensalter typischen Zustand abweicht und dadurch Einschränkungen am Arbeitsplatz oder in der Arbeitsstätte bestehen (Definition nach ASR V3a.2 aus § 2 SGB IX).

Barrierefreie Gestaltung kann abhängig von den zu berücksichtigenden Einschränkungen der Betroffenen folgende Bereiche umfassen:

- bauliche und sonstige Anlagen (Gebäude, Außenanlagen, Produktionsanlagen usw.),
- Transport- und Arbeitsmittel (Pkw, Transportwagen, Büroausstattung, Handwerkzeuge usw.),
- Systeme der Informationsverarbeitung (EDV-Anlagen und Geräte),
- akustische, visuelle und taktile Informationsquellen und Kommunikationseinrichtungen (Lautsprecheranlagen, Alarmierungssysteme, Lagepläne und Orientierungssysteme, Bürokommunikation).

Grundsätzlich sollen alle Anlagen, Einrichtungen und Geräte für Beschäftigte mit Behinderungen in der allgemein üblichen Weise, ohne besondere Erschwernisse und grundsätzlich ohne fremde Hilfe zugänglich und nutzbar sein. Das geschieht u. a. durch

- das 2-Sinne-Prinzip bei der Informationsübertragung: Danach werden immer 2 der 3 Sinne «Hören, Sehen, Tasten» angesprochen, z. B. sicht- und tastbare Lagepläne, Bodenmarkierungen oder Gefahrstoffinformationen, sicht- und hörbare Alarmzeichen;
- geeignete Informationsaufbereitung (z. B. vergrößert oder vereinfacht);
- den Ausgleich nicht ausreichend vorhandener motorischer Fähigkeiten durch eine von der Beanspruchung her angepasste Gestaltung (z. B. Rampe statt Treppe, niedrigere Türgriffe, Arbeitshöhen usw., reduzierte Gewichte) und/oder mechanische Unterstützung (z. B. motorisch angetriebene Türen oder Transportwagen).

Wichtig: Barrierefrei heißt nicht «rollstuhlfahrergeeignet»

Viel zu oft wird mit dem Begriff Behinderung eine Mobilitätseinschränkung wie z. B. eine Gehbehinderung verbunden. Tatsächlich haben aber die Mehrzahl der Menschen mit Behinderung andere, ganz unterschiedliche Einschränkungen wie Seh- oder Hörbehinderungen, krankheitsbedingt verminderte körperliche Leistungsfähigkeit, Lern- oder Verständnisschwierigkeiten, geringe Körpergröße oder besondere psychische Beeinträchtigungen. Barrierefreiheit ist daher individuell ganz unterschiedlich zu gestalten – in der Gesellschaft ebenso wie im Betrieb. Deshalb wird vom Arbeitgeber auch nicht gefordert, pauschal für allgemeine Barrierefreiheit zu sorgen.

In den Anhängen der ASR V3a.2 werden Anforderungen an die barrierefreie Gestaltung im Rahmen der entsprechenden Arbeitsstättenregeln präzisiert (z. B. Sicherheitskennzeichnung nach dem 2-Sinne-Prinzip und großräumigere Gestaltung von Fluchtwegen für Rollstuhlfahrer).

Praxis-Tipp: Beratung zu Gestaltungsfragen

Was am Arbeitsplatz tatsächlich eine Barriere für Betroffene darstellt bzw. wie eine solche überwunden werden kann und gleichzeitig Sicherheit und Gesundheitsschutz zu gewährleisten sind, ist ohne entsprechende Erfahrungen oft schwer zu erkennen und einzuschätzen. Am Gestaltungsprozess sollten daher möglichst viele Informationsquellen beteiligt werden, z. B.

- direkt betroffene Beschäftigte,
- Schwerbehindertenvertretung,
- Fachkraft für Arbeitssicherheit,
- Betriebsarzt,
- ggf. Integrationsamt (bei Schwerbehinderung oder entsprechender Voreinstufung),
- ggf. Agentur für Arbeit.

5 Barrierefreiheit Neu- und Umbau

Bei der Mehrzahl der Arbeitsstätten, die nicht in besonderer Weise öffentlich zugänglich sind und für die keine Zielvereinbarungen nach BGG getroffen wurden, ist der Arbeitgeber nicht verpflichtet, bestimmte Anforderungen an Barrierefreiheit pauschal zu realisieren, solange kein Beschäftigter einen entsprechenden Bedarf hat.

Dessen ungeachtet ist es natürlich aus technischen und wirtschaftlichen Überlegungen sinnvoll, bestimmte grundlegende Gestaltungsprinzipien bei Neu- und Umbau von vornherein zu berücksichtigen, weil sie sich bei einer künftigen Beschäftigung von Menschen mit Behinderungen nur mit sehr hohem (und dann ggf. unverhältnismäßigem) Aufwand umsetzen lassen. In der ASR V3a.2 wird darauf ausdrücklich hingewiesen und damit an die Um- und Einsicht von Arbeitgebern und ihren Planern im Hinblick auf die Verwirklichung einer barrierefreien Arbeitswelt appelliert.

Cornelia von Quistorp

Batterieladestationen

Batterieladestationen sind Räume, in denen Batterien von elektrobetriebenen Flurförderzeugen vorübergehend zum Laden aufgestellt werden und in denen gleichzeitig die Ladegeräte untergebracht sind. Davon zu unterscheiden ist der Batterieraum bzw. Batterieladeraum, in dem die Batterien zwar ebenfalls vorübergehend zum Laden aufgestellt werden, von denen die Ladegeräte aber räumlich getrennt sind. Batterieladeanlagen umfassen Batterieladeräume, Batterieladestationen, Einzelladeplätze und die zum Laden erforderlichen elektrischen Betriebsmittel. Sie sind von anderen Betriebsbereichen durch geeignete Maßnahmen, z. B. Wände, Abstände, Hindernisse oder Kennzeichnung, räumlich abgegrenzt.

Gesetze, Vorschriften und Rechtsprechung

Es gibt keine speziellen Vorschriften über die bauliche und sicherheitstechnische Gestaltung von Batterieladestationen. Allgemeine Vorgaben zur Gestaltung von Arbeitsplätzen enthält u. a. die BGV A1 «Grundsätze der Prävention». Für die Umsetzung der allgemeinen Vorgaben und zum Stand der Technik geben die VdS 2259 «Batterieanlagen für Elektrofahrzeuge» sowie die BGI 5017 «Sicherheit beim Einrichten und Betreiben von Batterieladeanlagen» Hilfestellung. In Batterieladestationen ist mit der Bildung von Wasserstoff und explosionsfähigen Atmosphären zu rechnen. Daher sind zur Verhinderung von Explosionsgefahren die Vorschriften der Gefahrstoffverordnung in Hinblick auf die Vermeidung von gefährlichen explosionsfähigen Atmosphären im Rahmen der Ersatzstoff- und Ersatzverfahrensprüfung unter Beachtung des Minimierungsgebots durch technische Maßnahmen wie Absaugung/Lüftung zu beachten. Ist eine explosionsfähige Atmosphäre nicht zu verhindern, dürfen nach der Betriebssicherheitsverordnung

(BetrSichV) nur Arbeitsmittel eingesetzt werden, die aufgrund der Zoneneinteilung explosionsgefährdeter Bereiche zulässig sind (Anhänge 3 und 4 BetrSichV sind zu beachten). Ferner ist im Rahmen der Gefährdungsbeurteilung nach § 3 BetrSichV ein Explosionsschutzdokument zu erstellen.

1 Einzelladeplatz

Vorwiegend sind in den Unternehmen Batterieladeanlagen als offene Einzelladeplätze (umgangssprachlich «Ladestellen») mit Ladeeinrichtungen vorhanden (**Abb. 1**). Das Aufladen der Batterien erfolgt dabei ohne Ausbau. Die Batterien werden durch eine Ladeleitung mit dem Ladegerät verbunden. Darüber hinaus gibt es auch → *Flurförderzeuge*, bei denen das Ladegerät bereits im Flurförderzeug integriert ist (**Abb. 2**).

Einzelladeplätze (**Abb. 3**), z. B. in Arbeits-, Lager- oder Betriebsräumen, müssen an gut zugänglichen Stellen eingerichtet sein, damit sie mit den → *Flurförderzeugen* auch sicher erreicht werden können. Übersteigt die Bemessungsspannung 60 V und die Ladegerät-Bemessungsleistung mehr als 1 kW, muss der Einzelladeplatz von anderen Betriebsbereichen abgegrenzt und gekennzeichnet werden. Die Kennzeichnung kann z. B. durch Boden- oder Wandmarkierungen erfolgen.

Der horizontale Abstand von Einzelladeplätzen zu brennbaren Bauteilen und anderen brennbaren Materialien, wie z. B. eingelagerter Ware, muss mind. 2,5 m betragen. Feuer-, explosions- und explosivstoffgefährdete Bereiche müssen mind. 5 m von den Einzelladeplätzen entfernt sein. Weitere Mindestabmessungen an Batterieanlagen enthält **Abb. 4**.

Abb. 1: Batterieladestation für Flurförderzeuge

Abb. 2: Flurförderzeug mit integriertem Ladegerät

Abb. 3: Einzelladeplatz für Flurförderzeuge

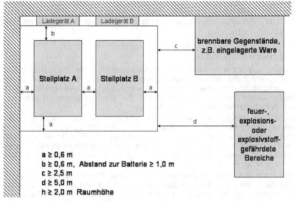

Abb. 4: Mindestabstände und -abmessungen an Batterieladestellen

Achtung: Einzelladeplätze dürfen nicht errichtet werden in
- feuergefährdeten Bereichen (Betriebsstätten),
- explosionsgefährdeten Bereichen,
- feuchten und nassen Bereichen/Räumen,
- geschlossenen Großgaragen.

2 Lüftung

Beim Ladevorgang von Batterien kann sich, insbesondere bei Überladung u. a. Wasserstoff bilden. Der dann aus der Batterie austretende Wasserstoff bildet ab einer bestimmten Konzentration zusammen mit dem in der Umgebungsluft enthaltenen Sauerstoff ein explosionsfähiges Gemisch. Dieses Gemisch wird auch als Knallgas bezeichnet. Moderne, elektronisch geregelte Ladegeräte verhindern diese Überladung und können das Risiko der Knallgasbildung deutlich reduzieren. Damit entstehender Wasserstoff gefahrlos entweichen kann, ist eine ausreichende Lüftung der Batterieladestation notwendig. Bei der Gestaltung ist möglichst eine natürliche Lüftung anzustreben. Die Zuluft soll dabei von außen einströmen und die Abluft muss ins Freie geführt werden (**Abb. 5**).

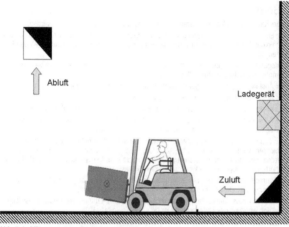

Abb. 5: Luftführung an einer Batterieladestation

Die Abluft darf jedoch nicht in Kamine bzw. Schornsteine oder andere Einrichtungen von Feuerungsanlagen oder Nachbarräume abgeführt werden. Bei natürlicher Lüftung soll die Luftgeschwindigkeit in den Öffnungen mind. 0,1 m/s betragen. In Hallen und im Freien kann davon ausgegangen werden, dass diese Luftgeschwindigkeit zu jeder Zeit vorherrscht und damit ein ausreichender Luftaustausch stattfindet. Wenn es keine natürliche Lüftung gibt und damit der Luftvolumenstrom nicht sichergestellt werden kann, ist eine technische Lüftung erforderlich. Diese muss vor Beginn des Ladevorgangs eingeschaltet werden und nach Beendigung noch mind. 1 Stunde nachlaufen.

Achtung: Versagen der Lüftung

Technische Lüftungen können aus unterschiedlichen Gründen versagen. In diesen Fällen kann es dann beim Ladevorgang zur Anreicherung von Wasserstoff kommen, sodass je nach Konzentration eine → *explosionsfähige Atmosphäre* entstehen kann. Achten Sie daher darauf, dass der Volumenstrom der Lüftung überwacht und in diesen Fällen das Ladegerät abgeschaltet wird. Zusätzlich empfiehlt es sich, dass eine Fehlermeldung an eine besetzte Stelle weitergeleitet wird.

Die Luftein- und -austrittsöffnungen sollen sich an gegenüberliegenden Wänden befinden. Wenn sich beide Öffnungen in der gleichen Wand befinden, müssen diese vertikal mind. 2,0 m auseinanderliegen. Die Lüftung von Batterieladestationen gilt als ausreichend, wenn während des Ladens min. ein bestimmter **Luftvolumenstrom Q** sichergestellt ist. Wenn mehrere Batterien gleichzeitig im Raum geladen werden, muss für jede Batterie der erforderliche Luftvolumenstrom Q_n bestimmt werden. Der für die Batterieladestation erforderliche Luftvolumenstrom Q_{ges} errechnet sich aus der Summe der erforderlichen Luftvolumenströme aller in dem Raum zu ladenden Batterien.

3 Kennzeichnung

Batterieladeplätze bzw. die Bereiche müssen mit dem Warnschild W 20 «Warnung vor Gefahren durch Batterien» und dem Verbotsschild P 02 «Feuer, offenes Licht und Rauchen verboten» gekennzeichnet werden (ASR A1.3 «Sicherheits- und Gesundheitsschutzkennzeichnung»).

4 Betrieb

Folgende Punkte müssen beim Betrieb von Batterieanlagen u. a. berücksichtigt werden:

- Die Energie einer Batterie kann durch Kurzschlussbildung unkontrolliert freigesetzt werden. Die Folgen können Schmelzen von Metallen oder auch Zerstörungen an Leitungen und Batterien sein.
- Ladegeräte sollen kippsicher und außerhalb des Abluftstroms der Batterie sowie auf nicht brennbarem Material aufgestellt werden.
- Der Abstand zwischen Ladegerät und Batterie muss mind. 1 m betragen.
- Der Abstand zu brennbarem Material muss mind. 2,5 m betragen.
- Der Abstand zu feuer- und explosionsgefährdeten Bereichen muss mind. 5 m betragen.
- Die Aufstellung muss so erfolgen, dass Batterien und Ladegeräte leicht zugänglich sind und so auch einfach kontrolliert und gewartet werden können.
- Das Ladegerät darf nur im spannungsfreien Zustand und polrichtig an die Batterie angeschlossen werden. Dabei muss bei Anschluss- und Klemmzangen, sofern diese verwendet werden, eine ausreichende Isolierung gewährleistet sein. Bei Wartungsarbeiten dürfen nur isolierte Werkzeuge benutzt werden, die keine Funken erzeugen.
- Die Verschlusskappen der Batterien müssen für den Ladevorgang abgeschraubt werden (Verdünnungseffekt des entstehenden Wasserstoff-Luft-Gemischs).
- Die Lüftung muss ausreichend sein. Ist eine technische Lüftung notwendig, muss deren Funktion während des Ladevorgangs sichergestellt sein (s. o.).

Im Bereich der Batterieladestation sollten ein Waschbecken, eine → *Notdusche*, → *Verbandkasten* und eine Augenspülstation vorhanden sein, um im Notfall entsprechende → *Erste-Hilfe-Maßnahmen* ergreifen zu können. Bei Arbeiten an Batterien (z. B. Wasser nachfüllen) muss folgende → *Persönliche Schutzausrüstung (PSA)* getragen werden:

- → *Gesichtsschutzschild* oder dicht schließende Schutzbrille,
- säurefeste → *Schutzhandschuhe*,
- → *Fußschutz* (antistatisch),
- säurefeste Gummischürze.

Die Aufbewahrung der → *PSA* sollte in einem Schrank erfolgen, um Verschmutzungen etc. zu vermeiden. Darüber hinaus sollten auch folgende Punkte beachtet werden:

- Es muss geeignete Maßnahmen geben, damit auslaufendes Elektrolyt oder Batteriesäure nicht in die öffentliche Kanalisation und in die Kläranlage gelangen kann.
- Der Elektrolyt muss in geeigneten (säure- und laugenbeständigen) Behältern gesammelt bzw. neutralisiert werden.
- Für die Aufnahme von vergossenem oder ausgetretenem Elektrolyt oder Batteriesäure muss geeignetes Bindemittel (saugfähiges bzw. neutralisierendes Material) zur Verfügung stehen.
- Für die Bekämpfung von Entstehungsbränden sind geeignete Feuerlöschmittel (i. d. R. werden hier → *Feuerlöscher* eingesetzt) vorrätig zu halten. Diese müssen den Brandklassen ABC entsprechen. Die Bereitstellung muss so erfolgen, dass die Löschmittel auch nach Ausbruch eines Entstehungsbrands noch leicht erreichbar sind. Achten Sie bei Schulungen der Mitarbeiter darauf, dass insbesondere die Anwendung der Feuerlöschmittel an unter Spannung stehenden Betriebsmitteln unterwiesen wird. Die → *Unterweisungen* müssen in angemessenen Zeitabständen wiederholt werden.

5 Betriebsanweisung und Unterweisung

Mitarbeiter müssen über den Umgang mit Batterieladeanlagen sowie in der Anwendung der Schutzkleidung → *unterwiesen* werden. Dies kann anhand einer → *Betriebsanweisung* für «Batterieladeanlagen» erfolgen (**Abb. 6**).

Betriebsanweisung

Nr.:

DATUM:

Geltungsbereich und Tätigkeiten
Batterieladestationen

Unterschrift Vorgesetzter

ANWENDUNGSBEREICH

Batterieladestationen von Flurförderzeugen.

GEFAHREN FÜR MENSCH UND UMWELT

- Verätzungsgefahr durch Batteriesäure
- Beim Überladen der Batterien oder bei zu hoher Ladespannung kann hochentzündlicher Wasserstoff entstehen. In Verbindung mit Sauerstoff kann das sogenannte „Knallgas" entstehen, welches explosionsfähig ist!
- Gefahr durch elektrischen Strom

SCHUTZMAßNAHMEN UND VERHALTENSREGELN

- Betriebsanleitung der Hersteller der Batterie und des Ladegerätes beachten.
- In der Ladestation sind offene Zündquellen, offenes Licht und Rauchen verboten.
- Gabelstapler nur an das zugehörige Ladegerät anschließen.
- An- und Abklemmen der Pole nur bei abgeschaltetem Ladegerät.
- Batterie vor dem Laden auf Gehäuseschäden, angehobene Bleiplatten und austretende Säure untersuchen.
- Auf festen Sitz der Polklemmen achten.
- Keine Werkzeuge (Metallteile) auf der Batterie ablegen (Kurzschluss).
- Ladestation stets gut belüften.
- Abdeckungen während des Ladevorgangs geöffnet halten bzw. abnehmen.
- Bei Arbeiten an der Ladebatterie zum Schutz vor Batteriesäure dicht schließende Schutzbrille und Schutzhandschuhe tragen.
- Abstand Ladestation/Batterie zu brennbaren Materialien mindestens 2,5 m.
- Abstand Ladegerät zur Batterie mindestens 1 m.
- Abstand Ladestation/Batterie zu feuer- oder explosionsgefährdeten Bereichen mindestens 5 m.
- Transport von Batterien nur mit geschlossenen Zellen.

VERHALTEN BEI STÖRUNGEN

- Bei Betriebsstörungen Ladegerät sofort ausschalten. Steckverbindung zur Batterie ziehen.
- Verschüttete Batteriesäure mit Bindemittel aufnehmen und der Entsorgung zuführen; kleine Mengen mit viel Wasser wegspülen.
- Mängel dem Vorgesetzten melden

VERHALTEN BEI UNFÄLLEN : ERSTE HILFE

- **Nach Hautkontakt:** Sofort mit viel Wasser abwaschen. Benetzte Kleidung sofort auszuziehen.
- **Nach Augenkontakt:** Bei geöffneten Augenlidern mind. 15 Minuten unter fließendem Wasser oder mit einer Augenspülflasche ausspülen und Arzt konsultieren.
- **Nach Einatmen:** Für Frischluft sorgen und Arzt hinzuziehen.
- **Nach Verschlucken:** Mund ausspülen und viel Wasser nachtrinken. Kein Erbrechen herbeiführen. Sofort Arzt hinzuziehen

Notruf: 112 Melden Sie jeden Unfall unverzüglich Ihrem Vorgesetzten oder dessen Vertreter.

INSTANDHALTUNG UND ENTSORGUNG

- Regelmäßige Überprüfung durch eine Elektrofachkraft bzw. Befähigte Person.
- Weitere Wartungsarbeiten dürfen nur von entsprechenden Fachkräften durchgeführt werden.

Abb. 6: Betriebsanweisung für Batterieladestation

Dirk Haffke

Bauarbeiten

Unter Bauarbeiten im arbeitsschutzfachlichen Sinne werden Arbeiten zur Herstellung, Instandhaltung, Änderung und Beseitigung von baulichen Anlagen einschließlich der hierfür vorbereitenden und abschließenden Arbeiten verstanden. Zu den vorbereitenden und abschließenden Arbeiten zählen Tätigkeiten zur Baustelleneinrichtung und -räumung. Bauliche Anlagen sind mit dem Erdboden verbundene, aus Baustoffen oder Bauteilen hergestellte Anlagen einschließlich ihrer Gebäudetechnik. Zu den baulichen Anlagen zählen z. B. auch Aufschüttungen und Abgrabungen, Deponien und Bodensanierungen.

Gesetze, Vorschriften und Rechtsprechung

Öffentlich-rechtliche Verpflichtungen für Bauarbeiten sind in vielen verschiedenen Arbeitsschutzbestimmungen verankert. Für die wesentliche Verbesserung von Sicherheit und Gesundheitsschutz der Beschäftigten auf Baustellen wurde die Baustellenverordnung erlassen, deren Normadressat der Bauherr ist. Im sonstigen staatlichen Arbeitsschutzrecht gibt es keine spezifische Vorschrift für Bauarbeiten. Hier werden in Verordnungen (z. B. Arbeitsstättenverordnung, Gefahrstoffverordnung) und technischen Regeln besondere Anforderungen für Arbeiten im Freien bzw. auf Baustellen formuliert.

Für den Bereich des autonomen Arbeitsschutzrechts haben die gesetzlichen Unfallversicherungsträger die BGV C22 «Bauarbeiten» erlassen. Untersetzt wird diese Vorschrift durch baubezogene Regeln (z. B. Umgang mit beweglichen Straßenbaumaschinen, Deponien, Bauarbeiten unter Tage, Arbeiten im Spezialtiefbau, Benutzung Persönlicher Schutzausrüstung) und Informationen.

1 Bauherrschaft

Bauherren veranlassen als persönliche oder juristische Personen selbst oder durch Dritte die Errichtung, Instandhaltung, Änderung oder Beseitigung von baulichen Anlagen in eigenem Namen und auf eigene Rechnung. Sie tragen die Risiken der Bauvorbereitung und -durchführung und entscheiden auch über die architektonische und technische Gestaltung und die Finanzierung. Bauherren obliegen außerdem die nach den öffentlich-rechtlichen Vorschriften erforderlichen Anträge, Anzeigen und Nachweise. Durch die Auswahl geeigneter Personen und Firmen für die Planung und Ausführung der Vorhaben bestimmen Bauherren maßgeblich auch die → *Arbeitsschutzorganisation* auf der → *Baustelle*.

2 Planung

Für die Errichtung, Instandhaltung, Änderung oder Beseitigung baulicher Anlagen werden unter Beachtung verschiedener rechtlicher und technischer Bestimmungen gedankliche Entwicklungen, Planungen, Gestaltungen und Berechnungen vorgenommen. Hierfür werden z. B. Architekten, Bauingenieure, Landschaftsarchitekten und Fachplaner tätig. Nach § 2 Abs. 1 BaustellV muss der Bauherr grundsätzlich während der Planung und Ausführung die allgemeinen Grundsätze nach § 4 ArbSchG berücksichtigen. Dies wird durch räumliche, zeitliche und technische Vorgaben erreicht, die eine sichere und gesundheitsgerechte Durchführung des Bauvorhabens fördern. Diese Vorgaben haben Einfluss auf Angebot und Auswahl der Bauverfahren und Baumaterialien sowie auf den Bauablauf. Die RAB 33 «Allgemeine Grundsätze nach § 4 des Arbeitsschutzgesetzes bei Anwendung der Baustellenverordnung» erläutert die Anwendung dieser Grundsätze.

Die Planung der Ausführung der Bauarbeiten erfolgt in Verantwortung des jeweiligen Arbeitgebers auf Basis der geforderten Leistungen (Leistungsverzeichnis) unter Beachtung der öffentlich-rechtlichen Verpflichtungen, zu denen auch Arbeitsschutzbestimmungen gehören. Um die Leistungen qualitäts- und fristgerecht zu erfüllen, sind geeignete Arbeitsverfahren, -mittel und –stoffe auszuwählen sowie Personal in ausreichender Anzahl und mit ausreichender Qualifikation bereitzustellen.

Im Rahmen der Arbeitsplanung hat der Arbeitgeber auch die Gefährdungen baustellenbezogen zu ermitteln und die notwendigen Maßnahmen des Arbeitsschutzes festzulegen und ggf. zu dokumentieren.

3 Leitung und Aufsicht

Bauarbeiten müssen von fachlich geeigneten Vorgesetzten geleitet werden, um die vorschriftsmäßige Durchführung der Arbeiten zu gewährleisten. Darüber hinaus müssen diese Arbeiten von weisungsbefugten Personen beaufsichtigt werden (Aufsichtführende). Diese haben die arbeitssichere Durchführung der Bauarbeiten vor Ort zu überwachen.

4 Koordination

Führen Beschäftigte mehrerer Arbeitgeber gleichzeitig oder nacheinander Bauarbeiten aus, bei denen es zu Wechselwirkungen hinsichtlich des Arbeitsschutzes (gegenseitige Gefährdungen) kommt, muss für eine Abstimmung der Arbeiten gesorgt werden. Hierfür wird je nach Sachlage vom Bauherrn (gem. BaustellV) oder von den beteiligten Arbeitgebern (BGV A1) ein → *Koordinator* bestellt.

5 Ausführung

An die sichere Ausführung von Bauarbeiten werden umfangreiche Anforderungen gestellt. Das hängt u. a. damit zusammen, dass die Unfall- und Gesundheitsgefahren für die Beschäftigten im Baubereich im Vergleich zu anderen Wirtschaftszweigen überproportional hoch sind. Das Tätigwerden auf engem Raum, im Freien und/oder zusammen mit anderen Unternehmen, sich schnell verändernde Arbeitssituationen, gefährliche Zwischenbauzustände und viele weitere Faktoren erfordern das Ergreifen geeigneter Schutzmaßnahmen.

5.1 Baustelleneinrichtung

Um die sichere Ausführung der Bauarbeiten zu gewährleisten, müssen ausreichende Vorbereitungen getroffen werden. Dazu gehört eine geeignete Einrichtung der Baustelle. Elemente der → *Baustelleneinrichtung* sind u. a. → *Verkehrsflächen* und Transportwege, Lagerflächen, Gebäude, Bauwagen und Container, sanitäre Einrichtungen, Medienversorgung, Baustellensicherung und Großgeräte (z. B. Krane). Allgemein formulierte Anforderungen hierzu enthält Anhang 5.2 ArbStättV.

5.2 Gemeinsame Arbeitsschutzbestimmungen

Zusammenfassend für die vielen Arten von Bauarbeiten enthalten §§ 4ff. BGV C 22 gemeinsame Bestimmungen zur Gewährleistung von Sicherheit und Gesundheitsschutz. Diese reichen von gesicherten Baugruben und Gräben, über standsichere und tragfähige Arbeitsplätze, → *Sicherungsmaßnahmen gegen Absturz* oder gegen herabfallende Teile bis hin zum Baustellenverkehr.

5.3 Weitergehende Bestimmungen

Neben den gemeinsamen Arbeitsschutzbestimmungen gibt es in der BGV C 22 für eine Reihe spezieller Bauarbeiten zusätzlich zu beachtende Anforderungen. Zu diesen Arbeiten gehören:

- Montagearbeiten,
- → *Abbrucharbeiten*,
- Arbeiten mit heißen Massen,
- Arbeiten in Baugruben und Gräben sowie an und vor Erd- und Felswänden,
- Bauarbeiten unter Tage,
- Arbeiten in Bohrungen,
- Arbeiten in → *Rohrleitungen*.

Baustellen

Eine Baustelle ist der Ort, an dem ein Bauvorhaben ausgeführt wird. Dies kann eine oder mehrere bauliche Anlagen betreffen. Baustellen sind vorübergehend errichtete Arbeitsstätten, die Arbeitsplätze und Arbeitsbedingungen verändern sich also von Baustelle zu Baustelle. Beschäftigte auf Baustellen sind einem besonders hohen Unfall- und Gesundheitsrisiko ausgesetzt. Laut Untersuchungen in der EU werden Arbeitsunfälle überwiegend durch nicht geeignete bauliche bzw. organisatorische Entscheidungen und schlechte Planung verursacht. Ziel der Baustellenverordnung ist es, Sicherheit und Gesundheitsschutz der Beschäftigten auf Baustellen zu verbessern. Bereits bei der Planung soll beachtet werden, dass Gefährdungen möglichst beseitigt bzw. verringert werden.

Gesetze, Vorschriften und Rechtsprechung

Neben dem Arbeitsschutzgesetz und der Arbeitsstättenverordnung sind für den Arbeitsschutz auf Baustellen v. a. die Baustellenverordnung und die Regeln zum Arbeitsschutz auf Baustellen (RAB) grundlegend:

- RAB 01 «Gegenstand, Zustandekommen, Aufbau, Anwendung und Wirksamwerden der RAB»
- RAB 10 «Begriffsbestimmungen»
- RAB 25 «Arbeiten in Druckluft»
- RAB 30 «Geeigneter Koordinator»
- RAB 31 «Sicherheits- und Gesundheitsplan – SiGePlan »
- RAB 32 «Unterlagen für spätere Arbeiten»
- RAB 33 «Allgemeine Grundsätze nach § 4 des Arbeitsschutzgesetzes bei Anwendung der Baustellenverordnung»

1 Pflichten des Bauherrn

- Bereits bei der Planung der Ausführung müssen die allgemeinen Grundsätze des § 4 ArbSchG zum Schutz von Sicherheit und Gesundheit der Beschäftigten beachtet werden.
- Baustellen müssen – ab einer bestimmten Dauer, Zahl der Beschäftigten auf der Baustelle bzw. Anzahl Personentage – spätestens 2 Wochen vor Einrichtung der zuständigen Behörde (i. d. R. Amt für Arbeitsschutz und Sicherheitstechnik, Gewerbeaufsichtsamt) schriftlich angezeigt werden (Vorankündigung eines Bauvorhabens gem. § 2 Baustellenverordnung). Diese → *Vorankündigung* muss auf der Baustelle gut sichtbar ausgehängt und bei erheblichen Änderungen angepasst werden (§ 2 BaustellV).
- Ein oder mehrere Sicherheits- und Gesundheitskoordinator/en (Koordinatoren) müssen bestellt werden, wenn Beschäftigte mehrerer Unternehmen bzw. Arbeitgeber auf der Baustelle tätig sind (§ 3 BaustellV und RAB 30).
- Ein → *Sicherheits- und Gesundheitsschutzplan* (SiGe-Plan) muss erstellt werden, wenn
  – Beschäftigte mehrerer Unternehmen auf der Baustelle tätig sind und eine → *Vorankündigung* erforderlich ist oder
  – Beschäftigte mehrerer Unternehmen tätig sind und besonders gefährliche Arbeiten (vgl. Anhang II BaustellV) durchgeführt werden (§ 2 BaustellV und RAB 31).
- Es muss eine Unterlage für spätere Arbeiten an der baulichen Anlage erstellt werden (z. B. für Wartung, → *Instandhaltung*, Reinigung), wenn Beschäftigte mehrerer Arbeitgeber an der Errichtung beteiligt sind (§ 3 BaustellV und RAB 32).
- Der Bauherr kann die zuvor genannten Aufgaben – auch die des Koordinators – selbst wahrnehmen oder Dritte damit beauftragen bzw. einen oder mehrere Koordinatoren bestellen.

2 Planung und Ausführung

Gesundheit und Sicherheit der Beschäftigten können am besten gewährleistet werden, wenn bereits bei der Planung der Ausführung folgende Aspekte berücksichtigt werden (vgl. § 4 ArbSchG und Abschn. 5.1 RAB 33):

- räumliche und technische Vorgaben zur Gestaltung des Bauvorhabens,
- räumliche und zeitliche Zuordnung der Arbeitsabläufe,
- Vorgaben für eine geeignete Baustellenorganisation, z. B. durch eine Baustellenordnung,
- Übertragen von Aufgaben, Festlegen von Verantwortung und Zuständigkeit,
- Auswahl und Beauftragung geeigneter (= fachkundiger, zuverlässiger) Unternehmen für Planung und Ausführung,
- Hinweise des Bauherrn und → *Koordinators* bereits in der Ausschreibung,
- Hinwirken auf Auswahl schadstoff- und emissionsarmer Materialien und Arbeitsverfahren,

- Hinwirken auf Einsatz gefährdungsarmer Geräte und → *Maschinen*,
- → *Stand der Technik* und Erkenntnisse der → *Arbeitsmedizin* und → *Hygiene*,
- Rahmenbedingungen des Bauvorhabens und Wechselwirkungen (Umwelteinflüsse, Infrastruktur, u. a.),
- Schutzwirkung durch vorrangig bauliche, technische und organisatorische Maßnahmen.

Bettina Huck

Baustelleneinrichtung

Bereits bei der Einrichtung einer Baustelle gibt es eine Vielzahl an Sicherungsmaßnahmen zu beachten, um einen reibungslosen und möglichst gefahrlosen Ablauf der Baumaßnahme zu gewährleisten. Neben der Einrichtung von Verkehrswegen, Lagerflächen, Unterkünften etc. auf dem Baustellengelände selbst, gilt es vor allem, eine sichere Abgrenzung und Absicherung der Baustelle gegenüber öffentlichen Bereichen, wie z. B. dem Straßen- und Gehverkehr, sicherzustellen.

1 Sicherung des Baustellengeländes nach außen

Zum Schutz Unbeteiligter vor Gefahren, die sich während der Bautätigkeiten ergeben, aber auch zum Schutz der Baustelleneinrichtung und des Bauwerkes selbst ist es erforderlich, das Baustellengelände gegen unbefugtes Betreten zu sichern. Welche Art der Sicherung (z. B. Bauzaun, Holzverschlag, Sichtschutz etc.) erforderlich ist, muss im Einzelfall anhand der Rahmenbedingungen entschieden werden. Unabhängig davon, welches Mittel zur Abgrenzung des Baustellengeländes gewählt wurde, sind alle am Bauprojekt beteiligten Unternehmen zu verpflichten, an der Vorhaltung der Sicherheitseinrichtung mitzuwirken. Dies bedeutet beispielsweise, dass das Unternehmen, das am Ende eines Werktages das Baustellengelände als letztes verlässt, für das ordnungsgemäße Schließen des Bauzaunes und der Baustelleneinfahrt verantwortlich erklärt werden muss. Ebenso sind zur Verhinderung kurzzeitig eingerichteter Öffnungen im Bauzaun durch das verantwortliche Unternehmen unverzüglich wieder zu verschließen. Es empfiehlt sich eine Dokumentation der getroffenen Festlegungen.

Alle Maßnahmen sind zur Einrichtung der Baustelle in den **Sicherheits- und Gesundheitsschutzplan** gem. Baustellenverordnung aufzunehmen. Wenn die → *Baustelle* Einfluss auf den öffentlichen Straßenverkehr hat, so sind hier insbesondere die Straßenverkehrsordnung (StVO) und die Richtlinien für die Sicherung von Arbeitsstellen an Straßen (RSA) zu beachten.

Nach § 45 Absatz 6 StVO ist für alle Arbeiten, die Auswirkungen auf den öffentlichen Verkehrsbereich haben, eine verkehrsrechtliche Anordnung bei der zuständigen Behörde einzuholen. Ohne diese Anordnung darf mit den Arbeiten nicht begonnen werden. Bestandteil des Antrages auf diese Anordnung ist u. a. die Nennung eines nachweislich qualifizierten Verantwortlichen für die Sicherung von Arbeitsstellen im öffentlichen Verkehrsraum. Die für diesen Verantwortlichen erforderliche Qualifikation ist im «Merkblatt über Rahmenbedingungen für erforderliche Fachkenntnisse zur Verkehrssicherung von Arbeitsstellen an Straßen (MVAS 1999)» definiert.

Im Allgemeinen Rundschreiben Straßenbau Nr. 34/1997 des Bundesministeriums für Verkehr, Bau- und Wohnungswesen wird den obersten Straßenbehörden der Länder nahegelegt, die bereits für den Bereich der Bundesfernstraßen gültigen «Zusätzlichen Technischen Vertragsbedingungen und Richtlinien für Sicherungsarbeiten an Arbeitsstellen an Straßen (ZTV-SA 97)» auch für Straßen in deren Zuständigkeitsgebiet einzuführen. Die Straßenbaubehörden sind dieser Aufforderung weitestgehend nachgekommen, sodass die ZTV-SA nun bei der Einrichtung, dem Betrieb und dem Ausbau von Arbeitsstellen an und auf nahezu allen Straßen Anwendung finden, soweit es die verkehrs- und bautechnische Sicherung der Arbeitsstelle gegenüber dem Verkehrsteilnehmer (auch Fußgänger und Radfahrer) betrifft. Die ZTV-SA sind in Ergänzung zu den «Allgemeinen technischen Vorschriften» (ATV) im Teil C der Verdingungsordnung für Bauleistungen Bestandteil des Bauvertrages und beschreiben detailliert die zur Absicherung von Baustellen an und auf Straßen erforderlichen Sicherungsmaßnahmen sowie das hierfür zu verwendende Material.

2 Krane

Bei der Aufstellung von Kranen ist auf ausreichend tragfähigen Untergrund zu achten, ggf. sind die Abstützungen von Kranen entsprechend der Tragfähigkeit des Untergrundes zu unterbauen. Es ist sicherzustellen, dass die Steuerstände sicher erreicht werden können.

Bei der Auswahl des Standortes eines Kranes sind neben der Tragfähigkeit des Untergrundes weitere Faktoren zu berücksichtigen. Hierunter fallen erforderliche Sicherheitsabstände zu Grabenkanten und Böschungen sowie zu → *Verkehrswegen* und Lagerflächen.

Vorhandene elektrische Freileitungen müssen nach Möglichkeit außerhalb des Baustellengeländes verlegt oder freigeschaltet werden. Wenn dies nicht möglich ist, sind geeignete Abschrankungen, Abschirmungen oder Hinweise anzubringen, um Fahrzeuge und Einrichtungen von diesen Leitungen fernzuhalten. Die in der BGI 610 festgelegten Sicherheitsabstände sind in jedem Fall einzuhalten.

Des Weiteren sind Wechselwirkungen zu anderen Kranen, gefährdete Bereiche im Schwenkbereich und die zu erwartenden Angriffskräfte durch Seitenwind zu berücksichtigen.

Nach erfolgter Aufstellung sind Krane vor der Inbetriebnahme durch einen Sachkundigen zu überprüfen. Die Prüfung erstreckt sich auf die ordnungsgemäße Aufstellung, Ausrüstung und Betriebsbereitschaft. Die Ergebnisse der → *Prüfungen* sind in einem Prüfbuch zu dokumentieren.

Mit dem Führen von Kranen dürfen nur Beschäftigte beauftragt werden, die den Anforderungen des § 29 BGV D6 «Krane» genügen. Hierunter sind Volljährigkeit, körperliche und geistige Eignung und ausreichende Qualifikation zu verstehen.

Eine arbeitsmedizinische Vorsorgeuntersuchung nach BGI 504-25 «Fahr-, Steuer- und Überwachungstätigkeiten» wird dringend empfohlen.

Die Bestimmungen zur Absturzsicherung nach BGV C 22 sind zu beachten.

3 Verkehrswege

→ *Verkehrswege* sind so einzurichten, dass sich die Beschäftigten bei jeder Witterung auf dem Gelände sicher bewegen können. Diese Forderung beinhaltet das Anlegen von Verkehrswegen, über welche die auf der Baustelle Beschäftigten jeden Arbeitsplatz gefahrlos und ohne Behinderung erreichen und die notwendigen Materialtransporte durchführen können.

Die Verkehrswege sollen nach Möglichkeit eben und trittsicher sein und müssen den auftretenden Beanspruchungen sowie der Verkehrsbelastung entsprechen. Um die Verkehrswege auch bei Dunkelheit sicher benutzen zu können, ist eine ausreichende sachgemäße Beleuchtung (Mindestbeleuchtungsstärke 20 Lux) vorzusehen.

Erhöhte Verkehrswege, die höher als 1,0 m über dem Boden liegen, müssen durch Geländer mit Knie- und Fußleiste gesichert sein.

4 Verkehrswegbreiten

Die erforderliche Breite der Verkehrswege richtet sich nach der Nutzungsart. Für Verkehrswege, die lediglich für Personenverkehr genutzt werden, gilt eine Mindestbreite von 0,5 m (z. B. für Laufstege). Bei Verkehrswegen, die gemeinsam von → *Fahrzeugen* und Fußgängern genutzt werden, gilt eine Mindestbreite von 1,5 m zuzüglich der größten erwarteten Fahrzeugbreite. Bei Begegnungsverkehr errechnet sich die Mindestbreite des Verkehrsweges aus der doppelten Breite des gemeinsam genutzten Verkehrsweges zuzüglich eines Sicherheitszuschlages für Begegnungsverkehr von 0,4 m.

Bei der Planung und Herstellung der Verkehrswege sind Sicherheitsabstände zu Baugruben- und Grabenkanten einzuhalten. Bei Nutzung der Verkehrswege durch → *Fahrzeuge* mit einem Gesamtgewicht von mehr als 12 Tonnen ist bei verbauten Baugruben und Gräben ein Abstand von ≥ 1,0 m und bei unverbauten Gräben und Böschungen ein Abstand von ≥ 2,0 m erforderlich. Bei geringeren Belastungen gelten Sicherheitsabstände von 0,6 m bzw. 1,0 m.

Verkehrswege müssen von Lagergut freigehalten werden. Das Lichtraumprofil für den Verkehr von Versorgungsfahrzeugen ist freizuhalten (lichte Höhe beachten).

5 Fluchtwege

→ *Fluchtwege* sollen sicherstellen, dass sich die Beschäftigten im Gefahrenfall möglichst schnell selbst aus dem gefährdeten Bereich in Sicherheit bringen und von außen durch Helfer oder besondere Rettungsdienste gerettet werden können. Dafür kommen alle dafür geeigneten Verkehrswege infrage. Mit ihnen muss eine möglichst schnelle Flucht aus allen Bereichen der Baustelle ins Freie oder einen gesicherten Bereich sichergestellt werden. Fluchtwege sind dauerhaft zu kennzeichnen (ASR A1.3 «Sicherheits- und Gesundheitsschutzkennzeichnung» bzw. BGV A8 «Sicherheits- und Gesundheitsschutzkennzeichnung am Arbeitsplatz»), freizuhalten und bei Dunkelheit ausreichend zu beleuchten.

Für die Gestaltung von Fluchtwegen in Arbeitsstätten (z. B. der Baustelleneinrichtung) sind die Anforderungen nach ASR A2.3 «Fluchtwege, Notausgänge, Flucht- und Rettungsplan» z. B. hinsichtlich Fluchtweglänge und Mindestbreiten zu beachten.

6 Lagerflächen

Lagerflächen müssen eingerichtet und gekennzeichnet sein. Sie müssen einen ausreichend tragfähigen Untergrund haben. Lagerflächen dürfen die Breite von → *Verkehrswegen* und Flucht- und Rettungswegen nicht einschränken.

7 Einrichtungen zur Ersten Hilfe

Als Einrichtungen zur → *Ersten Hilfen* müssen auf der Baustelle vorhanden sein:

- → *Ersthelfer* (ca. 10 % der Beschäftigten) mit der Grundausbildung von mind. 8 Doppelstunden. Fortbildung innerhalb von 2 Jahren mit mind. 4 Doppelstunden,
- Meldevorrichtungen, über die Hilfe herbeigerufen werden kann (Telefon, Funk u. a.),
- Erste-Hilfe-Material (→ *Verbandkasten*),
- Verbandbuch/Rettungsblock,
- Rettungstransportmittel (Krankentrage, ab 21 Beschäftigten),
- → *Sanitätsraum* (ab 51 Beschäftigten), in dem Erste Hilfe geleistet oder die ärztliche Erstversorgung durchgeführt wird,
- → *Betriebssanitäter* (ab 101 Beschäftigten) mit der Ausbildung für den Sanitätsdienst. Es können z. B. auch Rettungssanitäter oder Rettungsassistenten der Hilfsorganisationen (DRK, ASB, JUH, MHD) eingesetzt werden.

Die Standorte der Verbandkästen, Krankentragen und des Sanitätsraumes sowie Namen und Aufenthaltsort der Ersthelfer bzw. Betriebssanitäter und eine Anleitung zur Ersten Hilfe mit Rufnummern und Adressen des Rettungsdienstes, des Krankenhauses, sowie des Notarztes müssen auf der Baustelle gut sichtbar ausgehängt werden.

8 Tagesunterkünfte

Wenn mehr als 4 Beschäftigte länger als eine Woche oder mehr als 20 Personentage auf der Baustelle tätig sind, müssen Tagesunterkünfte vorhanden sein; Mindestraumhöhe: 2,3 m. Die Unterkünfte müssen zu beleuchten und mit Tischen, Sitzgelegenheiten, Kleiderablage und einem abschließbaren Fach ausgestattet sein. Sie müssen beheizbar und bis zu einer Raumtemperatur von 21 °C ausgeführt sein. Die unmittelbar ins Freie führenden Ausgänge müssen als Windfang ausgebildet sein. Den Beschäftigten muss Trinkwasser oder anderes alkoholfreies Getränk zur Verfügung gestellt werden.

9 Waschräume

Wenn mindestens 10 Beschäftigte länger als zwei Wochen auf einer Baustelle tätig sind, müssen Waschräume errichtet werden. Mindestraumhöhe: 2,3 m, Umkleide- und Waschräume sind für Frauen und Männer getrennt einzurichten. Die Waschräume müssen ebenfalls auf eine Raumtemperatur von 21 °C zu beheizen sein und sich in der Nähe der Tagesunterkunft befinden. Die Räume müssen zu beleuchten sein. Wände und Fußböden müssen sich leicht reinigen lassen, Reinigungsmittel sind vom Arbeitgeber zur Verfügung zu stellen.

Die Verbindungswege zwischen Waschräumen und → *Tagesunterkünften* bzw. → *Umkleideräumen* müssen witterungsgeschützt sein.

Auf Baustellen kürzerer Dauer, bei denen 4 Beschäftigte nicht länger als eine Woche arbeiten, kann auf Tagesunterkünfte verzichtet werden, wenn die Beschäftigten sich an windgeschützten Stellen auf der Baustelle oder in naheliegenden Gebäuden umkleiden, waschen, wärmen und ihre Mahlzeiten einnehmen können.

Auf Einrichtungen zum Waschen und Umkleiden kann verzichtet werden, wenn die Beschäftigten regelmäßig nach Beendigung der Arbeitszeit in Betriebsgebäude mit Umkleideräumen, Waschräumen und Trockeneinrichtungen zurückkehren. Es muss jedoch trotzdem für 10 Beschäftigte mindestens je eine Wasserzapfstelle vorhanden sein.

10 Toiletten

Auf die Bereitstellung einer ausreichenden Anzahl Toiletten ist zu achten. Toilettenräume, nach Frauen und Männern getrennt, müssen von innen abschließbar, zu beleuchten und zu beheizen sein (18 °C). Die Anzahl der bereitzustellenden Toiletten ergibt sich aus ASR 48/1,2 (außer Kraft) und DIN 18 228 Blatt 2.

Rainer von Kiparski

Befähigte Person

Der Arbeitgeber muss für die regelmäßigen Prüfungen von Arbeitsmitteln und bestimmten überwachungsbedürftigen Anlagen nach Betriebssicherheitsverordnung sog. befähigte Personen beauftragen. Als befähigte Person gilt eine Person, die durch ihre Berufsausbildung, ihre Berufserfahrung und ihre berufliche Tätigkeit über die erforderlichen Fachkenntnisse zur Durchführung dieser Prüfungen verfügt. Die Anforderungen an befähigte Personen werden in der TRBS 1203 konkretisiert. Sie umfassen neben allgemeinen auch zusätzliche Anforderungen entsprechend dem jeweiligen Prüfgebiet. Die befähigte Person ersetzt bei der Prüfung von Arbeitsmitteln die früher gebräuchlichen Begriffe des Sachkundigen und Sachverständigen. In anderen Gebieten, wie z. B. bei Prüfungen nach Baurecht oder bei Begutachtungen für Gerichte, wird allerdings nach wie vor von Sachkundigen und Sachverständigen gesprochen.

Gesetze, Vorschriften und Rechtsprechung

- § 2 Abs. 7 i. V. m. § 10 Betriebssicherheitsverordnung (BetrSichV)
- TRBS 1203 «Befähigte Person»
- TRBS 1201 Teil 1 «Prüfung von Anlagen in explosionsgefährdeten Bereichen und Überprüfung von Arbeitsplätzen in explosionsgefährdeten Bereichen»
- VDI 4068 «Befähigte Personen» Blatt 1 bis 11

1 Hauptaufgabe: Prüfung von Arbeitsmitteln

Über viele Jahrzehnte hinweg wurde im deutschen staatlichen und berufsgenossenschaftlichen Vorschriften- und Regelwerk im Zusammenhang mit der regelmäßigen sicherheitstechnischen → *Prüfung* von → *Arbeitsmitteln* und → *überwachungsbedürftigen Anlagen* von **Sachkundigen** und **Sachverständigen** gesprochen.

Die Einführung des Begriffes der befähigten Person hängt mit der europäischen Harmonisierung des deutschen Arbeitsschutzrechtes zusammen. Bei der nationalen Umsetzung der Arbeitsmittel-Richtlinie 89/655/EWG, später ersetzt durch Richtlinie 2009/104/EG über Mindestvorschriften für Sicherheit und Gesundheitsschutz bei Benutzung von Arbeitsmitteln durch Arbeitnehmer bei der Arbeit in die Betriebssicherheitsverordnung wurden auch die Anforderungen an Personen, die der Arbeitgeber mit der Prüfung von → *Arbeitsmitteln* beauftragt, neu gefasst. In Art. 5 «Überprüfung der Arbeitsmittel» von 2009/104/EG heißt es:

(1) Der Arbeitgeber sorgt dafür, dass die Arbeitsmittel, deren Sicherheit von den Montagebedingungen abhängt, durch ... hierzu befähigte Personen nach der Montage und vor der ersten Inbetriebnahme einer Erstüberprüfung und nach jeder Montage auf einer neuen Baustelle oder an einem neuen Standort einer Überprüfung unterzogen werden, um sich von der korrekten Montage und vom korrekten Funktionieren dieser Arbeitsmittel zu überzeugen.

(2) Damit die Gesundheits- und Sicherheitsvorschriften eingehalten und Schäden, welche zu gefährlichen Situationen führen können, rechtzeitig entdeckt und behoben werden können,

sorgt der Arbeitgeber dafür, dass die Arbeitsmittel, die Schäden verursachenden Einflüssen unterliegen,

a) durch im Sinne der einzelstaatlichen Rechtsvorschriften oder Praktiken hierzu befähigte Personen regelmäßig überprüft und gegebenenfalls erprobt werden und

b) durch im Sinne der einzelstaatlichen Rechtsvorschriften oder Praktiken hierzu befähigte Personen jedes Mal einer außerordentlichen Überprüfung unterzogen werden, wenn außergewöhnliche

Ereignisse stattgefunden haben, die schädigende Auswirkungen auf die Sicherheit des Arbeitsmittels haben können, beispielsweise Veränderungen, Unfälle, Naturereignisse, längere Zeiträume, in denen das Arbeitsmittel nicht benutzt wurde.

2009/104/EG konkretisiert allerdings nicht, welche Anforderungen an eine befähigte Person gestellt werden. Dies erfolgt durch die BetrSichV und die TRBS 1203 «Befähigte Personen».

In § 2 Abs. 7 BetrSichV wird die befähigte Person wie folgt definiert:

«*Befähigte Person ... ist eine Person, die durch ihre Berufsausbildung, ihre Berufserfahrung und ihre zeitnahe berufliche Tätigkeit über die erforderlichen Fachkenntnisse zur Prüfung der Arbeitsmittel verfügt.*»

Es liegt auf der Hand, dass diese pauschale Beschreibung der Anforderungen in der Praxis eine Reihe von Fragen offen lässt. Diese sollen durch die TRBS 1203 «Befähigte Person» beantwortet werden. Bei Anwendung der darin beispielhaft genannten Umsetzungen kann der Arbeitgeber insoweit die Vermutung der Einhaltung der Vorschriften der Betriebssicherheitsverordnung für sich geltend machen. Wählt der Arbeitgeber eine andere Lösung, muss er die gleichwertige Erfüllung der Verordnung schriftlich nachweisen.

2 Allgemeine Anforderungen an befähigte Personen

Befähigte Personen im Sinn der Betriebssicherheitsverordnung müssen über die für die → *Prüfung* der jeweiligen → *Arbeitsmittel* erforderlichen Fachkenntnisse verfügen.

Diese können erworben durch

- Berufsausbildung,
- Berufserfahrung und
- zeitnahe berufliche Tätigkeit.

Achtung: Voraussetzungen
Die genannten Voraussetzungen müssen gleichzeitig erfüllt sein!

Bei Einhaltung der Anforderungen soll bei der befähigten Person ein zuverlässiges Verständnis sicherheitstechnischer Belange gegeben sein, damit die Prüfungen ordnungsgemäß durchgeführt werden können. In Abhängigkeit von der Komplexität der Prüfaufgabe (Prüfumfang, Prüfart, Nutzung bestimmter Messgeräte) können die erforderlichen Fachkenntnisse variieren.

Achtung: Arbeitgeber entscheidet
Letztlich liegt die Entscheidung, ob Personen aus der eigenen Belegschaft oder von Dritten als «Befähigte Person» im Sinne der Betriebssicherheitsverordnung gelten können, im Ermessen des Arbeitgebers. Im Zweifelsfall ist es sinnvoll, sich dazu mit der zuständigen Arbeitsschutzbehörde oder ggf. auch mit dem zuständigen Unfallversicherungsträger abzustimmen.

Praxis-Tipp: Befähigungsnachweise Dritter einfordern

Beauftragt der Arbeitgeber Dritte (z. B. Fachunternehmen, Dienstleister) als befähigte Personen mit der Prüfung von → *Arbeitsmitteln*, sollte er sich entsprechende Nachweise für die erforderliche Befähigung (z. B. Nachweise über die Berufsausbildung, Zertifikate für den Erwerb von Zusatzqualifikationen oder Teilnahmenachweise für die laufende Fortbildung auf dem jeweiligen Prüfgebiet) vorlegen lassen und eine Kopie davon in den Prüfunterlagen ablegen.

2.1 Berufsausbildung

Die befähigte Person muss eine Berufsausbildung abgeschlossen haben, die es ermöglicht, ihre beruflichen Kenntnisse nachvollziehbar festzustellen. Als abgeschlossene Berufsausbildung gilt auch ein abgeschlossenes Studium. Die Feststellung soll auf Berufsabschlüssen oder vergleichbaren Qualifikationsnachweisen beruhen.

Die Art der Berufsausbildung ist stark abhängig vom jeweiligen Prüfgebiet. Sie kann vom Facharbeiter (z. B. Elektriker, Elektroniker, Industriemechaniker, Maschinenschlosser) über Techniker, Meister bis zum Ingenieur reichen.

2.2 Berufserfahrung

Berufserfahrung setzt voraus, dass die befähigte Person eine nachgewiesene Zeit im Berufsleben praktisch mit den zu prüfenden → *Arbeitsmitteln* umgegangen ist und deren Funktions- und Betriebsweise im notwendigen Umfang kennt. Als Minimum kann eine min. einjährige Berufserfahrung als ausreichend angesehen werden.

Durch Teilnahme an → *Prüfungen* von Arbeitsmitteln soll die Person Erfahrungen über die Durchführung der anstehenden Prüfung gesammelt und die erforderlichen Kenntnisse im Umgang mit Prüfmitteln sowie hinsichtlich der Bewertung von Prüfergebnissen erworben haben. Dazu gehören auch Kenntnisse über die Eignung des Prüfverfahrens und eventuelle Gefährdungen durch die Prüftätigkeit oder das zu prüfende Arbeitsmittel.

2.3 Zeitnahe berufliche Tätigkeit

Eine zeitnahe berufliche Tätigkeit umfasst eine Tätigkeit im betreffenden Prüfgebiet sowie eine angemessene Weiterbildung. Zum Erhalt der Prüfpraxis gehört die regelmäßige Durchführung von mehreren → *Prüfungen* pro Jahr.

Bei längerer Unterbrechung der Prüftätigkeit müssen ggf. durch die Teilnahme an Prüfungen Dritter aktuelle Erfahrungen mit Prüfungen gesammelt und die notwendigen fachlichen Kenntnisse erneuert werden.

Die befähigte Person muss über Kenntnisse zum → *Stand der Technik* hinsichtlich des zu prüfenden → *Arbeitsmittels* und der zu betrachtenden Gefährdungen verfügen und diese aufrechterhalten. Sie muss mit der Betriebssicherheitsverordnung und deren technischem Regelwerk sowie mit weiteren staatlichen Arbeitsschutzvorschriften für den betrieblichen Arbeitsschutz (z. B. ArbSchG, GefStoffV) und deren technischen Regelwerken sowie Vorschriften mit Anforderungen an die Beschaffenheit (z. B. ProdSG, einschlägige ProdSV), mit Regelungen der Unfallversicherungsträger und anderen Regelungen (z. B. Normen, anerkannte Prüfgrundsätze) soweit vertraut sein, dass sie den sicheren Zustand des Arbeitsmittels beurteilen kann.

3 Zusätzliche Anforderungen an befähigte Personen zur Prüfung bestimmter Gefährdungen

Abschn. 3 TRBS 1203 enthält über die genannten allgemeinen Anforderungen an befähigte Personen hinaus noch zusätzliche Anforderungen für die Prüfung von ausgewählten Gefährdungen. Dabei werden die Anforderungen an die Berufsausbildung, Berufserfahrung und zeitnahe berufliche Tätigkeit für folgende Gefährdung spezifiziert:

- Explosionsgefahren,
- Gefährdungen durch Druck,
- elektrische Gefährdungen.

Außerdem werden in Anhang 1 TRBS 1203 für die Anwendung in der betrieblichen Praxis beispielhaft die Anforderungen an befähigte Personen für folgende weitere Prüfgebiete genannt:

- Prüfung von → *Flurförderzeugen*,
- Prüfung von Ex-Anlagen nach TRBS 1201 Teil 1 bezüglich mechanischer Anlagen und Betriebsmittel,
- Prüfung von Arbeitsplätzen einschließlich der Arbeitsumgebung und Arbeitsmittel in explosionsgefährdeten Bereichen nach Anhang 4 Nr. 3.8 BetrSichV,
- Prüfungen an Dampfkesseln, → *Druckbehältern* und → *Rohrleitungen*, sofern diese nicht nach den §§ 14, 15 und 17 BetrSichV durch eine → *zugelassene Überwachungsstelle* zu prüfen sind,
- Prüfung von Schlauchleitungen, sofern diese nicht nach den §§ 14, 15 und 17 BetrSichV ausschließlich durch eine zugelassene Überwachungsstelle zu prüfen sind.

Anhang 2 TRBS 1203 enthält eine Übersichtstabelle, in der die wichtigsten allgemeinen Anforderungen an befähigte Personen hinsichtlich

- Berufsausbildung,
- Berufserfahrung und
- zeitnahe berufliche Tätigkeit

sowie deren Spezifizierung für befähigte Personen zur Prüfung von

- Explosionsgefährdungen,
- Gefährdungen durch Druck und
- elektrischen Gefährdungen

übersichtlich zusammengefasst sind.

Der Verein Deutscher Ingenieure (VDI) hat zur weiteren Unterstützung der Arbeitgeber bei der Auswahl **befähigter Personen** im Rahmen einer «Qualitätsoffensive Befähigte Personen» in Ergänzung zum «amtlichen» Regelwerk folgende Richtlinien aus der Reihe VDI 4068 «Befähigte Personen» veröffentlicht:

- Blatt 1 Befähigte Personen – Qualifikationsmerkmale für die Auswahl Befähigter Personen und Weiterbildungsmaßnahmen
- Blatt 2 Befähigte Personen – Krane, Anschlag-, Lastaufnahme- und Tragmittel
- Blatt 3 Befähigte Personen – Leitern, Tritte, fahrbare Arbeitsbühnen und Kleingerüste
- Blatt 4 Befähigte Personen – Anforderungen an die externe Ausbildung für die Prüfung handgeführter elektrisch betriebener Arbeitsmittel
- Blatt 5 Befähigte Personen – Flurförderzeuge, Anbaugeräte, Anhänger
- Blatt 6 Befähigte Personen – Fahrbare Hubarbeitsbühnen
- Blatt 7 Befähigte Personen – Ladebrücken, -stege, -schienen und fahrbare Rampen
- Blatt 8 Befähigte Personen – Lagereinrichtungen und Regalbediengeräte
- Blatt 9 Befähigte Personen – Fahrbare oder ortsveränderliche Hubgeräte und verwandte Einrichtungen
- Blatt 10 Befähigte Personen – Ortsfeste oder ortsveränderliche und fahrbare Hubtische
- Blatt 11 Befähigte Personen – Ortsfeste oder ortsveränderliche Zentrifugen

Gunter Weber

Beinaheunfall

Ein Beinaheunfall ist eine gefährliche Begebenheit bei der Arbeit, durch die beinahe ein Unfall mit Personenschaden einer versicherten Person verursacht worden wäre. Bei einem Beinaheunfall kann durchaus ein Sachschaden entstanden sein. Jeder Beinaheunfall ist ein Warnsignal, auf das – wie bei einem Arbeitsunfall – reagiert werden sollte.

Gesetze, Vorschriften und Rechtsprechung

Beinaheunfälle geben Hinweise auf sicherheitswidrige Zustände oder Verhaltensweisen. Deshalb sind sie als Teil der im Arbeitsschutzgesetz (§ 5 ArbSchG) geforderten Beurteilung der Arbeitsbedingungen (Gefährdungsbeurteilungen) zu betrachten und zu analysieren. Das deutsche

Arbeitsschutzrecht fordert darüber hinaus z. B. in §§ 3-5, 9 ArbSchG, dass Unfälle jeglicher Art, und damit streng genommen auch Beinaheunfälle, durch geeignete Präventionsmaßnahmen zu vermeiden sind.

Gem. § 15 ArbSchG «Pflichten der Beschäftigten» sind alle Mitarbeiterinnen und Mitarbeiter verpflichtet, nicht nur jeden Arbeits- und Wegeunfall, sondern jedes Ereignis, das beinahe zu einem Unfall geführt hätte, zu melden.

1 Vorliegen eines Arbeitsunfalls

Ein → *Arbeitsunfall* liegt vor, wenn eine versicherte Person bei einer versicherten Tätigkeit einen Unfall erleidet. Einen «Unfall» definiert die gesetzliche Unfallversicherung als ein zeitlich begrenztes, von außen auf den Körper einwirkendes Ereignis, das zu einem Gesundheitsschaden oder zum Tod geführt hat.

2 Vorliegen eines Beinaheunfalls

→ *Arbeitsunfälle* sind heute im betrieblichen Alltag erfreulicherweise seltene Ereignisse. Dies ist sicherlich etine Folge der Reduzierung der sicherheitswidrigen Zustände und Verhaltensweisen – also der Gefährdungen. Bei der Arbeit gibt es jedoch weiterhin gefährliche Begebenheiten, bei denen jedoch «nichts passiert ist». Die in der Praxis häufig anzutreffende Vermutung, dass die Gefährdungen bei einem Beinaheunfall gering waren, sind – wie praktische Erfahrungen zeigen – falsch.

I. d. R. werden Beinaheunfälle in der Praxis nicht explizit betrachtet, weil sie nicht gemeldet, dokumentiert und analysiert werden. Die Chance, auch aus Beinaheunfällen zu lernen, ist damit sehr gering.

Praxis-Beispiel: Aus Unfällen lernen

Fall 1: Bei Arbeiten auf einem → *Gerüst* stößt der Bauarbeiter K. Mayer unbeabsichtigt an einen auf dem Arbeitsgerüst liegenden Hammer. Dieser fällt herunter und trifft seinen Kollegen P. Urban, der neben dem Gerüst arbeitet, an der Schulter. Peter Urban erleidet eine Fleischwunde und Prellungen. Hier liegt ein Unfall vor. Bei der Unfallanalyse zeigt sich, dass am Arbeitsgerüst die Seitenbretter (Bordbretter) fehlten und K. Mayer auf dem Gerüst den Hammer nicht korrekt abgelegt hatte. Die Seitenbretter wurden deshalb umgehend angebracht und alle Bauarbeiter entsprechend unterwiesen.

Fall 2: Gleiche Situation, nur landet der herunterfallende Hammer in diesem Fall einen halben Meter neben dem unten arbeitenden Mitarbeiter, P. Urban. Großer Schrecken, aber keine Verletzung bei P. Urban, der sich lautstark bei K. Mayer beschwert. Glück gehabt. Hier liegt kein Unfall vor, was häufig dazu führt, dass einfach weitergearbeitet wird, wenn nicht der Sicherheitsbeauftragte oder ein engagierter Mitarbeiter aktiv wird. Die Begebenheit wird deshalb weder gemeldet noch analysiert. D. h., die Ursachen dieser gefährlichen Begebenheit werden nicht ermittelt und damit auch keine geeigneten Schutzmaßnahmen ergriffen. Die Chance, aus der Begebenheit zu lernen (Korrektur- und Verbesserungsmaßnahmen einzuleiten), ist vertan. Würde diese gefährliche Begebenheit als Beinaheunfall erkannt und in vergleichbarer Weise wie ein Unfall analysiert, würden mit großer Wahrscheinlichkeit auch in diesem Fall die o. g. Präventionsmaßnahmen ergriffen und dadurch die Gefährdungen beseitigt bzw. reduziert.

Beinaheunfälle mehrheitlich einfach «hinzunehmen» – «es ist ja nichts passiert», ist eine in vielen Unternehmen anzutreffende Verhaltensweise und kennzeichnet auch die gelebte Sicherheitskultur.

Praxis-Tipp: Beinaheunfälle zum Thema machen

Die Unfallpyramide, die Schwere und Häufigkeit von Arbeitsunfällen in ein Verhältnis setzt, besagt, dass die Anzahl von Beinaheunfällen sehr viel höher ist als die der Unfälle. Hier bestehen gute Chancen, die Wirksamkeit des betrieblichen Arbeitsschutzes nachhaltig mit den Beschäftigten gemeinsam zu verbessern.

Nicht zu Beinaheunfällen zählen unsichere Zustände oder Situationen, also Gefahren, die zu einem Unfall oder einer Verletzung führen könnten, wenn keine Abhilfe geschaffen wird. Ein unsicherer Zustand kann durch fehlerhaftes Design, falsche Fertigungs- und Bauweise oder durch Mängel, die auf unzureichender Wartung beruhen, verursacht werden (Beispiele: verrostete → *Schutzabdeckung* mit scharfen Kanten, Unebenheit in der Nähe eines Gehwegs, defekte → *Beleuchtung* bei einer Außentreppe, die bei einem Notfall benutzt werden soll).

3 Beinaheunfälle als Verbesserungschance begreifen

Zeitgemäße Sicherheitskonzepte messen der Betrachtung von Beinaheunfällen bzw. sonstiger gefährlicher Situationen einen hohen Stellenwert bei. Gleiches gilt auch für das → *Arbeitsschutzmanagement*. In der Regel empfehlen/fordern die → *AMS-Konzepte* die Erfassung und Bearbeitung von Beinaheunfällen zu regeln. Ziel ist es, das Potenzial der Beinaheunfälle zu nutzen, um dadurch die Häufigkeit und Schwere von → *Arbeitsunfällen* nachhaltig zu verringern. Ohne die Kenntnis der Beinaheunfälle sowie eine Systematik zur Erfassung und Bearbeitung von Beinaheunfällen geht dies aber nicht.

Wirksame Konzepte müssen hier ansetzen. Erforderlich sind v. a. folgende Maßnahmen:

- Die Intention der Erfassung von Beinaheunfällen ist zu kommunizieren. Dabei ist zu beachten, dass sich viele Mitarbeiter schwer tun, auf eigene Fehler, eigenes sicherheitswidriges Verhalten oder sicherheitswidriges Verhalten von Kollegen sowie auf sicherheitswidrige Zustände hinzuweisen, wenn ja, wenn «nichts passiert ist». (**Wichtig:** Weisen Sie darauf hin, dass der Verzicht auf die Meldung eines Beinaheunfalls kein Kavaliersdelikt ist!)
- Um die Bereitschaft zu fördern, Beinaheunfälle zu melden, sind geeignete Informations- und Motivationsmaßnahmen erforderlich.
- Anhand aussagefähiger Beispiele ist zu kommunizieren, welche Begebenheiten das Unternehmen zu Beinaheunfällen («Near Miss») zählt. Hierfür sind eine klare Definition «Kennzeichen von Beinaheunfällen» sowie eine Abgrenzung zu «unsichere Zustände oder Situationen» erforderlich. Die Spannbreite geht von «Gefährliche Begebenheit bei der Arbeit, die das Potenzial für schwerste Verletzungsgefahr in sich bergen» über «Gefährliche Begebenheiten, die sich wieder ereignen könnten» bis zu «Jeder gefährliche Begebenheit bei der Arbeit.»
- Ein konstruktiver Umgang mit bekannt gemachten Beinaheunfällen ist vom Management nachdrücklich zuzusichern und erkennbar zu praktizieren – wer Nachteile für sich oder Kollegen befürchtet, beteiligt sich nicht.
- Differenzierte Möglichkeiten zum Melden von Beinaheunfällen (direktes Ansprechen, Ansprechen des → *Sicherheitsbeauftragten*, Verwendung eines Formblatts zur anonymen Meldung etc.) sind empfehlenswert.
- Der Verwaltungsaufwand ist zu begrenzen.
- Eine schnelle und transparente Analyse und Bearbeitung der Beinaheunfälle, mit einer anschließenden Einleitung von Korrektur- und Verbesserungsmaßnahmen ist zu regeln.

Albert Ritter

Beleuchtung

Die Beleuchtung erhellt Arbeitsräume und Wege mit Lichtquellen und schafft geeignete Lichtverhältnisse für die jeweilige Tätigkeiten. Lichtquellen können künstlich (Leuchten) und natürlich (Tageslicht) sein, wobei ein ausgewogenes, harmonisches Nebeneinander von beiden Arten eingerichtet werden sollte. Licht beeinflusst wie kaum ein anderer Umfeldfaktor Wohlbefinden und Gesundheit, Motivation und Leistung bei der Arbeit.

Gesetze, Vorschriften und Rechtsprechung

Für eine normgerechte Planung und Betrieb der Beleuchtung von Arbeitsstätten sind folgende Regelungen relevant:

Die DIN EN 12461-1 «Beleuchtung von Arbeitsstätten – Arbeitsstätten in Innenräumen» (August 2011) gilt wortgleich in ganz Europa und als ISO 8995/CIE S 008 als ISO-Standard in ähnlicher

Form weltweit. Sie stellt den anerkannten Stand der Technik nach § 4 Abs. 3 ArbSchG dar. Die DIN EN 12461-1 (2011) fordert noch deutlicher als in der Fassung von 2003 den Tageslichtbezug ein. Die Anforderungen gelten i. d. R. nun sowohl für Tages- als auch für Kunstlicht. Die DIN EN 12464-1 weist auch mehrfach darauf hin, dass die Beleuchtung entweder steuerbar oder regelbar ausgelegt sein soll. Dies bedeutet, dass ein sinnvolles Lichtmanagement eingesetzt werden soll.

Grundsätzliche Anforderungen an die Arbeitsstätten werden in der Arbeitsstättenverordnung (ArbStättV) geregelt. Die Anforderungen an die Beleuchtung sind in ASR A3.4. «Beleuchtung» ausgeführt.

Im Rahmen der Beleuchtung sind noch folgende Normen relevant:

- DIN 12665 «Licht und Beleuchtung – Grundlegende Begriffe und Kriterien für die Festlegung von Anforderungen an die Beleuchtung»
- DIN EN 15193 «Energetische Bewertung von Gebäuden – Energetische Anforderungen an die Beleuchtung»
- Für Arbeitsstätten im Freien gilt die DIN EN 12464-2 «Licht und Beleuchtung – Beleuchtung von Arbeitsstätten – Teil 2: Arbeitsplätze im Freien»

Berufsgenossenschaftliche Informationen:

- BGI/GUV-I 7007 «Tageslicht am Arbeitsplatz»
- BGI 827 «Sonnenschutz im Büro»
- BGI 856 «Beleuchtung im Büro»

1 Licht ins Dunkel bringen – das Thema beleuchten

Nichts ist beständiger als der Wandel. Das Tageslicht verändert sich und damit auch die Notwendigkeit, den Arbeitsplatz mit künstlicher Beleuchtung zusätzlich zu beleuchten. Es gilt heute, nicht nur Tages- und Kunstlicht sinnvoll als Ganzes umzusetzen, sondern bei der künstlichen Beleuchtung so nahe wie möglich an das Tageslichtspektrum zu kommen. Es ist also nicht egal welches Licht den Menschen am Arbeitsplatz angeboten wird, sondern welche Qualität es hat. Die Bedeutung für das circadiane System ist bekannt: Licht muss daher im richtigen Mix im Hinblick auf die Arbeitsaufgabe und über den Tag am Arbeitsplatz angeboten werden. Es gilt heute, die natürlichen Lichtszenarien und unterschiedlichen Lichtstimmungen im Tagesablauf als «dynamisches Licht» abzubilden. Dies gilt gleichermaßen für

- den Büroarbeitsplatz,
- den Industriearbeitsplatz,
- den Schülerarbeitsplatz,
- das Seniorenheim,
- das Licht zuhause.

Die Mitarbeiter sind wacher, motivierter, konzentrierter und fühlen sich auch noch wohler. So rechnet sich die Investition durch die folgenden Effekte:

- die Fehlerquote sinkt,
- die Sicherheit ist erhöht,
- die Produktivität steigt an.

Die Frage einer zeitgemäßen effizienten und effektiven Beleuchtung ist mehrdimensional und fordert ein integriertes ganzheitliches Konzept, das

- funktionalen Qualitätsmerkmalen entsprechen muss,
- individuell einstellbar ist,
- energieeffizient ist,
- einem bestimmten Designanspruch gerecht wird.

> **Praxis-Tipp: Licht richtig einsetzen**
>
> Es zahlt sich aus, Licht
>
> - dort einzusetzen, wo es gebraucht wird,

- dort zu reduzieren, wo es unnötige Energie verbraucht.

Das ist heute technisch bereits sogar mit einem dezentralen individuellen Lichtmanagement einfacher umsetzbar, als viele denken.

2 Sehbereich und Umgebungsbereich

Früher wurde der gesamte Raum mit der Nennbeleuchtungsstärke beleuchtet (Allgemeinbeleuchtung). Nun können der Bereich der Sehaufgabe, definiert als der Teil des Arbeitsplatzes in dem die Sehaufgabe ausgeführt wird sowie der (unmittelbare) Umgebungsbereich (**Abb. 1**) unterschiedlich beleuchtet werden. Um den Bereich der Sehaufgabe schließt sich der unmittelbare Umgebungsbereich mit mind. 0,5 m Breite an. Die Beleuchtungsstärke im weiteren Umfeld hängt von den anderen hier eingerichteten Arbeitsplätzen bzw. zu verrichtenden Sehaufgaben ab.

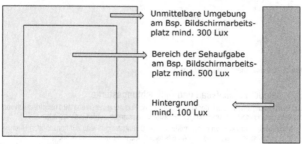

Abb. 1: Arbeitsplatz und Sehaufgabe: Bereich der Sehaufgabe, unmittelbare Umgebung und Hintergrundbereich für größere Räume

Die Arbeitsbereiche setzen sich zusammen aus
- Arbeitsflächen,
- Benutzerflächen,
- und allen, dem unmittelbaren Fortgang der Arbeit dienenden Lagerflächen.

Neben den Arbeitsbereichen wird untergliedert:
- Umgebungsbereiche (UB): Unmittelbarer Umgebungsbereich ist die den Bereich der Sehaufgabe umgebende, sich im Gesichtsfeld befindliche Fläche von mind. 0,5 m Breite;
- sonstige Bereiche (SB), die nicht zum Umgebungsbereich gehören, z. B. Verkehrswege, Lagerflächen, andere größere Hallenbereiche;
- Teilflächen (TF), die nur für bestimmte Tätigkeiten mit höheren Sehanforderungen innerhalb des Arbeitsbereichs festgelegt werden (vgl. **Abb. 6** in Abschn. 4.3).

3 Die Gütemerkmale der künstlichen Beleuchtung

Bei der Beleuchtung von Arbeitsplätzen sind folgende Gütemerkmale zu beachten (**Abb. 2**):
- Beleuchtungsniveau und Beleuchtungsstärke,
- Leuchtdichteverteilung,
- Begrenzung der direkten und indirekten Blendung,
- Lichtrichtung und Schattigkeit,
- Lichtfarbe und Farbwiedergabe,
- Flimmerfreiheit.

Diese lichttechnischen Gütemerkmale stehen zueinander in Beziehung und sind damit in der richtigen Abstimmung auf die Sehaufgabe mehr als die Summe der Einzelteile.

Abb. 2: Merkmale einer guten Beleuchtung

3.1 Beleuchtungsniveau und Beleuchtungsstärke

Das Beleuchtungsniveau muss der Art der Sehaufgabe Rechnung tragen und wird hauptsächlich von der Beleuchtungsstärke definiert. Folgende Beleuchtungsstärken werden unterschieden:

- **horizontal**: wird als Bewertungsgröße für das Beleuchtungsniveau auf horizontalen Flächen (z. B. Arbeitstisch) verwendet. Im Arbeitsbereich muss sie mind. 500 lx betragen.
- **zylindrisch**: gilt als Maß für den Helligkeitseindruck im Raum. Im Besonderen wird sie als Bewertungsgröße für die Helligkeit von Gesichtern vor dem Hintergrund der Forderung nach der Gewährleistung einer guten visuellen Kommunikation genutzt. Im Arbeitsbereich muss sie im Mittel in einer Höhe von 120 cm über dem Fußboden mind. 175 lx betragen.
- **vertikal**: dient der Beurteilung des Beleuchtungsniveaus an vertikalen Flächen (Schrank, Wand, Regal etc.). Werden gelegentlich Lesetätigkeiten an Schrank- oder Regalflächen erforderlich, muss die vertikale Beleuchtungsstärke mind. 175 lx betragen; werden diese Sehaufgaben häufig abgefordert mind. 300 lx.

Die Gleichmäßigkeit der Beleuchtungsstärke wird in der Berechnung von Beleuchtungsanlagen mittels der 2 Werte:

- «g1» Quotient aus minimaler Beleuchtungsstärke E_{min} und mittlerer Beleuchtungsstärke $\bar{E}$
- «g2» Quotient aus minimaler Beleuchtungsstärke E_{min} und maximaler Beleuchtungsstärke E_{max}

Die gleichmäßige Beleuchtung soll die Entstehung von störenden Helligkeitsunterschieden vermeiden und somit u. a. der Ablenkung von der Sehaufgabe vorbeugen.

Bei der Planung der Beleuchtungsanlage muss ein Wartungsfaktor angegeben werden, da mit zunehmender Betriebszeit die Beleuchtungsstärke durch Alterung und Verschmutzung abnimmt. Aus diesem Grund muss die Neuanlage eine höhere Beleuchtungsstärke aufweisen, d. h. die Abnahme wird mit dem Wartungsfaktor erfasst. Der Wartungswert der Beleuchtungsstärke ($\bar{E}m$) ist der Wert, unter den die mittlere Beleuchtungsstärke auf einer bestimmten Fläche nicht sinken darf (**Abb. 3**). Es handelt sich um die mittlere Beleuchtungsstärke zu dem Zeitpunkt, an dem eine Wartung durchzuführen ist.

Beleuchtung

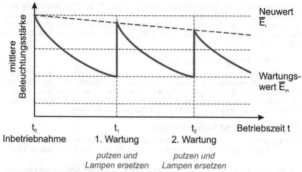

Abb. 3: Neuwert – Wartungswert und Wartung

Der Wartungsfaktor ist abhängig von:
- Lampen und Leuchtenart
- Staub- und Verschmutzungsgefahr der Umgebung
- Wartungsmethode
- Wartungsintervall

Da die betriebsbedingten Einflüsse bei der Planung oft nicht bekannt sind, wird bei einem Wartungsintervall von 3 Jahren ein Wartungsfaktor von 0,67 in sauberen Umgebungen und von bis zu 0,50 in schmutzigen Umgebungen angesetzt.

3.2 Leuchtdichteverteilung

Als angenehm werden die Sehbedingungen dann eingestuft, wenn im Gesichtsfeld eine harmonische Leuchtdichteverteilung vorherrscht. Dauernde Hell-Dunkel-Adaptionen, die aus hohen Helligkeitsunterschieden resultieren, werden vermieden. Bei der Leuchtdichteverteilung ist v. a. zu berücksichtigen, dass störende Reflexionen heller Flächen auf dem Bildschirm des Beschäftigten unbedingt verhindert werden müssen. Da die Reflexionsgrade von Wänden, Decke, Fußboden und Einrichtungsgegenständen (**Tab. 1**) die Leuchtdichteverteilung in nicht unerheblichem Maße beeinflussen, sind sie bei der Berechnung der Beleuchtungsanlage entsprechend zu berücksichtigen.

Decke	0,7 bis 0,9
Wände	0,5 bis 0,8
Boden	0,2 bis 0,4
Arbeitsflächen, Möbel und Geräte	0,2 bis 0,7

Tab. 1: Empfohlene mittlere Reflexionsgrade

3.3 Begrenzung der Blendung

Die Blendung wird unterschieden in
- Direktblendung
- indirekte Blendung (Reflexblendung).

Direkte und/oder indirekte Blendung wird nicht gezwungenermaßen von der künstlichen Beleuchtung verursacht. Um z. B. Reflexblendungen auf dem Bildschirm zu vermeiden, ist dessen Position zur Fensterfläche des Raums weitaus stärker zu berücksichtigen als die Ausführung der verwendeten Lampen und Leuchten. Reflexblendungen auf der Arbeitsvorlage dagegen resultieren häufig aus einer unzureichenden Beleuchtungsanlage. Ein hoher indirekter Beleuchtungsanteil bzw. die sinnvolle Verteilung des Lichtstroms durch eine qualitativ hochwertige

Leuchte tragen auf jeden Fall zur Reduzierung der Blendung bei. Bei der Direktblendung durch Leuchten wird das CIE Unified Glare-Rating-Verfahren (UGR) angewendet. Es basiert auf einer komplexen Formel, die Angaben zur Hintergrundleuchtdichte (Lb), mittlerer Leuchtenleuchtdichte (L), Raumwinkel (ω) und Positionsindex (P) beinhaltet. Sie dient der Berechnung der UGR-Tabellen.

3.4 Lichtrichtung und Schattigkeit

Eine gewisse Schattigkeit ist die Voraussetzung, um Gegenstände plastisch erscheinen zu lassen und Oberflächenstrukturen erkennen zu können. Schlagschatten, hervorgerufen durch stark gerichtetes Licht, sind dagegen auf jeden Fall zu vermeiden, da sie sehr dunkle Raumbereiche schaffen, in denen kaum noch eine Sehaufgabe erfüllt werden kann. Ein ausgewogenes Verhältnis zwischen Licht und Schattigkeit muss also gewährleistet werden.

3.5 Lichtfarbe und Farbwiedergabe

Ein erheblicher Teil der Informationsaufnahme erfolgt über die Wahrnehmung von Farben. Die Darstellung von Farben wiederum hängt stark von den Eigenschaften des vorhandenen Lichts ab.

Die Lichtfarbe einer Lampe wird in der Einheit Kelvin (K) angegeben. Unterteilt wird die Lichtfarbe dabei in 3 Kategorien:

- Warmweiß (< 3.300 K)
- Neutralweiß (3.300 K – 5.300 K)
- Tageslichtweiß (> 5.300 K)

Tageslichtweiße künstliche Beleuchtung wird von den meisten Beschäftigten als ungemütlich und grell empfunden. Aus diesem Grunde wird bei der Einrichtung von Büro- und Bildschirmarbeitsplätzen warmweißes oder neutralweißes Licht verwendet.

Trotz gleicher Lichtfarbe verschiedener Lampen können diese doch eine vollkommen unterschiedliche spektrale Zusammensetzung und somit variierende Farbwiedergaben haben. Zur Beschreibung der farblichen Wirkung der Lichtquellen werden mittels des Farbwiedergabe-Index (Ra) deren Farbwiedergabeeigenschaften angegeben. Bei der Büro-/Bildschirmarbeit sollten mind. Lampen mit einem Farbwiedergabe-Index von Ra = 80 zum Einsatz kommen. Eine Lichtquelle mit Ra = 100 lässt alle Farben absolut authentisch erscheinen.

3.6 Flimmerfreiheit

Das Flimmern von Gasentladungslampen wird als ausgesprochen störend empfunden. Um eine flimmerfreie Beleuchtung zu gewährleisten, sollte unbedingt ein elektronisches Vorschaltgerät zum Einsatz kommen.

4 Beleuchtungskonzepte

4.1 Raumbezogene Beleuchtung

Die raumbezogene Beleuchtung entspricht einer gleichmäßigen Beleuchtung des Raumes (abzüglich Randstreifen von 0,5 m Breite, wenn ausgeschlossen werden kann, dass sich hier Arbeitsplätze befinden). Sie ist vergleichbar bzw. identisch mit der «alten» raumbezogenen Allgemeinbeleuchtung (**Abb. 4**).

AB .. Arbeitsbereich
Abb. 4: Raumbezogene Beleuchtung

Anwendung:
- wenn Arbeitsbereiche in der Planungsphase örtlich noch nicht zugeordnet werden können;
- wenn die räumliche Ausdehnung der Arbeitsbereiche in der Planungsphase noch nicht bekannt ist;
- wenn eine flexible Anordnung der Arbeitsbereiche vorgesehen ist oder mit häufigen Umzügen zu rechnen ist;
- wenn der Raum gleichmäßig ausgeleuchtet sein soll.

4.2 Arbeitsbereichsbezogene Beleuchtung

Arbeits- und Umgebungsbereich werden gesondert beleuchtet. Der Arbeitsbereich ist nach der Norm nicht auf den Schreibtisch begrenzt. Es gehören ebenfalls Flächen dazu, auf denen die dem unmittelbaren Fortgang der Arbeit dienenden Arbeitsmittel angeordnet sind und Flächen, die bei der funktions- und sachgerechten Ausübung der Tätigkeit für den Benutzer mind. erforderlich sind (**Abb. 5**). Die Benutzerflächen haben am Schreibtisch eine Mindesttiefe von 1 m, bei Besucher- und Besprechungsplätzen sind 0,80 m ausreichend.

AB .. Arbeitsbereich
SB .. sonstige Bereiche
UB .. Umgebungsbereich
Abb. 5: Arbeitsbereichsbezogene Beleuchtung

Anwendung:
- wenn die Anordnung der Arbeitsplätze und der Arbeitsbereiche bekannt ist;
- wenn verschiedene Arbeitsbereiche unterschiedliche Beleuchtungsbedingungen erfordern;
- wenn im Raum unterschiedliche Lichtzonen vorhanden sein sollen.

4.3 Teilflächenbezogene Beleuchtung

Teilflächen innerhalb der Arbeitsbereiche werden gesondert beleuchtet. Die Beleuchtungsstärke der Teilfläche (mind. 600 × 600 mm groß) soll deutlich höher sein als die des Arbeitsbereichs und einen weichen Übergang haben (**Abb. 6**).

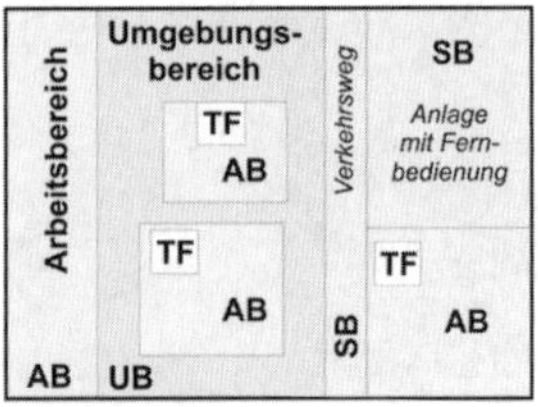

```
┌─────────────┬──────────────┬───┬──────────┐
│             │ Umgebungs-   │ V │    SB    │
│  A          │  bereich     │ e │          │
│  r          │     TF       │ r │  Anlage  │
│  b          │     AB       │ k │  mit Fern-│
│  e          │              │ e │ bedienung│
│  i          ├──────────────┤ h ├──────────┤
│  t          │    TF        │ r │          │
│  s          │    AB        │ s │   TF     │
│  b          │              │ w │   AB     │
│  e          │              │ e │          │
│  r          │              │ g │          │
│  e          │              │   │          │
│  i          │              │SB │          │
│  c          │              │   │          │
│  h          │              │   │          │
├─────────────┴──────────────┴───┴──────────┤
│ AB   UB                                   │
└───────────────────────────────────────────┘
```

AB .. Arbeitsbereich
TF .. Teilflächen
SB .. sonstige Bereiche
UB .. Umgebungsbereich

Abb. 6: Teilflächenbezogene Beleuchtung

Anwendung:
- bei unterschiedlichen Tätigkeiten/Sehaufgaben in einem Arbeitsbereich,
- bei räumlich unterschiedlich orientierten Arbeitsmitteln innerhalb des Arbeitsbereichs,
- bei individuellem Sehvermögen und individuellen Erfordernissen der Mitarbeiter angepasst werden soll/muss.

5 Forderungen an eine gute Beleuchtungsplanung

Generell gilt für die Beleuchtung fast aller Arbeitsplätze: so viel **Tageslicht** wie möglich. Trotz beinahe perfekter Lichttechnik brauchen Menschen das volle Spektrum des Sonnenlichts zum Leben, denn Licht ist ein Lebensprinzip. Eine gesunde nachhaltige, energiebewusste, leistungsfördernde, altersgerechte und intelligente Beleuchtung heißt: systemergonomisches Lichtmanagement von Tages- und Kunstlicht am besten mit Tageslichtspektrumleuchten sowie einer individuellen altersgerechten Steuerung bzw. Arbeitsplatzleuchte.

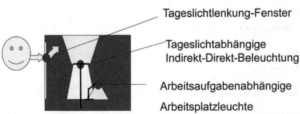

Abb. 7: Anforderungen an systemergonomische Beleuchtungsplanung

Heute ist erreicht, dass in Abschn. 5.1 ASR 3.4 gefordert wird: «Eine Verringerung des individuellen Sehvermögens, z. B. mit zunehmendem Alter, kann eine höhere Anforderung an die Beleuchtungsqualität (z. B. eine höhere Beleuchtungsstärke und höhere Anforderungen an die Begrenzung der Blendung) erfordern.»

Das ist aber noch nicht in der betrieblichen Praxis angekommen.

Michael Schurr

Berufsgenossenschaften

Eine Berufsgenossenschaft ist ein Träger der gesetzlichen Unfallversicherung für die gewerbliche Wirtschaft. Zwangsmitglied ist hier jeder Unternehmer, der Arbeitnehmer beschäftigt. Die Berufsgenossenschaften gehören zu den Sozialversicherungsträgern, da die gesetzliche Unfallversicherung einen der 5 Zweige der Sozialversicherung darstellt.

Gesetze, Vorschriften und Rechtsprechung

Sozialversicherung: § 114 SGB VII regelt, welche Träger es in der gesetzlichen Unfallversicherung gibt.

2009 hat der Europäische Gerichtshof entschieden, dass das Monopol der Berufsgenossenschaften weder gegen das Wettbewerbsrecht der EU noch gegen die Dienstleistungsfreiheit verstößt (EuGH, Urteil v. 5.3.2009, C-350/07).

Arbeitsrecht

Die notwendigen Mittel werden durch Beiträge der Unternehmer aufgebracht[28]. Außer der Unfallversicherung haben die Berufsgenossenschaften Unfallverhütung zu betreiben.

Insbesondere ist es Aufgabe der Berufsgenossenschaften, Vorschriften zu erlassen über Einrichtungen und Maßnahmen der Arbeitgeber sowie das Verhalten der Arbeitnehmer und der sonstigen Versicherten zur Verhütung von Arbeitsunfällen, Berufskrankheiten und von arbeitsbedingten Gesundheitsgefahren[29].

Wer vorsätzlich oder fahrlässig gegen eine Unfallverhütungsvorschrift oder gegen bestimmte Vorschriften des SGB VII verstößt, kann mit **Bußgeld** belegt werden. Die Berufsgenossenschaften überwachen die Durchführung der Unfallverhütungsvorschriften durch Aufsichtspersonen[30]. Wird festgestellt, dass Vorschriften und Regeln nicht eingehalten werden, haben die Aufsichtsdienste durch **Revisionsschreiben** (Niederschriften über Betriebsbesichtigungen) oder **Anordnungen** dafür zu sorgen, dass ein den Vorschriften und Regeln entsprechender Zustand hergestellt wird. In besonders schweren Fällen können Maschinen und Anlagen von der Berufsgenossenschaft **stillgelegt** werden. Der Unternehmer hat die Aufsichtsperson zu unterstützen, soweit dies zur Erfüllung ihrer Aufgaben erforderlich ist[31].

Sozialversicherung

1 Aufbau/Abgrenzung zu anderen Trägern

Berufsgenossenschaften sind Träger der gesetzlichen Unfallversicherung für die gewerbliche Wirtschaft und die Landwirtschaft[32]. Es gibt 9 gewerbliche Berufsgenossenschaften, die überwiegend nach fachlichen Gesichtspunkten gegliedert sind. Sie sind für alle Unternehmen (Betriebe, Verwaltungen, Einrichtungen, Tätigkeiten) einer bestimmten Branche zuständig. Die Unternehmen in der Landwirtschaft werden durch die Sozialversicherung für Landwirtschaft, Forsten und Gartenbau betreut.

Neben den Berufsgenossenschaften gibt es bei den Ländern 15 Unfallkassen, ferner 5 Gemeindeunfallversicherungsverbände. Auf Bundesebene gibt es die Unfallkasse des Bundes, die Eisenbahn-Unfallkasse sowie die Unfallkasse Post und Telekom. Ferner existieren 4 Feuerwehr-Unfallkassen.

---

[28] §§ 150ff. SGB VII.
[29] § 15 SGB VII.
[30] § 19 SGB VII.
[31] § 19 Abs. 3 SGB VII.
[32] § 114 Abs. 1 Nr. 1 und 2 SGB VII.

2 Organisation

Berufsgenossenschaften sind kraft Gesetzes gebildete Pflichtvereinigungen der Unternehmer. Sie sind Körperschaften des öffentlichen Rechts und haben Behördeneigenschaft. Ihre Aufgaben nehmen sie in Erfüllung ihrer gesetzlichen Pflicht in eigenem Namen und unter eigener Verantwortung wahr. Sie stehen unter der Rechtsaufsicht des Bundesversicherungsamts (BVA), die Fachaufsicht über die Prävention hat das Bundesministerium für Arbeit und Sozialordnung. Die Berufsgenossenschaften verwalten sich selbst durch ihre Organe, die Vertreterversammlung und den Vorstand. Alle 6 Jahre werden die Vertreter der Arbeitgeber und der Versicherten in der Sozialversicherungswahl neu gewählt.

3 Unternehmer und Versicherte

Mitglied der fachlich zuständigen Berufsgenossenschaft ist entsprechend dem Gewerbezweig jeder Unternehmer. Die Mitgliedschaft beginnt mit den vorbereitenden Arbeiten für die Eröffnung des Unternehmens oder bei der erstmaligen Beschäftigung von Personen. Bei vielen Berufsgenossenschaften sind die Unternehmer pflichtversichert, bei einigen Berufsgenossenschaften kann sich der Unternehmer selbst freiwillig versichern, um geschützt zu sein. Die Anmeldung des Unternehmens muss nach § 192 SGB VII binnen 1 Woche vorgenommen werden. Der Unternehmer hat jede Änderung seines Betriebs, die für die berufsgenossenschaftliche Zuständigkeit oder für die Beitragsberechnung von Bedeutung ist, binnen 4 Wochen anzuzeigen[33]. Die Folge kann die Überweisung an eine andere Berufsgenossenschaft oder eine geänderte Risikoeinstufung sein.

4 Aufgaben

Die Berufsgenossenschaften haben die Aufgabe,

- an der Stelle des Unternehmers bei Arbeitsunfällen einzutreten, also die Haftung zu übernehmen,
- Arbeitsunfälle, → *Berufskrankheiten* und arbeitsbedingte Gesundheitsgefahren[34] zu verhüten (Prävention),
- Gesundheit und Arbeitskraft der Verletzten wiederherzustellen (Rehabilitation) und
- die Verletzten oder ihre Hinterbliebenen finanziell zu entschädigen.

5 Finanzierung

Die gewerblichen Berufsgenossenschaften finanzieren sich ausschließlich durch Beiträge der Unternehmer[35], weil die Übernahme der Haftung ausschließlich den Unternehmern zugutekommt. Die pflichtversicherten Arbeitnehmer sind also, anders als in anderen Sozialversicherungszweigen, an der Beitragszahlung nicht beteiligt. Der Bedarf des abgelaufenen Geschäftsjahres wird auf die Mitglieder umgelegt. Die Beiträge werden nach dem Entgelt, das die Versicherten im Betrieb verdient haben, bis zu einer Höchstgrenze sowie nach dem Gefahrtarif – das ist eine Einstufung in Schadensklassen – berechnet. Die Unternehmer müssen den Berufsgenossenschaften jeweils bis zum 11. Februar nach Ablauf des Geschäftsjahres das Arbeitsentgelt nachweisen (letztmalig am 11.2.2016). Zum 15. April muss das Entgelt pro Arbeitnehmer und pro Gefahrtarifstelle ferner mit der Jahresmeldung im DEÜV-Verfahren gemeldet werden.

Constanze Oberkirch, Manuela Gnauck-Stuwe

---

[33] § 192 Abs. 2 SGB VII.
[34] § 15 SGB VII.
[35] § 150 SGB VII.

Berufskrankheit

Berufskrankheiten treten nicht durch ein plötzliches Ereignis ein. Hier wird die gesundheitliche Beeinträchtigung und Schädigung des gesetzlich Unfallversicherten durch eine schädigende Einwirkung über einen längeren Zeitraum hinweg verursacht. Liegt hierbei ein ursächlicher Zusammenhang mit einer versicherten Tätigkeit (z. B. als Arbeitnehmer) und der geforderten Krankheitsmerkmale vor, so spricht man von einer Berufskrankheit.

Gesetze, Vorschriften und Rechtsprechung

Sozialversicherung: Der Begriff der Berufskrankheit wird in § 9 SGB VII gesetzlich geregelt. Die Berufskrankheitenverordnung (BKV) konkretisiert diese Vorschrift, während Anlage 1 der BKV den Katalog der Berufskrankheiten enthält, welche von den Trägern der gesetzlichen Unfallversicherung derzeit anzuerkennen sind.

Arbeitsrecht

Das **Arbeitsverhältnis** bleibt auch bei bestehender Berufskrankheit **bestehen**. Ist ein Arbeitnehmer auf Dauer krankheitsbedingt nicht mehr in der Lage, die geschuldete Arbeit auf seinem bisherigen Arbeitsplatz zu leisten, so ist er zur Vermeidung einer Kündigung auf einem **leidensgerechten Arbeitsplatz** im Betrieb oder Unternehmen weiterzubeschäftigen, falls ein solcher gleichwertiger oder jedenfalls zumutbarer Arbeitsplatz **frei** und der Arbeitnehmer für die dort zu leistende Arbeit **geeignet** ist[36].

Wird ein Arbeitnehmer durch eine Berufskrankheit[37] arbeitsunfähig, so hat er Anspruch gegen seinen Arbeitgeber auf **Entgeltfortzahlung im Krankheitsfall**. Der Anspruch eines Arbeitnehmers gegen seinen Arbeitgeber auf Entgeltfortzahlung besteht auch dann, wenn der Arbeitnehmer wegen eines von der Unfallversicherung anerkannten Arbeitsunfalls arbeitsunfähig erkrankt ist[38].

Sozialversicherung

1 Entschädigung durch Berufsgenossenschaft

Primär werden die Versicherten in der gesetzlichen Unfallversicherung entschädigt, wenn ihr Gesundheitsschaden durch ein plötzliches schädigendes Ereignis eingetreten ist. Der soziale Schutzgedanke greift aber auch dann, wenn der Gesundheitsschaden auf einer allmählichen schädigenden Einwirkung im Betrieb beruht, aber grundsätzlich nur, wenn die schädigende Einwirkung als Berufskrankheit definiert und anerkannt ist[39]. Die Berufskrankheit stellt neben dem Arbeitsunfall einen eigenständigen Versicherungsfall dar.

Berufskrankheiten-Verordnung

Die Berufskrankheiten werden von der Bundesregierung in einer Rechtsverordnung aufgeführt, der Berufskrankheiten-Verordnung. Es dürfen nur Erkrankungen in diese Verordnung aufgenommen werden, wenn sie nach den Erkenntnissen der medizinischen Wissenschaft durch besondere Einwirkungen verursacht worden sind, denen bestimmte Personengruppen durch ihre Arbeit in erheblich höherem Grade als die übrige Bevölkerung ausgesetzt sind. Auch Krankheiten, die noch nicht in dieser Liste enthalten sind, können wie eine Berufskrankheit entschädigt werden, wenn nach neuen wissenschaftlichen Erkenntnissen für sie die gleichen Voraussetzungen gegeben sind, wie für die Aufnahme in die Liste gefordert werden.

---

[36] BAG, Urteil v. 29.1.1997, 2 AZR 9/96.
[37] § 9 SGB VII.
[38] BAG, Urteil v. 11.10.1972, 5 AZR 250/72.
[39] §§ 7 und 9 SGB VII.

Arbeitsbedingte Erkrankungen und arbeitsbedingte oder berufsbedingte Gesundheitsgefahren

«Arbeitsbedingte Erkrankungen»[40] und «arbeitsbedingte oder berufsbedingte Gesundheitsgefahren»[41] sind von den Berufskrankheiten deutlich zu trennen: nur Krankheiten, welche die Begriffsmerkmale des § 9 Abs. 1 Satz 1 SGB VII erfüllen, sind Berufskrankheiten. Nach der Definition handelt es sich um Krankheiten von Versicherten, die durch Rechtsverordnung als Berufskrankheit bezeichnet wurden und die diese im Einzelfall infolge einer versicherten Tätigkeit erlitten haben. Der Nachweis dieser **Kausalität** ist häufig schwierig, weil berufliche Faktoren mit Einwirkungen aus dem unversicherten häuslichen Lebensbereich konkurrieren.

2 Berufskrankheit: Aufteilung in Gruppen

Zurzeit werden die Berufskrankheiten in folgenden 6 Gruppen aufgeführt:

1. Durch chemische Einwirkungen verursachte Krankheiten
2. Durch physikalische Einwirkungen verursachte Krankheiten
3. Durch Infektionserreger oder Parasiten verursachte Krankheiten sowie Tropenkrankheiten
4. Erkrankungen der Atemwege und der Lungen, des Rippenfells und Bauchfells
5. Hautkrankheiten
6. Krankheiten sonstiger Ursache

Für einige Berufskrankheiten-Tatbestände werden zusätzliche versicherungsrechtliche Merkmale für den Eintritt des Versicherungsfalls gefordert. Der Umfang der Entschädigung bei Berufskrankheiten ist der gleiche wie bei Arbeitsunfällen. Der Unternehmer muss bei Verdacht auf eine Berufskrankheit **Anzeige** beim Unfallversicherungsträger erstatten (Formblatt).

Constanze Oberkirch, Michael Becker

Betreuungsumfang

Fachkräfte für Arbeitssicherheit und Betriebsärzte unterstützen Unternehmen und Verwaltungen gemäß Arbeitssicherheitsgesetz beim Arbeitsschutz und der Unfallverhütung. Der genaue Umfang dieser Betreuung muss auf Basis der Vorgaben der DGUV Vorschrift 2 «Betriebsärzte und Fachkräfte für Arbeitssicherheit» ermittelt werden.

Gesetze, Vorschriften und Rechtsprechung

Grundlegend für die Ermittlung des Betreuungsumfangs ist die DGUV Vorschrift 2 «Betriebsärzte und Fachkräfte für Arbeitssicherheit» in der Fassung des jeweiligen Unfallversicherungsträgers. Sie basiert auf dem Arbeitssicherheitsgesetz (ASiG) und § 15 SGB VII.

1 Grundprinzip: Bedarfsorientierte Betreuung

Mit der DGUV Vorschrift 2 wurde ein neues Grundprinzip für die Ermittlung und Festlegung der betriebsärztlichen und sicherheitstechnischen Betreuungsleistungen etabliert:

- Grundsätzlich müssen zunächst die Inhalte der Betreuung konkret anhand des Bedarfs des jeweiligen Betriebs ermittelt und zwischen → *Betriebsarzt* und → *Fachkraft* aufgeteilt werden. Die in der DGUV Vorschrift 2 beschriebenen Aufgabenfelder und -kataloge stecken präzise den Rahmen für die Betreuungsleistungen ab.
- Auf Basis der ermittelten Leistungen ist dann der erforderliche Aufwand festzulegen und im Betrieb zu vereinbaren. Dieser leistungsorientierte Ansatz tritt anstelle pauschal vorgegebener Einsatzzeiten.

---

[40] § 3 Abs. 1 Nr. 3 ASiG.
[41] § 14 SGB VII.

2 Betreuungsmodelle

Die Regelungen der DGUV Vorschrift 2 geben den Arbeitgebern mehr Freiräume im Arbeitsschutz, aber auch mehr Eigenverantwortung. Wie das genau aussieht, hängt von der Größe des Unternehmens ab:

In **Unternehmen mit bis zu 10 Mitarbeitern** hat der Unternehmer die Wahl:

- er lässt sich in Fragen des Arbeitsschutzes schulen und sensibilisieren (sog. alternative Betreuung) oder
- er entscheidet sich für die Regelbetreuung. In Unternehmen bis zu 10 Beschäftigten besteht diese aus einer Grundbetreuung, die je nach Gefährdungslage im Betrieb im Abstand von 1 bis 5 Jahren zu wiederholen ist, und aus der anlassbezogenen Betreuung, die für bestimmte Ereignisse die Pflicht zur Beratung festlegt.

In **Unternehmen mit mehr als 50 Mitarbeitern** gilt die Regelbetreuung, bestehend aus Grundbetreuung und betriebsspezifischem Teil der Betreuung. Für die **Grundbetreuung** gelten feste Einsatzzeiten je Beschäftigtem, die der Unternehmer auf → *Betriebsarzt* und → *Fachkraft* verteilt. Hier geht es im Wesentlichen um die grundlegenden Aufgaben im Arbeitsschutz wie z. B. → *Gefährdungsbeurteilung*, die Organisation des betrieblichen Arbeitsschutzes und Beratung zu allgemeinen Themen des Arbeitsschutzes. Auf der Grundbetreuung setzt die **betriebsspezifische Betreuung** auf. Sie betrifft besondere Risiken und Verhältnisse des Unternehmens und umfasst Aufgabenfelder, die von Sicherheitsfragen bei der Beschaffung neuer → *Maschinen* bis zur Weiterentwicklung des → *betrieblichen Gesundheitsmanagements* reichen.

Unternehmen mit 11 bis 50 Mitarbeitern können je nach Vorgaben der Berufsgenossenschaft oder Unfallkasse zwischen alternativer Betreuung und Regelbetreuung entscheiden.

3 Kleinbetriebsbetreuung

3.1 Regelbetreuung der Betriebe bis zu 10 Mitarbeitern

Der Umfang der Betreuung wird in Anlage 1 DGUV Vorschrift 2 geregelt. Die Regelbetreuung für Betriebe mit durchschnittlich bis zu 10 Mitarbeitern besteht aus Grundbetreuung und anlassbezogener Betreuung. Zur Grundbetreuung gehört im Wesentlichen die Unterstützung bei der Erstellung und Aktualisierung der → *Gefährdungsbeurteilung* durch → *Betriebsarzt* oder → *Fachkraft für Arbeitssicherheit*. Dies umfasst auch die Ableitung entsprechender Schutzmaßnahmen und deren Wirksamkeitskontrolle sowie die Anpassung der → *Gefährdungsbeurteilung* an sich ändernde Gegebenheiten.

Die Aufgaben der Grundbetreuung müssen in regelmäßigen Intervallen oder bei maßgeblichen Änderungen der Arbeitsverhältnisse wiederholt werden. Wie oft das anfällt, ergibt sich aus der Einstufung des Betriebs in die **Betreuungsgruppe**, die der zuständige Unfallversicherungsträger auf der Grundlage des Gefahrenpotenzials, der Branchenstruktur sowie der Größe und Struktur der Betriebsarten vorgenommen hat:

- Gruppe I nach max. 1 Jahr,
- Gruppe II nach max. 3 Jahren,
- Gruppe III nach max. 5 Jahren.

Der Betreuungsumfang ist nicht von der Anzahl der Beschäftigten abhängig, sondern von den tatsächlich im Betrieb existierenden Gefährdungen.

Der Arbeitgeber ist zusätzlich verpflichtet, sein Unternehmen bei besonderen Anlässen durch einen Betriebsarzt oder eine Fachkraft für Arbeitssicherheit in Fragen der Sicherheit und des Gesundheitsschutzes betreuen zu lassen. Die entsprechenden Anlässe sind in der DGUV Vorschrift 2 aufgeführt.

Die Durchführung der Grundbetreuung und der anlassbezogenen Betreuung muss der Unternehmer gegenüber den Aufsichtsbehörden nachweisen können. Der Betrieb muss über aktuelle schriftliche Unterlagen verfügen, aus denen die Durchführung der Grundbetreuung, die Ergebnisse der Gefährdungsbeurteilung, die Maßnahmen und das Resultat von deren Überprüfung hervorgehen. Die Beschäftigten sind über die Art der praktizierten betriebsärztlichen und sicherheitstechnischen Betreuung zu informieren. Sie müssen wissen, welcher Betriebsarzt und welche Fachkraft für Arbeitssicherheit ihr Ansprechpartner ist.

3.2 Bedarfsorientierte alternative Betreuung der Betriebe bis zu 50 Mitarbeitern

Die Art der bedarfsorientierten alternativen Betreuung wird in Anlage 3 DGUV Vorschrift 2 geregelt. Voraussetzung für die Teilnahme an der alternativen Betreuung ist die Maßgabe, dass der Unternehmer aktiv in das Betriebsgeschehen eingebunden ist. Aus diesem Grund haben die Unfallversicherungsträger für diese Betreuungsform eine Betriebsgrößenobergrenze von max. 50 Mitarbeitern festgelegt. Sowohl die betriebsärztliche als auch die sicherheitstechnische Betreuung kann über die alternative Betreuungsform umgesetzt werden.

Eine besondere Form der bedarfsorientierten alternativen Betreuung ist das sog. Kompetenzzentrenmodell, das in Anlage 4 geregelt wird und für Betriebe mit bis zu 10 Beschäftigten gilt. Dieses Modell ist nur bei der BG Nahrungsmittel und Gaststätten sowie die der BG Handel und Warendistribution eingeführt worden.

Die alternative Betreuungsform zur betriebsärztlichen und sicherheitstechnischen Betreuung nach Anlage 3 besteht aus Motivations-, Informations- und Fortbildungsmaßnahmen für die Unternehmer sowie einer bedarfsgerechten Betreuung auf der Grundlage der Gefährdungsbeurteilung. Die Motivations-, Informations- und Fortbildungsmaßnahmen erzeugen bei dem Unternehmern ein Problembewusstsein für den Arbeitsschutz und versetzen ihn in die Lage, den individuellen betriebsärztlichen und sicherheitstechnischen Beratungsbedarf zu identifizieren. Als Grundlage für die Bedarfsermittlung dient die Gefährdungsbeurteilung. Der Arbeitgeber entscheidet allein über das Ausmaß der externen Betreuung.

Hinsichtlich der inhaltlichen Ausgestaltung der Motivations- und Informationsmaßnahmen gelten die Festlegungen des jeweils zuständigen Unfallversicherungsträgers. Um die in der Arbeitswelt vorhandenen unterschiedlichen Gefährdungen für Sicherheit und Gesundheit berücksichtigen zu können, wurden die Betriebe in 3 Betreuungsgruppen eingeteilt. Hieraus wiederum ergeben sich konkrete Anforderungen an die Umsetzung der Motivations- und Informationsmaßnahmen sowie an die Zeitintervalle für die erforderlichen Fortbildungsmaßnahmen.

Der Arbeitgeber ist zusätzlich verpflichtet, sein Unternehmen bei besonderen Anlässen durch einen → *Betriebsarzt* oder eine → *Fachkraft für Arbeitssicherheit* in Fragen der Sicherheit und des Gesundheitsschutzes betreuen zu lassen. Die entsprechenden Anlässe sind in Anlage 3 DGUV Vorschrift 2 aufgeführt. Sie sind identisch mit den in Anlage 1 genannten Anlässen.

4 Regelbetreuung der Betriebe mit mehr als 10 Mitarbeitern

4.1 Umfang der Betreuung

Der Umfang der Betreuung wird in Anlage 2 DGUV Vorschrift 2 geregelt. Die betriebsärztliche und sicherheitstechnische Regelbetreuung der Betriebe mit mehr als 10 Mitarbeitern besteht aus 2 Komponenten: Der **Grundbetreuung**, für die in der Unfallverhütungsvorschrift Einsatzzeiten vorgegeben werden und dem **betriebsspezifischen Betreuungsanteil**, der von jedem Betrieb selbst zu ermitteln ist.

> **Achtung: Beide Betreuungsteile sind verpflichtend**
> Durch die Grundbetreuung wird sichergestellt, dass für vergleichbare Betriebe identische Grundanforderungen bestehen. Der betriebsspezifische Teil stellt sicher, dass der Betreuungsumfang passgenau den betrieblichen Erfordernissen angepasst werden kann.

4.2 Grundbetreuung

Die Grundbetreuung ist darauf ausgerichtet, dass Betriebsärzte und Fachkräfte für Arbeitssicherheit den Arbeitgeber darin unterstützen, seine im Arbeitsschutzgesetz festgelegten Pflichten zu erfüllen, die unabhängig von der Art und Größe des Betriebs kontinuierlich anfallen. Die Leistungen von Betriebsärzten und Fachkräften im Rahmen der Grundbetreuung konzentrieren sich auf die Basisaufgaben des betrieblichen Arbeitsschutzes. Der Umfang der Grundbetreuung wird über die Zuweisung des Betriebs zu einer von 3 Betreuungsgruppen bestimmt. Durch die

Multiplikation der Zahl der Beschäftigten mit dem gruppenspezifischen Stundenfaktor wird die Einsatzzeit berechnet.

Wichtig: Zuordnung zu Betreuungsgruppen
Die Betriebe sind anhand des in Deutschland geltenden WZ-Kodes (Klassifizierung der Wirtschaftszweige) mit ihren Betriebsarten einer der 3 Betreuungsgruppen der Grundbetreuung zugeordnet worden. Damit ist gewährleistet, dass für gleichartige Betriebe wie beispielsweise Kliniken, Altenpflegeheime oder Veranstaltungsstätten, dieselben Betreuungszeiten und Ansprüche an die Grundbetreuung gelten, unabhängig davon, welcher Unfallversicherungsträger für den Betrieb zuständig ist.

Für die 3 Betreuungsgruppen gelten folgende Einsatzzeiten:

	Gruppe I	Gruppe II	Gruppe III
Einsatzzeit (Std./Jahr pro Beschäftigtem/r)	2,5	1,5	0,5

Achtung: Verteilung der Einsatzzeiten
Die genannten Einsatzzeiten stellen Summenwerte für → *Betriebsarzt* und → *Fachkraft für Arbeitssicherheit* dar. Die konkrete Aufteilung zwischen beiden ist Sache des Unternehmers. Hierbei wirkt die betriebliche Interessenvertretung mit, Betriebsarzt und Fachkraft für Arbeitssicherheit beraten. Der Mindestanteil für eine der beiden Disziplinen beträgt jeweils 20 %, mindestens aber 0,2 Stunden pro Jahr und Mitarbeiter. Dieser Anteil darf nicht unterschritten werden.

Der betriebsärztlichen und sicherheitstechnischen Grundbetreuung werden durch die DGUV Vorschrift 2 konkrete Aufgaben zugewiesen. Die Aufgabenfelder der Grundbetreuung umfassen die grundlegenden Unterstützungsleistungen, die sich vor allem auf die Arbeitgeberpflichten aus den §§ 3, 4 und 5 ArbSchG beziehen. Dazu zählt v. a. die Unterstützung bei der Konzeption, Durchführung und Auswertung der Gefährdungsbeurteilung, bei den grundlegenden verhältnis- und verhaltenspräventiven Maßnahmen der Arbeitsgestaltung sowie die Unterstützung bei der Schaffung einer geeigneten Organisation zur Durchführung der Maßnahmen des Arbeitsschutzes und der Integration in die Führungstätigkeit.

Achtung: Arbeitsmedizinische Vorsorge
Die individuelle arbeitsmedizinische Vorsorge gemäß ArbMedVV ist Bestandteil der betriebsspezifischen Betreuung und nicht Bestandteil der Grundbetreuung.

4.3 Betriebsspezifischer Teil

Neben der Grundbetreuung ist die betriebsspezifische Betreuung fester Bestandteil der Gesamtbetreuung.

Wichtig: Spezielle Erfordernisse des Betriebs
Die betriebsspezifische Betreuung trägt den speziellen Erfordernissen des jeweiligen Betriebs Rechnung, die sich z. B. aus seiner Art und Größe sowie aus den sonstigen betrieblichen Gegebenheiten ergeben. Sie geht immer von spezifischen betrieblichen Gefährdungen, Situationen und Anlässen aus.

Die zu erbringenden Unterstützungsleistungen setzen auf den Basisleistungen der Grundbetreuung auf und ergänzen sie um die betriebsspezifisch entweder dauerhaft oder temporär erforderlichen Betreuungsleistungen.

Der inhaltliche Bedarf und der Umfang der betriebsspezifischen Betreuung müssen vom Unternehmer ermittelt werden. Für die betriebsspezifische Betreuung sind keine festen Einsatzzeiten, sondern 16 in Anlage 2 benannte und in Anhang 4 näher beschriebene Aufgabenfelder vorgegeben. Der Unternehmer muss ermitteln und prüfen, welche Aufgaben im Betrieb erforderlich sind und welcher Personalaufwand zur Erfüllung dieser Betreuungsleistungen erforderlich ist.

Dabei muss er sich von Betriebsarzt und der Fachkraft beraten lassen, die ihm dazu Vorschläge unterbreiten sollen. Auf dieser Grundlage werden Inhalt und Dauer der betriebsspezifischen Betreuung ermittelt, der jährliche Personalaufwand getrennt für beide Professionen bestimmt und die notwendigen Betreuungsleistungen schriftlich vereinbart.

Die betriebsspezifische Betreuung umfasst 4 Bereiche mit insgesamt 16 Aufgabenfeldern:

- Regelmäßig vorliegende betriebsspezifische Unfall- und Gesundheitsgefahren, Erfordernisse zur menschengerechten Arbeitsgestaltung (i. d. R. dauerhaft) – mit 8 Aufgabenfeldern
- 2. Betriebliche Veränderungen in den Arbeitsbedingungen und in der Organisation (i. d. R. temporär) – mit 5 Aufgabenfeldern
- 3. Externe Entwicklung mit spezifischem Einfluss auf die betriebliche Situation (i. d. R. temporär) – mit 2 Aufgabenfeldern
- 4. Betriebliche Aktionen, Programme und Maßnahmen (i. d. R. temporär) – mit 1 Aufgabenfeld

Achtung: Systematische Prüfung erforderlich

Das in Anlage 2 DGUV Vorschrift 2 verbindlich beschriebene Verfahren zur Festlegung der betriebsspezifischen Betreuung erfordert eine systematische Prüfung der erforderlichen Aufgaben anhand des vorgegebenen Katalogs von Aufgabenfeldern sowie von Auslöse- und Aufwandskriterien. Anhand der **Auslösekriterien** ist zu entscheiden, ob ein Betreuungsbedarf in dem jeweiligen Aufgabenfeld vorhanden ist. Mithilfe von **Aufwandskriterien** werden die zu erbringenden Betreuungsleistungen festgestellt. Der dazu erforderliche Zeitaufwand muss zwischen Unternehmer einerseits und Betriebsarzt und Fachkraft andererseits festgelegt und vereinbart werden. Dabei müssen die Mitbestimmungsrechte der betrieblichen Interessenvertretung beachtet werden. Die erforderlichen Personalressourcen werden somit leistungsbezogen bestimmt und nicht umgekehrt erst Ressourcen (Einsatzzeiten) festgelegt und dann die Leistungen konkretisiert.

4.4 Dokumentation

Im Rahmen der Gesamtbetreuung müssen → *Betriebsärzte* und → *Fachkräfte für Arbeitssicherheit* den Unternehmer bei der Erstellung von Dokumentationen unterstützen und zusätzlich regelmäßig über ihre Tätigkeit sowie deren Ergebnisse zu berichten. Die Verteilung des Betreuungsaufwands ist dabei aufzulisten. Der Bericht soll zudem Verbesserungsvorschläge an den Arbeitgeber enthalten und Auskunft über den Stand ihrer Umsetzung geben.

Die erbrachten Leistungen der betriebsspezifischen Betreuung sind durch eine Konkretisierung der Aufwandskriterien zu beschreiben. Der daraus resultierende Personalaufwand für Betriebsärzte und Fachkräfte für Arbeitssicherheit ist festzuhalten. Auf der Basis des gemeinsamen Berichts über die geleistete Arbeit lässt sich ein neues Angebot für die zukünftige Arbeit erstellen und in Form einer Zielvereinbarung mit dem Unternehmer festschreiben.

Gerhard Strothotte

Betriebliche Gesundheitsförderung

Betriebliche Gesundheitsförderung (BGF) umfasst alle Maßnahmen, die der Stärkung der individuellen Gesundheits-Ressourcen und Kompetenzen dienen und das Individuums zu einem gesundheitsförderlichen Verhalten in der Arbeitswelt befähigen. Betriebliche Gesundheitsförderung folgt dem Ansatz der Salutogenese, die zum Ziel hat, Gesundheit und Wohlbefinden zu fördern. In der Arbeitswelt fokussiert sich Gesundheitsförderung auf physische, psychische und soziale gesundheitsgefährdende bzw. gesundheitsförderliche Einflussfaktoren, die im Rahmen von Gefährdungsbeurteilungen ermittelt bzw. erarbeitet werden können. Von der Betrieblichen Gesundheitsförderung abzugrenzen ist das Betriebliche Gesundheitsmanagement. Letzteres versteht sich als ganzheitliches Managementsystem, das auch – aber nicht nur – die Betriebliche Gesundheitsförderung umfasst.

Gesetze, Vorschriften und Rechtsprechung

In Europa findet betriebliche Gesundheitsförderung und deren gesundheitspolitische Bedeutung in der Arbeitswelt ein gemeinsames Verständnis durch die Luxemburger Deklaration von 2007 (jüngste Fassung), die auf Basis der EG-Rahmenrichtlinie Arbeitsschutz 89/391/EWG erarbeitet wurde und als Selbstverpflichtung von Unternehmen unterzeichnet werden kann.

Im gesetzlichen Arbeitsschutz und der betrieblichen Gesundheitsförderung gibt es 3 verantwortliche Akteure, die in symmetrischer und verpflichtender Zusammenarbeit agieren:

Hauptaufgabe der **Gesetzlichen Unfallversicherung** ist es, «mit allen geeigneten Mitteln Arbeitsunfälle und Berufskrankheiten sowie arbeitsbedingte Gesundheitsgefahren zu verhüten» (§ 1 SGB VII). Dabei ist die Verhütung arbeitsbedingter Gesundheitsgefahren eine wichtige Aufgabe der Unfallversicherung, für die vor Ort der Unternehmer und die Beauftragten für Arbeitsschutz zuständig sind.

Die **Gesetzliche Krankenversicherung** unterstützt durch Präventionsangebote und ihre Erkenntnisse über die Zusammenhänge von Erkrankungen und Arbeitsbedingungen. Die Arbeitsgemeinschaft der Spitzenverbände der Krankenkassen hatte im Juni 2008 den «Leitfaden Prävention» in einer neuen Fassung veröffentlicht. Der Leitfaden enthält die "gemeinsamen und einheitlichen Handlungsfelder und Kriterien der Spitzenverbände der Krankenkassen zur Umsetzung von §§ 20 und 20a SGB V.

Der **Arbeitgeber** ist nach ArbSchG verpflichtet, die «erforderlichen Maßnahmen des Arbeitsschutzes» gegen arbeitsbedingte Gesundheitsgefahren durchzuführen. Diese Aufgaben werden gemäß ASiG primär von Fachkräften für Arbeitssicherheit und Betriebsärzten wahrgenommen.

Das Betriebliche Eingliederungsmanagement nach § 84 Abs. 2 SGB IX ergänzt die rechtlichen Grundlagen in der betrieblichen Gesundheitsförderung.

1 Betriebliche Gesundheitsförderung in der Praxis

BGF umfasst in der Praxis verhaltensorientierte Maßnahmen in den Handlungsfeldern Bewegung, Ernährung, Stressbewältigung und Suchtprävention, die häufig in Kursverfahren angeboten werden. Die Maßnahmen werden überwiegend in Kooperation mit Krankenkassen und deren Gesundheitsdienstleistern durchgeführt und sind bei regelmäßiger Teilnahme teilweise erstattungsfähig durch die Krankenkasse.

Da Krankenkassen und betriebliche Gesundheitsakteure einen Anstieg → *psychischer Belastungen* und hiermit korrelierende Arbeitsunfähigkeiten verzeichnen, werden zunehmend präventive und ressourcenstärkende Maßnahmen zum Umgang mit → *Stress* oder → *Burnout* angeboten. Weitere Maßnahmen zur Prävention und zum Umgang mit psychischen Belastungen sind Seminare zur Kompetenzentwicklung in den Themen → *Mobbing* oder → *gesunde Führung*.

2 Ausgangspunkt: Zusammenhänge von Krankheiten und Arbeitsbedingungen erkennen

Ausgangspunkt um mögliche BGF-Maßnahmen einzuleiten, sind meist äußere Anlässe in Form aktueller Problemstellungen oder das überzeugende Angebot eines betrieblichen Akteurs, in einem Themenbereich aktiv zu werden. In die Analyse fließen verschiedene vorhandene Daten ein:

- Arbeitsunfähigkeitsdaten der Krankenkassen (Gesundheitsberichte der Krankenkassen)
- Daten über Berufskrankheiten, → *Arbeitsunfälle*,
- Erkenntnisse von technischen Aufsichtsdiensten der Unfallversicherungen,
- → *Gefährdungsbeurteilungen*, Personalinformationen und betriebsärztliche Daten der Unternehmen,
- Erkenntnisse der → *Fachkräfte für Arbeitssicherheit*

Daten können aus extra durchgeführten Erhebungen stammen, z. B.:

- Mitarbeiter- und Expertenbefragungen
- Risikofaktoren-Screenings
- Gesundheitszirkel

2.1 Maßnahmen entwickeln und durchführen

Grundsätzlich können Maßnahmen unterschieden werden, die sich auf das Verhalten der Beschäftigten richten (Verhaltensprävention) und solche, die die Arbeitsverhältnisse (Verhältnisprävention) verändern.

Konkrete Beispiele verhaltensorientierter Interventionen:

- Kurse für richtiges → *Heben und Tragen*
- Rückenschule
- Stressbewältigung
- gesundes Essen in der Kantine
- Ernährungsberatung
- Bewegungsangebote;
- Interventionen bei (drohendem) → *Alkoholismus*
- → *Raucherentwöhnung*

Beispiele zur Veränderung der Arbeitsverhältnisse:

- Gestaltung von Arbeitsplätzen
- Verbesserung von Informations- und Kommunikationsstrukturen
- Erweiterung des Handlungsspielraums von Mitarbeitern

2.2 Evaluation und Qualitätssicherung

Um die tatsächlichen Effekte der Maßnahmen zu erkennen, ist eine Evaluation erforderlich: Veränderungen von Krankenstand, Mitarbeiter-Fluktuation, Zufriedenheit der Beteiligten (Befragung) usw.

Werden Analyse, Maßnahmen und Evaluation nachhaltig und systematisch durchgeführt und diese in eine Strategie betrieblicher Gesundheitspolitik mit Strukturen und Prozessen eingebunden, spricht man von → *Betrieblichem Gesundheitsmanagement*.

2.3 Erfolgskriterien

In einer Untersuchung des Europäischen Informationszentrums zeigten sich für das Gelingen Betrieblicher Gesundheitsförderung folgende Erfolgsfaktoren:

- **Partizipation:** Die Beschäftigten müssen in alle Phasen der Gesundheits-Projekte einbezogen und die betriebliche Öffentlichkeit muss frühzeitig informiert werden.
- **Integration:** Gesundheit der Beschäftigten muss zur gelebten Unternehmensphilosophie gehören und bei allen wichtigen Entscheidungen berücksichtigt werden.
- **Ganzheitlichkeit:** Verhaltens- und verhältnisorientierte Interventionen.

2.4 Akteure der betrieblichen Gesundheitsförderung

Systematische, ganzheitliche Gesundheitsförderung (→ *Betriebliches Gesundheitsmanagement*) zeichnet sich aus durch die Einbindung in

- betriebliche Strukturen und Prozesse sowie
- die Einrichtung eines Steuerkreises Gesundheit aus.

Dies führt dazu, dass Führungskräfte und Mitarbeiter/innen (Betriebsrat) systematisch als Akteure eingebunden werden. Weitere Stellen, wie z. B. die Sozialberatung, Beauftragte für das → *betriebliche Eingliederungsmanagement* oder die Personal- und Organisationsentwicklung kommen hinzu, ebenso Vertreter der gesetzlichen Unfallversicherung und der gesetzlichen Krankenversicherung.

Die vorhandene geeignete Organisation zur Koordination der Akteure und Maßnahmen im Unternehmen ist der ab 20 Mitarbeiter gesetzlich vorgeschriebene → *Arbeitsschutzausschuss*.

Kerstin Schneider

Betriebliches Eingliederungsmanagement

Betriebliches Eingliederungsmanagement (BEM) beschreibt einen strukturierten Prozess, der dazu dient, nach längeren Arbeitsunfähigkeitszeiten zu prüfen, ob und wie die Bedingungen am Arbeitsplatz eines Beschäftigten anzupassen sind, um das Risiko zu vermindern, dass es zu erneuten Ausfällen kommt. BEM greift für alle Beschäftigten, nicht nur für solche mit anerkannter Behinderung. Am BEM sind neben dem Arbeitgeber und Betroffenen Betriebs-/Personalrat und Schwerbehindertenvertreter beteiligt. Andere Fachleute werden bei Bedarf hinzugezogen. BEM wirkt sich durch die Vermeidung von arbeitsbedingten Gesundheitsbelastungen positiv für Arbeitgeber und Arbeitnehmer aus und sollte daher von beiden Seiten gefördert werden.

Gesetze, Vorschriften und Rechtsprechung

Das Betriebliche Eingliederungsmanagement ist in § 84 SGB IX geregelt. Es ist ein präventiver Ansatz, der sich deshalb ausdrücklich nicht nur auf Menschen mit anerkannter Behinderung bezieht. BEM greift also in allen Betrieben und ist nicht davon abhängig, ob eine Schwerbehindertenvertretung besteht oder überhaupt Schwerbehinderte beschäftigt werden.

1 Ziele

Das Ziel des BEM ist es, für einen arbeitsunfähig erkrankten Beschäftigten nach seiner Rückkehr in den Betrieb die Arbeitsbedingungen soweit anzupassen, dass die Arbeitsfähigkeit in Zukunft möglichst weitgehend erhalten bleibt und weitere Ausfälle bzw. eine Verschlechterung seines Zustands vermieden werden.

Daher ist es konsequent, dass es sich im Gegensatz zu den meisten anderen Bestimmungen des SBG nicht nur auf Beschäftigte mit einer anerkannten Behinderung bezieht, sondern auf alle Arbeitnehmer mit entsprechenden Ausfallzeiten. U. U. kann gerade BEM dazu beitragen, dass eine drohende Schwerbehinderung vermieden wird.

Damit dient BEM ganz klar dem Nutzen von Arbeitnehmer und Arbeitgeber und ist nicht Instrument einer bestimmten Interessenvertretung.

Wichtig: Stufenweise Wiedereingliederung

Stufenweise Wiedereingliederung nach § 28 SGB IX hat nicht direkt etwas mit BEM zu tun. Unter stufenweiser Wiedereingliederung werden Modelle verstanden, bei denen Beschäftigte, die sich nach Erkrankung oder Verletzung in der Genesungsphase befinden, nach Absprache mit dem behandelnden Arzt stundenweise an den Arbeitsplatz zurückkehren und so allmählich (z. B. in wochenweisen Steigerungen) wieder an die Arbeitsbelastungen herangeführt werden. Da es sich dabei meist um Fälle mit längeren AU-Zeiten handelt, unterliegen sie häufig auch dem BEM. BEM beinhaltet aber auf keinen Fall automatisch eine stufenweise Wiedereingliederung, sondern setzt (von Vorgesprächen abgesehen) eigentlich erst ein, wenn die Arbeitsfähigkeit wieder als gegeben gilt.

2 Aufgaben und Funktionen im BEM

2.1 Arbeitgeber

Der Arbeitgeber trägt die Verantwortung dafür, dass das BEM-Verfahren ordnungsgemäß und wie im Gesetz vorgesehen abläuft. Das beinhaltet u. a.:

- Prüfung der AU-Tage, um festzustellen, wann das 6-Wochen-Kriterium gegeben ist;
- Start des BEM-Verfahrens durch Kontaktaufnahme mit dem/der Betroffenen;
- Endverantwortung dafür, dass ein BEM-Fall entsprechend der im betriebsspezifisch vorgesehen Organisationsstruktur abläuft (vgl. **Abb. 1**)

Die fachliche Arbeit kann der Arbeitgeber einem BEM-Beauftragten oder einem Team übergeben.

> **Praxis-Beispiel: Wann wird ein BEM-Verfahren fällig?**
>
> Die 6-Wochenfrist, nach der ein BEM-Verfahren einzuleiten ist, wird wie folgt berechnet:
> - Bei durchgehender Arbeitsunfähigkeit ist die «Auslöseschwelle» nach 42 Tagen erreicht.
> - Bei mehreren Erkrankungen geht man, je nach Arbeitsvertrag, von 30 (bei einer 5-Tage-Woche) oder 36 (bei einer 6-Tage-Woche) AU-Tagen aus. Dabei zählen auch AU-Tage mit, bei denen keine AU-Bescheinigung vorgelegt wird.
> - Das Kalenderjahr spielt keine Rolle. Ausgegangen wird von den AU-Zeiten der letzten 12 Monate.
> - Es werden zunächst alle krankheitsbedingten AU-Tage berücksichtigt, unabhängig davon, ob sie auf eine oder mehrere Krankheiten zurückzuführen sind oder ob es sich um Kuren, Rehamaßnahmen usw. handelte.
>
> BEM gilt grundsätzlich für alle Arbeitnehmer, auch für Teilzeitbeschäftigte und Aushilfen (soweit die Dauer des Arbeitsverhältnisses es zulässt).

2.2 Beschäftigte

Ein BEM-Verfahren kann nur stattfinden, wenn der Betroffene einwilligt. Diese Einwilligung wird zu Beginn durch den Arbeitgeber abgefragt. Sie kann jederzeit im Verlauf des Verfahrens widerrufen und das Verfahren damit beendet werden.

Entscheidet sich der Betroffene für das BEM-Verfahren, ist er aber zur Mitwirkung verpflichtet. Schließlich kann der Arbeitgeber nur dann sinnvolle Maßnahmen zur Verbesserung der Arbeitsbedingungen und damit zugunsten des Beschäftigten entwickeln, wenn dieser die entsprechenden Auskünfte erteilt. Dabei geht es z. B. um:

- mögliche betriebliche Gründe für die Arbeitsunfähigkeit;
- Auswirkungen der aufgetretenen Erkrankung auf die Leistungsfähigkeit am Arbeitsplatz;
- Kontakt zu behandelnden Ärzten ermöglichen (dazu muss der Betroffene u. U. seinen Arzt von der Schweigepflicht in bestimmten Punkten entbinden);
- Zusammenarbeit mit internen oder externen Fachleuten (z. B. → *Betriebsarzt*, Integrationsberater).

Dabei ist es unvermeidbar, dass sensible gesundheitsbezogene Daten offengelegt werden müssen. Das ist dem Beschäftigten nur zuzumuten, wenn der persönliche Datenschutz absolut sichergestellt ist. Dafür hat der Arbeitgeber im Rahmen der Organisationspflicht zu sorgen.

> **Achtung: Datenschutz sicherstellen**
>
> BEM kann nur funktionieren, wenn der Betroffene absolutes Vertrauen haben kann, dass das Verfahren sich nicht nachteilig für ihn auswirkt, weil er ansonsten das Verfahren ablehnen wird. Wegen der besonders sensiblen Krankheitsdaten muss der Datenschutz daher sehr sorgfältig sichergestellt werden.
>
> Wichtig ist:
> - Anzahl der Personen, die von sensiblen Daten Kenntnis erhalten, so gering wie möglich halten.
> - Kritische Zuständigkeitsüberlagerungen vermeiden, in dem z. B. der vom Arbeitgeber bestimmte Verfahrensbeauftragte nicht gleichzeitig Personal- oder Führungsverantwortung gegenüber dem Betroffenen hat.
> - Datenschutzerklärung von allen Beteiligten einholen.
> - Unterlagen datenschutzgerecht aufbewahren.
>
> Konkrete Informationen zum Thema Datenschutz geben, z. B. die Informationen der Integrationsämter zu BEM (s. u.).

2.3 Schwerbehindertenvertretung

Ist im Betrieb eine Schwerbehindertenvertretung vorgesehen (wenn mind. 5 Mitarbeiter mit einem Grad der Behinderung von 50 % oder mehr beschäftigt werden), dann muss sie an einem BEM-Verfahren nur dann verbindlich teilnehmen, wenn der Betroffene als schwerbehindert eingestuft ist (entsprechend § 95 SGB IX). Wenn das BEM-Verfahren durch ein festes Team geführt wird, gehört die Schwerbehindertenvertretung allerdings i. d. R. dazu und es dürfte kein Grund bestehen, sie von BEM-Verfahren für nicht behinderte Beschäftigte auszuschließen, zumal sich Schwerbehindertenvertreter mit vielen Fragen, die im Laufe eines BEM-Verfahrens anstehen, gut auskennen und nützliche Erfahrungen einbringen können.

2.4 Betriebs-/Personalrat

Wenn vorhanden nimmt die Beschäftigtenvertretung am BEM-Verfahren im Rahmen ihrer Aufgaben nach dem Betriebsverfassungsgesetz teil. Mitbestimmungspflichtig ist die Ausgestaltung des BEM-Verfahrens. BEM als solches ist allerdings eine gesetzliche Verpflichtung und kann von der Beschäftigtenvertretung nicht abgelehnt werden.

Im Einvernehmen mit dem Arbeitgeber können auch Teilaufgaben innerhalb des BEM-Verfahrens selbstständig durch die Beschäftigtenvertretung abgewickelt werden.

> **Wichtig: BEM braucht Zusammenarbeit**
>
> Als personenbezogene Maßnahmen sind viele Aktivitäten innerhalb des BEM (z. B. Umsetzungen auf andere Arbeitsplätze) mitbestimmungspflichtig. Für den Gesamterfolg ist es wichtig, dass die Zusammenarbeit aller Beteiligten offen und vertrauensvoll ist und im Rahmen des BEM beschlossene Maßnahmen von allen mitgetragen und tatsächlich umgesetzt werden können.

2.5 Betriebsarzt

Der → *Betriebsarzt* hat in BEM-Verfahren als medizinischer Sachverständiger des Betriebs eine zentrale Rolle, z. B. in der Kommunikation zwischen Betroffenem, Betrieb und behandelnden Ärzten. Gerade in Kleinbetrieben, in denen keine Beschäftigtenvertretung besteht und/oder kein Integrationsteam berufen wurde, ist oft der Betriebsarzt mit der Durchführung der auftretenden BEM-Verfahren beauftragt und wickelt diese mit dem Betroffenen und Kollegen/Führungskräften vor Ort ab.

2.6 Sicherheitsfachkraft

Die → *Sicherheitsfachkraft* ist im BEM-Verfahren besonders in Bezug auf die Arbeitsplatzgestaltung gefragt. Je nach Ausgangslage umfasst das Verhaltensfragen, z. B. ergonomisch richtige Einstellung und Gebrauch des Mobiliars am Arbeitsplatz ebenso wie komplexe Veränderungen an Geräten, Maschinen und Anlagen, um leistungsgewandelten Beschäftigten eine bestimmte Tätigkeit zu ermöglichen bzw. bestimmte Belastungen zu vermeiden. Dabei sollte abhängig von der Ausgangslage berücksichtigt werden, was an externer Beratung hinzugezogen werden kann.

2.7 Externe Stellen

Beratung in Fragen der beruflichen Rehabilitation bieten unterschiedliche Einrichtungen.

Nach § 84 SGB IX sind vor allem die Rehabilitationsträger betroffen. Da es um Menschen geht, die in einem Arbeitsverhältnis stehen, sind das v. a.:

- die gesetzliche Rentenversicherung, die nach dem Grundsatz Rehabilitation vor Rente Leistungen erbringt, um Beschäftigte in Arbeit zu halten;
- die Träger der gesetzlichen Unfallversicherung (wenn ein Arbeitsunfall oder eine Berufskrankheit eine Rolle spielt).

Wenn es um schwerbehinderte oder von Behinderung bedrohte Beschäftigte geht, sind die **Integrationsämter** Ansprechpartner, deren Aufgabe es ist, behinderten Menschen die Teilhabe am Arbeitsleben zu ermöglichen. Fachleute der Integrationsämter beraten zu den organisatorischen und technischen Fragen zur Beschäftigung von Behinderten und fördern notwendige Sondermaßnahmen am Arbeitsplatz auch finanziell.

Praxis-Tipp: Beratungsangebote nutzen

Wegen der breiten branchenspezifischen Erfahrungen ist es besonders bei technisch-praktischen Fragen immer sinnvoll, die eigene BG/Unfallkasse anzusprechen, die i. d. R. offen ist für Beratung aller Art, auch wenn sie nicht Rehaträger ist.

Auch bei Krankenkassen kann Beratung zu Fragen der Arbeitsplatzgestaltung angefragt werden.

Auf den Internetseiten der Integrationsämter sind außerdem sehr gut aufbereitete Informationen und Handlungshilfen zum BEM zu finden.

3 Verfahrensablauf

3.1 Bevor es losgeht

Zunächst sollte der Arbeitgeber überlegen, wie BEM im Betrieb am besten umgesetzt werden kann:

- **Beteiligung klären:** Das ist abhängig davon, ob es eine Beschäftigten- und/oder Schwerbehindertenvertretung oder andere Einrichtungen gibt, die sich speziell mit Integration im Betrieb beschäftigen (Integrationsteams, «Disability-Manager»).
- **Verfahrensverantwortlichen bestimmen:** Vorsicht: Mitarbeiter der Personalabteilung und Führungskräfte sind nur bedingt geeignet (Datenschutz).
- **Betriebsvereinbarung verhandeln:** In Betrieben mit Beschäftigtenvertretung ist eine Betriebsvereinbarung zum Thema angebracht, um die abgestimmte Vorgehensweise im BEM zu dokumentieren.
- BEM fallunabhängig im Betrieb bekannt machen, für Vertrauen und Mitarbeit werben.

Wichtig: Stichwort Integrationsvereinbarung

In § 84 SGB IX werden Arbeitgeber und Schwerbehindertenvertretung verpflichtet, in einer Integrationsvereinbarung die Regelungen zur Integration behinderter Menschen am Arbeitsplatz festzuschreiben. Dabei ist auch das BEM aufgeführt. Da BEM sich aber auch auf nicht behinderte Arbeitnehmer bezieht, empfiehlt es sich, dazu eine gesonderte Betriebsvereinbarung mit der Beschäftigtenvertretung zu treffen, auf die in der Integrationsvereinbarung Bezug genommen werden kann.

Praxis-Beispiel: BEM auf den Betrieb abstimmen

Während in Großbetrieben Betriebsvereinbarungen zu BEM unumgänglich und feste BEM-Arbeitsgruppen installiert sind, die auftretende Fälle kontinuierlich bearbeiten, reicht es in kleinen Einheiten oft, wenn sich die betroffenen Funktionsträger «auf dem kleinen Dienstweg» abstimmen und die nötigen Gespräche organisieren. BEM sollte nicht als starrer Apparat verstanden werden.

3.2 Ablaufschema (Beispiel)

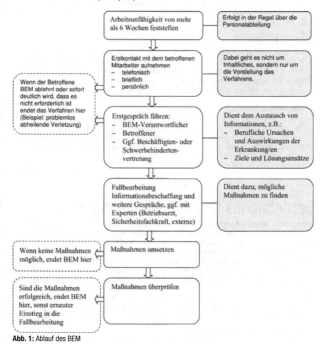

Abb. 1: Ablauf des BEM

4 Vorbehalte und Chancen

4.1 Arbeitgebersicht

Möglicher Vorbehalt:

- BEM verursacht einen hohen Zeit- und Organisationsaufwand durch das stark strukturierte Verfahren und Kosten durch die Maßnahmen, die umzusetzen sind.

Zu erwartende Vorteile:

- BEM reduziert Fehlzeiten durch gezielte Maßnahmengestaltung.
- Gerade bei langwierigen und chronischen Erkrankungen muss davon ausgegangen werden, dass das Krankheitsgeschehen nach einer AU-Phase von 6 Wochen nicht abgeschlossen ist, sondern dass es zu weiteren Ausfällen kommt, die den Arbeitgeber Geld kosten. Hier besteht Einsparpotenzial durch genaue Analyse der Belastungen und konkrete Problemlösung.
- BEM verbessert → *Betriebsklima* und Ansehen des Betriebs, weil das Verfahren Fürsorge und → *Wertschätzung* für die Beschäftigten signalisiert.

- BEM stellt klar, dass Fehlzeiten nicht nur Privatsache sind, sondern dass der Betrieb ein legitimes Interesse an der Arbeitskraft der Arbeitnehmer hat.

4.2 Arbeitnehmersicht

Möglicher Vorbehalt:

- Der Bereich der persönlichen Gesundheit, wird als Privatsache angesehen. Schließlich steht in einer AU-Bescheinigung ja auch keine Diagnose. BEM macht aus diesem sensiblen Bereich nun eine Betriebsangelegenheit, was zu Nachteilen für den Betroffenen führen könnte.
- Wenn BEM nicht den erwünschten Erfolg hat und weitere AU-Zeiten anfallen, könnte es genutzt werden, um eine krankheitsbedingte Kündigung durchzusetzen.

Zu erwartenden Vorteile:

- BEM ermöglicht es, dass Arbeitsbedingungen so exakt wie möglich auf die individuellen Möglichkeiten abgestimmt werden. Das erhöht bestmöglich die Chancen, dass ein Fortschreiten einer mit der Arbeit in Zusammenhang stehenden Erkrankung vermieden und die Arbeitsfähigkeit erhalten bleibt. Das bringt dem Arbeitnehmer persönliche Lebensqualität und sichert sein Erwerbseinkommen.

Cornelia von Quistorp

Betriebliches Gesundheitsmanagement

Betriebliches Gesundheitsmanagement (BGM) ist ein Managementprozess, der zielgerichtet gesundheitsförderliche Maßnahmen, Strukturen und Prozesse integriert und steuert. Es beinhaltet verhaltens- und verhältnisorientierte Maßnahmen, um Arbeitsbedingungen gesundheitsförderlich zu gestalten und Beschäftigte zu einem Ressourcen stärkenden Verhalten zu befähigen. Davon abzugrenzen ist die «Betriebliche Gesundheitsförderung», die sich primär auf individuelle verhaltenspräventive Maßnahmen in den Themen Bewegung, Ernährung, Stressbewältigung und Suchtprävention konzentriert und damit ein Teilbereich des BGM ist. BGM hat demgegenüber eine ganzheitliche, integrative Vorgehensweise, die Führung und Kultur, Arbeits- und Gesundheitsschutz, betriebliche Gesundheitsförderung sowie Personal- und Organisationsentwicklung umfasst. Dabei agieren unterschiedlichste (über-)betriebliche (Gesundheits-)Akteure unter einer gemeinsamen Strategie im Themenfeld Arbeit und Gesundheit.

Gesetze, Vorschriften und Rechtsprechung

Das Arbeitsschutzgesetz zeichnet sich durch einen ganzheitlichen und präventiven Ansatz, einen kooperativen und beteiligungsorientierten Ablauf und ein erweitertes Verständnis von Arbeits- und Gesundheitsschutz aus. Ziel ist, neben der Verhütung von Unfällen, die menschengerechte Gestaltung der Arbeit (ArbSchG § 2 Abs. 1).

Außerdem schreibt das ArbSchG vor, dass der Arbeits- und Gesundheitsschutz als kontinuierlicher Verbesserungsprozess zu organisieren ist. Dieses Verfahren findet sich im BGM wieder.

Mit der Durchführung von Gefährdungsbeurteilungen ist der Arbeitgeber verpflichtet, Gefahrenquellen einschließlich möglicher Ursachen psychischer Belastungen zu analysieren, entsprechende Gegenmaßnahmen einzuleiten und deren Wirksamkeit zu überprüfen (§ 3 Abs. 1 ArbSchG).

Auch wenn BGM keine direkte gesetzliche Verpflichtung für den Arbeitgeber ist, bilden das Arbeitsschutzgesetz sowie die einschlägigen Rechtsverordnungen, wie z. B. Arbeitsstättenverordnung, Bildschirmarbeitsverordnung oder Gefahrstoffverordnung eine wichtige rechtliche Orientierung.

1 Vom Arbeits- und Gesundheitsschutz zum BGM

Die primär auf die Verhütung von Berufskrankheiten und → *Unfällen* ausgerichteten klassischen Konzepte des Gesundheitsschutzes haben ein hohes Niveau erreicht, sind jedoch gerade deshalb auch an Grenzen gestoßen:

Betriebliches Gesundheitsmanagement

- weitere Verbesserungen bei den herkömmlichen Aufgaben und Methoden werden immer schwieriger;
- die Veränderungen der Arbeitswelt verlangen neue Ansätze und Instrumente.

Arbeitssicherheit und Gesundheitsschutz müssen sich angesichts dieser Entwicklung neu orientieren und mehr umfassen als die Verhütung von Arbeitsunfällen und Berufskrankheiten – ohne dabei Bewährtes aus dem Auge zu verlieren.

> **Wichtig: Gesundheitsmanagement geht über den «klassischen» Arbeitsschutz hinaus**
>
> Klassische Ziele und Aufgaben des Gesundheitsschutzes werden auch in Zukunft gültig bleiben. BGM geht darüber hinaus und entwickelt betriebliche Strukturen und Prozesse. Es dient damit den Beschäftigten wie dem Unternehmen. BGM tritt hierbei nicht in Konkurrenz zu anderen Managementzielen, sondern agiert unterstützend in allen Bereichen eines Unternehmens.

Das Arbeitsschutzgesetz trägt dieser Entwicklung Rechnung. Anstatt jedes Detail vorzuschreiben und behördlich zu kontrollieren, werden die Verantwortlichen im Unternehmen verpflichtet, für Arbeitsbedingungen zu sorgen, die dem aktuellen → *Stand von Wissenschaft und Technik* entsprechen. Staatliche Aufsicht gilt zunehmend den Methoden, mit denen diese Ziele erreicht werden – also dem Management.

2 Erfolgsfaktor «Mensch» als Element aller Managementprozesse

Die schnell fortschreitende Entwicklung von Wissenschaft und Technik, globalisierte Märkte und die Entstehung einer Informations- und Wissensgesellschaft verstärken den Druck auf die Unternehmen und stellen sie vor neue Anforderungen. Diese machen eine stärkere Fokussierung auf die Mensch-Mensch-Schnittstelle erforderlich. Bei der Vielzahl von Veränderungsprozessen, die Unternehmen heute parallel durchlaufen, haben sich → *Managementsysteme* für einzelne Teilbereiche entwickelt, z. B. Produkt-, Qualitäts-, → *Umwelt*- oder Verbesserungsmanagement. Sie sollen nicht Einzelmaßnahmen festschreiben, sondern bestimmte Kernelemente und -prozesse. Ihre Entwicklung und laufende Optimierung richten sich auf die gesamte Organisation und gelten als Führungsaufgabe.

Das gemeinsame Element aller Managementsysteme ist der Mitarbeiter mit seinen Kenntnissen und Fähigkeiten, seiner Einstellung, seiner Motivation und seinem daraus resultierenden Verhalten. Der Managementprozess BGM bildet hier eine Querschnittsaufgabe und ist Bestandteil der Führungsstrategie (**Abb. 1**).

Abb. 1: Zusammenhang verschiedener Managementziele

3 BGM im Unternehmen etablieren

3.1 Implementierung

Step by Step: Schritte zur nachhaltigen Implementierung eines BGM

- Verständigung über eine betriebliche Gesundheitspolitik, idealerweise in Form einer Führungsstrategie, Verankerung einer Grundmotivation in Unternehmensleitlinien und die Definition von Gesundheitszielen;
- Abschluss schriftlicher Vereinbarungen zwischen Unternehmensleitung und Arbeitnehmern (Betriebsvereinbarung);
- Einrichtung eines interdisziplinären Steuerkreises Gesundheit: Mitglieder oder Beteiligte sind i. d. R. BGM-Verantwortlicher/Koordinator, → *Sicherheitsfachkraft*, Personalentwicklung, Sozialberatung, Datenschutzbeauftragter, Schwerbehindertenvertretung, → *Betriebsrat*, → *Betriebsarzt*, Gleichstellungsstelle und Vertreter von Krankenkassen bzw. Berufsgenossenschaften;
- Bereitstellung von Ressourcen (Budget, Infrastruktur);
- Festlegung personeller Verantwortlichkeiten;
- Qualifizierung von Experten und Führungskräften als betriebliche Gesundheitsakteure;
- Sensibilisierung, Beteiligung und Befähigung der Mitarbeiter;
- Kontinuierliche interne Kommunikation/internes Marketing;
- Anwendung eines → *kontinuierlichen Verbesserungsprozesses* (vgl. **Abb. 2**);
- Erhebung/Aufbau einer BGM-Dateninfrastruktur und von → *Kennzahlen*;
- Integration von «Gesundheit» in die betrieblichen Routineprozesse.

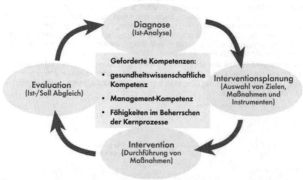

Abb. 2: Kernprozesse des betrieblichen Gesundheitsmanagements, Deming-Zyklus[42]

3.2 Analyseinstrumente

Die Grundlage für zielgerichtetes Handeln im BGM bildet eine datenbasierte Organisationsanalyse im Unternehmen bzw. in ausgewählten Pilotbereichen. Zur Messung und Bewertung dienen die Instrumente der Organisationsdiagnose, d. h. medizinische, technische und psychosoziale Kenngrößen – z. B. Erkrankungen und Beschwerden, technische Gefährdungsanalysen,

---

[42] nach Badura et al., Betriebliche Gesundheitspolitik, 2010.

subjektives Wohlbefinden oder soziales Klima in Gruppen – und die jeweils geeigneten Erhebungsmethoden.

Neben der Wirksamkeit von Maßnahmen im Sinne solcher Kriterien muss auch die Relation von Aufwand und Nutzen, also die Effizienz bewertet werden. Auch unter diesem Gesichtspunkt ist es erforderlich, bereits bei der Planung die entsprechenden Entscheidungs- und Bewertungskriterien festzulegen, die Kosten zu kalkulieren und die Aufwendungen zu dokumentieren.

BGM-Kennzahlen fließen zunehmend in die → *Balanced Score Card* von Unternehmen ein.

Häufige Analyseinstrumente, die i. d. R. kombiniert werden:

- → *Gefährdungsbeurteilung* zur Erhebung physischer und → *psychischer Belastungen*,
- Arbeitsplatzbeobachtung,
- Interviews/Gespräche,
- Fragebogen,
- Gesundheitszirkel,
- Fokusgruppen,
- Gesundheitsbericht.

Ziel des Vorgehens ist es, gesundheitlich bedeutsame Informationen in betriebliche Entscheidungs- und Arbeitsprozesse zu integrieren. Dafür ist die fundierte, zuverlässige und glaubwürdige Bewertung dieser Informationen unerlässlich. Erst dadurch unterscheidet sich ein nachhaltiges betriebliches Gesundheitsmanagement-Konzept vom kurzatmigen Aktionismus der → *Gesundheitsförderung* im Betrieb und marketingorientierten Maßnahmen von Krankenkassen.

4 Erfolgsfaktoren, Nutzen und Wirksamkeit von BGM

Die Wirksamkeit von BGM-Maßnahmen konnte in den vergangenen Jahren durch Studien und Untersuchungen belegt werden. So ist ein Kosten-Nutzen-Verhältnis von 1:3 bis 1:6 und deutlich höher möglich, wenn die Maßnahmen entsprechend aufeinander abgestimmt und in ein ganzheitliches BGM eingebunden sind. Diese gesicherte Return on Invest-Quote muss → *Führungskräfte* in Unternehmen ermutigen, in die Gesundheit und Arbeitszufriedenheit ihrer Beschäftigten zu investieren.

4.1 Erfolgsfaktoren im BGM

«Erfolgreichem BGM liegt eine salutogenetische Betrachtung, die WHO-Definition als Rahmen, arbeitspsychologische Grundlagen und die Ottawa Charta als Leitlinie zugrunde»[43].

Dabei werden die systematische Herangehensweise (vgl. **Abb. 2**), Kompetenz und eine gute Wissensbasis mit einer guten internen Kommunikation über die Vorgehensweise gepaart sowie Zielsetzungen an die Beschäftigten als wichtige Voraussetzungen beschrieben. Ebenso schaffen Langfristigkeit und ganzheitliche Handlungsansätze die Basis für die Wirksamkeit von Konzepten.

Zu den strukturellen Erfolgskriterien zählen

- flache Hierarchien,
- Partizipation,
- flexible Arbeitszeitmodelle,
- transparente Arbeitsabläufe,
- Qualifizierungs- und Entwicklungsmöglichkeiten oder
- eine arbeitsmedizinische bedarfsgerechte Betreuung.

Da BGM eine interdisziplinäre Aufgabe ist, zählt die Vernetzung der betrieblichen Gesundheitsakteure, v. a. der Experten, die zum Steuerkreis Gesundheit zählen, zu den Kriterien erfolgreichen Gesundheitsmanagements.

---

[43] Waldherr, Gesunde Mitarbeiter – gesundes Unternehmen, 2009.

«Ein effektives und effizientes Gesundheitsmanagement setzt ein Netzwerk von kompetenten Partnern voraus. Je mehr Partner an einem Strang ziehen, desto ganzheitlicher können die richtigen Maßnahmen und Projekte umgesetzt werden»[44].

Die **Akteure im BGM** sind in **Abb. 3** enthalten.

Abb. 3: Akteure im Betrieblichen Gesundheitsmanagement

Als stärkste gesundheitsfördernde Elemente werden von den Mitarbeitern empfunden:
- persönliche Zuwendung,
- Transparenz,
- Verlässlichkeit,
- Anerkennung der Führungskräfte.

Die Aussage «Wertschöpfung durch → *Wertschätzung*» bringt das knapp auf den Punkt.

Die zentrale Rolle wird jedoch den Führungskräften zugeschrieben, da nicht Betriebe und Organisationen, sondern das soziale Umfeld und die Führungskraft erlebt werden[45].

Unverzichtbar für die erfolgreiche Implementierung eines BGM ist das Thema → *Gesunde Führung*, d. h. die Sensibilisierung der Führungskräfte für das Thema Gesundheit, ihren Einfluss als Vorbild und Multiplikator sowie auf das Verhalten und die Motivation der Mitarbeiter und auf die Gestaltung von Arbeitsabläufen und Strukturen.

4.2 Die Konzeption entscheidet, ob etwas Messbares herauskommt

Maßnahmen müssen von Anfang an so entwickelt werden, dass ihre Wirkungen später messbar und bewertbar sind. Bei den Daten darf es sich auch um subjektive Eindrücke und Sichtweisen der Beschäftigten handeln – vorausgesetzt, diese werden mit anerkannten, statistisch sauberen Methoden erhoben. Die spätere Erfassung der Ergebnisse und die Auswertungsmethoden sind unverzichtbare Bausteine bereits bei der Konzeption von Gesundheitsmaßnahmen.

Immaterielle, nicht greifbare und «weiche» Unternehmenswerte, wie Human- und Sozialkapital, gewinnen eine zunehmende Bedeutung in der Prognose des Unternehmenserfolgs gegenüber den Finanzkennziffern. Wohlbefinden und gute Gesundheit zählen zu den zentralen Bestandteilen. In den Vordergrund rückt zunehmend der Mensch als soziales Wesen im Zusammenhang mit dem Unternehmenserfolg.

4.3 Wirksamkeit und Nutzen von BGM

Zur Wirksamkeitsüberprüfung von Maßnahmen sind messbare Daten und Ziele erforderlich, die das betriebliche Krankheits- und Gesundheitsgeschehen betreffen. Zunehmende Relevanz erhält die Betrachtung des Zusammenhangs zwischen Gesundheit und Sozialkapital bei der Arbeit. Sozialkapital gibt die von Beschäftigten empfundene Qualität der Führung, gemeinsame Werte und Überzeugungen sowie die Qualität der sozialen Beziehungen bei der Arbeit wieder.

In einer Untersuchung von 1.000 Studien und über 40 wissenschaftlichen Übersichtsartikeln der Jahre 2000–2006 hat die IGA, Initiative Gesundheit und Arbeit festgestellt, dass mithilfe ge-

---
[44] Dräxler et al., 30 Minuten Gesundheitsmanagement, 2010.
[45] vgl. Waldherr, Gesunde Mitarbeiter – gesundes Unternehmen, 2009.

zielter verhaltenspräventiver BGF-Maßnahmen arbeitsweltbezogenen psychischen und muskuloskelettalen Erkrankungen vorgebeugt werden kann[46].

Studien der Bielefelder Fakultät für Gesundheitswissenschaften zum Sozialkapital belegen die Wirkung des Sozialkapitals auf die Gesundheit und die Fehlzeiten der Beschäftigten. Als Einflussfaktoren auf das Wohlbefinden der Beschäftigten konnten insbesondere die Akzeptanz und Qualität der Führung sowie die sozialen Aspekte im Team festgestellt werden[47].

Der Nutzen von BGM wird gesehen in

- einer Motivations- und Leistungssteigerung der Mitarbeiter,
- der Sicherung von Arbeitsfähigkeit,
- höherer Arbeitszufriedenheit,
- geringeren Kosten (z. B. an Lohnfortzahlungen),
- gesteigerter Produktivität und Wettbewerbsfähigkeit.

Praxis-Tipp: Steuerfreibetrag für betriebliche Präventionsmaßnahmen

Seit dem 1.1.2009 erhalten Unternehmen für betriebliche Maßnahmen der Gesundheitsförderung im Bereich Bewegung, Ernährung, Stressbewältigung und Suchtprävention sowie psychosozialer Beratung einen jährlichen Steuerfreibetrag von max. 500 EUR pro Mitarbeiter.

Kerstin Schneider

Betriebsanweisung

In der Betriebsanweisung regelt das Unternehmen den Umgang der Beschäftigten mit gefährlichen chemischen oder biologischen Stoffen, Maschinen und Fahrzeugen sowie bestimmte Verfahren und Arbeitsabläufe. Dadurch sollen Gesundheitsgefährdungen und Gefahren ausgeschlossen werden. Die Betriebsanweisung ist keine Betriebsanleitung. Die Betriebsanleitung wird vom Hersteller einer Anlage bzw. eines *Arbeitsmittels* erstellt und enthält Informationen und Angaben über Voraussetzungen bei der Montage und Inbetriebnahme, über vorgesehene Betriebsbedingungen, Wartung und Instandsetzung. Die Betriebsanleitung kann als Grundlage für die Betriebsanweisung dienen.

Gesetze, Vorschriften und Rechtsprechung

Betriebsanweisungen werden in folgenden Vorschriften gefordert:

- § 14 GefStoffV i. V. m. TRGS 555: Betriebsanweisungen für gefährliche chemische Arbeitsstoffe,
- § 12 BioStoffV: Betriebsanweisungen für gefährliche biologische Arbeitsstoffe,
- § 9 ArbSchG und § 9 BetrSichV: Betriebsanweisungen für Maschinen bzw. für besonders gefährliche Tätigkeiten.

Hinweise und Beispiele enthalten auch die BGI 578 «Sicherheit durch Betriebsanweisungen» und die BGI 853 «Betriebsanweisungen nach der Biostoffverordnung». Verschiedene berufsgenossenschaftliche Vorschriften fordern zusätzlich Betriebsanweisungen für bestimmte Tätigkeiten bzw. Arbeitsmittel.

1 Inhalt und Aufbau von Betriebsanweisungen

Die Vorgaben der Betriebsanweisung müssen auf den Arbeitsplatz zugeschnitten sein. Sie muss übersichtlich gestaltet werden und sollte möglichst auf einer DIN A4-Seite Platz finden. Piktogramme, Symbole, Gebots-, Verbots- und Warnzeichen erleichtern den Arbeitnehmern die Aufnahme der Informationen. Die Anweisungen müssen leicht verständlich sein. Das bedeutet,

---

[46] Kreis/Bödeker, Gesundheitlicher und ökonomischer Nutzen betrieblicher Gesundheitsförderung und Prävention: Zusammenstellung der wissenschaftlichen Evidenz, iga Report 3, 2003.

[47] Badura et al., Sozialkapital, Grundlagen von Gesundheit und Unternehmenserfolg, 2008.

dass Betriebsanweisungen für ausländische Mitarbeiter ggf. in deren Sprache erstellt werden müssen. Betriebsanweisungen für → *Fahrzeuge*/Maschinen/Arbeitsverfahren/Arbeitsabläufe und Betriebsanweisungen für → *Gefahrstoffe* unterscheiden sich in Aussehen und Inhalt.

Betriebsanweisungen für → *Fahrzeuge*/Maschinen/Arbeitsverfahren/Arbeitsabläufe haben einen blauen Rahmen und blaue Querbalken. Sie sind in folgende Abschnitte gegliedert:

- Anwendungsbereich,
- Gefahren für Mensch und Umwelt beim Umgang mit der Maschine,
- Schutzmaßnahmen und Verhaltensregeln beim Umgang mit der Maschine,
- Verhalten bei Störungen,
- → *Erste Hilfe*, Notrufnummern,
- → *Instandhaltung* der Maschine, Entsorgung von Abfällen,
- Folgen bei Nichtbeachtung der Betriebsanweisung.

Betriebsanweisungen für → *Gefahrstoffe* haben einen roten Rahmen und rote Querbalken. Für die farbliche Gestaltung von **Betriebsanweisungen für** → *Biostoffe* existieren keine Vorgaben, es gibt jedoch den Vorschlag für einen grünen Rahmen und grüne Querbalken. Beide werden in folgende Abschnitte untergliedert:

- Anwendungsbereich (Arbeitsplatz) und Angaben, wofür der Gefahrstoff eingesetzt wird,
- Bezeichnung der Inhaltsstoffe,
- Gefahren für Mensch und Umwelt, die von dem Gefahrstoff ausgehen können,
- Schutzmaßnahmen und Verhaltensregeln, z. B. → *persönliche Schutzausrüstungen*,
- Verhalten im Gefahrfall und bei Störungen, z. B. Brand, Leckage,
- Angaben zur → *Erste Hilfe*, Notrufnummern und → *Ersthelfer*,
- sachgerechte Entsorgung (Abfälle).

Betriebsanweisungen müssen am jeweiligen Arbeitsplatz angebracht werden. Die Inhalte der Betriebsanweisungen müssen den Mitarbeitern bekannt gemacht werden (→ *Unterweisung*). Die Ergebnisse der → *Gefährdungsbeurteilung* müssen in die Betriebsanweisung einfließen. Die Beschäftigten müssen die Vorgaben der Betriebsanweisungen befolgen.

2 Infomationsquellen zur Erstellung der Betriebsanweisung

Basis für die Erstellung der Betriebsanweisungen für Gefahrstoffe sind die Informationen im → *Sicherheitsdatenblatt* des Gefahrstoffs. Weitere Informationen zum Umgang mit Gefahrstoffen enthalten die Datenbank «International Chemical Safety Cards» und die GESTIS-Stoffdatenbank. Vorlagen für Betriebsanweisungen, die noch auf die betrieblichen Verhältnisse angepasst werden müssen, werden auch von verschiedenen Berufsgenossenschaften auf ihren Websites angeboten.

> **Achtung: Gefahrstoffbetriebsanweisungen und CLP-Verordnung**
>
> Mit der Umsetzung der CLP-Verordnung 1272/2008/EG zur Einstufung und Kennzeichnung von Stoffen und Gemischen werden die bisher verwendeten Gefahrensymbole sowie → *R*- und → *S-Sätze* ersetzt durch → *Gefahrenpiktogramme*, → *H*- und → *P-Sätze* sowie → *Signalwörter*. Darüber hinaus werden teilweise Einstufungskriterien verändert. Stoffe müssen bereits seit 1.12.2010 nach neuem Recht eingestuft und gekennzeichnet werden, Gemische ab 1.6.2015.
>
> Für Sicherheitsdatenblätter bedeutet das:
> - Stoffe müssen in einer Übergangsphase vom 1.12.2010 bis 31.5.2015 nach altem und neuem Recht eingestuft werden.
> - Für Gemische ist die Einstufung nach CLP-Verordnung ab 1.6.2015 zwingend, bis dahin dürfen sie nach altem oder neuem Recht eingestuft werden.
>
> Daraus folgt: Wird ein → *Sicherheitsdatenblatt* aktualisiert, muss geprüft werden, ob die daraus abgeleitete Betriebsanweisung angepasst werden muss.

Bettina Huck

Betriebsarzt

Betriebsärzte sind Personen mit arbeitsmedizinischer Fachkunde, denen vom Arbeitgeber die im Arbeitssicherheitsgesetz beschriebenen Aufgaben übertragen wurden. Ihre Tätigkeit widmet sich der Schnittstelle zwischen Arbeit und Beruf einerseits sowie dem Menschen, seiner Gesundheit und seinen Krankheiten andererseits. Betriebsärzte übernehmen die ärztliche Beratung des Arbeitgebers und der Arbeitnehmer in allen Fragen des Gesundheitsschutzes, der betrieblichen Gesundheitsförderung, der Prävention und Rehabilitation. Ihre Tätigkeit dient der Vorbeugung, Erkennung und Therapie arbeitsbedingter Gesundheitsschäden, dem Erhalt der Beschäftigungsfähigkeit, dem betrieblichen Eingliederungsmanagement und der allgemeinen Prävention im betrieblichen Umfeld. Sie wirken auch bei Maßnahmen zur Teilhabe behinderter Menschen am Arbeitsleben mit.

Gesetze, Vorschriften und Rechtsprechung

- Arbeitsschutzgesetz (ArbSchG)
- Arbeitssicherheitsgesetz (ASiG)
- Sozialgesetzbuch, insbesondere SGB V, VI, VII und IX,
- Verordnung zur arbeitsmedizinischen Vorsorge (ArbMedVV)
- BGV A1 «Grundsätze der Prävention»
- DGUV V 2 «Betriebsärzte und Fachkräfte für Arbeitssicherheit»
- Berufsgenossenschaftliche Grundsätze für arbeitsmedizinische Vorsorgeuntersuchungen

1 Aufgaben und Pflichten

Betriebsärzte haben die Aufgabe, den Arbeitgeber zu beraten, insbesondere bei

- der Beurteilung der Arbeitsbedingungen (→ *Gefährdungsbeurteilung*),
- der Planung, Ausführung und Unterhaltung von Anlagen, Einrichtungen usw.,
- der Beschaffung und dem Einsatz von → *Arbeitsmitteln*, -verfahren und -stoffen,
- der Gestaltung von Arbeitsplätzen, Arbeitsorganisation und Arbeitsumgebung,
- der → *arbeitsmedizinischen Vorsorge*,
- der → *Ersten Hilfe* und sonstigen Notfallmaßnahmen.

Sie haben

- die Arbeitnehmer zu untersuchen und zu beraten sowie
- die Untersuchungsergebnisse zu erfassen und auszuwerten.

§ 3 Arbeitssicherheitsgesetz (ASiG) nennt die wichtigsten betriebsärztlichen Aufgaben. Je nach Art und Organisation des Betriebs können weitere Arbeitsgebiete dazukommen, z. B.:

- reisemedizinische Betreuung von Mitarbeitern,
- betriebliche Gesundheitsförderung, zum Beispiel in Zusammenarbeit mit den Krankenkassen,
- Beratung bei Suchterkrankungen oder anderen psychosozialen Problemen,
- Schulung von Mitarbeitern und Führungskräften,
- allgemeine Gesundheitsprävention im betrieblichen Umfeld.

Die Tätigkeit der Betriebsärzte ist grundsätzlich nicht auf die in § 3 ASiG genannten Aufgaben beschränkt, solange sie sich im Wesentlichen innerhalb des Fachgebiets → *Arbeitsmedizin* abspielt. Das einzige **Verbot** enthält § 3 Abs. 3 ASiG: Zu den Aufgaben der Betriebsärzte gehört es nicht, Krankmeldungen der Arbeitnehmer auf ihre Berechtigung zu überprüfen. Diese Bestimmung ist zum Schutz des **Vertrauensverhältnisses** gedacht, das für eine sinnvolle ärztliche Beratung der Arbeitnehmer unverzichtbar ist, und zu dem die Sicherheit gehört, dass die ärztliche **Schweigepflicht** auch gegenüber dem Arbeitgeber konsequent eingehalten wird (§ 8 ASiG).

2 Fachkunde

Zum Betriebsarzt darf nur bestellt werden, wer die vom Gesetz verlangte arbeitsmedizinische Fachkunde besitzt. Die Fachkunde ist generell vorhanden, wenn der Arzt die Bezeichnung **Facharzt für Arbeitsmedizin** oder **Arbeitsmediziner** führen darf. Auch die Zusatzbezeichnung Betriebsmedizin signalisiert, dass die erforderliche Fachkunde für den jeweiligen Betrieb vorliegt. Facharzttitel oder Zusatzbezeichnung verleiht die Ärztekammer, wenn Berufserfahrung, Weiterbildung und Kenntnisstand im Fach Arbeitsmedizin den Anforderungen entsprechen.

Detaillierte, verbindliche Bestimmungen finden sich in den Vorschriften der Unfallversicherungsträger, insbesondere der DGUV V 2.

3 Arbeitsmedizinische Vorsorge und Untersuchungen

Zu den Kernaufgaben der Betriebsärzte gemäß § 3 ASiG gehört es, tätigkeitsbedingte Einflüsse auf die Gesundheit (z. B. durch → *Gefahrstoffe*, → *Lärm*, Klima, → *Ergonomie* usw.) zu beurteilen, geeignete Maßnahmen zu empfehlen sowie die Beschäftigten über mögliche Gesundheitsgefährdungen aufzuklären und zu beraten. Um diese Aufgaben zu erfüllen, muss der Arzt die Arbeitsplatzverhältnisse kennen – dies wird in der Verordnung zur arbeitsmedizinischen Vorsorge ausdrücklich gefordert (§ 6 ArbMedVV).

Darüber hinaus verlangt die ArbMedVV vom Arbeitgeber je nach Gefährdungsbeurteilung spezielle → *arbeitsmedizinische Vorsorgeuntersuchungen* zu veranlassen oder den Beschäftigten anzubieten. Er darf damit nur Ärzte beauftragen, die Fachärzte für Arbeitsmedizin sind oder die Zusatzbezeichnung Betriebsmedizin führen.

Der Betriebsarzt erfüllt diese fachlichen Voraussetzungen, kennt die Arbeitsplatzverhältnisse und ist an der → *Gefährdungsbeurteilung* regelmäßig beteiligt. Deshalb soll der Arbeitgeber vorrangig den Betriebsarzt mit der Durchführung arbeitsmedizinischer Vorsorgeuntersuchungen beauftragen (§ 3 ArbMedVV). Wenn zusätzlich besondere Fachkenntnisse oder eine spezielle Ausrüstung (z. B. ein Röntgengerät) erforderlich sind, zieht der Betriebsarzt weitere Fachärzte hinzu.

4 Besondere Ermächtigungen

Für Untersuchungen oder Maßnahmen nach bestimmten staatlichen Vorschriften darf der Arbeitgeber nur speziell ermächtigte Ärzte in Anspruch nehmen. An sie werden besondere Anforderungen gestellt, die über die arbeitsmedizinische Fachkunde noch hinausgehen. Solche Ermächtigungen beziehen sich z. B. auf die Gentechnik-Sicherheitsverordnung, Druckluftverordnung, Gesundheitsschutz-Bergverordnung, Strahlenschutzverordnung oder Röntgenverordnung.

Der Betriebsarzt sollte über die notwendigen Ermächtigungen verfügen (andernfalls müssten die Mitarbeiter sich anderweitig untersuchen lassen, was i. d. R. mit zusätzlichem Zeitaufwand und Mehrkosten verbunden ist).

Die Ermächtigungen werden durch die zuständigen staatlichen Behörden erteilt.

5 Zusammenarbeit

Für eine erfolgreiche betriebsärztliche Tätigkeit ist die Zusammenarbeit mit einer Vielzahl betrieblicher und externer Ansprechpartner unerlässlich. → *Fachkräfte für Arbeitssicherheit*, Personalbetreuer, → *Betriebsrat*, → *Führungskräfte*, Behindertenvertretung, niedergelassene Ärzte, Krankenkassen, Rentenversicherung, Krankenhäuser, Sozialberater, Unfallversicherungsträger, Selbsthilfegruppen, Psychologen, Umweltbeauftragte, Physiotherapeuten, Betriebsmittelkonstrukteure, Reha-Kliniken, betriebliche Ausbilder, Qualitätsmanager und andere mehr zählen zu den möglichen Kooperations- oder Kommunikationspartnern des Betriebsarztes. Fachkräfte für Arbeitssicherheit, Betriebsräte und Betriebsärzte sind zur Zusammenarbeit sogar gesetzlich verpflichtet (§§ 9 und 10 ASiG).

Michael Hans Mayer

Betriebsklima

Für die Zufriedenheit der Beschäftigten spielt das Betriebsklima eine entscheidende Rolle. Im Mittelpunkt stehen v. a. die sog. weichen Faktoren wie Wertschätzung, Toleranz, Hilfsbereitschaft, Kooperations-, Team- und Kommunikationsfähigkeit. Aber auch objektive Bedingungen wie Sozialleistungen, angemessene Bezahlung, das Verhalten von Vorgesetzten, Ablauforganisation und Leistungsdruck nehmen Einfluss darauf, ob das soziale Klima im Betrieb gut oder schlecht ist. Wir arbeiten mit anderen Menschen zusammen und/oder für Menschen. Die zwischenmenschliche Ebene macht dabei eine wichtigen Faktor aus. Denn wir bewerten die Stimmung, die bei der Arbeit herrscht. Gut oder schlecht – das kann entscheidend für die psychische und physische Gesundheit sein. Und für die emotionale Bindung gegenüber dem Unternehmen. Langfristig ist das Betriebsklima also auch für den Markterfolg ausschlaggebend.

1 Allgemeine Grundsätze des Arbeitsschutzgesetzes

Der Arbeitgeber muss bei Maßnahmen des Arbeitsschutzes u. a. von folgenden allgemeinen Grundsätzen ausgehen (§ 4 ArbSchG)

- die Arbeit so gestalten, dass eine Gefährdung für Leben und Gesundheit möglichst vermieden und die verbleibende Gefährdung möglichst gering gehalten wird;
- Gefahren an ihrer Quelle bekämpfen;
- Maßnahmen mit dem Ziel planen, Technik, Arbeitsorganisation, sonstige Arbeitsbedingungen, soziale Beziehungen und Einfluss der Umwelt auf den Arbeitsplatz sachgerecht zu verknüpfen;
- den Beschäftigten sind geeignete Anweisungen zu erteilen.

2 Einflussfaktoren

Menschen sind keine Maschinen. Sie haben Bedürfnisse und Interessen. So überrascht es nicht, dass 2008 bei der Umfrage «Arbeitgebermarke» fast 80 % der befragten Geschäftsführer, Inhaber und Personalverantwortlichen von 280 mittelständischen Unternehmen in ganz Deutschland angaben, dass Bewerber vor allem Wert auf ein gutes Betriebsklima legen. Denn am Arbeitsplatz entwickeln sich auch Beziehungen zwischen Personen.

2.1 Geben und Nehmen

Beziehungen fühlen sich gut an und geben Sicherheit, wenn das Verhältnis von Geben und Nehmen stimmt. Das ist auch in der Arbeitswelt so. Werden Teams umstrukturiert, Abteilungen ausgelagert oder Arbeiten anders verteilt, verändern sich die eingespielten Verhältnisse von Geben und Nehmen. Das verunsichert und geht nicht immer reibungslos, v. a. dann nicht, wenn bewährte Strukturen verändert werden und die Gründe dafür nicht nachvollziehbar sind.

Ein **schlechtes Betriebsklima** entsteht also dann, wenn die sog. Austauschbeziehungen dauerhaft geprägt sind von

- Ungerechtigkeiten und
- unsolidarischem Verhalten oder
- Unsicherheit und
- Angst.

Oft fehlt auch das gegenseitige Verständnis zwischen Vorgesetzten und Mitarbeitern.

> **Praxis-Beispiel: Misstrauen oder Vertrauen?**
> Nimmt ein Vorgesetzter an einem Führungstraining teil, kann das bei der Belegschaft unterschiedliche Reaktionen auslösen. Ist das Betriebsklima schlecht, werden die Mitarbeiter eher misstrauisch sein. Statt einer besseren Zusammenarbeit wird es zu Widerständen kommen. Anders bei einem guten Betriebsklima. Hier vertrauen die Mitarbeiter ihrem Vorgesetzten und sehen in seinem Engagement ein positives Signal, die Zusammenarbeit weiter zu verbessern.

2.2 Demografischer Wandel und Werte

Nicht nur Führungsaufgaben haben sich in den vergangenen Jahrzehnten verändert. Auch der Stellenwert der Arbeit hat sich in der Gesellschaft über die Generationen hinweg gewandelt. Steht bei der älteren Generation die Loyalität gegenüber dem Unternehmen weit oben, heißt es von den Jüngeren, dass der Spaßfaktor entscheidend sei. In altersgemischten Teams kann es deshalb für das Klima wichtig sein, sich über persönliche Einstellungen auszutauschen und Erwartungen zu formulieren.

2.3 Die eine Hälfte ist zufrieden …

Bei der Umfrage «Was ist gute Arbeit?» durch die Initiative Neue Qualität der Arbeit (INQA) äußerten sich die über 50-Jährigen hinsichtlich Arbeitsfreude, Zufriedenheit und Leistungsbereitschaft deutlich positiver über ihre persönliche Situation als die unter 30-Jährigen. Knapp 72 % aller Befragten gab an, oft stolz auf die Arbeit zu sein, rund 64 % arbeiteten in den letzten 4 Arbeitswochen oft mit Freude und 54 % begeisterte ihre eigene Arbeit. Unabhängig vom Alter lag die tatsächliche Zufriedenheit nach genauerer Analyse bei 46 %, also fast der Hälfte.

Nur knapp über 20 % der Befragten äußerte sich unzufrieden, aber willens, die Situation selbst oder gemeinsam mit anderen verbessern zu wollen. Und lediglich 4 % gaben an, unzufrieden zu sein und keine Chance auf Veränderung oder Handlungsperspektiven zu sehen.

2.4 … die andere Hälfte ist unzufrieden

Mit einer negativen Formulierung untersuchte StepStone (2005) das Arbeitsklima in Europa. Der Schwerpunkt wurde hier auf die Unzufriedenheit gelegt. Die Folge: Rund 50 % der Deutschen äußerten sich negativ. 32 % gaben an, das Klima am Arbeitsplatz als so katastrophal zu empfinden, dass sie – trotz unsicherer Wirtschaftslage – so schnell wie möglich den Job wechseln wollten. In keinem anderen europäischen Land sei die Wechselbereitschaft derart stark ausgeprägt, so das Fazit der Untersuchung.

Wenn Leute miteinander schaffen, dann machen sie sich zu schaffen. Und da die Deutschen immer mehr Zeit im Job verbringen, gewinnt die Wohlfühlatmosphäre am Arbeitsplatz und im Kollegenkreis zunehmend an Bedeutung.

Bei der o. g. INQA-Umfrage gaben die Befragten an, woran es ihnen vor allem fehlt:

- 61 % erfahren nie oder selten Anerkennung für ihre Arbeit;
- 48 % fühlten sich in den letzten 4 Wochen nie oder selten mit ihrem Unternehmen besonders verbunden;
- 27 % fühlten sich fachlich sowie in ihren Organisations- und Planungsfähigkeiten unterfordert.

3 Auswirkungen eines schlechten Klimas

In den letzten Jahren haben viele Unternehmen Personal und Kosten eingespart. Gleichzeitig wird von den Beschäftigten mehr Leistung gefordert. Der Konkurrenz- und Leistungsdruck steigt. Das wirkt sich vielerorts auch auf den Umgang am Arbeitsplatz aus. Das Betriebsklima verschlechtert sich. Die Folgen davon sind im persönlichen wie wirtschaftlichen Bereich zu spüren.

Ist das Klima schlecht,

- lässt die Motivation nach,
- sinkt die Arbeitsfreude,
- steigt die Arbeitsunlust,
- belastet das die Psyche,
- können Konflikte vermehrt zu → *Mobbing* führen,
- ist die «innere Kündigung» oft nur eine Frage der Zeit,
- nimmt der Krankenstand zu,
- verschlechtert sich das Produktionsergebnis.

3.1 Gesundheitliche Beschwerden

Wer längere Zeit in einem schlechten Betriebsklima arbeitet, hat ein höheres Risiko zu erkranken. Durch Fehltage fallen Kosten für den Unternehmer und für die Gesellschaft an. Steigt der Leistungs- und Zeitdruck bei den Kollegen durch Ausfälle an, kann das wiederum auf deren eigene Stimmung schlagen. Daraus entwickelt sich nicht selten ein Domino-Effekt: nach und nach fallen immer mehr Mitarbeiter aus.

Die folgenden gesundheitlichen Beschwerden treten u. a. auf:

- Nervosität,
- Konzentrationsstörungen,
- Herzkreislauf-Beschwerden.

4 Merkmale eines guten Klimas

Kommen die Beschäftigten gerne zur Arbeit und fühlen sich bei der Arbeit wohl, kann man davon ausgehen, dass das Betriebsklima stimmt. Offensichtlich wird das u. a. durch:

- eine entspannte und gelassene Stimmung,
- ein hohes Maß an Toleranz,
- gegenseitige Anerkennung und → *Wertschätzung*,
- Hilfsbereitschaft und soziale Unterstützung untereinander,
- die Zusammenarbeit verschiedener Hierarchieebenen,
- eine offene und eindeutige Kommunikation.

Praxis-Tipp: Zu einem guten Betriebsklima tragen bei

- genügend Personal,
- klar abgegrenzte Zuständigkeiten,
- definierte Arbeitsaufgaben,
- fair geregelte Arbeitszeiten,
- angemessene Bezahlung,
- ein mit den richtigen Personen zusammengesetztes Team.

5 Betriebsklimaanalyse

Der Begriff Klima kommt ursprünglich aus der Meteorologie. So sprechen manche auch von sonnigen oder stürmischen Zeiten im Betrieb. Als Bewertungskriterien für die Stimmung zählen u. a. die Kollegialität und der soziale Umgang miteinander.

Um das Betriebsklima in einem Unternehmen zu bestimmen, kann eine Betriebsklimaanalyse durchgeführt werden. Dabei wird nicht nur die Stimmung untersucht. Auch Handlungen, Routinen und Strukturen müssen überprüft werden. Zu den typischen Bereichen, die zu betrachten sind, zählen:

- Kollegenbeziehungen
- Vorgesetztenverhalten
- Organisationsstruktur
- Möglichkeiten der Information und Mitsprache
- Interessenvertretung

5.1 Durchführung der Analyse

In der Praxis hat es sich bewährt, die Analyse in 5 Schritten durchzuführen:

1. Soll-Zustand bestimmen,
2. Ist-Zustand beschreiben,
3. bei Abweichungen zwischen Soll- und Ist-Zustand überlegen, was unternommen werden soll, um den Soll-Zustand zu erreichen,
4. entsprechende Maßnahmen planen und durchführen,

5. Ergebnis überprüfen und evaluieren.

Als klassisches Analyse-Instrument gilt der standardisierte Fragebogen, den die Mitarbeiter anonym beantworten. Damit kann der Ist-Zustand erfasst werden. Mit Fragen oder zu bewertenden Aussagen werden verschiedene Dimensionen wie Geschäftleitung, Organisation und Kommunikation beleuchtet. Allerdings können damit keine Ursachen aufgedeckt werden.

Typische Aussagen sind:

- Ich empfinde das Betriebsklima als angenehm.
- Ich kann mit meinem Vorgesetzten offen sprechen.
- Ich kenne meine Rolle im Unternehmen.
- Ich arbeite gerne mit meinen Kollegen zusammen.
- Meine Leistung wird vom Vorgesetzten anerkannt.

5.2 Zeitpunkt der Analyse

Gibt es einen besonderen Anlass, eine Klimaanalyse durchzuführen, ist die Stimmung meist schon schlecht. Besser ist es, regelmäßig darauf zu schauen, ob die Bedingungen und das Geben-Nehmen-Verhältnis noch passen. Es empfiehlt sich, alle 2 bis 3 Jahre das Betriebsklima zu überprüfen.

6 Präventive Maßnahmen

Das Thema Betriebsklima zählt zu den Aufgaben des Gesundheitsschutzes am Arbeitsplatz. In der Verantwortung stehen in erster Linie die Führungskräfte. Sie haben nicht nur Planungs-, Organisations- und Kontrollfunktionen auszuüben, sondern sind auch Moderatoren, wenn es um das soziale Miteinander ihrer Mitarbeiter geht. Dabei müssen sie oft ein früher übliches autoritäres und absolutistisches Verhalten durch eine vertrauensvolle und menschengerechte Unternehmenskultur ersetzen. So kann ein gutes Betriebsklima entwickelt werden, für das sich jeder mitverantwortlich fühlt.

Grundbedingungen für ein gutes Betriebsklima:

- eine vertrauensvolle Unternehmenskultur,
- Raum für eigenverantwortliches Handeln,
- faire und transparente Strukturen,
- flache Hierarchien,
- mitarbeiterfreundlicher und kooperativer Führungsstil.

6.1 Betriebsvereinbarung

Damit jeder Mitarbeiter weiß, worauf es ankommt, kann das gewünschte Verhalten zum Beispiel in einer Betriebsvereinbarung festgehalten werden. Die Regeln für ein faires Miteinander weisen darauf hin, dass Kollegialität und gegenseitige Unterstützung geschätzt werden und Ellenbogenmentalität und Feindseligkeiten unerwünscht sind. Es ist auch festgelegt, wie bei unkorrektem Verhalten verfahren wird und mit welchen Konsequenzen zu rechnen ist.

6.2 Gefährdungsbeurteilung

Der Gesetzgeber schreibt eine → *Gefährdungsbeurteilung* der Arbeitsplätze vor. Zu den Gefährdungen zählen auch psychosoziale Belastungen, also auch das Betriebsklima. Um die psychosozialen Faktoren zu analysieren, kann z. B. eine Betriebsklimaanalyse durchgeführt werden.

> **Praxis-Tipp: Wie Pflanzen, Humor und Respekt zum Betriebsklima beitragen**
> - Licht, Luft und Pflanzen sorgen für ein angenehmes Raumklima und eine gute Grundstimmung.
> - Lob, gegenseitige Anerkennung und individuelle Anreize drücken die persönliche *Wertschätzung* aus.
> - Freude und Humor zaubern ein Lächeln auf die Gesichter.
> - Sinnvolle Arbeitsaufgaben machen zufrieden.

- Akzeptanz lässt Schwächen und Unterschiede zu.
- Toleranz erlaubt jedem seinen eigenen Arbeitsstil.
- Respekt anerkennt die Arbeit von Kollegen und die Entscheidungen von Vorgesetzten.
- Miteinanderarbeiten macht stark.
- Offene Kommunikation – regelmäßig und in Ruhe – vermittelt Sicherheit.
- Konstruktive Kritik im 4-Augen-Gespräch ermöglicht Veränderung.
- Aus Gerechtigkeit entsteht Vertrauen.

Bettina Brucker

Betriebsrat

Zu den Aufgaben des Betriebsrats gemäß BetrVG gehört auch, über die Durchführung des Arbeitsschutzes im Betrieb zu wachen. Auf der Grundlage des BetrVG kann der Betriebsrat wesentlichen Einfluss auf die Verbesserung der Arbeitssicherheit und des Gesundheitsschutzes im Betrieb nehmen.

Gesetze, Vorschriften und Rechtsprechung

Es gelten das Arbeitssicherheitsgesetz (ASiG) und das Betriebsverfassungsgesetz (BetrVG): Im BetrVG sind Anhörungs-, Mitbestimmungs- und Beteiligungsrechte des Betriebsrats vorgesehen (vgl. z. B. §§ 28a Abs. 2, 87 und 102 BetrVG). Seine Aufgabe ist es u. a., die Beschäftigung im Betrieb sowie die Maßnahmen des Arbeitsschutzes zu fördern und zu sichern (§ 80 BetrVG). Außerdem ergibt sich aus § 89 Abs. 1 BetrVG die Pflicht, aktiv an der Bekämpfung von Gefahren für Leben und Gesundheit teilzunehmen. Der Betriebsrat muss den Unternehmer bzw. den verantwortlichen Vorgesetzten auf bestehende Mängel und die daraus resultierenden Gefahren hinweisen. Er kann die Beseitigung der Mängel allerdings nicht in eigener Regie veranlassen oder auf Kosten des Unternehmers neue Arbeitsmittel beschaffen. Der Betriebsrat hat kein Direktionsrecht, er ist beratend und überwachend tätig.

1 Mitarbeit im Arbeitsschutzausschuss

Gemäß § 11 Arbeitssicherheitsgesetz (ASiG) muss der Arbeitgeber in Unternehmen mit mehr als 20 Beschäftigten einen → *Arbeitsschutzausschuss* bilden. Er setzt sich zusammen aus dem Arbeitgeber oder einem von ihm Beauftragten, zwei vom Betriebsrat bestimmten Betriebsratsmitgliedern, → *Betriebsärzten*, → *Fachkräften für Arbeitssicherheit* und → *Sicherheitsbeauftragten*. Der Ausschuss hat die Aufgabe, Anliegen des Arbeitsschutzes und der Unfallverhütung zu beraten. Der Arbeitsschutzausschuss tritt mindestens einmal vierteljährlich zusammen.

2 Überwachung

Im Aufgabenkatalog des Betriebsverfassungsgesetzes (BetrVG) steht an erster Stelle das Recht und die Pflicht des Betriebsrats, darüber zu wachen, dass die Vorschriften zum Schutz der Arbeitnehmer eingehalten werden, und zwar sowohl vom Arbeitgeber als auch von den Arbeitnehmern (§ 80 Abs. 1 Nr. 1 BetrVG). Darüber hinaus hat der Betriebsrat das Recht und die Pflicht, Maßnahmen zur Verbesserung von Arbeitssicherheit und Gesundheitsschutz für die Beschäftigten beim Arbeitgeber zu beantragen.

Hilfreich sind dazu Begehungen. Es empfiehlt sich, dass der Betriebsrat die Begehung zusammen mit dem → *Sicherheitsbeauftragten*, der → *Fachkraft für Arbeitssicherheit* und/oder dem → *Betriebsarzt* durchführt.

Trotz der Überwachungspflicht des Betriebsrats ist der Unternehmer für die Durchführung und Gewährleistung des betrieblichen Arbeitsschutzes allein verantwortlich. Der Betriebsrat darf den Beschäftigten keine Anweisungen erteilen.

3 Information durch den Arbeitgeber

Um seine Aufgaben wahrnehmen zu können, ist der Betriebsrat auf Informationen des Arbeitgebers angewiesen. Deshalb muss der Arbeitgeber den Betriebsrat über sämtliche Angelegenheiten, die zu seinem Aufgabenbereich gehören, rechtzeitig und umfassend unterrichten (§ 80 Abs. 2 Satz 1 BetrVG). Dies betrifft u. a.:

- Auflagen und Anordnungen der zuständigen Stellen (z. B. staatliche Behörden, Berufsgenossenschaft) (§ 89 Abs. 2 BetrVG),
- bauliche, technische oder organisatorische Veränderungen im Betrieb (§ 90 Abs. 1 und 2 BetrVG) und deren Auswirkungen auf die Arbeitnehmer (§ 90 Abs. 2 BetrVG),
- einen Antrag auf Ausnahme von einer Unfallverhütungsvorschrift: Stellungnahme des Betriebsrats ist erforderlich (§ 14 Abs. 2 BGV A1),
- meldepflichtige Arbeitsunfälle: Der Betriebsrat muss die → *Unfallanzeigen* unterschreiben (§ 193 Abs. 5 SGB VII). Die Verantwortung für die Richtigkeit der in der Unfallanzeige aufgeführten Angaben bleibt beim Unternehmer,
- Tätigkeiten mit → *Gefahrstoffen*,
- Betriebsbesichtigungen, Besprechungen, Unfalluntersuchungen.

4 Zusammenarbeit mit Betriebsarzt und Fachkraft für Arbeitssicherheit

Die → *Betriebsärzte* und die → *Fachkräfte für Arbeitssicherheit* müssen

- bei der Erfüllung ihrer Aufgaben mit dem Betriebsrat zusammenarbeiten (§ 9 Abs. 1 ASiG),
- ihn über wichtige Angelegenheiten des Arbeitsschutzes und der Unfallverhütung unterrichten und
- den Betriebsrat auf sein Verlangen in Angelegenheiten des Arbeitsschutzes und der Unfallverhütung beraten (§ 9 Abs. 2 ASiG).

5 Mitwirkung – Mitbestimmung

Nach § 87 Abs. 1 Nr. 7 BetrVG muss der Betriebsrat bei betrieblichen Regelungen über Gesundheitsschutz mitbestimmen, wenn der Arbeitgeber bei deren Gestaltung Handlungsspielräume hat. Dies betrifft u. a.:

- Bestellung oder Abberufung eines → *Betriebsarztes* und einer → *Fachkraft für Arbeitssicherheit* sowie Erweiterung oder Einschränkung ihrer Aufgaben (§ 9 Abs. 3 ASiG),
- Betreuungsform (überbetrieblicher Dienst oder eigener Mitarbeiter),
- Benennung von → *Sicherheitsbeauftragten* (§ 22 Abs. 1 SGB VII),
- → *Gefährdungsbeurteilung* (BAG, 8.6.2004, 1 ABR 13/03),
- → *Unterweisung* der Beschäftigten nach § 12 ArbSchG,
- Auswahl → *Persönlicher Schutzausrüstungen*,
- Gestaltung von Arbeitsplätzen, Arbeitsablauf und Arbeitsumgebung (BetrVG).

6 Betriebsvereinbarungen

Neben der gesetzlich vorgesehenen Mitbestimmung können Arbeitgeber und Betriebsrat gemäß § 88 BetrVG weitergehende freiwillige Betriebsvereinbarungen treffen. Betriebsvereinbarungen gelten als Ergänzungen zu rechtlichen Grundlagen. Sie dürfen Gesetze und Unfallverhütungsvorschriften nicht unterschreiten oder gar außer Kraft setzen. Betriebsvereinbarungen sind von Betriebsrat und Arbeitgeber gemeinsam zu beschließen und schriftlich niederzulegen. Betriebsvereinbarungen sind ebenso wie Gesetze unmittelbar rechtsverbindlich.

Bettina Huck

Betriebssanitäter

Betriebssanitäter sind betriebliche Ersthelfer mit einer erweiterten, fachlich qualifizierten Ausbildung. Sie können bei einer Erkrankung, Vergiftung oder einem Unfall im Betrieb eine erweiterte Erste Hilfe durchführen und den Betriebsarzt oder den nachfolgendem Rettungsdienst bei der Durchführung notwendiger lebensrettender Maßnahmen unterstützen.

Gesetze, Vorschriften und Rechtsprechung

Regelungen zum Thema Betriebssanitätsdienst enthalten § 27 BGV A1 «Grundsätze der Prävention» und BGG 949 «Aus- und Fortbildung für den betrieblichen Sanitätsdienst».

1 Notwendigkeit

Ein Betriebssanitäter muss in folgenden Betrieben vorhanden sein:

- bei mehr als 1.500 anwesenden Mitarbeitern,
- bei mehr als 250 anwesenden Mitarbeitern, wenn Art, Schwere und Zahl der Unfälle dies erfordert,
- bei mehr als 100 anwesenden Mitarbeitern auf Baustellen.

In Einzelfällen kann nach Rücksprache mit der zuständigen Berufsgenossenschaft, von der Verpflichtung, einen Betriebssanitäter vorzuhalten, abgesehen werden.

2 Aus- und Fortbildung der Betriebssanitäter

2.1 Ausbildung

Als Betriebssanitäter dürfen nur Personen eingesetzt werden, die an einer Ausbildung bei einem durch die Berufsgenossenschaft anerkannten Bildungsträger teilgenommen haben. Die Ausbildung zum Betriebssanitäter unterteilt sich in einen Grund- und einen Aufbaulehrgang.

2.1.1 Grundlehrgang

Der Betriebssanitäter ist kein Ausbildungsberuf, sondern lediglich eine Qualifizierungsmaßnahme. Gemäß den Richtlinien der DGUV (BGG 949) ist der Grundlehrgang eine 63-Stunden-Ausbildung.

Dieser Lehrgang soll den Teilnehmer befähigen, sowohl theoretisches als auch praktisches Grundwissen im Bereich der Notfallmedizin zu sammeln.

Der Lehrgang schließt mit einer theoretischen und einer praktischen Prüfung ab.

2.1.2 Aufbaulehrgang

Um die erforderlichen Kenntnisse für das spätere Aufgabenfeld zu erhalten, müssen die angehenden Betriebssanitäter nach Abschluss des Grundlehrganges an einem 32-stündigen Aufbaulehrgang teilnehmen.

In diesem Lehrgang sollen die erworbenen Kenntnisse der betrieblichen Notfallmedizin erweitert und vertieft werden. Die Inhalte des Grund- und Aufbaulehrganges sind von der DGUV definiert.

Auch der Aufbaulehrgang schließt mit einer theoretischen und einer praktischen Prüfung ab.

2.2 Fortbildung

Um eine effektive → *Erste Hilfe* im Betrieb sicherstellen zu können, müssen die Betriebssanitäter entsprechend ihrer Tätigkeit regelmäßig fortgebildet werden.

Dazu wird von den Bildungseinrichtungen eine spezielle Fortbildung angeboten, in dem die wichtigsten Maßnahmen nochmals wiederholt und praktisch geübt werden.

Diese Fortbildung umfasst mind. 8 Doppelstunden (16 Unterrichtseinheiten) und soll spätestens alle 3 Jahre durchgeführt werden.

2.3 Kosten der Aus- und Fortbildung

Die Kosten der Aus- und Fortbildung der Betriebssanitäter werden von der für den Betrieb zuständigen Bezirksverwaltung der Berufsgenossenschaft getragen. Die Lehrgangsgebühren werden vom Bildungsträger mit der Berufsgenossenschaft abgerechnet.

Sonstige Kosten, wie Fahrtkosten und ggf. Lohn- und Gehaltskosten werden vom Arbeitgeber getragen.

2.4 Anmeldeverfahren

I. d. R. meldet der Unternehmer die zukünftigen Ersthelfer zur Ausbildung bei einer ermächtigten Stelle an. Dazu leitet er das ausgefüllte Anmeldeformular zur verbindlichen Anmeldung an die Ausbildungsstelle weiter.

Nach erfolgreicher Teilnahme am Lehrgang muss der Unternehmer den Beschäftigten als Betriebssanitäter im Betrieb benennen. Es bietet sich an, z. B. durch Verleihung einer Ernennungsurkunde auf diese besondere Funktion deutlich hinzuweisen.

2.5 Ausbildungsstellen

Ausbildungsstellen für die Aus- und Fortbildung von betrieblichen Ersthelfern müssen von der Berufsgenossenschaft anerkannt und zertifiziert sein.

Sog. ermächtigte Stellen sind i. d. R. die 5 großen Hilfsorganisationen:

- Deutsches Rotes Kreuz (DRK)
- Malteser Hilfsdienst (MHD)
- Johanniter Unfallhilfe (JUH)
- Arbeiter Samariter Bund (ASB)
- Deutsche Lebensrettungsgesellschaft (DLRG)

Aber auch andere Institutionen (z. B. Feuerwehren, Rettungsdienstschulen) können die Ermächtigung der Berufsgenossenschaft erhalten.

Einen Überblick über die ermächtigten Stellen enthält die «Liste der ermächtigten Stellen» auf der Internetseite der Qualitätssicherungsstelle Erste Hilfe (www.bg-qseh.de).

3 Konsequenzen bei Verstößen

Das Nichtvorhandensein von Betriebssanitätern stellt eine Ordnungswidrigkeit dar.

Im Falle einer Kontrolle durch den technischen Aufsichtsbeamten der Berufsgenossenschaften können bei Verstößen gegen die Pflicht, Betriebssanitäter vorzuweisen verschiedene «Sanktionen» erhoben werden.

- Bußgeld in Höhe von bis zu 10.000 EUR
- Erhöhung der Beitragssätze durch den Anstieg des betrieblichen Risikos

Christian Piehl, Steffen Pluntke

Betriebssicherheitsmanagement

Das Betriebssicherheitsmanagement ist ein übergeordnetes innerbetriebliches Managementsystem zur ganzheitlichen Gestaltung, Lenkung und Entwicklung eines Unternehmens in der Weise, dass die mit den betrieblichen Prozessen verbundenen Risiken ermittelt, minimiert und das definierte Restrisiko als akzeptabel und verantwortbar vertreten wird. Das Betriebssicherheitsmanagement verfolgt einen ganzheitlichen Ansatz und erfüllt die zeitgemäße Forderung nach einem optimal strukturierten Vorgehen sowie vernetztem Wirken. Es bildet den Bezugsrahmen für das Verhalten der Mitarbeiter und maximiert die Leistungsfähigkeit des Unternehmens. Ebenso schafft es Rechtssicherheit und ist ein nicht zu unterschätzender Wirtschaftsfaktor. Das Betriebssicherheitsmanagement bündelt und vernetzt alle Managementsysteme in einem Betriebssicherheitsmanagementsystem. Grundsätze der Organisation und der betrieblichen Umsetzung werden im Betriebssicherheitshandbuch festgelegt. Leiter des Betriebssicherheitsmanagements ist der Betriebssicherheitsmanager.

1 Ziele des Betriebssicherheitsmanagements

Die Komplexität der betrieblichen Prozesse ist eng verbunden mit einer Vielzahl von gesetzlichen Anforderungen, hohen Verantwortlichkeiten und weitreichenden Haftungsfragen. Immer knapper werdende Rohstoffe, steigende unvertretbare Umweltbelastungen, ein zunehmender Fachkräftemangel und sich rasch verändernde Marktsituationen sind nur einige der Themen, denen sich ein Unternehmen heute permanent stellen muss. Damit verbunden ist die Frage nach dem Überleben im Wettbewerb. Ausgelöst dadurch erhöht sich stetig der psychische Druck auf das Management, ebenso wie auf die gesamte Belegschaft. Falsches Denken und Handeln birgt immer größere Risiken.

Um den neuen und erweiterten Anforderungen verantwortungsvoll entgegenzuwirken und den gesetzlichen Anforderungen gerecht zu werden, sind eine Vielzahl unterschiedlicher Managementsysteme in den Unternehmen installiert worden. Die einzelnen Managementsysteme bilden die Grundlage eines störungsfreien und rechtssicheren Betriebsablaufs. Schnittstellen und Überschneidungen führen vielfach zu Ineffektivität, Doppelarbeit und bergen vielfach vermeidbare Risiken in sich.

Überschneidungen zu anderen Managementsystemen bestehen besonders im

- → *Arbeitsschutzmanagement*,
- → *Gesundheitsmanagement*,
- → *Umweltmanagement*,
- Risikomanagement,
- Qualitätsmanagement,
- Datenschutzmanagement,
- Sicherheitsmanagement,
- Brandschutzmanagement,
- Fremdfirmenmanagement,
- Krisen-/Notfallmanagement.

Weitere Managementsysteme, z. B. das Objektschutzmanagement, kommen den jeweiligen betrieblichen Gegebenheiten entsprechend hinzu. Zur Prozessoptimierung, der Bereinigung von Schnittstellen, der wirtschaftlich anzustrebenden Effizienzsteigerung und zur Schaffung von Rechtssicherheit ist es unumgänglich, alle betrieblichen Managementsysteme miteinander zu vernetzen. Ein modernes Betriebssicherheitsmanagement ist ein probates Instrument, den zeitgemäßen Anforderungen gerecht zu werden.

Die Gesamtheit des Betriebssicherheitsmanagement ist untergliedert in

- Betriebssicherheitsmanagement,
- Betriebssicherheitsmanagementsystem,
- Betriebssicherheitsmanager,
- Betriebssicherheitshandbuch.

Die Grundsätze eines ganzheitlichen Betriebssicherheitsmanagements werden durch die Geschäftsleitung verbindlich vorgegeben und gelten als Unternehmensleitlinie.

2 Betriebssicherheitsmanagementsystem

Mit dem Betriebssicherheitsmanagementsystem werden alle → *Managementsysteme* zur ganzheitlichen Bewertung und Beherrschung der unternehmerischen Risiken vernetzt (**Abb. 1**). Das Betriebssicherheitsmanagementsystem ist ein übergeordnetes operatives Instrument um Synergien und Schnittstellenpotenziale optimal zu nutzen, um darüber Effizienzsteigerungen und Rechtssicherheit zu erwirken. Durch das Betriebssicherheitsmanagementsystem werden keine vorhandenen Managementsysteme ersetzt.

Abb. 1: Betriebssicherheitsmanagementsystem (RM = Risikomanagement, BSM = Betriebssicherheitsmanagement, MSG = Management von Sicherheit und Gesundheit, BGM = Betriebliches Gesundheitsmanagement, KM = Krisenmanagement, DSM = Datenschutzmanagement, UM = Umweltmanagement, QM = Qualitätsmanagement)

Weitere Managementsysteme sind entsprechend unternehmensspezifischer Anforderungen in das Betriebssicherheitsmanagementsystem zu integrieren.

Das Betriebssicherheitsmanagementsystem bildet die operative Grundlage für das Zusammenwirken aller betrieblichen Akteure und bezieht externe Organisationen, Behörden, betroffene Dritte und → *Fremdfirmen* mit ein.

Die Partizipation der Mitarbeiter ist eine Grundvoraussetzung zur erfolgreichen Umsetzung des Betriebssicherheitsmanagementsystems. Das Einbringen der Fachkenntnisse und Betriebserfahrungen aller an den betrieblichen Prozessen beteiligten Personen steigert neben der Effizienz die Identifikation und fördert die Motivation. Es bildet eine optimale Basis für ein gesundes und sicheres Unternehmen. Die Ausgestaltung und stetige Fortentwicklung des Betriebssicherheitsmanagementsystems erfolgt im Auftrag der Unternehmensleitung durch das Betriebssicherheitsmanagement.

3 Betriebssicherheitsmanager

Der Betriebssicherheitsmanager ist der innerbetriebliche Experte, der sich fachübergreifend in alle betrieblichen Prozesse einbringt und die Funktionen der Beauftragten koordiniert und zusammenführt. Er nimmt Aufgaben als beauftragte Person des Unternehmers für Arbeitssicherheit, Gesundheitsschutz, Krisen- und Notfallmanagement, Qualität, Umweltschutz, Datenschutz, Brandschutz usw. wahr oder führt und vernetzt die Beauftragten als fachlicher Leiter. Der Betriebssicherheitsmanager leitet das Betriebssicherheitsmanagement.

Neben seinen internen Aufgaben vertritt er das Unternehmen gegenüber den Aufsichtsbehörden und ist damit sowohl intern als auch extern der definierte Ansprechpartner. Der Betriebssicherheitsmanager kennt die gesetzlichen Anforderungen und hat es gelernt, diese für die Umsetzung aufzubereiten. Damit entlastet er die Führungskräfte und verschafft ihnen Rechtssicherheit. Für sein Handeln, besonders seine Beratung in Rechtsfragen, trägt er die Verantwortung. Der Unternehmer und die Führungskräfte müssen sich auf seine Ausführungen zu sicherheits- und umweltrelevanten Gesetzen und Regeln verlassen können. Der Betriebssicherheitsmanager ist somit nicht nur beratend, sondern gleichsam operativ tätig. Er gehört mit seiner Funktion und Verantwortlichkeit der oberen Führungsebene an (**Abb. 2**).

Betriebssicherheitsmanagement

Abb. 2: Stellung des Betriebssicherheitsmanagers im Unternehmen

Zu den Aufgaben des Betriebssicherheitsmanagers zählen insbesondere:

- Sicherstellen der betrieblichen und gesetzlichen Vorschriften in den Bereichen Arbeitssicherheit, Gesundheitsschutz, Umweltschutz, Datenschutz, Strahlenschutz, Qualitätsmanagement, Objektsicherungsmanagement, Krisen-/Notfallmanagement, Brandschutz, Fremdfirmenmanagement usw.;
- Erarbeiten der Grundsätze zum Betriebssicherheitsmanagementsystem;
- Koordination und fachliche Führung der Beauftragten in den unterschiedlichen Fachgebieten;
- Erstellung und Fortschreibung des Betriebssicherheitshandbuchs;
- Mitwirkung in internen und externen Kreisen zur Prozesssteuerung;
- Zusammenarbeit mit den Behörden und Vertretung der Geschäftsleitung;
- Berichterstattung und Analyse zum Betriebssicherheitsmanagementsystem.

Weitere Aufgaben werden unternehmensspezifisch zugeordnet bzw. übernommen.

4 Betriebssicherheitshandbuch

Das Betriebssicherheitshandbuch ist das innerbetriebliche Regelwerk, mit dem die Betriebssicherheitspolitik des Unternehmens festgelegt und das Betriebssicherheitsmanagementsystem mit seiner Organisation sowie der Vorgehensweise zur Anwendung vorgegeben ist. Das Handbuch beschreibt das Betriebssicherheitsmanagementsystem anhand seiner Elemente und nennt alle wesentlichen Vorgaben für die Organisation, Struktur, Aktivitäten und Verhaltensweisen.

Alle betriebsspezifischen Festlegungen sind im Betriebssicherheitshandbuch dokumentiert. Das Betriebssicherheitshandbuch ist als Kompendium aufgebaut und beinhaltet im Hauptteil die Unternehmensleitlinien mit den Grundsätzen zur Organisation, Struktur und den Verantwortungen. Im Anhang befinden sich erforderliche Verfahrensanweisungen. Die Verfahrensanweisungen konkretisieren den Inhalt und Umfang der im Betriebssicherheitsmanagementsystem vernetzten → *Managementsysteme*. Ein Hauptziel der Verfahrensanweisungen ist es, die Verantwortlichkeiten fach- und sachgerecht zu übertragen und die Verknüpfung innerhalb der Unternehmensorganisation herzustellen. Verfahrensanweisungen beschreiben gleichsam die Vorgehensweise zur sicheren und störungsfreien Betriebsführung, Planung, Errichtung, Änderung und Inbetriebnahme neuer Anlagen, Betriebsstätten und Gebäude sowie die Durchführung relevanter Änderungen.

Die Erarbeitung und Fortschreibung des Betriebssicherheitshandbuchs erfolgt im Auftrag der Geschäftsleitung durch das Betriebssicherheitsmanagement in enger Zusammenarbeit mit allen betreffenden Fachbereichen.

5 Informationsquellen

5.1 Beispielhafte Grundlagen zu Managementsystemen

- Betriebssicherheitsmanagement – ILO Leitfaden Arbeitsschutzmanagement, OHSAS 18001, ISO 9001 und 14001 VDI Richtlinie 4055 Betriebssicherheitsmanagement (in Arbeit)
- Arbeits- und Gesundheitsschutzmanagement – ILO Leitfaden Arbeitsschutzmanagement, OHSAS 18001, ISO 9001 und 14001
- Umweltschutzmanagement – Eco Management and Audit Scheme EMAS und ISO 14001
- Risikomanagement – IEC/FDIS 31000 Risk Management – Guidelines for principles and implementation of risk management (international, 15.11.2009), ISO/FDIS 31010 Risk management – Risk assessment techniques (international, 27.11.2009), ISACA Risk IT – IT Risk Management Framework (international, 8.12.2009), ISO/IEC 27005 – Information security risk management (international, 30.6.2008)
- Qualitätsmanagement – European Foundation for Quality-Management EFQM und ISO 9001
- Datenschutzmanagement – Datenschutzmanagement-System gemäß ISO 9000ff
- Brandschutzmanagement – VDS Richtlinie 2000 Brandschutz im Betrieb, VDS Richtlinie 2009 Brandschutzmanagement
- Fremdfirmenmanagement – Baustellenverordnung, ISO 9001:2000 Qualitätsmanagementsysteme – Anforderungen, Sicherheits Certifikat Contraktoren – SCC.
- Krisen- und Notfallmanagement – IEC/FDIS 31000 Risk Management – Guidelines for principles and implementation of risk management (international, 15.11.2009), ISO/FDIS 31010 Risk management – Risk assessment techniques (international, 27.11.2009), ISACA Risk IT – IT Risk Management Framework (international, 8.11.2009), ISO/IEC 27005 – Information security risk management (international, 30.6.2008)

Bernhard Tenckhoff

Bildschirmarbeitsplatz

Bildschirmarbeitsplatz ist der räumliche Bereich im Arbeitssystem einschließlich der unmittelbaren Arbeitsumgebung, der mit einem Bildschirmgerät sowie ggf. mit Zusatzgeräten und sonstigen Arbeitsmitteln ausgerüstet ist.

Gesetze, Vorschriften und Rechtsprechung

Grundlegend ist die Bildschirmarbeitsverordnung von 1996. Für die aktuelle Praxis sind die Anforderungen darin jedoch überholt, denn weder Flachbildschirme, noch Notebooks, Smartphones oder das iPad waren damals erfunden. Der *Stand der Technik* ändert sich hier um Lichtjahre schneller als die dazugehörigen Regeln. Gem. § 4 Nr. 3 ArbSchG ist die Berücksichtigung des Standes der Technik und der wissenschaftlichen Erkenntnis eine Verpflichtung für den Unternehmer, sich der rasanten Entwicklung anzupassen.

Hilfreich sind hier die Informationen der Verwaltungs-BG, v. a. die BGI 650. Sie umfasst auch die aktuellen arbeitswissenschaftlichen Erkenntnisse der Bundesanstalt für Arbeitsschutz und Arbeitsmedizin. Je nach Thema ist aber hier auch mit einer Reaktionszeit auf die aktuellen wissenschaftlichen Erkenntnisse und den Stand der Technik zu rechnen.

Die wichtigsten offiziellen Positionen finden Sie in den folgenden BG-Informationen:

- BGI 650 «Bildschirm- und Büroarbeitsplätze»
- BGI 742 «Arbeiten an Bildschirmgeräten»
- BGI 5001 «Büroarbeit – sicher, gesund und erfolgreich»
- BGI 5050 «Büroraumplanung»
- BGI 5018 «Gesundheit im Büro – Fragen und Antworten»

1 Was ist ein Bildschirmarbeitsplatz?

Ausgangspunkt ist die Definition des Bildschirmgerätes: **„Bildschirmgerät** ist ein Bildschirm zur Darstellung alpha-numerischer Zeichen oder zur Grafikdarstellung, ungeachtet des Darstellungsverfahrens (§ 2 Abs. 1 BildscharbV). In Abs. 2 und 3 sind die Begriffe **Bildschirmarbeitsplatz** und **Beschäftigter am Bildschirmarbeitsplatz** definiert:

- **Bildschirmarbeitsplatz:** Arbeitsplatz mit einem Bildschirmgerät,
- **Beschäftigte** am Bildschirmarbeitsplatz sind Mitarbeiter, die gewöhnlich bei einem nicht unwesentlichen Teil ihrer normalen Arbeit ein Bildschirmgerät benutzen.

Heute ist fast jeder Büroarbeitsplatz auch ein Bildschirmarbeitsplatz und darüber hinaus sind viele weitere Arbeitsplätze in der **Produktion** gem. der Bildschirmarbeitsplatzdefinition ein Bildschirmarbeitsplatz.

Nicht nur hier ist zu überlegen wie die Arbeitsplätze ergonomisch gestaltet werden können: Mit der explosionsartigen Verbreitung mobiler Geräte (z. B. iPad, Smartphones) muss deren vermehrte Nutzung unter Arbeits- und Gesundheitsschutzaspekten kritisch begleitet werden. Es gilt, die Mitarbeiter in einen gesundheitsgerechten Umgang zu schulen (Verhaltensergonomie – Verhaltensprävention).

Mobile Arbeitsplätze gesund und sicher – der Umgang entscheidet

Es ist inzwischen also mehr eine Frage, ob mobile Nutzungen mit Notebook, iPad und Smartphone als Arbeiten am Bildschirmarbeitsplatz verstanden werden müssen? Wenn dies bejaht wird, dann müssten diese entsprechend den Anforderungen der Bildschirmarbeitsplatzverordnung mit einer externen Tastatur, Maus und Bildschirm ausgestattet werden. Sicher ist heute schon, dass längeres Arbeiten mit mobilen Geräten Augen (Bildschirmgröße und Sehabstand), Hände (kleine oder virtuelle Tastatur) und Rücken (Zwangshaltung auf dem Schoß, im Zug oder Hotel) wesentlich mehr belastet als die Arbeit an einem ergonomisch gestalteten Bildschirmarbeitsplatz.

Hier gilt es besonders auf den regelmäßigen Gebrauch von Notebooks im Büro zu achten, denn auch wenn die Bildschirmdarstellung und Qualität moderner Notebooks normalerweise üblichen Flachbildschirmen entspricht, hat das Arbeiten mit Notebooks folgende Nachteile:

- Durch die feste Verbindung zwischen Bildschirm und Tastatur ist eine flexible Anordnung nicht möglich, was Zwangshaltungen Vorschub leistet.
- Die Notebooktastaturen sind kleiner als normale Tastaturen, sie haben keinen separaten Nummernblock und zahlreiche Doppelbelegungen einzelner Tasten, die mit Funktionstasten abgerufen werden müssen. Bei länger dauernder Eingabetätigkeit am Notebook führt die umständlichere Tastenbedienung zu schnellerer Ermüdung.

Wenn aus betrieblichen Gründen regelmäßig auch an einem Büroarbeitsplatz gearbeitet werden muss, ist mind. eine separate Tastatur erforderlich, besser ist jedoch eine Dockingstation mit separatem Bildschirm und separater Tastatur.

Benutzen Beschäftigte ihr Notebook gewöhnlich bei einem nicht unwesentlichen Teil ihrer normalen Arbeit, ist der Arbeitgeber verpflichtet, eine Untersuchung der Augen und des Sehvermögens (Untersuchung nach dem Berufsgenossenschaftlichen Grundsatz G 37) anzubieten (Abschn. 2.9 BGI 5018).

> **Wichtig: Leichte und schnelle ergonomische Integration von Notebooks nötig**
>
> Die technische Integrationslösung muss mit einem Griff oder Klick einfach und schnell möglich sein, z. B. Dockingstation oder USB-Hub. Je aufwendiger der Anschluss ist (z. B. alle Peripheriegeräte müssen einzeln angeschlossen werden), desto weniger wird dies vom Mitarbeiter auch wirklich genutzt. Ist ja nur für kurze Zeit, das lohnt sich nicht – so der Verstand des Mitarbeiters. Doch oft kommt es anders, als man denkt und es sind dann doch längere Arbeiten.

2 Bildschirmarbeitsplatz: Gefahrfreier Ort?

Die gemeinhin als risikolos eingeschätzte Arbeit am Bildschirmarbeitsplatz ist nicht frei von Unfall- und Gesundheitsgefahren – besonders wenn Grundsätze der Sicherheitstechnik und Ergonomie ignoriert werden. Mängel in der → *Ergonomie* von Arbeitsplatz und Umgebung, aber auch der Ergonomie widersprechende Arbeitshaltungen und Arbeitsgewohnheiten können Wohlbefinden und Leistungsfähigkeit der Angestellten im Büro und unterwegs gefährden.

Es ist eine Frage der Anthropometrie, also der Anpassung der Arbeitsmittel an die Körpermaße und natürlichen Bewegungsabläufe des mit diesen Arbeitsmitteln arbeitenden Menschen.

3 Der Bildschirmarbeitsplatz ist mehr als die Summe seiner Einzelteile

Für beschwerdefreies Arbeiten müssen folgende Grundvoraussetzungen erfüllt werden:

- ein systemergonomisch gestalteter (Verhältnisergonomie, -prävention) und sachgerecht (Verhaltensergonomie, -prävention) genutzter Bildschirmarbeitsplatz mit
- benutzerfreundlicher Software (Software-Ergonomie),
- einem hochwertigen Monitor und
- einem auf den Benutzer und die Arbeitsaufgabe abgestimmten Eingabesystem (Tastatur, Maus).

Unerlässlich neben der optimalen Gestaltung: Jeder Mitarbeiter muss umfassend informiert und unterwiesen werden, wie er die → *Arbeitsmittel* richtig und optimal nutzt (Bildschirmkompetenz-Training).

Erst mit dem Bewusstsein, dass das Arbeitssystem nur so leistungsfähig ist wie das schwächste Glied und dem Blick, wo Problembereiche entstehen können (**Abb. 1**) ist es möglich, aus den Schnittstellen Nahtstellen zu machen (**Abb. 2**).

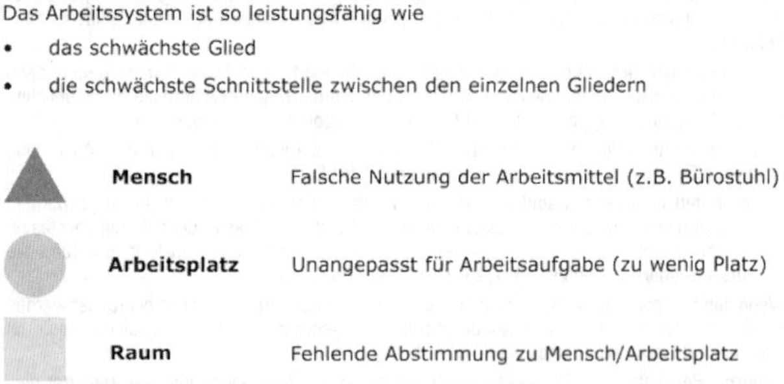

Das Arbeitssystem ist so leistungsfähig wie

- das schwächste Glied
- die schwächste Schnittstelle zwischen den einzelnen Gliedern

▲	**Mensch**	Falsche Nutzung der Arbeitsmittel (z.B. Bürostuhl)
●	**Arbeitsplatz**	Unangepasst für Arbeitsaufgabe (zu wenig Platz)
■	**Raum**	Fehlende Abstimmung zu Mensch/Arbeitsplatz

Abb. 1: Der Bildschirmarbeitsplatz ist so gut wie das schwächste Glied

Schnittstellen treten auf

- wo Einzelkomponenten an Mitarbeiter angepasst werden müssen, z. B. Stuhl oder Stehhilfe

oder

- Wo Einzelkomponenten in Beziehung zu anderen stehen, z. B. Stuhl zum Tisch bzw. Stehhilfe – Arbeitsfläche bzw. Anordnung der Arbeitsmittel

Abb. 2: Schnittstellen erkennen

Mit diesem Blick ergeben sich so die wichtigsten Schnittstellen im Büro:
- Stuhl und Benutzer
- Tisch und Stuhl
- Bildschirmabstand und Tischtiefe
- Anordnung des Arbeitsplatzes zu Fenstern und Beleuchtung
- Anordnung des Arbeitsplatzes zu Tür und Zugquellen

Ein optimaler Bildschirmarbeitsplatz ist nur eine notwendige aber keine hinreichende Voraussetzung für erfolgreiche Büroarbeit. „Ein guter Büroarbeitsplatz wird für die Mitarbeiter nie der gleiche Motivationsfaktor sein, wie z. B. eine wertschätzende und faire Behandlung durch eine Führungskraft oder eine erfüllende Arbeitsaufgabe[46]. So wird das Thema „Wertschöpfung durch → *Wertschätzung* durch eine → *gesunde Führung* an Bedeutung gewinnen.

3.1 Die Elemente eines Büroarbeitsplatzes

Zentrales Kriterium für den richtig gestalteten Bildschirmarbeitsplatz ist die **Anordnung der → Arbeitsmittel**. Die DIN 66234-6 regelt, wie Monitor, Tastatur und Vorlage bei unterschiedlichen Arten der Bildschirmarbeit effizient platziert werden. Bei häufigem Abschreiben von Dokumenten ist ein ergonomisch gestalteter Vorlagenhalter empfehlenswert.

Neben der Anordnung der Arbeitsmittel ist aufgrund der zunehmenden Probleme durch das sog. → *RSI-Syndrom* der Fokus auf die Eingabemittel zu legen.

RSI (Schädigung durch wiederholte Belastung) wird hauptsächlich verursacht durch
- die extrem schnellen Bewegungen und extrem häufige sich ständig wiederholende gleichartige Bewegungen (Tastatur- und Mausarbeit, Klick/Doppelklick),
- zigtausendfache Wiederholungen (Repetitionen),
- fehlende Pausen,
- fehlende Mischarbeit,
- den überwiegenden Teil der Arbeitszeit am Bildschirm.

Nicht nur die Hände müssen so Schwerstarbeit leisten, sondern besonders das Auge. Zur Entlastung der Augen ist ein angemessener **Sehabstand** zum Bildschirm einzuhalten. Die ideale Distanz zum Monitor variiert je nach Mitarbeiter, Bildschirmgröße und Tätigkeit. Bei mittlerer Größe von Bildschirm und Zeichen sollte der Abstand mind. 50 cm betragen. Ein noch größerer Sehabstand ist fast immer empfehlenswert und deutlich angenehmer für die Beschäftigten. Bei Dialogarbeit (Blick v. a. auf dem Monitor) liegt der als angenehm empfundene Sehabstand bei durchschnittlich 74 cm (variiert von 50 bis 100 cm), bei einem häufigen Wechsel zwischen Dis-

---
[46] Kleinhenz, Der Büroarbeitsplatz, Handbuch für die Gestaltung von Arbeitsplätzen im Büro, 2011.

play und Vorlage bei durchschnittlich 64 cm (variiert von 50 bis 70 cm). Dies ergab eine repräsentative Studie.

Der **Arbeitstisch** im Büro soll nicht nur ein hohes Maß an Beinfreiheit bieten, er soll zudem in der Höhe verstellbar sein. Grundregel: Zuerst den Stuhl richtig einstellen, dann die Tischhöhe. Unterarm und Oberarm sollten etwa einen Winkel von 90 Grad bilden – der Unterarm sollte locker auf der Arbeitsfläche aufliegen. Auch andere Arbeitsflächen, wie Beistell- oder Besprechungstische, manchmal auch Container oder Sideboards, sollten so groß sein, dass sich alle Arbeitsmittel entsprechend den jeweiligen Arbeitsaufgaben flexibel und belastungsarm anordnen lassen.

Trotz ausgezeichneter **Stühle** sitzen sich viele Menschen im Büro krank, weil sie u. a. nicht wissen, wie man den eigenen Bürostuhl perfekt einstellt, und falsche, für das Wohlbefinden fatale Sitzgewohnheiten pflegen. Hier hilft ein entsprechendes Sitz-Kompetenz-Training, das dem Mitarbeiter nicht nur das Tisch-Stuhl-System anpasst, sondern die einzelnen dynamischen Elemente erklärt, z. B. die Rückenlehnen.

Generell sollte man beim Sitzen starre Dauerhaltungen vermeiden und sich stattdessen möglichst viel bewegen. Dynamisch sitzen heißt die Devise: so oft wie möglich variieren zwischen vorgeneigter, aufrechter und zurückgelehnter Sitzhaltung. Neue Sitzkonzepte entkoppeln die Sitzfläche, sodass keine statische Sitzbelastung mehr möglich ist. So kann der Körper in seinen eigenen Schwingungen dynamisch bleiben und das Gehirn ist zusätzlich wesentlich wacher.

Moderne Büroarbeitsplätze ermöglichen den Wechsel zwischen Sitzen und Stehen während der Arbeit (→ *Sitz-Steh-Dynamik*): durch einen bis Stehhöhe verstellbaren Tisch (**Flächenkonzept**), einen zusätzlichen Steh-Arbeitsplatz (**Zonenkonzept**) oder ein im Arbeitsplatz integriertes Stehpult.

Grundlage für angenehmes Sehen und für eine belastungsarme Körperhaltung am Bildschirmarbeitsplatz ist ein einwandfreies **Sehvermögen** des Beschäftigten – gerade im Nahbereich von 50 bis 100 cm. Deswegen schreibt § 6 BildscharbV sowohl regelmäßige Sehtests der Beschäftigten vor als auch entsprechende Sehhilfen.

3.2 Das Arbeitsumfeld

Jeder Beschäftigte ist einer Vielzahl von Einflussfaktoren aus der unmittelbaren Arbeitsumgebung ausgesetzt. Diese Einflussfaktoren können Leistung und Motivation des Mitarbeiters fördern, aber auch belasten. Dies gilt besonders für die Umgebungsfaktoren

- → *Beleuchtung*,
- → *Raumklima* und
- auditive bzw. visuelle Reizsituation.

Auf sie reagiert jeder Beschäftigte hoch sensibel!

Neben diesen «harten» Umgebungseinflüssen rücken die eher «weichen» immer mehr ins Blickfeld:

- ästhetische Einflüsse (Farbgestaltung, Corporate Identity),
- soziale Faktoren (Kommunikationssituation, Kontaktmöglichkeiten zu Kollegen) und
- psychologische Aspekte (Raumpsychologie, Personalisierung, Privatsphäre).

Konzentriertes Arbeiten erfordert:

- in erster Linie ein lärmarmes wie visuell ruhiges Umfeld (Raumakustik, akustische und visuelle Abschirmung),
- v. a. bei anspruchsvollen Sehaufgaben eine perfekt auf die Tätigkeit und das Mitarbeiteralter abgestimmte, individuell steuerbare Beleuchtung z. B. Indirekt-Direkt-Beleuchtung,
- einen individuellen, verstellbaren Sonnenschutz,
- einen richtig platzierten Bildschirm (Blickrichtung parallel zum Fenster).

4 Wichtige Institutionen

- Bundesanstalt für Arbeitsschutz und Arbeitsmedizin (BAuA)
- Deutsches Netzwerk Büro: Veröffentlicht die Leitlinie Qualitätskriterien für Büro-Arbeitsplätze – L-Q 2010. Sie definiert die Anforderungen, die zeitgemäße Büro-

Arbeitsplätze erfüllen müssen. Herausgeber der Leitlinie sind 5 unabhängige Institutionen, die sich der Erhöhung der Qualität der Büroarbeit verschrieben haben und mit QUALITY OFFICE gemeinsam ein Zeichen setzen wollen.

- Verwaltungs-Berufsgenossenschaft (VBG)

Michael Schurr

Bildschirmbrille

Eine Bildschirmbrille ist eine spezielle Sehhilfe für Arbeiten am Bildschirm. Sie ist notwendig, wenn die Arbeitsaufgabe mit «normalen» Sehhilfen nicht zufriedenstellend erfüllt werden kann, was häufig etwa ab dem 45. Lebensjahr der Fall ist. Grundsätzlich trägt der Arbeitgeber die Kosten einer Bildschirmbrille. Mitarbeiter können an den Kosten beteiligt werden, wenn diese eine Zusatzausstattung wünschen oder die Brille auch privat nutzen. Der Arbeitgeber darf die Bildschirmbrille in diesem Kontext nicht als ein modisches Arbeitsmittel des Arbeitnehmers betrachten, sondern als eine Persönliche Schutzausrüstung, deren Kosten der Arbeitgeber trägt.

Gesetze, Vorschriften und Rechtsprechung

Der Arbeitgeber muss Arbeitnehmern, die am Bildschirm arbeiten, vor Aufnahme ihrer Tätigkeit, während der Tätigkeit und bei Sehproblemen eine Untersuchung durch einen Augenarzt oder andere fachkundige Personen (z. B. Optiker) anbieten. Reichen normale Sehhilfen für die Tätigkeit nicht aus, müssen spezielle Sehhilfen (Bildschirmbrillen) vom Arbeitgeber zur Verfügung gestellt werden (Anhang Teil 4 ArbMedVV).

Bildschirmarbeit ist gem. § 2 Abs. 3 BildscharbV dann gegeben, wenn Beschäftigte für einen nicht unwesentlichen Teil ihrer normalen Arbeit ein Bildschirmgerät benutzen. Der Länderausschuss für Arbeitssicherheit (LASI) konkretisiert die Frage, was «unwesentlicher Teil» bedeutet, folgendermaßen: «Bildschirmarbeit liegt dann vor, wenn die Tätigkeit ohne Bildschirm nicht ausführbar ist.» (LV 14 «Bildschirmarbeitsverordnung – Auslegungshinweise zu den unbestimmten Rechtsbegriffen»)

Insbesondere die Frage, wer die Kosten für die Bildschirmbrille trägt, ist in der Praxis umstritten. Die Forderung aus Anhang Teil 4 ArbMedVV, dass spezielle Sehhilfen vom Arbeitgeber zur Verfügung gestellt (und bezahlt) werden müssen, wird u. a. in folgenden Vorschriften und Urteilen untermauert:

- Abschn. 3 BGI 786 «Sehhilfen am Bildschirmarbeitsplatz», der sich dabei auf § 3 Abs. 3 ArbSchG und § 4 ArbSchG stützt.
- Kommentar in BGI 785 «Berufsgenossenschaftlicher Grundsatz für arbeitsmedizinische Vorsorgeuntersuchungen Bildschirm-Arbeitsplätze (G 37)».
- Arbeitsgericht Neumünster (Januar 2000, 4 Ca 1034 b/99): Angemessene Kostenerstattung für eine bildschirmgerechte Sehhilfe durch den Arbeitgeber ist rechtmäßig, wenn die Bildschirmbrille augenärztlich verordnet wurde, auch wenn der Beschäftigte an einem etwa 7-stündigen Arbeitstag nur 30 bis 45 Minuten täglich am PC arbeitet.
- Bundesverwaltungsgericht, Urteil v. 27.2.2003, 2 C 2.02: Der Dienstherr darf bei der Erstattung der Kosten für die Anschaffung einer Bildschirmarbeitsbrille eine dem Beamten gewährte Versicherungsleistung nicht anrechnen (spezielle Sehhilfen sind nicht wie beihilfefähige medizinische Leistungen zu regeln).

Weitere Urteile zum Thema stammen vom LAG Hamm (Urteil v. 29.10.1999, 5 Sa 2185/98) und ArbG Frankfurt (5 Ca 2695/02).

1 Kontroverse Diskussion und betriebliche Praxis

Die Vorgaben des Gesetzgebers haben kontroverse Diskussionen über folgende Fragen ausgelöst:

- Wer muss oder soll untersucht werden?
- Wer ist die «fachkundige Person», die eine «angemessene Untersuchung der Augen und des Sehvermögens» nach § 6 BildscharbV durchführt?

- Wann sind spezielle Sehhilfen für die Bildschirmarbeit notwendig?
- Wer trifft die Entscheidung über die Notwendigkeit spezieller Sehhilfen?
- Wer trägt die Kosten für eine spezielle Sehhilfe?
- Mit welcher Häufigkeit des Bedarfes an speziellen Sehhilfen ist zu rechnen?

1.1 Wer muss oder soll untersucht werden?

Die Untersuchung ist ein Angebot für Beschäftigte mit Bildschirmtätigkeit (Angebotsuntersuchung gem. § 5 i. V. m. Anhang Teil 4 ArbMedVV). Für den Mitarbeiter besteht also kein Zwang zur Teilnahme an der angebotenen Untersuchung. Die Praxis zeigt allerdings, dass das Angebot fast immer angenommen wird, da Arbeitgeber wie Arbeitnehmer gleichermaßen an der Untersuchung interessiert sind. Schließlich geht es ja um die Sicherstellung des Sehkomforts und der Leistungsfähigkeit der Beschäftigten.

1.2 Wer ist die fachkundige Person?

Nach Anhang Teil 4 ArbMedVV muss die Untersuchung der Augen und des Sehvermögens der Mitarbeiter durch eine «fachkundige Person» erfolgen. Die Untersuchung der Augen ist ohne jeden Zweifel dem Arzt, also dem → *Betriebs-* oder Augenarzt, vorbehalten. Soweit es sich nur um die Untersuchung des Sehvermögens handelt, kommt dafür grundsätzlich auch der Augenoptiker infrage.

Die Zielsetzung einer ganzheitlich-präventiven Vorgehensweise legt aber eine betriebliche Regelung nahe, wonach die komplette Untersuchung der Augen und des Sehvermögens durch den Betriebsarzt erfolgt. Dieser wird sich des Instrumentariums der berufsgenossenschaftlichen Grundsatzes G37 bedienen und Aspekte der körperlichen sowie der → *psychischen Belastungen* und Beanspruchungen einbeziehen.

1.3 Wann sind spezielle Sehhilfen für die Bildschirmarbeit notwendig?

Nach Anhang Teil 4 ArbMedVV sind spezielle Bildschirmbrillen notwendig, wenn normale Sehhilfen für die Bildschirmarbeit nicht geeignet sind. Dieser Fall kann eintreten, wenn die Akkommodationsfähigkeit soweit eingeschränkt ist, dass der Bildschirm mit der normalen Sehhilfe nicht mehr ohne Probleme scharf gesehen werden kann.

Eine der Ursachen für Sehprobleme alterssichtiger Bildschirmnutzer kann in dem integrierten Nahteil ihrer Zweistärkenbrille liegen: Um Sehobjekte im Nahbereich scharf zu sehen, müssen mit diesem Nahteil gezielte Kopfbewegungen ausgeführt werden, wo der Nichtalterssichtige nur Augenbewegungen macht.

Wieweit diese Kopfbewegungen akzeptiert werden und ob sie eine unzumutbare Beanspruchung oder ein geradezu vorteilhaftes Nackentraining darstellen, sollte der Betriebsarzt im Rahmen der G37-Untersuchung beurteilen.

Eine Altersnahbrille ist für die Bildschirmarbeit nur geeignet, wenn sie bei noch ausreichender Akkommodationsfähigkeit scharfes Sehen auf Entfernungen zwischen Vorlage/Tastatur (ca. 40 cm) und Bildschirm (ca. 50–70 cm) ermöglicht.

1.4 Wer trifft die Entscheidung über die Notwendigkeit spezieller Sehhilfen?

Nach den bisherigen Ausführungen wird ersichtlich, dass keiner diese Entscheidung besser treffen kann als der → *Betriebsarzt*, der die Mitarbeiter auf der Grundlage seiner Untersuchungsergebnisse berät.

Die Refraktionsbestimmung bzw. Brillenverordnung erfolgt durch einen Augenarzt oder Augenoptiker. Da sich die Kassen derzeit meist weigern, die Kosten für die Verordnung einer Bildschirmbrille zu übernehmen, ist zunächst zu klären, wieweit der Arbeitgeber für diese Kosten aufkommt. Der Arbeitgeber kann durch diesbezügliche Regelungen seine Entscheidung ausdrücklich dem Betriebsarzt übertragen.

1.5 Wer trägt die Kosten für eine spezielle Sehhilfe?

Anhang Teil 4 ArbMedVV sieht vor, dass den Mitarbeitern spezielle Sehhilfen für ihre Arbeit an Bildschirmgeräten zur Verfügung gestellt werden, wenn normale Sehhilfen für diese Arbeit nicht geeignet sind. Die Kosten dafür wurden bis zum April 1997 von den Krankenkassen übernommen, seither grundsätzlich nicht mehr.

Solange diese Haltung besteht, ist sicherzustellen, dass den Mitarbeitern keine Kosten für besondere Bildschirmbrillen auferlegt werden. Der Arbeitgeber hat dann dafür zu sorgen, dass den Mitarbeitern auf seine Kosten innerhalb eines festzulegenden Kostenrahmens erforderlichenfalls geeignete Sehhilfen zur Verfügung gestellt werden.

Die Anpassung und Anfertigung der Brille ist Aufgabe eines Augenoptikers. Da hier in Bezug auf Gestaltung und Kosten einer Brille ohne entsprechende Festlegungen ein erheblicher Spielraum besteht, empfiehlt es sich, mit einem Optiker seines Vertrauens vorab Absprachen z. B. über den Kostenrahmen zu treffen. Als Vorbild für derartige Absprachen mag die Versorgung mit Korrektionsschutzbrillen dienen. Geeignete spezielle Sehhilfen sind für 100 bis 150 EUR erhältlich. Luxusausstattungen trägt der Mitarbeiter. Größere Betriebe sollten überlegen, ob sie darüber eine Betriebsvereinbarung abschließen wollen.

Bildschirmbrille im öffentlichen Dienst

Das Bundesverwaltungsgericht hat 2003 bestimmt (Urteil v. 27.2. 2003, 2 C 2.02), dass die speziellen Sehhilfen nicht wie beihilfefähige Leistungen zu sehen sind, sondern im vollen Umfang vom Dienstherrn zu bezahlen sind. Überlasse der Dienstgeber dem Mitarbeiter die Anschaffung (Kostenerstattungsanspruch), statt eine Sachausstattung zur Verfügung zu stellen, dann dürfe es keine Mehrbelastung für den Mitarbeiter geben (Art. 9 Satz 2 Nr. 3 EU-Richtlinie). Das Bundesministerium hat daraufhin die Kostenerstattung für spezielle Sehhilfen mit Rundschreiben v. 30.12.2003 DII 4 – 211 470 – 1/201 neu geregelt.

Zusatznutzen: Kostenbeteiligung des Arbeitgebers?

Dem Arbeitnehmer muss es freigestellt sein, ob er sich für eine Brille entscheidet,

- die einen Zusatznutzen für ihn hat oder
- die nur die Eigenschaften aufweist, die für die Arbeitsaufgabe und die individuellen Gegebenheiten benötigt werden.

Achtung: Zuzahlungen

Betriebs-/Dienstvereinbarungen, die feste Pauschalen für Brillen festlegen und die nötige Zuzahlung für den Mitarbeiter nicht an einen Zusatznutzen binden, sind unzulässig.

Wer haftet und bezahlt bei einer beschädigten Brille?

Betrifft die Beschädigung eine reine Bildschirmbrille, die ausschließlich bei der Arbeit benutzt wird, müssen die Kosten wie bei anderen Schutzausrüstungen eindeutig vom Arbeitgeber getragen werden. Soweit eine Brille mit Zusatznutzen auf dem Arbeitsweg oder bei der Arbeit beschädigt wird, ist gem. Urteil des Bundessozialgerichts v. 20.2.2001 (B2 U9/00 R) die gesetzliche Unfallversicherung in der Pflicht. Dabei wird erstattet, was sinnvoll ist, also z. B. getönte oder entspiegelte Gläser, aber keine Designerfassungen.

Praxis-Tipp: Erstattung von Schäden

Die Erstattung wird leichter, wenn Brillenschäden wie → *Arbeitsunfälle* behandelt und gemeldet werden.

2 Welche Besonderheiten zeichnen die Bildschirmbrille aus?

Normale Sehhilfen sind zur Korrektur einer Fehlsichtigkeit notwendig und genügen den Sehanforderungen des Alltags. Dagegen hat die Unfallkasse Berlin folgende Kriterien für eine Bildschirmbrille aufgestellt, die erfüllt werden müssen[49]:

- Die Sehhilfe ist ausschließlich für die Bildschirmarbeit erforderlich. Es wird sonst keine Brille benötigt.
- Oder es ist bereits eine Sehhilfe vorhanden. Für die Bildschirmentfernung ist diese nicht ausreichend. Um ein optimales Sehvermögen am Bildschirm zu gewährleisten, ist eine zusätzliche Bildschirmarbeitsbrille erforderlich.

I. d. R. handelt es sich bei Bildschirmarbeitsbrillen aufgrund der beschriebenen Funktion um Einstärkenbrillen. Für spezielle Arbeitsplätze mit ständigem Wechsel zwischen Bildschirm und Textvorlage oder schnellem Wechsel zwischen Bildschirm und Publikumsverkehr sollte der Arbeitgeber in Zusammenarbeit mit dem Betriebsarzt prüfen, ob die Kosten für eine Mehrstärkenbrille übernommen werden können.

Die speziellen Konstruktionsmerkmale erlauben ein scharfes Sehen in einem erweiterten Nahbereich.

Das wird z. B. erreicht durch:

- Lesebrille mit Einstellung auf etwas weitere Entfernung.
- Bifokallesebrille: der Nahschliff deckt die Nähe ab, das übrige Glas den entfernteren Nahbereich.
- Trifokalbrille: ähnlich, der Nahbereich ist noch einmal unterteilt.
- Gleitsichtbrille für die Nähe: übergangslos wird der Nah- und Mittelbereich (bis 2–5 m eingestellt).
- Nicht voll korrigierte Brille bei Kurzsichtigkeit: Durch den Verzicht auf volle Korrektur gewinnt man Sehschärfe in der Nähe (beim Kurzsichtigen mit beginnender Alterssichtigkeit möglich).

Abschn. 3 BGI 786 enthält einen Ablaufplan für die Vorgehensweise bei der Ermittlung des Bedarfs an einer speziellen Sehhilfe.

3 Weiterführende Links und Literatur

- Kiper, Kostenübernahme für Augenuntersuchung und Bildschirmbrille, in: Computer und Arbeit 6/2008.
- Rundnagel/Seefried, Beschwerdefreies Arbeiten mit der passenden Brille. Handlungsansätze für Interessensvertretungen und Beschäftigte, in: Arbeitsrecht im Betrieb, 12/2004.
- Hartmann/Finsterwalder/Müller et al., Sehvermögen mit Mehrstärken- und Gleitsichtbrillen am Arbeitsplatz, BAuA, Forschungsbericht Nr. 509.
- Kuratorium Gutes Sehen (KGS).
- Ergo Online.

Michael Schurr

Biologische Arbeitsstoffe

Unter biologischen Arbeitsstoffen versteht man alle natürlichen oder gentechnisch veränderten Mikroorganismen, die beim Menschen Infektionen, Allergien oder toxische (giftige) Wirkungen auslösen können, wenn der Kontakt mit ihnen in direktem Bezug zur beruflichen Tätigkeit steht.

---

[49] Siehe www.unfallkasse-berlin.de/content/artikel/432.html.

Biologische Arbeitsstoffe

Dazu gehören Bakterien, Viren, Prionen, Pilze, Zellkulturen und Endoparasiten (innerlich auftretende Kleinstlebewesen). Die Biostoffverordnung definiert einen branchenübergreifenden rechtlichen Rahmen für solche Tätigkeiten, um die Beschäftigten vor einer Gefährdung zu schützen. Der Arbeitgeber hat die Arbeitsbedingungen zu beurteilen, Sicherheits- und Schutzmaßnahmen zu treffen und die angemessene arbeitsmedizinische Vorsorge sicherzustellen.

Gesetze, Vorschriften und Rechtsprechung

- Arbeitsschutzgesetz
- Arbeitssicherheitsgesetz
- Infektionsschutzgesetz
- Biostoffverordnung – BioStoffV
- Gefahrstoffverordnung
- Gentechniksicherheitsverordnung
- Technische Regeln für Biologische Arbeitsstoffe – TRBA
- Technische Regeln für Gefahrstoffe – TRGS

1 Mikroorganismen und andere Krankheitserreger

1.1 Bakterien

Bakterien sind einzellige Lebewesen mit einem eigenständigen Stoffwechsel. Sie können sich unter geeigneten Bedingungen außerhalb des menschlichen Organismus vermehren. Wichtige Übertragungswege für Bakterien sind die Aufnahme über kontaminiertes Wasser bzw. Nahrungsmittel oder Schmierinfektionen (z. B. fäkal-oral oder über verunreinigte Oberflächen). Besonders gefährlich sind Bakterien, die mit der Luft (aerogen) übertragen werden. Manche Bakterien bilden Sporen, die sehr widerstandsfähig sind und jahrzehntelang auch unter ungünstigen Umweltbedingungen überleben können.

1.2 Viren

Viren weisen im Gegensatz zu Bakterien keinen eigenen Stoffwechsel auf, sie stellen sozusagen nur genetisches Material in einer Verpackung dar. Zu ihrer Vermehrung sind sie auf lebende Zellen, d. h. in der Regel auf einen lebenden Organismus angewiesen. Viren veranlassen ihre Wirtszellen, neue Viren zu produzieren. Die Übertragung von Viren ist durch Tröpfcheninfektion, Schmierinfektion oder indirekt durch kontaminiertes Wasser oder Nahrungsmittel möglich.

1.3 Prionen

Prionen sind nach einer wissenschaftlichen Hypothese die Ursache für bestimmte degenerative Gehirnerkrankungen (BSE, Scrapie, Creutzfeld-Jakob-Erkrankung). Es handelt sich um Proteinmoleküle, die andere Moleküle krankhaft verändern können. Die Übertragung auf den Menschen kommt möglicherweise durch den Verzehr insbesondere von ungenügend erhitztem Rinderhirn zustande. Eine Übertragung durch Hornhauttransplantationen ist belegt.

1.4 Pilze

Pilze kommen als mehrzellige oder einzellige Organismen vor. Sie können Pilzgeflechte oder -kolonien bilden. Eine Spezialität der Pilze ist die Bildung von umweltresistenten Pilzsporen, die der Vermehrung dienen, in riesigen Mengen abgegeben werden und sich sehr leicht über die Luft verbreiten. Innere Infektionen durch Pilze treten in der Regel nur bei immungeschwächten Menschen nach Einatmen der Sporen auf. Äußere Pilzerkrankungen durch direkte Infektion der Haut sind sehr verbreitet. Insbesondere Schimmelpilze können Allergien verursachen. Toxische Wirkungen durch Pilzsporen sind beschrieben worden.

1.5 Parasiten

Parasiten sind Organismen, die zumindest zeitweise auf Kosten eines anderen Organismus (des so genannten Wirts) leben. Endoparasiten halten sich im Inneren des Wirts auf. In diese Gruppe gehören zahlreiche gefährliche Einzeller, z. B. die Erreger der Malaria oder der Ruhr, und eine

Reihe von Würmern. Die Übertragungswege für Endoparasiten sind meist sehr komplex. Schmierinfektionen sind zum Teil möglich.

1.6 Gezielter und nicht gezielter Umgang mit biologischen Arbeitsstoffen

Die Biostoffverordnung (BioStoffV) definiert, was unter einer Tätigkeit mit biologischen Arbeitsstoffen zu verstehen ist. Das bloße Ausgesetztsein gegenüber Krankheitserregern, etwa bei Berufen mit viel Publikumsverkehr während einer Erkältungswelle, wird von der Verordnung nicht erfasst. Sie gilt auch nicht für Tätigkeiten, die dem Gentechnikrecht unterliegen, sofern dort gleichwertige oder strengere Regelungen bestehen.

Von einem **gezielten Umgang** spricht man dann, wenn

- die biologischen Arbeitsstoffe mindestens der biologischen Art nach bekannt sind,
- die Tätigkeit sich unmittelbar auf sie ausrichtet,
- die Exposition der Beschäftigten im Normalbetrieb bekannt oder hinreichend abschätzbar ist.

Solche gezielten Tätigkeiten kommen hauptsächlich in der Forschung, der pharmazeutischen Produktion, Teilen der Lebensmittelherstellung und Teilen des Gesundheitswesens vor.

Ein **nicht gezielter Umgang** liegt dann vor, wenn eines der genannten Kriterien nicht erfüllt ist. Das heißt, der überwiegende Teil der Tätigkeiten mit biologischen Arbeitsstoffen ist nicht gezielt, wie etwa in den Bereichen Abfall- und Abwasseraufbereitung, Wertstoffsortierung, biologische Bodensanierung, Land- und Forstwirtschaft, Feld- und Gartenbau, Gesundheitswesen, Tierhaltung, Tiertransport, Veterinärwesen, Schlachtung, Lebensmittelherstellung und -zubereitung, Verarbeitung von tierischen Rohprodukten im Non-Food-Bereich (z. B. Textil- oder Futtermittelherstellung), Klimaanlagen, Warmwassersysteme und andere mehr.

Nach Schätzung der Bundesanstalt für Arbeitsschutz und Arbeitsmedizin (1999) kommen rund fünf Millionen Beschäftigte in den verschiedensten Tätigkeitsbereichen mit biologischen Arbeitsstoffen in Kontakt.

2 Risikogruppen

Im Hinblick auf die Gefährlichkeit der Mikroorganismen werden vier Risikogruppen unterschieden. Sie bilden eine wichtige Grundlage für die Gefährdungsbeurteilung.

- Risikogruppe 1:
  - Biologische Arbeitsstoffe, bei denen es unwahrscheinlich ist, dass sie eine Krankheit verursachen.
- Risikogruppe 2:
  - Biologische Arbeitsstoffe, die eine Krankheit bei den Beschäftigten hervorrufen können.
  - Eine Verbreitung in der Bevölkerung ist unwahrscheinlich.
  - Vorbeugung oder Behandlung sind möglich.
- Risikogruppe 3:
  - Biologische Arbeitsstoffe, die eine schwere Krankheit beim Menschen hervorrufen und eine ernste Gefahr für die Beschäftigten darstellen.
  - Die Gefahr einer Verbreitung in der Bevölkerung kann bestehen.
  - Vorbeugung oder Behandlung sind möglich.
- Risikogruppe 4:
  - Biologische Arbeitsstoffe, die eine schwere Krankheit beim Menschen hervorrufen und eine ernste Gefahr für die Beschäftigten darstellen.
  - Die Gefahr einer Verbreitung in der Bevölkerung ist groß.
  - Vorbeugung oder Behandlung sind nicht möglich.

3 Gefährdungsbeurteilung

Bereits vor Aufnahme einer Tätigkeit mit biologischen Arbeitsstoffen muss der Arbeitgeber die Informationen beschaffen, die für eine sachgerechte → *Gefährdungsbeurteilung* erforderlich sind. Dazu zählen

- Identität, Infektionspotenzial, sensibilisierende (d. h. allergieauslösende) und/oder toxische Wirkung der Arbeitsstoffe,
- Übertragungswege,
- Arbeitsbedingungen, bei denen eine Exposition zu erwarten ist, Art und Dauer der Tätigkeit, Art der Exposition, Betriebsabläufe und Arbeitsverfahren,
- Erfahrungen aus vergleichbaren Tätigkeiten,
- Entscheidungskriterien, ob gezielte oder nicht gezielte Tätigkeit vorliegt.

Bei der Gefährdungsbeurteilung hat sich der Arbeitgeber fachkundig beraten zu lassen, sofern er nicht selbst über die erforderlichen Kenntnisse verfügt. Sinnvoll ist dies nur möglich, wenn der Berater die Arbeitsbedingungen und betrieblichen Abläufe genau kennt. Dazu gehört auch die regelmäßige Besichtigung der Arbeitsplätze. Am besten sollten der → *Betriebsarzt* und die → *Fachkraft für Arbeitssicherheit* diese Aufgabe übernehmen, damit Beurteilung, Beratung und Vorsorgeuntersuchungen nach der Biostoffverordnung Hand in Hand mit den übrigen Sicherheits- und Gesundheitsschutzmaßnahmen des Betriebs gehen. Denn die Biostoffverordnung beschränkt sich auf vermehrungsfähige Keime – andere mögliche → *Gefahrstoffe*, die aus natürlichen oder technischen Gründen regelmäßig in vielen Arbeitsbereichen zusammen mit den Keimen auftreten (etwa deren Ausscheidungs- und Zerfallsprodukte oder andere organische Stäube) müssen jedoch zusammen mit den Mikroorganismen betrachtet und beim Gesundheitsschutz berücksichtigt werden.

> **Praxis-Tipp: Integration in das allgemeine Arbeitsschutzmanagement**
>
> Integrieren Sie Gefährdungsanalyse, Vorsorge- und Schutzmaßnahmen nach der BioStoffV so weit wie möglich in das allgemeine → *Arbeitsschutz-* und → *Gesundheitsmanagement* Ihres Betriebs. Viele Informationen, etwa zu den Arbeitsprozessen, sind oft schon vorhanden. Viele Vorsorge- und Schutzmaßnahmen gelten gleichermaßen auch für andere Belastungen oder Gefahrstoffe.

4 Arbeitsmedizinische Vorsorge

Eine **Pflicht** zu Vorsorgeuntersuchungen besteht insbesondere bei Tätigkeiten in

- Einrichtungen zur medizinischer Untersuchung, Behandlung und Pflege von Menschen,
- der Pathologie,
- Forschungseinrichtungen,
- Laboratorien,
- der vorschulischen Kinderbetreuung,
- Land-, Forst- und Holzwirtschaft, Gartenbau, Tierhandel, Jagd,
- Einrichtungen für behinderte Menschen,
- Kläranlagen oder Kanalisation,
- Notfall- und Rettungsdiensten,
- Gebieten mit Wildtollwut,
- weiteren Bereichen, wenn dort bestimmte biologische Arbeitsstoffe vorkommen können.

Pflichtuntersuchungen müssen vom Arbeitgeber in regelmäßigen Abständen veranlasst werden. Alle Pflichtuntersuchungen sind mit den für sie relevanten Expositionsbedingungen im Anhang Teil 2 der Verordnung zur arbeitsmedizinischen Vorsorge (ArbMedVV) ausdrücklich geregelt. Sie gelten auch bei gentechnischen Arbeiten mit Organismen, die Krankheiten beim Menschen hervorrufen können. Die betroffenen Mitarbeiter dürfen nur dann beschäftigt werden, wenn für sie jeweils eine aktuelle Bescheinigung vorliegt, dass gegen die vorgesehene, im Anhang Teil 2 der ArbMedVV beschriebene Tätigkeit keine gesundheitlichen Bedenken bestehen.

Dort sind auch weitere Tätigkeiten der Risikogruppen 2 und 3 aufgeführt, bei denen der Arbeitgeber den Beschäftigten Vorsorgeuntersuchungen **anbieten muss**. Diese sind für die Beschäftigten jedoch freiwillig, und es wird keine Bescheinigung für den Arbeitgeber ausgestellt. Auch am Ende einer Tätigkeit, für die Untersuchungspflicht bestand, ist eine Nachuntersuchung **anzubieten**.

Wenn gegen biologische Arbeitsstoffe eine wirksame Impfung möglich ist, muss sie im Rahmen der Pflichtuntersuchungen angeboten werden. Wenn der oder die Beschäftigte bereits einen ausreichenden Immunschutz gegen einen biologischen Arbeitsstoff hat, entfällt die Pflichtuntersuchung für diesen. Die Beschäftigten sind jedoch nicht verpflichtet, sich impfen zu lassen.

Vorrangig soll der → *Betriebsarzt* alle Vorsorgeuntersuchungen durchführen und bei Bedarf weitere Fachärzte hinzuziehen, wenn besondere Fachkenntnisse oder eine spezielle Ausrüstung erforderlich sind. Als einheitlicher Ansprechpartner für alle arbeitsmedizinischen Fragen kann er so die Verantwortlichen im Betrieb wirkungsvoll entlasten.

> **Praxis-Tipp: Vorsorgeuntersuchungen**
>
> Untersuchungen allein sind nur von begrenztem Wert. → *Arbeitsmedizinische Vorsorge* muss immer die Beurteilung individueller Wechselwirkungen von Arbeit und Gesundheit sowie die individuelle arbeitsmedizinische Aufklärung und Beratung der Beschäftigten umfassen. Erkenntnisse aus Vorsorgeuntersuchungen und arbeitsmedizinischer Sachverstand müssen in die → *Gefährdungsbeurteilung* und den Arbeitsschutz einfließen.

5 Sicherheits- und Schutzmaßnahmen

Für Tätigkeiten der Risikogruppen 2 bis 4 muss der Arbeitgeber auf der Grundlage der Gefährdungsbeurteilung technische und organisatorische Maßnahmen treffen, um die Gefährdung nach dem Stand der Technik zu minimieren. In Anhang II und III der BioStoffV sind konkrete Sicherheitsmaßnahmen vorgeschrieben. Darüber hinaus empfehlen sich (je nach → *Gefährdungsbeurteilung*):

- Lüftungstechnische Maßnahmen,
- → *Persönliche Schutzausrüstungen*,
- Einrichtung von Schwarz-Weiß-Bereichen,
- Anpassung der Sanitär- und → *Umkleideräume* bzw. Hygieneeinrichtungen,
- Optimierung von Betriebsabläufen,
- Anpassung von Arbeitsverfahren an den → *Stand der Technik*.

Michael Hans Mayer

Biologischer Grenzwert (BGW)

Der Biologische Grenzwert ist der Grenzwert für die toxikologisch-arbeitsmedizinisch abgeleitete Konzentration eines Stoffs, seines Metaboliten oder eines Beanspruchungsindikators im entsprechenden biologischen Material, bis zu dem i. A. die Gesundheit eines Beschäftigten nicht beeinträchtigt wird. Die Grenzwerte zeigen die tatsächliche Beanspruchung des Einzelnen durch Gefahrstoffe an. Sie werden im Harn oder Blut im Rahmen spezieller *arbeitsmedizinischer Vorsorgeuntersuchungen* ermittelt.

Gesetze, Vorschriften und Rechtsprechung

Grundlegend gelten § 2 Abs. 8 Gefahrstoffverordnung (GefStoffV) und TRGS 903 «Biologische Grenzwerte».

1 Gesundheitsbasierte Grenzwerte

Die früheren BAT-Werte wurden mit der Gefahrstoffverordnung vom 23.12.2004 durch den Biologischen Grenzwert (BGW) abgelöst und der europäischen Sprachregelung angepasst. Alle → *Grenzwerte* im Gefahrstoffrecht sind damit gesundheitsbasiert.

2 Bezugssystem

Beim Festlegen der Grenzwerte wird – wie beim → *Arbeitsplatzgrenzwert* – i. d. R. von einer Exposition von max. 8 Stunden pro Tag und 40 Stunden pro Woche ausgegangen. Die Grenzwerte gelten i. d. R. für Einzelstoffe.

Die Biologischen Grenzwerte werden vom Ausschuss für Gefahrstoffe gem. § 20 GefStoffV vorgeschlagen und regelmäßig überprüft. Die TRGS (Technische Regeln Gefahrstoffe) werden mit der Zeit auf die neuen Begriffe umgestellt. Bis dahin können die BAT-Werte (z. B. in der TRGS 903) weiterhin als Richtschnur genutzt werden.

Bettina Huck

Biomonitoring

Biomonitoring ist die Untersuchung biologischen Materials von Beschäftigten, z. B. Blut oder Harn. Ziel ist, die individuelle Belastung und Gesundheitsgefährdung zu erfassen. Die Messwerte für einen chemischen Stoff oder biologischen Indikator werden mithilfe von Vergleichswerten beurteilt: Der biologische Grenzwert (BGW) ist der Wert, bei dem i. Allg. die Gesundheit des Beschäftigten nicht beeinträchtigt wird. Er ersetzt den biologischen Arbeitsplatz-Toleranzwert (BAT). Da noch nicht für alle Gefahrstoffe ein BGW festgelegt wurde, können BAT oder Empfehlungen aus der Fachliteratur zur Beurteilung herangezogen werden. Auf der Grundlage der Ergebnisse können Maßnahmen festgelegt werden, um die Belastung und damit die Gesundheitsgefährdung der Beschäftigten zu verringern. Analyse und Bewertung müssen nach dem Stand der Technik erfolgen.

Gesetze, Vorschriften und Rechtsprechung

Es gelten folgende gesetzliche Regelungen:

- Arbeitssicherheitsgesetz
- Verordnung zur arbeitsmedizinischen Vorsorge
- Gefahrstoffverordnung
- TRGS 710 «Biomonitoring»
- TRGS 903 «Biologische Grenzwerte»

1 Anlass

Biomonitoring ist nach § 3 ASiG Bestandteil der betriebsärztlichen Aufgaben und kann Bestandteil der → *arbeitsmedizinischen Vorsorge* sein.

Biomonitoring ist **notwendig** (Abschn. 3.4 Abs.1 TRGS 710), wenn

- arbeitsmedizinische Vorsorgeuntersuchungen (s. Anhang ArbMedVV) durchzuführen sind und
- ein → *biologischer Grenzwert* in der TRGS 903 aufgeführt ist.

Sinnvoll ist Biomonitoring bei Tätigkeiten mit → *Gefahrstoffen* (Abschn. 3.4 Abs. 2 TRGS 710):

- bei denen unmittelbarer Hautkontakt besteht, die gut oder überwiegend über die Haut aufgenommen werden, z. B. in der TRGS 900 mit «H» bezeichnete Stoffe,
- bei denen orale Aufnahme von Bedeutung ist,
- mit langen biologischen Halbwertzeiten, z. B. Stoffe, die mit R 33 eingestuft sind,
- die krebserzeugend oder erbgutverändernd sind,

- die fortpflanzungsgefährdend sind (s. KMR-Liste), falls durch Luftmessung nicht beurteilbar,
- die luftmesstechnisch schwer erfassbar sind, z. B. bei Reparaturarbeiten, häufig wechselnden Stoffen im Chargenbetrieb,
- bei denen sich die innere Belastung durch körperliche Arbeit verändern kann,
- nach Unfällen mit Gefahrstoffen, z. B. dem plötzlichen Austritt gefährlicher Stoffe oder Dämpfe

Als Bestandteil der → *arbeitsmedizinischen Vorsorge* unterscheidet der Gesetzgeber zwischen Pflicht- und Angebotsuntersuchungen. Der Anhang ArbMedVV listet auf, bei welchen Tätigkeiten mit Gefahrstoffen Beschäftigte untersucht werden müssen bzw. eine Untersuchung angeboten werden muss.

2 Ablauf

2.1 Durchführung

2.1.1 Messstrategie und Messplan

Dies beinhaltet u. a.: Untersuchungsintervalle festlegen, dazu Ergebnisse aus der → *Gefährdungsbeurteilung* und aus vorangegangenen Untersuchungen berücksichtigen.

2.1.2 Auswahl

- Auswahl des biologischen Materials: je nach → *Gefahrstoff* sind Blut und/oder Harn geeignet (s. Abschn. 3 TRGS 903);
- Auswahl der Untersuchungsparameter: Gefahrstoffe, deren Metabolite (Stoffwechsel- bzw. Abbauprodukte) oder deren biochemische bzw. biologische Effektparameter, d. h. ausgelöste Effekte wie z. B. Einfluss auf Haut, Organe, Gewebe. Die für das Biomonitoring ausgewählten Untersuchungsparameter sollen Belastung bzw. Beanspruchung anzeigen und zwar zuverlässig, empfindlich und möglichst spezifisch;
- Auswahl des Analyseverfahrens.

Beratung durch ein Labor ist möglich.

2.1.3 Zeitpunkt der Probenahme

Die TRGS 903 legt für die aufgelisteten → *Gefahrstoffe* Probenahmezeitpunkte fest. Häufig ist eine Probenahme am Ende der Tätigkeit, also z. B. nach Schichtende bzw. nach mehreren Schichten vorgesehen.

2.2 Bewertung

Die ermittelten Ergebnisse müssen anschließend bewertet werden. Dazu werden Vergleichswerte herangezogen: → *BGW* (s. Nr. 3 TRGS 903), BAT oder Empfehlungen aus der Fachliteratur. Beim Biomonitoring müssen folgende Einflussfaktoren beachtet werden:

- Arbeitsbedingungen: Welches Verfahren wird angewendet? Ist die Exposition dermal, inhalativ oder besteht Gefahr des Verschluckens? Gibt es Phasen unterschiedlicher körperlicher Anstrengung?
- Stoffscharakteristika: physikalisch-chemische Daten, Hinweise auf Gesundheitsgefahren, Umweltgefahren, Einstufung und Kennzeichnung u. a. Löslichkeit in Wasser oder Fett, fest, pulverförmig oder flüssig
- Individuelle Besonderheiten, z. B. Bestehen bereits Allergien? Welche Vorerkrankungen sind zu beachten?

Häufig reicht ein Messwert nicht aus, um Belastung bzw. Gesundheitsgefährdung ausreichend zu beurteilen, es sind dann Wiederholungsmessungen erforderlich.

2.3 Ableitung von Maßnahmen

Ergebnisse aus dem Biomonitoring können zur → *Gefährdungsbeurteilung* nach § 6 GefStoffV bzw. Überwachung des Arbeitsplatzes herangezogen werden. Der Beschäftigte muss der Nutzung seiner Daten zustimmen, die Ergebnisse müssen anonymisiert werden.

3 Pflichten des Arbeitgebers

→ *Arbeitsmedizinische Vorsorge* ist wichtiger Bestandteil des präventiven Arbeitsschutzes (§ 3 ArbMedVV). Untersuchungen sollen während der Arbeitszeit und grundsätzlich nicht zusammen mit anderen Untersuchungen z. B. zur Feststellung der Eignung durchgeführt werden. Pflichtuntersuchungen müssen in regelmäßigen Abständen veranlasst werden. Vor Ausüben einer Tätigkeit müssen notwendige **Pflichtuntersuchungen** vorab durchgeführt werden. Es muss eine → *Vorsorgekartei* mit Tag, Anlass und Ergebnis der Untersuchung geführt werden, die Daten müssen i. d. R. nach Abschluss des Beschäftigungsverhältnisses gelöscht werden. Der Beschäftigte erhält bei seinem Ausscheiden eine Kopie seiner Daten. Die zuständige Behörde kann anordnen, dass ihr eine Kopie der Vorsorgekartei vorgelegt wird. Auch wenn der Beschäftigte **Angebotsuntersuchungen** nicht wahrnimmt, muss der Arbeitgeber sie regelmäßig weiter anbieten. Nach § 2 ASiG muss der Arbeitgeber einen → *Betriebsarzt* bestellen. Dieser muss die nötige Fachkunde besitzen und die festgelegten Aufgaben erfüllen. Dazu gehört auch das Biomonitoring.

4 Aufgaben des Betriebsarztes

Der → *Betriebsarzt* entscheidet, ob Biomonitoring notwendig ist.
Als Entscheidungsgrundlage dient Abschn. 3.4 TRGS 710 und ArbMedVV. Seine Aufgaben sind im Hinblick auf das Biomonitoring:

- Umfassende Information der Beschäftigten über Durchführung, Ziele und Verwendung der Ergebnisse;
- Aufklären über die Freiwilligkeit bei empfohlenem Biomonitoring;
- Beratung mit dem Beschäftigten über die Ergebnisse;
- Falls die Analysen von einem externen Labor durchgeführt werden, muss der Betriebsarzt sicherstellen, dass das beauftragte Labor die Fachkunde, die nötige Ausstattung und Methoden zur Qualitätssicherung besitzt. Der Nachweis erfolgt über die Anerkennung von Laboratorien durch die DGAUM sowie die zuständige Akkreditierungsstelle (AKMP).

5 Mitwirken der Beschäftigten

Die Bereitstellung von Blut oder Urin gilt als Einwilligung in die Untersuchung, eine schriftliche Zustimmung ist nicht erforderlich. Im Gegensatz zu den notwendigen Untersuchungen, beruhen die als sinnvoll eingestuften Untersuchungen auf Freiwilligkeit, d. h. der Beschäftigte kann entscheiden, ob er dem Biomonitoring zustimmt. Nach § 11 ArbSchG muss grundsätzlich ein Biomonitoring durchgeführt werden, wenn der Beschäftigte dies wünscht.

Bettina Huck

Brandschutz

Der Begriff Brandschutz steht für Brandverhütung und Brandbekämpfung, also für alle Überlegungen, die der Verhütung von Verletzungen bei Menschen und Tieren und dem Schutz von Sachwerten dienen. Unterschieden wird zwischen dem vorbeugenden und dem abwehrenden Brandschutz.

Gesetze, Vorschriften und Rechtsprechung

Im Bundesrecht grundlegend für den Brandschutz sind das Arbeitsschutzgesetz und die Arbeitsstättenverordnung. Zentrale Regelungen zum baulichen Brandschutz enthalten die Landesbauordnungen und evtl. weitere Sonderbauverordnungen. Eine zentrale Rolle spielen darüber hinaus verschiedene DIN-Normen und das Regelwerk der Sachversicherer (VdS).

1 Vorbeugender Brandschutz

Der Vorbeugende Brandschutz umfasst die folgenden Bereiche:

- **Baulicher Brandschutz:** alle baulichen Maßnahmen zur Verhinderung und Begrenzung von Bränden: Planung und Auswahl der geeigneten Baustoffe und Bauteile, die Planung von Brandabschnitten, aber auch die Planung von → *Flucht- und Rettungswegen*.
- **Technischer Brandschutz:** Planung von eventuell notwendigen Branderkennungs- und -meldeanlagen, Berechnung und Auswahl der geeigneten → *Feuerlöschgeräte* und ortsfesten Löschanlagen wie Sprinkleranlagen oder Sonderlöschanlagen. Wichtig sind Einrichtungen zum Rauch- und Wärmeabzug, die ebenso unter den Begriff technischer Brandschutz fallen, wie die Planung der Löschwasserversorgung.
- **Organisatorischer Brandschutz:** alle Maßnahmen, die innerbetriebliche Regelungen für einen Brandfall betreffen. Hierzu gehören die Erstellung eines Notfallplans oder → *Alarmplans*, einer → *Brandschutzordnung* und von Einsatzplänen für innerbetriebliche Selbsthilfegruppen, die auch als Informationsbasis für die örtlichen Feuerwehren dienen. Zum organisatorischen Brandschutz gehört auch die → *Unterweisung* der Mitarbeiter in der Handhabung von Löschgeräten, die Durchführung einer → *Brandschutzübung* und – ggf. – die Bestellung eines Brandschutzbeauftragten.

2 Abwehrender Brandschutz

Der Abwehrende Brandschutz beinhaltet alle Brandbekämpfungsmaßnahmen, die im Brandfall innerbetrieblich und durch externe Einsatzkräfte durchgeführt werden. Darunter fällt die Festlegung von Abläufen bei den Selbsthilfekräften, z. B. der Haus- oder Werksfeuerwehr, aber auch die der örtlichen Feuerwehren. Die Möglichkeiten des abwehrenden Brandschutzes sollten im engen Kontakt mit den Feuerwehren ermittelt und festgelegt werden. Gemeinsame Betriebsbegehungen oder Brandschutzübungen bieten sich ebenfalls an.

3 Die wichtigsten Regelwerke zum Brandschutz

Staatliche Vorschriften

- Arbeitsschutzgesetz (ArbSchG vom 7. August 1996);
- Arbeitsstättenverordnung (ArbStättV vom 12. August 2004);
- Landesbauordnungen (LBO)
  - Landesbauordnung Baden-Württemberg
  - Bayerische Bauordnung
  - Bauordnung für Berlin
  - Brandenburgische Bauordnung
  - Bremische Bauordnung
  - Hamburgische Bauordnung
  - Hessische Bauordnung
  - Landesbauordnung Mecklenburg-Vorpommern
  - Niedersächsische Bauordnung
  - Bauordnung für das Land Nordrhein-Westfalen – Landesbauordnung –
  - Landesbauordnung Rheinland-Pfalz
  - Bauordnung für das Saarland
  - Sächsische Bauordnung
  - Bauordnung Sachsen-Anhalt
  - Landesbauordnung für das Land Schleswig-Holstein
  - Thüringer Bauordnung

Technische Regeln
- ASR A1.3: Sicherheits- und Gesundheitsschutzkennzeichnung

Berufsgenossenschaftliche Vorschriften und Regeln
- BGV A1: Grundsätze der Prävention
- BGR 133: Ausrüstung von Arbeitsstätten mit Feuerlöschern
- BGR 134: Einsatz von Feuerlöschanlagen mit sauerstoffverdrängenden Gasen
- BGI 560: Arbeitssicherheit durch vorbeugenden Brandschutz
- BGI 563: Brandschutz bei feuergefährlichen Arbeiten

DIN-Normen
- DIN 4066: Hinweisschilder für den Brandschutz
- DIN 4102: Teil 1-7 Brandverhalten von Baustoffen und Bauteilen
- DIN 14090: Flächen für die Feuerwehr auf Grundstücken
- DIN 14095: Feuerwehrpläne
- DIN 14096: Brandschutzordnung
- DIN EN 2: Brandklassen
- DIN EN 3: Tragbare Feuerlöscher
- DIN 14675: Brandmeldeanlagen
- DIN 18082: Feuerschutzabschlüsse
- DIN 18232: Rauch-Wärmeabzugsanlagen

Regelwerke der Sachversicherer
- VdS 2000: Brandschutz im Betrieb
- VdS 2199: Brandschutz im Lager

Rüdiger Gunzenhäußer

Brandschutzbeauftragter

Brand- und Explosionsschutz ist in einem Betrieb nur dann effektiv, wenn die baulichen, technischen, organisatorischen und personellen Brandschutzmaßnahmen aufeinander abgestimmt sind. Eine der wichtigsten betrieblichen Maßnahmen ist die Bestellung eines Brandschutzbeauftragten, wenn dieser nicht ohnehin durch Behörden, Versicherer oder auf Grundlage einer Sonderbauvorschrift gefordert wird. Der Brandschutzbeauftragte ist Teil des betrieblich-organisatorischen Brandschutzes. Der Schwerpunkt seiner Tätigkeit liegt in der Prävention.

Gesetze, Vorschriften und Rechtsprechung

Es gelten folgende Gesetze und Verordnungen:

- Arbeitsschutzgesetz (ArbSchG): Die §§ 10 und 13 Abs. 2 Arbeitsschutzgesetz verlangen vom Arbeitgeber nicht nur Brandschutzmaßnahmen, sondern auch die Benennung von Beschäftigten, die diese Maßnahmen durchführen. Sofern der Arbeitgeber die ihm obliegenden Aufgaben nicht selbst wahrnimmt, kann er zuverlässige und fachkundige Personen schriftlich damit beauftragen.
- Die Landesbauordnungen und die dazugehörigen Sondervorschriften verlangen dagegen in bestimmten Fällen die Bestellung von Brandschutzbeauftragten: § 51 der Musterbauordnung verlangt ihn für die sog. Sonderbauten. Sonderbauten wie Hochhäuser, Verkaufsstätten, Versammlungsstätten, Krankenhäuser etc.

Im Bereich des öffentlichen Dienstes ist der Brandschutzbeauftragte nicht vorgeschrieben, da die Länder oder der Bund sog. Eigenversicherer sind. Lediglich bei den Forderungen nach den Sonderbauvorschriften kann auch im Bereich des Öffentlichen Dienstes der Brandschutzbeauftragte durch Brandschutzkonzepte oder durch die untere Bauaufsichtsbehörde gefordert werden.

1 Bestellungsvorgaben

Eine Bestellung muss immer in schriftlicher Form erfolgen. Grundsätzlich können Brandschutzbeauftragte in jedem Betrieb oder jeder Einrichtung bestellt werden. Besonders dort, wo ein erhöhtes Brandrisiko besteht, sind Brandschutzbeauftragte sehr sinnvoll. Bei der Beurteilung des Brandrisikos eines Betriebs müssen z. B. berücksichtigt werden (vgl. auch BGR 133 Tab. 3 «Beispielhafte Zuordnung von Betriebsbereichen zur Brandgefährdung»):

- dessen Beschaffenheit,
- bauliche Gegebenheiten (z. B. bauliche Anlagen besonderer Art und Nutzung),
- die Personengefährdung,
- die angewendeten Arbeitsverfahren,
- die Menge und Art der eingesetzten Arbeitsstoffe.

Die Vereinigung zur Förderung des Deutschen Brandschutzes e. V. (vfdb) schlägt die Bestellung von Brandschutzbeauftragten in Abhängigkeit von Brandrisiko und Zahl der durchschnittlich im Betrieb anwesenden Personen vor, wenn keine weiteren Vorschriften eine Bestellung gesondert fordern. Bei Betrieben der Verwaltung, der Dienstleistung sowie des Handels und Verkaufs sollte nach vfdb unabhängig vom Brandrisiko bei einer entsprechenden Anzahl und Art der durchschnittlich im Betrieb anwesenden Personen ein Brandschutzbeauftragter benannt werden.

Auch für Betriebe wie z. B. Einkaufszentren, Betriebshöfe usw. sowie für Gebäude, die eine Vielzahl verschiedener Betriebe beherbergen, ist bedingt durch die Gesamtsituation (gemeinsame → *Rettungswege*, Mischnutzung) die Bestellung eines Brandschutzbeauftragten sinnvoll.

2 Aufgaben

Die Aufgaben und Inhalte sollten genau festgelegt sein. Ziel ist es, Gefahren im Unternehmen zu minimieren und Schäden möglichst gering zu halten.

Aufgaben des Brandschutzbeauftragten:

- Beratung des Auftraggebers bzw. des Brandschutzverantwortlichen in Fragen des Brandschutzes, z. B. bei Planung von Neu- und Umbauten sowie bei Nutzungsänderungen;
- Beratung bei der Organisation und Überwachung der Brandschutzkontrollen;
- Dokumentation und Meldung von Brandschutzmängeln an den betrieblichen «Brandschutz-Verantwortlichen», monatliche Erstellung eines Brandschutzberichts sowie Erstellung eines Jahresabschlussberichts;
- Überwachung der Beseitigung von brandschutztechnischen Mängeln (z. B. Betreuung von Brandschutzeinrichtungen und Durchführung von Brandschutzbegehungen);
- Mitwirkung bei der Brandursachenuntersuchung, insbesondere im Hinblick auf die Verbesserung der Brandverhütung sowie Ermitteln von Brand- und Explosionsgefahren;
- Mitwirkung bei der Festlegung von brandschutztechnischen Sicherheitsmaßnahmen bei baulichen Maßnahmen, insbesondere bei → *Schweiß*-, Brenn-, Löt- und Schleifarbeiten;
- Festlegung von Ersatzmaßnahmen bei Ausfall oder Außerbetriebsetzung von Brandschutzeinrichtungen;
- Mitwirkung beim Aufbau und der Weiterentwicklung der Gefahrenabwehr und Notfallorganisation (z. B. Schulung der betrieblichen Einsatzleitung, Stabsrahmenübungen, Erarbeitung und Fortschreibung von Gefahrenabwehrplänen, Ausbildung von → *Brandschutzhelfern* und Überwachung der Benutzbarkeit von → *Flucht- und Rettungswegen*);
- Aufstellung der → *Brandschutzordnung*, der Alarm-, Hausalarm- und Notfall-Brandschutzpläne (z. B. Erstellen von Brandschutzordnungen nach DIN 14096 und Erstellen von Feuerwehrplänen nach DIN 14095);
- Brandschutzunterweisung und Schulung von Mitarbeitern mit besonderen Aufgaben im Brandschutz;
- kooperative Zusammenarbeit mit der → *Fachkraft für Arbeitssicherheit* und den Beauftragten des Betriebs für Immissionsschutz, Gefahrgut bzw. Abfallwirtschaft;

- Unterstützung beim ständigen Kontakt zu Brandschutzdienststellen sowie zur Feuerwehr für gemeinsame Übungen und Begehungen. Zusammenarbeit mit Aufsichtsbehörden, der örtlichen Feuerwehr und dem Feuerversicherer.

3 Einbindung in das betriebliche Sicherheitskonzept

Die Funktion eines Brandschutzbeauftragten sollte in ein vorhandenes Sicherheitskonzept integriert sein. Daher sollte der Brandschutzbeauftragte z. B.

- bei fachlichen Fragen im Arbeitsschutzausschuss vertreten sein,
- in den betrieblichen Alarm- und Gefahrenabwehrplan integriert werden und
- Bestandteil der → *Rettungskette* im Betrieb sein.

Die Einsatzzeit des Brandschutzbeauftragten hängt von den örtlichen Betriebsverhältnissen ab.

4 Qualifikation und Ausbildung

Das Tätigkeitsgebiet ist so umfangreich, dass eine spezielle Ausbildung notwendig ist. Für den gewerblichen Bereich ist die Ausbildung der Schadenversicherer sinnvoll, da hier auch die Prämienrichtlinien greifen und i. d. R. nur Lehrgänge nach VdS anerkannt werden. Die Wichtigkeit der Bestellung ist erkennbar aus der Tatsache, dass Versicherer bis zu 20 % Nachlass auf die Feuerversicherung gewähren, falls ein innerbetrieblicher Brandschutzbeauftragter bestellt ist. Für den öffentlichen Dienst hat dies keine weiteren Auswirkungen, da hier die Bestellung i. d. R. freiwillig erfolgt.

Personen, die einen zweiwöchigen Lehrgang zum Brandschutzbeauftragten mit Prüfung bestanden haben, können zum Brandschutzbeauftragten bestellt werden. Die Besetzung der Position des Brandschutzbeauftragten kann sowohl durch interne Mitarbeiter oder externe Anbieter erfolgen.

Neben den Beschäftigten, die einen separaten Kurs belegen, können auch Personen bestellt werden, die

- eine abgeschlossene Ausbildung zum gehobenen und höheren feuerwehrtechnischen Dienst besitzen,
- eine abgeschlossene Ausbildung zum mittleren feuerwehrtechnischen Dienst für hauptamtliche Kräfte besitzen, wenn diese hauptamtlich für den Betrieb tätig sind (z. B. Mitarbeiter der Werkfeuerwehr),
- ein abgeschlossenes Hochschul- oder Fachhochschulstudium der Fachrichtung Brandschutz besitzen,
- als → *Fachkraft für Arbeitssicherheit* einen zusätzlich Kurs von mindestens einer Woche Dauer belegt haben.

5 Internetlinks

www.vbbd.de (Verein der Brandschutzbeauftragten Deutschland e. V.)

www.vbbd.de (Ausbildungsmodell der CFPA-Europe)

www.vfdb.de (Vereinigung zur Förderung des Deutschen Brandschutzes e. V.):

- vfdb-Richtlinie 12-09/01:2001-07: Bestellung, Aufgaben, Qualifikation und Ausbildung von Brandschutzbeauftragten
- vfdb-Merkblatt 12-09/01a:2003-04

www.vds.de (VdS Schadenverhütung ist ein Unternehmen des GDV (Gesamtverband der Deutschen Versicherungswirtschaft e. V), Schwerpunkte: vorbeugender Brandschutz und Sicherheitstechnik

Bettina Huck

Brandschutzhelfer

Brandschutzhelfer sind Mitarbeiter eines Unternehmens, die im Brandfall gezielte Maßnahmen zur Gefahrenabwehr bzw. zum Schutz anderer Beschäftigter ausüben. Dazu sind diese Personen entsprechend durch den Unternehmer zu unterweisen und der Umgang mit den vorhandenen Löschmitteln ist in Form von praktischen Übungen zu schulen. Die Notwendigkeit und die Anzahl der Brandschutzhelfer hängen von der Größe des Unternehmens sowie der möglichen Brandszenarien ab.

Gesetze, Vorschriften und Rechtsprechung

Grundsätzlich gibt es keine explizite Forderung innerhalb der Vorschriften, wonach Brandschutzhelfer zu bestellen sind. Jedoch obliegt dem Unternehmer die Verantwortung Mitarbeiter zu benennen und auszubilden, welche im Rahmen von Notfallsituation entsprechende Aufgaben übernehmen (§ 10 Abs. 2 Arbeitsschutzgesetz, § 22 Abs. 2 BGV A1 «Grundsätze der Prävention»).

1 Aufgaben

1.1 Brandbekämpfung

Eine wesentliche Aufgabe der Brandschutzhelfer ist die Brandbekämpfung von Entstehungsbränden mit den im Unternehmen zur Verfügung stehenden Löschmitteln. Dazu müssen sie in der Handhabung der am Arbeitsplatz vorhandenen → *Feuerlöscheinrichtungen* ausgebildet werden.

Sind in einem Betrieb Wandhydranten vorhanden, dann sind die Brandschutzhelfer auch in die Bedienung der Wandhydranten einzuweisen.

Brandschutzhelfer sollten für alle Mitarbeiter und für die externen Rettungskräfte entsprechend gekennzeichnet werden (z. B. durch eine entsprechende Armbinde oder eine speziell gekennzeichnete Rettungsweste). Dies ist auch sehr wichtig, um Missverständnisse im Rahmen der Evakuierung von Gebäuden zu vermeiden (vgl. Kap. 1.2).

1.2 Evakuierung

In weitläufigen baulichen oder technischen Anlagen mit entsprechender Mitarbeiterkapazität und in Gebäuden mit hohem Aufkommen von betriebsfremden Personen, kann der Einsatz von Brandschutzhelfern (auch Evakuierungshelfer genannt) sinnvoll sein. Ziel ist es hierbei, die Evakuierung geordnet ablaufen zu lassen und die komplette Räumung der jeweiligen Bereiche zu überwachen. Die Größe des zugewiesenen Abschnitts sollte es dem Brandschutzhelfer noch ermöglichen, das Gebäude selbst sicher zu verlassen.

Die Erfassung der Vollzähligkeit aller Mitarbeiter auf dem Sammelplatz kann ebenfalls im Aufgabengebiet der Brandschutzhelfer liegen.

> **Wichtig: Mitarbeiter mit Behinderungen**
>
> Werden in einem Betrieb Mitarbeiter beschäftigt, die aufgrund ihrer Behinderung bei einer Evakuierung Hilfe durch andere Personen benötigen, müssen diese Personen benannt und mit den personenbezogenen Maßnahmen vertraut gemacht werden. Für diesen Personenkreis sind regelmäßige Übungen grundsätzlich erforderlich – auch dann, wenn mit den übrigen Beschäftigten keine Evakuierungsübungen notwendig sind.

Je nach betrieblichen Besonderheiten können Brandschutzhelfer für weitere Aufgaben im Brandfall vorgesehen werden (z. B. Einweisen der Feuerwehr).

2 Ausbildung

Der Brandschutzhelfer ist über die gesetzlich vorgeschriebene Unterweisung aller Beschäftigter hinaus zusätzlich für folgende Aufgaben zu schulen:

- Bekämpfung von Entstehungsbränden,
- besondere Aufgaben bei der Gebäuderäumung und an den Sammelplätzen,
- Hilfe bei der Evakuierung aller Personen im Gebäude,
- Einweisung der Feuerwehr,
- besondere betriebsspezifische Maßnahmen im Brandfall.

Die Ausbildung des Brandschutzhelfers ist abhängig von den betriebsspezifischen Aufgaben, die er in seinem Betrieb im Brandfall wahrnehmen soll. In Betrieben mit → *Brandschutzbeauftragten* wird dieser gemeinsam mit der → *Sicherheitsfachkraft* die Aufgaben ermitteln, die bei einem Brandfall von den Brandschutzhelfern wahrgenommen werden sollen.

3 Benennung

Der Unternehmer und seine → *Führungskräfte* müssen entsprechend geeignete Mitarbeiter auswählen und schriftlich benennen. Die Benennung sollte sich dabei jeweils an den baulichen und betriebsspezifischen Erfordernissen orientieren. Außerdem ist die Sicherstellung der Aufgaben der Brandschutzhelfer auch für den Schichtbetrieb zu gewährleisten.

Betriebliche Feuerwehren nehmen i. d. R. die Aufgaben der Brandschutzhelfer selbst wahr. Die Benennung zusätzlicher Brandschutzhelfer sollte daher in Absprache mit dem Leiter der Betrieblichen Feuerwehr erfolgen.

> **Wichtig: Fähigkeiten beachten**
> Die zugewiesenen Aufgaben als Brandschutzhelfer dürfen die Fähigkeiten der jeweiligen Person nicht übersteigen und diese auch nicht in eine gefährliche bzw. unkontrollierbare Situation bringen.

Ronny Senft

Brandschutzordnung

Eine Brandschutzordnung ist eine auf ein bestimmtes bauliches Objekt zugeschnittene Zusammenfassung von Regeln für die Brandverhütung und das Verhalten im Brandfall. Die 3 Teile der Brandschutzordnung sprechen unterschiedliche Personenkreise an. Teil A beinhaltet allgemeine Informationen an alle Personen, die sich im Gebäude aufhalten – also auch Betriebsfremde. Dieser Teil ist an zentralen Stellen des Gebäudes gut sichtbar auszuhängen. Teil B richtet sich an alle Mitarbeiter des jeweiligen Unternehmens und enthält genaue, betriebsinterne Vorgaben und Verhaltensregeln zum Brandschutz. Teil C richtet sich an Personen, die besondere Aufgaben im Brandschutz wahrnehmen, z. B. eine betriebsinterne Löschgruppe oder Führungskräfte.

Gesetze, Vorschriften und Rechtsprechung

Die Regeln für das Erstellen von Brandschutzordnungen sind in den 3 Teilen der DIN 14096 festgelegt:

- DIN 14096-1 «Brandschutzordnung – Teil 1: Allgemeines und Teil A (Aushang); Regeln für das Erstellen und das Aushängen»
- DIN 14096-2 «Brandschutzordnung – Teil 2: Teil B (für Personen ohne besondere Brandschutzaufgaben); Regeln für das Erstellen»
- DIN 14096-3 «Brandschutzordnung – Teil 3: Teil C (für Personen mit besonderen Brandschutzaufgaben); Regeln für das Erstellen»

Weitere Rechtsgrundlagen sind zu finden in Abschn. 5.12.4 Muster-Industriebaurichtlinie, Abschn. 4.4.1 BGR A1 und Abschn. 14 BGI 560 «Arbeitssicherheit durch vorbeugenden Brandschutz». Außerdem wird in einigen Landesbauvorschriften für Gebäude besonderer Art und Nutzung eine Brandschutzordnung gefordert, z. B. in den Verkaufsstätten- oder Versammlungsstättenverordnungen.

1 Verhaltensanweisung für den Brandfall

Die Brandschutzordnung ist die Grundlage für das Verhalten aller Personen im Brandfall, bezogen auf eine Gebäudeeinheit. Jedes Unternehmen mit eigenen baulichen Objekten ist zur Erstellung verpflichtet. Die Brandschutzordnung gliedert sich in 3 Teile (A,B,C). Je nach Art, Nutzung und Größe der baulichen Anlage und im Einvernehmen mit der für den Brandschutz zuständigen Behörde, können die Teile B und/oder C entfallen.

> **Wichtig: Individuelle Erstellung**
> Die Brandschutzordnung muss in jedem Fall individuell auf das jeweilige bauliche Objekt zugeschnitten werden.

2 Teil A

Teil A der Brandschutzordnung muss allen Mitarbeitern oder sonst anwesenden Personenkreisen einen Gesamtüberblick verschaffen über die Regeln der Brandverhütung und das Verhalten im Brandfall:

Brände verhüten

Hier kann z. B. das Verbot von offenem Feuer oder ein grundsätzliches Rauchverbot festgeschrieben werden.

Verhalten im Brandfall

- Regelungen zu **Brandmeldemöglichkeiten** wie Telefonnummer 112 und evtl. eine interne Alarmnummer, ggf. auch der Hinweis auf sog. Handdruckknopfmelder.
- Das Verhalten **während einem Brandalarm**, wie Ruhe bewahren, über die ausgeschilderten → *Fluchtwege* in Sicherheit bringen, keine Aufzüge benutzen, Türen schließen, hilflosen Personen helfen und auf besondere Anweisungen achten.
- Aufzeigen der **Selbsthilfemöglichkeiten**, wie eigene Löschversuche mit betriebsinternen → *Handfeuerlöschern*, Löschdecken oder evtl. Wandhydranten.

Teil A ist im Gebäude gut sichtbar auszuhängen. Es sollte sich um eine bzw. mehrere Stellen handeln, an denen Personen häufiger vorbeigehen oder verweilen. Solche Stellen sind z. B. Hauszugänge, Hallen, Flure, Aufzüge, Treppenräume oder Besprechungsräume.

Fremdsprachige Übersetzungen dürfen nicht innerhalb des Teiles A enthalten sein. Sofern sich anderssprachige Personen im Gebäude aufhalten ist ein separater Aushang in der jeweiligen Sprache auszuhängen.

> **Wichtig: Format**
> Das Format sollte mindestens A5, besser A4 sein. Der Aushang muss mit einem 10 mm breiten roten Rahmen versehen werden. **Abb. 1** zeigt eine Musterbrandschutzordnung Teil A.

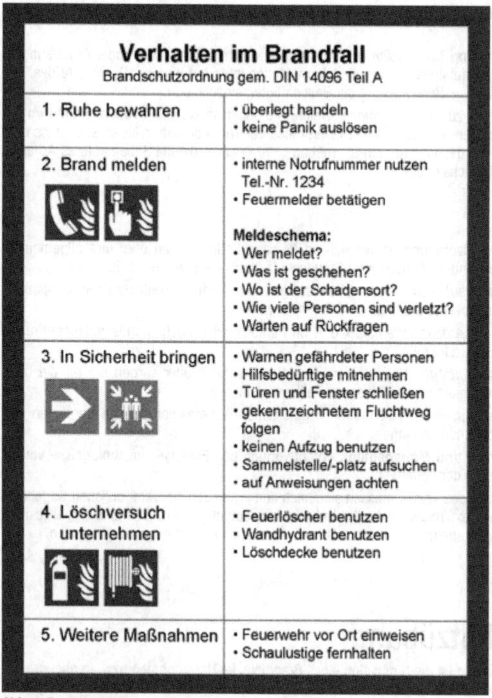

Brandschutzordnung

Verhalten im Brandfall	
Brandschutzordnung gem. DIN 14096 Teil A	
1. Ruhe bewahren	• überlegt handeln • keine Panik auslösen
2. Brand melden	• interne Notrufnummer nutzen Tel.-Nr. 1234 • Feuermelder betätigen **Meldeschema:** • Wer meldet? • Was ist geschehen? • Wo ist der Schadensort? • Wie viele Personen sind verletzt? • Warten auf Rückfragen
3. In Sicherheit bringen	• Warnen gefährdeter Personen • Hilfsbedürftige mitnehmen • Türen und Fenster schließen • gekennzeichnetem Fluchtweg folgen • keinen Aufzug benutzen • Sammelstelle/-platz aufsuchen • auf Anweisungen achten
4. Löschversuch unternehmen	• Feuerlöscher benutzen • Wandhydrant benutzen • Löschdecke benutzen
5. Weitere Maßnahmen	• Feuerwehr vor Ort einweisen • Schaulustige fernhalten

Abb. 1: Brandschutzordnung Teil A

3 Teil B

Teil B der Brandschutzordnung dient als allgemeiner Textteil zur Information und zur Festschreibung betriebsinterner Brandschutzregeln. Zu berücksichtigen sind Themen, wie:

- **Brandverhütung** (z. B. Rauchverbot, offenes Feuer, → *Schweißen*, brennbare Abfälle),
- **Brandausbreitung** (z. B. Feuer- und Rauchabschlüsse, Rauch- und Wärmeabzugsanlagen),
- **Flucht- und Rettungswege** (z. B. Freihalten von → *Rettungswegen* und → *Notausgängen*),
- **Melde- und Löscheinrichtungen** (z. B. Hinweise auf Telefone, Brandmeldeeinrichtungen, interne Meldestellen),
- **Verhalten im Brandfall** (z. B. Hinweise zur Vermeidung von Panik und unüberlegtem Handeln),
- **Brand melden** (z. B. wo kann gemeldet werden, was muss eine Meldung beinhalten),
- **Alarmsignale und Anweisungen** (z. B. Bedeutung von Alarmsignalen),
- **In Sicherheit bringen** (z. B. Fluchtwege, Aufzugsverbot, hilflose Menschen, Sammelplätze),
- **Löschversuche unternehmen** (z. B. Handhabung von → *Feuerlöschern*, brennenden Personen),

- **Besondere Verhaltensregeln** (z. B. keine Garderobe aufsuchen, Sachwerte sichern, Türen schließen).

Die Brandschutzordnung Teil B sollte in Form von Merkblättern, Broschüren oder Anweisungen erstellt und in die betriebliche Sicherheitsdokumentation integriert werden. Die Inhalte des Teil B sind in die jährliche → *Unterweisung* der Beschäftigten einzubinden.

Bei der Erstellung ist zu berücksichtigen, welche Personen in welchem Arbeitsumfeld angesprochen werden sollen. In größeren Betrieben muss der Teil B so untergliedert sein, dass den Mitarbeitern eine Brandschutzordnung übergeben werden kann, die die Situation ihres Arbeitsumfeldes speziell berücksichtigt.

4 Teil C

Teil C der Brandschutzordnung richtet sich an Personenkreise, denen über ihre allgemeinen Aufgaben hinaus besondere Aufgaben im Brandschutz übertragen wurden, z. B.:

- → *Brandschutzbeauftragte*: Koordination der internen Abläufe, Kontaktperson zur Feuerwehr, Weisungsgeber für die internen Selbsthilfekräfte.
- → *Fachkräfte für Arbeitssicherheit*: I. d. R. in Personalunion auch Brandschutzbeauftragte oder zu deren Unterstützung im Einsatz.
- → *Sicherheitsbeauftragte*: Unterstützen o. g. Personenkreis oder sorgen die für die ordnungsgemäßen Abläufe in verschiedenen Teilbereichen.
- **Ordner:** Vermeidung von Paniksituationen ggf. in Kundenbereichen oder in Bereichen mit großen Menschenansammlungen.
- → *Führungskräfte* **und Management:** Verantwortung und Entscheidungsbefugnisse vor oder nach Eintreffen der Feuerwehr.

Gliederung und Inhalt des Textes müssen sich nach den jeweiligen innerbetrieblichen Gegebenheiten richten. Der Text muss eindeutig und leicht verständlich sein. Es muss sichergestellt sein, dass die Inhalte regelmäßig aktualisiert bzw. Änderungen sofort eingepflegt werden.

Ronny Senft

Brandschutzübung

Eine Brandschutzübung ist die Simulation eines Brandfalls im Unternehmen bzw. in abgegrenzten organisatorischen oder baulichen Einheiten. Ziele dieser Simulation sind die Erprobung der festgelegten Notfallmaßnahmen und das Training aller beteiligten Personen. Art und Umfang der Übung sollten an die jeweiligen Brandgefährdungen sowie die dafür vorgesehenen Lösch-, Evakuierungs- und Rettungsszenarien angepasst werden. Für die erfolgreiche Durchführung einer Brandschutzübung muss diese entsprechend sorgfältig geplant werden, auch um die Gefährdungen für alle Beteiligten so gering wie möglich zu halten.

Gesetze, Vorschriften und Rechtsprechung

§ 4 Abs. 4 Arbeitsstättenverordnung § 22 Abs. 2 BGV A1 und Abschn. 9 Abs. 6 und 7 ASR A2.3 fordern, dass Maßnahmen zur Brandbekämpfung bzw. das Verhalten im Brandfall jährlich zu unterweisen und zu trainieren sind (Abschn. 5.12.5 Muster-Industriebaurichtlinie: alle 2 Jahre).

Derartige Forderungen sind darüber hinaus in Landesbauvorschriften wie den Verkaufsstätten- oder Versammlungsstättenverordnungen zu finden.

Die Anforderung für die Durchführung von Brandschutzübungen kann bei Gebäuden bzw. Anlagen mit entsprechend hoher Brandgefährdung ebenfalls im Brandschutzkonzept festgeschrieben sein.

1 Training von Notfallmaßnahmen

Die Durchführung einer Brandschutzübung dient dem Training aller beteiligten Personen sowie der Erprobung der festgelegten Notfallmaßnahmen. Ein Brandfall stellt eine lebensbedrohliche

Brandschutzübung

Notfallsituation für den Menschen dar. Gerade in Gebäuden oder Anlagen mit vielen Personen und relativ weitläufigen Verkehrs-/Gehwegsystemen sind die Notfallplanung und deren Übung sehr wichtig. Aber auch vermeintlich überschaubare Objekte können im Brandfall (z. B. durch Rauchentwicklung) für nicht unterwiesene Personen gefährlich werden.

Eine Brandschutzübung kann sich aus verschiedenen Elementen zusammensetzen:

- Evakuierung von baulichen Objekten bzw. Anlagen;
- Benutzung von Löscheinrichtungen (z. B.: Wandhydranten, → *Handfeuerlöscher*);
- Absetzen der Notfallmeldung;
- → *Erste Hilfe*-Szenarien;
- Notfallmanagement (z. B. Einrichtung Krisenstab).

In welchem Umfang die jeweiligen Elemente in die Übung eingebracht werden, liegt im Ermessen des Unternehmens. Das Szenario sollte sich an den spezifischen Gegebenheiten des Unternehmens ausrichten.

2 Organisation

Die Grundlage für eine erfolgreiche Brandschutzübung ist eine entsprechend sorgfältige Planung. Folgende Punkte sollten u. a. betrachtet werden:

- Welcher Brandfall soll angenommen werden? (betriebsspezifische Fragen beachten)
- Welche Betriebsbereiche sollen involviert werden?
- Liegen die entsprechenden Notfallunterlagen vor?
- Sind die entsprechende Notfallausrüstung bzw. Löscheinrichtungen vorhanden und einsatzbereit?
- Kennen die Mitarbeiter die Notfallunterlagen (z. B. → *Brandschutzordnung* – Teile A, B, C)?
- Wann soll die Übung durchgeführt werden? (z. B. Außentemperaturen beachten)
- Wer ist verantwortlich für die Planung und Durchführung?
- Können bei der Durchführung zusätzliche Gefährdungen für Personen entstehen?
- Sind reguläre Unternehmensprozesse für die Durchführung der Übung abzusichern? (Entsteht zum Beispiel ein wirtschaftlicher Schaden, beim schnellen Verlassen eines Anlagenbereiches?)
- Muss die zuständige Rettungsleitstelle informiert werden, da der Alarm durch automatische Meldesysteme weitergeleitet wird?

> **Wichtig: Information der Öffentlichkeit**
>
> Vor der Durchführung einer Brandschutzübung sollte überprüft werden, inwieweit die Öffentlichkeit bzw. angrenzende Gewerbe- oder Wohngebiete über die geplante Übung zu informieren sind.

3 Durchführung

Die Durchführung der Übung sollte sich exakt an das geplante Szenario halten. Um mögliche Schwachstellen im Notfallmanagement zu erkennen, sollten Beobachtungsposten an Schlüsselpositionen aufgestellt werden. Diese Personen sind als Beobachter zu kennzeichnen (z. B. mit speziellen Warnwesten) und der zu beobachtende Inhalt ist zu definieren. Sofern sich auch für Einsatzkräfte der Feuerwehr sowie medizinisches Rettungspersonal besondere Herausforderungen aufgrund der Unternehmens-/Objektspezifik ergeben, sollten diese je nach Möglichkeit mit eingebunden werden. Ob als Beobachter oder Teilnehmer der Übung, ist entsprechend abzustimmen.

Die gesamte Übung sollte durch mind. einen Verantwortlichen überwacht werden. Sofern sich Komplikationen ergeben, bzw. Personenschäden eintreten, muss sofort reagiert werden können.

4 Auswertung

Alle während der Übung gesammelten Informationen sollten zentral ausgewertet und entsprechende Maßnahmen abgeleitet werden. Die Ergebnisse können allgemein in 2 Kategorien eingeteilt werden:

Kategorie 1 – Ergebnisse, die die Übung selbst betreffen und Rückschlüsse auf Verbesserungsmöglichkeiten für eine erneute Übung geben können:

- Gab es Unstimmigkeiten während der Übung, die auf Planungsfehler zurückzuführen sind?
- Haben Mitarbeiter die Teilnahme an der Übung verweigert?
- Sind Probleme in regulären Unternehmensprozessen während der Durchführung der Übung aufgetreten?

Kategorie 2 – Ergebnisse, die die erprobten Szenarien betreffen und damit eine mögliche Auswirkung auf das bisher bestehende Brandschutznotfallkonzept haben können:

- Wurden die in den Notfallunterlagen vorgesehenen Abläufe von den Mitarbeitern richtig durchgeführt?
- Führten die festgelegten Abläufe zum gewünschten Ziel?
- Wurde der Zeitrahmen für die Notfallmaßnahmen eingehalten?
- Konnten Löscheinrichtungen richtig bedient werden?
- Stimmen Flucht- und Rettungswegpläne mit der Realität überein?
- Wurde das Alarmierungssignal in allen Bereichen wahrgenommen?
- Sind alle Flucht- und Rettungswege ohne Beeinträchtigung nutzbar gewesen?

Ronny Senft

Brennbare Flüssigkeiten

Brennbare Flüssigkeiten sind Gefahrstoffe, die wenigstens eine der gefährlichen Eigenschaften entzündlich, leichtentzündlich oder hochentzündlich aufweisen. Nach CLP-Verordnung werden diese als entzündbar, leicht entzündbar bzw. extrem entzündbar bezeichnet. Darüber hinaus besitzen sie meist weitere gefährliche Eigenschaften, wie z. B. giftig, gesundheitsschädlich oder auch umweltgefährlich. Brennbare Flüssigkeiten – bzw. deren Dämpfe – können aufgrund ihres Anteils an brennbaren Komponenten unter bestimmten Bedingungen entzündliche Gemische mit Luft bilden. Brennbare Flüssigkeiten werden verwendet z. B. als Verdünnungsmittel für Farben und Kleber, als Reinigungsmittel für Werkstücke, Maschinen und Druckeinrichtungen und als Lösemittel in Farben, Lacken und Klebern. Bei Gebrauch, Abfüllen und Lagern sind Maßnahmen zum Brand- und Explosionsschutz erforderlich.

Gesetze, Vorschriften und Rechtsprechung

Es gelten folgende Regelungen zum Umgang mit brennbaren Flüssigkeiten:

- Betriebssicherheitsverordnung (BetrSichV)
- § 11 Gefahrstoffverordnung (GefStoffV) i. V. m. Anhang I Nr. 1 GefStoffV
- CLP-Verordnung (EG) Nr. 1272/2008
- TRBS 1201 Teil 5 «Prüfung von Lageranlagen, Füllstellen, Tankstellen und Flugfeldbetankungsanlagen»
- TRBS 2152 «Gefährliche explosionsfähige Atmosphäre» (Teile 1, 2, 3 und 4)
- TRBS 2153 «Vermeidung von Zündgefahren infolge elektrostatischer Aufladungen»
- TRGS 510 «Lagerung von Gefahrstoffen in ortsbeweglichen Behältern»

Brennbare Flüssigkeiten

1 Gefahrklassen

Die Zuordnung der entzündlichen Flüssigkeiten zu den Gefahrklassen erfolgt nach dem Flammpunkt der Flüssigkeit und ist in der Gefahrstoffverordnung geregelt. Für Gemische brennbarer Flüssigkeiten gilt bis 1.6.2015:

- hochentzündlich: Flüssigkeiten mit einem Flammpunkt unter 0 °C (Siedepunkt ≤ 35 °C),
- leichtentzündlich: Flüssigkeiten mit einem Flammpunkt von 0 °C bis unter 21 °C,
- entzündlich: Flüssigkeiten mit einem Flammpunkt von 21 °C bis 55 °C.

Der → *Flammpunkt* einer brennbaren Flüssigkeit ist die niedrigste Temperatur, bei der unter vorgeschriebenen Versuchsbedingungen eine Flüssigkeit brennbares Gas oder brennbaren Dampf in solcher Menge abgibt, dass bei Kontakt mit einer wirksamen Zündquelle sofort eine Flamme auftritt (DIN 1127-1). Es gibt verschiedene standardisierte Apparaturen, um den Flammpunkt einer Flüssigkeit zu bestimmen.

Achtung: Wasserlöslichkeit

Eine Unterscheidung hinsichtlich der Mischbarkeit mit Wasser, wie in der früheren Verordnung über brennbare Flüssigkeiten (VbF), gibt es nicht mehr. Dennoch spielt die Wasserlöslichkeit eine wichtige Rolle, weil davon die Auswahl geeigneter Löschmittel abhängt. Nur die Brände wasserlöslicher Flüssigkeiten (ehemals VbF-B) lassen sich mit Wasser löschen. Die Flüssigkeiten der ehemals VbF-Gruppen A schwimmen auf dem Wasser und brennen dabei weiter. Informationen u. a. zur Wasserlöslichkeit finden sich in den → *Sicherheitsdatenblättern* der Produkte, die von den Herstellern zur Verfügung gestellt werden müssen.

2 Kennzeichnung

Behälter für leichtentzündliche Flüssigkeiten mussten bisher mit dem Flammensymbol (F) und der Aufschrift «R 11» → *gekennzeichnet* sein, für hochentzündliche Flüssigkeiten mit dem Flammensymbol (F+) und «R 12». Behälter für entzündliche Flüssigkeiten mussten bisher die Aufschrift «Entzündlich R 10» tragen.

Mit Umsetzung der CLP-Verordnung 1272/2008/EG werden die bisher verwendeten → *Gefahrensymbole* und Bezeichnungen durch → *Gefahrenpiktogramme* mit neuer Bezeichnung und Kodierung ersetzt. Bestimmte brennbare Flüssigkeiten werden als «Entzündbare Flüssigkeiten» bezeichnet und tragen das Piktogramm «Flamme». Wesentliche Änderung ist die Erhöhung des Flammpunkts als Einstufungskriterium. **Tab. 1** vergleicht die Kennzeichnung brennbarer Flüssigkeiten nach altem und neuem Recht.

	Stoff- und Zubereitungsrichtlinie	GHS-Verordnung	Stoff- und Zubereitungsrichtlinie	GHS	Stoff- und Zubereitungsrichtlinie	GHS
Bezeichnung	hochentzündlich	extrem entzündbar	leichtentzündlich	leicht entzündbar	entzündlich	entzündbar
Symbol/Piktogramm	Flammensymbol (F+), R12	Flamme (GHS02)	Flammensymbol (F), R11	Flamme (GHS02)	Kein Flammensymbol, R 10	Flamme (GHS02)
Signalwort	–	Gefahr	–	Gefahr	–	Achtung
Kategorie	–	1	–	2	–	3
Flammpunkt	unter 0 °C (Siedepunkt ≤ 35 °C)	unter 23 °C (Siedepunkt ≤ 35 °C)	von 0 °C bis unter 21 °C	unter 23 °C (Siedepunkt >35 °C)	von 21 °C bis 55 °C	von 23 °C bis 60 °C

Tab. 1: Kennzeichnung brennbarer Flüssigkeiten nach Richtlinie 67/548/EWG bzw.1999/45/EG und CLP-Verordnung 1272/2008/EG

Stoffe müssen seit 1.12.2010, Gemische ab 1.6.2015 zwingend nach neuem Recht eingestuft und gekennzeichnet werden – erlaubt ist dies allerdings schon vorher.

> **Wichtig: Lagerbestände mit «alter» Kennzeichnung**
>
> Die Einstufung ist die Grundlage für die Kennzeichnung von Stoffen und Gemischen.
>
> - **Stoffe**, die bereits vor dem 1.12.2010 in Verkehr gebracht wurden, durften mit «alter» Kennzeichnung bis 1.12.2012 weiter in Verkehr gebracht werden. Nicht abverkaufte Lagerware muss seit 1.12.12 umetikettiert werden.
> - **Gemische**, die vor dem 1.6.2015 in Verkehr gebracht wurden, dürfen bis 1.12.2017 mit «alter» Kennzeichnung weiter in Verkehr gebracht werden.
> - D. h., Bestände von Gemischen mit «alter» Kennzeichnung dürfen abverkauft werden.

3 Brand- und Explosionsgefahren

Werden brennbare Flüssigkeiten verwendet, muss auf die Durchführung der vorgeschriebenen Brandschutzmaßnahmen geachtet werden. Von brennbaren Flüssigkeiten gehen besondere Gefahren aus, die zusätzliche Maßnahmen erfordern. Beim Verdunsten brennbarer Flüssigkeiten bilden sich Dämpfe, die sich mit Luft mischen. Werden bestimmte, von der Art der verdunsteten Flüssigkeit abhängige Mischungsverhältnisse erreicht, entsteht ein explosionsfähiges Dampf/Luft-Gemisch – dieses wird auch als → *explosionsfähige Atmosphäre* bezeichnet. Zum Schutz von Gesundheit und zur Sicherheit der Beschäftigten und sonstiger anwesender Personen muss der Arbeitgeber entsprechende → *Explosionsschutzmaßnahmen* treffen und zwar in folgender Rangfolge (Anhang I Nr. 1 GefStoffV):

- Verhinderung der Bildung gefährlicher explosionsfähiger Gemische,
- Vermeidung der Entzündung gefährlicher explosionsfähiger Gemische,
- Abschwächung der schädlichen Auswirkungen einer Explosion auf ein unbedenkliches Maß.

4 Aufbewahren, Abfüllen und Lagern von brennbaren Flüssigkeiten

Brennbare Flüssigkeiten sollten nur in bruchsicheren Gefäßen aufbewahrt werden. Gut geeignet sind Metallbehälter. Auch Kunststoffbehälter können verwendet werden. Sie müssen aber bauartzugelassen sein, da sonst eine elektrostatische Aufladung auftreten und dadurch ein Entzünden der Dämpfe verursacht werden kann. Müssen brennbare Flüssigkeiten innerbetrieblich umgefüllt werden, müssen rechtzeitig geeignete Gefäße bereitgehalten werden. Behälter mit Dosiereinrichtung erleichtern ein verschüttfreies Umgießen.

In Arbeitsräumen dürfen nur so viel brennbare Flüssigkeiten aufbewahrt werden, wie für den Fortgang der Arbeit notwendig sind. Dies bedeutet, dass maximal der Bedarf für einen Tag in Arbeitsräumen vorhanden sein darf. Über den Tagesbedarf hinausgehende Mengen sind in Vorrats- oder Lagerräumen aufzubewahren. Von dieser Regel darf nur dann abgewichen werden, wenn ein sog. → *Sicherheitsschrank* zur Lagerung verwendet wird und nur bestimmte Mengen darin gelagert werden.

Abschn. 12 TRGS 510 legt für die Lagerung entzündbarer Flüssigkeiten in ortsbeweglichen Behältern fest:

- zulässige Lagermengen, z. B. die Lagermenge je Raum ist auf 100 t entzündbare Flüssigkeiten beschränkt;
- bauliche Anforderungen an Lagerräume, z. B. Lagerräume müssen von angrenzenden Räumen bei Lagermengen bis 1 t feuerhemmend, über 1 t feuerbeständig abgetrennt sein.
- Anforderungen an Auffangräume;
- erforderliche Brandschutzeinrichtungen, z. B. Lagerräume müssen bei Lagermengen über 20 t mit einer automatischen Feuerlöschanlage ausgestattet sein.

Leitungen unter innerem Überdruck für brennbare Flüssigkeiten sowie Anlagen zur Lagerung (ab 10.000 Liter), Abfüllung (Füllen, Entleeren) (ab 1.000 Liter Umschlagkapazität) und Beförderung von brennbaren Flüssigkeiten sind gemäß § 2 Nr. 30 ProdSG → *überwachungsbedürftige Anlagen*.

Bettina Huck

Burn-out-Syndrom

Das Burn-out-Syndrom bezeichnet einen Zustand der totalen körperlichen und emotionalen Erschöpfung, der sich über einen längeren Zeitraum entwickelt hat. Der Begriff kommt aus der Psychologie und der Medizin. «Burn out» (engl.) bedeutet wörtlich übersetzt «ausbrennen». Von einem Syndrom spricht die Wissenschaft, wenn verschiedene Krankheitszeichen zusammen auftreten, die eine gemeinsame Ursache haben. Die Krankheit ist von der Arbeitswelt geprägt. Sie tritt in allen sozialen Schichten und Altersstufen auf, sowohl bei Männern als auch Frauen. Sie neigt zu einem chronischen Verlauf. Zu den Symptomen zählen unter anderem reduzierte Leistungsfähigkeit, erhöhte Suchtgefahr sowie Depressionen.

Gesetze, Vorschriften und Rechtsprechung

Das Burn-out-Syndrom ist in der Internationalen Statistischen Klassifikation der Krankheiten und verwandter Gesundheitsprobleme, 10. Revision, Version 2006 (ICD-10) gelistet unter Kapitel XXI: Faktoren, die den Gesundheitszustand beeinflussen und zur Inanspruchnahme des Gesundheitswesens führen, Z73: Probleme mit Bezug auf Schwierigkeiten bei der Lebensbewältigung, Z73.0 Ausgebranntsein, Burn-out, Zustand der totalen Erschöpfung. 2006 wurde Burnout zum ersten Mal als Berufskrankheit anerkannt. Ein Manager hatte Berufsunfähigkeitsrente eingeklagt, nachdem er auf Anraten von Fachärzten seinen Beruf nach einem Zusammenbruch aufgegeben hatte (LG München, Urteil v. 22.3.2006, Az. 25 O 19798/03).

1 Ursachen

1.1 Äußere Faktoren

Das Arbeitsleben hat sich durch Globalisierung, alternde Erwerbsbevölkerung und die Auslagerung von Betriebsfunktionen stark verändert. Produktionszyklen, aber auch Kommunikationsprozesse laufen in immer schnelleren Zeitfolgen ab. Arbeitszeiten, Mehrarbeit, Dienstleistungsbereitschaft und Konkurrenzdruck haben sich für den Einzelnen erhöht. Die gesellschaftlichen, wirtschaftlichen und politischen Entwicklungen bestimmen die Zukunft der Unternehmen. Aktionäre fordern Profit und Wachstum. Kunden verlangen optimale Qualität, schnell und preiswert. Unsichere Arbeitsplätze und ständige Veränderungen fordern Flexibilität und Mobilität. Diese äußeren Faktoren belasten körperlich und seelisch.

1.2 Innere Faktoren

Die innere Einstellung – wie etwa zu Motivation und Leistungsbereitschaft – ist individuell geprägt. Sie wird von persönlichen Erfahrungen und erlernten Verhaltensmustern bestimmt. In der Arbeitswelt ist sie die Grundlage für den Erfolg des Einzelnen und des Unternehmens. Allerdings ist die Grenze zwischen Engagement hin zu Überbelastung und Überforderung fließend. Ist eine Person übertrieben perfekt, idealistisch, ehrgeizig oder fällt es ihr schwer «Nein» zu sagen, kann dieses Verhalten zum Gesundheitsrisiko werden.

> **Wichtig: Wer nicht abschaltet, riskiert seine Gesundheit**
>
> Einzelne Stressfaktoren lassen sich fast immer bewältigen. Treffen jedoch persönliche Disposition und schlechte Arbeitsbedingungen aufeinander, kann sich das Burnout-Syndrom entwickeln. Das geschieht in Phasen über Wochen oder Jahre hinweg. Betroffene, die keine sozialen Kontakte aufbauen können oder diese vernachlässigen, sind zusätzlich gefährdet. Immer entscheidender wird im Krankheitsverlauf aber vor allem der Zustand, nicht mehr abschalten zu können – ob am Tag oder in der Nacht.

2 Symptome

2.1 Phasen

Das Burn-out-Syndrom wird in Phasen unterteilt:

- Erschöpfung und Unzufriedenheit
- Wachsende Selbstzweifel – nachlassender Arbeitseifer
- Gleichgültigkeit gegenüber Arbeit und Menschen
- Depression und Verzweiflung

> **Achtung: Diagnose durch Arzt oder Psychologen**
>
> Für die Diagnose braucht es das Wissen und die Fachkompetenz von Ärzten und Psychologen. Da die Krankheit ein schleichender Prozess ist, sollten aber Betroffene, Kollegen und Verantwortliche mögliche Anzeichen kennen und erkennen können. So kann etwa der → *Betriebsarzt* bei Untersuchungen, Vorgesetzte bei Mitarbeitergesprächen oder die → *Fachkraft für Arbeitssicherheit* bei → *Gefährdungsbeurteilungen* auf Aussagen oder Wahrnehmungen achten, die möglicherweise auf eine krankhafte Veränderung hinweisen.

2.2 Körperliche Erschöpfungsmerkmale

- mangelnde Energie,
- permanente Müdigkeit,
- verspannte Muskulatur,
- Kopf- und Rückenschmerzen,
- Magen-/Darmbeschwerden,
- Schlafstörungen.

2.3 Emotionale Erschöpfungsmerkmale

- Niedergeschlagenheit,
- Hilflosigkeit,
- Hoffnungslosigkeit,
- Leere und Verzweiflung,
- Entmutigung und Resignation.

2.4 Mentale Erschöpfung

- negative Einstellung zu sich selbst, zur Arbeit und zum Leben,
- Verlust der Selbstachtung,
- Gefühl der Unzulänglichkeit,
- Gefühl der Minderwertigkeit.

> **Achtung: Anzeichen für Überbelastung**
>
> Folgende Anzeichen können darauf hindeuten, dass eine Belastung zu lange anhält und überfordert:
>
> - veränderte Essgewohnheiten,
> - sichtbare Gewichtszu- oder -abnahme,
> - erhöhte Anfälligkeit für Infektionen,
> - vermehrter Alkohol- oder Medikamentenkonsum,
> - fehlende Kontrolle von Emotionen,
> - Reizbarkeit,
> - Vereinsamung,
> - Lustlosigkeit,

- Zynismus, Verachtung, Aggressivität,
- Verlust der Kontaktbereitschaft gegenüber Kollegen.

3 Bedeutung für die Arbeitswelt

Burn-out ist ein Krankheitsbild, das in der Arbeitswelt geprägt wird. Es verursacht Leistungsminderungen und kann bis zur Berufsunfähigkeit führen. Statistische Daten der Krankenkassen zeigen eine deutliche Zunahme von psychischen Erkrankungen und lange Ausfallszeiten (**Abb. 1**).

Abb. 1: Anstieg psychischer Erkrankung

3.1 Rolle der Arbeitsmediziner

Burn-out verursacht personelle Ausfälle, hohe Produktionsausfallkosten sowie extreme Folgekosten durch langwierige Behandlungen und Therapien. Durch eine enge Zusammenarbeit von Arbeitsmedizinern und Psychotherapeuten lassen sich vielfältige präventive Maßnahmen im Unternehmen etablieren. Sie sorgen für gute Arbeitsbedingungen und einen fürsorglichen und selbstverantwortlichen Umgang der Beschäftigten mit sich selbst.

3.2 Aufgabe der Führungskraft

Alle Personalebenen im Unternehmen müssen über das Thema informiert und geschult werden. → *Führungskräfte* nehmen beim Gesundheitsschutz eine Vorbildrolle ein. Doch gerade ihnen fällt es häufig schwer, abzuschalten, loszulassen, Pausen und rechtzeitig Feierabend zu machen. Dieses Fehlverhalten greift allerdings um sich. So klagen vermehrt auch Auszubildende bereits in den ersten Berufsjahren über das Gefühl des Ausgebranntseins.

3.3 Prävention und Rehabilitation

Bei der Prävention ist auf körperliche wie seelische Belange zu achten. So gehören Sport- und Bewegungsangebote und ein ergonomisch gestalteter Arbeitsplatz ebenso zur Basis → *betrieblichen Gesundheitsmanagements* wie der persönliche Austausch im Team oder regelmäßige Pausenzeiten.

Die Krankheit wird in den verschiedenen Stadien mit einem so genannten integrativen Ansatz behandelt. Dabei werden mehrere Methoden wie Körpertherapie, Entspannungsmethoden, Erholung, sportliche Aktivierung und Psychotherapie kombiniert. In einer frühen Phase können eine Veränderung der Arbeitsbedingungen und eine ambulante therapeutische Begleitung ausreichend sein. Hat sich das Burn-out-Syndrom bereits weiterentwickelt, ist Arbeiten oft für einen längeren Zeitraum nicht möglich. Nach einem Klinikaufenthalt erfolgt schrittweise ein Wiedereinstieg in die Arbeit. Manchmal ist allerdings eine berufliche Neuorientierung notwendig.

Bettina Brucker

CE-Kennzeichnung

Die Abkürzung CE steht für «Conformité Européenne» und muss als «Verwaltungs- und Sicherheitszeichen» auf allen Produkten angebracht sein, für die ein solches Zeichen aufgrund einer europäischen Richtlinie verlangt wird. Es ist die Voraussetzung für den freien Warenverkehr auf dem europäischen Binnenmarkt des jeweiligen Produktes. Wenn europäische Richtlinien Anforderungen an die Konformität von Produkten stellen, und wenn dabei die Anbringung eines CE-Kennzeichens verlangt wird, darf dieses Produkt nur in den Verkehr gebracht werden, wenn auf ihm das CE-Kennzeichen angebracht worden ist.

Gesetze, Vorschriften und Rechtsprechung

Die Anbringung eines CE-Kennzeichens wird in einer Vielzahl von europäischen Richtlinien verlangt. Wichtig im Arbeitsschutz sind z. B. die Richtlinien zu Niederspannung (2006/95/EG), Einfache Druckbehälter (2009/105/EG), Gasverbrauchseinrichtungen (2009/142/EG), Persönliche Schutzausrüstungen (89/686/EG), Maschinen (2006/42/EG) oder Druckgeräte (97/23/EG).

Die nationale Umsetzung der Vorgaben der o. g. europäischen Richtlinien erfolgt durch das Produktsicherheitsgesetz (ProdSG).

1 Voraussetzung: Konformitätsbewertungsverfahren

Die CE-Konformitätskennzeichnung besteht aus den Buchstaben «CE» mit dem in **Abb. 1** wiedergegebenen Schriftbild.

Abb. 1: CE-Zeichen

Es kann ggf. durch eine dahinter stehende Kennnummer einer benannten Stelle ergänzt werden, sofern eine europäische Richtlinie dieses vorschreibt (z. B. bei Aufzugsanlagen oder → *Druckbehältern*). Es muss gut sichtbar, leserlich und dauerhaft vom Hersteller auf dem jeweiligen Produkt angebracht werden.

Mit der Anbringung des CE-Kennzeichens macht der Hersteller deutlich, dass er die in den europäischen Richtlinien verlangten Konformitätsbewertungsverfahren für das jeweilige Produkt durchgeführt hat.

Bei der Durchführung dieser Verfahren wird in aller Regel auf in der EU harmonisierte Normen Bezug genommen. Daher kann man als Verbraucher davon ausgehen, dass Mindestmaßstäbe an die Sicherheit eines Produktes gestellt worden sind.

2 Achtung Fälschung!

CE-Kennzeichen sind bedauerlicherweise nicht gegen Fälschungen gefeit. Der in der Vergangenheit bekannteste Fall betraf einen chinesischen Handelsvertreter, der im europäischen Wirtschaftsraum Produkte verkaufen wollte. Das dem eigentlichen CE-Zeichen sehr ähnliche Zeichen des chinesischen Händlers war jedoch bei ihm mit einer anderen Bedeutung angebracht worden, nämlich CE = «China Export».

Für den Verbraucher bzw. den Käufer von Produkten bedeutet dies, dass er sich nicht alleine auf das Kennzeichen selber verlassen kann. Er muss ggf. weitere Dinge vor dem Kauf oder der Inbetriebnahme prüfen, z. B. die schriftliche → *Konformitätserklärung* anfordern und die angegebenen Normen auf Aktualität prüfen.

Detlef Burghammer

Chemikalienschutzhandschuhe

Chemikalienschutzhandschuhe sind Handschuhe, die als persönliche Schutzausrüstung die Hände vor Schädigungen durch chemische Einwirkungen schützen.

Gesetze, Vorschriften und Rechtsprechung

Ergibt die Gefährdungsbeurteilung, dass trotz technischer und organisatorischer Schutzmaßnahmen mit Gefährdungen der Hände/Arme durch Chemikalien zu rechnen ist, müssen den Mitarbeitern Chemikalienschutzhandschuhe zur Verfügung gestellt werden. Neben der PSA-Benutzungs-Richtlinie 89/656/EWG ist auch die PSA-Benutzungsverordnung zu berücksichtigen (→ *Persönliche Schutzausrüstung*).

Weitere Vorgaben ergeben sich aus:

- BGR 195 «Einsatz von Schutzhandschuhen»
- EN 420 «Schutzhandschuhe – Allgemeine Anforderungen und Prüfverfahren»
- EN 374 «Schutzhandschuhe gegen Chemikalien und Mikroorganismen»
- EN 388 «Schutzhandschuhe gegen mechanische Risiken»

1 Berufskrankheit Haut

Die Berufskrankheit «Haut» (BK 5101) gehört zu den häufigsten Berufskrankheiten. Ein Großteil davon sind sog. Kontaktekzeme, die aufgrund chemischer Stoffe oder physikalischer Einwirkungen entstehen. Betroffen sind in den meisten Fällen die Hände und Arme. Dies ist nicht verwunderlich, da die Beschäftigten sehr viele Tätigkeiten mit den Händen ausüben.

2 Arten von Chemikalienschutzhandschuhen

Einige Inhaltsstoffe von Handschuhen haben sich immer wieder als gesundheitsschädlich erwiesen. Gerade in elastischen Handschuhen kommt eine Vielzahl potenziell allergieauslösender Stoffe vor, allen voran Naturlatex, das hoch problematisch ist. Es sollte nur noch in nicht vermeidbaren Ausnahmefällen eingesetzt werden und muss dann bestimmten Anforderungen genügen, z. B. ungepudert eingesetzt werden Abschn. 6.4.2 TRGS 401. Stattdessen sind heute elastische Handschuhe Standard (z. B. aus Vinyl oder Nitrilkautschuk), die möglichst nicht (für einfacheres Anziehen) gepudert sein sollten. Puder belastet in Verbindung mit Schweiß die Haut zusätzlich und kann dazu führen, dass allergieauslösende Stoffe in die Atemwege transportiert werden.

Tab. 1 zeigt die gängigen Materialien von Chemikalienschutzhandschuhen sowie deren Vor- und Nachteile.

Material	Vorteile	Nachteile
Latex	- sehr hohe Flexibilität - sehr gute mechanische Eigenschaften - beständig gegen polare, nicht aggressive Chemikalien (z. B. Wasser, Säuren, Laugen) - gute Kälteflexibilität	- schlechte Alterungsbeständigkeit - schlechte Witterungsbeständigkeit - nicht beständig gegen Kohlenwasserstoffe (z. B. Öl) - nicht beständig gegen -oxidierende Chemikalien

Material	Vorteile	Nachteile
	• hoher Weiterreißwiderstand	• nicht beständig gegen höhere Temperatur • kann Allergien auslösen (Latexallergie)
Nitril (Nitrilkautschuk)	• gute Flexibilität • gute Beständigkeit gegen eine große Zahl von Kohlenwasserstoffen • hohe Permeationszeiten	• eingeschränkte Kälteflexibilität • eingeschränkte Witterungsbeständigkeit • geringe Flexibilität (steif)
Neopren - (Polychloropren)	• gute Flexibilität • gute mechanische Eigenschaften • hohe Permeationszeiten • Alterungsbeständigkeit • Witterungsbeständigkeit	• eingeschränkte Kälteflexibilität • geringe Flexibilität (steif)
Butyl (Butylkautschuk)	• hohe Chemikalienbeständigkeit • hohe Dämpfung • sehr gute Alterungsbeständigkeit • sehr gute Witterungsbeständigkeit • sehr hohe Gasundurchlässigkeit • gute Kälteflexibilität	• mäßige mechanische Eigenschaften • geringe Festigkeit • nicht ölbeständig
Viton (Fluorkautschuk)	• sehr hohe Gasundurchlässigkeit • sehr gute Chemikalienbeständigkeit • sehr gute Alterungsbeständigkeit • sehr gute Witterungsbeständigkeit • hohe Hitzebeständigkeit	• schlechte mechanische Eigenschaften • schlechtes Kälteverhalten
Vinyl, PVC - (Polyvinylchlorid)	• gute Alterungsbeständigkeit • gute Witterungsbeständigkeit • ölbeständig • hohe mechanische Festigkeit • beständig gegen Wasser, Alkalien (z. B. Hydroxide, Laugen), nicht oxidierende Säuren (z. B. Salzsäure und Kohlenwasserstoffe)	• sehr schlechte mechanische Eigenschaften • schlechte Flexibilität • schlechte Kälteflexibilität • Versprödung bei Weichmacherextraktion

Tab. 1: Vor- und Nachteile von Chemikalienschutzhandschuhmaterialien (verändert, nach Bundesverband Handschutz e. V.)

Kein Chemikalienschutzhandschuh bietet universell für alle Gefahrstoffe den besten Schutz. Das Handschuhmaterial stellt i. d. R. nur eine zeitlich befristete Barriere dar, bis der Gefahrstoff auf molekularer Ebene durch den Handschuh hindurch zur Haut gelangt. Eine derartige molekulare Durchdringung wird **Permeation** (s. auch **Abb. 1**) genannt. Die Zeit, die der Gefahrstoff braucht, um einen Hautkontakt zu verursachen, wird **Durchbruchzeit** oder **Permeationszeit** genannt.

Abhängig von der Permeationszeit wird eine Bewertung über den Schutz gegenüber der geprüften Chemikalie vorgenommen. Dieser Schutzindex wird in 6 Klassen eingeteilt (s. **Tab. 2**).

Gemessene Permeationszeit (Durchbruchzeit)	Schutzindex
> 10 min	Klasse 1
> 30 min	Klasse 2
> 60 min	Klasse 3

Chemikalienschutzhandschuhe

Gemessene Permeationszeit (Durchbruchzeit)	Schutzindex
> 120 min	Klasse 4
> 240 min	Klasse 5
> 480 min	Klasse 6

Tab. 2: Schutzindex von Chemikalienschutzhandschuhen in Abhängigkeit von der Permeationszeit

Achtung: Permeationszeit
Die Permeation beginnt bereits mit dem ersten Kontakt mit einer Chemikalie.

Permeation

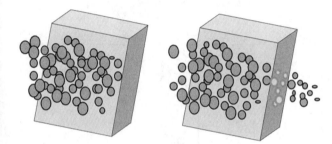

1 Minute   120 Minuten

Abb. 1: Schematische Darstellung der Permeation

Jede Chemikalie hat ihre eigene Permeationszeit. Hersteller von Chemikalienschutzhandschuhen verfügen über umfangreiche Permeationstests. Für gängige Chemikalien, aber auch für Zubereitungen liegen i. d. R. Untersuchungsergebnisse vor. In den Herstellerprospekten wird meist auch eine Tabelle der untersuchten Substanzen mit dem zugeordneten Schutzindex abgedruckt.

Achtung: Schutzindex
Hersteller geben in ihren Prospekten häufig als Schutzindex nicht eine «Klasse» an, sondern ein «Level». Diese haben jedoch dieselbe Bedeutung.

Derartige Listen geben die Durchbruchzeit in Abhängigkeit vom jeweiligen Chemikalienschutzhandschuh an. Hierbei fällt auf, dass nicht jede aufgeführte Chemikalie mit jedem Handschuhtyp getestet wird. Das ist vorrangig eine Kostenfrage. Wichtiger ist aber, **dass es innerhalb eines Handschuhmaterials bei unterschiedlichen Chemikalienschutzhandschuhtypen verschiedene Permeationszeiten gibt**.

Tab. 3 zeigt Beispiele für Chemikalienschutzhandschuhe.

Chemikalienschutzhandschuhe

Norm	Kategorie	Beispiel	Material
EN 374 Schutzhandschuhe gegen Chemikalien und Mikroorganismen	EN 388, III		Latex
	EN 388, III		Nitril
	EN 388, III		Baumwoll-Interlock mit Nitril-Beschichtung
	EN 388, III		Nitril
	EN 388, III		Butyl
	EN 388, III		Baumwoll-Trikot mit Neoprenbeschichtung

Chemikalienschutzhandschuhe 193

Norm	Kategorie	Beispiel	Material
	III		Vinyl

Tab. 3: Beispiele Arten von Chemikalienschutzhandschuhen (Bilder: Ansell, KCL, Uvex)

3 Gefährdungsbeurteilung und Auswahl

Das Arbeitsschutzgesetz und die PSA-Benutzungsverordnung schreiben eine Gefährdungsbeurteilung vor (vg. auch → *Persönliche Schutzausrüstung*). Ergibt sich aus der Gefährdungsbeurteilung, dass trotz technischer und organisatorischer Maßnahmen Chemikalienschutzhandschuhe erforderlich sind, müssen die Verantwortlichen den geeigneten Handschuhtyp festlegen. Fachkräfte für Arbeitssicherheit, Betriebsärzte, Aufsichtspersonen der Berufsgenossenschaft und nicht zuletzt die Hersteller von Chemikalienschutzhandschuhen können bei der Auswahl des geeigneten Handschuhs unterstützen. Die Auswahl unter Aspekten von Schutzfunktion, Tragekomfort und Preis sollte unbedingt detailliert mit allen Beteiligten, nicht zuletzt den Handschuhbenutzern durchgeführt werden. Das fördert die Akzeptanz und den richtigen Einsatz der Handschuhe.

> **Praxis-Tipp: Hersteller einbinden**
>
> Fragen Sie beim Hersteller konkret nach einem Chemikalienschutzhandschuh für Ihren Gefahrstoff. Eventuell muss dieser dann eine Probe des Gefahrstoffs einschließlich Sicherheitsdatenblatt von Ihnen erhalten, damit entsprechende Permeationstests durchgeführt werden können. Fragen Sie auch nach, ob bereits bekannt ist, wie groß die Permeationszeit bei dem ausgewählten Chemikalienschutzhandschuh tatsächlich ist.

Abb. 2: Gebotszeichen Handschutz benutzen

Tritt bei einer Tätigkeit eine spezielle Gefährdung auf, ist das Tragen von Schutzhandschuhen verbindlich festgelegt. Das Gebotszeichen M009 «Handschutz benutzen» aus **Abb. 2** weist entweder in Form von Schildern, Aufklebern oder als Bestandteil von Betriebsanweisungen auf die Tragepflicht hin.

4 Kennzeichnung

Chemikalienschutzhandschuhe müssen folgende Kennzeichnung besitzen:

- CE-Kennzeichnung;
- Name oder Kennzeichnung des Herstellers oder Lieferers;
- Typenangabe oder Modellnummer;
- Größenangabe;
- zugrunde liegende Norm;
- Piktogramm + Leistungslevel (bei Handschuhen von komplexer Konstruktion, die von einem anerkannten Institut geprüft wurden)

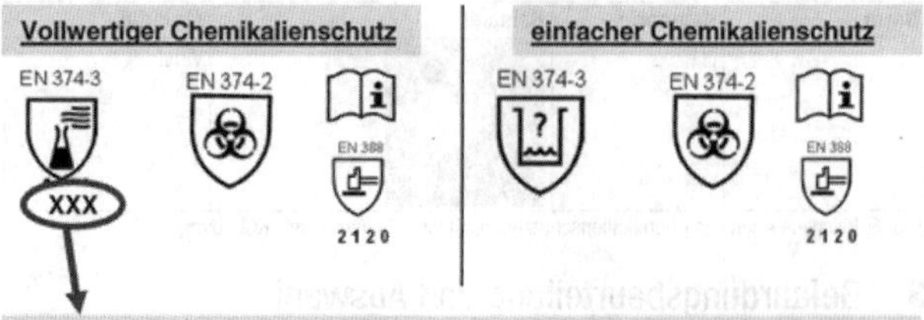

Vollwertiger Chemikalienschutz

EN 374-3 · EN 374-2 · EN 388

XXX

2 1 2 0

einfacher Chemikalienschutz

EN 374-3 · EN 374-2 · EN 388

2 1 2 0

Kennbuchstabe	Prüfchemikalie	Substanzklasse
A	Methanol	Primärer Alkohol
B	Aceton	Keton
C	Acetonitril	Nitril
D	Dichlormethan	Chloriertes Paraffin
E	Kohlenwasserstoffdisulfid	schwefelhaltige organische Verbindung
F	Toluol	aromatischer Kohlenwasserstoff
G	Diethylamin	Amin
H	Tetrahydrofuran	heterozyklische und Etherverbindungen
I	Ethylacetat	Ester
J	n-Heptan	aliphatischer Kohlenwasserstoff
K	Natriumhydroxid 40%	anorganische Base
L	Schwefelsäure 96%	anorganische Säure

Abb. 3: Beispiel Piktogramme bei Chemikalienschutzhandschuhen

Die Kennzeichnung muss deutlich erkennbar und über die vorgesehene Gebrauchszeit des Handschuhes lesbar angebracht sein. Kennzeichnungen, die zu Verwechslungen mit den o. g. Kennzeichen führen können, sind nicht zulässig. Es gibt neben der CE-Kennzeichnung 2 Arten Piktogramme für Chemikalienschutzhandschuhe (vgl. auch **Abb. 3**):

- **Einfacher Chemikalienschutz:** Handschuhe sind wasserdicht und bieten einen geringen Schutz gegen chemische Stoffe;
- **Vollwertiger Chemikalienschutz:** Piktogramm wird durch 3 Kennbuchstaben ergänzt. Der Handschuh erreicht bei mind. diesen 3 Prüfchemikalien die Klasse (Level) 2.

5 Einsatz

Bei der Benutzung der Chemikalienschutzhandschuhe sind die entsprechenden Abschnitte der BGR 195 «Einsatz von Schutzhandschuhen» anzuwenden. Besonders wichtig sind die folgenden Punkte:

- Es gibt nicht «den» geeigneten Chemikalienschutzhandschuh. Die Auswahl ist abhängig von den Gefährdungen der Chemikalien oder der Zubereitungen. Der Hersteller muss bzgl. der Eignung gefragt werden.
- Der Hersteller nennt die max. Einsatzdauer je nach vorhandenem Gefahrstoffeinsatz; diese Zeiten sind einzuhalten.

- Chemikalienschutzhandschuhe sind bestimmungsgemäß zu benutzen.
- Sie dürfen keinen Einflüssen ausgesetzt sein, die ihren sicheren Zustand beeinträchtigen können.
- Sie sind vor jeder Benutzung auf Beschädigungen zu untersuchen (z. B. Löcher, Risse).
- Sie können Feuchtigkeitsstau beim Schwitzen verursachen; textile Unterziehhandschuhe können Abhilfe schaffen.
- Die Benutzerinformation des Herstellers sowie die Betriebsanweisung sind zu beachten, anhand derer die Beschäftigten mind. einmal jährlich unterwiesen werden müssen.
- Beim Handschuhwechsel darauf achten, dass kein Hautkontakt zu hautgefährdenden Chemikalien auftritt.
- UV-Strahlung (Sonnenlicht) kann die Schutzwirkung der Handschuhe beeinträchtigen.

Es empfiehlt sich die Erstellung eines Handschuhplanes.

> **Praxis-Tipp: Ausziehen von Schutzhandschuhen**
>
> Die Mitarbeiter müssen darauf hingewiesen werden, dass Sie beim Ausziehen von mit Chemikalien benetzten Schutzhandschuhen darauf achten, Hautkontakt zu vermeiden.

Ungeachtet der Schutzfunktion stellt das Tragen von Chemikalienschutzhandschuhen eine Belastung dar. Besonders bei flüssigkeitsdichten Handschuhen führt das Schwitzen zu einer Aufweichung der oberen Hautschichten (Mazeration), die damit weniger Widerstandskraft gegenüber mechanischen Reizungen, Eindringen von Keimen usw. hat. Daher ist es sinnvoll, die Tragedauer auf das nötige Maß zu beschränken, möglichst «Handschuhpausen» einzulegen. Bei flüssigkeitsdichten Handschuhen sind zusätzlich die Vorgaben der TRGS 401 zu berücksichtigen und ggf. arbeitsmedizinische Vorsorgeuntersuchungen durchzuführen. Bei flüssigkeitsdichten Handschuhen empfiehlt sich ein stündlicher Handschuhwechsel.

6 Weitere Informationen

- Das Institut für Arbeitsschutz (IFA) der Deutschen Gesetzlichen Unfallversicherung bietet im «BGIA-Handbuch digital» eine «Schutzhandschuhe – Positivliste» an. Diese listet alle Typen von Schutzhandschuhen auf, für die das IFA eine EG-Baumusterprüfbescheinigung ausgestellt hat.
- Das Gefahrstoff-Informationssystem der Berufsgenossenschaft Bau (**GISBAU**) enthält u. a. eine Handschuhdatenbank, Informationen zu Allergenen in Schutzhandschuhen sowie weitere Informationen zu Schutzhandschuhen.
- Handschuhdatenbank der BG RCI
- Der Bundesverband Handschutz e. V. hält viele Informationen rund um das Thema Handschutz bereit und berät bei der Auswahl des richtigen Handschutzes.

Dirk Haffke

Compliance

Der Begriff «Compliance» ist ursprünglich ein amerikanischer Rechtsbegriff und umschreibt die Sicherstellung rechtskonformen Verhaltens innerhalb eines Unternehmens. Er hat in den letzten Jahren im deutschen Sprachgebrauch – nicht zuletzt aufgrund öffentlicher Skandale um massive Gesetzesverstöße in deutschen Großunternehmen – an immenser Bedeutung gewonnen. Compliance ist mittlerweile als eine wesentliche Managementaufgabe anerkannt, deren Erfüllung nicht vernachlässigt werden sollte, nicht zuletzt, da die Geschäftsleitung faktisch für gesetzeswidriges Verhalten der Mitarbeiter haftet oder auch strafrechtlich belangt werden kann, wenn die Regelverstöße der Mitarbeiter auch auf pflichtwidrig fehlende Compliance-Strukturen bzw. Kontrollen der Unternehmensleitung zurückzuführen sind. Eine funktionierende Compliance-Struktur innerhalb des Unternehmens erfüllt daher eine wichtige Schutzfunktion für das

Unternehmen und seine Verantwortungsträger. Risiken in Form von Sanktionen und Rufschädigungen werden verringert.

Gesetze, Vorschriften und Rechtsprechung

Es besteht keine gesetzliche Verpflichtung eine Compliance-Struktur im Unternehmen einzuführen.

1 Allgemeines

Neben dem Schutz vor Haftung und Imageverlust kann eine Compliance-Struktur die **Basis einer positiven Unternehmenskultur** darstellen. Wird die Compliance-Struktur nach außen kommuniziert und zu Marketingmaßnahmen eingesetzt, führt dies regelmäßig zu einer Stärkung des Unternehmensimages. Neben der Risikoanalyse bedarf es der Implementierung eines sog. Compliance-Commitments der Unternehmensleitung. Darunter versteht man die deutliche und glaubhafte Bekennung der Geschäftsleitung zur Bekämpfung von Compliance-Verstößen. Das **Compliance-Commitment** ist die Grundlage einer jeden funktionierenden Compliance-Struktur. Mögliche organisatorische Maßnahmen im Unternehmen sind beispielsweise die Einrichtung einer Compliance-Abteilung – ggf. mit Unterabteilungen und die Bestellung eines sog. «**Compliance-Officers**». Wichtigster Bestandteil der Compliance-Struktur sind die eigentlichen Compliance-Regeln, die wiederum arbeitsrechtlich implementiert werden müssen. In der Praxis geschieht das oftmals durch den Erlass eines Verhaltenskodex bzw. „Code of Conduct". Schließlich muss die geschaffene Compliance-Struktur innerhalb des Unternehmens und der Belegschaft kommuniziert und die getroffenen Maßnahmen dokumentiert werden, um die gewünschte Haftungsbegrenzung tatsächlich zu gewährleisten.

2 Einführung im Unternehmen

Die Einführung einer funktionierenden Compliance-Struktur im Unternehmen bedarf eines **unternehmensspezifischen Konzeptes**. Teil dieses Konzeptes sollte zunächst eine Analyse möglicher Risiken von Compliance-Verstößen für das Unternehmen sein. Dabei sollten die Besonderheiten der jeweiligen Branche und des jeweiligen Unternehmens beachtet werden. Sind bereits Compliance-Verstöße bekannt geworden oder sind solche konkret absehbar sollte das Compliance-Konzept besonders sorgfältig erarbeitet werden, um zukünftigen Compliance-Verstößen entgegen zu wirken bzw. absehbare Compliance-Verstöße noch zu verhindern. Das Konzept sollte weiter eine deutliche Zuordnung von Verantwortungsbereichen enthalten und diese entsprechend organisieren. Wie differenziert die Organisation ausgestaltet werden muss, hängt wiederum von der Größe und den Gegebenheiten des jeweiligen Unternehmens ab.

Anja Mengel

Dampfkessel

Ein Dampfkessel ist ein geschlossenes Bauteil, in dem durch Wärmeeinwirkung Dampf- bzw. Heißwasser erzeugt wird. Zum Dampfkessel gehören auch die direkt angebrachten Teile einschließlich der Vorrichtungen für den Anschluss an andere Geräte. Eine Dampfkesselanlage umfasst, neben der Mindestbaugruppe Dampfkessel, die in Abschn. 2 Abs. 11 TRBS 2141 aufgeführten Einrichtungen.

Gesetze, Vorschriften und Rechtsprechung

Für die Beschaffenheit von befeuerten oder anderweitig beheizten überhitzungsgefährdeten Druckgeräten zur Erzeugung von Dampf oder Heißwasser mit einer Temperatur von mehr als 110 °C und einem Volumen von mehr als 2 l sowie auch Schnellkochtöpfen (Dampfkesselanlagen) gilt die Druckgeräterichtlinie 97/23/EG und 14. ProdSV. Dampfkesselanlagen sind überwachungsbedürftige Anlagen nach § 1 Abs. 2 Betriebssicherheitsverordnung (BetrSichV) i. V. m. § 2 Nr. 30 Produktsicherheitsgesetz (ProdSG). Das gilt nicht für Anlagen mit einem Dampferzeuger mit zulässigem Betriebsdruck < 0,5 bar bzw. mit einem Heizkessel mit zulässiger Vorlauftemperatur < 110 °C.

Dampfkessel

Den Stand der Technik geben die Technischen Regeln für Betriebssicherheit (TRBS) wieder. Die Technischen Regeln für Dampfkessel (TRD), die auf Grundlage der nicht mehr gültigen Dampfkesselverordnung erstellt worden sind, haben am 1.1.2013 ihre Gültigkeit verloren. Für die Bereitstellung, Nutzung und Prüfung der Dampfkessel gilt die Betriebssicherheitsverordnung (BetrSichV). Außerdem sind ggf. Regelungen des Baurechtes zu beachten (z. B. Feuerungsverordnungen).

1 Gefahren

Hauptgefahr eines Dampfkessels ist der Zerknall durch unzulässigen Druck. Ursachen für einen Zerknall können auch Werkstoffmängel, Beschädigungen oder das Versagen von Überdruckventilen sein.

Druckgeräte werden nach Gefährdungspotenzial eingeteilt. Die Einteilung des Gefährdungspotenzials der Druckgeräte erfolgt nach

- der Gruppe der Fluide:
  Gruppe 1: explosionsgefährlich, hoch-, leicht- und entzündlich, sehr giftig, giftig, brandfördernd
  Gruppe 2: alle Fluide, die nicht in Gruppe 1 eingestuft werden,
- dem maximalen Druck der Geräte PS in bar,
- dem inneren Volumen → *des Druckbehälters* V in Liter (l),
- dem Produkt aus max. Druck und Volumen PS × V in bar × l,
- der Nennweite der Druckleitung DN (gerundet und dimensionslos) sowie
- dem Produkt aus Nenndurchmesser der → *Rohrleitung* und dem max. Druck in DN × PS in bar.

2 Beschaffenheitsanforderungen

Dampfkessel dürfen nur in Betrieb genommen werden, wenn die Anforderungen der 14. ProdSV für Druckgeräte erfüllt sind. Wenn die Geräte nicht dem Geltungsbereich der Verordnung unterliegen, müssen sie mindestens dem → *Stand der Technik* entsprechen. Druckbehälter müssen beim Inverkehrbringen mit einer Konformitätserklärung versehen und mit dem → *CE-Zeichen* gekennzeichnet werden.

3 Erlaubnis

Dampfkesselanlagen mit einer Temperatur von mehr als 110 °C bedürfen hinsichtlich ihrer Montage, Installation, wesentlichen Veränderung und ihres Betriebes der Erlaubnis der zuständigen Behörde, wenn einer der folgenden physikalischen Sachverhalte gilt:

- Das Volumen ist größer als 2 l bei einem gleichzeitigen Druck von über 32 bar.
- Das Volumen ist größer als 1.000 l bei einem gleichzeitigen Druck von über 0,5 bar.
- Das Druckvolumenprodukt ist größer als 3.000 bar*l.

Die Erlaubnis ist schriftlich mit den für die Beurteilung notwendigen Unterlagen und einem Gutachten einer → *zugelassenen Überwachungsstelle (ZÜS)* zu beantragen.

4 Prüfungen

Durch → *Prüfungen* von Dampfkesselanlagen wird der ordnungsgemäße Zustand vor Inbetriebnahme sowie wiederkehrend hinsichtlich des Betriebes festgestellt. Nach den Kriterien zur Einteilung des Gefährdungspotenzials werden Druckbehälter in die Kategorien I – IV nach Anhang II 97/23 EG eingeteilt. Aus Diagramm 5 des Anhangs II lässt sich die Kategorie des Dampfkessels bestimmen. § 15 BetrSichV gibt Auskunft über die Prüffristen und die prüfende Stelle (beauftragte Person oder → *zugelassene Überwachungsstelle*). Nähere Hinweise zu Prüfungen enthält die TRBS 1201 Teil 2 «Prüfungen bei Gefährdungen durch Dampf und Druck».

4.1 Prüfung vor Inbetriebnahme

Die Prüfung vor Inbetriebnahme und nach wesentlichen Veränderungen erfolgt in Abhängigkeit vom Gefährdungspotenzial durch → zugelassene Stellen oder durch → befähigte Personen. Erst nach diesen Prüfungen dürfen Dampfkesselanlagen in Betrieb genommen werden. Ortsveränderliche Dampfkesselanlagen der Kategorien III oder IV müssen nach der Montage an einem neuen Standort vor der Wiederinbetriebnahme von einer ZÜS geprüft werden.

4.2 Wiederkehrende Prüfungen

Dampfkesselanlagen sind in bestimmten Fristen wiederkehrend auf den ordnungsgemäßen Zustand zu prüfen. Die vom Betreiber im Rahmen einer sicherheitstechnischen Bewertung ermittelten Prüffristen sind der zuständigen Behörde binnen 6 Monaten zu melden. Die ermittelten Prüffristen müssen sich im Rahmen folgender Höchstfristen bewegen:

- Innere Prüfung < 3 Jahre
- Festigkeitsprüfung < 9 Jahre
- Äußere Prüfung < 1 Jahr

5 Sonstige Betriebsvorschriften

Grundsätzlich gelten für alle → überwachungsbedürftigen Anlagen die Anforderungen der BetrSichV an → Arbeitsmittel. Daher muss der Arbeitgeber

- die Gefährdungen ermitteln, die mit der Benutzung des Druckbehälters verbunden sind und diese bewerten. Dabei sind Wechselwirkungen mit der Arbeitsumgebung zu berücksichtigen (→ Gefährdungsbeurteilung). Bei Durchführung der Gefährdungsbeurteilung ist die TRBS 2141 «Gefährdungen durch Dampf und Druck – Allgemeine Anforderungen» zu beachten,
- Maßnahmen nach dem → Stand der Technik festlegen, damit Sicherheit und Gesundheit der Beschäftigten Gewährleistet sind. Hierbei sind ergonomische Anforderungen zu berücksichtigen,
- die Beschäftigten angemessen über Gefahren und Schutzmaßnahmen vor Aufnahme der Tätigkeit und danach in regelmäßigen Abständen unterrichten (→ Unterweisung),
- ggf. eine → Betriebsanweisung erstellen mit Angaben über die Einsatzbedingungen, über absehbare Betriebsstörungen, über die zur Benutzung der Arbeitsmittel vorliegenden Erfahrungen (§ 9 BetrSichV) sowie über die bestimmungsgemäße Verwendung und über Sicherheitsmaßnahmen.

Der Betreiber von Dampfkesselanlagen hat außerdem Folgendes zu beachten:

- Unfälle im Zusammenhang mit der Anlage, bei denen Menschen getötet oder verletzt worden sind und Schadensfälle, bei denen Bauteile oder sicherheitstechnische Einrichtungen versagt haben oder beschädigt worden sind, hat der Anlagenbetreiber unverzüglich der zuständigen Landesbehörde anzuzeigen (§ 18 BetrSichV).
- Bedienung nur durch eine zuverlässige, eingewiesene Person mit der erforderlichen Sachkunde («beauftragter Beschäftigter» i. S. d. § 8 BetrSichV). Der «Kesselwärter» ist ein beauftragter Beschäftigter.

Martin Köhler

Defibrillator

Der automatisierte externe Defibrillator, kurz AED, ist ein Medizinprodukt, das im Rahmen der Wiederbelebung zum Einsatz kommt. Hier gibt das Gerät bei Vorliegen eines Kammerflimmerns oder einer pulslosen ventrikulären Tachykardie einen Stromstoß ab, um die Muskelfasern des Herzens zu depolarisieren. Die Analyse, ob ein Schock abgegeben wird oder nicht, führt das Gerät selbstständig durch.

Defibrillator

Gesetze, Vorschriften und Rechtsprechung

Für den Einsatz des Defibrillators gelten die Bestimmungen des Medizinproduktegesetzes (MPG) sowie die Verordnung über das Errichten, Betreiben und Anwenden von Medizinprodukten (MPBetreibV).

1 Erfolgsaussichten der Wiederbelebung

Der wichtigste Faktor im Rahmen der Wiederbelebung ist die Zeit. So zeigen Studien die Überlebenswahrscheinlichkeit einer Wiederbelebung unter verschiedenen Aspekten:

- 2 % Überlebenswahrscheinlichkeit, wenn bis zum Eintreffen des Rettungsdienstes keine Wiederbelebungsversuche unternommen werden,
- 8 %, wenn durch den → *Ersthelfer* eine Wiederbelebung unternommen wird und durch den Rettungsdienst eine weitere Therapie (Medikamente, Defibrillation) erfolgt,
- bis zu 50 %, wenn bereits durch den Ersthelfer im Rahmen der Wiederbelebung ein AED eingesetzt wird.

2 Einsatz des AED

Ein AED wird eingesetzt, sobald der Betroffene bewusstlos (nicht ansprechbar) ist und seine Atmung nicht normal ist. Diese Kennzeichen sind ausschlaggebend für eine zu erfolgende Wiederbelebung.

Nach dem das Gerät eingeschaltet wurde, gibt es kontinuierlich Anweisungen, wie jetzt weiter zu verfahren ist. Diesen Anweisungen ist durch den Helfer unbedingt Folge zu leisten.

3 Arbeitsweise des AED

Im Verlauf der Arbeit mit dem AED führt dieser in regelmäßigen Abständen eine Analysephase durch. Das bedeutet konkret, dass der Herzrhythmus des Betroffen regelmäßig ausgewertet wird. Erst nachdem das Gerät ein Kammerflimmern diagnostiziert hat, wird der Schock freigegeben und die notwendige Energie bereitgestellt.

Auch die Intensität des abzugebenden Schocks legt das Gerät allein fest.

4 Vorschriften des MPG und der MPBetreibV

4.1 Medizinprodukt

Gemäß § 3 MPG sind alle Produkte, die zu Zwecken der Prävention, Diagnostik, Therapie oder Rehabilitation zur Anwendung am Menschen bestimmt sind, **Medizinprodukte**.

Aktive Medizinprodukte sind alle medizinischen Gerätschaften, die über Strom (elektrischer Strom, Batterie, Gasantrieb) betrieben werden. Über diese Medizinprodukte muss der Betreiber ein Bestandsverzeichnis führen. Zu den aktiven Medizinprodukten gehört dem entsprechend auch der AED.

Unter **Medizinprodukten der Anlage 1** versteht man die nichtimplantierbaren aktiven Medizinprodukte (z. B. AED) für deren Einsatz eine Einweisung in das Gerät durch den Hersteller oder einen Beauftragten erfolgen muss (Anlage 1 MPBetreibV).

4.2 Betreiber

Betreiber eines Medizinproduktes ist derjenige, der die tatsächliche Sachherrschaft über das entsprechende Medizinprodukt hat. Dabei ist nur der Besitz, nicht das Eigentum relevant.

4.3 Anwender

Anwender ist derjenige, der ein Medizinprodukt, wie den AED, berufsmäßig anwendet. Dabei ist unerheblich, ob es sich um eine haupt- oder ehrenamtliche Berufsausübung handelt.

Wichtig: Hinweise für den Anwender

Folgende Hinweise sollen den Anwender in seiner Arbeit mit Medizinprodukten unterstützen:

- Anwendung nur, wenn der Umgang sicher beherrscht wird,
- Nachweis des sicheren Umganges durch Ausbildung,
- Anlage-1-Geräte dürfen nur von eingewiesenem Personal benutzt werden,
- Medizinprodukte nur entsprechend ihrer Bestimmung verwenden,
- Überzeugen vom ordnungsgemäßen Zustand der Produkte – es darf keine Gefahr von dem Produkt ausgehen.

4.4 Meldepflichtige Störungen von Medizinprodukten

Meldepflichtige Störungen von Medizinprodukten sind:

- Funktionsstörungen
- jede Änderung eines Gerätemerkmals
- Zwischenfälle die zum Tod oder zur Verschlechterung des Gesundheitszustandes des Betroffen geführt haben.

Sollte eine solche meldepflichtige Störung vorliegen, ist diese umgehend unter Sicherstellung aller Beweise mittels eines Berichtes dem Bundesamt für Arzneimittel und Medizinprodukte anzuzeigen.

Steffen Pluntke

Demografischer Wandel

Die Bevölkerung in den industrialisierten Staaten, Ländern oder Kommunen nimmt seit Mitte des 20. Jahrhunderts stetig ab. Verantwortlich für diesen sog. Demografischen Wandel ist u. a. die Tatsache, dass die Sterberate deutlich höher ist als die Geburtenrate. Die sozialen Sicherungssysteme, aber auch die Unternehmen werden dadurch vor neue Probleme gestellt. In den Unternehmen bedeutet dies z. B., dass das Durchschnittsalter der Mitarbeiter zunimmt, weil die Lebensarbeitszeit steigt und weniger jüngere Beschäftigte auf dem Arbeitsmarkt verfügbar sind.

1 Grundtendenz: Alterung der Gesellschaft

Der demografische Wandel in der Gesellschaft und damit auch bei den Belegschaften der Unternehmen wird im Wesentlichen beeinflusst durch

- die Geburtenrate,
- die Sterblichkeit und
- die Migration.

Eine gravierende Veränderung der Sterblichkeit hat sich in Deutschland schon vor mehr als 100 Jahren vollzogen und damit den demografischen Wandel initiiert. Der zweite demografische Übergang konnte zwischen 1965 und 1975 aufgrund eines starken Geburtenrückgangs beobachtet werden (**Abb. 1**). Der Altersaufbau wandelt sich dabei von der typischen Alterspyramide (1900) zur «Altersurne» heute. Im Jahr 2013 wird die stärkste Altersklasse in Deutschland die der «Über-50 jährigen» sein.

Abb. 1: Bevölkerungsentwicklung in Deutschland in Phasen (Quelle: Deutschland im Demografischen Wandel, Rostocker Zentrum zur Erforschung des demografischen Wandels, Rostock 2007)

Diese Entwicklung ist jedoch nicht auf Deutschland begrenzt, sondern vollzieht sich bis auf wenige Ausnahmen weltweit (**Abb. 2**). In nahezu keinem europäischen Land wird heute die zur Bestanderhaltung notwendige Geburtenziffer von 2,1 erreicht (**Abb. 3**). Dies gilt auch für die USA und Japan. Europa hat bereits heute die älteste Bevölkerung und dabei wird es in den nächsten Jahrzehnten auch bleiben. Die Zahl der Erwerbstätigen wird in Europa in den nächsten 20 Jahren um ca. 20,8 Mio. (6,8 %) sinken, während die Zahl der «Über-55 Jährigen» um 24 Mio. (8,7 %) steigt.

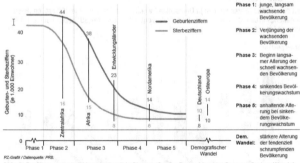

Abb. 2: Bevölkerungsentwicklung weltweit in Phasen (Quelle: Deutschland im Demografischen Wandel, Rostocker Zentrum zur Erforschung des demografischen Wandels, Rostock 2007)

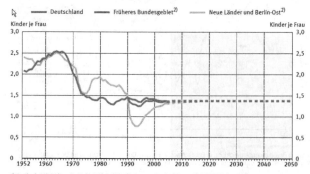

Abb. 3: Geburtenziffer Ländervergleich

2 Einflussfaktoren

2.1 Geburtenziffer

Seit den 1970er Jahren werden in Deutschland weniger als 210 Kinder je 100 Frauen (Bestanderhaltungsniveau) geboren. Die Geburtenrate liegt schon seit fast 30 Jahren bei ca. 1,4 Kindern pro Frau (**Abb. 4**).

Kinder pro Frau

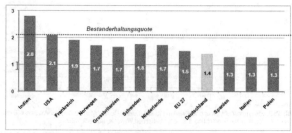

Abb. 4: Geburtenziffer Deutschland (Quelle: Statistisches Bundesamt)

2.2 Lebenserwartung und Mortalität

Die durchschnittliche Lebenserwartung beträgt momentan für Jungen ca. 76 Jahre und für Mädchen ca. 82 Jahre (**Abb. 5**). Die Lebenserwartung der Bevölkerung und der Altersaufbau der Bevölkerung beeinflussen die Zahl der Sterbefälle (Mortalität). Das **Geburtendefizit** als Differenz zwischen Geburten und Sterbefällen eines Jahres beträgt heute 150.000. Im Jahr 2020 wird das Geburtendefizit voraussichtlich auf 300.000 steigen, bis zum Jahr 2050 sogar auf

Demografischer Wandel 203

600.000. Setzt sich der Trend wie beschrieben fort, dann werden in Deutschland im Jahr 2050 zwischen 8 und 13 Mio. Menschen weniger leben.

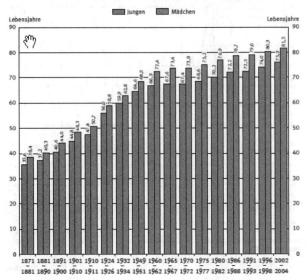

Abb. 5: Lebenserwartung bei Geburt in Deutschland (Quelle: Statistisches Bundesamt)

2.3 Migration

Die zukünftige Bevölkerungsstruktur in Deutschland wird auch beeinflusst durch Ein- und Auswanderung. Die Differenz zwischen Zu- und Fortzügen wird **Wanderungssaldo** genannt. Aus den bisher beobachteten Wanderungssalden (**Abb. 6**) lässt sich kein Trend ableiten. Die UN zeigte in einer Untersuchung aus dem Jahr 2000, dass die schrumpfenden Bevölkerungszahlen in Deutschland bis 2050 nur durch eine jährliche Zuwanderung von 344.000 Menschen ausgeglichen werden können. Um die Alterung der Bevölkerung aufzuhalten, müssten bis 2050 sogar 3,62 Mio. Einwanderer nach Deutschland kommen. Diese Zahlen zeigen nachdrücklich, dass die Alterung und Schrumpfung nicht oder nur bedingt mit Einwanderung zu lösen sind.

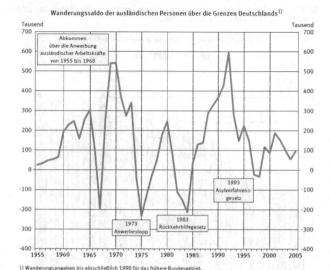

Abb. 6: Wanderungssaldo der ausländischen Personen über die Grenzen Deutschlands (Quelle: Statistisches Bundesamt)

Josef Sauer

Drogenmissbrauch

Unter Drogenmissbrauch wird der Konsum von illegalen Suchtmitteln wie Cannabis, Kokain, Heroin oder synthetischen Stoffen wie Ecstasy, Speed usw. verstanden. Er schädigt die Betroffenen gesundheitlich erheblich und stellt außerdem ein hohes Sicherheitsrisiko dar, wenn Beschäftigte unter Drogeneinfluss arbeiten oder am Straßenverkehr teilnehmen. Außerdem treten häufig schwere soziale Probleme und Straffälligkeit wegen Verstößen gegen das Betäubungsmittelgesetz oder Beschaffungskriminalität auf. Auch ein Betrieb muss, anders als bei anderen Suchtproblemen, bei (Verdachts-)Fällen von Drogenmissbrauch unter der Belegschaft Rechtsfragen berücksichtigen und mit höheren Ansehensverlusten rechnen.

Gesetze, Vorschriften und Rechtsprechung

In Deutschland regelt das Betäubungsmittelgesetz (BtMG) Herstellung, Inverkehrbringen, Ein- und Ausfuhr sowie Vernichtung von Betäubungsmitteln. Ein Stoff fällt unter den Geltungsbereich des Betäubungsmittelgesetzes, wenn er in eine der 3 Anlagen des Gesetzes aufgenommen ist. Ob ein Stoff entsprechend eingestuft wird, hängt von seinem Gefährdungspotenzial ab, auf das alle auftretenden pharmazeutischen Stoffe (also auch neue Designerdrogen) überprüft werden. Als ausschlaggebend gilt, wenn ein Stoff ein Suchtpotenzial hat, das mit einer sozialen Schädigung des Betroffenen einhergeht und außerdem irreversible gesundheitliche Schäden auslöst.

Auch wenn das Betäubungsmittelgesetz eigentlich ein Verwaltungsgesetz ist, hat es wegen seiner Strafparagrafen (§ 29 ff: Herstellung, Handel und Besitz von Betäubungsmitteln usw.) große strafrechtliche Relevanz.

Am Arbeitsplatz gilt außerdem § 15 BGV A1. Demnach dürfen sich die Mitarbeiter durch den Konsum von Alkohol, Drogen oder anderen berauschenden Mitteln nicht in einen Zustand versetzen, durch den sie sich selbst oder andere gefährden können.

1 Suchtmittel in der Gesellschaft

Suchtmittel werden unterschiedlich angesprochen (Drogen, Genussmittel), unterschiedlich rechtlich eingestuft (legal oder illegal) und haben unterschiedliche Folgen (gesundheitlich und/oder sozial), ohne dass das eine mit dem anderen unmittelbar verknüpft ist. Wenn man mit Suchtproblemen, speziell mit Drogenmissbrauch umzugehen hat, ist es hilfreich, sich dessen bewusst zu sein.

1.1 Sprachgebrauch

«Drogen nehmen» weckt für die meisten Menschen die Assoziation, dass jemand in kriminellem Umfeld besonders gesundheitsgefährdende Stoffe konsumiert. Das ist dann richtig, wenn unter Drogen illegale Suchtmittel verstanden werden.

Im pharmazeutischen Sinne sind Drogen allerdings alle Wirkstoffe, die aus Pflanzen gewonnen werden. Darunter zählt auch Nikotin, nicht aber viele illegale synthetische Suchtmittel, die als «Drogen» angesprochen werden.

1.2 Wirkung von Suchtmitteln

Allen Suchtmitteln ist gemeinsam, dass Abhängige ihren Konsum nicht unter Gesichtspunkten der Vernunft steuern können, auch wenn ihnen die negativen Folgen bewusst sind.

Die meisten Suchtmittel, darunter alle illegalen, weniger aber Nikotin, wirken auf die Psyche des Menschen (psychoaktive Substanzen). Dadurch führt der Konsum zu einem erhöhten Sicherheitsrisiko, z. B. am Arbeitsplatz durch beschränkte Urteils-, Reaktions- und Handlungsfähigkeit. Außerdem hat die persönlichkeitsverändernde Wirkung psychoaktiver Suchtmittel erhebliche negative soziale Folgen (Verlust von Bindungen, Lebensumfeld usw.), wie auch bei dem legalen Suchtmittel → Alkohol. Bei den illegalen Suchtmitteln werden diese durch die auftretenden Gesetzeskonflikte noch verstärkt.

1.3 Gefährdungspotenzial

Fasst man das Gefährdungspotenzial von Suchtmitteln unter den Kriterien von physischen und sozialen Schäden sowie zusätzlich auslösendem Potenzial zusammen, so sehen viele aktuelle Studien die legalen Suchtmittel → Alkohol und Nikotin unter den 10 gefährlichsten Suchtmitteln, und zwar bezogen auf den einzelnen Konsumenten. Rechnet man dazu ein, dass der Konsumentenkreis bei legalen Suchtmitteln enorm viel größer ist, ist der Gesamtschaden verglichen mit denen durch illegale Suchtmittel deutlich höher.

1.4 Rechtliche Einstufung von Suchtmitteln

Die Einteilung in legale und illegale Suchtmittel ist in gewisser Weise willkürlich und geprägt von gewachsenen gesellschaftlichen Normen. Kritiker weisen darauf hin, dass die relativ scharfe Bestrafung bei illegalen Suchtmitteln offenkundig die Verfügbarkeit nicht wirksam unterbindet und sehen daher keine Rechtfertigung dafür, dass hier so anders verfahren wird als z. B. im Umgang mit → Alkohol, der als psychoaktive Substanz ein höheres Gefährdungspotenzial hat als viele Stoffe, die in den Anlagen des BtMG aufgeführt und damit nicht frei verfügbar sind.

2 Gängige illegale Drogen

2.1 Cannabis (Hasch, Marihuana)

Cannabis ist ein Hanfgewächs, das den berauschenden Wirkstoff Tetrahydrocannabinol (THC) enthält. Konsumiert wird vor allem der verharzte Pflanzensaft (Hasch, auch Dope, Shit), eine dunkelbraune, krümelige Substanz oder getrocknete Pflanzenteile (Marihuana, Gras), die wie ein grobes Gewürz aussehen. Meist wird die Droge mit Tabak geraucht (Joint, Stick, Stäbchen), seltener Nahrungsmitteln oder Getränken zugesetzt.

THC-Konsumenten erleben den Rausch entspannt und wohlgestimmt, oft mit einem Hang zur Passivität. Sie können aber auch aufgekratzt sein. Die Wirkung hält etwa 1 bis 4 Stunden an. Die Abhängigkeit tritt vergleichbar wie beim → *Alkohol* nicht sofort, sondern langfristig auf. Das unmittelbare Gesundheitsrisiko steht nicht im Vordergrund. Gefährlich sind Fehlhandlungen unter Rauscheinfluss (z. B. Unfälle), der Übergang zu anderen Drogen und soziale Probleme (z. B. Leistungsabfall in Schule oder Beruf, Drogendelikte). Cannabisprodukte sind vergleichsweise leicht und preisgünstig zu bekommen und daher die mit Abstand am weitesten verbreitete illegale Droge. Bis zu 40 % der jungen Männer haben nach aktuellen Studien damit Erfahrungen gemacht.

2.2 Kokain

Kokain (Koks, Schnee, Coke) wird aus den Blättern des südamerikanischen Kokastrauchs gewonnen und ist ein weißes, kristallines Pulver, das i. d. R. geschnupft, seltener gespritzt wird. Chemisch umgewandeltes Kokain kann auch geraucht werden (Crack, Rocks). Die Wirkung ist schmerzstillend, antriebs- und leistungsfördernd, allerdings nur sehr kurz. Danach folgen Phasen mit Angstzuständen und Halluzinationen, weswegen oft mehrere Einnahmen kurz hintereinander erfolgen. Später kommt es zu tiefer Erschöpfung und Niedergeschlagenheit.

Kokain hat ein hohes Suchtpotenzial und erhebliche kurzfristige (durch Komplikationen beim Konsum) und langfristige Gesundheitsrisiken (körperlicher Verfall, Gewichtsverlust, Organschäden, psychische Störungen, Persönlichkeitsveränderungen, soziale Isolation). Kokain ist bei intensivem Konsum sehr teuer und hat das Image der «Edeldroge» für Intellektuelle und Leistungsträger.

2.3 Heroin

Heroin wird aus dem Saft des Schlafmohns gewonnen und ist eng verwandt mit Morphium und Opium. Es ist eine wasserlösliche, grau-braune bis weiße Substanz, die oft noch weitere Inhaltsstoffe enthält und von Wirkung und Gehalt sehr unterschiedlich ist. Heroin kann geraucht oder geschnupft werden, wird aber wegen der stärkeren Wirkung von gewöhnten Abhängigen meist intravenös gespritzt.

Es wirkt schmerzlindernd und beruhigend und führt zu einem umfassenden Glücksempfinden. Heroin hat das stärkste bekannte Suchtpotenzial und auch alle anderen Risikofaktoren sind hoch (Vergiftungen, Organschäden, Infektionen durch die Injektionen, soziale Verwahrlosung, Beschaffungskriminalität usw.), sodass Heroinabhängige i. d. R. sehr schnell ins soziale Abseits und den gesundheitlichen Verfall geraten.

2.4 Synthetische Drogen/Designerdrogen

Synthetische Drogen bzw. Designerdrogen sind künstlich hergestellte Wirkstoffe, die ursprünglich zu Arzneizwecken entwickelt oder speziell zur Rauscherzeugung «designed» wurden. Es handelt sich um sehr unterschiedliche Stoffe, die dämpfend, anregend, euphorisierend oder halluzinogen wirken können und sehr viele, wechselnde Bezeichnungen haben (z. B. Speed, Ecstasy, XTC, Happy Pills, Peace Pills, Tabsi, Trips).

Sie werden meist in Form von Tabletten oder Tropfen angeboten, was die Hemmschwelle für Einsteiger gering macht («Partydroge»). Weil Zusammensetzung und Dosis oft stark schwanken, ist die Gefahr von schweren Nebenwirkungen sehr hoch. Längerfristig kann es zur psychischen Abhängigkeit und zum körperlichen Verfall kommen.

3 Umgang mit Drogenproblemen im Betrieb

3.1 Verdacht auf Konsum illegaler Drogen

Wegen der vielfältigen Wirkungen unterschiedlicher illegaler Suchtmittel ist es besonders schwierig, Drogenkonsum an Beschäftigten mit hinlänglicher Sicherheit zu erkennen. Alle Wirkungen von Drogenkonsum können auch auf anderem Wege zustande kommen, z. B. durch psychische Erkrankungen, Hirn- oder Nervenstörungen oder die Nebenwirkungen von → *Medikamenten*. Dazu kommt, dass Wirkungen und Nachwirkungen beim Konsumenten sehr unterschiedlich ausfallen können. Das gilt besonders, wenn unterschiedliche Suchtmittel nebeneinander konsumiert werden.

3.2 Körperliche und psychische Anzeichen

Als mögliche Anzeichen von Drogenmissbrauch gelten:

- Gleichgewichts- und Bewusstseinsstörungen;
- mangelnde Konzentration;
- nachlassende Reaktionsfähigkeit;
- Ermüdung;
- gestörte Wahrnehmungsfähigkeit, z. B. Hörverschlechterungen oder gestörte Sehfunktion (geweitete oder stark verengte Pupillen, Lichtempfindlichkeit, gerötete Augen);
- Stichverletzungen, Entzündungen an den Armen;
- körperlicher Verfall;
- Verhaltensauffälligkeiten wie Distanzlosigkeit, plötzlich ausgeprägte Redseligkeit, auffällige Unausgeglichenheit, Selbstüberschätzung, erhöhte Risikobereitschaft, Angstzustände, plötzliche finanzielle Schwierigkeiten.

Achtung: Gelegenheitskonsum am Wochenende

Gelegenheitskonsumenten nehmen typischerweise am Wochenende Drogen. Wer 2 Tage z. B. mit Ecstasy gefeiert hat, fällt danach oft in eine tiefe Erschöpfungsphase und wird deshalb am Arbeitsplatz auffällig oder erscheint gar nicht.

3.3 Vorgehen betrieblicher Verantwortlicher

Interventionen bei Drogenverdacht unterscheiden sich nicht vom Vorgehen bei → *Alkoholproblemen*. Festgestellte Auffälligkeiten sollten auf jeden Fall dem Betroffenen zurückgemeldet werden, weil das dazu beitragen kann, bei ihm Problembewusstsein und Änderungswillen zu erzeugen, ohne die kein Ausstieg aus der Sucht möglich ist.

Weil die Ausgangslagen unterschiedlich sind, sind verschiedene Gesprächsmodelle hilfreich:

3.3.1 Fürsorgegespräche

Fürsorgegespräche haben keinerlei arbeitsrechtlichen Charakter und können auch von Kollegen geführt werden, wenn ihnen «etwas auffällt». Es wird die Vermutung ausgesprochen, dass der Betroffene Probleme hat, Anteilnahme vermittelt und Hilfsmöglichkeiten aufgezeigt (Beratungsstellen, betriebliche Suchtkrankenhelfer, Betriebsarzt). Aufzeichnungen erfolgen nicht.

3.3.2 Klärungsgespräche

Klärungsgespräche führt ein Vorgesetzter in Fällen, in denen es zu deutlichen Pflichtverletzungen gekommen ist, der Hintergrund aber unklar ist (auf Wunsch des Betroffenen mit → *Betriebsrat*). Es wird nach Problemen gefragt, Hilfe aufgezeigt und eine Verhaltensänderung angemahnt. Es wird eine Gesprächsnotiz gefertigt, die aber niemand außer den Teilnehmenden bekommt.

3.3.3 Stufengespräche

Stufengespräche sind Teil eines arbeitsrechtlichen Prozesses, der (sinnvollerweise für alle psychoaktiven Substanzen, auch → *Alkohol*) in einer Betriebsvereinbarung festgeschrieben werden sollte, die in letzter Konsequenz auch die Kündigung umfasst. Es werden offensichtlich suchtbedingte Pflichtverletzungen angesprochen, ein bestimmtes Verhalten gefordert und Sanktionen, abgestimmt mit Hilfsangeboten und Beobachtungszeiträumen festgelegt (z. B. Kontaktaufnahme mit Suchtberatung innerhalb von 4 Wochen, sonst nächste Prozessstufe). Stufengespräche werden in der Personalakte dokumentiert und i. d. R. durch mehrere Verantwortliche und → *Betriebsrat* geführt.

Informationen zu Stufenmodellen gibt es u. a. bei Suchtberatungsstellen, Unfallversicherungsträgern und der Bundeszentrale für gesundheitliche Aufklärung.

Achtung: Gespräche mit Abhängigen trainieren

Abhängige haben suchtbedingt besondere Verhaltens- und Gesprächsmuster, die es schwierig machen, strukturiert und zielorientiert Gespräche zu führen. Wer umfassende Personalverantwortung hat, sollte relevante Gesprächssituationen unter Expertenanleitung trainieren (z. B. über Suchtberatungsstellen oder Unfallversicherungsträger).

Wichtig: Risikoreiches Verhalten ist ein Persönlichkeitsrecht

Beim Umgang mit Suchtproblemen im Betrieb sollte klar sein: Risikoreiches Verhalten ist vom Recht auf persönliche Freiheit gedeckt. Der Betrieb kann verlangen, dass die vertraglich vereinbarte Arbeitsleistung erbracht wird und kann gefährdeten Menschen Hilfe anbieten. Wenn aber kein arbeitsrechtlich relevantes Fehlverhalten festzustellen ist, bleibt die Sucht Privatsache.

3.4 Drogentests

Tests zum Nachweis auf Drogenkonsum sind über Blut, Speichel, Urin oder Haare bzw. Nägel möglich, wobei erstere für den Nachweis eines kurz zurückliegenden Konsums geeignet sind, während Haare eine «Langzeitaussage» ermöglichen. Allerdings kommen solche Nachweise nur infrage, wenn der Betroffene zustimmt.

In besonders sensiblen Bereichen (z. B. Personenbeförderung, Sicherheitsdienste, gefährliche Anlagen) kann der Arbeitgeber ein berechtigtes Interesse an einem Drogentest reklamieren und entsprechende betriebliche oder vertragliche Vereinbarungen treffen. Liegen keine besonderen Sicherheitsanforderungen vor, ist es unter Arbeitsrechtsexperten umstritten, ob solche Tests zulässig sind. Die Ablehnung eines Bewerbers nach verweigertem Drogentest könnte als unrechtmäßige Unterstellung gewertet werden.

3.5 Drogenfunde, Verdacht auf Drogenhandel

Werden auf dem Betriebsgelände Drogen gefunden oder besteht der Verdacht auf Drogenhandel, muss unverzüglich die Polizei hinzugezogen werden. Drogenhandel und -besitz ist eine Straftat, deren Verschleierung, etwa aus Angst vor Unruhe und öffentlichem Ansehensverlust, ebenfalls strafwürdig wäre.

Achtung: Drogendelikt als Kündigungsgrund

Ein Drogendelikt ist nicht automatisch ein Kündigungsgrund. Der Arbeitgeber muss geltend machen, dass betriebliche Interessen dadurch erheblich verletzt wurden. Das dürfte z. B. dann der Fall sein, wenn ein Beschäftigter wegen Drogenhandels verurteilt wurde oder durch anhaltenden Drogenkonsum seine Arbeitsleistung nicht bringen kann. Drogenkonsum alleine ist dagegen nach BtmG nicht strafbar und rechtfertigt nach einmaligem Vorfall keine fristlose Kündigung.

Cornelia von Quistorp

Druckbehälter

Ein Druckbehälter ist ein geschlossenes Bauteil, das zur Aufnahme von unter Druck stehenden Fluiden (Gase, Dämpfe und Flüssigkeiten) ausgelegt und gebaut ist. Zum Druckbehälter gehören auch die direkt angebrachten Teile einschließlich der Vorrichtungen für den Anschluss an andere Geräte. Ein Behälter kann mehrere Druckräume beinhalten. Rohrleitungen zum Befördern von Fluiden sind keine Druckbehälter. Außer sog. «einfachen Druckbehältern» sind Druckbehälter Druckgeräte im Sinne der Druckgeräterichtlinie 97/23/EG.

Gesetze, Vorschriften und Rechtsprechung

Druckbehälteranlagen sind → *überwachungsbedürftige Anlagen* nach § 1 Abs. 2 Betriebssicherheitsverordnung (BetrSichV) i. V. m. § 2 Nr. 31 Produktsicherheitsgesetz (ProdSG). Ausnahmen sind Anlagen mit geringem Risikopotenzial. Die Beschaffenheitsanforderungen an

Druckbehälter

Druckbehälteranlagen sind harmonisiert, d. h. durch einschlägige EG-Richtlinien geregelt. Für einfache Druckbehälter ist die 6. Verordnung zum Produktsicherheitsgesetz (6. ProdSV/Richtlinie 2009/105/EG) maßgeblich, für Druckgeräte (mit einem max. zulässigen Überdruck von > 0,5 bar) die 14. ProdSV (Richtlinie 97/23/EG). Für die Beförderung von Gefahrgut mit ortsbeweglichen Druckgeräten gilt die Richtlinie 2010/35/EU. Den Stand der Technik geben die Technischen Regeln für Betriebssicherheit (TRBS) wieder. Zum 1.1.2013 haben die auf der alten Druckbehälterverordnung (2003 außer Kraft getreten) basierenden Technischen Regeln für Druckbehälter (TRB) ihre Gültigkeit verloren. Für die Bereitstellung, Nutzung und Prüfung der Druckbehälter gilt die Betriebssicherheitsverordnung (BetrSichV).

1 Gefahren

Hauptgefahr eines Druckbehälters ist der Zerknall durch unzulässigen Druck. Ursachen für einen Zerknall können auch Werkstoffmängel, Beschädigungen oder das Versagen von Überdruckventilen sein. Bei Druckbehältern mit gefährlichen Fluiden besteht die Möglichkeit, dass bei Undichtigkeiten bzw. bei einem Zerknall *Gase*, Dämpfe oder Flüssigkeiten freigesetzt werden, die toxisch, entzündlich, heiß oder sehr kalt sind.

Druckgeräte werden nach Gefährdungspotenzial eingeteilt. Die Einteilung des Gefährdungspotenzials der Druckgeräte erfolgt nach

- der Gruppe der Fluide (Gruppe 1: explosionsgefährlich, hoch-, leicht- und entzündlich, sehr giftig, giftig, brandfördernd; Gruppe 2: alle Fluide, die nicht in Gruppe 1 eingestuft werden),
- dem max. Druck der Geräte PS in bar,
- dem inneren Volumen des Druckbehälters V in Liter (l),
- dem Produkt aus max. Druck und Volumen PS × V in bar × l,
- der Nennweite der Druckleitung DN (gerundet und dimensionslos),
- dem Produkt aus Nenndurchmesser der Rohrleitung und dem max. Druck in DN × PS in bar.

2 Beschaffenheitsanforderungen

Druckgeräte dürfen nur in Betrieb genommen werden, wenn die Anforderungen der 6. ProdSV für einfache Druckbehälter oder der 14. ProdSV für Druckgeräte erfüllt sind. Wenn die Geräte nicht den Geltungsbereich der beiden Verordnungen unterliegen, z. B. Geräte mit einem max. zulässigen Überdruck von < 0,5 bar, müssen sie mind. dem → *Stand der Technik* entsprechen. Druckbehälter müssen beim Inverkehrbringen mit einer → *Konformitätserklärung* versehen und mit dem → *CE-Zeichen* gekennzeichnet werden. Einfache Druckbehälter, deren Druckinhaltsprodukt nicht mehr als 50 bar*l beträgt, müssen nach den in einem Mitgliedstaat anerkannten technischen Regeln hergestellt sein und dürfen kein CE-Zeichen tragen.

3 Prüfungen

Durch → *Prüfungen* von Druckanlagen wird der ordnungsgemäße Zustand vor Inbetriebnahme sowie wiederkehrend hinsichtlich des Betriebes festgestellt. Außerdem wird bei druckbeaufschlagten → *Arbeitsmitteln*, sofern die Sicherheit von den Montagebedingungen abhängt, die ordnungsgemäße Montage sowie die sichere Funktion festgestellt.

Die Prüfungen erfolgen auf Basis der in einer → *Gefährdungsbeurteilung* bzw. sicherheitstechnischen Bewertung ermittelten Fristen. Nach den Kriterien zur Einteilung des Gefährdungspotenzials werden Druckbehälter in die Kategorien I-IV nach Anhang II 97/23 EG eingeteilt. Entsprechend dieser Einteilung können dann aus § 15 BetrSichV die Prüffristen, die Art der Prüfungen und die prüfende Stelle (beauftragte Person oder → *zugelassene Überwachungsstelle*) entnommen werden.

3.1 Prüfung vor Inbetriebnahme

Die Prüfung vor Inbetriebnahme und nach wesentlichen Veränderungen erfolgt in Abhängigkeit vom Gefährdungspotenzial durch → *zugelassene Stellen* oder durch → *befähigtes Personal*. Einfache Druckbehälter nach der 6. ProdSV können von befähigten Personen geprüft werden, sofern das Druckinhaltprodukt (PS × V) max. 200 bar × l beträgt. Erst nach diesen Prüfungen dürfen Druckgeräte in Betrieb genommen werden.

3.2 Wiederkehrende Prüfungen

Druckgeräte sind in bestimmten Fristen wiederkehrend auf den ordnungsgemäßen Zustand zu prüfen. Die vom Betreiber ermittelten Prüffristen sind der zuständigen Behörde binnen 6 Monaten zu melden. Die ermittelten Prüffristen müssen sich im Rahmen folgender Höchstfristen bewegen (§ 15 BetrSichV):

- Innere Prüfung alle 5 Jahre
- Festigkeitsprüfung alle 10 Jahre
- Äußere Prüfung alle 2 Jahre (beheizte Druckbehälter)

Anhang 5 BetrSichV enthält Prüffristen für besondere Druckgeräte. Einzelheiten zur Durchführung der Prüfungen enthält TRBS 1201 Teil 2 «Prüfungen bei Gefährdungen durch Dampf und Druck».

4 Sonstige Betriebsvorschriften

Grundsätzlich gelten für alle überwachungsbedürftigen Anlagen die Anforderungen der BetrSichV an → *Arbeitsmittel*. Daher muss der Arbeitgeber

- die Gefährdungen ermitteln, die mit der Benutzung des Druckbehälters verbunden sind und diese bewerten. Dabei sind Wechselwirkungen mit der Arbeitsumgebung zu berücksichtigen (→ *Gefährdungsbeurteilung*). Bei Durchführung der Gefährdungsbeurteilung ist die TRBS 2141 «Gefährdungen durch Dampf und Druck – Allgemeine Anforderungen» zu beachten;
- Maßnahmen nach dem → *Stand der Technik* festlegen, damit Sicherheit und Gesundheit der Beschäftigten gewährleistet sind. Dabei sind → *ergonomische Anforderungen* zu berücksichtigen;
- die Arbeitnehmer angemessen unterrichten (→ *Unterweisung*) über Gefahren und Schutzmaßnahmen vor Aufnahme der Tätigkeit und danach in regelmäßigen Abständen;
- ggf. eine → *Betriebsanweisung* erstellen mit Angaben über die Einsatzbedingungen, über absehbare Betriebsstörungen, über die zur Benutzung der → *Arbeitsmittel* vorliegenden Erfahrungen (§ 9 BetrSichV) sowie über die bestimmungsgemäße Verwendung und über Sicherheitsmaßnahmen.

Der Betreiber von Druckbehältern hat außerdem Folgendes zu beachten:

- Druckbehälteranlagen müssen nach dem Stand der Technik montiert, installiert und betrieben werden. Bei der Einhaltung dieses Standards sind die Technischen Regeln zu berücksichtigen.
- → *Unfälle* im Zusammenhang mit der Anlage, bei denen Menschen getötet oder verletzt worden sind und Schadensfälle, bei denen Bauteile oder sicherheitstechnische Einrichtungen versagt haben oder beschädigt worden sind, hat der Anlagenbetreiber unverzüglich der zuständigen Landesbehörde anzuzeigen (§ 18 BetrSichV).

Martin Köhler

Eigenschutz

Unter dem Begriff Eigenschutz fasst man alle Maßnahmen zusammen, die dazu dienen, eine akute Gefahr für Leben und Gesundheit des Ersthelfers im Rahmen seiner Hilfeleistung abzuwenden.

1 Wunden

Bei blutenden Verletzungen kann es passieren, dass Krankheitserreger des Betroffenen über das Blut in den Körper des Helfers (durch kleine, nicht immer offensichtliche Verletzungen) ge-

Eigenschutz

langen. Dabei kann es um die Ansteckungsgefahr mit → *HIV* gehen, es ist aber auch die Übertragung anderer Krankheitserreger durch Blutkontakt möglich, z. B. Hepatitis B.

Um eine Infektion des → *Ersthelfers* zu verhindern, sollte dieser stets bei sämtlichen Verletzungen Einmalhandschuhe tragen um sich und den Betroffenen vor einer möglichen Infektion zu schützen. Einmalhandschuhe befinden sich entsprechend im → *Betriebsverbandkasten* und sollten nach Gebrauch dort wieder aufgefüllt werden.

2 Straßenverkehr

Es passiert immer wieder, dass → *Ersthelfer* bei ihrer Hilfeleistung bei Verkehrsunfällen selbst schwer verletzt werden oder sogar tödlich verunglücken. Deshalb sollte jeder Helfer auch bei Verkehrsunfällen die Maßnahmen kennen, die zu seinem eigenen Schutz dienen.

2.1 Warnblinkanlage

Bei einer Panne, einem eigenen Unfall oder einem beobachteten Unfall soll immer erst die Warnblinkanlage des eigenen → *Fahrzeuges* betätigt werden.

Das Einschalten der Warnblinkanlage hat den Vorteil, dass der nachfolgende Verkehr auf eine Gefahr aufmerksam gemacht wird und entsprechend darauf reagieren kann. Dieses Verhalten dient aber auch dem Schutz des Helfers und des Betroffenen!

2.2 Warnweste

Seit 2005 ist es in einigen Ländern der EU Pflicht eine Warnweste mitzuführen. Zu diesen Ländern gehören Belgien, Bulgarien, Finnland, Frankreich, Italien, Kroatien, Luxemburg, Montenegro, Norwegen, Österreich, Portugal, Rumänien, Schweden, Serbien, Slowakei, Slowenien, Spanien, Tschechien und Ungarn.

In Deutschland ist das Mitführen einer Warnweste im Privatfahrzeug derzeit nicht verpflichtend.

> **Achtung: Gewerblich genutzte → *Fahrzeuge***
>
> Werden Fahrzeuge gewerblich genutzt, muss eine Warnweste mitgeführt werden (§ 31 BGV D29).

Warnwesten dienen dazu, ihre Träger bei der Tätigkeit im Straßenraum aus ausreichender Entfernung – auch bei Dunkelheit – auffällig und unverwechselbar als gefährdete Personen erkennbar zu machen. Dafür sind Warnwesten in fluoreszierendem Orange-Rot mit aufgebrachten Reflexstreifen geeignet, die bestimmte Anforderungen hinsichtlich der Mindestfläche des sichtbaren Materials und der Rückstrahlwerte erfüllen.

> **Wichtig: Geeignete Warnwesten**
>
> Geeignete Warnwesten erkennt man an
> - der Aufschrift «DIN EN 471»,
> - einem Piktogramm mit danebenstehender Zahlenkombination «2/2» oder «3/2».

Da die Warnweste der eigenen Sicherheit dient, wird empfohlen, diese bereits vor dem Verlassen des → *Fahrzeugs* anzulegen. Entsprechend sollte sich die Warnweste im Fahrzeuginneren (Handschuhfach, Ablage der Fahrertür) befinden.

2.3 Absichern der Unfallstelle

Um sich selbst oder den Betroffenen bei einem Verkehrsunfall ausreichend zu schützen, sollte die Unfallstelle mithilfe eines Warndreiecks abgesichert werden.

Die Absicherung der Unfallstelle mithilfe des Warndreiecks differenziert sich nach Art der Straße, auf der der Unfall geschehen ist:

- Bei Verkehrsunfällen **innerhalb geschlossener Ortschaften** wird das Warndreieck in 50 m Entfernung zur Unfallstelle aufgestellt. Zum rechten Fahrbahnrand sollte eine Entfernung von ca. 70 cm (eine Armlänge) eingehalten werden.

- Bei Verkehrsunfällen auf **Bundes- oder Landstraßen** wird das Warndreieck in 100 m Entfernung zur Unfallstelle aufgestellt. Zum rechten Fahrbahnrand sollte eine Entfernung von ca. 70 cm (eine Armlänge) eingehalten werden.
- Bei Verkehrsunfällen auf **Autobahnen** wird das Warndreieck in mind. 200 m Entfernung zur Unfallstelle aufgestellt. Zum rechten Fahrbahnrand sollte eine Entfernung von ca. 70 cm (eine Armlänge) eingehalten werden. Um als Helfer nicht unnötig in Gefahr zu geraten, sollte man die 200 m Strecke immer hinter der Leitplanke zurücklegen.

3 Stromunfälle

Bei Unfällen, die im Zusammenhang mit elektrischem Strom stehen, besteht nicht nur Gefahr für den Betroffenen, sondern auch eine erhebliche Gefahr für den Helfer.

Die erste und wichtigste Maßnahme bei Unfällen mit Strom ist es, den Strom abzuschalten. Sollte das nicht möglich sein, muss die Abstellung durch den Anbieter vorgenommen werden bzw. muss entsprechendes Fachpersonal an die Unfallstelle geholt werden.

Die Unfallstelle muss durch den Helfer dann entsprechend abgesichert werden.

Christian Piehl, Steffen Pluntke

Einstufung

Einstufung (engl. «Classification») beschreibt den Vorgang der Abklärung, ob Stoffe bzw. Gemische gefährliche Eigenschaften besitzen. Auf der Grundlage der Einstufung erfolgt dann die Kennzeichnung und Verpackung. Hersteller oder Importeur haben die Pflicht zur Einstufung. Dabei werden Gefährlichkeitsmerkmale bzw. Gefahrenklassen und Gefahrenkategorien festgelegt. Eine sog. „harmonisierte" Einstufung wird auf Gemeinschaftsebene getroffen, Vorschläge für die Einstufung können die zuständigen Behörden der Mitgliedsstaaten der EU sowie Hersteller, Importeure und nachgeschaltete Anwender machen, der Lieferant muss diese harmonisierte Einstufung standardmäßig übernehmen. Lieferanten sind nach REACH-Verordnung Hersteller, Importeure, Händler oder andere Akteure in der Lieferkette.

Gesetze, Vorschriften und Rechtsprechung

Es gelten folgende Rechtsvorschriften:

- Chemikaliengesetz
- Gefahrstoffverordnung
- Stoffrichtlinie 67/548/EWG
- Zubereitungsrichtlinie 1999/45/EG
- CLP-Verordnung 1272/2008/EG
- REACH-Verordnung 1907/2006/EG
- TRGS 200 «Einstufung und Kennzeichnung von Stoffen, Zubereitungen und Erzeugnissen»
- TRGS 201 «Einstufung und Kennzeichnung von Abfällen zur Beseitigung beim Umgang»

1 Fristen

Bisher galt für die Einstufung von Stoffen bzw. → *Gemischen* (bisher: Zubereitungen) die Stoff- bzw. Zubereitungsrichtlinie. Mit Inkrafttreten der CLP-Verordnung gelten folgende Fristen:

- **Stoffe** müssen seit dem 1.12.2010 nach der CLP-Verordnung eingestuft werden. Bis zum 1.6.2015 muss zusätzlich die bisherige Einstufung nach Stoffrichtlinie 67/548/EWG im → *Sicherheitsdatenblatt* aufgeführt werden.
- **Gemische. bzw. Zubereitungen** müssen ab 1.6.2015 nach der CLP-Verordnung eingestuft werden. Bis dahin können sie nach der Zubereitungsrichtlinie 1999/45/EG eingestuft werden. Falls Gemische bereits nach der CLP-Verordnung eingestuft werden, muss auch hier die Einstufung nach altem Recht im Sicherheitsdatenblatt aufgeführt werden. Die Übergangsfristen sollen die Einführung der CLP-Verordnung erleichtern.

Einstufung 213

> **Wichtig: Lagerbestände mit «alter» Kennzeichnung**
> Die Einstufung ist die Grundlage für die → *Kennzeichnung* von Stoffen und Gemischen.
> - **Stoffe**, die bereits vor dem 1.12.2010 in Verkehr gebracht wurden, dürfen mit «alter» Kennzeichnung noch bis 1.12.2012 weiter in Verkehr gebracht werden.
> - **Gemische bzw. Zubereitungen**, die bis zum 1.6.2015 in Verkehr gebracht werden, dürfen bis 1.12.2017 mit «alter» Kennzeichnung weiter in Verkehr gebracht werden. Das bedeutet: Bestände mit «alter» Kennzeichnung dürfen abverkauft werden.

2 Harmonisierte Einstufung

Eine harmonisierte Einstufung von Stoffen bzw. Gemischen ist nur möglich, wenn
- der Stoff karzinogen, mutagen, reproduktionstoxisch und/oder ein inhalationsallergen ist;
- der Stoff ein Wirkstoff in einem Biozid-Produkt oder einem Pflanzenschutzmittel ist;
- Bedarf an der Harmonisierung einer Einstufung auf EU-Ebene besteht, vorausgesetzt, dass eine Begründung für die Notwendigkeit einer solchen Maßnahme gegeben wird.

3 Wie wird eingestuft?

Einstufungselemente für Stoffe bzw. Gemische sind:
- Gefährlichkeitsmerkmale und Bezeichnung der besonderen Gefahren (→ *R-Sätze*) nach Stoff- bzw. Zubereitungsrichtlinie bzw.
- Gefahrenklassen und Gefahrenkategorien mit → *Gefahrenhinweisen* (H-Sätze) nach den Bestimmungen der CLP-Verordnung

Gefährliche Eigenschaften sind in 3 Gruppen gegliedert:
- **Physikalische Gefahren**, z. B. explosiv, entzündbar;
- **Gesundheitsgefahren**, z. B. giftig, gesundheitsschädlich;
- **Umweltgefahren**, z. B. sehr giftig für Wasserorganismen.

Das Ergebnis der Einstufung wird im → *Sicherheitsdatenblatt* dokumentiert. Im Rahmen der Umsetzung der CLP-Verordnung ist zu erwarten, dass gefährliche Stoffe bzw. → *Gemische* zukünftig schärfer eingestuft werden als bisher.

Praxis-Beispiel: Einstufung und Kennzeichnung eines methanolhaltigen Allzweckreinigers nach Zubereitungsrichtlinie bzw. CLP-Verordnung

Regelwerk/Thema	Richtlinie 1999/45/EG	CLP-Verordnung
Name	Allzweckreiniger	Methanol
Gefahrenbezeichnung	giftig	-
→ *Signalwort*	-	Gefahr
Symbole	1 Gefahrensymbol: Totenkopf	3 → *Gefahrenpiktogramme*: Flamme, Totenkopf mit Knochen, Gesundheitsgefahr
Gefahren	→ *Hinweise auf besondere Gefahren:* R 10 R 23/24/25 R 39/23/24/25	→ *Gefahrenhinweise:* H 225 H 301 H 311 H 331 H 370

Sicherheit	→ *Sicherheitsratschläge:*	→ *Sicherheitshinweise:*
	S 1/2	P 405
	S 7	P 233
	S 16	P 210
	S 36/37	P 280
	S 45	P 301 + P 310
		P 302 + P 352
		P 403 + P 233
		P 102
		P 103

4 Umgang mit Gefahrstoffen

Korrekte Einstufung, Kennzeichnung und Verpackung sind Voraussetzung für den sicheren Umgang mit → *Gefahrstoffen*. Mit der CLP-Verordnung wurden sie weltweit vereinheitlicht. Nur wenn die Gefahren im Unternehmen bekannt sind und geeignete Schutzmaßnahmen umgesetzt werden, können Unfälle und berufsbedingte Erkrankungen vermieden werden. Als wichtigste Informationsquelle dient das → *Sicherheitsdatenblatt*. Es muss für gefährliche Stoffe bzw. Gemische spätestens bei der ersten Lieferung mitgeliefert werden, i. Allg. wird es vor der ersten Bestellung angefordert. Auf der Grundlage der Informationen zum Gefährdungspotenzial werden → *Betriebsanweisungen* erstellt, die zur Schulung und → *Unterweisung* der Beschäftigten dienen.

Bettina Huck

Elektrische Anlagen und Betriebsmittel

Elektrische Betriebsmittel sind alle Gegenstände, die als Ganzes oder in einzelnen Teilen dem Anwenden elektrischer Energie (z. B. Gegenstände zum Erzeugen, Fortleiten, Verteilen, Speichern, Messen, Umsetzen und Verbrauchen) oder dem Übertragen, Verteilen und Verarbeiten von Informationen (z. B. Gegenstände der Fernmelde- und Informationstechnik) dienen. Den elektrischen Betriebsmitteln werden gleichgesetzt Schutz- und Hilfsmittel, soweit an diese Anforderungen hinsichtlich der elektrischen Sicherheit gestellt werden. Elektrische Anlagen werden durch Zusammenschluss elektrischer Betriebsmittel gebildet.

Gesetze, Vorschriften und Rechtsprechung

Die BGV A3 «Elektrische Anlagen und Betriebsmittel» legt fest, unter welchen Bedingungen elektrische Anlagen und Betriebsmittel errichtet, geändert, instandgehalten und betrieben werden müssen. Grundsätzlich sind dabei die elektrotechnischen Regeln zu beachten. Weiterhin werden Regelungen für Prüfungen, Arbeiten an aktiven Teilen, Arbeiten in der Nähe aktiver Teile und zulässige Abweichungen in der Unfallverhütungsvorschrift beschrieben.

1 Wie ist der Betrieb der Anlagen bzw. Betriebsmittel geregelt?

Die BGV A3 umfasst nur 10 Paragrafen, regelt aber das Einhalten von Tausenden Seiten elektrotechnischer Regeln. Wie ist das möglich? Betrachten wir hierzu § 3 BGV A3:

«(1) Der Unternehmer hat dafür zu sorgen, dass elektrische Anlagen und Betriebsmittel nur von einer Elektrofachkraft oder unter Leitung und Aufsicht einer Elektrofachkraft **den elektrotechnischen Regeln entsprechend** errichtet, geändert und instandgehalten werden. Der Unternehmer hat ferner dafür zu sorgen, dass die elektrischen Anlagen und Betriebsmittel **den elektrotechnischen Regeln entsprechend** betrieben werden.»

«(2) Ist bei einer elektrischen Anlage oder einem elektrischen Betriebsmittel ein Mangel festgestellt worden, d. h. entsprechen sie nicht oder nicht mehr **den elektrotechnischen Regeln**, so hat der Unternehmer dafür zu sorgen, dass der Mangel unverzüglich behoben wird und, falls bis dahin eine dringende Gefahr besteht, dafür zu sorgen, dass die elektrische Anlage oder das elektrische Betriebsmittel im mangelhaften Zustand nicht verwendet werden.»

Wenn es keine elektrotechnischen Regeln gibt, oder diese unzureichend sind, werden dafür in der BGV A3 Grundsätze beschrieben, die für diese elektrischen Anlagen und Betriebsmittel einzuhalten sind (§ 4 BGV A3).

2 Wer prüft die elektrischen Anlagen und Betriebsmittel?

Elektrische Anlagen und Betriebsmittel müssen regelmäßig geprüft werden. Die Prüfung erfolgt durch eine → *Elektrofachkraft* oder unter Leitung und Aufsicht einer Elektrofachkraft. Prüfungen sind vor der ersten Inbetriebnahme und nach einer Änderung oder Instandsetzung vor der Wiederinbetriebnahme vorzunehmen. Für Wiederholungsprüfungen geben die Durchführungsanweisungen zu § 5 Abs. 1 BGV A3 Auskunft, ebenso über **Prüffristen** von ortsfesten elektrischen Anlagen und Betriebsmitteln, ortsveränderlichen Betriebsmitteln und Schutz- und Hilfsmitteln.

3 Die Sicherheitsaspekte

→ *Arbeiten unter Spannung* sind grundsätzlich nicht erlaubt, weil mit diesen Arbeiten eine erhöhte Gefährdung verbunden ist (§ 6 BGV A3).

Durch Einhalten der «→ *5 Sicherheitsregeln*» wird sichergestellt, dass das Arbeiten in spannungsfreiem Zustand sicher abläuft:

1. Freischalten,
2. Gegen Wiedereinschalten sichern,
3. Spannungsfreiheit feststellen,
4. Erden und Kurzschließen,
5. Benachbarte, unter Spannung stehende Teile abdecken oder abschranken.

Für Arbeiten in der Nähe aktiver Teile gelten die Forderungen nach § 7 BGV A3:

In der Nähe aktiver Teile elektrischer Anlagen und Betriebsmittel, die nicht gegen direktes Berühren geschützt sind, darf, abgesehen von den Festlegungen in § 8 BGV A3, nur gearbeitet werden, wenn

- deren spannungsfreier Zustand hergestellt und für die Dauer der Arbeiten sichergestellt ist oder
- die aktiven Teile für die Dauer der Arbeiten, insbesondere unter Berücksichtigung von Spannung, Betriebsort, Art der Arbeit und der verwendeten Arbeitsmittel, durch Abdecken oder Abschranken geschützt worden sind oder
- bei Verzicht auf vorstehende Maßnahmen die zulässigen Annäherungen nicht unterschritten werden.

Die dazugehörige Durchführungsanweisung gibt an, wann eine Gefahrenzone in Abhängigkeit von der Nennspannung vorliegt und welche Schutzabstände bei elektrotechnischen und bei nicht elektrotechnischen Arbeiten in Abhängigkeit von der Nennspannung einzuhalten sind.

Die in § 8 BGV A3 genannten Festlegungen für das Arbeiten unter Spannung werden in der BGR A3 «Arbeiten unter Spannung an elektrischen Anlagen und Betriebsmitteln» konkretisiert.

4 Neuerungen

Im Juli 2010 wurde die TRBS 2131 «Elektrische Gefährdungen» außer Kraft gesetzt – damit gelten wieder die Anforderungen der BGV A3. Anforderungen an die → *Befähigte Person* zur Prüfung von elektrischen Anlagen und Betriebsmitteln sind in der TRBS 1203 «Befähigte Personen» geregelt. Durch die Aufhebung der TRBS 2131 sind die Begriffe «Elektrofachkraft», «elektrotechnisch unterwiesene Person» und «elektrotechnischer Laie», die in der BGV A3 geregelt sind, wieder anzuwendende Begriffe. Es ist davon auszugehen, dass dieser Zustand nur einen

Übergang darstellt, da grundsätzlich die Betriebssicherheitsverordnung durch Technische Regeln konkretisiert werden soll.

Dirk Rittershaus

Elektrofachkraft

Eine Elektrofachkraft ist eine Person, die aufgrund ihrer fachlichen Ausbildung und Erfahrungen sowie ihrer Kenntnisse, z. B. der einschlägigen Bestimmungen, die ihr übertragenen Arbeiten beurteilen und mögliche Gefahren erkennen kann.

Gesetze, Vorschriften und Rechtsprechung

Die Begriffsbestimmungen für Elektrofachkräfte sind in mehreren Regelwerken hinterlegt. Dazu gehören u. a. § 2 «Begriffe» der BGV A3 «Elektrische Anlagen und Betriebsmittel»; und Nr. 2 «Begriffsbestimmungen» der BGR A3 «Arbeiten unter Spannung an elektrischen Anlagen und Betriebsmitteln». Umfangreiche fachliche Informationen enthält die BGI 548 «Elektrofachkräfte». Der Begriff Elektrofachkraft ist im DIN VDE Normenwerk wiederholt definiert. Die ausführlichste Darlegung enthält die VDE 1000-10:2009-01.

Soll die Elektrofachkraft Aufgaben einer befähigten Person nach Betriebssicherheitsverordnung (BetrSichV) ausführen, muss sie die Anforderungsmerkmale des Abschn. 2 TRBS 1203 «Allgemeine Anforderungen an befähigte Personen» und des Abschn. 3.3 TRBS 1203 «Elektrische Gefährdungen Berufsausbildung» erfüllen.

1 Elektrofachkraft (EFK)

1.1 Qualifikation

Elektrofachkraft ist kein Ausbildungsberuf. Die fachliche Qualifikation als Elektrofachkraft wird i. d. R. dadurch nachgewiesen, indem elektrotechnisches Wissens im Rahmen der Berufsausbildung unabhängig von Form und Ort (Schule, Betrieb usw.) vermittelt wurde. Dies trifft insbesondere für die Aus- und Weiterbildungen in der Elektrobranche z. B. Elektroingenieur (M. Sc.), -techniker, -meister oder -geselle zu. Die Qualifikation kann aber auch durch eine mehrjährige Tätigkeit mit Ausbildung in Theorie und Praxis nach Überprüfung durch eine Elektrofachkraft nachgewiesen werden, wobei der Nachweis zu dokumentieren ist.

> **Wichtig: Erfahrung bekommt man nur durch Praxis**
>
> Neben der fachlichen Ausbildung, werden von Elektrofachkräften auch ausreichende Kenntnisse und Erfahrungen verlangt. Diese erwirbt man erst während der Berufsausübung in den jeweiligen Unternehmen und/oder in speziellen Seminaren.

Eine Elektrofachkraft ist auf Grundlage dieser Kenntnisse und Erfahrungen in der Lage, insbesondere Einzelaspekte elektrischer Gefahren zu erkennen sowie die Arbeiten sach- und sicherheitsgerecht ausführen zu können.

> **Wichtig: Die Elektro-Allroundkraft gibt es nicht**
>
> Aufgrund der vielfältigen Arbeitsbereiche in der Elektrotechnik (Hoch- und Niederspannung, Gleich- und Wechselspannung, Fernmeldewesen, Energietechnik, Elektronik, Photovoltaik, usw.) gibt es keine Elektrofachkraft im Sinne einer universell einsetzbaren Allroundkraft. Die Elektrofachkraft ist durch ihre Ausbildung und Berufsausübung daher immer an ein berufliches Profil gebunden, in dem dann auch ihre erforderlichen Erfahrungen vorliegen. Der Arbeitgeber kann die Elektrofachkraft nur innerhalb dieses Profils einsetzen. Anders gesagt muss eine Elektrofachkraft die an sie gestellten Anforderungen jeweils für den konkreten elektrotechnischen Arbeitsbereich erfüllen.

Elektrofachkraft 217

Für das Prüfen von → *Arbeitsmitteln* gemäß BetrSichV als → *befähigte Person* muss die Elektrofachkraft durch ihre Berufsausbildung, Berufserfahrung und ihre zeitnahe berufliche Tätigkeit über die erforderlichen Fachkenntnisse verfügen. Hierzu gehört nach Abschn. 3.3 TRBS 1203 eine mindestens einjährige Berufserfahrung mit der Errichtung, dem Zusammenbau oder der Instandhaltung von elektrischen Arbeitsmitteln oder Anlagen. Darüber hinaus muss sie ihre Kenntnisse der relevanten Regeln der Elektrotechnik regelmäßig aktualisieren.

> **Achtung: Aktualisierung der Kenntnisse**
>
> Elektrofachkräfte müssen ihre erworbenen Kenntnisse regelmäßig auf den neuesten Stand bringen. So fordert Abschn. 3.3 der TRBS 1203-3, dass die befähigte Person für die Prüfungen zum Schutz vor elektrischen Gefährdungen ihre Kenntnisse aktualisieren muss, z. B. durch Teilnahme an Schulungen oder an einschlägigen Erfahrungsaustauschen.

Wird eine Elektrofachkraft an Anlagen tätig, die an das öffentliche Elektrizitätsversorgungsnetz angeschlossen sind, muss sie außerdem in das Installateurverzeichnis des Verteilungsnetzbetreibers (VNB) eingetragen sein.

1.2 Aufgaben

Zu den Aufgaben einer Elektrofachkraft gehört es, im Auftrag des Arbeitgebers → *elektrische Anlagen und Betriebsmittel* entsprechend den elektrotechnischen Regeln zu errichten, zu ändern und instand zu halten. Gemäß der Betriebssicherheitsverordnung kann ihr nach Beauftragung des Arbeitgebers die Verantwortung für die ordnungsgemäße Durchführung der Prüfungen als → *befähigte Person* obliegen. Zu den Aufgaben einer Elektrofachkraft können auch das Unterrichten und → *Unterweisen* gehören. Eine übertragene Aufsichtsverantwortung für → *elektrotechnisch unterwiesene Personen* beinhaltet eine stichprobenartige Kontrolle der Wiederholungsprüfungen vor Ort.

2 Verantwortliche Elektrofachkraft (vEFK)

Es liegt beim Arbeitgeber, einer geeigneten Elektrofachkraft Fach- und Aufsichtsverantwortung im Sinne einer notwendigen betrieblichen Arbeitsorganisation, zu übertragen. In diesem Fall spricht man von einer verantwortlichen Elektrofachkraft – vEFK. Die Verantwortung kann sich auch auf eine bestimmte Betriebs- und Anlagentechnik beziehen. Eine verantwortliche Elektrofachkraft kann auch die fachliche Leitung eines Betriebes oder Betriebsteiles vom Arbeitgeber übertragen bekommen (vEFK mit fachlicher Leitung). Man kann daher unterscheiden, ob einer vEFK eine fachliche Leitung übertragen worden ist oder nicht.

> **Wichtig: Erfüllung der Qualifikationsanforderungen**
>
> Damit eine verantwortliche Elektrofachkraft (vEFK) beauftragt werden kann, muss sie die Qualifikationsanforderungen erfüllen. Erläutert wird die vEFK insbesondere in Abschn. 3.1. und Abschn. 5.3 der DIN VDE 1000-10:2009-01.

Wurden der Elektrofachkraft Leitungs- und Aufsichtsaufgaben nach § 3 Abs. 1 BGV A3 übertragen, gehören hierzu insbesondere:

- das Überwachen der ordnungsgemäßen Errichtung, Änderung und Instandhaltung → *elektrischer Anlagen und Betriebsmittel*,
- das Anordnen, Durchführen und Kontrollieren der zur jeweiligen Arbeit erforderlichen Sicherheitsmaßnahmen einschließlich des Bereitstellens von Sicherheitseinrichtungen,
- das Unterrichten → *elektrotechnisch unterwiesener Personen*,
- das → *Unterweisen* von elektrotechnischen Laien über sicherheitsgerechtes Verhalten, erforderlichenfalls das Einweisen,
- das Überwachen, wenn nötig das Beaufsichtigen der Arbeiten und der Arbeitskräfte, z. B. bei nichtelektrotechnischen Arbeiten in der Nähe von unter Spannung stehender Teile.

3 Elektrofachkraft für festgelegte Tätigkeiten (EffT)

Nach BGI/GUV-I 8524 gilt als «Elektrofachkraft für festgelegte Tätigkeiten [...], wer in Bezug auf die Inbetriebnahme und → *Instandhaltung* von elektrischen Betriebsmitteln in gleichartige, sich wiederholende Arbeiten ausgebildet ist, die vom Arbeitgeber in einer Arbeitsanweisung beschrieben sind. Zur Instandhaltung zählt auch die Durchführung wiederkehrender Prüfungen.»

Das heißt, der Arbeitgeber kann für spezielle, klar definierte, Tätigkeiten, z. B. Inbetriebnahme und Instandhaltung von bestimmten elektrischen Betriebsmitteln, einen elektrotechnischen Laien, der eine abgeschlossene Berufsausbildung nachweisen kann, ausbilden lassen.

Wichtig: Anforderung an die Ausbildung zur EffT

Die Ausbildung muss in Theorie und Praxis diejenigen Betriebsmittel beinhalten, die für die festgelegten Tätigkeiten infrage kommen. Die Ausbildung muss von einer hierfür fachlich qualifizierten Person, z. B. Ingenieur oder Meister in einem elektrotechnischen Beruf, durchgeführt werden.

Festgelegte Tätigkeiten sind gleichartige, sich wiederholende Arbeiten an Betriebsmitteln, die vom Unternehmer in einer Arbeitsanweisung beschrieben sind. In eigener Fachverantwortung dürfen nur solche festgelegten Tätigkeiten ausgeführt werden, für die die Ausbildung nachgewiesen ist. Diese festgelegten Tätigkeiten dürfen nur in Anlagen mit Nennspannungen bis 1000 V AC bzw. 1500 V DC und grundsätzlich nur im freigeschalteten Zustand durchgeführt werden. Unter Spannung sind Fehlersuche und Feststellen der Spannungsfreiheit erlaubt.

Praxis-Tipp: Fahrplan für den Einsatz von EffT

- Prüfen ob Voraussetzungen nach § 2 BGV A3 und § 5 Handwerksordnung erfüllt sind.
- Prüfen ob persönliche Voraussetzungen erfüllt sind (körperliche und geistige Eignung).
- Organisation der Teilnahme an einem qualifizierten Lehrgang.
- Überprüfung der erworbenen Kenntnisse (Qualifikationsnachweis).
- Schriftliche Beauftragung.
- Erstellung einer Arbeitsanweisung für die festgelegten elektrotechnischen Tätigkeiten.

Elektroprüfung

Prüfungen elektrischer Anlagen und Betriebsmittel sind Besichtigungen, Messungen oder Erprobungen, die den Nachweis erbringen, dass die jeweilige Anlage bzw. das jeweilige Betriebsmittel den geltenden öffentlich-rechtlichen Verpflichtungen entspricht. Zu diesen Verpflichtungen gehören u. a. staatliche Gesetze und Verordnungen, Vorschriften der gesetzlichen Unfallversicherungsträger und Sicherheitsnormen. Prüfungen können den Nachweis des ordnungsgemäßen Zustandes einschließen. Sowohl neue Anlagen und Betriebsmittel als auch Änderungen und Erweiterungen bestehender Anlagen und Betriebsmittel müssen vor ihrer Inbetriebnahme und danach in regelmäßigen Abständen einer Prüfung unterzogen werden.

Gesetze, Vorschriften und Rechtsprechung

Die Verpflichtung zur Prüfung von Arbeitsmitteln ergibt sich grundsätzlich aus § 10 Betriebssicherheitsverordnung (BetrSichV). Konkretisiert werden die Anforderungen in der Technischen Regel für Betriebssicherheit (TRBS) 1201 «Prüfungen von Arbeitsmitteln und überwachungsbedürftigen Anlagen».

Im Regelwerk der gesetzlichen Unfallversicherungsträger finden sich in § 5 «Prüfungen» der Unfallverhütungsvorschrift BGV A3 «Elektrische Anlagen und Betriebsmittel» und in den dazugehörigen Durchführungsanweisungen Vorgaben zur Prüfung von elektrischen Anlagen und Betriebsmittel.

In § 49 «Anforderungen an Energieanlagen» des Energiewirtschaftsgesetzes – EnWG wird Bezug auf die Bestimmungen des Verbandes der Elektrotechnik Elektronik Informationstechnik e.

V. (VDE) genommen. Damit erhielten die DIN VDE Normen im Rahmen der allgemein anerkannten Regeln der Technik Gesetzescharakter. Somit sind insbesondere die Absätze 61 und 62 der DIN VDE 0100-600:2008-06 und die Absätze 4.1 ff. und 5.3 ff. der DIN VDE 0105-100:2005-06 für die Prüfung elektrischer Anlagen zu berücksichtigen.

Weitere Forderungen zur regelmäßigen Prüfung können sich z. B. aus den Richtlinien der Sachversicherer (VdS-Richtlinien des Gesamtverbandes der Deutschen Versicherungswirtschaft e. V. (GDV), Klausel SK 3602) ergeben.

1 Prüfpersonal

Der Arbeitgeber muss für die Prüfung seiner → *elektrischen Anlagen und Betriebsmittel* **geeignete Personen** beauftragen, sofern er nicht selbst in der Lage ist die Prüfungen durchzuführen. Die BetrSichV verlangt, dass mit dem «Überprüfen und erforderlichenfalls Erproben» nur Personen betraut werden dürfen, die hierzu → *befähigt* sind. Konkretisiert werden diese Anforderungen in der TRBS 1203-3 «**Befähigte Personen** – Besondere Anforderungen – Elektrische Gefährdungen».

Gemäß den DIN VDE-Bestimmungen müssen die Prüfungen elektrischer Anlagen von → *Elektrofachkräften* durchgeführt werden, die Kenntnisse durch Prüfung vergleichbarer Anlagen haben. Die für die Prüfungen verantwortliche Elektrofachkraft entscheidet, welche Prüfarbeiten → *elektrotechnisch unterwiesene Personen* mit welchen Prüfgeräten durchführen müssen und inwieweit Aufsicht und Anleitung erforderlich sind. Dafür müssen ausreichende personelle Ressourcen bereitgestellt werden.

2 Prüfgrundlagen und -ziele

Prüfungen müssen in Art und Umfang nach den in den elektrotechnischen Regeln festgelegten Maßnahmen und unter Bezugnahme auf die erforderlichen Schaltpläne und technischen Unterlagen durchgeführt werden.

Ziel der Prüfung ist es, festzustellen, ob Mängel an den für die Sicherheit wichtigen Teilen der → *Anlage oder Betriebsmittel* bestehen bzw. ob Gefahren bei bestimmungsgemäßer Verwendung für Benutzer oder Sachwerte auftreten können.

3 Prüffristen

Im Rahmen der → *Gefährdungsbeurteilung* nach § 3 BetrSichV sollen die zu prüfenden → *Arbeitsmittel* und die Prüffristen für diese Arbeitsmittel vom Arbeitgeber festgelegt werden. Mit den Prüfungen ist der sichere Zustand des Arbeitsmittels vor der ersten Inbetriebnahme und nach Änderungen oder Instandsetzungen sowie in regelmäßigen Abständen zu prüfen. Dabei müssen die Einsatzbedingungen berücksichtigt werden. Darüber hinaus soll dies im Einvernehmen mit der Befähigten Person erfolgen. Die Prüffristen sind dabei so zu bemessen, dass Mängel, die während der Benutzung entstehen können, rechtzeitig festgestellt werden.

Hilfestellungen zur Festlegung der Prüffristen können den Bedienungsanleitungen der Hersteller entnommen werden. Außerdem können folgende Informationen herangezogen werden:

- betriebliche Erfahrungen einschließlich vorhandener Prüfhistorien,
- Benutzungsdauern und -häufigkeiten des Arbeitsmittels,
- mechanische, chemische und thermische Beanspruchungen einschließlich der Witterungs- und Umwelteinflüsse,
- Unfallgeschehen vergleichbarer Arbeitsmittel,
- Qualifikation und Erfahrung der Benutzer.

> **Wichtig: CE und GS-Zeichen ersparen keine Prüfungen**
>
> Für jedes elektrische Betriebsmittel ist vor dem ersten Einsatz eine → *Gefährdungsbeurteilung* durchzuführen (§ 5 ArbSchG, § 3 BetrSichV, § 3 BGV A1). Dabei müssen die vom → *Arbeitsmittel* ausgehenden Gefährdungen, das Arbeitsumfeld und die Wechselwirkungen betrachtet werden. Je nach Beanspruchung und Gefährdungen ist das Prüfintervall für das

elektrische Betriebsmittel festzulegen. Dabei spielen die → *CE-Kennzeichnung*, mit der Hersteller Normenkonformität dokumentieren und das → *GS-Zeichen*, das eine bestandene, freiwillige Baumusterprüfung nachweist, keine Rolle. Auch solche Arbeitsmittel müssen vor ihrem ersten Einsatz und danach in regelmäßigen Intervallen auf ihren ordnungsgemäßen Zustand geprüft werden.

Anlage/Betriebsmittel	Prüffrist	Art der Prüfung	Prüfer
Elektrische Anlagen und ortsfeste Betriebsmittel	4 Jahre	auf ordnungsgemäßen Zustand	→ *Elektrofachkraft*
Elektrische Anlagen und ortsfeste elektrische Betriebsmittel «in Betriebsstätten, Räumen und Anlagen besonderer Art» (DIN VDE 0100-700)	1 Jahr		
Schutzmaßnahmen mit Fehlerstrom-Schutzeinrichtungen in nichtstationären Anlagen	1 Monat	auf Wirksamkeit	→ *Elektrofachkraft* oder → *elektrotechnisch - unterwiesene Person* bei Verwendung geeigneter Mess- und Prüfgeräte
Fehlerstrom-, Differenzstrom- und Fehlerspannungs-Schutzschalter		auf einwandfreie Funktion durch Bestätigung der Prüfeinrichtung	Benutzer
• in stationären Anlagen	6 Monate		
• in nichtstationären Anlagen	arbeitstäglich		

Tab. 1a, BGV A3: Wiederholungsprüfungen ortsfester elektrischer Anlagen und Betriebsmittel

Anlage/Betriebsmittel	Prüffrist Richt- und Maximalwerte	Art der Prüfung	Prüfer
Ortsveränderliche elektrische Betriebsmittel (soweit benutzt) Verlängerungs- und Geräteanschlussleitungen mit - Steckvorrichtungen Anschlussleitungen mit Stecker bewegliche Leitungen mit Stecker und Festanschluss	Richtwert 6 Monate, auf → *Baustellen* 3 Monate*). Wird bei den Prüfungen eine Fehlerquote < 2 % erreicht, kann die Prüffrist entsprechend verlängert werden. Maximalwerte: auf Baustellen, in Fertigungsstätten und Werkstätten oder unter ähnlichen Bedingungen ein Jahr, in Büros oder unter ähnlichen Bedingungen zwei Jahre.	auf ordnungsgemäßen Zustand	→ *Elektrofachkraft* bei Verwendung - geeigneter Mess- und Prüfgeräte auch → *elektrotechnisch unterwiesene Person*
*) Konkretisierung siehe BG-Information «Auswahl und Betrieb elektrischer Anlagen und Betriebsmittel auf Baustellen» (BGI 608)			

Tab. 1b, BGV A3: Wiederholungsprüfungen ortsveränderlicher elektrischer Betriebsmittel

Die § 5 BGV A3 und TRBS 1201 «Prüfungen von Arbeitsmitteln und überwachungsbedürftigen Anlagen» geben die bewährten Prüffristen wieder. Die in der Unfallverhütungsvorschrift angegebenen Prüffristen für die Prüfung von ortsveränderlichen und ortsfesten elektrischen Be-

Elektroprüfung

triebsmitteln sowie Schutz- und Hilfsmitteln sind Orientierungswerte, die die → *Elektrofachkraft* unter Berücksichtigung der Einsatzbedingungen, der Erfahrungswerte und der gesetzlichen Rahmenbedingungen abweichend einschätzen kann.

Prüfobjekt	Prüffrist	Art der Prüfung	Prüfer
Isolierende Schutzbekleidung – (soweit benutzt)	vor jeder Benutzung	auf augenfällige Mängel	Benutzer
	12 Monate 6 Monate für isolierende Handschuhe	auf Einhaltung der in den elektrotechnischen Regeln vorgegebenen Grenzwerte	→ *Elektrofachkraft*
Isolierte Werkzeuge, Kabelschneidgeräte; isolierende Schutzvorrichtungen sowie Betätigungs- und Erdungsstangen	vor jeder Benutzung	auf äußerlich erkennbare Schäden und Mängel	Benutzer
Spannungsprüfer, Phasenvergleicher		auf einwandfreie Funktion	
Spannungsprüfer, Phasenvergleicher und Spannungsprüfsysteme (kapazitive Anzeigesysteme) für Nennspannungen über 1 kV	6 Jahre	auf Einhaltung der in den elektrotechnischen Regeln vorgeschriebenen Grenzwerte	→ *Elektrofachkraft*

Tab. 1c, BGV A3: Prüfungen für Schutz- und Hilfsmittel

4 Prüfumfang und -methoden

Prüfungen können Besichtigen, Messen und/oder Erproben umfassen. Prüfergebnisse müssen bewertet und dokumentiert werden. Der Umfang der Prüfungen darf je nach Bedarf und nach den Betriebsverhältnissen auf Stichproben sowohl in Bezug auf den örtlichen Bereich (Anlagenteile) als auch auf die durchzuführenden Maßnahmen beschränkt werden, soweit dadurch eine Beurteilung des ordnungsgemäßen Zustands möglich ist. Den Umfang einer Prüfung legt der Arbeitgeber mithilfe seiner → *Gefährdungsbeurteilung* und unter Berücksichtigung des elektrotechnischen Regelwerks fest.

4.1 Besichtigen

Gemäß DIN VDE 0105-100 lässt sich durch Besichtigen z. B. feststellen, ob

- → *elektrische Anlagen und Betriebsmittel* äußerlich erkennbare Schäden oder Mängel aufweisen,
- elektrische Anlagen und Betriebsmittel den äußeren Einflüssen am Verwendungsort standhalten und den in Errichtungsnormen enthaltenen Zusatzfestlegungen für Betriebsstätten, Räume und Anlagen besonderer Art noch entsprechen,
- der Schutz gegen direktes Berühren aktiver Teile elektrischer Betriebsmittel noch vorhanden ist,
- die Schutzmaßnahmen bei indirektem Berühren noch den Errichtungsnormen entsprechen,
- die Überstrom-Schutzeinrichtungen den Leiterquerschnitten entsprechend noch richtig zugeordnet sind,
- für Betriebsmittel erforderliche Überspannungs- oder Überstrom-Schutzeinrichtungen noch vorhanden und richtig eingestellt sind,
- verbindlich festgelegte Schaltpläne, Beschriftungen und dauerhafte Kennzeichnungen der Stromkreise, Gebrauchs- oder Betriebsanleitungen noch vorhanden und zutreffend sind,

- Einrichtungen zur Unfallverhütung und Brandbekämpfung, z. B. Schutzvorrichtungen, Hilfsmittel, Sicherheitsschilder, Schottung von Leitungs- und Kabeldurchführungen vollständig und wirksam sind,
- die Festlegungen des Herstellers eines Betriebsmittels hinsichtlich der Montage noch eingehalten sind, z. B. Abstände wärmeerzeugender Betriebsmittel zur brennbaren Umgebung,
- ein ausreichender Potenzialausgleich sichergestellt ist,
- alle gleichzeitig berührbaren Körper, Schutzleiteranschlüsse und alle «fremden leitfähigen Teile» noch einbezogen sind.

4.2 Messen

Zur Beurteilung des ordnungsgemäßen Zustandes und zur Wirksamkeit von Schutzmaßnahmen können gemäß DIN VDE 0105-100 folgende Parameter gemessen werden:

- Schleifenwiderstand,
- Schutzleiterwiderstand,
- Auslöse-Fehlerstrom,
- Ansprechwert von Isolationsüberwachungseinrichtungen,
- Isolationswiderstand.

4.3 Erproben

Gemäß DIN VDE 0105-100 können bei wiederkehrender Prüfung folgende Aspekte erprobt werden:

- Isolationsüberwachungsgeräte, z. B. in ungeerdeten Hilfsstromkreisen, im IT-Netz, sowie der FI- und FU-Schutzeinrichtungen durch Betätigen der Prüftaste,
- Wirksamkeit von Stromkreisen und Betriebsmitteln, die der Sicherheit dienen, z. B. Schutzrelais, Not-Ausschaltung, Verriegelungen,
- Rechtsdrehfeld bei Drehstrom-Wand- und Kupplungssteckdosen,
- Funktionsfähigkeit von erforderlichen Melde- und Anzeigeinrichtungen, z. B. Rückmeldung der Schaltstellungsanzeige an ferngesteuerten Schaltern, Meldeleuchten.

5 Prüfgeräte

Prüfungen → *elektrischer Anlagen und Betriebsmittel* müssen mit geeigneter Ausrüstung und so durchgeführt werden, dass Gefahren dabei vermieden werden. Für die Durchführung der Prüfungen werden von der Industrie zahlreiche Geräte angeboten. Bei der Auswahl ist es wichtig zu klären, ob u. a.

- die Prüfgeräte der Normenreihe DIN VDE 0404 sowie DIN VDE 0413 entsprechen,
- erforderliche Messungen nach DIN VDE 0701-0702 durchgeführt werden können,
- ausschließlich → *Elektrofachkräfte* oder im Prüfteam auch → *elektrotechnisch unterwiesene Personen* das Prüfgerät bedienen werden,
- das Gerät für Wiederholungsprüfungen durch elektrotechnisch unterwiesene Personen eindeutig anzeigt, ob die Prüfung bestanden wurde oder nicht, z. B. in Form eines akustischen oder optischen Alarms bzw. durch Abbruch der Prüfung bei einem aufgetretenen Fehler,
- die Ergebnisse der Prüfungen in einer bestimmten Form aufgezeichnet werden sollen,
- das Prüfgerät (wenn erforderlich) über interne Speichermöglichkeiten und PC-Schnittstellen verfügt, um Prüfungen zu automatisieren,
- Einlesegeräte für Barcodes oder Transponder die Dateneingabe weiter vereinfachen sollen,
- Prüfadapter (wenn erforderlich) für die Überprüfung von CEE- oder Kaltgerätesteckverbindungen vorhanden sind.

6 Dokumentation

Das Prüfungsergebnis muss aufgezeichnet werden. Inhalt, Form und Aussehen der Aufzeichnungen sind gesetzlich nicht vorgegeben. Möglich sind Aufzeichnungen in Form

- eines Prüfbuches,
- einer Karteikarte,
- eines Erfassungsbogens oder
- einer IT-unterstützten Dokumentation.

Bewährt hat sich in der Praxis die Verwendung von Prüfplaketten, auf denen z. B. die Prüfgrundlage, z. B. Norm, und das Datum der Prüfung zu entnehmen sind. Die Aufzeichnungen müssen den jeweiligen betrieblichen Erfordernissen angepasst sein und mindestens bis zur nächsten Prüfung aufbewahrt werden.

Praxis-Tipp: Praxistipps für die Prüfung ortsveränderlicher elektrischer Betriebsmittel

Die BGI/GUV-I 8524 «Prüfung ortsveränderlicher elektrischer Betriebsmittel Praxistipps für Betriebe» bietet wertvolle Hinweise zur Durchführung von Wiederholungsprüfungen an ortsveränderlichen elektrischen Betriebsmitteln.

Elektrosmog

Elektrosmog ist eine umgangssprachliche Bezeichnung für vermutete gesundheitsschädliche Wirkungen von elektromagnetischen Feldern, die bei der Nutzung elektrischer Energie in allen Lebensbereichen auftreten. Schwierig ist, dass mit dem Begriff unspezifisch befürchtete Gefahrenquellen zusammengefasst werden, die verschiedenste physikalische Eigenschaften haben, was ihr Auftreten im Alltag, ihre Intensität, Ausbreitung, Wirkungen auf den Organismus und mögliche Strahlenschutzmaßnahmen angeht. Sachlicher ist die Bezeichnung Elektromagnetische Umweltverträglichkeit (EMUV).

Gesetze, Vorschriften und Rechtsprechung

Wegen der vielen unterschiedlichen Ausprägungen elektromagnetischer Felder bei der technischen Nutzung elektrischer Energie gibt es keine einheitliche Rechtsgrundlage. Wichtige Rechtsquellen sind:

- Empfehlungen der Internationalen Kommission für den Schutz vor nicht ionisierender Strahlung (Expertengremium innerhalb der WHO), enthalten Grundsätze zu Strahlenschutzfragen, Grenzwerten usw.
- Verordnung über elektromagnetische Felder (26. BImSchV) (für ortsfeste Anlagen)
- BGV B11 «Elektromagnetische Felder». Diese bezieht sich allerdings auf spezielle Anlagen und Arbeitsplätze, an denen stark erhöhte elektromagnetische Felder auftreten. Demgegenüber bezeichnet «Elektrosmog» eher die allgegenwärtige Strahlungsimmission durch die alltägliche Nutzung elektrischer Energie.

1 Physikalische Grundbegriffe

1.1 Arten von Strahlung

Das physikalische Phänomen Strahlung erstreckt sich über ein großes Spektrum unterschiedlicher Wellenlängen. Je größer die Wellenlänge und je geringer die Frequenz ist, desto weniger energiereich ist die Strahlung.

Ionisierende Strahlung

Ionisierende Strahlung deckt den oberen, energiereichen Teil des Spektrums ab. Die Energiedichte ist so hoch, dass Atome eines Stoffes ihre Kernstruktur grundlegend ändern und dabei energiereiche Strahlung aussenden (z. B. Radioaktivität, Röntgenstrahlung).

Nicht ionisierende Strahlung

Nicht ionisierende Strahlung ist von geringerer Intensität, sodass keine Ionisationsvorgänge an Atomen und Molekülen ausgelöst werden. Sie umfasst in der Reihenfolge zunehmender Energie:

statische elektrische und magnetische Felder (Frequenzbereich 0 Hz – 3 Hz): z. B. Erdmagnetfeld, elektrisches Feld zwischen 2 Polen einer Batterie;

niederfrequente elektromagnetische Felder (Frequenzbereich 3 Hz – 100 kHz): z. B. beim technischen Wechselstrom, damit also bei allen Formen der elektrischen Energieversorgung;

hochfrequente elektromagnetische Felder (Frequenzbereich 100 kHz – 300 GHz): z. B. Funk- und Mikrowellen, also der gesamte Bereich moderner Telekommunikation;

→ *optische Strahlung* (Wellenlängenbereich 1 mm – 10 nm): z. B. Infrarotstrahlung, Licht, UV-Strahlung.

> **Wichtig: Elektromagnetische Felder**
>
> Überall, wo elektrische Ladungen bewegt werden, entsteht neben einem elektrischen Feld auch ein entsprechendes Magnetfeld und umgekehrt. Da das immer zutrifft, wenn elektrische Energie technisch genutzt wird, wird häufig von elektromagnetischer Strahlung gesprochen, erst recht im Hochfrequenzbereich, wo die Wirkungen beider Felder kaum zu trennen sind.

Der Begriff Elektrosmog ist damit v. a. den nieder- und hochfrequenten elektromagnetischen Feldern zuzuordnen.

1.2 Niederfrequenzbereich (NF-Felder)

1.2.1 Elektrische Felder

Die elektrische Feldstärke wird in V/m bestimmt. Ein elektrisches Feld erzeugt auf der Oberfläche in Reichweite befindlicher leitfähiger Körper (auch auf dem menschlichen Körper) eine Verschiebung elektrischer Ladungen. Das führt zu einer Aufladung dieser Oberflächen und in der Folge zu geringen Ausgleichsströmen, die im Körper fließen, während das elektrische Feld im Körperinneren ansonsten keine direkten Auswirkungen hat. Deswegen lassen sich elektrische Felder leicht abschirmen, z. B. durch eine Blende aus leitfähigem Material. Außerdem nimmt die Intensität der Strahlung mit dem Abstand zur Quelle exponentiell ab.

Ab einer gewissen Intensität können Menschen die durch elektrische Felder erzeugte Aufladung auf der Köperfläche wahrnehmen (durch das Flimmern der Härchen auf der Haut, durch Kribbeln oder Hautrötungen), wobei die Wahrnehmungsschwelle individuell verschieden ist («Elektrosensibilität»).

Niederfrequente elektrische Felder treten im Frequenzbereich von 3 hz bis 100 khz auf, in den die Stromversorgung im Haushalt und am Arbeitsplatz ebenso fällt wie die Energieversorgung von Bahnstrecken und der Transport von Energie in Hochspannungsleitungen.

1.2.2 Magnetische Felder

Die Stärke magnetischer Felder wird als A/m bestimmt. Sie ist mit der Stärke des zugehörigen elektrischen Feldes direkt verknüpft: Je größer die Stromstärke in entsprechenden Leiter ist, desto höher ist auch die magnetische Feldstärke, wobei die Energiedichte im Feld sehr ungleichmäßig sein kann.

In der Praxis wird statt der magnetischen Feldstärke oft die sog. magnetische Flussdichte in der Einheit Tesla (T) angegeben, wobei beide Werte direkt proportional verbunden sind (80 A/m entsprechen rund 100 Mikrotesla).

Magnetfelder dringen im Gegensatz zu elektrischen Feldern etwas tiefer in leitfähige Körper ein und können so im Inneren des menschlichen Körpers Wirbelströme erzeugen (so wie der Ringmagnet im Fahrraddynamo elektrischen Strom im Lichtkabel erzeugt). Wie groß diese Körperströme sind, ist allerdings nur sehr schwer zu bestimmen. Als Maß für ihre gesundheitliche Relevanz wird die Körperstromdichte in mA/m² herangezogen.

Elektrosmog

Die im menschlichen Organismus natürlich auftretenden elektrischen Ströme, die der Reizweiterleitung im Nervensystem dienen, liegen bei etwa 1 – 5 mA/m². In diesem Bereich und darunter sind keine Effekte magnetischer Strahlung zu erwarten. Erst ab einem Bereich von ca. 10 – 100 mA/m² gibt es bestätigte körperliche Effekte (optische Sinneseindrücke, beschleunigte Knochenheilung). Darüber ist mit Gesundheitsgefahren durch Störungen im Nervensystem zu rechnen, oberhalb von 1000 mA/m² mit lebensbedrohlichen Herzrhythmusstörungen.

Eine Abschirmung magnetischer Felder ist schwierig. Allerdings sinkt auch hier die Feldstärke mit dem Abstand zu Quelle exponentiell.

	Elektrische Feldstärken (in V/m)		magnetische Flussdichten (in Mikrotesla µT)	
Abstand zum Gerät	30 cm	3 cm	30 cm	1 m
Haarfön		80	6 – 2000	0,01 - 7	0,01 – 0,3
Rasierapparat		15 – 1500	0,08 – 9	0,01 – 0,3
Bohrmaschine		400 – 800	2 – 3,5	0,08 – 0,2
Handrührgerät	100			
Staubsauger	50	200 – 800	2 – 20	0,13 – 2
Leuchtstofflampe		40 – 400	0,5 – 2	0,02 – 0,25
Mikrowellengerät		73 – 200	4 – 8	0,25 – 0,6
Radio	180	16 – 56	1	< 0.01
Küchenherd	8	1 – 50	0,15 – 0,5	0,01 – 0,04
Waschmaschine		0,8 – 50	0,15 – 3	0,01 – 0,15
Bügeleisen	120	8 – 30	0,12 – 0,3	0,01 – 0,03
Geschirrspüler		3,5 – 20	0,6 – 3	0,07 – 0,3
Computer		0,5 – 30	< 0,01	
Kühlschrank	120	0,5 – 1,7	0,01 – 0,25	< 0,01
Fernsehgerät	60	2,5 – 50	0,04 – 2	0,01 – 0,15
Heißwasserbereiter (stationär)	260			
Von außen in das Haus wirkende Felder (z. B. bei Hochspannungsleitungen über dem Haus)	20		5 – 20	
Eisenbahntrasse	im Freien, 20 m Abstand < 1000		am Boden unter der Oberleitung 18 – 75 (bei Volllast)	

Tab. 1: Feldstärken von Geräten und Anlagen (nach Angaben des Bundesamtes für Strahlenschutz BfS)

1.3 Hochfrequente elektromagnetische Felder (HF-Felder)

Im Hochfrequenzbereich (Telekommunikations- und Rundfunkanlagen und -geräte) können die Wirkungen der elektrischen und magnetischen Strahlung kaum auseinandergehalten werden.

Die Eindringtiefen hochfrequenter Strahlung in den menschlichen Körper sind frequenzabhängig unterschiedlich. Sie liegen im Bereich von Radiowellen größenordnungsmäßig bei 10 – 30 cm, bei Mobilfunkfrequenzen nur bei wenigen Zentimetern. Wie viel Energie vom menschlichen Körper aufgenommen wird, ist stark von der Frequenz und der Größe des Organismus abhängig, weil dabei Resonanzeffekte eine wesentliche Rolle spielen. Erwachsene nehmen besonders viel Energie aus UKW-Strahlung auf, Kinder aus den für Fernsehsignale genutzten Frequenzen. Daher sind auch Tierversuche in diesem Bereich schlecht übertragbar, weil Resonanzfrequenzen z. B. für Mäuse ganz anders liegen als für Menschen.

Hochfrequente elektromagnetische Strahlung erzeugt im menschlichen Körper vor allem Wärme, weil körpereigene Wassermoleküle zu schnellen Schwingungen angeregt werden und so

Reibungswärme freigesetzt wird (Prinzip des Mikrowellengarens). Länger andauernde Überwärmung kann Nervensystem und Stoffwechselprozesse stören und empfindliche Strukturen gefährden, z. B. die Augen oder ein ungeborenes Kind im Mutterleib. Allerdings geschieht das erst bei hohen, relativ gut zu bestimmenden Feldstärken. Ausschlaggebend ist die «Spezifische Absorptionsrate» (SAR) als Maß für die vom Körper aufgenommene Energie. Sie wird gemessen in Leistung (Energie pro Zeiteinheit), die pro Kilogramm Gewebe absorbiert wird.

Damit es nicht zu einer gesundheitsschädlichen Überwärmung des Körpers kommt, wird nach internationalem Expertenübereinkommen die Einhaltung folgender SAR-Werte empfohlen (jeweils gemittelt über 10 g Körpergewebe):

- Gesamtkörper: 0,08 W/kg,
- Teilkörperbereich Kopf und Rumpf: 2 W/kg,
- Teilkörperbereich Extremitäten: 4 W/kg.

Umstritten und nicht ausreichend wissenschaftlich geklärt sind mögliche Wirkungen von HF-Feldern im menschlichen Organismus unterhalb der Auslöseschwelle für thermische Effekte (s. u.).

2 Risiko elektromagnetischer Strahlung

2.1 NF-Bereich

Für niederfrequente Felder sind die Grenzwerte für die Vermeidung gesundheitsschädlicher Wirkungen relativ gut bestätigt. Gemäß 26. BIMSchV

- 5000 V/m elektrische Feldstärke,
- 100 Mikrotesla magnetische Feldstärke.

Sie liegen damit weit oberhalb alltagsüblicher Werte. Auf diese Weise kann sichergestellt werden, dass Körperstromdichten von 1 bis 2 mA/m^2 nicht überschritten werden.

Weil elektrische Strahlung nicht in den menschlichen Körper eindringt, sind unterschwellige gesundheitliche Beeinträchtigungen bei geringen Feldstärken nicht zu erwarten und kaum Gegenstand der Beunruhigung. Anders ist es mit magnetischer Strahlung, die einerseits regelmäßig zur Gesundheitsförderung eingesetzt wird (Magnetfeldtherapie), andererseits aber auch mit meist unspezifischen Gesundheitsstörungen (häufig Schlafstörungen) in Verbindung gebracht wird, ohne dass es dafür gesicherte Belege gäbe. Tatsächlich gibt es aber in den letzten Jahrzehnten einige deutsche und internationale Studien, die einen Zusammenhang zwischen Magnetfeldbelastungen und Erkrankungsrisiko – speziell dem Leukämierisiko bei Kindern in unmittelbarer Nähe zu Hochspannungsleitungen – diskutieren. In der Folge gibt es seit 2001 eine Einstufung niederfrequenter Magnetfelder als ein mögliches Karzinogen für Menschen (durch die Internationale Agentur für Krebsforschung (IARC), bestätigt durch die WHO in 2008). Demnach gilt es als möglich, aber nicht als wahrscheinlich oder als bewiesen, dass schwache, niederfrequente Magnetfelder ein Krebsrisiko darstellen.

Entsprechend werden «Schutzeinrichtungen» gegen niederfrequente HF-Felder wie abschirmende Folien oder Unterbrecherkontakte für die häusliche Stromversorgung angeboten. Weil aber die Wirkungszusammenhänge speziell im Wohnbereich unbelegt und außerdem Magnetfelder schwer effektiv abzuschirmen sind, darf bezweifelt werden, dass der meist erhebliche Aufwand hier in einem sinnvollen Verhältnis zum Nutzen steht.

> **Wichtig: «Magnetsinn»**
>
> Menschen können Magnetfelder nach bisheriger Erkenntnis nicht wahrnehmen, weil sie über keine entsprechende Sensorik verfügen. Diese gibt es allerdings im Tierreich, z. B. bei Vögeln, Reptilien und Insekten. Auch bei einzelnen Säugetieren (Hirsche, Wale) gibt es Hinweise darauf, dass sie das statische Magnetfeld der Erde wahrnehmen und zur Orientierung nutzen.
>
> Auch Menschen berichten immer wieder einmal, dass es ihnen möglich sei, z. B. das verdeckte An- und Abschalten von elektrischen Leitern wahrzunehmen. Nach wissenschaftlichen Kriterien durchgeführte Untersuchungen haben das aber bisher nicht bestätigen können.

2.2 HF-Bereich

Im HF-Bereich ist die Risikoanalyse weiterhin Gegenstand auch der seriösen Forschung. Es geht v. a. um die noch nicht hinreichend geklärten Gesundheitsrisiken durch HF-Felder unterhalb der Auslöseschwelle thermischer Effekte. Dabei handelt es sich um allgemeine Gesundheitsbelastungen wie Schlaf-, Konzentrations- und andere Hirnfunktionsstörungen, aber auch um Krebserkrankungen. Problematisch ist, dass es zwar einzelne Studien gibt, die solche Risiken nahelegen, aber es bisher nicht gelungen ist, schlüssige Wirkmechanismen nachzuweisen. Vermutet werden u. a. Beeinflussungen des Hormonhaushalts oder des Hirnstoffwechsels durch HF-Felder, deren tatsächliche Auswirkungen aber nicht hinreichend belegt sind.

Daher empfiehlt z. B. das Bundesamt für Strahlenschutz ungeachtet der Tatsache, dass alle gängigen HF-Anwendungen zur Zeit die festgesetzten SAR-Grenzwerte einhalten, im Interesse einer vorbeugenden Risikoanalyse die Exposition gegenüber HF-Netzen weiter zu minimieren, in dem z. B.

- wenn möglich das Festnetz- dem Mobiltelefon vorgezogen wird,
- Empfangsgeräte nicht direkt am Ohr gehalten werden,
- nicht bei schlechtem Empfang etwa im Auto ohne Außenantenne mobil telefoniert wird,
- Mobiltelefone mit der Kennzeichnung «Blauer Engel» eingesetzt werden, die deutlich geringere als die empfohlenen SAR-Werte einhalten.

Zwar lässt sich so tatsächlich relativ einfach ein geringerer Expositionsgrad gegenüber HF-Strahlung erzielen, allerdings werden solche Hinweise in der Praxis kaum umgesetzt, weil das mögliche Gesundheitsrisiko in der Bevölkerung als viel zu vage angesehen wird und der «hautnahe» Umgang mit Telekommunikationstechnik von der übergroßen Mehrzahl der Nutzer als völlig normal und unproblematisch erlebt wird.

> **Wichtig: Elektronische Implantate**
>
> Elektronische Implantate reagieren z. T. empfindlich auf elektromagnetische Felder (HF- und NF-Bereich). Das betrifft neben Herzschrittmachern auch implantierbare Defibrillatoren (ICD). In der Regel ist das Risiko sehr gering, dass es im alltäglichen Umgang mit elektrischen Geräte und Anlagen zu Problemen kommt. Die Herstellerangaben müssen jedoch berücksichtigt werden. U. U. muss z. B. der brustnahe Gebrauch von schweren Elektrogeräten (Heckenscheren, Trennschleifer) unterbleiben.

> **Achtung: Elektromagnetische Felder am Arbeitsplatz**
>
> Die BGV B11 gilt für Arbeitsplätze, an denen elektromagnetische Felder durch andere als die alltagsüblichen Quellen erzeugt werden, z. B. an Anlagen der Metallverarbeitung (Elektrolyse- und Galvanikverfahren), bei Arbeiten an Funk- und Energieanlagen, bei Anlagen zum induktiven oder kapazitiven Erwärmen (z. B. Kunststoffschweißen und -kleben). Sie enthält eine Vielzahl von differenzierten Grenzwerten für Felder unterschiedlicher Ausprägung und Angaben zur Abgrenzung von Gefahren- und Arbeitsbereichen.
>
> **Praxis-Tipp: Bundesamt für Strahlenschutz (BfS)**
>
> Das BfS hält seriöse und gut lesbar aufbereitete Informationsmaterialien zum Thema auf der Internetseite bereit und informiert über aktuelle Forschungsergebnisse.

Cornelia von Quistorp

Elektrotechnisch unterwiesene Person

Nach der BGV A3 gilt der Grundsatz, dass elektrische Anlagen und Betriebsmittel nur von einer Elektrofachkraft oder unter Leitung und Aufsicht einer Elektrofachkraft den elektrotechnischen Regeln entsprechend errichtet, geändert und instand gehalten werden dürfen. Bestimmte Tätigkeiten dürfen aber auch von einer elektrotechnisch unterwiesenen Person durchgeführt werden. Die Unterweisung erfolgt durch eine Elektrofachkraft. Sie muss die möglichen Gefahren bei unsachgemäßem Verhalten theoretisch und soweit erforderlich praktisch vermitteln.

Gesetze, Vorschriften und Rechtsprechung

Grundlage für die Tätigkeit von elektrotechnisch unterwiesenen Personen ist die Durchführungsanweisung zu BGV A 3 «Elektrische Anlagen und Betriebsmittel».

1 Definition

§ 3 Abs. 1 BGV A3 «Elektrische Anlagen und Betriebsmittel» legt grundsätzlich fest, wer Arbeiten an elektrischen Anlagen und Betriebsmitteln durchführen darf:

«Der Unternehmer hat dafür zu sorgen, dass elektrische Anlagen und Betriebsmittel nur von einer Elektrofachkraft oder unter Leitung und Aufsicht den elektrotechnischen Regeln entsprechend errichtet, geändert und instand gehalten werden.»

Die Formulierung **grundsätzlich** impliziert schon, dass von dieser Forderung unter bestimmten Bedingungen abgewichen werden darf.

In der Elektrotechnik werden 3 Personengruppen für die Durchführung elektrotechnischer Arbeiten unterschieden:

- → *Elektrofachkraft*,
- elektrotechnisch unterwiesene Person und
- elektrotechnischer Laie.

Die für diese Personengruppen erlaubten Tätigkeiten sind in den Durchführungsanweisungen zur BGV A3 näher beschrieben.

Für eine elektrotechnisch unterwiesene Person gelten folgende Anforderungen:

Elektrotechnisch unterwiesene Person ist, wer durch eine Elektrofachkraft über die ihr übertragenen Aufgaben und die möglichen Gefahren bei unsachgemäßem Verhalten unterrichtet und erforderlichenfalls angewiesen sowie über die notwendigen Schutzeinrichtungen und Schutzmaßnahmen belehrt wurde. (BG Energie Textil Medienerzeugnisse MB 6).

In der Durchführungsanweisung zu § 5 Prüfungen BGV A3 werden Prüfaufgaben bei Verwendung geeigneter Mess- und Prüfgeräte genannt, die von elektrotechnisch unterwiesenen Personen durchgeführt werden dürfen:

- ortsfeste Anlagen Schutzmaßnahmen mit Fehlerstrom-Schutzeinrichtungen in nichtstationären Anlagen monatlich auf Wirksamkeit prüfen;
- ortsveränderliche elektrische Betriebsmittel (Verlängerungs- und Geräteanschlussleitungen mit Steckvorrichtungen, Anschlussleitungen mit Steckvorrichtung, bewegliche Leitungen mit Stecker und Festanschluss) auf ordnungsgemäßen Zustand prüfen.

Darüber hinaus nennt die BGV A3 Arbeiten, die auch von elektrotechnisch unterwiesenen Personen an oder in der Nähe von aktiven Teilen durchgeführt werden dürfen. Diese sind in der Durchführungsanweisung zu § 8 BGV A3 (**Tab. 1**) zusammengefasst:

Nennspannungen	Arbeiten
bis AC 50 V bis DC 120 V	Alle Arbeiten, soweit eine Gefährdung, z. B. durch Lichtbogenbildung, ausgeschlossen ist.
über AC 50 V über DC 120 V	• Heranführen von Prüf-, Mess- und Justiereinrichtungen, z. B. Spannungsprüfern, von Werkzeugen zum Bewegen leichtgängiger Teile, von Betätigungsstangen; • Heranführen von Werkzeugen und Hilfsmitteln zum Reinigen sowie das Anbringen geeigneter Abdeckungen und Abschrankungen; • Herausnehmen und Einsetzen von nicht gegen direktes Berühren geschützten Sicherungseinsätzen mit geeigneten Hilfsmitteln, wenn dies gefahrlos möglich ist; • Anspritzen von unter Spannung stehenden Teilen bei der Brandbekämpfung oder zum Reinigen; • Arbeiten an Akkumulatoren und Photovoltaikanlagen unter Be-

Nennspannungen	Arbeiten
	achtung geeigneter Vorsichtsmaßnahmen;
	• Arbeiten in Prüfanlagen und Laboratorien unter Beachtung geeigneter Vorsichtsmaßnahmen, wenn es die Arbeitsbedingungen erfordern;
	• Abklopfen von Raureif mit isolierenden Stangen.
bei allen Nennspannungen	• Alle Arbeiten, wenn die Stromkreise mit ausreichender Strom- oder Energiebegrenzung versehen sind und keine besonderen Gefahren (z. B. Explosionsgefahr) bestehen;
	• Arbeiten an Fernmeldeanlagen mit Fernspeisung, wenn Strom kleiner als AC 10 mA oder DC 30 mA.

Tab. 1: Arbeiten, die elektrotechnisch unterwiesene Personen durchführen dürfen

2 Unterweisung

Die BGV A3 legt nicht fest, in welchem Intervall die Wiederholungsunterweisung für elektrotechnisch unterwiesene Personen stattfinden muss. Es gelten hier die Grundsätze der Prävention, nach denen der Unternehmer seine Beschäftigten über die Gefährdungen und einzuhaltenden Schutzmaßnahmen vor Beginn der Tätigkeit, und danach in regelmäßigen Abständen, mindestens jedoch jährlich, → *unterweisen* muss (§ 4 BGV A1).

3 Neuerungen im Regelwerk

Im Juli 2010 wurde die TRBS 2131 «Elektrische Gefährdungen» außer Kraft gesetzt – damit gelten wieder die Anforderungen der BGV A3. Anforderungen an die → *Befähigte Person* zur Prüfung von elektrischen Anlagen und Betriebsmitteln sind in der TRBS 1203 «Befähigte Personen» geregelt. Durch die Aufhebung der TRBS 2131 sind die Begriffe «→ *Elektrofachkraft*», «elektrotechnisch unterwiesene Person» und «elektrotechnischer Laie», die in der BGV A3 geregelt sind, wieder anzuwendende Begriffe. Es ist davon auszugehen, dass dieser Zustand nur einen Übergang darstellt, da grundsätzlich die Betriebssicherheitsverordnung durch Technische Regeln konkretisiert werden soll.

Dirk Rittershaus

Emissionsschutz

Unter Emissionsschutz versteht man die Gesamtheit der Maßnahmen, Emissionen zu begrenzen oder zu verhindern. Emission kommt aus dem Lateinischen (emittere: herausschicken, herauslassen) und meint das Freiwerden von Luftverunreinigungen, Geräuschen, Erschütterungen, Licht, Wärme, Strahlen und ähnlichen schädlichen physikalischen, biologischen oder chemischen Ausbreitungen. Der Begriff «Emissionsschutz» stellt Schutzmaßnahmen direkt an der Quelle der Verunreinigungen in den Mittelpunkt, während «Immissionsschutz» die Wirkungen auf die Umwelt, Lebewesen und Sachen, also am Ende des Wirkungspfads betrachtet.

Gesetze, Vorschriften und Rechtsprechung

Emissionsschutz ist ein wesentliches Element des Arbeitsschutzes, z. B. bei der Verwendung von Strahlern, gefährlichen Stoffen oder Arbeitsverfahren, die Dämpfe emittieren, z. B. Schweißarbeiten. Hier sind die einschlägigen Regelungen zum Arbeitsschutz wie die Gefahrstoffverordnung (GefStoffV), die Maschinenverordnung (9. ProdSGV) oder die Betriebssicherheitsverordnung (BetrSichV) zu beachten.

Betrachtet man die weiteren räumlichen Auswirkungen der Emissionen auf die Umwelt und Menschen, so ist das Bundes-Immissionsschutzgesetz (BImSchG) zu berücksichtigen. Mit Emissionen beschäftigt sich z. B. die (2. Verordnung zum Bundes-Immissionsschutzgesetz (2. BImSchV) – Verordnung zur Emissionsbegrenzung von leichtflüchtigen halogenierten organischen Verbindungen.

1 Arten von Emissionen

Zu den Emissionen, die für den Arbeitsschutz relevant sind, zählen insbesondere:

- Geräusche, z. B. von Maschinen,
- Erschütterungen, Vibrationen, ausgelöst z. B. durch Kompressoren,
- elektromagnetische Felder durch elektrische Anlagen,
- Abluft, z. B. Abgase, Qualm, Rauch, Stäube, Mikroorganismen, emittiert z. B. durch Schweißarbeiten, Landwirtschaft, Abfallsortieranlagen oder → *Fahrzeuge*,
- Gerüche, z. B. aus Abfallbehandlungsanlagen, Einrichtungen zur Tierhaltung oder Chemiebetrieben.

2 Maßnahmen des Emissionsschutzes

Können schädliche Emissionen nicht unterbunden oder verringert werden, kommt es zu einer Belastung durch Immissionen. Emissionsschutzmaßnahmen sollten möglichst direkt an der Quelle der Emissionen ansetzen und versuchen diese zu vermeiden oder zu verringern. Typische Maßnahmen sind z. B.:

- Konstruktive Maßnahmen zur Lärmvermeidung an Maschinen,
- Verwendung alternativer Arbeitsverfahren (z. B. staubarme Verfahren) oder Einsatzstoffe,
- Konstruktion erschütterungs- oder vibrationsarmer Arbeitsmittel,
- Entwicklung emissionsarmer Lacke und Farben.

Reichen diese Maßnahmen nicht aus, muss die Ausbreitung der Emissionen vermindert werden, z. B.:

- Kapselung oder Absaugung direkt am Entstehungsort von Dämpfen und Gerüchen,
- Ausstattung von Abgasanlagen mit Filtern,
- Trittschalldämmung.

Wesentliches Element des Emissionsschutzes ist auch die messtechnische Überwachung von Emissionen. Maßnahmen zum Emissionsschutz führen auch zu einem verbesserten → *Immissionsschutz*.

Martin Köhler

Ergonomie

Unter Ergonomie versteht man in erster Linie das Anpassen der Arbeitsbedingungen an die Fähigkeiten und Eigenschaften des arbeitenden Menschen. Man versteht aber auch darunter die Anpassung des Menschen an die Arbeit. Aufgabe der Ergonomie ist es, die Wechselbeziehung Mensch, Arbeit und Technik zu harmonisieren. Dadurch soll eine größtmögliche Arbeitszufriedenheit, ein möglichst kleines Unfall- und Gesundheitsrisiko für die Mitarbeiter und größtmöglicher wirtschaftlicher Nutzen für das Unternehmen erreicht werden.

1 Verhältnis- und Verhaltensergonomie: Nur gemeinsam sinnvoll

Ergonomie versteht sich als interdisziplinäre Wissenschaft, die aus den Erkenntnissen der Medizin, Biologie, Physiologie, Psychologie und Ingenieurwissenschaften schöpft. In Deutschland ist sie Teil der Arbeitswissenschaft und differenziert sich immer stärker aus. So wird das Wort Ergonomie immer häufiger gezielt mit Fachthemen kombiniert, wie z. B.

- Farbergonomie,
- Produktergonomie,
- Software-Ergonomie,
- Systemergonomie,

- Verhaltensergonomie,
- Verhältnisergonomie.

Verhältnisergonomie beschreibt die ergonomische Gestaltung der zur Erfüllung der Arbeitsaufgabe nötigen Arbeitsmittel und der dazugehörigen Arbeitsumgebung bestehend aus den Räumen, dem Inventar, den Lichtverhältnissen, der Luftzufuhr, → *Lärm* von außen und innen.

In diesen Zusammenhang ist Produktergonomie nur die Reduktion der ergonomischen Anforderungen auf ein einzelnes Produkt, wobei dies immer im Zusammenspiel mit den anderen zur Erledigung der Arbeitsaufgabe zur Verfügung stehenden Verhältnissen zu sehen ist. So ist das prozessuale Zusammenspiel der Verhältnisse (Systemkette) in der Interaktion mit dem Mitarbeiter (Verhaltensergonomie) als Ganzes (System – Systemergonomie) zu betrachten.

Produkt-(Verhältnis-)ergonomisch ist alles, aber erst das richtige Benutzen schafft Nutzen (Verhaltensergonomie).

Verhaltensergonomie beschreibt «das ergonomische Verhalten am Arbeitsplatz und bedeutet, dass sich das Verhalten eines Mitarbeiters bei der Arbeit an anthropometrischen, biomechanischen und physiologischen Gesetzen orientiert. Seine Handlungen folgen den daraus abgeleiteten gesundheitsbewussten und gesundheitserhaltenden Regeln mit dem Ziel, die Leistungsfähigkeit zu steigern, Ermüdung zu reduzieren, Schädigungen zu vermeiden und eigene Ressourcen zu stärken.»[50]

2 Ergonomie und Arbeitsschutzrecht

Da Ergonomie eine äußerst dynamische Wissenschaft ist, hinken die nationalen und europäischen Regelwerke und Vorschriften den Erkenntnissen der Ergonomie zum Teil ganz erheblich hinterher, z. B. die Bildschirmarbeitsplatzverordnung. Der in vielen Vorschriften enthaltene Begriff der «gesicherten arbeitswissenschaftlichen Erkenntnisse» und die Verpflichtung diese zu beachten, ist rechtlich also eine Form der notwendigen Aktualitätsgarantie.

Die Pflicht, die gesicherten arbeitswissenschaftlichen Erkenntnisse zu berücksichtigen, enthalten z. B.

- das Betriebsverfassungsgesetz (BetrVG),
- die Arbeitsstättenverordnung (ArbStättV),
- die Gefahrstoffverordnung (GefStoffV) und
- das Arbeitssicherheitsgesetz (ASiG).

§ 4 Arbeitsschutzgesetz bringt dies so zum Ausdruck: «Der Arbeitgeber hat bei Maßnahmen des Arbeitsschutzes von folgenden allgemeinen Grundsätzen auszugehen: ... bei den Maßnahmen sind der Stand von Technik, Arbeitsmedizin und Hygiene sowie sonstige gesicherte arbeitswissenschaftliche Erkenntnisse zu berücksichtigen.»

Leider sind diese allgemeinen Grundsätze nur wenigen in ihrer Bedeutung und Konsequenz bekannt bzw. noch weniger werden diese in der Praxis angewendet. So ist Prof. Rühmann beizupflichten:

Es soll nicht verschwiegen werden, dass die Verhaltensergonomie oft die einzige Möglichkeit darstellt, mit der sich der Mitarbeiter vor einem erhöhten Gesundheitsrisiko schützen kann, und nicht immer stellen derartige Maßnahmen eine Bankrotterklärung der Verhältnisergonomie dar[51].

Der Arbeitgeber ist besonders dem Mitarbeiter verpflichtet. Er hat Maßnahmen zum Schutz des Mitarbeiters zu treffen, diese zu überprüfen und anzupassen. «Dabei hat er eine Verbesserung von Sicherheit und Gesundheitsschutz der Beschäftigten anzustreben.» (§ 3 ArbSchG).

---

[50] vgl. www.asu-arbeitsmedizin.com (www.asu-arbeitsmedizin.com) , Fachlexikon Arbeitsmedizin.
[51] Rühmann, Ergonomische Bewertung und Gestaltung von Produktionsarbeitsplätzen – nur eine Frage der Unternehmenskultur?, Ergonomie aktuell, Ausgabe 005, 2004, S. 2 – 6.

Wichtig: Kein einmaliger Prozess

Das ist kein einmaliger, sondern ein kontinuierlicher Prozess, der sich am sinnvollsten mit der → *Gefährdungsbeurteilung* verbinden lässt.

§§ 15 bis 17 Arbeitsschutzgesetz nehmen aber auch den Arbeitnehmer in die Pflicht. Der Mitarbeiter muss

- für die Sicherheit und Gesundheit der Personen sorgen, die von seinen Handlungen oder Unterlassungen bei der Arbeit betroffen sind (→ *Gesunde Führung*),
- Schutzvorrichtungen und → *Persönliche Schutzausrüstung* bestimmungsgemäß zu verwenden (→ *PSA*),
- dem zuständigen Vorgesetzten jede von ihnen festgestellte, unmittelbare und erhebliche Gefahr für die Sicherheit und Gesundheit sowie jeden an den Schutzsystemen festgestellten Defekt unverzüglich zu melden (Mitteilungspflicht),
- gemeinsam mit dem → *Betriebsarzt* und der → *Fachkraft für Arbeitssicherheit* den Arbeitgeber dabei unterstützen, die Sicherheit und den Gesundheitsschutz der Beschäftigten bei der Arbeit zu gewährleisten und seine Pflichten entsprechend den behördlichen Auflagen zu erfüllen (Mitwirkungspflicht).

Die Mitgestaltung des eigenen Arbeitsplatzes fördert die Zufriedenheit und das Wohlbefinden und ermöglicht eine konsequente Einbeziehung der individuellen Bedürfnisse und Voraussetzungen über die reine gesetzliche Pflichterfüllung hinaus. Die Mitgestaltung der Arbeitswelt, ausreichende Informationen über betriebliche Abläufe sowie die Anerkennung von Leistung sind Schlüsselkomponenten, die ein gutes → *Betriebsklima* fördern und sich vorteilhaft auf die Gesundheit und Motivation der Beschäftigten auswirken.

Weiterführende Vorschriften sind:

- BGI 523 «Mensch und Arbeitsplatz»
- DIN V ENV 26385 «Prinzipien der Ergonomie in der Auslegung von Arbeitssystemen»
- DIN EN ISO 6385 «Grundsätze der Ergonomie für die Gestaltung von Arbeitssystemen»
- DIN EN 614 «Sicherheit von Maschinen – Ergonomische Gestaltungsgrundsätze»

3 Zentrale Gestaltungsbereiche der Ergonomie

Dazu zählen:

- **Arbeitsplatz und Arbeitsmittel:** Geräte, Maschinen, Mobiliar, Hilfsmittel unter den Gesichtspunkten Sitzen, Stehen, Abmessungen (Anthropometrie), Bewegungsräume, Sicherheitsabstände, Zwangshaltungen, Heben und Tragen, Blickwinkel, Anzeigen, Stellteile, Griffe und Instandhaltung.
- **Arbeitsumfeld:** → *Klima*, → *Beleuchtung*, akustische und visuelle Reizsituation, Farbgestaltung, → *Hygiene*, Sozialklima, mechanische Schwingungen, → *Gefahrstoffe*, Strahlung.
- **Arbeitsorganisation:** Arbeitsverfahren, Arbeitsplan, Arbeitsinstruktion, → *Arbeitszeit*, Pausenregelung, Arbeitsbewertung, Entlohnung, Handlungs- und Entscheidungsspielraum.
- **Arbeitsinhalt:** Unterforderung und Monotonie, Überforderung.
- **Mensch:** Hier geht es nicht um die vorgegebenen, nicht oder kaum gestaltbaren Merkmale wie Geschlecht, Alter, Konstitution, Physiologie, sondern um die veränderbaren Merkmale Ausbildungsstand, Geschicklichkeit, Erfahrung, Verfassung. Diese sind beeinflussbar durch Training, Schulung, Instruktion und Einarbeitung. Die wichtigsten Themen sind: Lebenslanges Lernen (→ *Demografischer Wandel*) und → *Gesunde Führung*.

4 Ergonomische Basiskriterien

Die Gestaltungsbereiche sollen entsprechend den ergonomischen **Basiskriterien** gestaltet sein:

- **Ausführbarkeit:** Kann der Mitarbeiter die Arbeit ausführen? Generell ist eine Arbeit ausführbar, wenn ein Mensch bei Beachtung seiner körperlichen und geistigen Ressourcen die Tätigkeit ausüben kann.

- **Erträglichkeit:** Kann der Mitarbeiter die Arbeit auf Dauer ertragen? Generell gilt eine Arbeit als erträglich, wenn sie Wohlbefinden und Gesundheit des Mitarbeiters selbst dann nicht beeinträchtigt, wenn der Mitarbeiter diese Tätigkeit den ganzen Arbeitstag und das ganze Arbeitsleben verrichtet.
- **Zumutbarkeit:** Können Arbeit und Arbeitsbedingungen dem Mitarbeiter zugemutet werden?
- **Zufriedenheit:** Wird der Mitarbeiter mit der Arbeit und den Arbeitsbedingungen zufrieden sein?

In der Praxis überprüfen → *Sicherheitsfachkräfte* und → *Arbeitsmediziner* anhand von Checklisten, ob ein Arbeitsplatz nach den Erfordernissen und Erkenntnissen der Ergonomie gestaltet ist und in welchen Bereichen er entsprechend verbessert werden muss. Hier ist nicht nur auf die Einzelelemente (Produktergonomie) zu achten, sondern auch auf deren Zusammenspiel (Verhältnisergonomie) und auf die Ausführung durch den Mitarbeiter (Verhaltensergonomie). Dieser Schnittstellenoptimierung nimmt sich die Systemergonomie an.

5 Ergonomie von Anfang an

Ergonomisches Gestalten soll immer frühzeitig in die **Gesamtplanung** von neuen Arbeitssystemen integriert werden und den gesamten Prozess systemergonomisch mit seinen Abhängigkeiten (Verhältnis- und Verhaltensergonomie) betrachten. Wer dies nicht tut, muss später möglicherweise wegen mangelnder Ergonomie mit einer Änderung des neu eingerichteten Arbeitssystems rechnen. Nachträgliches Ändern kostet jedoch viel Geld und Zeit.

Ergonomische Arbeitsgestaltung sollte zentraler Grundsatz unternehmerischen Handelns sein. Ergonomie heißt immer auch Rationalisierung und Verbesserung der Rentabilität. Werden ergonomische Erkenntnisse optimal umgesetzt, lassen sich die Arbeitsbedingungen menschengerechter und Produktionsabläufe kostengünstiger gestalten. Ergonomisch geformte Arbeitsplätze und Arbeitsabläufe verbessern die Motivation der Mitarbeiter, bewirken eine deutliche Leistungssteigerung und senken die Zahl der Ausfalltage durch Unfall oder Krankheit.

6 Investitionen in Ergonomie lohnen sich

Eine Investition in die → *Sitz-Steh-Dynamik* lohnt sich zweifellos. Dies belegt auch eine wissenschaftliche Langzeitstudie (Evaluation des Einsatzes von officeplus-Stehpulten bei der Drägerwerk AG).

Ein einfaches Rechenbeispiel macht die Dimension des wirtschaftlichen Potenzials deutlich: Ergreift ein Unternehmen keine Maßnahmen der → *Sitz-Steh-Dynamik*, «verschenkt» es pro Mitarbeiter jährlich:

- 200 EUR wegen Krankheitsausfall,
- 1.500 EUR wegen Produktivitätseinbußen,

insgesamt also 1.700 EUR. Hat ein Unternehmen z. B. 200 Beschäftigte im Büro, sind das jährlich über 340.000 EUR.

Das Kosten-Nutzen-Verhältnis (Benefit-Cost-Ratio) kann dabei laut der Studie bei der Drägerwerk AG 1:12 erreichen. Das bedeutet, dass sich für jeden investierten Euro in Sitz-Steh-Dynamik eine Investitionsrendite (Return-on-Investment) von 12 EUR ergibt. Bewegungsergonomie durch gesundheitsfördernde Sitz-Steh-Dynamik nützt beiden Seiten:

- den Mitarbeitern: ihr Wohlbefinden und ihre Arbeitszufriedenheit am Arbeitsplatz steigen;
- dem Unternehmen: die Produktivität und die Qualität der Aufgabenerledigung nehmen zu.

7 Ergonomie in der betrieblichen Praxis

Ergonomie ist kein Luxus, sondern betriebswirtschaftlich sinnvoll, denn ein Großteil der arbeitsbedingten Erkrankungen und Unfälle in Industrie und Handel wird durch mangelhafte Arbeitsgestaltung und -organisation mit verursacht. So erstaunt, dass das wirtschaftliche und rechtliche Gebot für jeden Unternehmer in der betrieblichen Praxis nicht ankommt.

Es kann leicht anhand von Beispielen gezeigt werden, dass von einer systematischen und institutionalisierten ergonomischen Arbeitsgestaltung in der Mehrzahl der Betriebe nicht ausgegangen werden kann.

Eine «flächendeckende» Berücksichtigung ergonomischer Anforderungen bei der Bewertung und Auslegung von Arbeitsplätzen ... ist nur von der Großindustrie leistbar. Viel wichtiger wäre eine Umsetzung arbeitswissenschaftlicher Erkenntnisse im Mittelstand, denn der Mittelstand stellt etwa 90 bis 95 Prozent aller Betriebe dar.[52]

Die «Kosten» von Maßnahmen der Verhaltensergonomie sind vergleichsweise niedrig, haben geringe Eingriffe in die Organisationsstruktur zur Folge, aber ihre Wirkungen erfolgen eher langsam und zeitverzögert. Maßnahmen der Verhältnisergonomie zeigen dagegen eine schnelle Wirkung, sind aber mit hohen Kosten und stärkeren Eingriffen in die Organisationsstruktur verbunden[53]

Wenn das, was sich in Einzelteile ausdifferenziert, über die Systemergonomie mit ihrer Schnittstellenoptimierung wieder für den gesamten Produktionsprozess zusammengefügt wird, dann wird das Gesamtsystem leistungsfähiger und im globalen Wettbewerb überlebensfähig bleiben.

> **Wichtig: Schnittstellenoptimierung ist in der Ergonomie und in der Praxis gefragt**
>
> Das Arbeitssystem ist so leistungsfähig wie
> - das schwächste Glied
> - die schwächste Schnittstelle zwischen den einzelnen Gliedern

8 Institutionen und Links

- Bundesministerium für Bildung und Forschung (BMBF)
- Die Bundesanstalt für Arbeitsschutz und Arbeitsmedizin (BAuA)
- Die Gesellschaft für Arbeitswissenschaft (GfA)
- Ergonomie-Kompetenz-Netzwerk (ech)

Michael Schurr

Ersatzstoffe

Bevor ein Gefahrstoff eingesetzt wird, muss vorab geprüft werden, ob ein anderer Stoff verwendet werden kann, der unter den jeweiligen Verwendungsbedingungen für Gesundheit und Sicherheit der Beschäftigten nicht oder weniger gefährlich ist. Er wird als Ersatzstoff bezeichnet. Diese Prüfung ist Bestandteil der Gefährdungsbeurteilung und muss dokumentiert werden. Der Gefahrstoff kann dann ganz oder teilweise durch den Ersatzstoff ersetzt werden. Ersatzverfahren sind technische Verfahren, mit denen ein vergleichbares Ergebnis ohne Einsatz von Gefahrstoffen oder Ersatzstoffen erreicht werden kann und Gefährdungen vermieden bzw. verringert werden. Ersatzstoffe und -verfahren existieren z. B. für Korrosionsschutz- sowie Abbeizmittel, Vorstriche und Klebstoffe für Böden, Holzschutzmittel, Mittel zur Oberflächenbehandlung von Parkett und Holzböden, Material für die Wärmedämmung.

Gesetze, Vorschriften und Rechtsprechung

Es sind die grundlegenden Regelungen der Gefahrstoffverordnung und der REACH-Verordnung 1907/2006/EG und die folgenden Technischen Regeln zu beachten:

- TRGS 600 «Substitution»

---

[52] Rühmann, Ergonomische Bewertung und Gestaltung von Produktionsarbeitsplätzen – nur eine Frage der Unternehmenskultur?, Ergonomie aktuell, Ausgabe 005, 2004, S. 2 – 6.

[53] Rühmann, Ergonomische Bewertung und Gestaltung von Produktionsarbeitsplätzen – nur eine Frage der Unternehmenskultur?, Ergonomie aktuell, Ausgabe 005, 2004, S. 2.

- TRGS 602 «Ersatzstoffe und Verwendungsbeschränkungen – Zinkchromate und Strontiumchromat als Pigmente für Korrosionsschutz-Beschichtungsstoffe»
- TRGS 608 «Ersatzstoffe, Ersatzverfahren und Verwendungsbeschränkungen für Hydrazin in Wasser- und Dampfsystemen»
- TRGS 609 «Ersatzstoffe, Ersatzverfahren und Verwendungsbeschränkungen für Methyl- und Ethylglykol sowie deren Acetate»
- TRGS 610 «Ersatzstoffe und Ersatzverfahren für stark lösemittelhaltige Vorstriche und Klebstoffe für den Bodenbereich»
- TRGS 611 «Verwendungsbeschränkungen für wassermischbare bzw. wassergemischte Kühlschmierstoffe, bei deren Einsatz N-Nitrosamine auftreten können»
- TRGS 612 «Ersatzstoffe, Ersatzverfahren und Verwendungsbeschränkungen für dichlormethanhaltige Abbeizmittel»
- TRGS 614 «Verwendungsbeschränkungen für Azofarbstoffe, die in krebserzeugende aromatische Amine gespalten werden können»
- TRGS 615 «Verwendungsbeschränkungen für Korrosionsschutzmittel, bei deren Einsatz N-Nitrosamine auftreten können»
- TRGS 617 «Ersatzstoffe und Ersatzverfahren für stark lösemittelhaltige Oberflächenbehandlungsmittel für Parkett und andere Holzfußböden»
- TRGS 618 «Ersatzstoffe und Verwendungsbeschränkungen für Chrom(VI)-haltige Holzschutzmittel»
- TRGS 619 «Substitution für Produkte aus Aluminiumsilikatwolle»

1 Substitution

Der Arbeitgeber ist verpflichtet, Gefährdungen für Sicherheit und Gesundheit der Beschäftigten zu verhindern bzw. zu verringern (§ 4 ArbSchG). Die Möglichkeiten einer Substitution müssen geprüft werden (§ 6 GefStoffV). Substitution bezieht sich auf Stoffe (Ersatzstoffe), Zubereitungen, Erzeugnisse bzw. Verfahren und muss vorrangig durchgeführt werden (§ 7 Abs. 3 GefStoffV). Ziel ist, insgesamt eine geringere Gefährdung zu erreichen. Substitution muss deshalb die Gesamtsituation betrachten.

> **Wichtig: Gesamte Gefährdungssituation betrachten**
>
> Ergibt sich z. B. aus der Substitutionsprüfung für einen giftigen Stoff, dass ein möglicher Ersatzstoff höhere Brandgefahr hervorruft, so ist abzuwägen, welcher Stoff insgesamt die geringste Gefährdung für Beschäftigte und Umwelt darstellt. Der Ersatzstoff darf andere Gefährdungen nicht erhöhen und Schutzgüter nicht beeinträchtigen.

> **Achtung: Dokumentation**
>
> Wird auf eine Substitution verzichtet, muss dies in der → *Gefährdungsbeurteilung* dokumentiert werden.

Eine Substitutionsprüfung ist auch bei Planung neuer Stoffe und Verfahren Pflicht. Die Substitution umfasst (vgl. Nr. 1.1 Anlage 1 TRGS 600):

- **Ermittlung von Substitutionsmöglichkeiten:** Welche Stoffe, → *Zubereitungen* oder Verfahren liefern vergleichbare Ergebnisse bei insgesamt geringerer Gefährdung? Informationen dazu liefern neben entsprechenden TRGS zahlreiche weitere Informationsquellen (s. Anhang).
- **Leitkriterien erstellen:** U. a. Welche Gefährdungsmerkmale liegen vor? Wie ist das Freisetzungspotenzial? Liegen anerkannte tätigkeits- oder branchenspezifische Lösungen vor (Musterlösungen), müssen keine Leitkriterien erstellt werden.
- **Entscheidung** auf der Grundlage der zusammengetragenen Informationen: Welcher Ersatzstoff bzw. welches Verfahren soll angewendet werden? Zu berücksichtigen sind dabei u. a. auch betriebliche Besonderheiten und Prozesse, Realisierbarkeit und Kosten. → *Fachkraft für Arbeitssicherheit* und → *Betriebsarzt* beraten dabei.

- **Dokumentation:** Im Gefahrstoffverzeichnis muss dokumentiert werden, ob die Substitutionsprüfung durchgeführt wurde. Dies kann z. B. in einer zusätzlichen Spalte erfolgen: «Substitutionsprüfung durchgeführt ja/nein», mit Verweis auf weitere Checklisten. Die Ergebnisse der Substitutionsprüfung können mit Standardsätzen beschrieben werden, z. B. «Möglichkeiten einer Substitution sind ...», «Keine Möglichkeiten einer Substitution», «Lösung ist bereits Ersatzlösung».

Nr. 1.2 Anlage 1 TRGS 600 beschreibt beispielhaft die Substitution bei der «Bremsenreinigung in einer Kfz-Werkstatt».

2 Modelle für die Substitutionsprüfung

Liegen keine Empfehlungen für Ersatzstoffe bzw. -verfahren vor, müssen Unternehmen im Rahmen der Substitutionsprüfung selbst ermitteln, welcher Ersatzstoff insgesamt die geringste Gefährdung darstellt. Anlage 2 TRGS 600 liefert dafür 2 Modelle:

- Das **Spaltenmodell** (s. GHS-Spaltenmodell des IFA) ermöglicht einen schnellen Vergleich von Stoffen und Zubereitungen anhand weniger Faktoren. Informationen zur Einschätzung liefert im Weiteren das → *Sicherheitsdatenblatt*. → *Gefahrenhinweise* (H- bzw. EUH-Sätze), Wassergefährdungsklasse und Dampfdruck. Gefährdungen werden unter Berücksichtigung der Gesundheits- und Umweltgefahren sowie physikalisch-chemischer Gefahren, des Freisetzungsverhaltens und Verfahrens beurteilt. Inhaltsstoffe von Zubereitungen werden nicht bewertet, es gilt die → *Einstufung* der Zubereitung. Das Spaltenmodell darf nur angewendet werden, wenn der Hersteller die Stoffe und Zubereitungen bewertet und erklärt hat, dass über die Einstufung hinausgehende gefährliche Eigenschaften nicht zu erwarten sind (Nr. 1 Anlage 2 TRGS 600).
- Im Gegensatz dazu können mit dem **Wirkfaktoren-Modell** nur die gesundheitsschädlichen Eigenschaften verglichen werden, dabei werden alle Inhaltsstoffe von Zubereitungen anteilig berücksichtigt (Nr. 2 Anlage 2 TRGS 600).

3 Beispiele für Ersatzstoffe und -verfahren

Die nachfolgende Tabelle zeigt eine Übersicht von → *Gefahrstoffen* sowie möglichen Ersatzstoffen und Ersatzverfahren. Die jeweilige TRGS liefert zusätzliche Informationen zu Stoffeigenschaften und Verfahren, mit denen eine Entscheidung darüber getroffen werden kann, welcher Ersatzstoff bzw. welches Verfahren – in Abhängigkeit von den betrieblichen Gegebenheiten – insgesamt die geringste Gefährdung darstellt.

Regelwerk	Anwendung	Gefahrstoff	Ersatzstoff	Ersatzverfahren
TRGS 602	Korrosionsschutz	Zinkchromate, Strontiumchromat	Basisches Zinkphosphat-und Zinkaluminiumphosphat-Hydrat, Zinkstaub, Bariummetaborat, bleihaltige Korrosionsschutzpigmente, Zink- und Calciumferrite	Phosphatieren, Coil-Coating, Dickschichtsysteme, metallische oder galvanische Überzüge
TRGS 608	Wasser- und Dampfsysteme	Hydrazin	Carbohydrazid, DEHA, Hydrochinon, MEKO, Ascorbate, Sulfit, Hyposulfit, Tannine	Entgasung, katalytische Reduktion
TRGS 609	Lösemittel für Lacke und Kunststoffe	Methyl-, Ethylglykol und deren Acetate	1-Methoxy-2-propanol, 1-Methoxy-2-propylacetat, Butylglykol, Butylglykolacetat, Ethyl-3-ethoxypropionat	Keine Informationen

Regel-werk	Anwendung	Gefahrstoff	Ersatzstoff	Ersatzverfahren
TRGS 610	Böden im Hochbau	Vorstriche, Klebstoffe	Lösemittelfreie Dispersions- oder PU-Klebstoffe, SMP-Klebstoffe	Bodenbeläge lose verlegen oder spannen, Holz- und Parkettböden schwimmend verlegen, nageln oder verschrauben
TRGS 612	Abbeizen	Dichlormethan-haltige Abbeizmittel	Dichlormethanfreie Abbeizmittel (Liste s. www.gisbau.de)	Entschichten mit Strahl-, Fräs- oder Schleifgeräten, mit Heißluft oder thermischer Behandlung
TRGS 617	Oberflächenbehandlung für Parkett und andere Holzfußböden	Behandlungsmittel mit hohem Lösemittelanteil	Behandlungsmittel ohne Lösemittel oder mit geringem Lösemittelanteil von < 15 bzw. < 25 %	Lösemittelarme und -freie Wachse und Öle
TRGS 618	Holzschutz	Chrom (VI)-haltige Verbindungen: Natrium, Kalium-, Ammonium-chromat, Chromsäure	Mittel mit Cu, Ammoniumsalzen, Triazolen	Keine Informationen
TRGS 619	Wärmedämmung	Aluminiumsilikat-Wollen	Glas-, Mineral-, AES-wollen, faserfreie Produkte z. B. wärmedämmende Steine und Betone	Keine Informationen

Tab. 1: Beispiele für Ersatzstoffe und -verfahren

Beim Umgang mit Stoffen, für die Verwendungsbeschränkungen gelten, sind die TRGS 611, 614 bzw. 615 anzuwenden.

4 Anhang: Informationsquellen zu Substitutionsmöglichkeiten

- BG/BGIA-Empfehlungen mit Aussagen zur Substitution
- Produktcodes, z. B. GISCODE ist eine Typenkennzeichnung und fasst Produkte mit vergleichbarer Gesundheitsgefährdung und identischen Schutzmaßnahmen zu Gruppen zusammen. Das Gefahrstoffinformationssystem der Berufsgenossenschaft der Bauwirtschaft (GISBAU) bietet Informationen über die GISCODE-Gruppen mit Hinweisen zu Inhaltsstoffen, Expositionen und Schutzmaßnahmen, u. a. auch Liste dichlormethanfreier Abbeizmittel
- Empfehlungen Gefährdungsermittlung der Unfallversicherungsträger (EGU)
- Branchenregelungen
- LASI-Leitfäden
- Schriftenreihen der BAuA
- Das GHS-Spaltenmodell: Eine Hilfestellung zur Substitutionsprüfung nach Gefahrstoffverordnung, Institut für Arbeitsschutz der Deutschen gesetzlichen Unfallversicherung (IFA)
- Datenbanken zu Ersatzstoffen und -verfahren (s. Anlage 4 Nr. 5.1 TRGS 600), z. B. www.gefahrstoffe-im-griff.de, www.bgetem.de, www.oekopro.de

Bettina Huck

Erste Hilfe

Unter dem Begriff Erste Hilfe werden alle Maßnahmen zusammengefasst, die bei Unfällen, Vergiftungen oder akuten Erkrankungen ergriffen werden, um einen akuten gesundheitsgefährdenden oder lebensbedrohlichen Zustand von einer Person abzuwenden, und diese zur weiteren Behandlung an den Rettungsdienst, einen Arzt oder das Krankenhaus zu übergeben. Die Maßnahmen der Ersten Hilfe können die ärztliche Behandlung jedoch nicht ersetzen.

Gesetze, Vorschriften und Rechtsprechung

Für die Umsetzung einer effektiven Ersten Hilfe im Betrieb sind v. a. die folgenden gesetzlichen und berufsgenossenschaftlichen Regelungen grundlegend:

- § 10 Arbeitsschutzgesetz (ArbSchG)
- § 3 Abs. 1 i. V. mit Anhang 4.3 Arbeitsstättenverordnung (ArbStättV)
- §§ 24ff. BGV A1 «Grundsätze der Prävention»

1 Notwendigkeit

Alle Maßnahmen der Ersten Hilfe dienen der Überbrückung der Zeit vom Auffinden der verunglückten, verletzten bzw. erkrankten Person bis zum Eintreffen (notfall-) medizinischer Rettungsfachkräfte. Eine Hilfe, die sich in der Möglichkeit erschöpft, einen Arzt herbeizurufen oder den Verletzten schnell ins Krankenhaus zu bringen, wäre für einen Notfallpatienten u. U. lebensbedrohlich.

> **Achtung: Kein Ersatz für Arzt**
>
> Die Maßnahmen der Ersten Hilfe können die ärztlichen bzw. rettungsdienstlichen Maßnahmen nicht ersetzen.

Erste Hilfe dient der Heilbehandlung, ohne selbst eine solche zu sein. Für den Begriff der Ersten Hilfe ist es gleichgültig, welchen Grad der Qualifikation der Helfer hat, so er nur ausgebildet ist. Soll die Qualifikation betont werden, lässt sich unterscheiden zwischen

- der Ersten Hilfe des ausgebildeten «medizinischen Laien», z. B. des Ersthelfers,
- des Sanitäters,
- der ärztlichen Ersten Hilfe v. a. des notfallmedizinisch weitergebildeten Arztes, des Notarztes.

Die Maßnahmen der Ersten Hilfe sind für nicht medizinische Helfer nicht kompliziert und leicht zu erlernen. Die Erste Hilfe nimmt im Rettungsprozess eine wichtige Rolle ein, denn sie ist wie in einer Kette das Verbindungsglied zum Rettungsdienst bzw. Krankenhaus. Da eine Kette nur so stark ist wie ihr schwächstes Glied, hängt der Erfolg im Wesentlichen von der Qualität der Ersten Hilfe mit ab.

Zum Gebiet der Ersten Hilfe zählen nicht nur die im konkreten Fall durchzuführenden Maßnahmen, sondern auch alle organisatorischen Maßnahmen, Vorkehrungen, Einrichtungen, Hilfsmittel, die sie vorbereiten, ermöglichen, verbessern und der Aufzeichnung dienen.

2 Fachbereiche

2.1 Allgemeine Erste Hilfe

Unter den Bereich der allgemeinen Ersten Hilfe fallen alle Basiskenntnisse, die die einfachen Versorgungs- und Sicherheitsmaßnahmen von Menschen in allgemeinen Notfällen beschreiben.

Dazu gehören z. B. das theoretische Wissen über bestimmte Notfälle und Erkrankungen sowie die praktischen Kompetenzen, in gewissen Notfallsituationen die richtigen Handgriffe zu beherrschen.

2.2 Spezielle Erste Hilfe

Die spezielle Erste Hilfe umfasst alle ergänzenden Kenntnisse über spezifische Verletzungen und Erkrankungen, die betriebs- oder tätigkeitstypisch sind.

Dazu gehören z. B. das Wissen über Verletzungen durch chemische Stoffe oder atomare Strahlung.

2.3 Psychische Erste Hilfe

Unter psychischer Erste Hilfe versteht man die Information zur beruhigenden Einflussnahme auf den Betroffenen sowie das Verständnis für dessen Lage.

Darunter fallen verschiedene Maßnahmen wie z. B. das Gespräch, die Suche nach Körperkontakt und die Weitergabe von Informationen.

3 Erste-Hilfe-Material

Eine sachgerechte Erste Hilfe bei Unfällen kann mit dazu beitragen, Unfallfolgen zu mildern und den Betroffenen Leid zu ersparen. Daher ist es wichtig, dass in jedem Betrieb Erste-Hilfe-Material zur Verfügung steht. Schon kleine Wunden wie Schnitt-, Schürf- oder Stichverletzungen können bei unzureichender Erstversorgung zu Infektionen führen. Ordnungsgemäßes, keimfreies Verbandzeug kann dazu beitragen, derartige Folgen zu verhindern.

Das notwendige Material, das für eine Hilfeleistung benötigt wird, befindet sich i. d. R. in dem im Betrieb vorhandn → *Verbandkasten*. Welcher Verbandkasten im jeweiligen Betrieb vorhanden sein muss, richtet sich u. a. danach um welche Art Betrieb es sich im konkreten Fall handelt, und wie viele Mitarbeiter im Betrieb anwesend sind.

Das Verbandzeug muss im Bedarfsfall nicht nur schnell erreichbar sein, sondern auch gegen Verunreinigung, Nässe und hohe Temperaturen geschützt aufbewahrt werden. Es muss stets vollständig sein, damit im Bedarfsfall kein Mangel besteht. Das bedeutet, dass es nach jeder Erste-Hilfe-Leistung sofort wieder ergänzt werden muss.

4 Erste-Hilfe-Räume

Um eine effektive Erste Hilfe vorhalten zu können, verfügen größere Betriebe über einen sog. → *Sanitätsraum* oder ähnliche Einrichtungen.

In diesen Sanitätsräumen kann dann auch die ärztliche Versorgung bei Erkrankungen durchgeführt werden.

5 Dokumentation

Jede Verletzung und Erkrankung im Betrieb sowie die Hilfeleistung, die in deren Zusammenhang durchgeführt wurde, muss dokumentiert werden. Praktischerweise erfolgt die Dokumentation im Verbandbuch, das sich bestenfalls in unmittelbarer Nähe des Verbandkastens befindet.

> **Wichtig: Aufbewahrungsfrist**
> Die Dokumentation ist 5 Jahre aufzubewahren.

6 Ersthelfer

Um eine effektive Erste Hilfe im Betrieb sicher zu stellen, ist jeder Betrieb verpflichtet, → *Ersthelfer* zu benennen.

Die Schulung der Ersthelfer muss durch eine von den Berufsgenossenschaften anerkannte Ausbildungseinrichtung erfolgen. I. d. R. sind das die etablierten Hilfsorganisationen (Arbeiter-Samariter-Bund, Malteser Hilfsdienst, Deutsches Rotes Kreuz, Johanniter Unfallhilfe, Deutsche Lebensrettungsgesellschaft). Daneben kann ein Unternehmer die Erste-Hilfe-Schulung auch von privaten Anbietern durchführen lassen. Dazu muss nach § 26 Abs. 2 i. V. m. Anlage 3 BGV

A1 das ausbildende Unternehmen von der Berufsgenossenschaft für die Ausbildung zur Ersten Hilfe ermächtigt worden sein.

Die Erste-Hilfe-Kenntnisse müssen in Fortbildungen in einem Rhythmus von 2 Jahren aufgefrischt werden.

Die Anzahl der Ersthelfer richtet sich nach der Größe und dem Gefahrenpotenzial des Betriebs.

Ersthelfer, die bei Unglücksfällen oder gemeiner Gefahr oder Not Hilfe leisten oder einen anderen aus einer erheblichen Gefahr für seine Gesundheit retten, zählen zum Versichertenkreis der Unfallversicherung (§ 2 Abs. 1 Nr. 13a SGB VII). Das gilt nach § 2 Abs. 1 Nr. 12 SGB VII auch für Personen, die an Ausbildungsveranstaltungen von Unternehmen zur Hilfe bei Unglücksfällen teilnehmen.

7 Betriebssanitäter

In bestimmten Betrieben muss zur Absicherung der Ersten Hilfe auch ein eigener Betriebssanitäter zur Verfügung stehen. Aufgabe des Betriebssanitäters ist es, bei Arbeitsunfällen und akuten Erkrankungen von Mitarbeitern erweiterte Erste Hilfe zu leisten. Er ist wichtiges Bindeglied in der betrieblichen Rettungskette zwischen dem → *Ersthelfer* und dem Rettungsdienst. Während die Ersthelfer für die unmittelbare Erste Hilfe ausgebildet sind und insbesondere lebensrettenden Sofortmaßnahmen einleiten, wird der Betriebssanitäter je nach Art und Schwere der Verletzung an den Unfallort gerufen oder vom Verletzten aufgesucht. Er führt weitergehende Maßnahmen der Notfallversorgung bis zum Eintreffen des Rettungsdienstes durch und setzt dabei entsprechende Geräte ein.

Betriebssanitäter sind erforderlich, wenn:

- mehr als 1.500 Beschäftigte in einem Betrieb anwesend sind;
- in einer Betriebsstätte 1.500 oder weniger, aber mehr als 250 Beschäftigte anwesend sind und die Art, Schwere und Zahl der Unfälle im Betrieb dies erfordern;
- mehr als 100 Beschäftigte an einer Baustelle tätig sind, ist grundsätzlich der Einsatz von Sanitätspersonal erforderlich. Das gilt auch, wenn der Unternehmer zur Erbringung einer Bauleistung aus einem von ihm übernommenen Auftrag Arbeiten an andere Unternehmer vergibt und insgesamt mehr als 100 Beschäftigte gleichzeitig tätig sind.

Bei der Bemessung der Zahl der Betriebssanitäter muss der Unternehmer Schichtbetrieb, Abwesenheits-, Krankheits- und Urlaubsvertretungen berücksichtigen. Betriebssanitäter müssen an speziell für den Betriebssanitätsdienst ausgerichteten Ausbildungen teilnehmen und sich entsprechend des Aufgabenfeldes fortbilden.

8 Unterstützungspflichten der Beschäftigten

Im Rahmen ihrer Unterstützungspflicht nach § 15 Abs. 1 BGV A1 müssen sich Beschäftigte zum → *Ersthelfer* ausbilden und über einen Zeitraum von 2 Jahren auch fortbilden lassen. Nach der Ausbildung müssen sie sich für Erste-Hilfe-Leistungen zur Verfügung stellen. Jeder Beschäftigte ist nach § 28 BGV A1 verpflichtet, → *Arbeitsunfälle* (Verletzungen, Gesundheitsschäden) sofort der zuständigen betrieblichen Stelle zu melden. Ist er selbst hierzu nicht imstande, liegt die Meldepflicht bei den Betriebsangehörigen.

Christian Piehl, Steffen Pluntke

Ersthelfer

Ersthelfer sind Personen, die die Erste Hilfe im Betrieb sicherstellen. Sie führen bei Unfällen, Vergiftungen und Erkrankungen im Betrieb entsprechende Maßnahmen der Ersten Hilfe durch, bis der Betroffene einer weiteren rettungsdienstlichen oder ärztlichen Versorgung zugeführt werden kann. Um dieser Aufgabe gerecht zu werden, werden Ersthelfer speziell ausgebildet.

Ersthelfer

Gesetze, Vorschriften und Rechtsprechung

Grundlegende Regelungen zur Thematik «betrieblicher Ersthelfer» sind enthalten in § 10 Arbeitsschutzgesetz, § 26 BGV A1 «Grundsätze der Prävention» sowie § 23 Abs. 1 SGB VII.

1 Anzahl der Ersthelfer

Die erforderliche Anzahl der Ersthelfer richtet sich nach Art und Größe des jeweiligen Betriebs. Die Unfallversicherungsträger machen folgende Vorgaben zur Anzahl der Ersthelfer:

- bei 2 bis zu 20 anwesenden Mitarbeitern muss mind. ein Ersthelfer zur Verfügung stehen;
- bei mehr als 20 anwesenden Versicherten muss die Zahl der Ersthelfer in Verwaltungs- und Handelsbetrieben 5 % und in sonstigen Betrieben 10 % der anwesenden Mitarbeiter entsprechen.

Die Anzahl der Ersthelfer geht von anwesenden Mitarbeitern aus, damit auch bei Schichtbetrieb, Urlaubszeiten, Dienstreisen, zu erwartendem Krankenstand oder unterschiedlichen Verteilungen auf Filialen genügend Ersthelfer anwesend sind. Deshalb muss die Zahl der Ersthelfer größer sein, als sich allein durch die rechnerische Ermittlung aus der Gesamtbelegung ergibt.

2 Aus- und Fortbildung der betrieblichen Ersthelfer

2.1 Ausbildung

Achtung: Nur ausgebildete Ersthelfer einsetzen

Als Ersthelfer dürfen nur Personen eingesetzt werden, die an einem Erste-Hilfe-Lehrgang teilgenommen haben, der bei einem durch die Berufsgenossenschaft anerkannten Bildungsträger durchgeführt wird.

Die Grundausbildung in → *Erster Hilfe* umfasst 8 Doppelstunden (16 Unterrichtseinheiten) und dauert 2 Tage, wobei diese Ausbildung sowohl innerhalb, als auch außerhalb der Arbeitszeit erfolgen kann. Dafür ist eine Abstimmung zwischen Betrieb und ausbildender Stelle erforderlich.

Innerhalb dieser Grundausbildung sollen die angehenden Ersthelfer umfassende Kenntnisse und Fertigkeiten über die verschiedensten Verletzungen und Erkrankungen erhalten. Dabei sollen jedoch die praktische Anwendung und die praktische Umsetzung des Erlernten im Mittelpunkt stehen.

Wird in einem Betrieb mit gefährlichen Stoffen umgegangen und ist damit zu rechnen, dass bei Arbeitsunfällen besondere Maßnahmen der Ersten Hilfe erforderlich werden, die nicht Gegenstand der allgemeinen Ausbildung sind, so ist für eine Zusatzausbildung zu sorgen. Diese Zusatzausbildung kann Aufgabe des → *Betriebsarztes* sein.

2.2 Fortbildung

Um eine effektive Erste Hilfe im Betrieb sicherstellen zu können, müssen die betrieblichen Ersthelfer entsprechend ihrer Tätigkeit regelmäßig fortgebildet werden.

Dazu wird von den Bildungseinrichtungen ein spezielles Erste-Hilfe-Training angeboten, in dem die wichtigsten Maßnahmen (z. B. die Wiederbelebung in der Einhelfer- und der Zweihelfermethode) nochmals wiederholt und praktisch geübt werden.

Dieses Erste-Hilfe-Training umfasst 4 Doppelstunden (8 Unterrichtseinheiten) und dauert einen Tag.

Werden in einem Betrieb mehrere Ersthelfer fortgebildet, besteht auch die Möglichkeit, diese als eine Gruppe fortzubilden. Entsprechend können hier die Fortbildungsinhalte besser den betrieblichen Gegebenheiten angepasst werden.

Die Fortbildung soll alle 2 Jahre durchgeführt werden.

2.3 Kosten der Aus- und Fortbildung

Die Kosten der Aus- und Fortbildung der betrieblichen Ersthelfer werden von der für den Betrieb zuständigen Bezirksverwaltung der Berufsgenossenschaft getragen. Die Lehrgangsgebühren werden vom Bildungsträger mit der Berufsgenossenschaft abgerechnet.

Sonstige Kosten, wie Fahrtkosten und ggf. Lohn- und Gehaltskosten werden vom Arbeitgeber getragen.

2.4 Anmeldeverfahren

I. d. R. meldet der Unternehmer die zukünftigen Ersthelfer zur Ausbildung bei einer ermächtigten Stelle an. Dazu leitet er das ausgefüllte Anmeldeformular zur verbindlichen Anmeldung an die Ausbildungsstelle weiter.

Nach erfolgreicher Teilnahme am Lehrgang muss der Unternehmer den Beschäftigten als Ersthelfer im Betrieb benennen.

> **Praxis-Tipp: Ernennungsurkunde**
>
> Es bietet sich an, z. B. durch Verleihung einer Ernennungsurkunde auf diese besondere Funktion deutlich hinzuweisen.

2.5 Ausbildungsstellen

Ausbildungsstellen für die Aus- und Fortbildung von betrieblichen Ersthelfern müssen von der Berufsgenossenschaft anerkannt und zertifiziert sein.

Sog. ermächtigte Stellen sind i. d. R. die 5 großen Hilfsorganisationen:

- Deutsches Rotes Kreuz (DRK)
- Malteser Hilfsdienst (MHD)
- Johanniter Unfallhilfe (JUH)
- Arbeiter Samariter Bund (ASB)
- Deutsche Lebensrettungsgesellschaft (DLRG)

Aber auch andere Institutionen (z. B. Feuerwehren, Rettungsdienstschulen) können die Ermächtigung der Berufsgenossenschaft erhalten.

Einen Überblick über die ermächtigten Stellen stellt die Berufsgenossenschaft in Form ihrer «Liste der ermächtigten Stellen» auf der Internetseite der Qualitätssicherungsstelle Erste Hilfe zur Verfügung.

3 Gewinnung von Ersthelfern

Zu den Pflichten des Unternehmers gehört es, die → *Erste Hilfe* im Betrieb sicherzustellen. Dieser Pflicht kann der Unternehmer jedoch nur nachkommen, wenn seine Angestellten ihn dabei unterstützen. Dazu kann den Angestellten verdeutlicht werden, wie wichtig die Aufgabe des Ersthelfers ist.

Ebenfalls ist es allgemeine Pflicht, bei Unglücksfällen, gemeiner Gefahr oder Not Hilfe zu leisten (§ 323c StGB) auch wenn man nicht gesondert als Ersthelfer ausgebildet ist. Die Ausbildung in Erster Hilfe gibt aber eine gewisse Sicherheit, in Notsituationen das «Richtige» zu tun, da die Maßnahmen der Ersten Hilfe in der Ausbildung ausführlich trainiert wurden.

In § 28 BGV A1 ist darüber hinaus die Pflicht der Mitarbeiter festgeschrieben, sich in Erster Hilfe ausbilden zu lassen. Diese Verpflichtung haben sie einerseits gegenüber der Berufsgenossenschaft, andererseits gegenüber dem Unternehmer. Sie ist Teil der Treuepflicht des Arbeitnehmers und bildet das Gegenstück zur Fürsorgepflicht des Unternehmers.

4 Ernennung als Ersthelfer

Nach erfolgreicher Qualifizierung sind die Ersthelfer im Unternehmen öffentlich zu benennen. Am besten eignet sich dazu ein Aushang oder die Bekanntgabe auf Dienstberatungen, Mitarbeiterbesprechungen etc.

Für die Bestellung gibt es keine Formvorschriften. Sie sollte allerdings schriftlich erfolgen. Sinnvoll wäre es außerdem, einen entsprechenden Vermerk in die Personalakte bzw. als Ergänzung zum Arbeitsvertrag aufzunehmen.

5 Konsequenzen bei Verstößen

Das Nichtvorhandensein von Ersthelfern stellt eine Ordnungswidrigkeit dar. Im Falle einer Kontrolle durch den technischen Aufsichtsbeamten der Berufsgenossenschaften können bei Verstößen gegen die Pflicht, Ersthelfer vorzuweisen verschiedene «Sanktionen» erhoben werden.

- Bußgeld in Höhe von bis zu 10.000 EUR
- Erhöhung der Beitragssätze durch den Anstieg des betrieblichen Risikos

Sollte ein Beschäftigter infolge mangelhafter Erste-Hilfe-Organisation oder fehlender Erste-Hilfe-Einrichtungen einen Gesundheitsschaden erleiden oder sogar zu Tode kommen, hätte dies außerdem strafrechtliche Konsequenzen – bis hin zu einer Anklage wegen Körperverletzung bzw. fahrlässiger Tötung.

Christian Piehl, Steffen Pluntke

Erzeugnis

Ein Erzeugnis ist definitionsgemäß ein Gegenstand, der bei der Herstellung eine spezifische Form, Oberfläche oder Gestalt erhält. Um die Definition für ein Erzeugnis zu erfüllen, muss dabei die Funktion des Gegenstands in größerem Maße durch seine Gestalt als durch seine chemische Zusammensetzung bestimmt sein. Typische Erzeugnisse sind z. B. Möbel, Elektrogeräte, Autos oder Werkzeuge. Abzugrenzen von Erzeugnissen sind – umgangssprachlich ausgedrückt – Chemikalien, also Stoffe bzw. Gemische. Bei der Produktion bzw. dem Import von Erzeugnissen sind jeweils andere chemikalienrechtliche Anforderungen maßgeblich, als dies bei Stoffen bzw. Gemischen der Fall ist. Mithilfe der ECHA-Leitlinien zu den Anforderungen für Stoffe in Erzeugnissen können Produzenten, Importeure und Lieferanten von Erzeugnissen analysieren, welchen Pflichten sie nach der REACH-Verordnung unterliegen.

Gesetze, Vorschriften und Rechtsprechung

Der Begriff des Erzeugnisses ist in verschiedenen chemikalienrechtlichen Regelwerken definiert, so in Art. 3 Abs. 3 Verordnung (EG) Nr. 1907/2006 (REACH-Verordnung), Art. 2 Abs. 9 Verordnung (EG) Nr. 1272/2008 (CLP-Verordnung) und § 3 Abs. 5 Chemikaliengesetz.

Benedikt Vogt

Explosionsfähige Atmosphäre

Eine explosionsfähige Atmosphäre ist ein Gemisch aus Luft und brennbaren Gasen, Dämpfen, Nebeln oder Stäuben unter atmosphärischen Bedingungen, in dem sich der Verbrennungsvorgang nach erfolgter Entzündung auf das gesamte unverbrannte Gemisch überträgt. Ein plötzlicher Temperatur- und Druckanstieg ist die Folge der Entzündung der explosionsfähigen Atmosphäre.

Gesetze, Vorschriften und Rechtsprechung

Regelungen zum betrieblichen Explosionsschutz enthalten die Betriebssicherheitsverordnung und die Gefahrstoffverordnung. Die Betriebssicherheitsverordnung regelt den Fall, wenn die Bildung gefährlicher explosionsfähiger Atmosphäre nicht sicher verhindert werden kann. Die explosionsgefährdeten Bereiche müssen in die Zonen eingeteilt werden und es muss ein → *Explosionsschutzdokument* erstellt werden.

Die Gefahrstoffverordnung legt fest, was zu tun ist, um die Bildung explosionsfähiger Atmosphäre zu verhindern und vorhandene explosionsfähige Atmosphäre zu beseitigen. In der GefStoffV sind auch nichtatmosphärische Bedingungen berücksichtigt.

Die Explosionsschutzverordnung (11. ProdSV) enthält die Regelungen über das Inverkehrbringen von neuen Geräten und Schutzsystemen zur bestimmungsgemäßen Verwendung in explosionsgefährdeten Bereichen.

Im technischen Regelwerk die TRBS 2152 «Gefährliche explosionsfähige Atmosphäre» zentral, die neben einem grundlegenden allgemeinen Teil vier weitere Teile zu speziellen Fragestellungen enthält, z. B. zur Beurteilung der Explosionsgefährdung.

1 Kriterien für eine explosionsfähige Atmosphäre

Folgende Parameter sind für die Bildung einer explosionsfähigen Atmosphäre zu beachten:

- **Sauerstoffkonzentration:** Wesentlich für die Explosion ist der Sauerstoffanteil in der Luft. Der Sauerstoffgehalt in der Luft beträgt 20,9 Vol. %. Die üblichen Beimengungen der Luft, z. B. Luftfeuchte, sind in die Betrachtung mit einzubeziehen.
- **Verteilungsgrad des brennbaren Stoffs:** Der brennbare Stoff muss ausreichend fein in der Atmosphäre verteilt sein. Diese feine Verteilung ist bei → *Gasen*, Dämpfen, Nebeln und → *Stäuben* gegeben. → *Brennbare Flüssigkeiten* dagegen können nur dann explosionsfähige Gemische bilden, wenn sie über ihren Flammpunkt hinaus erwärmt werden, denn nur dann ist eine ausreichende Menge verdampfte Flüssigkeit in der Atmosphäre verteilt.
- **Mischungsverhältnis von Luft zu brennbarem Stoff:** Gas/Luftgemische lassen sich nur in bestimmten Mischungsverhältnissen zünden. Die Konzentration des brennbaren Stoffes in der Luft muss innerhalb seiner Explosionsgrenzen liegen. Dieser Konzentrationsbereich wird als Zündbereich oder Explosionsbereich bezeichnet. Die Grenzen dieses Explosionsbereichs sind charakterisiert durch den oberen und den unteren Zündpunkt.
- Atmosphärische Bedingungen umfassen die Grenzen des Gesamtdrucks von 0,8 bis 1,1 bar und der Gemischtemperatur von -20°C bis +60°C.

2 Gefährliche explosionsfähige Atmosphäre

Eine gefährliche explosionsfähige Atmosphäre ist dann gegeben, wenn die Konzentration der brennbaren → *Gasen*, Dämpfe und Nebel oder → *Stäuben* so groß ist (gefahrdrohende Menge), dass im Fall der Entzündung Personenschäden möglich sind. Es wird davon ausgegangen, dass ein Volumen von 10 l eines explosionsfähigen Gemisches innerhalb eines geschlossenen Raumes bei der Zündung schädigende Wirkungen – insbesondere auf den Menschen – haben kann. Deshalb bezeichnet man einen Bereich, in dem sich ein solches Volumen eines explosionsfähigen Gemisches ansammeln kann, als explosionsgefährdeten Bereich.

Dagmar Hettrich

Explosionsschutz

Unter dem Begriff Explosionsschutz versteht man den Schutz vor Explosionsgefährdungen, die durch explosionsfähige Atmosphäre entstehen. Als explosionsfähige Atmosphäre bezeichnet man explosionsfähige Gas-/Dampf-/Nebel-Luft bzw. Staub-Luft-Gemische oder sog. hybride Gemische, die aus Luft und brennbaren Stoffen in unterschiedlichen Aggregatzuständen bestehen.

Gefährliche explosionsfähige Atmosphäre ist explosionsfähige Atmosphäre in einer gefahrdrohenden Menge. Diese ist als Faustregel dann gegeben, wenn ca. 10 Liter oder aber 1/10.000 des Raumvolumens aus zusammenhängender explosionsfähiger Atmosphäre besteht.

Gesetze, Vorschriften und Rechtsprechung

Die gesetzlichen Rahmenbedingungen für den Explosionsschutz sind durch die EU-Richtlinien 94/9 («ATEX-Richtlinie») und 1999/92 vorgegeben. Diese sind somit in Beschaffenheits- und Betriebsanforderungen aufgeteilt.

Die Umsetzung erfolgte im Wesentlichen durch die Betriebssicherheitsverordnung (BetrSichV) für die RL 1999/92 sowie die 11. ProdSV (Explosionsschutzverordnung) für die RL 94/9.

Die Technischen Regeln für Betriebssicherheit (TRBS) konkretisieren die Betriebssicherheitsverordnung. Zentral sind hier v. a.:

- TRBS 2152 – Teil 1 «Gefährliche explosionsfähige Atmosphäre – Beurteilung der Explosionsgefährdung»
- TRBS 2152 – Teil 2 «Vermeidung oder Einschränkung gefährlicher explosionsfähiger Atmosphäre»
- TRBS 2152 – Teil 3 «Vermeidung der Entzündung gefährlicher explosionsfähiger Atmosphäre»
- TRBS 2152 – Teil 4 «Maßnahmen des konstruktiven Explosionsschutzes, welche die Auswirkung einer Explosion auf ein unbedenkliches Maß beschränken»

Da die TRBS den Stand der Technik sowie sonstige arbeitswissenschaftliche Erkenntnisse wiedergeben, besteht bei deren Anwendung die sog. Vermutungswirkung. Wählt der Arbeitgeber eine andere Lösung muss er das begründen und die Angemessenheit dokumentieren.

Daneben fokussieren auch Vorschriften im berufsgenossenschaftlichen Regelwerk den Explosionsschutz, z. B. die BGI 740 «Lackierräume und -einrichtungen für flüssige Beschichtungsstoffe» und die BGI 764 «Elektrostatisches Beschichten». Die bewährte BGR 104 «Explosionsschutz-Regeln» besteht mittlerweile aus den TRBS sowie zusätzlichen Inhalten, wie einer Beispielsammlung und einer Vorlage zum Explosionsschutzdokument. Auch in der TRGS 510 «Lagerung von Gefahrstoffen in ortsbeweglichen Behältern» finden sich entsprechende Vorgaben zur Zoneneinteilung.

1 Systematik des Explosionsschutzes

1.1 Gefährdungsbeurteilung

Gem. § 3 BetrSichV ist der Arbeitgeber auf Grundlage des Arbeitsschutzgesetzes verpflichtet, Gefährdungen zu beurteilen, die bei der Benutzung von → *Arbeitsmitteln* oder durch Wechselwirkungen mit anderen Arbeitsmitteln bzw. der Arbeitsumgebung entstehen können.

Kann die Entstehung von gefährlicher → *explosionsgefährlicher Atmosphäre* nicht sicher verhindert werden, so ist deren Wahrscheinlichkeit und die Dauer des Auftretens, das Vorhandensein von → *Zündquellen* (und deren Wirksamkeit bzw. die Wahrscheinlichkeit der Aktivierung) sowie die Auswirkungen einer eventuellen Explosion zu bewerten.

Dabei gilt es, sich auf die sicherheitstechnischen Kennzahlen (STK) zu stützen, sowie anderweitige Eigenschaften der verwendeten Stoffe zu berücksichtigen. Auch angewendete Verfahren und Arbeitsmittel sowie das Arbeitsumfeld sind mit einzubeziehen. Auf Basis dieser Informationen erfolgt die → *Gefährdungsbeurteilung*. Dabei kann man sich an dem Ablaufdiagramm in **Abb. 1** orientieren.

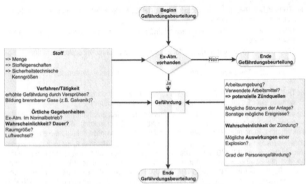

Abb. 1: Gefährdungsbeurteilung im Explosionsschutz nach TRBS 2152 Teil 1

1.2 Zoneneinteilung

Gem. § 5 BetrSichV müssen explosionsgefährdete Bereiche nach Anhang 3 BetrSichV in Zonen eingeteilt werden (**Tab. 1**).

Auftreten		System	
Häufigkeit	Dauer	Gas-Luft	Staub-Luft
ständig/häufig	lange Zeiträume	0	20
gelegentlich	k. A.	1	21
normalerweise nicht	kurzzeitig	2	22

Tab. 1: Zoneneinteilung nach Anhang 3 BetrSichV

Dabei muss das Auftreten im Normalbetrieb beurteilt werden. Im Rahmen der → *Gefährdungsbeurteilung* empfiehlt es sich, auch eventuelle Ereignisse außerhalb des Normalbetriebes zu berücksichtigen («Was wäre, wenn ...?»).

Als Normalbetrieb gilt laut Anhang 3 BetrSichV «der Zustand, in dem Anlagen innerhalb ihrer Auslegungsparameter benutzt werden.»

1.3 Schutzmaßnahmen

1.3.1 Auswahl der Arbeitsmittel

Auf Grundlage der Gefährdungsbeurteilung sowie der eingeteilten Zonen sind insbesondere entsprechende → *Arbeitsmittel* auszuwählen. Dies dient der Vermeidung von → *Zündquellen* (sekundärer Explosionsschutz).

Dabei ist auf eventuelle Oberflächentemperaturen, elektrostatische Aufladungen (Ableitfähigkeit des Bodens, Erdung von Bauteilen, entsprechende Kleidung etc.), Funkenriss (Auswahl entsprechender Werkzeuge aus speziellen Legierungen) oder andere potenzielle Zündquellen, die z. B. vom Arbeitsmittel ausgehen können, zu achten.

Gem. Anhang II 94/9 EG bestehen an Geräte und Schutzsysteme die in **Tab. 2** aufgeführten Anforderungen.

Explosionsschutz

Kategorie	Zone	Kriterien
1G 1D	0 20	Sehr hohe Sicherheitsanforderungen, Explosionssicherheit ist auch bei seltenen Störungen zu gewährleisten
1G, 2G 1D, 2D	1 21	Hohe Sicherheitsanforderungen, Explosionssicherheit ist auch bei häufigen Störungen zu gewährleisten
1G, 2G, 3G 1D, 2D, 3D	2 22	Normale Sicherheitsanforderungen, bei normalem Betrieb ist das zu erwartende Auftreten von Zündquellen vermieden

Tab. 2: Anforderungen an Geräte und Schutzsysteme gem. Anhang II 94/9 EG (G = für Bereiche mit Gas-/Dampf-/Nebel-Luft-Gemischen, D = für Bereiche mit Staub (= Dust)-Luft-Gemischen)

Verwirklicht werden diese Anforderungen durch verschiedene Zündschutzarten wie z. B. Kapselung der Geräte, das Vermeiden des Durchzündens einer Explosion aus dem Inneren eines Gerätes nach außen oder die Beschränkung von Energien o. Ä.

1.3.2 Prüfung der Arbeitsmittel

Gem. § 10 BetrSichV muss der Arbeitgeber allgemein sicherstellen, dass die → *Arbeitsmittel* geprüft werden. Arbeitsmittel sind «Werkzeuge, Geräte, Maschinen oder Anlagen. Anlagen im Sinne von Satz 1 setzen sich aus mehreren Funktionseinheiten zusammen, die zueinander in Wechselwirkung stehen und deren sicherer Betrieb wesentlich von diesen Wechselwirkungen bestimmt wird» (§ 2 BetrSichV).

Hinzu kommen die Vorgaben für → *überwachungsbedürftige Anlagen* im Sinne von § 1 der BetrSichV. Dazu zählen u. a. auch «Anlagen in explosionsgefährdeten Bereichen, die Geräte, Schutzsysteme oder Sicherheits-, Kontroll- oder Regelvorrichtungen im Sinne des Artikels 1 der Richtlinie 94/9/EG … sind oder beinhalten.» (§ 1 Abs. 2 BetrSichV).

Diese Anlagen sind aufgrund des hohen Gefährdungspotenzials als überwachungsbedürftig eingestuft. Bei solchen Anlagen sind z. B. der Zustand der Anlage, sicherheitsrelevante Funktionen oder die ordnungsgemäße Instandsetzung durch regelmäßige Prüfungen zu gewährleisten.

Es wird unterschieden zwischen Prüfung vor Inbetriebnahme (§ 14, hierzu gehört auch die Prüfung nach wesentlichen Änderungen oder Instandsetzungsarbeiten), wiederkehrender Prüfung (§ 15 Abs. 15 mind. alle 3 Jahre) und angeordneter außerordentlicher Prüfung (§ 16 kann im Einzelfall angeordnet werden).

Häufig können die Prüfungen durch → *befähigte Personen* übernommen werden – ob dies der Fall ist, ist anhand §§ 14ff. BetrSichV für den Einzelfall zu überprüfen. Einzelheiten zu Prüfungen von Anlagen und Arbeitsplätzen in explosionsgefährdeten Bereichen sind in der TRBS 1201 Teil 1 und TRBS 1201 Teil 3 zu finden.

Die Anforderungen an befähigte Personen, insbesondere befähigte Personen für die Prüfung von Explosionsgefährdungen sind in TRBS 1203 «Befähigte Personen» zu finden.

1.3.3 Primärer Explosionsschutz

Der Begriff «Primärer Explosionsschutz» bezeichnet das Verhindern des Auftretens explosionsfähiger Atmosphäre. Dies ist möglich durch → *Substitution* (z. B. das Ersetzen von → *Gefahrstoffen*, andere Prozesse etc.), die Unterschreitung von Konzentrationsgrenzen Inertisierung, Berücksichtigung des Flammpunktes von → *brennbarer Flüssigkeiten*, Absaugung) oder organisatorische Maßnahmen wie das regelmäßige Entfernen von Staubablagerungen.

1.3.4 Sekundärer Explosionsschutz

Der Sekundäre Explosionsschutz besteht aus dem Verhindern des Wirksamwerdens von → *Zündquellen*, also dem Verhindern der Entzündung → *explosionsfähiger Atmosphäre*.

Dies geschieht im Wesentlichen durch die → *Zoneneinteilung* und die damit verbundene Auswahl von → *Arbeitsmitteln* bzw. Geräten, aber auch durch organisatorische Maßnahmen (Rauchverbot, → *Unterweisung* der Mitarbeiter).

1.3.5 Tertiärer Explosionsschutz

Tertiärer Explosionsschutz bedeutet, die Auswirkungen einer Explosion zu beschränken.

Dies kann durch explosionsfeste Bauweise, Explosionsunterdrückung, explosionstechnische Entkopplung (Schnellschlussschieber, Rückschlagventile, Zellradschleusen etc.) von Anlagenteilen und/oder durch Druckentlastungseinrichtungen (Berstscheiben, Druckentlastungsschlote o. Ä.) geschehen.

> **Achtung: Einzelfallbetrachtung notwendig**
>
> Diese Einteilung stellt jedoch keine unbedingte Rangfolge der Schutzmaßnahmen dar. Explosionsschutzbetrachtungen und Schutzmaßnahmen sind immer für den Einzelfall durchzuführen.

2 Explosionsschutzdokument

Gem. § 6 BetrSichV ist der Arbeitgeber verpflichtet, bei Gefährdung durch → *explosionsfähige Atmosphäre* unabhängig von der Anzahl der Beschäftigten ein → *Explosionsschutzdokument* zu erstellen und auf aktuellem Stand zu halten.

Darin sind die → *Gefährdungsbeurteilung*, die vorgenommene → *Zoneneinteilung*, abgeleitete Maßnahmen und deren Wirksamkeit zu dokumentieren. An dieser Stelle können auch Dokumente verwendet werden, die außerhalb der durch die BetrSichV auferlegten Verpflichtungen erstellt worden sind.

In der BGR 104 findet sich ein beispielhafter Aufbau eines Explosionsschutzdokumentes, das folgendermaßen gegliedert ist:

1. Angabe des Betriebes/Betriebsteiles/Arbeitsbereiches
2. Verantwortlicher für den Betrieb/Betriebsteil/Arbeitsbereich, Erstellungsdatum und Anhänge
3. Kurzbeschreibung der baulichen und geografischen Gegebenheiten
4. Verfahrensbeschreibung – für den Explosionsschutz wesentliche Verfahrensparameter
5. Stoffdaten
6. Gefährdungsbeurteilung
7. Explosionsschutzmaßnahmen (Schutzkonzept)

Die letztendliche Gestaltung obliegt dem Arbeitgeber.

Fabian Kratzke

Explosionsschutzdokument

Das Explosionsschutzdokument ist ein von der Betriebssicherheitsverordnung gefordertes Dokument, aus dem hervorgeht, dass die Explosionsgefährdungen für explosionsgefährdete Bereiche ermittelt und bewertet wurden, welche Explosionsschutzzonen geschaffen und welche Explosionsschutzmaßnahmen ergriffen wurden.

Gesetze, Vorschriften und Rechtsprechung

Die Pflicht zur Erstellung von Explosionsschutzdokumenten ergibt sich insebsondere aus § 6 Betriebssicherheitsverordnung.

1 Arbeitgeberpflicht

Ergibt sich aus der → *Gefährdungsbeurteilung*, dass die Bildung gefährlicher → *explosionsfähiger Atmosphären* nicht sicher verhindert werden kann, hat der Arbeitgeber zu beurteilen:

- die Wahrscheinlichkeit und die Dauer des Auftretens gefährlicher explosionsfähiger Atmosphären,

- die Wahrscheinlichkeit des Vorhandenseins, der Aktivierung und des Wirksamwerdens von Zündquellen einschließlich elektrostatischer Entladungen und
- das Ausmaß der zu erwartenden Auswirkungen von Explosionen.

Die Ergebnisse der Beurteilung und die ergriffenen Maßnahmen sind in dem Explosionsschutzdokument festzuhalten.

2 Inhalt des Explosionsschutzdokuments

Aus dem Explosionsschutzdokument muss hervorgehen,
- dass die Explosionsgefährdungen ermittelt und einer Bewertung unterzogen worden sind,
- dass angemessene Vorkehrungen getroffen werden, um die Ziele des → *Explosionsschutzes* zu erreichen,
- welche Bereiche in Zonen eingeteilt wurden (Anforderungen im Anhang 3 der BetrSichV) und
- dass die für diese Bereiche geltenden Mindestvorschriften gem. Anhang 4 der BetrSichV eingehalten werden (Mindestvorschriften zur Verbesserung der Sicherheit und des Gesundheitsschutzes der Beschäftigten, die durch gefährliche → *explosionsfähige Atmosphäre* gefährdet werden können).

Das Explosionsschutzdokument muss vor Aufnahme der Arbeit erstellt werden. Wenn Veränderungen, Erweiterungen oder Umgestaltungen der → *Arbeitsmittel* oder des Arbeitsablaufs vorgenommen werden, muss es überarbeitet werden.

Die Hauptthemen, die beschrieben werden müssen, sind:
1. Angabe des Betriebs/Betriebsteils/Arbeitsbereichs;
2. Verantwortlicher für den Betrieb/Betriebsteil/Arbeitsbereich, Erstellungsdatum und Anhänge;
3. Kurzbeschreibung der baulichen und geografischen Gegebenheiten;
4. Verfahrensbeschreibung – für den → *Explosionsschutz* wesentliche Verfahrensparameter;
5. Stoffdaten;
6. → *Gefährdungsbeurteilung*;
7. → *Explosionsschutzmaßnahmen* (Schutzkonzept).

Veit Moosmayer

Explosionsschutzmaßnahmen

Zur Vermeidung von Explosionen müssen Explosionsschutzmaßnahmen getroffen werden. Sie umfassen die Verhinderung der Bildung explosionsfähiger Atmosphäre, die Vermeidung der Zündung explosionsfähiger Atmosphäre und die Reduktion der Auswirkungen von Explosionen so weit, dass die Gesundheit und Sicherheit der Arbeitnehmer gewährleistet ist. Zur Erreichung dieser Schutzziele sind technische, organisatorische und persönliche Explosionsschutzmaßnahmen geeignet.

Gesetze, Vorschriften und Rechtsprechung

Rechtliche Grundlage von Explosionsschutzmaßnahmen sind § 5 i. V. m. Anhang 3 und Anhang 4 Betriebssicherheitsverordnung sowie § 11 i. V. m. Anhang I Nr. 1 Gefahrstoffverordnung.

1 Maßnahmen gegen die Bildung explosionsfähiger Atmosphäre

Damit die Gefahr einer Explosion besteht, sind ein brennbarer Stoff, der ausreichend fein verteilt in der Luft vorliegt, und eine → *Zündquelle* notwendig. Um die Bildung einer → *explosionsfähigen Atmosphäre* zu verhindern, können folgende Maßnahmen ergriffen werden:

Maßnahme	Beispiele
Verringerung der Mengen der brennbaren Stoffe	• durch erhöhte Belüftung oder Absaugung die Konzentration des brennbaren Stoffes unter die untere Explosionsschutzgrenze absenken; • Arbeiten in geschlossenen Anlagen; • regelmäßige Entfernung von → *Stäuben*; • Staubablagerung verringern durch wenige horizontale Flächen und glatte Wände; • Einsatz staubarmer Produkte wie Pasten oder Granulat; • Unterdrucksystem.
Ersatz der brennbaren Stoffe durch nichtbrennbare Stoffe	• brennbare Lösemittel durch wässrige Lösungen ersetzen.
Verringerung der Sauerstoffkonzentration	• Einsatz von Inertgas zum Verdünnen des Sauerstoffs.
Luftsauerstoff entfernen	• Einsatz von Inertgas.
Überwachung der Konzentration an brennbarem Stoff	• Gaswarngeräte einsetzen.

Tab. 1: Maßnahmen zur Verhinderung der Bildung explosionsfähiger Atmosphäre

> **Achtung: Luftsauerstoff**
>
> In den Bereichen, in denen sich Menschen aufhalten, ist der Ausschluss von Luftsauerstoff nicht möglich.

2 Maßnahmen gegen die Zündung explosionsfähiger Atmosphäre

Um eine explosionsfähige Atmosphäre zu zünden, ist eine → *Zündquelle* notwendig. Die EN 1127-1 nennt 13 Arten von Zündquellen. In der betrieblichen Praxis sind folgende Zündquellen besonders relevant: Heiße Oberflächen, Flammen und heiße → *Gase*, mechanisch erzeugte Funken, chemische Reaktionen, → *elektrische Anlagen* und statische Elektrizität.

Um die Zündung explosionsfähiger Atmosphäre zu vermeiden, sind folgende Maßnahmen geeignet:

Maßnahme	Beispiele
Einsatz explosionsgeschützter → *Arbeitsmittel*	• Auswahl der Geräte entsprechend der in der → *Gefährdungsbeurteilung* ermittelten → *Explosionsschutzzone*.
Geeignete Lösemittel auswählen	• Flammpunkt des verwendeten Lösemittels soll oberhalb der Betriebstemperatur der Anlage liegen.
Heiße Oberflächen verhindern	• Sicherheitsabstand zwischen der maximal auftretenden Oberflächentemperatur und der Zündtemperatur der explosionsfähigen Atmosphäre; • heißlaufende Teile aufgrund unzureichender Schmierung verhindern.
Offene Flammen durch → *Schweißen* oder Rauchen verhindern	• Organisatorische Maßnahmen wie Rauchverbot und Arbeitsfreigabeverfahren.
Mechanisch erzeugte Funken - verhindern	• Eindringen von Fremdmaterialien in → *Maschinen* verhindern; • Materialwahl und Materialkombination beachten;

Maßnahme	Beispiele
	• Organisatorische Maßnahme Arbeitsfreigabeverfahren.
Chemische Reaktionen verhindern	• Regelung der Anlagentemperatur; • Lagerung bei abgesenkten Umgebungstemperaturen.
Zündung durch statische Elektrizität verhindern	• Erdung und Potenzialausgleich durchführen.

Tab. 2: Maßnahmen zur Verhinderung der Zündung explosionsfähiger Atmosphäre

3 Konstruktiver Explosionsschutz

Durch einen konstruktiven → *Explosionsschutz* können die Auswirkungen von Explosionen so weit reduziert werden, dass die Gesundheit und Sicherheit der Arbeitnehmer gewährleistet ist. Beispiele für einen konstruktiven Explosionsschutz sind

- Explosionsfeste Bauweise von Behältern, Apparaten etc.,
- Explosionsunterdrückung durch z. B. Einblasen von Löschmitteln oder
- Verhinderung der Explosionsübertragung durch z. B. Flammendurchschlagsicherungen.

Weitere Maßnahmen zum Schutz der Arbeitnehmer sind die Einhaltung der maximalen Fluchtweglänge von 20 m und die Maßnahmen des abwehrenden → *Brandschutzes*.

4 Organisatorische und persönliche Maßnahmen

Neben den technischen Explosionsschutzmaßnahmen sind organisatorische und persönliche Maßnahmen zu ergreifen. Zu den organisatorischen Explosionsschutzmaßnahmen gehören

- → *Betriebsanweisungen* und Unterweisungen sowie eine ausreichende Qualifikation der Beschäftigten,
- Durchführung von → *Instandhaltungs- und Wartungsarbeiten*, → *Prüfungen und Überwachungen*,
- Arbeitsfreigabesystem,
- Kennzeichnung der explosionsgefährdeten Bereiche und Zutrittsregelungen.

Wichtige persönliche Maßnahmen sind z. B. das Tragen ableitfähiger Kleidung und Schuhe.

Dagmar Hettrich

Explosionstechnische Kenngrößen

Für den Explosionsschutz sind explosionstechnische Kenngrößen bzw. Sicherheitstechnische Kennzahlen (STK) von verwendeten Stoffen von Bedeutung, um eine fundierte Gefährdungsbeurteilung durchzuführen und wirksame Maßnahmen abzuleiten.

Die STK lassen sich in 3 Teilbereiche unterteilen:

- Potenzialkennzahlen, die für die Bewertung der Bildung von explosionsfähiger Atmosphäre von Belang sind,
- Zündkennzahlen, die für die Bewertung der Gefahr einer Zündung von explosionsfähiger Atmosphäre wichtig sind und
- Wirkungskennzahlen, die herangezogen werden, um mögliche Auswirkungen einer Explosion abschätzen zu können.

Aus diesen 3 Bereichen der STK können primäre, sekundäre und tertiäre Explosionsschutzmaßnahmen abgeleitet werden.

Gesetze, Vorschriften und Rechtsprechung

Die meisten relevanten STK sind in TRBS 2152 «Gefährliche explosionsfähige Atmosphäre – Allgemeines» definiert. Sie werden jedoch in den TRBS 2152 Teil 1 bis 4 durchgehend angewendet und sind für eine Gefährdungsbeurteilung nach BetrSichV unerlässlich.

1 Die Sicherheitstechnischen Kennzahlen (STK) im Überblick

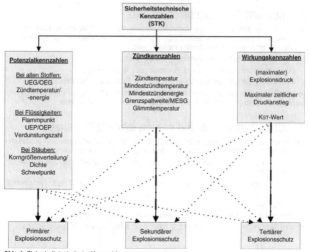

Abb. 1: Sicherheitstechnische Kennzahlen

> **Achtung: Veränderung der STK möglich**
> Da die STK meist unter atmosphärischen Bedingungen ermittelt werden, können z. B. Druckänderungen starke Auswirkungen haben und die Kenngrößen verändern!

2 Flammpunkt

Flammpunkt ist die niedrigste Temperatur, bei der unter festgelegten Versuchsbedingungen eine Flüssigkeit, brennbares Gas oder brennbaren Dampf in solcher Menge abgibt, dass bei Kontakt mit einer wirksamen Zündquelle sofort eine Flamme auftritt.

> **Wichtig: Unterschreitung des Flammpunktes**
> Bei hinreichendem Unterschreiten des Flammpunktes ist eine Bildung von → *explosionsfähiger Atmosphäre* unwahrscheinlich.

3 Explosionsgrenzen

Untere Explosionsgrenze (UEG) ist der untere Grenzwert der Konzentration (Stoffmengenanteil) eines brennbaren Stoffes in einem Gemisch von → *Gasen*, Dämpfen, Nebeln und/oder → *Stäuben*, in dem sich nach dem Zünden eine von der → *Zündquelle* unabhängige Flamme gerade nicht mehr selbstständig fortpflanzen kann: Gemisch «zu mager».

Obere Explosionsgrenze (OEG) ist der obere Grenzwert der Konzentration (Stoffmengenanteil) eines brennbaren Stoffes in einem Gemisch von Gasen, Dämpfen, Nebeln und/oder Stäuben, in dem sich nach dem Zünden eine von der Zündquelle unabhängige Flamme gerade nicht mehr selbstständig fortpflanzen kann: Gemisch «zu fett».

Wichtig: Überschreiten der OEG

Ein Unterschreiten der OEG ist eine Maßnahme, um → *explosionsfähige Atmosphäre* zu verhindern. Das Überschreiten der OEG wird manchmal ebenfalls als Maßnahme angegeben, ist aber lediglich innerhalb geschlossener Anlagenteile zu empfehlen, da geringe Luftzufuhr ausreichen kann, um wieder innerhalb der Explosionsgrenzen zu gelangen.

Achtung: Verschiebung der Explosionsgrenzen

Eine Druck- oder Temperaturerhöhung kann eine Verschiebung der Explosionsgrenze bzw. Ausweitung des Explosionsbereiches bewirken!

4 Explosionspunkte

Unterer Explosionspunkt (UEP) bzw. **Oberer Explosionspunkt (OEP)** einer → *brennbaren Flüssigkeit* ist die Temperatur, bei der die Konzentration (Stoffmengenanteil) des gesättigten Dampfes im Gemisch mit Luft die untere bzw. obere Explosionsgrenze erreicht. Bei reinen Stoffen und azeotropen Gemischen (Zusammensetzung von Flüssigkeit und Gasphase ist gleich) lassen sich mithilfe der Explosionspunkte und der Dampfdruckkurve die Explosionsgrenzen bestimmen.

Praxis-Tipp: Ermittlung Unterer Explosionspunkt

Temperaturunterschreitung kann explosionsfähige Atmosphäre verhindern. Kann der UEP nicht ermittelt werden, so kann dieser gemäß TRBS 2152 Teil 1 mit 5 K (reine, nicht halogenierte Flüssigkeiten) bzw. 15 K (nicht halogenierte Lösemittel-Gemische) unter dem Flammpunkt angenommen werden.

5 Sauerstoffgrenzkonzentration (SGK)

Sauerstoffgrenzkonzentration (SGK) ist die max. Sauerstoffkonzentration (Stoffmengenanteil) in einem Gemisch eines brennbaren Stoffes mit Luft und inertem Gas oder Staub, in dem eine Explosion nicht auftritt. Sie wird unter festgelegten Versuchsbedingungen bestimmt.

Die SGK ist sowohl stoff- als auch temperatur- und druckabhängig!

Wichtig: Inertisierung

Unterschreiten der SGK durch Inertisierung verhindert → *explosionsfähige Atmosphäre*. Dabei ist ein «Sicherheitsabstand» zur SGK einzuhalten, da die SGK sich z. B. durch Druckschwankungen ändern kann.

6 Verdunstungszahl

Die Verdunstungszahl ist laut DIN 53170 das Verhältnis aus der für die zu prüfende Flüssigkeit gemessenen Verdunstungszeit und der Verdunstungszeit für Diethylether ($C_2H_5OC_2H_5$) als Vergleichsflüssigkeit.

Sie ist ein guter Anhalt dafür, wie schnell bzw. in welcher Größenordnung sich durch Dämpfe → *brennbarer Flüssigkeiten* → *Ex-Atmosphäre* bilden kann.

7 Mindestzündenergie (MZE)

Mindestzündenergie (MZE) ist die unter festgelegten Versuchsbedingungen ermittelte, kleinste in einem Kondensator gespeicherte elektrische Energie, die bei Entladung ausreicht, das zündwilligste Gemisch einer → *explosionsfähigen Atmosphäre* zu entzünden.

Wichtig: Zündschutz

Das Verhindern elektrischer Entladungen (z. B. durch Erdung oder Einsatz entsprechender Geräte nach 94/9 EG) ≥ MZE kann die Zündung explosionsfähiger Atmosphäre verhindern.

Achtung: Hybride Gemische

Bei → *hybriden Gemischen* kann sich die MZE gegenüber des reinen Staub-Luft-Gemisches verringern!

8 Zündtemperaturen

Die Zündtemperatur T_z (eines brennbaren → *Gases* oder einer → *brennbaren Flüssigkeit*) ist die unter festgelegten Versuchsbedingungen ermittelte niedrigste Temperatur einer heißen Oberfläche, bei der die Entzündung eines brennbaren Stoffes als Gas/Luft- oder Dampf/Luft-Gemisch eintritt. Die Zündtemperatur führt zur Einteilung brennbarer Stoffe in die Temperaturklassen T1–T6. Diese sind essenziell für die Auswahl der Geräte. Deren Oberflächentemperaturen dürfen in Zone 0 nur 80 % des unteren Wertes der Temperaturklasse (bzw. der Zündtemperatur) erreichen – dies ist durch Temperaturüberwachung zu gewährleisten. In Zone 1 dürfen diese 80 % nur selten überschritten und in Zone 2 darf die Zündtemperatur nur in Sonderfällen erreicht werden.

Achtung: Zündtemperatur

Die Zündtemperatur ist druckabhängig!

Temperaturklasse	Zündtemperatur T_z in °C
T 1	> 450
T 2	$300 < T_z \leq 450$
T 3	$200 < T_z \leq 300$
T 4	$135 < T_z \leq 200$
T 5	$100 < T_z \leq 135$
T 6	$85 < T_z \leq 100$

Tab. 1: Zusammenhang zwischen Temperaturklasse und Zündtemperatur (aus TRBS 2152 Teil 3)

Mindestzündtemperatur einer explosionsfähigen Atmosphäre ist die Zündtemperatur eines brennbaren Gases oder des Dampfes einer brennbaren Flüssigkeit oder einer Staubwolke; sie wird jeweils unter festgelegten Versuchsbedingungen bestimmt.

Mindestzündtemperatur einer Staubschicht ist die unter festgelegten Versuchsbedingungen ermittelte niedrigste Temperatur einer heißen Oberfläche, bei der die Staubschicht entzündet wird.

Mindestzündtemperatur einer Staubwolke ist die unter festgelegten Versuchsbedingungen ermittelte niedrigste Temperatur einer heißen Oberfläche, bei der sich das zündwilligste Gemisch des Staubes mit Luft entzündet.

Glimmtemperatur ist die Mindestzündtemperatur einer Staubschicht von 5 mm Dicke.

Explosionstechnische Kenngrößen

> **Wichtig: Zündschutz**
> Auswahl entsprechender Geräte und Berücksichtigung von Oberflächentemperaturen kann Zündschutz bieten!

9 Relative Dichte (Gas)

Die relative Dichte eines Gases ist laut DIN 51857 der Quotient aus der Dichte eines Gases und der Dichte von trockener Luft bei gleicher Temperatur und gleichem Druck.

Die relative Dichte ist wichtig, um einschätzen zu können, welches Ausbreitungsverhalten ein Gas an den Tag legt.

Bei Dämpfen brennbarer Flüssigkeiten gilt die Faustregel, dass diese stets dichter sind als Luft, also nach unten sinken.

10 Normspaltweite/MESG (Maximum Experimental Safety Gap)

Die Normspaltweite ist die größte Weite eines 25 mm langen Spaltes, die unter festgelegten Prüfbedingungen sicher verhindert, dass ein im Gerät gezündetes Gas-Luft-Gemisch ein außerhalb des Gerätes befindliches Gas-Luft-Gemisch durch den Spalt hindurch zündet: Flammendurchschlagsicherheit.

Die Normspaltweite ist **stoffabhängig**. Durch sie erfolgt eine Stoffeinteilung in Explosionsgruppen. Dies ist für die Auswahl von Geräten von Bedeutung (**Tab. 2**).

Explosionsgruppe	Stoffbeispiel	Normspaltweite von Gas-Luft-Gemischen in mm
I	Methan	$\geq 1,1$
IIA	Heptan	$1,1 - 0,9$
IIB	Ethanol	$0,9 - 0,5$
IIC	Acetylen, Wasserstoff	$< 0,50$

Tab. 2: Explosionsgruppen nach DIN IEC 60079-0-2

11 Schwelpunkt

Schwelpunkt ist die niedrigste Temperatur, bei der ein Staub brennbare dampf- oder gasförmige Produkte (Pyrolyse => «Schwelgas») in solchen Mengen entwickelt, dass diese im Luftraum oberhalb der Schüttung durch eine kleine Flamme entzündet werden können.

> **Wichtig: Unterschreitung des Schwelpunktes**
> Permanentes Unterschreiten des Schwelpunktes kann die Bildung → *explosionsfähiger Atmosphäre* verhindern!

12 Explosionsdruck

Explosionsdruck ist der unter festgelegten Versuchsbedingungen ermittelte Druck, der in einem geschlossenen Behälter bei der Explosion einer explosionsfähigen Atmosphäre mit bestimmter Zusammensetzung auftritt.

Maximaler Explosionsdruck ist der höchste ermittelte Explosionsdruck, der bei Änderung der Brennstoffanteile auftritt.

Maximaler zeitlicher Druckanstieg ist der unter festgelegten Versuchsbedingungen bei Änderung der Brennstoffanteile ermittelte höchste zeitliche Druckanstieg in einem geschlossenen Behälter, der bei der Explosion einer explosionsfähigen Atmosphäre auftritt.

13 K_{ST}-Wert

Der K_{ST}-Wert ist ein Klassifizierungswert für die Explosion eines Staub-Luft-Gemisches. Er gleicht zahlenmäßig dem maximalen zeitlichen Druckanstieg in einem $1m^3$ – Behälter. Abhängig vom K_{ST} – Wert werden Stäube in Staubexplosionsklassen eingeteilt (**Tab. 3**).

Staubexplosionsklasse	K_{ST}-Wert
St 1	> 0 – 200
St 2	> 200 – 300
St 3	> 300

Tab. 3: Staubexplosionsklassen aus VDI 3673

Der K_{ST}-Wert ist wichtig für die Abschätzung von Explosionsfolgen, die Auslegung von Anlagenteilen mit explosionsfester Bauweise, explosionstechnische Entkopplung und das Dimensionieren von Druckentlastungseinrichtungen (Berstscheiben etc.).

> **Achtung: Hybride Gemische**
> Die Staubexplosionsklasse kann sich bei → *hybriden Gemischen* erhöhen!

Fabian Kratzke

Exposition

Eine Exposition besteht dann, wenn der Organismus oder Teile des Organismus (einzelne Gewebearten oder Zellen) beabsichtigt oder unbeabsichtigt Kontakt mit Einflüssen von außen haben bzw. diesen ausgesetzt sind. Die Einflüsse von außen können biologischer, physikalischer, chemischer, psychischer oder anderer Art sein. Im Arbeitsschutz werden die Expositionen betrachtet, die schädigenden Einfluss ausüben können. Wichtige Bereiche, für die Regelungen zur Expositionsbegrenzung getroffen wurden, sind der Umgang mit Gefahrstoffen und Biostoffen, Lärm, elektrische, magnetische oder elektromagnetische Felder, Strahlung und Hitze. Eine Exposition muss nicht unbedingt krank machen, sie kann aber eine mögliche Ursache für eine Gesundheitsschädigung oder Erkrankung sein. Es gilt das Minimierungsprinzip hinsichtlich der Exposition von Beschäftigten.

Gesetze, Vorschriften und Rechtsprechung

Gefahrstoffe:
- Gefahrstoffverordnung (§§ 6, 7, 9 und 10) mit TRGS (z. B. TRGS 430 «Isocyanate»)
- BGI 664 «Verfahren mit geringer Exposition gegenüber Asbest bei Abbruch-, Sanierungs- und Instandhaltungsarbeiten»
- BGI 5047 «Mineralischer Staub»

Biostoffe:
- Biostoffverordnung (§§ 6, 7, 10, 11) mit TRBA (z. B. TRBA 500 «Allgemeine Hygienemaßnahmen – Mindestanforderungen»)
- BGR 250 «Biologische Arbeitsstoffe im Gesundheitswesen und in der Wohlfahrtspflege»
- BGI 893 «Gefährdungsbeurteilung für biologische Arbeitsstoffe bei Arbeiten auf Deponien»

Lärm:
- Art. 3 2003/10/EG «Lärm»
- Lärm- und Vibrations-Arbeitsschutzverordnung

Elektrische, magnetische oder elektromagnetische Felder:
- 2004/40/EG «Elektromagnetische Felder»
- §§ 3, 4 BGV B11 «Elektromagnetische Felder»

Strahlung:
- §§ 6, 46, 55 Strahlenschutzverordnung (StrlSchV)
- § 6 Röntgenverordnung (RöV)
- BGV B2 «Laserstrahlung»

Hitze:
- BGI 579 «Arbeiten unter Hitzebelastung»
- BGI 7002 «Beurteilung von Hitzearbeit»

1 Gefahrstoffexposition

Nach der Gefahrstoffverordnung muss ermittelt werden, ob die Gesundheit und Sicherheit der Beschäftigten gewährleistet ist. Dazu müssen Ausmaß, Art und Dauer der Exposition unter Berücksichtigung aller Expositionswege (Lunge (inhalativ), Verschlucken (oral), Haut (dermal)) betrachtet werden. Es sind alle Möglichkeiten der Exposition zu berücksichtigen, also auch z. B. die Exposition, die bei Wartungs- und Reinigungsarbeiten auftreten kann. Zu den kritischen Expositionen zählen alle → *Gefahrstoffe* mit hohem Gefahrenpotenzial. Das sind z. B. Stoffe mit den Gefährlichkeitsmerkmalen krebserzeugend, giftig, ätzend oder sensibilisierend. Dazu gehören auch feuergefährliche Stoffe oder Stoffe mit hohem Stofffreisetzungspotenzial.

2 Biostoffexposition

Beim Kontakt mit → *Biostoffen* gilt die Grundpflicht der Expositionsvermeidung bzw. der Expositionsverringerung. Es wird unterschieden zwischen gezielten und nicht gezielten Tätigkeiten. Ein Kriterium für eine gezielte Tätigkeit ist, dass die Exposition der Beschäftigten im Normalbetrieb hinreichend bekannt oder abschätzbar ist. In der → *Gefährdungsbeurteilung* bei nicht gezielten Tätigkeiten sind Art, Dauer und Ausmaß der Exposition wesentlich für die Beurteilung. Die Kontrolle der Arbeitsplätze auf mögliche Kontaminationen und die Überprüfung der Funktion und Wirksamkeit der technischen Schutzmaßnahmen tragen dazu bei, die Exposition der Beschäftigten so gering wie möglich zu halten.

3 Lärmexposition

Die Lärmschwerhörigkeit ist die zweithäufigste Berufskrankheit und medizinisch nicht heilbar. Um Schädigungen durch die arbeitsbedingte Lärmexposition zu verhindern, ist die Einhaltung eines «höchstzulässigen Beurteilungspegels» vorgeschrieben. Bei diesem handelt es sich um den auf eine 8-stündige Expositionszeit bezogenen Pegel eines konstanten Geräuschs oder, bei schwankendem Pegel, den diesem gleichgesetzten Pegel. Diese Pegel können ortsbezogen oder personenbezogen ermittelt werden.

Für die Beurteilung der Lärmexposition sind Ausmaß, Art und Dauer der Exposition, einschließlich der Exposition gegenüber impulsförmigem Schall wesentlich. In der EG-Lärmschutz-Richtlinie 2003/10/EG ist ein Expositionsgrenzwert von 87 Dezibel festgelegt, der nicht überschritten werden darf. In der Lärm- und Vibrations-Arbeitsschutzverordnung ist der max. Expositionsgrenzwert auf 85 dB(A) festgelegt worden.

4 Exposition in elektrischen, magnetischen oder elektromagnetischen Feldern

Der Unternehmer muss in der → *Gefährdungsbeurteilung* ermitteln, in welchen Betriebsbereichen elektrische, magnetische oder elektromagnetische Felder auftreten. Diese Bereiche müssen dann den in BGV B11 «Elektromagnetische Felder» definierten, verschiedenen Expositionsbereichen zugeordnet werden. Für diese Expositionsbereiche gelten jeweils unterschiedliche → *Grenzwerte*, Aufenthaltsdauern und sonstige Vorschriften. Diese Expositionsbereiche sind:

- Expositionsbereich 2 (allgemein zugänglicher Bereich ohne sonstige Einschränkungen),
- Expositionsbereich 1 (kontrollierter Bereich),
- Bereich erhöhter Exposition und

- Gefahrbereich.

Bei der Festlegung dieser Expositionsbereiche wurden mittelbare und unmittelbare Wirkungen auf Personen berücksichtigt. Expositionen oberhalb der angegebenen Werte sind unzulässig.

5 Strahlenexposition

Strahlenexposition bedeutet, dass → *Strahlung* auf den menschlichen Körper trifft, in unterschiedlichem Maße im Gewebe absorbiert wird und abhängig von der Strahlungsart auf molekularer Ebene mit dem Körpergewebe in Wechselwirkung tritt. Die «Menge» der im Körper absorbierten Strahlung wird als Dosis bezeichnet. Verschiedene Strahlungsarten verursachen im Körpergewebe jedoch in ihrer Höhe stark unterschiedliche biologische Wirkungen, bezogen auf die gleiche absorbierte Dosis. Expositionsgrenzwerte sind festgelegt für die Bevölkerung sowie für Personen, die aufgrund ihres Berufs Strahlung ausgesetzt sind.

6 Hitzeexposition

Das Wärmeempfinden und die Wärmeerträglichkeit des Körpers sind wichtige Kriterien für die Beurteilung von → *Arbeit unter hoher Wärmebelastung*. Das Empfinden und die Erträglichkeit von Wärmestrahlung bis zum Schmerzempfinden auf der Haut begrenzen die max. mögliche Expositionszeit in Abhängigkeit von der Strahlungsintensität.

Bettina Huck

Fachkraft für Arbeitssicherheit

Fachkräfte für Arbeitssicherheit müssen vom Arbeitgeber bestellt werden, wenn die im Arbeitssicherheitsgesetz formulierten Voraussetzungen erfüllt sind. Sie haben die Aufgabe, den Arbeitgeber beim Arbeitsschutz und bei der Unfallverhütung in allen Fragen der Arbeitssicherheit einschließlich der menschengerechten Gestaltung der Arbeit zu unterstützen und zu beraten. Als Fachkräfte für Arbeitssicherheit können Sicherheitsingenieure, Sicherheitstechniker oder Sicherheitsmeister haupt- oder nebenamtlich bestellt werden, die über die erforderliche sicherheitstechnische Fachkunde verfügen. Die Bestellung muss schriftlich erfolgen.

Gesetze, Vorschriften und Rechtsprechung

Das Arbeitssicherheitsgesetz (ASiG) ist die Grundlage für die Tätigkeit von Fachkräften für Arbeitssicherheit. Es regelt insbesondere, wann Fachkräfte für Arbeitssicherheit bestellt werden müssen, welche Aufgaben sie haben und welche Qualifikationen sie aufweisen müssen. Die DGUV Vorschrift 2 «Betriebsärzte und Fachkräfte für Arbeitssicherheit» konkretisiert die Anforderungen des ASiG hinsichtlich der Fachkunde, der Einsatzzeitberechnung und den Aufgaben der Fachkräfte für Arbeitssicherheit.

1 Unterstützung des Arbeitgebers

Durch den Einsatz der Fachkräfte für Arbeitssicherheit soll erreicht werden, dass (so die Grundsätze des ASiG)

- die dem Arbeitsschutz und der Unfallverhütung dienenden Vorschriften den besonderen Betriebsverhältnissen entsprechend angewandt werden,
- gesicherte […] sicherheitstechnische Erkenntnisse zur Verbesserung des Arbeitsschutzes und der Unfallverhütung verwirklicht werden können,
- die dem Arbeitsschutz und der Unfallverhütung dienenden Maßnahmen einen möglichst hohen Wirkungsgrad erreichen.

Damit diese Grundsätze erfüllt werden können, sind bestimmte Bedingungen zu erfüllen, die im Folgenden dargestellt werden.

Fachkraft für Arbeitssicherheit

2 Schriftliche Bestellung

Der Arbeitgeber muss die Fachkräfte für Arbeitssicherheit schriftlich bestellen. Die in der Bestellung zu beschreibenden Aufgaben gem. § 6 ASiG sind an die Betriebsart (und deren Unfall- und Gesundheitsgefahren) anzupassen. Der Arbeitgeber muss dafür sorgen, dass die Fachkräfte für Arbeitssicherheit ihre Aufgaben erfüllen.

Das ist nur möglich, wenn die Fachkräfte für Arbeitssicherheit vom Arbeitgeber unterstützt werden, soweit das zur Erfüllung der Aufgaben erforderlich ist (Hilfspersonal, Räume, Einrichtungen, Geräte und Mittel). Näher beschreibt das ASiG die Unterstützungspflicht des Arbeitgebers allerdings nicht. Damit entsteht häufig ein Rechtfertigungsbedarf bei den Fachkräften für Arbeitssicherheit. Diese müssen i. d. R. mit einem begrenzten Budget auskommen und von Fall zu Fall begründen, warum sie ohne Sekretärin, Dienstfahrzeug, Handy, PC, div. Datenbanken, Internet-Zugriff, Videokamera, Digitalkamera, Scanner, Farblaserdrucker, Schallpegelmesser, Globe-Thermometer oder Beleuchtungsstärkemesser ihre Arbeit nur schlecht erledigen können.

Zusätzlich muss der Arbeitgeber den Fachkräften für Arbeitssicherheit die erforderliche Fortbildung ermöglichen (Kosten trägt der Arbeitgeber).

3 Aufgaben der Fachkräfte für Arbeitssicherheit

Die Fachkräfte für Arbeitssicherheit haben die Aufgabe, den Arbeitgeber beim Arbeitsschutz und bei der Unfallverhütung in allen Fragen der Arbeitssicherheit einschließlich der menschengerechten Gestaltung der Arbeit zu unterstützen (§ 6 Arbeitssicherheitsgesetz konkretisiert die Aufgaben):

Beratung bei:

- Planung, Ausführung und Unterhaltung von Betriebsanlagen und von sozialen und sanitären Einrichtungen,
- Beschaffung technischer → *Arbeitsmittel* und der Einführung von Arbeitsverfahren und Arbeitsstoffen,
- Auswahl und Erprobung von → *Körperschutzmitteln*,
- Arbeitsplatzgestaltung, Arbeitsablauf, Arbeitsumgebung und sonstige Fragen der Ergonomie,
- Beurteilung der Arbeitsbedingungen;

Prüfen von:

- Betriebsanlagen und technischen Arbeitsmitteln vor der Inbetriebnahme,
- Arbeitsverfahren vor ihrer Einführung;

Kontrollieren:

- → *Arbeitsstätten* in regelmäßigen Abständen begehen und festgestellte Mängel mitteilen, Maßnahmen zu deren Beseitigung vorschlagen und auf deren Durchführung hinwirken,
- Benutzung von Körperschutzmitteln,
- Ursachen von → *Arbeitsunfällen* ermitteln, Untersuchungsergebnisse erfassen und auswerten und dem Arbeitgeber Maßnahmen zur Verhütung dieser Arbeitsunfälle vorschlagen;

Hinwirken:

- Sicherheitsbewusstes Verhalten der Beschäftigten.

Anlage 2 DGUV V 2 beschreibt diese Aufgaben (Grundbetreuung und betriebsspezifischer Teil der Betreuung) detailliert.

3.1 Grundbetreuung

3.1.1 Aufgabenfelder

Folgende Aufgabenfelder gehören zu den Grundbetreuungsaufgaben für die Fachkräfte für Arbeitssicherheit (Anlage 2 DGUV V 2 Details siehe dort):

- Unterstützung bei der → *Gefährdungsbeurteilung* (Beurteilung der Arbeitsbedingungen);

- Unterstützung bei grundlegenden Maßnahmen der Arbeitsgestaltung (Verhältnisprävention);
- Unterstützung bei grundlegenden Maßnahmen der Arbeitsgestaltung (Verhaltensprävention, z. B. Unterstützung bei → *Unterweisungen*);
- Unterstützung bei der Schaffung einer geeigneten Organisation und Integration in die Führungstätigkeit (z. B. Integration des Arbeitsschutzes in die Aufbauorganisation);
- Untersuchung nach Ereignissen (z. B. Ermitteln von Unfallschwerpunkten);
- allgemeine Beratung von Arbeitgebern und → *Führungskräften*, betrieblichen Interessenvertretungen, Beschäftigten;
- Erstellung von Dokumentationen, Erfüllung von Meldepflichten;
- Mitwirken in betrieblichen Besprechungen (z. B. → *Arbeitsschutzausschuss*);
- Selbstorganisation (z. B. Fortbildung).

Diese Aufgabenfelder werden in Anhang 3 DGUV V 2 in vielen Fällen noch in Einzelaufgaben zergliedert.

3.1.2 Einsatzzeitberechnung

Siehe dazu detailliert: → *Betreuungsumfang*. Diese daraus resultierende Einsatzzeit ist eine Gesamteinsatzzeit für Betriebsärzte und für die Fachkräfte für Arbeitssicherheit. Mindestens 20 % dieser Zeit entfallen auf eine der beiden Fachkräftegruppen, jedoch nicht weniger als 0,2 Stunden pro MA und Jahr.

Praxis-Beispiel: Betrieb mit 2.000 Mitarbeitern

500 Mitarbeiter arbeiten in der Verwaltung, 500 sind in der Elektrizitätsversorgung, 500 in der Gasversorgung und 500 in der Behandlung und Beseitigung gefährlicher Abfälle tätig. Entsprechend Anlage 2 Abschn. 4 DGUV V 2 ergibt sich folgende Grundbetreuungszeit:

- Verwaltung = Gruppe I   500 MA × 0,5 h/MA und Jahr = 250 h/Jahr
- Elektrizitätsversorgung = Gruppe II   500 MA × 1,5 h/MA und Jahr   750 h/Jahr
- Gasversorgung = Gruppe II   500 MA × 1,5 h/MA und Jahr   750 h/Jahr
- Behandlung und Beseitigung gefährlicher Abfälle = Gruppe III   500 MA × 2,5 h/MA und Jahr = 1.250 h/Jahr

Gesamtgrundbetreuungszeit = 250 h + 750 h + 750 h + 1.250 h = 3.000 Stunden pro Jahr

Die Mindesteinsatzzeit für die Betriebsärzte wird daraufhin mit 600 Stunden pro Jahr und die für die Fachkräfte für Arbeitssicherheit mit 2.400 Stunden festzulegen sein. Die Grundbetreuung ist für den Betrieb jedoch nicht ausreichend, da es hier Gefährdungen gibt, die im Grundbetreuungsaufwand nicht enthalten sind. Diese sind aber in der betriebsspezifischen Betreuung enthalten.

3.2 Betriebsspezifischer Teil der Betreuung

Die Grundbetreuung kann aufgrund betrieblicher Besonderheiten um einen betriebsspezifischen Teil ergänzt werden, sodass sich durch die Aufgabenwahrnehmung dieser Tätigkeiten die Einsatzzeit erhöht. Zentrale Aufgabenfelder der betriebsspezifischen Betreuung sind (zu Details siehe Anhang 2 DGUV V 2):

- regelmäßig vorliegende betriebsspezifische Unfall- und Gesundheitsgefahren, Erfordernisse zur menschengerechten Arbeitsgestaltung;
- betriebliche Veränderungen in den Arbeitsbedingungen und in der Organisation;
- externe Entwicklung mit spezifischem Einfluss auf die betriebliche Situation;
- betriebliche Aktionen, Programme und Maßnahmen.

3.2.1 Leistungsermittlung für die betriebsspezifische Betreuung

Für die in → *3.2* genannten betriebsspezifischen Aufgabenfelder enthält Anhang 4 Abschnitt B DGUV V 2 eine Tabelle, um die zusätzlichen Leistungen zu ermitteln. In dieser Tabelle werden die betriebsspezifischen Besonderheiten aufgeführt und um Auslösekriterien und einen Leistungskatalog ergänzt. Zur Ermittlung der Einsatzzeit wird geprüft, ob das Auslösekriterium zutrifft. Anschließend werden die Leistungen hinsichtlich des Aufwands abgeschätzt. Je nach Anzahl der zutreffenden Auslösekriterien ergibt sich zusätzlich zur Grundbetreuung ein Zusatzaufwand für die Betriebsärzte und für die Fachkräfte für Arbeitssicherheit.

Praxis-Beispiel: Betriebsspezifische Besonderheit: Besondere Tätigkeiten

Auslösekriterien:

- Feuerarbeiten in brand- und explosionsgefährdeten Bereichen,
- Gefährliche Arbeiten an unter Druck stehenden Anlagen,
- Arbeiten in gasgefährdeten Bereichen,
- Andere gefährliche Arbeiten (Schweißen in engen Räumen, Sprengarbeiten, Fällen von Bäumen, …),
- Arbeiten unter Infektionsgefahren,
- Umgang mit ionisierender Strahlung, Arbeiten im Bereich elektromagnetischer Felder,
- Alleinarbeit,
- Andere Tätigkeiten, die besondere Schutzmaßnahmen erfordern,
- Tätigkeiten, die nicht typisch für den Wirtschaftszweig bzw. für das Kerngeschäft des Betriebs sind.

Sofern zutreffend werden für jedes Auslösekriterium die zugehörigen Leistungen beschrieben:

- Ermitteln und Analysieren der spezifischen Gefährdungssituation (Gefährdungsfaktoren, Quellen, gefahrbringende Bedingungen, Wechselwirkungen),
- Spezifische tätigkeitsbezogene Risikobeurteilungen,
- Ermitteln des relevanten Stands der Technik und Arbeitsmedizin,
- Beratung zum Festlegen von Soll-Zuständen für die ermittelten Risiken,
- Entwickeln von Schutzkonzepten,
- Umsetzen der Schutzkonzepte unterstützen und begleiten,
- Durchführen von regelmäßigen Wirkungskontrollen,
- Gefährdungsbeurteilung fortschreiben.

4 Einbindung in die Unternehmensorganisation

Sicherheitsfachkräfte können haupt- oder nebenamtlich bestellt werden. Die Tätigkeit kann aber auch durch externe Fachkräfte erfolgen. Sicherheitsfachkräfte müssen über die Erfüllung der übertragenen Aufgaben regelmäßig einen Bericht erstatten. Sie müssen mit dem → *Betriebsarzt* und dem → *Betriebsrat* zusammenarbeiten.

Bei mehr als 20 Beschäftigten muss das Unternehmen einen → *Arbeitsschutzausschuss* bilden, an dem die Sicherheitsfachkraft teilnimmt. Meist ist die Teilnahme im Arbeitsschutzausschuss für die Sicherheitsfachkraft auch mit dessen Leitung verbunden. Sicherheitsfachkräfte sind als sachverständige Berater des Unternehmers in Sicherheitsfragen tätig, und für die Folgen ihrer Beratung verantwortlich (falsche Ratschläge, übersehene gravierende Mängel, unzureichende Vorschläge zur Beseitigung von Mängeln können somit zu Rechtsfolgen führen).

Dirk Rittershaus

Fahrgerüste

Fahrgerüste und fahrbare Arbeitsbühnen werden eingesetzt, um kleinere Bau- und Instandhaltungsarbeiten an hoch gelegenen Arbeitsplätzen rationell durchzuführen. Es sind sehr flexible Arbeitsmittel, die mit geringem Aufwand an wechselnden Arbeitsplätzen eingesetzt werden können. Für alle Fahrgerüste ist ein Brauchbarkeitsnachweis erforderlich. Wird das Gerüst in der Regelausführung aufgebaut, gilt der Brauchbarkeitsnachweis als erbracht. Fahrgerüste dürfen nur unter Aufsicht einer befähigten Person auf-, ab- oder umgebaut werden. Die dabei beteiligten Beschäftigten müssen fachlich geeignet und speziell für diese Arbeiten unterwiesen sein.

Gesetze, Vorschriften und Rechtsprechung

- Betriebssicherheitsverordnung (BetrSichV)
- DIN EN 1004 «Fahrbare Arbeitsbühnen aus vorgefertigten Bauteilen Werkstoffe, Maße, Lastannahmen und sicherheitstechnische Anforderungen, 2005»
- DIN 4420-3 «Arbeits- und Schutzgerüste, Teil 3: Ausgewählte Gerüstbauarten und ihre Regelausführung, 2006»
- DIN EN 12811-1 «Temporäre Konstruktionen für Bauwerke – Teil 1: Arbeitsgerüste; Leistungsanforderungen, Entwurf, Konstruktion und Bemessung, 2004»

1 Begriffsbestimmung

Fahrgerüste werden grundsätzlich unterschieden in:

- fahrbare Arbeitsbühnen
- fahrbare Gerüste und
- Kleingerüste.

Als **fahrbare Arbeitsbühnen** werden Fahrgerüste bezeichnet, die als einfeldige Gerüstkonstruktionen nach DIN EN 1004 aus vorgefertigten (systemabhängigen) Bauteilen errichtet werden.

Fahrbare Gerüste nach DIN 4420-3 bestehen aus Bauteilen eines Systemgerüstes erstellte Arbeitsgerüste, die auf Fahrrollen stehen und verfahren werden können.

Kleingerüste sind gerüstähnliche Konstruktionen mit mehr als 1,00 m Standhöhe, die aus einer Gerüstlage mit unveränderlicher Länge und Breite bestehen und freistehend als Schnellbaugerüste benutzt werden können.

2 Einteilung und Auswahlkriterien

Ein wichtiges Kriterium zur Auswahl der Fahrgerüste für die jeweiligen Arbeiten bildet die Gerüstgruppe bzw. Lastklasse:

- Gerüstgruppe/Lastklasse 1: nur für leichte Inspektionstätigkeiten;
- Gerüstgruppe/Lastklasse 2: nur für Bau- und Instandhaltungsarbeiten, die kein Lagern von Materialien erfordern, zum Beispiel für → *Instandhaltungsarbeiten*, → *Reinigungsarbeiten*.
- Gerüstgruppe/Lastklasse 3: nur für Bau- und Instandhaltungsarbeiten, bei denen die Belastung aus Personen und Material das flächenbezogene Nutzgewicht von 200 kg/m^2 nicht überschreitet, z. B.

Putz- oder Stuckarbeiten mit geringer Materiallagerung,

Instandsetzungsarbeiten an Installationen der Haustechnik,

Malerarbeiten, Beschichtungsarbeiten.

2.1 Fahrbare Arbeitsbühnen

Als fahrbare Arbeitsbühnen (**Abb. 1**) werden nach DIN EN 1004 Gerüstkonstruktionen bezeichnet, die

- freistehend benutzt werden können,
- eine oder mehrere Belagflächen aufweisen,
- aus vorgefertigten Bauteilen zusammengesetzt sind,
- planmäßige Maße aufweisen,
- üblicherweise vier Füße und mindestens vier Fahrrollen aufweisen,
- standsicher sind durch an der Aufstellfläche wirkende Stabilisierungsmaßnahmen und, sofern erforderlich, durch eine Konstruktion zur Wandabstützung.

Fahrbare Arbeitsbühnen nach DIN EN 1004 dürfen nur für die Gerüstgruppen 2 oder 3 bemessen werden (**Tab. 1**).

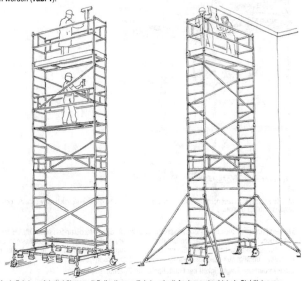

Abb. 1: Fahrbare Arbeitsbühnen mit Ballastierung (links) und mit Auslegern (rechts) als Stabilisierungsmaßnahmen

Gerüstgruppe	Gleichmäßig verteilte Last in kN/m²
2	1,50
3	2,00

Tab. 1: Gerüstgruppen der gleichmäßig verteilten Last nach DIN EN 1004

2.2 Fahrbare Gerüste

Fahrbare Gerüste sind nach DIN 4420-3 Gerüste mit längen- oder flächenorientierten Gerüstlagen aus Stahlrohren, Kupplungen und Systembauteilen, die auf Fahrrollen stehen und verfahren werden können (**Abb. 2**).

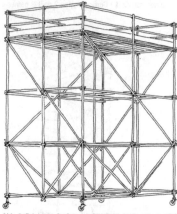

Abb. 2: Fahrbares Gerüst nach DIN 4420-3; Hinweis: Aus Gründen der Übersichtlichkeit wurde der Leitergang nicht dargestellt.

Werden Fahrrollen als Lenkrollen verwendet, müssen sie den Anforderungen nach DIN EN 1004 entsprechen. Fahrrollen müssen hinsichtlich ihrer Tragfähigkeit und mit ihrer zulässigen Gebrauchslast gekennzeichnet sein. Sie müssen vollwandig, schlauchlos und so an den fahrbaren Gerüsten befestigt sein, dass sie gegen unbeabsichtigtes Lösen gesichert sind.

Die erforderliche Tragfähigkeit der Fahrrollen ist im Einzelfall zu ermitteln.

Fahrbare Gerüste aus Stahlrohren und Kupplungen dürfen in der Regelausführung

- nur auf höchstens 6,0 m² der Belagfläche mit dem flächenbezogenen Nutzgewicht der Lastklassen 1 bis 3 nach DIN EN 12811-1 belastet werden. Die verbleibende Belagfläche darf mit maximal 0,75 kN/m² belastet werden.
- in Längs- und Querrichtung höchstens zweifeldrig ausgeführt werden. Dabei darf ein Verhältnis von Standhöhe zur kleinsten Aufstandbreite von höchstens 3 : 1 nicht überschritten werden. Die Standhöhe darf 12 m nicht übersteigen. Der Vertikalabstand der Längs- und Querriegel darf jeweils 2,0 m nicht überschreiten. Der Ständerabstand muss **Tab. 2** entsprechen.

Lastklasse	Waagerechter Abstand der Längsriegel max. in m	Waagerechter Abstand der Querriegel max. in m
1	1,75	2,50
2	1,50	2,25
3	1,50	2,00

Tab. 2: Regelausführung von fahrbaren Gerüsten aus Stahlrohren und Kupplungen nach DIN 4420-3

> **Achtung: Aufstandbreite größer als Belagbreite**
> Fahrbare Gerüste aus Stahlrohren und Kupplungen, bei denen durch konstruktive Maßnahmen die Aufstandbreite gegenüber der Belagbreite vergrößert wird, entsprechen nicht der Regelausführung und bedürfen eines gesonderten Brauchbarkeitsnachweises.

Bei einer Windstärke über 6 muss das Gerüst gesichert werden.

2.3 Kleingerüste

Fahrbare Kleingerüste (**Abb. 3**) sind gerüstähnliche Konstruktionen mit mehr als 1,00 m Standhöhe, die aus einer Gerüstlage mit unveränderlicher Länge und Breite bestehen und freistehend benutzt werden können.

Vorgaben:

- Belagbreite von min. 0,5 m; die max. zulässige Standhöhe ist auf 2,0 m beschränkt,
- Fahrrollen nach DIN EN 1004,
- Einrichtung zum Anbringen eines Seitenschutzes, wenn die Belaghöhe von Kleingerüsten größer als 1,0 m ist.

Kleingerüste gibt es als sehr flexibel und rationell einsetzbare Schnellbaugerüste. Es werden auch Bauarten aus Glasfaserstoffen angeboten, die sich für Arbeiten an elektrischen Anlagen oder unter Einwirkung chemisch aggressiver Stoffe eignen.

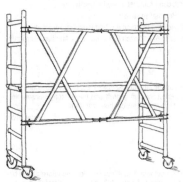

Abb. 3: Kleingerüst

3 Aufbau von Fahrgerüsten

Für alle Fahrgerüste ist ein Brauchbarkeitsnachweis zu erbringen. Wird das Gerüst in der Regelausführung aufgebaut, gilt der Brauchbarkeitsnachweis als erbracht. Für alle fahrbaren Arbeitsbühnen aus vorgefertigten Systembauteilen werden durch die Hersteller Aufbau- und Verwendungsanleitungen mitgeliefert, die die Regelausführung beschreiben. Dabei dürfen nur Bauteile eines Herstellers verwendet werden.

Fahrgerüste dürfen nur unter Aufsicht einer → *befähigten Person* auf-, ab- oder umgebaut werden. Die dabei beteiligten Beschäftigten müssen fachlich geeignet und speziell für diese Arbeiten → *unterwiesen* sein.

Die Belaghöhe von fahrbaren Arbeitsbühnen richtet sich nach der Aufbau- und Verwendungsanleitung und darf höchstens betragen:

- in Gebäuden max. 12,0 m
- außerhalb von Gebäuden max. 8,0 m

Für den sicheren Aufstieg müssen konstruktiv festgelegte Innenaufstiege vorhanden sein. Überbrückungen zwischen Fahrgerüsten untereinander oder Gebäuden und Bauteilen sind unzulässig.

Das Anbringen von Hebezeugen ist verboten. Ausnahmen sind nur möglich, wenn die Aufbau- und Verwendungsanleitung des Herstellers dieses ausdrücklich zulässt.

An Fahrgerüsten muss an der jeweiligen Arbeitsebene ein dreiteiliger Seitenschutz vorhanden sein.

Als Ballast dürfen nur feste Baustoffe (Stahl Beton), jedoch keine flüssigen oder körnigen Stoffe eingesetzt werden. Der Ballast muss gegen unbeabsichtigte Lageveränderungen gesichert werden.

4 Richtige Verwendung von Fahrgerüsten

- Fahrbare Arbeitsbühnen vor der Verwendung von einer → *befähigten Person* prüfen lassen;
- bei der Benutzung zulässige Belastung beachten;
- für die Anwendung von fahrbaren Gerüsten wird zwischen Standhöhe und Arbeitshöhe unterschieden: Standhöhe = Abstand zwischen Aufstellfläche und der obersten Belagfläche;
- Fahrgerüste nur langsam und auf ebenem, tragfähigem und hindernisfreiem Untergrund verfahren und dabei jeglichen Anprall vermeiden; nur in Längsrichtung oder übereck verfahren;
- Fahrrollen nach jedem Verfahren durch den Bremshebel wieder feststellen;
- vor jedem Verfahren lose Teile gegen Herabfallen sichern;
- der Aufenthalt von Personen auf Fahrgerüsten während des Verfahrens ist verboten;
- bei aufkommendem Sturm (ab Windstärke 6) und nach Beendigung der Arbeiten Fahrgerüste gegen Umsturz sichern.

5 Prüfungen

Aus Bauteilen eines Systemgerüstes errichtete fahrbare Gerüste müssen vor Inbetriebnahme durch eine → *befähigte Person* auf ihre Brauchbarkeit geprüft und diese nachgewiesen werden. Die Prüfergebnisse sind an der Einsatzstelle zur Einsicht bereitzuhalten.

Gunter Weber

Fahrlässigkeit

Fahrlässigkeit ist die Nichtbeachtung der im betrieblichen Alltag erforderlichen Sorgfalt. Im betrieblichen Arbeits- und Gesundheitsschutz wird mit dem Maßstab der Fahrlässigkeit eingeschätzt, inwieweit jemand die Verantwortung für sein Handeln zu übernehmen hat und ggf. haften muss bzw. ordnungswidrigkeitenrechtlich bzw. strafrechtlich belangt werden kann.

Gesetze, Vorschriften und Rechtsprechung

Definiert ist die Fahrlässigkeit in § 276 BGB. Fahrlässiges Handeln ist v. a. Gegenstand rechtlicher Regelungen im bürgerlichen Recht, Strafrecht und betrieblichen Regelungen bzw. dem Arbeitsvertrag.

1 Was ist Fahrlässigkeit eigentlich?

Bei Fahrlässigkeit geht es um den Haftungsmaßstab, wenn für eigenes oder fremdes Verhalten eingestanden werden muss. Nach § 276 Abs. 2 BGB ist Fahrlässigkeit das Außer-Acht-Lassen «der im Verkehr erforderlichen Sorgfalt». Um fahrlässig handeln zu können, muss ein rechts- bzw. pflichtwidriges Handeln und dessen Folgen voraussehbar und vermeidbar sein. Zudem muss ein alternatives Verhalten in der jeweiligen Situation zumutbar sein.

Der Fahrlässigkeitsmaßstab ist dabei die objektiv erforderliche Sorgfalt, nicht die übliche Sorgfalt.

> **Praxis-Beispiel: Schädigung eines Kollegen**
>
> Kommt es zur Schädigung eines Kollegen, weil objektiv einzuhaltende Regeln nicht beachtet werden, haftet der Schädiger aus Fahrlässigkeit und zwar auch dann, wenn diese Regeln im betrieblichen Alltag nicht bis ins letzte Detail befolgt werden und es dabei bislang auch nicht zu einem Schaden gekommen ist.

2 Vorsatz und grobe Fahrlässigkeit

Fahrlässigkeit wird vom Vorsatz abgegrenzt. Zudem wird bei Fahrlässigkeit die grobe und die einfache Fahrlässigkeit unterschieden:

- **Vorsatz:** Die schädigende Handlung wird wissentlich und auch aktiv gewollt vorgenommen, in dem Bewusstsein, gegen bestehende Regeln zu verstoßen und dadurch jemanden zu schädigen.
- **Grobe Fahrlässigkeit:** Sie liegt bei der Außerachtlassung der erforderlichen Sorgfalt in besonders schwerem Maße vor und bedeutet leichtfertiges Handeln, d. h. die Nichtbeachtung einfacher, offenkundiger und grundlegender Regeln oder die Verletzung besonders wichtiger Sorgfaltsregeln und die Inkaufnahme eines besonderen Schadens.
- **Fahrlässigkeit:** Ist das Außerachtlassen der erforderlichen Sorgfalt, die Verletzung von Sorgfaltspflichten, d. h. Verursachung eines Schadens, obwohl der Schadenseintritt für den Schädiger erkennbar war oder erkennbar gewesen wäre sowie die Inkaufnahme eines möglichen Schadens.

3 Straf- und Ordnungswidrigkeitenrecht

Im Straf- und Ordnungswidrigkeitenrecht gibt es die Möglichkeit der fahrlässigen Begehung einer Tat. Strafbar ist fahrlässiges Handeln allerdings nur dann, wenn dieses ausdrücklich mit einer Strafe bedroht ist (§ 15 StGB). Der Fahrlässigkeitsbegriff des Strafrechts entspricht dem aus dem Zivilrecht (s. o.).

Im Strafrecht wird jedoch zwischen bewusster und unbewusster Fahrlässigkeit unterschieden:

- Bei der bewussten Fahrlässigkeit rechnet der Handelnde mit dem möglichen Eintritt des Schadens, vertraut aber pflichtwidrig und vorwerfbar darauf, dass der Schaden nicht eintreten wird.
- Bei der unbewussten Fahrlässigkeit sieht der Handelnde den Erfolg nicht voraus, hätte ihn aber bei der im Verkehr erforderlichen und ihm zumutbaren Sorgfalt voraussehen und verhindern können.

Nimmt der Handelnde den Erfolg im Bereich der bewussten Fahrlässigkeit billigend in Kauf, liegt der sog. bedingte Vorsatz (dolus eventualis) vor. In diesem Fall ist das Handeln wie eine Vorsatztat zu bewerten.

Joachim Schwede

Fahrzeuge

Güter und Waren müssen nicht nur innerhalb des Betriebs bewegt, sondern z. B. auch vom Hersteller zum Händler transportiert werden. Zum Einsatz kommen v. a. Land- oder Schienenfahrzeuge, seltener Wasserfahrzeuge. Im betrieblichen Bereich unterscheidet man u. a. zwischen

- maschinell angetriebenen, nicht an Schienen gebundenen Landfahrzeugen und deren Anhängefahrzeugen,
- dem fahrzeugtechnischen Teil von Arbeitsmaschinen und Arbeitseinrichtungen, sofern sie selbstfahrend oder als Anhängefahrzeuge verfahrbar sind,
- Flurförderzeugen wie z. B. Gabelstapler, die mit Rädern auf Flur laufen und frei lenkbar, zum Befördern, Ziehen oder Schieben von Lasten eingerichtet und zur innerbetrieblichen Verwendung bestimmt sind.

Der Unternehmer muss Sicherheit und Gesundheit der Beschäftigten gewährleisten. Dies kann nur sichergestellt werden, wenn Fahrzeuge regelmäßig gewartet und geprüft und die Beschäftigten unterwiesen werden.

Gesetze, Vorschriften und Rechtsprechung

Zur Anwendung kommen u. a.:

- Betriebssicherheitsverordnung (BetrSichV)
- BGV D 27 «Flurförderzeuge»
- BGV D 29 «Fahrzeuge»
- BGV D 30 «Schienenbahnen»
- TRGS 554 «Dieselmotoremissionen»

1 Arten von Fahrzeugen

Für Wasserfahrzeuge und Schienenbahnen gelten spezielle Regelwerke. Betriebe setzen v. a. Fahrzeuge nach BGV D29 sowie Flurförderzeuge ein. Fahrzeuge, für die die BGV D29 gilt sind u. a.:

- Personenkraftwagen,
- Lastkraftwagen (LKW),
- Speziallastkraftwagen, z. B. Feuerwehrfahrzeuge, Kommunalfahrzeuge, Wechselbehälter-Umsetzfahrzeuge,
- Kraftomnibusse,
- Sonderkraftfahrzeuge, z. B. Krankentransportwagen, Behindertentransportwagen,
- Zugmaschinen,
- einspurige Kraftfahrzeuge z. B. Krafträder und deren Anhängefahrzeuge.

Fahrzeuge sind überwiegend zulassungspflichtig und dürfen nur mit behördlicher Betriebserlaubnis (z. B. Fahrzeugbrief) gefahren werden. Zu den nicht zulassungspflichtigen aber betriebserlaubnispflichtigen Fahrzeugen gehören neben Mofas und Kleinkrafträdern auch bestimmte selbstfahrende Arbeitsmaschinen.

2 Antriebsarten

I. d. R. sind Verbrennungskraftmaschinen im Einsatz, v. a. Dieselverbrennungsmotoren (vgl. Dieselmotoremissionen). Der Unternehmer muss dafür sorgen, dass Gesundheitsgefährdungen bzw. Belästigungen der Beschäftigten durch Abgase das «unvermeidbare Maß» nach dem Stand der Technik nicht überschreiten (§ 16 BGV D29). Beschäftigte müssen vor Verbrennungen an heißen Oberflächen oder Vergiftung durch Abgase geschützt werden.

3 Anforderungen und Sicherheitseinrichtungen

Fahrzeuge müssen gekennzeichnet, folgende Angaben müssen deutlich erkennbar und dauerhaft angebracht sein (§ 5 BGV D29):

- Hersteller oder Lieferant,
- Fahrzeugtyp,
- Fabriken-Nr., Fahrzeug-Identifizierungsnummer oder Fahrgestell-Nr.,
- zulässiges Gesamtgewicht,
- zulässige Achslasten, außer bei Krafträdern und bei Gleiskettenfahrzeugen,
- ggf. Leergewicht, außer bei Arbeitsmaschinen,
- ggf. Baujahr,
- ggf. zulässige Anhängelast.

Weitere Anforderungen sind u. a.:

- geeignete und verstellbare Sitze,
- Fahrzeug gegen unbefugte Benutzung gesichert,
- ggf. auffälliger Anstrich z. B. für Müllsammel- oder Feuerwehrfahrzeuge.

Sicherheitseinrichtungen sollen Beschäftigte schützen, diese sind u. a.:

- **Geschlossenes Führerhaus:** Maschinell angetriebene Fahrzeuge, die vorwiegend im Freien eingesetzt werden, müssen grundsätzlich mit einem geschlossenen Führerhaus ausgerüstet sein. Einrichtungen zum Beheizen und Belüften sind dann erforderlich (§§ 6, 7 BGV D29).

- **Sicherheitsgurte und Rückhaltsysteme:** In Abhängigkeit von Fahrzeugart sowie Ausrichtung und Art der Sitze müssen Schulterschräg- und/oder Beckengurte (3-Punkt- bzw. 2-Punktgurte) vorhanden sein, auf Liegeplätzen müssen Personen gegen das Herausfallen gesichert sein.
- **Einrichtungen für Schallzeichen**.
- **Signaleinrichtungen** zur Verständigung mit dem Fahrzeugführer, z. B. bei Müllsammelfahrzeugen,
- **Einrichtungen gegen Kippen** von Anhängerfahrzeugen.
- **Unterlegkeile** für mehrspurige Fahrzeuge (Fahrzeuge mit 4, 6 oder 8 Rädern), z. B. Lkw.

4 Führen

Fahrzeuge selbstständig führen dürfen grundsätzlich nur Beschäftigte (§ 35 BGV D29)

- die das 18. Lebensjahr vollendet haben,
- die körperlich und geistig geeignet sind,
- die im Führen des Fahrzeuges unterwiesen sind und ihre Befähigung hierzu gegenüber dem Unternehmer nachgewiesen haben (z. B. Führerschein) und
- von denen zu erwarten ist, dass sie die ihnen übertragenen Aufgaben zuverlässig erfüllen.

Sie werden vom Unternehmer bestimmt. Vom Hersteller gelieferte Betriebsanleitungen müssen befolgt werden. Ggf. muss der Unternehmer → *Betriebsanweisungen* erstellen, sie sind dann Gegenstand der Unterweisung nach § 12 ArbSchG. Darin wird auch der sichere Umgang und Betrieb vermittelt, z. B. bei folgenden Tätigkeiten:

- Be- und Entladen,
- Kuppeln,
- Besteigen, Verlassen, Begehen,
- Verhalten vor und während der Fahrt,
- Ziehen von Lasten,
- Anhalten und Abstellen.

Für maschinell angetriebene mehrspurige Fahrzeuge muss der Unternehmer grundsätzlich Warnkleidung (z. B. Warnweste) für wenigstens einen Beschäftigten zur Verfügung stellen (§ 31 BGV D29). Die Warnkleidung muss z. B. getragen werden, wenn Instandsetzungsarbeiten auf öffentlichen Straßen durchgeführt werden (§ 56 BGV D29).

5 Prüfungen

Vor Beginn jeder Arbeitsschicht muss der Fahrzeugführer prüfen, ob Betätigungs- und Sicherheitseinrichtungen wirksam sind. Während der Fahrt muss er beobachten, ob Mängel vorhanden sind. Falls Mängel auftreten, muss er seine Ablösung bzw. den Aufsichtführenden darüber informieren (§ 36 BGV D29).

Fahrzeuge müssen bei Bedarf, jedoch mind. jährlich von einem Sachkundigen (→ *befähigte Person* auf betriebssicheren Zustand geprüft werden (§ 57 BGV D29). Der Unternehmer ist verantwortlich, dass die Prüfungen durchgeführt und dokumentiert werden.

> **Wichtig: Unterschiedliche Prüffristen für Personenkraftwagen**
> Während für Geschäftswagen also eine jährliche Prüfung des betriebssicheren Zustands erforderlich ist, gilt für dienstlich oder geschäftlich genutzte Privatwagen eine Prüffrist von 2 Jahren.

Bettina Huck

Feuchtarbeiten

Unter Feuchtarbeiten werden Tätigkeiten verstanden, bei denen die Beschäftigten einen erheblichen Teil ihrer Arbeitszeit Arbeiten im feuchten Milieu ausführen oder flüssigkeitsdichte Handschuhe tragen oder häufig oder intensiv ihre Hände reinigen. Feuchtarbeit wird als eine der wesentlichsten Ursachen für berufsbedingte Hauterkrankungen angesehen und muss daher in den betroffenen Branchen unbedingt Bestandteil der Gefährdungsbeurteilung sein.

Gesetze, Vorschriften und Rechtsprechung

Für Feuchtarbeiten ist die TRGS 401 «Gefährdung durch Hautkontakt – Ermittlung, Beurteilung, Maßnahmen» die rechtliche Grundlage für die betriebliche Praxis.

Weitere wichtige Vorschriften sind:

- TRGS 530 «Friseurhandwerk»
- BGR 197 «Benutzung von Hautschutz»
- BGI 658 «Hautschutz in Metallbetrieben»

1 Hautschädigungen durch Feuchtarbeiten

Die häufige Einwirkung von Wasser und wässrigen Arbeitsstoffen schädigt die Haut auf unterschiedliche Weise:

- Die oberen Hautschichten quellen auf und werden weniger widerstandsfähig.
- Hautfette und andere zellverbindende Substanzen werden ausgewaschen und hinterlassen die Haut porös und durchlässig. Das führt zum Austrocknen und damit zur Schädigung tiefer liegender Hautschichten und ermöglicht das Eindringen von Schadstoffen wie toxischen Stoffen und Allergenen.

Verschärft wirken diese Mechanismen noch:

- wenn im Arbeitsumfeld Haut gefährdende Gefahrstoffe eine Rolle spielen,
- bei Personen mit einschlägigen persönlichen Dispositionen (empfindliche oder vorgeschädigte Haut).

Diese Belastungen entstehen:

- an Arbeitsplätzen, an denen mit Wasser oder im nassen Umfeld gearbeitet wird,
- wenn das regelmäßige und längere Tragen von flüssigkeitsdichten → *Handschuhen* erforderlich ist. Hier verursacht der im Handschuh entstehende Feuchtigkeitsstau an der Haut ähnliche Wirkungen.

Gerade wenn es an → *Hautschutz* bzw. -pflege mangelt, entstehen meist an den Händen typische Schadensbilder wie Rötung, Hauttrockenheit, Schuppung, Einrisse und Juckreiz (Abnutzungsekzem). Sie werden bei anhaltender Belastung oft chronisch und können in eine beruflich bedingte Erkrankung der Haut übergehen, die u. U. eine Beschäftigung unmöglich macht – zumindest vorübergehend.

> **Wichtig: Zahlreiche Berufskrankheitsfälle**
>
> Derartige Erkrankungen dominieren seit Jahren das Berufskrankheitengeschehen (höchste Zahl angezeigter Verdachtsfälle). Deshalb wird gerade vonseiten der Aufsichtsbehörden in den letzten Jahren großer Wert auf Prävention bei Hautrisiken wie Feuchtarbeit gelegt.

Feuchtarbeit ist typischerweise relevant in Bereichen wie

- Lebensmittelherstellung und -verarbeitung,
- Friseurgewerbe,
- Pflegeberufe,
- → *Reinigungsberufe*,
- Metallverarbeitung (→ *Kühlschmierstoffe*).

2 Gefährdungsbeurteilung

Bei der → *Gefährdungsbeurteilung* muss der Arbeitgeber im Hinblick auf Hautgefährdungen u. a. ermitteln, ob Kriterien für Feuchtarbeit vorliegen. Dazu gehören Tätigkeiten, bei denen die Beschäftigten einen erheblichen Teil ihrer Arbeitszeit, d. h.

1. regelmäßig mehr als zwei Stunden pro Tag mit ihren Händen Arbeiten im feuchten Milieu ausführen oder
2. häufig bzw. intensiv ihre Hände reinigen müssen oder
3. einen entsprechenden Zeitraum Schutzhandschuhe mit Okklusionseffekt (Wärme- und Feuchtigkeitsstau) tragen (vgl. Abschn. 3.3.4 TRGS 401).

Zeiten der Arbeiten im feuchten Milieu und Zeiten des Tragens von flüssigkeitsdichten Handschuhen müssen addiert werden, außer es werden wirksame Maßnahmen zur Regeneration der Haut ergriffen (Abschn. 3.3.4 Abs. 2 und 3 TRGS 401).

3 Schutzmaßnahmen

Bei anderen Hautgefährdungen sieht die TRGS 401 eine Einteilung in geringe, mittlere und hohe Gefährdungskategorien vor und weist entsprechende Schutzmaßnahmen zu. Aus systematischen Gründen erfolgt dies bei Feuchtarbeit nicht.

Stattdessen muss der Arbeitgeber durch organisatorische Maßnahmen sicherstellen, dass unvermeidbare Feuchtarbeit soweit wie möglich auf mehrere Beschäftigte verteilt wird, um für den Einzelnen die → *Exposition* zu verringern. Anzustreben ist ein Wechsel von Feucht- und Trockenarbeit, wobei der Anteil der Feuchtarbeit soweit wie möglich begrenzt werden soll (Abschn. 5.3 TRGS 401). Diese Forderung ist in Branchen wie Pflegedienst, Frisör- und Reinigungsgewerbe eher umsetzbar als z. B. in manchen Bereichen der Lebensmittelindustrie.

Weiterhin müssen die allgemeinen Schutzmaßnahmen in der TOP-Reihenfolge (technisch, organisatorisch und persönlich) umgesetzt werden, die für alle Hautgefährdungen relevant sind. Im Hinblick auf Feuchtarbeiten gilt besonders:

- Arbeitsgeräte verwenden, die Hautkontakt vermeiden: Ein typisches Beispiel im Reinigungsgewerbe sind Wischmoppsysteme oder vorgetränkte Tücher, durch die bei der manuellen Bodenpflege die Hände kaum mit der Reinigungslösung in Kontakt kommen. Im Lebensmittelbereich reduziert die Automatisation von Arbeitsschritten feuchtigkeitsintensive Tätigkeiten.
- Hände nicht öfter oder intensiver waschen als unbedingt nötig.
- Arm- und Handschmuck bei der Arbeit ablegen, weil darunter die Entstehung krankhafter Hautveränderungen begünstigt wird.
- Hautschutz- und -pflegemittel verwenden.
- Schutzhandschuhe nicht länger als nötig tragen: Hier gilt eine Obergrenze von 4 Stunden (ununterbrochen), bis zu der das Tragen von Handschuhen überhaupt als Schutzmaßnahme infrage kommt (Abschn. 6.4.2 TRGS 401). Bei geringen Einwirkungen von → *Gefahrstoffen* soll im Einzelfall in Betracht gezogen werden, ob eine schonende Hautreinigung nicht hautfreundlicher ist als langes Handschuhtragen.
- Nur die vorgesehenen Schutzhandschuhe für eine Tätigkeit benutzen: Zum Beispiel sind beflockte Haushaltshandschuhe bei Reinigungsarbeiten hautschonender als flüssigkeitsdichte Einmalhandschuhe, die manchmal von Beschäftigten als scheinbar «hygienischer» bevorzugt werden.
- Wenn regelmäßig Handschuhe getragen werden müssen, müssen Hautschutz- und -pflegemittel und Handschuhe aufeinander abgestimmt werden, um bestmöglichen Schutz zu erzielen. Ggf. mindestens stündlicher Wechsel von flüssigkeitsdichten Handschuhen oder Verwendung von Unterziehhandschuhen aus Baumwolle, um Feuchtigkeitsstau zu vermeiden. Hautschutz- und ggf. Handschuhplan entsprechend gestalten.

4 Information der Beschäftigten

Der Arbeitgeber muss die betroffenen Mitarbeiter über die bei Feuchtarbeiten auftretenden Gefährdungen und die notwendigen Maßnahmen bei Arbeitsantritt und danach mind. jährlich → *unterweisen* bzw. auch durch den Hautschutzplan oder eine → *Betriebsanweisung* aufklären (Abschn. 7.1 TRGS 401).

5 Arbeitsmedizinische Vorsorgeuntersuchungen

Wenn Feuchtarbeit über regelmäßig mehr als zwei Stunden am Tag ausgeführt wird, muss der Arbeitgeber den Beschäftigten die → *arbeitsmedizinische Vorsorgeuntersuchung* G24 «Hauterkrankungen» anbieten (Abschn. 8.1 TRGS 401). Es handelt sich um eine Angebotsuntersuchung, d. h. sie ist keine Voraussetzung für die Ausübung der Tätigkeit, und der Arbeitgeber erhält keine Kopie des Untersuchungsergebnisses.

Bei Feuchtarbeit ab vier Stunden pro Tag muss der Arbeitgeber verbindlich die arbeitsmedizinische Vorsorgeuntersuchung veranlassen, ohne die eine Beschäftigung mit den betreffenden Tätigkeiten nicht möglich ist (Pflichtuntersuchung, vgl. Abschn. 8.2 Abs. 2 TRGS 401, § 16 und Anhang V Nr. 2.1 GefStoffV).

Cornelia von Quistorp

Feuerlöschgeräte

Feuerlöschgeräte sind Einrichtungen und Geräte zur Bekämpfung von Entstehungsbränden, die in jeder Betriebsstätte vorhanden sein müssen. Die Art der Löschgeräte und deren Anzahl richten sich nach der Betriebsgröße, der jeweiligen Betriebsart und nach der Brandgefährdungseinstufung.

Gesetze, Vorschriften und Rechtsprechung

Grundlegend für die Ausstattung von Betrieben mit Löscheinrichtungen ist v. a. Anhang 2.2 Arbeitsstättenverordnung. Demnach hängt die Anzahl der erforderlichen Feuerlöscheinrichtungen ab von der Abmessung und Nutzung von Arbeitsstätten, der Brandgefährdung vorhandener Einrichtungen und Materialien und der größtmöglichen Anzahl anwesender Personen. Konkretisierungen erfolgen in ASR A2.2 «Maßnahmen gegen Brände» und BGR 133 «Ausrüstung von Arbeitsstätten mit Feuerlöschern».

1 Arten

Feuerlöschgeräte sind Feuerlöscheinrichtungen, die in erster Linie den im Betrieb anwesenden Personen zum Löschen von Entstehungsbränden dienen. Dies können sein:

- tragbare oder fahrbare Feuerlöscher,
- Löschdecken,
- Wandhydranten.

2 Standortwahl und Kennzeichnung

Die Standorte dieser Brandbekämpfungseinrichtungen sind so zu wählen, dass sie leicht erkennbar und erreichbar sind. Sie müssen deutlich und dauerhaft mit den vorgeschriebenen Hinweiszeichen **gemäß ASR A1.3 «Sicherheits- und Gesundheitskennzeichnung» gekennzeichnet werden (Abb. 1 bis 3).**

Feuerlöschgeräte

Abb. 1: Feuerlöscher

Abb. 2: Löschdecke

Abb. 3: Wandhydrant

3 Tragbare Feuerlöscher

Tragbare Feuerlöscher dienen der Bekämpfung von Entstehungsbränden und müssen in allen Unternehmen vorhanden sein. Auswahl und Anzahl haben gemäß BGR 133 «Ausrüstung von Arbeitsstätten mit Feuerlöschern» zu erfolgen. Früher wurde die Berechnung nach der Löschmittelmenge eines Feuerlöschers durchgeführt. Durch die Einführung der EU-Normen ist heute das sog. Löschvermögen ausschlaggebend. Die Löschmittelhersteller müssen demnach die sog. Löschmitteleinheiten des jeweiligen Löschers angeben und nachweisen. Die Auswahl und die Berechnung der notwendigen Anzahl ist eine klassische Aufgabe eines → *Brandschutzbeauftragten* oder einer → *Fachkraft für Arbeitssicherheit*. Feuerlöscher sind sehr vielseitig und nach einer entsprechenden Einweisung von jedem bedienbar.

Ein Universallöschmittel für die unterschiedlichen in den Betrieben vorkommenden brennbaren Stoffe und Materialien gibt es leider nicht. Daher müssen unterschiedliche Löschmittel eingesetzt werden. Im Wesentlichen wird unterschieden zwischen:

- Wasserlöscher: vorrangig für feste, glutbildende Stoffe (Holz, Textilien, Papier etc.), deren Löschprinzip auf der Abkühlung der brennenden Stoffe beruht.
- Pulverlöscher: für feste, glutbildende, flüssige oder flüssig werdende (Benzin, Fette, Lacke) sowie gasförmige Stoffe (Methan, Propan, Stadtgas). Das Löschprinzip ist das Verdrängen des Sauerstoffes und damit verbundene Ersticken des Brandes.
- Schaumlöscher: für feste, glutbildende und flüssige oder flüssig werdende Stoffe. Das Löschprinzip ist hier die Abdeckung der brennenden Oberfläche durch die Schaumbildung um einen Erstickungs- und Abkühlungseffekt zu erreichen.
- Kohlendioxidlöscher: für flüssige oder flüssig werdende Stoffe sowie elektrische Anlagen und Einrichtungen. Das Löschprinzip ist die Verdrängung des Sauerstoffes bzw. die Reduktion des Sauerstoffes über dem Brandgut. Dadurch wird der Brand erstickt.

Bei allen Löscherarten wird das Löschmittel durch Druck, also durch ein Treibmittel, ausgestoßen. Hier unterscheiden wir wieder zwischen sog. Dauerdrucklöschern (stehen ständig unter Druck und sind sofort betriebsbereit) und Aufladelöschern (Treibmittel wird durch Öffnen einer außen- oder innenliegenden Druckpatrone aktiviert).

Es werden unterschiedliche Größen von Feuerlöschern angeboten. Die Gewichtsangabe auf dem Löscher bezieht sich immer auf die Füllmenge, also auf die Menge des Löschmittels. Diese können variieren zwischen 2 kg bei Kohlendioxidlöschern und 12 kg bei Pulverlöschern. Grundsätzlich sollten bei der Auswahl im Hinblick auf die Größe auch schwächere Personen berücksichtigt werden. Zwei 6 kg Löscher sind besser als ein 12 kg Löscher. Als Griffhöhe für Feuerlöscher haben sich 0,8m bis 1,2m als zweckmäßig erwiesen.

4 Fahrbare Feuerlöscher

Fahrbare Löscher ergänzen die tragbaren Löscher. Für die Bedienung dieser Geräte sollten spezielle Selbsthilfekräfte eingewiesen werden. Die Inbetriebnahme bzw. die Löschmittelinhalte sind die gleichen wie bei den Handfeuerlöschern. Fahrbare Feuerlöscher werden i. d. R. in großflächigen Gebäuden, in Warenhäusern, Versammlungsstätten oder Krankenhäusern bereitgehalten.

5 Wandhydranten

Wandhydranten sind in bestimmten Gebäuden besonderer Art und Nutzung vorhanden, z. B. in Hochhäusern, Warenhäusern, Krankenhäusern, Theatern und Industrieanlagen mit erhöhter Brandgefährdung. Wandhydranten oder Löschschlauchanschlüsse sind meist in Einbaukästen in der Wand oder freistehend, in oder in der Nähe von Treppenhäusern angebracht.

Die heutigen neu errichteten Wandhydranten haben i. d. R. sog. formbeständige Schläuche (Schnelleinsatzschläuche), die an wasserführende, ständig unter Druck stehende Steigleitungen angeschlossen und jederzeit einsatzbereit sind. Der Vorteil gegenüber früher installierten Textilschläuchen ist die sofortige Wasserverfügbarkeit, auch bei nicht vollständig ausgerollten Schläuchen. Ein weiterer Vorteil ist die Möglichkeit, mit Voll- oder Sprühstrahl arbeiten zu können. Um den optimalen und gefahrlosen Einsatz von Wandhydranten zu gewährleisten, müssen die Mitarbeiter, die hier Selbsthilfe leisten können, entsprechend eingewiesen und geschult werden. Dazu bieten sich Brandschutzübungen an, bei denen u. a. der Umgang mit Wandhydranten geübt werden kann.

6 Löschdecken

Die Löschwirkung einer Löschdecke besteht darin, den Brand zu ersticken, indem die Zufuhr von Sauerstoff unterbunden wird.

Die Anwendung von Löschdecken wurde in den letzten Jahren immer wieder zur Diskussion gestellt. Ein Grund dafür ist die unmittelbare Nähe des Löschenden zum Brandherd, die beim Löschvorgang notwendig ist.

Der vordringliche Einsatzzweck der Löschdecke, nämlich das Löschen von in Brand geratenen Personen, wurde ebenfalls in Frage gestellt. Dabei kam es in der Vergangenheit teilweise zu schweren Brandverletzungen, die auf den Einsatz der Löschdecke zurückgeführt wurden.

Schnelles und richtiges Handeln ist immer die Voraussetzung, um hier Menschenleben zu retten oder schwerste Verletzungen zu vermeiden. Sofern kein geeigneter Feuerlöscher zur Hand ist, stellt eine Löschdecke immer noch ein adäquates Mittel zum Löschen dar.

> **Wichtig: Grundsatz**
>
> Für die Anwendung einer Löschdecke gilt folgender Grundsatz. Nur Brände die man völlig mit einer Löschdecke abdecken kann, können gelöscht werden.

Ronny Senft

Flucht- und Rettungswege

Flucht- und Rettungswege sind Verkehrswege in einem Gebäude, an die aus Sicherheitsgründen besondere Anforderungen gestellt werden.

Gesetze, Vorschriften und Rechtsprechung

Generell sind zu diesem Thema 2 Rechtsquellen grundlegend:

- Baurecht der Bundesländer (Landesbauordnungen),
- Arbeitsstättenverordnung mit ASR A2.3 «Fluchtwege, Notausgänge, Flucht- und Rettungsplan» und ASR A3.4/3 «Sicherheitsbeleuchtung, optische Sicherheitsleitsysteme».

1 Baurecht und Arbeitsschutzrecht grundlegend

1.1 Baurecht

Die Bauordnungen der Länder definieren als Schutzziel, dass «die Rettung von Menschen und Tieren sowie wirksame Löscharbeiten möglich» sein müssen.

Daher müssen alle Aufenthaltsräume (Räume, in denen sich Menschen nicht nur gelegentlich aufhalten) 2 voneinander unabhängige Rettungswege haben. Bei größeren Gebäuden heißt das z. B., dass der an einen Raum angrenzende Flur in beiden Richtungen jeweils in ein Treppenhaus, an eine Tür ins Freie oder in einen anderen gesicherten Bereich (benachbarter Brandabschnitt) mündet. Bei kleineren Gebäuden besteht der sog. zweite Rettungsweg meist in der sog. Anleitermöglichkeit für die Feuerwehr (ausreichend großes, gut erreichbares Fenster, Balkon usw.). Wie der zweite Rettungsweg realisiert wird, wird bei der Bauabnahme eines Gebäudes festgelegt und hängt von der erwarteten Personenzahl im Gebäude, vom Gefährdungspotenzial und weiteren örtlichen Gegebenheiten ab.

Die Bestimmungen der Landesbauordnung gelten prinzipiell für alle Gebäude, wobei es eine Fülle von Sondervorschriften, Abweichungen, Ausnahmen usw. gibt, z. B. für sehr kleine oder sehr große Gebäude, Gebäude bestimmter Nutzung, außerdem in bestimmten Fragen auch Bestandsschutz für Altbauten.

1.2 Arbeitsschutzrecht

Die Bestimmung der Arbeitsstättenverordnung und ihrer Regeln (ASR) sowie der Unfallverhütungsvorschriften gelten für Gebäude bzw. Bereiche, die als → *Arbeitsstätten* genutzt werden.

Nach ASR A2.3 «Fluchtwege, Notausgänge, Flucht- und Rettungsplan» sind Fluchtwege die → *Verkehrswege* in einem Gebäude, «die der Flucht aus einem möglichen Gefährdungsbereich und i. d. R. zugleich der Rettung von Personen dienen». Im Gegensatz zu den im Baurecht definierten Rettungswegen müssen Fluchtwege immer selbstständig nutzbar sein, also auch ohne die Hilfe der Feuerwehr ins Freie oder in einen gesicherten Bereich führen. Nach ASR A2.3 ergibt sich die Notwendigkeit, ergänzend zu den baurechtlichen Bestimmungen einen zweiten, selbstständig nutzbaren Fluchtweg einzurichten, aus dem Ergebnis der → *Gefährdungsbeurteilung*. Möglicherweise kann es hier zu abweichenden Einschätzungen von bau- und arbeitsschutzaufsichtlichen Behörden kommen.

2 Länge und Breite von Flucht- und Rettungswegen

Die Länge von Flucht- und Rettungswegen wird als die Luftlinie angegeben (**Tab. 1**), wobei die tatsächliche Lauflänge, die sich durch Einrichtungen, Anlagen, Mobiliar usw. ergibt, maximal das 1,5-Fache betragen darf.

Länge Rettungsweg Luftlinie	Räumlichkeiten	Rechtsgrundlagen
35 m	in Wohn-, Verwaltungsgebäuden, Gewerbe, Industrie sowie in Arbeitsräumen ohne besondere Gefährdungen bzw. in brandgefährdeten Räumen mit selbsttätigen → *Feuerlöscheinrichtungen*	nach LBO und ASR

Länge Rettungs-weg Luftlinie	Räumlichkeiten	Rechtsgrundlagen
25 m	in brandgefährdeten Räumen ohne selbsttätige Feuerlöscheinrichtungen	
20 m	in giftstoff- und explosionsgefährdeten Räumen	
10 m	in explosivstoffgefährdeten Räumen	

Tab. 1: Länge von Flucht- und Rettungswegen

Diese Werte haben Richtwertcharakter. Übersichtlichkeit und Nutzung der Räume, Zahl der sich dort aufhaltenden Personen (Ortskundige oder Fremde) müssen berücksichtigt werden.

Die Breite von Flucht- und Rettungswegen bemisst sich nach der Höchstzahl der Personen, die im Bedarfsfall den Rettungsweg benutzen müssen (**Tab. 2**).

Personenzahl	Fluchtwegbreite nach ASR A2.3
bis 5	0,875 m
bis 20	1,00 m
bis 200	1,20 m
bis 300	1,80 m
bis 400	2,40 m

Tab. 2: Breite von Flucht- und Rettungswegen

Die nutzbare Breite von Rettungswegen darf weder durch Bauteile noch durch Einrichtungen, wie Regale, Schränke oder aufschlagende Türen eingeengt werden. Die lichte Höhe muss mindestens 2 m betragen.

3 Wichtig zu wissen

- Fluchtwege müssen entsprechend ASR A1.3 «Sicherheits- und Gesundheitsschutzkennzeichnung» gekennzeichnet werden. Bei besonderer Gefährdung kann auch ein Sicherheitsleitsystem erforderlich sein, das z. B. gefährdungsabhängig die Fluchtrichtung anzeigt (ASR A3.4/3 «Sicherheitsbeleuchtung, optische Sicherheitsleitsysteme»).
- Wenn bei Ausfall der Allgemeinbeleuchtung das gefahrlose Verlassen eines Bereichs nicht möglich ist, ist eine → *Sicherheitsbeleuchtung* (ggf. auch als lang nachleuchtende Kennzeichnung) erforderlich.
- Ein Flucht- und Rettungsplan ist aufzustellen, wenn Lage, Ausdehnung bzw. Art der Nutzung des Gebäudes es erfordern. Ausschlaggebend dafür ist entweder eine bauaufsichtliche Vorgabe oder die → *Gefährdungsbeurteilung* des Arbeitgebers.
- Wenn Personen mit Behinderung beschäftigt werden, müssen Flucht- und Rettungswege sowie Alarmierungseinrichtungen grundsätzlich den Anforderungen des Anhang A2.3 der ASR V3a.2 «Barrierefreie Gestaltung von Arbeitsplätzen» entsprechen bzw. es müssen gleichwertige organisatorische Maßnahmen gefunden werden, um Menschen mit Behinderung ein sicheres Verlassen eines Bereiches zu ermöglichen.
- Treppenhäusern in Fluchtwegen kommt im Notfall besondere Bedeutung zu. Rauchdichte Türen müssen unbedingt funktionsfähig und geschlossen (bzw. mit selbstschließender Feststelleinrichtung versehen) sein. Keile in Rauch- und Brandschutztüren sind lebensgefährlich! In Treppenhäusern dürfen keine Brandlasten (Kopierer, Getränkeautomaten, Papier, Abfall, Weihnachtsbäume, ...) abgestellt werden.
- Fluchtwege sollen schnell und sicher begehbar sein. Ausgleichsstufen (weniger als 3 Stufen), Fahrtreppen und -steige, Wendel- und Spindeltreppen sowie Steigleitern u. Ä. sind in ersten Fluchtwegen nicht zulässig.
- Aufzüge sind nach Arbeitsstättenrecht als Teil des Fluchtwegs nicht zulässig, baurechtlich nur im Ausnahmefall (bestimmte Sonderbauten).
- Gefangene Räume sind nur im Ausnahmefall zulässig. Auch Büroräume, die lediglich über ein Vorzimmer erreichbar sind, sollten deshalb zusätzlich einen unmittelbaren Ausgang zum

Flur haben. Ausnahmen sind allerdings vertretbar, z. B. wenn wenig Menschen betroffen sind, wenn eine Sichtverbindung gegeben und die Brandlast im Vorraum gering ist oder bei Räumen mit i. d. R. kurzen Aufenthaltszeiten (z. B. Toiletten) usw.

- Die Bestimmungen berücksichtigen nur in begrenztem Umfang die Belange von geh- und sehbehinderten Personen. Wenn solche im Gebäude arbeiten bzw. unter den Besuchern mit besonderer Häufigkeit zu erwarten sind, sind u. U. besondere Maßnahmen erforderlich.
- Flucht- und Rettungswege sind stets freizuhalten. Gerade bei kleineren Gebäuden besteht die Gefahr, dass der zweite Rettungsweg mit den Jahren in Vergessenheit gerät, weil er nie benutzt wird. Aufstellflächen für die Feuerwehr dürfen nicht zugeparkt oder zweckentfremdet werden, Fenster, die als Anleitermöglichkeit für die Feuerwehr dienen, dürfen nicht zugestellt und müssen regelmäßig freigeschnitten werden.
- Im Rahmen der jährlichen → *Unterweisung* sollte auch eine Begehung der Fluchtwege erfolgen.

Cornelia von Quistorp

Flurförderzeuge

Flurförderzeuge sind Transportmittel, die ihrer Bauart nach dadurch gekennzeichnet sind, dass sie mit Rädern auf Flur laufen und frei lenkbar sowie zum innerbetrieblichen Befördern, Ziehen oder Schieben von Lasten eingerichtet sind. Flurförderzeuge mit Hubeinrichtung sind darüber hinaus zum Heben, Stapeln oder In-Regale-Einlagern von Lasten eingerichtet und können Lasten selbst aufnehmen und absetzen.

Gesetze, Vorschriften und Rechtsprechung

Regelungen zum Betrieb und zur Prüfung von Flurförderzeugen enthält die berufsgenossenschaftliche Vorschrift BGV D27 «Flurförderzeuge».

1 Arten von Flurförderzeugen

Flurförderzeuge unterscheiden sich in:

- **Gabelstapler** sind Flurförderzeuge mit kraftbetriebenem Fahrwerk und Hebeeinrichtung, bei denen die Last vor den Vorderrädern geführt wird. Gabelstapler können mit Fahrersitz oder -stand ausgerüstet sein.
- **Gabelhubwagen** sind Flurförderzeuge, deren Hub- und Fahrantrieb durch Muskelkraft erfolgen.
- **Mitgänger-Flurförderzeuge** (= Geh-Flurförderzeuge = Ameise) nach § 2 BGV D27 sind Flurförderzeuge, die durch einen mitgehenden Fahrer gesteuert werden.
- **Kommissioniergeräte** nach § 2 BGV D27 sind Flurförderzeuge ohne Standplatz oder mit nicht hebbarem Standplatz oder mit einem bis 1,2 m über Flur hebbaren Standplatz für den Kommissionierer.
- **Kommissionierstapler** nach § 2 BGV D27 sind Flurförderzeuge mit einem höher als 1,2 m über Flur hebbaren Standplatz für den Kommissionierer. Je nach Bauart kann die Kommissionierplattform begangen werden.
- **Regalstapler** sind Flurförderzeuge, die in der Regel in Hochregalen spurgeführt werden. Beim Ein- und Auslagern wird der Fahrersitz oder -stand je nach Modell mit angehoben. Sie sind zum Ein- oder Auslagern ganzer Ladeeinheiten eingerichtet.
- **Dreiseitenstapler** sind Regalstapler, die die Last mit Gabel- oder Teleskopzinken aufnehmen und am Gabelbaum horizontal verdrehen können. Der Fahrersitz oder -stand wird je nach Modell mit angehoben.
- **Querstapler** sind Flurförderzeuge, deren Gabeln quer zur Fahrtrichtung angebracht sind. Zum Verfahren wird die Last auf dem Querstapler abgelegt.
- **Spreizenstapler** sind Flurförderzeuge (Gabelstapler, Hubwagen, Quersitzstapler), deren Gabelzinken zwischen zwei Radarmen (Spreizen) angebracht sind. Dies führt zu einer sichere-

ren Lastführung, da der Lastschwerpunkt anders als am Gabelstapler nicht außerhalb der Laufräder (= außerhalb der Kippkanten) liegt.

- **Schubmaststapler** sind Spreizenstapler mit nach vorne verfahrbarem Hubgerüst.
- **Mitnahmestapler** sind Gabelstapler, die mit einem Lkw mitgenommen werden können. Sie können mit Fahrersitz oder Fernbedienung ausgestattet sein.
- **Teleskopstapler** sind Gabelstapler mit schräg angeordnetem Hubarm. Durch Ausfahren des Hubarms kann sowohl die Hubhöhe als auch die Reichweite verändert werden.
- **Containerstapler** sind Gabelstapler zum Transport von Seecontainern. Containerstapler dürfen konstruktionsbedingt mit angehobener Last fahren.
- **Schlepper** sind Flurförderzeuge zum Verziehen von Anhängern. Sie sind mit einer Anhängerkupplung ausgestattet und besitzen keine Hubeinrichtung. Schlepper können mit Fahrerstand oder -sitz betrieben werden.

2 Antriebsarten von Flurförderzeugen

Grundsätzlich werden Flurförderzeuge in → *Fahrzeuge* mit Elektro- und Verbrennungsmotor unterschieden. Verbrennungsmotoren können wiederum nach der Art des Brennstoffes in Gas-, Diesel- und Benzinmotoren unterteilt werden. Hierbei spielen → *Fahrzeuge* mit Benzinmotoren eine eher untergeordnete Rolle. Häufig eingesetzt werden Gabelstapler mit Gas- oder Dieselantrieb.

Dieselgabelstapler sind besonders geeignet für Einsätze mit großen Hubhöhen und weiten Wegstrecken. Gasgabelstapler werden häufig in geschlossenen Räumen mit großer Hubhöhe eingesetzt. Gasstapler dürfen nicht in Unterfluranlagen eingesetzt und nicht neben Kellerabgängen und Gruben abgestellt werden. Bei Dieselgabelstaplern ist aufgrund der Abgase auf gute Lüftungsbedingungen zu achten.

Elektroflurförderzeuge werden bevorzugt in Lagern und zum Kommissionieren in geschlossenen Räumen eingesetzt. Besondere Vorsichtsmaßnahmen sind beim Laden der Batterien zu beachten (vgl. → *Batterieladestationen*):

- Absolutes Rauchverbot (Knallgas)
- Säurefeste Schutzausrüstung beim Nachfüllen von Batteriewasser

Zwei Getriebearten sind bei Flurförderzeugen hauptsächlich im Einsatz:

Dies ist einerseits ein **Umschaltgetriebe**, bei dem mit einem Hand- oder Fußschalter zwischen Vorwärts- und Rückwärtsfahrt umgeschaltet werden kann. Es gibt ein Fahr- und ein Bremspedal. Diese Getriebeart ähnelt im Betrieb dem Fahren eines Pkw.

Andererseits kommt in vielen Fällen ein **Hydrostatgetriebe** zum Einsatz. In diesem Fall existieren zwei Fahrpedale und ein mittiges Bremspedal. Das rechte Fahrpedal für den Vorwärts- das linke für den Rückwärtsverkehr. Diese Pedalanordnung ist besonders für Fahranfänger sehr gewöhnungsbedürftig.

3 Sicherheitseinrichtungen von Flurförderzeugen

Verschiedene Sicherheitseinrichtungen an Flurförderzeugen und im Umgang mit Flurförderzeugen sind für einen sicheren Betrieb erforderlich:

- **Fahrerschutzdach:** Ein Fahrerschutzdach ist für alle Gabelstapler immer dann erforderlich, wenn aus der → *Gefährdungsbeurteilung* die Gefahr herabfallender Ladegüter nicht auszuschließen ist.
- **Lastschutzgitter:** Ein Lastschutzgitter ist immer dann erforderlich, wenn Ladegüter den Gabelbaum maßgeblich übersteigen können und damit eine Gefährdung durch überkippende Ladegüter nicht auszuschließen ist.
- **Totmannschalter** werden in unterschiedlichen Varianten verwendet. Bei Schmalgangstaplern sind in der Regel Sitzschalter, bei Quersitzstaplern überwiegend Kontaktschalter für den linken Fuß eingebaut. Ist der Schalter nicht gedrückt, kann das → *Fahrzeug* nicht betrieben werden.

- **Kontaktschalter** an der Deichsel von Mitgängerfahrzeugen dienen der Fahrzeugrückbewegung bei Körperkontakt. Dieser Schutzschalter ist ein Fahrtrichtungsumkehrschalter, damit das → *Fahrzeug* sich bei Kontakt mit dem bedienenden Mitarbeiter von diesem wegbewegt.
- **Fahrerrückhaltesysteme** sind seit 4.12.2002 für alle Gabelstapler (ausgenommen Quersitzstapler) vorgeschrieben. Als Fahrerrückhaltesystem gelten geschlossene Fahrerkabinen ebenso wie Türbügel oder Beckengurte. Ziel dieser Maßnahme ist der Schutz des Fahrers bei umkippendem Stapler.

4 Führen von Flurförderzeugen

Zum Führen von Flurförderzeugen sind nach § 7 BGV D27 bestimmte Voraussetzungen erforderlich. Danach müssen Fahrer:

- mindestens 18 Jahre alt sein,
- körperlich und geistig geeignet und ausgebildet sein,
- ihre Befähigung nachgewiesen haben,
- schriftlich vom Unternehmer beauftragt sein,
- auf dem zu führenden Fahrzeug eingewiesen (→ *unterwiesen*) sein.

> **Praxis-Tipp: Arbeitsmedizinische Vorsorge**
> Die Durchführung einer arbeitsmedizinischen Vorsorgeuntersuchung gem. BGI-I 504-25 «Fahr-, Steuer- und Überwachungstätigkeiten» wird empfohlen.

Der «**Gabelstaplerführerschein**» («**Staplerschein**») dokumentiert den Nachweis der praktischen und theoretischen Fähigkeit (= Befähigung). Der Staplerschein kann auch mit der innerbetrieblichen Unterweisung und schriftlichen Beauftragung kombiniert werden, verliert damit aber seine Gültigkeit für andere Betriebe und Flurförderzeugtypen. Denkbar ist auch die Trennung dieser beiden Dokumente. Grundsätzlich muss ein Mitarbeiter mit Staplerschein auf jedem ihm anvertrauten Flurförderzeug unterwiesen werden. Die Dokumentation der Unterweisung ist sinnvoll.

Vor Inbetriebnahme eines Flurförderzeugs ist dieses grundsätzlich auf seinen betriebssicheren Zustand zu prüfen. Ohne die Gewährleistung eines ausreichenden betriebssicheren Zustandes darf ein Flurförderzeug nicht betrieben werden. Die Mängel sind umgehend dem zuständigen Vorgesetzten zu melden.

Beim Betrieb von Flurförderzeugen sind grundsätzlich die Vorgaben der BGV D27 zu beachten. Insbesondere gelten folgende Vorgaben:

- Nicht mit angehobener Last fahren (maximal 15 cm über Flur).
- Nur mit zurückgeneigter Last fahren.
- Last immer möglichst nahe am Gabelrücken führen.
- Nicht unter die angehobene Last treten.
- Keine Personen ohne zugelassenen Personenkorb anheben.
- Keine Personen ohne zugelassenen zweiten Sitz oder Stand befördern.
- Nur freigegebene Wege benutzen.
- Immer mit angemessener Geschwindigkeit fahren.
- Vorsicht beim Wechsel von hell nach dunkel und umgekehrt (Adaption = Anpassung des Auges an sich ändernde Beleuchtung).
- Vorsicht beim Wechsel von nass nach trocken und umgekehrt (rutschiger Boden, nasse Räder).
- Betriebsinterne Verkehrsregeln sind grundsätzlich zu beachten.
- Das Führen von → *Fahrzeugen* unter → *Alkohol*-, → *Drogen*- oder → *Medikamenteneinfluss* ist grundsätzlich untersagt (auch Restalkohol).
- Zum Führen von Fahrzeugen ist fest umschließendes Schuhwerk vorgeschrieben.

- Die im Einzelfall erforderliche → *Persönliche Schutzausrüstung* ist bestimmungsgemäß zu tragen.
- Das Fahrzeug muss gegen unbefugte Benutzung geschützt werden.
- Arbeiten, die gegen die Vorschriften verstoßen, müssen zurückgewiesen werden.

Nach der Benutzung von Flurförderzeugen sind diese bestimmungsgemäß abzustellen. Folgende Regeln sind beim Abstellen zu beachten:

- → *Flucht- und Rettungswege*, Einrichtungen zur → *Ersten Hilfe* und zum → *Brandschutz* sowie haustechnische Anlagen (Gas-, Wasser-, Stromverteiler) dürfen nicht zugestellt werden.
- Die Gabelzinken sind maximal abzusenken und nach vorne geneigt auf dem Boden abzulegen.
- Die Handbremse anziehen.
- Im Gefälle Unterlegkeil unterlegen.
- Zünd- bzw. Schaltschlüssel abziehen.

5 Prüfung von Flurförderzeugen

Flurförderzeuge sind gemäß § 37 BGV D27 regelmäßig, mindestens jedoch jährlich durch eine → *befähigte Person* auf ihren betriebssicheren Zustand zu prüfen. Ebenso ist, unabhängig vom Flurförderzeug, jedes Anbaugerät mindestens jährlich durch eine befähigte Person zu prüfen.

Für die Prüfung von Flurförderzeugen kann der BG-Grundsatz BGG 918 als Hilfe herangezogen werden.

Über die Prüfung nach § 37 BGV D27 ist bei kraftbetriebenen Flurförderzeugen ein schriftlicher Prüfnachweis zu führen. Dieser Nachweis kann auch EDV-technisch geführt werden, muss aber in jedem Fall folgende Angaben beinhalten:

- Datum und Umfang
- Ergebnis und Mängel
- Beurteilung, ob Bedenken gegen den Weiterbetrieb bestehen
- Evtl. erforderliche Nachprüfung
- Name und Anschrift des Prüfers

Markus Strecker

Flüssigkeitsstrahler

Flüssigkeitsstrahler sind Maschinen, Einrichtungen oder Anlagen, bei denen Flüssigkeit über Geräte mit Düsen oder Einrichtungen mit geschwindigkeitserhöhenden Öffnungen austritt. Man unterscheidet mechanisch geführte und von Hand gehaltene Spritzeinrichtungen. Flüssigkeitsstrahler bestehen i. Allg. aus Druckerzeuger, Erhitzer, Hochdruckleitungen, Spritzeinrichtungen, Sicherheitseinrichtungen sowie Regel- und Messeinrichtungen. Anwendungsbereiche sind v. a. das Reinigen, Entrosten, Zerteilen von Stoffen, Beschichten von Oberflächen und Ausbringen von Desinfektions- oder Pflanzenschutzmitteln.

Feuerlöschgeräte, Abfüll- und Dosiereinrichtungen oder handbetriebene Geräte mit drucklosem Vorratsbehälter u. a. sind keine Flüssigkeitsstrahler i. S. des Kap. 2.36 BGR 500. Dies gilt auch für Strahleinrichtungen, bei denen körnige Strahlmittel verwendet werden.

Gesetze, Vorschriften und Rechtsprechung

- Es gelten i. W. folgende Regelungen:
- Betriebssicherheitsverordnung (BetrSichV)
- Gefahrstoffverordnung (GefStoffV)
- BGR 500, Kap. 2.36 Arbeiten mit Flüssigkeitsstrahlern

Diverse berufsgenossenschaftliche Regeln und Informationen sowie Technische Regeln geben darüber hinaus Hinweise für verschiedene Anwendungen und Bereiche.

1 Arten

1.1 Mechanisch geführte Spritzeinrichtungen

Soweit betriebstechnisch möglich, müssen mechanisch geführte Spritzeinrichtungen verwendet werden. Die Not-Aus-Einrichtung muss jederzeit gut erreichbar sein (Abschn. 3.6.2 Kap. 2.36 BGR 500).

Mechanisch geführte Spritzeinrichtungen sind z. B. (Abschn. 3.6.1 Kap. 2.36 BGR 500):

- Wasserstrahlschneidanlagen (mit Schneidtischen, schienengeführt, roboterunterstützt);
- Behälterreinigungsanlagen;
- Schiffswandreinigungsanlagen;
- Anlagen zum Betonabtrag;
- Anlagen zur Wärmetauscherreinigung;
- Kanalreinigungsanlagen.

1.2 Von Hand gehaltene Spritzeinrichtungen

Wenn z. B. für bestimmte Arbeitsverfahren und Oberflächen des zu bearbeitenden Gegenstands eine mechanisch geführte Spritzeinrichtung betriebstechnisch nicht möglich ist, werden von Hand gehaltene Spritzeinrichtungen eingesetzt (Abschn. 3.6.1 Kap. 2.36 BGR 500).

Das Gefährdungspotenzial ist im Vergleich zu mechanisch geführten Spritzeinrichtungen erhöht, Gefahren entstehen hier v. a. durch Rückstoß und räumliche Nähe zum Flüssigkeitsstrahl.

2 Gefahren

Im Rahmen der → *Unterweisung* muss u. a. auf Gefahren beim Umgang mit Flüssigkeitsstrahlern hingewiesen werden. Gefahren ergeben sich u. a. durch (s. Nr. 3.3.1 Kap. 2.36 BGR 500):

- Rückstoß: Sturz;
- Schneidwirkung des Strahls: Verletzungen bis hin zu Teilamputationen;
- Einschießen von Flüssigkeit unter die Haut;
- Arbeiten im Bereich → *elektrischer Anlagen und Betriebsmittel*: Stromunfall;
- unkontrolliertes Austreten von Flüssigkeit;
- der Flüssigkeit beigemengte → *Gefahrstoffe*;
- freigesetzte Gefahrstoffe des behandelten Gegenstands, z. B. asbesthaltige, silikogene oder bleihaltige Stäube;
- das Ausbringen von → *brennbaren Flüssigkeiten* (BGR 104): Brand, Explosion;
- Verbrennungen oder Verbrühungen;
- Berühren von heißen Teilen: Verbrennungen;
- gelöste, umherfliegende Teile: Schnittwunden, Prellungen.

Zusätzliche Gefahren bergen Arbeiten in → *engen Räumen*. Hier sind v. a. zusätzliche organisatorische Maßnahmen festzulegen und umzusetzen (vgl. BGR 117-1, BGR 126, TRGS 507).

3 Schutzmaßnahmen

3.1 Technisch

Soweit betriebstechnisch möglich, sollten mechanisch geführte Spritzeinrichtungen verwendet werden.

Für handgeführte Spritzeinrichtungen gilt v. a. (Kap. 2.36 BGR 500):

- Sie müssen von einem sicheren Standplatz aus betätigt werden, Leitern oder Behelfsgerüste bieten keinen sicheren Stand und sind deshalb nicht geeignet (Abschn. 3.7.1).
- Der Rückstoß muss vom Beschäftigten sicher beherrschbar sein (abhängig von Größe der Düsen, Betriebsüberdruck; Körpergewicht und Standplatz beachten) (Abschn. 3.7.4).
- Hände oder andere Körperteile dürfen nicht vor die Düse oder in den Flüssigkeitsstrahl gebracht werden (Abschn. 3.7.6).
- Spritzschutz muss verwendet werden, wenn mit rückprallenden gelösten Oberflächenteilen zu rechnen ist. Als Schutz können dienen (Abschn. 3.7.10): Prallschutzwand, Prallschutzscheibe hinter der Düse oder eine Kapselung der Düse.
- Die Spritzeinrichtung muss gegen unbeabsichtigtes Betätigen gesichert sein (Abschn. 3.7.11).

3.2 Organisatorisch

- Für jeden Flüssigkeitsstrahler eine → *Betriebsanweisung* nach § 9 BetrSichV und § 14 GefStoffV erstellen und zwar in verständlicher Form und Sprache.
- → *Unterweisungen* nach § 12 ArbSchG bzw. § 14 GefStoffV vor der erstmaligen Aufnahme der Tätigkeit und danach mind. jährlich durchführen (Abschn. 3.3.1 Kap. 2.36 BGR 500).
- Beschäftigungsbeschränkungen beachten: Grundsätzlich dürfen nur Mitarbeiter, die das 18. Lebensjahr vollendet haben, Arbeiten mit Flüssigkeitsstrahlern ausführen. Ausnahmen gelten für Jugendliche über 16 Jahre, wenn es dem Erreichen des Ausbildungsziels dient und ein Aufsichtführender ihren Schutz gewährleistet (Abschn. 3.2.1 und 3.2.2).

Wichtig: Prüfungen

Flüssigkeitsstrahler müssen durch eine → *befähigte Person* auf ihren arbeitssicheren Zustand geprüft werden (Abschn. 4.1) und zwar

- vor der ersten Inbetriebnahme,
- nach Änderungen oder Instandsetzen von Teilen der Einrichtung, die die Sicherheit beeinflussen,
- nach einer Betriebsunterbrechung von mehr als 6 Monaten,
- mind. alle 12 Monate.

Die Ergebnisse der Prüfungen müssen dokumentiert und bis zur nächsten Prüfung aufbewahrt werden.

3.3 Persönlich

Für den → *Hautschutz* muss der Unternehmer geeignete Mittel für Hautschutz, -reinigung und -pflege zur Verfügung stellen (vgl. BGI/GUV-I 8620).

Im Rahmen der → *Gefährdungsbeurteilung* wird festgelegt, welche → *PSA* benutzt werden muss. In Abhängigkeit von der ausgeübten Tätigkeit und der verwendeten Flüssigkeit können z. B. erforderlich sein:

- Schutzanzug oder wasserdichte Spritzschutzhose und -jacke;
- → *Kopfschutz*;
- griffsichere → *Schutzhandschuhe*;
- gleitsichere Stiefel;
- → *Mittelfußschutz*;
- → *Atemschutz*;
- → *Gehörschutz*;
- → *Augenschutz*;
- Gesichtsschutz, z. B. durchsichtiger Schutzschild am Schutzhelm.

Es gelten dazu BGR 189 bis 196 und BGR 198 bis 201.

Achtung: Besondere Betriebsverhältnisse erfordern besondere Schutzmaßnahmen

Besondere Betriebsverhältnisse liegen z. B. vor, wenn

- Beschäftigte in den Gefahrbereich von mechanisch geführten Spritzeinrichtungen gelangen können,
- bei handgeführten Spritzeinrichtungen in engen Räumen die Gefahr von Verletzungen besteht oder
- bei der Rohr- und Wärmetauscherreinigung mit Schlauchleitungen oder Lanzen die Gefahr von Verletzungen besteht.

Erforderliche Schutzmaßnahmen können dann sein:

- → *Personen-Notsignalanlagen* an → *Einzelarbeitsplätzen*;
- Schalteinrichtung betätigt die Person, die die Schlauchleitung oder Lanze einführt (Wärmetauscherreinigung);
- wird Sprechfunk verwendet, muss die Funkverbindung jederzeit gegeben sein;
- → *Zweihandschaltung* bei von Hand geführten Spritzeinrichtungen.

(s. Abschn. 3.4 Kap. 2.36 BGR 500)

Dagmar Hettrich

Fremdfirmen

Werden Beschäftigte mehrerer Arbeitgeber an einem Arbeitsplatz tätig, müssen die Arbeitgeber hinsichtlich der Durchführung des Arbeits- und Gesundheitsschutzes zusammenarbeiten. Für die Arbeitgeber besteht außerdem die Pflicht, sich gegenseitig über die bei der Arbeit entstehenden Gefahren zu unterrichten und die Arbeitsschutzmaßnahmen abzustimmen.

Gesetze, Vorschriften und Rechtsprechung

Nach § 8 Arbeitsschutzgesetz sind Arbeitgeber verpflichtet, «bei der Durchführung von Sicherheits- und Gesundheitsschutzmaßnahmen zusammenzuarbeiten», wenn ihre Beschäftigten gemeinsam an einem Arbeitsplatz tätig sind. Insbesondere sollen sie sich über auftretende Gefährdungen gegenseitig unterrichten und Maßnahmen zur Gefahrenabwehr abstimmen. Außerdem muss ein Arbeitgeber, der Arbeitnehmer anderer Arbeitgeber in seinem Betrieb beschäftigt, sich vergewissern, dass diese hinreichend unterwiesen sind (§ 8 Abs. 2 ArbSchG). Nahezu identisch finden sich diese Forderungen auch in § 6 BGV A1 «Grundsätze der Prävention». Informationen für die Praxis enthalten im berufsgenossenschaftlichen Regelwerk die BGI 528 «Sicherheit und Gesundheitsschutz durch Koordinieren» und die BGI 865 «Einsatz von Fremdfirmen im Rahmen von Werkverträgen».

1 Neue Formen der Zusammenarbeit

Dass Beschäftigte unterschiedlicher Arbeitgeber zeitweise oder dauerhaft unter einem Dach zusammenarbeiten, kommt schon lange nicht mehr nur im Rahmen von Baustellen, Montagearbeiten oder bei Veranstaltungen vor. Externe Dienstleister oder Zulieferer werden mit unterschiedlichsten betrieblichen Aufgaben betraut und sind häufig dauerhaft in den Betriebsräumen des Auftraggebers tätig (typisch bei Reinigungsdienst, Catering, Haustechnik, Logistik und vielen Beratertätigkeiten). In anderen Fällen werden einzelne Unternehmenszweige ausgegliedert oder verschiedene Unternehmen durch Partnerschaften verbunden, sodass im Ergebnis Beschäftigte unterschiedlicher Firmen in einem Raum oder an einem Tisch arbeiten. Und nicht zuletzt ist der Einsatz von Leiharbeitnehmern in vielen Branchen aus dem Betriebsalltag nicht wegzudenken. Bei allen diesen Variationen von Kooperationen ist der Arbeits- und Gesundheitsschutz in die Planungen mit einzubeziehen.

2 Maßnahmen des Arbeitsschutzes beim Einsatz von Fremdfirmen

Für den häufigen Fall, dass ein Arbeitgeber Fremdunternehmen in seinem Betrieb aufgrund von Werk-, Werklieferungs- oder Dienstverträgen beschäftigt (z. B. Reparatur- und Montagearbeiten) ergibt sich im Allgemeinen folgende «Aufgabenverteilung» im Arbeitsschutz:

- **Aufgaben des Fremdunternehmens**

  Für die Durchführung und Einhaltung der gesetzlichen und berufsgenossenschaftlichen Vorschriften der eigenen Beschäftigten ist der Arbeitgeber des Fremdunternehmens zuständig und verantwortlich. Um mögliche Gefährdungen beurteilen und um entsprechende Maßnahmen einleiten zu können, muss sich der Fremdunternehmer über den Einsatzort und die Betriebsstätte informieren. Insbesondere muss er die Arbeits- und Produktionsverfahren, die technischen → Arbeitsmittel und → Gefahrstoffe in die Beurteilung einbeziehen. Nach der abgeschlossenen Beurteilung muss er seinen Mitarbeitern entsprechende Anweisungen erteilen.

- **Aufgaben des Auftraggebers**

  Der Unternehmer, in dessen Betrieb das Fremdunternehmen die Arbeiten durchführt, muss sich vergewissern, dass entsprechende Anweisungen auch ergangen sind. Ihm selbst obliegt nicht die Verpflichtung, die «fremden» Arbeitnehmer zu unterweisen, wohl aber zu kontrollieren, ob die notwendigen Anweisungen erteilt wurden. Im Übrigen geht die allgemeine Rechtsauffassung davon aus, dass der Auftraggeber im Interesse der Gefahrenabwehr verpflichtet ist, die Arbeiten einstellen zu lassen, wenn für ihn erkennbar wird, dass die Fremdfirmenmitarbeiter erheblich gegen Schutzbestimmungen verstoßen.

Der Auftraggeber hat normalerweise – also für die «Fremdbeschäftigten» – keine allgemeinen oder besonderen Verpflichtungen hinsichtlich des Arbeitsschutzes. Davon unberührt bleibt seine zivilrechtliche und strafrechtliche Verantwortung, insbesondere für seine allgemeinen Verkehrssicherheitspflichten.

Bei umfangreicheren oder längerfristigen Kooperationen (Unternehmenskooperationen, Fremdvergabe von betriebsinternen Aufgaben usw.) wird grundsätzlich von denselben Rahmenbedingungen wie oben ausgegangen. Allerdings ist es in solchen Fällen manchmal sinnvoll, abweichende Vereinbarungen in Arbeitsschutzfragen zu treffen, z. B. weil es aus räumlichen oder organisatorischen Gründen angezeigt ist. Spätestens dann empfiehlt es sich, die Arbeitsschutzmaßnahmen in einem Vertrag oder einer Kooperationsvereinbarung schriftlich niederzulegen. Dabei kann z. B. auch die Bestellung eines → *Koordinators* oder einer besonderen Aufsichtsperson für die Arbeitssicherheit nach § 6 BGV A1 vereinbart werden (s. dazu BGI 865: Einsatz von Fremdfirmen im Rahmen von Werkverträgen).

3 Sonderfälle

- **Arbeitnehmerüberlassung**

  Liegt dem Einsatz von Fremdfirmenmitarbeitern eine *Arbeitnehmerüberlassung* nach Arbeitnehmerüberlassungsgesetz (AÜG) zugrunde, so gelten bezüglich der Arbeitgeberpflichten zunächst die dort definierten Schnittstellen, die z. B. bestimmte Unterweisungs- und Informationspflichten auch beim entleihenden Arbeitgeber ansiedeln (§ 11 (6) AÜG). Auch hier ist eine schriftliche Fixierung der Arbeitsschutzpflichten in einem Vetrag zwischen Verleiher und Entleiher Standard.

- **Baustellen**

  Arbeitsschutzfragen rund um *Baustellen* werden speziell in der Baustellenverordnung geregelt. Wird eine Baumaßnahme im Sinne von § 2 Baustellenverordnung (> 30 Tage Dauer und 20 Beschäftigte bzw. > 500 Mannstunden bzw. besonders gefährliche Arbeiten) geplant, sind die dort vereinbarten Vorgaben zu berücksichtigen. Dazu gehören neben der Voranmeldung bei der zuständigen Behörde das Erstellen eines *Sicherheits- und Gesundheitsschutzplans* und die Bestellung eines Sicherheits- und Gesundheitsschutzkoordinators (SiGeKo), wenn Beschäftigte mehrerer Arbeitgeber gleichzeitig tätig sind.

Cornelia von Quistorp

Führungskräfte

Fach- und Führungskräfte sind vom Unternehmer eingesetzt und ihm in der betrieblichen Hierarchie unterstellt. Der Vorgesetzte nimmt Aufgaben wahr, die ihm der Unternehmer aus seinem Zuständigkeits- und Verantwortungsbereich zugewiesen hat. Er ist für einen bestimmten Teilbereich im Unternehmen zuständig und hat Weisungsbefugnis. Für die Sicherheit der unterstellten Mitarbeiter ist er verantwortlich. Weisungsbefugnis und Verantwortung des Vorgesetzten richten sich nach dem vom Unternehmer zugewiesenen Aufgaben- und Kompetenzbereich (Delegationsprinzip).

Gesetze, Vorschriften und Rechtsprechung

Aufgrund des Arbeitsvertrags nach § 611 BGB übernimmt jede Fach- und Führungskraft im Rahmen des zugewiesenen Aufgaben- und Kompetenzbereichs sog. «**originäre**», **automatische Rechtspflichten für die Arbeitssicherheit**.

Diese Begründung der Führungspflichten bedarf **keiner gesonderten Vereinbarung**, sondern ist eine allgemeine Rechtspflicht.

Die Aufgaben- und Kompetenzbereiche werden u. a. abgegrenzt durch

- den Arbeitsvertrag (§ 611 BGB),
- die Stellenbeschreibung,
- das Organisationsschema sowie
- die Projektbeschreibung.

Die arbeitsvertraglich begründeten Fürsorgepflichten werden durch die staatliche Arbeitsschutzgesetzgebung (z. B. ArbSchG) und die Verhaltensregeln für sicheres Arbeiten in den Unfallverhütungsvorschriften näher spezifiziert.

1 Wann ist jemand ein Vorgesetzter?

Fach- und Führungskräfte sind vom Unternehmer eingesetzt und ihm in der betrieblichen Hierarchie unterstellt. Der Vorgesetzte nimmt Aufgaben wahr, die ihm der Unternehmer aus seinem Zuständigkeits- und Verantwortungsbereich zugewiesen hat. Er ist für einen bestimmten Teilbereich im Unternehmen zuständig und hat Weisungsbefugnis. Für die Sicherheit der unterstellten Mitarbeiter ist er verantwortlich. Weisungsbefugnis und Verantwortung des Vorgesetzten richten sich nach dem vom Unternehmer zugewiesenen Aufgaben- und Kompetenzbereich (Delegationsprinzip).

Maßgebend für die Eigenschaft als Vorgesetzter ist die hierarchische Stellung im Unternehmen. Wer mind. einem Betriebsangehörigen übersteht ist und diesem gegenüber Weisungsbefugnis hat ist Vorgesetzter. Auch die zeitweilige Überstellung (z. B. für eine zeitlich begrenzte Aufgabe) begründet bereits die (vorübergehende) Eigenschaft als Vorgesetzter mit allen Konsequenzen.

Die Fach- und Führungskräfte müssen daher im Rahmen der ihnen zugewiesenen Kompetenzen Maßnahmen für die Sicherheit und Gesundheit der ihnen unterstellten Beschäftigten ergreifen.

Die Führungsverantwortung für die Arbeitssicherheit ergibt sich sowohl aus dem Privatrecht als auch aus dem öffentlichen Recht.

2 Pflichten im Arbeitsschutz

Die oben beschriebenen allgemeinen Pflichten lösen im Bereich Arbeitsschutz typischerweise folgende Verantwortungen für Führungskräfte aus (beispielhaft):

- ständige bzw. regelmäßige Kontrolle des ordnungsgemäßen Zustands der Arbeitsplätze, von → *Arbeitsmitteln*, → *Maschinen* und Einrichtungen;
- Überwachung der Einhaltung von Sicherheitsbestimmungen durch die Beschäftigten, z. B. das Tragen von → *persönlicher Schutzausrüstung*;
- → *Unterweisung* der Beschäftigten in allen relevanten Bereichen des Arbeitsschutzes:
  - vor Aufnahme einer Arbeit,

- bei neuen Arbeitsaufgaben oder Veränderungen im Arbeitsablauf, nach die Sicherheit gefährdenden Vorfällen,
- regelmäßig mind. jährlich.

Die Pflicht zur Unterweisung folgt insbesondere aus § 12 ArbSchG und § 4 BGV A1. Daneben sind in zahlreichen gesetzlichen und berufsgenossenschaftlichen Regelungen spezielle Unterweisungspflichten statuiert, z. B. § 14 GefStoffV. Die durchgeführten Unterweisungen sollten aus Rechtsgründen mit Datum, Themen der Unterweisung und Unterschrift der Unterwiesenen schriftlich dokumentiert werden.

Auch wenn sich diese Pflichten ohne ausdrücklichen Auftrag aus den allgemeinen Vorgesetztenpflichten ableiten lassen, empfiehlt es sich dringend, in Betrieben mit mehreren Hirarchieebenen Pfichten im Arbeitsschutz schriftlich auf die Vorgesetzten der einzelnen Ebenen zu übertragen (§ 13 Arbeitsschutzgesetz). Auf diese Weise können Zuständigkeiten und Verantwortungen verbindlich geklärt werden. Das bedeutet mehr Rechtssicherheit für alle Beteiligten und fördert gleichzeitig das Engagement für Arbeitsschutzbelange auf allen Ebenen und damit den Sicherheitsstandard eines Betriebs insgesamt (vgl. → *Pflichtenübertragung*).

3 Vorbildfunktion von Vorgesetzten

Der tatsächlich gelebte Arbeitsschutzstandard in einem Betrieb oder einer Abteilung steht und fällt mit dem Verhalten des Vorgesetzten. Dabei kommt es nicht nur darauf an, wie der Vorgesetzte seine Aufgaben und Pflichten organisatorisch und mit Worten wahrnimmt. Viel wichtiger ist, wie er die Sicherheitsinteressen im betrieblichen Alltag umsetzt oder eben auch nicht. Daher ist es wesentlich, dass Arbeitsschutzbelange bei der Beurteilung von Führungsverhalten mit berücksichtigt werden. Ohne umfassende Akzeptanz auf allen verantwortlichen Hierarchieebenen ist kein akzeptabler Arbeitsschutzstandard erreichbar.

Die Funktion des → *Sicherheitsbeauftragten*, der von der Definition her «einer unter Gleichen» sein soll, verträgt sich grundsätzlich nicht mit der Vorgesetztenrolle. Der Sicherheitsbeauftragte soll Kollegen ein Ratgeber und eine Vertrauensperson sein, die sich Arbeitsschutzbelangen besonders annimmt und die Führungskraft durch Hinweise unterstützt, aber eben kein Aufpasser oder verlängerter Arm der Führungskraft. Deswegen verfügt er ausdrücklich nicht über die Weisungsbefugnis, die die Führungskraft auszuüben hat.

Cornelia von Quistorp

Fußschutz

Fußschutz ist ein Teil der Persönlichen Schutzausrüstung (PSA). Fußschutz ist immer dann geboten, wenn mit Gefährdungen zu rechnen ist durch Stoßen, Einklemmen, umfallende, herabfallende oder abrollende Gegenstände, Hineintreten in spitze Gegenstände, heiße oder ätzende Flüssigkeiten, andere gesundheitsgefährdende Umgebungseinflüsse.

Fußschutz ist vorwiegend als Schutz gegen mechanisch, aber auch gegen chemisch, elektrisch oder thermisch bewirkte Verletzungen erforderlich. Entsprechend der Schutzwirkung wird der Fußschutz unterschieden in Sicherheitsschuhe, Schutzschuhe und Berufsschuhe.

Gesetze, Vorschriften und Rechtsprechung

Ergibt die Gefährdungsbeurteilung, dass trotz technischer und organisatorischer Schutzmaßnahmen mit Fußverletzungen zu rechnen ist, muss den Mitarbeitern Fußschutz zur Verfügung gestellt werden. Aus der BGR 191 «Benutzung von Fuß- und Beinschutz» gehen Anforderungen an die Auswahl, Beschaffung, Bereitstellung und die Benutzung von Fußschutz hervor.

Für den Bereich Fußschutz sind aus Anwendersicht hauptsächlich nachfolgende Normen relevant:

- DIN EN ISO 20345 «Persönliche Schutzausrüstung; Sicherheitsschuhe»
- DIN EN ISO 20346 «Persönliche Schutzausrüstung; Schutzschuhe»
- DIN EN ISO 20347 «Persönliche Schutzausrüstung; Berufsschuhe»

Weitere Normen im Zusammenhang mit Fußschutz sind Anhang 6 BGR 191 zu entnehmen.

1 Einteilung

Fußschutz wird wie folgt unterschieden:

- **Sicherheitsschuhe:** Schuhe **mit Zehenkappen** für hohe Belastungen, deren Schutzwirkung mit einer Prüfenergie von 200 J geprüft wurde (**Kurzbezeichnung S**).
- **Schutzschuhe:** Schuhe **mit Zehenkappen** für mittlere Belastungen, deren Schutzwirkung mit einer Prüfenergie von 100 J geprüft wurde (**Kurzbezeichnung P**).
- **Berufsschuhe:** Schuhe, die mit mind. einem schützenden Bestandteil ausgestattet sind, jedoch **keine Zehenkappen** haben müssen (**Kurzbezeichnung O**).

Die **Abb. 1** und **2** zeigen Beispiele für die Bestandteile sowie für die sicherheitstechnische Ausrüstung eines Schuhs. Fußschutz wird nach der Schuhform unterschieden in Halbschuh, niedrige, halbhohe, hohe und oberschenkelhohe Stiefel.

> **Achtung: Schutzschuh ist kein Sicherheitsschuh!**
>
> Sicherheitsschuhe und Schutzschuhe sind nicht identisch! Im allgemeinen Sprachgebrauch werden oft falsche Bezeichnungen verwendet. Die Anforderungen an Sicherheitsschuhe sind höher. Die Zehenschutzkappe muss z. B. mehr Energie aufnehmen können.

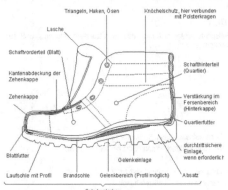

Abb. 1: Beispiele für die Bestandteile eines Schuhs

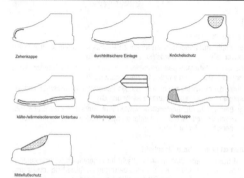

Abb. 2: Beispiele für sicherheitstechnische Ausrüstungen

2 Anforderungen

Die Anforderungen an Fußschutz richten sich nach dem Einsatzbereich. Anhang 4 BGR 191 enthält die einzelnen Anforderungen zu

- Schuhoberteil,
- Futter,
- Lasche,
- Laufsohle,
- Brandsohle,
- Zehenkappe,
- Rutschhemmung,
- Wasserdurchtritt und Wasseraufnahme beim Schuhobermaterial,
- Profilierung, Kontaktwärme und Kraftstoffbeständigkeit bei der Laufsohle,
- Durchtrittsicherheit,
- elektrischer Durchgangswiderstand des Schuhunterbaus,
- Schuhe mit wärmeisolierendem Unterbau (Hitzeschuhe),
- Schuhe mit kälteisolierendem Unterbau,
- Energieaufnahme im Fersenbereich,
- Mittelfußschutz.

3 Kennzeichnung

Die Kennzeichnung der Schuhe erfolgt zusätzlich zur → *CE-Kennzeichnung* nach den Normen der Reihen DIN EN ISO 20344 bis DIN EN ISO 20347. Die Kennzeichnung muss enthalten:

- Schuhgröße,
- Zeichen des Herstellers,
- Typbezeichnung/Artikelnummer des Herstellers,
- Herstellungsdatum,
- Nummer der Europäischen Norm, z. B. «EN ISO 20345: 2004»,
- für evtl. vorhandene zusätzliche sicherheitstechnische Ausrüstungen sind die Kennzeichnungssymbole nach **Tab. 1** oder das Kurzzeichen nach **Tab. 2** zu verwenden,
- falls erforderlich Piktogramm.

Fußschutz

Die CE-Kennzeichnung besteht aus dem Kurzzeichen «CE» und besagt, dass das Produkt, an dem es angebracht ist, die Anforderungen aller einschlägigen EG-Richtlinien erfüllt.

Es gibt bei Berufs-, Schutz- und Sicherheitsschuhen **Grundanforderungen**, die wie folgt klassifiziert werden:

- I: Schuhe aus Leder oder anderen Materialien, hergestellt nach herkömmlichen Schuhfertigungsmethoden (z. B. Lederschuhe).
- II: Schuhe vollständig geformt oder vulkanisiert (Gummistiefel, Polymerstiefel – z. B. aus Polyurethan (PUR) – für den Nassbereich).

Sicherheits-, Schutz- und Berufsschuhe gehören mind. der Zertifizierungskategorie II an. Für sie muss eine EG-Baumusterprüfbescheinigung vorliegen. Nach DIN EN ISO 20344 bis DIN EN ISO 20347 gibt es die in **Tab. 1** aufgeführten Symbole der Schutzfunktionen.

Symbol	Schutzfunktion
A	Antistatische Schuhe
AN	Knöchelschutz
C	Antistatische Schuhe
CI	Kälteschutz
CR	Schnittschutz
E	Energieaufnahmevermögen im Fersenbereich
FO	Kraftstoffbeständigkeit
HI	Wärmeisolierung
HRO	Verhalten gegenüber Kontaktwärme
I	Elektrisch isolierende Schuhe
M	Mittelfußschutz
P	Durchtrittsicherheit
WR	Wasserdichtheit
WRU	Wasserdurchtritt und -aufnahme

Tab. 1: Kennzeichnungssymbole gem. Tab. 9 in Anhang 2 BGR 191

Bei Schuhen mit mehreren Zusatzanforderungen führt die Kennzeichnung mit den einzelnen Kennzeichnungssymbolen zu Schwierigkeiten. Die Kennzeichnung ist zu umfangreich und für den Verbraucher zu unübersichtlich. Deshalb sind in den Normen der Reihe DIN EN ISO 20345 bis DIN EN ISO 20347 die meistbenutzten Kombinationen der sicherheitsrelevanten Grund- und Zusatzanforderungen zusammengefasst und Kurzzeichen für die Kennzeichnung eingeführt worden (**Tab. 2**).

Sicherheitsschuh S Grundanforderungen (200-J-Zehenkappe)	SB I, II	S1 I	S2 I	S3 I	S4 II	S5 II
Schutzschuh P (100-J-Zehenkappe)	PB	P1	P2	P3	P4	P5
Berufsschuh O (keine Zehenkappe)	---	01	02	03	04	05
Dabei bedeutet: B = keine Zusatzanforderung 1 = geschlossener Fersenbereich; Antistatik; Energieaufnahmevermögen im Fersenbereich 2 = 1 + Schutz gegen Wasserdurchtritt und Wasseraufnahme 3 = 2 + Durchtrittsicherheit; profilierte Laufsohle 4 = Antistatik; Energieaufnahmevermögen im Fersenbereich 5 = 4 + Durchtrittsicherheit der Sohle; profilierte Sohle						

Tab. 2: Kurzzeichen für die Kennzeichnung der meistbenutzten Kombinationen von sicherheitsrelevanten Grund- und Zusatzanforderungen

Praxis-Tipp: Auswahl von geeignetem Fußschutz

Anhang 2 BGR 191 enthält eine Beispielsammlung als Hilfestellung für die Auswahl von geeignetem Fußschutz. Sie ersetzt jedoch nicht die → *Gefährdungsbeurteilung*. Sie gibt lediglich eine Empfehlung auf der Basis jahrelanger Erfahrungen aus dem Unfallgeschehen der gewerblichen Wirtschaft wieder, in welchen Bereichen ein Sicherheitsschuh mit einer 200-J-Kappe zu tragen ist.

4 Schuhgrößen

Welche Schuhgröße ist die richtige? Diese Frage kann normalerweise nur die Anprobe beantworten. Das liegt daran, dass die Schuhgröße eine reine Längenangabe darstellt. Die Fußbreite wird bei dem Schuhgrößensystem *Pariser Stich* nicht berücksichtigt. Je nach Schuhleisten passen die Schuhe, sind zu weit oder zu schmal. Gerade auf dem Gebiet der Sicherheitsschuhe ist der Tragekomfort wichtig. Daher haben sich viele Hersteller dazu entschlossen, Fußschutz in mehreren Weiten anzubieten.

Die Schuhgröße lässt sich nicht durch eine einzelne Größe beschreiben. Schuhhersteller machen das aber im Bereich der Freizeitschuhe in einer deutlichen Mehrheit. Dabei hat ein Fuß neben der Länge weitere individuell unterschiedliche Maße, die für einen passenden Schuh entscheidend sind (z. B. max. Breite und Spannhöhe). Zudem ist die Schuhform im Vorderfußbereich ein Merkmal für den Tragekomfort. Ein spitz zulaufender Zehenbereich sieht evtl. modisch aus, führt aber zu einer Zehendeformation. Ein zu breiter Schnitt im Fersenbereich führt dazu, dass der Schuh keinen festen Halt bietet.

Für Erwachsene gibt es bei Freizeitschuhen Zwischengrößen. Dadurch kann i. d. R. erreicht werden, dass ein zu schmal geschnittener Schuh eine «halbe Nummer größer» als passend empfunden wird.

Bei Sicherheitsschuhen gibt es mittlerweile den Trend, dass viele Schuhhersteller Teile ihres Sortiments auch in mehreren Weiten anbieten. Diese werden manchmal mit einer schlichten Weitenangabe oder aber als Schuhgröße im *Mondo-Point-System* bezeichnet.

Anhang 2 Nr. 4.1.2 BGR 191 enthält eine Tabelle, die Fußlänge und Fußbreite gegenüberstellt. Die Zuordnung von Fußlänge zur bisherigen Schuhgröße nach dem Maßsystem *Pariser Stich* fehlt aber noch in der BGR 191 und soll daher an dieser Stelle vorgenommen werden. Die Zuordnung folgt den Vorgaben der Hersteller.

Achtung: Schuhgröße

Der Größensprung beim *Pariser Stich* entspricht 6,66 mm. Folglich stellt die hier durchgeführte Gegenüberstellung (**Tab. 3**) einen Kompromiss dar. Berücksichtigt werden muss auch, dass hier die Fußlänge dargestellt ist. Der Fuß im belasteten Zustand beim Gehen ist länger. Die Schuhhersteller haben diese Spitzenzugabe bei den Schuhgrößen berücksichtigt. Bei Freizeitschuhen ist mit der Daumenprobe festzustellen, ob genügender Freiraum vor dem großen Zeh ist. Bei Sicherheitsschuhen scheidet diese Anprobe wegen der Zehenschutzkappe aus.

Pariser Stich	Fußlänge [mm]	Fußbreite [mm] Weitenbezeichnung (Code)					
		7	8	9	10	11	12
35	217	80	83	85	88	91	94
36	225	82	85	88	90	93	96
37	232	84	87	90	92	95	98
38	240	86	89	92	95	97	100
39	247	88	91	94	97	99	102
40	255	90	93	96	99	102	105
41	262	92	95	98	101	104	107
42	270	94	97	100	103	106	109
43	277	96	99	102	105	108	111

		Fußbreite [mm] Weitenbezeichnung (Code)					
Pariser Stich	Fußlänge [mm]	7	8	9	10	11	12
44	285	99	101	104	107	110	113
45	292	101	104	106	109	112	115
46	300	103	106	108	112	114	117
47	307	105	108	111	114	117	120

Tab. 3: Gegenüberstellung: Schuhgröße, Fußlänge und Fußbreite

Die Einteilung in Schuhweiten gibt es in der Praxis. Nicht umgesetzt wurde die gesamte Palette der Schuhweiten je Schuhgröße. Es hat sich gezeigt, dass die Vorhaltung der Schuhweiten 10 und 11 als Standardweiten ausreichend ist. Die Schuhhersteller sind in der Lage, auch andere Schuhweiten herzustellen, jedoch bedeutet das aufgrund der geringen Nachfrage i. d. R. eine Sonderanfertigung.

Praxis-Tipp: Anprobe nicht vergessen

Die Schuhgröße kann bei dem Schuhweiten-System wie gewohnt durch Anprobe oder mithilfe von Fußmaßlehren bestimmt werden. Ob der Schuh dann dennoch «drückt», ist nur durch eine Anprobe festzustellen.

5 Praxis-Tipps

Je nach Unternehmensgröße kann es sinnvoll sein, die Ausstattung der Mitarbeiter mit Fußschutz nicht über ein eigenes Lager abzuwickeln, sondern ein Abkommen mit einem ortsansässigen Händler zu treffen. Dies reduziert die Kosten für die interne Lagerhaltung (Material, Räumlichkeiten, Personal).

Die Mitarbeiter haben so die Möglichkeit, sich z. B. mithilfe eines Berechtigungsscheins, aus dem die Mindestanforderungen an den Fußschutz hervorgehen müssen, beim Vertragspartner aus einer großen Palette einen Schuh nach ihren individuellen Bedürfnissen (und gem. den betrieblichen Vorgaben) selbst auszusuchen. Dadurch wird i. d. R. eine deutliche Akzeptanzsteigerung im Hinblick auf die Bereitschaft zum Tragen von Fußschutz erzielt. Auf dem Berechtigungsschein kann ebenfalls eine Betragsobergrenze vermerkt sein, bis zu der das Unternehmen die Kosten übernimmt. Übersteigt der ausgesuchte Fußschutz diesen Betrag, muss der Mitarbeiter die Differenz direkt beim Vertragspartner selbst bezahlen.

Bei orthopädischem Fußschutz kann die Kostenübernahme auch durch eine der nachfolgenden Organisationen erfolgen. Dies ist im Einzelfall zu überprüfen:

- Gesetzliche Unfallversicherungsträger (z. B. Berufsgenossenschaften (BG) oder Gemeindeunfallversicherer (GUV)),
- Hauptfürsorgestellen, Gesetzliche Rentenversicherung (Landesversicherungsanstalten (LVA) oder Bundesversicherungsanstalt (BVA)),
- Bundesagentur für Arbeit,
- Träger der begleitenden Hilfe im Arbeits- und Berufsleben,
- Träger der Sozialhilfe.

Näheres zur Übernahme von Kosten finden Sie im Anhang 2 Abschn. 5 BGR 191.

Achtung: Orthopädische Einlagen

Beim Einsatz von orthopädisch angepassten Einlagen muss darauf geachtet werden, dass die Anforderungen des Schuhherstellers in Verbindung mit der BGR 191 eingehalten werden. Der Sicherheitsschuh hat ansonsten ggf. keine Baumusterprüfung mehr!

Dirk Haffke

Gase

Gas bezeichnet einen Aggregatzustand von Materie oder einen Stoff, der sich üblicherweise in diesem Aggregatzustand befindet. Kennzeichnend für den gasförmigen Aggregatzustand sind:

- freie Beweglichkeit der Atome oder Moleküle,
- beliebiges Mischungsverhältnis verschiedener Gaskomponenten,
- Komprimierbarkeit,
- ein Gas füllt jeden Raum, in den es gebracht wird, völlig aus.

Abschn. 2 Kap. 2.33 BGR 500 definiert Gase als Stoffe, deren kritische Temperatur unter 50 °C liegt oder deren Dampfdruck bei 50 °C mehr als 3 bar beträgt. Zu den wichtigsten, technisch eingesetzten Gasen zählen Acetylen, Argon, Helium, Stickstoff, Wasserstoff, Kohlendioxid, Sauerstoff und Flüssiggas. Gase werden eingeteilt in entzündbare (bisher: brennbare), oxidierende (bisher: brandfördernde), gesundheitsschädliche und inerte Gase.

Gesetze, Vorschriften und Rechtsprechung

Für den Umgang mit Gasen und das Betreiben von Anlagen, in denen mit Gasen umgegangen wird, gelten verschiedene Vorschriften:

- Gefahrstoffverordnung: Regelungen für Gase, denen Gefährlichkeitsmerkmale entsprechend dem Chemikaliengesetz zugeordnet sind.
- Betriebssicherheitsverordnung: Regelungen zu überwachungsbedürftigen Anlagen (Druckbehälteranlagen, Füllanlagen, Leitungen unter innerem Überdruck für entzündliche, leichtentzündliche, hochentzündliche, ätzende oder giftige Gase) und zum Explosionsschutz.

Technische Regeln konkretisieren die Anforderungen, für Gase unter Druck sowie entzündbare Gase sind dies v.a.:

- TRBS 1201 Teil 1 «Prüfung von Anlagen in explosionsgefährdeten Bereichen und Überprüfung von Arbeitsplätzen in explosionsgefährdeten Bereichen»
- TRBS 1201 Teil 2«Prüfungen bei Gefährdungen durch Dampf und Druck»
- TRBS 2141 «Gefährdung durch Dampf und Druck» (Teile 1, 2 und 3)
- TRBS 2152 «Gefährliche explosionsfähige Atmosphäre» (Teile 1, 2, 3 und 4)
- TRBS 2153 «Vermeidung von Zündgefahren infolge elektrostatischer Aufladungen»
- DIN EN 14513 «Ortsbewegliche Gasflaschen»
- Kap. 2.33 BGR 500 «Betreiben von Arbeitsmitteln» enthält die Inhalte der früheren BGV B6 «Gase» und Kap. 2.31 BGR 500 die Inhalte der früheren BGV D2 «Arbeiten an Gasleitungen», soweit sie dem Stand der Technik entsprechen und nicht bereits Inhalt der Betriebssicherheitsverordnung sind bzw. deren Inhalt widersprechen.

Für Arbeiten in Druckluft (Druckluftverordnung), Arbeiten in Laboratorien (Laborrichtlinien) sowie für Gasverbrauchsanlagen zu Brennzwecken existieren separate Regelungen.

1 Arten von Gasen

In Abhängigkeit von ihren Eigenschaften sind sicherheitstechnisch die in **Tab. 1** aufgeführten Gruppen von Gasen relevant.

Gruppe	Charakterisierung	Beispiele
Entzündbare (bisher: brennbare) Gase	Alle Gase, die bei Normaldruck im Gemisch mit Luft einen Explosionsbereich (Zündbereich) haben.	Wasserstoff, Methan, Acetylen
Gesundheitsgefährliche Gase	Gase, die beim Menschen Gesundheitsschäden bewirken können. Charakterisiert sind diese Gase anhand ihrer Gefährlichkeitsmerkmale als sehr giftig, giftig, gesundheitsschädlich, ätzend, reizend oder krebserzeu-	Schwefelwasserstoff, Kohlenmonoxid, Ozon

Gruppe	Charakterisierung	Beispiele
	gend und fortpflanzungsgefährdend (fruchtschädigend).	
Oxidierende (bisher: brandfördernde) Gase	Gase, die mit brennbaren Stoffen so reagieren können, dass die brennbaren Stoffe erheblich schneller abbrennen als in Luft.	Sauerstoff
Chemisch instabile Gase	Gase, die unter den Lager- und Betriebsbedingungen durch Energieeinwirkung oder durch katalytische Einwirkung von Fremdstoffen – auch unter Ausschluss von Sauerstoff – zu einer exothermen Reaktion gebracht werden können.	Acetylen, Äthylen
Inerte Gase	Gase, die unter den im jeweiligen System vorliegenden Betriebs- und Lagerbedingungen nicht reagieren. Sie besitzen keine Gefährlichkeitsmerkmale im Sinne der Gefahrstoffverordnung. Durch Verdrängung des Luftsauerstoffs können sie jedoch erstickend wirken (Gefährdung bei falscher Handhabung).	Kohlendioxid, Argon, Stickstoff, Helium

Tab. 1: Sicherheitstechnisch bedeutsame Gruppen von Gasen

Anhang 2 von Kap. 2.33 BGR 500 enthält in den Tabellen I und II Listen mit den Einstufungen der technisch relevanten Gase. Mit Außerkrafttreten der europäischen Stoff- bzw. Zubereitungsrichtlinie im Jahr 2015 werden die dort genannten Einstufungen wie F, T+, T, Xn, C, Xi nicht mehr verwendet.

2 Was ist beim Umgang mit Gasen zu beachten?

Um ein Gas oder ein Gasgemisch sicher handhaben zu können, müssen die sicherheitsrelevanten Eigenschaften ermittelt werden. Dazu gehören:

- Dichte,
- Zündtemperatur,
- Explosionsgrenzen oder
- Siedetemperatur.

Diese Daten können z. B. über die GESTIS-Stoffdatenbank des IFA ermittelt werden. Alle Anlagen, → Rohrleitungen und Ausrüstungsteile, die mit Gasen beaufschlagt sind, müssen technisch dicht sein. Die Dichtheit des Systems ist oberstes Gebot, da durch einen Gasaustritt Sicherheitsrisiken entstehen (Bildung zündfähiger Gemische, Explosionsgefahr, Freisetzung giftiger Gase etc.).

Die Materialien, die mit Gasen in Kontakt kommen, dürfen von den Gasen nicht in gefährlicher Weise angegriffen werden oder mit diesen keine gefährlichen Verbindungen eingehen. Hinweise zur Materialauswahl enthält Anhang 3 von Kap. 2.33 BGR 500 «Betreiben von Arbeitsmitteln». Gase werden technisch entweder in komprimierter oder tiefkalt verflüssigter Form gelagert. Der Kontakt mit tiefkalt verflüssigten Gasen verursacht starke Erfrierungen bzw. Kaltverbrennungen und schwere Augenschäden. Durch die tiefen Temperaturen versprören Werkstoffe wie z. B. die meisten Kunststoffe oder Baustahl sehr stark. Da aus einem Liter tiefkalt verflüssigten Gas große Gasmengen entstehen (Beispiel: aus 1 l tiefkalt verflüssigtem Sauerstoff entstehen 853 l Gas) ist beim Umgang mit tiefkalt verflüssigten Gasen in offenen Gefäßen eine ausreichende Lüftung notwendig.

2.1 Hinweise zum sicheren Umgang mit Druckgasflaschen

- keine Öle oder Fette im Bereich der Ventile verwenden,
- Ventile nicht mit Gewalt öffnen, sie müssen sich per Hand öffnen lassen,
- stehende Flaschen immer sichern,

- nach Gebrauch immer Ventil schließen und Flaschenkappe aufsetzen,
- beim Transport Gasflaschen sichern, gut befestigen und auf ausreichende Lüftung achten.

Hinweise zum sicheren Umgang mit Sauerstoff, einem oxidierenden (bisher: brandfördernden) Gas

- Hautkontakt mit ausströmendem Sauerstoff vermeiden: Da Sauerstoff in flüssigem Zustand eine sehr niedrige Temperatur hat, besteht bei Hautkontakt eine große Verbrennungsgefahr;
- Kontakt zwischen ausströmendem Sauerstoff und empfindlichen Materialien wie den meisten Kunststoffen vermeiden: Versprödungsgefahr;
- Sauerstoff nicht unkontrolliert ausströmen lassen: Durch ausströmenden Sauerstoff besteht die Gefahr der Sauerstoffanreicherung der Luft: Die Brandgefahr steigt beträchtlich. Selbst Materialien, die in der Luft nicht brennen, können in mit Sauerstoff angereicherter Luft lebhaft oder sogar spontan brennen, sogar feuerhemmend imprägnierte Stoffe. Die Flammen sind wesentlich heißer und breiten sich mit großer Geschwindigkeit aus. Kleidung gut lüften, da Gefahr eines Kleidungsbrands besteht;
- Öle und Fette niemals zum Schmieren von Geräten für Sauerstoff oder Luft verwenden;
- nach Beendigung von → *Schweiß- und Schneidbrennarbeiten* unbedingt auch das Sauerstoffventil schließen;
- Sauerstoff nur dann verwenden, wenn er durch kein anderes Gas ersetzt werden kann: Die Verwendung von Sauerstoff zum Antreiben von Druckluftwerkzeugen, Aufblasen von Fahrzeugreifen oder Abstauben von Werkbänken, Maschinen und Kleidern ist gefährlich und daher nicht erlaubt;
- ausreichende Belüftung sicherstellen.

2.2 Hinweise zum sicheren Umgang mit inerten Gasen

- Gas nicht unkontrolliert ausströmen lassen: Argon, Stickstoff, Kohlendioxid, Helium sind geruchlose Gase – es kann Sauerstoffmangel entstehen. Bereits bei ca. 10 Vol.-% Sauerstoff in der Luft kann ein Mensch ohne Vorwarnung bewusstlos werden; weniger als 6 bis 8 Vol.-% Sauerstoff können innerhalb weniger Minuten zum Tod durch Ersticken führen. Da CO_2 und Argon schwerer als Luft sind, sammeln sie sich vor allem in tiefgelegenen Räumen an (z. B. Gruben, Keller).
- Vorsicht beim Umgang mit Trockeneis: Wegen Verbrennungsgefahr → *Schutzhandschuhe* oder Greifzange verwenden und Lagerbehälter nicht verschließen.

2.3 Hinweise zum sicheren Umgang mit entzündbaren Gasen

- Besonders wichtig: Bildung von explosionsfähiger Atmosphäre und eines Brands vermeiden.
- Wasserstoff und Acetylen wirken in hohen Konzentrationen erstickend. Da Wasserstoff und Acetylen in reiner Form geruchlos sind, bemerkt das Opfer das Ersticken nicht.
- Wasserstoff ist wesentlich leichter als Luft, strömt sofort nach oben und kann sich unter der Raumdecke, unter Dachvorsprüngen o. Ä. ansammeln. Flüssiggas ist unter atmosphärischen Bedingungen wesentlich schwerer als Luft und fließt vorrangig nach unten. In Gruben, Kellerräumen, Kanälen und Geländesenken können sich Flüssiggasansammlungen bei geringer Luftbewegung über einige Stunden halten.
- Zusammenlagerungsverbote beachten (s. Abschn. 7 TRGS 510).
- Vorgaben zur Lagerung von Druckgasbehältern bzw. Druckgaskartuschen beachten (s. Abschn. 10 bzw. Abschn. 11 TRGS 510): So können in Abhängigkeit vom verwendeten Gas z. B. Gaswarneinrichtungen in Lagerräumen erforderlich sein bzw. weitere Forderungen zu baulichen Anforderungen und Brandschutz gelten (Abschn. 10). Bei Lagermengen von über 20 kg Gas in Druckgaskartuschen bzw. Aerosolen in Aerosolpackungen müssen Lagerräume feuerbeständig von angrenzenden Räumen abgetrennt sein (Abschn. 11).

Bettina Huck

Gasflaschen

Gasflaschen dienen als Behälter für Entnahme, Transport oder Lagerung von Gasen. Kleinere Gebinde werden als Gaskartusche bezeichnet. Druckgasflaschen enthalten Gase oder Dämpfe unter Druck, so werden z. B. Sauerstoff, Stickstoff, Wasserstoff, Argon oder Helium mit Drücken bis zu 300 bar verdichtet und in Flaschen gefüllt. Im Gegensatz dazu enthalten Flüssiggasflaschen verflüssigtes Gas. Behälter für Kohlenstoffdioxid enthalten sowohl flüssiges als auch gasförmiges Kohlenstoffdioxid, das z. B. zur Herstellung von Trockeneis dient.

Gasflaschen sind i. Allg. mit Gewinde und Ventil ausgestattet, an die eine Schlauch- oder Rohrleitung, meist über einen Druckminderer, angeschlossen werden kann. Je nach Verwendungszweck und Gaseigenschaften sind Gasflaschen aus Aluminium, Edelstahl, Stahl oder Faserverbundwerkstoffen gefertigt. Es kommen sowohl Einwegflaschen als auch wiederbefüllbare Flaschen zum Einsatz.

Gesetze, Vorschriften und Rechtsprechung

Es gelten folgende Vorschriften:

- Gefahrstoffverordnung (GefStoffV)
- Gefahrgutverordnung Straße, Eisenbahn und Binnenschifffahrt (GGVSEB)
- Betriebssicherheitsverordnung (BetrSichV)
- TRBS 1201 «Prüfungen von Arbeitsmitteln und überwachungsbedürftigen Anlagen», Teile 1-5
- TRBS 2141 «Gefährdungen durch Dampf und Druck», Teile 1-3
- TRBS 2152 «Gefährliche explosionsfähige Atmosphäre», Teile 1-4
- TRBS 2153 «Vermeidung von Zündgefahren infolge elektrostatischer Aufladungen»
- TRGS 510 «Lagerung von Gefahrstoffen in ortsbeweglichen Behältern»
- BGR 104 «Explosionsschutz-Regeln»
- Kap. 2.33 BGR 500 «Betreiben von Anlagen für den Umgang mit Gasen»
- DIN EN 1089 «Ortsbewegliche Gasflaschen – Kennzeichnung von Gasflaschen», Teile 1-3
- DIN EN ISO 11117 «Gasflaschen – Ventilschutzkappen und Ventilschutzkörbe, Auslegung, Bau und Prüfungen»

1 Verwendungsbereiche

Gasflaschen werden v. a. eingesetzt

- beim → *Schweißen* in Werkstätten, metallverarbeitendem Gewerbe und Industrie, Baubranche, usw.,
- beim Betreiben von Getränkeschankanlagen in Gaststätten und Beherbergungsbetrieben,
- bei Arbeiten in → *Labors*,
- für → *Atemschutzgeräte*, z. B. Feuerwehr.

Eine oder mehrere Gasflaschen können in einem Gestell am Arbeitsplatz (**Flaschenanlage**) bereitgestellt sein. Bei größeren Entnahmemengen werden mehrere Gasflaschen zu einer sog. **Flaschenbatterie** zusammengefasst, Vorteile gegenüber der Verwendung von Einzelflaschen sind (s. Abschn. 2.1.7 BGI 554):

- zentrale Bedienung,
- Raumersparnis am Arbeitsplatz,
- weniger innerbetrieblicher Transport,
- größere Sicherheit.

Das **Flaschenbündel** ist ein Sonderfall einer Batterie. Hier werden alle Flaschen gleichzeitig gefüllt, in einem Gestell transportiert und über einen zentralen Anschluss entleert.

> **Wichtig: Flüssiggas**
>
> Gase wie Propan oder Butan werden durch Kühlung und Verdichtung verflüssigt und dann in Gasflaschen abgefüllt. Wegen Brand- und Explosionsgefahr gelten ergänzende Vorschriften für Betrieb und Prüfung von Flüssiggasanlagen, bei Lagerung und Transport von Flüssiggasflaschen sind zusätzliche Sicherheitsmaßnahmen erforderlich, u. a. müssen Flüssiggasflaschen bei Gebrauch und Lagerung immer aufrecht stehen.

2 Kennzeichnung

Gase können entzündbar, gesundheitsgefährlich, brandfördernd, chemisch instabil oder inert sein und tragen das entsprechende Gefahrenpiktogramm nach GHS. Zusätzlich müssen Gase mit dem Piktogramm GHS04 «Gasflasche» gekennzeichnet werden.

Auf der Schulter der Gasflasche müssen sowohl Informationen eingeprägt als auch der Gefahrgutaufkleber angebracht sein (vgl. BGI 554):

Die **Prägung** enthält folgende Angaben:

- Gasart,
- Betriebsdruck,
- Prüfdruck,
- Prüfdaten,
- Eigentümer bzw. Hersteller,
- bei Acetylen auch die Kennzeichnung der porösen Masse.

Verbindliche Informationen liefert der **Gefahrgutaufkleber** zu

- Inhalt,
- Gasbenennung,
- Eigenschaften,
- Hersteller,
- H- und P-Sätze (bisher: R- und S-Sätze).

Die **Farbkennzeichnung** bzw. -codierung von Gasflaschen muss nach DIN EN 1089-3 erfolgen und dient als zusätzlicher Hinweis, wenn z. B. der Gefahrgutaufkleber aus der Entfernung noch nicht erkennbar ist. Die Norm bezieht sich nur auf die Flaschenschulter (Ausnahme: medizinische Gase mit weißem Flaschenmantel). Die Farbe gibt Auskunft über die Gaseigenschaft. So gilt z. B. für Gasflaschen mit **technischem Sauerstoff** folgender Farbcode (vgl. Bild 2-2 in Abschn. 2.1.1 BGI 554):

- **Schulter** weiß (in einer Übergangsphase wurden Gasflaschen zusätzlich mit «N» für neue Kennzeichnung versehen);
- **Mantel** blau oder grau (nach Vereinbarung der Mitgliedsfirmen des Industriegaseverbands).

> **Achtung: Verwechslungsgefahr**
>
> Obwohl die Norm zur Farbkennzeichnung bereits seit 1997 gilt, sind immer noch Druckgasflaschen mit alter Kennzeichnung in Verkehr. Beim Umgang mit Gasflaschen ist deshalb besondere Sorgfalt geboten, verbindliche Informationen liefert nur der Gefahrgutaufkleber. So tragen z. B. nach der neuen Norm giftige und/oder ätzende Gase eine gelbe Schulter, dies war zuvor die Kennzeichnung für Acetylen.

3 Gefahren

Unfälle mit Druckgasflaschen passieren häufig durch

- Abreißen des Ventils: Beim Austritt des Gases kann die Gasflasche zum Geschoss werden und im Extremfall sogar Betonwände durchschlagen;
- unkontrolliertes Austreten von Gas (Leckage): Giftige Gase können die Gesundheit ebenso gefährden wie erstickend wirkende Gase (z. B. Stickstoff);

- Brände durch Sauerstoff: Tritt Sauerstoff aus, können sich Materialien in unmittelbarer Nähe leicht entzünden (z. B. Öle oder Fette am Ventil);

Korrosion kann beim Eindringen von Wasser verursacht werden. **Fremdstoffe** können in die Gasflasche gelangen und ungezielte Reaktionen auslösen (Wärmeentwicklung bis hin zu Brand und Explosion).

Achtung: Spezialfall Acetylen

Für Umgang, Lagerung und Transport sind für Acetylen besondere Schutzmaßnahmen erforderlich. In Gasflaschen liegt es als gelöstes Gas vor. Es kann nicht so hoch verdichtet werden wie z. B. Sauerstoff, eine in der Flasche enthaltene poröse Masse enthält das Lösungsmittel. Ein besonders sorgsamer Umgang ist erforderlich, Acetylenflaschen dürfen keiner stoßartigen Belastung ausgesetzt sein. Das instabile Gas kann unter starker Wärmeentwicklung zerfallen. Sicherheitseinrichtungen gegen Gasrücktritt und Flammendurchschlag sind deshalb auch für Einzelflaschenanlagen empfehlenswert.

4 Hinweise zum sicheren Umgang

Grundregeln für einen sicheren Umgang mit Gasflaschen sind:
- keine Öle oder Fette im Bereich der Ventile verwenden;
- Ventile nicht mit Gewalt öffnen, sie müssen sich per Hand öffnen lassen;
- stehende Flaschen immer sichern, z. B. in feststehenden oder fahrbaren Gestellen, mit Schellen oder Ketten;
- nach Gebrauch immer Ventil schließen und mit Schutzkappe, Bügel oder Schutzkorb sichern, dadurch wird das Eindringen von Fremdstoffen wirksam verhindert;
- Schlauchanschlussstutzen nicht auf benachbarte Flaschen richten;
- Druckgasflaschen dürfen nicht erhitzt werden.

Für den Umgang mit Sauerstoff sowie inerten und brennbaren Gasen sind weitere Maßnahmen sinnvoll (vgl. → *Gase*).

Am Arbeitsplatz dürfen nur die für den ununterbrochenen Fortgang der Arbeiten notwendigen Gasflaschen vorhanden sein, Reserveflaschen dürfen höchstens nur so viele vorhanden sein wie angeschlossene.

5 Lagerung

Werden im Unternehmen große Mengen gleicher oder unterschiedlicher Gase verwendet und gelagert, ist ein Lagerkonzept sinnvoll. So können gelagerte Arten und Mengen von Gasen erfasst und eine sichere Lagerung gewährleistet werden. Für die Lagerung gilt u. a.:
- außerhalb von Arbeitsräumen (in Arbeitsräumen nur in geeigneten Sicherheitsschränken);
- in Lagerräumen oder ggf. im Freien;
- ausreichende Be- und Entlüftung;
- Zutritt durch Unbefugte verhindern und Verbotsschild V02 anbringen «Feuer, offenes Licht und Rauchen verboten»;
- → *Feuerlöscher* muss leicht erreichbar sein;
- Flaschen möglichst stehend lagern, liegende Flaschen gegen Wegrollen sichern;
- gegen Umfallen oder Herabfallen sichern;
- kein Umfüllen von → *Gasen*;
- nicht zusammen mit brennbaren Stoffen lagern;
- gegen Erwärmung über 40° C schützen, d. h. nicht in der Nähe von Heizkörper oder Ofen, Mindestabstand vom Heizkörper: 0,50 m (Sonneneinstrahlung gilt in unseren Breiten als unbedenklich);
- nicht in Fluren, Treppenräumen, Durchgängen, Durchfahrten lagern, auch nicht in deren unmittelbarer Nähe und nicht an Rettungswegen (dies gilt auch für Gasflaschen zur Gasentnahme);

- auf ebenen Flächen abstellen.

Lagerräume für Gasflaschen müssen ausgestattet sein mit
- feuerhemmenden Trenn- und Außenwänden sowie Decken,
- Fußböden aus schwer entflammbarem Material,
- selbstschließenden, feuerhemmenden Tür/en zu angrenzenden Räumen.

In Abhängigkeit von den Eigenschaften der gelagerten Gase gelten zusätzliche Forderungen z. B. für die Lagerung **brennbarer Gase** in Lagerräumen:
- Explosionsschutzbereich festlegen und → *Explosionsschutzdokument* erstellen (gilt auch für die Lagerung im Freien),
- mind. ein Ausgang ins Freie,
- → *elektrische Anlagen und Betriebsmittel* in explosionsgeschützter Ausführung,
- keine → *Zündquellen* im Schutzbereich.

Vorschriften zur Zusammenlagerung müssen beachtet werden (s. TRGS 510), Gasflaschen mit unterschiedlichen Inhalten müssen ggf. in ausreichender Entfernung oder separaten Räumen gelagert werden.

> **Praxis-Beispiel: Zusammenlagerung von brennbaren Gasen und Sauerstoff**
>
> Druckgasflaschen mit brennbaren Gasen (Acetylen, Flüssiggas) und brandfördernden Gasen (Sauerstoff) dürfen zusammen gelagert werden, wenn
> - die Gesamtzahl 150 Druckgasflaschen nicht übersteigt,
> - untereinander ein Abstand von mind. 2,0 m eingehalten wird (s. Tab. 2 in Abschn. 7.2. TRGS 510).

6 Transport

Bei der Beförderung von Druckgasflaschen kommt es immer wieder zu schweren Unfällen, v. a. in geschlossenen Fahrzeugen und Werkstattfahrzeugen. Ursachen sind meist mangelnde Lüftung und undichte Gasflaschen.

Folgende Grundregeln beim Transport von Gasflaschen sollten daher beachtet werden (vgl. BGI 554):
- Sichern durch z. B. spezielle Transportpaletten mit verstellbaren Riegeln;
- ausreichende Lüftung bei Beförderung in geschlossenen Fahrzeugen;
- Schutz der Flasche und des Flaschenventils;
- Verschließen der Flaschenventile und wiederkehrend Dichtheit überprüfen.

Verbote beim Befördern von Gasflaschen sind:
- Transport nur in dafür vorgesehenen Fahrzeugen;
- nicht werfen;
- nicht liegend rollen;
- vor Stößen bewahren, besonders bei Frost;
- nicht mit Lasthebemagnet befördern;
- dürfen nicht auf harte oder scharfe Kanten treffen, da die Flaschen sonst aufreißen können;
- Fahrzeuge mit gefüllten Druckgasflaschen nicht unbeaufsichtigt auf öffentlichen Straßen oder Plätzen abstellen;
- beim Laden ist Rauchen und Umgang mit offenem Feuer verboten.

Grundsätzlich gilt für Transporte im öffentlichen Bereich die GGVSEB. Sie legt u. a. Zuständigkeiten, Pflichten und Fahrwege sowie Einschränkungen der Beförderung gefährlicher Güter fest.

> **Wichtig: Sicherer Transport im Pkw**
>
> Das Gasflaschentransportsystem ToxBox kann eingesetzt werden, wenn Gasflaschen im Pkw mitgeführt werden müssen. ToxBox ist für alle Transporte geeignet, bei denen Gasflaschen oder andere → *Gefahrstoffe* in geringen Mengen transportiert werden müssen. Es gewähr-

leistet, dass Gasflaschen oder Behälter für Gefahrstoffe gegen Umfallen gesichert sind und eine ausreichende Lüftung erfolgt (Quelle: IFA).

7 Prüfung

Druckgasflaschen müssen alle 10 Jahre überprüft werden. Die Prüfung veranlasst der Lieferant. Sind Flaschen beschädigt, dürfen sie nicht mehr eingesetzt werden und sollten an den Lieferanten zurückgegeben werden.

8 Füllung

Gasflaschen werden i. Allg. in einem Füllwerk befüllt. Fachpersonal gewährleistet dort, dass nur geeignete und geprüfte Behälter zum Befüllen verwendet werden.

Wichtig: Ausnahme: Handwerkerflaschen mit Flüssiggas

Ein Handwerker kann in eigener Verantwortung eine sog. Handwerkerflasche (Rauminhalt: 1 Liter) volumetrisch mit Flüssiggas füllen, d. h. durch Umfüllen. Er benötigt dazu allerdings eine dafür vorgesehene und zugelassene Einrichtung (s. Anlage 1 TRG 402, seit 1.1.2013 außer Kraft). Um ein sicheres Füllen zu gewährleisten, sind v. a. erforderlich:

- Lüftung oder Zündquellenfreiheit;
- Sachkunde des Betreffenden.

9 Weiterführende Quellen

- DVS-Merkblatt 0211 «Druckgasflaschen in geschlossenen Kraftfahrzeugen»
- DVS-Merkblatt 0221 «Empfehlungen für die Gefährdungsbeurteilung/Sicherheitstechnische Bewertung von Gasversorgungsanlagen für Schweißen, Schneiden und verwandte Verfahren»
- Industriegaseverband IGV, u. a. Informationen zur Euro-Norm DIN EN 1089-3, Handhabung undichter Druckgasflaschen (aus der Schriftenreihe: Sicherheit im Umgang mit Industriegasen)
- Linde AG, Sicherheitshinweise z. B. Behandlung von Gasflaschen in Notfällen, Lagerung, Transport

Dagmar Hettrich, Bettina Huck

Gefährdungsbeurteilung

Die systematische Analyse der Gefährdungen an unterschiedlichen Arbeitsplätzen und bei verschiedenen Tätigkeiten ist ein Kerngedanke im präventiven Konzept der Gefährdungsbeurteilung. Heute ist die Gefährdungsbeurteilung eines der wichtigsten betrieblichen Werkzeuge im Arbeitsschutz zur Verhinderung von Unfällen und Berufskrankheiten.

Gesetze, Vorschriften und Rechtsprechung

Die grundlegenden Vorschriften über die Gefährdungsbeurteilung finden sich in den §§ 5 – 6 ArbSchG. Weitere detailliertere Pflichten können den Verordnungen zum Arbeitsschutzgesetz entnommen werden, wie z. B. § 6 Gefahrstoffverordnung, § 3 Betriebssicherheitsverordnung und § 3 Arbeitsstättenverordnung.

1 Gefährdungsbeurteilung in 6 Schritten

Die Leitlinie «Gefährdungsbeurteilung und Dokumentation» der Bundesregierung und der Berufsgenossenschaften sieht im Rahmen der Gemeinsamen Deutschen Arbeitsschutzstrategie (GDA) folgende Schritte für die Gefährdungsbeurteilung vor:

- Festlegen von Arbeitsbereichen und Tätigkeiten,
- Ermitteln der möglichen Gefährdungen,
- Beurteilen der Gefährdungen,
- Festlegen konkreter Arbeitsschutzmaßnahmen (Rangfolge der Schutzmaßnahmen beachten),
- Durchführung der Maßnahmen,
- Überprüfen der Wirksamkeit der Maßnahmen.

Die Gefährdungsbeurteilung muss bei Bedarf (z. B. bei Änderung der Rechtslage, Anschaffung neuer → *Arbeitsmittel* oder → *Stoffe*, Einrichtung neuer Arbeitsplätze) fortgeschrieben werden.

2 Gefährdungs- und Belastungsfaktoren

Bei der Gefährdungsbeurteilung werden die Gefährdungs- und Belastungsfaktoren betrachtet, die zu einer gesundheitlichen Beeinträchtigung, zu Arbeitsunfällen oder zu Berufserkrankungen führen können, Dabei werden der Arbeitsplatz, das Arbeitsverfahren und die Arbeitsmittel betrachtet im Hinblick auf:

- mechanische Gefährdungen
- elektrische Gefährdungen
- → *Gefahrstoffe*
- → *biologische Arbeitsstoffe*
- Brand- und Explosionsgefährdungen
- thermische Gefährdungen
- Gefährdungen durch spezielle physikalische Eigenschaften
- Gefährdungen durch Arbeitsumgebungsbedingungen
- physische Belastung/Arbeitsschwere
- psychische Faktoren
- sonstige Gefährdungen

Im Rahmen der Gefährdungsbeurteilung wird dokumentiert, welche Gefährdungen vorliegen, und durch welche Schutzmaßnahme(n) diese Gefährdungen unwirksam gemacht wurden oder – im Fall von konkreten Mängeln – welche Maßnahmen ergriffen werden müssen. Im Endergebnis wird der sichere Zustand von Arbeitsplatz, Arbeitsverfahren und → *Arbeitsmitteln* beschrieben.

Eine Gefährdungsbeurteilung lebt also nicht von der Aussage, dass der derzeitige Systemzustand gefährdungsfrei ist, sondern von der Auflistung der Maßnahmen, die zu diesem sicheren Systemzustand führen oder geführt haben.

3 Schutzmaßnahmen

Die in der Gefährdungsbeurteilung beschriebenen Schutzmaßnahmen werden in 3 Kategorien unterteilt:

- technische Schutzmaßnahmen,
- organisatorische Schutzmaßnahmen und
- personenbezogene (individuelle) Schutzmaßnahmen.

Diese Dreiteilung gibt die Rangfolge der Schutzmaßnahmen vor, die der Unternehmer bei der Festlegung von Schutzmaßnahmen beachten muss: T-O-P – erst technische Schutzmaßnahmen, dann organisatorische und erst zum Schluss personenbezogene Schutzmaßnahmen.

Hinweise zu möglichen Maßnahmen können z. B. den Technischen Regeln für Gefahrstoffe (TRGS), für Betriebssicherheit (TRBS) oder für Arbeitsstätten (ASR) entnommen werden.

Josef Sauer

Gefahrenhinweise

Mit der Einführung des Global Harmonisierten Systems zur Einstufung und Kennzeichnung von Chemikalien (GHS) müssen gefährliche Stoffe u. a. mit sog. Gefahrenhinweisen (Hazard Statements) gekennzeichnet werden. Sie entsprechen in etwa den bisher verwendeten R-Sätzen. Gefahrenhinweise beschreiben Art und Schweregrad der Gefahr und setzen sich zusammen aus dem Kürzel H (Hazard Statements) und einer dreistelligen Zahl. Die erste Ziffer gibt Auskunft darüber, um welche der drei Gefahrenarten es sich handelt. Ergänzende Gefahrenmerkmale der EU werden mit EUH und dreistelliger Zahl gekennzeichnet.

Gesetze, Vorschriften und Rechtsprechung

Die Verwendung von Gefahrenhinweisen ist in Art. 21 1272/2008/EG «Einstufung, Kennzeichnung und Verpackung von Stoffen und Gemischen» geregelt.

1 Gefahrenhinweise

1.1 Physikalische Gefahren

H200	Instabil, explosiv.
H201	Explosiv, Gefahr der Massenexplosion.
H202	Explosiv; große Gefahr durch Splitter, Spreng- und Wurfstücke.
H203	Explosiv; Gefahr durch Feuer, Luftdruck oder Splitter, Spreng- und Wurfstücke.
H204	Gefahr durch Feuer oder Splitter, Spreng- und Wurfstücke.
H205	Gefahr der Massenexplosion bei Feuer.
H220	Extrem entzündbares Gas.
H221	Entzündbares Gas.
H222	Extrem entzündbares Aerosol.
H223	Entzündbares Aerosol.
H224	Flüssigkeit und Dampf extrem entzündbar.
H225	Flüssigkeit und Dampf leicht entzündbar.
H226	Flüssigkeit und Dampf entzündbar.
H228	Entzündbarer Feststoff.
H229	Behälter steht unter Druck: kann bei Erwärmung bersten.
H230	Kann auch in Abwesenheit von Luft explosionsartig reagieren.
H231	Kann auch in Abwesenheit von Luft bei erhöhtem Druck und/oder erhöhter Temperatur explosionsartig reagieren.
H240	Erwärmung kann Explosion verursachen.
H241	Erwärmung kann Brand oder Explosion verursachen.
H242	Erwärmung kann Brand verursachen.
H250	Entzündet sich in Berührung mit Luft von selbst.
H251	Selbsterhitzungsfähig; kann in Brand geraten.
H252	In großen Mengen selbsterhitzungsfähig; kann in Brand geraten.
H260	In Berührung mit Wasser entstehen entzündbare Gase, die sich spontan entzünden können.
H261	In Berührung mit Wasser entstehen entzündbare Gase.
H270	Kann Brand verursachen oder verstärken; Oxidationsmittel.
H271	Kann Brand oder Explosion verursachen; starkes Oxidationsmittel.
H272	Kann Brand verstärken; Oxidationsmittel.

H280	Enthält Gas unter Druck; kann bei Erwärmung explodieren.
H281	Enthält tiefkaltes Gas; kann Kälteverbrennungen oder -verletzungen verursachen.
H290	Kann gegenüber Metallen korrosiv sein.

1.2 Gesundheitsgefahren

H300	Lebensgefahr bei Verschlucken.
H301	Giftig bei Verschlucken.
H302	Gesundheitsschädlich bei Verschlucken.
H304	Kann bei Verschlucken und Eindringen in die Atemwege tödlich sein.
H310	Lebensgefahr bei Hautkontakt.
H311	Giftig bei Hautkontakt.
H312	Gesundheitsschädlich bei Hautkontakt.
H314	Verursacht schwere Verätzungen der Haut und schwere Augenschäden.
H315	Verursacht Hautreizungen.
H317	Kann allergische Hautreaktionen verursachen.
H318	Verursacht schwere Augenschäden.
H319	Verursacht schwere Augenreizung.
H330	Lebensgefahr bei Einatmen.
H331	Giftig bei Einatmen.
H332	Gesundheitsschädlich bei Einatmen.
H334	Kann bei Einatmen Allergie, asthmaartige Symptome oder Atembeschwerden verursachen.
H335	Kann Atemwege reizen.
H336	Kann Schläfrigkeit und Benommenheit verursachen.
H340	Kann genetische Defekte verursachen <Expositionsweg angeben, sofern schlüssig belegt ist, dass diese Gefahr bei keinem anderen Expositionsweg besteht>.
H341	Kann genetische Defekte verursachen <Expositionsweg angeben, sofern schlüssig belegt ist, dass diese Gefahr bei keinem anderen Expositionsweg besteht>.
H350	Kann Krebs erzeugen <Expositionsweg angeben, sofern schlüssig belegt ist, dass diese Gefahr bei keinem anderen Expositionsweg besteht>.
H351	Kann vermutlich Krebs erzeugen <Expositionsweg angeben, sofern schlüssig belegt ist, dass diese Gefahr bei keinem anderen Expositionsweg besteht>.
H360	Kann die Fruchtbarkeit beeinträchtigen oder das Kind im Mutterleib schädigen <konkrete Wirkung angeben, sofern bekannt> <Expositionsweg angeben, sofern schlüssig belegt ist, dass die Gefahr bei keinem anderen Expositionsweg besteht>.
H361	Kann vermutlich die Fruchtbarkeit beeinträchtigen oder das Kind im Mutterleib schädigen < konkrete Wirkung angeben, sofern bekannt > <Expositionsweg angeben, sofern schlüssig belegt ist, dass die Gefahr bei keinem anderen Expositionsweg besteht>.
H362	Kann Säuglinge über die Muttermilch schädigen.
H370	Schädigt die Organe <oder alle betroffenen Organe nennen, sofern bekannt> <Expositionsweg angeben, sofern schlüssig belegt ist, dass diese Gefahr bei keinem anderen Expositionsweg besteht>.

H371	Kann die Organe schädigen <oder alle betroffenen Organe nennen, sofern bekannt> <Expositionsweg angeben, sofern schlüssig belegt ist, dass diese Gefahr bei keinem anderen Expositionsweg besteht>.
H372	Schädigt die Organe <alle betroffenen Organe nennen> bei längerer oder wiederholter Exposition <Expositionsweg angeben, wenn schlüssig belegt ist, dass diese Gefahr bei keinem anderen Expositionsweg besteht>.
H373	Kann die Organe schädigen <alle betroffenen Organe nennen, sofern bekannt> bei längerer oder wiederholter Exposition <Expositionsweg angeben, wenn schlüssig belegt ist, dass diese Gefahr bei keinem anderen Expositionsweg besteht>.
H300+H310	Lebensgefahr bei Verschlucken oder Hautkontakt
H300+H330	Lebensgefahr bei Verschlucken oder Einatmen
H310+H330	Lebensgefahr bei Hautkontakt oder Einatmen
H300+H310+-H330	Lebensgefahr bei Verschlucken, Hautkontakt oder Einatmen
H301+H311	Giftig bei Verschlucken oder Hautkontakt
H301+H331	Giftig bei Verschlucken oder Einatmen
H311+H331	Giftig bei Hautkontakt oder Einatmen
H301+H311+-H331	Giftig bei Verschlucken, Hautkontakt oder Einatmen
H302+H312	Gesundheitsschädlich bei Verschlucken oder Hautkontakt
H302+H332	Gesundheitsschädlich bei Verschlucken oder Einatmen
H312+H332	Gesundheitsschädlich bei Hautkontakt oder Einatmen
H302+H312+-H332	Gesundheitsschädlich bei Verschlucken, Hautkontakt oder Einatmen

1.3 Umweltgefahren

H400	Sehr giftig für Wasserorganismen.
H410	Sehr giftig für Wasserorganismen mit langfristiger Wirkung.
H411	Giftig für Wasserorganismen, mit langfristiger Wirkung.
H412	Schädlich für Wasserorganismen, mit langfristiger Wirkung.
H413	Kann für Wasserorganismen schädlich sein, mit langfristiger Wirkung.
H420	Schädigt die öffentliche Gesundheit und die Umwelt durch Ozonabbau in der äußeren Atmosphäre

2 Ergänzende Gefahrenmerkmale

2.1 Physikalische Eigenschaften

EUH 001	In trockenem Zustand explosionsgefährlich.
EUH 014	Reagiert heftig mit Wasser.
EUH 018	Kann bei Verwendung explosionsfähige/entzündbare Dampf/Luft-Gemische bilden.
EUH 019	Kann explosionsfähige Peroxide bilden.
EUH 044	Explosionsgefahr bei Erhitzen unter Einschluss.

2.2 Gesundheitsgefährliche Eigenschaften

EUH 029	Entwickelt bei Berührung mit Wasser giftige Gase.
EUH 031	Entwickelt bei Berührung mit Säure giftige Gase.
EUH 032	Entwickelt bei Berührung mit Säure sehr giftige Gase.
EUH 066	Wiederholter Kontakt kann zu spröder oder rissiger Haut führen.
EUH 070	Giftig bei Berührung mit den Augen.
EUH 071	Wirkt ätzend auf die Atemwege.

3 Ergänzende Kennzeichnungselemente/Informationen über bestimmte Stoffe und Gemische

EUH 201	Enthält Blei. Nicht für den Anstrich von Gegenständen verwenden, die von Kindern gekaut oder gelutscht werden könnten.
EUH 201 A	Achtung! Enthält Blei.
EUH 202	Cyanacrylat. Gefahr. Klebt innerhalb von Sekunden Haut und Augenlider zusammen. Darf nicht in die Hände von Kindern gelangen.
EUH 203	Enthält Chrom (VI). Kann allergische Reaktionen hervorrufen.
EUH 204	Enthält Isocyanate. Kann allergische Reaktionen hervorrufen.
EUH 205	Enthält epoxidhaltige Verbindungen. Kann allergische Reaktionen hervorrufen.
EUH 206	Achtung! Nicht zusammen mit anderen Produkten verwenden, da gefährliche Gase (Chlor) freigesetzt werden können.
EUH 207	Achtung! Enthält Cadmium. Bei der Verwendung entstehen gefährliche Dämpfe. Hinweise des Herstellers beachten. Sicherheitsanweisungen einhalten.
EUH 208	Enthält <Name des sensibilisierenden Stoffes>. Kann allergische Reaktionen hervorrufen.
EUH 209	Kann bei Verwendung leicht entzündbar werden.
EUH 209 A	Kann bei Verwendung entzündbar werden.
EUH 210	Sicherheitsdatenblatt auf Anfrage erhältlich.
EUH 401	Zur Vermeidung von Risiken für Mensch und Umwelt die Gebrauchsanleitung einhalten.

Bettina Huck

Gefahrenpiktogramme, Gefahrensymbole

Ein Gefahrenpiktogramm bzw. Gefahrensymbol ist eine Abbildung, die zusammen mit einer Gefahrenbezeichnung einen ersten Hinweis gibt, welche Gefahren von einem Gefahrstoff ausgehen. Sie sind EU-weit festgelegte Warnzeichen zur Kennzeichnung von gefährlichen Stoffen. Durch die seit Januar 2009 in Europa gültige CLP-Verordnung (EG) Nr. 1272/2008 (GHS) ändern sich u. a. die Gefahrensymbole. Stoffe müssen demnach seit Dezember 2010 und Gemische/Zubereitungen bis spätestens Mitte 2015 nach GHS gekennzeichnet werden. Die Kennzeichnung kann während der Übergangsfristen noch nach der europäischen Stoff- bzw. Zubereitungsrichtlinie erfolgen.

Gesetze, Vorschriften und Rechtsprechung

Folgende Vorschriften regeln die Kennzeichnung von Gefahrstoffen:
- Art. 19 i. V. m. Anhang V CLP-Verordnung (EG) Nr. 1272/2008

- EU-Richtlinien 67/548/EWG (Art. 23) bzw. 1999/45/EG (Art. 10) über die Einstufung, Verpackung und Kennzeichnung gefährlicher Stoffe bzw. Zubereitungen (in der jeweils gültigen Fassung)
- § 4 Gefahrstoffverordnung

1 Gefahrensymbole nach Stoff- und Zubereitungsrichtlinie

Nach europäischer Stoff- und Zubereitungsrichtlinie gibt es 10 Gefahrensymbole mit den entsprechenden Gefahrenbezeichnungen:

- E Explosionsgefährlich
- O Brandfördernd
- F Leichtentzündlich
- F+ Hochentzündlich
- T Giftig
- T+ Sehr giftig
- Xi Reizend
- Xn Gesundheitsschädlich
- C Ätzend
- N Umweltgefährlich

Weiterhin existieren Gefährlichkeitsmerkmale wie entzündlich, krebserzeugend, fruchtschädigend, erbgutverändernd und sensibilisierend, für die es keine Gefahrensymbole gibt. Für solche Stoffe werden z. T. die o. g. Gefahrensymbole verwendet. Die Gefahrensymbole nach Stoff- und Zubereitungsrichtlinie sind nicht identisch mit den Symbolen nach Gefahrgutrecht und dürfen nicht verwechselt werden.

2 Gefahrenpiktogramme nach GHS-Verordnung

Gemäß CLP-Verordnung gibt es 9 Gefahrenpiktogramme mit entsprechender Bezeichnung und Kodierung:

- Explodierende Bombe (GHS01)
- Flamme (GHS02)
- Flamme über einem Kreis (GHS03)
- Gasflasche (GHS04)
- Ätzwirkung (GHS05)
- Totenkopf mit gekreuzten Knochen (GHS06)
- Ausrufezeichen (GHS07)
- Gesundheitsgefahr (GHS08)
- Umwelt (GHS09)

Josef Sauer

Gefahrgutklassen

Gefährliche Güter sind entsprechend ihren Gefährlichkeitsmerkmalen in Gefahrgutklassen eingeteilt. Ein Gefahrgut kann mehreren Gefahrgutklassen angehören.

Gesetze, Vorschriften und Rechtsprechung

Die Einteilung der Gefahrgutklassen erfolgt durch die vereinten Nationen und ist in den *Model Regulations* der *UN Recommendations on the Transport of Dangerous Goods* festgelegt. Die Gefahrgutklassen finden sich in den verkehrsträgerspezifischen, internationalen Abkommen über

1 Klasseneinteilung

In **Tab. 1** sind die Gefahrgutklassen und die zugehörigen Gefahrzettel aufgeführt. Mit den Gefahrzetteln werden entsprechend den internationalen Übereinkommen die Versandstücke bzw. in Form von Großzetteln (Placards) die Beförderungseinheiten gekennzeichnet.

Klasse	Stoffe	Gefahrzettel
Klasse 1 Neben der Einteilung in 6 Unterklassen erfolgt eine Zuordnung in Verträglichkeitsgruppen (13 Gruppen, A-S)	**Explosive Stoffe und Gegenstände mit Explosivstoff sowie pyrotechnische Sätze** Explosive Stoffe sind feste oder flüssige Stoffe (oder Stoffgemische), die durch chemische Reaktion Gase von solcher Temperatur, solchem Druck und so hoher Geschwindigkeit entwickeln können, dass in der Umgebung Zerstörungen entstehen können. Beispiele: Feuerwerkskörper, Munition, Zünder, Signalkörper.	
Unterklasse 1.1	*Stoffe und Gegenstände, die massenexplosionsfähig sind.*	
Unterklasse 1.2	*Stoffe und Gegenstände, die die Gefahr der Bildung von Splittern, Spreng- und Wurfstücken aufweisen, aber nicht massenexplosionsfähig sind.*	* Angabe der Verträglichkeitsgruppe ** Angabe der Unterklasse und Verträglichkeitsgruppe
Unterklasse 1.3	*Stoffe und Gegenstände, die eine Feuergefahr besitzen und die entweder eine geringe Gefahr durch Luftdruck oder eine geringe Gefahr durch Splitter-, Spreng- und Wurfstücke oder durch beides aufweisen, aber nicht massenexplosionsfähig sind.*	
Unterklasse 1.4	*Stoffe und Gegenstände, die im Falle der Entzündung oder Zündung während der Beförderung nur eine geringe Explosionsgefahr darstellen.*	

Gefahrgutklassen

Klasse	Stoffe	Gefahrzettel
Unterklasse 1.5	Sehr unempfindliche massenexplosionsfähige Stoffe, die so unempfindlich sind, dass die Wahrscheinlichkeit einer Zündung oder des Übergangs eines Brandes in eine Detonation unter normalen Beförderungsbedingungen sehr gering ist.	1.5 D 1
Unterklasse 1.6	Extrem unempfindliche Gegenstände, die nicht massenexplosionsfähig sind.	1.6 N 1
Klasse 2	**Gase** → *Gase* sind Stoffe, die bei 50 °C einen Dampfdruck von mehr als 3 bar haben oder bei 20 °C und 1013 mbar Druck vollständig gasförmig sind. Beispiele: Propangas, Wasserstoff, Haarspray (Druckgaspackungen).	
2.1	Entzündbare Gase	
2.2	Nicht entzündbare, nicht giftige Gase	
2.3	Giftige Gase	
Klasse 3	**Entzündbare flüssige Stoffe** Die Klasse 3 beinhaltet Stoffe und Gegenstände, die bei 20 °C und 1013 mbar flüssig sind, bei 50 °C max. 3 bar Dampfdruck haben und bei 20 °C und 1013 mbar nicht vollständig gasförmig sind und einen Flammpunkt von max. 60 °C haben. Entzündbare flüssige Stoffe und geschmolzene feste Stoffe mit einem Flammpunkt über 60 °C, die auf oder über ihren Flammpunkt er-	

Klasse	Stoffe	Gefahrzettel
	wärmt sind, sind ebenfalls Stoffe der Klasse 3. Beispiele: Benzin, Ethanol, Aceton.	
Klasse 4.1	**Entzündbare feste Stoffe, selbstzersetzliche Stoffe, desensibilisierte explosive Stoffe** Beispiele: Kautschukreste, Zündhölzer (überall entzündbar), Schwefel.	
Klasse 4.2	**Selbstentzündliche Stoffe** Selbstentzündliche Stoffe sind Stoffe einschließlich Mischungen und Lösungen (flüssig oder fest), die sich in Berührung mit Luft schon in kleinen Mengen innerhalb von 5 Minuten entzünden (pyrophore Stoffe). Weiterhin beinhaltet diese Klasse Stoffe und Gegenstände, die in Berührung mit Luft selbsterhitzungsfähig sind. Diese Stoffe können sich nur in größeren Mengen (mehrere kg) und nach längeren Zeiträumen (Stunden oder Tagen) entzünden (selbsterhitzungsfähige Stoffe und Gegenstände). Beispiele: Weißer Phosphor, Zelluloid-Abfall, nasse Baumwolle.	
Klasse 4.3	**Stoffe, die in Berührung mit Wasser entzündbare Gase entwickeln** Beispiele: Natrium, Carbid, Zinkstaub.	
Klasse 5.1	**Entzündend (oxidierend) wirkende Stoffe, oder Gegenstände, die solche Stoffe enthalten** Stoffe, die obwohl selbst nicht notwendigerweise brennbar, i. A. durch Abgabe von Sauerstoff einen Brand verursachen oder einen Brand anderer Stoffe unterstützen können, sowie Gegenstände, die solche Stoffe enthalten. Beispiele: Wasserstoffperoxid, Kaliumchlorat («Unkraut-Ex»), ammoniumnitrathaltige Düngemittel, Sauerstoff.	
Klasse 5.2	**Organische Peroxide und Zubereitungen organischer Peroxide** Alle organischen Peroxide, die mehr als 1 % Aktivsauerstoff und mehr als 1 % Wasserstoffperoxid oder mehr als 0,5 % Aktivsauerstoff und mehr als	

Gefahrgutklassen

Klasse	Stoffe	Gefahrzettel
	7 % Wasserstoffperoxid enthalten. Beispiele: Methylethyketonperoxid (Härter für Zweikomponenten-Lacke).	
Klasse 6.1	**Giftige Stoffe** Stoffe, von denen aus Erfahrung bekannt oder nach tierexperimentellen Untersuchungen anzunehmen ist, dass sie nach dem Einatmen, Verschlucken oder Berühren mit der Haut bei einmaliger oder kurzer Einwirkung in relativ kleiner Menge zu Gesundheitsschäden oder dem Tod eines Menschen führen können. Beispiele: Cyanwasserstoff (Blausäure), Arsen, Pestizide.	☠ 6
Klasse 6.2	**Ansteckungsgefährliche Stoffe** Stoffe, von denen bekannt oder anzunehmen ist, dass sie Krankheitserreger enthalten. Krankheitserreger sind Mikroorganismen und andere Erreger wie Prionen, die bei Menschen oder Tieren Krankheiten hervorrufen können. Beispiel: Klinischer Abfall, Bakterien, Viren, Patientenproben.	☣ 6
Klasse 7	**Radioaktive Stoffe** Stoffe, die Radionuklide enthalten, bei denen sowohl die Aktivitätskonzentration als auch die Gesamtaktivität je Sendung bestimmte Werte übersteigt. Beispiele: Ionisierende Rauchmelder, abgebrannte Brennelemente.	
Einteilung nach Art der Stoffe, deren Dosisleistung und Transportkennzahl. Zu ermitteln aus Abschnitt 2.2.7 ADR	LSA–I LSA: Low Specific Activity; Stoffe mit geringer spezifischer Aktivität	RADIOACTIVE I 7
	LSA–II	RADIOACTIVE II 7
	LSA–III	RADIOACTIVE III 7

Klasse	Stoffe	Gefahrzettel
	Spaltbare Stoffe der Klasse 7	SPALTBAR 7
Klasse 8	**Ätzende Stoffe** Stoffe, die durch chemische Einwirkung die Haut oder die Schleimhäute, mit denen sie in Berührung kommen, angreifen. Weiterhin Stoffe, die beim Freiwerden Schäden an anderen Gütern oder Transportmitteln verursachen oder sie zerstören können sowie Stoffe, die erst mit Wasser ätzende flüssige Stoffe oder mit Luftfeuchtigkeit ätzende Dämpfe oder Nebel bilden. Beispiele: Schwefelsäure, Natronlauge, Quecksilber.	(Symbol)
Klasse 9	**Verschiedene gefährliche Stoffe und Gegenstände** Klasse für Stoffe, die nicht unter eine der anderen Klassen fallen. Beispiele: Asbest, Lithiumbatterien, Airbags.	(Symbol)

Tab. 1: Einteilung von Gefahrgütern in Klassen

2 Verpackungsgruppen

Innerhalb einer Gefahrklasse können die gefährlichen Güter unterschiedliche **Gefahrengrade** haben (hohe Gefahr, mittlere Gefahr oder geringe Gefahr). Die Anforderungen an die Umschließung sind abhängig von dem Gefahrengrad (je gefährlicher das Gut, desto sicherer die Verpackung).

Mit Ausnahme von Stoffen der Klassen 1, 2, 5.2, 6.2 und 7 sowie mit Ausnahme der selbstzersetzlichen Stoffe der Klasse 4.1, sind entsprechende Verpackungsgruppen zugeordnet:

- Verpackungsgruppe I: Stoffe mit hoher Gefahr
- Verpackungsgruppe II: Stoffe mit mittlerer Gefahr
- Verpackungsgruppe III: Stoffe mit geringer Gefahr

Achtung: Zusatzgefahren

Neben der Hauptgefahr eines Gefahrguts, die maßgebend für die Klasseneinteilung ist, können Gefahrgüter auch eine oder mehrere Zusatzgefahren besitzen. Diese können ebenfalls mit einem Gefahrzettel auf der Verpackung und der Beförderungseinheit kenntlich gemacht sein.

Martin Köhler

Gefahrguttransport

Unter Gefahrguttransport versteht man die Beförderung gefährlicher Güter außerhalb geschlossener Betriebsgelände. Gefährliche Güter sind Stoffe, die aufgrund ihrer Beschaffenheit beim Transport zu einer Gefahr für die Gesundheit von Mensch und Tier, Natur und Umwelt werden können. Die Beförderung umfasst nicht nur den Vorgang der Ortsveränderung, sondern auch die Übernahme und die Ablieferung des Guts sowie Vorbereitungs- und Abschlusshandlungen (z. B. Verpacken, Be- und Entladen). Auch der zeitweilige Aufenthalt im Verlauf der Beförderung (zeitweiliges Abstellen, Wechsel des Beförderungsmittels) gehört zum Gefahrguttransport.

Gesetze, Vorschriften und Rechtsprechung

Jede Beförderung von gefährlichen Gütern auf öffentlichen Verkehrswegen unterliegt in Deutschland dem Gefahrgutbeförderungsgesetz (GGBefG). Auf Basis des GGBefG wurden verkehrsträgerspezifische Verordnungen erlassen:

- Gefahrgutverordnung Straße, Eisenbahn und Binnenschifffahrt (GGVSEB),
- Gefahrgutverordnung See (GGVSee).

Für den Luftverkehr gibt es keine Gefahrgutverordnung. Hier gelten die ICAO-TI (International Civil Aviation Organisation – Technical Instructions for the Safe Transportation of Dangerous Goods) auf der Basis des Luftverkehrsgesetzes.

Die genauen Anforderungen, vor allem für den grenzüberschreitenden Transport, werden durch internationale Übereinkommen geregelt, auf die o. g. Verordnungen Bezug nehmen.

- Straßenverkehr: ADR,
- Schienenverkehr: RID,
- Binnenschifftransport: ADN,
- Seeverkehr: IMDG-Code,

ADR, RID und ADN sind in der Richtlinie 2008/68/EG über den Transport gefährlicher Güter im Binnenland enthalten. Das ADR gilt in allen «ADR-Vertragsstaaten».

Darüber hinaus sind die (Gefahrgutausnahmeverordnung GGAV) und die Gefahrgutbeauftragtenverordnung (GbV) zu beachten.

Die Gefahrgutvorschriften ändern sich laufend. Das ADR wird alle 2 Jahre aktualisiert, die IATA Dangerous Goods Regulations jährlich und der IMDG-Code soll ebenfalls alle 2 Jahre aktualisiert werden (durch die Veröffentlichung sog. Amendments). Übergangsfristen sind zu beachten. Daneben können sich einzelne Bestimmungen auch unregelmäßig ändern, z. B. durch multilaterale Vereinbarungen.

Das Gefahrgutrecht ist vom Umgangsrecht in den Betrieben (v. a. GefStoffV) zu unterscheiden!

1 Verantwortung und Pflichten

In den Gefahrgutvorschriften wird der Unternehmer direkt angesprochen:

Verantwortliche für die Beförderung ist, wer als Unternehmer oder Inhaber eines Betriebes

- gefährliche Güter verpackt, verlädt, versendet, befördert, entlädt, empfängt oder auspackt oder
- Verpackungen, Behälter (Container) oder → *Fahrzeuge* zur Beförderung gefährlicher Güter ... herstellt (§ 9 Abs. 5 GGBefG).

Ein Unternehmen bzw. dessen Inhaber ist an der Gefahrgutbeförderung dann beteiligt, wenn ihm nach den Gefahrgutvorschriften Pflichten zugewiesen sind. Diese Pflichten sind v. a. in §§ 17 – 34 GGVSEB aufgelistet. Dort werden die Pflichten von folgenden juristischen Personen formuliert:

- Auftraggeber des Absenders,
- Absender,
- Beförderer,
- Empfänger,
- Verlader,

- Entlader,
- Verpacker,
- Befüller,
- Betreiber eines Tankcontainers, ortsbeweglichen Tanks, MEGC oder Schüttgut-Containers oder MEMU,
- Hersteller von Verpackungen.

Damit sind jedoch keine konkreten Personen gemeint, sondern die beteiligten Unternehmen. Dem Unternehmer obliegt es nun, seinen Betrieb so zu organisieren, dass die Pflichten aus dem Gefahrgutrecht erfüllt werden können. Dazu sollte er die Verantwortlichen in seinem Betrieb benennen (**Pflichtenübertragung** i. d. R. auf **Führungskräfte**, z. B. Leiter Versand, Betriebsleiter).

Grundsätzlich muss jede Person, die mit der Beförderung gefährlicher Güter befasst ist, entsprechend ihrer Verantwortlichkeiten und Funktionen eine → Unterweisung über die Bestimmungen erhalten haben, die für die Beförderung dieser Güter gelten.

2 Wesentliche Inhalte der Transportvorschriften

Für alle Verkehrsträger existieren bzgl. des Gefahrguttransports detaillierte Anforderungen in folgenden Themenfeldern:

- Beschaffenheit und Verwendung von Verpackungen,
- Kennzeichnung und Bezettelung der Versandstücke,
- Dokumentation,
- Schulung/Unterweisung der am Transport beteiligten Personen,
- Freistellungen,
- Bau-, Prüfungs- und Zulassungsvorschriften für Verpackungen, Container, Tanks u. a.,
- Verhalten bei Unfällen,
- Sondervorschriften.

Weiterhin enthalten die Abkommen verkehrsträgerspezifische Regelungen. Für den **Straßenverkehr** beziehen sich diese Anforderungen insbesondere auf

- Erleichterungen für den Transport,
- Kennzeichnung und Bezettelung der → Fahrzeuge,
- die Ausrüstung der → Fahrzeuge,
- die Überwachung der → Fahrzeuge,
- die Durchführung der Beförderung.

Im **Luftverkehr** werden folgende Punkte zusätzlich betrachtet:

- Unterscheidung zwischen Fracht- und Passagiermaschinen,
- Zusammenpackung in Versandstücke,
- Transport gefährlicher Güter durch Passagiere,
- Abweichungen der Luftverkehrsgesellschaften und Länder.

Im **Seeverkehr** werden folgende Punkte zusätzlich betrachtet:

- Trennung/Stauung,
- Ladungssicherung und Zusammenpackung im Seecontainer,
- begaste Container,
- Beförderung von Beförderungseinheiten mit Schiffen.

Hinsichtlich der **multimodalen Beförderung** von Gefahrgütern sollen ebenfalls Regelungen enthalten bzw. die Vorschriften sind entsprechend aufeinander abgestimmt. Dies ist z. B. beim Transport von Seecontainern mit dem LKW zu oder von Seehäfen zur späteren Beförderung mit dem Schiff hilfreich.

Entsprechend der verschiedenen Eigenschaften sind Gefahrgüter in Klassen eingeteilt (Gefahrgutklassen). Die Gefahrgutklassen sind ein wichtiges Merkmal zur Zuordnung von Anforderungen an den Transport.

Praxis-Tipp: Verzeichnis gefährlicher Güter

Alle Abkommen zum Transport gefährlicher Güter enthalten als Kernstück eine Tabelle, in der jedem Gefahrgut eine UN-Nummer zugeordnet ist. Dies ist das Verzeichnis der gefährlichen Güter. Kennt man die UN-Nummer, können aus der Tabelle die für das konkrete Gefahrgut anzuwendenden Vorschriften der jeweiligen Verkehrsträger entnommen werden.

3 Gefahrgutbeauftragter

Unternehmen, die an der Beförderung gefährlicher Güter beteiligt sind, müssen schriftlich einen Gefahrgutbeauftragten bestellen (§ 3 GbV). Diese Pflicht besteht unabhängig vom betreffenden Verkehrsträger. Die Pflicht zur Bestellung eines Gefahrgutbeauftragten entfällt, wenn

- bestimmte Mengengrenzen eingehalten werden,
- Beförderungen zu einem bestimmten Zweck erfolgen oder
- der Unternehmer gefährliche Güter lediglich empfängt.

Der Gefahrgutbeauftragte entspricht dem «Sicherheitsberater» auf europäischer Ebene. Seine Aufgaben sind in § 8 GbV geregelt.

Martin Köhler

Gefährliche Abfälle

Abfälle sind laut Kreislaufwirtschaftsgesetz (KrWG) alle Stoffe oder Gegenstände, derer sich ihr Besitzer entledigt, entledigen will oder entledigen muss.

Abfälle mit gefährlichen Eigenschaften werden vom Gesetzgeber als «gefährliche» (bisher: überwachungsbedürftige und besonders überwachungsbedürftige) Abfälle bezeichnet, da sie Konzentrationen von Gefahrstoffen enthalten, die Gefahren für Mensch und Umwelt darstellen. Sie sind im Abfallverzeichnis der Abfallverzeichnis-Verordnung (AVV) mit einem Sternchen (*) versehen. Alle anderen Abfälle werden als «nicht gefährliche» Abfälle definiert.

Umgangssprachliche Begriffe für gefährliche Abfälle sind Sondermüll, Giftmüll oder Sonderabfall.

Um Sicherheit und Gesundheit der Beschäftigten sowie den Schutz der Umwelt zu gewährleisten, müssen Abfälle fachkundig entsorgt werden. Dies schließt das Sammeln in geeigneten Behältern, das Zwischenlagern sowie den sicheren Transport zum Verwertungs- bzw. Beseitigungsort ein. Unternehmen müssen dann einen Betriebsbeauftragten für Abfall bestellen, wenn mit gefährlichen Abfällen umgegangen wird und Größe und Art der Anlagen eine Bestellung erfordern. Er muss über die nötige Fachkunde verfügen.

Gesetze, Vorschriften und Rechtsprechung

Es gelten folgende Vorschriften:

- Arbeitsschutzgesetz
- Arbeitsstättenverordnung
- Gefahrstoffverordnung
- Betriebssicherheitsverordnung
- Verordnung über Betriebsbeauftragte für Abfall
- Entsorgungsfachbetriebeverordnung
- Bundesimmissionsschutzgesetz (BImSchG) und Bundesimmissionsschutzverordnungen (BImSchV), u. a. § 4 BImSchG und 4. BImSchV über genehmigungsbedürftige Anlagen, z. B. Lager für gefährliche Abfälle
- Verordnung über die Nachweisführung bei der Entsorgung von Abfällen
- Richtlinie 2008/98/EG über Abfälle
- Abfallverzeichnis-Verordnung (AVV)

- Weitere Vorschriften in Abhängigkeit von der Abfallart, z. B. Elektro- und Elektronikgerätegesetz
- TRGS 520 Errichten und Betrieb von Sammelstellen für gefährliche Abfälle aus Haushalten, gewerblichen und öffentlichen Einrichtungen

1 Bedeutung für den Arbeitsschutz

In Handwerk und Industrie fallen Abfälle an. Neben nicht gefährlichen Abfällen, die als Gewerbemüll entsorgt oder der Wiederverwertung zugeführt werden können wie z. B. Papier, Kartonagen, Kunststofffolien, entstehen in Abhängigkeit von verwendeten → *Arbeitsmitteln* und verfahren häufig auch gefährliche Abfälle.

> **Wichtig: Menge an gefährlichen Abfällen nimmt zu**
>
> Die Menge gefährlicher Abfälle aus Handwerk und Industrie nimmt in Deutschland kontinuierlich zu. Im Zeitraum von 1996 bis 2004 hat sich die Menge mehr als verdoppelt. Im Jahr 2004 landeten ca. 20 Mio. Tonnen gefährliche Abfälle auf Deponien und in Verbrennungs- und Behandlungsanlagen (Begleitscheine als Berechnungsgrundlage, Quelle: UBA).

Nach § 48 KrWG werden an die Entsorgung und Überwachung gefährlicher Abfälle besondere Anforderungen gestellt. Eine fachkundige Behandlung und Entsorgung von Abfällen gewährleistet Sicherheit und Gesundheit der Beschäftigten und den Schutz der Umwelt. In Unternehmen müssen deshalb ggf. ein oder mehrere Betriebsbeauftragte für Abfall bestellt werden, wenn mit gefährlichen Abfällen umgegangen wird. Vermeidung, Verwertung und Beseitigung von Abfällen wird durch die Behörde überwacht (§ 47 Abs. 1 KrWG).

> **Achtung: Wann ist ein Stoff kein Abfall**
>
> Das KrWG gilt u. a. nicht mehr für:
> - Stoffe, sobald diese in Gewässer bzw. Abwasserbehandlungsanlagen eingeleitet bzw. eingebracht werden (Abwasser),
> - nicht in Behälter gefasste gasförmige Stoffe (Abluft).

2 Entstehung, Vermeidung, Verwertung und Beseitigung

Gefährliche Abfälle entstehen bei der Herstellung von Produkten und Erzeugnissen unter Einsatz von → *Gefahrstoffen*. Auch Produkte und Erzeugnisse selbst können Gefahrstoffe sein.

> **Wichtig: Vermeidung hat oberste Priorität**
>
> Erstes Gebot ist die Vermeidung von gefährlichem Abfall. Diese Verpflichtung ergibt sich nicht nur aus dem Abfallrecht, sondern auch aus der → *Substitutionspflicht* nach Gefahrstoffverordnung.

In Anlagen zur Behandlung, Verwertung oder Beseitigung gefährlicher Abfälle gelten die Forderungen des Arbeits-, Gesundheits- und Umweltschutzes gleichermaßen.

2.1 Abfallprodukte aus der Herstellung

Bei der Herstellung u. a. von
- Farb- und Anstrichmitteln,
- Kältemitteln,
- Pharmazeutika,
- Pflanzenbehandlungs- und Schädlingsbekämpfungsmitteln

entstehen gefährliche Abfälle mit unterschiedlichen stofflichen Eigenschaften und sich daraus ergebendem Gefährdungspotenzial.

Typische gefährliche Abfälle aus Handwerk, Industrie oder Krankenhäusern sind z. B.:
- verbrauchte Lösemittel, Säuren oder Laugen,

- Filterstäube,
- Krankenhausabfälle,
- Stoffe mit Schwermetallverunreinigungen,
- Pestizide.

2.2 Verwertung und Beseitigung von Abfällen

In geeigneten Anlagen können gefährliche Abfälle stofflich oder energetisch verwertet oder beseitigt werden. Dies sind:

- Anlagen zur Abfallbehandlung, wie Sortierung, Rückgewinnung von Stoffen (sog. stoffliche Verwertung, z. B. Metalle aus Schrott),
- Anlagen zur Abfalllagerung, z. B. → *Sammelstellen*, Zwischenlager,
- Anlagen zur Abfallverbrennung: Die Verbrennung gefährlicher Abfälle kann sowohl ein Verfahren zur sog. energetischen Verwertung als auch zur Vernichtung, d. h. Beseitigung sein,
- oberirdische oder Untertage-Deponien.

3 Einstufung und Kennzeichnung

Nach Abfallverzeichnis-Verordnung (AVV) werden gefährliche Abfälle nach 14 Gefährlichkeitsmerkmalen eingestuft (vgl. § 3a Chemikaliengesetz (ChemG) und § 3 GefStoffV). Weisen Abfälle eines oder mehrere der dort aufgelisteten Merkmale auf und werden bestimmte Konzentrationen an Gefahrstoffen, die z. B. als reizend, ätzend, giftig oder krebserregend gelten, erreicht bzw. überschritten, so handelt es sich um gefährliche Abfälle (§ 3 Abs. 2 AVV).

> **Achtung: Abfälle fallen nicht unter die CLP-Verordnung**
>
> Abfälle im Sinne der Richtlinie 2008/98/EG fallen nicht in den Anwendungsbereich der CLP-Verordnung. D. h. Abfälle gelten nicht als → *Stoff*, → *Gemisch* oder → *Erzeugnis* und Betreiber von Abfallbehandlungsanlagen gelten nicht als → *nachgeschaltete Anwender*.
>
> Dagegen müssen Stoffe oder Gemische, die aus Abfall zurückgewonnen werden, nach CLP eingestuft und gekennzeichnet werden (Quelle: REACH-Helpdesk).
>
> Mit Einführung der CLP-Verordnung wird sich die → *Einstufung* vieler Stoffe bzw. Gemische ändern, so können z. B. Stoffe, die bisher nicht als → *Gefahrstoff* eingestuft waren dies zukünftig sein. Werden sie zu Bestandteilen von Abfall, so ist zu erwarten, dass zukünftig mehr Abfälle als «gefährlich» eingestuft werden müssen.

Die AVV wurde auf der Basis der Europäischen Abfallverzeichnis-Verordnung (EAV) erstellt. Diese enthält 839 Abfallarten, von denen 405 als gefährlich bezeichnet werden. Verschiedene Abfallarten werden mit Abfallschlüsselnummern codiert. Diese Codes werden wiederum im Nachweisverfahren für gefährliche Abfälle verwendet.

> **Achtung: Nachweisverfahren für gefährliche Abfälle**
>
> Das Unternehmen muss die Behörde über Art, Menge, Zusammensetzung und vorgesehene Entsorgungsanlage informieren. Dies wird gewährleistet durch das Nachweisverfahren:
>
> - Entsorgungsnachweis: Prüfen der Umweltverträglichkeit des Entsorgungsweges (Vorabkontrolle),
> - Begleitschein: Unterlagen für den Transport,
> - Übernahmeschein: Entsorger «quittiert» die Annahme des gefährlichen Abfalls.
>
> Mit diesen Nachweisen ist eine Verbleibskontrolle für gefährliche Abfälle möglich. Sie erfolgt seit 1.4.2010 über das elektronische Abfallnachweisverfahren (eANV). Für Abfälle aus privaten Haushalten gelten diese Regelungen nicht.

4 Gefahren im Unternehmen

In Abhängigkeit von enthaltenen Stoffen und Beschaffenheit gefährlicher Abfälle ergibt sich ein Gefährdungspotenzial für Mensch und Umwelt:

- → *Stäube* oder Dämpfe können eingeatmet werden, die Lungen schädigen oder zu sonstigen Gesundheitsschäden führen z. B. Einatmen von Asbestfasern.
- Spritzer flüssiger gefährlicher Abfälle können Haut- oder Augenschäden hervorrufen, z. B. beim Umfüllen gebrauchter Säuren oder Laugen.
- Spitze Gegenstände können Verletzungen verursachen, z. B. gebrauchte Spritzen aus Klinikabfällen.
- Abfälle aus Krankenhäusern können bei Kontakt oder Verletzung Infektionen auslösen.
- Werden Abfälle, die miteinander reagieren, versehentlich zusammengebracht, können unkontrollierte Reaktionen ausgelöst werden z. B. Temperaturerhöhung, Entzündung, Explosion.
- Sind Sammelbehälter nicht geeignet oder beschädigt, können flüssige Abfälle auslaufen und ins Grundwasser gelangen (wassergefährdende Stoffe).
- Sind Lagerräume nicht ausreichend belüftet, kann sich eine → *explosionsfähige Atmosphäre* bilden.

5 Maßnahmen zur Reduktion des Gefahrenpotenzials

Maßnahmen zur Reduktion des Gefahrenpotenzials sind neben der Vermeidung die Sammlung von gefährlichen Abfällen in geeigneten Behältern, Lagerung in geeigneten Räumen sowie der sichere innerbetriebliche Transport zur Übergabestelle an den Verwerter oder Entsorger.

> **Achtung: Verantwortung endet nicht am Werkszaun**
> Der Abfallerzeuger ist über den Werkszaun hinaus verantwortlich für eine ordnungsgemäße Entsorgung der Abfälle.

5.1 Technische Maßnahmen

Wegen des Gefährdungspotenzials der verwendeten Stoffe und Verfahren müssen im Rahmen der → *Gefährdungsbeurteilung* geeignete Schutzmaßnahmen festgelegt und umgesetzt werden. Technische Maßnahmen können u. a. sein:

- geeignete Gefäße für Lagerung und Transport,
- geeignete Räume zur Lagerung,
- ausreichende Belüftung oder Absaugeinrichtungen,
- geeignete Umfülleinrichtungen, z. B. Umfüllstation,
- Brand- und Explosionsschutzmaßnahmen.

5.2 Organisatorische Maßnahmen

Beschäftigte müssen Gefährdungen und geeignete Schutzmaßnahmen kennen. Durch ihre Mitwirkung können → *Unfälle* und berufsbedingte Erkrankungen vermieden werden. Verantwortung für die Einhaltung gesetzlicher Vorgaben trägt der Arbeitgeber. Der Betriebsbeauftragte für Abfall berät und unterstützt. Organisatorische Maßnahmen sind z. B.:

- Bestellung eines oder mehrerer Betriebsbeauftragten/r für Abfall,
- → *Unterweisung* der Beschäftigten zum Umgang mit gefährlichen Abfällen,
- Kennzeichnung der Sammelgefäße und Lagerräume,
- Behördliche Genehmigung zum Transport über elektronisches Abfallnachweisverfahren (eANV)

In Anlagen zur Verwertung und Beseitigung gefährlicher Abfälle sind → *Hygienemaßnahmen* besonders wichtig. Hier sind z. B. Waschräume sowie getrennte Aufbewahrungsmöglichkeiten für Straßen- und Arbeitskleidung erforderlich.

5.3 Persönliche Schutzmaßnahmen

Beschäftigten muss geeignete → *PSA* zur Verfügung gestellt werden. Regelmäßige → *Unterweisungen* gewährleisten deren richtige Benutzung. Je nach Art und Beschaffenheit der gefährlichen Abfälle bieten folgende PSA den nötigen Schutz für Sicherheit und Gesundheit:

- → *Atemschutz*,
- → *Schutzbrille*,
- Schutzkleidung,
- → *Schutzhandschuhe*.

Entscheidend ist dabei, dass die PSA für das angewendete Verfahren geeignet ist.

Bettina Huck

Gefahrstoffe

Gefahrstoffe sind Stoffe und Zubereitungen/Gemische, die eine oder mehrere der in § 3a Abs. 1 Chemikaliengesetz genannten und in Anhang VI 67/548/EWG näher bestimmten Gefährlichkeitsmerkmale aufweisen. Stoffe sind chemische Elemente oder chemische Verbindungen, die natürlich vorkommen oder hergestellt werden. Dazu gehören auch die zur Wahrung der Stabilität notwendigen Hilfsstoffe und die durch das Herstellungsverfahren bedingten Verunreinigungen, mit Ausnahme von Lösungsmitteln, die von dem Stoff ohne Beeinträchtigung seiner Stabilität und ohne Änderung seiner Zusammensetzung abgetrennt werden können. Zubereitungen sind aus 2 oder mehreren Stoffen bestehende Gemenge, Gemische oder Lösungen (§ 3 ChemG). *Biologische Arbeitsstoffe*, wie z. B. Biomüll oder Blutproben, können auch Gefahrstoffe sein. Der Umgang damit ist in der Biostoffverordnung geregelt.

Gesetze, Vorschriften und Rechtsprechung

Auf europäischer Ebene sind die CLP-Verordnung (EG) Nr. 1272/2008, die REACH-Verordnung (EG) Nr. 1907/2006/EG sowie Stoff- und die Zubereitungs-Richtlinie 67/548/EWG bzw. 1999/45/EG grundlegend.

Die Vorgabe der europäischen Union zur Trennung der Rechtsvorschriften für Hersteller und für Anwender wird auch im Gefahrstoffrecht eingehalten. Wichtige Vorschriften für Hersteller von Gefahrstoffen sind z. B. das Chemikaliengesetz und die Chemikalienverbots-Verordnung. Für Anwender von Gefahrstoffen gelten z. B. das Arbeitsschutzgesetz, die Gefahrstoffverordnung und die Technischen Regeln für Gefahrstoffe (TRGS). Für biologische Arbeitsstoffe ist darüber hinaus die Biostoffverordnung grundlegend.

1 Gefährlichkeitsmerkmale

Gefahrstoffe sind in nahezu allen Betrieben im Einsatz. Sie können die Gesundheit gefährden, indem sie eingeatmet oder über die Haut aufgenommen werden. Schädigungen können sofort oder erst nach Jahren auftreten. Weiterhin sind die physikalisch-chemischen Gefährdungen, die z. B. durch Brände oder Explosionen in Anwesenheit von Gefahrstoffen auftreten, zu betrachten.

Gefährlichkeitsmerkmale sind:

1. explosionsgefährlich
2. brandfördernd
3. hochentzündlich
4. leichtentzündlich
5. entzündlich
6. sehr giftig
7. giftig
8. gesundheitsschädlich
9. ätzend
10. reizend
11. sensibilisierend
12. krebserzeugend
13. fortpflanzungsgefährdend

14. erbgutverändernd oder
15. umweltgefährlich

Ausgenommen sind gefährliche Eigenschaften ionisierender Strahlen. Für die Gefährlichkeitsmerkmale 1. explosionsgefährlich bis 10. reizend und 15. umweltgefährlich gibt es jeweils ein orangefarbenes → *Gefahrensymbol*.

> **Achtung: Einstufung und Kennzeichnung nach GHS-Verordnung**
>
> Mit der CLP-Verordnung (EG) Nr. 1272/2008 wurde das → *Global Harmonisierte System (GHS)* eingeführt. Ziel ist, ein hohes Schutzniveau für menschliche Gesundheit und Umwelt zu erreichen und den weltweiten Warenverkehr zu erleichtern. Wichtige Änderungen:
>
> - rechteckige, orangefarbene Gefahrensymbole werden ersetzt durch → *Gefahrenpiktogramme* (rotumrandete Raute mit schwarzem Symbol auf weißem Grund);
> - Gefahrenklassen und -kategorien ersetzen Gefahrenmerkmale;
> - veränderte Einstufungskriterien, z. B. Grenzwerte;
> - → *H-Sätze* lösen → *R-Sätze* ab;
> - → *P-Sätze* ersetzen → *S-Sätze*;
> - 2 → *Signalwörter* neu eingeführt.
>
> Für Stoffe und Zubereitungen (Gemische) gelten Übergangsfristen (1.12.2010 bzw. 1.6.2015). Für → *Sicherheitsdatenblätter* bedeutet das:
>
> - Stoffe müssen in einer Übergangsphase vom 1.12.10 bis 31.5.2015 nach altem und neuem Recht eingestuft werden.
> - Für *Gemische* ist die Einstufung nach GHS-Verordnung ab 1.6.2015 zwingend, bis dahin dürfen sie nach altem oder neuem Recht eingestuft werden.
>
> Die Kennzeichnung von Stoffen und Gemischen nach altem Recht ist bis zum Ablauf der Fristen erlaubt.

2 Wie erkennt man Gefahrstoffe?

Gefahrstoffe müssen sicher und unverwechselbar verpackt sein. Das Etikett auf der Gefahrstoffverpackung enthält erste zur sicheren Handhabung wichtige Informationen wie → *Gefahrenpiktogramme bzw. -symbole* und die → *H-* und → *P-Sätze* oder die → *R-* und → *S-Sätze*.

3 Wo finden Mitarbeiter Informationen zu Gefahrstoffen?

Gefahrstoffe müssen sicher und unverwechselbar verpackt sein. Das Etikett auf der Gefahrstoffverpackung enthält erste zur sicheren Handhabung wichtige Informationen wie das (die) orangefarbene(n) Gefahrensymbol(e) und die → *R-/* → *S-Sätze*.

Umfangreichere Information enthält das vom Hersteller oder Händler mitzuliefernde → *Sicherheitsdatenblatt*. Auf der Basis des Sicherheitsdatenblattes muss der Unternehmer eine → *Betriebsanweisung* für die Anwender von Gefahrstoffen im Betrieb erstellen.

4 Wie werden Mitarbeiter vor Gefahrstoffen geschützt?

Sobald feststeht, dass Beschäftigte Tätigkeiten mit einem Gefahrstoff durchführen oder Gefahrstoffe bei diesen Tätigkeiten entstehen oder freigesetzt werden, muss eine → *Gefährdungsbeurteilung* des Arbeitsplatzes oder der Tätigkeit durchgeführt werden. Hier werden die folgenden Gefährdungen berücksichtigt:

- Stoffeigenschaften,
- Sicherheitsinformationen des Herstellers/Inverkehrbringers,
- Ausmaß,
- Art und Dauer der Exposition,
- physikalisch-chemischer Wirkungen,
- Möglichkeit einer Substitution,

- Arbeitsbedingungen,
- Verfahren,
- → *Arbeitsmittel*,
- Schutzmaßnahmen und
- → *arbeitsmedizinische Vorsorgeuntersuchungen*.

Weiterhin müssen der inhalative und dermale Aufnahmeweg, mögliche explosionsgefährliche Atmosphäre und notwendige Wartungs- und → *Instandhaltungsarbeiten* in die Gefährdungsbeurteilung einbezogen werden. Die abschließende Bewertung wird. u. a. eingesetzt, um einer Tätigkeit mit Gefahrstoffen geeignete Schutzmaßnahmen zuzuordnen.

Achtung: Schutzmaßnahmen statt Schutzstufenkonzept

Das bisherige Schutzstufenkonzept der Gefahrstoffverordnung existiert nicht mehr. Die Gefahrstoffverordnung legt stattdessen als Schutzmaßnahmen fest:

- Allgemeine Schutzmaßnahmen für alle Tätigkeiten mit Gefahrstoffen (§ 8 GefStoffV).
- Zusätzliche Schutzmaßnahmen: Maßnahmen, wenn z. B. → *Arbeitsplatzgrenzwerte* oder → *biologische Grenzwerte* überschritten werden oder eine Gefährdung durch Aufnahme über die Haut oder durch Schädigung der Augen besteht (§ 9 GefStoffV).
- Besondere Schutzmaßnahmen bei Tätigkeiten mit → *krebserzeugenden, erbgutverändernden und fruchtbarkeitsgefährdenden Gefahrstoffen* (§ 10 GefStoffV).
- Besondere Schutzmaßnahmen gegen physikalisch-chemische Einwirkungen insbesondere gegen Brand- und Explosionsgefährdungen (§ 11 GefStoffV).

5 Was muss der Arbeitgeber beim Umgang mit Gefahrstoffen beachten?

Der Arbeitgeber hat in Abhängigkeit von den Ergebnissen der → *Gefährdungsbeurteilung* folgende Pflichten:

1. Ermitteln, ob es sich bei den eingesetzten Chemikalien um Gefahrstoffe handelt und ob es ungefährliche → *Ersatzprodukte* für den gleichen Zweck gibt.
2. Feststellen, ob die → *Arbeitsplatzgrenzwerte* der entsprechenden Gefahrstoffe eingehalten werden. Ggf. müssen Maßnahmen zur Minderung von Schadstoffkonzentrationen ergriffen werden.
3. Genaue Anweisungen für den Umgang mit Gefahrstoffen geben (→ *Betriebsanweisung*) und Arbeitsverfahren so einzurichten, dass keine Gefahrstoffe freigesetzt oder berührt werden.
4. → *Persönliche Schutzausrüstungen* zur Verfügung stellen.
5. Gesundheitlich gefährdete Personen → *arbeitsmedizinisch untersuchen* zu lassen.

Josef Sauer

Gehörschutz

Als Gehörschutz bezeichnet man Persönliche Schutzausrüstungen, die die Einwirkung des Lärms auf das Gehör verringern, sodass eine Lärmschwerhörigkeit nicht entsteht oder sich nicht verschlimmert.

Gesetze, Vorschriften und Rechtsprechung

Ergibt die Gefährdungsbeurteilung, dass trotz technischer und organisatorischer Schutzmaßnahmen mit Gefährdungen durch Lärm zu rechnen ist, muss den Mitarbeitern Gehörschutz zur Verfügung gestellt werden. Neben der PSA-Benutzungs-Richtlinie 89/656/EWG ist auch die PSA-Benutzungsverordnung zu berücksichtigen (→ *Persönliche Schutzausrüstung*). Weitere Vorgaben ergeben sich aus:

- Lärm- und Vibrations-Arbeitsschutzverordnung: Werden trotz technischer/organisatorischer Maßnahmen die unteren Auslösewerte nicht eingehalten, muss der Arbeitgeber geeigneten Gehörschutz zur Verfügung stellen. Dieser muss die Gefährdungen des Gehörs auf ein Minimum verringern. Die maximalen Expositionswerte dürfen auch mit Gehörschutz nicht überschritten werden.
- BGR 194 «Einsatz von Gehörschutz»: Enthält konkrete Anforderungen an die Auswahl, Beschaffung, Bereitstellung und die Benutzung von Gehörschutz.
- BGI 781 «Arbeiten im Gleisbereich»: schreibt zugelassenen Gehörschutz vor. Dieser stellt sicher, dass Warnsignale gehört werden können.
- BGI 673 «Tragen von Gehörschützern bei der Teilnahme am öffentlichen Straßenverkehr» setzt in diesen Arbeitsbereichen zum Hören von Warnsignalen ebenfalls zugelassenen Gehörschutz voraus.
- BGI 686 «Gehörschützer-Kurzinformation für Personen mit Hörverlust» richtet sich an den Benutzer von Gehörschutz, der mit dieser Informationsschrift zum Tragen von Gehörschutz motiviert werden soll.
- BGI 823«Ärztliche Beratung zum Gehörschutz» richtet sich an den Arbeitsmediziner, der im Rahmen der arbeitsmedizinischen Vorsorgeuntersuchung nach dem berufsgenossenschaftlichen Grundsatz G 20 tätig wird.
- BGI 5024 Gehörschutz-Information
- DIN EN 352: Gehörschützer: Allgemeine Anforderungen:

1 Vermeidung schwerwiegender Folgen

In vielen Fällen zeigt die → *Gefährdungsbeurteilung*, dass trotz technischer und organisatorischer Maßnahmen Tätigkeiten oder Bereiche vorliegen, die den Einsatz von Gehörschutz als individuelle Schutzmaßnahme notwendig machen.

Die Folgen von ungeschützter Lärmeinwirkung sind normalerweise zwar nicht tödlich, aber sehr schwerwiegend, weil eine Lärmschwerhörigkeit nicht geheilt werden kann. Die Lärmschwerhörigkeit ist die häufigste Berufskrankheit mit negativen Auswirkungen auf den Beruf und das Privatleben. Wer nicht gut hört, der steht abseits. Damit dies nicht passiert, muss Gehörschutz entsprechend ausgewählt und regelmäßig und richtig benutzt werden.

Sicherlich gibt es Unfälle, die durch Lärm verursacht werden. Die Verwendung von Gehörschutz kann ebenfalls zu Unfällen führen. Für beide Punkte liegen jedoch **keine** statistischen Auswertungen vor. Die Ursache liegt in der Tatsache begründet, dass die Unfallanzeige Lärm oder Gehörschutz als Auswertung nicht vorsieht.

Gehörschutz ist nicht gleich Gehörschutz. Die Grundaufgabe des individuellen Lärmschutzes wird von allen Gehörschutzprodukten erfüllt. Entscheidend für die ausreichende Wirkung ist aber, dass das Gehörschutzprodukt, das den Mitarbeitern zur Verfügung gestellt wird, auch für den jeweils vorliegenden Lärm geeignet ist. Die Mitarbeiter sind verpflichtet, Gehörschutzmittel bei besonders lauten Tätigkeiten oder in besonders lauten Betriebsbereichen gem. → *Betriebsanweisungen*, → *Unterweisung* bzw. Kennzeichnung zu tragen.

2 Arten von Gehörschutz

Unterschieden werden:

- **Gehörschutzstöpsel:** Sie werden direkt im Gehörgang oder in der Ohrmuschel getragen. Sie bestehen aus elastischem Kunststoff, Watte oder plastischer Masse. Sog. Otoplastiken (angepasster Gehörschutz) werden dabei direkt dem Gehörgang der betroffenen Person angepasst.
- **Kapselgehörschützer:** Sie werden über die Ohren gesetzt. Sie können mit einer elektroakustischen Ausrüstung versehen werden, um u. a. Sprache oder Signale wahrnehmen zu können und ein besseres Richtungshören zu ermöglichen. Schwache Signale und Geräusche (also auch Sprache) werden somit bis auf weniger als 85 dB(A) verstärkt.
- **Gehörschützer mit Kommunikationseinrichtung:** Diese Ausführungen ermöglichen z. B. die Sprachverständigung im Rahmen des Funkverkehrs.

Gehörschutz

- **Schallschutzhelme** schützen zusätzlich einen Teil des Kopfes gegen Schall.
- **Schallschutzanzüge** werden bei ≥ 130 dB eingesetzt, da bei diesen Schallpegeln der gesamte Körper gefährdet ist. In diesem Zusammenhang sind dann ggf. auch Schwingungen zu berücksichtigen.

Tab. 1 zeigt Beispiele für Gehörschutz.

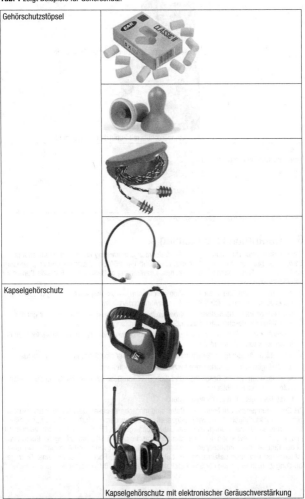

	Kapselgehörschutz mit integriertem Funkgerät
	Kapselgehörschutz mit Schutzhelmbefestigung
Otoplastik (angepasster Gehörschutz)	

Tab. 1: Arten von Gehörschutz (Bilder: 3M, EAR, Infield, Peltor, Sperian)

3 Gefährdungsbeurteilung

Die Forderung zur Durchführung der → *Gefährdungsbeurteilung* ergibt sich beim Thema → *Lärm* nicht nur aus dem Arbeitsschutzgesetz und der PSA-Benutzungsverordnung, sondern auch aus der Lärm- und Vibrations-Arbeitsschutzverordnung. Danach sind folgende Punkte zu berücksichtigen:

- Art, Ausmaß und Dauer der Exposition durch Lärm; → *Auslösewerte* nach § 6 Satz 1 und die Expositionswerte nach § 8 Abs. 2 LärmVibrationsArbSchV;
- die Verfügbarkeit alternativer → *Arbeitsmittel* und Ausrüstungen, die zu einer geringeren Exposition der Beschäftigten führen (Substitutionsprüfung);
- Erkenntnisse aus der → *arbeitsmedizinischen Vorsorge* sowie allgemein zugängliche, veröffentlichte Informationen hierzu;
- die zeitliche Ausdehnung der beruflichen Exposition über eine 8-Stundenschicht hinaus;
- die Verfügbarkeit und Wirksamkeit von Gehörschutzmitteln;
- Auswirkungen auf die Gesundheit und Sicherheit von Beschäftigten, die besonders gefährdeten Gruppen angehören;
- Herstellerangaben zu Lärmimmissionen.

Die Gefährdungen sind zu beurteilen. Dabei sind mögliche Wechsel- oder Kombinationswirkungen zu berücksichtigen. Damit wird festgestellt, wo und wodurch Mitarbeiter unter Lärmgefährdung arbeiten. Ob sie dadurch einer auf Dauer schädigenden Einwirkung von Lärm ausgesetzt sind, ergibt eine Bewertung der Gefährdungen. Entscheidend für die Bewertung der Gefährdung ist der Tages-Lärmexpositionspegel. Sobald dieser einen Wert von 80 dB(A) erreicht oder überschreitet, ist von einer Gefährdung des Gehörs auszugehen. Ebenfalls ist mit einer Gehörgefährdung zu rechnen, wenn der Spitzenschalldruckpegel 135 dB(C) erreicht oder überschreitet.

4 Kennzeichnung

Gehörschutz muss eine → CE-Kennzeichnung besitzen. Ebenfalls muss eine Baumusterprüfung vorliegen.

Die schalldämmende Wirkung von Gehörschutzmitteln ist nicht bei allen Frequenzen gleich. Oft angewendete Verfahren zur Auswahl der geeigneten Gehörschutzmittel sind z. B. die Oktavband-Methode, die HML-Methode, der HML-Check oder die SNR-Methode. Die Hersteller führen auf den Verpackungen des Gehörschutzes unterschiedlichste Werte auf:

- H, M, L = Frequenzabhängige Schalldämmungswerte von Gehörschutz (H = high, M = medium, L = low)
- SNR = Vereinfachte Geräuschpegelminderung (Single Number Rating)
- PNR = Vorhergesagte Minderung des Geräuschpegels (Predicted Noise Level Reduction)

Achtung: Angegebene Dämmwerte korrigieren

Die 3 Arten von Gehörschutz führen aufgrund der dämmenden Wirkung dazu, dass sich der wirksame Restschallpegel reduziert. Die von den Herstellern angegebenen Dämmwerte müssen in der Praxis um Korrekturwerte vermindert werden. Berücksichtigen Sie für Gehörschutzstöpsel 9 dB, für Kapselgehörschützer 5 dB und für Otoplastiken 3 dB als Korrekturwert.

Achtung: Überprotektion vermeiden

Es muss darauf geachtet werden, dass beim Einsatz von Gehörschutz keine Überprotektion erfolgt. Dies würde dazu führen, dass der Benutzer ggf. Warnsignale, Maschinengeräusche oder Stimmen der Kollegen nicht hört, was wiederum Unfälle nach sich ziehen könnte. Im Fall der Sprachverständigung ist es wahrscheinlich, dass der Mitarbeiter den Gehörschutz entfernt, wenn er sich unterhalten will.

5 Auswahl

Die Vielfalt auf dem Gebiet des Gehörschutzes als → Persönliche Schutzausrüstung ist sehr groß. Nachdem im Rahmen der Gefährdungsbeurteilung die Bereiche ermittelt wurden, in denen Gehörschutz erforderlich ist, können folgende Beteiligte bei der Auswahl des richtigen Gehörschutzes helfen:

- Mitarbeiter bzw. Vorgesetzte, die bereits Erfahrungen besitzen,
- → Betriebsarzt,
- → Fachkraft für Arbeitssicherheit,
- PSA-Lieferant,
- Hersteller von Gehörschutz,
- Aufsichtsperson der Berufsgenossenschaft.

Eine Möglichkeit der Auswahl von geeignetem Gehörschutz bietet das «Gehörschutz-Auswahlprogramm» des IFA (vgl. → Abschn. 7). Trotz dieses Programms ist es nicht immer möglich, so schnell eine geeignete Lösung zu finden. Daher sollten Sie gezielt Ihr Problem mehreren Herstellern gleichzeitig vortragen. Sofern es sich nicht um Standard-Probleme handelt, für die auch das PC-Programm eine Lösung finden kann, sind Händler vielfach ratlos und müssen sowieso den Hersteller befragen. Die Händler sind meist auch einseitig orientiert, da sie nur Stützpunkthändler für einige wenige Gehörschutzmittelhersteller sind. Indem Sie sich direkt an Hersteller wenden, haben diese auch die Verpflichtung, Ihnen eine verbindliche Auskunft zu erteilen.

Praxis-Tipp: Gehörschützer-Positivliste

Das Institut für Arbeitsschutz (IFA) der DGUV bietet eine sog. «Gehörschützer – Positivliste» an. Die Positivliste enthält alle dem IFA gemeldeten Gehörschützer. Sie besteht aus 2 Teilen: Tab. 1 «Passiver Gehörschutz» und Tab. 2 «Gehörschützer mit elektronischer Zusatzeinrichtung». Eine ältere Version enthält auch den Anhang 3 BGI 194.

Gehörschutzmittel, die in die engere Wahl kommen, sollten einem praktischen **Trageversuch** unterzogen werden. Grundsätzlich sind die Mitarbeiter bei der Auswahl der Persönlichen Schutzausrüstung zu beteiligen. Gem. § 87 Betriebsverfassungsgesetz hat auch der → *Betriebsrat* ein Mitbestimmungsrecht beim Gehörschutz, da durch den Einsatz Berufskrankheiten verhindert werden sollen.

> **Praxis-Tipp: Muster anfordern**
>
> Die Hersteller von Gehörschutz bieten i. d. R. kostenlose Muster für Tests an bzw. stellen diese gerade bei teureren Gehörschützern leihweise zur Verfügung. Darüber hinaus stellen die Hersteller oftmals auch Fragebögen für einen Test zur Verfügung.

6 Einsatz

Sofern die unteren Auslösewerte gem. § 6 Satz 1 Nr. 2 LärmVibrationsArbSchV erreicht oder überschritten werden, müssen die Beschäftigten unterwiesen werden. Die → *Unterweisung* muss vor Aufnahme der Beschäftigung und danach in regelmäßigen Abständen, mind. jährlich, erfolgen. Folgende Inhalte sollten erläutert werden:

- Expositionsgrenzwerte und → *Auslösewerte*;
- Ergebnisse der Ermittlungen zur Exposition zusammen mit einer Erläuterung ihrer Bedeutung und der Bewertung der damit verbundenen möglichen Gefährdungen und gesundheitlichen Folgen;
- die Voraussetzungen, unter denen die Beschäftigten Anspruch auf → *arbeitsmedizinische Vorsorge* haben, und deren Zweck;
- sachgerechte Verwendung der → *Persönlichen Schutzausrüstung*;
- Hinweise zur Erkennung und Meldung möglicher Gesundheitsstörungen.

Dadurch sollen die Beschäftigten sensibilisiert werden. Die Tragebereitschaft soll erhöht werden.

Sofern die unteren Auslösewerte gem. § 6 Satz 1 Nr. 2 LärmVibrationsArbSchV erreicht oder überschritten werden, ist den Beschäftigten eine Angebotsuntersuchung gemäß dem berufsgenossenschaftlichen Grundsatz G 20 «Lärm» anzubieten bzw. diese als Pflichtuntersuchung durchzuführen. Es empfiehlt sich, dass der Einsatz von Gehörschutz nur nach einer entsprechenden Vorsorgeuntersuchung erfolgt.

7 Weitere Informationen

- Das Institut für Arbeitsschutz (IFA) der Deutschen Gesetzlichen Unfallversicherung bietet ein «**Gehörschutzauswahl-Programm**» an. In dieses Programm ist eine Datenbank mit zahlreichen Datensätzen integriert, die Informationen zu Gehörschutzmitteln enthalten. Dazu werden die arbeitsmedizinischen, arbeitsplatz- und tätigkeitsbezogenen sowie sonstigen Kriterien angekreuzt, die für Arbeitsplatz oder Mitarbeiter relevant sind. Bereits bei dieser Eingabe erfährt man, ob die Kriterienkombination zu einem Ergebnis führt: Gibt es überhaupt ein geprüftes Gehörschutzmittel, das die geforderten Kriterien erfüllt? Anschließend werden die Daten zum vorliegenden Schalldruckpegel eingegeben. Die Schalldruckpegel lassen sich entsprechend den o. a. Methoden oder dem Check in das Programm eintragen. Das Programm ermittelt nun Gehörschutzmittel, die die Bedingungen erfüllen können. Fazit: Das Programm ersetzt zwar nicht den Trageversuch, erleichtert aber die Vorauswahl erheblich.
- Das Institut für Arbeitsmedizin, Sicherheitstechnik und Ergonomie e. V. (ASER) bietet einen **Lärmrechner** an. Dieser ermöglicht die Ermittlung der relevanten Werte, wenn Mitarbeiter unterschiedlichen Lärmexpositionen ausgesetzt sind.
- Im Internet steht auch die Möglichkeit eines kostenlosen Hörtests zur Verfügung. Auf der Internetseite www.forumbesserhoeren.de stellt das FORUM BESSER HÖREN neben Informationen zu den Themen Hören, Hörproblem, Tinnitus, Hörsysteme auch ein Produkt mit dem Namen Audiorama vor. Mit diesem Produkt haben Sie die Möglichkeit, einen kostenlosten

Hörtest am PC durchzuführen (Voraussetzung sind eine Sound-Karte und möglichst Kopfhörer anstelle von Lautsprechern). Somit hat jeder die Möglichkeit, unabhängig von einer arbeitsmedizinischen Vorsorgeuntersuchung seine Hörfähigkeit zu testen. Ein derartiger Test erreicht natürlich nicht die Qualität eines «normalen» Hörtests.

Dirk Haffke

Gemische

Gemische sind aus zwei oder mehreren Stoffen bestehende Gemenge, Gemische oder Lösungen. Der Begriff «Gemisch» ist dabei mit dem ehemals verwendeten Begriff der Zubereitung gleichzusetzen. Mit Inkrafttreten der CLP-Verordnung wurde der Begriff «Zubereitung» durch den Begriff «Gemisch» im europäischen Chemikalienrecht abgelöst. Typische Gemische sind i. d. R. Farben, Klebstoffe, Reiniger oder Bauchemikalien.

Gesetze, Vorschriften und Rechtsprechung

Der Begriff Gemisch wird in Art. 3 Abs. 2 Verordnung (EG) Nr. 1907/2006 (REACH-Verordnung), Art. 2 Abs. 8 Verordnung (EG) Nr. 1272/2008 (CLP-Verordnung) bzw. § 3 Abs. 4 Chemikaliengesetz definiert.

Benedikt Vogt

Gerüste

Gerüste sind vorübergehend errichtete Baukonstruktionen unterschiedlicher Höhe und Länge, die aus einzelnen Gerüstbauteilen vor Ort zusammengebaut werden. Sie werden v. a. dazu eingesetzt, temporär Arbeitsstellen bei Bauarbeiten oder bei Instandsetzungsarbeiten zu erreichen, wenn Leitern oder Abseilgeräte nicht verwendet werden können. Gerüste können freistehend sein, sind aber meistens an Bauwerken oder tragenden Bauteilen, die dafür geeignet sind, befestigt. Beim Auf- und Abbau und bei der Benutzung von Gerüsten muss besonders Absturzgefahr als Gefährdung so weit wie möglich vermieden werden.

Gesetze, Vorschriften und Rechtsprechung

Konstruktion, Bereitstellung und Benutzung von Gerüsten sind in einer Vielzahl von Vorschriften geregelt. Wie für alle Arbeitsmittel gelten auch für Gerüste die grundlegenden Anforderungen der Betriebssicherheitsverordnung zur Gefährdungsbeurteilung (§ 3 BetrSichV) und zur Prüfung und deren Dokumentation (§§ 10, 11 BetrSichV). Sie werden konkretisiert durch TRBS 1111 «Gefährdungsbeurteilung und sicherheitstechnische Bewertung» und TRBS 1201 «Prüfung von Arbeitsmitteln und überwachungsbedürftigen Anlagen». Konkrete Mindestanforderungen speziell an Gerüste enthält Anhang 2 Abschn. 5.2 BetrSichV. Nähere Ausführungen dazu macht TRBS 2121 Teil 1 «Bereitstellung und Benutzung von Gerüsten». Wichtige Vorschriften im berufsgenossenschaftlichen Regelwerk sind die BGR 198 «Einsatz von persönlichen Schutzausrüstungen gegen Absturz», die BGI 663 «Handlungsanleitung für den Umgang mit Arbeits- und Schutzgerüsten» und die BGI 5101 «Gerüstbauarbeiten». Grundlegend für die Konstruktion von Gerüsten sind DIN 4420 «Arbeits- und Schutzgerüste» und DIN 12811 «Temporäre Konstruktionen für Bauwerke».

1 Einsatzzweck und Gefährdungsfaktoren

Gerüste werden vorrangig dazu eingesetzt, temporär Arbeitsstellen bei → Bauarbeiten oder bei → Instandsetzungsarbeiten zu erreichen, wenn → Leitern oder Abseilgeräte nicht verwendet werden können.

Die Arbeitsstellen sind i. d. R. von einer Arbeitsebene aus in die Höhe gebaut. Es gibt aber auch Sonderfälle, bei denen Hängegerüste verwendet werden. Gerüste können freistehend sein, sind aber meistens an Bauwerken oder tragenden Bauteilen befestigt, die dafür geeignet sind.

Bei der Errichtung und beim Abbau von Gerüsten besteht für den Gerüstersteller Absturzgefährdung. Sofern Gerüste statisch unzureichend erstellt wurden oder sie entgegen der vorgesehenen Bestimmung zu stark belastet werden, besteht auch für den Gerüstbenutzer Absturzgefahr. Zudem können von Gerüsten Arbeitsmittel oder Materialien herabfallen und Dritte verletzen.

2 Gefährdungsbeurteilung

Bei der Errichtung von Gerüsten muss generell eine → *Gefährdungsbeurteilung* durchgeführt werden.

> **Achtung: Ausnahmen von der Gefährdungsbeurteilungspflicht**
> Die Gefährdungsbeurteilung muss nicht bei jeder Neuerrichtung von Gerüsten durchgeführt werden. Bei gleichartigen Gefährdungen reicht es aus, dass nur eine einzige Gefährdungsbeurteilung erstellt wird. Werden jedoch unterschiedliche Gerüsttypen (z. B. Dachfanggerüst, Konsolgerüst, Fassadengerüst, Rollgerüst) verwendet, sind dafür jeweils eigenständige Gefährdungsbeurteilungen notwendig. Werden Gerüste in Regelausführung aufgebaut, d. h. nach einer Aufbauanleitung des Herstellers, dann reicht es ebenfalls aus, dass nur eine Gefährdungsbeurteilung erstellt wird.

Die Gefährdungsbeurteilung berücksichtigt die Gefährdungs- und Belastungsfaktoren für die Errichtung, die Benutzung, die Veränderung und den Abbau von Gerüsten. Kommt es beim Umgang mit Gerüsten zu einem Arbeitsunfall, dann ist im Rahmen einer **Unfallursachenanalyse** zu prüfen, ob die ermittelten Gefährdungen nachgebessert werden müssen.

3 Schutzmaßnahmen

3.1 Regelausführung

Gerüste sollten möglichst in Regelausführung errichtet werden. Dafür hat der Hersteller des Regelgerüsts Standsicherheitsnachweise erbracht.

> **Praxis-Tipp: Erleichterungen für Gerüstersteller**
> Wird das Gerüst entsprechend den Vorgaben des Herstellers errichtet, muss der Gerüstersteller **keinen** Standsicherheitsnachweis erbringen.

Der **Standsicherheitsnachweis** ist jedoch bei allen Nicht-Regel-Ausführungen erforderlich. Dieser Standsicherheitsnachweis besteht aus einer Festigkeits- und einer Standfestigkeitsberechnung.

3.2 Montageanweisung, Benutzungsplan

Für die Montage von komplexen Gerüsten muss eine **Montageanweisung** erstellt werden. Die Montageanweisung muss einen Plan für Auf-, Um- und Abbau des Gerüsts enthalten. Die Montageanweisung darf nur von einer befähigten Person erstellt werden. Abschn. 4.1.2 TRBS 2121 Teil 1 erläutert den Inhalt einer Montageanweisung.

Darüber hinaus ist ein **Benutzungsplan** erforderlich. Der Benutzungsplan enthält folgende Angaben:

- Name und Anschrift des Gerüstellers
- Datum der Prüfung nach der Montage
- Last- und Breitenklassen
- evtl. vorhandene Verwendungsbeschränkungen

Der Benutzungsplan ist identisch mit der **Gerüstfreigabe**, die an jedem Gerüstzugang befestigt ist. Benutzer können anhand des Benutzungsplans bzw. der Gerüstfreigabe erkennen, welche Lasten auf dem Gerüst eingesetzt werden dürfen (Belastbarkeit der einzelnen Gerüstbeläge).

3.3 Zugang zum Gerüst

→ *Leitern* als Zugang zu Arbeitsplätzen auf Gerüsten sind **nachrangig einzusetzen**. Vorrangig müssen Aufzüge, Transportbühnen oder Treppen verwendet werden (Abschn. 4.2 TRBS 2121 Teil 1). Während des Auf-, Um- oder Abbaus von Gerüsten ist der Gefahrenbereich zu **kennzeichnen**. Gerüste dürfen während dieser Arbeiten nur vom Gerüstbauer benutzt werden. Damit das für alle Laien erkenntlich ist, muss die Kennzeichnung «**Zutritt für Unbefugte Verboten**» an den Gerüstzugängen angebracht werden. Darüber hinaus sind bei diesen Arbeiten **Abgrenzungen** oder **Absperrungen** einzusetzen, damit kein Unbefugter das Gerüst während des gefährlichen Gerüstzustands benutzt (Abschn. 4.3 TRBS 2121 Teil 1).

3.4 Absturzsicherungen

Beim Auf- und Abbau sind → *Absturzsicherungen* erforderlich. Als Absturzsicherung dient grundsätzlich der dreiteilige **Seitenschutz**, der aus Bordbrett, Knieleiste und Handlauf besteht. Darüber hinaus ist es möglich, Auffangeinrichtungen und individuellen Gefahrenschutz als Absturzsicherung einzusetzen. Es ist aber stets die **Rangfolge der Schutzmaßnahmen** einzuhalten:

1. Absturzsicherung, gefolgt von
2. Auffangeinrichtung, und erst dann, wenn diese beiden Maßnahmen nicht eingesetzt werden können,
3. individueller Gefahrenschutz (PSA).

Sofern → *PSA* als Schutzmaßnahme eingesetzt wird, müssen die Anforderungen der BGR 198 «Einsatz von persönlichen Schutzausrüstungen gegen Absturz» eingehalten werden.

> **Achtung: Absturzsicherung für Gerüstbauer**
>
> Für Gerüstbauer gilt daher grundsätzlich, dass sie sich bei Auf-, Um- und Abbauarbeiten von Gerüsten **auf der obersten Gerüstlage gegen Absturz sichern** müssen. Nur im begründeten Ausnahmefall darf darauf verzichtet werden. Dafür ist dann auch eine besondere Gefährdungsbeurteilung zu erstellen.

Da in diesem Ausnahmefall eine Absturzgefahr nicht ausgeschlossen werden kann, sind Gerüstbauer auf ihre gesundheitliche Eignung zu untersuchen. Die → *arbeitsmedizinische Vorsorgeuntersuchung* erfolgt dabei nach dem **Grundsatz G41**.

Für den Vertikaltransport von Gerüstbauteilen müssen bei der **manuellen Handhabung** geeignete **organisatorische Maßnahmen** ergriffen und **geeignete Arbeitsmittel** eingesetzt werden, damit die Sicherheit und Gesundheit nicht gefährdet werden. Auf eine Absturzsicherung bei der Benutzung darf nur in Arbeits- und Zugangsbereichen verzichtet werden, sofern der Gerüststand von anderen tragfähigen und ausreichend großen Flächen max. 30 cm beträgt.

Fahrgerüste dürfen nur dann **verfahren** werden, wenn sich auf ihnen **keine Beschäftigten aufhalten**. Sofern sich Beschäftigte auf Fahrgerüsten aufhalten, müssen diese **gegen unbeabsichtigtes Fortbewegen gesichert** sein.

3.5 Geeignetes Personal

Für folgende Tätigkeiten dürfen nur geeignete Personen bzw. befähigte Personen eingesetzt werden:

- Aufsicht der Auf-, Um- und Abbauarbeiten (Aufsichtführender = befähigte Person)
- Prüfung nach der Montage am Aufstellungsort = befähigte Person
- Erstellung der Montageanweisung = befähigte Person;
- Prüfung vor der Benutzung = befähigte Person
- Auf-, Um- oder Abbau unter Aufsicht = fachlich geeignete Beschäftigte.

Abschn. 4.7 TRBS 2121 Teil 1 enthält ausführliche Angaben zu den Anforderungen an geeignete Personen.

3.6 Prüfungen

Gerüste müssen unter Berücksichtigung der TRBS 1201 **nach der Montage geprüft** werden. Die Prüfung und deren Inhalt beschreibt Abschn. 5.2 TRBS 2121 Teil 1.

Die Prüfung erfolgt durch eine dafür → *befähigte Person*. **Vor der Benutzung** prüft **jeder Benutzer** das Gerüst auf augenscheinliche Mängel (**Benutzerprüfung**). Nach außergewöhnlichen Ereignissen (z. B. Unfällen) ist das Gerüst außerordentlich durch eine befähigte Person zu prüfen.

Werden Gerüste von mehreren Arbeitgebern gleichzeitig oder nacheinander genutzt, dann ist die Prüfung durch die befähigte Person wiederholt durchzuführen. Diese Prüfung kann im Bedarfsfall z. B. arbeitstäglich oder nach bestimmten Tätigkeiten durchzuführen sein. Die durchgeführten Prüfungen der befähigten Personen sind auf der Gerüstfreigabe zu dokumentieren.

3.7 Weitere Maßnahmen

- Gerüstbauer und Gerüstbenutzer sind mind. einmal jährlich zu → *unterweisen*.
- Grundsätzlich sind als → *PSA* mind. → *Schutzhelm* und → *Sicherheitsschuhe* zu verwenden.
- Bei Arbeiten in der Nähe von Freileitungen sind die **Schutzabstände** einzuhalten.

Dirk Rittershaus

Gesunde Führung

«Führungskräfte nehmen ihre Fehlzeiten mit» – diese Aussage ist in der betrieblichen Praxis weit verbreitet. Sie verdeutlicht den Zusammenhang zwischen dem Verhalten von Führungskräften und der Gesundheit der Beschäftigten. Führungskräfte gestalten maßgeblich die Arbeitsbedingungen und -abläufe, beeinflussen die Aufgabenverteilung zwischen den Mitarbeitern und sind dafür verantwortlich, welche Qualifizierungsmaßnahmen angeboten werden. Auch die Art und Weise der Kommunikation innerhalb einer Abteilung wird stark vom Verhalten der Führungskraft beeinflusst. Der Zusammenhang zwischen dem Führungskräfteverhalten und der Gesundheit von Mitarbeitern ist auch durch neueste Forschungsergebnisse belegt.

1 Erkenntnisse aus der Wissenschaft

1.1 Führungsverhalten als Belastungsfaktor

Eine Reihe empirischer Studien haben sich mit Auswirkungen des Führungsverhaltens auf die Belastungssituation von Mitarbeitern auseinandergesetzt. So haben Mitarbeiter, deren Vorgesetzte sich gegenüber ihren Bedürfnissen und Aufgabenzielen gleichgültig zeigen, höhere Fehlzeiten als ihre Kollegen[54].

Eine Umfrage zeigte, dass hohe Fehlzeiten und ein schlechtes Verhältnis der Angestellten zu ihrem direkten Vorgesetzten eindeutig miteinander korrelieren. Vor allem sorgen ungleiche Behandlung von Mitarbeitern, geringe Entscheidungsbeteiligung und Missachtung üblicher Delegationsregeln von Seiten der Vorgesetzten für Kritik (Bertelsmann-Stiftung 2001). Ebenso ist die → *Stress* auslösende Wirkung von mangelnder Einbindung und Rücksprache belegt.[55]

Auch der Führungsstil wirkt sich auf Fehlzeiten aus. Ein partizipativer Führungsstil wirkt belastungs- und fehlzeitenreduzierend. Bei einem autoritären Führungsstil dagegen steigen die Fehlzeiten[56] (V. Rosenstiel 1995). Andere Studien zeigen positive Korrelationen zwischen aufgaben-

---

[54] Stadler/Spieß, Gesundheitsförderliches Führen – Defizite erkennen und Fehlbelastungen der Mitarbeiter reduzieren, Arbeitsmedizin, Sozialmedizin, Umweltmedizin, 2005, S. 384 ff.
[55] Cooper/Roden, Mental health and satisfaction amongst tax officers, Social Science and Medicine 1985; S. 474 ff.
[56] Rosenstiel/RegnetDomsch (Hrsg.), Führung von Mitarbeitern. Handbuch für erfolgreiches Personalmanagement, 1995.

orientiertem Führungsstil und hohen Fehlzeiten sowie positive Korrelationen von mitarbeiterorientiertem Führungsstil und hoher Anwesenheit.

Eine Zusammenfassung verschiedener Metaanalysen[57] stellt belastende, demotivierende und tendenziell fehlzeitenfördernde Verhaltensweisen von Führungskräften wie folgt heraus:

- Konzentration auf die Sachaufgaben und Vernachlässigung der Personenaufgaben;
- autoritäres Führungsverhalten;
- zu geringe Anerkennung der Leistung der Mitarbeiter;
- zu häufige und zu unsachliche Kritik;
- Vorenthalten von Informationen;
- mangelnde Vermittlung des Sinns der Arbeit;
- ungerechte Arbeitsverteilung und fehlende Gleichbehandlung der Mitarbeiter;
- zu ausgeprägte Kontrolle und Aufsicht;
- unklare und ständig wechselnde Zielvorgaben und Führungsrichtlinien;
- zu geringe Einarbeitung neuer Mitarbeiter oder von Mitarbeitern in neue Aufgaben;
- zu häufige Versetzung an verschiedene Arbeitsplätze und kurzfristige Änderungen der Tätigkeitsinhalte;
- Nichteinhalten von Versprechen über Entwicklungsmöglichkeiten;
- mangelnde Weiterbildungsangebote;
- mangelnde Berücksichtigung der persönlichen Berufsziele der Mitarbeiter;
- Leistungsziele werden nicht realistisch gesetzt und verursachen dadurch Zeitdruck und Überstunden;
- häufiges Einmischen in Delegationsbereiche (Managementdurchgriff).

1.2 Führungsverhalten als Ressource

Führungskräfteverhalten kann einen gesundheitsfördernden Faktor darstellen. Studien belegen, dass ein ermutigendes Verhalten von Seiten der Vorgesetzten eine erhöhte Effektivität und geringere Spannung der Angestellten zur Folge hat[58]. Eine andere Studie zeigt, dass sich Führungsqualitäten wie Zielklarheit, → *Wertschätzung* und Respekt positiv auf die Anwesenheitsrate von Mitarbeitern auswirken. Auch die Einstellung der Führungskräfte gegenüber der Mitarbeitergesundheit ist wichtig für die langfristige Implementierung → *Betrieblicher Gesundheitsförderung*[59].

Die Fehlzeiten der Mitarbeiter können durch das Führungskräfteverhalten auch positiv beeinflusst werden. Vor allem dann, wenn sich Vorgesetzte zugänglich gegenüber Änderungsvorschlägen der Mitarbeiter zeigen. Positive Auswirkungen auf die Anwesenheitsrate hat es, wenn die Aufgabenverteilung gemeinsam stattfindet und die Mitarbeiter in Entscheidungsprozesse einbezogen werden[60].

Auch ein positiver Zusammenhang zwischen dem Unterstützungsverhalten der Führungskraft und der Mitarbeitergesundheit ist belegt. Dieser Zusammenhang scheint kein direkter zu sein. Vielmehr wirkt sich ein sozial unterstützendes Führungsverhalten gesundheitsfördernd auf das allgemeine Unterstützungsverhalten in einer Abteilung aus[61].

---

[57] Stadler/Spieß, Gesundheitsförderliches Führen – Defizite erkennen und Fehlbelastungen der Mitarbeiter reduzieren, Arbeitsmedizin, Sozialmedizin, Umweltmedizin, 2005, S. 384 ff.

[58] Laschinger/Wong/McMahon/Kaufmann, Leader behaviour impact on staff nurse empowerment, job tension and work effectiveness, Journal of nursing administration, 1999, S. 28 ff.

[59] Dellve/Skagert/Vilhelmsson, Leadership in workplace health promotion projects: 1 – 2-year effects on long-term work attendance, European Journal of Public Health, S. 471 ff.

[60] Schmidt, Wahrgenommenes Vorgesetztenverhalten, Fehlzeiten und Fluktuation, Zeitschrift für Arbeits- und Organisationspsychologie, 1996, S. 54 ff.

[61] Wilde/Hinrichs/Schüpbach, Der Einfluss von Führungskräften und Kollegen auf die Gesundheit der Beschäftigten – zwei empirische Untersuchungen in einem Industrieunternehmen, Wirtschaftspsychologie, 2008, S. 100 ff.

Bei der Beurteilung der Arbeit durch Beschäftigte nimmt das Führungsverhalten ebenso eine wichtige Rolle ein. An erster Stelle innerhalb der Qualitätskriterien lagen dabei Aspekte wie

- die Behandlung «als Mensch» durch Vorgesetzte;
- Vorgesetzte sorgen für eine gute Arbeitsplanung;
- Vorgesetzte vermitteln Anerkennung und konstruktive Kritik;
- Vorgesetzte kümmern sich um fachliche und berufliche Entwicklung;
- Vorgesetzte haben Verständnis für individuelle Probleme[62].

2 Gesundheitsförderliche Rollen von Führungskräften

→ *Führungskräfte* haben in ihrem Führungsalltag verschieden Funktionen inne. Und – ob sie es wollen, oder nicht – damit erfüllen sie auch im Kontext der Mitarbeitergesundheit unterschiedliche Rollen. Im Folgenden sind diese so dargestellt, wie sie sich im idealen Fall gesundheitsfördernd auf die Mitarbeiter auswirken.

2.1 Gestaltung von Arbeitsbedingungen: Partizipation und Wertschätzung

Gestaltung von Rahmenbedingungen

Durch Regelungen und Vorgaben sowie durch die Festsetzung von Verfahrenswegen wirken Führungskräfte in dieser Funktion als Gestalter der Arbeitsorganisation und der Arbeitstätigkeit. Sie beeinflussen:

- Ausmaß der Mitarbeiterpartizipation bei Planungs-und Entscheidungsprozessen
- Art der Arbeitsanforderungen
- Ausmaß der Arbeitsbehinderungen
- Gestaltung des Arbeitsumfelds (Ergonomie, …)

> **Wichtig: Gestaltungsspielräume nutzen**
>
> Bei der Verwirklichung eines gesundheitsförderlichen Arbeitsumfelds sollten vorhandene Gestaltungsspielräume ausgenutzt und Partizipation gewährt werden. Auf diese Weise können Maßnahmen zur Verbesserung der Arbeitssituation entwickelt werden. Mitarbeiter sollten die Möglichkeit haben, auf ihre Arbeitsbedingungen Einfluss zu nehmen, um Reaktanz (= Abwehrreaktion auf psychischen Druck) zu vermeiden. Dies führt auch dazu, dass Akzeptanz und Verantwortungsgefühl steigen. Zudem sollte die Arbeit ergonomisch optimal gestaltet und das System technisch «fehlertolerant» entwickelt sein. Letzteres ist besonders bedeutsam, da ein partizipationsorientiertes und offenes → *Betriebsklima* Fehler nicht ausschließt.

Gestaltung von zwischenmenschlichen Beziehungen

→ *Führungskräfte* wirken gestaltend auf die zwischenmenschlichen Beziehungen in ihrer Abteilung ein. Durch ihr Sozial- und Führungsverhalten haben sie einen direkten Einfluss auf die Beschäftigten sowie auf andere Vorgesetzte und Kollegen. Sie wirken v. a. ein auf:

- Klima innerhalb der Abteilung,
- Anerkennung von Leistungen,
- faire Beurteilung der Angestellten,
- Gespräch und Gesprächsführung,
- Umgang mit → *Stress*,
- soziale Unterstützung der Mitarbeiter bei der Aufgabenerledigung.

---

[62] Fuchs, INQA-Bericht. Was ist gute Arbeit? Anforderungen aus der Sicht von Erwerbstätigen. Konzeption und Auswertung einer repräsentativen Untersuchung, 2. Aufl., 2006.

Gesunde Führung

Gute Mitarbeiterführung beinhaltet das präventive Erkennen von Fehlentwicklungen und rechtzeitiges Planen von Interventionsmaßnahmen. Die Führungskraft sollte in der Lage sein, erste Anzeichen von → *Mobbing* oder → *Burnout* bei Mitarbeitern zu erkennen.

> **Wichtig: Unterstützung der Mitarbeiter**
>
> Durch gegenseitige Unterstützung kann dafür gesorgt werden, dass Mitarbeiter besser mit Belastungen umgehen können. Bei schwierigen Aufgaben ist fachliche Unterstützung nötig, wohingegen monotone Aufgaben mit emotionaler Unterstützung besser bewältigt werden können.

Mitarbeiter, denen eine gewisse Fehlerquote zugestanden wird, empfinden die Anforderungen als weniger belastend. Sie sollten nicht mit schwierigen Aufgaben alleingelassen werden. Sinnvoll sind auch Weiterbildungsmaßnahmen für die Mitarbeiter zur Stressprävention und zum Stressmanagement. Dies wirkt sich belastungsreduzierend aus. Auch demonstrieren Führungskräfte so ihre → *Wertschätzung*. Sie zeigen, dass der Mitarbeiter als wichtigstes Potenzial für den ökonomischen Erfolg eines Unternehmens ernst genommen wird.

2.2 Vorleben von Werten und Normen

Führungskräfte sind Vertreter der Unternehmenskultur. Sie transportieren diese an die Mitarbeiter. So geben Sie z. B. eine Orientierung am Unternehmensleitbild und an der Unternehmenspolitik. Ihre Grundhaltung trägt auch zur Entwicklung von Einstellungen zu Gesundheit und Sicherheit der Mitarbeiter bei. Mitarbeiter orientieren sich am Verhalten von Führungskräften. Deshalb sollten Führungskräfte so handeln, wie sie es auch von anderen erwarten. Das Gesundheits- und Sicherheitsverhalten von Mitarbeitern spiegelt oft das Verhalten der Führungskräfte wider.

2.3 Multiplikatorenfunktion

→ *Führungskräfte* können als Vermittler von Wissen zu Gesundheit und Sicherheit eine Multiplikatorenfunktion einnehmen. Auch deshalb ist es wichtig, sie in die Planung und Umsetzung des → *Gesundheitsmanagements* einzubeziehen und ihre Gesundheitskompetenz zu erhöhen.

> **Wichtig: Bewusstsein der Führungskräfte steigern**
>
> In der klassischen Führungskräfteausbildung wird das Thema «Gesundheit» oft vernachlässigt: Wenig Führungskräfte sind sich ihrer Verantwortung bewusst. Durch Information und Weiterbildung kann das Bewusstsein der Führungskräfte für ihre Verantwortung als Vorbilder und Multiplikatoren gestärkt werden.

2.4 Lotsenfunktion

Bei speziellen Fragestellungen und Anliegen bilden → *Führungskräfte* die Schnittstelle zu Fachkräften. Dies können Experten aus der Personalabteilung, der → *betrieblichen Gesundheitsförderung* oder der → *Arbeitsmedizin* sein. Bei Anfragen von Beschäftigten leiten sie diese weiter oder die Mitarbeiter werden direkt an die Experten verwiesen. In manchen Fällen kann es nötig sein, dass Führungskräfte Mitarbeiter auf Möglichkeiten aufmerksam machen, die außerhalb des Unternehmens liegen. Dies können therapeutische Angebote oder Selbsthilfegruppen sein. Dazu ist es nötig, dass die Führungskräfte eine Übersicht über solche Angebote zur Verfügung gestellt bekommen.

2.5 Mitarbeiter und Privatmensch

Eine wichtige Basis für die Führungsarbeit ist das Wohlbefinden der Führungskräfte in ihrer Rolle als Mitarbeiter und Privatmensch selbst. Nur eine leistungsstarke, gesunde Führungskraft kann eine gute Führungsarbeit leisten.

Zweifellos müssen sich Führungskräfte unter immer härteren Bedingungen bewähren. Gerade der Führungsalltag von Vorgesetzten in der «Sandwich-Position» ist oft von hohem Druck geprägt. Deshalb ist es wichtig, dass Führungskräfte im gesundheitsorientierten Führen unterstützt werden. Dies kann durch Qualifizierungsmaßnahmen geschehen. Es ist aber auch wichtig, dass in einem Unternehmen gesundheitsförderliche Strukturen etabliert werden, z. B. eine Vertrauen fördernde Unternehmenskultur. Zudem sollte die Führungskraft auch darin unterstützt werden, ein gesundes und balanciertes Verhältnis zwischen Arbeit und Freizeit zu gestalten (Arbeitszeitmanagement).

> **Wichtig: Führungskräfte unterstützen**
>
> Nur eine Führungskraft, die sich in einer ausbalancierten Lebens- und Arbeitssituation befindet, kann gute, gesundheitsorientierte Führungsarbeit leisten! Es ist wichtig, dass Führungskräfte in diesen Bereichen Unterstützung erfahren.

3   Die Führungskraft – an allem schuld?

Mit Sicherheit muss auf den verschiedenen Ebenen am Thema der → *betrieblichen Gesundheitsförderung* gearbeitet werden. Es jedoch kann davon ausgegangen werden, dass das Führungskräfteverhalten eine Schlüsselfunktion in Bezug auf gesundheitliche Auswirkungen besitzt. Aber: Die → *Führungskräfte* sollten mit dem Thema nicht allein gelassen werden. Es ist nun einmal so, dass bei der Auswahl und Ausbildung von Führungskräften oft die fachliche Kompetenz im Vordergrund steht.

Der Aspekt des gesundheitsgerechten Führens wird selten berücksichtigt. Viele Führungskräfte haben Unterstützungsbedarf in der Frage, wie man Arbeitsbelastungen von Mitarbeitern reduzieren kann. Dies vor allem bei der mitarbeitergerechten Übertragung neuer Aufgaben und dem Umgang mit Konflikten.

Es ist wichtig, die Führungskräfte für das Thema so zu sensibilisieren, dass keine Abwehrreaktionen aufgrund der Befürchtung des «noch mehr Arbeitens» hervorgerufen werden. Stattdessen gilt es, die Vorgesetzten so zu unterstützen, dass eine Win-win-Situation entstehen kann – und das Wohlbefinden der Mitarbeiter und das der Führungskräfte gesteigert wird. Dies kann gut mithilfe von Workshops und Coaching geschehen. Von elementarer Bedeutung ist, dass die Unternehmensleitung hinter einem guten betrieblichen Gesundheitsmanagement steht und dies aktiv unterstützt. Nur so kann sich eine gesundheitsförderliche Unternehmenskultur entwickeln und gelebt werden.

Anneke Schröder

Glastüren, Glaswände, Verglasungen

Glas ist ein lichtdurchlässiger Baustoff, der aufgrund seiner vielfältigen architektonischen Gestaltungsmöglichkeiten inzwischen in vielen Gebäude- und Anlagenteilen verwendet wird, nicht nur in Fenstern und Türen, sondern auch in Decken, Wänden, Böden, Verkleidungen usw.

Besondere Gefahren bei der Verwendung von Glas entstehen durch Anprall an Glasflächen, durch Glasbruch oder das Versagen von Bauteilen (Absturz). Vergleichbares gilt auch für die Verwendung von lichtdurchlässigen Kunststoffen. Die Vorgaben für Glasbauteile und Verglasungen in Abhängigkeit von der Anwendung haben sich in den letzten Jahren z. T. verändert (z. B. Einsatz von Drahtglas in Türen). Besondere Anforderungen an Glasbauteile ergeben sich aus weiter gehenden Sicherheitsanforderungen (→ *Brandschutz*, Schutz vor kriminellen Übergriffen, Sport- und Spielbereiche), die gesondert geregelt sind.

Gesetze, Vorschriften und Rechtsprechung

Die grundsätzlichen Anforderungen an Glas als Baustoff sind im Baurecht (§ 37 Abs. 2 Musterbauordnung, Anhänge 1.5 Abs. 3) und im Arbeitsstättenrecht (Anhang 1.7 Abs. 2 und 4 Arbeitsstättenverordnung) verankert. Danach müssen Glastüren, Glaswände oder -dächer aus bruchsicherem Werkstoff ausgeführt oder so abgeschirmt sein, dass Personen nicht damit in Berührung kommen oder beim Zersplittern nicht verletzt werden können. Außerdem müssen durchsichtige Bauelemente so gestaltet sein, dass sie gut erkennbar sind. Konkreteres regeln die Arbeitsstättenrichtlinien ASR A1.7 «Türen und Tore» und ASR A1.6 «Fenster, Türen, lichtdurchlässige Wände». Details finden sich in BGI 669 «Glastüren, Glaswände» und GUV-SI 8027 «Mehr Sicherheit bei Glasbruch».

Glastüren, Glaswände, Verglasungen

1 Risiken von Glas als Baustoff

Folgende unterschiedliche Risiken müssen bei der Verwendung von Bauteilen aus Glas beurteilt werden:

- Besteht die Gefahr, dass Personen oder Gegenstände gegen die Glaselemente prallen (Anforderungen an die Bruchfestigkeit, ferner Kennzeichnung von Glasflächen)?
- Besteht die Gefahr, dass Personen entweder durch direktes Berühren gesplitterter Gläser oder herabfallende Splitter verletzt werden können (Bruchverhalten, Splitterschutz)?
- Besteht die Gefahr, dass Personen durch Glasflächen hindurch abstürzen (Absturzsicherheit)?

2 Materialeigenschaften von Verglasungen

Eine Vielzahl von Baunormen regeln die unterschiedlichen Eigenschaften von Glasbaustoffen bzw. lichtdurchlässigen Kunststoffen. Diese sind nicht in allen Punkten einheitlich und beziehen sich auf unterschiedliche Anwendungsbereiche.

Folgende Eigenschaften und Bezeichnungen sind besonders wesentlich:

Die **Bruchfestigkeit** ist ein Maß für die Widerstandsfähigkeit gegenüber Stoß- und Biegebelastung. Sie ist wesentlich für die Verkehrssicherheit eines Bauteils aus Glas und natürlich auch eine Frage der Dimensionierung.

Einige Glasarten wie das «normale» Fensterglas (Floatglas), Drahtglas und Profilbauglas gelten aber bereits aufgrund der natürlichen Werkstoffeigenschaften als nicht hinreichend bruchfest und deshalb nur eingeschränkt verkehrssicher.

Als **bruchsicher** gelten Werkstoffe, die hinreichend bruchfest sind und beim Bersten durch Stoß- oder Biegebeanspruchung keine scharfkantigen oder spitzen Teile herauslösen. Bruchsichere, lichtdurchlässige Werkstoffe sind:

Kunststoffe wie Acrylglas (Handelsbezeichnungen Plexiglas, Makrolon), Polycarbonate usw. in angemessener Dimensionierung. Diese sind in vielfältigen Ausstattungen erhältlich und besonders wegen ihres geringen Gewichts bei hoher Stabilität vorteilhaft. Dafür sind sie weniger kratz- und alterungsbeständig.

Sicherheitsgläser wie

- **Einscheibensicherheitsglas (ESG)** nach DIN EN 12150, das durch thermische Behandlung vorgespannt wird und so nicht nur eine erhöhte Bruchfestigkeit erreicht, sondern auch bei Zerstörung in kleine, relativ stumpfe Krümel zerfällt. ESG-Bauteile können nicht nachträglich bearbeitet werden. Sie sind an einem Stempelaufdruck erkennbar (vgl. **Abb. 1**).
- **Verbundsicherheitsglas (VSG)** nach DIN EN ISO 12543 besteht aus mindestens zwei Glasplatten, die thermisch und unter hohem Druck mit einer zähelastischen, reißfesten Folie untereinander verbunden sind. Es hat ebenfalls eine hohe Bruchfestigkeit. Bei Zerstörung haften die Scherben im Verbund. Dadurch werden Verletzungen vermieden, allerdings können solche Gläser z. B. im Brandfall nicht ohne Weiteres herausgeschlagen werden. VSG wird nicht besonders gekennzeichnet und kann vom ungeübten Auge nicht immer identifiziert werden, am ehesten an den Profilkanten. VSG wird auch mit Drahteinlagen hergestellt, darf aber nicht mit herkömmlichem Drahtglas (Einscheibenglas mit Drahteinlage, s. u.) verwechselt werden.

Abb. 1: Stempelaufdruck für Einscheibensicherheitsglas

Glasbausteine: Wände aus Glasbausteinen müssen unter Umständen aber für ausreichende Stabilität z. B. mit Betonstützen verarbeitet werden.

Drahtglas (Drahtornamentglas) wird nach heutiger Auffassung generell nicht als hinreichend bruchsicher angesehen. Die Drahteinlage fixiert zwar bei Bruch die Scherben, erhöht aber kaum die Bruchfestigkeit. Außerdem ist die Oberfläche gesplitterten Drahtglases sehr schnittgefährlich. Deshalb sollte im Einzelfall sehr genau beurteilt werden, wo Drahtglas eingesetzt werden kann (z. B. bei hoch liegenden Glasflächen außerhalb der Reichweite von Personen).

Weitere, in bestimmten Bereichen wesentliche Eigenschaften von Spezialgläsern sind

- Ballwurfsicherheit (in Spiel- und Sportbereichen),
- durchwurf-, durchbruch-, durchschuss-, sprengwirkungshemmend (zum Schutz vor kriminellen Angriffen),
- feuerhemmend, feuerbeständig (z. B. zum Einsatz in Brandschutztüren oder Fenstern in Brandwänden).

Für diese und weitere Spezialanforderungen liegen jeweils entsprechende Baunormen vor. Hier wird man auf die Beratung und das Know-how geeigneter Fachplaner angewiesen sein.

3 Anforderungen an Bauelemente aus/mit Glas

3.1 Türen

Türen müssen generell bruchsicher ausgeführt werden (Abschn. 5 Abs. 6 ASR A1.7). Für durchsichtige Flächen kommen danach Sicherheitsglas oder Kunststoffe mit vergleichbarer Bruchsicherheit in Frage. Das gilt ausdrücklich auch dann, wenn zusätzlich feste Abschirmungen wie Stabgitter an Türen montiert sind, die z. B. ein Eindrücken der Flächen verhindern sollen.

Türverglasungen, die nur im oberen Drittel angebracht sind, dürfen aus «normalem» Glas (Floatglas) bestehen. Türen mit größeren Glaseinsätzen müssen aus bruchsicherem Werkstoff ausgestattet sein. Für Türen in → Verkehrs- oder Transportwegen verlangt die ASR A1.7 ausdrücklich Sicherheitsglas oder einen vergleichbaren Kunststoff. Dem liegt zugrunde, dass Türfüllungen am meisten durch Anstoßen beim Transport von Gegenständen bzw. durch Anfahren mit Transportmitteln gefährdet sind. Alternativ müssen die Glasflächen beidseitig mit Abschirmungen (Gitter) gegen Zerstörung geschützt werden.

Im Übrigen kann in manchen Fällen auch durch die Begrenzung des Öffnungswinkels bzw. einen sanften Anschlag wirksam verhindert werden, dass Türfüllungen zu Bruch gehen. Rauchschutztüren werden immer mit Sicherheitsglas bestückt wegen der besonderen Anforderungen an die Verkehrssicherheit.

→ Türen, deren Flächen zu mehr als drei Vierteln aus bruchsicherem, durchsichtigem Werkstoff bestehen, müssen in Augenhöhe so gekennzeichnet sein, dass sie deutlich wahrgenommen werden können, z. B. durch gut erkennbare Bildzeichen, Symbole oder Tönungen. In diesem Zusammenhang werden auch Handläufe bzw. hinreichend auffällige Griffe empfohlen.

Allerdings verzichtet die ASR A1.7 auf die frühere Vorschrift, dass Glastüren generell auf beiden Seiten in etwa 1 m Höhe eine über die Türbreite verlaufende Handleiste haben müssen. Damit wird der technischen und architektonischen Entwicklung Rechnung getragen, die längst auch in als → Arbeitsstätten genutzten Räumen Ganzglastüren vorsieht, die durch die vorgeschriebene Verwendung von Sicherheitsglas auch hinreichend sicher ausgeführt werden können.

> **Achtung: Regelmäßige Prüfungen**
>
> Um Glasbruch vorzubeugen, müssen rahmenlose Glastüren und Glasschiebeelemente müssen regelmäßig geprüft werden auf:
>
> - Beschädigungen des Glases, v. a. auf Kantenverletzungen,
> - auf den festen Sitz der Beschläge bzw. der Türbänder (Abschn. 10.1 ASR 1.7).

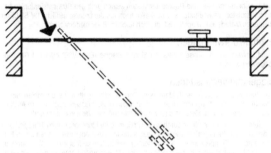

Abb. 2: Quetschstellen an Ganzglastüren

3.2 Fenster

Fenster über Brüstungshöhe (i. d. R. 90 cm) und mit einer üblichen Fensterbank dürfen in Floatglas ausgeführt werden. Tiefere oder bodentief eingebaute Fenster müssen, wenn Absturzgefahr (mehr als 1 m Tiefe) besteht, mit Sicherheitsglas versehen werden, das Absturz sichernd ausgelegt werden muss. Alternativ können Gitter o. Ä. als Absturzsicherung montiert werden (1 m hoch). An der Außenfassade können auch Schutzbepflanzungen dazu dienen, dass Personen sich nicht unmittelbar vor tief liegenden Fenstern (z. B. vom Tiefparterre) aufhalten.

Wenn Fenster unmittelbar an den Verkehrsbereich angrenzen (z. B. ohne Fensterbrüstungen) und nicht die erforderliche Bruchsicherheit aufweisen, kann es erforderlich sein, auch innen eine Abschirmung, z. B. ein Geländer, vorzusehen (mind. 20 cm vor der Scheibe). Auch andere bauliche Einrichtungen wie Heizkörper, Blumenkästen, Einbaumöbel o. Ä. können die Schutzfunktion der Abschirmung übernehmen, wenn sie geeignet gestaltet sind und nicht leicht verschoben werden können.

3.3 Wände

Lichtdurchlässige Wände müssen, wenn sie unmittelbar an Arbeitsplätze oder → *Verkehrswege* angrenzen, so gestaltet sein, dass sie gut erkennbar sind, z. B. durch Strukturierungen, Tönungen, Bildzeichen o. Ä. Wenn trotzdem Beschäftigte durch Bruch solcher Wände gefährdet sind, müssen weitere Maßnahmen ergriffen werden, z. B. die Verwendung von bruchfestem Glas oder einem anderen bruchfesten Werkstoff oder hinreichend feste Abschirmungen durch Geländer, Gitter oder Netze. Von einer solchen Gefährdung wird nach ASR A1.6 besonders ausgegangen

- im Bereich von Absätzen, Treppen oder Stufen,
- bei Menschengedränge,
- beim Transport von Material.

Besteht bei Bruch einer lichtdurchlässigen Wand außerdem Absturzgefahr, müssen die Sicherheitsmaßnahmen darauf abgestimmt sein, z. B. durch die Verwendung einer absturzsicheren Verglasung oder durch ein entsprechendes Geländer.

3.4 Dächer, Oberlichter

Überdachungen aus Glas müssen entsprechend den Verkehrslasten ausgelegt und auf jeden Fall so beschaffen sein, dass bei Bruch keine scharfkantigen Splitter oder Scherben auf Personen herunterfallen können (VSG oder Drahtornamentglas, kein ESG wegen der herabfallenden Krümel). Für freitragende Glaskonstruktionen ohne Rahmen gelten ebenso wie für begehbare Glasflächen besondere bauaufsichtliche Vorschriften. An Oberlichtern, die i. d. R. nicht durchtrittsicher ausgelegt sind, müssen geeignete Maßnahmen gegen Absturz vorgesehen werden, wenn nicht sicher auszuschließen ist, dass die Dachfläche nicht begangen wird.

Geeignet ist für Überdachungen und Oberlichter wegen seines geringen Gewichts natürlich besonders auch Kunststoff als Baumaterial, wobei allerdings auf die unterschiedliche UV-Stabilität der verschiedenen Materialien zu achten ist, die sich auch im Preis niederschlägt.

3.5 Geländer/Umwehrungen

Geländer und Umwehrungen müssen stets mit Sicherheitsglas (ESG, VSG) oder mit Glasbausteinen ausgeführt werden.

3.6 Spiegel und Verglasungen

Spiegel und Verglasungen (z. B. an Bildern oder Schaukästen) gelten als unproblematisch, wenn sie wie üblich etwa in Brusthöhe montiert sind. Andernfalls müssen bruchsichere Ausführungen gewählt werden oder größere Spiegel z. B. flächig mit der Wand verklebt werden.

Wenn die Gefahr besteht, dass Bilder durch vorbeistreifende Kleidung oder beim Transport von Gegenständen von der Wand gerissen werden (das kann in engen oder viel frequentierten Fluren, besonders aber in Treppenräumen der Fall sein), dann sollten sie fest an der Wand arretiert werden (z. B. mit kleinen Haken). In solchen Fällen sind Bilderrahmen immer sicherer als randlose Verglasungen, die leichter brechen.

4 Umrüsten von Altbestand?

Nach ASR A 1.6 ist der Arbeitgeber verpflichtet, schon bei der Planung zu berücksichtigen, wie Glasflächen sicher in Stand gehalten und gereinigt werden können. Dazu müssen sichere Standflächen vorgesehen werden. Das sind v. a.

- Reinigungsbalkone,
- Befahranlagen,
- Standroste mit Anschlagsmöglichkeit für Persönliche Schutzausrüstung gegen Absturz.

Alternativ kann auch von → *Hebebühnen* oder → *Gerüsten* gearbeitet werden, wenn diese und die nötigen Aufstellflächen zur Verfügung stehen.

> **Wichtig: Keine «Hängepartien» für den Gebäudereiniger**
>
> → *Hochziehbare Personenaufnahmemittel* wie Arbeitskörbe oder -sitze («Fensterputzeraufzug») sind keine Befahreinrichtungen im Sinne der ASR A1.6 und nur «in nachrangigen Bereichen» zugelassen, wenn sich sichere Standflächen wie die oben aufgeführten nicht realisieren lassen.

Auch für den Einsatz von → *Leitern*, auf denen bestimmte nicht zu umfangreiche Arbeiten aufgeführt werden können, müssen bei der Planung entsprechende Vorkehrungen getroffen werden, z. B. Aufstell- und Anlegeflächen, Sicherungsmöglichkeiten und erweiterte Absturzsicherungen, wenn für den Einsatz einer Leiter das normale Geländer nicht ausreichend hoch ist. Genaueres ist in TRBS 2121 Teil 2 «Gefährdungen von Personen durch Absturz – Bereitstellung und Benutzung von Leitern» geregelt.

Insbesondere rahmenlose Bauteile aus ESG sollten regelmäßig auf Kantenbeschädigungen kontrolliert werden, da diese zum unerwarteten Bruch der Scheibe führen können.

> **Achtung: Vorsicht mit der Messerklinge**
>
> ESG kann durch den Einsatz scharfkantiger Werkzeuge (z. B. beim Ablösen von Aufklebern oder hartnäckigen Verschmutzungen) an der Oberfläche so beschädigt werden, dass es zum Bruch kommt. Ggf. sollte man darauf in einer → *Betriebsanweisung* für die Reinigung hinweisen und das entsprechend unterweisen.

5 Weitere Arbeitsschutzfragen beim Einsatz von Glas als Baustoff

Zwar stehen die Unfallgefahren im Vordergrund, aber die Verwendung von Glas berührt auch andere Themen im Arbeitsschutz, die bei Planung und Gestaltung berücksichtigt werden sollten:

Schalleigenschaften

Glas ist extrem schallhart. Bei der großflächigen Verwendung von Glas im Innenraum können sehr ungünstige Schallerscheinungen auftreten, die einen erheblichen Mehraufwand an Schallschutz bedeuten.

→ Raumklima

Gebäude oder Räume mit großen Glasflächen sind klimatechnisch schwieriger zu regeln. Glasflächen strahlen kalt ab und können zu Zuglufteffekten durch Fallwinde führen. Andererseits kann es zur unzuträglichen Aufheizung durch Sonneneinstrahlung kommen, was allerdings wieder stark von den jeweiligen Glaseigenschaften abhängt. Auf jeden Fall ist hier große Sorgfalt bei Planung, Bau und technischer Ausstattung gefordert.

Beleuchtungsbedingungen

Je größer der Anteil lichtdurchlässiger Flächen bei Arbeitsräumen, desto sorgfältiger muss die Beleuchtungssituation abgestimmt werden, besonders bei → *Bildschirmarbeitsplätzen*. Durchgehende Lichtbänder oder Ganzglasfassaden schränken in einem Raum häufig die Möglichkeiten, blendfrei am Bildschirm zu arbeiten, stark ein bzw. stellen erhebliche Anforderungen an flexible Lichtschutzeinrichtungen. Bei Räumen mit innen liegenden Glaswänden wirken sich bei nicht sachgemäßer Lichtplanung oft Reflexionen künstlicher → *Beleuchtung* störend aus.

Cornelia von Quistorp

Globally Harmonised System (GHS)

Mit dem sog. «Globally Harmonised System of Classification and Labelling of Chemicals (GHS)» wird die Einstufung und Kennzeichnung von Gefahrstoffen langfristig in allen Ländern der Erde angeglichen. Diese Initiative geht auf einen UN-Beschluss aus dem Jahr 1992 zurück. In der EU wird GHS durch die «CLP-Verordnung» umgesetzt. Die Buchstaben CLP stehen dabei für die Abkürzung der englischen Begriffe classification, labelling and packaging (also Einstufung, Kennzeichnung und Verpackung). Spricht man von GHS, so ist das weltweite System auf UN-Ebene gemeint – CLP steht dagegen für die Umsetzung von GHS auf EU-Ebene.

Gesetze, Vorschriften und Rechtsprechung

In der EU wird GHS durch die Verordnung (EG) Nr. 1272/2008 (sog. «CLP-Verordnung») umgesetzt. Die CLP-Verordnung ist unmittelbar in allen EU-Mitgliedsstaaten verbindlich und trat zum 20.1.2009 in Kraft. Die bisher für die Einstufung, Verpackung und Kennzeichnung maßgeblichen EU-Regelwerke («Stoff-Richtlinie» 67/548/EWG bzw. «Zubereitungs-Richtlinie» 1999/45/EG) werden nach und nach durch die CLP-Verordnung abgelöst und werden zum 1.6.2015 endgültig aufgehoben.

1 Einstufung und Kennzeichnung

Die CLP-Verordnung definiert neue Einstufungs- und Kennzeichnungskriterien, die sich von der bisher maßgeblichen Stoff- bzw. Zubereitungsrichtlinie unterscheiden. Nach CLP werden → *Gefahrstoffen* verschiedene «Gefahrenklassen» (hazard classes) zugeordnet, wobei zwischen physikalischen Gefahren, der Gefahr für die menschliche Gesundheit und der Gefahr für die Umwelt unterschieden wird.

In Abhängigkeit vom Gefährdungspotenzial erfolgt innerhalb einer Gefahrenklasse die Zuordnung zu unterschiedlichen «Gefahrenkategorien» (hazard categories). Je nach Gefahrenkategorie werden Gefahrstoffen bestimmte → *Gefahrenpiktogramme*, → *Signalwörter* sowie → *Gefahren-* und → *Sicherheitshinweise* zugeordnet.

Da sich die Einstufungs- und Kennzeichnungskriterien nach CLP von dem bisherigen System unterscheiden, können sich für einzelne Gefahrstoffe Änderungen ergeben. So können Stoffe in Einzelfällen nach CLP «strenger» eingestuft werden: Beispielsweise werden einige Stoffe, die nach dem bisherigen System noch mit einem «Andreaskreuz» als «gesundheitsschädlich» gekennzeichnet wurden, zukünftig mit einem «Totenkopf-Symbol» versehen.

2 Gefahrenpiktogramme

Mit der CLP-Verordnung werden für die Kennzeichnung von Gefahrstoffen völlig neue → *Piktogramme* eingeführt. Die bisherigen Gefahrensymbole auf orangegelbem Grund werden durch Gefahrenpiktogramme ersetzt, die die Form eines auf der Spitze stehenden Quadrats mit einem roten Rahmen aufweisen, das ein schwarzes Symbol auf weißem Hintergrund enthält. Insgesamt gibt es nach CLP neun verschiedene Gefahrenpiktogramme. Die jeweiligen Gefahrenpiktogramme müssen auf dem Kennzeichnungsetikett angegeben werden. Nicht jeder Gefahrstoff wird grundsätzlich mit einem Gefahrenpiktogramm gekennzeichnet – für «schwächere» Gefahrenkategorien kann im Einzelfall die Zuordnung zu einem Gefahrenpiktogramm entfallen.

3 Signalwörter

Neu ist die Zuordnung zu einem → *Signalwort* (signal word). Je nach Gefahrenkategorie erfolgt die Zuordnung zu dem Signalwort «Gefahr» für Kategorien mit größeren Gefahren oder «Achtung» für Kategorien mit weniger großen Gefahren. Das Signalwort wird ebenfalls auf dem Kennzeichnungsetikett angegeben.

4 Gefahrenhinweise

Die → *Gefahrenhinweise* (hazard statements) lassen sich mit den bisherigen → *R-Sätzen* vergleichen und werden gleichfalls auf dem Kennzeichnungsetikett aufgeführt. Die Zuordnung zu den Gefahrenhinweisen erfolgt ebenfalls über die entsprechende Gefahrenkategorie innerhalb einer Gefahrenklasse. Die Gefahrenhinweise werden mit dem Kürzel «H» und einer dreistelligen Zahl kodiert. Die erste Zahl gibt an, ob es sich um physikalische Gefahren (2), Gesundheitsgefahren (3) oder Umweltgefahren (4) handelt. Zum Beispiel steht

- «H224» für «Flüssigkeit und Dampf extrem entzündbar»,
- «H331» für «Giftig bei Einatmen» oder
- «H400» für «Sehr giftig für Wasserorganismen».

5 Sicherheitshinweise

Das Kennzeichnungsetikett enthält darüber hinaus die relevanten → *Sicherheitshinweise* (precautionary statements), mit denen in Form einer oder mehrerer Phrasen die empfohlenen Maßnahmen zur Begrenzung oder Vermeidung der → *Exposition* beschrieben werden. Die Sicherheitshinweise lassen sich dabei mit den bisherigen «→ *S-Sätzen*» vergleichen. Die Sicherheitshinweise werden mit dem Kürzel «P» und einer dreistelligen Zahl kodiert, wobei die erste Ziffer angibt, um welche Art von Sicherheitshinweisen es sich handelt:

- 1 = allgemeine Sicherheitshinweise (z. B. «P102»: «Darf nicht in die Hände von Kindern gelangen»),
- 2 = Prävention (z. B. «P211»: «Nicht in offene Flamme oder andere Zündquelle sprühen»),
- 3 = Reaktion (z. B. «P331»: «KEIN Erbrechen herbeiführen»),
- 4 = Lagerung (z. B. «P402»: «An einem trockenen Ort aufbewahren»),
- 5 = Entsorgung (z. B. «P501»: «Inhalt/Behälter ... zuführen»).

6 Übergangsfristen

Die CLP-Verordnung sieht recht lange Übergangsfristen vor: Stoffe müssen spätestens ab 1.12.2010 nach CLP eingestuft und gekennzeichnet werden; → *Gemische* (bisherige Bezeichnung = Zubereitungen) spätestens ab 1.6.2015.

> **Wichtig: Einstufung sowohl nach «altem» als auch «neuem» System**
>
> Stoffe müssen im Übergangszeitraum zwischen dem 1.12.2010 und dem 1.6.2015 sowohl nach dem «alten» als auch dem «neuen» System eingestuft werden. Beide Einstufungen werden dann im Sicherheitsdatenblatt angegeben. Die Kennzeichnung und Verpackung darf jedoch nur nach den «neuen» CLP-Bestimmungen erfolgen.

Lagerbestände mit alter Kennzeichnung, die bereits vor den genannten Stichdaten in Verkehr gebracht wurden, dürfen für weitere 2 Jahre, d. h. bis zum 1.12.2012 (Stoffe) bzw. zum 1.6.2017 (Gemische) erneut in Verkehr gebracht werden. Diese Regelung kann zum Beispiel Händler von Chemikalien betreffen.

Bereits seit dem 20.1.2009 – also vor der oben genannten Stichdaten – dürfen gefährliche Stoffe und Gemische nach CLP eingestuft, gekennzeichnet und verpackt werden. Das Kennzeichnungsetikett auf dem Chemikaliengebinde muss in diesem Fall ausschließlich nach CLP gestaltet sein. Eine Doppelkennzeichnung mit den «alten» Gefahrensymbolen und gleichzeitig den «neuen» CLP-Gefahrenpiktogrammen ist auf dem Kennzeichnungsetikett nicht zulässig.

Benedikt Vogt

Grenzwerte

Grenzwerte sind Höchstwerte, die in Gesetzen und Regelwerken festgelegt sind. Bei der Festlegung von Grenzwerten wird ein Sicherheitsfaktor einbezogen, damit auch empfindliche Personen mit hoher Wahrscheinlichkeit geschützt sind. Werden die Grenzwerte eingehalten, wird davon ausgegangen, dass keine gesundheitlichen Schäden beim Menschen eintreten. Werden die Grenzwerte überschritten, müssen Maßnahmen zur **Senkung der Exposition** unter den Grenzwert ergriffen werden.

1 Aufgabe von Grenzwerten

Grenzwerte werden festgelegt, um die Gesundheit des Menschen zu erhalten bzw. nicht zu beeinträchtigen oder Umweltbelastungen auf ein erträgliches Maß zu reduzieren.

Beispiele:

- § 1 Abs. 1 **Bundesimmissionsschutzgesetz**: «Zweck dieses Gesetzes ist es, Menschen, Tiere und Pflanzen, den Boden, das Wasser, die Atmosphäre sowie Kultur- und sonstige Sachgüter vor schädlichen Umwelteinwirkungen zu schützen und dem Entstehen schädlicher Umwelteinwirkungen vorzubeugen.»
- § 1 Abs. 1 **Arbeitsschutzgesetz**: «Dieses Gesetz dient dazu, Sicherheit und Gesundheitsschutz der Beschäftigten bei der Arbeit durch Maßnahmen des Arbeitsschutzes zu sichern und zu verbessern.»

Bei der Festlegung von Grenzwerten werden verschiedene Gesichtspunkte und Anforderungen berücksichtigt. Es handelt sich also i. d. R. um Kompromissentscheidungen, welche Belastungen toleriert bzw. welche Forderungen erfüllt werden können. Faktoren sind z. B. medizinische oder toxikologische Erkenntnisse oder der Stand der Technik.

Mit dem Begriff **Grenzwerte** sind meist die gesetzlichen Höchstwerte gemeint, die von Unternehmern, Herstellern, Händlern oder auch jedem Einzelnen eingehalten werden müssen. Verwandte Begriff sind z. B. der **Richtwert**, der weniger verbindlich ist und eher als Empfehlung angesehen werden kann, oder die **Schwellenwerte**, deren Überschreitung bestimmte Maßnahmen nach sich ziehen.

Werden Grenzwerte nicht eingehalten, können die zuständigen Behörden z. B. Bußgelder erheben (Ordnungswidrigkeiten), Sanierungsforderungen stellen, Genehmigungen aufheben oder auch Strafen verhängen.

Mittlerweile werden viele Grenzwerte von der Europäischen Union vorgegeben und entsprechend in deutsches Recht übernommen.

Grenzwerte existieren für chemische und physikalische Einwirkungen. Für biologische Einwirkungen (Biostoffe) sind keine Grenzwerte für Arbeitsplätze festgelegt.

2 Grenzwerte für chemische Einwirkungen

Chemikalien, Gefahrstoffe

- 98/24/EG: Richtlinie zum Schutz von Gesundheit und Sicherheit der Arbeitnehmer vor der Gefährdung durch chemische Arbeitsstoffe bei der Arbeit (Agenzienrichtlinie), Anhang I: Verzeichnis verbindlicher Arbeitsplatzgrenzwerte;
- 2004/37/EG: Karzinogenrichtlinie, Anhang III: Grenzwerte und andere damit unmittelbar zusammenhängende Bestimmungen;
- 1999/13/EG: Lösemittelrichtlinie, Anhang IIA, Teil I Schwellenwerte und Emissionsgrenzwerte;
- Gefahrstoffverordnung, Anhänge;
- TRGS 900: Arbeitsplatzgrenzwerte;
- TRGS 903: Biologische Arbeitsplatztoleranzwerte – BAT-Werte;
- TRGS 505: Blei und bleihaltige Gefahrstoffe;
- Störfallverordnung (12. BImSchV) (Schwellenwerte in der Stoffliste).

Stoffe in der Luft

- 2001/80/EG: Begrenzung von Schadstoffemissionen von Großfeuerungsanlagen in die Luft;
- 2001/81/EG: Nationale Emissionshöchstmengen für bestimmte Luftschadstoffe;
- 2000/76/EG: Verbrennung von Abfällen;
- 2000/69/EG: Grenzwerte für Benzol und Kohlenmonoxid in der Luft;
- 1999/32/EG: Verringerung des Schwefelgehalts bestimmter flüssiger Kraft- oder Brennstoffe;
- 1999/30/EG: Grenzwerte für Schwefeldioxid, Stickstoffdioxid und Stickstoffoxide, Partikel;
- TA Luft (Immissionswerte zu verschiedenen Schadstoffen und Stäuben);
- Kleinfeuerungsanlagenverordnung (1. BImSchV);
- Großfeuerungsanlagenverordnung (13. BImSchV) (Emissionsgrenzwerte in mehreren §§).

3 Grenzwerte für physikalische Einwirkungen

Lärm

- 2003/10/EG: Lärm (Art. 3 Expositionsgrenzwerte und Auslösewerte);
- 2002/49/EG: Umgebungslärm (Art. 5 Lärmindizes und ihre Anwendung) gibt vor, wie die Grenzwerte ermittelt werden sollen;
- Verkehrslärmschutzverordnung (16. BImSchV) (§ 2 Immissionsgrenzwerte);
- Sportanlagenlärmschutz-Verordnung (18. BImSchV) (§ 2 Immissionsgrenzwerte);
- Arbeitsstättenverordnung (Anhang 3.7 Lärm);
- TA Lärm (Abschnitt 6 Immissionsrichtwerte);
- Allgemeine Verwaltungsvorschrift zum Schutz gegen Baulärm (Abschnitt 3 Immissionsrichtwerte);
- Gesundheitsschutz-Bergverordnung (Höchstwerte zu Staub, Lärm, Erschütterung;
- Lärm- und Vibrationsarbeitsschutzverordnung (§ 6 Auslösewerte bei Lärm)

Strahlung

- 96/29/EG: Euratom Sicherheitsnormen zum Schutz vor ionisierenden Strahlungen (Kap. II Dosisbegrenzungen);
- Röntgenverordnung (Dosisbegrenzungen in mehreren §§);
- Strahlenschutzverordnung (Dosisbegrenzungen in mehreren §§);
- Verordnung über elektromagnetische Felder (26. BImSchV) (Dosisbegrenzungen in mehreren §§);
- BGV B11: Elektromagnetische Felder;
- BGV B2: Laserstrahlung in Verbindung mit BGI 5006 Expositionsgrenzwerte für künstliche optische Strahlung.
- 2006/25/EG: Künstliche optische Strahlung (Anhang I und II)

Vibration

- 2002/44/EG: Vibrationen (Art. 3 Expositionsgrenzwerte und Auslösewerte);
- Lärm- und Vibrationsarbeitsschutzverordnung (§ 9 Expositionsgrenzwerte und Auslösewerte bei Vibrationen)

Elektrizität

Die Auswirkungen von Strom auf den Organismus hängen von verschiedenen Faktoren wie z. B. Einwirkungsdauer und Frequenz ab. Es sind keine Grenzwerte festgelegt, DIN/VDE-Bestimmungen enthalten jedoch Vorgaben.

Biomechanische Belastung (Heben und Tragen von Lasten)

Verordnung über Sicherheit und Gesundheitsschutz bei der manuellen Handhabung von Lasten bei der Arbeit (LasthandhabV) (Richtwerte/Grenzwerte für Männer und Frauen).

Thermische Belastungen

Für thermische Belastungen gibt es Empfehlungen, aber keine festgelegten Grenzwerte.

Veit Moosmayer

GS-Zeichen

Die Abkürzung GS-Zeichen steht für «geprüfte Sicherheit» und ist als reines «Sicherheitszeichen» zu verstehen. Die Durchführung einer produktbezogenen GS-Prüfung ist rein freiwillig. Hinter dem GS-Zeichen stehen zum Teil sehr aufwändige Prüfverfahren, die von einer unabhängigen, akkreditierten bzw. zugelassenen Stelle (GS-Stellen, d. h. Prüflabore, Prüforganisationen) durchgeführt werden müssen.

Gesetze, Vorschriften und Rechtsprechung

Das Verfahren zur Ausstellung eines GS-Kennzeichens erfolgt nach §§ 20 bis 23 Produktsicherheitsgesetz (ProdSG).

1 Deutsches Prüfzeichen

Das GS-Zeichen ist ein nur auf Deutschland bezogenes Prüfzeichen. Die prüfende GS-Stelle muss alle Ihre Prüfbescheinigungen veröffentlichen, so dass sich interessierte Verbraucher oder Käufer von Produkten mit GS-Zeichen vorab informieren können. Bei einem Missbrauch von GS-Zeichen hat die GS-Stelle die Marktaufsichtsbehörden unverzüglich zu informieren. Diese Behörde entscheidet dann über weitere Maßnahmen, wie z. B. die zwangsweise erteilte Weisung eines Produktrückrufes. Produktrückrufe werden im Internet öffentlich gemacht. Zusätzlich dazu entzieht die GS-Stelle das GS-Zeichen unverzüglich. Verstöße können mit einem Bußgeld von bis zu 100 000 EUR belangt werden.

2 Umfangreiche Prüfverfahren

Das GS-Zeichen signalisiert, dass das jeweilige verwendungsfähige Produkt in vollem Umfang und häufig noch darüber hinaus auf sicheren Gebrauch, technische Sicherheit und mögliche Umweltauswirkungen intensiv geprüft worden ist. Produkte, an die GS-Zeichen angebracht werden dürfen, können sein:

- technische → *Arbeitsmittel*, z. B. → *Maschinen*,
- Verbraucherprodukte, z. B. Spielzeug.

Für viele Produkte sind die jeweiligen GS-Prüfverfahren in Normen festgelegt. Daneben existieren aber auch häufig noch spezifische Prüfvorschriften. Diese Vorschriften werden vom Ausschuss für Produktsicherheit entwickelt und vorgegeben sein. Sie können auch von anderen Institutionen, wie z. B. den Berufsgenossenschaften entwickelt und vorgegeben sein. Die GS-Prüfungen können dabei sehr umfangreich werden, z. B. auch durch Laboranalysen von Materialproben.

3 GS-Zeichen neben CE-Zeichen?

In der Regel kann das GS-Zeichen neben dem → *CE-Zeichen* auf einem Produkt angebracht werden, sofern es nicht als irreführend angesehen werden könnte. Die generelle Ausnahme bilden die Produkte, für die eine Baumusterzulassung nach europäischen Vorschriften gefordert ist. Dies können z. B. Sicherheitsbauteile sein, die in Maschinensteuerungen verbaut werden. Baumusterprüfungen gem. der Maschinen-Richtlinie sind ähnlich umfangreich wie GS-Prüfungen. An Produkten, die eine Baumusterprüfung bestanden haben, darf kein GS-Zeichen angebracht werden. Das CE-Zeichen trägt hier hinter dem Zeichen die Zulassungsnummer des jeweiligen Prüfinstitutes bzw. der Prüforganisation, z. B. CE 0032.

Zusätzlich zum GS-Zeichen muss eine entsprechende Prüfbescheinigung von einer GS-Stelle ausgestellt werden. Die Gültigkeitsdauer der Bescheinigung ist i. d. R. auf 5 Jahre befristet. Diese Bescheinigung ersetzt nicht automatisch die → *Konformitätserklärung* nach Maschinen-Richtlinie.

4 Aussehen

Das GS-Zeichen hat eine bestimmte Form (**Abb. 1**)

Abb. 1: GS-Zeichen

Das GS-Zeichen muss links oben mit einem ID-Zeichen der jeweiligen GS-Stelle ergänzt werden. Dieses ID-Zeichen (i. d. R. das Logo der jeweiligen GS-Stelle) kann über die Umrandung des GS-Zeichens hinweg reichen. Das GS-Zeichen muss gut sichtbar, leserlich und dauerhaft vom Hersteller auf dem jeweiligen Produkt angebracht werden.

5 Achtung Fälschung!

Auch GS-Kennzeichen sind bedauerlicherweise nicht gegen Fälschungen gefeit. Daher ist es für den Verbraucher oder den Käufer eines Produktes wichtig, auch die entsprechende Prüfbescheinigung der jeweiligen GS-Stelle einzusehen. Die GS-Stellen sind verpflichtet alle ihre Bescheinigungen zu veröffentlichen bzw. auch alle gefälschten Bescheinigungen bekannt zu machen.

Der TÜV Süd Product Service bietet im Internet eine Liste gefälschter Zertifikate und eine Zertifikatsdatenbank.

Detlef Burghammer

Haftung

Haftung ist die Verantwortlichkeit für Forderungen, die sich aus der Schädigung anderer ergeben. Im betrieblichen Arbeits- und Gesundheitsschutz kann sich diese Verantwortlichkeit aus verschiedensten Vorschriften ergeben und Mitarbeiter und Beauftragte aller Unternehmensebenen sowie Dritte, die als Sicherheitsfachkraft oder Betriebsarzt bestellt sind, treffen.

Gesetze, Vorschriften und Rechtsprechung

Die Verantwortlichkeit für Schädigungsfolgen kann sich ergeben aus

- dem bürgerlichen Recht (Arbeitsvertrag, Deliktsrecht),
- dem staatlichen Arbeitsschutzrecht (Europäisches Recht, Bundes- und Landesrecht),
- dem Strafrecht,
- dem Sozialrecht, insbesondere aus dem Sozialgesetzbuch (SGB) VII,
- den berufsgenossenschaftlichen Vorschriften,
- betrieblichen Regelungen und
- dem Arbeitsvertrag.

1 Wer haftet?

Verantwortlichkeiten im betrieblichen Arbeits- und Gesundheitsschutz finden sich auf allen Unternehmensebenen: Der Unternehmer haftet aus seiner gesetzlichen Fürsorgepflicht (§ 611 BGB) heraus dafür, dass der Arbeitnehmer nicht an seiner Gesundheit beschädigt wird, wenn er im Betrieb tätig ist.

Er kann zudem deliktisch (§§ 823ff. BGB) haften, wenn er → *fahrlässig* oder vorsätzlich den Arbeitnehmer schädigt, indem er z. B. gegen Schutzgesetze verstößt. Schutzgesetze sind z. B. alle Rechtsvorschriften des gesetzlichen Arbeitsschutzes.

> **Achtung: Subunternehmer**
> Der Unternehmer selbst haftet auch unter strafrechtlichen Aspekten, wenn er Subunternehmer einsetzt, die sich nicht an Unfallverhütungsvorschriften halten! (OLG Karlsruhe, Urteil vom 24.3.1977, 3 Ss 159/76).

Wie der Unternehmer haften alle → *Führungskräfte* im Betrieb, d. h. alle Mitarbeiter, die auf den verschiedenen Führungsebenen anderen Mitarbeitern vorgesetzt sind. Vorgesetzter ist schon der, der nur einen weiteren Mitarbeiter führt. Die Führungsverantwortung beschränkt sich dabei stets auf den übertragenen Verantwortungsbereich.

In die Haftung genommen werden auch die betrieblichen Beauftragten, wenn sie gegen Vorschriften verstoßen.

→ *Sicherheitsfachkraft* und der → *Betriebsarzt* haften ebenfalls, z. B. für eine falsche Beratung oder die Durchführung schädigender Maßnahmen. Selbst der Arbeitnehmer haftet, wenn er in Ausübung seiner Tätigkeit anderen Schäden zufügt. Das ergibt sich aus dem Arbeitsvertrag und dem Gesetz, v. a. §§ 611, 823 BGB.

2 Wofür wird gehaftet?

2.1 Unternehmer und Unternehmensverantwortliche

Der Unternehmer und seine Leitungsverantwortlichen haften dann, wenn sie Arbeitnehmer durch eine **Pflichtverletzung** vorsätzlich oder → *fahrlässig* schädigen. Eine Pflichtverletzung liegt vor, wenn gegen Vorgaben, die einzuhalten sind, verstoßen wird. Der Verstoß muss vorsätzlich oder fahrlässig (§ 276 BGB) erfolgen:

- **Vorsatz:** Die schädigende Handlung wird wissentlich und auch aktiv gewollt vorgenommen, in dem Bewusstsein, gegen bestehende Regeln zu verstoßen und dadurch jemanden zu schädigen.
- **Grobe Fahrlässigkeit:** Sie liegt bei der Außerachtlassung der erforderlichen Sorgfalt in besonders schwerem Maße vor und bedeutet leichtfertiges Handeln, d. h. die Nichtbeachtung einfacher, offenkundiger und grundlegender Regeln oder die Verletzung besonders wichtiger Sorgfaltsregeln und die Inkaufnahme eines möglichen Schadens.
- → *Fahrlässigkeit:* Ist das Außerachtlassen der erforderlichen Sorgfalt, die Verletzung von Sorgfaltspflichten, d. h. Verursachung eines Schadens, obwohl der Schadenseintritt für den Schädiger erkennbar war oder erkennbar gewesen wäre sowie die Inkaufnahme eines möglichen Schadens.

Die Pflichtverletzung muss kausal für einen Schaden gewesen sein, d. h. der Schaden ist aufgrund der Pflichtverletzung entstanden.

Der **Schaden** ist jede für den Geschädigten negative Folge, sei es gesundheitlicher Natur oder auch ein Sachschaden. Schäden können auch «indirekt» auftreten. Wird z. B. ein Arbeitnehmer eines anderen Unternehmens geschädigt, besteht der Schaden auch in den möglicherweise anfallenden Entgeltfortzahlungskosten für diesen Arbeitnehmer.

2.2 Betriebliche Beauftragte

Betriebliche Beauftragte haften wie Unternehmer.

> **Achtung: Keine Haftungsfreistellung möglich!**
>
> Der Unternehmer kann weder seine → *Führungskräfte* noch betriebliche Beauftragte von der Haftung gegenüber den Arbeitnehmern oder Dritten freistellen. Diese haften auf alle Fälle direkt. Eine Haftungsfreistellung wirkt allenfalls im Innenverhältnis zwischen dem Unternehmer und seinen Führungskräften und betrieblichen Beauftragten!

2.3 Arbeitnehmer

Auch der Arbeitnehmer haftet für Schäden, die er Dritten zufügt. Zu beachten ist aber, dass er nur für Vorsatz und grobe Fahrlässigkeit haftet.

2.4 Sicherheitsfachkraft und Betriebsarzt

Ist die → *Sicherheitsfachkraft* als Arbeitnehmer des Unternehmens beschäftigt, haftet sie – wie andere Arbeitnehmer – nur für grobe Fahrlässigkeit und Vorsatz. Externe Sicherheitsfachkräfte beschränken deswegen in ihrem Bestellungsvertrag die Haftung üblicherweise entsprechend.

Der → *Betriebsarzt* haftet für → *Fahrlässigkeit* und Vorsatz.

3 Strafrechtliche Verantwortung

Neben der zivilrechtlichen Haftung kann der Verstoß gegen Arbeitsschutzbestimmungen auch straf- und ordnungswidrigkeitenrechtliche Folgen haben. In vielen Arbeitsschutzvorschriften (z. B. §§ 25, 26 ArbSchG, § 21 ASiG, § 209 SGB VII) sind entsprechende Tatbestände vorgesehen. Daneben gelten natürlich auch im Arbeitsleben die Vorschriften des Strafgesetzbuchs (z. B. §§ 223ff. StGB). Auch die staatlichen Aufsichtsbehörden können Bußgelder verhängen oder sogar die Gewerbeerlaubnis entziehen, wenn gegen arbeits- und gesundheitsschützende Normen verstoßen wird.

4 Die Gesetzliche Unfallversicherung als Unternehmerhaftpflichtversicherung

Die Gesetzliche Unfallversicherung des SGB VII ist als Unternehmerhaftpflichtversicherung gestaltet. Das bedeutet, dass diese bei → *Arbeitsunfällen* oder → *Berufskrankheiten* für den Unternehmer eintritt, um die Folgen zu beheben oder ggf. abzumildern.

§ 110 SGB VII sieht jedoch eine Rückgriffsmöglichkeit der Unfallversicherung gegen den Arbeitgeber vor, wenn dieser vorsätzlich oder grob fahrlässig gegen Schutznormen verstoßen hat (grundsätzlich dazu BGH, Urteil vom 30.1.2001, VI ZR 49/00; zur Frage, ob sich grobe Fahrlässigkeit und Vorsatz auch auf die Schadensfolge beziehen müssen, verneinend der BGH, Urteil vom 15.7.2008 – VI ZR 212/07). § 110 Abs. 1 SGB VII begrenzt den Anspruch des Sozialversicherungsträgers auf die Höhe der zivilrechtlichen Schadensersatzforderungen, sodass sich ein Mitverschulden des Geschädigten auf diesem Wege auswirken kann. Zudem sind deswegen in diesem Fall die Zivilgerichte zuständig.

Achtung: Schwarzarbeiter

Beschäftigt ein Unternehmer Schwarzarbeiter, hat er der Berufsgenossenschaft nach § 110 Abs. 1a SGB VII jede Leistung zu erstatten, die diese im Leistungsfall an den Schwarzarbeiter erbracht hat, unabhängig davon, ob der Schaden vom Arbeitgeber verschuldet worden ist.

Die gesetzliche Unfallversicherung haftet nach den §§ 104ff. SGB VII auch dann nicht, wenn ein Arbeitnehmer vorsätzlich durch einen Kollegen geschädigt wird. Dabei ist jedoch zu beachten, dass sich der Vorsatz auch auf die Schädigungsabsicht beziehen muss (BAG, Urteil 10.10.2002, 8 AZR 103/02, hier der BGH, der den Vorsatz nicht auf die Schädigungsabsicht beziehen will, Urteil vom 15.7.2008, VI ZR 212/07).

Joachim Schwede

Hand- und Armschutz

Schutzhandschuhe sind Handschuhe, die als Persönliche Schutzausrüstung die Hände vor Schädigungen durch mechanische, thermische und chemische Einwirkungen sowie vor Mikroorganismen, elektrischer Durchströmung und ionisierender Strahlung schützen. Armschutz ist eine persönliche Schutzausrüstung, die den Unterarm und/oder den Oberarm vor Gefährdungen schützt. Zum Schutz des Unterarms dient häufig die längere Stulpe des Schutzhandschuhs. Den Oberarm schützt man am besten durch den Einsatz von Schutzärmeln. Armschutz gibt es hauptsächlich zum Einsatz gegen elektrische, mechanische, thermische und chemische Gefährdungen.

Gesetze, Vorschriften und Rechtsprechung

Ergibt die Gefährdungsbeurteilung, dass trotz technischer und organisatorischer Schutzmaßnahmen mit Gefährdungen der Hände oder Arme zu rechnen ist, muss den Mitarbeitern als *Persönliche Schutzausrüstung* Hand- bzw. Armschutz zur Verfügung gestellt werden. Neben der **PSA-Benutzungs-Richtline** 89/656/EWG ist auch die **PSA-Benutzungsverordnung** zu berücksichtigen. Weitere Vorgaben ergeben sich aus:

- BGR 195 «Einsatz von Schutzhandschuhen»: bei der Auswahl und Benutzung von Schutzhandschuhen zum Schutz gegen schädigende Einwirkungen mechanischer, thermischer und chemischer Art sowie gegen Mikroorganismen und ionisierende Strahlen.
- BGR 200 «Benutzung von Stechschutzhandschuhen und Armschützern»: bei der Auswahl und die Benutzung von Handschuhen, Stulpen und Armschützern zum Schutz gegen Schnitt- oder Stichverletzungen.

Darüber hinaus sind zahlreiche Normen bedeutsam, z. B. die EN 420 – Schutzhandschuhe – Allgemeine Anforderungen und Prüfverfahren oder EN 374 – Schutzhandschuhe gegen Chemikalien und Mikroorganismen.

1 Berufskrankheit Haut

Die Berufskrankheit «Haut» (BK 5101) gehört zu den häufigsten Berufskrankheiten. Ein Großteil davon sind sog. Kontaktekzeme, die aufgrund chemischer Stoffe oder physikalischer Einwirkungen entstehen. Betroffen sind in den meisten Fällen die Hände und Arme. Dies ist nicht verwunderlich, da die Beschäftigten sehr viele Tätigkeiten mit den Händen ausüben.

2 Arten von Hand- und Armschutz

Einige Inhaltsstoffe von Handschuhen haben sich immer wieder als gesundheitsschädlich erwiesen. Gerade in elastischen Handschuhen kommt eine Vielzahl potenziell allergieauslösender Stoffe vor, allen voran Naturlatex, das hoch problematisch ist. Es sollte nur noch in nicht vermeidbaren Ausnahmefällen eingesetzt werden und muss dann bestimmten Anforderungen genügen, z. B. ungepudert eingesetzt werden Abschn. 6.4.2 TRGS 401. Stattdessen sind heute elastische Handschuhe Standard (z. B. aus Vinyl oder Nitrilkautschuk), die möglichst nicht (für einfacheres Anziehen) gepudert sein sollten. Puder belastet in Verbindung mit Schweiß die Haut zusätzlich und kann dazu führen, dass allergieauslösende Stoffe in die Atemwege transportiert werden. **Tab. 1** zeigt eine Übersicht von Handschuhmaterialien.

Problematisch sind auch Gerb-, Farb- und Beschichtungsstoffe in Leder- oder Textilhandschuhen, die gerade bei billigen Produkten nicht deklariert sind. Markenhersteller liefern hier bessere Produktqualität und Dokumentation.

Handschuhmaterialien	
Leder	- Narbenleder - Spaltleder - Schrumpfarme Spezialleder
Kunststoffe	Vernetzbare **Elastomere**, wie - Naturkautschuk, Naturlatex (NR), - Chloroprenkautschuk, Chloroprenlatex (CR), - Nitrilkautschuk, Nitrillatex (NBR), - Butylkautschuk, Butyl (IIR), - Fluorkautschuk (FKM). **Thermoplaste**, wie - Polyvinylchlorid (PVC), - Polyvinylalkohol (PVAL), - Polyethylen (PE).
Gummi	
Textilfasern	- Naturfasern - Chemiefasern
Metall	z. B. Metallgeflechthandschuhe zum Schutz gegen Stich- und Schnittverletzungen oder als metallarmierte Handschuhe zum Schutz gegen Schnittverletzungen
Materialkombinationen	Kombinationen aus den o. g. Materialien

Tab. 1: Beispiele für Handschuhmaterialien

Es werden folgende Kategorien unterschieden:

- Kategorie I: minimale Risiken, geringe Schutzanforderungen;
- Kategorie II: mittlere Risiken, Schutz gegen z. B. mechanische Gefährdung;
- Kategorie III: Schutz gegen irreversible Schäden und tödliche Gefahren, z. B. durch Chemikalien, Mikroorganismen, Hitze, Kälte, Strahlung, Strom).

Tab. 2 zeigt Beispiele für Hand- und Armschutz.

Hand- und Armschutz

Norm	Kategorie	Beispiel	Material	Beschreibung
EN 420	I		Latex	Einfache Ausführung (allgemein als «Putzhandschuh» bezeichnet)
EN 388 Schutzhandschuhe gegen mechanische Risiken	II		Rindvolleder	Mechanischer Schutzhandschuh
	II		Baumwollträger mit Nitril-Beschichtung	Mechanischer Schutzhandschuh,
	II		Polyamid/Baumwolle mit Noppen	Arbeitshandschuh mit Noppen
	II		Nylon mit Nitril-Beschichtung	Beschichteter Schutzhandschuh

Norm	Kategorie	Beispiel	Material	Beschreibung
	II		Baumwoll-Interlock mit Nitril-Beschichtung	Mechanischer Schutzhandschuh
	II		Nitrilschaumstoff mit Innenhandbeschichtung	Beschichteter Schutzhandschuh mit ESD-Schutz
	III		Kevlar-Strick mit Latex-Beschichtung	Schnittschutzhandschuh
	II		Kunstleder, Elastomer, Cordura, Tyvek, Outlast	Antivibrationsschutzhandschuh

Hand- und Armschutz

Norm	Kategorie	Beispiel	Material	Beschreibung
	III		Dyneema	Unterarm-Schnittschutz
EN 12477 Schutzhandschuhe für Schweisser	II		Nappaleder	Schweißerschutzhandschuh
EN 374 Schutzhandschuhe gegen Chemikalien und Mikroorganismen	III		Nitril	Chemikalienschutzhandschuh
	III		Baumwoll-Interlock mit Nitril-Beschichtung	Chemikalienschutzhandschuh

Norm	Kategorie	Beispiel	Material	Beschreibung
	III		Nitril	Chemikalienschutzhandschuh
	III		Butyl	Chemikalienschutzhandschuh
EN 407 Schutzhandschuhe gegen thermische Risiken	III		Beschichtetes Vliesstoff-Futter	Hitzeschutzhandschuh
EN 511 Schutzhandschuhe gegen Kälte	III		PVC/Nylon mit Thinsulate--Futter	Käteschutzhandschuh

Hand- und Armschutz

Norm	Kategorie	Beispiel	Material	Beschreibung
EN 60903 Elektriker-Schutzhandschuh	III		Latex	Elektrikerschutzhandschuh

Tab. 2: Beispiele Arten von Hand- und Armschutz (Bilder: Ansell, JEESE, KCL, UVEX)

3 Gefährdungsbeurteilung und Auswahl

Das Arbeitsschutzgesetz und die PSA-Benutzungsverordnung schreiben eine → *Gefährdungsbeurteilung* vor (vgl. → *Persönliche Schutzausrüstung*). Ergibt sich aus der Gefährdungsbeurteilung, dass trotz technischer und organisatorischer Maßnahmen Handschutz erforderlich ist, muss der geeignete Handschuhtyp festgelegt werden. Typischerweise gibt es im betrieblichen Alltag 2 Ausgangssituationen:

Geringe, unspezifische Gefährdung: In der betrieblichen Praxis gibt es viele Tätigkeiten, bei denen die Hände erfahrungsgemäß bei allen oder nur bei bestimmten Beschäftigten (z. B. wegen empfindlicher Haut) erheblich beansprucht werden, Art und Grad der Gefährdung aber nicht klar abgegrenzt werden kann (z. B. Bau-, Reinigungs-, Transport-, Lager- und Montagearbeiten). Meist besteht in solchen Bereichen keine Tragepflicht und die zur Verfügung stehenden Handschuhe sind häufig nicht als Schutzausrüstung eingestuft, nicht zuletzt, weil bei Handschuhen oft der Preis die Auswahl bestimmt.

Hautbelastungen wirken oft langfristig und einmal eingetretene Gesundheitsprobleme sind mitunter schwer zu behandeln. Den Beschäftigten sollte nahe gelegt werden, Handschuhe zu benutzen. Das geschieht nicht nur durch Aufklärung (Unterweisung), sondern vor allem dadurch, dass geeignete Handschuhe in guter Qualität und mit guten Trageeigenschaften zur Verfügung gestellt werden.

Gefährdung nach Art und Grad bekannt: Tritt bei einer Tätigkeit eine spezielle Gefährdung auf, ist das Tragen von Schutzhandschuhen verbindlich festgelegt. Das Gebotszeichen M009 «Handschutz benutzen» (**Abb. 1**) weist entweder in Form von Schildern, Aufklebern oder als Bestandteil von Betriebsanweisungen auf die Tragepflicht hin.

Abb. 1: Gebotszeichen Handschutz benutzen

Typische Einsatzgebiete für Schutzhandschuhe sind:
- Umgang mit → *Gefahrstoffen*
- andauernde → *Feuchtarbeit*

- einfache mechanische Arbeiten
- Schnitt- und Stichschutz
- Hitzeschutz
- Kälteschutz
- Schweißerschutz
- Vibrationsschutz
- Elektrische Arbeiten
- Krankenpflege

Die Verantwortlichen haben die Aufgabe, im Rahmen der → *Gefährdungsbeurteilung* auch den geeigneten Hand- und Armschutz auszuwählen. Fachkräfte für Arbeitssicherheit, Betriebsärzte, Aufsichtspersonen der Berufsgenossenschaft und nicht zuletzt die Hersteller von Hand- und Armschutz können bei der Auswahl des geeigneten Hand- und Armschutzes unterstützen. Die Kennzeichnung der Schutzhandschuhe (Piktogramme, vgl. **Tab. 2**) und die Angaben, die gute Hersteller ihren Produkten beigeben, helfen ebenfalls bei der Auswahl. Die Auswahl unter Aspekten von Schutzfunktion, Tragekomfort und Preis sollte unbedingt detailliert mit allen Beteiligten, nicht zuletzt den Handschuhbenutzern durchgeführt werden. Das fördert die Akzeptanz und den richtigen Einsatz der Handschuhe.

> **Praxis-Tipp: Unterstützung der Hersteller**
>
> Die Hersteller von Hand- und Armschutz bieten i. d. R. kostenlose Muster für Tests an. Darüber hinaus stellen die Hersteller oftmals auch Fragebögen für einen Test zur Verfügung.

> **Praxis-Tipp: Trageversuche**
>
> Vor der Einführung von Schutzhandschuhen oder Armschutz sollten unbedingt Trageversuche durchführt werden. Gerade bei Schutzhandschuhen ist die Trageakzeptanz der Benutzer sehr entscheidend. Mit den Händen wird aktiv gearbeitet, sodass die Schutzhandschuhe mehr im Fokus stehen als andere → *Persönliche Schutzausrüstungen*. Auch wenn Handschuhausführungen unterschiedlicher Hersteller von den Beschreibungen identisch sein sollen, so sind diese bzgl. Tastkomfort etc. mitunter unterschiedlich. Denken Sie daran, dass vom Bediener akzeptierte Schutzhandschuhe auch getragen werden.

4 Kennzeichnung

Hand- und Armschutz muss folgende Kennzeichnung besitzen:

- → *CE-Kennzeichnung*
- Name oder Kennzeichnung des Herstellers oder Lieferanten
- Typenangabe oder Modellnummer
- Größenangabe
- zugrunde liegende Norm
- Piktogramm (**Abb. 2**) und Leistungslevel (**Abb. 3**, bei Handschuhen von komplexer Konstruktion, die von einem anerkannten Institut geprüft wurden)

Die Kennzeichnung muss deutlich erkennbar und über die vorgesehene Gebrauchszeit des Handschuhes lesbar angebracht sein. Kennzeichnungen, die zu Verwechslungen mit den o. g. Kennzeichen führen können, sind nicht zulässig.

Hand- und Armschutz

Piktogramm	Gefahrenklasse oder Anwendung	Piktogramm	Gefahrenklasse oder Anwendung
	mechanische Gefahren		Kälte
	Fallschnitt		Hitze und Feuer
	Statische Elektrizität		Hitze und Feuer für Feuerwehr
	chemische Gefahren		ionisierende Strahlen
	bakteriologische Kontamination	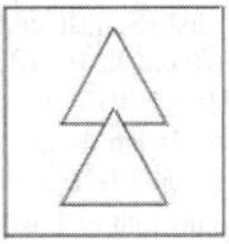	Arbeiten unter Spannung

Abb. 2: Einheitliche Piktogramme erleichtern den Überblick bei der Auswahl von Handschuhen

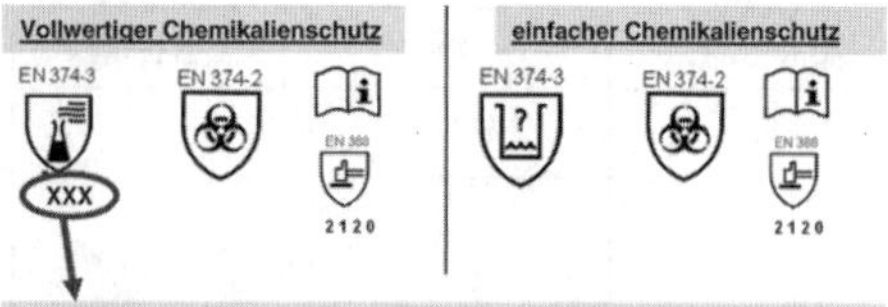

Kennbuchstabe	Prüfchemikalie	Substanzklasse
A	Methanol	Primärer Alkohol
B	Aceton	Keton
C	Acetonitril	Nitril
D	Dichlormethan	Chloriertes Paraffin
E	Kohlenwasserstoffdisulfid	schwefelhaltige organische Verbindung
F	Toluol	aromatischer Kohlenwasserstoff
G	Diethylamin	Amin
H	Tetrahydrofuran	heterozyklische und Etherverbindungen
I	Ethylacetat	Ester
J	n-Heptan	aliphatischer Kohlenwasserstoff
K	Natriumhydroxid 40%	anorganische Base
L	Schwefelsäure 96%	anorganische Säure

Abb. 3: Piktogramme und Leistungslevel und deren Bedeutung

5 Einsatz

Ungeachtet der Schutzfunktion stellt das Tragen von Handschuhen eine Belastung dar. Besonders bei flüssigkeitsdichten Handschuhen führt das Schwitzen zu einer Aufweichung der oberen Hautschichten (Mazeration), die damit weniger Widerstandskraft gegenüber mechanischen Reizungen, Eindringen von Keimen usw. hat. Daher ist es sinnvoll, die Tragedauer auf das nötige Maß zu beschränken, möglichst «Handschuhpausen» einzulegen. Bei flüssigkeitsdichten Handschuhen sind zusätzlich die Vorgaben der TRGS 401 zu berücksichtigen und ggf. arbeitsmedizinische Vorsorgeuntersuchungen durchzuführen.

An Maschinen mit drehenden Teilen dürfen Schutzhandschuhe nicht getragen werden, sofern die Gefahr einer Verletzung durch Erfassen der Schutzhandschuhe besteht.

Zu jedem Hand- und Armschutz gibt es bestimmte Benutzungsregeln. Diese müssen eingehalten werden, um die Schutzfunktion sicherzustellen und mögliche neue Gefährdungen zu vermeiden. Beachtet werden muss z. B.

- Kontrolle auf mögliche Schäden/Undichtigkeiten;
- Benutzung nur für die vorgesehenen Tätigkeiten;
- Einhalten der Tragedauer;
- Art des Ablegens (zur Vermeidung von Kontaminationen und Verschmutzungen);
- Reinigung und Aufbewahrung (z. B. nicht in unmittelbarer Nähe zum Gefahrstoff).

In Bereichen, in denen verschiedene Arten von Handschuhen getragen werden, ist es empfehlenswert, einen **Handschuhplan** nach Art eines Hautschutzplans aufzustellen. Darin werden die zur Verfügung stehenden Handschuhe (möglichst mit Abbildung) aufgelistet und Informationen gegeben zu Einsatzmöglichkeiten, Benutzungsregeln und z. B. auch Lagerort oder Nachbeschaffung. Diese Informationen sollten auch Inhalt der regelmäßigen Unterweisungen sein.

Praxis-Tipp: Farbauswahl

Versuchen Sie Schutzhandschuhe so auszuwählen, dass jede Farbe bzw. Farbkombination nur einmal zum Einsatz kommt. Dies erleichtert den Beschäftigten die Zuordnung, welchen Handschuh sie bei welcher Tätigkeit tragen sollen. Farben prägen sich eher ein als Produktnamen.

6 Weitere Informationen

- Das Institut für Arbeitsschutz (IFA) der Deutschen Gesetzlichen Unfallversicherung bietet im BGIA-Handbuch digital.de eine «**Schutzhandschuhe – Positivliste**» an. Diese listet alle Typen von Schutzhandschuhen auf, für die das IFA eine EG-Baumusterprüfbescheinigung ausgestellt hat.
- Das Gefahrstoff-Informationssystem der Berufsgenossenschaft Bau (**GISBAU**) enthält u. a. eine Handschuhdatenbank, Informationen zu Allergenen in Schutzhandschuhen sowie weitere Informationen zu Schutzhandschuhen.
- Handschuhdatenbank der BG RCI
- Der Bundesverband Handschutz e. V. hält viele Informationen rund um das Thema Handschutz bereit und berät bei der Auswahl des richtigen Handschutzes.

Dirk Haffke

Hautschutz

Hautschutz ist ein Teil der Persönlichen Schutzausrüstung. Hautschutz ist der Schutz des Hautorgans vor beruflichen Schädigungen durch die Anwendung äußerlich auf die Haut aufzubringender Mittel. Hautschutz wird unterteilt in die Bereiche:

- Hautschutz: Schutzmittel, die vor einer hautbelastenden Tätigkeit auf die Haut aufgetragen werden und deren Schutzwirkung für die bestimmungsgemäße Anwendung nachgewiesen ist.
- Hautreinigung: Reinigungsmittel, die nach einer Tätigkeit zur Entfernung unerwünschter Stoffe auf der Haut angewandt werden.
- Hautpflege: Pflegemittel, die nach einer hautbelastenden Tätigkeit zur Förderung der Regeneration auf die saubere Haut aufgetragen werden).

Gesetze, Vorschriften und Rechtsprechung

Neben der PSA-Benutzungs-Richtlinie (89/656/EWG) und der nationalen PSA-Benutzungsverordnung (vgl. → *Persönliche Schutzausrüstung*) sind für den Hautschutz u. a. auch folgende Vorgaben zu beachten.

Hautschutzmittel sind formal-juristisch sog. kosmetische Mittel und unterliegen dem Lebensmittel-, Bedarfsgegenstände- und Futtermittelgesetzbuch (LFGB) und im engeren Sinn der Kosmetik-Verordnung. Daher ist eine Deklaration der Inhaltsstoffe und eine 30-monatige Haltbarkeitsgarantie (oder ein Herstellungsdatum) seitens der Hersteller erforderlich. Zusätzlich muss (gegenüber der Aufsichtsbehörde) ein Wirksamkeitsnachweis der ausgelobten Wirkung und u. a. eine Sicherheitsbewertung zur gesundheitlichen Unbedenklichkeit des Produkts erbracht werden.

Die TRGS 401 «Gefährdung durch Hautkontakt» beschreibt alle Gefährdungen durch resorbierbare und hautgefährdende (ätzende, reizende, sensibilisierende) Stoffe und Feuchtarbeit – mit Ausnahme von Infektionskrankheiten der Haut und Strahlenschäden. Sie setzt die allgemeinen Anforderungen an die Gefährdungsbeurteilung aus der Gefahrstoffverordnung in konkrete Handlungshilfen um. Die einzelnen Tätigkeiten werden bestimmten Gefährdungskategorien zugeordnet und mögliche technische, organisatorische und hygienische Schutzmaßnahmen vorgestellt.

Gemäß Abschn. 5.3 TRBA 500 «Allgemeine Hygienemaßnahmen: Mindestanforderungen» müssen Mittel zum hygienischen Reinigen und Trocknen der Hände sowie ggf. Hautschutz- und Hautpflegemittel als organisatorische Maßnahme zur Verfügung gestellt werden.

Ein → *CE-Zeichen* ist für Hautmittel nicht vorgesehen bzw. wegen fehlender PSA-Normen/Detailvorschriften **nicht möglich**.

1 Aufgaben von Hautschutz

Die Haut – das größte Organ des Menschen – schützt den Menschen vor einer Vielzahl äußerer Einflüsse, z. B. Hitze, Kälte, Eindringen körperfremder Substanzen oder Krankheitserreger. Damit sie ihre Funktion ausreichend wahrnehmen kann, muss sie selbst geschützt werden. Im Arbeitsalltag kann den Gefährdungen durch entsprechende Schutzkleidung oder Hautschutzmittel wirksam vorgebeugt werden, aber auch eine ausreichende Nachversorgung ist wichtig.

> **Wichtig: Hautschutz als nachrangige Schutzmaßnahme**
> Nach dem TOP-Prinzip müssen zuerst technische oder organisatorische Maßnahmen ergriffen werden, bevor → *Persönliche Schutzausrüstung* – so auch Hautschutz – eingesetzt wird.

Hautschutz soll hauptsächlich Folgendes erreichen:

- **Verhütung von irritativen Kontaktekzemen** (= Abnutzungsdermatose, subtoxisch-kumulatives Kontaktekzem): Diese nicht allergische Form des Kontaktekzems tritt nur nach längerem Hautkontakt mit einem Hautreizstoff (= Irritans) auf. Die Kontaktzeit (mehrere Stunden pro Arbeitswoche) kann sich auf Wochen bis Jahrzehnte erstrecken, bevor eine sicht- und fühlbare Hautreaktion auftritt. Es ist nicht Aufgabe von Hautschutzmitteln, die Aufnahme oder Wirkung von Giften oder Allergien/Kontakt mit Allergenen (= Allergie auslösende Substanzen) zu vermeiden.
- **Erleichterung der Hautreinigung:** Bei vorheriger Anwendung von Hautschutzmitteln kann auf die Verwendung von *lösemittelhaltigen Intensivreinigern* (= Spezialhandreiniger) verzichtet werden. Auch *reibemittel*haltige Hautreinigungsmittel (= Handwaschpasten) können so vermieden oder in der Menge reduziert werden. Obwohl sich die Hautverträglichkeit von Hautreinigungsmitteln im gewerblichen Bereich in den letzten Jahren deutlich verbessert hat, trägt die oft aggressive/intensive Hautreinigung zur Entstehung von beruflich bedingten Hauterkrankungen bei.
- **Verringerung der Hauterweichung** (Hautmazeration) *unter* luft- und feuchtigkeitsdichten Schutzhandschuhen, gehört jedoch zu den weniger bekannten Anwendungsgebieten der Hautschutzmittel.

2 Hautschutz oder Schutzhandschuhe?

Eines der Haupteinsatzgebiete für Hautschutz ist der Schutz der Hände. Bei der Anwendung von Hautschutzmitteln im Praxisalltag kommt es zwangsläufig immer wieder zu Abgrenzungsproblemen gegenüber Schutzhandschuhen. Die Einzelentscheidung für die Art der einzusetzenden → *PSA* muss im Rahmen der → *Gefährdungsbeurteilung* (→ *Persönliche Schutzausrüstung*) getroffen werden. Grundsätzlich ist das Schutzvermögen der Hautschutzmittel aus chemisch-physikalischen Gründen geringer als das der → *Schutzhandschuhe*. Hautschutzmittel können nicht gegen ätzende, Allergie auslösende oder giftige Substanzen verwendet werden.

Vorteile haben Hautschutzmittel immer dann, wenn Tastgefühl und Fingerfertigkeit erhalten bleiben müssen oder aufgrund rotierender Maschinenteile keine Handschuhe eingesetzt werden dürfen. Hautschutzmittel und Schutzhandschuhe sind kein Gegensatz: Beide sind Bestandteil der → *PSA* mit ihren Vor- und Nachteilen, die gegeneinander abgewogen werden müssen.

3 Hautschutzmittel

Hautschutzmittel lassen sich in 3 Gruppen unterteilen (vgl. **Tab. 1**).

Die meisten Hautschutzmittel **wirken** auf rein physikalische Weise, indem sie durch ihre Beschaffenheit eine für den Schadstoff schwer durchdringbare Schicht aufbauen. Voraussetzung dafür ist eine weitgehende Unlöslichkeit des Schadstoffs im Hautschutzpräparat. Das «Prinzip der umgekehrten Löslichkeit» spiegelt sich auch in der Grobeinteilung der Schadstoffe in wasserlösliche und wasserunlösliche Hautschadstoffe wider.

Hautschutzmittel		
wasserlösliche Hautschutzmittel	Schutz vor fettlöslichen Schadstoffen durch Aufbau einer fettabweisenden Schutzschicht	
wasserunlösliche Hautschutzmittel	Schutz vor wässrigen Schadstoffen durch Aufbau einer fetten = wasserabweisenden Schutzschicht («Fettsalbe»)	
Hautschutzmittel mit speziellen Wirkstoffen (Sondergruppe)	gerbstoffhaltige Hautschutzmittel	Vorbeugen von Hautproblemen beim Tragen luftabschließender Schutzkleidung (Handschuhe)
	Mittel mit dualistischem Wirkprinzip und breitem Anwendungsgebiet	Schutz an Arbeitsplätzen mit wechselnder Schadstoffbelastung (wässrige und ölige Schadstoffe)
	Lichtschutzmittel für den beruflichen Bereich	Verlängerung der natürlichen Eigenschutzzeit der Haut gegenüber UV-Strahlen
	abdruckarme Hautschutzmitttel	Reduktion von Fingerabdrücken durch die Verwendung filmbildender Stoffe

Tab. 1: Gruppen von Hautschutzmitteln

Praxis-Tipp: Auswahl von Hautschutz

Die Auswahl eines Hautschutzmittels ist immer eine Einzelfallentscheidung und kann nur auf genauer Kenntnis der Eigenschaften des Schadstoffs getroffen werden. Entscheidungsschwierigkeiten treten bei den (häufigen) → *Gemischen* von Stoffen auf und sollten daher in Kooperation mit dem verantwortlichen Hersteller/Inverkehrbringer des Arbeitsstoffs sowie dem Beratungsdienst der Hautschutzmittel-Lieferanten gelöst werden.

4 Hautreinigungsmittel

Unsachgemäß durchgeführte Hautreinigungen sind vielfach Ursache für das Auftreten beruflich bedingter Hauterkrankungen. Jede Hautreinigung sollte so schonend wie möglich durchgeführt werden. Das eingesetzte Hautreinigungsmittel sollte nicht nur eine ausreichende Reinigungswirkung, sondern gleichzeitig die jeweils bestmögliche Hautverträglichkeit besitzen. **Tab. 2** zeigt die Unterschiede in Abhängigkeit der Verschmutzung.

Einfache Verschmutzung	Flüssiges oder festes Hautreinigungsmittel auf der Basis **waschaktiver Substanzen (WAS)** ist ausreichend.
Grobverschmutzungen	Bei Grobverschmutzungen, z. B. durch Fette, Öle, Metallstaub, Graphit oder Ruß, reichen Produkte auf reiner WAS-Basis i. d. R. nicht mehr aus.
	In **Grobhandreinigern** sind **Reibemittel** der reinigungsentscheidende Bestandteil. Sie unterstützen die Reinigungswirkung des WAS mechanisch, so dass die Schmutzpartikel auch aus den Hautfalten entfernt werden.
	Reibmittel bestehen aus:
	Sand (Anwendung sehr stark zurückgegangen, da er Abwasserleitungen verstopft)
	Holz
	Kunststoff
	«Bio» (Basis z. B. Maiskolben, Walnussschalen, Olivenkernen oder Zuckerpartikeln) ⇒ deutlich wachsender Anteil, da umwelt- und werbegerechter

	Lösemittelfreie Grobhandreiniger decken die **Masse der Verschmutzungen** ab und können daher auch den lösemittelhaltigen Spezialhandreinigern vorgezogen werden.
Spezialverschmutzungen	Bei Spezialverschmutzungen (z. B. Lacke, Ölfarben, Kleber, Harze oder Teer) reichen die üblichen Produktaufbauten von Hautreinigungsmitteln nicht mehr aus. Zur Entfernung von Verschmutzungen, die besonders stark auf der Haut haften, werden **Spezialreiniger** benötigt, bei denen ein **Lösemittel** als Grundbaustein fungiert und waschaktive Substanzen sowie evtl. ein zusätzliches Reibemittel zur Reinigungsverstärkung eingesetzt werden. Die Reinigungswirkung kommt überwiegend durch ein chemisches Anlösen der Schmutzpartikel zustande.

Tab. 2: Hautreinigungsmittel in Abhängigkeit von der Verschmutzung

Praxis-Tipp: Grundregeln für das richtige Waschen

Zur schonenden Hautreinigung gehört neben der Auswahl eines verschmutzungsangepassten Produkts auch das Beachten von Grundregeln für das richtige Waschen:

- Nur die notwendige Produktmenge verwenden (nicht zu viel)!
- Produkt zunächst ohne Wasser gründlich verreiben!
- Anschließend mit wenig Wasser waschen!
- Schmutz und Reinigungsmittel mit viel Wasser gründlich abspülen!
- Hände sorgfältig abtrocknen!

5 Hautpflegemittel

Regelmäßige Hautpflege nach der Arbeit bzw. nach intensivem Händewaschen oder bei längeren Arbeitspausen ist als Teil des Hautschutzes genauso wichtig wie Anwendung von Hautschutzmitteln vor Arbeitsbeginn. Die Auswahl eines Hautpflegemittels muss dem Hautzustand des jeweiligen Benutzers angepasst werden:

- Personen mit **normaler** Haut (Typ I) benötigen nur O/W-Emulsionen (O/W = Öl/Wasser) mit weniger hohem Lipidanteil (Fettanteil).
- Personen mit einem **trockenen** fettarmen Hautzustand (Typ II) benötigen eher Mittel mit höherem Lipidanteil wie z. B. eine O/W-Emulsion mit > 20 % Lipid (Fett)
- Bei **extrem trockenem** Hautzustand (Typ III) reicht der Lipidcharakter dieser Pflegeprodukte i. d. R. nicht aus und es sollte eine lipidreichere W/O-Emulsion bevorzugt werden. Sie schränkt den Feuchtigkeitsaustritt aus der Haut so stark ein, dass sich bereits nach relativ kurzer Anwendungszeit ein neues Feuchtigkeitsdepot in der Hornschicht aufbaut.

6 Hauterkrankungen

Hautkrankheiten gehören mit der Lärmschwerhörigkeit zu den häufigsten → *Berufskrankheiten*. Hautkrankheiten sind auch in anderen Industrieländern meist unter den TOP 3 der Erkrankungen zu finden. Die Definition der **Berufskrankheit Haut (BK 5101)** erschwert die Anerkennung. Die BK-Definition erfasst nur Vorfälle, die zweimal im Abstand von 4 Wochen aufgetreten sind.

Die Verdachtsanzeige wird richtigerweise schon beim ersten Krankheitsgeschehen erstellt. Häufig kann dann durch Intervention am Arbeitsplatz das versicherungsrechtlich notwendige zweite Auftreten der Hauterkrankung vermieden werden. Weniger als 10 % der Verdachtsanzeigen werden versicherungsrechtlich voll anerkannt und entschädigt. Aus dermatologischer Sicht ist die deutliche Mehrheit der Verdachtsfälle hingegen dem Grunde nach arbeitsbedingt bzw. -gefördert – unabhängig von der versicherungsrechtlichen Bedeutung.

Eine ärztliche Begutachtung ist bei Auftreten oder bei Verdacht von Hauterkrankungen unerlässlich. Bevorzugt sollte der → *Betriebsarzt* oder ein Hautarzt mit der Bewertung der arbeitsmedizinischen Situation beauftragt bzw. in die Maßnahmenerstellung einbezogen werden. Meist kann durch rasche Intervention eine Gefährdung weiterer Personen vermieden werden. Arbeitssicherheitstechnisch kann der Hautschutz erforderliche technische oder organisatorische Maßnahmen ergänzen sowie die medizinische Therapie unterstützen.

7 Hautschutzplan

Ergibt sich aus der Gefährdungsbeurteilung die Notwendigkeit zum Einsatz von Hautschutz (Hautschutzmittel, Hautreinigungsmittel und Hautpflegemittel), so sollten die entsprechenden Hautschutzmittel in einem Hautschutzplan festgelegt werden. Der Hautschutzplan (**Abb. 1** zeigt ein Beispiel) sollte 3 Bereiche enthalten:

- Allgemeiner Hautschutz, z. B. Tragen von Handschuhen,
- Reinigung zur Säuberung der Haut,
- Pflege zur Regeneration der Haut.

Es ist empfehlenswert, den Hautschutzplan in Zusammenarbeit mit dem Bereichsverantwortlichen, dem → *Betriebsarzt*, dem → *Betriebsrat*, der → *Fachkraft für Arbeitssicherheit* und dem Hautschutzhersteller zu erstellen. Viele Hautschutzhersteller stellen mittlerweile auch Standards/Vorlagen zur Hautschutzplanerstellung zur Verfügung oder übernehmen sogar die Erstellung von Ausdrucken.

Praxis-Tipp: Aushang von Hautschutzplänen

Hängen Sie die Hautschutzpläne in den Bereichen aus, an denen die Mitarbeiter häufig vorbeikommen. Dies können z. B. Sanitärbereiche, Waschplätze oder die entsprechenden Arbeitsplätze sein. Durch den Aushang der Pläne werden die Mitarbeiter ständig über die Verwendung der für sie wichtigen Produkte informiert und an die Benutzung erinnert.

Praxis-Tipp: Akzeptanz von Hautschutz

Die Akzeptanz von Hautschutz kann deutlich erhöht werden, wenn die Mitarbeiter bei der Auswahl der Hautschutzmittel (Hautschutz, Hautreinigung und Hautpflege) beteiligt werden.

Die Mitarbeiter müssen mind. **einmal jährlich** mündlich über die Hautschutzmaßnahmen und die Hautgefährdungen informiert werden. Die Anwendungsempfehlungen der Hersteller, Aufklärungsfilme z. B. der Berufsgenossenschaft oder der Hersteller und vorhandene Gefahrstoff-→ *Betriebsanweisungen* können in die Aufklärung einbezogen werden.

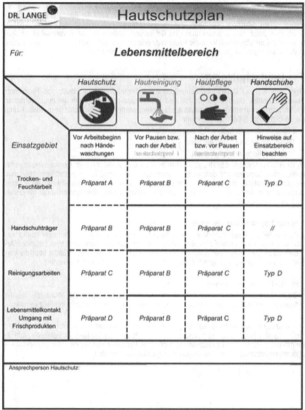

Abb. 1: Beispiel für einen Hautschutzplan

Dirk Haffke

Hebebühnen

Hebebühnen sind Einrichtungen, die Lasten ähnlich wie ein Aufzug von tiefer zu höher gelegenen Positionen bewegen können. Dabei befindet sich die Last i. d. R. auf einer Plattform, die sich kraftbetrieben hebt und senkt. Mittels Hebebühnen werden große Lasten gehoben, was bei unsachgemäßer Handhabung ein großes Gefährdungspotenzial darstellen kann (z. B. Fahrzeughebebühne). An die Auswahl von Personen, die Hebebühnen bedienen dürfen, werden daher hohe Anforderungen gestellt.

Hebebühnen

Gesetze, Vorschriften und Rechtsprechung
- Betriebssicherheitsverordnung (BetrSichV)
- Produktsicherheitsgesetz (ProdSG)
- BGR 157 «Fahrzeuginstandhaltung»
- Kap. 2.10 BGR 500 «Betreiben von Arbeitsmitteln»
- BGI 689 «Fahrzeughebebühnen»
- BGI 720 «Sicherer Umgang mit fahrbaren Hubarbeitsbühnen»
- BGG 945 «Prüfung von Hebebühnen»
- BGG 966 «Ausbildung und Beauftragung der Bediener von Hubarbeitsbühnen»

1 Arten von Hebebühnen

Hebebühne ist der Sammelbegriff für Hebeeinrichtungen, bei denen das Lastaufnahmemittel nicht frei hängt, sondern geführt wird (z. B. über einen Hydraulikstempel).

Hebebühnen sind z. B.:
- Hubarbeitsbühnen,
- Hubladebühnen,
- Kippbühnen oder
- Fahrzeug-Hebebühnen.

2 Gefährdungen

Beim Betrieb von Hebebühnen treten folgende Gefährdungen auf:
- Quetschgefahren,
- herabfallende Lasten,
- Absturzgefahr,
- Überschreitung der zulässigen Belastung,
- elektrische Gefährdungen,
- mangelhafte Befähigung.

3 Schutzmaßnahmen

3.1 Beschäftigungsbeschränkung

Die Gefährdungen sind so groß, dass nur bestimmte Personen Hebebühnen bedienen dürfen. Der Unternehmer darf mit der selbstständigen Bedienung von Hebebühnen nur Personen beschäftigen, die

1. das 18. Lebensjahr vollendet haben,
2. in der Bedienung der Hebebühne unterwiesen sind,
3. ihre Befähigung gegenüber dem Unternehmer nachgewiesen haben und
4. vom Unternehmer ausdrücklich mit dem Bedienen der Hebebühne schriftlich beauftragt wurden

(Kap. 2.10, Nr. 2.1 BGR 500, Abschn. 2 BGG 966).

> **Achtung: Keine Einschränkungen**
>
> Diese Bedingungen müssen alle erfüllt sein. Es gibt keine Einschränkung, dass Jugendliche z. B. im Rahmen ihrer Ausbildung Hebebühnen selbstständig bedienen dürfen. Da der Begriff «selbstständige Bedienung» die Bedienung ohne Aufsicht darstellt, heißt das jedoch, dass Jugendliche unter Aufsicht durchaus Hebebühnen bedienen dürfen.

Abschn. 3 BGG 966 regelt die notwendige theoretische und praktische Ausbildung der Bediener von Hebebühnen und den Inhalt der Abschlussprüfung.

3.2 Technische und organisatorische Schutzmaßnahmen

Beim Betrieb von Hebebühnen gelten folgende grundlegende Schutzmaßnahmen:

- zulässige Belastung nicht überschreiten,
- vorgesehene Zugänge benutzen,
- vorgesehene Steuerstelle verwenden,
- durch Bewegungen der Hebebühne darf niemand gefährdet werden,
- Aufenthalt im Gefahrenbereich (z. B. unter dem Lastaufnahmemittel) ist verboten,
- keine Gegenstände auf Lastaufnahmemittel werfen oder von diesen abwerfen,
- max. Fahrgeschwindigkeiten nicht überschreiten (schienengebunden 3 m/s, alle anderen 1,6 m/s),
- bei Einsatz in der Nähe von Freileitungen Schutzabstände beachten,
- nach dem Einsatz Hebebühne gegen unbefugte Benutzung sichern,
- jährlich durch eine befähigte Person prüfen und die durchgeführte Prüfung in einem Prüfbuch dokumentieren,
- Beschäftigte vor Aufnahme der Tätigkeit und danach in regelmäßigen Abständen, mind. jedoch einmal jährlich, unterweisen.

Dirk Rittershaus

Herstellungs- und Verwendungsverbote

Zum Schutz der Sicherheit und Gesundheit der Beschäftigten wurde sowohl die Herstellung als auch die Verwendung zahlreicher gefährlicher Stoffe, Gemische und Erzeugnisse beschränkt. Internationale sowie nationale Regelungen legen fest, für welche Gefahrstoffe diese Beschränkungen gelten, u. a. auch für Biozid-Produkte sowie für Tätigkeiten mit Gefahrstoffen in Heimarbeit. Besondere Herstellungs- und Verwendungsbeschränkungen, die weitergehender sind als die REACH-Verordnung gelten in Deutschland für

- Asbest,
- bestimmte aromatische Kohlenwasserstoffe,
- Pentachlorphenol,
- biopersistente Fasern,
- Kühlschmierstoffe und Korrosionsschutzmittel sowie
- besonders gefährliche krebserzeugende Stoffe.

Die Beschränkungen enthalten jeweils ein grundsätzliches Verbot. Sie erlauben aber in Ausnahmefällen den Umgang mit den o. g. Gefahrstoffen, z. B. bei Abbruch- und Sanierungsarbeiten, für Forschungs- und Analysezwecke oder wissenschaftliche Lehrzwecke.

Gesetze, Vorschriften und Rechtsprechung

Herstellungs- und Verwendungsverbote sind v. a. geregelt in Art. 67 i. V. m. Anhang XVII 1907/2006/EG (REACH-Verordnung), § 16 und Anlage 2 Gefahrstoffverordnung sowie in TRGS 600 ff.

Bettina Huck

Hitze- und Lichtschutz

Der Nutzwert eines gewerblich genutzten Gebäudes wird durch fehlenden oder ungeeigneten Hitze- und Lichtschutz erheblich gemindert. Aufheizung und Blendung, z. T. die Folge neuer

Hitze- und Lichtschutz

Trends in der Bautechnik, können zu starken Belastungen an betroffenen Arbeitsplätzen führen. Den hohen Investitionskosten qualitativ hochwertiger Sonnenschutzeinrichtungen steht – bei optimal angepassten Lösungen – ein sehr hoher Gebrauchswert gegenüber.

Gesetze, Vorschriften und Rechtsprechung

Gemäß Anhang 3.5 Arbeitsstättenverordnung müssen Fenster, Oberlichter und Glaswände je nach Art der Arbeit und der Arbeitsstätte eine Abschirmung der Arbeitsstätten gegen übermäßige Sonneneinstrahlung ermöglichen. Diese Forderung wird in den ASR A3.4 «Beleuchtung» und ASR A3.5 «Raumtemperaturen» noch konkreter gefasst. Darin heißt es, dass störende Blendung und übermäßige Erwärmung durch Sonneneinstrahlung an solchen Bauteilen zu vermeiden oder wenigstens zu minimieren sind. Dazu werden Grenzwerte und konkrete Vorgehensweisen genannt.

1 Steigende Bedeutung

Die Bedeutung von Hitze- und Lichtschutz an betrieblich genutzten Gebäuden hat zugenommen. Gründe dafür sind u. a.:

- der große Anteil von Glasflächen in der Außenhaut von Gebäuden;
- Energiesparmaßnahmen, wie Wärmeschutzverglasungen;
- Einrichtung von Bildschirmarbeitsplätzen, die gleichmäßige Beleuchtungsverhältnisse benötigen.

Grundsätzlich gehören solche Einrichtungen zur Gebäudegrundausstattung. Während früher oft erst nach Abschluss der Bauphase deutlich wurde, dass Probleme mit Blendung und/oder Aufheizung bestehen, sind die Bestimmungen des Arbeitsstättenrechtes heute so konkret gefasst, dass bei sorgfältiger Bauplanung geeignete Einrichtungen gegen übermäßige Sonneneinstrahlung kaum mehr übersehen oder vergessen werden können.

2 Anforderungen an Hitze- und Lichtschutzeinrichtungen nach Arbeitsstättenrecht

In der ASR A3.5 «Raumtemperaturen» liegt der Schwerpunkt dem Titel entsprechend auf dem Hitzeschutz. Die allgemeine Forderung, dass an Fenstern, Türen und Oberlichtern störende Blendung und v. a. übermäßige Erwärmung zu vermeiden sind, wird in Abschn. 4.3 Abs. 2 ASR A3.5. wie folgt präzisiert: «Führt die Sonneneinstrahlung durch Fenster, Oberlichter und Glaswände zu einer Erhöhung der Raumtemperatur über +26 °C, so sind diese Bauteile mit geeigneten Sonnenschutzsystemen auszurüsten. Störende direkte Sonneneinstrahlung auf den Arbeitsplatz ist zu vermeiden».

> **Wichtig: Sonnenschutz von Anfang an**
>
> Ausdrücklich wird in Abschn. 4.1 Abs. 1 ASR A3.5 darauf hingewiesen, dass effektiver Sonnenschutz bereits in der Planungsphase eines Gebäudes berücksichtigt werden muss und nicht als eine spätere «Nachbesserung» bei entsprechenden Problemen aufgefasst werden darf. Bei der Planung eines Gebäudes können Probleme am effektivsten vermieden werden. Vorsicht z. B. bei Ganzglasfassaden, Süd- und Westseiten, Dachfenstern oder Oberlichtern, Leichtbauweise (guter Wärmeschutz, aber oft schnelle Aufheizung).

> **Wichtig: Raumtemperaturen an heißen Tagen**
>
> Die Angaben in der ASR A3.5 zum Schutz gegen übermäßige Sonneneinstrahlung beziehen sich zunächst auf Situationen, in denen die Außentemperaturen geringer als 26° sind. Steigen die Raumtemperaturen trotz geeigneter Sonnenschutzeinrichtungen über 26° C (bei hohen Außentemperaturen), greifen ergänzende Regelungen.

Die ASR A3.4 «Beleuchtung» enthält Angaben v. a. zum Lichtschutz: «Störende Blendung durch Sonneneinstrahlung ist zu vermeiden oder – wenn dies nicht möglich ist – zu minimieren. Zur Begrenzung störender Blendungen oder Reflexionen können z. B. Jalousien, Rollos und Lamellenstores dienen. Bei Dachoberlichtern können dies z. B. lichtstreuende Materialien oder Verglasungen mit integrierten Lamellenrastern sein» (Abschn. 4.2 ASR A3.4).

Im Übrigen verlangt auch die Bildschirmarbeitsverordnung, dass bei Bedarf an → *Bildschirmarbeitsplätzen* Lichtschutzeinrichtungen vorzusehen sind.

3 Außenliegende Sonnenschutzeinrichtungen

Prinzipiell haben außenliegende Sonnenschutzeinrichtungen besonders gute Wärmeschutzeigenschaften, weil sie nicht nur das Rauminnere, sondern bereits die Außenfassade vor zu starker Aufheizung schützen. Sie erfüllen immer auch teilweise Lichtschutzfunktionen, oft aber nicht in vollem Umfang.

Feste Sonnenschutzelemente

(Blenden, Vordächer u. Ä.) sind als Teil der Fassade i. d. R. so gestaltet, dass sie die hochstehende Sommersonne abfangen und so die Aufheizung des Gebäudes verhindern, ohne dass der Nutzen der tieferstehenden Wintersonne zu sehr eingeschränkt wird. Sie sind robust und durchaus effektiv und kommen im Rahmen moderner Gebäudekonzepte wieder vermehrt zum Einsatz.

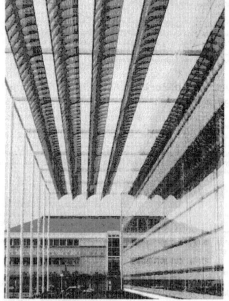

Abb. 1: Feste Sonnenschutzelemente

Außenjalousien/Markisen

Außenjalousien (**Abb. 2**) und Markisen (**Abb. 3**) sind mehrfach einstellbar (Sonnenschutz auch bei Sichtkontakt nach außen) und bieten effektiven Hitzeschutz. Bei starker Sonnenbestrahlung

Hitze- und Lichtschutz

sind die Lichtschutzeigenschaften aber oft nicht ausreichend, sodass zusätzlich innen Rollos o. Ä. erforderlich sein können.

Automatische Steuerungen ermöglichen, dass die Jalousien stets entsprechend der Witterung und Tageszeit eingesetzt werden, wobei die individuelle Bedienung natürlich nicht eingeschränkt werden sollte. Außerdem werden so die Jalousien vor Hagel, Vereisung, Sturm usw. geschützt. Der praktische Nutzwert hängt wesentlich von der Qualität der Steuerung ab. Schlecht ausgelegte Steuerung führt z. B. dazu, dass an windigen Sommertagen die Jalousien sich stundenlang nicht mehr bewegen lassen. Reparatur und Wartungskosten sind zu berücksichtigen. Aufwendig wird es, wenn Gerüste oder Hebebühnen erforderlich sind.

Abb. 2: Außenjalousien   **Abb. 3:** Markisen

Folienbeschichtungen

Folienbeschichtungen (**Abb. 4**) sind relativ einfach und unauffällig aufzubringen, eignen sich daher besonders für die nachträgliche Montage auch in angemieteten Räumen, denkmalgeschützten Gebäuden usw. Die technischen Eigenschaften (reflektierend, lichtstreuend usw.) können auf den Einsatzzweck abgestimmt werden. Bei richtiger Verarbeitung (i. d. R. nur durch Fachfirmen) sind sie weitgehend verschleißfest. Sie verändern allerdings den optischen Eindruck im Innenraum dauerhaft und bieten keinerlei Einstellmöglichkeiten.

Abb. 4: Folienbeschichtungen

Zwischenliegende Sonnenschutzeinrichtungen

Zwischenliegende Sonnenschutzeinrichtungen laufen innerhalb von Doppelfenstern oder Isolierglasscheiben. Sie sind so nicht im Wege und vor Verschmutzung geschützt. Allerdings ist die Technik schwierig und damit teuer und nicht immer praxistauglich.

4 Innenliegende Sonnenschutzeinrichtungen

Gegenüber den i. d. R. an der Außenfassade angebrachten Wärmeschutzeinrichtungen sind ausgewiesene Lichtschutzeinrichtungen wegen der ästhetischen und technischen Anforderungen eher empfindliche Konstruktionen, die v. a. im Gebäudeinneren angebracht werden.

Innenjalousien

Innenjalousien (**Abb. 5**) sind einfach nachrüstbar, vielfältig einstellbar und schon sehr preiswert zu haben. Allerdings sind einfache Ausführungen für den betrieblichen Bereich oft weder robust genug noch zufriedenstellend von den Lichtschutzeigenschaften (zu großer Abstand vom Fenster, störende Durchzugslöcher).

Abb. 5: Innenjalousien

Vertikal-Lamellenstores

Vertikal-Lamellenstores (**Abb. 6**) waren in den letzten Jahrzehnten im Büro- und Gewerbebereich besonders weit verbreitet. Nutzer schätzen den wohnlichen Eindruck und die vielfältige Einstellbarkeit. Allerdings sind gute Lichtschutzeigenschaften nur bei geeigneter Materialauswahl gegeben (nicht durchscheinend). Fensterbänke sind unter Lamellenstores nur eingeschränkt nutzbar.

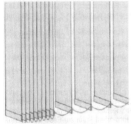

Abb. 6: Lamellenstores

Rollos/Faltstores

Bei entsprechender Materialauswahl und Qualität (keine ‹Baumarktware›) werden gute bis sehr gute Lichtschutzqualitäten erzielt. Das Rollo (**Abb. 7**) u. Ä. kann exakt den Erfordernissen angepasst werden (Durchblick nach außen, Sicht-, Hitze-, Lichtschutz, Raumgestaltung). Bei fensternaher Montage und seitlicher Führung dichten Rollos sehr gut ab und bleiben dabei klein. Die Fensterbank bleibt nutzbar.

Abb. 7: Rollo/Faltstores

5 Reparatur/Reinigung berücksichtigen

Reparatur und Reinigung sollten bei der Planung stets mit einbezogen werden. Außenliegende Einrichtungen lassen sich oft nur schwer erreichen (hohe Kosten durch Gerüste o. Ä.), bei innenliegenden Einrichtungen sollte berücksichtigt werden, ob Bespannungen z. B. gereinigt oder ausgetauscht werden können.

Cornelia von Quistorp

Hitzearbeit

Hitzearbeit ist eine Arbeit, bei der es infolge von Belastungen aus Hitze, körperlicher Arbeit und ggf. Bekleidung zu einer Erwärmung des Körpers und damit zu einem Anstieg der Körpertemperatur kommt. Die Folge können Gesundheitsschäden wie Kreislaufprobleme oder Muskelkrämpfe sein. Auch bei kurzzeitiger Beschäftigung mit Hitzearbeit kann ein Gesundheitsrisiko auftreten.

1 Hitzeadaptation

Mögliche Gesundheitsschäden bei Hitzearbeit können verringert werden, indem sich der Mitarbeiter langsam an die Hitze gewöhnt (Hitzeadaptation). Die Hitzeadaptation erfolgt in Abhängigkeit von der jeweils vorgegebenen thermischen Belastung innerhalb einer Zeitspanne von etwa vier Wochen. In der Regel wird bereits nach einer Eingewöhnungszeit von etwa zwei Wochen das Risiko akuter Hitzeerkrankungen an Hitzearbeitsplätzen wesentlich verringert, wobei jedoch zu erwarten ist, dass die vollständige Akklimatisierung während der Ausführung von Hitzearbeit erst in der Folgezeit eintritt. Es ist zu berücksichtigen, dass Akklimatisierung verloren geht, wenn für die Dauer von drei bis vier Wochen keine Hitzearbeit geleistet wird.

Beispiele für Berufe, bei denen es zu einer Hitzeadaptation kommt, sind Schmelzer oder Flämmer. Beschäftigte an diesen Arbeitsplätzen sind ständig hitzeexponiert. Beschäftigte, die Behälter, Kessel, Industrieöfen und dgl. befahren oder besteigen, Steigrohre an Koksgruppen auswechseln und Anodenwechsel an Elektrolyseöfen durchführen sind teilweise exponierte, nicht hitzeadaptierte Arbeiter.

Auch Brennschneiden, Trennschleifen, Schweißen, Löten, Schmieden, Nieten und Bohren zählt zu Tätigkeiten an Hitzearbeitsplätzen.

2 Arbeitsmedizinische Vorsorgeuntersuchung

Vor erstmaliger Aufnahme einer Hitzearbeit muss durch eine → *arbeitsmedizinische Vorsorgeuntersuchung* von einem ermächtigten Arzt sichergestellt werden, dass nur geeignete Personen eingesetzt werden. Darüber hinaus müssen in Abhängigkeit vom Alter in regelmäßigen Abständen Nachuntersuchungen durchgeführt werden. Dieser Abstand beträgt bei Personen bis 50 Jahren höchstens 60 Monate, bei Personen über 50 Jahren höchstens 24 Monate.

3 Arbeitskleidung

Für die Arbeitskleidung an Hitzearbeitsplätzen gelten besondere Vorschriften: Feuer- und Hitzearbeiten dürfen nicht in Arbeitskleidung, deren Entzündbarkeit durch Verunreinigung mit Arbeitsstoffen erhöht ist, durchgeführt werden.

4 Wann liegt ein Hitzearbeitsplatz vor?

Die Checkliste in **Tab. 1** zeigt, ob ein Hitzearbeitsplatz vorliegt. Sie berücksichtigt die Lufttemperatur bei normaler Luftfeuchte, die Lufttemperatur bei hoher Luftfeuchte, die Flüssigkeitsaufnahme im Laufe einer Schicht, die Wärmestrahlung und das subjektive Befinden der Beschäftigten in Verbindung mit der Wärmebelastung.

Einsetzbar ist die Checkliste unter mitteleuropäischen Klimaverhältnissen bei leichter bis mittelschwerer Arbeit, leichter Bekleidung und ausreichender Hitzegewöhnung. Davon abweichende Bedingungen erfordern eine entsprechende Modifikation der Checkliste.

Lufttemperatur und normale Luftfeuchte	Lufttemperatur und gleichzeitig hohe Luftfeuchtigkeit (gekennzeichnet z. B. durch feuchte/nasse Haut)	Flüssigkeitsaufnahme	Wärmestrahlung	Subjektives Befinden in Verbindung mit Wärmebelastung	Ergebnis und Maßnahmen
überwiegend bis 37 °C	überwiegend bis 26 °C mit hoher Luftfeuchtigkeit	Flüssigkeitsaufnahme bis 2 l/Schicht	keine Wärmestrahlung fühlbar	keine Beschwerden	kein Hinweis auf Hitzearbeit
überwiegend über 37 °C bis 45 °C	überwiegend über 26 °C bis 30 °C mit hoher Luftfeuchtigkeit	Flüssigkeitsaufnahme 2 bis 4 l/Schicht	warmes Gesicht nach 2 bis 3 Minuten fühlbar	Beschwerden wie: Schwächegefühl, Unwohlsein, erhöhtes Durstgefühl, Kopfschmerzen, Übelkeit, Schwindelgefühl	kritische situationsspezifische Wertung mit evtl. weitergehender Arbeitsplatzanalyse kann erforderlich sein
über 45 °C (Aufenthalt > 15 Minuten)	überwiegend über 30 °C mit hoher Luftfeuchtigkeit	Flüssigkeitsaufnahme über 4 l/Schicht	im Gesicht - unerträglich		Vorliegen eines Hitzearbeitsplatzes ist wahrscheinlich, eine kritische situationsspezifische Wertung mit evtl. weitergehender

Lufttemperatur und normale Luftfeuchte	Lufttemperatur und gleichzeitig hohe Luftfeuchtigkeit (gekennzeichnet z. B. durch feuchte/nasse Haut)	Flüssigkeitsaufnahme	Wärmestrahlung	Subjektives Befinden in Verbindung mit Wärmebelastung	Ergebnis und Maßnahmen
					Arbeitsplatzanalyse ist erforderlich und weitere Maßnahmen (technisch, organisatorisch, personenbezogen) sind einzuleiten

Tab. 1: Checkliste zur Prüfung, ob ein Hitzearbeitsplatz vorliegt

Zur Beurteilung des Risikos an einem wärmebelasteten Arbeitsplatz kann zusätzlich der Risikograph in **Abb. 1** genutzt werden.

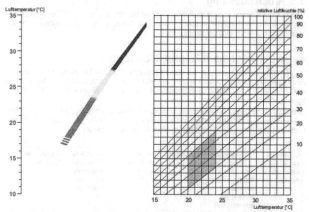

Abb. 1: Risikograph Klima für wärmebelastete Arbeitsplätze

Nadine Gotzen

Hochgelegene Arbeitsplätze

Hochgelegene Arbeitsplätze sind u. a. Bühnen oder andere hochgelegene Flächen, die auch als Arbeitsplätze benutzt werden. Falls solche Flächen mehr als 1 m über dem Boden oder über einer anderen tragfähigen Fläche liegen und betreten werden müssen, sind ständige Sicherungen nötig, die den Absturz von Personen verhindern. Eingeschränkt gelten auch Leitern als hochgelegene Arbeitsplätze.

Gesetze, Vorschriften und Rechtsprechung

Grundlegend sind die Betriebssicherheitsverordnung, die Arbeitsstättenverordnung und die Baustellenverordnung. Regelungen finden sich zudem in

Hochgelegene Arbeitsplätze 371

- ASR A2.1 «Schutz vor Absturz und herabfallenden Gegenständen, Betreten von Gefahrenbereichen»
- TRBS 2121 «Gefährdungen von Personen durch Absturz»
- BGV C22 «Bauarbeiten»
- BGV D29 «Fahrzeuge»
- BGR 142 «Luftfahrzeug-Instandhaltung»
- BGR 154 «Maschinen, Anlagen und Geräte in Schlachthöfen und Schlachthäusern»
- BGR 157 «Fahrzeuginstandhaltung»
- BGR 198/GUV-R «Einsatz von Persönlichen Schutzausrüstungen gegen Absturz»
- BGI 810-1 «Sicherheit bei Produktionen und Veranstaltungen»
- BGI 857 «Sicherer Betrieb von Tankfahrzeugen für Mineralölprodukte»

1 Grundlagen

Können Arbeitsmittel nicht vom Fußboden aus betrieben, → *instand gehalten* bzw. gereinigt werden, müssen nach § 4 Abs. 1 Satz 1 Betriebssicherheitsverordnung (BetrSichV) Aufstiege, Auftritte, Podeste oder Arbeitsbühnen benutzt werden. Die Auftritte, Aufstiege, Podeste und Arbeitsbühnen sollten ausreichend bemessen und rutschhemmend gestaltet sein. Die freie Grundfläche soll auf Auftritten mind. 0,50 m × 0,50 m betragen. Auf → *Arbeitsbühnen* sollte für jeden Mitarbeiter eine freie Bewegungsfläche von 1,50 m² vorhanden sein. Die Tiefe der Bewegungsfläche soll an keiner Stelle 1,00 m unterschreiten. Die Tiefe auf Arbeitsbühnen und Podesten kann bis auf 0,60 m verringert werden, wenn ein Rückengeländer als Stützhilfe bei der Arbeitsausführung dient (BGR 229 «Arbeiten in der Fleischwirtschaft»).

Hochgelegene Arbeitsplätze dürfen nur über dafür vorgesehene Zugänge betreten und verlassen werden. Hochgelegene Arbeitsplätze an Maschinen und Anlageteilen können mit Laufstegen versehen sein. Die nutzbare Laufbreite von Laufstegen muss mind. 0,50 m betragen. Laufstege sind rutschhemmend zu gestalten. Auf → *Anlegeleitern* dürfen nur leichte Arbeiten verrichtet werden und zwar in höchstens 7,00 m Höhe und für max. 2 Stunden.

2 Absturzsicherungen

Gem. Arbeitsstättenverordnung und BGV A1 «Allgemeine Vorschriften» besteht grundsätzlich immer Absturzgefahr, wenn Personen von Arbeitsplätzen oder Verkehrswegen mehr als 1,00 m tief abstürzen können. Wo → *Absturzsicherungen* erforderlich sind, und welche Maßnahmen gewählt werden, hängt von der möglichen Absturzhöhe, der Art der Tätigkeit und sonstigen äußeren Umständen ab. Grundsätzlich hat der Einsatz von kollektiven (technischen) Sicherungsmaßnahmen Vorrang vor der Verwendung von → *Persönlichen Schutzausrüstungen*.

Für Arbeitsplätze oder Verkehrswege, die 0,20 bis 1,00 m über Flur liegen, muss im Rahmen einer Gefährdungsbeurteilung ermittelt werden, welche Schutzmaßnahmen erforderlich sind. Gefährdung durch Absturz liegt bei einer Absturzhöhe von mehr als 1,00 m vor. Werden für die Umwehrung Geländer verwendet, müssen diese

- eine geschlossene Füllung aufweisen,
- mit senkrechten Stäben versehen sein (Füllstabgeländer) oder
- aus Handlauf, Knieleiste und Fußleiste (Knieleistengeländer) bestehen (Abschn. 5.1 Abs. 3 ASR A2.1).

Die Geländerhöhe beträgt grundsätzlich mind. 1,00 m, ab 12,00 m Absturzhöhe sogar 1,10 m.

Für hochgelegene Arbeitsplätze auf → *Baustellen* gelten besondere Bestimmungen. Hier können Fanggurte, Fangnetze oder Persönliche Schutzausrüstungen eingesetzt werden (vgl. die zurückgezogenen BGR 165 bis BGR 175 zum Gerüstbau).

Einrichtungen und Maßnahmen gegen den Absturz von Personen sind nicht erforderlich bei Arbeiten, deren Eigenart und Fortgang eine Sicherungseinrichtung oder -maßnahme nicht oder noch nicht rechtfertigen. Eine Sicherungseinrichtung oder -maßnahme ist z. B. nicht gerechtfertigt, wenn deren Bereit- oder Herstellung sowie deren Beseitigung mit größeren Gefahren verbunden sind als die eigentliche Arbeit.

3 Persönliche Schutzausrüstung (PSA)

An hochgelegenen Arbeitsplätzen werden häufig → *Persönliche Schutzausrüstungen gegen Absturz* eingesetzt. So ist es z. B. üblich, für Arbeiten auf Flachdächern, bei Trapezblech- und Fertigteilmontagen, Höhensicherungsgeräte als PSA gegen Absturz zu verwenden (BIA Jahresbericht 2002).

Auf die Anwendung von PSA gegen Absturz darf im Einzelfall nur dann verzichtet werden, wenn die Arbeiten von fachlich qualifizierten und körperlich geeigneten Beschäftigten nach Unterweisung durchgeführt werden und die Absturzkante für die Beschäftigten deutlich erkennbar ist (Abschn. 4.2.4 ASR A2.1).

4 Schutz vor Herabfallen von Gegenständen

Hochgelegene Arbeitsplätze müssen mit Einrichtungen versehen sein, die ein Herabfallen von Gegenständen verhindern. Dies wird erreicht, wenn z. B. Fußleisten, Fangnetze oder (§ 33 Abs. 4 BGV A1) andere Einrichtungen vorhanden sind, wie z. B. Schutzdächer oder Auffangwannen. Nicht geschlossene Böden, z. B. Gitterroste, müssen eine entsprechende Maschenweite haben, damit Gegenstände nicht hindurch fallen können (Abschn. 6 ASR A2.1). Wenn andere Schutzmaßnahmen betriebstechnisch nicht möglich sind, können Gefahrenbereiche für herabfallende Gegenstände gesichert werden durch

- Absperrung, z. B. durch Geländer, Ketten oder Seile und Kennzeichnung (nach ASR A1.3) oder
- Überwachung (Warnposten oder geeignete Warneinrichtungen) (Abschn. 6.1 ASR A2.1).

Bettina Huck

Hochziehbare Personenaufnahmemittel

Hochziehbare Personenaufnahmemittel ermöglichen, dass Personen Höhenunterschiede überwinden können. Bauformen sind z. B. Personenförderkörbe, Arbeitskörbe, Arbeitsbühnen, Arbeitssitze, Siloeinfahreinrichtungen oder Traghosen. Hochziehbare Personenaufnahmemittel müssen vor dem ersten Einsatz gegenüber der Berufsgenossenschaft angezeigt werden. Zudem bestehen umfangreiche Bau- und Ausrüstungsbestimmungen, Anforderungen an den Betrieb sowie Prüfvorschriften.

Gesetze, Vorschriften und Rechtsprechung

Anforderungen an Bau und Ausrüstung sowie Betrieb und Prüfung enthält die BGR 159 «Hochziehbare Personenaufnahmemittel».

1 Grundlagen

Krananlagen oder Winden-, Hub- und Zuggeräte werden vorrangig dazu eingesetzt, um Lasten zu heben. Durch den Einsatz dafür geeigneter Aufnahmemittel sind sie unter bestimmten Voraussetzungen auch für die Personenbeförderung befähigt. Diese Aufnahmemittel können je nach Arbeitsaufgabe unterschiedlich gebaut sein. Grundsätzlich werden unterschieden: Personenförderkörbe, Arbeitskörbe, Arbeitsbühnen, Arbeitssitze, Siloeinfahreinrichtungen oder Traghosen.

Hochziehbare Personenaufnahmemittel setzen sich zusammen aus Personenaufnahmemitteln, Hebezeugen, Tragmitteln, Anschlagmitteln und Aufhängungen. Sicherheitsregeln für hochziehbare Personenaufnahmemittel sind in der gleichnamigen BGR 159 zusammengestellt.

Bitte beachten Sie auf jeden Fall spezielle Unfallverhütungsvorschriften bzw. BG-Regeln, in deren Geltungsbereich hochziehbare Personenaufnahmemittel eingesetzt werden (z. B. BGR 500 Kap. 2.34 (Silos), BGV C22 (Bauarbeiten), BGV C28 (Schiffbau), BGV D6 (Krane)).

Hochziehbare Personenaufnahmemittel

2 Bau und Ausrüstung

Gemäß Nr. 4 BGR 159 muss bei Bau und Ausrüstung auf die folgenden Punkte geachtet werden:

- **Kenndaten** sind anzubringen (z. B. Nutzlast bzw. die zulässige Personenzahl).
- **Statische Berechnungen** müssen aufgestellt sein. Der BGR 159 Anhang 1 erläutert, welche Punkte dabei berücksichtigt werden müssen.
- **Anschlagmittel** dürfen nicht wechselweise zum Anschlagen von Lasten benutzt werden. Dazu werden Verbindungen mit dem Personenaufnahmemittel vorgesehen, die nur mit Hilfe von Werkzeug getrennt werden können. Bei Verwendung von Drahtseilen sind Seilklemmen verboten. Rundstahlketten müssen besonders geprüft sein.
- Liegt eine Gefahr durch herabfallende Gegenstände vor, so ist für das Personenaufnahmemittel ein **Schutzdach** vorzusehen.
- Selbstverständlich ist die Forderung, dass **Seilrollen** mit einer Einrichtung ausgestattet sein müssen, die ein Herausspringen des Seiles aus der Seilrolle verhindern.
- Werden **Winden-, Hub- und Zuggeräte** als Hebezeug eingesetzt, dann müssen diese ohne Einschränkung den Bau- und Ausrüstungsbestimmungen der BGV D8 entsprechen. Bei eingesetzten **Kranen** gilt diese Forderung gleichermaßen hinsichtlich BGV D6. Bagger erfüllen im Allgemeinen die an Hebezeuge gestellten Anforderungen nicht.
- Die Steuerung der Hebezeuge muss die Einhaltung **höchstzulässiger Fördergeschwindigkeiten** ermöglichen. Diese variieren je nach Personenaufnahmemittelart zwischen 0,3 m/s und 1,5 m/s.
- Es sind ggf. **Sicherungsseile** vorzusehen, die bei Tragmittelbruch einen Absturz verhindern. Natur- und Mischfaserseile sowie Chemiefaserseile aus Polyethylen dürfen weder als Tragmittel noch als Sicherungsseil eingesetzt werden.
- **Personenförderkörbe** müssen allseitig mindestens **2 m hoch geschlossen** und mit einer **Tür** versehen sein, die **gegen unbeabsichtigtes Öffnen gesichert** werden kann.
- Arbeitskörbe und Arbeitsbühnen, die an Krane angehängt werden, müssen einen auffälligen **Farbanstrich** aufweisen (möglichst Signalfarbe).

3 Betrieb

Nr. 5 BGR 159 sieht für den Betrieb die folgenden Regelungen vor:

- Mit Ausnahme von Siloeinfahreinrichtungen sind hochziehbare Personenaufnahmemittel mindestens **14 Tage vor erstmaliger Inbetriebnahme**, bei Verlangen auch die Inbetriebnahme nach längeren Arbeitspausen und nach Standortwechsel, der zuständigen Berufsgenossenschaft **schriftlich anzuzeigen**.
- Der Unternehmer hat einen **Aufsichtsführenden** sowie ggf. **Hebezeugführer** zu beauftragen. Hebezeugführer dürfen den Steuerstand nicht verlassen. Bei Einweisung muss wie beim Lasttransport eine **verwechslungsfreie Verständigung** zwischen Hebezeugführer und Einweiser vorhanden sein.
- Hochziehbare Personenaufnahmemittel sind während der Benutzung **täglich** durch den Hebezeugführer gemeinsam mit dem Aufsichtsführenden zu **prüfen**: z. B. optische Kontrolle des Personenaufnahmemittels, Sicherung des Lasthakens und der Tragmittel, Funktionsprüfung der Notendhalteinrichtung, Durchführung einer Probefahrt.
- Besteht in Arbeitskörben oder auf Arbeitsbühnen **Brandgefahr**, so sind Feuerlöscheinrichtungen (z. B. tragbare Feuerlöscher) mitzuführen.
- Werden von Arbeitskörben oder Arbeitsbühnen **Elektroarbeiten** durchgeführt, dann darf dies nur unter besonderen Bedingungen durchgeführt werden:
  - isolierte Aufhängung
  - Einhaltung eines maximalen Kurzschlussstromes abhängig vom Seildurchmesser;
  - eine leitfähige Verbindung mit kleinem elektrischen Widerstand zwischen Personenaufnahmemittel und der Anschlussklemme «Werkstück» am Lichtbogenschweißgerät;
  - der Einsatz von **Elektrowerkzeugen** ist nur erlaubt, wenn diese schutzisoliert sind.

4 Prüfung

Nr. 6 BGR 159 sieht die folgenden Prüfungen vor:

- **Grundsätzlich** sind hochziehbare Personenaufnahmemittel **vor der ersten Inbetriebnahme und nach wesentlichen Änderungen vor der Wiederinbetriebnahme durch einen Sachverständigen zu prüfen**. Selbstverständlich müssen Krane oder Winden, Hub- und Zugeinrichtungen, die bereits für die Verwendung als hochziehbare Personenaufnahmemittel geprüft wurden, nicht erneut geprüft werden. Liegt für das hochziehbare Personenaufnahmemittel eine Bauartprüfung in Form einer Prüfbescheinigung vor, so ist diese Inbetriebnahmeprüfung ebenfalls nicht erforderlich. Die Prüfung ist schriftlich zu dokumentieren.
- **Arbeitskörbe und Arbeitsbühnen** mit fest angebauten Winden oder mit Winden in der Aufhängung sind **vor Inbetriebnahme am Aufstellungsort durch** einen Sachkundigen in allen Teilen **auf Betriebssicherheit zu prüfen**. Die Prüfung ist schriftlich zu dokumentieren.
- Vor der ersten Inbetriebnahme am Aufstellungsort muss **in Gegenwart des Aufsichtsführenden** eine Probefahrt mit der Nutzlast des Personenaufnahmemittels in allen Fahrbewegungen vorgenommen werden.
- **Wiederkehrende Prüfungen** aller Teile auf Betriebssicherheit müssen **jährlich mindestens einmal** stattfinden. Das Prüfintervall kann abhängig von den Einsatzbedingungen auch kürzer sein (mehrere Prüfungen pro Jahr). Die Prüfung ist schriftlich zu dokumentieren.
- Kommt es zu **Schadensfällen** oder Ereignissen, **die die Tragfähigkeit beeinflussen** (z. B. Fangen, Verhaken), dann sind **außerordentliche Prüfungen** durch einen Sachkundigen erforderlich. Dies gilt auch nach durchgeführten Instandsetzungsarbeiten.

In Anhang 3 BGR 159 ist ein ausführliches **Verzeichnis der allgemein anerkannten Regeln der Technik** für hochziehbare Personenaufnahmemittel aufgeführt, die zu beachten sind. Natürlich kann von diesen Regeln abgewichen werden. Dabei ist aber zu beachten, dass die Sicherheit dann auf andere Weise gewährleistet sein muss.

Dirk Rittershaus

Home Office

Beim Home Office befindet sich die Arbeitsstätte selbst gewählt zu Hause. Der Erwerbstätige – Telearbeiter genannt – ist keinen Weisungen unterworfen. Auch wann er arbeitet, bestimmt er meist selbst und ob er das im Anzug oder in der Jogginghose tut, interessiert niemanden.

Es gibt kein Gesetz und keine spezielle Verordnung zum Home Office. Für den Mitarbeiter in der Privatwohnung gilt deshalb der Arbeits- und Gesundheitsschutz wie für den Kollegen im Betrieb. Der Arbeitgeber ist verantwortlich und muss dafür sorgen, dass die Räume angemessen professionell und ergonomisch ausgestattet sind.

Gesetze, Vorschriften und Rechtsprechung

Anzuwenden sind das Arbeitsschutzgesetz (ArbSchG), die Bildschirmarbeitsverordnung (BildscharbV) und das Betriebsverfassungsgesetz (BetrVG). Zusätzlich gilt das Heimarbeitsgesetz (HAG), wenn es sich um nur einfach gelagerte Tätigkeiten handelt wie Schreiben nach Diktat oder Vorlage, Kontoristen- oder einfache Buchhaltungstätigkeiten, Schreiben von Verträgen oder der Auswertung von Meinungsumfragen. Zudem gilt das Bundesdatenschutzgesetz (BDSG) beim Umgang mit betriebsinternen Daten.

Für den, der unterwegs im Zug, am Flughafen oder im Hotel arbeitet, gelten weder die Arbeitsstätten- noch die Bildschirmarbeitsverordnung. Der Arbeitsschutz ist bei mobiler Büroarbeit nicht geregelt. Oft ungeklärt ist auch der Versicherungsschutz während der Arbeit zu Hause im Home Office. Für eine eindeutige rechtliche Verantwortlichkeit muss u. a. geregelt sein, ob die Arbeit im Home Office im Arbeitnehmerstatus oder freiberuflich ausgeführt wird. Selbstständigkeit oder Arbeitnehmerschaft hängen vom Grad der persönlichen Abhängigkeit ab (BAG, Urteil v. 16.7.1997, 5 AZR 312/96).

1 Grundlegende Begriffe

Zum besseren Verständnis werden die wichtigsten Begriffe im Zusammenhang mit dem Home Office mit ihren Hauptmerkmalen kurz erläutert:

1.1 Heimarbeit

Heimarbeit meint allgemein eine Erwerbstätigkeit, die meist zu Hause erledigt wird. Dabei werden einfach gelagerte Tätigkeiten ausgeführt. Diese Form der Arbeit gibt es schon sehr lange. Überwiegend Frauen arbeiten für den gewerblichen Bereich von zu Hause aus. Sie stellen am Küchentisch zum Beispiel Etuis her oder schrauben Kugelschreiber zusammen und werden nach Stückzahl bezahlt.

> **Wichtig: Komplexere Tätigkeiten**
> Komplexere Tätigkeiten am Computer im Home Office gelten hingegen nicht als Heimarbeit sondern als Telearbeit.

1.2 Telearbeit

Verlagert ein Unternehmen Tätigkeiten nach außen und werden dafür Telekommunikationsmittel wie Computer und Telefon bzw. Handy eingesetzt, spricht man von Telearbeit. Wenn die Arbeit in einem Home Office verrichtet wird, bezeichnet man das in der Wissenschaft auch als isolierte Telearbeit oder Teleheimarbeit[63]. Telearbeit kann von einem Selbstständigen oder einem Arbeitnehmer als Organisationsform seiner Arbeit gewählt werden. (vgl. **Tab. 1**)

	Wo wird die Arbeitsleistung erbracht?
Isolierte Telearbeit oder Teleheimarbeit	ausschließlich im Home Office
Alternierende Telearbeit	wechselweise im Home Office und in einem Büro der betrieblichen Arbeitsstätte
Mobile Telearbeit	an wechselnden Einsatzorten (z. B. von Außendienstmitarbeitern)
Telearbeit im Satellitenbüro	in einem Büro außerhalb des Firmensitzes
On-site-Telearbeit	im Betrieb des Kunden (z. B. bei Beratungstätigkeiten)

Tab. 1: Formen der Telearbeit

1.3 Home Office

Der englische Begriff meint einen Arbeitsplatz oder ein Arbeitszimmer im privaten Umfeld. In der (Miet-)Wohnung des sog. Telearbeiters ist ein Büro mit einem → *Bildschirmarbeitsplatz* eingerichtet.

Zu den gängigen Kommunikationsmitteln im Home Office zählen:

- PC,
- Notebook,
- Handy.

Immer mehr kommen auch zum Einsatz:

- Telefonieren über Internet,
- Smartphone und
- Tablet-PCs wie etwa das iPad.

Das Home Office ist mit dem Rechner bzw. Server der Betriebsstätte vernetzt. Der Austausch von Informationen, Daten, Dokumenten und Terminen erfolgt über

- E-Mail,

[63] Eisele, Bürobau Atlas, 2005.

- Internet oder
- Intranet sowie
- mithilfe eines virtuellen privaten Netzes (VPN).

Ein Abgleich von Adressdatenbanken oder Kalendern ist jederzeit möglich – oft kabellos über Bluetooth oder WLan.

Eine repräsentative Umfrage aus dem Jahr 2008 gibt Aufschluss über Arbeiten im Home Office[64]:

- 53 % der Befragten – v. a. die 35- bis 44-Jährigen – würden gerne im Home Office arbeiten.
- 32 % der Befragten – hier v. a. über 55-Jährige – sind mit ihrem Büro zufrieden.

1.4 Das mobile Büro

In der flexiblen und mobilen Arbeitswelt fließen Privates und Berufliches häufig ineinander. Wer beruflich viel unterwegs ist, kann kaum noch sagen, wann und wo seine Arbeit beginnt und endet. Am Hotspot, im Hotel, am Flughafen oder Bahnhof und auch im Café kann jederzeit weltweit eine virtuelle Verbindung hergestellt werden.

2 Vorteile

Vom Home Office haben sowohl Chefs als auch Mitarbeiter oft falsche Vorstellungen: eine Mutter, die während der E-Mail-Abfrage ihr Kind stillt, der Mitarbeiter, der mit dem Notebook auf dem Schoß vom Sofa aus Angebote schreibt, ein Arbeitsplatz, an dem nach Lust und Laune gearbeitet wird, also nachts und an Sonn- und Feiertagen. Die Vorteile eines Home Office sind jedoch weitaus realer.

Durch ein Home Office ergeben sich u. a. folgende Vorteile.

Für den Arbeitgeber

- Der Arbeit- oder Auftraggeber muss keine Räume in der Betriebsstätte zur Verfügung stellen.
- Die Bereitschaft des Mitarbeiters auch einmal schnell einen kleineren Auftrag zu erledigen steigt, wenn keine Fahrten dafür notwendig sind.
- Die Fehlzeiten nehmen ab[65].

Für den Arbeitnehmer

- An- und Abfahrtszeiten entfallen, dadurch ergibt sich mehr Freizeit.
- Berufstätigkeit und Familie lassen sich besser vereinbaren.
- Die Betreuung von Kindern und pflegebedürftigen Angehörigen kann einfacher übernommen werden.
- Zu Hause lassen sich individuelle Bedürfnisse verwirklichen.
- Die Zeiteinteilung erfolgt selbstständig.
- In der eigenen Umgebung fühlen sich viele wohler.
- Es besteht die Möglichkeit, trotz eingeschränkter Mobilität berufstätig zu sein.
- Die Beschäftigungschancen für Behinderte sind höher.
- Bessere Konzentration, da es zu keinen Störungen durch Kollegen oder Betriebsabläufe kommt.

Für Arbeitgeber und Arbeitnehmer

- Selbstständigkeit und Selbstverantwortung des Mitarbeiters steigen.

---

[64] Plantronics GmbH, Arbeiten im Home Office, 2008.
[65] Unternehmensportal des Bundesministeriums für Wirtschaft und Technologie (BMWI)

- Durch den Aufbau einer virtuellen Vernetzung kann auf Daten immer und von überall zugegriffen werden.
- Die zeitliche Gestaltung der Arbeit ist flexibler.

3 Mögliche Risiken

Heute ist das eigene Heim ein Synonym für Ruhe und Entspannung. Das Büro steht dagegen für Konzentration und Leistung. Suchen also die, die im Home Office arbeiten (wollen) v. a. die Ruhe? Und ist die Arbeit zu Hause wirklich besser und gesünder? Damit das Konzept Home Office funktioniert, sind viele Faktoren zu berücksichtigen.

Zu den häufigsten Risikofaktoren zählen:

- mangelhaft oder unergonomisch eingerichteter Arbeitsplatz,
- falsch berechneter Flächen- und Staubedarf,
- Vernachlässigung von sicherheitstechnischen und arbeitsmedizinischen Regeln,
- mangelnde Eigendisziplin,
- mangelnde räumliche und zeitliche Trennung zwischen Arbeit und Freizeit,
- fehlende Ziel- und Zeitvorgaben,
- zu wenig Kommunikation,
- fehlender Austausch von Informationen und Emotionen,
- mangelnde soziale Unterstützung durch Vorgesetzte und Kollegen,
- Gefahr der Isolation,
- Gefahr des Interessenkonfliktes zwischen beruflichen und privaten Aufgaben,
- schlechtere Karrierechancen, wenn die betriebsinterne Anbindung nur virtuell stattfindet,
- geringe Identifikation mit dem Betrieb,
- fehlender Versicherungsschutz, z. B. bei Diebstahl.

4 Arbeitsschutz

Der Arbeitgeber ist für die Arbeitsbedingungen in seinem Unternehmen verantwortlich, auch für Arbeitsplätze wie im Home Office, die nicht in der Betriebsstätte untergebracht sind.

4.1 Sicherheit und Gesundheit

Der Arbeitgeber muss ein Home Office wie jeden Büroarbeitsplatz → *ergonomisch* und nach den gesetzlichen Bestimmungen im häuslichen Umfeld seines Mitarbeiters einrichten. Neben der Finanzierung des Büros muss er auch für die Sicherheit und Gesundheit sorgen.

4.2 Gefährdungsbeurteilung

Bei der Einrichtung und Gestaltung des Home Office muss der Arbeitgeber eine fachliche Unterstützung durch ergonomisch und arbeitsmedizinisch qualifizierte Experten sicherstellen. Doch viele Telearbeiter fühlen sich in ihrer persönlichen Freiheit eingeschränkt, wenn der Arbeitsschutzbeauftragte der Firma für das Home Office eine → *Gefährdungsbeurteilung* durchführen will. Sie pochen auf das Recht der Unverletzlichkeit ihrer Wohnung. Vom Grundgesetz her ist der Einwand korrekt, aus Sicht des Arbeitsschutzes jedoch kritisch.

4.3 Ergonomische Grundvoraussetzungen

Unternehmen und Aufsichtbehörden drücken oft ein Auge zu, wenn es um Arbeitsplätze in Privatwohnungen geht. Bürotätigkeit wird als körperlich leicht und in der privaten Abgeschiedenheit auch als insgesamt kaum belastend angesehen. Und so sind immer noch viele Home Office-Arbeitsplätze in einem Eckchen im Schlaf- oder Wohnzimmer untergebracht. Da im Home Office aber überwiegend Tätigkeiten am Computer ausgeführt werden, gelten alle rechtlichen Bestimmungen für einen → *Bildschirmarbeitsplatz*. Die Wichtigsten sind:

- Der Arbeitsplatz muss frei zugänglich sein, d. h. mind. 60 cm Durchgang zum persönlichen Arbeitsplatz.

- Tische und Stühle sollten so angeordnet sein, dass die Sitzhaltung regelmäßig veränderbar ist kann und man sich im Raum bewegen kann. Dafür muss hinter dem Stuhl mind. 1 m Platz sein.
- Der Arbeitstisch muss knapp 1,3 m² betragen, was 160 x 80 cm entspricht, damit ausreichend Ablageflächen vorhanden sind.
- Die Beinfreiheit sollte mind. 80 cm im Fußbereich betragen, um u. a. Durchblutungsstörungen vorzubeugen.
- Für gute Lichtverhältnisse sorgen → *Tageslicht* und künstliche → *Beleuchtung*.
- Der Monitor ist so aufzustellen, dass es keine störenden Blendungen, Reflexe oder Spiegelungen darauf gibt.
- Die → *Raumtemperatur* sollte regelbar und die Lüftung ausreichend sein.

5 Datenschutz

Datenschutzvorschriften sind immer dann zu beachten, wenn personenbezogene Daten in Dateien verarbeitet werden. Die Arbeiten im Home Office stellen innerbetriebliche Prozesse dar, die außerhalb des direkten Einflussbereiches der IT-Sicherheitsabteilung liegen. Verantwortlich sowohl für den Datenschutz als auch für die Datensicherheit ist aber weiterhin der Arbeit- bzw. Auftraggeber.

Um Datensicherheit zu gewährleisten, müssen verschiedene Faktoren berücksichtigt werden.

Sicherheitsvorkehrungen auf dem PC:

- Antivirenprogramm installieren und nutzen,
- standardmäßige Sicherheitsoptionen aktivieren,
- Betriebssystem und Programme regelmäßig aktualisieren,
- Firewall einschalten,
- WLAN-Verbindung zum Router verschlüsseln,
- Benutzername und Passwort für den Zugang anlegen,
- sensible Daten auf dem PC nur in verschlüsselter Form speichern.

Datenübertragung zwischen Home Office und Firmennetz:

- Authentifizierung z. B. mit Einmalpasswörtern einrichten.

Umgang mit Daten allgemein:

- sensible Informationen per E-Mail erst nach Verschlüsselung mit einer geeigneten Kryptographie-Anwendung austauschen.

> **Wichtig: Freie Mitarbeiter**
> Einem freien Mitarbeiter ist es untersagt, personenbezogene Daten unbefugt zu anderen als den vertragsgemäßen Zwecken zu erheben, zu verarbeiten, Dritten bekannt zu geben oder zugänglich zu machen oder sonst zu nutzen. Das Datengeheimnis besteht auch nach Beendigung der Tätigkeit fort.

6 Wirtschaftliche Aspekte

Im Wettbewerb spielt Geld für Unternehmen eine große Rolle. In Deutschland ließen sich noch viele weitere Home Offices einrichten und damit Kosten sparen. Nachhaltig gelingt das nur mit einer systemgonomischen Gestaltung, und wenn der Mitarbeiter eingewiesen und bei Fragen unterstützt wird.

6.1 Fahrtkosten

Wenn Mitarbeiter die eigene Wohnung oder das eigene Haus für die Arbeit nicht verlassen müssen, fallen keine Fahrtzeiten und -kosten an. Das spart Ressourcen und Nerven, denn während der Stoßzeiten sind Straßen und Bahnen überfüllt. Zudem sind laut Schweizer Bundesbahn

(SBB) Einsparungen im öffentlichen Nahverkehr möglich[66]. Über einen längeren Zeitraum wirken sich weniger Fahrten auch deshalb positiv auf Kosten aus, weil weniger CO_2-Emissionen anfallen.

6.2 Raumkosten

Während tagsüber die Wohnung leer steht, verwaisen nachts die Bürokomplexe. Über 24 Stunden gesehen heißt das sozusagen «doppelte» Miete. Mit einem Home Office lässt sich die Büromiete sparen. Dadurch entfallen im Betrieb auch weitere regelmäßige Kosten wie Strom, Heizung, Wasser oder Instandhaltung.

> **Praxis-Tipp: Kostenfrage klären**
>
> Wer vom Home Office aus arbeiten will sollte klären, wer für die Kosten aufkommt. Es fallen Miete bzw. Raumkosten für das Arbeitszimmer an, genauso wie Kosten für Büromöbel, für die Hard- und Software, für die PC-Betreuung sowie für die monatlichen Grundgebühren und laufende Gebühren für die Nutzung von Informations- und Kommunikationsdiensten.

6.3 Steigerung der Produktivität

Nach Angaben des Online Forums für Telearbeit löst der Arbeitsplatz im eigenen Haus einen Motivationsschub aus, der die Produktivität bis zu 60 % steigern kann. Voraussetzung dafür ist ein Führungsstil, bei dem nicht die Kontrolle, sondern das Vertrauen in die Mitarbeiter im Vordergrund steht. Auf einer vertrauensvollen Basis – mit Unterstützung bei Bedarf – kann ein Mitarbeiter die Vorteile eines Home Offices voll ausschöpfen.

29 % gaben bei einer Umfrage[67] an, dass sie in ihrem Home Office 1 bis 3 Stunden pro Woche mehr arbeiteten als vertraglich vereinbart.

25 % gaben immerhin noch mehr als eine Stunde Mehrarbeit an.

6.4 Steuern[68]

Es ist zunächst zu klären, wer die Kosten für das Home Office trägt bzw. wem die Büroausstattung gehört. Je nachdem können Steuern anfallen und zwar in den Bereichen:

- Ausstattung wie Computer, Drucker, Fax-Gerät, EDV-Möbel usw.,
- laufende Betriebskosten wie etwa Stromkosten, Heizung, Beleuchtung und Reinigung;
- Werbungskosten.

Für Telefonanschlüsse und Verbindungskosten gilt die allgemeine Telefonkostenregelung.

Bettina Brucker

Hubgeräte

Hubgeräte sind Geräte, die allein oder in Verbindung mit anderen Einrichtungen (z. B. Krane, Erdbaumaschinen, Hebebühnen, Flurförderzeuge, Regalbedienungsgeräte, Fahrzeuge) zum Heben und Senken von Lasten oder von Personen verwendet werden.

Gesetze, Vorschriften und Rechtsprechung

Für Hubgeräte, die gleichzeitig Maschinen sind, gelten die Beschaffenheitsanforderungen der Maschinenverordnung (außer bei Altmaschinen). Für alle Hubgeräte sind die Mindestanforderungen der Betriebssicherheitsverordnung (BetrSichV) hinsichtlich Beschaffenheit und Betrieb zu beachten. Darüber hinaus muss der Unternehmer dafür sorgen, dass Hubgeräte entsprechend den Bestimmungen der BGV D8 «Winden, Hub- und Zuggeräte» beschaffen sind und betrieben werden.

---

[66] Schweizer Bundesbahn, Mobiles Arbeiten, Unterwegs im Büro
[67] Arbeiten im Home Office, Plantronics GmbH, 2008
[68] § 3 Nr. 45 EStG

1 Arten von Hubgeräten

Hubgeräte sind z. B.:
- Seil- und Kettenzüge (Flaschenzüge),
- Elektro- und Druckluftzüge mit Seil, Kette oder Band,
- Treibscheibengeräte,
- Wagenheber,
- Rangierheber,
- pneumatische und hydraulische Kolbengeräte,
- Hubeinrichtungen für Kipperbrücken auf → *Fahrzeugen*,
- Hubeinrichtungen an Fahrzeuganbaugeräten,
- Vakuumheber,
- Hubtische,
- Lifter.

2 Beschaffenheitsanforderungen

Für Hubgeräte, die unter den Anwendungsbereich der Maschinenverordnung fallen, gelten die Beschaffenheitsanforderungen gemäß Maschinenverordnung (9. ProdSV). Der Unternehmer darf diese Hubgeräte erstmals nur in Betrieb nehmen, wenn die Voraussetzungen der §§ 2 bis 4 Maschinenverordnung erfüllt sind.

Das gilt nicht

1. für Hubgeräte – ausgenommen in Nummer 2 aufgeführte –, die den Anforderungen der BGV D8 «Winden, Hub- und Zuggeräte», Abschnitt II «Bau und Ausrüstung» entsprechen und bis zum 31. Dezember 1994 in den Verkehr gebracht worden sind;
2. für Hubgeräte zum Heben und Senken von Personen, die den Anforderungen der BGV D8 «Winden, Hub- und Zuggeräte», Abschnitt II «Bau und Ausrüstung» entsprechen und bis zum 31. Dezember 1996 in den Verkehr gebracht worden sind.

Hubgeräte, die unter den Anwendungsbereich der EU Arbeitsmittelbenutzungs-Richtlinie (89/655/EWG) fallen, müssen seit 1. Januar 1997 mind. den Anforderungen dieser EU-Richtlinie bzw. Anhang 1 Betriebssicherheitsverordnung (BetrSichV) entsprechen, insbesondere Abschnitt 3.2 «Mindestvorschriften für Arbeitsmittel zum Heben von Lasten».

Darüber hinaus muss der Unternehmer dafür sorgen, dass Hubgeräte entsprechend den Bestimmungen der BGV D8 «Winden, Hub- und Zuggeräte», Abschnitt II «Bau und Ausrüstung» beschaffen sind. Dort sind u. a. die folgenden Themen geregelt:

- Transport- und Befestigungseinrichtungen,
- Sicherungen an Führungen von Zahnstangen, Spindeln oder Kolben,
- Hand- und kraftbetriebene Geräte,
- Anforderungen an Steuereinrichtungen,
- Rücklaufsicherung der Last,
- Sicherung von Lasten gegen freien Fall,
- Bremseinrichtungen, allgemein,
- Bremseinrichtung beim Heben feuerflüssiger Massen,
- Notwendigkeit von Hilfsbremsen,
- Anforderungen an Seil- und Kettentriebe
- Sicherung gegen Überlastung,
- Notendhalteinrichtungen,
- Anforderungen an Sicherheitseinrichtungen.

Hubgeräte

3 Kennzeichnung

An Hubgeräten müssen mindestens folgende Angaben dauerhaft und gut lesbar angegeben sein:

1. Hersteller oder Lieferant,
2. Baujahr,
3. Typ, falls Typenbezeichnung vorhanden,
4. Fabriknummer oder Seriennummer,
5. zulässige Belastung,

zu Weiteren spezifisch erforderlichen Angaben am Gerät siehe § 3 BGV D8 «Winden, Hub- und Zuggeräte».

4 Prüfungen

Für Hubgeräte müssen nach Betriebssicherheitsverordnung (BetrSichV) Art, Umfang und Fristen erforderlicher → *Prüfungen* ermittelt und die notwendigen Voraussetzungen ermittelt und festgelegt werden, welche die Personen erfüllen müssen, die mit der Prüfung oder Erprobung von Hubgeräten beauftragt werden (→ *befähigte Person*).

Hubgeräte sind auch nach den Bestimmungen von Abschnitt III «Prüfungen» BGV D8 «Winden, Hub- und Zuggeräte»der sicherheitstechnisch zu überprüfen. Danach müssen Hubgeräte, einschließlich der Tragkonstruktion sowie Seilblöcke, vor der ersten Inbetriebnahme und nach wesentlichen Änderungen vor der Wiederinbetriebnahme, durch eine befähigte Person (Sachkundigen) auf die ordnungsgemäße Aufstellung und Betriebsbereitschaft geprüft werden. Der Unternehmer muss außerdem dafür sorgen, dass Geräte einschließlich der Tragkonstruktion sowie Seilblöcke mind. einmal jährlich durch eine befähigte Person (Sachkundigen) geprüft werden. Er muss Hubgeräte darüber hinaus entsprechend den Einsatzbedingungen und den betrieblichen Verhältnissen nach Bedarf zwischenzeitlich durch eine befähigte Person (Sachkundigen) prüfen lassen.

Die Prüfung erstreckt sich im Wesentlichen auf die Vollständigkeit, Eignung und Wirksamkeit der Sicherheitseinrichtungen sowie auf den Zustand des Gerätes, der Tragmittel, der Rollen, der Ausrüstung und der Tragkonstruktion. Sicherheitseinrichtungen sind z. B. Rückschlagsicherungen, Rücklaufsicherungen, Bremseinrichtungen, Hilfsbremsen, Seilwickeleinrichtungen, Einrichtungen zum Sperren der Lastwelle, Sicherungen gegen Überlastung, Notendhalteeinrichtungen.

5 Betrieb

Für den Betrieb von Hubgeräten sind die Festlegungen von Anhang 2 Betriebssicherheitsverordnung zu beachten, insbesondere Pkt. 4. «Mindestanforderungen für die Benutzung von Arbeitsmitteln zum Heben von Lasten».

Eine Spezifizierung der Betriebsvorschriften enthält Abschnitt IV «Betrieb» der BGV D8 «Winden, Hub- und Zuggeräte». Dort sind u. a. die folgenden Themen geregelt:

- Anforderungen an Personen, Beauftragung,
- Betriebsanleitung, → *Betriebsanweisung*,
- Aufstellung, Befestigung,
- zulässige Belastung,
- Prüfung vor Arbeitsbeginn,
- Feststellung und Beseitigung von Mängeln,
- Anschlagen der Last,
- Einleiten der Lastbewegung,
- zusätzliche Abstützung beim Anheben von → *Fahrzeugen*,
- Unterbrechen des Kraftflusses,
- Verlassen des Steuerstandes von unter Last stehenden Geräten,

- Personentransport,
- Anforderungen an Geräte, abhängig von der Verwendungsart,
- Anfahren von Notendhalteinrichtungen,
- Ablauf der theoretischen Nutzungsdauer von Geräten.

Gunter Weber

Hygiene

Hygiene im klassischen Sinn bezeichnet die Lehre von der Verhütung der Krankheiten und der Erhaltung und Festigung der Gesundheit (Deutsche Gesellschaft für Hygiene und Mikrobiologie). So gesehen sind fast alle Bestrebungen im Arbeitsschutz hygienischer Natur. Im gebräuchlicheren Sinn wird unter Hygiene jedoch vor allem die Vorbeugung von Infektionskrankheiten verstanden. Diese betrifft nicht alle Betriebe in gleichem Maße. Allerdings sind Hygienefragen grundsätzlich überall dort relevant, wo Menschen zusammenkommen, also auch am Arbeitsplatz.

Gesetze, Vorschriften und Rechtsprechung

Gesetzliche Vorgaben zum Thema Hygiene finden sich in unterschiedlichen Rechtsgebieten, deren Schwerpunkte hauptsächlich außerhalb des Arbeitsschutzes liegen:

Infektionsschutzgesetz: Hier dient vor allem das Infektionsschutzgesetz dem Schutz vor der Ausbreitung von Infektionskrankheiten in der Bevölkerung und enthält u. a. Regelungen zu Meldepflichten und Beschäftigungsverboten. Speziellere Hygienefragen (z. B. im Krankenhaus oder bei drohenden Epidemien) werden in Richtlinien oder Empfehlungen des Robert-Koch-Instituts geregelt, außerdem (für gesundheitsbezogene Dienstleistungen) in den Hygieneverordnungen der Länder.

Lebensmittelrecht: Im Lebensmittelbereich gibt es eine Vielzahl von hygienerelevanten Richtlinien und Normen (EG-Verordnung 852/2004 «Lebensmittelhygiene», Trinkwasserverordnung, HACCP-Richtlinien u.v.m.). Im Arbeitsschutzbereich beziehen sich einzelne Unfallverhütungsvorschriften auf Hygienefragen (s. u.).

1 Allgemeine Betriebshygiene

Allgemeine Hygienevorgaben ergeben sich v. a. aus den Fürsorgepflichten des Arbeitgebers nach ArbSchG bzw. BGV A1. Konkrete Vorgaben machen die Arbeitsstättenverordnung und ihre Technischen Regeln, z. B. ASR A4.2 «Pausen- und Bereitschaftsräume» sowie die ab 2013 zu erwartende ASR A4.2 «Sanitärräume», deren Vorgängerregelungen ASR 34/1-5, ASR 35/1-4 und ASR 37/1 zu Umkleide, Wasch- und Toilettenräumen Ende 2012 außer Kraft getreten sind.

Im Wesentlichen werden hier ganz elementare Sachverhalte geregelt wie die Verfügbarkeit von Waschgelegenheiten und Toiletten und die immer noch oft ignorierte Festlegung, dass Seife und Handtücher nie gemeinschaftlich benutzt werden dürfen.

Zur Frage der **Reinigung** ist § 4 Abs. 2 ArbStättV maßgebend: «Der Arbeitgeber hat dafür zu sorgen, dass Arbeitsstätten den hygienischen Erfordernissen entsprechend gereinigt werden. Verunreinigungen und Ablagerungen, die zu Gefährdungen führen können, sind unverzüglich zu beseitigen.»

Fragen zur Reinigungsintensität und -häufigkeit, die in der betrieblichen Praxis gerade in sensiblen Bereichen immer wieder auftreten, sind also nicht mit festen Vorgaben zu beantworten, sondern durch die → *Gefährdungsbeurteilung*.

Darüber hinaus sind für **konkrete Hygieneanforderungen** die entsprechenden branchenspezifischen Regelungen der Berufsgenossenschaften zu berücksichtigen. Dies betrifft vor allem Betriebe, die im weitesten Sinn mit → *biologischen Arbeitsstoffen* umgehen, wie

- Entsorgungsbetriebe, Kläranlagen,
- → *Laboratorien*,
- Tierhaltung,

- Gerbereien,
- → *Gebäudereiniger*, Schädlingsbekämpfung,
- Lebensmittel verarbeitende Betriebe (z. B. Fleisch- und Getreideverarbeitung),
- Gesundheitswesen.

Besondere Anforderungen bestehen hier z. B. im Hinblick auf Schwarz-Weiß-Trennung von Privat- und Arbeitskleidung, Waschen von Arbeitskleidung, Händehygiene, Reinigung von Arbeitsbereichen und → *arbeitsmedizinische Vorsorge*.

Trinkwasserhygiene

Trinkwasser ist ein verderbliches Lebensmittel. Für den Umgang damit hat der Gesetzgeber daher besondere Anforderungen aufgestellt, um Keimbelastungen und andere Verunreinigungen zu vermeiden. Typische Trinkwasserkeime sind:

- **Legionellen**, die sich in Warmwasserleitungen ansiedeln können und über Tröpfcheninfektionen (beim Duschen/Baden) Atemwegserkrankungen auslösen können;
- **Coliforme (Kolikeime)**, die oral aufgenommen Durchfallerkrankungen auslösen.

Verantwortlich für die Trinkwasserqualität sind neben den Wasserversorgern auch Endverbraucher wie die Betriebe, die in ihren Gebäuden Trinkwasserinstallationen betreiben. Sie müssen gemäß Trinkwasserverordnung den Betrieb von Trinkwasseranlagen anzeigen und durch regelmäßige Wasserproben sicherstellen, dass die Trinkwasserqualität einwandfrei bleibt.

> **Wichtig: Anzeigepflichten berücksichtigen**
>
> Anzeigepflichten bestehen auch bei Besitzerwechsel, z. B. beim Ankauf eines Betriebsgebäudes. Daher sollte der Zustand der Trinkwasseranlage beim Kauf entsprechend berücksichtigt werden. Welche Behörde für die Anzeige zuständig ist, ist auf Länderebene unterschiedlich geregelt.

Art und Umfang der Untersuchungen richten sich dabei nach der Art und Größe der Trinkwasseranlage bzw. dem durchschnittlichen Trinkwasserverbrauch. Details regeln die Gesundheitsämter, die entsprechende Informationen lokal zur Verfügung stellen.

Wenn der Betrieb Wasser zur Lebensmittelherstellung (vgl. Abschnitt Lebensmittelhygiene) oder anderweitig als Produktionsmittel einsetzt, greifen besondere Sorgfaltspflichten, die sich auch aus branchen- oder betriebsspezifischen Qualitätsnormen ableiten.

> **Wichtig: Trinkwasserinstallation in Ordnung halten**
>
> - Die **Installation** muss der Trinkwasserverordnung und den geltenden Normen entsprechen (v. a. DVGW-Arbeitsblätter der Deutschen Vereinigung des Gas- und Wasserfaches e. V.). Wasserinstallationen sollten daher durch einen Fachbetrieb vorgenommen werden.
> - **Tote Leitungsabschnitte** sind wegen der Gefahr der Verkeimung grundsätzlich nicht zulässig. Wenn Verbrauchsstellen wegfallen, müssen die Leitungsabschnitte so weit wie möglich vom Netz abgeklemmt und deinstalliert werden.
> - **Wenig benutzte Verbrauchsstellen** (selten benutzte Duschen, Gästebereiche usw.) sollten regelmäßig gespült werden. Das dient nicht nur der Trinkwasserhygiene, sondern auch dem Erhalt der Installation.

2 Lebensmittelhygiene

Unter Lebensmittelhygiene können allgemein die Vorkehrungen verstanden werden, die nötig sind, um zu gewährleisten, dass ein Lebensmittel unter Berücksichtigung seines Verwendungszweckes für den menschlichen Verzehr tauglich ist. Ausschlaggebend ist für diesen Bereich besonders die EG-Verordnung 852/2004 «Lebensmittelhygiene», die in die deutsche Lebensmittelhygieneverordnung (LMHV) überführt wurde. Sie sieht verbindlich vor, dass Lebensmittel in der EU nur nach dem sog. **HACCP-System** (Hazard Analysis and Critical Control Point) hergestellt, verarbeitet bzw. in Verkehr gebracht werden dürfen. Es beinhaltet kurz gefasst:

- Analyse von Gefahren für die Lebensmittelsicherheit,

- detaillierte Verfahren zur Überwachung von Lebensmitteln in allen Produktionsstufen mit entsprechenden Maßnahmen bei Abweichungen (konkret sind das z. B.: Temperaturmessungen, Rückstellproben usw.),
- die ständige Validierung des Systems,
- fortlaufende Dokumentation.

Dadurch ergeben sich viele detaillierte Hygieneanforderungen an Lebensmittelbetriebe, die alle Bereiche umfassen (Rohstoffbeschaffung, Lagerung, Gebäude- und Produktionstechnik, Herstellungsverfahren, Verpackung, Versand, Schulung der Beschäftigten usw.). Weiterhin muss in vielen Lebensmittelbetrieben und insbesondere in Einrichtungen der Gemeinschaftsverpflegung (neben Gaststätten, Cafés, Wohn- und Pflegeeinrichtungen auch Kantinen) das Infektionsschutzgesetz berücksichtigt werden, dass u. a. die obligatorische Einweisung der dort tätigen Beschäftigten durch die Gesundheitsbehörde vorschreibt.

Auch in Nicht-Lebensmittelbetrieben wird sehr häufig mit Lebensmitteln umgangen. Verfügt der Betrieb über eine regelrechte Kantine, treffen ihn die HACCP-Vorgaben voll, sodass entsprechende Fachkräfte für die ordnungsgemäße Umsetzung sorgen müssen. Problematisch sind oft **Grenzbereiche**, wenn z. B. die Sekretärin Schnittchen für eine Besprechung richtet oder beim Firmenfest Würstchen für Besucher gegrillt werden.

Die Lebensmittelhygiene-Verordnung sieht für solche Fälle keine Ausnahme («Kleinmengenregelung») vor. Allerdings wird in der einführenden Begründung der EG-Richtlinie angedeutet, dass sich die Richtlinie dem Sinn nach an ausgesprochene Lebensmittelunternehmen wendet und in bestimmten Fällen statt der HACCP-Vorgaben eine «gute Hygienepraxis» ausreichend ist, um Risiken für Verbraucher zu vermeiden. In der Praxis gehen auch die für die Lebensmittelüberwachung zuständigen Aufsichtsbehörden von einem solchen Ansatz aus, weil anders im gesellschaftlichen Leben übliche Bewirtungen kaum möglich wären (z. B. Aktivitäten von Vereinen, öffentliche Feste, «Tage der offenten Tür»).

Praxis-Tipp: Umgang mit Lebensmitteln dokumentieren

Betriebe, die in geringem Umfang Lebensmittel verarbeiten und zum Verzehr anbieten, sollten also mindestens **Leitlinien zum Umgang mit Lebensmitteln** in geeigneter Form intern dokumentieren, z. B.:

- Reinigungsplan,
- Verzicht auf «Risikolebensmittel» wie rohes Fleisch/Fisch, rohe Eier oder leicht verderbliche Milchprodukte,
- *Unterweisung* der betroffenen Beschäftigten zu Themen wie Lagerung von und mögliche Krankheitsübertragung durch Lebensmittel (solche Schulungen bieten die Gesundheitsbehörden häufig auch Kleinbetrieben an).

Selbstverständlich sollte sein, dass für die Zubereitung von Speisen ein geeigneter Raum bzw. Bereich vorhanden sein muss:

- hygienisch einwandfreier Kühlschrank,
- Küchenbereich mit Arbeitsfläche und Geräten, der gut sauber zu halten ist und nicht anderweitig benutzt wird (schwierig z. B. an kleinen Messeständen – ein Grund, hier besser auf einen professionellen Caterer zurückzugreifen).

3 Gesundheitswesen

Hygienefragen spielen im gesamten Gesundheitswesen eine große Rolle. Fachliche und rechtliche Grundlage sind hier v. a. die Empfehlungen des Robert-Koch-Instituts (RKI). Die Bezeichnung «Empfehlung» darf nicht über die recht hohe bindende Wirkung hinwegtäuschen, die darin Ausdruck findet, dass die Empfehlungen im Bundesgesundheitsblatt offiziell veröffentlicht werden. Empfehlungen gibt es für alle Bereiche des Gesundheitswesens (Krankenhäuser, Heime, Arztpraxen mit vielen unterschiedlichen Tätigkeitsbereichen).

Unter Arbeitsschutzgesichtspunkten ist die Krankenhaushygiene deswegen besonders wesentlich, weil Krankenhäuser große Arbeitgeber sind und hier Hygiene stets nicht nur den Schutz der Patienten betrifft, sondern auch den der Beschäftigten. Arbeitsschutz- und Hygieneverantwortliche müssen also eng zusammenarbeiten.

Grundlage der Krankenhaushygiene ist v. a. die «Richtlinie für Krankenhaushygiene und Infektionsprävention» des RKI. Sie enthält Anforderungen zur baulichen und funktionellen Gestaltung von Krankenhäusern und ihren Abteilungen, zum Umgang mit Medizinprodukten usw. sowie organisatorische Rahmenbedingungen.

Wie im Arbeitsschutz sind für Hygienefragen im Krankenhaus die jeweiligen Vorgesetzten verantwortlich und weisungsbefugt, also Ärztlicher Direktor, Abteilungsleiter, Verwaltungsdirektion oder Pflegedienstleitung. Ihnen stehen beratend und ausführend zur Seite:

- **Krankenhaushygieniker** (Hygienefacharzt): ab 450 Betten hauptamtlich, sonst durch Beratung von qualifizierter Stelle (i. d. R. staatliche oder kommunale Hygieneinstitute). Der Krankenhaushygieniker berät Ärzte bei Erkennung, Verhütung und Bekämpfung von Krankenhausinfektionen, ist weisungsbefugt gegenüber Hygienefachkräften, Desinfektoren usw.
- **Hygienefachkraft:** Weitergebildete Pflegekraft (nach RKI-Richtlinie), Umfang abhängig vom Infektionsrisiko (eine Kraft für 300 – 1.000 Betten). Aufgaben sind die Analyse von Hygienerisiken, regelmäßige Begehungen, Beratung bei der Festlegung von Arbeitsverfahren, baulichen Maßnahmen, Erstellen von Hygiene- und Desinfektionsplänen, Überwachung der Einhaltung von Hygienemaßnahmen, Vorgehen bei Epidemien, Desinfektions- und Isolierungsmaßnahmen, Schulung und Unterweisung.
- **Hygienebeauftragter:** Arzt (für ein gesamtes Haus oder für einzelne Abteilungen), der über eine entsprechende Fortbildung (nach RKI-Richtlinie) verfügt. Er ist das Bindeglied zwischen Hygienefachleuten und Fachabteilungen.

Darüber hinaus sind mit Fragen der Krankenhaushygiene z. T. auch Krankenhausbetriebstechnik und Medizintechnik befasst. Außerdem ist i. d. R. die Zusammenarbeit mit einem geeigneten mikrobiologischen Labor zur Durchführung vorgeschriebener Untersuchungen erforderlich.

Die o. g. Hygienefachleute arbeiten in der **Hygienekommission** zusammen, die ggf. noch um weitere Mitglieder erweitert sein kann (Pflegedienst, Apotheke, Labor, Arbeitsschutz). Ihre Aufgaben sind:

- Analyse von Hygienerisiken,
- Festlegung und Organisation von Infektionsverhütungs- und Bekämpfungsmaßnahmen, Fortbildungen des Personals.

4 Gesundheitsbezogene Dienstleistungen

Für Hygienefragen bei nicht medizinischen Dienstleistungen wie in Haarpflege, Fuß- und Handpflege, Akupunktur, Tätowierungen und Piercing usw. sind die Hygieneverordnungen der Länder zu berücksichtigen. Sie enthalten Vorgaben zum Infektionsschutz für Kunden und Personal gleichermaßen, besonders im Hinblick auf den (möglichen) Kontakt mit Blut (Reinigung und Desinfektion von Bereichen und Geräten, persönliche Hygiene, Verwendung → *Persönlicher Schutzausrüstung* usw.).

Für den gesamten Bereich der Hygiene in Gesundheitsberufen im weiteren Sinn stellen die zuständigen Berufsgenossenschaften (v. a. BGW) zusätzliche Informationen und Unterlagen zu vielen speziellen Themen zu Verfügung.

Cornelia von Quistorp

Hygienemanagement

Regelung und systematisches Leiten und Lenken der betrieblichen Hygienepraxis (Personalhygiene, Produkthygiene sowie Produktions- und Betriebshygiene). Das Hygienemanagement trägt sowohl zur Gewährleistung der Lebensmittelsicherheit als auch zum Erhalt der Gesundheit der Beschäftigten bei. Es lässt sich als eigenständiges Managementsystem oder als Teil eines Arbeitsschutz- oder integrierten Managementsystems gestalten.

Albert Ritter

Immissionsschutz

Unter Immissionsschutz versteht man die Gesamtheit der Maßnahmen, Lebewesen, Gegenstände und die Umwelt vor schädlichen Immissionen zu schützen. Immission kommt aus dem Lateinischen (immittere: hineinschicken, -senden). Im umweltrechtlichen Sinne werden unter Immissionen auf Menschen, Tiere, und Pflanzen, den Boden, das Wasser, die Atmosphäre sowie Kultur- oder sonstige Sachgüter einwirkende Luftverunreinigungen, Geräusche, Erschütterungen, Licht, Wärme, Strahlen und ähnliche schädliche Umwelteinwirkungen verstanden (§ 3 Bundes-Immissionsschutzgesetz, BImSchG). Immissionen wirken am Ende des Wirkungspfads. Schäden treten also an einer Einwirkungsstelle auf, nachdem Emissionen einen Pfad (Luft, Wasser, Boden, Mensch, Tier) zurück gelegt haben.

Gesetze, Vorschriften und Rechtsprechung

Das Bundes-Immissionsschutzgesetz (BImSchG) ist das zentrale Gesetz zur Luftreinhaltung und Lärmbekämpfung sowie für die Zulassung/Genehmigung und Überwachung von Industrieanlagen. Auf Grundlage des BImSchG sind 39 Rechtsverordnungen (BImSchVs) zur Durchführung des BImschG erlassen worden, von denen jedoch einige wieder aufgehoben wurden. Über die grundsätzlichen Anforderungen des Gesetzes hinaus regeln diese Verordnungen Details, insbesondere hinsichtlich Anlagen und deren Betrieb, Produkte und Stoffe sowie bestimmter Immissionen. Den Stand der Technik geben auch die Technischen Anleitungen zur Reinhaltung der Luft (TA-Luft) und zum Schutz gegen Lärm (TA-Lärm) als Allgemeine Verwaltungsvorschriften wieder. Die Landes-Immissionsschutzgesetze (LImSchG) ergänzen die immissionsschutzrechtlichen Vorschriften des Bundes insbesondere um Anforderungen an das Verhalten von Personen, durch das schädliche Umwelteinwirkungen verursacht werden können (z. B. Regelungen zum Schutz der Nachtruhe, Abbrennen von Feuerwerken oder zum Halten von Tieren).

1 Arten von Immissionen

Zu den immissionsschutzrechtlich relevanten Immissionen zählen insbesondere:

- Geräusche, z. B. Verkehrslärm, Rasenmäherlärm, Baulärm, Gaststättenbetrieb,
- Erschütterungen, Vibrationen, ausgelöst z. B. durch Kompressoren, Musikanlagen,
- Licht, z. B. durch Flutlichtanlagen,
- Elektromagnetische Felder, z. B. in der Nähe von Hochspannungsleitungen,
- Luftverschmutzung durch Abgase, Qualm, Rauch, Stäube, Mikroorganismen, ausgelöst z. B. durch Industrie, Landwirtschaft oder → *Fahrzeuge*,
- Gerüche, z. B. durch Abfallbehandlungsanlagen, Tierhaltung oder Chemiebetriebe.

2 Maßnahmen des Immissionsschutzes

Immissionsschutz wird zum einen dadurch erreicht, indem durch den Gesetzgeber bestimmte Immissionswerte festgelegt werden und deren Einhaltung überwacht wird. Anlagenbetreiber tragen außerdem zum Immissionsschutz bei, indem Immissionen durch Vorsorgemaßnahmen bei umweltbeeinträchtigenden Anlagen vermieden bzw. vermindert werden. Hierzu hat der Gesetzgeber bestimmte Anforderungen für die Errichtung und den Betrieb solcher Anlagen definiert. Regelungen nach dem BImSchG enthalten daher Anforderungen an Immissionswerte für Gebiete sowie zur Minimierung von Immissionen, die aus dem Betrieb von Anlagen und der Herstellung von Produkten (Stoffe/Erzeugnisse) entstehen.

Gebietsbezogene Regelungen

Um regionale und örtliche Umweltbelastungen zu bekämpfen, enthält das BImSchG Regelungen zu Lärmminderungsplänen, Emissionskatastern, Luftreinhalteplänen oder Smoggebieten.

Produkt- und Stoffbezogene Regelungen

Bei diesen Regelungen handelt es sich in Wesentlichen um Beschaffenheitsanforderungen von Stoffen und Produkten (Erzeugnissen), wie z. B. die 32. BImSchV (Geräte- und Maschinenlärmschutzverordnung), die 3. BImSchV (Schwefelgehalt im leichten Heizöl) oder die 10. BImschV (Beschaffenheit von Kraftstoffen).

Anlagenbezogene Regelungen

Anlagenbezogene Regelungen beziehen sich auf die Überprüfung und Genehmigung von Betrieben sowie auf die Beschaffenheit bestimmter Anlagen (→ *Stand der Technik*):

- Bestimmte Anlagen werden als genehmigungsbedürftig festgelegt (4. BImSchV). In der Anlagenliste der Verordnung sind genehmigungsbedürftige Anlagen abschließend genannt.
- Genehmigungsbedürftige Anlagen, deren Betrieb mit einem besonderen Risikopotenzial verbunden ist, unterliegen den Anforderungen der Störfallverordnung (12. BImSchV).
- Für bestimmte Regelungen, wie z. B. Feuerungsanlagen (Kraftwerke) oder Abfallverbrennungsanlagen enthalten die Großfeuerungsanlagenverordnung (13. BImSchV) bzw. die Verordnung über die Verbrennung und die Mitverbrennung von Abfällen (17. BImSchV) spezielle Regelungen nach dem → *Stand der Technik*.

Auch für nicht genehmigungsbedürftige Anlagen enthält das BImSchG Anforderungen, die in einzelnen Rechtverordnungen konkretisiert werden, wie z. B. für Chemischreinigungsanlagen (2. BImSchV) oder für kleine und mittlere Feuerungsanlagen (1. BImSchV).

Betriebsbezogene Regelungen

Betriebsbezogene Regelungen sind insbesondere die Mitteilungspflichten zur Betriebsorganisation (§ 52a BImSchG), die Erleichterungen für auditierte Unternehmensstandorte (§ 58e BImSchG) sowie die Regelungen über Betriebsbeauftragte (5. BImSchV). Die Verpflichtung bestimmter Betriebe, Betriebsbeauftragte (Störfall- und Immissionsschutzbeauftragte) zu ernennen, soll die Umsetzung der komplexen gesetzlichen Regelungen erleichtern. Der Betrieb erhält einen kompetenten Berater, der auch gleichzeitig eine Eigenkontrolle sicherstellt und als Ansprechpartner für Behörden fungiert.

Martin Köhler

Infektionsschutz

Unter Infektionsschutz werden alle Maßnahmen verstanden, die dazu geeignet sind, übertragbare Krankheiten beim Menschen vorzubeugen, Infektionen frühzeitig zu erkennen und ihre Weiterverbreitung zu verhindern. Infektion ist dabei die Aufnahme eines Krankheitserregers und seine nachfolgende Entwicklung und Vermehrung im menschlichen Organismus, nicht erst der akute Ausbruch einer Krankheit. Dieser Ansatz bezieht sich auf die Gesamtbevölkerung und nicht auf den Schutz einzelner Gruppen, z. B. im Rahmen von bestimmten Fürsorgepflichten. Daher sind Maßnahmen des Infektionsschutzes in ganz unterschiedlichen Feldern betrieblicher Aktivitäten bedeutsam, z. B. der Schutz der Mitarbeiter, der Schutz von Kunden, Klienten, Patienten usw., der Produktschutz (z. B. in der Lebensmittelverarbeitung) und der Schutz Dritter (z. B. in Fragen der Entsorgung von Abfallstoffen).

Gesetze, Vorschriften und Rechtsprechung

Das Infektionsschutzgesetz (IfSG) regelt grundlegende Strukturen des Infektionsschutzes für unterschiedliche Bereiche des öffentlichen und privaten Lebens, z. B. die Meldepflichten für übertragbare Krankheiten, Akutmaßnahmen bei Ansteckungsgefahr bzw. oder Epidemien, Impfwesen und Infektionsschutzmaßnahmen in bestimmten Bereichen und Branchen wie in Schulen und anderen Gemeinschaftseinrichtungen, bei der Wasseraufbereitung für den menschlichen Gebrauch und der Entsorgung von Abwasser, in der Lebensmittelverarbeitung und der Biotechnologie.

Wird im Rahmen einer Arbeitstätigkeit mit biologischen Arbeitsstoffen umgegangen, greift die Biostoffverordnung (BioStoffV). Sie regelt u. a. Infektionsschutzmaßnahmen für Beschäftigte in den betroffenen Branchen, die die BioStoffV pauschal erfasst. Spezifische Regelungen finden sich in den zugehörigen Technischen Regeln für Biologische Arbeitsstoffe, z. B. in der TRBA 500 «Allgemeine Hygieneanforderungen» und weiteren speziellen Regeln, z. B. für Gesundheitswesen, Abfallwirtschaft, Landwirtschaft und Biotechnologiebranche. Für berufliche oder gewerbliche Tätigkeiten außerhalb der Heilkunde gibt es die Hygiene-Verordnungen der Länder, die dem Infektionsschutzgesetz zugeordnet sind und Maßnahmen gegen Infektionsgefahr bei Tätigkeiten wie Rasieren, Tätowieren, Piercen und Ohrlochstechen sowie für die Akupunktur vorschreiben. Eine wesentliche Rolle spielt der Infektionsschutz auch in lebensmittelrechtlichen Bestimmungen wie der Lebensmittelhygieneverordnung (LMHV). Sie regelt die Herstellung und Behandlung von Lebensmitteln, sowie den Verkehr damit, hier v. a. im Hinblick auf den Verbraucherschutz.

1 Infektionsschutz im betrieblichen Alltag

In Unternehmen begegnen sich immer viele Menschen und haben Kontakt miteinander. Daher besteht grundsätzlich auch die Möglichkeit einer Verbreitung ansteckender Krankheiten. Aus Sicht des Betriebs sind folgende wesentliche Hygieneregeln einzuhalten:

- geeignete Sanitäranlagen, Verwendung von Seifenspendern, Einmalhandtüchern oder Händetrocknern (keine gemeinschaftlichen Handtücher und Seifenstücke);
- sachgerechter Umgang mit Lebensmitteln, auch in Teeküchen, Pausenräumen, Getränkeautomaten;
- ordnungsgemäßes, gepflegtes Wasserversorgungssystem. Problematisch können sehr alte Verrohrungen, lange Leitungswege, «blinde» Leitungsfortsätze und wenig benutzte Entnahmestellen sein, besonders wenn das Wasser warm steht.

> **Achtung: Maßnahmen bei Epidemien**
>
> In besonderen Situationen, z. B. bei gehäuftem und/oder schwerwiegendem Infektionsgeschehen in der Bevölkerung, können im Betrieb folgende Vorsichtsmaßnahmen greifen:
>
> - Hinweise auf häufiges, gründliches Händewaschen, v. a. nach dem Toilettengang, vor dem Essen, gründliches Lüften;
> - Verzicht auf Körperkontakt im täglichen Umgang (Händeschütteln, Umarmungen);
> - größere Zusammenkünfte/Menschansammlungen vermeiden.

In vielen Betrieben werden im Rahmen des betrieblichen Gesundheitsschutzes Impfungen durchgeführt. Als allgemein empfehlenswert gilt das im Fall der saisonalen Grippe. Viele → *Betriebsärzte* gehen davon aus, dass das Angebot einer jährlichen Schutzimpfung für Erwerbstätige aus Sicht des Betriebs wie der Beschäftigten langfristig sinnvoll ist.

Besondere Impfaktionen sind u. U. bei entsprechendem Infektionsgeschehen angezeigt. In solchen Situationen sollten die aktuellen Hinweise des Robert-Koch-Instituts und die Beratung durch den Arbeitsmediziner berücksichtigt werden. Besondere Desinfektionsmaßnahmen sind im Betriebsalltag nur in Ausnahmefällen sinnvoll und sollten nur nach ärztlicher Beratung vorgenommen werden, weil ungezielte Desinfektionsmaßnahmen ausgesprochen kritisch sind (Gefahr von Haut- und Atemwegsproblemen durch Desinfektionsmittel, fehlende Effektivität).

Aufklärung über Infektionsrisiken und -vermeidung mit Themen wie allgemeiner Impfschutz, Hepatitis und → *HIV/AIDS* sind als Maßnahme des betrieblichen Gesundheitsschutzes angebracht, z. B. im Hinblick auf junge Menschen oder auch in der Reisezeit.

2 Infektionsschutz in besonderen Bereichen

In Bereichen, in denen besondere Infektionsrisiken bestehen, greift für den Schutz der Beschäftigten die BioStoffV. Danach muss eine → *Gefährdungsbeurteilung* durchgeführt werden, wobei die zu erwartenden Infektionserreger nach Kriterien wie Gefährlichkeit der Erkrankung, Ansteckungsgefahr/Impfmöglichkeit und Gefahr für die Allgemeinheit in 4 vorgegebene Risikogruppen eingestuft werden, denen wiederum Schutzstufen mit Maßnahmenplänen zugeordnet sind (§§ 6ff. BioStoffV). Dabei wird generell nach gezielter und ungezielter Tätigkeit unterschieden. Gezielte Tätigkeiten liegen vor, wenn der der Erreger bekannt und die Tätigkeit konkret auf den → *biologischen Arbeitsstoff* ausgerichtet ist (z. B. bei Grundstoffgewinnung, Forschungs- und Analysetätigkeiten). In den anderen Fällen spricht man von ungezielten Tätigkeiten.

Infektionsschutz

In jedem Fall sind → *Betriebsanweisungen* und regelmäßige Personalunterweisungen vorgeschrieben. Darüber hinaus sind die meist branchenspezifischen TRBA zu berücksichtigen.

Außerdem gelten Beschäftigungsbeschränkungen nach Jugendarbeitsschutzgesetz und Mutterschutzverordnung. Jugendliche, werdende und stillende Mütter dürfen mit infektionsgefährdenden Maßnahmen nicht beschäftigt werden. Ausnahmen sind möglich, z. B. bei Jugendlichen im Rahmen einer Ausbildung und bei Schwangeren, wenn gegen relevante Erreger nachweislich Immunschutz besteht (Beratung durch den Arbeitsmediziner erforderlich).

Ob → *arbeitsmedizinische Vorsorgeuntersuchungen* erforderlich sind, ergibt sich aus den Tabellen im Anhang der Verordnung zur arbeitsmedizinischen Vorsorge (ArbmedVV).

2.1 Gesundheitswesen/Wohlfahrtspflege

Infektionsschutz ist wegen des erhöhten Risikos im Gesundheitswesen und der Wohlfahrtspflege[69] ein umfangreiches Thema, das immer auf den Schutz von Patienten/Betreuten und Personal zielt. Zu berücksichtigen sind dabei:

- Die Bestimmungen des Infektionsschutzgesetzes, z. B. im Hinblick auf das Auftreten meldepflichtiger Krankheiten, Isolations- und Quarantänemaßnahmen, Hygienepläne, Analysetätigkeiten usw.
- Die Richtlinien, Empfehlungen und Merkblätter des Robert-Koch-Instituts zum Umgang mit Infektionserregern (Vorbeugung, Impfungen, Therapie, hygienische Maßnahmen).
- BioStoffV/TRBA: Im Gesundheitswesen handelt es sich bis auf wenige Ausnahmen im Forschungs- und Analysebereich um ungezielte Tätigkeiten, selbst wenn die Erreger und ihr Vorhandensein häufig bekannt sind, weil die Arbeitstätigkeit nicht direkt auf den → *biologischen Arbeitsstoff* (z. B. eine Körperflüssigkeit) ausgerichtet ist. Das führt zu allgemein niedrigeren Schutzstufen als z. B. in der Biotechnologie.
- Die TRBA 250 «Biologische Arbeitsstoffe im Gesundheitswesen und in der Wohlfahrtspflege» enthält Details zur Risikoeinstufung und Schutzmaßnahmen (bauliche, technische, organisatorische Maßnahmen, Hygieneregeln, → *PSA* usw.). Besonders wichtig war in den letzten Jahren die Umstellung auf sog. «sicheres Werkzeug», d. h. stichsichere Kanülen für Blutentnahmen, Zugänge usw., die Nadelstichverletzungen mit kontaminiertem Material vermeiden sollen und in den meisten medizinischen Bereichen verpflichtend sind. Entsprechende Vorfälle (auch Kontaminationen z. B. mit Blut in Mund oder Auge von Beschäftigten) müssen dokumentiert und behandelt werden (entsprechende Blutuntersuchungen, ggf. vorbeugende Medikamentengabe).
- Pflichtuntersuchungen sind nur in einigen Fällen erforderlich (z. B. Tuberkuloseabteilungen, Pathologie, bestimmte → *Labore*, Kinder- und Behinderteneinrichtungen bei bestimmten Bedingungen). Für die Mehrzahl der Beschäftigten im Gesundheitswesen müssen aber Untersuchungen angeboten werden, außer die Gefährdungsbeurteilung ergibt, dass eine Infektionsgefährdung auszuschließen ist.

Im Jahr 2008 haben die Berufsgenossenschaften in mehr als 900 Fällen berufsbedingte Infektionen entschädigt.

2.2 Gemeinschaftseinrichtungen

Besondere Anforderungen gelten für Gemeinschaftseinrichtungen, in denen überwiegend Kinder und Jugendliche betreut werden (Kindertageseinrichtungen, Schulen, Heime, Ferieneinrichtungen usw., §§ 33–35 IfSG). In diesen Einrichtungen dürfen Personen mit bestimmten Erkrankungen nicht tätig sein bzw. Kinder und Jugendliche dürfen dann diese Einrichtungen nicht besuchen, bis durch ärztliches Attest bescheinigt werden kann, dass keine Ansteckungsgefahr mehr vorliegt (§ 34 IfSG).

Wenn Personen dauerhaft Ausscheider von Erregern sind, ohne selbst erkrankt zu sein, müssen in Abstimmung mit dem zuständigen Gesundheitsamt besondere Maßnahmen eingehalten werden. Auch bei bestimmten schwerwiegenden Erkrankungen im häuslichen Umfeld müssen Familienangehörige den Gemeinschaftseinrichtungen fernbleiben, auch wenn sie nicht erkennbar erkrankt sind.

---

[69] Gilt im Wesentlichen so auch für die Veterinärmedizin.

Die Mitarbeiter müssen bei Antritt der Arbeit und danach alle 2 Jahre auf diese Sachverhalte hingewiesen werden (§ 35 IfSG).

Außerdem sind Hygienepläne zu erstellen (§ 36 Abs. 1 IfSG). Eine → *Gefährdungsbeurteilung* nach Biostoffverordnung ist erforderlich, wo regelmäßig intensiver Kontakt zu den Betreuten besteht (z. B. Wickeln, Hilfeleistung bei der Körperpflege und beim Toilettengang, Beseitigen von Stuhl, Urin, Erbrochenem). Dementsprechend können in bestimmten Fällen (z. B. wenn Kinder mit bekannten Infektionen gepflegt werden) auch Vorsorgeuntersuchungen erforderlich sein.

2.3 Biotechnologie

In der Biotechnologie überlagert sich der Schutz der Mitarbeiter mit dem erforderlichen Produktschutz und dem Schutz von Umwelt und Bevölkerung, z. B. vor gentechnisch veränderten Erregern. Generell gehen die strengeren Bestimmungen der Gentechnikgesetzgebung immer vor. Vor allem die Gentechniksicherheitsverordnung enthält u. a. auch konkrete Arbeitsschutzanforderungen. Die Biostoffverordnung greift meist im Hinblick auf den gezielten Umgang mit Erregern, weil Tätigkeiten unmittelbar auf den biologischen Arbeitsstoff ausgerichtet sind (Tätigkeiten in Forschungslaboren, besonders auch beim Umgang mit Versuchstieren, bei der Impfstoffherstellung, bei der Gewinnung von Grundstoffen für die Kosmetikindustrie usw.). Daraus ergeben sich höhere Risikoeinstufungen und Schutzstufen. Einstufung und Schutzmaßnahmen werden in den entsprechenden TRBA konkretisiert:

- TRBA 100 «Schutzmaßnahmen für gezielte und nicht gezielte Tätigkeiten mit biologischen Arbeitsstoffen in Laboratorien»,
- TRBA 120 «Versuchstierhaltung»,
- TRBA 310 «Arbeitsmedizinische Vorsorgemaßnahmen nach Anhang VI Gentechnik-Sicherheitsverordnung».

Auf Basis der → *Gefährdungsbeurteilung* und der Regelungen der ArbMedVV muss die Notwendigkeit von Vorsorgeuntersuchungen im Einzelfall ermittelt werden.

2.4 Land- und Forstwirtschaft

In der Landwirtschaft steht der Schutz vor Ausbruch und Verschleppung von Tierseuchen im Vordergrund und definiert bestimmte Hygienemaßnahmen. Bestimmungen zum Schutz der Beschäftigten vor Infektionen finden sich z. B. in VSG 4.1 «Tierhaltung» und TRBA 230 «Schutzmaßnahmen bei Tätigkeiten mit biologischen Arbeitsstoffen in der Land- und Forstwirtschaft». Pflichtuntersuchungen sind in Land- und Gartenbau und in der Forstwirtschaft erforderlich, wenn die Gefahr von Zeckenbissen besteht (Übertragung von FSME und/oder Borreliose), ggf. auch in Tollwutgebieten.

2.5 Lebensmittelverarbeitung

Infektionsrisiken im Umgang mit Lebensmitteln werden leicht unterschätzt, obwohl regelmäßig Vorfälle mit durch Lebensmittel übertragenen Infektionen zu verzeichnen sind. Zur Infektionsausbreitung kommt es sowohl durch mit Erregern behaftete Lebensmittel als auch durch Ausscheider, die Erreger in den Produktionsprozess eintragen. Als besonders problematisch gelten Salmonellen, die für die Mehrzahl der Lebensmittelinfektionen verantwortlich sind, Hepatitis A, Rotaviren usw. Die umfangreichen lebensmittelhygienischen Vorschriften sind zu berücksichtigen. Dazu sind die Merkblätter der Berufsgenossenschaft Nahrungsmittel und Gaststätten sehr informativ.

> **Wichtig: Belehrung beim Umgang mit Nahrungsmitteln**
>
> Alle, die außerhalb des häuslichen Bereichs mit Nahrungsmitteln umgehen (also auch gelegentliche Servicekräfte, Aushilfen, Ehrenamtliche usw.) müssen vor Aufnahme der Tätigkeit durch das Gesundheitsamt und danach jährlich durch den Arbeitgeber über Infektionsschutz belehrt werden (u. a. über Hygieneregeln und Beschäftigungsverbote bei Verdacht auf bestimmte Krankheiten, § 43 IfSG). Das ist für viele Betriebe und Veranstalter, die nicht regelmäßig mit Lebensmitteln umgehen, schwer durchzuhalten, sollte aber angestrebt werden. Weil bei Schäden durch Lebensmittelvergiftungen mit Haftungsansprüchen gerechnet werden muss, sollte die betriebliche Haftpflicht entsprechend ausgelegt sein.

Bestimmte Pflichtuntersuchungen sind nicht mehr vorgeschrieben, weil sie sich nicht als effektiv zum Infektionsschutz erwiesen haben.

2.6 Weitere Branchen mit Infektionsrisiken

- Entsorgungswirtschaft,
- Schädlingsbekämpfung,
- Feuerwehr, Rettungsdienst und andere im Katastrophenschutz eingesetzte Kräfte (auch im Hinblick auf Angriffe mit biologischen Agenzien),
- Personal an Flughäfen (bei Kontakt zu Reisenden mit Verdacht auf ansteckende Krankheiten),
- berufliche Tätigkeiten im Ausland.

Informationen zu solchen und anderen Fällen geben:

- Arbeits- und Reisemediziner,
- die zuständigen Berufsgenossenschaften,
- das Robert-Koch-Institut.

Cornelia von Quistorp

Instandhaltung

Instandhaltung ist die Kombination aller technischen und administrativen Maßnahmen sowie Maßnahmen des Managements während des Lebenszyklus eines Arbeitsmittels (technische Einheit, Anlage). Ihr Ziel ist die Erhaltung des funktionsfähigen Zustands oder die Rückführung in diesen, sodass es die geforderte Funktion erfüllen kann.

Gesetze, Vorschriften und Rechtsprechung

Grundlegend sind TRBS 1112 «Instandhaltung» und BGI 577 «Instandhalter».

1 Grundelemente der Instandhaltung

Die wichtigsten Begriffe werden in DIN 31051 «Grundlagen der Instandhaltung» erläutert (**Abb. 1**). Aber auch die TRBS 1112 «Instandhaltung» enthält Begriffsbestimmungen. Danach ist **Instandhaltung** die Kombination aller technischen und administrativen Maßnahmen sowie Maßnahmen des Managements während des Lebenszyklus eines Arbeitsmittels (technischen Einheit einer Anlage) zur Erhaltung des funktionsfähigen Zustands oder der Rückführung in diesen, sodass es die geforderte Funktion erfüllen kann. Nach DIN 31051 kann die Instandhaltung in folgende 4 Grundelemente eingeteilt werden:

Abb. 1: Instandhaltungsarbeiten nach DIN 31051 «Grundlagen der Instandhaltung»

- **Inspektion:** Maßnahmen zur Feststellung und Beurteilung des Ist-Zustands einer Betrachtungseinheit einschließlich der Bestimmung der Ursachen der Abnutzung und dem Ableiten der notwendigen Konsequenzen für eine künftige Nutzung;
- **Wartung:** Maßnahmen zur Verzögerung des Abbaus des vorhandenen Abnutzungsvorrats;
- **Instandsetzung:** Maßnahmen zur Rückführung einer Betrachtungseinheit in den funktionsfähigen Zustand, mit Ausnahme von Verbesserungen;
- **Verbesserung:** Kombination aller technischen und administrativen Maßnahmen sowie Maßnahmen des Managements zur Steigerung der Funktionsfähigkeit einer Betrachtungseinheit, ohne die von ihr geforderte Funktion zu ändern.

2 Ziele der Instandhaltung

Instandhaltungsarbeiten sind aus Gründen der Erhaltung der Betriebssicherheit und zur Vorbeugung von Ausfällen an Anlagen, Arbeits- und Betriebsmitteln erforderlich, z. B. um Produktionsunterbrechungen oder Versorgungsproblemen vorzubeugen.

Weitere Ziele können sein:
- Erhöhung und optimale Nutzung der Lebensdauer von → *Arbeits*- und Betriebsmitteln;
- Verbesserung der Betriebssicherheit;
- Erhöhung der Anlagenverfügbarkeit;
- Optimierung von Betriebsabläufen;
- Reduzierung von Störungen;
- Vorausschauende Planung von Kosten.

Im Laufe der Zeit verlieren technische Arbeitsmittel durch Abnutzung und Korrosion teilweise oder ganz ihre Funktionsfähigkeit. Dabei können auch sicherheitstechnisch bedenkliche Zustände auftreten.

Aufgabe der Instandhaltung ist es daher, durch regelmäßige Maßnahmen die Betriebs- und Arbeitssicherheit einer → *Maschine* oder einer Anlage zu gewährleisten. Dazu gehören auch die in vielen technischen Regelwerken geforderten wiederkehrenden Prüfungen, die gem. BetrSichV bei Arbeitsmitteln durch befähigte Personen (ehemals Sachverständige oder Sachkundige) erfolgen müssen.

Die Hersteller von Maschinen und Anlagen legen in Betriebsanleitungen Wartungs- und Inspektionsmaßnahmen fest, um den betriebs- und arbeitssicheren Zustand dauerhaft zu gewährleisten. Durch die Instandhaltung wird insofern auch ein besonderer Beitrag für die Sicherheit technischer Arbeitsmittel geleistet.

3 Instandhaltungsarten

Wartungsarbeiten sollten vorbeugend in regelmäßigen Abständen durchgeführt werden.

Dafür ist je nach Schwierigkeitsgrad der Arbeiten ausgebildetes Fachpersonal erforderlich. Ziel der Wartung ist es, eine möglichst lange Lebensdauer und einen geringen Verschleiß der gewarteten Objekte zu gewährleisten.

Wartung von technischen Objekten umfasst z. B. das Nachstellen, Schmieren, funktionserhaltendes Reinigen, Konservieren, Nachfüllen oder Ersetzen von Betriebsstoffen oder Verbrauchsmitteln (z. B. Kraftstoff, Schmierstoff oder Wasser) und planmäßiges Austauschen von Verschleißteilen (z. B. Filter oder Dichtungen), wenn deren noch zu erwartende Lebensdauer offensichtlich oder gemäß Herstellerangabe kürzer ist als das nächste Wartungsintervall.

Unter einer **Inspektion** versteht man eine prüfende Tätigkeit im Sinne einer Kontrolle oder Prüfung. Die Inspektion dient dabei der Feststellung des ordnungsgemäßen Zustands, z. B. eines → *Arbeits*- oder Betriebsmittels.

Nach § 4 BetrSichV muss jeder Arbeitgeber die nach den allgemeinen Grundsätzen § 4 Arbeitsschutzgesetzes erforderlichen Maßnahmen ergreifen, damit den Beschäftigten nur Arbeitsmittel zur Verfügung gestellt werden, die für die am Arbeitsplatz gegebenen Bedingungen geeignet und bei deren bestimmungsgemäßer Benutzung Sicherheit und Gesundheitsschutz gewährleistet sind.

Im Rahmen der → *Gefährdungsbeurteilung* muss er nach § 3 BetrSichV für Arbeitsmittel insbesondere Art, Umfang und Fristen erforderlicher Prüfungen (als eine Form der Inspektion) ermitteln. Ferner hat der Arbeitgeber die notwendigen Voraussetzungen zu ermitteln und festzulegen, die die Personen erfüllen müssen, die von ihm mit der Prüfung oder Erprobung von Arbeitsmitteln beauftragt werden.

Unter **Instandsetzung** oder auch Reparatur (von lat. reparare = wiederherstellen) wird der Vorgang verstanden, bei dem ein defektes Objekt in den ursprünglichen, funktionsfähigen Zustand zurückversetzt wird. Eine Reparatur kann z. B. durch den Austausch defekter Teile, durch das Hinzufügen von Teilen oder durch eine Neuordnung von Teilen (z. B. Zusammenkleben oder Schweißen) erfolgen. Bei modernen technischen Geräten und Arbeitsmitteln wird außerdem in zunehmendem Maß die Elektronik oder die elektrische Steuerung durch Programme zum Gegenstand von Reparaturen.

Nach der Durchführung von Instandsetzungsarbeiten **sind immer Erprobungen** erforderlich. Darunter versteht man jedes Ingangsetzen eines Arbeitsmittels nach einer Instandsetzung zum Zweck der Funktionsprüfung, der Feststellung und Überprüfung von sicherheitstechnisch relevanten Betriebsdaten (z. B. Testläufe) sowie der Vornahme von Einstellungsarbeiten an Arbeitsmitteln und deren Ausrüstungsteilen.

Arbeiten zu **Verbesserungen** als Bestandteil von Instandhaltungsarbeiten können nicht vollständig und klar gegen Umbau- und Modernisierungsarbeiten abgegrenzt werden. Als das entscheidende Kriterium zur Abgrenzung ist die Fragestellung anzusehen, was im Ergebnis der jeweiligen Arbeiten erreicht werden soll. Wird durch Verbesserungen die Anlage, das Arbeits- oder Betriebsmittel dahingehend verändert, dass der Sollzustand zwar angehoben, die Nutzung jedoch nicht verändert wird, so ist von Verbesserungen zu sprechen.

Als Verbesserungen werden Arbeiten und Maßnahmen bezeichnet

- zur Erhöhung des Werts,
- zur Berücksichtigung und Anwendung wissenschaftlich-technischer Erkenntnisse hinsichtlich der Erhöhung der Wirtschaftlichkeit (Gebrauchswertsteigerung z. B. durch Energieeinsparung, verbesserte Steuerung) oder
- zur Umnutzung einer Anlage.

4 Sicherheit und Gesundheitsschutz bei Instandhaltungsarbeiten

Bei der Inspektion, Wartung und Instandsetzung von Maschinen, Anlagen, Geräten oder Einrichtungen treten Gefährdungen auf, die mit den bekannten Gefährdungen in der Fertigung nicht vergleichbar sind, da bei diesen Arbeiten häufig vorhandene Schutzeinrichtungen außer Betrieb genommen werden müssen. Es muss dennoch dafür gesorgt werden, dass auch Instandhaltungsarbeiten sicher durchgeführt werden können.

Unfälle bei Instandhaltungsarbeiten bilden nach den Transportunfällen den größten Schwerpunkt im produzierenden Bereich. Bei der Instandhaltung von → *Maschine* geschehen über 50 % mehr Unfälle als in der gesamten Fertigung. Entsprechend hoch ist der Anteil der tödlichen Arbeitsunfälle (vgl. auch BGI 577 «Instandhalter»). Besonders häufig ereignen sich bei Instandhaltungsarbeiten Absturzunfälle, insbesondere bei Arbeiten auf → *Leitern* oder auf ungesicherten hoch gelegenen Arbeitsplätzen.

Instandhaltungsarbeiten an laufenden Maschinen bilden einen weiteren Schwerpunkt. Zur Arbeitserleichterung oder zur Vermeidung von Stillstandszeiten werden oft Schutzeinrichtungen umgangen oder unwirksam gemacht. Instandhalter können auch Gefährdungen durch Gase, Dämpfe, Stäube, Hitze und unter Druck stehenden Medien ausgesetzt sein. Durch eine gefährliche Umgebung können Brände und Explosionen oder Gesundheitsschäden entstehen.

Die Ursache für das überdurchschnittliche Unfallgeschehen liegt häufig in der fehlenden oder unzureichenden organisatorischen Vorbereitung von Instandhaltungsarbeiten. Oft werden Instandhaltungsarbeiten unter Zeitdruck durchgeführt. Ständig wechselnde Arbeitsbedingungen, Aufgaben und Örtlichkeiten setzen vor Arbeitsbeginn immer eine gesonderte → *Gefährdungsbeurteilung* mit Festlegung und Umsetzung besonderer Schutzmaßnahmen voraus (s. a. BGI 577).

Regeln für die sichere Vorbereitung und Durchführung von Instandhaltungsarbeiten enthält TRBS 1112 «Instandhaltung». Schwerpunkt bei der Vorbereitung von Instandhaltungsarbeiten ist auch danach die Durchführung einer gesonderten Gefährdungsbeurteilung und die Festlegung der erforderlichen Schutzmaßnahmen. Dabei sind insbesondere zu berücksichtigen:

- Gefährdungen, die von dem instandzuhaltenden Arbeitsmittel ausgehen, z. B. Arbeitsstoffe, gefährliche Strahlung, frei zugängliche Maschinenteile, sich in Betrieb befindliche angrenzende → *Arbeitsmittel*, Betriebs- und Schaltzustände;
- Gefährdungen durch die Instandhaltungsmaßnahme an der Arbeitsstelle, z. B. Absturzgefahren durch Bodenöffnungen, undefinierte Schaltzustände, eingeschränkte Bewegungsfreiheit, eingesetzte Hilfsmittel (z. B. Krane).

Bei wiederkehrenden, gleichen oder ähnlichen Instandhaltungsarbeiten kann eine vorhandene Gefährdungsbeurteilung genutzt werden.

Der typische Ablauf von der Planung einer Instandhaltung bis zur Erprobung ist in einem Ablaufdiagramm in Anlage 1 TRBS 1112 dargestellt. Typische Gefährdungen bei Instandhaltungsarbeiten und die dazugehörigen Schutzmaßnamen sind in Anlage 2 TRBS 1112 zusammengestellt.

Bestehen unterschiedliche Zuständigkeiten für Betrieb und Instandhaltung von Anlagen bzw. Arbeitsmitteln im Unternehmen muss sich in der Praxis bewährt, besondere Personen zu beauftragen, welche die unmittelbare Verantwortung für den Betrieb des Arbeitsmittels bzw. der Anlage tragen (Anlagenverantwortlicher) und solche, die die unmittelbare Verantwortung für die Durchführung der Instandhaltungsarbeiten tragen (Arbeitsverantwortlicher).

Da Instandhaltungsarbeiten oft unter der Einbeziehung von → *Fremdfirmen* durchgeführt werden, kommt außerdem der Abstimmung der Zusammenarbeit von Beschäftigten verschiedener Arbeitgeber eine besondere Bedeutung zu. In der Praxis hat sich bewährt, Aufsichtspersonen oder Koordinatoren zu bestellen, die die festgelegten Schutzmaßnahmen aufeinander abstimmen und überprüfen. Weiter ist sinnvoll, wenn sich die Arbeitgeber bezüglich der Benutzung von → *Persönlicher Schutzausrüstung*, von → *Arbeitsmitteln* oder -stoffen abstimmen.

Gunter Weber

Inverkehrbringen

Das Inverkehrbringen steht im chemikalienrechtlichen Sinne für die entgeltliche oder unentgeltliche Abgabe an Dritte oder Bereitstellung für Dritte. Damit gilt nicht nur der Verkauf, sondern z. B. auch das Verschenken als Inverkehrbringen. Hingewiesen werden muss insbesondere darauf, dass definitionsgemäß auch die Einfuhr als Inverkehrbringen gilt.

Gesetze, Vorschriften und Rechtsprechung

Der Begriff Inverkehrbringen wird in Art. 3 Abs. 12 Verordnung (EG) Nr. 1907/2006 (REACH-Verordnung), Art. 2 Abs. 18 Verordnung (EG) Nr. 1272/2008 (CLP-Verordnung) bzw. § 3 Abs. 9 Chemikaliengesetz definiert.

Benedikt Vogt

Ionisierende Strahlung

Jede Art von Strahlung, wie etwa die Sonnenstrahlung, ist ein Energieträger. Ionisierende Strahlung ist dadurch charakterisiert, dass sie genügend Energie besitzt, um Atome und Moleküle zu ionisieren, d. h., aus elektrisch neutralen Atomen und Molekülen positiv und negativ geladene Teilchen zu erzeugen. Vor allem durch diesen Vorgang der Ladungstrennung überträgt die Strahlung beim Durchgang durch Materie, z. B. Luft oder menschliches Gewebe, ihre Energie an diese Materie. Die Ionisation und ihre Folgeeffekte können die Struktur der Materie oder der Zellen verändern und dadurch zu Strahlenschäden führen.

1 Was für Arten ionisierender Strahlung gibt es?

Die 2 Spielarten, in denen ionisierende Strahlung vorkommt, sind die **Wellenstrahlung** und die **Teilchenstrahlung**. Die Wellenstrahlung ist eine elektromagnetische Strahlung genau wie Licht. Der Unterschied zwischen der sichtbaren und der ionisierenden Strahlungsausprägung ist die Energie, die bei Licht sehr viel geringer ist. Physikalisch wird die Wellenstrahlung auch als Fotonenstrahlung bezeichnet.

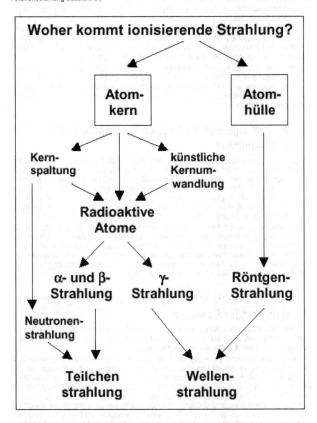

Die bekannteste Art einer ionisierenden Wellenstrahlung ist die 1896 von Conrad Röntgen (1845–1923) in Würzburg entdeckte und später nach ihm benannte **Röntgenstrahlung** (im Englischen X-Ray). Die Röntgenstrahlung entsteht in der **Elektronenhülle** der Atome. Sie wird ausgelöst durch das Auftreffen externer schneller Elektronen, die in einem elektrischen Feld – etwa in einer Röntgenröhre – beschleunigt werden, auf ein sog. Target, meist aus Schwermetall.

Röntgenstrahlung kann also, im Gegensatz zur Gammastrahlung, an- und abgeschaltet werden. Die Energie der Röntgenstrahlung wird durch die elektrische Spannung des Beschleunigungsfelds bestimmt. Sie wird deshalb oft in der Spannungseinheit Kilovolt (kV) angegeben. Korrekt ist jedoch eine Angabe in der Energieeinheit Kiloelektronenvolt (keV). Die Energien der Röntgenstrahlung liegen zwischen 5 keV und 1 MeV.

Die **Gammastrahlung** dagegen, ebenfalls eine ionisierende Wellenstrahlung, entsteht ständig bei der spontanen Umwandlung mancher radioaktiver Atomkerne (Radioaktivität), kommt also aus dem Kern und gehört deshalb zur **Kernstrahlung**. Sie hat meist eine etwas höhere Energie als die Röntgenstrahlung.

Die **Teilchenstrahlung** dagegen besteht, wie schon der Name sagt, aus geladenen Kernteilchen. Bei der **Alpha(α)-Strahlung** sind diese positiv geladene Helium-4-Kerne, bestehend aus je 2 Protonen und 2 Neutronen, bei der **Beta(β)-Strahlung** handelt es sich um negativ geladene Elektronen, die – wie die Gammastrahlung – aus dem Atomkern stammen.

Eine Reihe weiterer Teilchen, wie **Neutronen** oder Protonen, können heute über **künstliche Kernumwandlungen** mit Teilchenbeschleunigern erzeugt werden. Sowohl bei solchen Kernumwandlungen wie auch bei der **Kernspaltung** entstehen wiederum radioaktive Atome, die ihrerseits Strahlung aussenden und auch Neutronen. Ein ganzer «Teilchen-Zoo» kommt in der **kosmischen Strahlung** vor.

2 Was für Eigenschaften haben die verschiedenen Strahlenarten?

Röntgen- und Gammastrahlen können wegen ihres Wellencharakters Materie verhältnismäßig leicht durchdringen. Ihre Schwächung folgt einer exponentiellen Funktion, d. h. man kann eine **Halbwertschicht** angeben, nach der sich die Intensität – und damit auch die Dosis – der Strahlung auf jeweils die Hälfte verringert hat. Diese Halbwertschicht hängt von der Art der Strahlung und der Dichte der durchlaufenen Materie ab. Sie beträgt etwa für die 661-keV-Gammastrahlung von Cäsium-137 (^{137}Cs) in Luft rund 7 m, in Gewebe rund 30 cm. Die Halbwertschicht ist eine wichtige Größe für die Auslegung von Abschirmungen von Strahlenquellen.

Teilchenstrahlen dagegen haben eine definierte **Reichweite**, an deren Ende sie ihre Energie vollständig abgegeben haben. Alphateilchen haben eine Reichweite von einigen cm, Betateilchen je nach Energie von 10 cm bis zu 10 m. Teilchenstrahlen lassen sich daher verhältnismäßig leicht abschirmen. Eine besondere Spielart der Teilchenstrahlung sind die **Neutronen**, die hauptsächlich bei der Kernspaltung entstehen. Sie müssen durch spezielle «Neutronen-Schlucker», wie etwa das Element Bor oder Cadmium, abgeschirmt werden.

3 Was für Strahlenquellen gibt es, und wo begegnen wir ionisierender Strahlung?

Man unterscheidet zwischen natürlichen und künstlichen Strahlenquellen. Die 2 großen natürlichen Strahlenquellen, denen wir ständig ausgesetzt sind, sind die Erde selbst – «**Terrestrische Strahlung**» – und das Weltall – «**Kosmische Strahlung**».

Die terrestrische Strahlung ist bedingt durch die radioaktiven Gesteine in der Erdkruste und führt, je nach der geografischen Region, zu einer Strahlenexposition von 2–8 mSv/Jahr. Vereinzelt gibt es auch Gebiete mit noch weit höherer Dosis. Die kosmische Strahlung wird zum Großteil von der Lufthülle der Erde absorbiert und gelangt dadurch nur stark geschwächt auf die Erdoberfläche. Ihre Intensität nimmt somit aber auch umgekehrt mit wachsender Höhe zu. Sie stellt deshalb ein Strahlenschutzproblem beim Flugverkehr und vor allem bei der Raumfahrt dar. Zum Vergleich: Bei jedem Transatlantikflug erhalten Passagiere und Crew eine Dosis in der Größenordnung von 0,05 mSv. Die StrlSchV stuft deshalb das fliegende Personal als beruflich strahlenexponierte Personen ein.

Der Einsatz und die Anwendungen von **Strahlen erzeugenden Geräten** und **künstlichen Strahlenquellen** sind sehr vielfältig. Am weitesten verbreitet und bekannt sind die **Röntgengeräte** in der radiologischen Medizin. Es gibt sie aber auch zu Materialprüfungszwecken in der Technik. Quellen mit künstlichen Radionukliden werden ebenfalls in der Medizin zur Therapie und in der Technik zur Materialprüfung und -veredelung genutzt. Schließlich gibt es noch die Verwendung von **Radionukliden als Tracer** (Markierungsstoffe) in der medizinischen, genetischen und pharmakologischen Forschung. Der Umgang mit allen diesen Strahlenquellen wird geregelt durch die Röntgenverordnung (RöV) und die Strahlenschutzverordnung (StrlSchV).

Rupprecht Maushart

Jugendarbeitsschutz

Unter 18-Jährige genießen aufgrund ihres Alters in bestimmten Beschäftigungsverhältnissen, so auch als Arbeitnehmer oder in der Berufsausbildung, besonderen Arbeitsschutz aufgrund des Jugendarbeitsschutzgesetzes (JArbSchG). Ziel ist es, aus der Tätigkeit drohende Gefahren für die allgemeine Entwicklung der Jugendlichen und Kinder, insbesondere ihrer Arbeitskraft und Gesundheit, zu vermeiden. Vor diesem Hintergrund geht das Gesetz von einem weit auszulegenden Begriff der «Beschäftigung» und nicht nur vom Arbeitsverhältnis als Anknüpfungstatbestand aus.

Gesetze, Vorschriften und Rechtsprechung

Arbeitsrecht: Zentrale gesetzliche Regelung ist das Jugendarbeitsschutzgesetz (JArbSchG). Von Bedeutung sind zudem das Berufsbildungsgesetz (BBiG) sowie das Arbeitszeitgesetz (ArbZG) als spezifisch arbeitsrechtliche Normen.

1 Geltungsbereich

Das Gesetz gilt für die Beschäftigung von Kindern[70] oder Jugendlichen[71] im Bereich der Bundesrepublik. Ohne Bedeutung ist, ob es sich um ein Berufsausbildungs- oder ähnliches Ausbildungsverhältnis (z. B. Praktikum oder Volontariat), ein Arbeits- oder Heimarbeitsverhältnis oder ein sonstiges Dienstleistungsverhältnis handelt, die der Arbeitsleistung von Arbeitnehmern oder Heimarbeitern ähnlich ist[72]. Ausnahmen gelten für die Beschäftigung durch die Eltern oder sonstige Personensorgeberechtigte im **Familienhaushalt** und für geringfügige Hilfeleistungen, soweit sie gelegentlich aus Gefälligkeit oder aufgrund familienrechtlicher Vorschriften oder in Jugendhilfe- oder Behinderteneinrichtungen erfolgen[73].

2 Beschäftigung von Kindern

Die Beschäftigung von Kindern ist **verboten**[74]. Das Verbot der Kinderbeschäftigung wird durch verschiedene, in § 5 Abs. 2 bis 5 JArbSchG geregelte Ausnahmefälle durchbrochen. Neben Beschäftigungen zur Beschäftigungstherapie, während eines Betriebspraktikums in der neunjährigen Vollzeitschulpflicht oder aufgrund richterlicher Weisung ist die arbeitsrechtlich bedeutsamste Ausnahme die Beschäftigung von Kindern **über 13 Jahren** mit Einwilligung der Personensorgeberechtigten mit leichten und für sie geeigneten Arbeiten bis 2 Stunden täglich (in Landwirtschaft bis 3 Stunden). Die Kinder dürfen dabei nicht zwischen 18 und 8 Uhr und nicht vor oder während des Schulunterrichts[75] beschäftigt werden. Die Bundesregierung hat durch Verordnung näher bestimmt, was leichte und geeignete Arbeiten für Kinder sind. Das Verbot der Kinderbeschäftigung gilt ferner nicht während der Schulferien für höchstens 4 Wochen im Kalenderjahr für die Beschäftigung von Jugendlichen, die die Vollzeitschulpflicht noch nicht erfüllt haben und für die deshalb für Kinder geltenden Vorschriften anzuwenden sind[76].

---

[70] Unter 15 Jahren, § 2 Abs. 1 JArbSchG.
[71] Über 15, unter 18 Jahren, § 2 Abs. 2 JArbSchG.
[72] § 1 Abs. 1 JArbSchG.
[73] § 1 Abs. 2 JArbSchG.
[74] § 5 Abs. 1 JArbSchG.
[75] § 5 Abs. 3 JArbSchG.
[76] § 2 Abs. 3 JArbSchG.

3 Beschäftigung von nicht mehr vollzeitschulpflichtigen Kindern

Sie ist erlaubt, wenn der Jugendliche in einem Berufsausbildungsverhältnis oder mit leichten und für ihn geeigneten Tätigkeiten bis zu 7 Stunden täglich und 35 Stunden wöchentlich beschäftigt wird[77].

4 Arbeitszeit der Jugendlichen

Die Arbeitszeit Jugendlicher ist auf 8 Stunden täglich ohne Einbeziehung der Pausen und 40 Stunden wöchentlich begrenzt[78]. Einzurechnen sind die Berufsschulteilnahme, Prüfungen und sonstige außerbetriebliche Ausbildungsmaßnahmen. Sonderregelungen gelten für den Fall, dass in Verbindung mit Feiertagen zwecks Schaffung einer längeren zusammenhängenden Freizeit (z. B. zwischen Weihnachten und Neujahr) an Werktagen nicht gearbeitet wird, die ausgefallene Arbeitszeit darf dann auf die Werktage in 5 aufeinanderfolgenden Wochen verteilt werden. Die Beschäftigung von Jugendlichen über 16 Jahren in der Landwirtschaft während der Erntezeit[79] erlaubt ebenfalls eine Abweichung von § 8 Abs. 1 JArbSchG, ohne dass eine Ausgleichszeit ausdrücklich angeordnet ist. Die Doppelwoche erfasst 2 Wochen einschließlich Samstag und Sonntag.

Wird an einzelnen Werktagen (z. B. am Freitag) die Arbeitszeit auf weniger als 8 Stunden verkürzt, so dürfen Jugendliche an den übrigen Werktagen derselben Woche bis zu 8½ Stunden beschäftigt werden[80].

5 Ruhepausen

Im Voraus feststehende Ruhepausen von angemessener Dauer müssen allen Jugendlichen gewährt werden[81]. Als Ruhepause gilt nur eine Arbeitsunterbrechung von mindestens 15 Minuten. Die Ruhepausen müssen bei einer Arbeitszeit von mehr als 4½ bis zu 6 Stunden mindestens 30 Minuten betragen, bei einer Arbeitszeit von mehr als 6 Stunden mindestens 60 Minuten. Sie dürfen frühestens eine Stunde nach Beginn und müssen spätestens 1 Stunde vor Ende der Arbeitszeit gewährt werden. Länger als 4½ Stunden dürfen Jugendliche nicht ohne Pause beschäftigt werden.

6 Schichtzeit

Das ist die tägliche Arbeitszeit unter Hinzurechnung der Ruhepausen[82]. Sie darf grundsätzlich 10 Stunden, im Bergbau unter Tage 8 Stunden, im Gaststättengewerbe, in der Landwirtschaft, in der Tierhaltung und auf Bau- und Montagestellen 11 Stunden nicht überschreiten[83].

Ununterbrochene Freizeit von mindestens 12 Stunden ist den Jugendlichen nach Beendigung der täglichen Arbeitszeit zu gewähren[84].

7 Nachtruhe

Sie ist von 20 bis 6 Uhr vorgeschrieben. In dieser Zeit dürfen Jugendliche nicht beschäftigt werden[85]. Ausnahmen gelten für Jugendliche über 16 Jahre

---

[77] § 7 JArbSchG.
[78] § 8 Abs. 1 JArbSchG.
[79] § 8 Abs. 2 und 3 JArbSchG.
[80] § 8 Abs. 2a JArbSchG.
[81] § 11 JArbSchG.
[82] § 4 Abs. 2 JArbSchG.
[83] § 12 JArbSchG.
[84] § 13 JArbSchG.
[85] § 14 JArbSchG.

Jugendarbeitsschutz

1. im Gaststätten- und Schaustellergewerbe bis 22 Uhr,
2. in mehrschichtigen Betrieben bis 23 Uhr,
3. in der Landwirtschaft ab 5 Uhr oder bis 21 Uhr,
4. in Bäckereien und Konditoreien ab 5 Uhr.

An den einem Berufsschultag vorangehenden Tag dürfen Jugendliche auch in den vorstehend unter 1. bis 3. aufgeführten Fällen nicht nach 20 Uhr beschäftigt werden, wenn der Berufsschulunterricht vor 9 Uhr beginnt.

Sonn- und Feiertagsruhe schreiben § 17 JArbSchG und § 18 JArbSchG vor. Ausnahmen von der Feiertagsruhe gelten nicht am ersten Weihnachtstag, an Neujahr, am ersten Osterfeiertag und am 1.5. Auch bei den zugelassenen Ausnahmen vom Sonntagsbeschäftigungsverbot müssen mindestens 2 Sonntage im Monat beschäftigungsfrei sein. Bei Sonntagsarbeit ist an einem anderen berufsschulfreien Arbeitstag derselben Woche Freizeit zu gewähren.

8 Samstagsruhe

Samstagsruhe wird für Jugendliche durch § 16 JArbSchG vorgeschrieben. Bestimmte Ausnahmen sind zulässig. Bei der Samstagsarbeit ist an einem anderen berufsschulfreien Arbeitstag derselben Woche Freizeit zu gewähren.

9 Bezahlter Urlaub

Der gesetzliche Urlaubsanspruch beträgt bei Jugendlichen unter 16 Jahren mindestens 30 Werktage, unter 17 Jahren mindestens 27 Werktage und bei Jugendlichen unter 18 Jahren mindestens 25 Werktage[86]. Maßgeblich ist jeweils das Alter zu Beginn eines Kalenderjahrs. Im Bergbau unter Tage werden 3 Tage Zusatzurlaub gewährt. Soweit der Urlaub Berufsschülern entsprechend der Soll-Vorschrift des § 19 Abs. 3 JArbSchG nicht in den Berufsschulferien gegeben wird, ist für jeden Berufsschultag, an dem die Berufsschule während des Urlaubs besucht wird, ein weiterer Urlaubstag zu gewähren. Im Übrigen gelten die Vorschriften des Bundesurlaubsgesetzes.

10 Ausnahmen in Notfällen

Ausnahmen von den Arbeitszeitregelungen des JArbSchG gelten für vorübergehenden und unaufschiebbaren Arbeiten in Notfällen (Brand, Explosionen, Ausfälle an Betriebsmitteln, Naturkatastrophen), soweit erwachsene Beschäftigte nicht zur Verfügung stehen[87]. Kein Notfall ist die auf unzureichend vorausschauender Planung des Arbeitgebers beruhende Störung. In Notfällen ist bei Überschreitung des 8-Stunden-Tags oder der 40-Stunden-Woche die Arbeitszeit ebenfalls auszugleichen; dies geschieht durch Verkürzung innerhalb der nächsten 3 Wochen.

11 Ausnahmen in Tarifverträgen und Betriebsvereinbarungen

In einem Tarifvertrag oder aufgrund eines Tarifvertrags in einer Betriebsvereinbarung können die im Einzelnen in § 21a JArbSchG aufgeführten Ausnahmen zugelassen werden. Die abweichenden tarifvertraglichen Regelungen können durch schriftliche Vereinbarung zwischen Arbeitgeber und Jugendlichem übernommen werden.

12 Beschäftigungsverbote und -beschränkungen

Sie sind vorgesehen für Arbeiten, die die Leistungsfähigkeit des Jugendlichen übersteigen, mit sittlichen Gefahren oder mit besonderen Sicherheitsgefahren verbunden sind oder bei denen

---

[86] § 19 JArbSchG.
[87] § 21 JArbSchG.

13 Akkordarbeiten oder tempoabhängige Arbeiten

Sie sind für Jugendliche **verboten**[89]. Ausnahmen gelten bei Aufsicht eines Fachkundigen, soweit die Ausnahme zur Erreichung des Ausbildungsziels erforderlich oder eine Berufsausbildung für diese Beschäftigung abgeschlossen ist.

14 Arbeitsplatzgestaltung

Der Arbeitgeber hat den Arbeitsplatz des Jugendlichen und die Arbeitsstätte insgesamt so einzurichten und zu unterhalten sowie die Beschäftigung so zu regeln, dass die zum Schutz der Jugendlichen gegen Gefahren für Leben, Gesundheit und ihre seelisch-geistige Entwicklung erforderlichen Vorkehrungen getroffen sind[90]. Weitergehend als § 2 ArbStättV werden davon alle Arbeitsplätze, auch außerhalb des Betriebsgeländes, Werkzeuge, Maschinen und sonstige Geräte (Gerüste, Fahrzeuge, Regalaufbauten, Hebebühnen) erfasst. Vor Beschäftigungsbeginn hat der Arbeitgeber die Gefährdungen zu beurteilen[91]. Vor Beginn der Beschäftigung und in mindestens halbjährigen Abständen hat der Arbeitgeber die Jugendlichen über die Unfall- und Gesundheitsgefahren zu unterrichten[92].

15 Ärztliche Untersuchung des Jugendlichen

Eine ärztliche Untersuchung des Jugendlichen ist auf Kosten des Lands vor Aufnahme der Beschäftigung vorgeschrieben; sie darf nicht länger als 14 Monate zurückliegen. Ohne Vorlage einer vom Arzt ausgestellten Bescheinigung über die Untersuchung darf ein Jugendlicher nicht beschäftigt werden[93]. Ausnahmen gelten nur für eine geringfügige oder eine nicht länger als 2 Monate dauernde Beschäftigung mit leichten Arbeiten, von denen keine gesundheitlichen Nachteile zu befürchten sind. Ein Jahr nach Beschäftigungsaufnahme hat sich der Arbeitgeber eine ärztliche Bescheinigung über die erste Nachuntersuchung vorlegen zu lassen. Liegt die Bescheinigung 14 Monate nach Aufnahme der ersten Beschäftigung nicht vor, darf der Jugendliche bis zur Vorlage der Bescheinigung nicht weiterbeschäftigt werden[94]. Bei einem Arbeitsplatzwechsel darf der Jugendliche erst beschäftigt werden, wenn die Bescheinigung über die Erstuntersuchung bzw. die Nachuntersuchung dem Arbeitgeber vorgelegt worden ist[95]. Der Arbeitgeber hat diese Bescheinigungen aufzubewahren, bis der Jugendliche die Beschäftigung beendet oder 18 Jahre alt wird. Bei Ausscheiden hat er die Bescheinigungen auszuhändigen.

16 Aushänge

Zur **Durchführung des Gesetzes** sind Aushänge vorgeschrieben. Der Arbeitgeber hat Verzeichnisse der Jugendlichen zu führen und sie der Aufsichtsbehörde auf Verlangen vorzulegen.

---

[88] § 22 JArbSchG.
[89] § 23 JArbSchG.
[90] § 28 JArbSchG.
[91] § 28a JArbSchG.
[92] § 29 JArbSchG.
[93] § 32 JArbSchG.
[94] § 33 Abs. 3 JArbSchG.
[95] § 36 JArbSchG.

17 Geldbußen

Zuwiderhandlungen gegen das Jugendarbeitsschutzgesetz können mit Geldbußen bis 15.000 EUR, in schweren Fällen mit Freiheitsstrafe und Geldstrafe geahndet werden[96].

Kältearbeit

Der Begriff Kältearbeit umfasst Arbeiten in Industriekälte (z. B. in Kühlhäusern), aber auch Tätigkeiten im Freien bei niedrigen Temperaturen. Bei niedrigen Temperaturen gibt der Körper zunehmend Wärme ab. Die Folgen können Unterkühlung bis hin zu Erfrierungen sowie rheumatische Erkrankungen sein. Durch Abnahme der Beweglichkeit, insbesondere der Hände, nimmt das Unfallrisiko zu.

1 Kälteschutzkleidung

Um die Gefahren der Kältearbeit zu vermeiden, muss eine geeignete persönliche Schutzausrüstung getragen werden. Die Schutzkleidung muss entsprechend den Temperaturen, den Verweilzeiten und der jeweiligen Tätigkeit ausgewählt werden.

Bei Temperaturen über −5 °C kann die normale Arbeitskleidung mit warmer Unterwäsche ausreichend sein. Bei tieferen Temperaturen ist eine besondere Kälteschutzkleidung, ggf. auch für Gesicht, Hände und Füße, erforderlich. Bauarbeitern wiederum muss eine speziell geprüfte Winterschutzkleidung zur Verfügung gestellt werden, die gegen Nässe und gegen Kälte schützt. Kälteschutzkleidung muss, wie jede persönliche Schutzausrüstung, vom Unternehmer bereitgestellt und von den Beschäftigten getragen werden.

2 Tiefkühlräume

In Räumen mit Temperaturen unter −25 °C dürfen sich gemäß BGV D4 «Kälteanlagen, Wärmepumpen und Kühleinrichtungen» die Beschäftigten nicht länger als zwei Stunden ununterbrochen aufhalten. Nach dieser Zeit müssen sie den Raum für mind. 15 Minuten zum Aufwärmen verlassen. Sofern der Raum weniger als 15 Minuten verlassen wird, gilt dies nicht als eine Unterbrechung der Aufenthaltszeit. Insgesamt dürfen sich Arbeitnehmer nicht länger als 8 Stunden täglich in Räumen mit Temperaturen unter −25 °C aufhalten.

Sofern bei Temperaturen unter −25 °C gearbeitet wird, müssen die Beschäftigten nach dem arbeitsmedizinischen Grundsatz G 21 (Kältearbeit) untersucht werden. Um diesen Anforderungen zu entgehen, wird in Tiefkühlhäusern (z. B. bei der Lagerung gefrorener Lebensmittel) meistens mit einer Temperatur gearbeitet, die etwas oberhalb der −25 °C liegt.

Sollte die Temperatur in Räumen unter −45 °C liegen, dürfen Beschäftigte nur dann tätig werden, wenn vorher durch die Berufsgenossenschaft sowie die für den medizinischen Arbeitsschutz zuständige Behörde entsprechende Aufenthalts- und Aufwärmzeiten festgelegt wurden.

3 Erkältungskrankheiten

Erfahrungen haben gezeigt, dass Erkältungskrankheiten in Kühlhäusern (bei einer Temperatur unter +10 °C) teilweise häufiger vorkommen, als in Tiefkühlhallen (Temperatur unter −20 °C). Dies liegt daran, dass in Tiefkühlhallen i. d. R. konsequent Schutzkleidung getragen wird. In Kühlhäusern ist dies jedoch nicht der Fall. Hier arbeiten – insbesondere in den Sommermonaten bei häufigem Wechsel ins Freie – die Mitarbeiter mit nicht ausreichend warmer Kleidung. Dies führt dazu, dass die Mitarbeiter im Außenbereich beispielsweise beim Beladen eines LKW schwitzen, kurz darauf in der Kühlhalle mit der gleichen Kleidung jedoch frieren.

---

[96] §§ 58 bis 60 JArbSchG.

4 Kühlräume

Türen von Kühl- und Gefrierräumen dürfen grundsätzlich erst abgeschlossen und verriegelt werden, wenn sich niemand mehr in diesen Räumen aufhält. Gemäß BGR 111 «Arbeiten in Küchenbetrieben» müssen Kühlräume mit einer Grundfläche von mehr als 10 m² auch bei von außen abgeschlossenen Türen von innen jederzeit ohne Hilfsmittel geöffnet und verlassen werden können. Bei ortsfesten begehbaren Kühlräumen mit bis zu 10 m² Grundfläche und bei ortsbeweglichen Kühlräumen (Kühlfahrzeugen) müssen Türen und Deckel in nicht abgeschlossenem oder verriegeltem Zustand von innen zu öffnen sein.

In ortsfesten begehbaren Kühlräumen mit Temperaturen unter −10 °C und einer Grundfläche über 20 m² muss eine vom allgemeinen Stromversorgungsnetz unabhängige Notrufeinrichtung vorhanden sein. Der → *Notruf* muss an einer Stelle wahrgenommen werden können, die während der Betriebszeit besetzt ist.

Die Europäische Norm DIN EN 378 Teil 1, die jedoch in Deutschland noch nicht umgesetzt ist, fordert, dass die Türen sämtlicher Kühlräume von innen jederzeit zu öffnen sein müssen. Weiterhin muss eine nachleuchtende Kennzeichnung vorhanden sein, die aufzeigt, wie dieser Raum zu verlassen ist.

5 Kältearbeit für Schwangere

Werdende Mütter dürfen keine Kältearbeiten (im Kühlhaus oder ständig im Freien bei niedrigen Temperaturen) durchführen, da hier eine Schädigung des Ungeborenen nicht gänzlich auszuschließen ist. Ein Beschäftigungsverbot besteht bereits bei einer Temperatur unter 17 °C.

Andreas Terboven

Kennzahlen

Kennzahlen sind betrieblich relevante, numerische Informationen. Eine Kennzahl verdichtet relevant erscheinende Informationen eines Sachverhaltes oder Tatbestandes, die quantitativ erfassbar sind, zu einer absoluten oder relativen rationalen Zahl.

1 Funktion von Kennzahlen

In dem Maße, in dem betriebliche Aufgaben, wie z. B. der Arbeitsschutz, gemanagt werden, steigt auch die Notwendigkeit, die Ziele dieser Aufgaben messbar zu formulieren und sowohl die Wirksamkeit der Umsetzung, als auch deren Ergebnisse zu messen und zu bewerten. Hierfür sind geeignete Kennzahlen erforderlich. Sie dienen der Entscheidungsunterstützung, Steuerung und Kontrolle von Maßnahmen.

Kennzahlen sollen für komplexe Sachverhalte quantitativ erfassbare Informationen ermitteln und in komprimierter Form als Messgröße prägnant und anschaulich darstellen. Sie ermöglichen damit einen schnellen Überblick auch über komplex erscheinende Sachverhalte oder Tatbestände.

Kennzahlen dienen somit

- der Informationsverdichtung,
- der Information (Anzeiger für den aktuellen Stand, für Entwicklungen etc. sowie Nachkommen von Informations-/Berichtspflichten),
- der Operationalisierung von Zielen,
- als Grundlage für Entscheidungen sowie
- als Instrument für die interne Steuerung von Abläufen und Prozessen.

Adressaten sind nicht nur das Management, sondern auch die Beschäftigten und teilweise auch die Kunden, Lieferanten, Partner sowie andere Externe (z. B. Geldgeber, staatliche Ämter, Öffentlichkeit).

Kennzahlen

> **Wichtig: Wer führen will, benötigt verdichtete Informationen**
>
> Kennzahlen verdichten die für einen bestimmten betrieblichen Sachverhalt als relevant erachteten Informationen zu einer aussagefähigen Zahl und verdeutlichen gleichzeitig größere Zusammenhänge.

2 Grenzen von Kennzahlen

Die Qualität einer Kennzahl hängt entscheidend von den ihr zugrunde liegenden «rohen Daten» ab, also von der Güte der quantitativ erfassbaren Informationen in Bezug zum betrachteten Sachverhalt.

Die Verwendung von Kennzahlen bringt Vor- und Nachteile mit sich.

Die wesentlichen **Vorteile** sind:

- Untersetzung von Zielen und Vorgaben durch messbare Größen,
- schnelle, prägnante und anschauliche Information über einen Sachverhalt,
- Veranschaulichung eines komplexen Sachverhaltes in einer Zahl oder wenigen Zahlen (bei einem Kennzahlensystem),
- Transparenz von Entwicklungen, Abweichungen, Erreichung kritischer Zustände etc. bei einer kontinuierlichen Erfassung von Kennzahlen,
- Erleichterung der Steuerung von Abläufen und Prozessen.

Wesentliche **Nachteile:**

- Kennzahlen vermitteln den Eindruck «So ist es.», ohne auf die Grenzen der Informationsverdichtung (Aussagekraft in Bezug zum betrachteten Sachverhalt) sowie die Qualität der «rohen Daten» hinzuweisen,
- Kennzahlen können manipulativ verwendet werden – bereits die Bildung oder Auswahl einer Kennzahl kann manipulativ sein (Verwendung von Kennzahlen, die für das eigene Anliegen am besten erscheinen),
- Gefahr der Fehlinterpretation,
- Gefahr der Verengung der Sichtweise – wichtige Aspekte (z. B. der Arbeits- und Umweltschutz) werden außer Acht gelassen, wenn sie nicht Teil der Kennzahl bzw. der Kennzahlen sind,
- Gefahr von Fehlsteuerungen (z. B. Konzentration auf kennzahlenrelevante Aspekte).

> **Wichtig: Die Interpretation einer Kennzahl ist der entscheidende Faktor**
>
> Bei der Verwendung sollte man sich bewusst sein, dass die Aussagekraft von Kennzahlen begrenzt ist. Kennzahlen sollten deshalb nicht als alleiniges Entscheidungskriterium herangezogen, sondern im Kontext mit anderen Informationen und Kenntnissen verwendet werden.
>
> Kennzahlen können auch leicht fehlinterpretiert werden. Deshalb sollten Aussagen bzw. Argumentationen, die auf Kennzahlen aufbauen, kritisch hinterfragt werden.

3 Arten von Kennzahlen

Die betrieblich relevanten Kennzahlen lassen sich wie folgt gliedern:

Absolute Zahlen, die direkt aus dem Ausgangszahlenmaterial ablesbar oder berechenbar sind, wie

- **Einzelzahlen** (z. B. Anzahl der Beschäftigten, Anzahl meldepflichtiger Unfälle),
- **Summen** (z. B. jährliche Fehlzeiten aller Beschäftigten, unfallbedingte Ausfallzeiten in der Produktion),
- **Differenzen** (z. B. produktive Jahresarbeitsstunden aller Beschäftigten, ausstehende Unterweisungen) und
- **Mittelwerte** (z. B. durchschnittliche Fehlzeiten der Produktionsmitarbeiter, durchschnittliche Anzahl der Unfälle mit mehr als einem Ausfalltag der letzten 3 Jahre);

Verhältniszahlen, die mehrere Zahlen aus den Betriebsdaten in ein Verhältnis setzen:

- **Gliederungszahlen:** Hier wird eine Teilmasse zu der zugehörigen Gesamtmasse in Beziehung gesetzt (z. B. Eigenkapitalquote, Fehlzeitrate, Anteil der meldepflichtigen Unfälle);
- **Beziehungszahlen:** Hier werden wesensverschiedene absolute Zahlen zueinander in Beziehung gesetzt, die aber in einem inneren Zusammenhang stehen (z. B. Bevölkerungsdichte);
- **Indexzahlen:** Hier werden gleichartige, aber zeitlich oder räumlich getrennte Massen zu einer Basismasse in Beziehung gesetzt. Eine Indexzahl wird als Mittelwert, insbesondere gewogenes arithmetisches Mittel von Messzahlen mit gleicher Basis- und Berichtsperiode ermittelt, wobei der Ausgangswert gleich 100 gesetzt wird. Spezielle Gewichtungen ergeben spezielle Indexformeln. Beispiele: Lebenshaltungskostenindex, Inflationsrate, Unfallentwicklung in den letzten 10 Jahren.

Richtzahlen, die betriebliche Daten mit externen Orientierungsdaten (z. B. Branchenzahlen, Vergleichsdaten aus einem Benchmarking) in Relation setzen (z. B. Unfallhäufigkeit im Vergleich zum Branchendurchschnitt).

Darüber hinaus finden in der Praxis häufig Kennzahlensysteme Anwendung. Sie sind in der Lage, vollständiger über einen Sachverhalt zu informieren, als einzelne Kennzahlen.

4 Bilden von Kennzahlen

Kennzahlen zu erfassen, auszuwerten und zu überwachen ist teilweise sehr aufwendig. Deshalb ist vor dem Hintergrund der beabsichtigten Verwendung zu prüfen, wofür Kennzahlen benötigt werden und welche Kennzahlen dafür geeignet sind. In der Literatur finden sich zahlreiche Sammlungen von Kennzahlen.

> **Wichtig: Anforderungen an Kennzahlen**
>
> Bei der Auswahl oder Bildung von Kennzahlen sollte geprüft werden, ob die jeweilige Kennzahl erforderlich ist und folgende Anforderungen erfüllt:
>
> - Eine Kennzahl muss aus dem, was zu «messen» ist (den Zielen, Vorgaben, Sachverhalten etc.) abgeleitet sein und dazu passen.
> - Eine Kennzahl muss den betrachteten Sachverhalt treffend abbilden.
> - Die zur Bildung der Kennzahl erforderlichen Informationen müssen beschaffbar und messbar sein.
> - Es muss erkennbar sein, wie eine Kennzahl zustande kommt, d. h., die Definition und Wertermittlung müssen eindeutig und nachvollziehbar sein.
> - Eine Kennzahl muss aussagefähig und verständlich sein.
> - Der Aufwand für die Ermittlung der erforderlichen Daten und die Berechnung müssen vertretbar sein.
>
> Beachten Sie: Wer die falschen Kennzahlen verwendet, verschwendet nicht nur Ressourcen, sondern läuft auch Gefahr, die falsche Richtung einzuschlagen.

5 Kennzahlen im Arbeitsschutz

Kennzahlen sind heute fester Bestandteil des betrieblichen Alltags. Traditionell dominieren im Arbeitsschutz unfallbezogene Kennzahlen (z. B. Unfallzahlen, -häufigkeiten, -schwere, Ausfallzeiten). Für einen präventiv ausgerichteten Arbeitsschutz reichen solche «Spätindikatoren» nicht aus – ja, sie sind sogar kontraproduktiv, weil sie den Nutzen nicht oder nur indirekt betrachten.

Der ökonomische Nutzen des Arbeitsschutzes wird in der Praxis i. d. R. nicht erfasst. Teilweise wird nicht einmal die Zielerreichung überprüft. Das sind alles Indizien dafür, dass der Bewertung der Qualität des Arbeitsschutzes eine geringe Bedeutung beigemessen wird. Als Begründung wird häufig angeführt, dass eine solche Bewertung nicht oder nur sehr schwer möglich sei.

Eine umfassende Bewertung der Leistungen im Arbeitsschutz sowie der Leistungen des Arbeitsschutzes zur Erreichung der betrieblichen Ziele, wie sie das → *Arbeitsschutzmanagement* vorsieht, schafft Transparenz und ist auch für die praktische Relevanz des Arbeitsschutzes in einem Unternehmen von großer Bedeutung. Die Bildung und Nutzung von Kennzahlen ist deshalb auch im Arbeitsschutz unerlässlich.

Zur Bildung bzw. Auswahl geeigneter Kennzahlen zur Ermittlung und Bewertung der Arbeitsschutzleistungen eines Unternehmens sind zunächst die relevanten Indikatoren auszuwählen. Indikatoren sind:

- Wirkungen auf die Arbeitsbedingungen,
- Wirkungen auf die Gesundheit der Beschäftigten,
- Wirkungen auf die Zufriedenheit der Beschäftigten (Mitarbeiterzufriedenheit),
- Wirkungen auf das Sicherheits- und Gesundheitsbewusstsein der → *Führungskräfte* und Mitarbeiter,
- Beitrag zum Geschäftsergebnis,
- Wirkungen auf die Gesundheit bei Kunden und Lieferanten (Gesundheit Dritter),
- Erfüllung gesellschaftlicher Verpflichtungen (gesellschaftliche Verantwortung),

Diese Indikatoren sind durch Parameter (Größen und Werte) sowie geeignete Kennzahlen zu untersetzen.

> **Praxis-Beispiel: Ermittlung und Bewertung der Arbeitsschutzleistungen eines Unternehmens**

Indikator	Parameter	Kennzahl
Wirkungen auf die Gesundheit der - Beschäftigten	Verletzungen	Tausend-Mann-Quote

Albert Ritter

KMR-Stoffe

KMR-Stoffe (oder CMR-Stoffe) sind Stoffe mit den folgenden Eigenschaften: krebserzeugend bzw. karzinogen, mutagen (erbgutverändernd) und reproduktionstoxisch (fortpflanzungsgefährdend). Heute befinden sich in Europa rund 100.000 chemische Stoffe auf dem Markt. Darunter sind auch CMR- bzw. KMR-Stoffe. Bei Verwendung von KMR-Stoffen müssen besondere Vorkehrungen getroffen werden, um die Gesundheit der Mitarbeiter zu gewährleisten.

Gesetze, Vorschriften und Rechtsprechung

- Gefahrstoffverordnung (GefStoffV), wobei § 2 Abs. 3 und § 3 KMR-Stoffe definieren;
- KMR-Liste des Instituts für Arbeitsschutz der DGUV (IFA);
- TRGS 905 «Verzeichnis krebserzeugender, erbgutverändernder oder fortpflanzungsgefährdender Stoffe»;
- TRGS 906 «Verzeichnis krebserzeugender Tätigkeiten oder Verfahren nach § 2 Abs. 3 Nr. 3 GefStoffV».

1 Wirkung

Als KMR-Stoffe werden Stoffe und Zubereitungen eingestuft, die beim Menschen durch Einatmen, Verschlucken oder Aufnahme über die Haut

- Krebs erregen oder das Krebsrisiko erhöhen können (karzinogen), z. B. Cadmium-Verbindungen;
- vererbbare genetische Schäden zur Folge haben oder deren Häufigkeit erhöhen können (mutagen), z. B. Ethylen;
- reproduktionstoxisch sind und zwar nicht vererbbare Schäden der Nachkommenschaft hervorrufen oder deren Häufigkeit erhöhen (fruchtschädigend) oder eine Beeinträchtigung der männlichen oder weiblichen Fortpflanzungsfunktionen oder -fähigkeit zur Folge haben können (fruchtbarkeitsgefährdend): z. B. Dibutylphthalat (DBP).

2 Kategorien

KMR-Stoffe sind EU-weit in 3 Kategorien eingeteilt.

Bis 2015 können Stoffe gem. 67/548/EWG den Kategorien 1, 2 oder 3 zugeordnet werden:

- Kategorie 1: Wirksamkeit beim Menschen nachgewiesen.
- Kategorie 2: Wirksamkeit im Tierversuch nachgewiesen, Wirksamkeit für den Menschen ist zu unterstellen.
- Kategorie 3: Es besteht ein Verdacht auf Wirkpotenzial.

Gemäß CLP-Verordnung lauten die Kategorien 1A, 1B und 2.

Kategorie 1 wird unterteilt und folgendermaßen definiert:

- Kategorie 1A (bisher 1): Bekanntermaßen krebserzeugend, erbgutverändernd bzw. fortpflanzungsgefährdend, Einstufung erfolgt überwiegend aufgrund von Nachweisen beim Menschen.
- Kategorie 1B (bisher 2): Wahrscheinlich krebserzeugend, erbgutverändernd bzw. fortpflanzungsgefährdend, Einstufung erfolgt überwiegend aufgrund von Nachweisen bei Tieren.

Die Kategorie 2 (bisher 3) beschreibt wie bisher den Verdacht auf Wirkpotenzial.

Zusätzliche oder gänzlich unterschiedliche Kategorien werden von der Senatskommission der Deutschen Forschungsgemeinschaft (DFG) empfohlen: So werden für krebserregende und mutagene Stoffe insgesamt 6 Gruppen empfohlen. Für reproduktionstoxische Stoffe werden insgesamt 4 Gruppen empfohlen, die sich jedoch auf die Missbildungen bei Schwangerschaften beschränken. Die Empfehlungen der Senatskommission haben keinen Rechtscharakter.

3 KMR-Liste

Die Liste der krebserzeugenden, erbgutverändernden oder fortpflanzungsgefährdenden Stoffe (KMR-Liste) enthält Stoffe, die

- gem. Tabelle 3 des Anhang VI 1272/2008/EG sowie der ersten Anpassung (790/2009) als krebserzeugend (karzinogen, carzinogen), erbgutverändernd (mutagen) oder fortpflanzungsgefährdend (reproduktionstoxisch) eingestuft sind,
- in der TRGS 905 «Verzeichnis krebserzeugender, erbgutverändernder oder fortpflanzungsgefährdender Stoffe» aufgeführt werden oder
- in der TRGS 906 «Verzeichnis krebserzeugender Tätigkeiten oder Verfahren nach § 2 Abs. 3 Nr. 3 GefStoffV» verzeichnet sind.

Die Liste enthält nicht die komplexen Mineralöl-, Kohle- und Erdgasderivate aus Anhang VI 1272/2008/EG.

> **Wichtig: Unterschiedliche Kategorien nach altem und neuem Recht**
>
> Die KMR-Liste wird sowohl mit den Bezeichnungen nach 67/548/EWG als auch nach der CLP-Verordnung 1272/2008/EG angeboten. Beim Vergleich der Listen ist zu beachten, dass die 3 Kategorien unterschiedlich benannt werden (s. Nr. 2 Kategorien).

4 Umgang mit KMR-Stoffen

Die Gefahrstoffverordnung legt als Schutzmaßnahmen fest:

- Allgemeine Schutzmaßnahmen gelten für alle Tätigkeiten mit Gefahrstoffen (§ 8 GefStoffV).
- Zusätzliche Schutzmaßnahmen: Maßnahmen, wenn z. B. → *Arbeitsplatzgrenzwerte* oder → *biologische Grenzwerte* überschritten werden oder eine Gefährdung durch Aufnahme über die Haut oder durch Schädigung der Augen besteht (§ 9 GefStoffV).
- Besondere Schutzmaßnahmen bei Tätigkeiten mit krebserzeugenden, erbgutverändernden und fruchtbarkeitsgefährdenden Gefahrstoffen (§ 10 GefStoffV).
- Besondere Schutzmaßnahmen gegen physikalisch-chemische Einwirkungen insbesondere gegen Brand- und Explosionsgefährdungen (§ 11 GefStoffV).

Für KMR-Stoffe der Kategorie 1 und 2 gilt: Werden festgelegte Grenzwerte für KMR-Stoffe eingehalten oder eine Tätigkeit nach einem bestehenden → *verfahrens- und stoffspezifischen Kriterium (VSK)* durchgeführt, gelten die erweiterten Forderungen nicht. In allen anderen Fällen müssen u. a. Gefahrenbereiche abgegrenzt und Warn- und Sicherheitszeichen angebracht werden (§ 10 GefStoffV). Abgesaugte Luft darf nicht in die Arbeitsbereiche zurückgeführt werden. Auch an Abbruch-, Sanierungs- und Instandhaltungsarbeiten, bei denen die Möglichkeit einer beträchtlichen Erhöhung der Exposition der Beschäftigten gegeben ist, werden ergänzende Anforderungen gestellt. Gemäß § 16 bestehen für bestimmte, besonders gefährliche Stoffe, Zubereitungen und Erzeugnisse → *Herstellungs- und Verwendungsbeschränkungen.* Anhang II Nr. 6 GefStoffV gilt für besonders gefährliche krebserzeugende Stoffe.

Bettina Huck

Konformitätserklärung

Konformität bezeichnet allgemein die Übereinstimmung mit dokumentierten Festlegungen. Wird die Konformität nachgewiesen oder glaubhaft zugesichert, so schafft dies bei den Geschäftspartnern Vertrauen und Sicherheit. Grundlage hierfür ist die Darlegung, dass die festgelegten Anforderungen bezogen auf ein Produkt, eine Dienstleistung, einen Prozess, ein System, eine Person oder eine Stelle erfüllt sind. Solche Darlegungen werden gem. der internationalen Norm ISO/IEC 17000:2004 als Konformitätserklärung bezeichnet.

Gesetze, Vorschriften und Rechtsprechung

Ein Unternehmer und die von ihm beauftragten Personen sind verantwortlich für die Sicherheit

- der bereitgestellten Arbeitsmittel (Arbeitsschutzgesetz, Betriebssicherheitsverordnung) und
- der hergestellten und auf dem Markt bereitgestellt bzw. vertriebenen Produkte (v. a. Produktsicherheitsgesetz – ProdSG).

Konformitätserklärungen sind ein Hilfsmittel – teilweise auch eine explizite Forderung – bei der Beschaffung oder Vermarktung von Produkten. So betrachtet z. B. die Maschinenrichtlinie 2006/42/EG (umgesetzt in der Neunten Verordnung zum Produktsicherheitsgesetz (Maschinenverordnung – 9. ProdSV) eine Konformitätserklärung ausdrücklich auch als «Bestandteil» eines Produktes.

Das europäische System der Produktsicherheit basiert auf der Selbstkontrolle von Herstellern und Inverkehrbringern. Sie tragen die Verantwortung dafür, dass ihre Produkte die grundlegenden Sicherheits- und Gesundheitsanforderungen gemäß den jeweiligen EG-Richtlinien erfüllen und stellen dies durch ein sog. Konformitätsbewertungsverfahren sicher. Der Hersteller hat i. d. R. die Wahl zwischen verschiedenen Konformitätsbewertungsverfahren (s. § 4 9. ProdSV), die in den einschlägigen EU-Richtlinien festgelegt sind.

Konformitätserklärungen finden auch im nicht geregelten Bereich Anwendung. Beispiele hierfür sind das Umweltmanagement sowie Qualitäts- und Umweltsiegel, denen eine entsprechende Erklärung der Geschäftsführung (im Sinne einer Konformitätserklärung) zugrunde liegt.

1 Intention von Konformitätserklärungen

Eine Konformitätserklärung ist kein Gütesiegel für die Qualität eines Produkts, einer Dienstleistung, eines Prozesses, eines Systems, einer Person oder einer Stelle. Sie ist vielmehr eine schriftliche Zusicherung (Erklärung), dass das Produkt, die Dienstleistung etc. die in der Erklärung genannten Forderungen oder Bestimmungen einer bestimmten Verordnung erfüllt. Grundlage dafür sollte eine geregelte Konformitätsbewertung sein. D. h., der Verantwortliche

- für ein Produkt (der Hersteller oder Händler),
- für die Erbringung einer Dienstleistung (der Dienstleister) oder
- für das Betreiben einer speziellen Organisation, wie z. B. eines Prüflabors oder eines Qualitäts-Managementsystems, (der Betreiber)

überprüft die Spezifikationen des «Objekts» (Produkt, Dienstleistung, Stelle, QMS) anhand der geforderten Spezifikationen und bestätigt verbindlich, dass das Objekt die auf der Erklärung spezifizierten Eigenschaften aufweist. Die Spezifizierung der Eigenschaften erfolgt i. d. R. durch die Angabe von Normen oder anderen normativen Dokumenten. Das hierfür verwendete Verfahren (Konformitätsbewertungsverfahren) muss nachweisbar (also dargelegt) sein.

Das Spektrum der Verwendung von Konformitätserklärungen ist sehr breit. Es reicht von freiwilligen Konformitätserklärungen (z. B. einer Erklärung der Geschäftsführung, dass das praktizierte Arbeitsschutzmanagement den Forderungen des AMS-Konzeptes → *OHSAS 18001:2007* entspricht) bis zu rechtlich verpflichtenden Konformitätserklärungen insbesondere im Rahmen des europäischen Systems der Produktsicherheit (EG-Konformitätserklärungen). Grundsätzlich dienen Konformitätserklärungen dazu, dass die Kunden bzw. Partner ein höheres Vertrauen in das Objekt entwickeln. Einige Konformitätserklärungen gehen darüber hinaus und erfüllen auch gesetzliche Forderungen (z. B. die der 9. ProdSV, die die Maschinenrichtlinie 2006/42/EG umsetzt).

2 Produktkonformität und CE-Kennzeichnung

Das europäische System der Produktsicherheit basiert auf der Selbstkontrolle von Herstellern und Inverkehrbringern (das Produktsicherheitsgesetz spricht von Organisationen, die Produkte auf dem Markt bereitstellen). Sie tragen die Verantwortung dafür, dass ihre Produkte die grundlegenden Sicherheits- und Gesundheitsanforderungen gem. den jeweiligen EG-Richtlinien erfüllen und stellen dies durch ein sog. Konformitätsbewertungsverfahren (siehe § 4 9. ProdSV) sicher. Der Hersteller hat i. d. R. die Wahl zwischen verschiedenen Konformitätsbewertungsverfahren (z. B. Baumusterprüfung), die in den einschlägigen EU-Richtlinien festgelegt sind.

Damit ein Produkt in der EU auf dem Markt bereitgestellt werden kann, muss am Ende des Bewertungsverfahrens der Hersteller bzw. – für den Fall, dass er seinen Sitz außerhalb der EU hat – sein Bevollmächtigter mit Sitz in der EU, eine EG-Konformitätserklärung erstellen, in der die für das Produkt bekannt gemachten harmonisierten oder anerkannten Normen benannt sind. Die EG-Konformitätserklärung stellt eine besondere Form der Konformitätserklärung im gesetzlich geregelten Bereich dar.

Mit der EG-Konformitätserklärung bestätigt der Hersteller bzw. sein Bevollmächtigter, dass ein von ihm auf dem Markt bereitgestelltes Produkt den grundlegenden Gesundheits- und Sicherheitsanforderungen aller relevanten europäischen Richtlinien entspricht, also mit ihnen konform ist.

Das positive Ergebnis einer Konformitätsbewertung spiegelt sich in der EG-Konformitätserklärung und der Vergabe des EG-Konformitätszeichens (→ *CE-Zeichen*, siehe § 7 ProdSG) auf dem Produkt wider.

Die EG-Konformitätserklärung kann frei gestaltet werden, muss aber bestimmte Angaben enthalten, die in der jeweiligen EU-Richtlinie definiert sind. Die Maschinenrichtlinie verlangt z. B. folgende Angaben:

- Name und Anschrift des Herstellers oder seines in der Gemeinschaft niedergelassenen Bevollmächtigten,
- Beschreibung des Produkts (der Maschine),
- alle einschlägigen Bestimmungen (für das Produkt bekannt gemachten harmonisierten oder anerkannten Normen), denen die Maschine entspricht,
- ggf. Name und Anschrift der gemeldeten Stelle und Nummer der EG-Baumusterbescheinigung,
- ggf. die Fundstellen der harmonisierten Normen,
- ggf. nationale technische Normen und Spezifikationen, die angewandt wurden,
- Angaben zum Unterzeichner, der bevollmächtigt ist, die Erklärung für den Hersteller oder seinen in der Europäischen Gemeinschaft niedergelassenen Bevollmächtigten rechtsverbindlich zu unterzeichnen.

> **Wichtig: Aussagekraft der EG-Konformitätserklärung und der CE-Kennzeichnung ist begrenzt**
>
> Das CE-Zeichen ist kein Prüfzeichen oder Gütesiegel für die Qualität eines Produktes! Der Hersteller bringt es eigenständig an. Man kann nicht zwangsläufig davon ausgehen, dass eine

→ *Maschine* mit → *CE-Kennzeichnung* auf jeden Fall sicher ist – auch wenn dies suggeriert wird und eigentlich so vorgegeben ist. Neue Maschinen sollten daher vor dem ersten Einsatz im Unternehmen auf wesentliche Sicherheitsaspekte überprüft werden, bevor diese benutzt werden.

Albert Ritter

Kontamination

Kontamination bedeutet eine Verschmutzung, Verunreinigung bzw. Verseuchung durch Kontakt mit anhaftendem Material. Dies können radioaktive Stoffe, biologische Arbeitsstoffe (Biostoffe) oder Chemikalien sein (ABC-Stoffe). Es können Personen, Flächen, Materialien oder Gegenstände kontaminiert werden. Die Stoffe haften zunächst an der Oberfläche an. Gefahr für die Gesundheit besteht, wenn anhaftendes Material auf die Haut oder in die Augen gelangt, Stäube oder Dämpfe freigesetzt und diese eingeatmet werden oder Gefahrstoffe unbeabsichtigt – zusammen mit Nahrungsmitteln aufgenommen – werden.

Der Begriff Kontamination wird auch benutzt für unerwünschte Stoffanteile in Zubereitungen (Stoffreinheit) oder die Verunreinigung keimfreier oder keimarmer Gegenstände mit Mikroorganismen (Keimfreiheit).

Gesetze, Vorschriften und Rechtsprechung

Es gelten folgende gesetzlichen Regelungen:
- Atomgesetz
- Gefahrstoffverordnung
- Biostoffverordnung
- Betriebssicherheitsverordnung
- Baustellenverordnung
- Technische Regeln für Biologische Arbeitsstoffe
- TRGS 524 «Schutzmaßnahmen für Tätigkeiten in kontaminierten Bereichen»
- TRGS 500 «Schutzmaßnahmen»
- BGR 189 «Einsatz von Schutzkleidung»

1 Bedeutung für den Arbeitsschutz

In der Praxis ist Einsatz und Umgang mit → *Gefahrstoffen* und damit auch die Gefahr der Kontamination am häufigsten.

Treten zusätzlich auch → *Biostoffe* auf, sind die Forderungen der Biostoffverordnung und TRBA zu berücksichtigen. Der Umgang mit Biostoffen ist v. a. in Laboren von Bedeutung. Hier ist u. a. die TRGS 526 zu beachten. Beim Umgang mit radioaktiven Stoffen sind besondere Schutzmaßnahmen zu treffen, um Gesundheit und Sicherheit der Beschäftigten zu gewährleisten. Sie werden im Atomgesetz festgelegt, u. a. werden besondere Anforderungen an Kontaminationsschutzkleidung gestellt.

Die folgenden Hinweise beziehen sich auf die Kontamination mit Gefahrstoffen. Arbeiten in kontaminierten Bereichen erfordern besondere Fachkenntnisse und Schutzmaßnahmen.

2 Kontamination mit Gefahrstoffen

Kontaminierte Bereiche liegen vor, wenn z. B. in alten Industrieanlagen gefahrstoffhaltiges Baumaterial verwendet wurde, Böden durch den Umgang mit → *Gefahrstoffen* in Produktionsanlagen verunreinigt sind oder Gefahrstoffe auf Deponien abgelagert wurden. Kontaminierte Bereiche können also sein (Abschn. 2.1 TRGS 524):
- Standorte, z. B. Grundstücke
- bauliche Anlagen, z. B. Gebäude, Erdaufschüttungen

- Produktionsanlagen
- Ablagerungen
- Gegenstände
- Wasser, Boden, Luft

Tätigkeiten in kontaminierten Bereichen (vgl. Abschn. 2.3 TRGS 524) und dabei häufig vorkommende Gefahrstoffe sind in **Tab. 1** aufgeführt.

Tätigkeiten in kontaminierten Bereichen	Mögliche Gefahrstoffe
→ *Bauarbeiten* auf einem Gelände mit kontaminierten Bereichen	Altöl, Schwermetalle
Sanierung von Böden, Gewässern, Grundstücken sowie Anlagen	chlorierte Kohlenwasserstoffe
Betrieb mobiler Anlagen zur Behandlung kontaminierter Materialien und Stoffe	
Bauarbeiten auf, an und in Deponien	Batteriesäure
Umbau und Rückbau von Gebäuden und technischen Anlagen	Asbest, Holzschutzmittel (in Holz bzw. Holzwerkstoffen)
Räumen und Reinigen kontaminierter Räume und Einrichtungen	Asbest
Gleisbauarbeiten	z. B. Polycyclische aromatische Kohlenwasserstoffe (PAK), Mineralölkohlenwasserstoffe, Pflanzenschutzmittel (Herbizide)
Tätigkeiten auf kalten Brandstellen	Besonders beachten: Polyvinylchlorid (PVC), Polyurethan (PU), Polystyrol (PS), Melamin- und Phenolharz
Tätigkeiten mit Gefahrstoffen aus Kampfmitteln	Senfgas, Lost
Innerbetrieblicher Transport, Zwischenlagerung und Vorbereitung kontaminierter Materialien zur Entsorgung	Kontaminierter Sperrmüll
→ *Instandhalten* von → *Arbeitsmitteln*, die verunreinigt sind	Tablettenpresse in pharmazeutischer Industrie
Erkundungsarbeiten	
→ *Abbruch*- Sanierungs-, → *Instandhaltungs*- und Umbauarbeiten	PCB-haltige Fugenmassen oder Anstrichstoffe, teerhaltige Kleber oder Teerkork im Hochbau, mit Holschutzmittel behandelte Holzwerkstoffe, DDT-haltige Beschichtungsstoffe, Asbest, alte Mineralwolle

Tab.1: Mögliche Gefahrstoffe in kontaminierten Bereichen

Praxis-Beispiel: Vorgehensweise für Arbeiten in kontaminierten Bereichen
- Vorerkundung (Abschn. 3.2.1 TRGS 524): Können Gefahrstoffe enthalten sein? Welche Stoffe liegen vor?
- Arbeits- und Sicherheitsplan erstellen (s. Anlage 3 bzw. Anlage 10 TRGS 524), darin Maßnahmen festlegen;
- Maßnahmen in der Ausschreibung aufführen;
- beim Einsatz mehrerer Firmen Koordinator schriftlich bestellen;
- → *Gefährdungsbeurteilung* durchführen und Maßnahmen festlegen: Informationsquellen nutzen, z. B. Informationen verschiedener Branchen zu möglichen Kontaminationen, Unter-

Kontamination

suchungen durchführen, mögliche Veränderung der Ausgangsstoffe sowie Mobilisierung bzw. Freisetzung berücksichtigen;
- relevante Parameter messen, z. B. → *explosionsfähige Atmosphäre*, gefährliche → *Gase*, Dämpfe, Nebel oder → *Stäube* (Anlage 9 TRGS 524).

2.1 Gefährdungsbeurteilung

Arbeiten in kontaminierten Bereichen dürfen erst aufgenommen werden, wenn eine → *Gefährdungsbeurteilung* nach § 6 GefStoffV durchgeführt wurde und Maßnahmen festgelegt sind, um Gesundheit und Sicherheit der Beschäftigten zu gewährleisten. Wird erst nach Beginn der Tätigkeiten festgestellt, dass eine Kontamination mit Gefahrstoffen vorliegt, müssen die Arbeiten unverzüglich eingestellt und dürfen erst wieder aufgenommen werden, wenn die Gefährdungsbeurteilung durchgeführt und Schutzmaßnahmen festgelegt und umgesetzt wurden. Die Gefährdungsbeurteilung muss von fachkundigen Personen durchgeführt werden, es sind dazu besondere Kenntnisse erforderlich. Mindestanforderungen an die Fachkunde enthalten Anlage 2 A und 2 B TRGS 524. Wenn → *Fremdfirmen* beauftragt werden, müssen es Fachfirmen sein, die über Fachkenntnisse im Bezug auf den jeweiligen Gefahrstoff verfügen.

3 Gefahren

Gefahren anhaftenden Materials bei Arbeiten in kontaminierten Bereichen entstehen v. a.:
- bei Hautkontakt oder Aufnahme über die Haut,
- wenn → *Gefahrstoffe* ins Auge gelangen,
- wenn → *Stäube* oder Dämpfe eingeatmet werden,
- wenn Gefahrstoffe – bei mangelnden → *Hygienemaßnahmen* – mit der Nahrung aufgenommen werden.

Brand- und Explosionsgefahr besteht, wenn sich → *explosionsfähige Atmosphären* bilden, durch den Gefahrstoffe selbst oder durch Reaktion vorhandener Stoffe und entsprechender Umgebungsbedingungen.

4 Maßnahmen

4.1 Technische Maßnahmen

- Anlagen zur Atemluftversorgung
- Einsatz staubarmer Systeme
- Lüftungstechnische Einrichtungen
- Verschleppen von → *Gefahrstoffen* vermeiden durch Schwarz-Weiß-Einrichtungen, Waschanlagen für Stiefel, Reifen, → *Fahrzeuge*, Abzäunungen, Abschottungen (s. Abschn. 5 TRGS 524).

4.2 Organisatorische Maßnahmen

Beschäftigte in kontaminierten Bereichen müssen von fachlich geeignetem Führungspersonal geleitet und von weisungsbefugten Personen überwacht werden. Führungspersonal muss sich regelmäßig fort- und weiterbilden. Betriebsanweisungen müssen erstellt, Beschäftigte müssen regelmäßig unterwiesen und unterrichtet werden.

4.3 Persönliche Maßnahmen

Für Arbeiten in kontaminierten Bereichen muss eine Grundausrüstung zur Verfügung gestellt werden. Sie besteht häufig aus:
- → *Schutzhelm*
- → *Stulpenhandschuhen* (s. BGI 868 «Chemikalienschutzhandschuhe»)
- → *Atemschutz*, Atemschutzgeräte für Selbstrettung (s. BGR 190 «Einsatz von Atemschutzgeräten»)

- Chemikalienschutzanzug, häufig Einwegschutzkleidung
- → *Fußschutz*, z. B. Gummistiefel

> **Wichtig: Bedeutung von Schutzkleidung**
> Das Ablegen kontaminierter Kleidung beseitigt ca. 90 % der Kontamination. Wird ein Chemikalienschutzanzug verwendet und ist er mechanisch intakt, nicht durch den Gefahrstoff angegriffen und wird er sachgerecht abgelegt, kann eine Beseitigung der Kontamination von 100 % erreicht werden.

Bettina Huck

Kontinuierlicher Verbesserungsprozess (KVP)

KVP ist ein systematischer Ansatz zum kontinuierlichen Verbessern, dem ein festgelegter Prozess (ein betriebsspezifisches Verfahren) zugrunde liegt. Ziel ist es, dass möglichst viele Beschäftigte ständig nach Verbesserungsmöglichkeiten Ausschau halten und die erkannten Potenziale für Verbesserungen in kleinen, eher undramatischen Schritten erschlossen werden. KVP geht davon aus, dass Produkte und Dienstleistungen, Prozesse, Organisationen, Gestaltungsmaßnahmen, Arbeitsbedingungen, Kompetenzen etc. regelmäßig weiter verbessert werden können. Dem KVP-Prinzip liegt also eine Haltung – streben nach ständigem Verbessern – zugrunde, die sowohl ein Ziel als auch eine Verhaltensweise im Alltag ist.

1 Teil von Managementsystemen

Ausgehend vom ökonomischen Prinzip muss jedes Unternehmen aus wirtschaftlichen Erwägungen heraus ständig nach Möglichkeiten für innerbetriebliche Verbesserung Ausschau halten und sich auch kontinuierlich über neue Entwicklungen, Erkenntnisse, Vorgehensweisen etc. informieren. Das kontinuierliche Verbessern ist deshalb schon seit langem ein fester Bestandteil der Unternehmensführung. Die Entscheidung, einen Prozess für das kontinuierliche Verbessern zu definieren, geht darüber hinaus. Der kontinuierliche Verbesserungsprozess (KVP) wird zu einem Verfahren eines → *Managementsystems*. KVP ist heute ein zentrales Element aller zeitgemäßen Managementsysteme.

Das Prinzip des kontinuierlichen Verbesserns liegt auch dem Verständnis von einem modernen oder zeitgemäßen Arbeitsschutz zugrunde. Für die betriebliche Praxis resultieren daraus einschneidende Konsequenzen. So sind die Arbeitsbedingungen und die Maßnahmen des betrieblichen Arbeitsschutzes kontinuierlich zu verbessern. Es reicht also nicht aus, «nur» Vorgaben zu erfüllen. Die Maßnahmen des betrieblichen Arbeitsschutzes müssen regelmäßig auf ihre Eignung und Wirksamkeit hin überprüft und verbessert werden.

Dies fordert auch das Arbeitsschutzgesetz. § 3 ArbSchG verpflichtet die Arbeitgeber dazu, die Maßnahmen des Arbeitsschutzes auf ihre Wirksamkeit zu überprüfen und erforderlichenfalls sich ändernden Gegebenheiten anzupassen. Dabei hat der Arbeitgeber eine Verbesserung von Sicherheit und Gesundheitsschutz der Beschäftigten anzustreben.

Die Konsequenz daraus ist, dass sich ein Unternehmen nicht mit dem erreichten Niveau sicherer und gesundheitsgerechter Arbeitssysteme zufrieden geben darf, sondern die Arbeitsbedingungen und den betrieblichen Arbeitsschutz systematisch und kontinuierlich verbessern muss. Dafür sieht das → *Arbeitsschutzmanagement* die Nutzung des vorhandenen kontinuierlichen Verbesserungsprozesses vor. Praktiziert ein Unternehmen bislang noch kein KVP, muss es im Rahmen der AMS-Einführung installiert werden.

2 Kontinuierliches Verbessern in kleinen Schritten

Das Prinzip des kontinuierlichen Verbesserns in kleinen, undramatischen Schritten wird v. a. auf das japanische Konzept «Kaizen» (Verändern zum Besseren) zurückgeführt. Semantisch

Kontinuierlicher Verbesserungsprozess (KVP)

entstammt «Kaizen» der chinesischen Sprache und setzt sich aus den Worten Kai (= sich vervollkommnen) und Zen (= gut) zusammen. Das Kaizen-Prinzip besteht aus

- dem Grundsatz «Alles, was das Leben ausmacht, verdient es, verbessert zu werden.»;
- den Überzeugungen, dass graduelle Verbesserungen überall und ständig möglich sind und alle Beschäftigten zum kontinuierlichen Verbessern beitragen können;
- der Unterscheidung von Innovationen (gravierenden Neuerungen, sprunghafte Veränderung) und Verbesserungen (kleinere Veränderungen zum Besseren ohne Anspruch auf Perfektion, die v. a. die Art und Weise wie und unter welchen Bedingungen gearbeitet wird, betreffen);
- der Grundhaltung, dass kontinuierliches Verbessern ein Unternehmensziel und Teil der täglichen Arbeit aller Beschäftigten ist;
- definierten Vorgehensweisen, die ein rasches Prüfen und Einleiten der Umsetzung sicherstellen.

> **Wichtig: Kontinuierliches Verbessern ist mehr als eine Methode**
>
> Kontinuierliches Verbessern muss von oben herunter gewollt und zum Prinzip erklärt werden. «Aktiv werden, täglich den eigenen Arbeitsprozess zu reflektieren und dies mit dem Ziel, die Effektivität und Effizienz zu verbessern», muss ein Leitbild werden. Der Schlüssel zum Erfolg ist das Erkennen von Verbesserungsmöglichkeiten. Mit der Einführung muss auch eine Verbesserungskultur entwickelt werden: konstruktiver Umgang mit Fehlern, Bereitschaft zum ständigen Ausschauhalten nach weiteren Verbesserungsmöglichkeiten, Beteiligung aller Beschäftigten, Verbessern als Teil der täglichen Arbeit begreifen.

3 PDCA-Prinzip: plan – do – check – act

Die Systematik zum kontinuierlichen Verbessern geht auf Edwards W. Deming und Walter A. Shewart (amerikanische Qualitätspionier) zurück. Sie definierten die zyklische Wiederholung von plan (planen), do (umsetzen), check (überprüfen/bewerten) und act (handeln/anwenden) als Grundlage einer kontinuierlichen Verbesserung von Strukturen, Prozessen, Leistungen, Produkten etc. sowie als Hauptschritte eines kontinuierlichen Verbesserungsprozesses (KVP). Dieses sog. PDCA-Prinzip (Plan, Do, Check, Act) wird auch Deming- oder PDCA-Zyklus genannt.

Der PDCA-Zyklus (s. **Abb. 1**):

- **plan (planen):** Der Kreislauf beginnt mit der Untersuchung der jeweiligen Ausgangssituation, um Potenziale für Verbesserungen zu erkennen und einen Maßnahmenplan zur Realisierung der möglichen Verbesserung zu erarbeiten.
- **do (umsetzen):** Im zweiten Schritt erfolgt die (ggf. pilotartige) Umsetzung der Maßnahmen.
- **check (überprüfen/bewerten):** Im dritten Schritt wird überprüft bzw. bewertet, ob die gewünschte Verbesserung erzielt wurde bzw. die Maßnahmen wirksam sind.
- **act (handeln/anwenden):** Im positiven Fall werden im vierten Schritt die Maßnahmen als Standard definiert und regelmäßig auf Einhaltung/Wirksamkeit überprüft. Sind die erzielten Verbesserungen nicht ausreichend, wird direkt ein weiterer Verbesserungszyklus zur Optimierung eingeleitet.

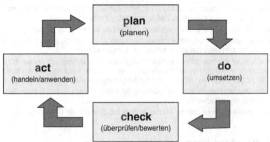

Abb. 1: Der PDCA-Zyklus: die Systematik des kontinuierlichen Verbesserns

Der Kreislauf aus diesen 4 Schritten ist als stetiger Prozess zu verstehen, d. h. der verbesserte Zustand ist in Zukunft die Ausgangssituation für weitere Verbesserungen. Das PDCA-Prinzip geht – wie Kaizen – davon aus, dass in jedem verbesserten Zustand (neuen Standard) eigene Schwächen, Widersprüche und Probleme verborgen sind und diese zum Ausgangspunkt weiterer Verbesserungen (Standard auf höherem Niveau) genutzt werden sollten.

Der PDCA-Zyklus macht das kontinuierliche Verbessern verallgemeinbar und in einem Prozess, der im gesamten Unternehmen und auf allen Stufen anwendbar ist, beschreibbar. Der kontinuierliche Verbesserungsprozess (KVP) wird damit selbst zu einem Standard.

4 KVP im Arbeitsschutz

Ein zeitgemäßer Arbeitsschutz strebt kontinuierliche Verbesserungen bei der Sicherheit, den Arbeitsbedingungen, der Gesundheit der Beschäftigten sowie der Wirksamkeit und der Rechtskonformität der Maßnahmen an. Er benötigt dafür – wie oben bereits skizziert – einen kontinuierlichen Verbesserungsprozess. Dieser kann beispielsweise aus dem Qualitäts-Managementsystem übernommen werden.

Wichtig: Kontinuierliche Verbesserung des Arbeitsschutzes

Das Kaizen-Prinzip sollte auch im Arbeitsschutz angewendet werden. Nicht nur die betrieblichen Abläufe im Bereich der Sicherheit und des Gesundheitsschutzes, sondern auch das gesamte → *Arbeitsschutz-Managementsystem* und die Arbeitsschutzleistungen sollten immer wieder auf den Prüfstand, also kontinuierlich verbessert werden. Dies beinhaltet auch die Anpassung an veränderte externe Vorgaben (öffentlich-rechtliche Vorgaben, → *Stand der Technik* etc.).

Allen gängigen Arbeitsschutz-Managementsystemen liegt das KVP-Prinzip zugrunde und bei allen ist auch der kontinuierliche Verbesserungsprozess ein fester Bestandteil des Arbeitsschutzmanagements.

Albert Ritter

Koordinator

Der Koordinator stimmt Arbeiten von Beschäftigten mehrerer Arbeitgeber dahingehend ab, dass gegenseitige Gefährdungen vermieden oder die damit verbundenen Risiken durch geeignete Schutzmaßnahmen auf ein akzeptables Maß gesenkt werden.

Koordinator

Gesetze, Vorschriften und Rechtsprechung

Die Pflicht zur Bestellung eines geeigneten Koordinators ergibt sich v. a. aus § 3 Abs. 1 Baustellenverordnung (BaustellV). Die für eine Tätigkeit als Koordinator erforderliche Qualifikation und seine Aufgaben werden in der RAB 30 «Geeigneter Koordinator» beschrieben.

Nach § 15 Abs. 4 GefStoffV ist ein Koordinator zu bestellen, wenn bei Tätigkeiten von Beschäftigten eines Arbeitgebers eine erhöhte Gefährdung von Beschäftigten anderer Arbeitgeber durch Gefahrstoffe besteht.

§ 6 BGV A1 fordert, dass im Rahmen der Zusammenarbeit mehrerer Unternehmen eine Person zu bestimmen ist, die die Arbeiten aufeinander abstimmt, soweit es zur Vermeidung einer möglichen gegenseitigen Gefährdung erforderlich ist.

Darüber hinaus muss der Auftraggeber bei Arbeiten in kontaminierten Bereichen, die von Beschäftigten mehrerer Arbeitgeber durchgeführt werden, eine Person schriftlich als Koordinator bestellen, um mögliche gegenseitige Gefährdungen zu vermeiden, und die verschiedenen Arbeiten insbesondere im Hinblick auf stoffliche Gefährdungen zu koordinieren und lückenlos sicherheitstechnisch zu überwachen (Abschn. 5.1 BGR 128).

1 Bestellung

Die Bestellung eines Koordinators richtet sich nach der jeweiligen Rechtsgrundlage und den damit verbundenen Auslösekriterien.

Als Normadressat der Baustellenverordnung muss der Bauherr je nach Art und Umfang des Bauvorhabens einen, ggf. auch mehrere Koordinatoren für die Planung der Ausführung und für die eigentliche Ausführung bestellen, wenn zu erwarten ist, dass auf der → *Baustelle* Beschäftigte mehrerer Arbeitgeber tätig werden. Die Größe des Bauvorhabens spielt dabei keine Rolle; entscheidend ist, ob Beschäftigte mehrerer Arbeitgeber tätig werden. Der Einsatz von Nachunternehmern, d. h. von Firmen, die Teilleistungen im Rahmen des Gesamtbauvorhabens selbstständig ausführen, bedeutet das Vorhandensein mehrerer Arbeitgeber. Die Bestellung muss so rechtzeitig erfolgen, dass die während der Planung der Ausführung des Bauvorhabens zu erfüllenden Aufgaben des Koordinators erledigt werden können.

Die Gefahrstoffverordnung legt fest, dass die beteiligten Arbeitgeber, bei denen sich arbeitsschutzrelevante Wechselwirkungen des Gefahrstoffumgangs ergeben, einen Koordinator zu bestellen haben ohne hierfür nähere Angaben zu machen. Wurde ein Koordinator nach den Bestimmungen der Baustellenverordnung bestellt, gilt die Pflicht der Bestellung als erfüllt.

Der Koordinator nach § 6 BGV A1 wird nach Abstimmung durch die beteiligten Unternehmer bestellt. Auslösekriterium dafür ist das Auftreten relevanter gegenseitiger Gefährdungen, bei denen sich die Tätigkeit eines Beschäftigten auf Beschäftigte eines anderen Unternehmers so auswirkt, dass die Möglichkeit eines Unfalles oder eines Gesundheitsschadens besteht.

Für die Bestellung eines Koordinators nach BGR 128 spielen 2 Faktoren eine Rolle:

- Vorhandensein kontaminierter Bereiche (Standorte, bauliche Anlagen, Gegenstände, Boden, Wasser, Luft und dergleichen, die über eine gesundheitlich unbedenkliche Grundbelastung hinaus mit → *Gefahrstoffen* oder → *biologischen Arbeitsstoffen* verunreinigt sind)
- Ausführung der Arbeiten durch Beschäftigte mehrerer Arbeitgeber.

Verantwortlich für die Bestellung des Koordinators ist der Auftraggeber der Leistungen.

2 Aufgaben

Die Aufgaben eines Koordinators orientieren sich immer an den zu koordinierenden Leistungen (Art des Bauvorhabens, Gefährdungspotenziale usw.). Konkrete Festlegungen für Koordinationsaufgaben enthalten § 3 Abs. 2 und 3 BaustellV. Demnach muss der Koordinator während der Planung der Ausführung

- die vorgesehenen Maßnahmen zur Berücksichtigung die allgemeinen Grundsätze nach § 4 des Arbeitsschutzgesetzes koordinieren,
- den → *Sicherheits- und Gesundheitsschutzplan* ausarbeiten (lassen) und

- eine Unterlage mit den erforderlichen, bei möglichen späteren Arbeiten an der baulichen Anlage zu berücksichtigenden Angaben zu Sicherheit und Gesundheitsschutz zusammenstellen.

Während der Ausführungsphase muss er

- die Anwendung der allgemeinen Grundsätze nach § 4 des Arbeitsschutzgesetzes koordinieren,
- darauf achten, dass die Arbeitgeber und die Unternehmer ohne Beschäftigte ihre Pflichten nach BaustellV erfüllen,
- den Sicherheits- und Gesundheitsschutzplan bei erheblichen Änderungen in der Ausführung des Bauvorhabens anpassen (lassen),
- die Zusammenarbeit der Arbeitgeber organisieren und
- die Überwachung der ordnungsgemäßen Anwendung der Arbeitsverfahren durch die Arbeitgeber koordinieren.

Weitere Konkretisierungen zu den Aufgaben des Koordinators enthalten Abschn. 3.1 und 3.2 RAB 30.

Achtung: Koordinatoren ersetzen keine Fachkraft für Arbeitssicherheit

Unabhängig von der jeweiligen Rechtsgrundlage, nach der ein Koordinator bestellt wird, gilt grundsätzlich: Der Koordinator übernimmt in dieser Funktion keine Aufgaben einer Fachkraft für Arbeitssicherheit für die Beteiligten. Die Bestellung eines Koordinators entbindet die Arbeitgeber auch nicht von ihrer Verantwortung nach geltenden Arbeitsschutzbestimmungen.

Gefahrstoffverordnung und BGV A1 enthalten keinen Aufgabenkatalog für den Koordinator. Hingegen sind in den Erläuterungen der BGR 128 «Kontaminierte Bereiche» folgende Koordinationsaufgaben vorgesehen:

- baustellenbezogenen Arbeits- und Sicherheitsplan aufstellen;
- Mitarbeiter in die jeweiligen Gefährdungen und die erforderlichen Schutzmaßnahmen der Arbeits- oder → *Baustelle* einweisen;
- Überwachen, ob die in den → *Betriebsanweisungen* festgelegten Forderungen eingehalten werden;
- evtl. zusätzlich erforderliche Ermittlungen zu → *Gefahrstoffen* und → *biologischen Arbeitsstoffen* veranlassen;
- erforderliche Messungen in der Luft der Arbeitsbereiche veranlassen;
- Ergebnisse in Zusammenarbeit mit den ausführenden Unternehmen bewerten;
- zeitliche Abfolge von Einzelgewerken abstimmen und ihre Auswirkungen aufeinander hinsichtlich möglicher Gefahren bewerten.

3 Eignung

Der Besteller eines Koordinators ist gehalten, eine geeignete Person mit den Koordinationsleistungen zu beauftragen. Eine allgemeingültige Eignung für Koordinatoren gibt es nicht, da sich für Projekte und Bauvorhaben fachspezifische Anforderungsprofile ergeben können. Allgemein formuliert sollte als Koordinator nur beauftragt werden, wer für diese Tätigkeit über entsprechende Fachkenntnisse verfügt, die durch Berufsausbildung, Berufserfahrung und zeitnahe berufliche Tätigkeit erworben wurde (vgl. § 2 Abs. 7 BetrSichV, TRBS 1203).

Abschn. 4 RAB 30 erläutert, wer für die Koordination nach BaustellV geeignet ist. Um die Aufgaben fachgerecht erledigen zu können, muss der Koordinator demnach verfügen über ausreichende und einschlägige

- baufachliche Kenntnisse,
- arbeitsschutzfachliche Kenntnisse,
- Koordinatorenkenntnisse sowie
- berufliche Erfahrung in der Planung und/oder der Ausführung von Bauvorhaben.

Weitere Abschnitte der RAB 30 erläutern diese Eignungskriterien näher.

In der Erläuterungen zur BGV A1 (Abschn. 2.5 BGR A1) wird ausgeführt, dass die Person, welche die Arbeiten aufeinander abstimmt, für die Wahrnehmung der Aufgabe geeignet sein und über die erforderliche Fachkunde verfügen muss. Die Auswahl dieser Person ist zwischen den Unternehmern abzustimmen. Zweckmäßigerweise sollte dies ein Aufsichtführender (Betriebsleiter, Polier, Vorarbeiter oder anderer Vorgesetzter) der beteiligten Unternehmen sein.

Ausführlicher sind die Vorgaben für einen Koordinator nach BGR 128. Hier wird eine nachgewiesene Sachkunde über Sicherheit und Gesundheitsschutz verlangt. Den Nachweis über die ausreichende Sachkunde hat erbracht, wer die erfolgreiche Teilnahme an einem berufsgenossenschaftlich anerkannten Lehrgang für «Sicherheit und Gesundheit bei der Arbeit in kontaminierten Bereichen» nachweist. Inhalte der Lehrgänge sind in den Anhängen 6A und 6B BGR 128 enthalten.

> **Wichtig: Eignung eines Koordinators**
>
> Koordinatoren müssen über ausreichende und einschlägige berufliche Ausbildung und Qualifikation sowie erforderliche Kenntnisse, Erfahrungen und Fähigkeiten verfügen, um die geforderten Aufgaben sicher ausführen zu können.

4 Befugnisse

Befugnisse eines Koordinators sind in den staatlichen Rechtsgrundlagen nicht geregelt und müssen daher immer mit übertragen werden. Die Tätigkeit des Koordinators nach BaustellV kann von einer «Beraterfunktion ohne Weisungsbefugnis» bis hin zur Koordination mit einer «Weisungsbefugnis in allen Belangen der Sicherheit und des Gesundheitsschutzes» reichen.

> **Praxis-Tipp: Pro und Contra Weisungsbefugnis**
>
> Vor- und Nachteile einer Weisungsbefugnis sind vor der Übertragung abzuwägen. Eine Weisungsbefugnis bedeutet gleichzeitig auch eine Übernahme von Verantwortung und erhöht auch das Haftungsrisiko.

Die Koordination nach BGV A1 sieht eine Weisungsbefugnis grundsätzlich für den Fall vor, dass die beteiligten Arbeitgeber zu dem Ergebnis kommen, dass besondere Gefahren vorliegen. „Diese Befugnis beinhaltet Anweisungen zur Arbeitssicherheit und zum Gesundheitsschutz sowohl gegenüber Beschäftigten des eigenen als auch eines anderen Unternehmens. Die Weisungsbefugnis wird zweckmäßigerweise zwischen den beteiligten Unternehmen vertraglich vereinbart. Die Beschäftigten sollten darüber informiert werden (Abschn. 2.5.1 BGR A1).

Auch die Koordination für Arbeiten in kontaminierten Bereichen erfolgt mit einer Weisungsbefugnis. Gem. Abschn. 5.1 BGR 128 muss der Auftraggeber dafür sorgen, dass der Koordinator in Bezug auf die Sicherheit und den Gesundheitsschutz Weisungsbefugnis gegenüber allen Auftragnehmern und deren Beschäftigten hat.

Kopfschutz

Kopfschutz schützt gegen Gefährdungen durch herabfallende Gegenstände, pendelnde Lasten und Anstoßen an feststehende Gegenstände. Dafür stehen als Persönliche Schutzausrüstung (PSA) Industrieschutzhelme oder Industrieanstoßkappen zur Verfügung.

Gesetze, Vorschriften und Rechtsprechung

Ergibt die Gefährdungsbeurteilung, dass trotz technischer und organisatorischer Schutzmaßnahmen mit Gefährdungen durch herabfallende Gegenstände, pendelnde Lasten oder Anstoßen an feststehende Gegenstände zu rechnen ist, muss den Mitarbeitern als Persönliche Schutzausrüstung Kopfschutz zur Verfügung gestellt werden. Neben der **PSA-Benutzungs-Richtlinie** 89/656/EWG ist auch die **PSA-Benutzungsverordnung** zu berücksichtigen. Weitere Vorgaben ergeben sich aus:

- BGR 193 «Benutzung von Kopfschutz»
- DIN EN 397 «Industrieschutzhelme»
- DIN EN 812 «Industrie-Anstoßkappen»

1 Arten von Kopfschutz

Industrieschutzhelme sind Kopfbedeckungen aus widerstandsfähigem Material, die den Kopf vor allem gegen herabfallende Gegenstände, pendelnde Lasten und Anstoßen an feststehenden Gegenständen schützen sollen. **Helmschalen bzw. Schalen** sind der äußere Teil von Industrieschutzhelmen aus hartem Werkstoff, der einwirkende Kräfte aufnimmt und in die Innenausstattung einleitet. Die Helmschale kann unterschiedlich geformt sein, z. B. mit breitem umlaufendem Rand, mit Regenrinne, mit Schirm, mit heruntergezogenem Nackenteil. Die **Innenausstattung** ist der innere Teil des Industrieschutzhelms (bestehend aus einen korbähnlichen Gebilde, einem längenverstellbaren Kopfband und einem Nackenband), der die auf die Helmschale einwirkenden Kräfte verteilt und zugleich dämpft.

Industrieanstoßkappen sind Kopfbedeckungen, die den Kopf vor Verletzungen schützen sollen, die durch einen Stoß mit dem Kopf gegen harte, feststehende Gegenstände verursacht werden können.

Tab. 1 zeigt Beispiele für Kopfschutz.

Industrieschutzhelme		
		Standard-Industrieschutzhelm mit Regenrinne, Belüftungsöffnungen
		Bau-Schutzhelm: große Schutzfläche durch Helmform mit heruntergezogenem Nackenteil mit Regenrinne. Seitlichen Stecktaschen zur Befestigung von Zubehör (z. B. Gehörschutz)
		Industrieschutzhelm mit umlaufendem Rand
		Hochsteiger-Helm z. B. für Gerüstbau und Mastbesteiger mit verkürztem Schirm und Seitenbelüftung

Kopfschutz

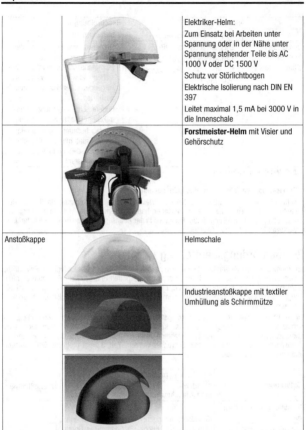

		Elektriker-Helm: Zum Einsatz bei Arbeiten unter Spannung oder in der Nähe unter Spannung stehender Teile bis AC 1000 V oder DC 1500 V Schutz vor Störlichtbogen Elektrische Isolierung nach DIN EN 397 Leitet maximal 1,5 mA bei 3000 V in die Innenschale
		Forstmeister-Helm mit Visier und Gehörschutz
Anstoßkappe		Helmschale
		Industrieanstoßkappe mit textiler Umhüllung als Schirmmütze

Tab. 1: Arten von Kopfschutz (Bilder: Schuberth, Voss)

Tab. 2 zeigt unterschiedliche Materialien für Kopfschalen.

	Beispiele	Beschreibung
thermoplastische Kunststoffe (Thermoplaste)	- Polycarbonat (PC) - glasfaserverstärktes Polycarbonat (PC-GF) - Polyethylen (PE) - Polypropylen (PP) - glasfaserverstärktes Ploypropylen (PP-GF)	- Thermoplasten werden bei entsprechenden Temperaturen in einen elastischen Zustand gebracht und verformt. - Verstärkte Alterung, insbesondere durch UV-Strahlung - Gebrauchsdauer 4 Jahre ab Her-

	Beispiele	Beschreibung
	• Acrylnitril-Butadien (ABS)	stellungsdatum
duroplstische Kunststoffe - (Duroplaste)	• Glasfaser-Polyester (UP-GF) • Textil-Phenol (PF-SF) • Naturfaser-Poly-Anilin-Acetat (PAA-NF)	• Duroplaste sind Kunststoffe, die aus mehreren Komponenten – Fasermaterial und Harzsystem – bestehen und während eines Pressvorganges unter Hitze und Druck aushärten. • Höhere Schutzeigenschaft, Chemikalien- und UV-Beständigkeit • Gebrauchsdauer 8 Jahre ab Herstellungsdatum (mind. doppelte Gebrauchsdauer im Vergleich zu Thermoplasten)

Tab. 2: Materialien von Kopfschalen

Praxis-Tipp: «Verfallsdatum» des Helms beachten

Achten Sie beim Kauf darauf, «frische» Industrieschutzhelme zu bekommen, da diese ab Herstellungsdatum eine max. Gebrauchsdauer haben (Thermoplaste = 4 Jahre, Duroplaste = 8 Jahre). Das Herstellungsdatum finden Sie in der Helmschale. Erinnern Sie Ihre Mitarbeiter vierteljährlich an die max. Gebrauchsdauer.

2 Gefährdungsbeurteilung

Im Rahmen der → *Gefährdungsbeurteilung* nach § 5 Arbeitsschutzgesetz (vgl. → *Persönliche Schutzausrüstung*) müssen mögliche Gefährdungen ermittelt und Schutzmaßnahmen ergriffen werden. Werden Gefährdungen ermittelt, die zu Kopfverletzungen führen können, so ist die Rangfolge von Schutzmaßnahmen nach dem T-O-P-Prinzip (technisch, organisatorisch, persönlich) einzuhalten.

Es reicht nicht aus, die mögliche Kopfgefährdung zu nennen und hierfür Kopfschutz als Schutzmaßnahme festzulegen. Das ist keine Gefährdungsbeurteilung. Sofern technische und/oder organisatorische Schutzmaßnahmen nicht möglich sind, muss dies in der Gefährdungsbeurteilung dokumentiert und begründet werden. **Tab. 3** zeigt mögliche Gefährdungen und möglichen Kopfschutz.

Gefährdung	möglicher Kopfschutz		
	Standard-Industrieschutzhelm	Spezial-Industrieschutzhelm	Anstoßkappe
herabfallende Gegenstände	X	X	
pendelnde Gegenstände	(Grundanforderungen: Stoßdämpfung, Durchdringungsfestigkeit und Beständigkeit gegen eine Flamme, Gewährleistung des Sitzes)	(Grundanforderungen: Stoßdämpfung, Durchdringungsfestigkeit und Beständigkeit gegen eine Flamme, Gewährleistung des Sitzes)	
umfallende Gegenstände			
wegfliegende Gegenstände			
Anstoßen an Gegenstände			X
Eignung für niedrige Temperaturen bis –30 °C		X	
Eignung für hohe Temperaturen bis +150 °C		X	
elektrische Isolierung bis 400 V Wechselspannung (kurzfristiger unbeabsichtigter Kontakt),		X	

Kopfschutz

Gefährdung	möglicher Kopfschutz		
	Standard-Industrieschutzhelm	Spezial-Industrieschutzhelm	Anstoßkappe
elektrische Isolierung bis 1.000 V Wechselspannung (kurzfristiger unbeabsichtigter Kontakt),		X	
Eignung für begrenzte Kurzschlusslichtbogeneinwirkung		X	
stabil gegenüber Metallspritzern		X	
hohe Seitenfestigkeit		X	

Tab. 3: Gefährdungsarten und geeigneter Kopfschutz

> **Praxis-Tipp: Sonderanfertigungen**
> Wurden im Rahmen der Gefährdungsbeurteilung spezielle Gefährdungen ermittelt, die nicht durch technische oder organisatorische Schutzmaßnahmen beseitigt werden können, sollten Hersteller von Kopfschutz kontaktiert werden. Diese verfügen neben notwendigem Fachwissen oft auch über Sonderanfertigungen, die nicht im Prospektmaterial abgebildet sind.

3 Kennzeichnung

Kopfschutz muss eine→ *CE-Kennzeichnung* und eine → *Konformitätserklärung* besitzen. Ebenfalls muss eine Baumusterprüfung vorliegen. Die Kennzeichnung muss folgende allgemeine Informationen enthalten:

- EN 397 für Industrieschutzhelme,
- EN 812 für Industrieanstoßkappen,
- Name oder Zeichen des Herstellers,
- Jahr und Quartal der Herstellung,
- Typbezeichnung des Herstellers,
- Größe oder Größenbereich (Kopfumfang in cm),
- bei Industrieschutzhelmen das Kurzzeichen des verwendeten Helmmaterials.

Industrieschutzhelme müssen je nach Zusatzanforderungen gemäß DIN EN 397 zusätzlich folgende Kennzeichnung aufweisen, die gegossen, geprägt oder durch ein dauerhaftes selbstklebendes Etikett erfolgen kann:

- −20 °C oder −30 °C: Einsatz bei sehr niedrigen Temperaturen
- +150 °C: Einsatz bei sehr hohen Temperaturen
- 440 Vac oder 1.000 Vac: Gefährdung durch kurzfristigen, unbeabsichtigten Kontakt mit Wechselspannung bis 440 V bzw. 1.000 V
- MM: Gefährdung durch Spritzer von geschmolzenem Metall
- LD: Gefährdung durch seitliche Beanspruchung

Industrie-Anstoßkappen müssen je nach Zusatzanforderung gemäß DIN EN 812 zusätzlich folgende Kennzeichnung aufweisen, die geprägt, aufgedruckt oder durch ein selbstklebendes Etikett erfolgen kann:

- −20 °C oder −30 °C: Einsatz bei sehr niedrigen Temperaturen
- 440 Vac: Gefährdung durch kurzfristigen, unbeabsichtigten Kontakt mit Wechselspannungen bis 440 V
- F: Flammenbeständigkeit

4 Einsatz

Wurde im Rahmen der → *Gefährdungsbeurteilung* festgelegt, dass in bestimmten Bereichen Kopfschutz getragen werden muss, müssen die Mitarbeiter im Rahmen der → *Unterweisung* (vor Arbeitsaufnahme, danach mind. 1 × jährlich) über mögliche Gefährdungen sowie die richtige Benutzung, Reinigung und Prüfung (Sichtprüfung vor Benutzung) des eingesetzten Kopfschutzes unterwiesen werden. Die bestehende Tragepflicht für Kopfschutz wird mit dem Gebotsschild M014 «Kopfschutz benutzen» (s. **Abb. 1**) kenntlich gemacht.

Abb. 1: Gebotszeichen M014 Kopfschutz benutzen

Die bereit gestellten Industrieschutzhelme sollten den Größen entsprechen, die die jeweiligen Benutzer benötigen. Viele Hersteller bieten bis zu drei Größen an:

- Helmschalengröße 1: 52 – 56 cm Kopfumfang
- Helmschalengröße 2: 53 – 61 cm Kopfumfang
- Helmschalengröße 3: 59 – 63 cm Kopfumfang

Voraussetzung für einen ausreichenden Kopfschutz ist, dass der Industrieschutzhelm entsprechend ausgewählt und eingestellt ist. Wenn die Größe passt, wird der Industrieschutzhelm so aufgesetzt, dass die Tragebänder auf dem Kopf aufliegen. Die Einstellung des Kopfbandes soll dann so erfolgen, dass es am Kopf anliegt, aber nicht drückt. In dieser Position erfüllt der Industrieschutzhelm dann seinen ausreichenden Schutz.

Achtung: Schutzhelm nicht zu locker einstellen

Wird der Industrieschutzhelm schon vorher eingestellt, besteht u. U. der Kontakt zu den Tragebändern nicht richtig. In diesem Fall können die Kräfte eines aufprallenden Gegenstandes nicht bestimmungsgemäß aufgenommen werden. Sitzt der Industrieschutzhelm zu locker, dann fällt er bei Kopfbewegungen (Bücken oder Überkopfarbeit) oder durch Einwirkung eines aufprallenden Gegenstandes leicht vom Kopf.

Ein häufig auf Unfallanzeigen beschriebener Unfallhergang im Zusammenhang mit Kopfverletzungen ist Folgender: «Als ich mich bückte, fiel mir der Schutzhelm vom Kopf. Ich hob ihn auf, und als ich mich aufrichtete, stieß ich mir den Kopf an …».

Auch Industrie-Anstoßkappen gibt es für unterschiedliche Kopfumfangsbereiche. Der Träger muss zunächst die Industrieanstoßkappe aufsetzen. Anschließend muss sie mit dem Kopfband an den Träger angepasst werden.

Praxis-Tipp: Knacktest

Zur groben Feststellung, ob eine Helmschale aus nicht glasfaserverstärktem thermoplastischem Kunststoff bereits eine Versprödung aufweist, wird der sog. Knacktest empfohlen. Er wird folgendermaßen durchgeführt:

Die Helmschale wird mit den Händen seitlich eingedrückt bzw. der Schirm leicht verbogen. Nimmt man bei aufgelegtem Ohr Knister- oder Knackgeräusche wahr, sollte der Helm nicht mehr benutzt werden (vgl. Abschn. 3.2.3.1 BGR 193). Der Knacktest darf nur für Industrieschutzhelme aus nicht glasfaserverstärkten thermoplastischen Kunststoffen (ABS, PC, PE, PP) durchgeführt werden.

Dirk Haffke

Küchen

Küchen sind Räume, in denen warme Speisen vorbereitet, zubereitet oder auf Verzehrtemperatur gebracht werden bzw. kalte Speisen vor- oder zubereitet werden. Zu den Küchen gehören auch die Bereiche Anlieferung, Lager, Kühlräume, Speisenübergabe und Spülzone.

Küchen in Gaststätten und Beherbergungsbetrieben sowie Krankenhäusern, Alten- und Pflegeheimen und Betriebskantinen sind Arbeitsplätze mit hohem Gefährdungspotenzial. Zudem besteht ein hohes Brandrisiko.

Gesetze, Vorschriften und Rechtsprechung

- Arbeitsstättenverordnung (ArbStättV)
- Gefahrstoffverordnung (GefStoffV)
- Lärm- und Vibrations-Arbeitsschutzverordnung (LärmVibrationsArbSchV)
- Lebensmittelhygieneverordnung (LMHV)
- Infektionsschutzgesetz (IfSG)
- Lüftungsanlagen-Richtlinien der Länder (LüAR)
- ASI 8.20 «Hygiene in Küchen»
- BGR 110 «Arbeiten in Gaststätten»
- BGR 111 «Arbeiten in Küchenbetrieben»
- BGR 112 «Arbeiten in Backbetrieben»
- BGR 181 «Fußböden in Arbeitsräumen und Arbeitsbereichen mit Rutschgefahr»
- BGI/GUV-I 5121 «Arbeitsplatzlüftung – Entscheidungshilfen für die betriebliche Praxis»
- DIN 10506 «Lebensmittelhygiene – Gemeinschaftsverpflegung»

1 Mögliche Gefahren

Zwei Drittel der Unfälle in Krankenhaus- und Heimküchen passieren beim Umgang mit Messern, Küchengeräten und heißen Töpfen, 20 % durch Ausrutschen und Stolpern (Quelle: BGW). Anhang I BGR 111 liefert Beispiele für Maschinen und Geräte in Küchenbetrieben und nennt mögliche Gefährdungen und Maßnahmen. Gefahren bzw. Gefährdungen sind v. a.:

- Brände und Verbrennungen: heiße Herdplatten und Gasflammen sowie heiße Fette, Öle oder fettige Küchentücher, die sich selbst entzünden können. Auch Kurzschluss in elektrischen Geräten durch Dampf und Feuchtigkeit kann zu Bränden führen;
- Verbrühungen: heiße Flüssigkeiten;
- Schnittverletzungen: scharfe Messer;
- Hauterkrankungen, z. B. Ekzeme: ständig feuchte bzw. nasse Hände (Feuchtarbeit);
- Knochenbrüche: Ausrutschen oder Stolpern;
- Rückenschmerzen: langes Stehen bei zu niedrigen Arbeitsflächen, Heben schwerer Töpfe, Arbeiten in Zwangshaltung;
- gehörschädigender Lärm: laute Maschinen und Geräte.

> **Achtung: Fettbrände nicht mit Wasser löschen**
>
> Brennendes Fett oder Öl darf nicht mit Wasser oder stark wasserhaltigen Flüssigkeiten gelöscht werden, da es sonst zu Explosionen kommen kann: Das Wasser sinkt ein, verdampft und schleudert das brennende Fett bzw. Öl in die Umgebung. Der Brand breitet sich so sehr schnell aus und kann zu schweren Verbrennungen führen.
>
> Als Sofortmaßnahme sollten brennende Töpfe oder Pfannen abgedeckt und von der Herdplatte genommen werden. Löschdecken bieten bei Fettbränden keinen ausreichenden Schutz. Geeignet sind spezielle Löschmittel für Fett- und Ölbrände. Sie stoppen die Sauerstoffzufuhr, kühlen das brennende Fett ab und löschen es dadurch wirksam, bevor sich der Brand ausbreitet.

Wichtig: Scharfe Messer verwenden

Die Unfallgefahr beim Umgang mit scharfen Messern ist geringer als beim Verwenden stumpfer Messer: Bei stumpfen Messern muss man mehr Kraft aufwenden und rutscht leichter ab.

Wichtiger Aspekt in Küchen ist die strikte Einhaltung von Hygienevorschriften. Nur durch technische (u. a. bauliche), organisatorische und persönliche Maßnahmen kann die Sicherheit und Gesundheit der Beschäftigten gewährleistet werden, u. a. dass weder Beschäftigte noch Dritte mit Keimen infiziert werden bzw. erkranken.

2 Schutzmaßnahmen

2.1 Technisch

- geeignete Rauchmelder, die zwischen Koch- und Bratdünsten einerseits und gefährlicher Rauchentwicklung andererseits unterscheiden können;
- Einrichtungen zur Brandbekämpfung, u. a. spezielle Löschmittel für Fett- bzw. Ölbrände;
- sicher begehbare (rutschhemmend, ohne Stolperfallen) und leicht zu reinigende Fußböden (s. Bewertungsgruppen für Böden nach Abschn. 3.2.2.1 BGR 111), mit ausreichend Ablauföffnungen bzw. Ablaufrinnen;
- Wandflächen aus wasserundurchlässigen, Wasser abstoßenden, abwaschbaren und nicht toxischen Materialien, mit glatter Oberfläche, sodass sich keine Mikroorganismen festsetzen können;
- Fenster und Türen mit glatter und wasserabweisender Oberfläche, Griffe und Beschläge leicht zu reinigen;
- leicht zu reinigende Arbeitsflächen und Arbeitsmittel;
- Schneidetische und -bretter aus Kunststoff (nicht aus Holz);
- geeignete Zu- und Abluftanlagen;
- Küchenlüftungshauben bzw. -decken mit Fettfangfiltern;
- Höhe der Arbeitsflächen der Körpergröße der Beschäftigten anpassen, z. B. höhenverstellbare Tische.

Achtung: Abluftanlagen mit UV-Licht

Sind Abluftanlagen mit UV-Anlagen ausgestattet, müssen Beschäftigte wirksam vor UV-C-Strahlung und Ozon geschützt werden (Abschn. 3.2.11.7 BGR 111).

2.2 Organisatorisch

- regelmäßige → *Unterweisung* anhand von → *Betriebsanweisungen* nach § 12 ArbSchG u. a. zur → *Feuchtarbeit*, → *Hygiene* und Verhalten im Brandfall;
- regelmäßige Wartung der → *elektrischen Anlagen und Betriebsmittel* (z. B. Friteuse);
- regelmäßige Wartung der Lösch- und Warnmeldeeinrichtungen;
- Küchenlüftungshauben und Fettfangfilter täglich, Küchenlüftungsdecken und ihre Komponenten monatlich auf Verschmutzung prüfen und bei Bedarf reinigen, Reinigung dokumentieren;
- Abluftleitungen, Ventilatoren und Aggregatkammern mind. halbjährlich prüfen und bei Bedarf reinigen;
- regelmäßiges Wischen bzw. Trocknen der Böden, um verschüttete Lebensmittel und Flüssigkeiten aufzunehmen;
- Stolperfallen beseitigen (Kartons, Behälter, Töpfe nicht in → *Verkehrswegen* abstellen);
- Transportwagen benutzen: für schwere Töpfe und Behälter oder Töpfe mit heißen Flüssigkeiten und Speisen (mit dichtschließendem Deckel);
- gründliches Reinigen aller Werkzeuge und Geräte mehrmals täglich oder mind. am Ende des Arbeitstags, ggf. Desinfektion;
- Abfälle in geeigneten Behältern sammeln und regelmäßig entsorgen.

Wichtig: HACCP

Die Einhaltung von Hygienevorschriften in Küchen ist von zentraler Bedeutung: Mängel können zu ernsthaften Erkrankungen, im schlimmsten Fall zum Tod führen. Eine strukturierte Vorgehensweise ist am besten mit → *Managementsystemen* möglich, eine gängige Methode im Lebensmittelbereich ist das HACCP-Konzept (Hazard Analysis of Critical Control Points). Wesentliche Schritte sind dabei:

- Ermitteln und Darstellen der relevanten Prozesse;
- Risiko- bzw. Gefahrenanalyse durchführen;
- kritische Kontrollpunkte managen, d. h. identifizieren, erforderliche Grenzwerte festlegen, Prüf- und Überwachungssystem aufbauen, Korrekturmaßnahmen festlegen, Wirksamkeit nachweisen;
- dokumentieren.

Erkrankungen und nicht zuletzt betriebswirtschaftliche Schäden können so verhindert bzw. verringert werden.

2.3 Persönlich

- geeignete Mittel zum Schutz, zur Reinigung und Pflege der Haut;
- ggf. → *Handschuhe* benutzen;
- ggf. → *Schnittschutz* benutzen;
- geschlossene Schuhe mit rutschfester Sohle, ggf. Sicherheitsschuhe, z. B. beim Umgang mit schweren Töpfen;
- ggf. Kleidung zum Kälteschutz beim Arbeiten in Kühlräumen: bei längeren Aufenthalten in Kühlräumen mit Temperaturen von weniger als -5 °C erforderlich;
- Kleidung zum Schutz vor Spritzern heißer Flüssigkeiten;
- Hygienemaßnahmen: u. a. Benutzen von Einmalhandtüchern, Hände waschen und desinfizieren;
- ggf. → *Gehörschutz*.

Dagmar Hettrich

Kühlschmierstoffe

Kühlschmierstoffe (KSS) sind nichtwassermischbare, wassermischbare und wassergemischte flüssige Zubereitungen zum Kühlen, Schmieren und Spülen bei Fertigungsverfahren der spanenden und umformenden Be- und Verarbeitung. Den KSS sind zur Verbesserung ihrer Eigenschaften verschiedene chemische Stoffe zugesetzt, die bei den Beschäftigten durch Hautkontakt oder Einatmen gesundheitliche Beeinträchtigungen hervorrufen können. Zudem unterliegen wassergemischte Kühlschmierstoffe einer Besiedelung mit Mikroorganismen («Verkeimung»). Es handelt sich dabei um Bakterien, Schimmel- und Hefepilze. Bakterien und Pilze zählen zu den biologischen Arbeitsstoffen, wenn sie beim Menschen Infektionen, Allergien oder Vergiftungen hervorrufen können.

Gesetze, Vorschriften und Rechtsprechung

Grundlegend sind: Gefahrstoffverordnung (GefStoffV), Biostoffverordnung (BioStoffV), BGR/GUV-R 143 «Tätigkeiten mit Kühlschmierstoffen», BGI/GUV-I 718 «Minimalmengenschmierung in der spanenden Fertigung», BGI 719 «Brand- und Explosionsschutz an Werkzeugmaschinen», BGI/GUV-I 762 «Keimbelastung wassergemischter Kühlschmierstoffe», BGI 805 «Tätigkeiten mit biologischen Arbeitsstoffen», BGI 658 «Hautschutz in Metallbetrieben», TRGS 611 «Verwendungsbeschränkungen für wassermischbare bzw. wassergemischte Kühlschmierstoffe, bei deren Einsatz N-Nitrosamine auftreten können» und BGIA Report 9/2006 «Absaugen und Abscheiden von Kühlschmierstoffemissionen».

1 Hauptgruppen

Es werden 3 Hauptgruppen unterschieden:

- Nichtwassermischbare KSS, z. B. Schneidöle, Walzöle werden nicht mit Wasser gemischt.
- Wassermischbare KSS werden mit Wasser auf die Gebrauchskonzentration verdünnt. Die Öle sind Mineralöle und Syntheseöle.
- Wassergemischte KSS, z. B. Bohremulsion, Schleifwasser und Verdünnungen Öl/Wasser.

2 Inhaltsstoffe

Den KSS sind eine Vielzahl chemischer Wirkstoffe zugesetzt, um spezielle Eigenschaften zu erzielen, u. a. Korrosionsschutz-, Antinebel-, Alterungsschutz-, Hochdruck- und polare Zusätze sowie Emulgatoren, Entschäumer und Biozide.

Neben diesen Primärstoffen ergeben sich während des Gebrauchs sog. Sekundärstoffe, wie Reaktionsstoffe, Fremdstoffe und Mikroorganismen. Reaktionsstoffe sind z. B. Nitrosamine, polycyclische Kohlenwasserstoffe, Zersetzungsprodukte, Metalle und Metalloxide. Fremdstoffe, die von außen eingeschleppt werden, können sein: Hydraulikflüssigkeit, Schmierstoffe, Reiniger, luftgetragene Stoffe von anderen Emissionsquellen und Konservierungsmittel.

3 Gefährdungen

Beim Einsatz von wassergemischten Kühlschmierstoffen kann es beim Bearbeiten der Werkstücke zu einem direkten Hautkontakt kommen. Zudem ist es über Aerosolbildung bei bestimmten Bearbeitungsverfahren möglich Bioaerosole (Tröpfchen oder Staub mit angelagerten Mikroorganismen oder deren Bestandteilen) inhalativ (also durch Einatmen) aufzunehmen.

3.1 Gefährdungen der Haut

Gefährdungen der Haut können durch Entwässerung und Entfettung entstehen, z. B. durch:

- Grundöle (z. B. Mineralöle);
- Tenside (oberflächenaktive Substanzen, die bewirken, dass 2 eigentlich nicht miteinander mischbare Flüssigkeiten, z. B. Öl und Wasser, fein vermengt werden können);
- Emulgatoren;
- Lösungsvermittler;
- Wasser.

Gefährdungen der Haut können durch Irritationen entstehen, z. B. durch:

- zu hohe Konzentrationen wassergemischter KSS,
- Eintrocknen von wassergemischten KSS auf Haut und Kleidung (Bildung von «Sekundärkonzentrat»),
- Kontakt der Haut mit eingetrockneten und somit aufkonzentrierten wassergemischten KSS auf Maschinen, Werkzeugen und Werkstücken,
- zu hohen pH-Wert,
- → *Biozide* (im Falle von Überdosierungen),
- niedrigviskose Öle (< 7 mm²/s bei 40 °C),
- Späne und Werkstoffabrieb (auch in Putztüchern), die zu Hautverletzungen führen und dadurch das Entstehen von Hauterkrankungen begünstigen können.

Gefährdungen der Haut können durch sensibilisierende Stoffe entstehen, z. B. durch:

- bestimmte Biozide,
- bestimmte Duftstoffe (Geruchsüberdecker),
- von Werkstücken eingetragene Metall-Ionen, z. B. Cobalt-, Nickel-, Chrom-III-Ionen.

Achtung: Nitrosierende Agenzien
Kühlschmierstoffe, denen nitrosierende Agenzien als Komponenten zugesetzt worden sind, dürfen nicht verwendet werden. Der Unternehmer muss sicherstellen, dass den verwendeten KSS keine nitrosierenden Stoffe zugesetzt worden sind (vgl. auch §§ 8ff. GefStoffV).

3.2 Gefährdungen innerer Organe oder der Atemwege

Gefährdungen innerer Organe oder der Atemwege können durch Hautresorption von Kühlschmierstoffbestandteilen oder Einatmen von Kühlschmierstoff-Dampf und -Aerosolen oder Verschlucken von Kühlschmierstoffen entstehen und hängen z. B. ab von der

- Konzentration von KSS-Dämpfen und Aerosolen in der Atemluft,
- Konzentration krebserzeugender Stoffe, z. B. Nickeloxide und Beryllium, die bei der Bearbeitung spezieller Legierungen in die KSS-Dämpfe und Aerosole gelangen können,
- Konzentration krebserzeugender Nitrosamine der Kategorien 1 oder 2, die sich in wassergemischten KSS aus nitrosierbaren sekundären Aminen bilden können.

4 Maßnahmen zum Schutz der Beschäftigten

4.1 Technische Schutzmaßnahmen

4.1.1 Trockenbearbeitung/Minimalmengenschmierung

Die Minimalmengenschmierung (MMS) ist eine Verlustschmierung. Im Gegensatz zur Nassbearbeitung/Überflutungsschmierung ist kein Kreislaufsystem vorhanden und der Schmierstoff wird in Form von Tröpfchen (Aerosolen) direkt auf die Wirkstelle aufgebracht.

Damit wird die Schmierstoffmenge enorm reduziert. Verluste durch Verdampfung und Verschleppung werden ebenfalls minimiert. Neben der gesundheitlichen Entlastung kann der Einsatz dieses Verfahrens wirtschaftliche Vorteile haben.

In der BG/BGIA-Empfehlung «Minimalmengenschmierung bei der Metallzerspanung» sind die Kriterien für die Erfüllung des Standes der Technik festgelegt. Der Anwender erhält genaue Hinweise zur wirksamen Reduzierung von Gefahrstoff-Emissionen sowie Vorgaben zum Einsatz der MMS.

Weitere Information s. BGI/GUV-I 790-023 «Minimalmengenschmierung bei der Metallzerspanung».

4.1.2 Reinigung und Desinfektion von KSS-Kreisläufen für wassergemischte Kühlschmierstoffe

KSS müssen ausreichend gekennzeichnet (Name, Konzentration, Gesamtvolumen, Menge der nachzugebenen Biozide) und KSS-Kreisläufe (**Abb. 1, 2**) ordnungsgemäß betrieben und überwacht werden. Kühlschmierstoff-Zentralanlagen sind so zu betreiben, dass u. a.:

1. feste Verunreinigungen durch vorhandene Einrichtungen abgeschieden werden und sich nicht in Toträumen, Ecken oder Hinterschneidungen von → *Rohrleitungen* Kanälen, Behältern und Filtern ablagern,
2. eine mechanische Reinigung – auch an schwer zugänglichen Stellen – möglich ist,
3. die eingesetzten Materialien nur entsprechend den Angaben des Herstellers verwendet werden,
4. sie weitgehend geschlossen sind,
5. bei Stillstandszeiten durch mikrobielle Aktivität keine erhöhten Konzentrationen entstehen, die die Arbeitshygiene belasten,
6. eine Vermischung von Hydraulik- und/oder Maschinenöl mit dem wassergemischten Kühlschmierstoff weitgehend vermieden ist,
7. ein Temperaturanstieg des wassergemischten Kühlschmierstoffes über die Umgebungstemperatur weitgehend verhindert ist.

Es ist ein Reinigungsplan mit Angabe der Reinigungsverfahren- und mittel festzulegen.

Abb. 1: Beispiel eines KSS-Kreislauftanks in der spannenden Alubearbeitung

Abb. 2: Beispiel eines KSS-Kreislauftanks in der spannenden Stahlbearbeitung

4.1.3 Verringerung von Kühlschmierstoff-Emissionen

Bei Tätigkeiten mit Kühlschmierstoffen gibt es einige technische Möglichkeiten zur Emissionsminderung. Es ist jedoch nicht in allen Fällen notwendig, sämtliche technischen Möglichkeiten auszuschöpfen, um ein ausreichendes Schutzniveau zu erhalten. Insbesondere bei emissionsarmen Bearbeitungsverfahren und geringer Maschinendichte sind vielfach Basismaßnahmen ausreichend. Unter Basismaßnahmen sind folgende Beispiele zu verstehen:

- Der Kühlschmierstoff soll unmittelbar und gleichmäßig an die Wirkstelle gebracht werden. Damit wird Reibung gemindert, sicherer Spänetransport und Wärmeabfuhr gewährleistet.

- Einstellung eines optimalen KSS-Volumenstromes.
- Möglichst weitgehende dichtende Einhausung der Anlage, Anbringen von Spritzabdeckungen.
- Leckagen umgehend beseitigen (Abdichten).
- Späne bzw. Werkstücke nur kurzfristig im Arbeitsbereich lagern (vgl. **Abb. 3**).
- Verschüttete oder verspritzte Kühlschmierstoffe sofort beseitigen (Nasssauger oder Bindemittel einsetzen.
- Alle Sammel- und Ablaufstellen möglichst geschlossen halten.
- Bereithalten verschließbarer Behältnisse, Putztücher darin sammeln und regelmäßig beseitigen.

Abb. 3: Alu-Späneauffangwagen mit KSS-Rückständen

Reichen die Basismaßnahmen nicht aus, um eine ausreichende Luftqualität am Arbeitsplatz zu erreichen, sind weitere lufttechnische Maßnahmen erforderlich (s. Abschn. 6.3.3 BGR/GUV-R 143 «Tätigkeiten mit Kühlschmierstoffen».

4.1.4 Brand- und Explosionsschutz

Es ist ein Kühlschmierstoff auszuwählen, von dem eine möglichst niedrige Gefährdung ausgeht. Brennbare KSS dürfen nur in dafür geeigneten Maschinen oder Anlagen eingesetzt werden. Können Brand- und Explosionsgefahren nicht sicher ausgeschlossen werden, sind Gegenmaßnahmen erforderlich.

Dazu können gehören:

- Gestaltung der Werkzeugmaschine,
- Absauganlage,
- Druckentlastungseinrichtung,
- Löschanlage/Brandschutzmaßnahmen.

Weitere Schutzmaßnahmen gegen Brand- und Explosionsgefahren beim Betrieb von Werkzeugmaschinen mit nichtwassermischbaren KSS finden sich in BGI/GUV-I 719 «Brand- und Explosionsschutz an Werkzeugmaschinen» und dem BGIA Report 9/2006 «Absaugen und Abscheiden von Kühlschmierstoffemissionen».

4.2 Organisatorische Schutzmaßnahmen

4.2.1 Beschäftigungsbeschränkungen

An Einrichtungen, bei deren Verwendung mit KSS umgegangen wird und Gefährdungen durch Haut- und Augenkontakt oder Emissionen in die Atemluft sowie Aufnahme in den Körper zu erwarten sind, dürfen nur Mitarbeiter beschäftigt werden, die

- das 18. Lebensjahr vollendet haben und
- mit den Einrichtungen und Fertigungsverfahren vertraut sind.

4.2.2 Spezielle arbeitsmedizinische Vorsorgeuntersuchungen

Der Unternehmer muss unter Berücksichtigung der → *Gefährdungsbeurteilung* dafür sorgen, dass Mitarbeiter, die Tätigkeiten mit KSS durchführen, durch einen beauftragten Arzt untersucht werden.

4.2.3 Betriebsanweisungen

Arbeitsbereichs- und stoffbezogene → *Betriebsanweisungen* in verständlicher Form und Sprache sind erforderlich für Tätigkeiten mit

- Kühlschmierstoffen und Zusatzstoffen,
- Einrichtungen, in denen KSS verwendet werden, und
- lufttechnischen Anlagen zur Erfassung und Abscheidung von KSS-Dampf und Aerosolen

Darin sind die vom Inverkehrbringer mitgelieferten Angaben und sicherheitstechnische Hinweise zu berücksichtigen (s. → *Sicherheitsdatenblatt* des Herstellers).

4.3 Persönliche Schutzausrüstungen

4.3.1 Hautschutzmaßnahmen

Sind Hautgefährdungen durch KSS zu erwarten, sind entsprechende Hautschutzmaßnahmen erforderlich. Dazu gehört die Erstellung eines Hautschutzplans, in dem die Hautschutz-, Hautreinigungs- und Hautpflegemittel unter Berücksichtigung der verwendeten KSS und des Fertigungsablaufes festgelegt sind. Weiterführende Hinweise sind zu finden in Abschn. 6.4.4 TRGS 401 «Gefährdung durch Hautkontakt» und Abschn. 4.3 BGI 658 «Hautschutz in Metallbetrieben».

4.3.2 Hygienemaßnahmen

Im Arbeitsbereich oder in der Nähe des Arbeitsbereichs sollen Waschgelegenheiten mit fließendem warmem Wasser vorhanden sein. An den Waschgelegenheiten müssen geeignete Mittel zum Abtrocknen vorhanden sein. An Arbeitsplätzen, an denen die Gefahr einer Kontamination besteht, ist die Aufnahme von Nahrungs- und Genussmitteln verboten. Dafür müssen geeignete Bereiche eingerichtet werden (s. → *Pausenräume*).

4.3.3 Persönliche Schutzausrüstung

Können Gesundheitsgefahren nicht ausgeschlossen werden, muss die folgende → *Persönliche Schutzausrüstung* zur Verfügung stehen, in gebrauchsfähigem und hygienisch einwandfreiem Zustand gehalten und getrennt von Straßenkleidung aufbewahrt werden:

1. Kühlschmierstoffundurchlässige und -beständige Schürzen oder Schutzkleidung wenn eine Durchnässung der Arbeitskleidung zu erwarten ist;
2. Kühlschmierstoffundurchlässige und -beständige → *Schutzhandschuhe* (mit Baumwoll-Unterziehhandschuhen) oder außen beschichtete Gewebehandschuhe zur Vermeidung eines Feuchtigkeitsstaus durch Schweißbildung, wenn Dauerkontakt mit KSS besteht;
3. → *Augenschutz*, wenn die Gefahr besteht, dass KSS-Spritzer in die Augen gelangen können;
4. Gesichtsschutz und geeignete Schutzhandschuhe beim Ansetzen wassergemischter KSS, beim Nachdosieren von → *Bioziden*;

5. Kühlschmierstoffundurchlässige Sicherheitsschuhe wenn die Gefahr der Durchnässung besteht;
6. Bei der Reinigung von mikrobiell besiedelten Kühlschmierstoff-Kreisläufen mit Hochdruckreinigern, insbesondere die Entfernung von «Biofilmen», ist zusätzlich → *Atemschutz.*
7. (partikelfiltrierende Halbmasken FFP2 oder Halbmasken mit Partikelfilter P2) wegen erhöhter Belastung des Arbeitsplatzes mit Bioaerosolen zu tragen.

4.4 Maßnahmen bei Hautveränderungen

Der Unternehmer muss dafür sorgen, dass Hautveränderungen, die bei Tätigkeiten mit KSS auftreten, von den Mitarbeitern dem Vorgesetzten gemeldet werden. Sind Hautveränderungen aufgetreten, dürfen die Mitarbeiter nur weiter Arbeiten mit Kühlschmierstoffkontakt ausführen, wenn

- eine erneute ärztliche Untersuchung nach den BG-Grundsätzen für arbeitsmedizinische Vorsorgeuntersuchungen G 24 «Hauterkrankungen (mit Ausnahme von Hautkrebs)» durchgeführt wurde und
- «keine gesundheitlichen Bedenken» oder «keine gesundheitlichen Bedenken unter bestimmten Voraussetzungen» geäußert wurden und
- diese Voraussetzungen eingehalten werden.

Katja Graf

Künstliche Mineralfasern

Künstliche Mineralfasern sind aus mineralischen Rohstoffen künstlich hergestellte Fasern. Aufgrund ihrer Eigenschaften können die Faserteilchen unterschiedliche Gefährdungen mit sich bringen. Ähnlich wie bei Asbest liegt die Hauptgefahr in der Größe der Fasern. Die Skala reicht von ungefährlich bis krebserregend. Daher gelten bei der Verarbeitung, der Entsorgung oder der Sanierung strenge Vorschriften. Der größte Teil der künstlichen Mineralfasern wird zur Schall- und Wärmedämmung in sog. Mineralwolleprodukten verarbeitet.

Gesetze, Vorschriften und Rechtsprechung

Neben der Gefahrstoffverordnung ist insbesondere die TRGS 521 «Abbruch-, Sanierungs- und Instandhaltungsarbeiten mit alter Mineralwolle» grundlegend.

1 Hauptgruppen

Künstliche Mineralfasern werden in 2 Hauptgruppen eingestuft. Beide Produktgruppen aus künstlichen Mineralfasern werden vorrangig zu Isolationszwecken, für Wärme- oder Schallschutzisolierungen eingesetzt.

1.1 Glasige (amorphe) künstliche Mineralfasern

Die Endprodukte der glasigen künstlichen Mineralfasern sind:

- **Textilglasfasern**: Technische Textilerzeugnisse, faserverstärkte Werkstoffe, Glasgewebetapeten, Faserpapiere, Glasseide;
- **Mineralwolle**: Dämmstoffe (Matten, Platten, Filze, lose Wolle), Spritzputze, Akkustikdeckenplatten;
- **Keramische Fasern**: Hochtemperaturisolierung (Matten, Platten, Filze, lose Wolle), Faserpapiere, Dichtungen, Filter, Elektroisolierung;
- **Fasern für Spezialanwendungen**: Batterieseparatoren, Filter, Matten (Tab. 1)

Textilglasfasern	Mineralwolle	Keramische Fasern	Fasern für Spezialanwendungen
• Glasfasern	• Glaswolle	• Aluminium-Silikatfasern	• Glasmikrofasern

Textilglasfasern	Mineralwolle	Keramische Fasern	Fasern für Spezialanwendungen
• Quarzfasern	• Steinwolle	• Keramikfasern	
• Calciumsilikatfasern	• Schlackenwolle		

Tab. 1: Glasige künstliche Mineralfasern

1.2 Kristalline künstliche Mineralfasern

Die Endprodukte der kristallinen künstlichen Mineralfasern sind:

- **Whisker**: Faserverstärkte Werkstoffe, Reibbeläge;
- **Polykristalline Faser**: Matten, Filze, Platten, lose Wolle und textile Erzeugnisse zur Hochtemperaturisolierung (**Tab. 2**).

Einkristalle (Whisker)	Polykristalline Fasern
• Aluminiumoxidwhisker	• Aluminiumoxidfasern
• Whisker für Hochleistungskeramik	• Siliciumcarbidfasern

Tab. 2: Kristalline künstliche Mineralfasern

2 Gefahren

Künstliche Mineralfasern sind seit einigen Jahren wegen ihrer möglichen krebserzeugenden Eigenschaften ins Gespräch gekommen. Heute weiß man, dass für eine krebserzeugende Wirkung, ähnlich wie bei Asbest, verschiedene Kriterien in Betracht zu ziehen sind. Ein Faktor ist die Größe und eine damit verbundene sog. lungengängige Abmessung. So spricht man von einer kritischen Größe bei:

- $> 5\ \mu m$ in der Länge
- $< 3\ \mu m$ im Durchmesser
- und einem Verhältnis von Länge: Durchmesser von $> 3 : 1$

3 Pflichten des Unternehmers

Grundsätzlich muss der Unternehmer Produkte einsetzen, bei denen keine gefährlichen Fasern freigesetzt werden können. Sollte dies in Ausnahmefällen nicht möglich sein, müssen Mineralfasern verwendet werden, die möglichst wenig Fasern freisetzen. Ähnlich wie beim Auftreten von Asbest oder asbesthaltigen Produkten, also bei einer Asbestsanierung, muss dies mind. 14 Tage vor Aufnahme der Arbeiten der zuständigen Behörde angezeigt werden. Außer den notwendigen Angaben über die Fasereigenschaften und deren Einstufung, sind die Verwendungsart und die Anzahl der damit umgehenden Mitarbeiter zu benennen.

Auch über die **Maschinen und Gerätschaften** muss nachgedacht werden, die bei der Verarbeitung der künstlichen Mineralfasern eingesetzt werden. Vorrang müssen immer Geräte erhalten, die keine Fasern mit kritischer Größe freisetzen. Diese sind u. a. Messer, Scheren, Handsägen und Kreis- oder Stichsägen mit intakter und funktionierender Absaugung. Kann dies nicht gewährleistet werden, müssen die Fasern an der Austrittstelle erfasst und beseitigt werden. Ist hierbei der Kontakt zu Faserbestandteilen nicht absolut auszuschließen, muss der Unternehmer geeignete → *Persönliche Schutzausrüstung* zur Verfügung stellen.

Die Schutzausrüstung erstreckt sich hierbei auf → *Atem-,* → *Augen-* und → *Handschutz* sowie auf zusätzliche Schutzkleidung. Praxisgerechte Hinweise finden sich in der TRGS 521 «Abbruch-, Sanierungs- und Instandhaltungsarbeiten mit alter Mineralwolle».

Die Mitarbeiter sind darüber hinaus gemäß der Gefahrstoffverordnung per → *Betriebsanweisung* zu unterweisen über

- die bestehenden Gefahren,
- das Verhalten beim Umgang mit künstlichen Mineralfasern und bei evtl. Notfällen,
- die Verwendung der Schutzausrüstung,
- → *Erste-Hilfe*-Maßnahmen und Entsorgungsregeln.

Bettina Huck

Laboratorien

Ein Labor ist ein Arbeitsraum, in dem fachkundiges Personal Proben, Stoffe und Materialien auf spezifische Eigenschaften untersucht oder Stoffe in – üblicherweise – kleinen Mengen herstellt. Bau und Ausrüstung eines Labors bestimmen im Wesentlichen, welche Tätigkeiten darin ausgeübt werden können.

Man unterscheidet analytische Labore, Forschungs-Labore und Labore zur Ausbildung in Schulen und Universitäten. In diesen Laboren werden chemische, physikalische, (mikro-) biologische, medizinische, gentechnische oder technische Methoden angewendet. Es gibt in Deutschland etwa 100.000 Labore. An Laborarbeitsplätzen ereignen sich relativ wenige Unfälle – trotz des Umgangs mit einer Vielzahl von Gefahr- und Biostoffen. Unfallursachen sind zu mehr als 80 % menschliches Fehlverhalten, Unkenntnis der Gefahreigenschaften von Stoffen sowie Gewöhnungseffekte.

Gesetze, Vorschriften und Rechtsprechung

Der Betreiber eines Labors muss neben grundlegenden Gesetzen wie z. B. Arbeitsschutzgesetz oder Jugendarbeitsschutzgesetz eine Fülle von speziellen Vorschriften beachten – je nach Tätigkeiten und eingesetzten Stoffen bzw. den zu untersuchenden oder zu erwartenden Biostoffen. Dazu gehören (Auswahl):

- Arbeitsstättenverordnung (ArbStättV)
- Betriebssicherheitsverordnung (BetrSichV)
- Biostoffverordnung (BioStoffV)
- Gefahrstoffverordnung (GefStoffV)
- Gentechniksicherheitsverordnung (GenTSV)
- Infektionsschutzgesetz (IfSG)
- Mutterschutzgesetz (MuSchG)
- Landesbauordnungen (LBauO)
- TRGS 526 «Laboratorien»
- TRBA 100 «Schutzmaßnahmen für gezielte und nicht gezielte Tätigkeiten mit biologischen Arbeitsstoffen in Laboratorien»
- BGI 850-0 «Sicheres Arbeiten in Laboratorien – Grundlagen und Handlungshilfen»
- BGI 850-2 «Laborabzüge – Bauarten und sicherer Betrieb»
- BGI 863 «Sicheres Arbeiten an mikrobiologischen Sicherheitswerkbänken»
- DIN EN 13150 «Arbeitstische für Laboratorien – Maße, Sicherheitsanforderungen und Prüfverfahren»
- DIN EN 14175 «Laborabzüge»
- DIN EN 15154 «Sicherheitsnotduschen»

1 Aufgabenverteilung

1.1 Arbeitgeber

Der Arbeitgeber ist verpflichtet, Sicherheit und Gesundheit der Beschäftigten zu gewährleisten und Gefährdungen zu vermeiden bzw. zu verringern (§ 4 ArbSchG). Gefährdungen müssen ermittelt und geeignete Schutzmaßnahmen angewendet werden (§ 5 ArbSchG), dies gilt insbesondere auch in Laboren. Weitere Pflichten des Arbeitgebers bzw. Betreibers eines Labors ergeben sich in folgenden Bereichen (vgl. TRGS 526 bzw. TRBA 100):

- → *Unterweisung*: mind. jährlich,
- Einweisung von Mitarbeitern von → *Fremdfirmen*,
- Hygiene- und Hautschutzplan,
- Notfallorganisation,
- Unterrichtung der Behörde u. a. bei Betriebsstörungen oder Unfällen.

1.2 Laborleiter

Der Arbeitgeber kann den Laborleiter beauftragen, sicheres Arbeiten im Labor zu organisieren und zu gewährleisten. Aufgaben und Zuständigkeiten sollten schriftlich festgelegt werden. Aufgaben des Laborleiters können sein:

- Arbeitssicherheit, z. B. → *Unterweisung*,
- Einhaltung der → *Prüffristen* überwachen,
- → *Baumaßnahmen* überwachen.

1.3 Laborpersonal

Das Laborpersonal muss:

- fachkundig sein;
- Mängel oder Gefährdungen beseitigen oder dem Arbeitgeber oder Laborleiter melden;
- während eines laufenden Versuchs an seinem Arbeitsplatz bleiben;
- sich gegenseitig über die Durchführung gefährlicher Tätigkeiten informieren (z. B. bei gleichzeitigem Arbeiten an einem Abzug);
- den Arbeitgeber oder seinen Beauftragten über evtl. Gesundheitsstörungen informieren;
- → *PSA* benutzen – falls dies im Rahmen der → *Gefährdungsbeurteilung* festgelegt wurde;
- eine sichere Arbeitsweise haben.

1.4 Dritte Personen

Um Sicherheit und Gesundheit aller Personen zu gewährleisten, die sich in einem Labor aufhalten, müssen auch Reinigungspersonal, Mitarbeiter der Haustechnik, Wartungspersonal oder Besucher eingewiesen werden. Ggf. müssen bestimmte Tätigkeiten im Labor sogar unterbrochen werden, solange dritte Personen anwesend sind (Abschn. 4.2.1 TRGS 526). Für Labore, in denen mit → *Biostoffen* oder gentechnisch veränderten Organismen (GVO) umgegangen wird, gelten spezielle Regelungen zum Schutz dritter Personen.

2 Gefährdungsbeurteilung

Wegen der unterschiedlichen Arten von Laboren und der Vielzahl von Tätigkeiten genügt zur → *Gefährdungsbeurteilung* oft nicht die sonst übliche Vorgehensweise, nämlich die Beurteilung der Stoffeigenschaften und der ausgeübten Tätigkeiten.

Typische Gefährdungen in Laboren sind (vgl. Abschn. 3.1 TRGS 526):

- Gefahr von Gesundheitsschäden durch giftige Stoffe,
- Augen- und Hautgefährdung durch ätzende und reizende Stoffe,
- Brand- und Explosionsgefahr,
- Gefahr durch unbekannte, heftige oder durchgehende (d. h. unkontrolliert ablaufende) Reaktionen.

Typische Gefährdungen bedingt durch die Handhabung oder durch versehentliches Verschütten der → *Biostoffe* sowie durch Nadelstichverletzungen in Laboren sind (vgl. Abschn. 3.1 TRBA 100):

- Gefahr von Infektionen,
- Gesundheitsschäden durch die sensibilisierenden oder toxischen Wirkungen der biologischen Arbeitsstoffe.

Weitere gefährdende bzw. belastende Faktoren – wie sie auch für Arbeitsplätze außerhalb von Laboren anzutreffen sind – können sein:

- → *Beleuchtung*
- → *Raumklima*
- → *Lärm*
- → *Feuchtarbeit* bedingt durch das Tragen von Schutzhandschuhen
- usw.

Laboratorien

> **Achtung: Reinigungs- und Wartungsarbeiten**
> Da bei diesen Arbeiten in Laboratorien eine erhöhte → *Exposition* (→ *Gefahr-* oder → *Biostoffe*) vorliegen kann, müssen auch diese Betriebszustände in der → *Gefährdungsbeurteilung* berücksichtigt werden.

Die BGI 850-0 enthält auch Hinweise zu → *Explosionsschutzmaßnahmen* und → *Explosionsschutzdokument* (s. Abschn. 4.12.1 TRGS 526/BGI 850-0).

Generell muss beim Einsatz von Gefahrstoffen und biologischen Arbeitsstoffen geprüft werden, ob andere Stoffe oder Verfahren eingesetzt werden können, die nicht oder weniger gefährlich für Mensch und Umwelt sind (**Minimierungs- bzw. Substitutionsgebot** gemäß § 8 Abs. 2, § 9 Abs. 1 GefStoffV, § 10 Abs. 2 BioStoffV).

Die Gefährdungsbeurteilung muss unabhängig von der Zahl der Mitarbeiter und vor Aufnahme der Tätigkeit **dokumentiert** werden. Es gibt wenige Ausnahmen bei denen auf die Dokumentation der Gefährdungsbeurteilung verzichtet werden kann (vgl. Abschn. 3.8 TRGS 526 bzw. § 14 Abs. 2 BioStoffV).

3 Ausstattung

3.1 Abzüge und Lüftungsanlagen

Der geeignete Bau und die korrekte Ausrüstung der Labore ist die Basis, um Gefährdungen für Beschäftigte zu vermeiden. Eine ganz wesentliche Voraussetzung für das sichere Arbeiten in einem Labor ist, dass Laborabzüge bzw. Sicherheitswerkbänke und die Lüftung in den Arbeitsbereichen korrekt funktionieren.

3.2 Türen und Brandschutztüren

→ *Türen* müssen in Fluchtrichtung aufschlagen und mit einem Sichtfenster ausgerüstet sein. Die Türen müssen geschlossen gehalten werden. Für Tätigkeiten mit → *biologischen Arbeitsstoffen* der Risikogruppe 3 gelten spezielle Regelungen (**Schleusensysteme**, vgl. Abschn. 5.4.1 TRBA 100).

3.3 Oberflächen

Der Umgang mit → *Gefahrstoffen* erfordert die Ausrüstung der Tische mit flüssigkeitsdichten Oberflächen und mit einem Randwulst (Abschn. 6.4.1 TRGS 526). Fußböden sowie hindurchgehende Leitungsdurchführungen sind wasserdicht auszuführen (Abschn. 6.2.4 TRGS 526).

Beim Umgang mit → *Biostoffen* müssen die Oberflächen nicht nur dicht und beständig, sondern auch desinfizierbar sein. Relevante Oberflächen sind

- Arbeitsflächen,
- Fußböden,
- angrenzende Wandflächen,
- Decken,
- Flächen an Geräten und Apparaten, die mit biologischen Arbeitsstoffen einschließlich GVO in Kontakt kommen können (Abschn. 5.3 Abs. 8 TRBA 100).

3.4 Waschbecken

Beim Umgang mit → *Gefahrstoffen* müssen eine Waschgelegenheit mit fließendem Wasser, Einrichtungen zum hygienischen Händetrocknen (= Einmalhandtücher) sowie Mittel zur Hautreinigung vorhanden sein (Abschn. 4.4.1 TRGS 500).

> **Achtung: Biostoffe ab Schutzstufe 2**
> Für den Umgang mit → *Biostoffen* muss ab der Schutzstufe 2 für die Reinigung sowie für die Desinfektion der Hände ein Waschbecken möglichst in der Nähe der Labortür sowie vorzugsweise mit einer Armatur, die ohne Handberührung bedienbar ist, vorhanden sein. Desinfekti-

onsmittel-, Handwaschmittel- und Einmalhandtuchspender sind auch vorzuhalten (Abschn. 5.3 TRBA 100).

4 Umgang mit Gefahr- und Biostoffen

4.1 Sicherheitsschränke

→ *Gefahrstoffe* müssen so aufbewahrt werden, dass Mensch und Umwelt nicht gefährdet werden. Dies erfolgt in speziellen Sicherheitsschränken mit ausreichendem Luftwechsel. Wichtig ist dabei u. a. dass

- der Schrank für die aufbewahrten Stoffe geeignet ist;
- bei der → *Zusammenlagerung* von Gefahrstoffen deren chemische Eigenschaften beachtet werden;
- zulässige Gesamtlagermengen für → *brennbare Flüssigkeiten* im gesamten Labor nicht überschritten werden.

4.2 Umfüllen

Beim Umfüllen müssen geeignete Einrichtungen gegen das Freisetzen von → *Gasen*, Dämpfen, Schwebstoffen, Spritzern verwendet werden (z. B. Arbeiten im Abzug, Pumpen, Trichter o. Ä.). Brennbare Gase dürfen nur unter Überdruck mit Inertgasen abgefüllt werden. Beim Umfüllen von → *brennbaren Flüssigkeiten* sind geeignete Erdungsmaßnahmen zu ergreifen.

4.3 Transport

Sicheres Halten und Tragen von → *Gefahrstoffen* in nicht bruchsicheren Behältern erfolgt mit geeigneten Transporthilfen, z. B. Eimer, Transportwagen o. Ä.

> **Achtung: Transport von Biostoffen und GVO**
>
> → *Biostoffe* ab der Schutzstufe 2 bzw. GVO ab der Sicherheitsstufe 2 dürfen innerbetrieblich nur in Gefäßen mit folgenden Eigenschaften transportiert werden:
>
> - geschlossen
> - formstabil
> - bruchsicher
> - flüssigkeitsdicht
> - von außen desinfizierbar
> - dauerhaft gekennzeichnet (Abschn. 5.3 TRBA 100, Anhang III Nr. II GenTSV).

Die Transportgefäße müssen so beschaffen sein, dass sie sich nicht versehentlich öffnen lassen.

4.4 Abfälle und Entsorgung

Laborabfälle müssen nach Art und Eigenschaften getrennt gesammelt werden, um gefährliche Reaktionen zu verhindern. Geeignete Behälter gewährleisten, dass keine gefährlichen Stoffe austreten und die Abfallbehälter sicher transportiert werden können. Sammelbehälter für Gefahrstoffabfälle im Labor müssen gemäß § 8 GefStoffV gekennzeichnet sein.

Chemikalienabfälle werden üblicherweise über Dritte entsorgt. Ist das nicht möglich, müssen sie im Labor vernichtet bzw. in eine transportfähige Form umgewandelt werden. Eine entsprechende → *Betriebsanweisung* ist Pflicht. Arbeitsplätze müssen mind. einmal jährlich auf → *gefährliche Abfälle* überprüft und die Abfälle dann entsorgt werden (Abschn. 4.16.2 TRGS 526).

5 Einrichtungen für den Notfall

Die Gefährdung für Sicherheit und Gesundheit der Beschäftigten und die Umwelt beim Umgang mit → *Gefahr-* oder → *Biostoffen* im Labor machen es notwendig, auch für den Notfall gerüstet zu sein. Sicherheitseinrichtungen müssen stets funktionsfähig sein und dürfen nicht unwirksam gemacht werden. Einrichtungen für den Notfall sind:

- Notduschen: → *Körper-* bzw. Augennotduschen,
- → *Feuerlöscheinrichtungen*,
- → *Erste-Hilfe*-Einrichtungen,
- → *Sicherheitsbeleuchtung*,
- Not-Aus-Schalter,
- Notabsperrung für Brenngasleitungen,
- Einrichtungen zur Alarmierung bei Notfällen (Telefon im Labor),
- → *Flucht- und Rettungswege*, → *Notausgänge*.

6 Persönliche Schutzausrüstung und Hygiene

Zur Grundausstattung im Labor gehören ein langer **Labormantel** mit eng anliegenden Ärmeln sowie feste, geschlossene, trittsichere **Schuhe** (Arbeitskleidung). Als PSA werden in Abhängigkeit von der ausgeübten Tätigkeit und den verwendeten Stoffen eingesetzt:

- → *Augenschutz*
- → *Handschutz*
- → *Atemschutz*
- Schutzkleidung

Die Art der → *PSA* wird im Rahmen der → *Gefährdungsbeurteilung* und vor Aufnahme der Tätigkeit festgelegt. Vor allem beim Arbeiten mit Handschuhen bzw. → *Schutzhandschuhen* ist der konsequente → *Hautschutz* eine wichtige Maßnahme gegen mögliche Reizungen bzw. Erkrankungen der Haut.

> **Achtung: Keine Nahrungsmittel und Kosmetika im Labor**
>
> Zum Schutz vor der Aufnahme von gesundheitsgefährdenden Stoffen dürfen keine Nahrungs- oder Genussmittel ins Labor mitgenommen werden. Auch Kosmetika dürfen im Labor nicht angewendet werden, d. h. Pausenbrot und Getränke sind im Labor ebenso verboten wie Lippenstift auftragen.

7 Prüfungen

Sicherheitseinrichtungen und technische Schutzmaßnahmen müssen zuverlässig funktionieren. Der Arbeitgeber ist deshalb verpflichtet, → *Prüfungen* entsprechend der Vorgaben durchzuführen und zu dokumentieren. Um die Sicherheit und Gesundheit der Beschäftigten zu gewährleisten, legt der Gesetzgeber z. T. Prüffristen fest. Wo keine Fristen vorgeschrieben sind, werden sie im Rahmen der → *Gefährdungsbeurteilung* festgelegt.

Nach § 8 Abs. 2 GefStoffV muss eine Prüfung regelmäßig, jedoch mind. jedes 3. Jahr durchgeführt werden. Art und Umfang der Prüfung werden in der Gefährdungsbeurteilung festgelegt. Nur fachlich geeignete und benannte Personen dürfen die Prüfungen durchführen. Die Ergebnisse der Prüfungen müssen dokumentiert werden. Der Gesetzgeber legt u. a. folgende Fristen fest:

- **Abzüge:** mind. einmal jährlich Prüfung durch befähigte Person, wenn die Abzüge nicht dauerüberwacht sind. Eine Dauerüberwachungseinrichtung muss mind. alle 3 Jahre überprüft werden;
- → *Körper-* **und Augennotduschen:** mind. einmal monatlich Funktionsfähigkeitsprüfung durch beauftragte Person;
- → *Arbeitsmittel:* Zu Beginn jedes Arbeitstags hat der Nutzer die Pflicht, alle Arbeitsmittel auf äußerlich erkennbare Mängel zu überprüfen, z. B. Arbeitshandschuhe, Glaskolben, usw.

Bettina Huck

Ladebrücken

Ladebrücken sind ortsfeste (z. B. an der Rampenkante klappbar angebrachte Ladebrücken) und ortsveränderliche (z. B. Ladebleche) Einrichtungen zum Ausgleich von Höhenunterschieden und zur Überbrückung von Abständen zwischen Laderampen oder vergleichbaren Ladeplätzen und Ladeflächen von Fahrzeugen. Ladebrücken können handbetätigt oder kraftbetrieben sein.

Gesetze, Vorschriften und Rechtsprechung

Aus folgenden Regelwerken der Berufsgenossenschaften gehen Anforderungen an Ladebrücken hervor:

- BGR 233 «Ladebrücken und fahrbare Rampen»
- BGI 520 «Ladebrücken»
- BGI 582 «Sicherheit und Gesundheitsschutz bei Transport- und Lagerarbeiten»
- BGI 5042 «Sicheres Arbeiten mit Fahrzeugen an Laderampen»

1 Gefahrenschwerpunkte

Das Unfallgeschehen bestätigt, dass eine Reihe von Gefährdungen beim Einsatz von Ladebrücken und Ladeblechen auftreten können. Dabei stehen Absturz- und Sturzunfälle an erster Stelle. Ursachen können z. B. sein:

- nicht ausreichende Auflagefläche zum Lieferfahrzeug,
- fehlende Sicherung gegen Verrutschen.

Werden Ladebrücken bei Nichtgebrauch nicht in die Grundstellung gefahren, führen die hoch oder tief stehenden Seitenkanten zu Stolperstellen.

2 Allgemeine Sicherheitsanforderungen an Ladebrücken

Die wichtigsten allgemeinen Sicherheitsanforderungen an Ladebrücken sind in **Tab. 1** zusammengefasst.

Breite	Die nutzbare Breite darf 1,25 m nicht unterschreiten.
	Beim Einsatz von handbetätigten → *Flurförderzeugen* über 0,75 m Spurbreite muss zur tatsächlichen Spurbreite ein Sicherheitszuschlag von 0,50 m erfolgen.
	Beim Einsatz von kraftbetriebenen Flurförderzeugen von mehr als 0,55 m Spurbreite muss zur tatsächlichen Spurbreite ein Sicherheitszuschlag von 0,70 m berücksichtigt werden.
Länge	Ladebrücken dürfen eine Neigung von höchstens 12,5 % oder ein Verhältnis Höhe zu Länge von 1:8 nicht überschreiten. Daraus ergibt sich abgesehen von der zu überwindenden Lücke zwischen Rampenkante und Lieferfahrzeug eine Mindestlänge für die Ladebrücke (**Abb. 1**).
Trittsicherheit	Die Trittsicherheit muss durch entsprechende rutschhemmende Beläge gewährleistet sein. Hier sind die u. U. einwirkenden Witterungsverhältnisse, wie Nässe oder Schmutz, nicht zu unterschätzen.
Stolperstellen	Ladebrücken dürfen beim Einsatz keine Stolperstellen aufweisen, z. B. durch unzureichende Auflage auf der Ladefläche des → *Fahrzeugs*.
Schutz vor - Verschieben	Ladebrücken dürfen beim Begehen oder Befahren nicht verrückbar sein, abrutschen oder wegkippen. Empfehlenswert sind hier selbstständig wirkende Sicherungen durch eine Sicherheitsleiste und bewegliche Bolzen an der Unterseite der Ladebrücke oder des Ladeblechs (**Abb. 2**).
Ladebleche	Ladebleche müssen so beschaffen sein, dass sie ihre Lage auf dem → *Fahrzeug* während des Ladeprozesses nicht verlassen können.

Ladebrücken

Tragfähigkeit	Die vom Hersteller angegebene max. Tragkraft darf nicht überschritten werden.
Ruhestellung	Ladebrücken oder Ladebleche sind nach Einsatz unverzüglich in ihre Ruhestellung zu bringen.
Sicherung gegen Umstürzen	Unfälle treten auch auf z. B. durch das Umstürzen hochkant abgestellter Ladebleche, durch das Herabschlagen hochgeklappter Ladebrücken und durch das Abrutschen und Abstürzen von Personen an den Kanten der Ladebrücken. Ladebrücken, die nach Außerbetriebnahme hochgestellt werden, müssen gegen Umfallen oder Herabschlagen mit selbsttätig wirkenden Sicherungen (z. B. durch Halteriegel) gesichert werden. Beim Hochklappen ist darauf zu achten, dass der Riegel richtig einrastet.

Tab. 1: Allgemeine Sicherheitsanforderungen an Ladebrücken

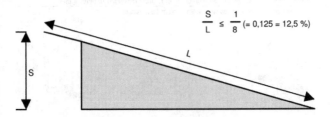

$$\frac{S}{L} \le \frac{1}{8} \, (= 0{,}125 = 12{,}5\,\%)$$

Beispiel: Wenn mit einer Schrägrampe ein Höhenunterschied von 1,2 m ausgeglichen werden soll, so muss die Rampe mindestens 9,6 m lang sein.
Abb. 1: Berechnung Mindestlänge einer Schrägrampe

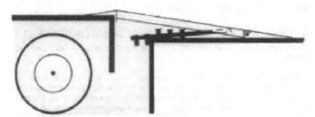

Abb. 2: Selbsttätig wirkende Sicherung gegen Verschieben

3 Sicherheitsanforderungen an ortsveränderliche Ladebrücken

Die wichtigsten Sicherheitsanforderungen an ortsveränderliche Ladebrücken sind in **Tab. 2** zusammengefasst.

Anlegen von Ladebrücken	Das Anlegen von ortsbeweglichen und verfahrbaren Ladebrücken birgt sehr große Unfallgefahren und muss über die grundsätzlich zu erstellenden → *Betriebsanweisungen* hinaus in der Praxis geschult und geübt werden. Folgende Schritte sind zu beachten (vgl. **Abb. 3**): • Heranfahren an die Rampenkante im rechten Winkel. • Starren Abfahrkeil bis zum Winkelanschlag an die Fahrzeugladefläche heranbringen. • Umlegen der Ladebrücke in Querrichtung zur Rampenkante. • Bei Nichtgebrauch sofort Ladebrücke zurücksetzen und hochkant an geeigneter Stelle abstellen und z. B. mit Fallriegel an der Wand gegen Umfallen sichern.
Sichern der Ladebrücke	Die nach Gebrauch hoch gestellten Ladebrücken sind anhand der von Herstellerseite angebrachten Umsturzsicherungen zu befestigen.

Tab. 2: Sicherheitsanforderungen an ortsveränderliche Ladebrücken

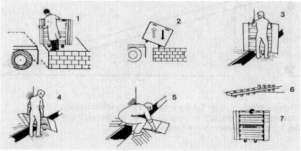

Abb. 3: Aufstellen einer verfahrbaren Ladebrücke

4 Sicherheitsanforderungen an ortsfeste Ladebrücken

Die wichtigsten Sicherheitsanforderungen an ortsfeste Ladebrücken sind in **Tab. 3** zusammengefasst.

Vermeidung von Quetsch- und Scherstellen	Die an ortsfesten Ladebrücken zwischen diesen und den Rampen auftretenden Quetsch- und Scherstellen müssen durch konstruktive Maßnahmen vermieden werden. Dies ist durch seitlich angebrachte Abdeckbleche, Gitter- oder Gummischürzen möglich (**Abb. 4**).
Warnmarkierung Seitenteile und Außenrahmen	Die in angehobener Stellung sichtbaren Seitenteile von eingebauten Ladebrücken sowie die in abgesenkter Stellung sichtbaren Seitenflächen des Rahmens und die Umrisse der über die Rampenkante hinausragenden Teile von Ladebrücken mit Ausnahme der Lippen (Lippe ist der Teil der Ladebrücke, der auf dem → *Fahrzeug* aufliegt), müssen dauerhaft mit einer gelb-schwarzen oder rot-weißen Warnmarkierung gem. Abschn. 5.2 ASR A1.3 «Sicherheits- und Gesundheitsschutzkennzeichnung» gekennzeichnet werden.
Bedieneinheit	Die Bedieneinheit/Steuerungsplätze von kraftbetriebenen ortsfesten Ladebrücken müssen so installiert sein, dass die Bedienperson den Bewegungsbereich einsehen kann. Der Hauptschalter muss in Aus-

Ladebrücken

	Stellung abschließbar sein (Schutz vor unbefugtem Zugriff oder zum Schutz bei Wartungs- und Reparaturarbeiten).
Schutz bei Instandhaltungsarbeiten	Ladebrücken, die für die Durchführung von Instandhaltungsarbeiten angehoben sind, müssen durch formschlüssige Einrichtungen, z. B. Wartungsstützen, gegen Absenken gesichert werden.
Notbefehlseinheit	Kraftbetriebene Ladebrücken müssen mit einer Notbefehlseinrichtung ausgerüstet sein. Beim Betätigen des Not-Halts muss die Ladebrücke zum Stillstand gebracht werden.
Ruhezustand	Bei Nichtgebrauch müssen in Rampen eingebaute ortsfeste Ladebrücken in Ruhestellung zurückgefahren werden. Hierbei muss in Querrichtung eine sichere stolperfreie Fläche vorhanden sein.
Prüfung	Ortsfest angebrachte Ladebrücken müssen vor der ersten Inbetriebnahme und mind. einmal jährlich von einer → *Befähigten Person* geprüft werden. Die Prüfungen müssen dokumentiert werden. Die Dokumentation kann formlos geschehen, es wird aber empfohlen, ein Prüfbuch anzulegen. Daraus sollten der Name des Prüfers, Art und Umfang der Prüfung, das Ergebnis und das Datum klar ersichtlich sein.

Tab. 3: Sicherheitsanforderungen an ortsfeste Ladebrücken

Abb. 4: Beispiel von gesicherten Quetsch- und Scherstellen an Ladebrücken (Quelle: Merkblatt M74 «Ladebrücken» der BGHW)

5 Schulung der Mitarbeiter

Beim Umgang mit Ladebrücken – unabhängig von ihrer Bauart – müssen die Mitarbeiter entsprechend eingewiesen werden. Dies muss anhand der vom Hersteller mitzuliefernden Betriebsanleitungen durchgeführt werden. Die wichtigsten Inhalte wie Gefährdungen, Tragkraft, Handhabung, Verhalten während des Betriebs und bei Notsituationen oder Defekten können in einer → *Betriebsanweisung* (**Abb. 5**) zusammengefasst werden. Die Betriebsanweisung kann als Grundlage für die → *Unterweisung* verwendet werden, die vor Aufnahme der Tätigkeiten und danach mind. einmal jährlich stattfinden muss. Sie sollte im Rampenbereich aushängen.

Abb. 5: Betriebsanweisung für Ladebrücken

Dirk Haffke

Laderampen

Laderampen sind bauliche Einrichtungen für das Be- und Entladen von Fahrzeugen. Es sind erhöhte ebene Flächen, die das Be- und Entladen ohne große Höhenunterschiede ermöglichen.

Laderampen

Gesetze, Vorschriften und Rechtsprechung

Aus folgenden Vorschriften und berufsgenossenschaftlichen Regeln und Informationen gehen Anforderungen an Laderampen hervor:

- Anhang 1.10 Arbeitsstättenverordnung
- ASR A1.8 «Verkehrswege»
- § 7 BGV D30 «Schienenarbeiten»
- BGR 110 «Gaststätten»
- BGR 111 «Arbeiten in Küchenbetrieben»
- BGR 112 «Arbeiten in Backbetrieben»
- BGR 202 «Verkaufsstellen»
- BGI 5042 «Sicheres Arbeiten mit Fahrzeugen an Laderampen»

1 Gefahrenschwerpunkte

Laderampen dienen dem Be- und Entladen von → *Fahrzeugen*. Diese vielseitigen und oftmals stark frequentierten Arbeits- und Verkehrsflächen bergen viele Gefahren und Beeinträchtigungen. Um Gefährdungen der Beschäftigten zu vermeiden, sind entsprechende bauliche Voraussetzungen zu schaffen und die betrieblichen Abläufe klar zu regeln.

Das Unfallgeschehen bestätigt, dass eine Reihe von Gefährdungen auf Laderampen auftreten kann. Dabei stehen Absturz- und Sturzunfälle an erster Stelle. Die Besonderheiten der baulichen Einrichtung «Laderampe» bringen es mit sich, dass diese Unfälle häufig schwere gesundheitliche Folgen und lange Ausfallzeiten für den Betrieb nach sich ziehen.

Zu den wesentlichen Gefahrenpunkten auf Laderampen zählen:

- gefährliche Einengung der Verkehrsflächen durch Zwischenlagerung des Ladegutes auf der Rampe (z. B. zum Kontrollieren, Sortieren, Umpacken);
- Lade-, Rangier- und Transportvorgänge unmittelbar an der Rampenkante;
- rutschige Verkehrswege durch Verschmutzung oder Witterungseinflüsse;
- bauliche Mängel an den Rampenabgängen sowie Nichtbenutzung der Abgänge durch die Beschäftigten: Aus Bequemlichkeit oder vermeintlicher Zeitersparnis werden vorhandene Verkehrswege oft nicht benutzt. So ereignen sich beim Herabspringen von Laderampen und Ladebrücken viele Arbeitsunfälle, die häufig eine längere Arbeitsunfähigkeit zur Folge haben. Deshalb müssen Fahrer und Verlader vorhandene Verkehrswege benutzen. Das Springen von Laderampen und → *Ladebrücken* verbietet sich daher;
- fehlende Absturzsicherungen;
- zu geringe Ausleuchtung des Verkehrsweges «Laderampe»;
- technische Mängel oder sicherheitswidrige Nutzung von Einrichtungen zum Be- und Entladen z. B. → *Ladebrücken*, Ladebleche, Hebebühnen und Hubladebühnen;
- fehlende Hilfsmittel, z. B. → *Ladebrücken*, Ladebleche oder → *Hebebühnen*;
- mangelhafte Sicherung des Lieferfahrzeugs gegen Wegrollen oder -fahren;
- fehlende Einweisung des Lieferfahrzeuges beim Rückwärtsfahren.

Abb. 1: Beispiel für eine Laderampe

Beim Laden über Laderampe ist insbesondere mit den in **Tab. 1** genannten Gefährdungen zu rechnen. In der rechten Spalte sind die spezifischen Gefährdungen bzw. Auswirkungen oder Ursachen genannt. Durch geeignete Schutzmaßnahmen muss der Unternehmer eine Gefährdung der Mitarbeiter vermeiden.

Gefährdungen		Spezifische Gefährdung, Ursache oder Auswirkung	
1.	Mechanische Gefährdungen	1.4	Unkontrollierte Bewegung/Herabfallen von Lager- oder Transportgut und anderen Gegenständen
		1.5	Anstoßen an Einrichtungen oder Ladung
		1.7	Umgang mit Rollbehältern
2.	Elektrische Gefährdungen	2.	Körperdurchströmung
3.	Chemische Gefährdungen	3.1	Chemische Gefährdungen durch Transport- oder Lagergut
5.	Brand- und Explosionsgefährdungen	5.1	Brand- und Explosionsgefährdungen durch Transportgut
8.	Gefährdungen durch die Arbeitsumgebungsbedingungen	8.1.1	Verkehrswege in der Ebene
		8.1.2	Verkehrswege über unterschiedliche Ebenen, z. B. Treppen, Leitern
		8.2.2	Sturz auf der Ebene, Ausrutschen, Stolpern
		8.3.4	Abstürzen
		8.4	Witterungsbedingungen, Raumklima

Gefährdungen	Spezifische Gefährdung, Ursache oder Auswirkung	
9. Physische Belastungen, Arbeitsschwere	9.1.1	Schwere körperliche Arbeit
	9.2	Einseitig belastende körperliche Arbeit
10. Belastungen aus Wahrnehmungen und Handhabbarkeit	10.1	Informationsaufnahme
	10.2	Beleuchtung
	10.3	Handhabbarkeit von Arbeitsmitteln und Transportgut
11. Psychomentale Belastungen	11.2	Über-/Unterforderung
	11.3	Arbeitszeitregelungen
12. Gefährdungen durch Mängel in der Organisation	12.1	Unterweisung
	12.2	Arbeitsplatzbezogene Betriebsanweisungen
	12.3	Koordination
	12.5	Benutzen persönlicher Schutzausrüstungen
	12.7	Instandhaltung, Wartung

Tab. 1: Gefährdungen beim Laden über Laderampen

2 Sicherheitsanforderungen

Die wichtigsten Sicherheitsanforderungen an Laderampen sind in **Tab. 2** zusammengefasst.

Rampenbreite	Die Rampe muss mind. 80 cm breit sein. Dies stellt eine Mindestforderung dar, die keinesfalls für größere Rampenaktivitäten oder nur für personengebundene, manuelle Tätigkeiten ausreicht.
	Bereits beim Einsatz von **handbewegten Flurförderzeugen**, z. B. von Hubwagen oder einem Sackkarren, muss die Rampe deutlich größer sein: In diesem Fall muss zusätzlich ein **Sicherheitsabstand** von 2 × 30 cm eingeplant werden, die Rampe also (80 cm + 2 × 30 cm) = **1,40 m** breit sein.
	Beim Einsatz von **kraftbetriebenen** → Flurförderzeugen, z. B. Gabelstaplern oder Mitgängerflurförderzeugen, muss die Rampenbreite (1,20 m + 2 × 50 cm Sicherheitsabstand) = **2,20 m** betragen.
	Die o. g. Verkehrswegbreiten auf einer Laderampe dürfen nicht durch Zwischenlagerung oder vorübergehend eingerichtete Arbeitsplätze, z. B. für das Umpacken von Waren, eingeengt werden.
Schrägrampen	Schrägrampen müssen sicher begehbar und befahrbar sein (d. h. griffige Oberfläche). Schrägrampen sind ab einer Absturzhöhe von 1 m mit Geländer und einer Neigung von max. 12,5 % oder einem Verhältnis Höhe zu Länge von 1:8 auszuführen (**Abb. 2**).
	Bei den Schrägrampen werden Flach-, Belag- und Steilrampen unterschieden: • Flachrampe: Neigungswinkel bis 12,5 % • Belagrampe: Neigungswinkel bis 16,5 % • Steilrampe: Neigungswinkel bis 40 % – Übergang zu den Treppen. Für den Fahrverkehr dürfen Neigungen von 12,5 % nicht überschritten werden. Belagrampen müssen rutschhemmend ausgeführt sein, bei Steilrampen sind Trittleisten anzubringen, deren Abstand etwa der Schrittlänge des Menschen entsprechen sollte. **Beim Einsatz von handbetätigten Transportmitteln sollte eine Neigung von 5 % eingehalten werden.**

	Für die Gefahrenermittlung auf geneigten Rampen sind zu berücksichtigen: • Art des Transportmittels, • Lastgewicht, • Häufigkeit des Transports, • Länge des → *Verkehrswegs*, • Bodenbeschaffenheit und • körperliche Voraussetzungen.
Absturzsicherungen	**Laderampen mit mehr als 1 m Höhe** sollten v. a. in Bereichen, die keine ständigen Be- und Entladestellen darstellen, mit → *Absturzsicherungen* ausgerüstet sein. Eine wirksame Absturzsicherung in diesen Bereichen bieten nur feste, evtl. aussteckbare Geländer mit Kniestab oder senkrechten Stäben. Ketten oder Seile sind dafür wegen ihrer Beweglichkeit nicht geeignet. Unbedingt gesichert werden müssen die Randbereiche der Rampe und die Arbeitsbereiche an Abfallpressen oder -containern.
Rampenkanten	**Rampenkanten**, an denen ständige Be- und Entladearbeiten vorgenommen und daher ungesichert betrieben werden können, müssen zur besseren Erkennbarkeit mit gelb-schwarze Schrägstreifen gem. Abschn. 5.2 ASR A1.3 gekennzeichnet werden.
Rampenabgänge	Um Rampen sicher erreichen und verlassen zu können, sind **Treppen bzw. Schrägen** erforderlich. Ab einer Gesamtrampenlänge von 20 m muss – sofern betriebstechnisch möglich – an jedem Endbereich ein Abgang vorhanden sein. Treppen sind mit Handlauf, trittsicherem Bodenbelag und gleichmäßiger Stufenabmessung auszuführen.
Ladebrücke, Ladeblech	Zur Überbrückung des Spalts und der evtl. Höhendifferenz zwischen → *Fahrzeug* und Rampenkante müssen sogenannte Ladebleche oder → *Ladebrücken* bereitgestellt werden. Diese müssen ausreichend breit sein und eine selbsttätige Sicherung gegen Verschieben besitzen.
Rutschhemmung	Durch Witterungseinflüsse kann es auf Laderampen zu einer gefährlichen Glättebildung kommen. Hier sind geeignete organisatorische Maßnahmen zur Ausschaltung von Gefährdungen der Mitarbeiter erforderlich, z. B. Reinigungs- und/oder Streudienst. Eine mögliche Überdachung könnte die witterungsbedingte Gefährdung vermeiden.
Laderampen an Gleisanlagen	Laderampen, die neben **Gleisanlagen** und **mehr als 80 cm über der Schienenoberkante** liegen, müssen so ausgeführt sein, dass Personen im Gefahrfall unter der Rampe Schutz finden können.
Hebebühnen	Absturzstelle zwischen Laderampenebene und der abgesenkten Hebebühnenplattform, z. B. durch ein an der → *Hebebühne* angebrachtes Geländer, das in unterer Hebebühnenstellung die Laderampenebene um 1 m überragt, absichern. Einzugsstellen bzw. Scherstellen zwischen den Außenkanten der Hebebühnenplattform und der Schachtwand verhindern, z. B., dass die Schachtwand unbeschädigt und glatt erhalten wird und der Spalt zwischen Hebebühnenplattform und Schachtwand nicht mehr als 1 cm beträgt. Weitere Anforderungen enthält Kap. 2.10 BGR 500.
Hubladebühne	Das Be- und Entladen über am → *Fahrzeug* angebrachte Hubladebühnen (Ladebordwand) zur Laderampe ist sicherheitstechnisch nur

	zulässig, wenn die Ladefläche des → *Fahrzeugs* höher als die Laderampe ist. Ist die Ladefläche niedriger, entsteht am Ende der Hubladebühne eine Stolperstelle für Personen bzw. eine Stoßkante für Transportmittel. Hubladebühnen haben die sicherheitstechnische Funktion, dass sie in Aufwärtsrichtung nachgeben können (Schwimmstellung).
Sicherung gegen Wegrollen	Wird das Lieferfahrzeug entladen, so ist besonders beim Einsatz kraftbetriebener Flurförderzeuge die Sicherung des → *Fahrzeugs* gegen Wegrollen wichtig. Zusätzlich zur Feststellbremse des → *Fahrzeugs* sollten Unterlegkeile verwendet werden (**Abb. 3**).

Tab. 2: Sicherheitsanforderungen an Laderampen

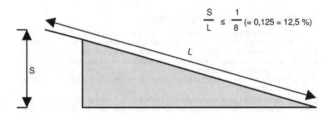

$$\frac{S}{L} \leq \frac{1}{8} \ (= 0{,}125 = 12{,}5\ \%)$$

Beispiel: Wenn mit einer Schrägrampe ein Höhenunterschied von 1,2 m ausgeglichen werden soll, so muss die Rampe mindestens 9,6 m lang sein.
Abb. 2: Berechnung Mindestlänge einer Schrägrampe

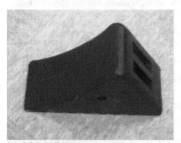

Abb. 3: Beispiel für Unterlegkeil verwenden

Um die Mitarbeiter auf Laderampen vor Gefährdungen zu bewahren, gilt es dafür zu sorgen, dass sie vor Aufnahme ihrer Tätigkeit und danach mind. einmal jährlich über die möglichen Gefahren sowie über die vom Betrieb getroffenen Maßnahmen zu deren Vermeidung unterwiesen werden. Die → *Unterweisung* muss dokumentiert werden.

Dirk Haffke

Ladungssicherung

Unter Ladungssicherung werden alle Maßnahmen verstanden, die unter üblichen Verkehrsbedingungen die Ladung auf einem Fahrzeug gegen Verrutschen, Verrollen, Herabfallen oder Auslaufen sichern. Ladungssicherung muss auf allen Verkehrsträgern (Straße, See, Luft, Schiene) betrieben werden, um eine Gefährdung von Personen, der Umwelt oder eine Beschädigung der Ladung selbst zu verhindern. Im Straßenverkehr ist unter normalen Verkehrsbedingungen auch eine Vollbremsung oder plötzliches Ausweichen zu verstehen, nicht jedoch ein Unfall.

Gesetze, Vorschriften und Rechtsprechung
Grundlegend sind §§ 22, 23 Straßenverkehrsordnung (StVO), im berufsgenossenschaftlichen Regelwerk die BGV D29 «Fahrzeuge».

1 Pflicht zur Ladungssicherung

Grundsätzlich dienen die vom Gesetzgeber in der Straßenverkehrsordnung aufgestellten Forderungen dem Schutz aller Personen, die sich im öffentlichen Verkehrsbereich befinden. Maßgeblich für die Ladungssicherung sind §§ 22, 23 Straßenverkehrsordnung (StVO). Nach § 22 StVO sind die Ladung einschließlich Geräte zur Ladungssicherung sowie Ladeeinrichtungen so zu verstauen und zu sichern, dass sie selbst bei Vollbremsung oder plötzlicher Ausweichbewegung nicht verrutschen, umfallen oder herabfallen können. Dabei sind die anerkannten Regeln der Technik zu beachten.

§ 22 StVO richtet sich an jeden bei der Beladung Beteiligten, v. a. aber an denjenigen, der unter eigener Verantwortung das → *Fahrzeug* beladen hat (z. B. Leiter der Ladearbeit). Die Begründung zu § 22 StVO stellt klar, was unter «anerkannten Regeln der Technik» zu verstehen ist: „Dies sind vor allem DIN- und EN-Normen sowie die VDI-Richtlinien, gegenwärtig z. B. die VDI-Richtlinie 2700 «Ladungssicherung auf Straßenfahrzeugen» sowie die VDI-Richtlinie 2701 «Ladungssicherung auf Straßenfahrzeugen, Zurrmittel» und die VDI-Richtlinie 2702 «Zurrkräfte».

Nach § 23 Abs. 1 StVO muss der Fahrer dafür sorgen, dass das → *Fahrzeug* sowie die Ladung vorschriftsmäßig sind und die Verkehrssicherheit des Fahrzeugs durch die Ladung nicht leidet.

Der § 31 Abs. 2 Straßenverkehrs-Zulassungs-Ordnung (StVZO) bestimmt u. a. hinsichtlich der Inbetriebnahme von → *Fahrzeugen*, dass der Halter eines Fahrzeugs die Inbetriebnahme nicht anordnen oder zulassen darf, wenn ihm bekannt ist oder bekannt sein muss, dass der Führer nicht zur selbstständigen Leitung geeignet oder das Fahrzeug oder die Ladung nicht vorschriftsmäßig ist.

Die BGV D29 «Fahrzeuge» stellt den Schutz von (versicherten) Personen in den Mittelpunkt und fordert, dass die Ladung so zu verstauen und bei Bedarf zu sichern ist, dass bei üblichen Verkehrsbedingungen eine Gefährdung von Personen ausgeschlossen ist.

2 Auf die Ladung wirkende Kräfte

Auf die Ladung wirkende Beschleunigungen des → *Fahrzeugs* machen die Sicherung der Ladung erforderlich. Bei gleichbleibender Geschwindigkeit in Geradeausfahrt wirken keine Kräfte auf die Ladung. Treten jedoch Beschleunigungen auf, wie z. B. bei Bremsvorgängen, Kurvenfahrten, Erhöhung der Geschwindigkeit aber auch bei Überfahren von Unebenheiten der Fahrbahndecke, wirken auf die Ladung Kräfte, die ein Verrutschen der Ladung bewirken können.

Durch die Trägheit der Masse hat jeder Körper das Bestreben, sich mit der Geschwindigkeit fortzubewegen, die er inne hat. Dies ist auch z. B. bei einem Bremsvorgang der Fall. Ob nun die auf der Ladefläche befindliche Ladung aufgrund ihrer Trägheit bei einer Bremsung nach vorn rutscht, hängt von der Größe der Beschleunigung (Bremsung: negative Beschleunigung) und damit der Kraft, die auf die Ladung wirkt, ab. Ladungssicherung soll diesen Kräften entgegenwirken und ein Rutschen der Ladung verhindern. Reibung verhindert das Rutschen der Ladung auf der Ladefläche. I. d. R. wird die Reibung als Ladungssicherung alleine nicht ausreichend sein, weshalb zusätzliche Maßnahmen zu ergreifen sind.

3 Prinzipien der Ladungssicherung

3.1 Grundregeln für den Fahrbetrieb

Es gelten für jeden Transport folgende Grundregeln:

- Je nach Ladegut ist ein geeignetes → *Fahrzeug* erforderlich, das durch Aufbau und Ausrüstung die durch die Ladung auftretenden Kräfte sicher aufzunehmen vermag.
- Der Ladungsschwerpunkt soll möglichst auf der Längsmittellinie des Fahrzeugs liegen und ist so niedrig wie möglich zu halten. Schweres Gut unten, leichtes Gut oben.
- Zulässiges Gesamtgewicht bzw. zulässige Achslasten nicht überschreiten. Mindestachslast der Lenkachse nicht unterschreiten. Bei Teilbeladung für Gewichtsverteilung sorgen, damit jede Achse anteilmäßig belastet wird. Die Lastverteilungspläne sind zu berücksichtigen, die durch die Fahrzeug- und Aufbauhersteller zur Verfügung gestellt werden.
- Fahrgeschwindigkeit je nach Ladegut auf Straßen- und Verkehrsverhältnisse sowie auf die Fahreigenschaften des Fahrzeugs abstimmen.
- Geeignete Ladungssicherungsmaßnahmen ergreifen.

3.2 Kraftschlüssige Ladungssicherung

Ein Teil der erforderlichen Sicherungskräfte kann allein durch die Reibung zwischen Ladung und Ladefläche aufgebracht werden. Je größer die Reibungskraft ist, desto geringer kann der Aufwand der sonstigen Ladungssicherung ausfallen, da die Reibungskraft bereits einen Teil der aufzubringenden Sicherheitskräfte darstellt. Die Reibung kann erhöht werden durch Niederzurren, die Verwendung von Anti-Rutschmatten oder schlicht durch das Säubern der Ladefläche.

3.3 Formschlüssige Ladungssicherung

Wirkungsvoller als die kraftschlüssige Ladungssicherung ist das Prinzip der formschlüssigen Ladungssicherung. Die Beladung erfolgt so, dass zwischen den einzelnen Ladeteilen keine Lücken entstehen. Besonders zu beachten ist die max. Lastaufnahmefähigkeit der Stirn- und Bordwände. Formschluss kann auch durch eine direkte Verbindung eines Zurrmittels (Zurrgurt) zwischen Ladegut und Fahrzeugaufbau erreicht werden. Das bedeutet, dass sowohl am → *Fahrzeug* Zurrpunkte als auch am Ladegut entsprechende Befestigungsmöglichkeiten für die Zurrmittel vorhanden sein müssen.

Unter Blockieren der Ladung versteht man das formschlüssige Festsetzen der Ladung auf der Ladefläche entweder durch die Fahrzeugaufbauten selbst oder durch verschiedene Hilfsmittel, wie z. B. in die Ladefläche eingelassene Keile.

In der Praxis werden häufig Kombinationen aus kraftschlüssiger und formschlüssiger Ladungssicherung angewandt (z. B. Diagonalzurren).

4 Hilfsmittel zur Ladungssicherung

Hilfsmittel zur Ladungssicherung sind z. B.

- Coilmulden
- Ankerschienen
- Sperrstangen und Sperrbalken
- Netze und Planen
- Rutschhemmende Zwischenlagen
- Zurrmittel (und Zurrpunkte)
- Holzkeile
- Ladegestelle
- Füllmittel zum Schließen von Ladelücken
- Anti-Rutschmatten
- Wandungen des → *Fahrzeugs*

Die obige Aufzählung kann nicht vollständig sein. Neue Produkte zur Ladungssicherung werden laufend auf den Markt gebracht, welche die Sicherung des Ladeguts deutlich einfacher werden lassen. Ladungssicherung richtet sich immer nach der Transportaufgabe.

Martin Köhler

Lager, Lagereinrichtungen

Lager und Lagereinrichtungen gibt es in allen Betrieben, in denen irgendeine Form von Materialumschlag stattfindet. Am häufigsten sind Stückgutlager für alle Arten von Einzelteilen, meist aber in Form von Kartons, Paletten, Kisten, Behältern, Fässern oder Rollen. Für manuell, d. h. nicht automatisch betriebene Stückgutlager gelten eine Vielzahl von Arbeitsschutzvorschriften, v. a. im Hinblick auf die Lagereinrichtungen und -geräte. Lagereinrichtungen sind ortsfeste sowie verfahrbare Regale und Schränke. Lagergeräte sind zur Wiederverwendung bestimmter Paletten mit oder ohne Stapelhilfsmittel sowie Stapelbehälter.

Gesetze, Vorschriften und Rechtsprechung

Für manuell, d. h. nicht automatisch betriebene Stückgutlager gilt eine Vielzahl von Bestimmungen aus den Unfallverhütungsvorschriften und Richtlinien der Unfallversicherungsträgern, v. a. im Hinblick auf die Lagereinrichtungen und -geräte.

Grundlegendes regelt die BGR 234 «Lagereinrichtungen und -geräte». Für die Lagerung von Gefahrstoffen sind die Gefahrstoffverordnung und betreffende TRGS zu berücksichtigen (z. B. TRGS 510 «Lagerung von Gefahrstoffen in ortsbeweglichen Behältern»). Unter Brandschutzgesichtspunkten müssen Bestimmungen der Sachversicherer (VDW-Richtlinien) und baurechtliche Vorgaben eingehalten werden.

1 Allgemeine Anforderungen

- **Boden eben und tragfähig:** In jedem Lagerraum und Lagerbereich muss die Tragfähigkeit des Bodens ermittelt werden – unabhängig davon, ob in Stapeln am Boden oder in Schränken/Regalen gelagert wird. In Büroetagen kann z. B. schon eine Europalette mit Papier eine erhebliche Bodenlast sein. Der Boden muss ausreichend eben sein, um Bodenstapel bzw. Schränke/Regale sicher aufstellen zu können und es dürfen keine Stolperstellen die Beschäftigten gefährden. Wenn → *Flurförderzeuge* eingesetzt werden sollen (z. B. Gabelstapler), müssen Boden und Bodenbelag den auftretenden Punktlasten gewachsen sein. Das ist nicht bei allen im Gewerbe- und Industriebereich üblichen Böden der Fall und führt häufig zu Schäden an Boden oder Estrich.

- → *Beleuchtung:* In Lagern sind Beleuchtungsstärken zwischen 50 und 200 lx vorgesehen (je nach Sehaufgabe). Wesentlich ist, dass die erforderlichen Arbeiten (z. B. das Ablesen von Nummern) problemlos durchgeführt werden können – und zwar in allen Bereichen. Problematisch ist das oft unten am Regalfuß oder in bestimmten Regalstellungen bei verfahrbaren Regalen.

- **Kennzeichnung:** Die → *Sicherheitskennzeichnung* muss so ausgeführt sein, dass man sich von allen Arbeits- und Verkehrsbereichen aus gut und sicher orientieren kann, v. a. in weitläufigen Lagern. Wenn keine → *Notbeleuchtung* existiert, sollte man prüfen, ob das Lager bei Ausfall der Allgemeinbeleuchtung sicher verlassen werden kann. Ggf. sollte eine nachleuchtende Kennzeichnung angebracht werden.

- → *Brandschutz:* Brandschutzanforderungen für Lager ergeben sich oft aus den Bedingungen der Sachversicherer (Feuerversicherung). Wichtig ist, die vorliegenden Genehmigungen zu berücksichtigen bzw. bei Umnutzung von Räumen die zuständigen Baubehörden zu kontaktieren, damit ein ordnungsgemäßer baulicher Brandschutz sichergestellt ist. Vorhandene Brandschutzeinrichtungen (→ *Türen, Tore,* → *Löschgeräte* und -anlagen) müssen natürlich funktionsfähig und frei gehalten und ggf. an Veränderungen im Lagerbereich angepasst werden (z. B. Änderung der Regalaufstellung). Besondere Vorsicht gilt beim Betrieb von → *Ladestationen* für Elektro-Stapler: Im Radius von 2,5 m muss die Umgebung von Brandlasten freigehalten werden.

Lager, Lagereinrichtungen

- → *Verkehrswege*: müssen in ausreichender Breite vorhanden sein und freigehalten werden:
  - allgemein im Lagerbereich 1,25 m,
  - 0,75 m für Nebengänge (reiner Personenverkehr),
  - beim Einsatz von Transportmitteln von bis zu 20 km/h: Breite des Transportmittels bzw. des Ladeguts plus Randzuschlag von jeweils 0,5 m (bei Gehverkehr 0,75 m).
- **Ordnung halten**: Die vorgesehenen Lagerflächen müssen eingehalten werden. Verkehrswege, besonders → *Rettungswege*, → *Notausgänge*, Zugänge zu Sicherheitseinrichtungen usw. dürfen nicht zugestellt werden. Oft ist eine entsprechende Bodenmarkierung sinnvoll. Die Müllentsorgung (z. B. Verpackungsreste) muss so organisiert sein, dass solche Materialien nicht herumliegen (Stolpergefahr). Regelmäßige Aufräumaktionen («Regalhüter» aussortieren) sind sinnvoll für zügiges und sicheres Arbeiten im Lager.
- **Auf Standsicherheit achten**:
  - Bei Boden- bzw. Stapellagerung (z. B. Kartons) gilt folgende Faustregel: max. Stapelhöhe nicht mehr als das 4-Fache der Stapeltiefe. Entsprechende Aufdrucke auf Kartons beachten! Bei einer Neigung von mehr als 2 % muss der Stapel abgepackt werden.
  - Beschädigte Paletten, Stapelbehälter usw. konsequent aussortieren und entsorgen bzw. vorschriftsmäßig reparieren lassen (detaillierte Ausmusterungskriterien enthält Anhang 2 BGR 234).
  - Stabile Regale verwenden und Tragfähigkeitsangaben beachten. Vorsicht: Billigregale aus gekanteten Blechen sind oft scharfkantig und leicht deformierbar und so für den betrieblichen Einsatz ungeeignet. Regale müssen gegen Umkippen gesichert sein. Beim Einsatz von → *Flurförderzeugen* müssen Regalfüße an Ecken mit einem Anfahrschutz versehen sein.
  - Bei der Lagerung von Rohren, Rollen, Platten, Blechen usw. sind besondere Vorkehrungen erforderlich, um Umkippen, Wegrollen oder -rutschen zu verhindern und sicher ein- und auslagern zu können (z. B. Stapelhilfen wie Bohlen, Prismen, Keile).
- **Ergonomieregeln beachten**: Gerade in kleinen Lagern ohne Einsatz von → *Flurförderzeugen* sollte die Lagerausstattung den Bedürfnissen sorgfältig angepasst werden. Geeignete Lager- und Regalsysteme und eine sinnvolle Lagerstruktur helfen körperliche Belastungen zu verringern. Packungs- und Gebindegrößen sollten an die körperliche Leistungsfähigkeit angepasst sein – sonst ist der Einsatz von Flurförderzeugen angezeigt. Wenn dafür kein Platz ist, kommen kleinere, mobile Hebehilfen infrage, die es für nahezu alle Hebe- und Transportsituationen gibt.

2 Lagereinrichtungen und -geräte

Detaillierte Vorgaben zu Lagereinrichtungen (ortsfeste sowie verfahrbare Regale und Schränke) sowie Lagergeräten (zur Wiederverwendung bestimmte Paletten mit oder ohne Stapelhilfsmittel wie Rahmen/Rungen sowie Stapelbehälter) enthält die BGR 234 «Lagereinrichtungen und -geräte». Sie bezieht sich damit auf professionelle Lager. Wesentliche Punkte sind:

- Regale dürfen nur unter Beachtung der vom Hersteller mitgelieferten Aufbau- und Betriebsanleitung von besonders unterwiesenen Personen aufgestellt und umgebaut werden. Es empfiehlt sich daher, Fachfirmen zu beauftragen, besonders auch bei gebrauchten Einrichtungen. Der Selbstaufbau gebrauchter Regale ohne Herstellerunterlagen ist unzulässig und sollte aus haftungsrechtlichen Gründen unterbleiben! Alle nicht durch Herstellerangaben gedeckten Veränderungen verlangen die Abnahme durch einen Sachverständigen.
- Sichtbar verformte Regalteile (Traversen, Stützen) müssen durch Originalteile ersetzt werden. Eine Reparatur würde ebenfalls eine Sachverständigenabnahme erfordern, was i. d. R. zu aufwendig sein dürfte.
- An ortsfesten Regalen mit einer Fachlast von mehr als 200 kg oder einer Feldlast von mehr als 1.000 kg, an Kragarmregalen, an verfahrbaren Regalen und Schränken sowie an Regalen und Schränken mit kraftbetriebenen Inneneinrichtungen müssen folgende Angaben deutlich erkennbar und dauerhaft angebracht sein:
  - Hersteller oder Importeur,
  - Typbezeichnung,

- Baujahr oder Kommissionsnummer,
- zulässige Fach- und Feldlasten bzw. Tragfähigkeit
- ggf. elektrische Kenndaten.

- Bauelemente von Regalen und Schränken müssen so ausgeführt oder gesichert sein, dass sie durch unbeabsichtigtes Lösen nicht herabfallen können. Insbesondere müssen Traversen gegen Ausheben auch durch Flurförderzeuge gesichert sein.
- Regalseiten, die nicht für die Ein- oder Auslagerung vorgesehen sind, müssen mit Sicherungen gegen Herabfallen von Ladegütern ausgerüstet sein. Die seitlichen Sicherungen müssen den Abmessungen der einzelnen Ladeeinheiten entsprechen, jedoch mind. 50 cm hoch sein.
- Doppelregale, die von 2 Seiten mit manuellen Fördermitteln beladen werden, müssen mind. 150 mm hohe Durchschiebesicherungen an der Rückseite haben. Darauf kann verzichtet werden, wenn die Regaleinheiten rückseitig mind. 100 mm Sicherheitsabstand zueinander aufweisen.
- Kraftbetriebene Regale und Schränke sowie Regale und Schränke mit kraftbetriebenen Inneneinrichtungen müssen nach Bedarf, mind. jedoch einmal jährlich, von einem Sachkundigen auf ihren sicheren Zustand geprüft werden (Prüfbuch erforderlich, Abschn. 6 BGR 234). Darüber hinaus ist natürlich die Arbeitsmittelprüfung nach BetrSichV anzuwenden, die eine jährliche → *Prüfung* aller Lagereinrichtungen erforderlich macht. Fachfirmen bieten das als Dienstleistung an. Allerdings können diese Prüfungen auch von geeignetem eigenen Personal vorgenommen werden (z. B. nach Schulung durch den Hersteller).
- Es dürfen nur Lagergeräte (Paletten, Stapelbehälter) verwendet werden, für die eine Betriebsanleitung vorliegt bzw. die nach gültigen Normen gefertigt worden sind.
- Für Lagereinrichtungen und -geräte müssen anhand der Aufbau- und Betriebsanleitungen des Herstellers → *Betriebsanweisungen* erstellt und die Mitarbeiter darüber informiert werden (Abschn. 5.1.5 BGR 234).

Hinweis: Prüfung von Stahlregalen nach DIN 15635

Für Lagereinrichtungen gibt es eine Vielzahl von DIN-Normen, die sich meist auf Bau und Ausstattung beziehen. Für den Anwender von besonderer Bedeutung, weil für den Betrieb relevant, ist die DIN EN 15635 «Ortsfeste Regalsysteme aus Stahl – Anwendung und Wartung von Lagereinrichtungen». Die darin enthaltenen Prüfvorschriften sind allerdings extrem aufwendig. Mit der BGI 5166 «Sicherheit von Regalen» geben die Unfallversicherungsträger einen Überblick, wie diese Norm in der betrieblichen Praxis «gelebt» werden kann.

3 Spezielle Lagersituationen

In speziellen Lagersituationen gelten teilweise weitergehende Anforderungen.

Bei der Lagerung von → *Gefahrstoffen* gelten zusätzlich:

- TRGS 510: Lagern von Gefahrstoffen in ortsbeweglichen Behältern
- Umweltrecht (z. B. Anlagenverordnungen der Länder) zur Lagerung wassergefährdender Flüssigkeiten

Bei der Lagerung kleinerer Mengen im betrieblichen Alltag sollte man sich an den Angaben der → *Sicherheitsdatenblätter* orientieren.

Für viele **andere Lagerformen** wie Silolagerung, Schüttgut- und Flüssigkeitslager, (teil-)automatische Hochregallager usw. sind vor allem die branchenüblichen technischen Regeln (z. B. DIN-Normen) zu berücksichtigen.

Praxis-Tipp: Informationen der Fach-BG nutzen

Die BG Handel und Warendistribution (www.bghw.de) hält auf ihrer Homepage viele Einzelfallbeispiele zu Arbeitsschutzthemen im Lagerbereich bereit (Best-practise-Lösungen, Betriebsanweisungen für Regalbediengeräte u. v. m.).

Cornelia von Quistorp

Lärm

Lärm ist jeder Schall, der zu einer Beeinträchtigung des Hörvermögens oder zu einer sonstigen mittelbaren oder unmittelbaren Gefährdung von Sicherheit und Gesundheit führen kann.

Wahrgenommen werden Schallwellen, die durch Druckschwankungen der Atmosphäre entstehen und sich wellenförmig ausbreiten. In Abhängigkeit von Lautstärke und Frequenz wird Schall als angenehm oder als Lärm empfunden. So wird z. B. bei gleicher Lautstärke Schall niedriger Frequenz als leiser empfunden als Schall hoher Frequenz. Der Schalldruck wird in Dezibel (dB) gemessen. Es gibt die Lautstärkenskalen A, B und C, i. d. R. wird die A-Skala eingesetzt (dB (A)).

Lärmbedingter Hörverlust (Lärmschwerhörigkeit) ist in der EU die am häufigsten gemeldete Berufskrankheit. Beschäftigte sind nicht nur im metallverarbeitenden Gewerbe und im Bauwesen, sondern auch in Kindergärten, Schulen, Gaststätten oder Orchestergräben Lärm ausgesetzt.

Gesetze, Vorschriften und Rechtsprechung

Grundlegend sind Lärm- und Vibrationsarbeitsschutzverordnung und die dazugehörigen TRLV Lärm. Im BGVR beschäftigen sich eine Vielzahl von Regeln und Informationen mit dem Thema, u. a.:

- BGR 194 Benutzung von Gehörschutz
- BGI/GUV-I 504-20 Handlungsanleitung für die arbeitsmedizinische Vorsorge nach dem Berufsgenossenschaftlichen Grundsatz G 20 «Lärm»
- BGI 674 Grundlagen und Auswahlkriterien zur Schallabsorption
- BGI 675 Geräuschminderung im Betrieb – Lärmminderungsprogramm
- BGI 5053 Lärmmesstechnik – Ermittlung des Lärmexpositionspegels am Arbeitsplatz
- BGI/GUV-I 792-030 Lärmschutz-Informationsblatt LSI 01-200 – Geräuschminderung an Arbeitsplätzen – Bezugsquellen für Werkstoffe, Bauelemente und Werkzeuge

Relevant sind zudem diese Normen:

- DIN EN ISO 9612:2009-09: «Akustik – Bestimmung der Lärmexposition am Arbeitsplatz – Verfahren der Genauigkeitsklasse 2»
- VDI 2058 Blatt 2 und 3: «Beurteilung von Lärm hinsichtlich Gehörgefährdung und Beurteilung von Lärm am Arbeitsplatz unter Berücksichtigung unterschiedlicher Tätigkeiten»

1 Gefahren

Menschen sind Lärm ausgesetzt, nicht nur am Arbeitsplatz sondern auch in ihrer Freizeit. Lärm kann

- Stress verursachen,
- Sinneszellen im Ohr zerstören,
- Reißen des Trommelfells verursachen,
- auf Gehörknöchelchen (Cochlea) einwirken.

Lärmschwerhörigkeit (BK 2301) ist in Deutschland eine der häufigsten Berufskrankheiten. Wenn Sinneszellen oder Teile des Innen- und Mittelohrs zerstört bzw. geschädigt sind, ist das nicht heilbar und kann durch Hilfsmittel wie Hörgeräte oder Implantate lediglich kompensiert werden. Vorbeugen ist daher der einzige Weg, um Lärmschwerhörigkeit zu verhindern.

> **Achtung: Arbeitsunfall oder Berufskrankheit?**
> Eine Minderung des Hörvermögens ist auch durch einmalige Ereignisse (Knall, Explosion) möglich. Das wird von den → *Unfallversicherungsträgern* dann als → *Arbeitsunfall* eingestuft, man spricht vom sog. Knall- bzw. Explosionstrauma.

Lärmschwerhörigkeit kann in der Folge auch dazu führen, dass akustische Signale oder Zurufe von Kollegen nicht mehr wahrgenommen werden können, die Unfallgefahr steigt.

Wichtig: Hörgeräte können Lärm am Arbeitsplatz verstärken

Trägt ein Beschäftigter wegen verminderten Hörvermögens bereits ein Hörgerät, ist zu beachten, dass eingeschaltete Hörgeräte nicht nur Sprache und akustische Signale, sondern auch den Lärm am Arbeitsplatz verstärken. Das Risiko einer Hörverschlechterung steigt, falls nicht gleichzeitig die Benutzung von → *Gehörschutz* möglich ist. Es empfiehlt sich in solchen Fällen, einen Arbeitsmediziner in Verbindung mit einem Hörgeräte-Akustiker oder einen erfahrenen HNO-Arzt zur Beratung hinzuzuziehen. Kapselgehörschützer können bei eingeschaltetem Hörgerät zu Rückkopplungseffekten führen. Evtl. kann in Einzelfällen das Hörgerät einschließlich Ohrpassstück als Gehörschutz fungieren[97].

Mit einer zunehmend älteren Belegschaft müssen Unternehmen deshalb auch darauf achten, dass die Arbeitsumgebung so gestaltet wird, dass trotz verminderten Hörvermögens bzw. bei eingeschalteten Hörgeräten akustische Signale und Zurufe von Kollegen wahrgenommen werden können, ohne dass das Hörvermögen gefährdet wird. Es muss auch berücksichtigt werden, dass sich mit zunehmendem Alter der hörbare Frequenzumfang verkleinert. U. a. müssen also akustische Signale in für alle Beschäftigten wahrnehmbaren Frequenzbereichen liegen.

Wichtig: Einflussfaktoren für Lärmschwerhörigkeit

Die entscheidenden Einflussfaktoren für die Entstehung einer Lärmschwerhörigkeit sind Einwirkungsdauer und Höhe der Lärmbelastung. Dabei wird eine langjährige tägliche Lärmexposition von 85 dB (A) allgemein als Grenze für die Entstehung von Gehörschäden angenommen[98].

In § 6 LärmVibrationsArbSchV sind obere und untere → *Auslösewerte* für Lärmbelastungen festgelegt. Die Werte beziehen sich auf eine 8-Stunden-Schicht und legen die durchschnittliche Lärmbelastung sowie einen Höchstwert fest.

Obere Auslösewerte:

- Tages-Lärmexpositionspegel L (tief) EX, 8 h = 85 dB (A) bzw.
- Spitzenschalldruckpegel L (tief) pC, peak = 137 dB (C)

Untere Auslösewerte:

- Tages-Lärmexpositionspegel L (tief) EX, 8 h = 80 dB (A) bzw.
- Spitzenschalldruckpegel L (tief) pC, peak = 135 dB (C).

Bei der Anwendung dieser Werte wird die dämmende Wirkung eines persönlichen Gehörschutzes nicht berücksichtigt (§ 6 LärmVibrationsArbSchV), d. h. diese Werte müssen unter dem Gehörschützer eingehalten werden.

Sind Beschäftigte an ihrem Arbeitsplatz nicht nur Lärm, sondern auch sog. ototoxischen (gehörschädigenden) Stoffen wie z. B. Schwefelkohlenstoff oder → *Vibrationen* ausgesetzt, sind Wechselwirkungen möglich, das Risiko für Gehörschäden steigt (s. Nr. 4.7 TRLV Lärm Teil 3).

2 Maßnahmen

Der Unternehmer ist verpflichtet eine → *Gefährdungsbeurteilung* nach § 3 LärmVibrationsArbSchV durchzuführen. Dabei müssen u. a. Art, Dauer und Ausmaß der Exposition durch Lärm von einer fachkundigen Person ermittelt werden, z. B. von der Fachkraft für Arbeitssicherheit. Es gilt das Minimierungsgebot, d. h. Lärmbelastung am Arbeitsplatz ist zu verringern bzw. zu vermeiden. Der → *Stand der Technik* muss berücksichtigt werden.

Wird einer der oberen Auslösewerte überschritten, sind technische und organisatorische Maßnahmen zum Schutz der Beschäftigten festzulegen und durchzuführen (Lärmminderungsprogramm). Priorität haben dabei Maßnahmen, die dort ansetzen, wo der Lärm entsteht. Geeignete Maßnahmen zur Verringerung bzw. Vermeidung von Lärmexposition können – in folgender Rangfolge – sein (vgl. § 7 LärmVibrationsArbSchV):

---

[97] Quelle: Daten und Fakten zu Berufskrankheiten. Lärmschwerhörigkeit, www.dguv.de
[98] Quelle: Schutz vor Lärm: Die Lärm- und Vibrations-Arbeitsschutzverordnung, www.dguv.de

Technisch:

- lärmarme → *Arbeitsmittel* bzw. -verfahren;
- lärmmindernde Gestaltung und Einrichtung von Arbeitsstätten und Arbeitsplätzen (Raumakustik);
- Maßnahmen zur Lärmminderung nach dem Stand der Technik, z. B. Kapselung von → *Maschinen*, Abdichtung zur Schalldämmung, Abschirmung.

Organisatorisch:

- Lärmbereiche ermitteln und kennzeichnen (§ 7 Abs. 4 LärmVibrationsArbSchV);
- räumliche Trennung von Lärmbereichen und solchen ohne Lärmbelastung, um Beschäftigte in angrenzenden Bereichen nicht zu schädigen;
- Lärmkataster erstellen, u. a. mit Lage und Stärke der Geräuschquellen, Lärmbelastungen an den Arbeitsplätzen, ermittelte und durchgeführte Maßnahmen zur Lärmminderung;
- Zugang zu Lärmbereichen beschränken;
- Aufenthaltszeit im Lärmbereich begrenzen, Wechsel mit Arbeiten an «ruhigen» Arbeitsplätzen («Lärmpause»);
- Regelungen für Jugendliche und Schwangere umsetzen (JArbSchG, MuSchG);
- ggf. einen Wechsel an einen «ruhigen» Arbeitsplatz organisieren;
- regelmäßige Wartung von Arbeitsmitteln, Arbeitsplätzen und Anlagen;
- Auswahl und Wartung von Gehörschutz;
- Gehörschutz zur Verfügung stellen und sicherstellen, dass der Beschäftigte ihn bei Erreichen oder Überschreiten eines der oberen Auslösewerte auch trägt (§ 8 LärmVibrationsArbSchV);
- → *arbeitsmedizinische Vorsorge*, z. B. Angebotsuntersuchungen, wenn untere Auslösewerte überschritten werden und Pflichtuntersuchungen, wenn obere Auslösewerte erreicht oder überschritten werden (ArbMedVV);
- → *Unterweisung* und Übung;
- alternde Belegschaft berücksichtigen, u. a. bei Einsatz von Hörgeräten.

> **Wichtig: Lärmbereich**
>
> Arbeitsbereiche, in denen einer der oberen Auslösewerte für Lärm überschritten werden kann, müssen als Lärmbereiche gekennzeichnet und falls technisch möglich, abgegrenzt werden. In Lärmbereichen dürfen sich Beschäftigte nur aufhalten, «wenn das Arbeitsverfahren dies erfordert und die Beschäftigten eine geeignete → *Persönliche Schutzausrüstung* verwenden» (§ 7 Abs. 4 LärmVibrationsArbSchV). Das Gebotszeichen «Gehörschutz tragen» (M 003) weist Beschäftigte darauf hin, dass es sich um einen Lärmbereich handelt.
>
> Wird einer der oberen Auslösewerte überschritten, muss ein Lärmminderungsprogramm mit technischen und organisatorischen Maßnahmen erstellt und durchgeführt werden (§ 7 Abs. 5 LärmVibrationsArbSchV). Es empfiehlt sich, dies zu dokumentieren, denn wer kein Lärmminderungsprogramm durchführt, handelt ordnungswidrig (§ 16 Abs. 1 Nr. 6 LärmVibrationsArbSchV).
>
> Das Lärmminderungsprogramm muss regelmäßig angepasst werden, da sich der Stand der Technik laufend ändert (vgl. § 2 Abs. 7 LärmVibrationsArbSchV). Unternehmen können eine Lärmminderungsberatung durch das Institut für Arbeitsschutz der DGUV (IFA) in Anspruch nehmen.

Persönlich:

- Geeigneter Gehörschutz: Kapselgehörschützer, Gehörschutzstöpsel, Otoplastiken (in Einzelfällen übernimmt die zuständige Berufsgenossenschaft die Kosten für Gehörschutz, wenn ein erhöhtes Risiko für eine Erkrankung an Lärmschwerhörigkeit besteht).

> **Wichtig: Verwenden von Gehörschutz üben**
>
> Gehörschutzstöpsel müssen richtig eingesetzt werden, um die erwünschte Schutzwirkung zu liefern. Es ist deshalb sinnvoll, das sorgfältige Einsetzen zu üben und über die Gefahren zu informieren, wenn Gehörschutz nicht richtig angewendet wird.

Bettina Huck

Laser

Der Begriff «Laser» setzt sich aus den Anfangsbuchstaben zusammen, die den Effekt «Light amplification by stimulated emission of radiation» (Verstärkung von Licht durch angeregte Strahlenaussendung) beschreiben. Laserstrahlung ist durch einen Laser erzeugte kohärente optische Strahlung. Laser sind Geräte oder Einrichtungen zur Erzeugung und Verstärkung von kohärenter optischer Strahlung.

Gesetze, Vorschriften und Rechtsprechung

Aus folgenden Vorschriften ergeben sich in erster Linie Forderungen zum Umgang mit Lasern:

- Arbeitsschutzverordnung zu künstlicher optischer Strahlung (OStrV)
- EU-Richtlinie 2006/25/EG «Künstliche optische Strahlung», v.a. Anhang II
- BGV B2 «Laserstrahlung» (wird infolge des Inkrafttretens der OStrV zurückgezogen, Zeitpunkt jedoch noch nicht bekannt)
- DIN EN 60825-1 «Sicherheit von Lasereinrichtungen; Klassifizierung von Anlagen, Anforderungen und Benutzer-Richtlinien»
- DIN EN 60825-2 «Lichtwellenleiter-Kommunikationssysteme»
- DIN EN 60825-4 «Laserschutzwände»
- DIN EN 207 «Laserschutzbrille»
- DIN EN 208 «Laserjustierbrillen»
- DIN EN 12254 «Abschirmung von Laserarbeitsplätzen»
- DIN EN ISO 11553 «Laserbearbeitungsmaschinen»

1 Einsatz von Lasern

In vielen Betrieben werden heute Laser eingesetzt. Die Einsatzbereiche der Laser reichen dabei vom Laserpointer als modernem Zeigestock über Barcodelaser zum Erfassen von Ware bis hin zum Laserschweißen und Laserschneiden. Der Einsatz von Lasern der unterschiedlichen Laserklassen erfordert jedoch technische bzw. organisatorische Schutzmaßnahmen. Laserstrahlen werden heute u. a. in folgenden Bereichen eingesetzt:

- → Labore
- Medizin (z. B. Anschweißen der Netzhaut an der Aderhaut, unblutige Operationen, Entfernung von Geschwülsten)
- Zeichenerkennung (z. B. Barcodelaser)
- Laserbeschriften von Teilen
- Laserschneiden
- Laserschweißen
- Entfernungsmessungen
- Lichtschranken
- Laserpointer
- CD/DVD/Blue-Ray-Spieler
- Laserdrucker oder Kopierer

2 Gefahren beim Umgang mit Lasern

Laserstrahlung ist eine elektromagnetische Strahlung im optischen Spektralbereich von 100 nm bis 1 mm. Das Laserlicht ist scharf gebündelt und einfarbig. Damit kann der Laserstrahlung eine eindeutige Wellenlänge zugeordnet werden. Dies spielt z. B. bei der Auswahl der richtigen Laserschutzbrille eine entscheidende Rolle.

Bei der Anwendung von Laserstrahlen können v. a. für die Augen Gefährdungen auftreten. Maßgeblich sind dabei:

- Leistungsdichte

- Einwirkzeit
- Wellenlänge

Laserstrahlung im Bereich von 400 bis 1.400 nm kann zu Schäden an der Netzhaut und Fovea führen. Bei der Betrachtung eines Gegenstandes oder einer Lichtquelle wird dieser direkt auf der Fovea abgebildet. Infolgedessen führen Verletzungen in diesem Bereich zu einer deutlich verminderten Sehschärfe. Außerhalb dieser Wellenlängen dringt die Laserstrahlung nur sehr flach ins Gewebe ein. Dies kann «nur» zu Hornhautverletzungen führen. Hohe thermische Laserstrahlleistungen führen hingegen nach und nach zu einer Zerstörung des gesamten Auges.

Die **Haut** kann im Gegensatz zum Auge weitaus mehr Energiestrahlung aufnehmen. Die biologische Wirkung von Laserstrahlung auf die Haut hängt stark von der Energiedichte, der Einwirkzeit und der Wellenlänge ab.

3 Laserklassen

Nach DIN EN 60825-1 «Sicherheit von Lasereinrichtungen» und § 2 BGV B2 «Laserstrahlung» gab es bisher fünf Laserklassen (1, 2, 3a, 3b und 4). Seit der Änderung der DIN EN 60825-1 im November 2001 gibt es 7 Laserklassen (1, 1M, 2, 2M, 3R, 3B und 4) sowie auch neue MZB-Werte (vgl. auch Kap. 4).

> **Achtung: Anwendung der MZB-Werte**
>
> Die neuen MZB-Werte können lt. den Berufsgenossenschaften bereits angewendet werden, auch wenn die BGV B2 «Laserstrahlung» noch nicht angepasst ist. Bestehende Berechnungen der MZB-Werte und daraus festgelegte Laserbereiche müssen nicht neu bestimmt werden.
>
> Die BGV B2 wird infolge des Inkrafttretens der Arbeitsschutzverordnung zu künstlicher optischer Strahlung (OStrV) zurückgezogen, da es keine Doppelregelung geben soll. Der Zeitpunkt dafür ist jedoch noch offen.

Bei der Anwendung von Laserbearbeitungsmaschinen müssen bestimmte Sicherheitsanforderungen erfüllt und Schutzmaßnahmen getroffen werden. Grundlegende Forderungen sind dabei:

- Lasereinrichtungen an Maschinen müssen so konzipiert und gebaut sein, dass unbeabsichtigtes Strahlen verhindert wird.
- Lasereinrichtungen an Maschinen müssen so abgeschirmt sein, dass weder durch die Nutzung noch durch reflektierte oder gestreute Strahlung oder Sekundärstrahlung Gesundheitsgefahren auftreten.
- Optische Einrichtungen zur Beobachtung oder Einstellung von Lasereinrichtungen an Maschinen müssen so beschaffen sein, dass durch die Laserstrahlung keine Gesundheitsgefährdung eintritt.

4 Grenzwerte

Für die Auslegung von Lasergeräten sowie der Dimensionierung von Laserschutzeinrichtungen (z. B. Laserschutzbrillen, Laserschutzwänden) werden zwei Arten von Grenzwerten unterschieden:

- Maximal zulässige Bestrahlung (MZB): Grenzwert für die ungefährliche Bestrahlung der Augen und der Haut;
- Grenzwerte der zulässigen Strahlung (GZS). Dies sind für eine bestimmte Klasse von Lasern die Maximalwerte, die nach den allgemein anerkannten Regeln der Technik zulässig sind.

Mit der OStrV wird die Richtlinie 2006/25/EG künstliche optische Strahlung in nationales Recht umgesetzt. Dabei wurden die Grenzwerte für Laserstrahlung aus Anhang II 2006/25/EG übernommen.

5 Laserschutzbeauftragter

Vor der Aufnahme des Betriebs von Lasern der Klassen 3R, 3B und 4 muss der Arbeitgeber schriftlich einen sachkundigen Laserschutzbeauftragten bestellen, sofern er nicht selbst über die erforderliche Sachkunde verfügt (§ 5 OStrV). Die Sachkunde ist durch die erfolgreiche Teilnahme an einem entsprechenden Lehrgang nachzuweisen. Der Laserschutzbeauftragte hat folgende Aufgaben:

- Unterstützung des Arbeitgebers bei der Durchführung der notwendigen Schutzmaßnahmen (gemäß § 3 OStrV)
- Überwachung des sicheren Betriebes von Lasereinrichtungen

Der Laserschutzbeauftragte soll bei der Wahrnehmung seiner Aufgaben mit der → *Fachkraft für Arbeitssicherheit* und dem → *Betriebsarzt* zusammen arbeiten.

6 Gefährdungsbeurteilung und Unterweisung

Bei der → *Gefährdungsbeurteilung* nach § 5 ArbSchG und § 3 OStrV muss der Arbeitgeber feststellen, ob künstliche → *optische Strahlung* am Arbeitsplatz von Mitarbeitern auftritt und muss die davon ausgehenden Gefährdungen für die Gesundheit und Sicherheit der Beschäftigten beurteilen. Er hat die auftretenden Expositionen durch künstliche optische Strahlung am Arbeitsplatz zu ermitteln und zu bewerten.

Wurden im Rahmen der Gefährdungsbeurteilung mögliche Gefährdungen durch künstliche optische Strahlung ermittelt, muss der Arbeitgeber die betroffenen Mitarbeiter vor Arbeitsaufnahme, danach min. jährlich, hinsichtlich dieser Gefährdungen und der Schutzmaßnahmen → *unterweisen*. Die Unterweisung muss min. folgende Informationen enthalten (§ 8 Abs. 1 OStrV):

- die mit der Tätigkeit verbundenen Gefährdungen,
- die durchgeführten Maßnahmen zur Beseitigung oder zur Minimierung der Gefährdung unter Berücksichtigung der Arbeitsplatzbedingungen,
- die Expositionsgrenzwerte und ihre Bedeutung,
- die Ergebnisse der Expositionsermittlung zusammen mit der Erläuterung ihrer Bedeutung und der Bewertung der damit verbundenen möglichen Gefährdungen und gesundheitlichen Folgen,
- die Beschreibung sicherer Arbeitsverfahren zur Minimierung der Gefährdung auf Grund der Exposition durch künstliche optische Strahlung,
- die sachgerechte Verwendung der → *Persönlichen Schutzausrüstung*.

Können bei Tätigkeiten die → *Grenzwerte* für künstliche optische Strahlung überschritten werden, muss der Arbeitgeber die Beschäftigten arbeitsmedizinisch beraten (§ 8 Abs. 2 OStrV). Dies kann auch im Rahmen der Unterweisung erfolgen.

Dirk Haffke

Leitern

Leitern sind ortsveränderliche Aufstiege mit Sprossen oder Stufen, die mit Holmen verbunden sind. Je nach Anwendung gibt es unterschiedliche Leiterbauarten, wie z. B. Anlegeleiter, Stehleiter, Mehrzweckleiter, Podestleiter, Hängeleiter oder Mastleiter.

Leitern werden als Zugang zu hochgelegenen Arbeitsplätzen, an denen zeitweilige Arbeiten ausgeführt werden, verwendet. Oder sie stellen selbst einen hochgelegenen Arbeitsplatz dar. Im Umgang mit Leitern sind Personen v. a. durch Absturz gefährdet. Daher sind zur Unfallverhütung besondere Bestimmungen und Regeln zu beachten.

Gesetze, Vorschriften und Rechtsprechung

Aus den folgenden Vorschriften ergeben sich Forderungen zum Umgang mit Leitern:

- Anhang 2 BetrSichV, Nr. 5.1 und 5.3
- TRBS 2121 Teil 2 «Gefährdungen von Personen durch Absturz – Bereitstellung und Benutzung von Leitern»
- BGV D36 «Leitern und Tritte»
- BGI 694 «Handlungsanleitung für den Umgang mit Leitern und Tritten»

- DIN EN 131-1 «Leitern – Teil 1: Benennungen, Bauarten, Funktionsmaße»
- DIN EN 131-2 «Leitern – Teil 2: Anforderungen, Prüfung, Kennzeichnung»
- DIN EN 131-3 «Leitern – Teil 3: Sicherheitshinweise und Benutzerinformation»

1 Betrieb

1.1 Betriebsanleitung

Für den Benutzer muss eine Betriebsanleitung erstellt werden. Für mechanische Leitern müssen darin folgende Angaben enthalten sein:

- über die standsichere Aufstellung,
- den zulässigen Aufrichtwinkel,
- die zulässige Belastung,
- das Aufrichten und Neigen der Leiter sowie
- über das Verhalten bei Störungen.

1.2 Begehbarkeit

Leitern müssen sicher begehbar sein. Sie müssen gegen übermäßiges Durchbiegen, starkes Schwanken und Verwinden gesichert und ausreichend tragfähig sein. Zusammengesetzte Leitern müssen mind. die gleiche Festigkeit haben wie gleich lange Leitern mit durchgehenden Holmen.

Sprossen müssen zuverlässig und dauerhaft mit den Holmen verbunden sein. Sprossen müssen gleiche Abstände voneinander haben und trittsicher sein. Dies gilt auch für zusammengesetzte Leitern.

1.3 Bereitstellung und Benutzung

Der Arbeitgeber muss Leitern in der erforderlichen Art, Anzahl und Größe bereitstellen. Arbeitnehmer dürfen ungeeignete Aufstiege anstelle von Leitern nicht benutzen. Leitern dürfen nur bestimmungsgemäß nach ihrer Bauart verwendet werden. → *Mechanische Leitern* dürfen nur mit Absturzsicherung bereitgestellt werden.

Leitern sind gegen schädigende Einwirkungen (starke Verunreinigungen, Einfluss von Schadstoffen, mechanische Einwirkungen, wie Stöße oder Schläge) zu schützen. Das Material der Leitern ist entsprechend der Arbeitsumgebung aus widerstandsfähigen Werkstoffen auszuwählen und gegebenenfalls mit schützenden Überzügen (z. B. kälte- und wärmeisolierender Sprossenbelag) bereitzustellen.

Praxis-Beispiel: Besondere Arbeitsumgebung

- rauer Betrieb (Lager- und Maschinenhallen),
- hohe Luftfeuchte,
- niedrige Temperaturen,
- elektrostatische Aufladung.

Die Leiter muss gegen schädigende Einwirkungen geschützt aufbewahrt werden. Schadhafte Leitern dürfen nicht benutzt werden und müssen aus dem Verkehr gezogen werden. Erst nach sachgerechter Instandhaltung darf die Leiter wieder freigegeben werden, d. h. die ursprüngliche Festigkeit muss wiederhergestellt und sicheres Begehen gewährleistet sein.

Leitern müssen gegen Umstoßen gesichert (s. **Abb. 1**) und an oder auf Verkehrswegen auffällig aufgestellt sein.

Abb. 1: Beispiel für Sicherung gegen Umstoßen

1.4 Arbeiten

Aufgrund der hohen Absturzgefährdung dürfen auf der Leiter nur kurzzeitige Arbeiten geringen Umfangs und geringer Gefährdung durchgeführt werden. Die Benutzung einer Leiter als hochgelegener Arbeitsplatz ist daher zu beschränken. Neben der Dauer und dem Schwierigkeitsgrad der Arbeit sowie dem einzusetzenden körperlichen Aufwand ist auch der Umfang des auf der Leiter mitzuführenden Werkzeugs und Materials zu berücksichtigen:

- Leitern sicher transportieren.
- Leitern und Tritte auf ebenem und tragfähigem Untergrund aufstellen.
- Der Standplatz auf der Leiter liegt nicht höher als 7 m über der Aufstellfläche.
- Wenn Leitern als Aufstieg benutzt werden, müssen sie so beschaffen sein, dass sie weit genug über die Austrittsstelle hinausragen, sofern nicht andere Vorrichtungen ein sicheres Festhalten erlauben (z. B. durch Aufsetz-, Einhak- oder Einhängevorrichtungen).
- Bei einem Standplatz von mehr als 2 m Höhe sollten die von der Leiter auszuführenden Arbeiten nicht länger als 2 Stunden dauern.
- Wenn auf einer Leiter eine Last getragen werden muss, darf dies ein sicheres Festhalten nicht verhindern.
- Werkzeuge und Materialien, die mit hinaufgenommen werden, dürfen nicht schwerer als 10 kg sein.
- Leitern und Tritte nur mit max. 150 kg belasten.
- Steigschenkel von Leitern und Tritten dürfen nur von einer Person betreten werden.
- Es dürfen keine Gegenstände mitgeführt werden, die Wind eine Angriffsfläche von mehr als einem Quadratmeter bieten.
- Es dürfen keine Stoffe oder Geräte benutzt werden, von denen für den Beschäftigten zusätzliche Gefahren ausgehen (z. B. heiße oder ätzende Stoffe).
- Die Arbeiten dürfen keinen so großen Kraftaufwand erfordern, dass dadurch die Leiter ins Kippen geraten kann, wenn der Beschäftigte mit beiden Füßen auf einer Sprosse steht.
- Beim Arbeiten auf der Leiter sollen sich Benutzer nicht hinauslehnen.
- Das Verrutschen der Leiterfüße von tragbaren Leitern muss während der Benutzung entweder durch Fixierung des oberen oder unteren Teils der Holme, durch eine Gleitschutzvorrichtung oder durch eine andere, gleichwertige Lösung verhindert werden.
- Leitern so verwenden, dass die Beschäftigten jederzeit sicher stehen und sich sicher festhalten können.

Kurzzeitige Arbeiten geringen Umfangs können z. B. bei folgenden

Tätigkeiten gegeben sein:

- Wartungs- und Inspektionsarbeiten,
- Mess-, Richt- und Lotarbeiten,
- Lampenwechsel in Leuchten,
- Montage- und Instandhaltungsarbeiten an Lüftungs-, Klima- und Heizungsanlagen,
- Montage von Bühnen und kleinen Regalanlagen,
- Ausrichten und Verschrauben von Montageteilen.

2 Prüfungen und Unterweisung

2.1 Prüfung von Leitern im Betrieb

Leitern müssen von einer durch den Unternehmer beauftragten Person wiederkehrend auf ordnungsgemäßen Zustand geprüft werden. Dazu müssen die Art der Prüfung (Sicht- oder Funktionsprüfung), deren Umfang und Fristen festgelegt werden. Die Festlegung der Prüffristen sollte sich dabei richten nach:

- Nutzungshäufigkeit,
- Beanspruchung bei der Benutzung sowie
- der Häufigkeit und Schwere festgestellter Mängel bei vorangegangenen Prüfungen.

Betriebsfremde Leitern müssen besonders sorgfältig auf Eignung und Beschaffenheit durch den Benutzer geprüft werden. I. d. R. werden Leitern in Unternehmen einmal im Jahr geprüft.

2.2 Unterweisung der Beschäftigten

Durch Unterweisung soll verdeutlicht werden, dass sich Unfälle mit bleibenden Gesundheitsschäden auch schon beim Absturz aus geringen Höhen ereignen können. Die Unterweisung soll auf der Grundlage der Gefährdungsbeurteilung erfolgen und muss in angemessenen Zeitabständen wiederholt werden. Empfehlenswert ist eine jährliche Unterweisung sowie bei besonderen Anlässen, z. B. nach einem Unfall oder dem Einsatz neuer Leiterbauarten.

I. d. R. beinhaltet eine Unterweisung:

- Hinweise zur bestimmungsgemäßen Benutzung,
- bauartspezifische Hinweise,
- Hinweise auf zusätzliche Gefährdungen.

Katja Graf

Löschwasser-Rückhaltung

Werden im Unternehmen Gefahrstoffe gelagert, so können sie im Brandfall mit dem Löschwasser in die Umwelt (Boden, Grundwasser, Oberflächengewässer) gelangen, wenn keine geeigneten Rückhalteeinrichtungen mit ausreichendem Fassungsvermögen vorhanden sind.

Einrichtungen zur Löschwasser-Rückhaltung sind wesentlicher Teil des Brandschutzes. Ortsfeste Einrichtungen sind Becken, Gruben oder Behälter, Räume, Flächen oder Teile von Grundstücksentwässerungsanlagen. Mobile Einrichtungen sind Auslaufsperren und Barrierensysteme, sie können auch gegen das Eindringen von Hochwasser verwendet werden.

Rückhalteeinrichtungen müssen mindestens so lange dicht sein, bis das aufgefangene Löschwasser ordnungsgemäß entsorgt werden kann.

Gefahrstoffe können wassergefährdend sein und werden dann in 3 Wassergefährdungsklassen eingeteilt. Das erforderliche Fassungsvermögen von Löschwasser-Rückhalteanlagen hängt im Wesentlichen vom Gefährdungspotenzial der gelagerten Stoffe ab.

Gesetze, Vorschriften und Rechtsprechung

Folgende Vorschriften sind relevant:

- Arbeitsschutzgesetz
- Arbeitsstättenverordnung
- Gefahrstoffverordnung
- Betriebssicherheitsverordnung
- Wasserhaushaltsgesetz
- TRGS 510 «Lagerung von Gefahrstoffen in ortsbeweglichen Behältern»
- Löschwasser-Rückhalte-Richtlinien der Länder «Richtlinie zur Bemessung von Löschwasser-Rückhalteanlagen beim Lagern wassergefährdender Stoffe» (LöRüRL)
- Die Verordnung über Anlagen zum Umgang mit wassergefährdenden Stoffen (AwSV) liegt im Entwurf vor und wird nach Inkrafttreten die 16 Verordnungen der Länder ersetzen.

1 Betrieblicher Brandschutz

Es liegt in der Verantwortung des Unternehmers, dass gesetzliche Vorgaben eingehalten werden. Beim Lagern von → *Gefahrstoffen* müssen wirksame → *Brandschutzmaßnahmen* ermittelt und umgesetzt werden. Auch in → *Sammelstellen* und Zwischenlagern für → *gefährliche Abfälle* sind grundsätzlich Löschwasser-Rückhalteeinrichtungen erforderlich. Bei Bränden wird in den meisten Fällen Wasser als Löschmittel eingesetzt, das Löschwasser kann Gefahrstoffe enthalten und muss bis zu seiner Entsorgung wirksam aufgefangen werden.

Technische, organisatorische und persönliche Maßnahmen gewährleisten den Schutz von Beschäftigten und Umwelt im Brandfall. Sie sind Teil des betrieblichen Brandschutzkonzeptes.

Wichtig: Brandschutzbeauftragte
→ *Brandschutzbeauftragte* können den Unternehmer beraten und unterstützen. Grundsätzlich besteht keine Pflicht zur Bestellung eines Brandschutzbeauftragten. Im Baurecht kann jedoch eine Bestellung gefordert werden, z. B. in Krankenhäusern, größeren Verkaufsstätten und größeren Industriebauten.

Informationen zum Gefährdungspotenzial der gelagerten Gefahrstoffe liefert das → *Sicherheitsdatenblatt* u. a. mit der Wassergefährdungsklasse.

Achtung: Länderspezifische Regelungen beachten
Die folgenden Ausführungen beziehen sich auf die Löschwasser-Rückhalte-Richtlinie (LöRüRL) des Landes Baden-Württemberg, länderspezifische Regelungen sind zu beachten.

2 Lagermengen

Die LöRüRL gilt bei Lagerung folgender Mengen wassergefährdender Stoffe:
- der Wassergefährdungsklasse (WGK) 1 «schwach wassergefährdend» mit mehr als 100 t je Lagerabschnitt,
- der WGK 2 «wassergefährdend» mit mehr als 10 t je Lagerabschnitt,
- der WGK 3 «stark wassergefährdend» mit mehr als 1 t je Lagerabschnitt.

Ein Lagerabschnitt ist der Teil eines Lagers, der
- in Gebäuden von anderen Räumen durch Wände und Decken getrennt oder
- im Freien durch Abstände oder Wände getrennt ist.

Bei geringeren Lagermengen als oben beschrieben, werden LöRü-Einrichtungen empfohlen, sind jedoch nicht Pflicht.

Wichtig: Mengenermittlung bei Lagerung unterschiedlicher Gefährdungsklassen
Werden wassergefährdende Stoffe unterschiedlicher Gefährdungsklassen zusammengelagert, so werden
- 1 t WGK 3-Stoff als 10 t WGK-2 Stoff und

- 1 t WGK 2-Stoff als 10 t WGK 1-Stoff

bewertet. Die Mengen einer Gefährdungsklasse sind zu addieren.

3 Dimensionierung von Löschwasser-Rückhalteanlagen

Je größer das Gefährdungspotenzial der gelagerten → *Gefahrstoffe* ist, umso größer muss das Fassungsvermögen der Rückhalteeinrichtungen für Löschwasser bemessen sein.

Beim Lagern von Stoffen der

- WGK 1: muss das Löschwasser vollständig zurückgehalten werden.
- WGK 2: Sicherheitszuschlag 50 %.
- WGK 3: Sicherheitszuschlag 100 %.

Praxis-Beispiel: Dimensionierung der Löschwasser-Rückhaltung bei WGK 3-Stoffen

Bei einer Gefährdungssituation durch WGK 3-Stoffe muss ein Rückhaltebecken doppelt soviel Löschwasser fassen können, wie empirisch belegt anfällt.

Parameter zur Ermittlung des zurückzuhaltenden Löschwasser-Volumens sind nach Abschn. 1.3 LöRüRL:

- Art der Feuerwehr: öffentlich oder Werksfeuerwehr,
- brandschutztechnische Infrastruktur, z. B. Brandmeldeanlage, Feuerlöschanlage,
- Fläche des Lagerabschnitts,
- Lagerhöhe, -dichte und -menge,
- Art des Lagerns: im Freien, im Gebäude, in ortsbeweglichen Gefäßen, in ortsbeweglichen und ortsfesten Behältern.

Wichtig: Ausnahmen

Löschwasser-Rückhaltung ist nicht nötig, wenn:

- die Bauteile des Lagers aus nicht brennbaren Baustoffen bestehen und
  - im Lager nicht brennbare Stoffe unverpackt sind oder deren Verpackung nicht zur Brandausbreitung beiträgt,
  - im Lager im Brandfall ausschließlich Sonderlöschmittel ohne Wasserzusatz eingesetzt werden (Abschn. 1.4 LöRüRL), z. B. Löschpulver, Kohlendioxid, Schaum,
- Calciumsulfat und Natriumchlorid gelagert werden (Abschn. 1.5),
- in einem Lagerabschnitt nicht mehr als 200 t an Stoffen der WGK 1 gelagert und die übrigen Forderungen der LöRüRL eingehalten werden (Abschn. 4.1.1),
- Behälter mit → *brennbaren Flüssigkeiten* vollständig im Erdreich eingebettet sind,
- doppelwandige Behälter für brennbare Flüssigkeiten bis 100 m³ mit zugelassenem Leckanzeigegerät ausgerüstet sind (Abschn. 7.2.1).

4 Allgemeine Anforderungen

Wichtige Anforderungen an Einrichtungen zur Rückhaltung von Löschwasser sind v. a.:

- ausreichendes Fassungsvermögen,
- Überfüllung muss rechtzeitig erkennbar sein,
- Böden und Wände müssen bis zur Entsorgung dicht sein. Geeignete Materialien sind z. B. Stahl oder Beton nach DIN 1045 (Dicke: 20 cm).

Die Anforderungen an Lager für Gefahrstoffe und Löschwasser-Rückhalteeinrichtungen sind abhängig von (Abschn. 5 – 7 LöRüRL):

- Lagermenge: bis 3.000 l oder darüber,
- Lagerort: in Gebäuden oder im Freien,
- Verpackung: in Behältern bzw. Gefäßen oder Schüttgut,

- Eigenschaften des gelagerten Stoffes: fest, flüssig, nicht brennbar, brennbar, Wassergefährdungsklasse.

Daraus ergeben sich u. a. folgende Forderungen:
- feuerbeständige Wände und Decken (F 90) und nicht brennbare Baustoffe (F90-A),
- zulässige Lagermengen und Lagerflächen (Ermittlung nach Tab. 1 LöRüRL),
- Volumen der Löschwasser-Rückhalteanlagen in Abhängigkeit von der Lagerguthöhe (Ermittlung nach Tab. 2 (bis 12 m) bzw. Tab. 3 (über 12 m Lagerguthöhe) LöRüRL),
- stündliche Kontrolle oder automatische Brandmeldeanlage.

Lager bzw. Lagerabschnitte werden in Sicherheitskategorien eingeteilt. Die Kategorien 1 bis 4 (4 ist höchster Sicherheitsstandard) ergeben sich aus:
- der Art der Feuerwehr,
- den Anforderungen an die Brandmeldung und
- der Ausstattung mit einer automatischen Feuerlöschanlage.

An den Zugängen zu Lagerabschnitten muss ein Schild «Löschwasser-Rückhaltung» nach DIN 4066 angebracht werden.

Praxis-Tipp: Feuerwehrplan

Größere Unternehmen verfügen über eine Werksfeuerwehr, die mit den Gegebenheiten vor Ort vertraut ist, d. h. auch Lage und Fassungsvermögen der Löschwasser-Rückhalteanlagen kennt. Kleinere Unternehmen sind i. Allg. auf öffentliche Feuerwehren angewiesen. Damit diese im Brandfall schnell handeln können, empfiehlt es sich, ihnen **Feuerwehrpläne mit Hinweis auf Löschwasser-Rückhalteanlagen** zur Verfügung zu stellen. Auf Verlangen müssen diese Unterlagen den zuständigen Brandschutzdienststellen ausgehändigt werden.

5 Anlagen zur Löschwasserrückhaltung

Um eine Löschwasserrückhaltung effektiv betreiben zu können, sind bauliche Maßnahmen notwendig, die rechtzeitig wirken können. Dabei handelt es sich i. d. R. um Löschwassersperren oder Abflusseinrichtungen.

5.1 Löschwassersperren

Löschwassersperren können Ausgänge und Wandöffnungen direkt abriegeln. Diese Einrichtungen lösen bei einem Austreten von Flüssigkeiten automatisch aus und halten das Löschwasser bis zu einer bestimmten Höhe zurück. Hierbei wird i. d. R. kein separates Auffangbecken für das Löschwasser vorgehalten.

Durch den schnellen und gezielten Einsatz von geeigneten Verschlüssen und Absperrungen für Gebäudeöffnungen und Wanddurchbrüche kann somit im Brand- oder Havariefall das unkontrollierte Austreten von wassergefährdenden Stoffen in die Umgebung verhindert werden. In hochwassergefährdeten Gebieten kann dadurch außerdem ein Schutz von hochwassergefährdeten Bereichen erzielt werden.

Absperrungen und Verschlüsse von Gebäudeöffnungen oder Wanddurchbrüchen können sich in einem Brand- oder Havariefall aber auch nachteilig auswirken, weil sich in diesem Fall die Flucht- und Rettungsweg-Situation im betroffenen Bereich ändert. Durch eine ausgelöste Barriere wird der Fluchtweg verstellt und ist nicht mehr passierbar! Alle Zugänge zum Lagerbereich sind daher entsprechend zu kennzeichnen und der Flucht- und Rettungsplan muss hierauf abgestimmt sein.

Schon bei der Planung der Löschwassersperre muss bekannt sein, wie viel Löschwasser mindestens aufgehalten werden muss. Die Mindestforderungen sind in der LöRüRL angegeben.

Ein Löschangriff der Feuerwehr kann je nach Objekt schnell 1.000 l/min erreichen. Somit muss bei der Planung auch daran gedacht werden, wie das Löschwasser wieder abgepumpt werden kann. Hierfür sind möglichst leistungsstarke Pumpen bzw. Pumpen in ausreichender Anzahl und Beständigkeit notwendig.

Beim Einbau von Löschwassersperren wird oft vergessen, dass auch die Böden und die Wände bis zur entsprechenden Höhe versiegelt werden müssen. Hiermit wird verhindert, dass das mit

Chemikalien kontaminierte Löschwasser in das Mauerwerk eindringt und dort Schäden verursacht.

Abb. 1: Fall einer Löschwasserbarriere (Innentor) (mit freundlicher Genehmigung der Lufthansa Cityline GmbH)

Der in **Abb. 2** gezeigte Balken fällt nach dem Auslösen der Löschwasserrückhalteanlage herunter. Das fallende Gewicht ist so abgestimmt, dass der Balken manuell aufgehalten werden kann.

Setzt der Balken am Boden auf, wird er auf beiden Seiten pneumatisch an den Boden gepresst (vgl. **Abb. 2 – 5**).

Abb. 2: Pneumatisches Anpressen der Barriere (mit freundlicher Genehmigung der Lufthansa Cityline GmbH)

Abb. 3: Barriere vor und nach dem Auslösen (Außentor) (mit freundlicher Genehmigung der Lufthansa Cityline GmbH)

Löschwasser-Rückhaltung

Abb. 4: Anpresspneumatik der Barriere (mit freundlicher Genehmigung der Lufthansa Cityline GmbH)

Abb. 5: Versiegelung von Mauer und Absperrung (mit freundlicher Genehmigung der Lufthansa Cityline GmbH)

Für Löschwassersperren sind 3 Hauptgruppen üblich:

- manuelle Löschwasserrückhaltesysteme
- automatische Löschwasserrückhaltesysteme
- Bauteile zur Rohr- und Gulliabdichtung

5.2 Abflusseinrichtungen

Eine weitere Möglichkeit zum Auffangen von Löschwasser ist das Abführen durch Abflusseinrichtungen. Diese werden im Boden eingelassen und leiten das Löschwasser über Kanäle und Rohrleitungen in ein separates Auffangbecken.

Auch bei dieser Variante muss bekannt sein, wie viel Volumen für Löschwasser vorzuhalten ist.

5.3 Maßnahmen der Feuerwehr

Sollten keine baulichen Maßnahmen vorgeschrieben sein, so kann die Feuerwehr selbst eine behelfsmäßige Löschwasserrückhaltung einrichten, um das Löschwasser z. B. in den Schmutzwasserkanal einzuleiten oder separat aufzufangen.

Mit dem Schmutzwasserkanal kann im Gegensatz zum Regenwasserkanal das Wasser unmittelbar ins Klärwerk geleitet werden. Im Klärwerk wird dann direkt auf die Inhalte des Löschwassers reagiert.

Separat aufgefangenes Löschwasser kann einer speziellen Entsorgung zugeführt werden.

Die Löschwasserrückhaltung der Feuerwehr ist nur eine behelfsmäßige Lösung und kann die gesetzlich geforderten baulichen Maßnahmen nicht ersetzen. Je nach Stoff kann auch ein Klärwerk mit der Reinigung des kontaminierten Löschwassers überfordert sein und eine spezielle Entsorgung des Löschwassers muss durchgeführt werden.

6 Anforderungen an die Lagerung brennbarer Flüssigkeiten

Was versteht man unter «brennbar»?

→ *Brennbare Flüssigkeiten* wurden bisher als entzündlich, leicht- oder hochentzündlich bezeichnet. Nach CLP-Verordnung sind brennbare Flüssigkeiten in Abhängigkeit von Flammpunkt bzw. Siedepunkt:

- entzündbar,
- leicht entzündbar,
- extrem entzündbar.

Forderungen für das Lagern → *brennbarer Flüssigkeiten* legt Abschn. 7.2 LöRüRL fest. Sind Auffangräume erforderlich und werden diese auch als Löschwasser-Rückhalteanlagen mitbenutzt, so müssen sie u. a. ausreichend groß sein, um das Volumen der gelagerten brennbaren Flüssigkeit selbst sowie Löschwasser und Löschschaum aufzufangen. Abschn. 7.2.3 liefert dazu eine Berechnungsformel.

Bettina Huck

Managementhandbuch

Ein Managementhandbuch ist eine geordnete Sammlung aller relevanten Informationen eines Managementsystems und damit der zentrale Teil der Dokumentation des Managementsystems eines Unternehmens. Es beschreibt das Managementsystem, legt die Elemente dar und beinhaltet sämtliche Festlegungen des Managementsystems. Es ist ein Hilfsmittel zur Umsetzung und für Aufzeichnungen.

1 Pflicht zur Erstellung?

Ohne ein Managementhandbuch ist ein → *Managementsystem* nicht funktionsfähig, denn es stellt die Informationsplattform für das betriebliche Handeln, die Darlegung des Soll-Zustands, die Basis für die Überwachung der Wirksamkeit sowie den Fundort der relevanten Informationen und Aufzeichnungen dar. Alle gängigen Managementsystemkonzepte verlangen deshalb die Erstellung eines Managementhandbuches.

Ein Managementhandbuch erleichtert auch die Transparenz der Umsetzung externer Vorgaben und die Nachweisbarkeit von deren Einhaltung. Dadurch können Dokumentations- und Nachweisforderungen z. B. von Versicherungen sowie des Gesetzgebers leichter erfüllt werden. Explizit fordert der Gesetzgeber jedoch kein Managementhandbuch – auch nicht im Arbeitsschutz. Hier verpflichtet § 3 Abs. 2 Arbeitsschutzgesetz den Arbeitgeber zwar zur Schaffung einer «geeigneten Organisation», die natürlich auch nachweisbar sein muss. Der Nachweis einer geeigneten Organisation des betrieblichen Arbeitsschutzes ist jedoch nicht gleichzusetzen mit einem Managementhandbuch für den betrieblichen Arbeitsschutz (also ein AMS-Handbuch). Gleichwohl erleichtert ein AMS-Handbuch den im Arbeitsschutzgesetz indirekt geforderten Nachweis stark.

2 Intention des Managementhandbuches

Ein Handbuch stellt allgemein eine geordnete Sammlung von Informationen dar. Als systematisch gegliedertes Nachschlagewerk dient es dem Benutzer als «Gebrauchsanleitung» und ist Teil der gemeinsamen Wissensbasis eines Unternehmens. Benutzer eines Managementhandbuches sind die → *Führungskräfte* und die weiteren Beschäftigten. Für sie ist ein Managementhandbuch nicht nur ein Nachschlagewerk.

Ein Managementhandbuch

- ist die «oberste Direktive» des Unternehmers zur Organisation und Anwendung des Managementsystems,

- ist eine Orientierungsgrundlage für das eigene Handeln sowie eine praktische Hilfestellung für die tägliche Arbeit,
- erhöht die Transparenz der Zusammenhänge im Unternehmen,
- fördert das Verständnis für die Ziele und Grundsätze des Unternehmens, die Managementprozesse, das Zusammenwirken im Unternehmen sowie die betrieblichen Abläufe (→ *Prozesse*),
- fördert das Vertrauen der Beschäftigten in das eigene Unternehmen,
- ist die Basis für interne → *Audits* sowie
- eine mögliche Zertifizierung des Managementsystems.

Das Managementhandbuch ist die Basis eines Managementsystems. Gemeinsam mit allen «mitgeltenden» Unterlagen, die angefügt sind oder auf die verwiesen wird, dient es der Darlegung, Aufrechterhaltung, Überwachung der Wirksamkeit, der Dokumentation und permanenten Verbesserung des Managementsystems.

> **Wichtig: Umgang mit dem Managementhandbuch**
>
> - Das Managementhandbuch ist durch die Geschäftsführung in Kraft zu setzen.
> - Alle Exemplare sind zu erfassen.
> - Das Managementhandbuch unterliegt einem kontinuierlichen Änderungsdienst.
> - Die Aktualität ist sicherzustellen, z. B. durch die Hinterlegung der aktuellen Fassung im Intranet und einen entsprechenden Hinweis auf den ausgedruckten Exemplaren.
> - Bei den Handbuchexemplaren, die den Geschäftspartnern, Kunden und Lieferanten zur Verfügung gestellt werden, sollten die Abschnitte, die das Firmen-Know-how darlegen, herausgenommen werden.

3 Inhalte

Ein Managementhandbuch

- beschreibt die wichtigen Elemente des Managementsystems,
- legt die → *Prozesse*, Verfahren und die Dokumentation dar,
- zeigt die Wechselwirkungen zwischen den Prozessen auf,
- verweist auf gültige Dokumente und Aufzeichnungen und
- schafft den Zugang zu sämtlichen Vorgabedokumenten, Hilfsmitteln und Aufzeichnungen für das Management und die Beschäftigten.

Damit ist das Managementhandbuch der zentrale Teil der Dokumentation eines Managementsystems. Mit der Offenlegung des praktizierten Managementsystems werden die Mitarbeiter, Geschäftspartner, Kunden und Lieferanten über die Aktivitäten zur Sicherung der durch das Managementsystem zu managenden betrieblichen Aufgabe (z. B. Qualität, Arbeits- und Gesundheitsschutz, Umweltschutz) informiert. Für die internen Mitarbeiter sind die Festlegungen des Managementhandbuches verbindlich. Bei den externen Partnern sollen sie eine längerfristige vertrauensvolle Zusammenarbeit fördern.

Das Geheimnis funktionierender Managementsysteme und ihrer Dokumentation liegt u. a. in der Einfachheit.

4 Struktur

Wie ein Unternehmen sein Managementhandbuch aufbaut, ist ihm überlassen. Pflichtelemente sind die Inkraftsetzung und Verbindlichkeitserklärung durch die Geschäftsführung sowie die Nennung des Anwendungsbereiches.

Empfohlen wird folgende Dokumentationsstruktur:

Das **Handbuch** als übergeordnetes Dokument (gilt i. d. R. für das gesamte Unternehmen). Es umfasst im Wesentlichen Darlegungen

- der Struktur des Managementsystems,
- der Leitlinien und Grundsätze (die Policy),

- der daraus abgeleiteten strategischen Ziele,
- der Aufbauorganisation inkl. der Beschreibung der Aufgaben und Zuständigkeiten sowie
- der einzelnen Systemelemente (teilweise mit Verweise auf Richtlinien und Dokumente).

Darlegung der Prozesse (gelten i. d. R. für das gesamte Unternehmen): Dieser Handbuchteil gibt durch die Prozesslandschaft einen Überblick zum Vorgehen (Zusammenwirken) im Betrieb und beschreibt alle relevanten → *Prozesse* inkl. der Prozessdaten, -kennzahlen und -verantwortlichkeiten.

Arbeitsdokumente/Anweisungen, wie Verfahrens-, Arbeits- und Prüfanweisungen (gelten i. d. R. für die jeweiligen Arbeitsbereiche bzw. -plätze): Für einige Tätigkeiten sind spezielle, tiefergehende Anweisungen (Detailregelungen) zu erstellen, z. B. in Form von Arbeitsanweisungen, → *Betriebsanweisungen* und Prüfanweisungen. Zu den Arbeitsdokumenten zählen auch die einzusetzenden Formulare, Checklisten etc.

Aufzeichnungen (gelten für die jeweiligen Arbeitsbereiche bzw. -plätze): Dazu zählen z. B. Maßnahmenpläne, Wartungspläne, Unterweisungspläne, Nachweise (z. B. Qualifizierungsnachweise), Protokolle, ausgefüllte Formulare und Checklisten, Leistungsnachweise, Reklamationsschreiben und Auditberichte.

5 Erstellung

Die Erstellung, Pflege und kontinuierliche Verbesserung des Managementhandbuches zählt zu den Aufgaben des Managementsystembeauftragten. Im Zeitalter der EDV ist es heute üblich, das Managementhandbuch auf dem firmeneigenen Netz, i. d. R. im Intranet, zur Einsicht, d. h. zum Nachlesen und Ausdrucken, zur Verfügung zu stellen.

Bei dieser Lösung sind klare Regelungen für die Zugriffsberechtigung zu erstellen. Damit die Dokumente nur von den «zugelassenen» Personen erstellt, geändert, geprüft und freigegeben werden, sind die Zugriffsberechtigungen schriftlich festzuhalten und zu hinterlegen. Im Netz sollte nur die aktuelle Fassung des Managementhandbuches verfügbar sein, sodass sich das Problem der gültigen Dokumente am Arbeitsplatz relativiert. Voraussetzung für diese Vorgehensweise ist, dass jeder Mitarbeiter einen eigenen Computer oder zumindest unmittelbaren Zugriff auf einen Computer hat.

> **Wichtig: Tipps für die Erstellung eines Managementhandbuches**
>
> - Begrenzen Sie den Umfang des Handbuchs auf das betrieblich notwendige Ausmaß. Die Erfahrung der letzten Jahre hat gezeigt, dass eine sehr umfangreiche/detaillierte Dokumentation eine geringe Akzeptanz bei den Beschäftigten hat und zudem schwer zu verwalten ist.
> - Definieren Sie nicht jeden Prozess bis ins kleinste Detail. Ein solches System engt ein und ist unflexibel.
> - Es ist sinnvoll, alles so einfach wie möglich zu beschreiben, d. h. mit einfachen Worten und in einfachen Sätzen – der Sprache des Betriebs.
> - Bilder, Prozessabläufe, tabellarische Übersichten sowie Beispiele sind häufig viel besser zu verstehen als lange Ausführungen.
> - Wenn Mitarbeiter die deutsche Sprache nicht ausreichend beherrschen ist zu prüfen, ob zentrale Abschnitte in die Muttersprache dieser Mitarbeiter übersetzt werden müssen.

6 AMS-Handbuch

Das AMS-Handbuch stellt ein «Dokument» bzw. ein Dokumentationssystem dar, in dem das → *Arbeitsschutz-Managementsystem* eines Unternehmens und die Anforderungen an dieses System festgelegt sind. Die Notwendigkeit eines AMS-Handbuches ergibt sich aus der praktischen Erwägung, alle arbeitsschutzrelevanten Informationen in aktueller Form an einem «Ort» zu finden, der expliziten Forderung aller → *AMS-Konzepte* sowie indirekt aus den öffentlich-rechtlichen Forderungen der Nachweisbarkeit insbesondere einer «geeigneten Organisation» für die Sicherheit und den Gesundheitsschutz (insb. § 3 ArbSchG).

> **Wichtig: AMS-Handbuch = Nachweis einer geeigneten Organisation des Arbeitsschutzes**
>
> Ein Unternehmen, das ein Arbeitsschutzmanagement praktiziert und das AMS dokumentiert hat, erfüllt die öffentlich-rechtlichen Forderungen nach einer «geeigneten Organisation» gem. § 3 Abs. 2 ArbSchG.

In einem AMS-Handbuch sollten insbesondere dokumentiert werden:

Alle **Festlegungen**, z. B.

- die Arbeitsschutzpolitik,
- die Arbeitsschutzziele,
- die → *Organisation* des betrieblichen Arbeits- und Gesundheitsschutzes (z. B. Organigramm, Akteure, Gremien),
- Übersichten der für das Unternehmen gültigen öffentlich-rechtlichen Verpflichtungen,
- die zugewiesenen Pflichten und Aufgaben im Arbeits- und Gesundheitsschutz (z. B. → *Pflichtenübertragung*, Funktions-/Stellenbeschreibungen, Beauftragungen) sowie
- Dokumentationsregelungen (Festlegungen, wer, was und wie zu dokumentieren hat, wo es aufbewahrt wird und wie lange es aufbewahrt wird).

Darlegung aller geregelten Aktivitäten, z. B.

- betriebliche → *Prozesse*, in die Sicherheits- und Gesundheitsschutzaspekte eingebunden sind (z. B. in Form von Prozessbeschreibungen, Ablaufplänen, Arbeitsanweisungen oder speziellen → *Betriebsanweisungen*),
- die arbeitsschutzspezifischen Prozesse (z. B. sicherheitstechnische und arbeitsmedizinische Betreuung, → *Gefährdungsbeurteilungen*, → *Unterweisungen*, → *Prüfungen*) sowie
- der Prozess der → *kontinuierlichen Verbesserung*.

Alle **Arbeitshilfen**, z. B.

- Vorlagen (z. B. für die Übertragung der Unternehmerpflichten, Bestellungen, Betriebsanweisungen),
- Formblätter (z. B. Formular für Unterweisungsprotokolle, Erhebungsbögen),
- Checklisten sowie
- Prüflisten für Sicherheitsaudits (interne AMS-Audits).

Alle **arbeitsschutzrelevanten Aufzeichnungen** (v. a. die Leistungen des Arbeitsschutzes), z. B.:

- Nachweise der Einhaltung der gültigen öffentlich-rechtlichen Verpflichtungen, wie Ergebnisse der Gefährdungsbeurteilungen, Gefahrstoffverzeichnisse, Lärmkataster, durchgeführte Unterweisungen, durchgeführte Prüfungen, durchgeführte arbeitsmedizinische Vorsorgeuntersuchungen (sofern notwendig),
- Ereignisse (z. B. Verletzungen, Unfälle, Berufskrankheiten),
- Ergebnisse der Überprüfung der Leistung und Wirksamkeit des AMS (z. B. Begehungsprotokolle, Protokolle der ASA-Sitzungen, Auditberichte).

> **Wichtig: AMS-Handbuch unternehmensspezifisch erstellen**
>
> - Die Erstellung eines AMS-Handbuches ist kein Selbstzweck. Richtig gestaltet regelt es die Umsetzung des betrieblichen Arbeitsschutzes (inkl. der Gesundheitsförderung) und hilft allen Beteiligten sich zu informieren, bietet Hilfestellungen an, unterstützt die Umsetzung, vereinfacht die Dokumentation und fördert die Nachweisbarkeit.
> - Die Funktion des AMS-Handbuchs im Unternehmen sollte deutlich gemacht werden!
> - Ein AMS-Handbuch muss unternehmensspezifisch gestaltet sein. Von einer bloßen Übernahme von Standardlösungen (Textbausteinen oder ganzen Musterhandbüchern) ist dringend abzuraten! Das AMS-Handbuch verliert an Bedeutung, wenn die Benutzer erkennen, dass es nicht unternehmensspezifisch ist.
> - Musterhandbücher können und sollen nur Anregungen und eine Orientierung geben.

- Praktiziert das Unternehmen bereits ein anderes Managementsystem, sollte ein gemeinsames Managementhandbuch erstellt werden. Dabei kann beispielsweise durch eine Referenzmatrix ein ganzheitlicher Überblick zur Dokumentation des AMS geschaffen werden.

Albert Ritter

Managementsystem

Ein Managementsystem ist ein komplexes «Werkzeug» zum Managen (Führen und Organisieren) eines Unternehmens bzw. einer betrieblichen Aufgabe (Qualität, Arbeitsschutz etc.). Dieses Werkzeug stellt ein strukturiertes System dar. Es umfasst alle führungstechnischen und organisatorischen Festlegungen, Maßnahmen und Methoden zur Erreichung der Ziele eines Unternehmens. Orientiert sich das Managementsystem an einem anerkannten Standard (z. B. einer Norm) kann das Managementsystem auch zertifiziert werden – man spricht dann von einem zertifizierten Managementsystem.

Gesetze, Vorschriften und Rechtsprechung

Die Notwendigkeit der Anwendung eines Managementsystems resultiert v. a. aus der praktischen Erkenntnis, dass eine gute, zeitgemäße Unternehmensführung vor dem Hintergrund der hohen Dynamik der Veränderungen in fast allen Bereichen (technologischer Wandel, Globalisierung, beschleunigte Prozesse, demografischer Wandel etc.) ein geeignetes Managementwerkzeug benötigt.

Die Notwendigkeit resultiert entscheidend auch aus den Forderungen der Kunden sowie teilweise auch der Partner. Beispiele dafür sind das Qualitätsmanagement, das Umweltmanagement, das Arbeitsschutzmanagement sowie das Hygienemanagement.

Der Gesetzgeber fordert i. d. R. indirekt zur Umsetzung öffentlich-rechtlicher Vorgaben sowie zum Nachweis von deren Umsetzung spezielle «Managementsysteme». Beispiele hierfür sind:

- Störfallverordnung Anhang III StörfallV – Sicherheits-Managementsystem
- Lebensmittelhygiene-Verordnung (LMHV) – Hygienemanagement
- Arbeitsschutzgesetz (ArbSchG) – Arbeitsschutzmanagement

1 Notwendigkeit eines Managementsystems

Die Aufgabe, ein Unternehmen zu führen und dabei den Anforderungen aller Interessenspartner gerecht zu werden, wird immer komplexer. Unternehmer können sich daher bei der Bewältigung ihrer Führungsaufgaben nicht mehr alleine auf die eigene Erfahrung und Kompetenz verlassen. Sie benötigen vielmehr ein für das Unternehmen maßgeschneidertes «Werkzeug», das sie bei der strategischen Betriebsführung und der täglichen Arbeit, der operativen Betriebsführung, unterstützt.

Gut geführte Organisationen zeichnen sich durch ein funktionierendes Ordnungssystem aus. Ein solches Managementwerkzeug besteht v. a. aus einer strategischen Ausrichtung des Unternehmens durch eine Vision, selbst formulierten Zielen und Handlungsgrundsätzen sowie daraus abgeleiteten Strukturen und verbindlichen Anweisungen, wie z. B. Prozessregelungen.

Wie eine Landkarte gibt ein solches Ordnungssystem dem Management und den Beschäftigten eine klare Orientierung bei der Gestaltung und Ausführung ihrer Aufgaben und fördert die Transparenz. Ein solches Werkzeug zum Managen des Unternehmens bzw. einer betrieblichen Aufgabe, das auf die Individualität des Unternehmens abhebt und dabei alle Forderungen an das Unternehmen berücksichtigt, bezeichnet man allgemein als Managementsystem.

Managen bedeutet dabei: Ausrichtung geben durch eine Politik (Visionen, …), Ziele vereinbaren, Voraussetzungen schaffen, → *Prozesse* und Tätigkeiten planen, initiieren und steuern sowie alle Elemente des Managementsystems regelmäßig bewerten und → *kontinuierlich verbessern*.

Auch kleinere und eigentümergeführte Unternehmen benötigen ein professionelles Ordnungssystem, denn die Notwendigkeit einer optimalen (reibungslosen) Zusammenarbeit und das Managen der betrieblichen Aufgaben nehmen auch hier weiter zu. In Kleinbetrieben ist die Verwendung des Begriffs Managementsystem zu überprüfen. Alternativen sind: Führungskonzept oder Betriebsführung mit System.

2 Aufbau

Ein Managementsystem umfasst alle führungstechnischen und organisatorischen Festlegungen, Maßnahmen und Methoden, die die Prozesse der Leistungserstellung einer Organisation an den Zielen ausrichten und beherrschbar machen sollen, ein systematisches Handeln der Organisation bewirken und so das Erreichen der festgelegten Ziele sicherstellen. Es vereinheitlicht bzw. standardisiert betriebliche → *Prozesse* und Handlungen – schafft also Routinen. Für das Management ist es der Bezugsrahmen für die jeweiligen Aufgaben und ein Führungsinstrument, für die Mitarbeiter v. a. eine Handlungsorientierung und ein Nachschlagewerk. Diese Hauptprozesse oder Bausteine sowie deren Zusammenwirken (Wechselwirkungen) skizzieren den Aufbau eines Managementsystems und geben ihm eine erkennbare Architektur.

Die wesentlichen führungstechnischen und organisatorischen Festlegungen, Maßnahmen und Methoden eines Managementsystems sind:

- strategische Ausrichtung des Unternehmens durch eine Vision und Grundsätze (eine Policy),
- Zielorientierung durch kommunizierte Unternehmensziele und deren Konkretisierung beim Herunterbrechen auf die einzelnen Arbeitsbereiche/-plätze,
- Zielevereinbarung,
- Strukturen schaffen durch aufbauorganisatorische Festlegungen (z. B. Hierarchie, Verantwortung, Zuständigkeiten, Befugnisse),
- Prozesse festlegen und beschreiben (z. B. Arbeitsverfahren, Informations- und Entscheidungsprozesse),
- Ausrichten der Strukturen, Prozesse und Handlungen an den vereinbarten Zielen,
- Lenkung der Umsetzung,
- Ermittlung und Bewertung der Ergebnisse und
- kontinuierliche Verbesserung.

Ein gutes Managementsystem ist lernfähig. Es merkt sich die Wege, die schnell zum gewünschten Ergebnis führen, und weist auf mögliche Fehlerquellen hin, die den Erfolg beeinträchtigen/verhindern könnten.

3 Ausprägungsformen

Unternehmen installieren ein Managementsystem, um damit die Erfüllung/Erledigung einer bestimmten Aufgabe zu managen. Managementsysteme dienen deshalb immer einem definierten betrieblichen Zweck und sind auf diesen fokussiert. Betriebliche Managementsysteme unterscheiden sich deshalb im Hinblick auf ihre Inhalte (was wird gemanagt, z. B. die Erfüllung der Kundenforderungen, das Beherrschen von Risiken, die Sicherheit und der Gesundheitsschutz), ihre Systematik, ihren Formalisierungsgrad und ihre Dokumentation. Die bekanntesten Managementsysteme orientieren sich an anerkannten Managementsystemnormen (z. B. der DIN EN ISO 9001) oder dem Business-Excellence-Modell (z. B. TQM-Modell der EFQM).

Die Praxis zeigt, ein Unternehmen verträgt eigentlich nur ein Managementsystem. Heute werden jedoch viele betriebliche Aufgaben durch ein spezielles Managementsystem gemanagt. Beispiele dafür sind das Risikomanagement, das Personalmanagement sowie das Informations- und Wissensmanagement.

Um Blindleistungen (z. B. durch Informationsverluste) und Reibungsverluste (z. B. durch nicht abgestimmte Prozesse) zu vermeiden und Synergien zu erschließen, benötigen die in einem Unternehmen praktizierten (speziellen) Managementsysteme ein gemeinsames Fundament und eine einheitliche Architektur. Dadurch erscheint das Netzwerk der betrieblichen Teil- oder Spezial-Managementsysteme als ein Managementsystem aus einem Guss (im Sinne eines integrierten Managementsystems). Dies ist sowohl für die Anwendung als auch die Pflege der speziellen Managementsysteme sehr wichtig.

Das gemeinsame Fundament der speziellen Managementsysteme eines Unternehmens bilden

- die formulierte Vision des Unternehmens,

- die Unternehmenspolitik,
- Unternehmensziele,
- die Aufbau- oder Strukturorganisation,
- die Ablauforganisation sowie
- der → *kontinuierliche Verbesserungsprozess*.

Für eine einheitliche Architektur sollten unternehmensspezifische Standards erarbeitet und unternehmensweit angewendet werden. Diese beziehen sich v. a. auf

- eine einheitliche Darlegung von → *Prozessen*,
- eine ganzheitliche Zuweisung von Aufgaben und Zuständigkeiten,
- einen einheitlichen Informationsprozess,
- eine einheitliche Darlegung von Verfahrens-, Arbeits- und Prüfanweisungen,
- einen gemeinsamen kontinuierlichen Verbesserungsprozess sowie
- eine gemeinsame Dokumentation (ein → *Managementhandbuch*).

In der Praxis überwiegen derzeit noch eher separate Managementsysteme. Das ist v. a. darauf zurückzuführen, dass diese durch spezielle Normen bzw. Standards initiiert wurden bzw. sich daran orientieren. Weitere: Die betroffenen betrieblichen Funktionen bzw. Bereiche (wie z. B. Qualitätswesen, Umweltschutz, Arbeits- und Gesundheitsschutz sowie Anlagensicherheit) sind i. d. R. organisatorisch getrennt, ein einziges Managementsystem für alle Themenbereiche wird als zu komplex erachtet und man betrachtet traditionell mehr das Trennende, als die Zusammenhänge.

> **Wichtig: Praktische Relevanz integrierbarer Managementsysteme steigt**
>
> Die praktische Bedeutung integrierbarer Managementsysteme nimmt merklich zu, weil auch in der Praxis die Notwendigkeit einer intelligenten Zusammenführung erkannt wird:
>
> - immer mehr Unternehmen praktizieren parallel mehrere «spezielle» Managementsysteme;
> - die Wirksamkeit separater Managementsysteme, die i. d. R. isoliert betrieben werden, hat sich als begrenzt erwiesen;
> - da die Ziele der speziellen Managementsysteme i. d. R. nur sehr grob horizontal abgestimmt sind, treten Zielkonflikte bei der Umsetzung auf und behindern diese massiv;
> - der ganzheitliche Charakter von Zielen, Aufgaben- und Problemstellungen wird verdeckt;
> - die verstärkte Diskussion integrierter Managementsysteme (IMS sind modern).

Dabei spielt auch eine Rolle, dass das parallele Praktizieren mehrerer separater Managementsysteme an Grenzen stößt. Zu nennen sind v. a.:

- identische Abläufe werden mehrfach geregelt; Folge: redundante oder sich widersprechende Detailregelungen;
- an den Systemschnittstellen entstehen Abstimmungsprobleme;
- die Eigenverantwortung, Prozessorientierung und Innovationsbereitschaft werden gehemmt;
- es entsteht ein Mehraufwand, beispielsweise bei der Dokumentation, deren Pflege sowie bei Audits;
- statt Synergien zu nutzen, entstehen Verluste (z. B. Informationsverluste);
- mehrere parallele Managementsysteme verwirren teilweise die Mitarbeiter;
- es kommt leicht zu suboptimalen Verhaltensweisen (z. B. Konzentration auf ein Teilgebiet vor einem Audit und Vernachlässigung dieses Gebiets nach dem Audit).

4 Integrierte Managementsysteme

Grundgedanke eines integrierten Managementsystems ist es, Anforderungen aus verschiedenen unternehmensrelevanten Managementbereichen, wie z. B. Qualität, → *Sicherheit* und → *Umwelt*, in einer einheitlichen Struktur abgestimmt zusammenzufassen. Integration bedeutet hier nicht bloßes Aneinanderfügen der Managementbereiche, sondern ein von einer ganzheitlichen und prozessorientierten Betrachtung ausgehendes Verbinden.

Dabei sollen Abgrenzungen, wie sie sich bei Einzelbetrachtungen von Qualität, Sicherheit und Umwelt innerhalb der Abläufe und → *Prozesse* ergeben, vermieden werden und statt dessen die Prozesse ganzheitlich betrachtet, organisiert und gesteuert werden. Ziel eines integrierten Managementsystems ist es auch, dem betrieblichen Handeln eine abgestimmte Ausrichtung zu geben und die Prozesse mit angemessenem Aufwand zu optimieren sowie die Effektivität zugunsten des Unternehmensergebnisses zu verbessern.

Die Fachdiskussion und die Aktivitäten in vielen Unternehmen lassen erkennen, dass «integrierte Managementsysteme» heute als zukunftsorientierte Führungs- und Organisationskonzepte zu betrachten sind. Integrierte Managementsysteme (IMS) (teilweise auch «Generic Management Systems» genannt) tragen dem Gedanken Rechnung, dass ein Unternehmen eine einheitliche Ausrichtung sowie ein themenübergreifendes und abgestimmtes Führungs- und Organisationskonzept benötigt und deshalb die vorhandenen, separaten Managementsysteme zusammengeführt werden müssen.

Von zentraler Bedeutung ist dabei, was man unter Integration versteht und wie man sie umsetzt (praktiziert). Hier existieren sehr unterschiedliche Vorstellungen. Aus der Sicht der Praktikabilität wird vorgeschlagen, unter integriert «zu etwas Ganzem zusammengeführt, ohne dass dadurch zwangsläufig die einzelnen Teile verloren gehen», zu verstehen. Ein integriertes Managementsystem stellt damit die Zusammenführung auch weiterhin in Teilen eigenständiger Managementsysteme unter einem gemeinsamen Dach (dem integrierten Managementsystem mit gemeinsamem Fundament und einer einheitlichen Architektur) dar.

Wichtig: Dominanz des Qualitätsmanagements

Durch die Dominanz des Qualitätsmanagements bestimmt auch das Qualitätsmanagementsystem i. d. R. die Architektur eines integrierten Managementsystems (vgl. VDI 4060). Für das jeweilige Teil-Managementsystem (z. B. das Arbeitsschutz-Managementsystem) bedeutet dies, sich an der Struktur und den Prozessen des IMS zu orientieren bzw., wenn noch kein IMS vorhanden ist, sich an der Struktur und den Prozessen des QMS zu orientieren.

Trotz Integration müssen die Funktion des jeweiligen Teil-Managementsystems sowie ein Gesamtbild dieses speziellen Managementsystems erkennbar sein.

Albert Ritter

Manuelle Lastenhandhabung

Jede Tätigkeit, die den Einsatz menschlicher Kraft zum Heben, Halten, Absetzen, Tragen, Schieben oder Ziehen erfordert, bedeutet manuelle Lastenhandhabung. Das kann direkt oder indirekt mithilfe von Werkzeugen oder Hilfsmitteln geschehen. Der Krafteinsatz kann über Hände, Arme, Schultern, Brust, Rücken, Beine oder kombiniert erfolgen. Eine Last kann ein Gegenstand in Gebinden oder unverpackt, aber auch ein Mensch oder Tier sein.

Gesetze, Vorschriften und Rechtsprechung

Für die manuelle Lastenhandhabung gelten neben den generellen Regelungen des Arbeitsschutzgesetzes (z. B. menschengerechte Gestaltung der Arbeitsplätze, § 2 Abs. 1 ArbSchG) insbesondere die Vorgaben der Lastenhandhabungsverordnung (LasthandhabV). Sie gilt für die manuelle Handhabung, die eine Gefährdung für Sicherheit und Gesundheit, insbesondere der Lendenwirbelsäule mit sich bringen kann. Weitere wichtige Regelungen enthalten die folgenden Vorschriften:

- § 4 Abs. 2 Satz 1 Mutterschutzgesetz
- § 22 Abs. 1 Satz 1 Jugendarbeitsschutzgesetz
- BGI 504-46 «Belastungen des Muskel- und Skelett-Systems einschließlich Vibrationen»
- DIN EN 1005-1 «Sicherheit von Maschinen – Menschliche körperliche Leistung, Teil 1: Begriffe»

Manuelle Lastenhandhabung

- DIN EN 1005-2 «Sicherheit von Maschinen – Menschliche körperliche Leistung, Teil 2: Manuelle Handhabung von Gegenständen in Verbindung mit Maschinen und Maschinenteilen»
- DIN EN 10005-4 «Sicherheit von Maschinen – Menschliche körperliche Leistung, Teil 4: Bewertung von Körperhaltung und Bewegung bei der Arbeit an Maschinen»

1 Physische Gefährdungsfaktoren

Unter physischen Gefährdungsfaktoren werden Belastungen verstanden, die beim Einsatz der Muskulatur sowie des Stütz- und Bewegungsapparates auf den Menschen einwirken. Gefährdend wirkende Faktoren lassen sich in 3 Gruppen teilen.

1.1 Schwere dynamische Arbeit

- Halten, Heben und Transportieren von Lasten mit den Händen und/oder Körperteilen;
- Muskelgruppen über 1/7 der gesamten Skelettmuskelmasse werden eingesetzt;
- Die Gefährdung bei manueller Handhabung von Lasten ist abhängig von Größe, Gewicht, Schwerpunkt der Last, räumlichen Bedingungen, erzwungener Körperhaltung und Bewegungsformen.

1.2 Einseitige dynamische Arbeit

Immer wiederkehrende Bewegung kleiner Muskelgruppen bei Montagearbeiten, z. B. in ungünstiger Körperhaltung.

1.3 Statische Arbeit

Statische Arbeit kann als Haltearbeit auftreten beim Einsatz von Werkstücken und Geräten. Statische Haltungsarbeit entsteht z. B. bei gebeugten Körperhaltungen im Sitzen oder im Stehen.

Bei der täglichen Arbeit treten diese Faktoren häufig kombiniert auf. Einzelne kleinere Muskelgruppen an den Händen und Armen werden stark dynamisch beansprucht, gleichzeitig verrichten andere Körperteile, wie Schultern und Nacken statische Haltungsarbeit. (Montagearbeitsplätzen im Stehen, Arbeitsplätze im Stehen im Labor, wo nur kleines Gewicht bewegt wird, wie z. B. Messeinheit, Lötfaden.

2 Quellen für physische Gefährdung

Achtung: Keine isolierte Betrachtung

Die einzelnen Quellen dürfen nicht isoliert betrachtet werden. Vielmehr führt oftmals erst das Zusammentreffen verschiedener Einflussfaktoren zum Wirksamwerden der physischen Gefährdung.

2.1 Zu handhabende Last

- Gewicht
- Form und Größe
- Trageform der Last
- Lage der Zugriffsstellen
- Schwerpunktlage bestimmt den Gefährdungsgrad

2.2 Arbeitsplatz, Arbeitsumgebung

- Technische Ausstattung, v. a. Art und Beschaffenheit von → *Maschinen*, die bestückt werden sollen, die technischen Hilfsmittel für den Materialtransport, die Einrichtung des Pflegezimmers, die Arbeitshilfsmittel können die physische Belastung erhöhen.
- Räumliche Anforderung, z. B. der Materialbereitstellung, der Bewegungsraum vor dem Förderband, die freie Bewegungsfläche am Patientenbett, der unebene → *Boden* auf dem transportiert werden soll, sind entscheidende Faktoren für die Gefährdung.

- Höhenunterschiede im Arbeitsbereich, in dem die Last bewegt, geschoben, gedreht werden soll, führen zu einer vermehrten Beanspruchung des Körpers.
- Klima und Luftverunreinigungen beeinflussen die Leistungsfähigkeit des Beschäftigten.

2.3 Arbeitsaufgabe, Arbeitssituation

- Entscheidung über erforderliche Arbeitsschritte bei Transportvorgängen
- Art und Weise der Arbeitsausführungen, z. B. durch vermehrte Körperbewegungen
- Arbeitsmenge
- Arbeitsschwere
- Arbeitstempo
- Wechsel der Arbeitsanforderungen
- Dauer der Tätigkeit
- Ruhepausen

3 Gesundheitsgefährdungen

Achtung: Einflussfaktoren für die Gesundheitsgefährdung
Zusätzlich zur Last gelten ungünstige Körperpositionen als wesentlicher Faktor für die Entstehung von Beschwerden und Erkrankungen. Die Vielzahl der Einflussfaktoren bestimmt den Schädigungsgrad. Lastgewicht, Rumpfbeugung, Armhaltung, Geschwindigkeit des Hebevorgangs, Neigung des Oberkörpers zur Seite und die Verdrehung des Rumpfes werden in der Summe zur Gefährdung.

3.1 Unfallgefährdungen

Beim Handtransport durch
- gefährliche Oberflächen wie Ecken, Kanten, Spitzen, raue Oberfläche am Transportgut,
- Einklemmen, Quetschen beim Greifen der Last,
- Ausrutschen auf fettigem Boden, Stolpern über Hindernisse oder durch unebene Flächen.

Beim Einsatz handgeführter Transportmittel durch
- Benutzen ungeeigneter, beschädigter Transportmittel,
- Ausrutschen oder → *Stolpern* von Personen.

3.2 Verletzungen, Entzündungen

Mechanische Fehlbelastung der Knochen, Gelenke, Muskeln, Sehnen und Bänder können verursachen
- Verletzungen von Muskeln und Sehnen durch Zerrung oder Riss;
- Entzündungen an Muskelansätzen und im Sehnengleitgewebe.

3.3 Akute Schädigungen

Durch kurzzeitige erhebliche mechanische Störung können akute Schädigungen entstehen, z. B.
- Muskelzerrung beim schnellen Anheben oder Ziehen von Gewicht,
- Blockierung eines Wirbelbogengelenkes beim Lastanheben (Hexenschuss).

3.4 Chronische Schädigung

Durch fortgesetzte mechanische Fehlbelastung mit stetig zunehmenden Dauerbeschwerden entstehen
- Bandscheibendegeneration bis zum Vorfall,
- Sehnenscheidenentzündung bis zur degenerativen Veränderung und Rissgefahr,
- Arthrotische Veränderung der Wirbelkörper und Gelenke.

Manuelle Lastenhandhabung

3.5 Berufskrankheiten

Im Anhang der Berufskrankheiten-Verordnung (BKV) werden 2 Berufskrankheiten definiert, die direkt im Zusammenhang mit der Handhabung von schweren Lasten stehen:

- BK Nr. 2108: Bandscheibenbedingte Erkrankungen der Lendenwirbelsäule durch langjähriges Heben und Tragen schwerer Lasten oder durch langjährige Tätigkeit in extremer Rumpfbeugehaltung, die zur Unterlassung aller Tätigkeiten gezwungen haben, die für die Entstehung oder Verschlimmerung oder das Wiederaufleben der Krankheit ursächlich waren oder sein können.
- BK Nr. 2109: Bandscheibenbedingte Erkrankungen der Halswirbelsäule durch langjähriges Tragen schwerer Lasten auf der Schulter, die zur Unterlassung aller Tätigkeiten gezwungen haben, die für die Entstehung oder Verschlimmerung oder das Wiederaufleben der Krankheit ursächlich waren oder sein können.

> **Wichtig: Kombination mit anderen Berufskrankheiten**
>
> Da das Heben und Tragen von Lasten i. d. R. in Kombination mit anderen biomechanischen und motorischen Belastungen auftritt, sind außerdem die Berufskrankheiten durch physikalische Einwirkung mit zu beachten (BK Nr. 2101 bis BK Nr. 2110).

4 Grenzwerte der Belastung

Es gibt keine rechtsverbindlichen Grenzwerte für Lastgewichte für alle Beschäftigten. Die Beanspruchung des Körpers hängt von Zeitdauer, Häufigkeit, Körperhaltung, Ausführungsbedingungen und Lastgewicht ab. Diese Faktoren sind in Kombination zu betrachten.

Lasten größer als 40 kg für Männer und 25 kg für Frauen sind jedoch grundsätzlich als Risiko einzustufen. Als Faustformel für den schädigungsfreien Umgang mit Lasten gilt, dass 15 % der Maximalkräfte bei länger andauernden Belastungen nicht überschritten werden dürfen.

> **Wichtig: Maximalkräfte**
>
> In DIN 33411 «Körperkräfte des Menschen» sind die Werte der Maximalkräfte zu finden. Sie werden in Abhängigkeit vom Geschlecht und der Art der Kraftaufwendung beschrieben.

Für besondere Personengruppen gelten folgende Regelungen.

- **Werdende Mütter** dürfen nicht mit Arbeiten beschäftigt werden, bei denen sie regelmäßig Lasten von mehr als 5 kg oder gelegentlich von mehr als 10 kg ohne mechanische Hilfsmittel heben, bewegen oder befördern (§ 4 Abs. 2 Satz 1 MuSchG).
- **Jugendliche** dürfen nicht mit Arbeiten beschäftigt werden, die ihre physische oder psychische Leistungsfähigkeit übersteigen (§ 22 Abs. 1 Satz 1 JArbSchG).

5 Gefährdungsbeurteilung physischer Gefährdungsfaktor

Die Beurteilung der Arbeitsbedingungen wird vom Arbeitsschutzgesetz (§ 5 ArbSchG) gefordert. Wie sie durchgeführt werden soll und wie detailliert, ist jedoch nicht festgeschrieben.

Systematisches Vorgehen entsprechend dem Handlungszyklus erleichtert die Nachvollziehbarkeit der Ergebnisse und die damit verbundene Lösungssuche. Die → *Gefährdungsbeurteilung* setzt sich zusammen aus der Gefährdungsanalyse und der Risikobeurteilung.

5.1 Gefährdungsanalyse

Die Ablauforientierte Gefährdungsanalyse betrachtet das Zusammenwirken der Systemelemente zur Erfüllung der Arbeitsaufgabe. Sie empfiehlt sich bei der Feststellung der Gefahr durch Manipulation von Lasten.

> **Praxis-Tipp: Aufwand begrenzen**
>
> Diese Methode ist zeitaufwendig. Beginnen Sie bei der Auswahl der Teiltätigkeiten mit denen, die auffallende Gefährdungspotenziale zeigen und hohe Expositionszeiten erfordern. Eine Ar-

beitsplatzbegehung ermöglicht die erste Grobeinschätzung. Fotos verdeutlichen die Arbeitshaltung. Die Anwendung der Leitmerkmalmethode zeigt erste Gefährdungsschwerpunkte auf.

Step by Step: Ablauforientierte Gefährdungsanalyse
1. Zu untersuchende Arbeitsaufgabe festlegen und abgrenzen,
2. Zugehöriges Arbeitssystem mit seinen Systemelementen ermitteln, v. a. die Tätigkeitsabfolge,
3. Teiltätigkeiten aufteilen,
4. Gefährdungsfaktor festlegen – hier physischer,
5. Gefahrenquellen beschreiben,
6. Zugehörige gefahrbringende Bedingungen ermitteln,
7. Besondere Leistungsvoraussetzungen der Beschäftigten beachten,
8. Konkrete Gefährdung feststellen und beschreiben,
9. Expositionszeit feststellen.

5.2 Risikobeurteilung

Risiko ist die Schwere eines möglichen Schadens und die Wahrscheinlichkeit, dass dieser Schaden auftritt. Die Risikobeurteilung setzt sich aus Risikoabschätzung und Risikobewertung zusammen.

Risikoabschätzung ist die Beschreibung des Risikos durch Einstufung der möglichen Schadensschwere und der Eintrittwahrscheinlichkeit. Bei der Risikobewertung wird festgestellt, ob das Risiko akzeptabel ist bzw. ob Maßnahmen zur Minderung erforderlich sind.

Die Risikomatrix nach Nohl mit Bewertungsfeldern erleichtert die Beurteilung. Die Bewertung erfolgt mit dem Ampelmodell.

6 Leitmerkmalmethode

Für die Gefährdungsanalyse empfehlen die Bundesanstalt für Arbeitsschutz und Arbeitsmedizin (BAuA) und der Länderausschuss für Arbeitsschutz und Sicherheitstechnik (LASI) die Leitmerkmalmethode (LMM). Sie dient zur praxisgerechten Analyse von objektiv vorhandenen Arbeitsbelastungen.

Achtung: Detailkenntnis erforderlich

Für die Anwendung ist eine gute Kenntnis der zu beurteilenden Tätigkeit unbedingte Voraussetzung. Ergonomisches und sicherheitstechnisches Expertenwissen sind nicht erforderlich. Grobe Schätzungen oder Vermutungen führen zu falschen Ergebnissen

Die Leitmerkmalmethode besteht aus 3 Teilen. Sie dient zur orientierenden Beurteilung von Belastungen bei
- Heben, Halten und Tragen von Lasten,
- Ziehen und Schieben von Lasten,
- manuellen Arbeitsprozessen.

Bei allen 3 Bewertungen gibt es eine Einschränkung für vermindert belastbare Personen. Das sind Beschäftigte, die älter als 40 oder jünger als 21 sind, Neulinge im Beruf oder durch Erkrankungen leistungsgemindert.

Aus dieser Gefährdungsabschätzung sind sofort Gestaltungsnotwendigkeiten und -ansätze erkennbar. Grundsätzlich sollen Ursachen mit hoher Wichtung beseitigt werden.

Wichtig: Formblätter

Unter http://www.baua.de/de/Themen-von-A-Z/Physische-Belastung/Gefaehrdungsbeurteilung.html stehen Formblätter mit Rechenhilfen zu diesen 3

Themen zur Verfügung. In der Rubrik FAQ zur Gefährdungsbeurteilung finden Sie z. B. Antworten zur Ergebnisgenauigkeit und ob diese Beurteilung für Berufskrankheitenfeststellungsverfahren genutzt werden kann.

7 Regeln zur belastungsarmen Lastenmanipulation

Grundsätzlich gelten bei der Arbeitsgestaltung die arbeitswissenschaftlichen Prinzipien der menschengerechten Gestaltung (§ 2 Abs. 1 ArbSchG). Die Arbeit soll sein:

- ausführbar,
- schädigungslos erträglich,
- zumutbar,
- zufriedenstellend.

An erster Stelle steht das Vermeiden manueller Lastenhandhabung mit einer Gefährdung der Gesundheit der Beschäftigten (§ 2 Abs. 1 LasthandhabV).

> **Wichtig: Gesamtes Arbeitssystem betrachten**
>
> Die Maßnahmen zur Verbesserung sollen immer in ihrer Gesamtheit der Auswirkung betrachtet werden. Die Wechselwirkungen von Veränderungen zur Vermeidung/Verringerung von Gefährdungen machen eine systematische Betrachtungsweise des Arbeitssystems erforderlich.

Um Arbeitssysteme sicher zu gestalten, sind Ansatzpunkte im technischen Bereich, im organisatorischen Bereich und im personellen Bereich zu finden.

Die Rangfolge der Arbeitsschutzmaßnahmen ist:

- Gefahrenquelle vermeiden, beseitigen, reduzieren, Eigenschaft der Quelle verändern,
- Sicherheitstechnische Maßnahmen, wie räumliche Trennung an der Quelle,
- Organisatorische Maßnahmen durch Trennung räumlich oder zeitlich vom Mensch,
- → *Persönliche Schutzausrüstung* als räumliche Trennung am Mensch,
- Verhaltensbezogene Maßnahmen durch arbeitsschutzgerechtes Verhalten.

> **Wichtig: Besonderheiten bei Frauen**
>
> Die Körperkraft von Frauen beträgt im Durchschnitt nur 2/3 der des Mannes. Bedingt durch geringere Skelettmaße (Frontaldurchmesser des Brustkorbes ist kleiner, Wirbelkörperdeckplatten und Bandscheiben haben eine geringere Fläche) ergeben sich bei gleich hohen Arbeitsbelastungen gegenüber Männern höhere spezifische Belastungen der Wirbelsäule und Gelenke.
>
> Ebenso ist die Knochenfestigkeit etwas geringer und nimmt mit dem Alter ab (Osteoporose).
>
> Der offene Beckenboden ist weniger gut geeignet, die beim schweren Heben und Tragen von Lasten entstehenden Druckkräfte aufzunehmen.
>
> Folge: Bei fortgesetztem schweren Heben kann durch Überlastung des Beckenbodens eine Schwäche des Schließmuskels des Harnleiters (Harninkontinenz), Gebärmuttersenkung und -vorfall mit Beeinträchtigung der Blasenfunktion entstehen.

8 Gesundheitsfördernde Maßnahmen

Vorraussetzung für die Nachhaltigkeit ist die Bedarfsanalyse. Durch Mitarbeiterbefragung, Gesundheitsbericht der Krankenkassen oder Arbeitsplatzbegehung kann festgestellt werden, welche Maßnahme mit welchem Ziel durchgeführt werden soll. Einzelmaßnahmen, die nicht in das Gesamtkonzept des Unternehmens eingebunden sind, erreichen nur kurzfristig eine Verbesserung.

Vorbildfunktion und Unterstützung der Führungskräfte sind Voraussetzung für die Effizienz von Maßnahmen im verhaltensorientierten Bereich. Beispiele für Maßnahmen:

- arbeitsplatzbezogene Rückenschule
- Arbeitsplatztraining (Arbeitstechniktraining und Tätigkeitsbezogene Ausgleichsbewegungen)

- Arbeitstechniktraining (arbeitsplatz- und arbeitsaufgabenbezogenes Training)
- Training on the job
- Ergonomieparcours
- Ausgleichssport
- Unterstützung zur persönlichen Fitness

Uta Reiber-Gamp

Maschinen

Maschinen wurden von Menschen zur Verstärkung der eigenen Kräfte und Fähigkeiten entwickelt. Sie dienen hauptsächlich als Arbeitsmittel im Rahmen der industriellen Produktion und im Baubereich. Unterschieden wird dabei zwischen Kraft- und Arbeitsmaschinen.

Gesetze, Vorschriften und Rechtsprechung

Die Anforderungen an die Sicherheit von Maschinen bezüglich Bau und Ausrüstung sind in der Maschinenverordnung, als Umsetzung der EG-Maschinenrichtlinie 2006/42/EG sowie in den europaeinheitlich harmonisierten Normen zur Maschinensicherheit enthalten.

Für den sicheren Umgang mit Maschinen als Arbeitsmittel sind die Festlegungen der Betriebssicherheitsverordnung (BetrSichV), Anhang 2 «Mindestvorschriften zur Verbesserung der Sicherheit und des Gesundheitsschutzes der Beschäftigten bei der Benutzung von Arbeitsmitteln» zu beachten.

Berufsgenossenschaftliche Vorschriften und Regeln, insbesondere BGR 500 «Betreiben von Arbeitsmitteln» enthalten zahlreiche Betriebsbestimmungen für den sicheren Umgang mit Maschinen.

1 Begriffsbestimmung

Eine der wichtigsten Definitionen des Begriffs «Maschine» enthält die Neunte Verordnung zum Geräte- und Produktsicherheitsgesetz – 9. ProdSV, die auf der EG-Maschinenrichtlinie 2006/42/EG basiert.

Danach ist eine **Maschine**

1. eine mit einem anderen Antriebssystem als der unmittelbar eingesetzten menschlichen oder tierischen Kraft ausgestattete oder dafür vorgesehene Gesamtheit miteinander verbundener Teile oder Vorrichtungen, von denen mindestens eines bzw. eine beweglich ist und die für eine bestimmte Anwendung zusammengefügt sind;
2. eine Gesamtheit im Sinne des Buchstabens a), der lediglich die Teile fehlen, die sie mit ihrem Einsatzort oder mit ihren Energie- und Antriebsquellen verbinden;
3. eine einbaufertige Gesamtheit im Sinne der Buchstaben a) und b), die erst nach Anbringung auf einem Beförderungsmittel oder Installation in einem Gebäude oder Bauwerk funktionsfähig ist;
4. eine Gesamtheit von Maschinen im Sinne der Buchstaben a) bis c) oder von unvollständigen Maschinen die, damit sie zusammenwirken, so angeordnet sind und betätigt werden, dass sie als Gesamtheit funktionieren;
5. eine Gesamtheit miteinander verbundener Teile oder Vorrichtungen, von denen mindestens eines bzw. eine beweglich ist und die für Hebevorgänge zusammengefügt sind und deren einzige Antriebsquelle die unmittelbar eingesetzte menschliche Kraft ist.

Als Maschine wird auch eine → *Gesamtheit von Maschinen* betrachtet, die so angeordnet sind und betätigt werden, dass sie zusammenwirken und als Gesamtheit funktionieren. Eine Gesamtheit von Maschinen kann auch als **Maschinenanlage** bezeichnet werden.

2 Beschaffenheitsanforderungen an Maschinen

Die Anforderungen an die Sicherheit von Maschinen bezüglich Bau und Ausrüstung sind in der Maschinenverordnung (9. ProdSV), als Umsetzung der EG-Maschinenrichtlinie 2006/42/EG sowie in den europaeinheitlich harmonisierten Normen zur Maschinensicherheit enthalten.

Für Maschinen, die nach dem 31.12.1992 erstmals in Betrieb genommen wurden, gelten die Beschaffenheitsanforderungen des Anhangs I der EG-Maschinenrichtlinie. Die EG-Maschinenrichtlinie 2006/42/EG legt fest, unter welchen Bedingungen Maschinen im europäischen Wirtschaftsraum in Verkehr gebracht bzw. in Betrieb genommen werden dürfen.

Danach muss der Hersteller vor dem Inverkehrbringen von Maschinen

- sicherstellen, dass die grundlegenden Sicherheits- und Gesundheitsschutzanforderungen (Anhang I) erfüllt sind,
- technische Unterlagen (Anhang VII Teil A) verfügbar machen,
- erforderliche Informationen, insbesondere Betriebsanleitung, zur Verfügung stellen,
- eine Konformitätsverfahren (Artikel 12) durchführen,
- eine Konformitätserklärung (Anhang II, Teil 1, Abschnitt A) ausstellen und der Maschine beilegen,
- die → *CE-Kennzeichnung* (Artikel 16 und Anhang III) anbringen.

Alle Maschinen, die ab dem 29. Dezember 2009 in Verkehr gebracht werden, müssen die Anforderungen der neuen EG-Maschinenrichtlinie 2006/42/EG erfüllen.

Die neue Richtlinie enthält keine Übergangsfrist, in der die neue und die alte Richtlinie gleichzeitig gelten.

Für sog. *Altmaschinen*, die bis zum 31.12.1992 in Betrieb genommen wurden oder die innerhalb der Übergangszeit 1993 bis 1994 noch nach den Beschaffenheitsanforderungen der UVVen für «Bau und Ausrüstung» gebaut wurden, gelten diese Vorschriften weiterhin, mindestens aber die Anforderungen der EG-Arbeitsmittelbenutzungs-Richtlinie über Mindestvorschriften für Sicherheit und Gesundheitsschutz bei Benutzung von Arbeitsmitteln durch Arbeitnehmer bei der Arbeit (89/655/EWG) bzw. deren nationalen Umsetzung als Betriebssicherheitsverordnung Anhang 1 «Mindestvorschriften für Arbeitsmittel».

3 Sicherer Umgang mit Maschinen

Für den sicheren Umgang mit Maschinen als → *Arbeitsmittel* sind die Festlegungen der Betriebssicherheitsverordnung (BetrSichV), Anhang 2 «Mindestvorschriften zur Verbesserung der Sicherheit und des Gesundheitsschutzes der Beschäftigten bei der Benutzung von Arbeitsmitteln» zu beachten.

Der Arbeitgeber hat im Rahmen der → *Gefährdungsbeurteilung* nach § 5 des Arbeitsschutzgesetzes die notwendigen Maßnahmen für die sichere Bereitstellung und Benutzung von Maschinen zu ermitteln. Dabei hat er insbesondere die Gefährdungen zu berücksichtigen, die mit der Benutzung der Maschine selbst verbunden sind und die am Arbeitsplatz durch Wechselwirkungen der Arbeitsmittel untereinander oder mit Arbeitsstoffen oder der Arbeitsumgebung hervorgerufen werden.

Berufsgenossenschaftlichen Vorschriften und Regeln, insbesondere BGR 500 «Betreiben von Arbeitsmitteln» enthalten zahlreiche Betriebsbestimmungen für den sicheren Umgang mit Maschinen.

4 Prüfung der Sicherheit von Maschinen

Durch den Arbeitgeber sind nach Betriebssicherheitsverordnung (BetrSichV) Art, Umfang und Fristen erforderlicher → *Prüfungen* an Maschinen und die notwendigen Voraussetzungen zu ermitteln und festzulegen, welche die Personen erfüllen müssen, die von ihm mit der Prüfung oder Erprobung von Maschinen zu beauftragen sind (→ *befähigte Person*).

Die Prüfergebnisse sind zu dokumentieren und bis zur nächsten Prüfung aufzubewahren.

Gunter Weber

Mechanische Leitern

Mechanische Leitern sind fahrbare Leitern. Sie bestehen aus dem Fahrgestell mit Luftreifen, Abstützvorrichtungen (verstellbare Stützspindeln), Bremseinrichtungen und einer Schiebeleiter mit oder ohne Arbeitskorb am oberen Ende. Die Schiebeleiter wird mit einer Winde oder hydraulisch (hand- oder kraftbetrieben) ausgeschoben und aufgerichtet. Mechanische Leitern werden als Anhängeleiter oder Drehleiter hergestellt. Dazu zählen z. B. die Anhängeleiter nach der zurückgezogenen Norm DIN 14703 sowie die Drehleiter mit Handantrieb nach der ebenfalls zurückgezogenen Norm DIN 14702. Für den Einsatz im gewerblichen Bereich ist vorwiegend die Anhängeleiter von Bedeutung.

Gesetze, Vorschriften und Rechtsprechung

- Betriebssicherheitsverordnung (BetrSichV)
- TRBS 1203 «Befähigte Personen, allgemeine Anforderungen»
- BGV D36 «Leitern und Tritte»
- BGG/GUV-G 9102 «Prüfgrundsätze für Ausrüstung und Geräte der Feuerwehr»
- EN 358 «Persönliche Schutzausrüstung für Haltefunktionen und zur Verhinderung von Abstürzen – Haltegurte und Verbindungsmittel für Haltegurte»
- EN 363 «Persönliche Absturzausrüstung – Persönliche Absturzschutzsysteme»

1 Einsatzbereiche

Mechanische Leitern werden im gewerblichen Bereich zur Durchführung von Arbeiten geringen Umfangs in großen Höhen verwendet. Der Umfang der begrenzten Arbeit umfasst z. B. Ausbesserungs- und Reinigungsarbeiten, Arbeiten an Bäumen, Masten, Gebäudefassaden, elektrischen Leitungen. Darüber hinaus werden mechanische Leitern für Sicherungsarbeiten, z. B. für die Rettung von Personen aus Notlagen und für die Brandbekämpfung bei Feuerwehren, eingesetzt.

Insofern zählen mechanische Leitern auch zu den Leitern für den besonderen beruflichen Gebrauch.

Drehleitern mit maschinellem Antrieb werden mit Nennrettungshöhen von mind. 12, 18 und 23 m hergestellt. Die Nennrettungshöhen von Drehleitern mit Handantrieb und von Anhängeleitern betragen max. 16 m. Angeboten werden z. B. Anhängeleitern mit 10 und 12 m Arbeitshöhe.

2 Benutzung

Für die Benutzung von mechanischen Leitern sind in § 26 BGV D36 umfangreiche sicherheitstechnische Forderungen und Hinweise festgelegt, die im Folgenden erläutert werden.

2.1 Aufstellung

Alle Teile der mechanischen Leiter, wie z. B. Abstützungen, Aufrichtantriebe, Abspannseile, sind vor der Benutzung der mechanischen Leiter auf ihren ordnungsgemäßen Zustand zu kontrollieren.

Vor dem Aufstellen der mechanischen Leiter ist zu prüfen, ob sich elektrische Freileitungen in der Nähe des Aufstellortes befinden. Ist dies der Fall, sind nach Rücksprache mit dem Energieversorgungsunternehmen ausreichende Sicherheitsabstände zu den Freileitungen einzuhalten.

Mechanische Leitern dürfen nur auf tragfähigem Untergrund aufgestellt werden. Bei weichen Böden kann die zur Aufstellung der mechanischen Leiter erforderliche Tragfähigkeit des Untergrundes durch entsprechend große biegesteife und feste Unterlagen unter den Stützeinrichtungen (Stützspindeln) erreicht werden. Grubenabdeckungen sind i. d. R. kein tragfähiger Untergrund für Räder und Stützspindeln.

Mechanische Leitern, die im Verkehrsraum eingesetzt werden oder in diesen hineinragen, sind gegen Verkehrsgefahren, z. B. gegen Anfahren, besonders zu sichern.

Beim Einsatz der mechanischen Leiter im Bereich öffentlicher Straßen müssen gemäß § 49a ff. StVZO Beleuchtungseinrichtungen vorhanden sein. Im Einzelfalle kann auch der Einsatz eines Warnpostens erforderlich sein.

2.2 Besteigen der mechanischen Leiter

Vor dem Besteigen der mechanischen Leiter muss der Benutzer darauf achten, dass die für die eingestellte Leiterneigung zulässige Leiterbelastung und Leiterlänge nicht überschritten werden (Neigungswinkelanzeige).

Nach dem Erreichen des Standplatzes (Arbeitsplatz) auf der mechanischen Leiter muss sich der Benutzer durch die Verwendung einer → *Persönlichen Schutzausrüstung* gegen Absturz sichern. Dazu eignen sich Sicherheitsgeschirre nach EN 358 und EN 363.

Wenn an der mechanischen Leiter ein Rückenschutzbügel vorhanden ist, gilt dieser als geeignete Absturzsicherung.

Mechanische Leitern dürfen nicht geschwenkt, aus- oder eingefahren werden, solange sich jemand auf ihnen befindet. Dies gilt nicht, wenn sich Personen in Arbeitskörben an mechanischen Leitern aufhalten, die die Anforderungen an Hubrettungsfahrzeuge erfüllen.

Die Schiebeleiter der mechanischen Leiter darf erst dann eingefahren werden, wenn sich niemand mehr auf ihr befindet.

2.3 Transport von Anhängeleitern

Das Gesamtgewicht der Normalausführung von Anhängeleitern beträgt etwa 750 kg. Ein Zugtransport mit einem LKW oder einem mittelgroßen PKW ist i. d. R. problemlos möglich. Dieser Transport setzt jedoch voraus, dass die mechanische Leiter mit einer Kugelkupplung ausgerüstet ist. Zudem müssen Kotflügel über den Rädern angeordnet sein. Weiter ist bei der Verwendung von Anhängeleitern (Zweiradleitern) als Anhänger hinter Kraftfahrzeugen die Straßenverkehrszulassungsordnung (StVZO) zu beachten.

3 Prüfung und Instandhaltung

Der Unternehmer (Betreiber der mechanischen Leiter) muss gemäß BetrSichV dafür sorgen, dass mechanische Leitern in geeigneten Abständen, z. B. einmal jährlich, von einer befähigten Person auf ihren ordnungsgemäßen Zustand überprüft werden. Grundlage für die Überprüfung ist der **Prüfgrundsatz BGG/GUV-G 9102**. Dies gilt auch, wenn die mechanische Leiter geändert oder instandgesetzt wurde. Die Ergebnisse der Prüfung sind zu dokumentieren.

→ *Befähigte Person* ist, wer aufgrund seiner fachlichen Ausbildung, Berufserfahrung und zeitnahen beruflichen Tätigkeit (s. TRBS 1203) ausreichende Kenntnis über mechanische Leitern und die einschlägigen staatlichen Arbeitsschutzvorschriften, Unfallverhütungsvorschriften und Normen besitzt. Hierzu zählen Fachkräfte der Hersteller von mechanischen Leitern sowie einschlägig erfahrene Fachkräfte der Betreiber.

Die regelmäßige Pflege der mechanischen Leiter kann vom eigenen Personal des Betreibers durchgeführt werden. Instandsetzungsarbeiten größeren Umfanges sollten nur solchen Personen übertragen werden, die aufgrund ihrer fachlichen Ausbildung und Erfahrung ausreichende Kenntnisse besitzen. Dies sind i. d. R. Mitarbeiter der Herstellerfirma von mechanischen Leitern.

4 Kennzeichnung

Der Hersteller oder Lieferer einer mechanischen Leiter muss der gelieferten mechanischen Leiter eine Gebrauchsanleitung beifügen. Auf der Basis der Gebrauchsanleitung hat der Betreiber der mechanischen Leiter eine → *Betriebsanweisung* aufzustellen (§ 26 Abs. 1 BGV D36) und diese an der Verwendungsstelle bereitzuhalten. Die Betriebsanweisung muss mindestens Angaben enthalten über:

- Sicherung gegenüber dem Verkehr,
- standsichere Aufstellung,
- Aufrichten,

- Neigen,
- zulässige Aufrichtwinkel, Leiterlänge, Belastung,
- Verwendung der Leiter bei Wind,
- Verhalten bei Störungen,
- Beleuchtung,
- Pflege,
- Prüfung.

Ist die mechanische Leiter kraftangetrieben, z. B. hydraulisch oder mit elektrischem Antrieb, muss der Hersteller durch eine Konformitätserklärung bestätigen, dass die Leiter den europäischen Regelwerken und deren Sicherheitsstandards (z. B. der Maschinenrichtlinie) entspricht. Dazu kann er eine Baumusterprüfung von einer dazu zugelassenen unabhängigen Prüfstelle durchführen lassen. An der mechanischen Leiter selbst ist dieser Nachweis durch die Kennzeichnung mit dem → *CE-Zeichen* zu bestätigen. Durch das CE-Zeichen erklärt der Hersteller auch, dass die mechanische Leiter auf dem europäischen Markt frei handelbar ist.

Jürgen Chilian

Medikamente

Viele Beschäftigte nehmen regelmäßig oder gelegentlich Medikamente und stehen demnach, soweit sie nicht arbeitsunfähig krank sind, während der Arbeit unter deren Einfluss. Durch die Wirkungen oder auch unerwünschte Nebenwirkungen von Medikamenten können bestimmte Risiken am Arbeitsplatz entstehen oder erhöht werden. Besonders kritisch ist eine Medikamentenabhängigkeit, die Gesundheit, Leistungsfähigkeit und Sicherheit erheblich gefährden kann.

Betriebsärzte verordnen keine Medikamente. Ausnahme sind ärztliche Ambulanzen in größeren Betrieben, die u. U. in akuten Fällen Medikamente für den Sofortgebrauch abgeben. Für besondere Gefährdungen, z. B. durch Gefahrstoffeinwirkung, kann es erforderlich sein, Notfallmedikamente bereit zu halten.

Gesetze, Vorschriften und Rechtsprechung

Zum missbräuchlichen Umgang mit Medikamenten gilt § 15 BGV A1. Demnach dürfen sich die Mitarbeiter durch die Einnahme von Medikamenten nicht in einen Zustand versetzen, durch den sie sich selbst oder andere gefährden können. In Bezug auf andere Risiken, die sich durch Medikamentenwirkungen oder Nebenwirkungen ergeben können, gelten die allgemeine Fürsorgepflicht des Arbeitgebers, z. B. im Hinblick auf individuelle Gefährdungsbeurteilungen für Menschen, die wegen chronischer Erkrankungen dauerhaft Medikamente mit kritischen Wirkungen oder Nebenwirkungen einnehmen müssen.

Die Abgabe von Medikamenten unterliegt dem Arzneimittelrecht.

1 Medikamente und Arbeitsfähigkeit

Durch die Einnahme von Medikamenten kann sich die körperliche, psychische und seelische Belastbarkeit des Menschen erheblich verändern. Ob und wie stark derartige Veränderungen auftreten, ist kaum präzise vorherzusagen. Gründe dafür sind:

- die große Zahl pharmazeutisch eingesetzter Wirkstoffe und Kombinationen,
- die unterschiedlichen Wirkungsweisen und Darreichungsformen von Medikamenten,
- die persönliche Disposition des Betroffenen (genetische Disposition, Gesundheitszustand, Ernährung usw.),
- Wechselwirkungen mit anderen Medikamenten oder Substanzen, z. B. → *Alkohol*.

Die gängigen Warnhinweise, die Medikamenten beigegeben werden müssen, sind daher als nach bestimmten Kriterien abgestufte Erfahrungswerte aus Test und Anwendung der Präparate zu verstehen. Ob und inwieweit sie auf den Einzelfall zutreffen, ist nicht einmal für einen Mediziner, viel weniger noch für medizinische Laien konkret vorherzusagen.

Medikamente

Hinzu kommt, dass die Hersteller aus nachvollziehbaren Gründen ihren Produkten nicht selten vorsorglich sehr umfassende Warnungen mitgeben («Fähigkeit zur Teilnahme am Straßenverkehr bzw. zum Führen von Maschinen kann eingeschränkt sein»). Sie sichern sich damit im Hinblick auf seltene Komplikationen ab, ohne dass das Risiko näher eingegrenzt werden könnte.

In der betrieblichen Praxis wirft das dann Probleme auf, wenn Medikamente mit potenziell kritischen Wirkungen oder Nebenwirkungen über längere Zeiträume einzunehmen sind, der Betroffene aber grundsätzlich nicht arbeitsunfähig krank ist. Das kann z. B. der Fall sein bei:

- Anfallkrankheiten
- Hirnverletzungen oder -operationen
- psychischen Erkrankungen
- chronischen starken Schmerzen

Um in solchen Fällen die Frage zu entscheiden, ob und unter welchen Bedingungen Betroffene unter Medikamenteneinfluss beschäftigt werden können, sind unterschiedliche Kompetenzen erforderlich. Außer dem Betroffenen und der zuständigen Führungskraft sollten beteiligt sein:

- Betriebsarzt
- Sicherheitsfachkraft
- ggf. Betriebsrat
- behandelnder Arzt, falls möglich und erforderlich

Folgende Fragen sind zu klären:

- Wie groß ist das medizinische Risiko, dass es durch die Medikamente zu gefährlichen Situationen kommen kann?
- Wie groß ist das technische Risiko, dass es durch einen medikamentenbedingten Ausfall zu einer Gefährdung kommt? Lässt sich dieses Risiko ggf. durch zusätzliche Sicherheitsmaßnahmen (Vermeidung von Alleinarbeit, Änderung der Tätigkeit, Auslagerung kritischer Tätigkeiten, technische Überwachung) verringern?

Hilfreich in schwierigen Entscheidungsprozessen können sein:

- Informationen von Berufsgenossenschaften oder Integrationsämtern, bei denen u. U. Erfahrungen mit ähnlich gelagerten Fällen bestehen;
- Kriterien und/oder Fristen festlegen, nach denen getroffene Entscheidungen wieder überprüft werden sollen;
- ggf. auch konkrete Tests (falls der Betroffene zustimmt), die zwar aufwendig sind, aber bei lang andauernden oder chronischen Krankheitsverläufen sinnvoll sein können.

Der gesamte Entscheidungsprozess sollte in Form einer Gefährdungsbeurteilung dokumentiert werden.

> **Praxis-Beispiel: Pauschale Risikoeinschätzungen führen nicht weiter**
>
> In Fällen von krankheits- bzw. medikamentenbezogenen Tauglichkeitsbeurteilungen (z. B. bei Anfallskranken) tun sich häufig sowohl behandelnde Ärzte als auch Betriebsärzte schwer, eine Unbedenklichkeitserklärung abzugeben, wenn nach fachärztlicher Einschätzung bzw. Angaben der Medikamentenhersteller eine kritische Situation am Arbeitsplatz des Betroffenen nicht völlig auszuschließen ist.
>
> In vielen Fällen ist es sicher nicht angebracht, den Betroffenen aufgrund oft eher theoretischer Risiken auf lange oder unbestimmbare Zeit krank zu schreiben. Das entspricht weder den unmittelbaren Interessen des Betroffenen und seines Betriebs noch dem Integrationsgedanken, nach dem Menschen mit Einschränkungen nicht pauschal aus dem Arbeitsleben ausgegrenzt werden dürfen. Alle an einem solchen Entscheidungsprozess Beteiligten müssen verstehen, dass ein 0 %-Risiko hier nicht das alleinige Ziel einer Sicherheitsüberlegung sein kann, sondern dass es vielmehr darum geht, ob z. B. durch eine medikamentöse Behandlung ein **wesentlich erhöhtes** Risikopotenzial besteht.

2 Medikamentenmissbrauch

Unter Medikamentenmissbrauch werden sowohl die Einnahme von Medikamenten aufgrund einer bestehenden Abhängigkeit verstanden als auch die missbräuchliche Einnahme nicht abhängigkeitserzeugender Substanzen, um andere oder stärkere Wirkungen als die vorgesehenen zu erzielen.

2.1 Medikamentenabhängigkeit

Medikamentenabhängigkeit tritt häufig bei folgenden Medikamentengruppen auf:

- Schlaf- und Beruhigungsmittel
- Schmerzmittel
- Stimulantien (Aufputschmittel)

Wie bei anderen Suchtmitteln kann es hier zur körperlichen und psychischen Abhängigkeit kommen, die eine ständige, immer höher dosierte Einnahme erfordert. Das geschieht z. T. schon nach kurzer Einnahmedauer, z. B. wenn es nach einer Phase, in der solche Mittel vom Arzt verordnet oder auf eigene Initiative eingenommen wurden, nicht gelingt, diese zügig abzusetzen.

Ähnlich wie bei der Alkoholabhängigkeit kann eine Medikamentenabhängigkeit letztlich in den psychischen und körperlichen Verfall bis hin zum Zusammenbruch führen, auch wenn die sozialen Folgen eher geringer sind. In jedem Fall sinkt die Leistungsfähigkeit mittel- bis langfristig. Kritisch können auch unvermittelt eintretende Schlaf- und Erschöpfungsphasen sein, die bei der unkontrollierten Einnahme von psychoaktiven Substanzen auftreten können.

> **Wichtig: Medikamentenmissbrauch schwer zu erkennen**
>
> Medikamentenmissbrauch ist schwieriger zu erkennen als Alkoholmissbrauch. Hinweise auf Medikamentenmissbrauch sind sehr unspezifisch und können immer auch andere Ursachen haben. Außerdem lässt sich die Einnahme von Medikamenten sehr gut tarnen bzw. unbemerkt vollziehen. Es kommt kaum zu spektakulären «Abstürzen» oder gesellschaftlichen Konsequenzen. Insgesamt sind die Folgen des Medikamentenmissbrauchs eher schleichend und unspektakulär und münden oft in die Diagnose einer chronischen Erkrankung.
>
> Nach Schätzungen gelten 1,5 bis 2 Mio. Menschen in Deutschland als betroffen, wobei Menschen nach dem Erwerbsleben überproportional vertreten sind.

Der Verantwortliche im Betrieb, der einen entsprechenden Verdacht hat, hat grundsätzlich dieselben Interventionsmöglichkeiten zur Verfügung wie bei anderen Suchterkrankungen:

- Den Betroffenen auf wahrgenommene Ausfälle, Probleme u. ä. ansprechen, alle Vermutungen und Unterstellungen dabei aber unterlassen.
- Auf Hilfsangebote verweisen. Neben außerbetrieblichen Beratungsstellen ist v. a. der eigene Betriebsarzt ein wichtiger Ansprechpartner, ggf. auch betriebliche Suchtbeauftragte.
- Auf medizinische Klärung wahrgenommener oder vom Betroffenen vorgegebener Gesundheitsprobleme dringen.

Konsequente betriebliche Intervention kann dazu beitragen, dass der Betroffene sein Problem ernst nimmt, was der wesentliche erste Schritt einer therapeutischen Behandlung ist.

> **Wichtig: Ärztliche Beratung unverzichtbar**
>
> Da Betroffene, wenn sie auf den Medikamenteneinsatz angesprochen werden, häufig auf bestehenden Behandlungsbedarf verweisen, geht kein Weg an medizinischer Beratung vorbei. Wenn durch den (vermuteten) Medikamentenmissbrauch ernste Sicherheitsbedenken beim Einsatz eines Beschäftigten bestehen, muss diese Frage in Zusammenarbeit mit dem Betriebsarzt und ggf. einem behandelnden Arzt geklärt werden.
>
> Dazu ist die Mitwirkung des Betroffenen erforderlich, der u. a. den behandelnden Arzt dazu von der Schweigepflicht entbinden muss. Ist diese Mitwirkung nicht erkennbar und kann deshalb keine Aussage zu einer Eignung des Betroffenen getroffen werden, kann das in letzter Konsequenz (wenn z. B. eine andere, weniger risikoreiche Tätigkeit nicht zur Verfügung steht) eine Weiterführung des Arbeitsverhältnisses unmöglich machen.

Medikamente

> **Achtung: Nicht jedem Medikamentenmissbrauch liegt eine Sucht zugrunde**
> Wer Abführmittel, Appetitzügler oder Hormone schluckt, um schlank zu bleiben oder Blutdruckmittel, um leistungsfähiger zu sein, gerät nicht in eine körperliche Abhängigkeit. Solche Formen des Medikamentenmissbrauchs führen nicht zu einem unmittelbaren Sicherheitsrisiko, wohl aber für die Betroffenen zu einem erheblichen Gesundheitsrisiko.

3 Einsatz von Medikamenten im Betrieb

3.1 Bei individuellen Erkrankungen

Bei bestimmten chronischen Erkrankungen kann es zu kritischen Zuständen kommen, in denen sofort ein Notfallmedikament einzunehmen ist, der Betroffene aber u. U. nicht in der Lage ist, das selber zu tun. Das kann z. B. der Fall sein bei

- schwerer Diabetes,
- Anfallskrankheiten,
- schwerem Asthma.

Betroffene führen diese Medikamente meist mit sich. Geeignete Kollegen sollten dann unterwiesen sein, wo sie zu finden und wie sie einzusetzen sind und was außerdem in solchen Notfällen zu unternehmen ist.

3.2 Bei arbeitsplatzbezogenen Gefährdungen

3.2.1 Notfallmedikamente

Bei bestimmten Tätigkeiten ist es sinnvoll Medikamente für den Notfalleinsatz vorzuhalten. Das gilt z. B. für Inhalationsmittel, die stark abschwellend auf die Schleimhäute der Atemwege wirken und geeignet sind, akute Atemnot zu lindern, bis der Rettungsdienst eintrifft, z. B. nach Gefahrstoffexposition (Chlorungsanlagen!) oder Insektenstichen (Gastronomie, Gartenbau). Ebenso werden für einzelne Gefahrstoffe Antidote (Medikamente für den Vergiftungsfall) im Sicherheitsdatenblatt empfohlen. In allen solchen Fällen sollte der Betriebsarzt beraten.

3.2.2 Reisemedizin

In Betrieben, in denen häufig Auslandsreisen anstehen, werden durch den Betriebsarzt u. U. die reisemedizinisch notwendigen Medikamente vorgehalten und ausgegeben, z. B. zur Malariaprophylaxe oder gegen Durchfallerkrankungen.

3.2.3 Impfstoffe

Für die arbeitsmedizinische Vorsorge werden gefährdungsabhängig die Impfstoffe für anzubietende Schutzimpfungen benötigt, z. B. gegen Hepatitis A und B oder Kinderkrankheiten. Das Gleiche gilt für Grippeschutzimpfungen im Rahmen der betrieblichen Gesundheitsvorsorge.

3.3 Zur Allgemeinversorgung

Generell sollten im Betrieb keine Medikamente frei verfügbar sein. Auch mit der Anwendung von «Allerweltsmedikamenten» wie Schmerztabletten und entzündungshemmenden Salben können im Einzelfall Risiken verbunden sein, z. B. Unverträglichkeiten, falsche Einschätzung bei der Selbstmedikation oder hygienische Probleme durch unsachgemäße Lagerung. Daher darf ein frei zugänglicher → *Verbandkasten* keine Medikamente enthalten.

Wenn es betrieblich gewünscht ist, können Medikamente für die Akutbehandlung z. B. von Erkältungssymptomen, Kopfschmerzen oder kleinen Verletzungen durch medizinisches Personal (Betriebsarzt, → *Betriebssanitäter*, -krankenschwester ...) ausgegeben werden. Dabei sollte man sich auf rezeptfreie Medikamente und die einmalige Akutbehandlung beschränken, um nicht in Konflikt mit den normierten Strukturen des Gesundheitswesens zu geraten.

Ständig besetzte Werks- oder betriebsärztliche Ambulanzen verfügen darüber hinaus oft über Medikamente für die Notfallbehandlung von Unfallverletzten oder akut Erkrankten, die ausschließlich in die Hand von Ärzten oder dafür ausgebildeten Sanitätern gehören.

Wichtig: Beschaffung verschreibungspflichtiger Medikamente

Betriebsärzte sind berechtigt, sog. Privatrezepte auszustellen, mit denen verschreibungspflichtige Medikamente bezogen werden können, die jedoch grundsätzlich nicht mit den Krankenkassen abgerechnet werden können. Damit kann der Betrieb verschreibungspflichtige Medikamente wie Impfstoffe oder Notfallmedikamente beschaffen.

Cornelia von Quistorp

Mehrzweckleitern

Die Mehrzweckleiter kann als ein- und mehrteilige Anlegeleiter, als Stehleiter mit oder ohne aufgesetztem Schiebteil, mit Verlängerungsschenkeln sowie – je nach Ausführung – auch als Kleingerüst eingesetzt werden. Konstruktionsbedingt haben Mehrzweckleitern stets Steigschenkel, i. d. R. aus Aluminium, mit Sprossen. Diese sind durch Bördelung, Verschraubung oder Verschweißung fest mit 2 Holmen verbunden. Damit Mehrzweckleitern in Stehleiterposition aufgestellt werden können, weisen sie spezielle Beschläge oder Gelenke zwischen den einzelnen Steigschenkeln auf.

Die Mehrzweckleiter ist sowohl von der Bauart her als auch von der Aufstellung und Benutzung her aufwendiger als die Anlegeleiter und die Stehleiter. Entsprechend ihren Verwendungsmöglichkeiten muss sie bei Bedarf umgebaut werden.

Ihre Gesamtlänge beträgt in Anlegeposition (als 3-teilige Schiebeleiter) bis zu 12 m; ihre Plattformhöhe in Gerüstposition max. 1 m.

Gesetze, Vorschriften und Rechtsprechung
- Produktsicherheitsgesetz (ProdSG)
- BGV D36 «Leitern und Tritte»
- EN 131 Teil 1 «Leitern; Benennungen, Bauarten, Funktionsmaße»
- EN 131 Teil 2 «Leitern; Anforderungen, Prüfung, Kennzeichnung»
- EN 131 Teil 3 «Leitern; Benutzerinformationen»
- EN 131 Teil 4 «Leitern; Ein- und Mehrgelenkleitern»

1 2-teilige Mehrzweckleitern

2-teilige Mehrzweckleitern lassen sich durch spezielle Beschläge sowohl als Schiebeleiter, als auch Stehleiter einsetzen. Beide Leiterschenkel (Unterleiter und Oberleiter) sind unterschiedlich breit, sodass sie sich bei der Anwendung als Schiebeleiter voreinander führen lassen. In dieser Position ermöglichen Hakenbeschläge eine in Sprossenabständen einstellbare Gesamtleiterlänge.

Zur ausreichenden Standsicherheit besitzen zweiteilige Mehrzweckleitern **1** Traverse, die gegenüber den bei Stehleitern verwendeten 2 Traversen (bzw. entsprechender Ausschweifung der Leiterholme; Maß b_2 in EN 131-1) länger ist. Damit weisen zweiteilige Mehrzweckleitern in der Position «Stehleiter» eine vergleichbare Standsicherheit wie konventionelle → *Stehleitern* auf. In der Position «Anlegeleiter», d. h. wenn sie als Schiebeleiter eingesetzt werden, ist deren Standsicherheit durch die Traverse jedoch erheblich größer, als bei konventionellen Schiebeleitern, die stets ohne Traverse ausgeführt sind.

Unter- und Oberleiter (bzw. Steig- und Stützschenkel) werden über Leiterbeschläge unlösbar miteinander verbunden. Die Form der Leiterbeschläge gibt den Spreizwinkel beider Leiterschenkel meist mit etwa 20° vor, sodass der Aufstellwinkel der Leiter etwa 70° beträgt. Je nach Leitergröße sind zusätzliche Spreizsicherungen (z. B. Gurte) dauerhaft angebracht. Diese dienen gleichzeitig in der Position «Schiebeleiter» als Ausschubbegrenzung. Sind keine Spreizsicherungen angebracht, müssen andere Bauteile (z. B. Bolzen) den Ausschub begrenzen.

Gegenüber Schiebeleitern weisen 2-teilige Mehrzweckleitern gleicher Baugröße damit die zusätzliche Funktion «Stehleiter» auf.

2 3-teilige Mehrzweckleitern

3-teilige Mehrzweckleitern sind prinzipiell wie zweiteilige Mehrzweckleitern aufgebaut, weisen jedoch ein zusätzliches, ebenfalls in Sprossenabständen verschiebbares Leiterteil (Oberleiter) auf (s. **Abb. 1**).

Dieses darf abnehmbar sein, sodass für den Einsatz in geringen Höhen zusätzlich eine leicht zu handhabende Anlegeleiter zur Verfügung steht.

Bei vergleichsweiser geringer Lager- und Transportlänge lassen sich mit dieser weitverbreiteten Leiterbauart die größten Leiterlängen bzw. -höhen abdecken.

Abb. 1: Mehrzweckleiter, dreiteilig
(Quelle: Günzburger Steigtechnik)

3 Einteilige Mehrzweckleitern mit Gelenken

Diese Leitern lassen sich als Anlegeleiter, Stehleiter und unter Verwendung eines geeigneten Belages als gerüstähnlicher Aufstieg (Kleingerüst) verwenden. Die Gelenke verbinden die Leiterteile untereinander (s. **Abb. 2**).

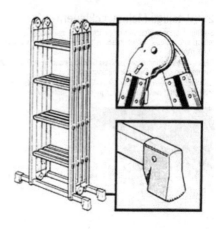

Verwendungsmöglichkeiten

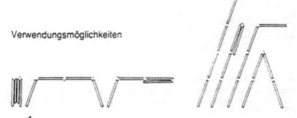

Abb. 2: Mehrzweckleiter mit selbsttätig einrastenden Gelenken

Nach dem Entriegeln der Gelenke können die Leiterteile in die gewünschten Positionen geschwenkt und arretiert werden. Die Gelenke rasten selbsttätig ein und sind gegen selbsttätiges Öffnen gesichert. Zur Sicherstellung, dass Gelenke dauerhaft funktionsfähig sind, werden sie nach EN 131-4 einer Dauerprüfung mit 4.000 Zyklen (Leiter aufklappen – Gelenk arretieren – Gelenk lösen – Leiter zuklappen) unterzogen.

Mehrzweckleitern mit selbsttätig einrastenden Gelenken dürfen bis zu einer Plattformhöhe von 1 m (Größe 4 × 3) auch als Kleingerüst verwendet werden. Bei größeren Leitern muss die dafür erforderliche Gelenkstellung konstruktiv vermieden sein. Auf einen Seitenschutz (Absturzsicherung) wird verzichtet. Die Tragfähigkeit und Standsicherheit sind für die Gebrauchsstellung «Kleingerüst» nach der Norm EN 131-4 bemessen. Bei Mehrzweckleitern mit selbsttätig einrastenden Gelenken, die auch als Kleingerüste verwendet werden sollen, muss der Gerüstbelag mitgeliefert werden. Dieser wird (z. B. mit Anschlägen) gegen Verschieben gesichert auf das horizontale Leiterteil aufgelegt.

Im praktischen Einsatz dieser Leitern ist darauf zu achten, dass die Gelenke nicht verschmutzen oder korrodieren. Verschmutzte oder korrodierte Gelenke neigen durch Funktionsausfall zum

Versagen, z. B. weil die Gelenkstellungen nicht verriegeln. Nicht verriegelte Gelenke führen zum Zusammenklappen der belasteten Leiter.

Mehrzweckleitern mit Gelenken eignen sich für den Einsatz im handwerklichen Bereich, z. B. in den Bau-Nebengewerben wie Malerarbeiten, Installationsarbeiten usw., wenn der Einsatz eines Fahrgerüstes einen unverhältnismäßig hohen Aufwand bei nur geringfügiger Tätigkeit darstellt.

4 Mehrzweckleitern mit Verlängerungsschenkeln

Mehrzweckleitern mit Verlängerungsschenkeln, fälschlicherweise gern auch als «Teleskopleiter» bezeichnet, vereinigen die Vorteile der höhenverstellbaren → *Stehleiter* mit der Möglichkeit, auch in der Anlegeposition einsetzbar zu sein. Die Leiter besteht aus 2 Leiterschenkeln, die mit 2 selbsttätig einrastenden Gelenken verbunden sind (Oberleiter). Über jedem Leiterschenkel ist durch Verwendung offener Profile ein Verlängerungsschenkel (Unterleiter) geführt, der sich über spezielle Sperrvorrichtungen (Zugzapfen) in Sprossenabständen verschieben lässt (s. **Abb. 3**). Im Gegensatz zur Oberleiter, die aus parallelen Holmen gebildet wird, sind die Unterleitern konisch ausgeführt und damit am unteren Ende deutlich breiter, als die Oberleiter. Im Unterschied zu Schiebeleitern umfasst der Verlängerungsschenkelholm den Holm der Oberleiter.

Abb. 3: Höhenverstellbare Mehrzweckleiter mit Gelenken

Beide Verlängerungsschenkel sind abnehmbar, damit die Holme zur Sicherstellung des einwandfreien Verschiebens gereinigt werden können. In der Stehleiterposition darf die Leiter jedoch nicht ohne Verlängerungsschenkel verwendet werden, da die erforderliche Standsicherheit nur über diese gebildet wird.

Liegen beim Einsatz als → *Anlegeleiter* begrenzte Platzverhältnisse an der Anlegestelle vor, darf der obere Verlängerungsschenkel auch abgenommen werden. Gegenüber konventionellen

Anlegeleitern weist die nur mit dem unteren Verlängerungsschenkel benutze Leiter eine deutlich größere seitliche Standsicherheit auf.

Entsprechend seines Einsatzes in rauen handwerklichen Bereichen ist dieser Leitertyp sehr robust ausgeführt («Industriequalität») und aufgrund der vielfältigen Verwendungsmöglichkeiten – trotz des vergleichbar hohen Gewichts – sehr empfehlenswert.

Jürgen Chilian

Mobbing

Mobbing meint nicht ein schlechtes Betriebsklima, einen gelegentlich ungerechten Vorgesetzten oder den üblichen Büroklatsch: Das Bundesarbeitsgericht hat Mobbing 1997 definiert als das systematische Anfeinden, Schikanieren oder Diskriminieren von Arbeitnehmern untereinander oder durch Vorgesetzte. Mobbing kann generell jede und jeden treffen. Dabei werden Männer eher auf der fachlichen Ebene attackiert, Angriffe gegen Frauen kommen dagegen vermehrt im sozialen Miteinander vor.

Mobbing findet häufig auf der gleichen Hierarchieebene statt, oft von oben nach unten, gelegentlich aber auch von unten nach oben. Mobbing lässt sich nicht auf ein simples Täter-Opfer-Schema reduzieren. Mobbinghandlungen können Angriffe, Ausgrenzungen oder Verletzungen sein: Da wird z. B. ein Kollege mundtot gemacht oder alle verlassen den Raum, wenn die Kollegin ihn betritt oder jemand wird ständig als Versager bezeichnet. Auch Attacken gegen die Lebenssituation – hier spielt z. B. Homosexualität immer wieder eine Rolle – oder die Gesundheit gehören dazu.

Gesetze, Vorschriften und Rechtsprechung

In Deutschland gibt es kein Mobbing-Schutzgesetz wie in Frankreich oder Schweden. Schutz- und Handlungsmöglichkeiten ergeben sich aus § 2 Abs. 1 Arbeitsschutzgesetz (ArbSchG). Danach stehen Arbeitgeber in der Pflicht, ihre Arbeitnehmer vor arbeitsbedingten Gesundheitsgefahren zu schützen und auf eine menschengerechte Gestaltung der Arbeit zu achten. Das beinhaltet auch den Schutz vor psychischen Belastungen.

Das Grundgesetz bietet weitere rechtliche Grundlagen: Laut Art. 1 ist die Würde des Menschen unantastbar. Art. 2 beinhaltet die freie Entfaltung der Persönlichkeit sowie das Recht auf Leben und körperliche Unversehrtheit. Beide Artikel sind in § 75 BetrVG umgesetzt. Dort sind die Grundsätze festgelegt, wie Betriebsangehörige zu behandeln sind. So ist der Arbeitgeber verpflichtet, die Persönlichkeitsrechte seiner Mitarbeiter zu schützen. Er hat folglich dafür zu sorgen, dass in seinem Betrieb nicht gemobbt wird.

Seit 2006 gilt außerdem das Allgemeine Gleichbehandlungsgesetz (AGG). Auch hier findet sich der Begriff Mobbing nicht wörtlich. Allerdings definiert § 3 Abs. 3 Gleichbehandlungsgesetz (AGG), dass eine Belästigung dann eine Benachteiligung ist, «wenn die Würde der betreffenden Person verletzt und ein von Einschüchterungen, Anfeindungen, Erniedrigungen, Entwürdigungen oder Beleidigungen gekennzeichnetes Umfeld geschaffen wird». Der Arbeitgeber ist verpflichtet, Maßnahmen zu treffen, um vor Benachteiligungen zu schützen.

In den vergangenen Jahren wurden durch Gerichtsurteile die Rechte gemobbter Arbeitnehmer gestärkt und die Pflichten der Arbeitgeber verschärft (z. B. BAG, Urteil vom 25.10.2007, 8 AZR 593/06). Psychische Erkrankungen durch Mobbing werden allerdings bislang nicht als Berufskrankheit anerkannt (SG Dortmund, Urteil vom 19.2.2003, S 36 U 267/02).

1 Ursachen von Mobbing

Warum kommt es dazu, dass Kollegen andere Kollegen schikanieren, bis diese krank werden? Was treibt einen Chef dazu, seine Mitarbeiter zu drangsalieren, bis sie kündigen? Die Ursachen dafür sind vielfältig. Oft kommen mehrere zusammen. Zu den wichtigsten Auslösern zählen:

- **Mängel in der Arbeitsorganisation**, z. B. unbesetzte Stellen oder mangelhaftes Zeitmanagement;

- **Schwächen im Führungsverhalten**, z. B. mangelnde Vorbildfunktion der Vorgesetzten oder Vernachlässigung der Fürsorgepflicht;
- eine **besondere soziale Stellung der Betroffenen**, z. B. Geschlecht, Nationalität oder Behinderung;
- **Schwächen in der betrieblichen Moral** wie Wegschauen bei falschem Verhalten, Ignorieren oder Duldung.

1.1 Einschätzung von Mobbingopfern

In einer Umfrage[99] sollten Mobbingopfer einschätzen, was der Grund war, dass sie gemobbt wurden (Mehrfachnennung möglich):

Ich wurde gemobbt, weil bzw. wegen

- ich unerwünschte Kritik geäußert habe (60 %),
- ich als Konkurrenz empfunden wurde (59 %),
- der/die Mobber neidisch auf mich war/en (40 %),
- es Spannungen zwischen mir und Vorgesetztem gab (39 %),
- meiner starken Leistungsfähigkeit (37 %),
- ein Sündenbock gesucht wurde (29 %),
- meines Arbeitsstils (29 %),
- der/die Mobber meinen Arbeitsbereich haben wollte/n (25 %),
- meiner angeblich unzureichenden Leistung (23 %),
- ich neu in die Abteilung/Gruppe gekommen bin (22 %).

> **Wichtig: Pöbeln, schikanieren, attackieren**
>
> Ursprung des Begriffs Mobbing ist der lateinische Ausdruck «mobile vulgus», der eine aufgewiegelte Volksmenge bezeichnet. Der moderne Begriff leitet sich auch vom englischen Verb «to mob» ab, das mit «angreifen», «anpöbeln», «schikanieren» übersetzt wird.
>
> Der Verhaltensforscher Konrad Lorenz verwendete den Begriff 1958, um damit den Angriff einer Gruppe von Tieren auf einen Eindringling zu bezeichnen. In den 1960er-Jahren wurde Mobbing auf das menschliche Sozialverhalten übertragen. Die Mobbingforschung begann mit Heinz Leymann in den 1980er-Jahren. Er untersuchte erstmals die gezielte Benachteiligung und Schikanierung einzelner Beschäftigter am Arbeitsplatz.

2 Mobbinghandlungen

«Unter Mobbing wird eine konfliktbelastete Kommunikation am Arbeitsplatz unter Kollegen oder zwischen Vorgesetzten und Untergebenen verstanden, bei der die angegriffene Person unterlegen ist und von einer oder einigen Personen systematisch, oft und während einer längeren Zeit mit dem Ziel und/oder dem Effekt des Ausstoßes aus dem Arbeitsverhältnis direkt oder indirekt angegriffen wird und dies als Diskriminierung empfindet», so die Definition des Psychologen Heinz Leymann aus dem Jahr 1995. Leymann klassifiziert 45 verschiedene Mobbinghandlungen in 5 Gruppen:

- Angriffe auf die Möglichkeiten, sich mitzuteilen,
- Angriffe auf die sozialen Beziehungen,
- Auswirkungen auf das soziale Ansehen,
- Angriffe auf die Berufs- und Lebenssituation,
- Angriffe auf die Gesundheit.

Der Psychologe Axel Esser, der Arbeitsrechtler Martin Wolmerath und der Personalentwickler Klaus Niedl unterteilen die Mobbinghandlungen dagegen in nur 2 Kategorien: Mobbing

- auf der Arbeitsebene und

---

[99] BAuA, Mobbing-Report, 2003.

- auf der sozialen Ebene.

2.1 Leidensstatistik

Untersuchungen zeigen, worunter Mobbingopfer v. a. leiden. Dazu zählen[100]:

- Gerüchte/Unwahrheiten (62 %),
- falsche Bewertung der Arbeitsleistung (57 %),
- ständige Sticheleien und Hänseleien (56 %),
- Verweigerung wichtiger Informationen (52 %),
- massive und ungerechte Kritik an der Arbeit (48 %),
- Ausgrenzung/Isolierung (40 %),
- die Darstellung, unfähig zu sein (38 %),
- Beleidigungen (36 %),
- Arbeitsbehinderung (27 %),
- Arbeitsentzug (18 %).

Im Jahr 2008 befragte das Markt- und Sozialforschungsinstitut IFAK 2.000 Erwerbstätige ab 18 Jahren. Das Ergebnis: Jeder Achte gab an, unter Mobbing zu leiden. Die Mobbinghandlungen entsprachen denen des Mobbing-Reports, allerdings mit einer anderen Gewichtung. Am meisten zu schaffen macht den Befragten:

- bewusstes Vorenthalten von Informationen (63 %),
- bewusstes Schlechtmachen vor anderen Personen (62 %),
- das Verbreiten von Lügen und Gerüchten (56 %),
- bewusstes «ins Messer laufen lassen» (53 %),
- Nichtbeachtetwerden (44 %),
- bewusstes Weiterleiten von Fehlinformationen (42 %).

Achtung: Phasenmodell

Mobbing läuft meist in Phasen ab. Nicht immer werden alle Phasen durchlaufen. Manchmal gelingt es, den Prozess durch ein klärendes Gespräch zu stoppen.

- **1. Phase:** Ein Konflikt wird nicht geklärt. Erste Schuldzuweisungen oder einzelne persönliche Angriffe finden statt.
- **2. Phase:** Der Psychoterror beginnt: Der eigentliche Konflikt gerät in den Hintergrund. Eine bestimmte Person wird immer häufiger zur Zielscheibe systematischer Schikanen. Sie verliert nach und nach ihr Selbstwertgefühl. Von den Kollegen wird sie mehr und mehr ausgegrenzt.
- **3. Phase:** Arbeitsrechtliche Sanktionen treffen den Falschen. Die Angelegenheit eskaliert. Die gemobbte Person verändert sich, kann sich nicht mehr konzentrieren und macht Fehler. Sie fällt auf und wird deshalb abgemahnt, versetzt oder mit Kündigung bedroht.
- **4. Phase:** Der Gemobbte geht oder ihm wird gekündigt. Das Ziel des Mobbers oder der Mobber ist erreicht.

3 Auswirkungen

In Deutschland wurde laut Mobbing-Report der BAuA jede neunte Person im erwerbsfähigen Alter schon einmal gemobbt – durchschnittlich 16 Monate lang. Die Betroffenen stehen so unter Druck, dass sie in ihrer Leistung nachlassen und krank werden. Am Ende bleibt meist nur die Kündigung. Die betriebswirtschaftlichen wie gesellschaftlichen Auswirkungen sind immens. Doch nur langsam decken wissenschaftliche Untersuchungen die Ursachen und Auswirkungen auf, nennen Zahlen und schaffen so eine Grundlage für präventive Handlungsmöglichkeiten.

---

[100] BAuA, Mobbing-Report, 2003.

3.1 ESENER-Erhebung

2010 veröffentlichte die Europäische Agentur für Sicherheit und Gesundheitsschutz am Arbeitsplatz (EU-OSHA) die ESENER-Erhebung. Rund 36.000 Manager und Arbeitsschutzbeauftragte aus 31 Ländern wurden für diese Europäische Unternehmensbefragung zu neuen und neu aufkommenden Risiken (European Survey of Enterprises on New and Emerging Risks, ESENER) interviewt. U. a. kam heraus, dass Gewalt und besonders Mobbing und Belästigungen in vielen Betrieben von Belang sind. Für fast 40 % der Befragten stellen Gewalt, die Androhung von Gewalt sowie Mobbing und Belästigung ein zum Teil wichtiges Thema dar, am häufigsten im Gesundheits-, Sozial- und im Bildungswesen. Allerdings sind laut Angaben der Studienteilnehmer in nur etwa 30 % der Betriebe Verfahren zum Umgang mit Mobbing und Belästigungen vorhanden.

Achtung: Mobbing-Risiko-Faktor

Das Mobbingrisiko ist in den verschiedenen Berufsgruppen unterschiedlich hoch. Zu den besonders gefährdeten Berufsfeldern zählen soziale Berufe sowie die Bank- und Versicherungsbranche. Auch bei Technikern, in Gesundheitsberufen, im IT-Sektor sowie bei klassischen Büroberufen ist die Quote deutlich höher als etwa im Einzelhandel oder im Reinigungsgewerbe. Am wenigsten gemobbt wird laut dem Mobbing-Risiko-Faktor (BAuA) in der Landwirtschaft.

3.2 Betriebswirtschaftliche und gesellschaftliche Kosten

Mobbing verursacht hohe betriebswirtschaftliche und gesellschaftliche Kosten. Für das Unternehmen z. B. durch Fehlzeiten, Fluktuation und Minderleistung. Untersuchungen belegen, dass Mobbingbetroffene zunehmend wegen psychosomatischer Beschwerden fehlen oder um vor der belastenden Situation zu fliehen.

In Deutschland werden über eine Million Personen gemobbt. Ein Fehltag kostet ein Unternehmen zwischen 100 und 400 EUR. Schätzungen gehen davon aus, dass der Produktionsausfall wegen Mobbing rund 12,5 Mrd. EUR beträgt (Mobbing-Report). Der Deutsche Gewerkschaftsbund beziffert den mobbingbedingten volkswirtschaftlichen Schaden auf jährlich bis zu 25 Mrd. EUR.

Mobbing verursacht Kosten u. a. durch

- Störungen in der Produktion,
- Fehler und Mängel in der Qualität,
- zusätzliche Löhne für Aushilfskräfte,
- Versetzungen, Kündigungen und Einarbeitungen,
- Verlust von qualifizierten Mitarbeiterinnen und Mitarbeitern,
- Imageschäden bei Kunden und in der Öffentlichkeit.

Eine Untersuchung in Deutschland fand heraus, dass Mobbingbetroffene zunächst mit erhöhter Leistung reagieren. Bei weiteren Schikanen lässt diese allerdings immer mehr nach und irgendwann ist der Punkt erreicht, dass nur noch nach Anweisung gearbeitet wird: die «innere Kündigung» ist eingetreten und der «freiwillige» Austritt aus dem Unternehmen nur noch eine Frage der Zeit.

Die Ergebnisse einer schwedischen Studie – 60 % begründeten ihre Kündigung mit Unbehagen oder Schikane am Arbeitsplatz – sollten auch in Deutschland zum Nachdenken und Handeln anregen. Neben dem menschlichen Leid und den betrieblichen Kosten entstehen hohe finanzielle Belastungen für die Gesellschaft. Kranken- und Rentenversicherungsträger müssen für medizinische Heilverfahren, Medikamente, Psychotherapien, Kuren und Rehabilitationsmaßnahmen aufkommen. Hohe Ausgaben entstehen außerdem durch Arbeitslosigkeit, Erwerbsunfähigkeit und Frühverrentungen.

3.3 Folgen für Betroffene

Fast 90 % der Mobbingopfer klagen während des Mobbingprozesses und danach über psychische und physische Probleme. Dazu zählen v. a.:

- Schlafstörungen,

- Kopfschmerzen und
- Niedergeschlagenheit.

Je länger gemobbt wird, desto höher ist das Risiko, chronisch krank zu werden etwa

- im Magen-/Darmbereich,
- im Herz-/Kreislaufsystem oder
- durch Depressionen.

30 % der Personen, die gemobbt werden, erkranken kurzfristig, weitere 30 % sind jedoch länger, teilweise über ein Jahr, krankgeschrieben.

Selbst nachdem der Mobbingprozess an sich beendet ist, sind die Betroffenen nachhaltig belastet, sodass

- 20 % von ihnen eine Kur antreten,
- 15 % sich stationär behandeln lassen und
- rund 30 % therapeutische Hilfe suchen[101].

Psychischer → *Stress* und gesundheitliche Belastungen können letztlich dazu führen, dass die betroffene Person arbeitsunfähig erkrankt. Durch den Verlust des Selbstwertgefühls verändert sich die Person immer mehr. Angehörige und Freunde können bei Mobbing nur bedingt helfen. Oft ist es ratsam, wenn sie selbst kompetente Unterstützung heranziehen.

4 Präventive Maßnahmen

Im Unternehmen sollte klar vereinbart sein, wie miteinander umgegangen wird. Die Entwicklung in der jüngsten Vergangenheit hat dazu geführt, dass in Unternehmen und Organisationen zunehmend Mobbingvereinbarungen abgeschlossen werden. Informationsveranstaltungen, ausgebildete Mobbingbeauftragte im Betrieb sowie ein vorbildhafter Führungsstil tragen dazu bei, das Thema aus der dunklen Welt des «Psychoterrors» herauszuholen und ohne Tabu präventiv dagegen anzugehen.

Bettina Brucker

Mutterschutz

Mutterschutz sind die von der Internationalen Arbeitsorganisation (IAO) festgelegten Normen zum Schutz von Wöchnerinnen vor und nach der Geburt eines Kindes. Im Zusammenhang mit dem betrieblichen Arbeits- und Gesundheitsschutz sind einige Besonderheiten zu beachten.

Gesetze, Vorschriften und Rechtsprechung

Durch die Mutterschutzrichtlinienverordnung vom 15. April 1997 («Verordnung zum Schutz der Mütter am Arbeitsplatz»), durch die die Art. 4 bis 6 der Richtlinie 92/85/EWG umgesetzt wurden, sind werdende und stillende Mütter am Arbeitsplatz weitgehend geschützt. Daneben gelten selbstverständlich alle anderen arbeitsschutzrechtlichen Vorschriften, wie etwa

- das Arbeitsschutzgesetz,
- das Mutterschutzgesetz,
- das Chemikaliengesetz und
- das Arbeitszeitgesetz.

§ 6 Abs. 3 Arbeitsstättenverordnung (ArbStättV) sieht zudem eine Sonderregelung hinsichtlich der Einrichtung von Liegeräumen vor.

---

[101] BAuA, Mobbing-Report, 2003.

Mutterschutz

1 Pflichten der Mutter

Die werdende Mutter soll im Interesse ihrer eigenen Gesundheit und der ihres Kinds sofort nach Bekanntwerden ihrer Schwangerschaft den zuständigen Vorgesetzten unterrichten (Mitteilungspflicht, § 5 MuSchG). Ausreichend ist eine mündliche Mitteilung. Der Vorgesetzte kann die Vorlage einer – meistens – kostenpflichtigen ärztlichen Bescheinigung verlangen. Dann hat der Arbeitgeber diese Kosten zu erstatten.

2 Pflichten des Arbeitgebers

Sofort nach Kenntnisnahme muss der Arbeitgeber die zuständige Aufsichtsbehörde (staatliche Ämter für Arbeitsschutz, Gewerbeaufsichtsämter) informieren.

Der Arbeitgeber muss sicherstellen, dass Leben und Gesundheit von Mutter und Kind durch die Tätigkeit der Arbeitnehmerin nicht gefährdet werden. Sofort nach Kenntnisnahme von der Schwangerschaft muss er deswegen die Arbeitsbedingungen der werdenden Mutter nach Art, Ausmaß und Dauer von möglichen Gefährdungen unter besonderer Berücksichtigung der speziellen Beschäftigungsbeschränkungen und -verbote beurteilen.

Je nach Ergebnis dieser Beurteilung sind erforderlichenfalls Schutzmaßnahmen festzulegen und umzusetzen. Das kann sein:

- Umgestaltung des Arbeitsplatzes – ggf. teilweise,
- Anpassung der Arbeitsbedingungen,
- zeitweiliger Arbeitsplatzwechsel,
- Freistellung.

Diese Reihenfolge ist bindend! Der Arbeitgeber kann zuverlässige und fachkundige Personen beauftragen, ihm obliegende Aufgaben nach der Mutterschutz-Verordnung in eigener Verantwortung wahrzunehmen. Der Arbeitgeber ist verpflichtet, die werdenden oder stillenden Mütter, andere beschäftigte Arbeitnehmerinnen sowie den → *Betriebs-* oder *Personalrat* über die Ergebnisse der → *Beurteilung der Arbeitsbedingungen* und der daraus abgeleiteten Maßnahmen zu unterrichten.

3 Allgemeine Beschäftigungsbeschränkungen bzw. -verbote

Im Rahmen des Mutterschutzes gelten erhebliche Beschäftigungsbeschränkungen und -verbote. Die Schutzfristen betragen insoweit 6 Wochen vor der Entbindung bzw. 8 Wochen nach der Entbindung. Hierbei handelt es sich u. a. um:

- Verbot der Nacht- (20.00 Uhr – 6.00 Uhr), Mehr- (über 8,5 Stunden/Tag) sowie Sonn- und Feiertagsarbeit;
- Verbot schwerer körperlicher Arbeiten und Arbeiten in Zwangshaltung, z. B. → *Heben und Tragen* von Lasten (regelmäßig über 5 kg, gelegentlich über 10 kg), kein häufiges erhebliches Strecken oder Beugen, dauerndes Hocken oder Bücken;
- Verbot von Tätigkeiten mit erhöhten Unfallgefahren, insbes. Ausgleiten, Fallen und Abstürzen;
- Verbot von Tätigkeiten in Kontrollbereichen nach Röntgen- und Strahlenschutzverordnung, Umgang mit offenen radioaktiven Stoffen;
- Vermeidung der Einwirkung weiterer physikalischer Schadfaktoren (Stöße, Erschütterungen, → *Lärm*, extreme Hitze und/oder Kälte, Überdruck);
- kein Umgang mit → *krebserzeugenden, fruchtschädigenden oder erbgutverändernden Stoffen*;
- kein Umgang mit sehr giftigen, giftigen, gesundheitsschädlichen oder in sonstiger Weise chronisch schädigenden Stoffen;
- kein Kontakt mit Materialien, die Krankheitserreger übertragen können.

Darüber hinaus sind individuelle Beschäftigungsverbote, die ein Arzt festzulegen hat, möglich. Diesbezüglich ist seitens der Arbeitnehmerin ein ärztliches Zeugnis vorzulegen. Diese Beschäftigungsverbote müssen vom Arbeitgeber eingehalten werden. Die Nichtbeachtung ist eine Ordnungswidrigkeit. Arbeitgeber, die insbes. gegen Bestimmungen aus der Mutterschutzrichtlinienverordnung, dem Mutterschutzgesetz und dem Chemikaliengesetz verstoßen, können empfindlich bestraft werden.

> **Achtung: Keine Freistellung von der Verantwortung**
> Selbst wenn die werdende oder stillende Mutter Tätigkeiten, für die es ein Beschäftigungsverbot gibt, auf eigene Verantwortung weiter ausführen möchte, darf dem der Arbeitgeber nicht nachgeben! Er wird von seiner Verantwortlichkeit dadurch nicht freigestellt.

4 Schutz durch die ArbStättV

Werdenden oder stillenden Müttern muss es nach § 6 Abs. 3 ArbStättV ermöglicht werden, während der Pausen und, wenn das aus gesundheitlichen Gründen erforderlich ist, auch während der Arbeitszeit, sich in einem geeigneten Raum auf einer Liege auszuruhen.

Joachim Schwede

Nachgeschaltete Anwender

Nachgeschalteter Anwender ist jede natürliche oder juristische Person mit Sitz in der EU, die im Rahmen ihrer industriellen oder gewerblichen Tätigkeit einen Stoff als solchen oder in einem Gemisch verwendet. Hersteller, Importeure, Händler oder Verbraucher sind definitionsgemäß keine nachgeschalteten Anwender. Ein sog. «Reimporteur» gilt ebenfalls als nachgeschalteter Anwender. Darunter ist ein Akteur zu verstehen, der einen bereits nachweislich registrierten Stoff, der aus der EU ausgeführt wurde, wieder einführt. Typische nachgeschaltete Anwender sind damit alle Unternehmen, die Chemikalien einsetzen oder unter Verwendung von Chemikalien Produkte herstellen. Dazu können z. B. Formulierer, Produktionsbetriebe oder Handwerker gehören. Wichtig ist, dass Unternehmen verschiedene Rollen einnehmen können. So kann ein nachgeschalteter Anwender gleichzeitig auch ein Importeur bzw. Hersteller eines Stoffes sein. In diesen Fällen gelten neben den Bestimmungen für nachgeschaltete Anwender zusätzlich die Pflichten für Hersteller bzw. Importeure.

Gesetze, Vorschriften und Rechtsprechung

Der Begriff des nachgeschalteten Anwenders wird in Art. 3 Abs. 13 Verordnung (EG) Nr. 1907/2006 (REACH-Verordnung) und Art. 2 Abs. 19 Verordnung (EG) Nr. 1272/2008 (CLP-Verordnung) definiert. In den ECHA-Leitlinien zu den Anforderungen an nachgeschaltete Anwender werden die Pflichten für nachgeschaltete Anwender ausführlich dargestellt.

Benedikt Vogt

Nachhaltigkeitsmanagement

Nachhaltigkeit

Der Begriff tritt 1713 in der Sylvicultura Oeconomica von Carl von Carlowitz zum ersten Mal in deutscher Sprache im Zusammenhang mit der Forstwirtschaft auf: «daß es eine continuierliche beständige und nachhaltende Nutzung gebe».

CR

Corporate Responsibility bzw. Unternehmensverantwortung beschreibt die generelle Verantwortung eines Unternehmens gegenüber ihrer Stakeholder (Anspruchsgruppen), der Umwelt und sozialen Belangen. Der Begriff ist als Oberbegriff für die anderen Begriffe zu verstehen.

CSR

Corporate Social Responsibility bzw. Unternehmenssozialverantwortung beschreibt die Verantwortung eines Unternehmens gegenüber der Gesellschaft, die über rechtliche Anforderungen hinausgeht und für eine nachhaltige Unternehmensentwicklung steht. Sie schließt Mitarbeiter, Umwelt und alle Anspruchsgruppen in die Betrachtung mit ein.

CG

Unter Corporate Governance wird eine «gute Unternehmensführung» verstanden. Dabei orientiert sich das Unternehmen an rechtlichen Vorgaben, Leitlinien und eigenen oder gewählten Standards.

Gesetze, Vorschriften und Rechtsprechung

DIN ISO 26000:2010: Leitfaden gesellschaftlicher Verantwortung

Diese Norm richtet sich an alle Organisationen, die sich mit dem Thema «gesellschaftliche Verantwortung» beschäftigen wollen. Das Unternehmen legt im Rahmen seines Managementsystems die Art und Weise wie es sich gesellschaftlich verantwortlich und damit nachhaltig verhält fest. Bei dem Leitfaden handelt es sich um keine zertifizierbare Managementsystemnorm.

Guidelines der Global Reporting Initiative – GRI,

Vorgaben für das Erstellen eines Nachhaltigkeitsberichtes (Sustainability Report) und Informationen über das Nachhaltigkeitsmanagement. GRI ist das weltweit größte Netzwerk für Nachhaltigkeitsberichte. Unternehmen können hier ihre Berichte auch veröffentlichen.

Global Compact der Vereinten Nationen,

Die Vereinten Nationen verfolgen mit ihrer Initiative das Ziel, Unternehmen zu grundlegenden Prinzipien zu verpflichten, die in deren operativem Handeln und Strategien umgesetzt werden sollen. Dazu gehören Menschenrechte, Arbeitsbedingungen, Umwelt und Anti-Korruption, die in 10 Prinzipien zusammengefasst werden. Die Teilnahme erfordert eine jährliche, öffentlich zugängliche Fortschrittsmitteilung.

SA8000:2008 – Standard Social Accountability,

Die internationale Organisation SAI hat mit dem SA8000 einen Standard festgelegt, der für Unternehmen als Grundlage einer Zertifizierung dienen kann. Er orientiert sich an Menschenrechte, den Normen der internationalen Arbeitsorganisation (ILO) und Kinderrechte. Schwerpunkt sind die Arbeitsbedingungen von Herstellern und Zulieferern. Eine Zertifizierung ist durch akkreditierte Zertifizierungsgesellschaften möglich und die Einhaltung der Vorgaben muss durch Überwachungsaudits immer wieder nachgewiesen werden und alle 3 Jahre erneuert werden.

1 Hintergrund

Als Oberberghauptmann Carl von Carlowitz 1713 den Begriff Nachhaltigkeit für sein Konzept der Forstbewirtschaftung prägte, hätte er sicherlich nicht gedacht, wie universell dieser Begriff mittlerweile verwendet wird. Die Ursprünge für das heutige Verständnis liegen in den Überlegungen des Club of Rome (1972) und der Weltkommission für Umwelt und Entwicklung (Brundtland-Bericht 1987).

1998 stand der Begriff Nachhaltigkeit in der Liste «Wort des Jahres» und er wird heute zum Teil inflationär benutzt. Generell handelt es sich bei diesem Begriff um eine Beschreibung mit qualitativem Inhalt, ähnlich wie Glück, Gerechtigkeit oder Freiheit. In diesem Sinne kann mit Nachhaltigkeit jede Form des durchdachten und langfristig angelegten Handelns und Wirtschaftens verbunden werden. Gerade deshalb ist es für Unternehmen immer wichtiger, sich mit diesem Thema zu beschäftigen und dies offensiv anzugehen.

> **Praxis-Beispiel: Der Begriff nachhaltige Entwicklung**
>
> **Brundtland-Bericht, 1987 – Bericht der Weltkommission für Umwelt und Entwicklung**
>
> «Nachhaltige oder dauerhafte Entwicklung strebt an, die Bedürfnisse der Gegenwart zu befriedigen, ohne zu riskieren, dass künftige Generationen ihre eigenen Bedürfnisse nicht befriedigen können.»
>
> **Definition nach dem Rat für Nachhaltige Entwicklung der Bundesrepublik (September 2006)**
>
> «Nachhaltige Entwicklung heißt, Umweltgesichtspunkte gleichberechtigt mit sozialen und wirtschaftlichen Gesichtspunkten zu berücksichtigen. Zukunftsfähig wirtschaften bedeutet al-

so: Wir müssen unseren Kindern und Enkelkindern ein intaktes ökologisches, soziales und ökonomisches Gefüge hinterlassen. Das eine ist ohne das andere nicht zu haben.»

Konzept Nachhaltigkeit

Im Abschlussbericht der Enquete-Kommission «Schutz des Menschen und der Umwelt – Ziele und Rahmenbedingungen einer nachhaltig zukunftsverträglichen Entwicklung (Deutscher Bundestag 1998)» wird zusammengefasst, was seit der Rio-Konferenz (1992) unter Nachhaltigkeit verstanden wird:

«In Deutschland reift allmählich die Erkenntnis, dass mit dem Leitbild der nachhaltig zukunftsverträglichen Entwicklung wichtige Entwicklungslinien auch jenseits der ökologischen Dimension angesprochen werden. Aufgrund der komplexen Zusammenhänge zwischen den 3 Dimensionen bzw. Sichtweisen von Ökologie, Ökonomie und Sozialem müssen sie integrativ behandelt werden. Dabei geht es – bildhaft gesprochen – nicht um die Zusammenführung dreier nebeneinander stehender Säulen, sondern um die Entwicklung einer dreidimensionalen Perspektive aus der Erfahrungswirklichkeit».

2 Nachhaltigkeitsmanagement im Unternehmen

Für Unternehmen lassen sich die Anforderungen an eine nachhaltige Unternehmensentwicklung nur im Rahmen des → *Managementsystems* umsetzen und verwirklichen. Dabei gibt es verschiedene Möglichkeiten:

1. **Konkrete Anforderungen** aus Normen, Verhaltenskodizes oder Ähnlichem umsetzen (vgl. Kap. → *2.1*),
2. Einen **Nachhaltigkeitsbericht** erstellen und die Ziele, die darin formuliert werden, implementieren (vgl. Kap. → *2.2*),
3. Entwicklung eines eigenen Systems, orientiert an einem oder verschiedenen **Leitfäden** (vgl. Kap. → *2.3*).

Wichtig: Nachhaltigkeitsmanagement

→ *Nachhaltigkeitsmanagement* ist, in Analogie zur Definition in der DIN EN ISO 14001:2009, der Teil des → *Managementsystems* einer Organisation, der dazu dient, die «Nachhaltigkeits-Politik» zu entwickeln und zu verwirklichen und sich nachhaltig weiterzuentwickeln.

2.1 Konkrete Anforderungen mit Ergebnisbericht oder Zertifikat

Konkrete Anforderungen sind z. B. beschrieben in:

- Global Compact der Vereinten Nationen,
- SA8000:2008 – Standard Social Accountability.

Sie können im Unternehmen umgesetzt und das Ergebnis veröffentlicht bzw. zertifiziert werden. Ziele, Ergebnisse und deren Fortschritt müssen kontinuierlich aktualisiert werden. Da die Grundlage beider Vorgaben grundsätzliche Themen wie Menschenrechte, Kinderarbeit oder die ILO Übereinkommen sind, richten sie sich vor allem an größere, international tätige Unternehmen.

Praxis-Tipp: Nachhaltigkeitsmanagement mit Sternchen

In einem Ratingverfahren des TÜV Rheinland (STAR, www.tuv-star.com) können große und kleinere Unternehmen in Deutschland anhand von Fragelisten in 10 Bereichen konkrete Maßnahmen je nach Ergebnis mit «Stars» bewerten lassen. Berücksichtigt werden UN Global Compact, ILO-Konventionen, OECD-Richtlinien, Global Reporting Initiative (GRI) und international anerkannte Normen (SA8000, ISO 9001/27001/14001, OHSAS 18001).

2.2 Erstellung eines Nachhaltigkeitsberichts

Die Entscheidung im Unternehmen einen Nachhaltigkeitsbericht zu erstellen, führt zwangsläufig dazu, die darin beschriebenen Ziele zu implementieren. Nur glaubwürdige Berichte, die sich auf Daten und Fakten beziehen, eignen sich zur Veröffentlichung. Das Unternehmen kann sich dann an verschiedenen Rankings beteiligen und so seine Bemühungen mit denen anderer Unternehmen vergleichen.

Nachhaltigkeitsberichte können über verschiedene Plattformen kommuniziert werden. Die bekannteste Möglichkeit ist die **Global Reporting Initiative (GRI)**. Dann müssen sich die Unternehmen an deren «Guidelines» für den Nachhaltigkeitsbericht orientieren.

> **Praxis-Beispiel: Nachhaltigkeitsberichte nach GRI-Guidelines**
>
> Im **ersten Teil** der Guidelines sind grundsätzliche Regeln aufgeführt. Anforderungen an Inhalt, Nachprüfbarkeit, die Stakeholder, Vollständigkeit und inhaltlicher Bezug zur Nachhaltigkeit sind festgelegt. Außerdem werden Prinzipien für die Qualität des Berichtes (Ausgewogenheit, Vergleichbarkeit, Klarheit, Glaubwürdigkeit etc.) vorgegeben.
>
> Im **zweiten Teil** sind Inhalte genannt, die im Bericht veröffentlicht werden müssen: Unternehmensstrategie und Politik, Managementsystem, Kennzahlen, konkrete Ziele und Maßnahmen. Die Einhaltung von Rechtsvorschriften, Menschenrechten und Gendermanagement sind obligatorisch.

2.3 Ranking

Das bekannteste Ranking ist das **IÖW/future-Ranking** für Nachhaltigkeitsberichte (http://www.ranking-nachhaltigkeitsberichte.de).

Es ist das in Deutschland bekannteste und wichtigste Ranking für KMU und Großunternehmen. Jedes Jahr wird die Liste neu erstellt und veröffentlicht. Klare Kriterien, getrennt nach KMU und Großunternehmen, sind vorgegeben und Anforderungen auch anderer Institutionen werden berücksichtigt, z. B. European Sustainability Reporting Association (ESRA), Global Reporting Initiative (GRI), Organisation für wirtschaftliche Zusammenarbeit und Entwicklung (OECD), Rating-Organisationen (oekom research, Sustainable Asset Management (SAM) u. a.).

2.4 Leitfaden orientiertes Systems – DIN ISO 26000

Seit Januar 2011 ist die in der Arbeitsgruppe ISO/TMB WG «Social Responsibility» erarbeitete **Guidance on social responsibility** (ISO 26000:2010) in deutscher Form veröffentlicht.

Grundlage für den Leitfaden war ein Multi-Stakeholder-Ansatz aus 90 Ländern und 40 internationalen oder regionalen Organisationen. Ziel war es, ein ausgewogenes Verhältnis zwischen sich entwickelnden und entwickelten Ländern sowie zwischen den Geschlechtern zu erzielen.

Explizit wird an vielen Stellen darauf hingewiesen, dass **keine Zertifizierung** nach dieser Norm möglich ist. Sie richtet sich bewusst nicht nur an Unternehmen, sondern an alle, die gesellschaftliche Verantwortung übernehmen oder übernehmen wollen. Sie dient als Orientierungshilfe, um Nachhaltigkeit systematisch zu bearbeiten und – an die eigenen Verhältnisse angepasst – umzusetzen.

Auf 149 Seiten werden dargelegt:

- Gesellschaftliche Verantwortung verstehen (Kapitel 3),
- Grundsätze gesellschaftlicher Verantwortung (Kapitel 4),
- Anerkennung gesellschaftlicher Verantwortung und Einbindung von Anspruchsgruppen (Kapitel 5),
- Handlungsempfehlungen zu den Kernthemen gesellschaftlicher Verantwortung (Kapitel 6),
- Handlungsempfehlungen zur organisationsweiten Integration gesellschaftlicher Verantwortung (Kapitel 7).

In der **Einleitung** der Norm wird darauf hingewiesen, dass die Leistung einer Organisation hinsichtlich ihrer gesellschaftlichen Verantwortung vielseitig wahrgenommen werden und verschiedene Bereiche beeinflussen kann, u. a. durch:

- ihre Wettbewerbsfähigkeit,

- ihr Ansehen,
- ihre Fähigkeit, männliche und weibliche Arbeiter oder Mitglieder, Kunden, Klienten oder Nutzer zu gewinnen und zu binden,
- den Erhalt von Arbeitsmoral,
- Einsatz und Produktivität der Arbeitnehmer,
- Einschätzung von Investoren, Stiftern, Sponsoren und der Finanzwelt,
- ihre Beziehung zu Unternehmen, Regierungen, den Medien, Lieferanten, Partnern, Kunden und zum Umfeld, in der sie tätig ist.

Die gesellschaftliche Verantwortung orientiert sich an **7 Prinzipien** (Abschnitt 4):

- Prinzip Rechenschaftspflicht
  Eine Organisation sollte für ihre Auswirkungen auf die Gesellschaft und die Umwelt Rechenschaft ablegen.
- Prinzip Transparenz
  Eine Organisation sollte in ihren Entscheidungen und Tätigkeiten, die die Gesellschaft und die Umwelt beeinflussen, transparent sein.
- Prinzip Ethisches Verhalten
  Eine Organisation sollte sich jederzeit ethisch verhalten.
- Prinzip Achtung der Interessen der Anspruchsgruppen
  Eine Organisation sollte die Interessen ihrer Anspruchsgruppen achten, berücksichtigen und auf sie eingehen.
- Prinzip Achtung der Rechtsstaatlichkeit
  Eine Organisation sollte anerkennen, dass Recht und Gesetz unbedingt zu achten sind.
- Prinzip Achtung internationaler Verhaltensstandards
  Eine Organisation sollte bei gleichzeitiger Orientierung am Prinzip der Rechtsstaatlichkeit internationale Verhaltensstandards achten.
- Prinzip Achtung der Menschenrechte
  Eine Organisation sollte die Menschenrechte achten und sowohl deren Bedeutung als auch deren Allgemeingültigkeit anerkennen.

2.5 Grundsätzliche Anwendungsweise des Leitfadens

Die in **Kapitel 6** formulierten **Kernbereiche** sind für alle Organisationen relevant und können in den vorgegebenen **Handlungsfeldern** eines Kernbereiches bearbeitet werden. Ob alle oder nur ein Teil der Handlungsfelder zu berücksichtigen sind, kann und soll jedes Unternehmen selbst entscheiden.

> **Praxis-Tipp: Vorgehensweise zur Anwendung des Leitfadens**
>
> Ein User Guide aus dem Internet zeigt Schritt für Schritt die richtige Anwendung des Leitfadens.
>
> Die Vorgehensweise zur Anwendung des Leitfadens wird in 5 Schritten empfohlen:
> - Schritt 1: Das ISO 26000 Dokument kaufen
> - Schritt 2: Besonderheit der Norm beachten: ISO 26000 ist nicht anwendbar zur Zertifizierung oder in Verträgen
> - Schritt 3: Das Dokument ISO 26000 sorgfältig studieren
> - Schritt 4: Entscheiden, ob ISO 26000 Ihrem Bedarf und Ihren Erwartungen entspricht
> - Schritt 5: Die Relevanz der Themen, Ihre möglichen Aktionen und deren Wirkung feststellen

Thomas Wacker

No-Longer Polymer Liste

Die No-Longer Polymer Liste (kurz: NLP-Liste) umfasst rund 700 Einträge von Stoffen, die ehemals als Polymer galten, zwischenzeitlich aber per Definition nicht mehr als Polymer angesehen werden. Hintergrund ist die 7. Änderung der europäischen Stoff-Richtlinie, mit der der Begriff des Polymers enger gefasst wurde. Dadurch können einige Stoffe, die bis dahin die Voraussetzungen für ein Polymer erfüllt hatten, formal nicht mehr als Polymer angesehen werden. Die hiervon betroffenen No-Longer Polymere werden in der NLP-Liste geführt und sind jeweils mit einer 7-stelligen No-Longer Polymer-Nummer versehen. Die Recherche von No-Longer Polymeren kann über das European chemical Substances Information System (ESIS) erfolgen. Außerdem kann dort auf die komplette NLP-Liste zugegriffen werden.

Benedikt Vogt

Non-Phase-in-Stoffe

Stoffe, die nicht den Kriterien eines Phase-in-Stoffes entsprechen. Zu den Non-Phase-in-Stoffen gehören z. B. Stoffe, die bereits nach der Stoff-Richtlinie 67/548/EWG angemeldet wurden (sog. «angemeldete Stoffe»), oder Stoffe, die erstmalig hergestellt werden. Für Non-Phase-in-Stoffe können die Übergangsfristen, die nach der REACH-Verordnung für die Phase-in-Stoffe gelten, nicht in Anspruch genommen werden. Daher müssen Non-Phase-in-Stoffe vor der Herstellung bzw. dem Import in Mengen von mindestens 1 Jahrestonne registriert werden.

Benedikt Vogt

Notausgänge, Notausstiege

Notausgänge sind die baulichen Öffnungen (z. B. Türen), durch die Flucht- und Rettungswege in gesicherte Bereiche (Treppenräume, benachbarte Brandabschnitte) oder ins Freie münden.

Gesetze, Vorschriften und Rechtsprechung

Für Gebäude aller Art, die dem nicht nur gelegentlichen Aufenthalt von Menschen dienen, gelten nach den Bauordnungen der Länder grundsätzliche Anforderungen an Rettungswege. Länderspezifisch gibt es hier auch Bestimmungen zu Details der Bauausführung wie z. B. zur Größe von Notausstiegen (z. T. auch in nachgeordneten Ausführungsbestimmungen). Soweit Fluchtwege innerhalb von Arbeitsstätten betroffen sind, sind darüber hinaus die konkreteren Bestimmungen der Arbeitsstättenverordnung und ihrer Regeln (v. a. ASR A2.3 «Fluchtwege, Notausgänge, Flucht- und Rettungsplan») maßgeblich.

1 Ausgestaltung von Türen

→ *Türen* in → *Fluchtwegen* und Notausstiege müssen ständig freigehalten werden und sich leicht und ohne Hilfsmittel öffnen lassen. Das bedeutet, dass sie zu jeder möglichen Nutzungszeit eines Gebäudes passierbar sein müssen. Die früher verbreiteten Schlüsselkästen an Notausgangstüren, die aus betrieblichen Gründen verschlossen sein sollten, sind heute ausdrücklich nicht mehr zulässig. Wenn Türen in Notausgängen gegen unbefugte Benutzung kontrolliert werden müssen, sind Lösungen möglich durch akustische oder elektronische Signalgeber in Verbindung mit sog. Panikschlössern (Panikstange, Paniktreibriegel, Stoßplatte usw.). Diese machen deutlich erkennbar, dass unter normalen Umständen die Tür nicht benutzt werden darf, können aber leicht geöffnet werden, wobei die Warneinrichtungen, natürlich auch koppelbar mit Brandmelde- oder Alarmanlagen, die Benutzung anzeigen.

Manuell betätigte Türen in Notausgängen müssen immer in Fluchtrichtung aufschlagen. Für die Aufschlagrichtung bei «sonstigen» Türen im Verlauf von Fluchtwegen verweist die ASR A2.3 auf die durchzuführende → *Gefährdungsbeurteilung* unter Berücksichtigung der örtlichen und betrieblichen Verhältnisse.

Manuell betätigte Dreh- und Schiebetüren sind in Fluchtwegen generell unzulässig. Allerdings können nach ASR A2.3 «Fluchtwege, Notausgänge, Flucht- und Rettungsplan» entgegen früherer Praxis automatische Türen und Tore dieser Art verwendet werden, wenn sie einschlägigen bauordnungsrechtlichen Anforderungen entsprechen (z. B. bei Stromausfall sicher entriegeln) und es sich nicht um Räume mit besonderer Gefährdung bzw. um reine Notausgänge handelt.

Alle Türen in Fluchtwegen müssen sich von innen ohne weitere Hilfsmittel jederzeit leicht öffnen lassen, solange sich Beschäftigte im Gebäude befinden. Das gilt auch für den Handbetrieb von automatischen Türen und Toren (im Normalzustand und bei Stromausfall). Wo das nicht gegeben ist, ist eine gewöhnliche Flügeltür daneben vorzusehen.

Sperr- und Vereinzelungseinrichtungen an Kassen, Ausgängen von Verkaufsräumen usw. müssen sich in Fluchtrichtung mit einem Kraftaufwand von max. 150 N wegschieben lassen.

Alle Entriegelungs- und Notbedieneinrichtungen an Türen, Toren, Schranken usw. müssen leicht bedienbar und verständlich gekennzeichnet sein. Auch die Öffnungsrichtung muss angezeigt sein.

2 Weitere bauliche Voraussetzungen

Notausstiege müssen so gestaltet sein, dass sie rasch und sicher begangen werden können (z. B. Aufstiegshilfen wie feste Stufen, Tritte, Haltestangen). Sie müssen eine lichte Öffnung von 0,90 m Breite und 1,20 m Höhe haben (deckt sich weitgehend mit den Vorgaben der Landesbauordnungen).

Am Ende eines → *Fluchtwegs* muss der Bereich im Freien bzw. der gesicherte Bereich so gestaltet und bemessen sein, dass sich kein Rückstau bilden kann und alle über den Fluchtweg flüchtenden Personen ohne Gefahren (z. B. durch Verkehrswege oder öffentlichen Straßenverkehr) gefahrlos Aufenthalt finden können.

Achtung: Selten begangene Notausstiege freihalten

Besonders bei reinen Notausgängen und -ausstiegen ist darauf zu achten, dass sie auch an der Außenseite stets frei bleiben. Gegebenenfalls sind technische Maßnahmen wie Abstandbügel erforderlich, um ein Zustellen oder Zuparken sicher zu verhindern.

3 Kennzeichnung

Alle Notausgänge und Ausstiege müssen entsprechend ASR A1.3 «Sicherheits- und Gesundheitsschutzkennzeichnung» gekennzeichnet werden. Dabei ist ggf. auch an die Außenseite des Gebäudes zu denken (z. B. Kennzeichnung «Nichts abstellen/lagern»).

Cornelia von Quistorp

Notfall

Ein Notfall ist ein Zustand, der für den Betroffenen eine akut lebensbedrohliche oder akut gesundheitsgefährdende Situation darstellt, die im Zusammenhang mit einem Unfall, einer Erkrankung oder Vergiftung steht, gleichzeitig eine Auswirkung auf die lebenswichtigen Funktionen zu erwarten ist und Notfallmaßnahmen unabdingbar sind sowie das sofortige Eingreifen durch den Ersthelfer, Rettungsdienst bzw. Arzt erforderlich erscheint.

1 Lebenswichtige Funktionen

Zu den lebenswichtigen Funktionen gehören

- Bewusstsein,
- Atmung,
- Kreislauf.

Die lebenswichtigen Funktionen spielen in der → *Ersten Hilfe*, aber auch in der Notfallmedizin eine besondere Rolle. Dazu muss man wissen, dass eine Störung der lebenswichtigen Funktionen in den meisten Fällen mit einer Sauerstoffunterversorgung des Gesamtorganismus verbunden ist:

- ist die Atmung gestört, kann nicht mehr ausreichend Sauerstoff über die Lunge in den Körper gelangen;
- kommt der Kreislauf zum Erliegen, kann der Sauerstoff, der über die Atmung aufgenommen wird, nicht mehr über das Blut in die einzelnen Zellen des Körpers gelangen.
- auch bei Bewusstlosigkeit kommt es zur Sauerstoffunterversorgung. Dies führt zu einem Ausfall der Schutzreflexe und – damit verbunden – zum Verlegen der Atemwege.

Achtung: Lebensgefahr

Eine Unterversorgung mit Sauerstoff bedeutet in diesem Fall auch immer eine akute Lebensgefahr für den Betroffen.

2 Notfallmaßnahmen

Notfallmaßnahmen sind all die Maßnahmen, die bei einer Vergiftung, bei einem Unfall oder einer akuten Erkrankung durch den → *Ersthelfer* durchgeführt werden, um einen lebensbedrohlichen oder gesundheitsgefährdenden Zustand vom Betroffenen abzuwenden.

Eine direkte Vorbereitung auf die verschiedenen Notfälle kann kaum gewährleistet werden. Dennoch kann man in einem Lehrgang Erste Hilfe die verschiedenen Maßnahmen üben und trainieren, die im Zusammenhang mit einer Störung der lebenswichtigen Funktionen (z. B. Wiederbelebung bei Herz-Kreislaufstillstand, stabile Seitenlage bei Bewusstlosigkeit) stehen.

Wichtig ist nur, die entsprechenden Symptome zu versorgen, da die Ursache für den Notfall meist eine nachgeordnete Rolle spielt.

3 Rettungsdienst oder ärztlicher Bereitschaftsdienst?

Häufig stellt sich die Frage, wann der Rettungsdienst und wann der ärztliche Bereitschaftsdienst zuständig ist.

Die Zuständigkeit des ärztlichen Bereitschaftsdienstes ist immer dann gegeben, wenn man normalerweise zum Hausarzt gehen würde, also bei einer fiebrigen Erkältung, Durchfall, Erbrechen und ähnlichen Beschwerden.

Bei lebensbedrohlich erscheinenden Krankheitszuständen, wie z. B. einem schweren Unfall, plötzlich starken Brustschmerzen mit Verdacht auf Herzinfarkt, akuter Atemnot, einem Beinbruch, stark blutenden Verletzungen, Krämpfen, bewusstlosen oder nicht ansprechbaren Personen sollte man den Rettungsdienst alarmieren.

Christian Piehl, Steffen Pluntke

Notruf (Erste Hilfe)

Mithilfe des Notrufes werden bei einem Unfall, bei einer akuten Erkrankung sowie bei Vergiftungen schnellstmöglich der Rettungsdienst, ggf. mit Notarzt zur Unterstützung an den Notfallort gerufen, um dort den Betroffenen adäquat versorgen zu können und ihn ggf. in ein Krankenhaus zu bringen.

Davon abzugrenzen ist der Notruf bei einem Brand zur Anforderung der Feuerwehr.

Gesetze, Vorschriften und Rechtsprechung

Regelungen zum Thema Notruf sind enthalten in der Verordnung über Notrufverbindungen (NotrufV) und im Telekommunikationsgesetz.

1 Notrufnummer

In Deutschland gilt die bundesweit einheitliche Notrufnummer 112. In einigen Bundesländern (Baden-Württemberg, Bayern, Hessen, Saarland, Rheinland Pfalz, Nordrhein-Westfalen) erreicht man den Rettungsdienst parallel zur 112 auch unter der Nummer 19222.

Die Notrufnummer ist mittlerweile auch europaweit einheitlich. Jedoch obliegt es den Mitgliedsstaaten der EU festzulegen, welche Stelle (Feuerwehr, Rettungsdienst, Polizei) den Notruf entgegennimmt. Dabei muss sichergestellt werden, dass der Notruf schnellstmöglich an die entsprechende Stelle weitergeleitet wird.

2 Notrufbestandteile

Zu einem vollständigen Notruf gehören verschiedene Fragestellungen, die unter den sog. 5 W zusammengefasst werden.

2.1 Wo?

Unter der Fragestellung: «Wo ist es passiert?» versteht man eine genaue Beschreibung der Örtlichkeit, an der der Notfall eingetreten ist. Dazu gehören u. a. folgende Angaben:

- Ort, Straße, Hausnummer,
- Etage, Raum-/Zimmernummer,
- Autobahnauffahrt/-abfahrt, Kilometerstein.

«Wo ist es passiert?» ist auch immer die wichtigste Angabe des Notrufs.

2.2 Was ist passiert?

Unter der Fragestellung: «Was ist passiert?» fasst man kurz und knapp zusammen, um welche Art Notfall es sich handelt, z. B. «ein Auto ist in den Graben gefahren».

2.3 Wie viele Verletzte?

Hier gibt man möglichst die genaue Anzahl der Verletzten Personen an. Dies ist allerdings nur möglich, wenn man die genaue Anzahl der Verletzten und Betroffen auch überschauen kann. Schwirig gestaltet sich die Angabe der genauen Anzahl z. B. bei Bus- und Zugunglücken.

2.4 Welche Art der Verletzungen?

Hier beschreibt man kurz, welche Verletzungen am Betroffenen sichtbar sind, bzw. welche Beschwerden der Verletzte selbst angibt.

2.5 Warten auf Rückfragen

Hier werden durch die Rettungsleitstelle entsprechend Nachfragen gestellt, falls irgendetwas nicht verständlich gewesen sein sollte.

> **Achtung: Ende des Gesprächs**
> Das Gespräch wird immer durch die Rettungsleitstelle beendet!

3 Kostenfreiheit der 112

Der Notruf muss innerhalb Deutschlands, aber auch mit der europaweiten Notrufnummer kostenfrei erreicht werden können. Dies ist bei Anrufen mit dem Mobiltelefon sowie dem Festnetzanschluss gegeben. Auch aus einem Münz- oder Kartenfernsprecher kann ein Notruf abgesetzt werden, ohne Bargeld oder eine Telefonkarte einstecken zu müssen.

4 Übertragung der Anruferdaten

Alle Telekommunikationsdienstleister sind verpflichtet, nach Eingang des Notrufes auch die Informationen zum Anruferstandort zu übermitteln.

5 Identifizierung/Ortung

Um eine ordnungsgemäße Notrufabwicklung gewährleisten zu können, müssen die Anruferdaten und der Anruferstandort übertragen werden.

Dies stellt sich beim Anruf über das Festnetz nicht als problematisch dar. Anders war dies bei Notrufen, die über das Mobiltelefon getätigt wurden. Seit dem 1.9.2009 ist es daher nicht mehr möglich, einen Notruf über ein Mobiltelefon abzusetzen, in dem sich keine betriebsbereite SIM-Karte befindet.

Betriebsbereit bedeutet in diesem Zusammenhang, dass die Karte noch als gültig bei dem jeweiligen Anbieter registriert sein muss. Ob sich jedoch noch Guthaben auf der Karte befindet, spielt in diesem Zusammenhang keine Rolle.

Christian Piehl, Steffen Pluntke

OHSAS 18001

Das AMS-Konzept OHSAS (Occupational Health and Safety Assessment Series) ist der bedeutendste internationale Standard (Leitfaden) zur Gestaltung und zum Aufbau eines unternehmensspezifischen Arbeitsschutz-Managementsystems. Die aktuelle Fassung OHSAS 18001:2007 kann auch zur internen Bewertung eines praktizierten AMS (Basis für interne AMS-Audits) sowie zur externen Bewertung (Zertifizierung) genutzt werden. Das AMS-Konzept wurde 2007 durch die international zusammengesetzte «OHSAS Project Group» unter der Federführung des Britischen Normungsinstituts BSI entwickelt.

Gesetze, Vorschriften und Rechtsprechung

OHSAS 18001:2007 empfiehlt die freiwillige Einführung eines Arbeitsschutz-Managementsystems. Solche Managementsysteme werden derzeit in Deutschland weder vom Gesetzgeber noch von den Unfallversicherungsträgern explizit gefordert. Eine Empfehlung (z. B. durch die Herausgabe von AMS-Konzepten, wie dem Nationalen Leitfaden für Arbeitsschutz-Managementsysteme) sowie impliziten Forderungen, v. a. im Arbeitsschutzgesetz, weisen auf die Erwünschtheit von Managementsystemen zur systematischen Umsetzung des betrieblichen Arbeitsschutzes hin.

Teilweise erwarten und fordern auch Kunden von ihren Auftragnehmern einen nachweisbar wirksamen Arbeitsschutz bzw. ein intaktes Managementsystem für den betrieblichen Arbeitsschutz.

1 Intentionen von OHSAS 18001

Auslöser für die Entwicklung von OHSAS 18001 waren das Scheitern der Entwicklung einer internationalen Norm (ISO-Norm) für → *Arbeitsschutz-Managementsysteme* sowie Wünsche international tätiger Unternehmen nach *einem* international anerkannten → *AMS-Konzept* – statt einer Vielfalt nationaler und branchenspezifischer Standards.

Die erste Fassung der OHSAS 18001 wurde 1999 von einigen nationalen Normungsinstituten und international aktiven Zertifizierungsgesellschaften (z. B. Det Norske Veritas) entwickelt und vom Britischen Normungsinstitut BSI als internationaler Standard – also nicht als Norm – veröffentlicht.

Zielsetzung der Entwicklung von OHSAS 18001 war die Schaffung eines international anerkannten Standards (→ *AMS-Konzepts*) zum Aufbau, zur Bewertung und zur Zertifizierung betrieblicher Arbeitsschutz-Managementsysteme. Das AMS-Konzept sollte zurückgezogen werden, wenn die ISO (International Organization for Standardization) eine internationale AMS-Norm (ISO 18001) vorlegt.

Die «OHSAS 18001:1999 – Specification» war konzipiert als Grundlage für eine freiwillige

- Entwicklung, Gestaltung und Einführung eines unternehmensspezifischen AMS
- Selbstbewertung (Wo stehen wir?)
- Erklärung der Konformität des praktizierten AMS mit OHSAS 18001:1999

- Zertifizierung des betrieblichen AMS nach OHSAS 18001:1999.

Da die Entwicklung einer internationalen AMS-Norm ein zweites Mal scheiterte und die Revisionen der QMS- und UMS-Normen strukturelle Anpassungen erforderlich machten, wurde das AMS-Konzept OHSAS 18001 zwischen 2005 und 2007 durch eine Arbeitsgruppe unter der Federführung des Britischen Normungsinstituts BSI grundlegend überarbeitet. Berücksichtigung fanden dabei auch die Empfehlungen/Forderungen des ILO-AMS-Leitfadens ILO/OSH 2001. 2007 erschien die Revision OHSAS 18001:2007. Herausgeber ist nun die international zusammengesetzte «OHSAS Project Group».

Die Intentionen des aktualisierten internationalen Standards gehen nun über die anfänglich formulierten (s. o.) hinaus. Das → *AMS-Konzept* soll nun auch als Vorlage für nationale AMS-Normen dienen. Das Britische Normungsinstitut BSI veröffentlichte zeitgleich eine fast «wortgleiche» Britische Norm für → *Arbeitsschutz-Managementsysteme*, die BS OHSAS 18001:2007: Occupational health and safety management systems – Requirements.

2 Struktur

OHSAS 18001:2007 lehnt sich bewusst an die Struktur der ISO 9001 (QMS) und ISO 14001 (UMS) an. Damit ist es für Unternehmen, die auch andere Managementsysteme praktizieren oder praktizieren wollen einfach, diese zu einem integrierten Managementsystem zusammenzuführen. **Abb. 1** zeigt die Struktur und die Elemente der OHSAS 18001:2007.

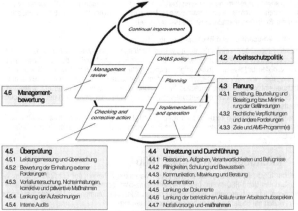

Abb. 1: Struktur und Elemente des OHSAS 18001:2007

Die Unterschiede zwischen OHSAS 18001:2007 und dem NLA:2003 sind nicht wesentlich.

3 Einsatzbereiche

Die Verwendung des AMS-Konzept OHSAS 18001 ist freiwillig. Wesentliche Einsatzfelder sind:

- Nutzung als Orientierungsgrundlage und Leitfaden für die Gestaltung und den Aufbau eines unternehmensspezifischen → *Arbeitsschutz-Managementsystems*,
- Selbstbewertung des praktizierten Arbeitsschutz-Managementsystems (Durchführung von internen AMS-→ *Audits* auf Basis des OHSAS 18001:2007),
- → *Erklärung der Konformität* des eigenen AMS mit den Forderungen der OHSAS sowie
- Zertifizierung des praktizierten AMS nach OHSAS:18001:2007.

4 Bewertung und Verbreitung von OHSAS 18001

Mit der OHSAS 18001 : 2007 wurde ein inzwischen weltweit anerkannter internationaler Standard zum Aufbau, zur Bewertung und Zertifizierung von betrieblichen Arbeitsschutz-Managementsystemen bereitgestellt. Durch die strukturellen Übereinstimmungen mit anderen Managementsystemnormen ist dieses AMS-Konzept sehr gut zur Verknüpfung des AMS mit anderen Managementsystemen (QMS und UMS) geeignet.

Die inhaltlichen «Forderungen» (Empfehlungen) sind vergleichbar mit denen des Nationalen Leitfadens für AMS (NLA : 2003). Während bei der Mehrzahl der Elemente die Anforderungen weniger dezidiert sind, gehen sie vor allem an 3 Stellen über die Forderungen des NLA : 2003 hinaus: OHSAS 18001:2007 fordert explizit

- «Programme zum Erreichen der vereinbarten Arbeitsschutzziele» (also detaillierte Maßnahmenpläne inkl. Ressourcenplanung),
- eine «Überprüfung» des Arbeitsschutzniveaus der Lieferanten sowie
- die Einbeziehung von Aspekten der → *Gesundheitsförderung*.

OHSAS 18001 ist keine Norm, kann und soll jedoch zur Entwicklung nationaler Normen herangezogen werden. BSI hat daraus als Erster eine weitgehend wortgleiche englische Norm (BS OHSAS 18001:2007) erstellt. Weitere nationale Normungsinstitute sind diesem Beispiel gefolgt bzw. wollen dem noch folgen. In Deutschland ist ein solcher Schritt derzeit nicht vorgesehen.

Seit ihrem Erscheinen im Jahr 1999 (erste Ausgabe) wird das AMS-Konzept OHSAS 18001 in mehr als 80 Ländern angewendet. Die Zahl der Unternehmen, die ihr AMS nach diesem Standard zertifizieren lassen, steigt permanent.

Heute ist der Standard OHSAS 18001 das international bedeutendste AMS-Konzept. Auch in Deutschland hat der Standard inzwischen zusammen mit → *SCC* die größte praktische Bedeutung.

Albert Ritter

Optische Strahlung

Optische Strahlung ist jede elektromagnetische Strahlung im Bereich von 100 nm bis 1 mm Wellenlänge und umfasst ultraviolette Strahlung (UV), sichtbares Licht und Infrarotstrahlung (IR).

Im Gegensatz zur natürlichen Strahlung geht künstliche optische Strahlung von künstlichen Strahlenquellen aus, z. B. von Lasern oder bei Schweißvorgängen.

Es bestehen v. a. Gefährdungen der Augen und der Haut. Maßnahmen zum Schutz von Sicherheit und Gesundheit der Beschäftigten müssen im Rahmen der Gefährdungsbeurteilung festgelegt werden. Der Einsatz von Lasern birgt wegen erhöhter Intensität und großer Reichweite des Strahls besondere Gefahren.

Gesetze, Vorschriften und Rechtsprechung

Es gelten i. W. folgende Regelungen:

- Betriebssicherheitsverordnung (BetrSichV)
- Verordnung zum Schutz der Beschäftigten vor Gefährdungen durch künstliche optische Strahlung (OStrV)
- Verordnung zur arbeitsmedizinischen Vorsorge (ArbMedVV)
- EN 60825 «Sicherheit von Lasereinrichtungen»
- BGV B2 «Laserstrahlung»

- Empfehlung des IFA «Expositionsgrenzwerte zum Schutz der Haut vor Verbrennungen durch Wärmestrahlung»

1 Arten

1.1 Natürliche optische Strahlung

Auch durch Sonneneinstrahlung (natürliche optische Strahlung) können Gefährdungen für Augen und Haut bestehen, z. B. Blendung, Sonnenbrand, Verbrennungen.

Optische Strahlung umfasst

- ultraviolette Strahlung (UV): 100 bis 400 nm,
- sichtbares Licht: 380 bis 780 nm,
- Infrarotstrahlung (IR): 780 nm bis 1 mm.

1.2 Künstliche optische Strahlung

Die OStrV bezieht sich ausschließlich auf künstliche optische Strahlung, die von künstlichen Strahlenquellen ausgeht. Das können z. B. sein:

- UV-Strahlung beim Schweißen, beim Härten von Kunststoffen, beim Trocknen von Lacken und im medizinischen Bereich;
- IR-Strahlung beim Schweißen, durch feuerflüssige Massen (Abschn. 3.2.1.2.3 BGR 192) in der Metall- und Glasindustrie.

Einsatz von Lasern

Bei → *Lasern* wird die Strahlung verstärkt, Intensität und Reichweite des Strahls werden dadurch erhöht. Laser werden eingesetzt, z. B.:

- zum Biegen, Schneiden, Bohren, Schweißen oder zur Oberflächenbehandlung,
- zum Messen von Entfernungen,
- zum Messen in Forschungseinrichtungen,
- im medizinischen Bereich zur Diagnose, zum Abtragen von Hornhautoberfläche oder zum Verschweißen von Netzhaut am Augenhintergrund, zum Schneiden.

Verschiedene Materialien, wie z. B. Holz, Papier, Kunststoff, Metalle, können mit Lasern bearbeitet werden.

Laser werden in 7 Klassen eingeteilt, die Gefährlichkeit nimmt von 1 nach 4 zu (Definition der Laserklassen nach EN 60825-1):

Klasse	Gefährdung
1	unter vernünftigerweise vorhersehbaren Bedingungen ungefährlich (bestimmungsgemäßer Betrieb)
1M	für das Auge ungefährlich, solange der Querschnitt nicht verkleinert wird
2	bis 0,25 s Einwirkdauer auch für das Auge ungefährlich
2M	bis 0,25 s Einwirkdauer für das Auge ungefährlich, solange der Querschnitt nicht verkleinert wird
3R	gefährlich für das Auge
3B	gefährlich für das Auge, häufig auch für die Haut
4	sehr gefährlich für das Auge und gefährlich für die Haut, auch diffus gestreute Strahlung kann gefährlich sein, kann Brand- und Explosionsgefahr verursachen

2 Gefahren

Es bestehen v. a. Gefährdungen des Auges und der Haut. Möglich sind:

- Verbrennungen im Auge, die von der Person selbst evtl. nicht bemerkt werden, sondern nur vom Augenarzt (z. B. «Feuerstar» durch IR-Strahlung);

Optische Strahlung

- Star, Hornhaut- oder Bindehautentzündung («Verblitzen») durch UV-Strahlung;
- Trübungen von Hornhaut, Linse und Glaskörper bei Lasern im UV-Bereich;
- Verbrennungen der Haut;
- Verbrennungen im Unterhautgewebe;
- Entzündung vorhandener oder gebildeter Gase im medizinischen Bereich;
- durch Pyrolyse und Verdampfung entstehende giftige Gase, Stäube oder Aerosole;
- Brände, Explosionen.

3 Schutzmaßnahmen

Gefährdungen müssen vermieden bzw. verringert werden (§ 4 ArbSchG, § 7 OStrV). Expositionsgrenzwerte nach Anhang I bzw. Anhang II der Richtlinie 2006/25/EG müssen eingehalten werden (§ 6 OStrV).

3.1 Technisch

- alternative Arbeitsverfahren, die die Exposition verringern;
- Auswahl und Einsatz von Arbeitsmitteln mit geringerer Emission;
- Sicherheitseinrichtungen, z. B. Verriegelungseinrichtungen oder Abschirmungen;
- Gestaltung und Einrichtung von Arbeitsplätzen;
- ggf. Absaugung von entstehenden Gasen, Stäuben oder Aerosolen.

3.2 Organisatorisch

- → *Gefährdungsbeurteilung* nach § 3 OStrV vor Aufnahme der Tätigkeit durchführen und dokumentieren. Für Expositionen durch künstliche UV-Strahlung müssen Unterlagen mind. 30 Jahre aufbewahrt werden.
- Messungen und Berechnungen nach dem Stand der Technik müssen fachkundig geplant und durchgeführt werden (§ 4 OStrV).
- Gefährdungsbeurteilung, Messungen und Berechnungen müssen von fachkundigen Personen durchgeführt werden (§ 5 OStrV).
- → *Unterweisungen* vor Aufnahme der Tätigkeit und danach regelmäßig, mind. jährlich in verständlicher Form und Sprache durchführen (§ 8 OStrV).
- Wartungsprogramme.
- Ausmaß und Dauer der Exposition begrenzen.
- Arbeitsbereiche, in denen die Expositionsgrenzwerte überschritten werden können, deutlich erkennbar und dauerhaft kennzeichnen sowie abgrenzen und Zugang für Unbefugte einschränken, wenn technisch möglich (§ 7 Abs. 3 OStrV).
- Können → *Grenzwerte* nach § 6 OStrV überschritten werden, muss der Arbeitgeber dafür sorgen, dass Beschäftigte arbeitsmedizinisch beraten werden (§ 8 Abs. 2 OStrV).

> **Achtung: Wann muss ein Laserschutzbeauftragter bestellt werden?**
> Bevor der Betrieb von Lasern der Klasse 3R, 3B und 4 aufgenommen werden darf, muss ein sachkundiger Laserschutzbeauftragter schriftlich bestellt werden, wenn der Unternehmer nicht selbst über die Sachkunde verfügt. Der Laserschutzbeauftragte arbeitet mit der Fachkraft für Arbeitssicherheit und dem Betriebsarzt zusammen (§ 5 Abs. 2 OStrV).

3.3 Persönlich

Im Rahmen der → *Gefährdungsbeurteilung* wird u. a. festgelegt, ob und welche → *PSA* benutzt werden muss. PSA können in Abhängigkeit von Art und Intensität der optischen Strahlung sein:

- → *Augen- und Gesichtsschutz* mit Schutzfilter (s. Abschn. 3.2.3.2 und Anhang 2 BGR 192); Schweißerschutz-, Sonnenschutzfilter, Schutzfilter gegen UV-, IR- oder Laserstrahlung sowie Kombinationen daraus;

- → *Schutzhandschuhe* (BGR 195);
- Schutzkleidung (BGR 189).

Wichtig: Ausnahmen

Unternehmen können bei der zuständigen Behörde schriftlich Ausnahmen von den Vorschriften nach § 7 OStrV beantragen, wenn eine unverhältnismäßige Härte entstünde und der Schutz der Beschäftigten gewährleistet ist. Der Unternehmer muss dazu mind. folgende Angaben machen (§ 10 OStrV):

- Gefährdungsbeurteilung mit Dokumentation,
- Art, Ausmaß und Dauer der Exposition,
- Wellenlängenbereich,
- Stand der Technik und Schutzmaßnahmen,
- Lösungsvorschläge zum Verringern der Exposition mit Zeitplan.

Die Ausnahmen werden spätestens nach 4 Jahren überprüft.

Bettina Huck

Ortsgebundene Leitern

Ortsgebundene Leitern werden im Gegensatz zu tragbaren Leitern entweder vor ihrer Benutzung am Ort der Verwendung angebracht, benutzt und anschließend wieder abmontiert oder einmalig zum dauerhaften Verbleib montiert. Sie werden nur im gewerblichen Bereich eingesetzt.

Zu den ortsgebundenen Leitern gehören Mastleitern, Hängeleitern, Regalleitern und Seilleitern. Ortsgebundene Leitern haben nur einen Leiterschenkel mit Stufen bzw. Sprossen, die –außer bei Seilleitern – durch Bördelung, Nietung, Verschraubung oder Verschweißung fest mit 2 Holmen verbunden sind (Steigschenkel). Bei Seilleitern sind anstelle fester Holme flexible Tragmittel wie Seile oder Ketten verbaut.

Gesetze, Vorschriften und Rechtsprechung

- Betriebssicherheitsverordnung (BetrSichV)
- TRBS 1203 «Befähigte Personen; allgemeine Anforderungen»
- BGV D36 «Leitern und Tritte»
- BGI 638 «Seilleitern»
- BGI 694 «Handlungsanleitung für den Umgang mit Leitern und Tritten»

Normen:

- EN 131 Teil 1 «Leitern; Benennungen, Bauarten, Funktionsmaße»
- EN 131 Teil 2 «Leitern; Anforderungen, Prüfung, Kennzeichnung»
- EN 353 Teil 1 «Persönliche Schutzausrüstung gegen Absturz; Mitlaufende Auffanggeräte einschließlich fester Führung»

1 Mastleitern

Mastleitern (s. **Abb. 1**) sind Leitern, die zum Besteigen von Masten für Freileitungen, Antennen, Leuchten und ähnlichen Einrichtungen für die Dauer von Bau- oder Installationsarbeiten am Mast befestigt sind. Sie werden i. d. R. aus mehreren Leiterteilen zusammengesetzt. Dabei wird zunächst das untere Leiterteil, das ggf. mit einem die Bodenneigungen ausgleichenden Fußteil ausgestattet ist, mittels Spanngurten senkrecht am Mast montiert. Die folgenden Leiterteile montiert der – gegen Absturz gesicherte – Benutzer beim Besteigen.

Ortsgebundene Leitern

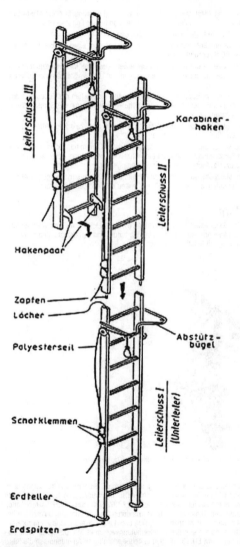

Abb. 1: Mastleiter

Konkrete Anforderungen an Mastleitern enthalten z. B. die «Prüfgrundsätze für Mastleitern» (GS-HL-06) der DGUV Test Prüf- und Zertifizierungsstelle «Handel und Logistik» (HL).

Danach werden an Mastleitern folgende Anforderungen gestellt:

- Den Standsicherheits- und Festigkeitsnachweisen ist neben dem Eigengewicht der Mastleiter eine Last von 3.000 N zugrunde zu legen.
- Der Abstand der Sprossen – in Holmrichtung gemessen – darf das Maß von 280 mm nicht überschreiten. Die Sprossenabstände müssen auch an den Übergangsstellen der Leiterteile gleich sein.
- Freie Enden von Sprossen müssen als Sicherungen gegen Abrutschen des Fußes Seitenbegrenzungen (z. B. Aufkröpfungen) haben, deren Höhe – gemessen von der Sprossentrittfläche – mind. 20 mm beträgt.
- Der lichte Abstand zwischen den Holmen muss mind. 300 mm, zwischen Mittelholm und Abrutschsicherungen mind. 150 mm betragen.
- Abstandshalter müssen so beschaffen sein, dass ein Abstand von mind. 150 mm (gemessen bei L/4) zwischen Sprossenmitte und Mast eingehalten ist, wobei L der lichte Abstand zwischen den Holmen bzw. zwischen den Absturzsicherungen ist.
- Ab einer Gesamtabsturzhöhe von 5 m muss Persönliche Schutzausrüstung gegen Absturz (z. B. Steigschutzeinrichtungen nach EN 353) vorhanden sein und genutzt werden.

2 Hängeleitern

Die Hängeleiter (s. **Abb. 2**) ist eine Weiterentwicklung der Anlegeleiter zum Einhängen an ihrer Verwendungsstelle. Hängeleitern werden häufig bei Wartungs- und Montagearbeiten an Freileitungsmasten in Verbindung mit Mastleitern eingesetzt.

Abb. 2: Hängeleiter beim Einsatz in einem Freileitungsmast (Quelle: Günzburger Steigtechnik)

An den oberen Holmenden des Leiterteiles sind große Haken mit Sicherungsketten angebracht. Damit kann die Hängeleiter an Quertraversen von Freileitungsmasten eingehängt und gegen unbeabsichtigtes Ausheben gesichert werden. Nach § 27 BGV D36 muss die Hängeleiter auch gegen Pendeln gesichert sein. Dies wird in der Praxis durch 2 an den unteren Holmenden befestigten und mit festen Bauteilen verspannten Seilen oder Ketten erreicht. Eine Norm für Hängeleitern existiert nicht, sodass die in der Unfallverhütungsvorschrift BGV D36 genannten Vorschriften sowie die in der Norm EN 131 für den Leiterteil enthaltenen Anforderungen die Basis für Beurteilungsgrundsätze darstellen, z. B. der «Prüfgrundsätze von Hängeleitern» (GS-HL-24) der DGUV Test Prüf- und Zertifizierungsstelle «HL».

3 Regalleitern

Regalleitern (s. **Abb. 3** und **4**) sind Anlegeleitern zur Beschickung/Entnahme von Ware (Kleinteilen etc.) aus Regalen, die am oberen Ende an Regalen eingehängt werden oder die am oberen Ende mit Fahrwerken (Rollen) auf Führungsschienen laufen. Für Regalleitern mit Fahrwerk ist auch die Bezeichnung «Rollleiter» gebräuchlich. Gegenüber konventionellen Anlegeleitern sind Regalleitern durch Haken oder Fahrwerk gegen Umkippen gesichert.

Abb. 3: Regalleiter zum Einhängen (Quelle: KRAUSE) **Abb. 4:** Regalleiter zum Verfahren (Quelle: KRAUSE)

Rollleitern werden einmalig an Regalwänden oder in Regalgängen (zwischen Regalen) montiert und dabei so angeordnet, dass der Leiterbenutzer eine Vielzahl von Regalpositionen erreichen kann.

Konkrete Anforderungen an das Fahrwerk von Rollleitern enthält nur § 8 BGV D36. Danach müssen Rollleitern so beschaffen sein, dass das unbeabsichtigte Verfahren (Wegrollen) belasteter Leitern selbsttätig verhindert wird. Dieses Schutzziel wird i. d. R. durch Bremsvorrichtungen erreicht, die beim Betreten der Leiter auf die Rollen einwirken und diese blockieren. Gebräuchlich für das untere Fahrwerk ist auch das von den Podestleitern her bekannte Feder-Rolle-System, nach dem die Leiterfüße beim Betreten der über Federn angehobenen und deshalb noch durch Rollen verfahrbaren Leiter nun auf dem Boden aufsetzen. Darüber hinaus dürfen die Rollen des oberen Fahrwerks nicht aus den Führungsschienen springen und die Führungen müssen an ihren Enden gegen Verlassen der Rollen gesichert sein.

Eine Norm zu Regalleitern existiert nicht, sodass die in der Unfallverhütungsvorschrift BGV D36 genannten Vorschriften sowie die in der Norm EN 131 für den Leiterteil enthaltenen Anforderungen die Basis für Beurteilungsgrundsätze darstellen, z. B. der «Prüfgrundsätze von Regalleitern» (GS-HL-23) der DGUV Test Prüf- und Zertifizierungsstelle «HL». Danach wird neben der Prüfung des Leiterteiles und der Funktionen des/der Fahrwerke auch deren Festigkeit sowie Verbindungen mit der Anlegeleiter durch Aufbringung einer Einzellast von 2,6 kN an jeweils ungünstigster Stelle überprüft.

4 Seilleitern

Seilleitern sind Leitern, deren Sprossen mit Tragmitteln, z. B. Seilen oder Ketten verbunden sind. Gegenüber allen anderen Leitern lassen sie sich platzsparend zusammenlegen. Für Seilleitern ist auch die Bezeichnung **Strickleiter** gebräuchlich.

Aufgehängt werden Seilleitern zu ihrer Benutzung

- frei und gegen Pendeln gesichert oder
- an Wänden von Gebäuden anliegend.

Seilleitern werden verwendet, wenn der Einbau von Steigleitern oder Steigeisengängen sowie der Einsatz von Leitern, Gerüsten oder Hubarbeitsbühnen aus betriebstechnischen Gründen nicht möglich ist. Die Absturzhöhe/Steighöhe bei Seilleitern darf **höchstens 5 m** betragen.

Seilleitern sind vom Geltungsbereich der BGV D36 ausgeschlossen.

Konkrete Anforderungen an Seilleitern enthält BGI 638 «Seilleitern». Danach sind vom Hersteller folgende Anforderungen zu erfüllen:

- den Tragfähigkeitsnachweisen ist neben dem Eigengewicht der Seilleitern eine Last von 1.500 N zugrunde zu legen;
- der Abstand der Sprossen darf das Maß von 333 mm nicht überschreiten. Sprossen müssen gleiche Abstände voneinander haben;
- Sprossen dürfen sich nicht in ihrer Befestigung drehen können;
- Sprossen müssen trittsicher sein. Sprossen aus Metall sind trittsicher, wenn ihre Auftrittsfläche mind. 20 mm beträgt und wenn ihre Trittfläche profiliert oder mit einem geeigneten Überzug versehen ist. Rundsprossen aus Holz sind trittsicher, wenn sie in Sprossenmitte einen Durchmesser von mind. 35 mm und an den Befestigungsteilen von mindestens 24 mm haben;
- der lichte Abstand zwischen den beiden Tragseilen muss mind. 300 mm betragen;
- bei Seilleitern, die für den Einsatz an Wänden von Gebäuden und sonstigen Einrichtungen bestimmt sind, müssen Abstandshalter angebracht werden. Die Tiefe der Abstandshalter muss mind. 150 mm betragen.

Die Benutzung von Seilleitern, v. a. der frei aufgehängten und abgespannten Ausführung, erfordert einige Übung, da sich die Leiter um ihre eigene Achse bewegen – je nach Verspannung – mehr oder weniger.

Seilleitern, speziell Seilleitern mit Seilen als Tragmittel, sollten zum Schutz gegen Witterungseinflüsse (Feuchtigkeit, UV-Strahlung) in einer geschlossenen Box aufbewahrt werden.

5 Kennzeichnung

Der Hersteller oder Lieferer ortsgebundener Leitern muss jeder gelieferten Leiter eine Gebrauchsanleitung beifügen, die mind. folgende Angaben enthalten muss:

- standsichere Aufstellung (Mastleiter) bzw. Befestigung,
- Leiterlänge (Mastleiter), max. Belastung,
- Verwendung der Leiter bei Wind (Mastleiter, Hängeleiter, Seilleiter),
- Aufbewahrung und Pflege (insbesondere Seilleiter),
- nächste Prüfung.

Jürgen Chilian

Pausenräume, Bereitschaftsräume, Liegeräume

Pausenräume gehören zum betrieblichen Alltag der meisten Betriebe. Sie sind in vielen Fällen unverzichtbar, aber rechtlich nicht immer ein Muss. Unter Bereitschaftsräumen werden Räume

Pausenräume, Bereitschaftsräume, Liegeräume

verstanden, in denen Beschäftigte Zeiten vor und nach Arbeitseinsätzen verbringen, z. B. bei Wachdiensten. Liegemöglichkeiten sind eigentlich für schwangere und stillende Mütter vorgesehen, spielen in der Praxis allerdings eher eine Rolle für die Wiedereingliederung kranker und behinderter Beschäftigter.

Gesetze, Vorschriften und Rechtsprechung

Rechtliche Grundlagen für Pausen- und Bereitschaftsräume sowie Liegemöglichkeiten sind die Arbeitsstättenverordnung sowie die Arbeitsstättenregel ASR A4.2 «Pausen- und Bereitschaftsräume».

1 Bereitstellung

1.1 Pausenräume

Pausenräume bzw. Pausenbereiche sind nach ASR A4.2 «allseits umschlossene Räume [bzw. abgetrennte Bereiche innerhalb von Räumen], die der Erholung oder dem Aufenthalt der Beschäftigten während der Pause oder bei Arbeitsunterbrechung dienen».

In ASR A4.2 werden die Bedingungen aufgelistet, unter denen ein Pausenraum bzw. -bereich erforderlich ist:

- Pausenräume/-bereiche müssen unabhängig von der Zahl der Mitarbeiter eingerichtet werden, wenn es aus Gründen der Sicherheit und Gesundheit zwingend erforderlich ist, z. B. in allen Betrieben, in denen es sehr kalt, heiß, staubig, feucht oder schmutzig ist oder keine Sitzmöglichkeiten vorhanden sind oder wo ständig Kunden oder Besucher Zutritt haben (vgl. Abschn. 4.2 Abs. 3 ASR A 4.2).
- Pausenräume/-bereiche müssen nicht eingerichtet werden, wenn die Mitarbeiter in Büroräumen oder vergleichbaren Arbeitsräumen beschäftigt sind, wo es während der Pausen keine arbeitsbedingten Störungen gibt.
- Bei allen dazwischen einzustufenden Betrieben (das dürfte die Mehrzahl der produzierenden Betriebe sein) sind Pausenräume/-bereiche ab einer Belegschaftsstärke von 10 gleichzeitig anwesenden Personen vorgesehen. Dabei müssen Zeitarbeitnehmer berücksichtigt werden, aber keine Mitarbeiter, die max. 6 Stunden am Tag arbeiten oder die überwiegend im Außendienst tätig sind.

Praxis-Tipp: Treffpunkt Pausenraum

Auch unabhängig vom Arbeitsstättenrecht bringt ein gut gestalteter Pausenraum viele Vorzüge: Es unterstützt das → *Betriebsklima*, wenn Pausen gemeinsam verbracht werden können und signalisiert den Mitarbeitern → *Wertschätzung*. Zudem werden in den Arbeitsräumen «Kaffeeecken» überflüssig.

Auch Kantinen gelten grundsätzlich als geeignet zum Pausenaufenthalt, vorausgesetzt, dass sie ordnungsgemäß eingerichtet und betrieben werden. Dazu gehören neben den Anforderungen an die Räume (vgl. → *Abschn. 2*) insbesondere geeignete Öffnungszeiten, effektiver Nichtraucherschutz und die Möglichkeit, Mitgebrachtes zu verzehren. In jedem Fall müssen Pausenräume so gelegen sein, dass sie innerhalb von 5 Minuten zu erreichen sind. Zum nächstgelegenen Pausenbereich darf es nicht weiter als 100 m Wegstrecke sein.

Praxis-Tipp: Warum bleibt die Kantine leer?

Pausenräume werden erfahrungsgemäß nur dann gut angenommen, wenn der Aufwand für den Weg dorthin und der subjektiv empfundene Komfort, den die Räume bieten, für die Beschäftigten in einem guten Verhältnis stehen. Unter diesem Aspekt sind 5 Minuten Wegzeit sicher schon eine absolute Obergrenze und werden nur bei einem attraktiven Pausenraum mit gutem Serviceangebot akzeptiert werden.

Außerhalb der Pausenzeiten können Pausenräume auch zu anderen Zwecken genutzt werden, z. B. als Schulungsraum. Die Pausennutzung darf darunter aber nicht leiden – der Raum muss z. B. entsprechend gelüftet und gereinigt sein.

1.2 Bereitschaftsräume

Nach Abschn. 5 Abs. 1 ASR A4.2 muss ein Bereitschaftraum «immer dann zur Verfügung stehen, wenn während der Arbeitszeit regelmäßig und in erheblichem Umfang (in der Regel mehr als 25 Prozent der Arbeitszeit) Arbeitsbereitschaft oder Arbeitsunterbrechungen auftreten. Das ist u. a. der Fall, wenn nicht vorhergesehen werden kann, wann eine Arbeitsaufnahme erfolgt, z. B. in Krankenhäusern, bei Berufsfeuerwehren, Rettungsdiensten oder Fahrbereitschaften.» Als Bereitschaftraum kann auch ein Pausenraum genutzt werden, wobei zu berücksichtigen ist, dass ein Bereitschaftraum oft auch Liegen enthalten muss (vgl. → *Abschn. 2.2*).

1.3 Liegeräume

Liegemöglichkeiten sind nach § 6 Abs. 3 ArbStättV und ASR A 4.2 ausdrücklich und verpflichtend vorgesehen, spielen allerdings im betrieblichen Alltag kaum eine Rolle. Das Arbeitsstättenrecht zielt dabei auf Schwangere und stillende Mütter ab. Allerdings gehört diese Zielgruppe kaum zu den Nutzern, weil gerade Schwangere bei nennenswerten gesundheitlichen Belastungen in aller Regel arbeitsunfähig krankgeschrieben werden.

Wichtig können Liegemöglichkeiten sein bei der Wiedereingliederung schwer und chronisch Kranker oder → *behinderter Beschäftigter*, z. B. bei Rücken-, Gefäß-, Kreislauf- und Stoffwechselproblemen. Die Möglichkeit, sich zurückzuziehen und hinzulegen kann mit dazu beitragen, dass solche Beschäftigte früher an den Arbeitsplatz zurückkehren, die Belastungen eines Arbeitstags besser verkraften oder notwendige Therapiemaßnahmen (Infusionen, Injektionen, Inhalationen usw.) in Ruhe vornehmen können.

Liegemöglichkeiten müssen am oder in der Nähe des Arbeitsplatzes in einer Anzahl vorgehalten werden, die eine jederzeitige Nutzung ermöglichen. Es muss sich dabei nicht zwingend um einen separaten Raum handeln, aber der Privatsphäre muss geschützt sein. Generell sind Liegemöglichkeiten nicht mit Notfallliegen, z. B. in → *Sanitätsräumen*, gleichzusetzen, die ausschließlich der betrieblichen Ersten Hilfe dienen.

2 Ausstattung und Pflege

Die grundlegenden Anforderungen an Pausen- und Bereitschaftsräume und Räume mit Liegemöglichkeiten sind dem Charakter der Arbeitsstättenverordnung entsprechend sehr allgemein gehalten. Die Räume müssen – wie auch die Arbeitsräume – eine ausreichende Grundfläche und Höhe, einen ausreichenden Luftraum, möglichst ausreichend Tageslicht, eine dem Nutzungszweck angepasste Raumtemperatur usw. haben und sicher erreichbar sein.

Es muss sich also um «normale» Aufenthaltsräume im Sinne des Baurechts handeln: Nicht ausgebaute Keller- und Dachräume, Abstellräume ohne Außenlicht usw. kommen grundsätzlich nicht infrage.

2.1 Pausenräume

Die ASR A4.2 regelt detailliert die folgenden Punkte:

- Pausenräume und -bereiche müssen frei von arbeitsbedingten Störungen (z. B. Produktionsabläufe, Publikumsverkehr, Telefonate) und so weit wie möglich von Beeinträchtigungen wie → *Vibrationen*, → *Stäuben* und Gerüchen sein. Der Schalldruckpegel «aus den Betriebseinrichtungen und dem von außen einwirkenden Umgebungslärm» darf in Pausenräumen nicht über 55 db(A) liegen. In Pausenbereichen sollte dieser Wert ebenfalls eingehalten werden.
- Für jeden (gleichzeitigen) Nutzer ist eine Fläche von 1m^2 vorgesehen (inkl. Tisch und Sitzgelegenheit, zzgl. Verkehrs- und Bewegungsflächen und sonstiger Einrichtung). Pausenräume dürfen insgesamt nicht kleiner als 6m^2 sein.
- Pro Person müssen eine Sitzgelegenheit mit Rückenlehne und ein Platz am Tisch vorhanden sein.
- Es muss ein Abfalleimer mit Deckel vorhanden sein.
- Einrichtungen zum Kühlen und Wärmen von Speisen und Getränken müssen vorhanden sein, wenn es keine Kantine für die Beschäftigten gibt oder wenn ein Mitarbeiter aus gesundheitlichen Gründen darauf angewiesen ist, sich selbst mit Mahlzeiten zu versorgen.

Pausenräume, Bereitschaftsräume, Liegeräume

- Kleiderablagen und Trinkwasser müssen «bei Bedarf» vorhanden sein, eine Waschgelegenheit «kann zweckmäßig sein».
- Wenn die Tür eines Pausenraumes unmittelbar ins Freie führt, muss durch einen geeigneten Windfang Zugluft im Pausenraum vermieden werden.
- Pausenbereiche müssen optisch abgetrennt vom Arbeitsbereich sein, z. B. durch Möbel oder Pflanzen.

Praxis-Tipp: Küchenausstattung sinnvoll

Wo in irgendeiner Form mit Lebensmitteln umgegangen wird, ist ein Wasseranschluss mit einer Spüle praktisch unverzichtbar, auch wenn das in der ASR A4.2 so nicht deutlich wird. Tische und andere Flächen müssen gereinigt werden, es gibt Geschirr zu spülen und nicht zuletzt sollte man sich vor und beim Umgang mit Lebensmitteln vor Ort die Hände waschen können.

Selbstverständlich gilt auch im Pausenraum, dass der Nichtraucherschutz eingehalten werden muss, d. h., dass Beschäftigte auch im Pausenraum stets sicher vor Gesundheitsgefahren durch Zigarettenrauch geschützt werden müssen. Faktisch darf also im Pausenraum nicht geraucht werden. Wie alle → Arbeitsstätten müssen auch Pausenräume den hygienischen Erfordernissen entsprechend gereinigt werden. Reinigungspläne müssen also bedarfsgerecht erstellt werden. Dabei ist besonders auf die Lebensmittelhygiene zu achten.

Praxis-Beispiel: Pausenraum nicht sich selber überlassen

Wenn ein Arbeitgeber einen Kühlschrank zur Verfügung stellt oder nur das Aufstellen eines privaten Kühlschranks im Pausenraum duldet, muss er im Zweifel eine Regelung darüber treffen, wie die Reinigung zu erfolgen hat!

Für Pausenräume und -bereiche auf Baustellen sind bestimmte Ausnahmen und Ergänzungen vorgesehen. Die Notwendigkeit von Pausenräumen bzw. -bereichen gilt hier aus Gründen der Sicherheit und des Gesundheitsschutzes grundsätzlich als gegeben. Bei kleinen, zeitlich beschränkten Baumaßnahmen (nicht mehr als 4 Beschäftigte eines Arbeitgebers längstens eine Woche oder 20 Manntage) kann aber darauf verzichtet werden, wenn auf andere Weise ein angemessener Pausenaufenthalt gewährleistet ist (Abschn. 7 Abs. 2 ASR A4.2). Auch Unterkünfte im Sinne der ASR A4.4 können als Pausenräume dienen, wenn sie zum Pausenaufenthalt erreichbar sind. Ergänzend ist unter anderem eine getrennte Aufbewahrung von Arbeits- und Privatkleidung vorzusehen, wenn Beschäftigte sich dort umziehen.

2.2 Bereitschaftsräume

Ein Bereitschaftsraum muss in der Ausstattung einem Pausenraum entsprechen. Ergänzend kommt hinzu, dass Liegemöglichkeiten vorhanden sein müssen, wenn Beschäftigte in den Nachtstunden oder mehr als 12 Stunden lang Bereitschaftsdienst haben. In diesen Fällen sind nach ASR A4.2« zusätzliche Anforderungen an die zweckentsprechende Ausstattung von Bereitschaftsräumen im Rahmen der vorgesehenen Nutzung zu ermitteln». Da die in solchen Räumen verbrachten Zeiten i. d. R. der Erholung und Entspannung dienen sollen, um bei Bedarf voll einsatzfähig zu sein, ist eine ruhige, wohnliche Atmosphäre wichtig, in der die Nutzer auch die Möglichkeit haben, sich angemessen zu beschäftigen. Daher können hier über die pausenraumtypische Ausstattung hinaus z. B. auch Sessel sowie TV-, Video- und Audiogeräte angebracht sein. Werden Liegen zur Verfügung gestellt, ergeben sich gemäß Abschn. 5 Abs. 5 ASR A4.2 folgende Anforderungen:

- Der Bereitschaftsraum muss ausreichend groß sein, um neben den erforderlichen Liegen und anderer Ausstattung angemessene Verkehrs- und Bewegungsflächen zu bieten.
- Die Nutzung der Bereitschaftsräume getrennt nach Frauen und Männern ist räumlich oder organisatorisch sicherzustellen.
- In Ruhephasen darf der Raum nicht gleichzeitig anderweitig genutzt werden (z. B. durch Pausenaufenthalt oder Schreibtischarbeit).
- Der Raum muss verschließbar, nicht einsehbar und verdunkelbar sein.

- Es soll eine Waschgelegenheit zur Verfügung stehen.
- Liegen müssen gepolstert und mit einem wasch- oder wegwerfbaren Belag ausgestattet sein.
- Die Erreichbarkeit der Beschäftigten ist unter Wahrung ihrer Privatsphäre zu gewährleisten (z. B. durch Rufeinrichtung).
- Es ist darauf zu achten, dass in Bereitschaftsräumen die Alarmierung im Brandfall wahrgenommen wird und die Räume sicher verlassen werden können.

Achtung: Schallschutz beachten

Bereitschaftsräume, in denen geschlafen werden soll, sollten zu allen Zeiten, in denen sie genutzt werden, möglichst ruhig gehalten werden können. Weil das in vielen Betrieben schwierig ist, sind hier ggf. nachträgliche Schallschutzmaßnahmen erforderlich.

2.3 Liegemöglichkeiten

Einrichtungen zum Hinlegen, Ausruhen und Stillen müssen nach Abschn. 6 ASR A4.2 gepolstert und mit einem wasch- oder wegwerfbaren Belag ausgestattet sind.

Wichtig: Liegeräume nicht nur «pro forma» einrichten

Liegeräume werden praktisch nur dann akzeptiert, wenn sie Teil eines Gesamtkonzepts zum Gesundheitsschutz bzw. zur betrieblichen Wiedereingliederung sind und die Nutzung eines solchen Raums für alle nachvollziehbar geregelt und frei von Stigmatisierung ist.

Ein Liegeraum sollte demnach einladend gestaltet sein und eine angenehme, wohnliche Atmosphäre haben. Eine Liege in einem Nebenraum der Pforte oder neben Kartons in einem Lagerraum wird auch bei korrekten Abmessungen diese Anforderungen nicht erfüllen und keine Nutzer finden. Sie ist deshalb von vornherein entbehrlich.

Zugangsregelungen, Ausstattungs- und Reinigungsfragen (wie z. B. Sichtschutz, ggf. Bettwäschewechsel) müssen bei Liegeräumen im Einzelfall entschieden und zweckentsprechend geregelt werden. Das kann so weit gehen, dass besondere Vorkehrungen für den Notfall getroffen werden müssen, wenn Liegeräume nicht einsehbar sind und von den Nutzern von innen verriegelt werden können.

Cornelia von Quistorp

Pausenregelungen

Obwohl allgemein die Arbeitswelt zunehmend flexibler wird und in vielen Betrieben durch gleitende Arbeitszeitregelungen und unterschiedliche Beschäftigungsmodelle feste Pausenzeiten der Vergangenheit angehören, gibt es verbindliche gesetzliche Regelungen, die einzuhalten sind. Diese betreffen nach dem Arbeitszeitgesetz alle Beschäftigten und darüber hinaus einzelne Beschäftigtengruppen nach gesonderten Rechtsnomen.

Pausenregelungen können auch tarifrechtlich bestimmt werden, müssen dann aber den Arbeitsschutzbestimmungen entsprechen.

Gesetze, Vorschriften und Rechtsprechung

Allgemeingültige Pausenregelungen sind für Arbeiter und Angestellte im Arbeitszeitgesetz und für Beamte weitgehend analog in den Arbeitszeitverordnungen des Bundes und der Länder geregelt.

Darüber hinaus gibt es besondere Vorschriften für spezielle Beschäftigtengruppen (z. B. im Jugendarbeitsschutzgesetz und im Mutterschutzgesetz) oder Berufsgruppen (z. B. Kraftfahrer) und für einzelne Arbeitstätigkeiten (z. B. Hitzearbeit).

1 Pausenregelungen nach Arbeitszeitgesetz

Nach § 4 Arbeitszeitgesetz gilt: «Die Arbeit ist durch im voraus feststehende Ruhepausen von mind. 30 Minuten bei einer Arbeitszeit von mehr als sechs bis zu neun Stunden und 45 Minuten bei einer Arbeitszeit von mehr als neun Stunden insgesamt zu unterbrechen. Die Ruhepausen nach Satz 1 können in Zeitabschnitte von jeweils mind. 15 Minuten aufgeteilt werden. Länger als 6 Stunden hintereinander dürfen Arbeitnehmer nicht ohne Ruhepause beschäftigt werden.»

> **Wichtig: Begriffe im Arbeitszeitgesetz**
>
> Die **Arbeitszeit** ist nach § 2 Arbeitszeitgesetz «die Zeit vom Beginn bis zum Ende der Arbeit ohne die Ruhepausen». Wenn ein Beschäftigter bei mehreren Arbeitgebern tätig ist, werden die Zeiten zusammengezählt.
>
> **Ruhepause** ist eine Pause während einer zusammenhängenden Arbeitsschicht. Die Freizeit zwischen 2 Arbeitsschichten wird als **Ruhezeit** bezeichnet und muss in der Regel mindestens 11 Stunden betragen.

> **Praxis-Beispiel: Lieber ohne Pause?**
>
> Während Pausenregelungen im Arbeitszeitgesetz ursprünglich festgeschrieben wurden, um die Interessen der Beschäftigten (nämlich angemessene Arbeitsbedingungen) zu wahren, geht in der betrieblichen Praxis die Motivation, regelmäßig ohne Pause durchzuarbeiten, manchmal auch von den Beschäftigten aus. Meist sind zeitliche Gründe die Ursache:
>
> - nach der Arbeitsschicht wird eine weitere bzw. nebenberufliche Tätigkeit ausgeübt;
> - es soll eine günstigere Verkehrsverbindung oder -situation für den Arbeitsweg erreicht werden;
> - es erscheint aus organisatorischen Gründen (z. B. Kinderbetreuung) erforderlich.
>
> Auch wenn die daraus resultierenden Arbeitszeitmodelle von den Betroffenen meist als unproblematisch wahrgenommen werden, muss der Betrieb darauf achten, dass die Arbeitszeitbestimmungen eingehalten werden (s. u.).

2 Zugelassene Ausnahmen vom Arbeitszeitgesetz

Da gewisse Abweichungen bei Arbeits- und Pausenzeiten i. d. R. nicht unmittelbar zu gravierenden Belastungen für die Beschäftigen führen, sieht das Arbeitszeitgesetz bei Pausenregelungen diverse Ausnahmen vor.

2.1 Tätigkeitsbedingte Ausnahmen

Nach § 7 Arbeitszeitgesetz sind in vielen Fällen Abweichungen möglich, z. B.

- in Schicht- und Verkehrsbetrieben (mehr Kurzpausen zulässig),
- in der Landwirtschaft bei witterungsabhängigen Arbeiten,
- bei Behandlungs-, Pflege- und Betreuungsaufgaben, wenn die Eigenart dieser Tätigkeit und das Wohl der versorgten Personen es nötig macht,
- im öffentlichen Dienst und vergleichbaren Bereichen, wenn die «Eigenart der Tätigkeit» es erfordert.

Außerdem ist der Gesetzgeber befugt, auf Verordnungsebene erweiterte Pausenregelungen festzulegen, um bei kritischen Tätigkeiten oder besonderen Arbeitnehmergruppen Gesundheitsrisiken abzuwenden. Davon wird aber kein breiter Gebrauch gemacht.

> **Wichtig: Regelmäßige Abweichungen von Pausenregelungen festschreiben**
>
> Abweichende Regelungen müssen nach Arbeitszeitgesetz immer in einem Tarifvertrag bzw. in einer einem Tarifvertrag folgenden Betriebs- oder Dienstvereinbarung fixiert sein. Außerdem muss gewährleistet sein, dass «der Gesundheitsschutz der Arbeitnehmer durch einen entsprechenden Zeitausgleich» erfolgt.

Auch Betriebe, die nicht dem Tarifrecht unterliegen, müssen vom Arbeitszeitgesetz abweichende Pausenregelungen in Dienst- oder Betriebsvereinbarungen festschreiben, dürfen diese also nicht einem wie auch immer gearteten betrieblichen Brauch überlassen.

2.2 Situationsbedingte Abweichungen

Ungeplante Abweichungen von Arbeitszeit- und Pausenregelungen sind nach § 14 in Not- und außergewöhnlichen Fällen vorübergehend zulässig, wenn diese «unabhängig vom Willen der Betroffenen eintreten und deren Folgen nicht auf andere Weise zu beseitigen sind», z. B.

- wenn Rohstoffe oder Lebensmittel zu verderben oder Arbeitsergebnisse zu misslingen drohen, z. B. weil Arbeitskräfte ausgefallen sind;
- in Forschung und Lehre, bei unaufschiebbaren Vor- und Abschlussarbeiten oder unaufschiebbaren Tätigkeiten in Gesundheitsdienst und Wohlfahrtspflege sowie Tierpflege, «wenn dem Arbeitgeber andere Vorkehrungen nicht zugemutet werden können.»

2.3 Funktionsbedingte Ausnahmen

Bestimmte Berufsgruppen und Funktionsträger sind nach § 18 generell vom Arbeitszeitgesetz ausgenommen:

- leitende Angestellte i. S. v. § 5 Abs. 3 Betriebsverfassungsgesetz sowie Chefärzte,
- Leiter von öffentlichen Dienststellen und deren Vertreter sowie Arbeitnehmer im öffentlichen Dienst, die zu selbstständigen Entscheidungen in Personalangelegenheiten befugt sind,
- Arbeitnehmer, die in häuslicher Gemeinschaft mit den ihnen anvertrauten Personen zusammenleben und sie eigenverantwortlich erziehen, pflegen oder betreuen,
- der liturgische Bereich der Kirchen und der Religionsgemeinschaften.

Außerdem gilt das Arbeitszeitgesetz nur teilweise bzw. wird durch branchenspezifische Regelungen abgelöst für Beschäftigtengruppen

- im öffentlichen Dienst, die hoheitliche Aufgaben wahrnehmen,
- in der Luft- und Schifffahrt,
- im Transportgewerbe.

Das betrifft z. B. Pausenregelungen für Kraftfahrer oder Angestellte des öffentlichen Dienstes, die in bestimmten Funktionen den Arbeitszeitregelungen für Beamte unterstellt werden können, die z. B. bei der Ausübungen hoheitlicher Aufgaben greifen.

> **Wichtig: Nichteinhaltung von Pausenregelungen**
>
> Verstöße gegen die Bestimmungen des Arbeitszeitgesetzes zu Pausenregelungen werden grundsätzlich als Ordnungswidrigkeit geahndet. Zuständige Aufsichtsbehörde ist die staatliche Arbeitsschutzaufsicht (länderspezifisch). Allerdings kommt es eher selten zu Beschwerden und Verfahren, weil nicht eingehaltene Pausenregelungen in vielen Beschäftigungsverhältnissen kaum auffallen und i. d. R. nicht unmittelbar zu einer Gefährdung führen.
>
> Allerdings könnte, wenn anhand der betrieblichen Organisation erkennbar ist, dass Pausenregelungen regelhaft nicht eingehalten wurden, das als Beleg für ein Organisationsverschulden des Arbeitgebers gewertet werden, wenn es z. B. zu einem Unfall kommt, bei dem Übermüdung eine Rolle gespielt hat.

3 Pausenregelungen für besondere Personengruppen

3.1 Jugendliche

Nach § 11 Jugendarbeitsschutzgesetz gilt: Jugendlichen müssen im Voraus feststehende Ruhepausen von angemessener Dauer gewährt werden. Die Ruhepausen müssen mindestens betragen:

- 30 Minuten bei einer Arbeitszeit von mehr als 4,5 bis zu 6 Stunden,
- 60 Minuten bei einer Arbeitszeit von mehr als 6 Stunden.

Wie nach dem Arbeitszeitgesetz auch müssen Ruhepausen für Jugendliche mind. 15 Minuten lang sein. Jugendliche dürfen nicht länger als 4,5 Stunden hintereinander ohne Ruhepause beschäftigt werden, wobei Ruhepausen frühestens eine Stunde nach Beginn und spätestens eine Stunde vor Ende der Arbeitszeit eingelegt werden dürfen.

Besonders wird darauf hingewiesen, dass Jugendliche die Pausen nur dann in den Arbeitsräumen verbringen dürfen, wenn dort in der Zeit nicht gearbeitet wird und «auch sonst die notwendige Erholung nicht beeinträchtigt wird».

3.2 Schwangere und Stillende

Nach Mutterschutzgesetz gibt es zwar für Schwangere und Stillende keine abweichenden Regelungen für Ruhepausen im Sinne des Arbeitszeitgesetzes. Allerdings muss für eine Schwangere, die ständig im Stehen bzw. Gehen arbeitet, eine Möglichkeit zum kurzen Ausruhen im Sitzen bereitgestellt werden. Ebenso muss eine Schwangere, die ständig im Sitzen arbeitet, die Möglichkeit haben, ihre Arbeit kurz zu unterbrechen.

Stillenden Müttern muss bei Bedarf die Zeit zum Stillen eingeräumt werden (bei einer zusammenhängenden Arbeitszeit von bis zu 8 Stunden mind. zweimal täglich eine halbe Stunde oder einmal täglich eine Stunde) unabhängig von den Ruhepausen.

3.3 Beschäftigte mit Behinderung

Für → *Beschäftigte mit Behinderung* gibt es pauschal keine vom Arbeitszeitgesetz abweichenden Pausenregelungen, etwa abhängig vom Grad der Erwerbsminderung. Allerdings ist der Arbeitgeber gemäß § 81 Abs. 4 SGB IX verpflichtet, für eine «behinderungsgerechte Einrichtung und Unterhaltung der Arbeitsstätten einschließlich der Betriebsanlagen, Maschinen und Geräte sowie der Gestaltung der Arbeitsplätze, des Arbeitsumfeldes, der Arbeitsorganisation und der **Arbeitszeit**, unter besonderer Berücksichtigung der Unfallgefahr, unter Berücksichtigung der Behinderung und ihrer Auswirkungen auf die Beschäftigung» zu sorgen.

Das bedeutet praktisch, dass spezielle Pausenregelungen erforderlich sein können, wenn das behinderungsbedingt geboten ist. Dazu berät neben dem → *Betriebsarzt* auch der behandelnde Arzt. Wenn eine entsprechende Notwendigkeit gegeben ist, kann der Arbeitgeber unter Umständen über die Integrationsämter einen Lohnkostenzuschuss zum Ausgleich der behinderungsbedingten Minderleistung erhalten.

Entsprechend gilt auch, wenn ein erkrankter Mitarbeiter eingeschränkt arbeitsfähig ist und z. B. Pausen benötigt, in denen ein Medikament zugeführt oder im Liegen der Rücken entlastet werden muss.

4 Pausenregelungen bei besonderen Arbeitstätigkeiten oder -bedingungen

4.1 Bildschirmarbeit

Die Regelungen zu Arbeitsunterbrechungen nach Bildschirmarbeitsverordnung beziehen sich ausdrücklich nicht auf Ruhepausen. Vielmehr geht es darum, dass andauernde intensive Bildschirmarbeit, wie sie z. B. bei Belegeingabe vorkommt, regelmäßig kurz durch andere Tätigkeiten *oder* Pausen so unterbrochen wird, dass Gesundheitsbelastungen durch die einseitige Körperhaltung bzw. Arbeitsbeanspruchung vermieden werden (§ 5 BildscharbV).

Für die übergroße Mehrzahl der → *Bildschirmarbeitsplätze* kann das als gegeben angenommen werden, da dort keinesfalls andauernd ausschließlich an Bildschirm und Tastatur gearbeitet wird, sondern ausreichend andere Tätigkeiten anfallen wie Unterlagenstudium und -ablage, Kommunikation per Telefon oder persönlich, Gang zum Drucker usw. Selbst für reine Eingabeplätze (z. B. Datenerfassung) ist davon auszugehen, dass die angestrebten bildschirmarbeitsfreien Phasen von 5 min pro Arbeitsstunde durch die üblichen Alltagsverrichtungen im Büro weitgehend abgedeckt bzw. ohne besondere Regelungen vom Beschäftigten umzusetzen sind.

4.2 Hitzearbeit

Für technologisch hitzebelastete Arbeitsplätze gilt die BGI 579. Danach müssen zur Vermeidung von hitzebedingten Gesundheitsschäden an → *Hitzearbeitsplätzen* (ab ca. 37 °C Lufttemperatur), wenn es keine geeigneten technischen Möglichkeiten zur Reduktion der Hitzeeinwirkungen gibt, regelmäßig Entwärmungsphasen sichergestellt werden. Je nach körperlicher Beanspruchung können dabei Arbeitstätigkeiten in weniger heißen Bereichen verrichtet werden, es können aber auch «Hitzepausen» ohne körperliche Arbeit erforderlich sein. Die Entwärmungsphasen sind sehr umfangreich (temperaturabhängig zwischen 15 bis zu 45 Minuten pro Stunde) und prägen den Arbeitsablauf in einer Weise, die sie mit herkömmlichen Ruhepausen nicht vergleichbar macht.

Wichtig: Hitzefrei im Büro?

Auch wenn es (witterungsbedingt) richtig heiß ist: An «nomalen» Arbeitsplätzen sind erweiterte Pausenregelungen wegen Hitze nicht vorgesehen. Der Arbeitgeber ist allerdings verpflichtet, die erforderlichen Maßnahmen zu ergreifen, damit Arbeitsräume nicht zu sehr aufheizen (ASR A3.5 «Raumtemperaturen»). Ab 35 °C Lufttemperatur gelten Arbeitsräume als definitiv nicht mehr zumutbar. Dann wären nämlich Vorkehrungen entsprechend den Vorschriften für Hitzearbeit erforderlich – z. B. Entwärmungsphasen.

Praxis-Tipp: Unterbrechungen reduzieren die Belastung

Auch in anderen Arbeitsschutzzusammenhängen gilt, dass schwierige Arbeitsbedingungen durch Unterbrechungen weniger belastend gestaltet werden können. Darauf wird z. B. in der Lärm- und Vibrations-Arbeitsschutzverordnung hingewiesen, wo durch Arbeitszeitpläne mit ausreichenden Zeiten ohne belastende Exposition die Risiken von Gesundheitsbelastungen durch Vibrationen gesenkt werden können. Ähnliches gilt auch für viele andere körperliche Belastungen.

Dabei geht es aber immer um Abwechslung in den Arbeitstätigkeiten, nicht um Ruhepausen im Sinne des Arbeitszeitgesetzes.

Cornelia von Quistorp

PDCA-Prinzip/-Zyklus

Prinzip im Sinne der Anerkennung der Möglichkeit und Notwendigkeit einer kontinuierlichen Verbesserung von Strukturen, Prozessen, Leistungen, Produkten etc. sowie der Installierung eines Prozesses dafür (kontinuierlicher Verbesserungsprozess (KVP = Zyklus). Der PDCA-Zyklus (auch Deming-Zyklus genannt) besteht aus den Schritten: **plan** (planen), **do** (umsetzen), **check** (überprüfen/bewerten) und **act** (handeln/anwenden).

Der Kreislauf beginnt mit der Untersuchung der jeweiligen Ausgangssituation, um Verbesserungspotenziale zu erkennen und Maßnahmen zur Verbesserung zu erarbeiten. Im zweiten Schritt «do» erfolgt die (ggf. pilotartige) Umsetzung der Maßnahmen. Ob die gewünschte Verbesserung erzielt wurde bzw. die Maßnahmen wirksam sind, wird im dritten Schritt überprüft bzw. bewertet. Im positiven Fall werden im vierten Schritt die Maßnahmen als Standard definiert und regelmäßig auf Einhaltung/Wirksamkeit überprüft. Sind die erzielten Verbesserungen nicht ausreichend, wird direkt ein weiterer Verbesserungszyklus eingeleitet.

Albert Ritter

Personen-Notsignalanlagen

Werden Alleinarbeiten mit erhöhter oder besonderer Gefährdung ausgeführt, dann wird durch den Einsatz von Personen-Notsignalanlagen erreicht, dass erforderliche Rettungsmaßnahmen zeitnah eingeleitet werden können. Der Einsatz von Personen-Notsignalanlagen ist nur unter besonderen Voraussetzungen erlaubt und muss der Berufsgenossenschaft schriftlich angezeigt werden.

Gesetze, Vorschriften und Rechtsprechung

Regelungen zum Betrieb von Personen-Notsignalanlagen enthält BGR 139 «Einsatz von Personen-Notsignalanlagen».

1 Schutz bei Alleinarbeiten

Sofern → *Alleinarbeiten* verrichtet werden, ergibt die → *Gefährdungsbeurteilung*, ob bei diesen Tätigkeiten mit einer geringen, erhöhten oder besonderen Gefährdung gerechnet werden muss. Abschn. 3.3.1 BGR 139 «Einsatz von Personen-Notsignalanlagen» beschreibt, wie eine Gefährdungsbeurteilung vorzunehmen ist, die zum Ergebnis kommen kann, dass Personen-Notsignalanlagen als Schutzmaßnahme eingesetzt werden können. Anhang 1 BGR 139 enthält ein Ablaufschema, anhand dessen eine Entscheidung über den Einsatz von Personen-Notsignalanlagen bei Einzelarbeitsplätzen getroffen werden kann.

2 Definition

Personen-Notsignalanlagen sind Personen-Notsignalgeräte in Verbindung mit einer Empfangszentrale. Mit **Personen-Notsignalgeräten** können im Gefahrfall willensabhängige oder willensunabhängige Signale an die Empfangszentrale gesendet werden. Nach Empfang des Notsignals werden vorher festgelegte Rettungsmaßnahmen eingeleitet. Die Rettungsmaßnahmen sind an die möglichen Gefährdungen und Arbeitsplatzsituationen anzupassen.

Hinweis: Anhang 2 BGR 139 beschreibt in einem Ablaufschema die Maßnahmen, die im Alarmfall beim Einsatz von Personen-Notsignalanlagen bis zum Beginn von Hilfemaßnahmen zu erfolgen haben.

3 Regeln für den Einsatz

- **Personen-Notsignalanlagen** zur Überwachung gefährlicher Alleinarbeiten **dürfen nicht eingesetzt werden**, wenn
  - gefährliche Arbeiten **durch eine Person allein** nach staatlichen Arbeitsschutzvorschriften und Unfallverhütungsvorschriften **untersagt** sind,
  - **andere Forderungen zur Überwachung** in staatlichen Arbeitsschutzvorschriften und Unfallverhütungsvorschriften bestehen oder
  - die Gefährdungsanalyse ergibt, dass der Einsatz von Personen-Notsignalanlagen **ungeeignet** ist.
- Personen-Notsignalanlagen sind **ungeeignet**, wenn z. B. Funkschatten bestehen, der Träger im Notfall nicht gefunden werden kann oder Rettungsmaßnahmen nicht rechtzeitig erfolgen könnten.
- Die **Einleitung von Rettungsmaßnahmen** muss nach Aussenden des Notsignals **unverzüglich** erfolgen. Das setzt eine ständig besetzte Empfangszentrale voraus. Für Mitarbeiter in einer Empfangszentrale bestehen Beschäftigungsbeschränkungen (18. Lebensjahr vollendet, mit den Einrichtungen vertraut, unter Berücksichtigung der Arbeitsanweisung unterwiesen; Jugendliche über 16 Jahre nur mit Sonderbedingungen).
- Für den sicheren Betrieb der Empfangszentrale ist eine **Arbeitsanweisung** aufzustellen, die Angaben über erforderliche Maßnahmen, insbesondere bei Personenalarm und bei Ausfall der Personen-Notsignalanlage, enthält.
- Träger von Personen-Notsignalgeräten müssen im Notfall lokalisiert werden können.
- Eine jährliche Schulung (→ *Unterweisung*) der Träger von Personen-Notsignalgeräten erfolgt unter Berücksichtigung der → *Betriebsanweisung*.
- Der Berufsgenossenschaft ist die **Inbetriebnahme** von Personen-Notsignalanlagen zur Überwachung gefährlicher → *Alleinarbeiten* **schriftlich anzuzeigen**.
- Vor der ersten Inbetriebnahme und danach mindestens einmal jährlich muss bei einer **Alarmübung** die Wirksamkeit der geplanten betrieblichen Rettungsmaßnahmen geprüft werden.
- Personen-Notsignalanlagen sind vor der ersten Inbetriebnahme, nach Instandsetzungsarbeiten und mindestens einmal jährlich **von einem Sachkundigen zu prüfen**.

Dirk Rittershaus

4 Persönliche Absturzschutzausrüstungen zum Retten aus Höhen und Tiefen

Persönliche Absturzschutzausrüstungen zum Retten aus Höhen und Tiefen (Rettungsausrüstungen) sind Rettungssysteme, die den Benutzer bzw. den zu Rettenden während des Rettungsvorgangs gegen Absturz schützen. Sie bestehen mind. aus einer Körperhaltevorrichtung (z. B. einem Rettungsgurt) und einem Befestigungssystem, die mit einer zuverlässigen Verankerung verbunden werden können.

Persönliche Absturzschutzausrüstungen zum Retten aus Höhen und Tiefen sind Teil eines Rettungskonzepts. Ihr Einsatz kann z. B. erforderlich werden an Arbeitsplätzen mit Absturzgefahr, an schwer zugänglichen Arbeitsplätzen und bei Arbeiten in Behältern und engen Räumen. Der zu Rettende kann damit im Notfall z. B. aus einem Behälter herausgezogen oder auf- bzw. abgeseilt werden.

Gesetze, Vorschriften und Rechtsprechung

Es gelten i. W. folgende Regelungen:

- Betriebssicherheitsverordnung (BetrSichV)
- PSA-Benutzungsverordnung (PSA-BV)
- Verordnung über die Bereitstellung von Persönlichen Schutzausrüstungen auf dem Markt (8. ProdSV)
- TRBS 2121 Gefährdung von Personen durch Absturz
- BGR/GUV-R 198 «Benutzung von Persönlichen Schutzausrüstungen gegen Absturz»
- BGR/GUV-R 199 «Retten aus Höhen und Tiefen mit persönlichen Absturzschutzausrüstungen»
- BGI/GUV-I 8699 «Erste Hilfe – Notfallsituation: Hängetrauma»
- DIN EN 363 «Persönliche Absturzschutzausrüstung – Persönliche Absturzschutzsysteme»

5 Typen und Einsatz

5.1 Bestandteile

Bestandteile von Rettungssystemen können – je nach Einsatzzweck – sein:

- Anschlagpunkte, z. B. bauliche Anlagen, Einrichtungen, Maschinen;
- Anschlageinrichtungen, z. B. Ringöse, Bandschlinge, Trägerklemme;
- Verbindungselement, z. B. Karabinerhaken: Für das Retten sind selbstverriegelnde Karabinerhaken zu bevorzugen;
- Verbindungsmittel, z. B. Seil, Gurtband, Kette;
- Rettungsgurte: in verschiedenen Größenbereichen erhältlich, können in Arbeitskleidung eingearbeitet sein, möglichst mit Polsterung der Gurtbänder;
- Rettungsschlaufen: wenn Anlegen eines Rettungsgurtes nicht möglich oder Eile geboten ist; Klassen A, B, C unterscheiden sich in der Körperhaltung des zu Rettenden (aufrecht, sitzend oder kopfüber);
- Rettungshubgeräte: Klasse A: ausschließlich zum Heraufziehen; Klasse B: zusätzlich Absenken über eine begrenzte Strecke möglich;
- Abseilgeräte: Klassen A-D unterscheiden sich in der Abseilarbeit W (J).

> **Achtung: Besonderheit**
> Abseilgeräte der Klasse D dürfen nur für einen einzigen Abseilvorgang verwendet werden.

5.2 Kennzeichnung

Rettungsausrüstungen müssen das → *CE-Kennzeichen* tragen (Abschn. 5.1.1 BGR/GUV-R 199). Jedes lösbare Bestandteil von Rettungsausrüstungen trägt – gut sichtbar, lesbar und dauerhaft gekennzeichnet mind. folgende Angaben (Abschn. 5.1.2 BGR/GUV-R 199):

- Typ- und Modell-Bezeichnung,
- Angaben zum Hersteller oder Lieferanten bzw. den Handelsnamen,
- Chargen- oder Seriennummer oder anderes Zeichen z. B. Herstellungsjahr,
- Nummer und Jahr der EN-Norm,
- Piktogramm, dass die Benutzer die gelieferten Herstellerinformationen (u. a. schriftliche Gebrauchsanleitung) lesen müssen.

5.3 Einsatzgebiete

Der Einsatz von Rettungssystemen kann erforderlich werden (s. Abschn. 3 BGR/GUV-R 199):

- an Arbeitsplätzen mit Absturzgefahr, bei denen die Beschäftigten → *PSA gegen Absturz* tragen;
- an schwer zugänglichen Arbeitsplätzen, z. B. Krane;
- in Behältern und → *engen Räumen*, z. B. Schächte.

Typische Rettungsverfahren sind:

- Rettung aus einem Schacht;
- Rettung aus einer Steigschutzeinrichtung;
- Rettung einer frei hängenden Person;
- Bergung aus einer Seilschwebebahn.

Sie werden in Abschn. 5.3.9 BGR/GUV-R 199 vorgestellt, zusammen mit konkreten Hinweisen zu geeigneten Rettungssystemen und Vorgehensweise, abgestimmt auf den jeweiligen Einsatzzweck. Der Retter muss dabei gegen Absturz gesichert sein.

6 Gefährdungen

Der Arbeitgeber muss nach §§ 4 und 5 ArbSchG Gefährdungen ermitteln und Schutzmaßnahmen festlegen. Berücksichtigt werden müssen u. a. (Abschn. 4.2 BGR/GUV-R 199):

- Arbeitsbedingungen;
- persönliche Konstitution der Beschäftigten;
- Gefährdungen, die bei der Benutzung der Rettungsausrüstungen entstehen bzw. von ihnen ausgehen können.

Vorrangig sind technische und/oder organisatorische Maßnahmen zu ergreifen. Ist dies nicht möglich oder sind sie nicht ausreichend, um die Gefährdung zu vermeiden bzw. zu verringern, müssen die Beschäftigten → *PSA* benutzen (TOP-Prinzip).

Gefährdungen durch organisatorische Mängel können sein (Abschn. 6.10 BGR/GUV-R 199):

- ungeeignetes Rettungssystem ausgewählt;
- → *Betriebsanweisung* unzureichend oder nicht vorhanden;
- → *Unterweisung* mangelhaft durchgeführt;
- → *Prüfungen* der Ausrüstung nicht durchgeführt;
- Benutzungsdauer überschritten;
- mangelnde Koordination;
- Aufbewahrung und Pflege unsachgemäß;
- Zweite Person zum Einleiten der Rettungsmaßnahmen nicht vor Ort;
- Ausrüstung am Einsatzort unzureichend verfügbar.

Weitere Gefährdungen beim Retten sind:

- Absturz;
- Versagen des Anschlagpunkts;

- Versinken in festen oder flüssigen Stoffen;
- Hindernisse während des Abseilens;
- zu hartes Auftreffen auf dem Boden;
- Versagen des Abseilgeräts wegen Überlastung;
- Verfangen des Seils oder der zu rettenden Person;
- → *Gefahrstoffe* oder Sauerstoffmangel;
- aggressive Stoffe.

Achtung: Hinweise zur Ersten Hilfe
- bewegungsloses Hängen im Auffanggurt darf nicht länger als ca. 20 Minuten dauern;
- es besteht akute Lebensgefahr bei plötzlicher Flachlagerung, da das Herz durch plötzlichen Blutrückfluss aus der unteren Körperhälfte überlastet werden kann (Hängetrauma);
- gerettete Person in Kauerstellung bringen, wenn nicht verletzt, nicht bewusstlos und kein Atemstillstand;
- langsam in eine liegende Stellung bringen;
- ärztliche Untersuchung ist unbedingt erforderlich (Abschn. 6.2 BGR/GUV-R 199).

7 Maßnahmen

Damit persönliche Absturzschutzausrüstungen zum Retten aus Höhen und Tiefen geeignet und funktionsfähig sind, muss der Arbeitgeber u. a. Folgendes organisieren:

- geeignetes Rettungssystem auswählen;
- → *Betriebsanweisung* erstellen;
- mind. jährliche → *Unterweisung* mit praktischen Übungen unter vergleichbaren Arbeits- und Einsatzbedingungen mit zweiter Sicherung (z. B. Schutznetze, Fanggerüste, → *PSA gegen Absturz*) durchführen und dokumentieren;
- nur die geübte Rettungstechnik anwenden;
- Instandsetzung, Reinigung, Aufbewahrung gem. den Informationen des Herstellers (s. Abschn. 7.1 BGR/GUV-R 199).

8 Prüfungen

Die Gebrauchsdauer hängt von der Art des Rettungssystems und den Einsatzbedingungen ab. Angaben dazu enthält die Gebrauchsanleitung. Unter normalen Einsatzbedingungen geht man von einer Gebrauchsdauer für Gurte von 6 bis 8 Jahren und für Verbindungsmittel von 4 bis 6 Jahren aus (Abschn. 6.6 BGR/GUV-R 199).

→ *Prüfungen* sind erforderlich:
- vor jeder Benutzung: Sicht- und Funktionsprüfung des einsatzfähigen Zustands;
- mind. einmal jährlich: auf einwandfreien Zustand durch einen Sachkundigen gem. Herstellerangaben.

Bettina Huck

Persönliche Schutzausrüstung (PSA)

Persönliche Schutzausrüstung, umgangssprachlich kurz «PSA» genannt, ist jede Ausrüstung, die dazu bestimmt ist, von den Beschäftigten benutzt oder getragen zu werden, um sich gegen eine Gefährdung für ihre Sicherheit und Gesundheit zu schützen. Dazu gehört auch jede mit demselben Ziel verwendete und mit der Persönlichen Schutzausrüstung verbundene Zusatzausrüstung. Folgende Arten von PSA werden unterschieden:

- Atemschutz

Persönliche Schutzausrüstung (PSA)

- Augen- und Gesichtsschutz
- Fußschutz
- Gehörschutz
- Handschutz
- Hautschutz
- Kopfschutz
- PSA gegen Absturz
- PSA gegen Ertrinken
- PSA zum Retten aus Höhen und Tiefen
- Schutzkleidung
- Stechschutz

Gesetze, Vorschriften und Rechtsprechung

Rechtliche Vorgaben gibt es für die Herstellung von PSA und für deren Bereitstellung bzw. Anwendung.

Für die **Herstellung** von PSA ist v. a. 89/686/EWG «Angleichung der Rechtsvorschriften für Persönliche Schutzausrüstungen» (nationale Umsetzung durch 8. ProdSV) zu beachten. Die Richtlinie regelt die Bedingungen für das Inverkehrbringen und die grundlegenden Sicherheitsanforderungen an PSA. Die Konkretisierung der Anforderungen erfolgt in harmonisierten Normen, in denen die allgemeinen Anforderungen an PSA definiert sind, z. B. DIN EN 397 «Industrieschutzhelme», DIN EN 166 «Augenschutz» oder DIN EN 352 «Gehörschutz».

Für die Bereitstellung/Anwendung von PSA sind zentral:

- 89/656/EWG «PSA-Benutzungs-Richtlinie»: Enthält Mindestvorschriften im Hinblick auf Sicherheit und Gesundheitsschutz bei der Benutzung Persönlicher Schutzausrüstungen durch Arbeitnehmer bei der Arbeit.
- PSA-Benutzungsverordnung: Regelt die Bereitstellung von PSA durch den Arbeitgeber und die Benutzung von PSA durch Beschäftigte bei der Arbeit.
- § 29ff. BGV A1 «Grundsätze der Prävention»: Enthält Anforderungen an Bereitstellung und Benutzung von PSA sowie an Unterweisungen.
- BGR 189 ff. Regeln den Einsatz/die Benutzung einzelner Arten von PSA.

1 Gefährdungsbeurteilung

Das Arbeitsschutzgesetz verpflichtet den Arbeitgeber, dass er die erforderlichen Maßnahmen des Arbeitsschutzes ergreift und Gefährdungen für die Sicherheit oder für die Gesundheit von Beschäftigten beseitigt oder auf ein Mindestmaß verringert. Der Einsatz von PSA darf nur nachrangig zu anderen Schutzmaßnahmen erfolgen.

Zunächst gilt es, Gefährdungen, die im Rahmen der → *Gefährdungsbeurteilung* ermittelt wurden, mithilfe von technischen und/oder organisatorischen Schutzmaßnahmen zu unterbinden. Erst wenn diese Schutzmaßnahmen nicht möglich sind oder noch Restgefährdungen bestehen, darf PSA als individuelle Schutzmaßnahme eingesetzt werden.

> **Achtung: Bei der Auswahl von Schutzmaßnahmen gilt die sog. T-O-P-Rangfolge:**
> - **T**echnische Schutzmaßnahmen – z. B. Absaugung
> - **O**rganisatorische Schutzmaßnahmen – z. B. Unterweisung
> - **P**ersönliche Schutzmaßnahmen – z. B. PSA

2 Auswahl

Ergibt die → *Gefährdungsbeurteilung*, dass PSA eingesetzt werden muss, müssen die Anforderungen an die PSA festgelegt werden. Nur so kann die später eingesetzte PSA auch ausreichend Schutz gegen die Gefährdung bieten. Der PSA-Einsatz darf nicht zu einer größeren Gefahr führen: Deshalb ist z. B. das Tragen von Schutzhandschuhen an Bohr- oder Drehmaschinen wegen der Gefahr des Einzugs verboten.

An der Auswahl sollten folgende Personen beteiligt werden:

- Vorgesetzte,
- Fachkraft für Arbeitssicherheit,
- Betriebsarzt,
- Betriebs- oder Personalrat,
- Sicherheitsbeauftragte,
- betroffene Beschäftigte (im Rahmen von Trageversuchen).

Wichtig: Qualitätskriterien

PSA muss eine → CE-Kennzeichnung aufweisen. Der Hersteller zeigt dadurch, dass die PSA den Vorschriften entspricht. Dazu zählen neben grundsätzlichen Anforderungen auch einschlägige Normen für PSA. Bei den meisten PSA ist eine **Baumusterprüfung** erforderlich. Darauf sollte besonders bei Importen aus Asien geachtet werden, wenn die PSA nicht von namhaften Herstellern angeboten wird.

PSA muss den ergonomischen Anforderungen und gesundheitlichen Erfordernissen der Beschäftigten genügen. Sie muss an den Träger anpassbar sein. **PSA ist grundsätzlich für den Gebrauch durch eine Person bestimmt.** Erfordern die Umstände eine Benutzung durch verschiedene Mitarbeiter (z. B. Auffanggurte), muss der Arbeitgeber dafür sorgen, dass Gesundheitsgefahren oder hygienische Probleme nicht auftreten.

Vor dem eigentlichen Einsatz sollten **Trageversuche** durchgeführt werden. Die Trageversuche zeigen auch, ob die PSA für den betrieblichen Einsatz geeignet ist:

- Umgebungsbedingungen (z. B. für heiße Bereiche),
- Arbeitsbedingungen (z. B. für kniende Tätigkeit),
- Arbeitsschwere (z. B. Kleidung speichert Schweiß nicht),
- Kontrolle der Wirksamkeit (z. B. ausreichende Schnittbeständigkeit).

Dies ermöglicht eine geeignete Auswahl und erhöht gleichzeitig die Akzeptanz bei den Beschäftigten.

Beim gleichzeitigen Einsatz mehrerer PSA durch einen Beschäftigten muss der Arbeitgeber diese Schutzausrüstungen so aufeinander abstimmen, dass die Schutzwirkung der einzelnen Ausrüstungen nicht beeinträchtigt wird. Die **Kosten** für die PSA muss der Arbeitgeber tragen (§ 3 Abs. 3 ArbSchG, § 2 Abs. 5 BGV A1).

Praxis-Tipp: Unterstützung bei der Auswahl

Die meisten PSA-Hersteller helfen bei der Auswahl der richtigen PSA. Zudem unterstützen sie bei Trageversuchen, in dem sie kostenlose Muster und Test-Fragebögen für Rückmeldung der Mitarbeiter zur Verfügung stellen.

Die Berufsgenossenschaften und deren angeschlossene Institutionen (z. B. BGIA) bieten ebenfalls zahlreiche Schriften und Informationen sowie Positivlisten etc. an. Auch die Aufsichtspersonen der Berufsgenossenschaften sind kompetente Ansprechpartner.

3 Einsatz

Vor der Benutzung von PSA sind in einzelnen Fällen (z. B. bei → *Atemschutzgeräten* oder → *Gehörschutz*) → *arbeitsmedizinische Vorsorgeuntersuchungen* erforderlich. Diese sind dann vor dem ersten Einsatz und anschließend in entsprechen Zyklen durchzuführen.

Beschäftigte müssen beim Einsatz von PSA → *unterwiesen* werden, wie die PSA sicherheitsgerecht benutzt wird (§ 3 PSA-BV). Bei PSA, die gegen tödliche Gefahren oder bleibende Gesundheitsschäden schützen soll (z. B. → *Atemschutzgeräte*, → *PSA gegen Absturz*), müssen die Beschäftigten im Rahmen von → *Unterweisungen* und Übungen mit der Anwendung und den

Persönliche Schutzausrüstung (PSA)

Benutzungsinformationen des Herstellers vertraut gemacht werden. Mögliche Tragezeitbegrenzungen und Gebrauchsdauer sind zu beachten.

Entsprechende Informationen können in → *Betriebsanweisungen* zusammengefasst und im Rahmen der Unterweisung geschult werden. Einzelne berufsgenossenschaftliche Regeln (BGR) fordern sogar eine Betriebsanweisung. Die Unterweisung muss in den bekannten Zyklen (vor Arbeitsaufnahme, bei Bedarf, mind. jedoch jährlich) erfolgen.

> **Praxis-Tipp: Unterstützung der PSA-Hersteller**
>
> Hersteller von PSA bieten i. d. R. kostenlose Plakate oder Schulungsvideos an, die die Unterweisung der Beschäftigten vereinfachen. Auch Vor-Ort-Einweisungen in die Anwendung der PSA gehören bei den meisten Herstellern zum Service.

Beschäftigte müssen PSA bestimmungsgemäß verwenden (§ 30 Abs. 2 BGV A1). Die Verpflichtung zum Tragen von PSA wird in den jeweiligen Bereichen auch durch Gebotszeichen kenntlich gemacht (**Abb. 1**).

Die Mitarbeiter müssen die PSA regelmäßig auf den ordnungsgemäßen Zustand überprüfen (gilt z. B. nicht bei → *Hautschutz*). Sollten sie Mängel feststellen, müssen sie dies dem Arbeitgeber bzw. ihrem Vorgesetzten mitteilen. Einige PSA müssen regelmäßig durch → *befähigte Personen* **geprüft** werden. Das Ergebnis der → *Prüfung* ist schriftlich zu dokumentieren. Dazu zählen z. B. → *PSA gegen Absturz* oder → *Atemschutzgeräte*.

Wird PSA wiederholt verwendet, muss sie bei Bedarf regelmäßig gereinigt werden. Bei Benutzung der PSA durch mehrere Personen ist ggf. zusätzliche Desinfektion erforderlich. Durch Wartungs-, Reparatur- und Ersatzmaßnahmen sowie durch ordnungsgemäße Lagerung trägt der Arbeitgeber dafür Sorge, dass die PSA während der gesamten Benutzungsdauer gut funktionieren und sich in einem hygienisch einwandfreien Zustand befinden.

Abb. 1: Gebotszeichen zum Tragen von PSA

4 Arten von PSA

PSA lässt sich in unterschiedliche Arten unterteilen. **Tab. 1** zeigt die einzelnen Arten und führt weiterführende Informationsquellen an.

PSA-Art	Beispiele	BGR	Normen
→ Atemschutz	Atemschutzgeräte, Staubmaske	BGR 190	DIN EN 136, 140, 149
→ Augen- und Gesichtsschutz	Schutzbrille, Schutzschild, Visier	BGR 192	DIN EN 166
→ Fußschutz	Sicherheitsschuhe	BGR 191	DIN EN 20345
→ Gehörschutz	Gehörschutzstöpsel, Kapselgehörschutz, Otoplastiken	BGR 194	DIN EN 352
→ Handschutz	Schutzhandschuhe	BGR 195	DIN EN 374, 388
→ Hautschutz	Hautschutz-, Hautreinigungs-, Hautpflegemittel		
→ Kopfschutz	Schutzhelm, Anstoßkappe	BGR 193	DIN EN 397, 812
→ PSA gegen Absturz	Auffanggurt, Falldämpfer, Höhensicherungsgerät	BGR 198	DIN EN 353, 354, 355, 358, 360, 361
→ PSA gegen Ertrinken	Rettungsweste	BGR 201	DIN EN ISO 12402
→ PSA zum Retten aus Höhen und Tiefen	Rettungsgurt, Rettungsschleifen, Rettungshubgurt	BGR 199	
→ Schutzkleidung	Schutzanzüge, Schürze	BGR 189	DIN EN 340, 343
→ Stechschutz	Stechschutz für Hände, Unterarme, Rumpf, etc.	BGR 196, BGR 200	

Tab. 1: Übersicht zu weiteren Informationsquellen einzelner PSA-Kategorien

Dirk Haffke

Pflichtenübertragung

Pflichtenübertragung bedeutet, dass der Unternehmer seine Pflichten im Arbeitsschutz auf Führungskräfte oder andere Beauftragte übertragen kann. Die Übertragung sollte schriftlich erfolgen, mit Nennung der konkreten Aufgaben und Pflichten sowie der Abgrenzungen zu anderen Beauftragten. Dadurch erhalten die Beauftragten neben dem Arbeitgeber einen eigenen Verantwortungs- und Zuständigkeitsbereich mit allen haftungsrechtlichen Konsequenzen. Die Pflichtenübertragung entbindet den Unternehmer nicht von seiner Gesamtverantwortung im Arbeitsschutz.

Gesetze, Vorschriften und Rechtsprechung

Der Begriff der Pflichtenübertragung im Arbeitsschutz basiert v. a. auf § 13 Abs. 2 Arbeitsschutzgesetz: «*Der Arbeitgeber kann zuverlässige und fachkundige Personen schriftlich damit beauftragen, ihm obliegende Aufgaben nach diesem Gesetz in eigener Verantwortung wahrzunehmen.*» Dem Sinne nach identisch ist eine Pflichtenübertragung in § 13 BGV A1 bezogen auf das BG-Regelwerk vorgesehen. Genauere Informationen dazu enthält BGI 508 «Übertragung von Unternehmerpflichten».

1 Warum Pflichten übertragen?

Das gesamte deutsche Arbeitsschutzrecht fußt darauf, dass zunächst stets der Arbeitgeber die Verantwortung für den Arbeitsschutz trägt. Seine Haftpflicht reicht sehr weit und ist vielen Betroffenen in Arbeitgeberfunktionen nicht bewusst. So spielt z. B. bei einem Unfall infolge des Fehlverhaltens eines Beschäftigten oft die Frage eine unerwartet große Rolle, ob dem Arbeitgeber möglicherweise eine Organisationsverschulden wie unterlassene → *Unterweisung* oder Aufsicht vorgeworfen werden muss. Entsprechend wichtig ist es für jeden Arbeitgeber, auch aus Gründen der persönlichen Haftbarkeit mit Arbeitsschutzfragen sorgfältig umzugehen.

Natürlich kann kein Arbeitgeber die Augen überall im Betrieb haben und so seine vielfältigen Aufsichts- und Informationspflichten wahrnehmen. Das können faktisch nur die auf der jeweiligen Ebene eingesetzten → *Führungskräfte*. Diese haben grundsätzlich ab dem Zeitpunkt ganz automatisch Pflichten im Arbeitsschutz, ab dem es in ihre Verantwortung fällt, die gesamten Abläufe in einem Betriebsteil, einer Abteilung, Werkstatt usw. zu organisieren und abzuwickeln. § 13 Abs. 1 Arbeitsschutzgesetz bzw. § 13 BGV A1 verweisen daher ausdrücklich auf weitere verantwortliche Personen im Arbeitsschutz, z. B. Unternehmens- und Betriebsleiter und «sonstige beauftragte Personen».

Allerdings ist die Abgrenzung der Zuständigkeiten und damit auch der Haftbarkeit sehr schwierig, wenn dazu keine ausdrücklichen Festlegungen getroffen werden. So lässt sich zwar grundsätzlich jede Führungstätigkeit (z. B. auch die eines Werkstattmeisters oder Vorarbeiters auf Montage) mit den dazugehörigen Arbeitsschutzpflichten verknüpfen. Wenn der Betroffene darüber aber nicht aufgeklärt wurde, wird er zu Recht geltend machen können, dass er keine Pflichten wahrnehmen konnte, die für ihn nicht erkennbar waren. Das Organisationsverschulden bleibt so u. U. wieder beim Arbeitgeber hängen.

Wenn der Arbeitgeber also seinen Organisationsverpflichtungen zuverlässig nachkommen will, muss er die Pflichtenübertragung sorgfältig und nachvollziehbar für alle Beteiligten und die Aufsichtsbehörden vornehmen. Er muss dabei damit rechnen, bei den betroffenen → *Führungskräften* zunächst auf eine gewisse Zurückhaltung zu treffen (siehe → *Abschn. 3*). Bei entsprechender Vermittlung, Schulung und Unterstützung der → *Führungskräfte* bringt eine ausdrückliche Pflichtenübertragung allerdings den betrieblichen Arbeitsschutz einen erheblichen Schritt nach vorne: → *Führungskräfte* sorgen dann in ihrem eigenen Interesse dafür, dass Arbeitsschutz in ihrer Abteilung wirklich umgesetzt und gelebt wird und nicht länger als Spielfeld von einigen wenigen im Betrieb betrachtet wird. Auch für eine erfolgreiche Zertifizierung ist eine geordnete Pflichtenübertragung unverzichtbar.

Klar sollte sein, dass Pflichtenübertragung nicht die bekannten Funktionsträger im Arbeitsschutz wie → *Sicherheitsfachkräfte*, → *Betriebsärzte* oder → *Sicherheitsbeauftragte* betrifft. Diese erfüllen in aller Regel Beratungs- und Unterstützungsaufgaben und haben keine Weisungsbefugnis.

2 Wie Pflichten übertragen?

§ 13 Abs. 2 ArbSchG/ BGV A1 fordern ausdrücklich die Schriftform. Zumindest sollte bei allen Stellenbeschreibungen, Arbeitsverträgen oder sonstigen Vereinbarungen zwischen Arbeitgeber und → *Führungskräften* darauf geachtet werden, dass die Wahrnehmung von Aufgaben zur Erfüllung des Arbeitsschutzes ausdrücklich mit zu den Leistungen der → *Führungskraft* gehört. Ist das nicht der Fall oder wird ein Mitarbeiter beauftragt, der nicht → *Führungskraft* in den betroffenen Bereichen ist, aber trotzdem die Arbeitgeberpflichten wahrnehmen soll, muss in einer gesonderten Beauftragung festgehalten werden, welche Pflichten genau und in welcher Weise von dem Beauftragten wahrgenommen werden sollen.

Dabei ist auch bei kleinen und mittleren Betrieben ein gewisses juristisches Fingerspitzengefühl unerlässlich (bei größeren Betrieben ist das ohnehin Bestandteil größerer Organisationsprozesse). Schließlich kann und sollte kein Mitarbeiter eine Pflichtenübertragung hinnehmen, die zwar viele Pflichten umfasst, aber wenig oder keine Handlungskompetenz. So wird jeder Beauftragte des Arbeitgebers, der keine Führungskraft ist und damit auch keine entsprechende Weisungsbefugnis hat, in dieser Einheit immer nur eine Art Beratungsfunktion wahrnehmen können. Dementsprechend bleibt in diesem Fall ein erheblicher Teil der Verantwortung, nämlich für Umsetzung und Kontrolle, bei dem, der die Weisungsbefugnis hat.

Ein weiterer begrenzender Faktor für die Pflichtenübertragung ist die organisatorische und letztlich finanzielle Seite. Ein Beauftragter kann nur soweit Verantwortung auf dem Arbeitsschutz übernehmen, wie er auch über die nötigen Mittel verfügt, um z. B. Mängel abzustellen. Es ist also darauf zu achten, dass in solchen Beauftragungen Formulierungen gefunden werden, die den Realitäten entsprechen und keine Rechtskonstrukte aufbauen, die der Wirklichkeit nicht standhalten.

3 Worauf muss bei der Pflichtenübertragung geachtet werden?

Die Umsetzung einer Pflichtenübertragung ist in einem Betrieb, der damit bisher nicht gearbeitet hat, mit erheblicher Unruhe verbunden. Bei den betroffenen Führungskräften entsteht nahezu unvermeidlich der Eindruck, dass ihnen eine erhöhte Verantwortungslast auferlegt werden soll, zumal die Schriftform den sensiblen Bereich des eigenen Arbeitsvertrags berührt und so leicht als Vertragsänderung zum möglichen Nachteil des Mitarbeiters empfunden wird. Es bedarf einiger Aufklärungsarbeit und behutsamer Kommunikation, um klar zu machen, dass es eigentlich nicht darum geht, → *Führungskräften* zusätzliche Verantwortung aufzudrücken, sondern sie vielmehr darin zu unterstützen, ohnehin bestehende Verantwortungsbereiche qualifiziert und einigermaßen gesichert abzudecken.

Dabei muss immer wieder auf den Grundsatz hingewiesen werden, dass niemand Verantwortung für Dinge übernehmen muss, die erkennbar außerhalb seiner Handlungskompetenz liegen. Andersherum wird es wichtig sein klarzumachen, wie in solchen Fällen zu reagieren ist, z. B. indem eine → *Führungskraft* dokumentiert auf einen Mangel hinweist, den sie nicht in eigener Verantwortung abstellen kann. Ein Instrument dazu ist z. B. die → *Gefährdungsbeurteilung*.

> **Wichtig: Pflichtenübertragung ist kein reiner Verwaltungsakt**
>
> Gelingt der «Bewusstseinswandel Pflichtenübertragung» steigt das Interesse an Fragen des Arbeitsschutzes im Betrieb sofort erheblich. Der Arbeitgeber muss also darauf achten, dass er den Beratungs- und Informationsbedarf abdecken kann, der bei den Führungskräften aus einer Pflichtenübertragung entsteht. Eine solche Pflichtenübertragung wird daher kaum am Schreibtisch der Personalstelle ablaufen können. Vielmehr muss sich der Arbeitgeber möglicherweise auf eine ganze Reihe von Informations- und Schulungsveranstaltungen einrichten, bis die beauftragten Personen bereit und in der Lage sind, ihre Pflichten umfassend wahrzunehmen.

Friedrich Hodemacher

Phase-in-Stoffe

Phase-in-Stoffe entsprechen definitionsgemäß mindestens einem der folgenden Kriterien:

- Der Stoff ist im Europäischen Verzeichnis der auf dem Markt vorhandenen chemischen Stoffe (EINECS) aufgeführt. Dabei handelt es sich um die sog. Altstoffe.
- Der Stoff wurde in der EU hergestellt, vom Hersteller oder Importeur jedoch in den 15 Jahren vor Inkrafttreten der REACH-Verordnung nachweislich nicht in Verkehr gebracht (z. B. werksinterne Stoffe).
- Bei dem Stoff handelt es sich um ein sog. «No-Longer-Polymer», das bis Anfang der 90er-Jahre als Polymer angesehen und nach der Stoff-Richtlinie 67/548/EWG als angemeldet galt, aber nicht mehr der Definition eines Polymers nach der REACH-Verordnung entspricht. Nachweislich muss der Stoff zwischen 18.9.1981 und 31.10.1993 von einem Hersteller oder Importeur in Verkehr gebracht worden sein.

Gesetze, Vorschriften und Rechtsprechung

Phase-in-Stoffe werden in Art. 3 Abs. 20 Verordnung (EG) Nr. 1907/2006 (REACH-Verordnung) definiert. Für Phase-in-Stoffe gelten besondere Übergangsbestimmungen für die Registrierung. So darf ein potenzieller Registrant unter der Voraussetzung, dass er eine sog. Vorregistrierung gem. Art. 28 REACH-Verordnung durchgeführt hat, den betreffenden Stoff bis zum Ablauf der in Art. 23 REACH-Verordnung festgelegten Übergangsfristen noch ohne Registrierung weiter herstellen und importieren.

Benedikt Vogt

Präsentismus

Der Begriff Präsentismus lehnt sich an den gängigen Begriff Absentismus an. Bewährt hat sich eine breite Definition: Mitarbeiter sind anwesend (präsent), aber aufgrund verschiedener Probleme nicht voll leistungsfähig. Von gesundheitsbedingtem Präsentismus spricht man, wenn Mitarbeiter anwesend, aber aufgrund tatsächlicher Gesundheitsprobleme nicht voll leistungsfähig sind.

In Unternehmen wird häufig eine dritte Definition von Präsentismus benutzt, die den Produktivitätsverlust mit einbezieht: Präsentismus wird hier gleichgesetzt mit Produktivitätsverlusten bei anwesenden Mitarbeitern durch tatsächliche Gesundheitsprobleme.

Prävention

Unter Prävention versteht man im Arbeits- und Gesundheitsschutz die Verhütung von Gesundheitsbeeinträchtigungen, Krankheiten, deren Verschlimmerung und die Verhütung von Folgeerscheinungen von Krankheit und Behinderung sowie deren Fortschreiten. Prävention zielt darauf ab, Menschen zur Stärkung ihrer Gesundheit zu befähigen und zugleich ihre gesundheitsrelevanten Lebens- und Arbeitsbedingungen zu verbessern.

Gesetze, Vorschriften und Rechtsprechung

Mit dem Arbeitsschutzgesetz hat durch ein erweitertes Verständnis von Arbeits- und Gesundheitsschutz ein Paradigmenwechsel zu einem präventiven Arbeitsschutz stattgefunden:

«Maßnahmen des Arbeitsschutzes ... sind Maßnahmen zur Verhütung von Unfällen bei der Arbeit und arbeitsbedingten Gesundheitsgefahren einschließlich der menschengerechten Gestaltung der Arbeit» (§ 2 Abs. 1 ArbSchG). Außerdem schreibt das ArbSchG vor, dass der Arbeits- und Gesundheitsschutz als kontinuierlicher Verbesserungsprozess zu organisieren ist.

1 Arten der Prävention

In der Prävention werden verschiedene Stufen unterschieden:

- **Primärprävention:** Primärprävention beseitigt oder verringert Risiken/Gefahren am Arbeitsplatz, bevor die Gefährdungen bzw. Belastungen wirksam werden und soll eine Erkrankung des Mitarbeiters verhindern. Sie sorgt für sichere und gesundheitsgerechte Verhältnisse am Arbeitsplatz. Dies gilt für die Verhältnisse am Arbeitsplatz, aber auch für das Verhalten der Mitarbeiter.
- **Sekundärprävention:** Sekundärprävention versucht bestehende Gefährdungen/Belastungen durch ausgleichende/unterstützende Maßnahmen für den Mitarbeiter zu verringern und damit einer bestehenden gesundheitlichen Beeinträchtigung entgegenzuwirken. Sei dies durch eine Verbesserung der Leistungsfähigkeit oder durch Schaffung eines Ausgleiches zur Minderung der Belastung für den Mitarbeiter.
- **Tertiärprävention:** Ist eine Erkrankung bereits eingetreten, dann wird geklärt, ob der Mitarbeiter durch Maßnahmen zur beruflichen Rehabilitation seine Arbeitskraft erhalten und ein möglicher Rückfall durch technische Maßnahmen verhindert werden kann. Die Maßnahmen haben das Ziel, die Verschlimmerung eines Gesundheitsproblems zu vermeiden und gleichzeitig die Fortführung beruflicher Tätigkeit zu ermöglichen. Im Rahmen des → *Betrieblichen Wiedereingliederungsmanagements (BEM)* (§§ 83 – 84 SGB IX) ist der Betrieb seit Mai 2004 zur Mitarbeit verpflichtet.

Eine eindeutige Trennung zwischen diesen 3 Präventionsbereichen ist nicht immer möglich. Der Begriff → *Prävention* wird zunehmend in zusammengesetzten Begriffen verwendet. Das Fachwort steht am Anfang und bezeichnet das Fachthema oder den Problembereich: Rücken, → *Burnout*, → *Stress*, Verhaltensprävention, Verhältnisprävention.

2 Erfolgreiche Prävention

«**Damit Sie auch morgen noch kraftvoll zubeißen können**» Dieser Werbeslogan aus den 80-er Jahren spiegelt die Wichtigkeit von präventiven Maßnahmen. In Deutschland sieht die Umsetzung so aus, dass Zahnersatz eine Kassenleistung, aber keine vorbeugende Maßnahme ist. Kritische Stimmen fragen hier zu Recht: Haben wir nicht ein Krankheitssystem und müssen erst einen Paradigmenwechsel vollziehen, denn so hat das System keine Fehler, es ist der Fehler. Was wäre wenn Ärzte für die Gesundheit Ihre Patienten bezahlt werden statt für die Krankheit?

Ganz anders in der Schweiz, die weltweit als Vorreiter einer erfolgreichen Vorsorge gilt. Dort ist die gesamte zahnärztliche Behandlung noch niemals Bestandteil der gesetzlichen Krankenversicherung gewesen: «Wenn jemand die Vorsorge vernachlässige, sei es ihm zuzumuten, die Schäden selbst zu tragen und nicht die Solidargemeinschaft dafür aufkommen zu lassen», so der renommierte Schweizer Gesundheitsökonom Willy Oggier.

3 Prävention im Arbeits- und Gesundheitsschutz

→ *Prävention* spielt im Arbeitsschutz eine zentrale Rolle. Der moderne Arbeits- und Gesundheitsschutz setzt bereits vor dem Auftreten von → *Arbeitsunfällen* und Berufskrankheiten ein. Durch gezielte → *Unterweisungen* lernen die Beschäftigten Gesundheitsgefahren zu erkennen und ihnen durch ihr Verhalten zu begegnen. Es geht nicht nur um → *Lärm*, dicke Luft, schlechtes Licht u. ä., sondern um die gesamte Bandbreite der Belastungen in der Arbeitswelt. Dazu zählen auch psychische und psychosoziale Belastungsfaktoren wie → *Mobbing*.

Leistungsfähigkeit und -bereitschaft sowie die Entfaltung von Kreativität und intellektuellen Potenzialen sind eng an die Bedingungen von Gesundheit und Wohlbefinden gekoppelt. Ein gesunder und motivierter Mitarbeiter kann seine Humanressourcen optimal im Unternehmen einsetzen.

3.1 Kooperationen in der betrieblichen Prävention

Im → *betrieblichen Gesundheitsmanagement* sind folgende verschiedenen Akteure tätig:

- staatliche Arbeitsschutzbehörden (z. B. Gewerbeaufsichtsamt)
- Unfallversicherungsträger und Berufsgenossenschaften
- Träger der gesetzlichen Rentenversicherung
- Verbände der Sozialpartner wie Gewerkschaften und Arbeitgeberverbände
- Handwerkskammer, Industrie- und Handelskammern, Innungen, Fachverbände
- Krankenkassen
- Arbeitsverwaltung mit Bundesagentur für Arbeit, Arbeitsämter
- externe Dienstleister mit Beratungskompetenzen in verschiedenen Gebieten

3.2 Ziele und Handlungsfelder

Der Spitzenverband der Krankenkassen hat 2008 einen Leitfaden für Präventionsangebote mit Ihren Zielvorgaben entwickelt (**Tab. 1**).

Oberziel	Arbeitsweltbezogene Prävention: Reduktion von psychischen und Verhaltensstörungen
Teilziele	1. Steigerung der Anzahl an betrieblichen Präventionsmaßnahmen mit der inhaltlichen Ausrichtung «gesundheitsgerechte Mitarbeiterführung» um 10 % innerhalb von 2 Jahren
	2. Steigerung der Anzahl an betrieblichen Präventionsmaßnahmen mit der inhaltlichen Ausrichtung Stressbewältigung/Stressmanagement um 10 % innerhalb von 2 Jahren

Oberziel	Arbeitsweltbezogene Prävention: Reduktion von psychischen und Verhaltensstörungen
	3. Steigerung der Teilnahme älterer Arbeitnehmer an betrieblichen Präventionsmaßnahmen zur Reduktion → *psychischer Belastungen* um 10 % innerhalb von 2 Jahren

Tab. 1: Ziele von Prävention[102]

In der Primärprävention werden ergänzend zum § 20 Abs. 1 SGB V exakte Handlungsfelder und Präventionsprinzipien festgelegt (**Tab. 2**).

Primärprävention nach § 20 Abs. 1 SGB V	Betriebliche Gesundheitsförderung nach § 20a SGB V
Handlungsfelder und Präventionsprinzipien	
Bewegungsgewohnheiten • Reduzierung von Bewegungsmangel durch gesundheitssportliche Aktivität • Vorbeugung und Reduzierung spezieller gesundheitlicher Risiken durch geeignete verhaltens- und gesundheitsorientierte Bewegungsprogramme	Arbeitsbedingte körperliche Belastungen • Vorbeugung und Reduzierung arbeitsbedingter Belastungen des Bewegungsapparates
Ernährung • Vermeidung von Mangel- und Fehlernährung • Vermeidung und Reduktion von Übergewicht	Betriebsverpflegung • Gesundheitsgerechte Verpflegung am Arbeitsplatz
Stressbewältigung/Entspannung • Förderung individueller Kompetenzen der Belastungsverarbeitung zur Vermeidung stressbedingter Gesundheitsrisiken	Psychosoziale Belastungen (→ *Stress*) • Förderung individueller Kompetenzen zur Stressbewältigung am Arbeitsplatz • → *gesundheitsgerechte Mitarbeiterführung*
Suchtmittelkonsum • Förderung des Nichtrauchens • Gesundheitsgerechter Umgang mit *Alkohol*/Reduzierung des Alkoholkonsums	Suchtmittelkonsum • Rauchfrei im Betrieb • «Punktnüchternheit» (Null Promille)

Tab. 2: Handlungsfelder und Präventionsprinzipien[103]

4 Prävention rechnet sich

Sinnvolle Ansätze von → *Prävention* sind bei den Arbeitsbedingungen (Verhältnisprävention durch Verhältnisergonomie) und beim Verhalten der Beschäftigten (Verhaltensprävention durch Verhaltensergonomie) zu suchen.

Nachhaltige Erfolge in der → *betrieblichen Gesundheitsförderung* können nur durch eine Verknüpfung von Verhältnis- und Verhaltensprävention erreicht werden. Dazu gehört, die Gesundheitskompetenz der Beschäftigten zu stärken. Mit speziellen Programmen können die Körperwahrnehmung geschult, die Folgen der Bewegungsarmut thematisiert und die Beschäftigten für Ausgleichs- und gymnastische Übungen motiviert werden. Dies erhöht z. B. auch die Bereitschaft, ein Stehpult oder eine Stehhilfe zu nutzen und für mehr Abwechslung zwischen Sitzen, Stehen und Bewegung im Arbeitsalltag zu sorgen.

→ *Prävention* hilft dabei, in hohem Umfang Kosten zu sparen. Wirtschaftlich gesehen ist → *Prävention* effizienter als die nachträgliche Korrektur von Mängeln – und das nicht nur im Betrieb, sondern auch im privaten Bereich.

---

[102] Quelle: GKV-Spitzenverband, Präventionsleitfaden, 2008, S. 15.
[103] Quelle: GKV-Spitzenverband, Präventionsleitfaden, 2008, S. 17.

Eine Investition in die → *Sitz-Steh-Dynamik* lohnt sich zweifellos, denn: Leistungsverluste bei der Arbeit, aber auch krankheitsbedingte Ausfälle nehmen deutlich ab. Dies belegt auch eine wissenschaftliche Langzeitstudie bei der Drägerwerk AG[104]:

- In dem Zeitraum von 5 Jahren reduzierten sich die Arbeitsausfalltage nach Einführung der → *Sitz-Steh-Dynamik* durch integrierte Stehpulte von Jahr zu Jahr. Umgerechnet auf alle, die an der Studie teilnahmen, ging der Arbeitsausfall durch Krankheit jährlich um fast einen halben Tag pro Teilnehmer zurück. Geht man davon aus, dass ein Krankheitstag pro Person und Tag 400 EUR kostet, ergibt sich für ein Unternehmen mit 100 Beschäftigten hochgerechnet eine Kosteneinsparung von 20.000 EUR pro Jahr – allein durch die Vermeidung von Arbeitsausfällen.
- Der betriebswirtschaftliche Nutzen von Maßnahmen zur Prävention und → *Gesundheitsförderung* besteht allerdings nur zu 5 bis 10 % aus der Vermeidung von → *Arbeitsausfällen*, wie Kosten-Nutzen-Analysen für Maßnahmen betrieblicher Gesundheitsförderung aus den USA zeigen. Der viel größere wirtschaftliche Ertrag – nämlich 50 bis 75 % – liegt in der Produktivitätssteigerung, die erreicht werden kann, wenn sich die Beschäftigten wohl fühlen, gesund und motiviert sind.

Ein einfaches Rechenbeispiel macht die Dimension des wirtschaftlichen Potenzials deutlich:

Praxis-Beispiel: → *Sitz-Steh-Dynamik* lohnt sich

Ergreift ein Unternehmen keine Maßnahmen der Sitz-Steh-Dynamik, «verschenkt» es pro Mitarbeiter jährlich:

- 200 EUR wegen Krankheitsausfall,
- 1.500 EUR wegen Produktivitätseinbußen,

insgesamt also 1.700 EUR. Hat ein Unternehmen z. B. 200 Beschäftigte im Büro, sind das jährlich über 340.000 EUR.

Die nachhaltige Verbesserung der Bewegungsergonomie durch gesundheitsfördernde → *Sitz-Steh-Dynamik* nützt also beiden Seiten:

- den Mitarbeitern: ihr Wohlbefinden und ihre Arbeitszufriedenheit am Arbeitsplatz steigen,
- dem Unternehmen: die Produktivität und die Qualität der Aufgabenerledigung nehmen zu.

Das Kosten-Nutzen-Verhältnis (Benefit-Cost-Ratio) kann dabei laut der Studie bei der Drägerwerk AG 1:12 erreichen. Das bedeutet, dass sich für jeden investierten Euro in → *Sitz-Steh-Dynamik* eine Investitionsrendite (Return-on-Investment) von 12 EUR ergibt.

Michael Schurr

Pressen

Eine Presse ist eine Maschine, bei der Anpress-, Umform- oder Trennvorgänge durch Druckkräfte bewirkt werden.

Gesetze, Vorschriften und Rechtsprechung

Folgende **Vorschriften und Regeln** legen Maßnahmen für Pressen fest:

- Kap. 2.3 BGR 500 «Pressen der Metallbe- und -verarbeitung»
- BGI 551 «Presseneinrichter»
- BGI 724 «Pressenprüfungen»

---

[104] officeplus, Evaluation des Einsatzes von officeplus-Stehpulten bei der Drägerwerk AG (1997 bis 2003), 2005

1 Gefährdungen

Pressen unterscheidet man grob nach der Art der Kraftübertragung: Kurbelpresse, Exzenterpresse, Kniehebelpresse, Spindelpresse, Reibspindelpresse, Kolbenpresse, hydraulische Presse. Beim Pressvorgang werden durch Übertragung von Druckkräften Anpress-, Umform- oder Trennvorgänge verrichtet.

Diese Vorgänge (Anpressen, Umformen, Trennen) stellen gleichzeitig auch die Hauptgefahren von Pressen dar. Gelangt ein Mensch oder Teile seines Körpers während der Schließbewegung zwischen Ober- und Unterwerkzeug der Presse, kommt es leicht zu mehr oder minder schweren Unfällen. Bei der Handentnahme oder Handbeschickung von Pressen kommt es dazu, dass im Bereich der Gefahrstelle (Quetsch-, Scher-, Schneid-, Stich-, Stoßstelle) gearbeitet wird. Pressen arbeiten meist so schnell, dass während der Schließbewegung der Presswerkzeuge z. B. die Hand nicht rechtzeitig aus dem Gefahrenbereich gezogen werden kann.

2 Schutzmaßnahmen

Bei Pressen muss durch die Art der Konstruktion (sichere Werkzeuge) oder durch technische Schutzmaßnahmen (s. a. → *Schutzeinrichtungen*) erreicht werden, dass keine Gefahrstellen vorhanden sind oder sich der Mensch während der Schließbewegung nicht im Bereich der Gefahrstellen aufhalten kann. Ersatzweise gilt auch bei besonderen Pressenarten, dass bei geringen Schließgeschwindigkeiten (max. 10 mm/s) Verletzungen nicht zu erwarten sind.

Die berufsgenossenschaftlichen Vorschriften enthalten keine Bau- und Ausrüstungsbestimmungen mehr. Es sei an dieser Stelle auf die ehemalige VBG 7n5.1 «Exzenter- und verwandte Pressen» verwiesen, der eine **Rangfolge der Schutzmaßnahmen** entnommen werden kann:

- Presswerkzeuge, die aufgrund ihrer Konstruktion oder durch zusätzlich angebaute Verdeckungen ein Hineingreifen in die Gefahrstelle ausschließen,
- feste Verdeckungen der Gefahrstellen,
- bewegliche Verdeckungen,
- berührungslos wirkende Schutzeinrichtungen,
- Zweihandschaltungen,
- abweisende Schutzeinrichtungen.

3 Allgemeine Anforderungen

An Pressen dürfen Jugendliche nur zur Erreichung ihres Ausbildungszieles beschäftigt werden, sofern dabei ihr Schutz durch einen Aufsichtführenden gewährleistet ist und Werkzeuge verwendet werden, die Verletzungen ausschließen.

Es muss eine → *Betriebsanweisung* erstellt und die Beschäftigten müssen auf Grundlage der Betriebsanweisung → *unterwiesen* werden.

Betriebsstörungen dürfen nur beseitigt werden, wenn die vorhandene Ausschalteinrichtung betätigt worden ist. Darauf müssen die Beschäftigten mind. halbjährlich hingewiesen werden.

Pressen dürfen erst dann in Betrieb genommen werden, nachdem sie ordnungsgemäß eingerichtet wurden, und die ordnungsgemäße Einrichtung durch eine Kontrollperson bestätigt wurde.

Schutzeinrichtungen müssen mind. jährlich durch eine befähigte Person geprüft werden. Die → *Prüfung* muss in einem Prüfbuch dokumentiert werden.

Dirk Rittershaus

Prozesse

Ein Prozess (Ablauf, Vorgang) stellt die logisch verknüpfte Abfolge von i. d. R. miteinander in Wechselwirkung stehenden Aktivitäten (aufeinander aufbauenden Tätigkeiten/Schritten) dar, die Eingaben (Inputs, z. B. ein Auftrag, Kundenanforderungen, gesetzliche Anforderungen) in angestrebte Ergebnisse (Outputs, z. B. ausgeführter Auftrag, zufriedene Kunden, erfüllte gesetzliche Anforderungen) überführen. D. h., aus Rohmaterialien werden fertige Produkte hergestellt oder aus Anfragen werden Angebote erstellt.

1 Erfordernis der Festlegung betrieblicher Prozesse

Ein wesentliches Kennzeichen einer zeitgemäßen Führung und Organisation ist die Prozessorientierung. Dahinter stehen v. a.

- die Ausrichtung aller Aktivitäten eines Unternehmens an den Anforderungen der externen und internen Kunden,
- das Denken in Prozessen statt in Funktionen,
- die Erhöhung der Prozesssicherheit (Gestaltung sicherer Prozesse) sowie
- die Optimierung des Betriebes v. a. durch die Verbesserung der betrieblichen Prozesse.

Dies ist nur möglich, wenn die Prozesse festgelegt und damit auch beschrieben sind. Mit festgelegten Prozessen lässt sich das Betriebsgeschehen wirkungsvoll steuern, überwachen, überprüfen und verbessern.

Auch im Arbeits- und Gesundheitsschutz stehen Prozesse im Mittelpunkt, d. h., auch die betriebliche Sicherheitsarbeit ist prozessorientiert zu gestalten. So sollte v. a. die Umsetzung von Arbeitsschutzaspekten (z. B. Einweisung, Nutzung der erforderlichen → *PSA*) Teil der Arbeitsprozesse sein. Dafür müssen die jeweils relevanten Sicherheits- und Gesundheitsaspekte in die Festlegungen des jeweiligen Prozesses integriert werden. Darüber hinaus sind auch spezielle Aufgaben im Rahmen des betrieblichen Arbeitsschutzes (z. B. die Gefährdungsbeurteilung) als Prozess zu gestalten. Gleiches gilt auch für das nach § 3 Abs. 1 ArbSchG geforderte Streben nach Verbesserung von Sicherheit und Gesundheitsschutz. Hierfür kann der im Unternehmen bereits festgelegte → *kontinuierliche Verbesserungsprozess (KVP)* genutzt werden.

Existiert noch kein → *KVP* sollte das Unternehmen einen solchen Prozess festlegen.

> **Wichtig: Prozesse haben einen normativen Charakter**
>
> Festgelegte Prozesse
> - stellen einen betrieblichen Standard dar
> - sind eine verbindliche Vorgabe.

2 Kennzeichen eines Prozesses

Alle Prozesse haben gemeinsam, dass

- in ihnen Information und/oder Material fließt,
- sie einen definierten Start- und Endpunkt haben,
- der Wert zwischen dem Start- und dem Endpunkt steigt (wertschöpfender Prozess),
- sie einem definierten Ziel (gewolltem Ergebnis) dienen,
- sie eine definierte Abfolge von wiederholt ablaufenden Aktivitäten/Tätigkeiten (Prozessschritte) besitzen und
- die Prozessschritte teilweise in Wechselwirkungen zueinander stehen.

Darüber hinaus sollte ein betrieblicher Prozess

- festgelegt (modelliert und beschrieben) sein,
- Kunden-Lieferanten-Beziehungen darstellen (vgl. **Abb. 1**),
- nur die erforderlichen Teilschritte exakt festlegen und bei den restlichen sowie den kreativen ausreichend Freiräume für individuelles Handeln und ggf. Improvisation schaffen,
- durch einen Prozessverantwortlichen betreut und überwacht werden,
- eine hohe Effizienz durch eine möglichst optimale Nutzung der vorhandenen Mittel und Ressourcen besitzen,
- durch geeignete Prozesskennzahlen bewertbar sein sowie
- kontinuierlich verbessert werden.

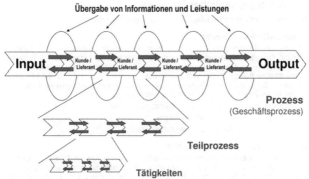

Abb. 1: Was ist ein Prozess?

3 Denken in Prozessen – statt in Funktionen

Die Leistungen in einem Unternehmen sind das Ergebnis von wie auch immer gearteten Prozessen. Im Vergleich zu den Strukturen, die sich aus der Aufbauorganisation ergeben, charakterisieren die Prozesse sehr gut das Geschehen in einem Unternehmen. Der Blick auf die betrieblichen Prozesse ist deshalb sowohl für das Führen eines Unternehmens als auch die Wirtschaftlichkeit des Unternehmens von zentraler Bedeutung.

Prozesse gehen i. d. R. über Stellen- und Abteilungsgrenzen hinaus. Dadurch kommt es immer wieder zu konkurrierenden Interessen zwischen einer Stelle bzw. einer Abteilung und dem Prozess sowie zu Schnitt- bzw. Nahtstellenproblemen. In Prozessen zu denken hat zur Konsequenz, dass die potenziellen Probleme bereits bei der Gestaltung oder der Optimierung der Prozesse betrachtet und gelöst werden müssen. Oberstes Gebot ist dabei die Sicherstellung effektiver, effizienter und störungsfreier Prozesse.

Denken in Prozessen ist eine Grundhaltung in einem Unternehmen, die das gesamte betriebliche Handeln als Kombination zielorientierter Prozesse betrachtet und zur Steigerung der Qualität und Produktivität in einem Unternehmen die Prozesse ständig verbessert. Eine besonders wichtige Rolle spielen dabei

- die Ausrichtung auf die Wünsche und Anforderungen der Kunden,
- auch der internen Kunden, also den internen Empfängern einer Leistung (eines Teilproduktes, einer Information etc.),
- die Einbeziehung aller Mitarbeiter auf allen Hierarchieebenen.

Denken in Prozessen bedeutet für ein Unternehmen auch eine Änderung der Organisationsstruktur. Nicht mehr die klassische Aufbaustruktur mit dem typischen Abteilungsdenken ist maßgeblich, sondern die Ablaufstruktur mit den festgelegten Prozessen rückt ins zentrale Blickfeld. Dies bedeutet, dass die klassischen Systemgrenzen aufgebrochen werden und die einzelnen Teilaufgaben in den Abteilungen zu einem Gesamtprozess integriert werden müssen. Damit sind auch die Schnitt- oder Nahtstellen an den einzelnen Übergängen zwischen den Organisationseinheiten zu beseitigen.

4 Arten betrieblicher Prozesse

Nach den zugrunde liegenden Tätigkeiten wird differenziert zwischen:

Führungs-/Managementprozesse

Sie dienen der Gestaltung der Organisation, der strategischen Unternehmensführung sowie der Planung, Kontrolle und Steuerung der wertschöpfenden und der unterstützenden Prozesse. Führungs-/Managementprozesse sind «nur» unmittelbar wertschöpfend, d. h., sie leisten i. d. R. keinen direkten Beitrag zu dem vom Kunden wahrgenommenen Wert der für ihn erbrachten Leistungen. Sie liefern aber strategische Vorgaben für alle Prozesse und legen somit das Fundament für die Wertschöpfung im Unternehmen. Beispiele sind:

- Erarbeiten und Kommunizieren eines Unternehmensleitbildes,
- strategische Ausrichtung des Unternehmens,
- Erarbeiten und Vereinbaren von Unternehmenszielen.

Wertschöpfende Prozesse (Kernprozesse)

Sie dienen unmittelbar zur Erstellung und Vermarktung von Produkten und Dienstleistungen für die externen Kunden. Sie sollen direkt zum Kundennutzen beitragen. In den wertschöpfenden Prozessen finden in genau aufeinander abgestimmten Teilprozessen alle kundenorientierten Geschäftstätigkeiten statt: von der Identifizierung der Kundenanforderungen, der Akquisition über die Produktentwicklung, die Produktion bis hin zur Auslieferung an die Kunden. Besonders wichtig ist hier auch die Gestaltung des Kontaktes zu den Kunden.

Die wertschöpfenden Prozesse tragen auch zur Erhöhung des Wertes des Unternehmens bei.

Unterstützende Prozesse

Sie dienen der Steuerung, Unterstützung und Verbesserung der Führungs-/Managementprozesse sowie der wertschöpfenden Prozesse, ohne selbst einen direkten Kundennutzen zu erzeugen. Dazu zählen z. B.

- Personalentwicklung,
- Bereitstellung der erforderlichen Infrastruktur,
- Einkauf,
- vorbeugende → *Instandhaltung*,
- Arbeitsschutz,
- integriertes → *Managementsystem*.

5 Prozesslandkarte

Eine Prozesslandkarte gibt einen Überblick über die definierten Geschäftsprozesse eines Unternehmens und stellt deren Zusammenwirken grob dar. Sie zeigt damit die Funktionsweise eines Unternehmens anhand der wichtigsten betrieblichen Prozesse in bildhafter Form. Die Prozesslandkarte soll allen Beteiligten ein Verständnis von der «Konstruktion» des Unternehmens und dem Zusammenwirken im Unternehmen als Ganzem erschließen und helfen, den eigenen Arbeitsbereich in einen größeren Zusammenhang einordnen zu können. Die Prozesslandkarte sollte deshalb die wesentlichen Geschäftsprozesse enthalten und klar strukturiert sein (**Abb. 2**).

Abb. 2: Prozesslandkarte

6 Prozessbeschreibung

Auf der Grundlage einer Prozessanalyse (Kernfrage: «Wer macht was, wann und womit?») werden die betrieblichen Prozesse identifiziert und detailliert als «Sollvorgabe» (Kernaussage: «Wer soll was, wann und womit machen?») beschrieben.

> **Wichtig: Prozesse beschreiben**
> - Nur verständlich beschriebene, kommunizierte und zugängige Prozesse haben die Chance umgesetzt zu werden.
> - Es ist durchaus sinnvoll, sich die Mühe zu machen, die einzelnen Prozessschritte der Reihe nach anzusehen und die Lieferanten, die Eingaben, die Ergebnisse und die Kunden zu beschreiben.
> - Das Arbeiten entsprechend den festgelegten Prozessen muss von «oben» gewollt sein.
> - Prozesse müssen in Kraft gesetzt werden.

In einer Prozessbeschreibung werden die Prozessschritte und alle für diesen Prozess relevanten Informationen strukturiert dargestellt. Die Prozessschritte lassen sich besonders gut durch ein Flussdiagramm visualisieren (**Abb. 3**). Die dazugehörigen Prozessbeschreibungen erklären die einzelnen Flussdiagrammfelder und verweisen auf Dokumente und Aspekte der Bereiche Umwelt, Qualität und Arbeitssicherheit. Zusätzlich wird für jeden Prozessschritt die Zuständigkeit und Verantwortlichkeit festgelegt.

Eine Prozessbeschreibung sollte folgende Punkte enthalten:

- Bezeichnung des Prozesses,
- Prozessziel (kurze Darstellung des Zweckes und Nutzens),
- Geltungsbereich,
- Inputs und Outputs: Auflistung der Eingaben und Ergebnisse des Prozesses,
- Darlegung des Prozesses (der Schritte z. B. als Flussdiagramm),
- Prozessverantwortlicher/-eigner (Person, die für das Funktionieren des Prozesses verantwortlich ist,

- Prozesskennzahlen (anhand derer der Prozess und seine Ergebnisse überwacht werden und wie diese gemessen bzw. überwacht werden),
- Vorgaben: z. B. Hinweise auf zugehörige Verfahrens- und Arbeitsanweisungen.

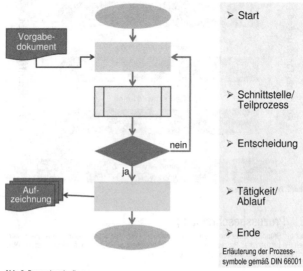

Abb. 3: Prozessbeschreibung

Albert Ritter

Prüfungen

Eine Prüfung ist eine einmalige, in regelmäßigen Abständen oder aufgrund eines Anlasses durchgeführte vergleichende Betrachtung eines Arbeitsmittels. Verglichen wird der Ist- mit dem Sollzustand.

Gesetze, Vorschriften und Rechtsprechung

Grundlage für die Prüfung von Arbeitsmitteln sind v. a. §§ 3 und 10 Betriebssicherheitsverordnung (BetrSichV). Weitere Informationen zu den Prüfpflichten finden sich in BGI 697 «Prüfpflichten – Schutzalter – Alleinarbeit».

1 Arbeitsmittel und Prüfungen auf Grundlage staatlicher Vorschriften

Der Begriff Arbeitsmittel ist in § 2 BetrSichV bestimmt. Demnach ist die Bandbreite der → *Arbeitsmittel* z. B. vom Kugelschreiber bis zur Chemieanlage sehr weit gefasst.

Prüfintervalle können für derartig viele Arten von Arbeitsmitteln nicht konkret vom Gesetzgeber vorgegeben werden. Daher gibt es in § 3 Abs. 3 BetrSichV eine pauschale Festlegung: «Für Arbeitsmittel sind insbesondere Art, Umfang und Fristen erforderlicher Prüfungen zu ermitteln».

Die Betriebssicherheitsverordnung trägt in ihrer allgemeinen Formulierung dazu bei, dass die Eigenverantwortung des Arbeitgebers gefragt ist, dem nun die Festlegung von Prüffristen für alle Arbeitsmittel obliegt. Dabei gibt es wahrscheinlich für eine Vielzahl von Arbeitsmitteln gar keine Prüffrist, doch muss das im Einzelfall festgelegt werden. Zusätzlich zur Prüffrist ist vom Arbeitgeber auch zu ermitteln, welche Voraussetzungen die Person erfüllen muss, die eine Prüfung in seinem Auftrag durchführt (vgl. § 2 Abs. 7 BetrSichV zur Definition der «Befähigten Person»).

§ 10 BetrSichV beschäftigt sich nun konkret mit der Prüfung von Arbeitsmitteln. Dort werden folgende Unterscheidungen gemacht:

- Prüfung von → *Arbeitsmitteln*, **deren Sicherheit von den Montagebedingungen abhängt:** Diese sind nach der Montage und vor der ersten Inbetriebnahme sowie nach jeder Montage auf einer neuen Baustelle oder an einem neuen Standort von einer hierzu → *befähigten Person* zu prüfen.

- Prüfung von → *Arbeitsmitteln*, **die Schäden verursachenden Einflüssen unterliegen:** Hier ist die Prüfung und ggf. die Erprobung durch befähigte Personen entsprechend den ermittelten Fristen gem. § 3 Abs. 3 BetrSichV durchzuführen. Die → *Arbeitsmittel* sind auch dann zu prüfen, wenn außergewöhnliche Ereignisse stattgefunden haben (Unfälle, längere Zeit der Nichtbenutzung etc.).

- Prüfung von → *Arbeitsmitteln* **nach Instandsetzungsarbeiten, die die Sicherheit der Arbeitsmittel beeinträchtigen können,** durch eine befähigte Person.

Die §§ 3 und 10 BetrSichV gelten allgemein für alle Arbeitsmittel (gemeinsame Vorschriften). In den §§ 14 bis 17 BetrSichV werden in Bezug auf → *überwachungsbedürftige Anlagen* Prüfzyklen genannt, die nicht überschritten werden dürfen. Der Arbeitgeber kann somit bei überwachungsbedürftigen Anlagen kein Intervall bestimmen, das größer ist, als das dafür in der BetrSichV festgelegte Intervall. Prüfintervall bedeutet hier, dass spätestens nach einem definierten Zeitraum eine Prüfung erfolgt sein muss.

Sofern in anderen staatlichen oder berufsgenossenschaftlichen Rechtsquellen für einzelne → *Arbeitsmittel* konkrete Prüfintervalle vorgeschrieben sind, dann sind diese anzuwenden.

2 Prüfungen auf Grundlage berufsgenossenschaftlicher Vorschriften

Das berufsgenossenschaftliche Vorschriften- und Regelwerk enthält eine Vielzahl von Vorschriften zur Durchführung von Prüfungen und zu Prüffristen. Die BGI 697 «Prüfpflichten – Schutzalter – Alleinarbeit» enthält eine Zusammenstellung wesentlicher Prüfungen.

3 Dokumentation durchgeführter Prüfungen

Viele Vorschriften oder Regeln fordern, dass das Ergebnis der Prüfung schriftlich dokumentiert werden muss (Prüfbuch). Festgestellte Mängel sind dabei in das Prüfbuch einzutragen. Beim Vorliegen gravierender sicherheitstechnischer Mängel ist die Einrichtung bis zur Wiederherstellung des ordnungsgemäßen Zustandes außer Betrieb zu nehmen.

Teilweise wird gefordert, dass die geprüften Einrichtungen hinsichtlich der durchgeführten Prüfung gekennzeichnet werden müssen (Prüfplakette, Prüfsiegel, Farbring, Prüfpunkt usw.). Dadurch soll der Benutzer erkennen, dass die Einrichtung geprüft wurde und wann die nächste Prüfung durchzuführen ist.

Dirk Rittershaus

PSA gegen Absturz

Persönliche Schutzausrüstungen (PSA) gegen Absturz sind Auffangsysteme zur Sicherung von Personen an einem Anschlagpunkt, und zwar in der Weise, dass ein Absturz entweder ganz verhindert oder die Person sicher aufgefangen wird. Dabei wird der Fallweg begrenzt und die auf den Körper wirkenden Stoßkräfte auf ein erträgliches Maß reduziert. Insgesamt spricht man vom Auffangsystem.

Das Auffangsystem setzt sich grundsätzlich aus 2 Teilen zusammen: dem Auffanggurt und Elementen, die zwischen Auffanggurt und Anschlagpunkt angebracht sind. Bestandteile des Auffangsystems sind Auffanggurt, Verbindungsmittel, Verbindungselemente, Falldämpfer, Höhensicherungsgeräte und Anschlageinrichtungen.

Haltegurte sind keine PSA gegen Absturz, sondern Systeme zur Arbeitsplatzpositionierung zum Verhindern des Erreichens einer Absturzstelle.

Gesetze, Vorschriften und Rechtsprechung

Ergibt die Gefährdungsbeurteilung, dass trotz technischer und organisatorischer Schutzmaßnahmen mit Absturzgefährdungen zu rechnen ist, muss den Mitarbeitern PSA gegen Absturz zur Verfügung gestellt werden. Neben der PSA-Benutzungs-Richtlinie 89/656/EWG ist auch die PSA-Benutzungsverordnung zu berücksichtigen (*Persönliche Schutzausrüstung*).

Weitere Vorgaben ergeben sich aus:

- BGR 148 «Schutz gegen Absturz beim Bau und Betrieb von Freileitungen»
- BGR 198 «Einsatz von persönlichen Schutzausrüstungen gegen Absturz»
- BGR 199 «Benutzung von persönlichen Schutzausrüstungen zum Retten aus Höhen und Tiefen»
- BGI 504-41 «Arbeiten mit Absturzgefahr»
- BGI 870 «Haltegurte und Verbindungsmittel für Haltegurte»
- BGG 906 «Auswahl, Ausbildung und Befähigungsnachweis von Sachkundigen für persönliche Schutzausrüstungen gegen Absturz»

Die Beschaffenheitsanforderungen ergeben sich darüber hinaus aus zahlreichen Normen wie z. B. der DIN EN 353-1 «Persönliche Schutzausrüstung gegen Absturz – Teil 1: Steigschutzeinrichtungen einschließlich fester Führung» und der DIN EN 353-2 «Persönliche Schutzausrüstung gegen Absturz – Teil 2: Mitlaufende Auffanggeräte einschließlich beweglicher Führung».

1 Schwere Verletzungen bei Absturz

Ein → *Unfall* aufgrund eines Absturzes führt meist zu schweren Verletzungen. Nicht alle Absturzgefahren lassen sich durch technische oder organisatorische Schutzmaßnahmen beseitigen. Dann wird PSA gegen Absturz benötigt. In der Praxis nutzen die Beschäftigten die zur Verfügung stehende PSA gegen Absturz aber aus Bequemlichkeit häufig nicht:

- «Nur mal eben, gleich wird ja ein → *Gerüst* errichtet»,
- «Ich arbeite doch nicht, ich kontrolliere nur mal»,
- «Den Gurt zu holen dauert länger als die Arbeit»,
- «Das mach ich schon über 20 Jahre so, und bislang ist nix passiert»

sind Standardausreden, wenn leichtsinnige Beschäftigte auf ihre Tätigkeiten mit Absturzgefahr angesprochen werden.

2 Bestandteile

Auffangsysteme

Auffanggurt und weitere verbindende Teilsysteme zu Auffangzwecken

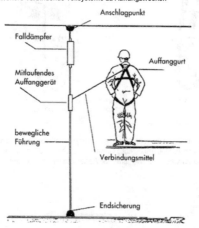

Schematische Darstellung des Auffangsystems (BGR 198): Mitlaufendes Auffanggerät einschließlich beweglicher Führung; in diesem Beispiel wird als energieabsorbierendes Einzelteil ein Falldämpfer verwendet.

Auffanggurt

Ein Auffanggurt besteht aus Gurtbändern, die den Körper umschließen. Ein Auffanggurt fängt bei bestimmungsgemäßer Benutzung die abstürzende Person auf, überträgt die auftretenden Kräfte auf geeignete Körperteile und hält den Körper in einer aufrechten Lage.

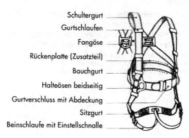

Schematische Darstellung eines Auffanggurtes mit rückseitiger Fangöse und seitlichen Halteösen (BGR 198).

Auffanggurt (Quelle M-A-S) | Warnschutz Auffangweste mit integriertem 2-Punkt-Auffanggurt mit hinterer und vorderer Auffangöse (Quelle: SPERIAN).

Falldämpfer

Ein Falldämpfer verringert die beim Abstürzen auftretenden Stoßkräfte, die auf die Person, den Auffanggurt und die Anschlageinrichtung einwirken, «auf ein erträgliches Maß». Dabei hat der Falldämpfer, der zwischen Anschlagpunkt und Auffangöse angebracht wird, max. 2 m Länge.

Bandfalldämpfer (Quelle: M-A-S) | Bandfalldämpfer als Bestandteil eines Verbindungsmittels (Quelle SPERIAN).

Höhensicherungsgerät

Höhensicherungsgeräte sind Bestandteile eines Auffangsystems oder Teilsystems, die Personen mit angelegtem Auffanggurt bei einem Absturz selbsttätig bremsend auffangen. Die Fallstrecke ist begrenzt. Die auf den Körper wirkenden Stoßkräfte werden gemindert. Die Geräte gestatten ein freies Bewegen innerhalb des Auszugsbereichs des Seiles/Bandes.

Höhensicherungsgeräte halten stets eine straffe Verbindung zum Auffanggurt (ähnlich einem Automatik-Sicherheitsgurt im Pkw). Daher sind sie für wechselnde Arbeitsorte (horizontal bzw. vertikal) gut geeignet. Es gibt Höhensicherungsgeräte mit bis zu 30 m Auszugslänge.

PSA gegen Absturz

Höhensicherungsgerät bis 20 m (Quelle SPERIAN)

Kleines 2,7 m Seil-Höhensicherungsgerät (Quelle SPERIAN)

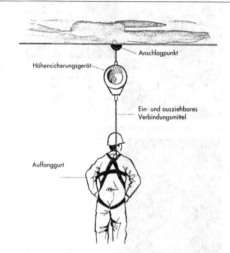

Schematische Darstellung eines Auffangsystems mit Höhensicherungssystem (BGR 198).

Anschlagpunkt

Der Anschlagpunkt befindet sich i. d. R. oberhalb der zu sichernden Person. Er muss in der Lage sein, die auftretenden Kräfte aufzunehmen. Abschn. 5.3.9 BGR 198 enthält Beispiele für Anschlageinrichtungen.

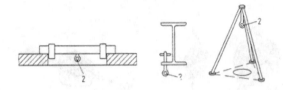

2 Anschlagpunkt

a) Querträger   b) Trägerklemme   c) Dreibein

Schematische Darstellung von Anschlagpunkten (BGR 198).

Anschlagpunkt in einem Bedienstand in einer Hebebühne.

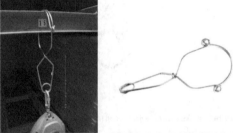

«Kralle», die als Anschlagpunkt an z. B. Stahlträgern mit ausreichender Tragkraft befestigt werden kann. Besonders für flexiblen Einsatz geeignet. (Hersteller: SPERIAN)

Verbindungsmittel Gurtband mit Falldämpfer (Quelle: SPERIAN)

PSA gegen Absturz

Verbindungsmittel mit Bandfalldämpfer (Quelle: M-A-S) | Karabiner als Verbindungsmittel (Quelle:SPERIAN)

Verbindungsmittel und Verbindungselemente

Verbindungsmittel (Seil, Gurtband oder Kette mit Endverbindungen) und Verbindungselemente (z. B. Karabinerhaken) sind ebenfalls so gefertigt, dass sie die auftretenden Kräfte aufnehmen können.

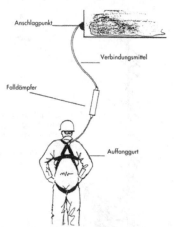

Schematische Darstellung eines Verbindungsmittels (BGR 198).

Steigschutzeinrichtung

An senkrechten Aufstiegen mit mehr als 10 m Absturzhöhe muss eine Steigschutzeinrichtung angebracht sein. Ein in einer Führung mitlaufendes Auffanggerät ist über ein kurzes Verbindungsmittel mit der vorderen Steigschutzöse des Auffanggurts verbunden. Da es bei einem Absturz nur zu einem Sturz von ca. 30 cm kommen kann, ist hier der Einsatz eines Falldämpfers nicht erforderlich.

Steigschutzsystem mit vertikaler Bremskraft, welches in einer Steigschutzschiene eingesetzt wird. Einsatz z. B. zum Besteigen von Silotürmen (Quelle: Haca).

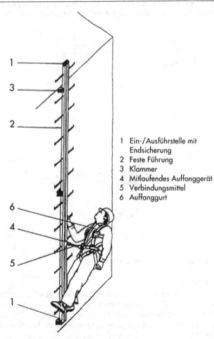

1 Ein-/Ausführstelle mit Endsicherung
2 Feste Führung
3 Klammer
4 Mitlaufendes Auffanggerät
5 Verbindungsmittel
6 Auffanggurt

Schematische Darstellung eines Auffangsystems mit mitlaufendem Auffanggerät einschließlich fester Führung (Steigschutzeinrichtung, BGR 198).

Steigschutzeinrichtung mit Führung aus Stahldrahtseil (BGR 198)

Tab. 1: Übersicht Bestandteile Persönliche Schutzausrüstung gegen Absturz

3 Gefährdungsbeurteilung und Auswahl

Das Arbeitsschutzgesetz und die PSA-Benutzungsverordnung schreiben eine → *Gefährdungsbeurteilung* vor (vgl. → *Persönliche Schutzausrüstung*). Ergibt sich aus der Gefährdungsbeurteilung, dass trotz technischer und organisatorischer Maßnahmen die Gefahr eines Absturzes besteht, muss geeignete PSA gegen Absturz zur Verfügung gestellt werden.

Bei einem Sprung aus 40 cm Höhe wirkt das Zwei- bis Dreifache des Körpergewichts auf die Gelenke ein. Bei einem Meter ist es bereits das Siebenfache. Stürzt man aus dieser Höhe auf harten, kantigen Untergrund, dann können diese Kräfte zu schweren Verletzungen führen. Bei Stürzen aus größeren Höhen steigt die Wahrscheinlichkeit einer tödlichen Verletzung deutlich.

Die Möglichkeit des Eintritts schwerer und schwerster Verletzungen hat dazu geführt, Maßnahmen gesetzlich vorzuschreiben. Bei Absturzhöhen ab 1 m (in Ausnahmefällen ab 2 m) muss der Unternehmer eine technische Schutzmaßnahme in Form einer → *Absturzsicherung* einsetzen.

Die → *Absturzsicherung* ist normalerweise ein dreiteiliges Geländer mit Handlauf, Knieleiste und Fußleiste, das für → *Arbeitsstätten* folgende Höhen aufweisen muss:

- 100 cm bei Absturzhöhen bis 12 m,
- 110 cm bei Absturzhöhen größer als 12 m.

Ergibt die Gefährdungsbeurteilung eine Absturzgefährdung, besteht eine Tragepflicht für PSA gegen Absturz. Das Gebotszeichen M018 «Auffanggurt benutzen» (**Abb. 1**) weist entweder in Form von Schildern, Aufklebern oder als Bestandteil von → *Betriebsanweisungen* auf die Tragepflicht hin.

Abb. 1: Gebotszeichen M018 Auffanggurt benutzen

4 Kennzeichnung

Für PSA gegen Absturz muss eine Baumusterprüfung und eine Konformitätserklärung vorliegen. Es muss neben der → *CE-Kennzeichnung* eine vierstellige Kenn-Nummer der überwachenden Stelle angebracht sein. Die Kennzeichnung muss darüber hinaus enthalten:

- Typbezeichnung,
- Herstellungsjahr,
- Name, Zeichen oder andere Kennzeichen des Herstellers oder Lieferanten,
- Serien- oder Herstellungsnummer der Bestandteile,
- Nummer der entsprechenden EN-Norm,
- Piktogramm, das anzeigt, dass die Benutzer die vom Hersteller gelieferten Informationen lesen müssen.

5 Auswahl

Es müssen Auffanggurte ausgewählt werden, die über die für den Einsatzfall geeigneten Fangösen, Halteösen und Taschenringe verfügen (z. B. vordere Steigschutzöse bei Verwendung in einem Steigschutzsystem). Bei der Bestellung muss darauf geachtet werden, dass der Auffanggurt auf die Größe und das Gewicht der Mitarbeiter abgestimmt ist. Trageversuche erhöhen die spätere Trageakzeptanz der Mitarbeiter.

Achtung: Kombinationen verboten

Auffangsysteme dürfen nicht kombiniert werden (z. B. nicht Höhensicherungsgerät mit zusätzlichem Falldämpfer ausstatten).

Achtung: Höhensicherungsgeräte nicht immer geeignet

Höhensicherungsgeräte sind nicht für Arbeiten über Stoffen, in die man einsinken kann, geeignet! Ein Höhensicherungsgerät sichert nur bei einem ruckartigen Auszug. Das Einsinken z. B. in Schüttgut erfolgt mit zu geringer Geschwindigkeit, sodass das Höhensicherungsgerät hier unwirksam ist.

6 Einsatz

Folgende Grundsätze müssen bei der Benutzung von PSA gegen Absturz berücksichtigt werden:

- PSA bestimmungsgemäß benutzen;
- Bedienungsanleitung des Herstellers berücksichtigen;
- Auffanggurte müssen individuell angepasst werden; dabei die Gurte und Beinschlaufen so verstellen, dass der Auffanggurt nicht zu eng sitzt und beim Tragen den Blutkreislauf stört; sitzt der Gurt zu locker (besonders die Beinschlaufen werden leider oft sehr weit eingestellt), dann kann ein Sturz trotz Falldämpfer zu Verletzungen führen;
- Anschlagpunkte und Verbindungsmittel so wählen, dass ein Aufprall auf dem Boden oder anderen Hindernissen ausgeschlossen ist; Anprallen an feste Gegenstände ausschließen (Pendeln); dabei berücksichtigen, dass sich ein Bandfalldämpfer bei einem Absturz auf ca. die zweifache Länge verlängert;
- PSA darf nicht verändert werden; das ist Sache des Herstellers;
- wenn Verbindungsmittel über Kanten geführt werden müssen, geeignete Hilfsmittel verwenden, die eine Beschädigung des Verbindungsmittels verhindern;
- Beschädigungen sind Anlass für eine Prüfung durch → *befähigte Personen*; das gilt auch für durch Sturz beanspruchte Auffangsysteme;
- Halteösen dürfen nicht für die Auffangfunktion verwendet werden;
- Verbindungsmittel nicht durch Knoten befestigen, kürzen oder verlängern;
- Verbindungsmittel straff halten (ggf. Einsatz von Seilkürzern);

- das Verbindungsmittel an einer Steigschutzeinrichtung darf max. 300 mm Länge aufweisen;
- eine Steigschutzeinrichtung darf nicht als Anschlagpunkt genutzt werden;
- beim Einsatz von Karabinerhaken selbstverriegelnde Karabinerhaken bevorzugen, da diese Sicherung im Gegensatz zum Anziehen einer Überwurfmutter nicht vergessen werden kann;
- der Hersteller gibt eine max. Benutzungsdauer an; generell ist bei Gurten von einer Benutzungsdauer von 6 bis 8 Jahren und bei Verbindungsmitteln (Seile, Bänder) von 4 bis 6 Jahren auszugehen; die Benutzungsdauer darf nicht überschritten werden; nur der Hersteller darf eine weitergehende Benutzungsdauer erlauben.

Mitarbeiter müssen vor Arbeitsaufnahme, danach mind. jährlich → *unterwiesen* werden. Dies beinhaltet neben der bestimmungsgemäßen Benutzung auch die Inhalte der entsprechenden → *Betriebsanweisung* (Muster s. Anhang 2 BGR 198). Der Benutzer muss die PSA gegen Absturz vor jeder Benutzung prüfen. Zusätzlich muss sie durch eine befähigte Person jährlich geprüft werden.

Achtung: Hängetrauma

Längeres Hängen im Auffanggurt führt zu Gesundheitsgefahren. Es kann ein sog. «Hängetrauma» auftreten. Wer länger als 15 bis 20 Minuten im Auffanggurt hängt, kann beim Retten einer Lebensgefahr ausgesetzt werden. Durch eine Einschränkung des Blutkreislaufes führt die plötzliche Lösung des Gurtes und anschließende Flachlagerung zu einer Herzüberlastung bzw. zu Nierenversagen. Daher ist zu berücksichtigen, dass Gerettete zunächst in eine Kauerstellung gebracht werden. Nur allmählich flach lagern. Auf jeden Fall ist die ärztliche Beurteilung des Gesundheitszustands erforderlich (Notarzt) (s. a. Abschn. 3.2.2 BG199).

7 Internetlinks

- DGUV: Datenbank zu Unfällen mit PSA gegen Absturz
- DGUV: Leitlinie Risikobeurteilung von Arbeiten mit Absturzgefahr bei Verwendung von PSA gegen Absturz bzw. PSA zum Retten aus Höhen und Tiefen

Dirk Haffke

PSA gegen Ertrinken

Persönliche Schutzausrüstungen (PSA) gegen Ertrinken sind Rettungswesten oder Schwimmhilfen. Sie sollen Beschäftigte, die am oder auf Wasser bzw. an oder auf Flüssigkeiten arbeiten, vor dem Ertrinken schützen. Für unterschiedliche Einsatzarten werden PSA verschiedener Leistungsklassen eingesetzt; sie unterscheiden sich v. a. im Auftrieb.

Rettungswesten gewährleisten, dass der Beschäftigte auch bei Bewusstlosigkeit atmen kann. Schwimmhilfen sollen dagegen nicht bewusstlose Personen beim Schwimmen unterstützen. Bei Bewusstlosigkeit können Schwimmhilfen nicht gewährleisten, dass die Atemwege über der Wasseroberfläche liegen.

PSA gegen Ertrinken werden in vielen Bereichen eingesetzt. Eine Gefährdungsbeurteilung muss auch die Kombination von Rettungswesten oder Schwimmhilfen mit weiteren PSA berücksichtigen.

Gesetze, Vorschriften und Rechtsprechung

Es gelten i. W. folgende Regelungen:

- Betriebssicherheitsverordnung (BetrSichV)
- PSA-Benutzungsverordnung (PSA-BV)
- Verordnung über die Bereitstellung von Persönlichen Schutzausrüstungen auf dem Markt (8. ProdSV)
- § 29 ff. BGV A1 «Grundsätze der Prävention»

- BGR 201 «Einsatz von Persönlichen Schutzausrüstungen gegen Ertrinken»
- DIN EN ISO 12402 «Persönliche Auftriebsmittel», Teil 1-10

1 Typen und Einsatz

PSA gegen Ertrinken können sein:

- **Rettungswesten** als Westen- oder Kragen-Typ. Sie sind automatisch wirkend (durch Feststoff-Auftriebswerkstoff oder vollautomatisches Aufblassystem) oder manuell betätigt.
- **Schwimmhilfen**

Sie sind:

- mit dem Mund aufblasbar oder
- mit Druckgas aufblasbar: handbetätigt oder automatisch.

PSA gegen Ertrinken, die mit Druckgas aufblasbar sind, können zusätzlich mit dem Mund aufgeblasen werden. Rettungswesten bzw. Schwimmhilfen unterscheiden sich v. a. im Auftrieb (**Tab. 1**).

Art	Auftrieb (N=Newton)	Norm	Anwendung
Rettungswesten	100 N	DIN EN ISO 12402-4	für Erwachsene, die schwimmen können, nur in geschützten Gewässern
	150 N	DIN EN ISO 12402-3	für Erwachsene und allgemeinen Einsatz
	275 N	DIN EN ISO 12402-2	für Erwachsene, unter extremen Bedingungen, wenn zusätzlich PSA getragen wird
Schwimmhilfen	50 N	DIN EN ISO 12402-5	für Erwachsene, nicht zur Eigenrettung, nur für Schwimmer und nur in geschützten Gewässern

Tab. 1: Typen von PSA gegen Ertrinken

In der gewerblichen Wirtschaft müssen grundsätzlich automatisch wirkende Rettungswesten mit mind. 150 N Auftrieb bereitgestellt werden. Werden PSA gegen Ertrinken mit anderen PSA kombiniert, z. B. Atemschutzgerät oder Schutzkleidung, können Rettungswesten mit einem Auftrieb von mind. 275 N erforderlich werden (Abschn. 3.3 BGR 201).

> **Wichtig: Tragekomfort erhöht die Akzeptanz**
>
> Feststoffwesten und Schrittgurte sollen im gewerblichen Bereich nicht verwendet werden, da sie sperrig sind, die Beweglichkeit behindern und Beschäftigte an den Schrittgurten hängen bleiben können.

1.1 Kennzeichnung

PSA gegen Ertrinken müssen mind. das → *CE-Kennzeichen* tragen. Weitere erforderliche Kennzeichnungen sind u. a. (s. Abschn. 3.4 BGR 201):

- Bezeichnung,
- Größenbereich,
- Mindestauftrieb,
- Hinweise auf Lagerung, Handhabung, Reinigung und Wartung,
- Modellbezeichnung, Seriennummer, Quartal oder Monat und Jahr der Herstellung,
- Wartungsintervall, Wartungsdatum.

1.2 Einsatzgebiete

Typische Einsatzgebiete für PSA gegen Ertrinken sind z. B. (s. Anhang 2 BGR 201):

- Binnenschifffahrt: Außenbordarbeiten;
- Schiffsbau: Übernahme oder Abgabe von Festmacherleinen;
- Baugewerbe: schwimmende Anlagen;
- Hafen: Be- und Entladen;
- öffentlicher Dienst: Arbeiten in Abwasserbehandlungsanlagen;
- Hütten- und Walzwerke: Beizbecken;
- Maschinen- und Stahlbau: Stahlbrücken über Gewässern;
- Tiefbau: Brückenbauten an Flüssen oder Kanälen.

2 Gefährdungen

Der Arbeitgeber muss nach §§ 4 und 5 ArbSchG Gefährdungen ermitteln und Schutzmaßnahmen festlegen. Vorrangig sind technische und/oder organisatorische Maßnahmen zu ergreifen. Ist dies nicht möglich oder sind sie nicht ausreichend, um die Gefährdung zu vermeiden bzw. zu verringern, müssen die Beschäftigten PSA benutzen (TOP-Prinzip). Bei PSA gegen Ertrinken ist zu beachten, dass der Beschäftigte

- unerwartet und
- ggf. bewegungsunfähig stürzen und
- dabei bewusstlos werden kann.

Die → *Gefährdungsbeurteilung* muss berücksichtigen, dass sich der Abgestürzte i. Allg. nicht aktiv an seiner Rettung beteiligen kann.

> **Praxis-Tipp: Beschäftigte einbeziehen**
>
> Es empfiehlt sich, den Beschäftigten in die Gefährdungsbeurteilung einzubeziehen, da er Arbeitsplatz und Tätigkeit am besten kennt. Das erhöht auch die Akzeptanz für Schutzmaßnahmen und fördert sicheres Verhalten am Arbeitsplatz.

2.1 Unmittelbare Gefährdung

Der Sturz in eine Flüssigkeit (z. B. Fluss, Kanal, Becken) stellt eine unmittelbare Gefährdung dar (Abschn. 3.1.1.1 BGR 201). Dabei sind verschiedene Situationen oder Kombinationen davon möglich:

- Sturz in bewegungsunfähigem Zustand oder Ohnmacht, z. B. durch einen Unfall;
- Bewegungsunfähigkeit nach dem Sturz, durch Schock, Kreislaufversagen oder Ohnmacht;
- Bewegungsunfähigkeit oder Ohnmacht durch Erschöpfung oder Unterkühlung.

2.2 Mittelbare Gefährdungen

Weitere Gefährdungen können zum Sturz beitragen (Abschn. 3.1.1.2 BGR 201):

- unzureichende oder fehlende Absturzsicherungen;
- → *Stürzen oder Stolpern*;
- Ausrutschen auf Verunreinigungen, z. B. Ölfleck;
- austretende Flüssigkeiten oder → *Gase*;
- mechanische Einwirkungen, z. B. Stoß oder Schlag;
- optische Einwirkungen, z. B. Blendung, Spiegelung, unzureichende Beleuchtung;
- chemische Einwirkungen, z. B. Stoffe mit narkotisierender Wirkung;
- thermische Einwirkungen.

2.3 Gefährdungen durch besondere Arbeitsplatzbedingungen

Besondere Bedingungen am Arbeitsplatz können die Schutzwirkung der PSA beeinträchtigen und stellen damit zusätzliche Gefährdungen dar (Abschn. 3.1.1.3 BGR 201), z. B.:

- Hitze, heiße Flüssigkeiten;
- Kälte;
- Stich, Stoß;
- Staub, Schmutz;
- chemische Einflüsse.

Der Arbeitgeber muss auch das Risiko beurteilen, also Ausmaß des Schadens und Wahrscheinlichkeit für den Schadenseintritt.

3 Maßnahmen

Damit PSA gegen Ertrinken geeignet und funktionsfähig sind, muss der Arbeitgeber u. a. Folgendes organisieren:

- Erproben der PSA, und zwar im erwarteten Einsatzbereich, z. B. bei → *Schweißarbeiten* nur Westen mit alubedampfter Oberfläche verwenden;
- → *Betriebsanweisung* erstellen, ggf. mit weiteren erforderlichen → *PSA* und deren sachgerechter Kombination;
- → *Unterweisungen* und praktische Übungen durchführen;
- Reinigung;
- Instandsetzen gem. den Informationen des Herstellers;
- Wartung durch Hersteller oder autorisierte Fachfirma: Das Wartungsintervall beträgt i. d. R. 2 Jahre (Abschn. 3.6.3 BGR 201);
- Austausch von PSA.

Wichtig: Den richtigen Umgang üben

Wichtige Hinweise für den Beschäftigten sind dabei u. a.[105]:

- vor dem Anlegen auf Körpermaß einstellen;
- immer über der Kleidung tragen;
- gemäß Herstellerangaben säubern, pflegen, lagern.

4 Prüfungen

Die Lebensdauer von aufblasbaren sowie Feststoff-Rettungswesten ist i. d. R. auf 10 Jahre begrenzt.

Die Gebrauchsdauer von Rettungswesten und Schwimmhilfen hängt von den Einsatzbedingungen ab. Dazu sind die Angaben des Herstellers zu beachten (Abschn. 3.5.2 BGR 201).

Prüfintervalle (Abschn. 3.6.1 BGR 201):

- vor jeder Benutzung: Sichtprüfung auf Einsatzbereitschaft und äußerlich erkennbare Mängel

Praxis-Tipp: Kurz-Check für aufblasbare Rettungswesten (mit Druckgas und Mundventil)

- Patrone unversehrt?
- Patrone gefüllt und handfest eingeschraubt?
- Automatik gespannt?
- Mundventil gesichert?

---

[105] BG Bau, D196 «Arbeiten am Wasser».

- nach Bedarf, jedoch mind. jährlich: Prüfung auf einwandfreien Zustand durch eine sachkundige Person. Das Ergebnis der Prüfung muss dokumentiert werden.

Bettina Huck

Psychische Belastung

Psychische Belastungen werden verstanden als Gesamtheit aller erfassbaren Einflüsse, die von außen auf den Menschen zukommen und psychisch auf ihn einwirken. Diese Belastungen können auf den Menschen einwirken und bei ihm zu einer psychischen Beanspruchung führen. Eine psychische Beanspruchung ist die unmittelbare (nicht langfristige) Auswirkung der psychischen Belastung im Individuum in Abhängigkeit von seinen jeweiligen überdauernden oder augenblicklichen Voraussetzungen, einschließlich der individuellen Bewältigungsstrategien.

Gesetze, Vorschriften und Rechtsprechung

Das Arbeitsschutzgesetz enthält Bestimmungen, die auf eine Verbesserung der Arbeitsumwelt, der Sicherheit und der Gesundheit der Arbeitnehmer zielen. Hier sind auch die Pflichten der Arbeitgeber und Arbeitnehmer aufgeführt, die den Gesundheitsschutz betreffen. Der Arbeitgeber muss demnach «eine Beurteilung der für die Beschäftigten mit ihrer Arbeit verbundenen Gefährdung» erstellen und dann bei Bedarf Maßnahmen des Arbeitsschutzes daraus ableiten und umsetzen (§ 5 ArbSchG). Das Arbeitsschutzgesetz geht zwar nicht speziell auf psychische Belastungen ein, psychomentale Belastungen gehören aber zu dieser Gefährdungsanalyse dazu. Ausdrücklich erwähnt werden die psychischen Belastungen in der Bildschirmarbeitsverordnung, wo sie als gesundheitsrelevanter Faktor beschrieben werden, der im Rahmen der Gefährdungsbeurteilung auch erhoben werden soll. Der Arbeitgeber ist verpflichtet, die Arbeitsbedingungen der Mitarbeiter «insbesondere hinsichtlich einer möglichen Gefährdung des Sehvermögens sowie körperlicher Probleme und psychischer Belastung zu ermitteln und zu beurteilen.» (§ 3 BildscharbV).

1 Was sind psychische Belastungen?

Das Verständnis davon, was eine psychische Belastung ist, wird sich je nach Sichtweise sehr unterscheiden. Eine → *Führungskraft* und ein Mitarbeiter können durchaus verschiedene Vorstellungen davon haben. Neben diesen subjektiven Einschätzungen gibt es auch fachliche Konzepte, die versuchen, das Wesen psychischer Belastungen zu beschreiben. In den Arbeitswissenschaften allgemein anerkannt ist die DIN-Norm DIN EN ISO 10075-1.[106]

Der Begriff **psychische Belastungen** wird allgemein nach der DIN EN ISO 10075-1 definiert. Psychische Belastungen werden verstanden als «die Gesamtheit aller erfassbaren Einflüsse, die von außen auf den Menschen zukommen und psychisch auf ihn einwirken.» Nach dieser Definition entstehen psychische Belastungen durch objektiv erfassbare Belastungsfaktoren. 4 Gruppen von Anforderungen können zu Belastungen führen:

- **Arbeitsaufgabe**, z. B. deren Dauer und zeitlicher Verlauf;
- **physikalische Arbeitsbedingungen**, z. B. Beleuchtung, Klima, Lärm;
- **sozialer Kontext** und **Organisationsbedingungen**, z. B. Betriebsklima, Zusammenarbeit, Konflikte;
- **gesellschaftliche Belastungen**, z. B. die wirtschaftliche Lage.

Diese Belastungen können auf den Menschen einwirken und bei ihm zu einer **psychischen Beanspruchung** führen. Eine psychische Beanspruchung ist «die unmittelbare (nicht langfristige) Auswirkung der psychischen Belastung im Individuum in Abhängigkeit von seinen jeweiligen überdauernden oder augenblicklichen Voraussetzungen, einschließlich der individuellen Bewältigungsstrategien»(DIN EN ISO 10075-1).

---

[106] DIN EN ISO 10075-1 «Ergonomische Grundlagen bezüglich psychischer Arbeitsbelastung – Teil 1: Allgemeines und Begriffe».

Die Beanspruchung ist also erst die Folge einer Belastung und deren mehr oder minder gelungener Verarbeitung. So kann die gleiche Belastung bei verschiedenen Personen zu einer unterschiedlichen Beanspruchung führen. Je nachdem, um welche Belastung es sich handelt und wie gut diese subjektiv bewältigt wird, kann es zu kurz- oder langfristigen und negativen, aber auch positiven Beanspruchungsfolgen kommen.

Demnach kann psychische Belastung sowohl positive, als auch negative Folgen für den Menschen haben. Positiv wirkt sie dann, wenn der Mensch die Belastungen von außen mit seinen individuellen Möglichkeiten zur Bewältigung ins Gleichgewicht bringen kann. Eine negative Wirkung ergibt sich, wenn das Gleichgewicht nicht besteht, z. B. bei einer Über- oder auch Unterforderung. Das Zusammenwirken von Belastung und Beanspruchung beeinflusst die Gesundheit und das Wohlbefinden des Mitarbeiters sowie seine Arbeitsleistung (**Abb. 1**).

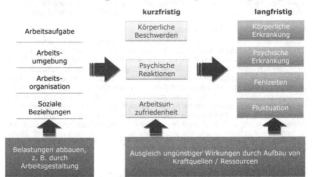

Abb. 1: Arbeitsbelastungen und Beanspruchungsfolgen

2 Stresskonzepte

Häufig wird zur Beschreibung psychischer Belastungen auch der Begriff «→ *Stress*» gebraucht. Der Begriff Stress wird ebenfalls unterschiedlich verwendet. Im Alltagssprachgebrauch meint jemand, der «im Stress ist», dass er viel zu tun und wenig Zeit hat. Wer «Stress mit seinem Kollegen» hat, befindet sich in einer Konfliktsituation. Auch in der Wissenschaft gibt es unterschiedliche Stressmodelle. In der Werkstoffkunde beschreibt der Begriff den Zug oder Druck auf ein Material. In der Psychologie sind vor allem zwei Stresskonzepte aktuell: das Belastungs-Beanspruchungs-Konzept und das transaktionale Modell. Je nachdem, welches Modell man zugrunde legt, ergeben sich daraus unterschiedliche Ansätze für Maßnahmen zur Stressvermeidung oder zum Stressabbau.

2.1 Belastungs-Beanspruchungs-Konzept

Psychische **Belastungen** sind dabei alle äußeren Einflüsse, die auf den Menschen zukommen und auf ihn psychisch einwirken. Die psychische **Beanspruchung** ist die individuelle Auswirkung der Belastungen im Menschen. Die Beanspruchung hängt von seinen individuellen Voraussetzungen und seinem Zustand ab. Da Belastungen durch die Menschen unterschiedlich verarbeitet werden, können gleiche Belastungen zu unterschiedlicher Beanspruchung bei verschiedenen Personen führen. Das Belastungs-Beanspruchungs-Modell bietet damit grundsätzlich zwei Möglichkeiten, die psychische Beanspruchung zu reduzieren: Man kann

- die äußeren Belastungen verringern;
- die Fähigkeit der Menschen steigern, diesen Belastungen zu widerstehen und damit eine geringere Beanspruchung zu empfinden.

Die Kritik an diesem Modell besagt, dass Belastung und Beanspruchung nicht so eindeutig unterschieden werden können.

Praxis-Beispiel: Zeitdruck

Nach der Definition wäre Zeitdruck eine Belastung, weil der Chef für eine Aufgabe einen engen Zeitrahmen steckt. Es wirken also äußere Bedingungen auf den Mitarbeiter ein (der drängende Chef). Andererseits nimmt die Person den Zeitdruck in sich wahr, wird vielleicht unsicher und hektisch. Damit wäre Zeitdruck auch eine Beanspruchung, da der Mitarbeiter ihn in sich selbst spürt.

Außerdem gibt das Modell keine Erklärungen dafür, wie Belastungen verarbeitet werden und liefert wenig Ansatzpunkte für ein Stressmanagement. Im Alltagsverständnis wird man das neutrale Wort «Belastung» auch nicht als angemessen empfinden, da Stress meist als negativ empfunden wird.

2.2 Transaktionales Stressmodell

Das transaktionale Stressmodell ist in der Psychologie seit langem akzeptiert. Es konzentriert sich auf die Entstehung von Stress und dabei besonders auf die psychischen Bewertungs- und Bewältigungsprozesse. Sie erklären, warum sich gleiche psychische Belastungen nicht auf alle Menschen gleich auswirken.

Der Begriff «transaktional» bezieht sich in diesem Modell auf die Beziehung zwischen der Person und ihrer Umwelt. Im Mittelpunkt des Modells steht die individuelle Bewertung von Ereignissen und Situationen (**Abb. 2**). Erst durch die kognitiven Bewertungen einer Person wird eine Situation stressrelevant. Durch diese Bewertungen und Einschätzungen wird bestimmt, ob die momentane Beziehung zwischen der Person und ihrer Umwelt als stressend wahrgenommen wird.

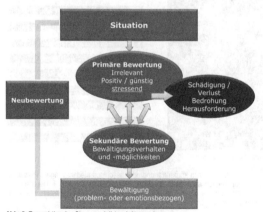

Abb. 2: Transaktionales Stressmodell (nach Lazarus)

Im transaktionalen Stressmodell wird zwischen der primären und der sekundären Bewertung unterschieden (**Abb. 2**). In der primären Bewertung geht es um die Einschätzung der Situation hinsichtlich des eigenen Wohlbefindens. Die (unbewusste) Fragestellung wäre hier: «Was kann mir passieren? Wie wird es mir gehen?».

Die Einschätzung der primären Bewertung könnte als Ergebnis haben:

- **Bedrohung** – es könnte eine Schädigung eintreten;
- **Schädigung oder Verlust** – es ist bereits eine Schädigung eingetreten;
- **Herausforderung** – es könnte eine Schädigung eintreten, aber die positiven Folgen stehen stärker im Vordergrund.

Die sekundäre Bewertung bezieht sich darauf, welche Bewältigungsmöglichkeiten für diese möglicherweise stressauslösende Situation vorhanden sind. Jetzt werden die Möglichkeiten und Fähigkeiten zur Bewältigung der Situation eingeschätzt. Die Fragestellung wäre hier: «Schaffe ich das?». Auch diese Bewertung findet nicht immer bewusst statt. Beide Bewertungsprozesse beeinflussen sich gegenseitig: Wenn die sekundäre Bewertung ergibt, dass sich das Ereignis gut bewältigen lässt, wird es in der primären Bewertung auch nicht als Bedrohung eingeschätzt werden. Die primäre und sekundäre Bewertung folgen also nicht zeitlich aufeinander, sondern hängen miteinander zusammen.

3 Stressfolgen

Stressfolgen können kurz- und langfristig entstehen. Die kurzfristige Stressreaktion besteht u. a. in der Ausschüttung von Stresshormonen, der Erhöhung des Blutdrucks und der Atem- und Pulsfrequenz. Die kurzfristige Reaktion dient dazu, den Körper in erhöhte Leistungsbereitschaft zu bringen, um Krisen zu bewältigen.

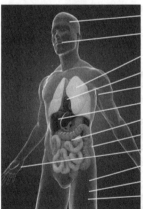

Abb. 3: Akute körperliche Stressreaktion

Die langfristigen Folgen können sich körperlich und/oder psychisch niederschlagen. Psychosomatische Erkrankungen können auftreten oder psychische Störungen, wie z. B. Depressionen oder Ängste. Auch das Verhalten kann sich ändern, z. B. erhöhter Alkoholkonsum oder Leistungsverweigerung bei der Arbeit.

Julia Scharnhorst

Rampen

Schrägrampen sind geneigte Verkehrswege, die unterschiedlich hohe Arbeits- und Verkehrsflächen verbinden. Sie sind je nach Steigung bzw. Neigungswinkel für den Geh- und/oder Fahrverkehr geeignet. Schrägrampen können beweglich oder fest eingebaut sein. Bewegliche Rampen sind z. B. Ladebrücken an LKW oder Metallkonstruktionen, die klappbar oder verschiebbar an einem Gebäude angebracht sind. Laderampen sind erhöhte ebene Flächen, die das Be- und Entladen von Fahrzeugen ohne große Höhenunterschiede ermöglichen.

Gesetze, Vorschriften und Rechtsprechung
- BGR 233 «Ladebrücken und fahrbare Rampen»
- BGI 869 «Betriebliches Transportieren und Lagern»

1 Arten von Rampen

Bei den Schrägrampen werden Flach-, Belag- und Steilrampen unterschieden:
- Flachrampe: Neigungswinkel bis 12,5 %;
- Belagrampe: Neigungswinkel bis 16,5 %;
- Steilrampe: Neigungswinkel bis 40 % – Übergang zu den Treppen.

Für den Fahrverkehr dürfen nach Anhang Nr. 1.4 BGI 869 Neigungen von 12,5 % nicht überschritten werden. Belagrampen müssen rutschhemmend ausgeführt sein, bei Steilrampen sind Trittleisten anzubringen, deren Abstand etwa der Schrittlänge des Menschen entsprechen sollte.

Beim Einsatz von handbetätigten Transportmitteln sollte eine Neigung von 5 % eingehalten werden.

Für die Gefahrenermittlung auf geneigten Rampen sind zu berücksichtigen: Art des Transportmittels, Lastgewicht, Häufigkeit des Transports, Länge des → *Verkehrsweges*, Bodenbeschaffenheit und körperliche Voraussetzungen.

2 Allgemeine Sicherheitsanforderungen an Schrägrampen (BGI 869)

- witterungsbedingte Glätte auf Laderampe verhindern, z. B. Überdachung, Torwetterschutz;
- für ausreichende Rampenbreite sorgen:
  - bei Nutzung der Laderampe als Verkehrsweg für Fußgänger mindestens 0,8 m,
  - bei Einsatz von handbewegten Transportmitteln seitlich je 0,30 m Sicherheitsabstand,
  - bei Einsatz von kraftbetriebenen Transportmitteln seitlich je 0,50 m Sicherheitsabstand,
  - bei Gegenverkehr sollte noch ein Sicherheitszuschlag, z. B. entsprechend Abschn. 2.4.1.1 ASR 17/1,2, angesetzt werden;
- Verkehrswegbreite auf Rampen nicht durch Gegenstände einengen;
- auf breiten → *Laderampen* Verkehrswege markieren;
- unkontrollierte Bewegung und Herabfallen von Lager- oder Transportgut und anderen Gegenständen verhindern.

3 Allgemeine Sicherheitsanforderungen an Laderampen (BGI 869)

- Absturzsicherungen anbringen bei über 1,0 m Rampenhöhe mit Geländer und Knieleiste an Bereichen, die keine ständigen Be- und Entladestellen sind;
- Geländerhöhe lotrecht über Fußboden oder Stufenkante von Treppen mindestens 1,0 m, bei Absturzhöhen von mehr als 12 m mindestens 1,1 m ausführen;
- ungesicherte Rampenkante durch gelb-schwarze Schrägstreifen kennzeichnen;

- Rampenabgänge als Treppen bzw. geneigte Ebenen ausführen;
- unkontrollierte Bewegung und Herabfallen von Lager- oder Transportgut und anderen Gegenständen verhindern.

4 Allgemeine Sicherheitsanforderungen an Ladebrücken und bewegliche Rampen (BGR 233)

- Ausführung als Flachrampe (max. 12,5 % Neigung), nur in Ausnahmefällen darüber hinaus; Ladestege und Ladeschienen dürfen bis 30 % geneigt sein;
- nutzbare Breite mind. 1,25 m, in Ausnahmefällen auch 1,0 m; Sicherheitszuschläge sind erforderlich, wenn die Rampen mit Transportmitteln befahren werden;
- begehbare Flächen müssen rutschhemmend ausgeführt sein;
- Kennzeichnung (Hersteller oder Lieferer, Baujahr, Typ, Tragfähigkeit);
- Betriebsanleitung vorhanden;
- → *Ladebrücken*, die fest mit dem Gebäude verbunden sind und fahrbare Rampen müssen vor der ersten Inbetriebnahme und nach Bedarf, mindestens jedoch einmal jährlich, auf ihren sicheren Zustand durch eine → *befähigte Person* nach § 10 der BetrSichV geprüft werden (in Abschnitt 6 BGR 233 wird noch der alte Begriff «Sachkundiger» verwendet);
- an Ladebrücken, insbesondere kraftbetriebene, werden in Abschnitt 4.6 noch weitergehende Anforderungen gestellt (Sicherung gegen unbeabsichtigtes Bewegen oder Absinken, keine Stolperstellen, ggf. schwarzgelbe Kennzeichnung, Not-Befehlseinrichtung usw. – Nrn. 4.6.1–4.6.17).

Veit Moosmayer

Rauchen

Unter Rauchen wird die Inhalation (bzw. die Aufnahme in den Mundraum) von Tabakrauch verstanden, der beim Abbrand (Glimmbrand) von Tabakerzeugnissen wie Zigaretten, Zigarillos, Zigarren oder Pfeifen entsteht. Passivrauchen ist die inhalative Aufnahme von Tabakrauch durch Nichtraucher.

Gesetze, Vorschriften und Rechtsprechung

Da der Tabakkonsum legal ist, beziehen sich die gesetzlichen Regelungen stets auf den Nichtraucherschutz, z. T. auch ein Zurückdrängen des Tabakkonsums durch Werbeverbote. In Deutschland gilt seit 2007 das Bundes-Nichtraucherschutz-Gesetz, das das Rauchen in Einrichtungen des Bundes und in öffentlichen Verkehrsmitteln grundsätzlich verbietet. Es trat zusammen mit einem Mantelgesetz (Gesetz zum Schutz vor den Gefahren des Passivrauchens) in Kraft, durch das einige andere Gesetze entsprechend angepasst wurden und v. a. das Mindestalter für den Kauf von Tabakwaren (auch aus Automaten) auf 18 Jahre angehoben wurde.

Bis 2008 traten dazu die Nichtraucherschutzgesetze der Länder in Kraft. Diese sind unterschiedlich, umfassen aber i. d. R. mehr oder weniger eng gefasste Rauchverbote in öffentlichen Gebäuden (z. B. Behörden, Gerichte, Museen, Theater, Hochschulen), Kliniken, Pflegeeinrichtungen, Einrichtungen für Kinder und Jugendliche (Schulen!), Sportstätten, Diskotheken und Gaststätten. Am Arbeitsplatz schreibt die Arbeitsstättenverordnung vor, dass der Arbeitgeber «die nicht rauchenden Beschäftigten ... wirksam vor den Gesundheitsgefahren durch Tabakrauch» schützen muss. Rauchen am Arbeitsplatz ist damit nicht mehr eine Frage der Belästigung von Nichtrauchern, sondern eine Gefährdung, gegen die der Arbeitgeber Maßnahmen ergreifen muss (Passivrauchen ist in die TRGS 905 als krebserzeugender Stoff aufgenommen). Ein weitreichendes Rauchverbot am Arbeitsplatz ist damit i. d. R. unausweichlich geworden.

Diverse BG-Vorschriften und -Regeln enthalten darüber hinaus Rauchverbote für bestimmte Bereiche aus Gründen des Brand- und Explosionsschutzes oder der Hygiene.

1 Gesundheitsrisiko Rauchen

Nach Darstellung der WHO ist Tabak unter den frei erhältlichen Konsumgütern mit Abstand dasjenige mit dem höchsten Gesundheitsrisiko. Die im Tabakrauch enthaltenen Schadstoffe wie Kohlenmonoxid, Stickstoffoxide, Schwermetalle und Aromatenverbindungen (Benzol u. a.) führen zu schweren und tödlichen Gesundheitsschäden wie

- Krebserkrankungen,
- Herzkreislauferkrankungen (z. B. Durchblutungsstörungen, Gefäßentzündungen, Bluthochdruck, Herzinfarkt, Schlaganfall),
- chronischen Atemwegserkrankungen.

Weitere negative gesundheitliche Folgen sind:

- erhöhte Infektanfälligkeit,
- verminderter Geruchs- und Geschmackssinn,
- Potenz- und Fruchtbarkeitsstörungen,
- vorzeitige Hautalterung.

Von diesen Auswirkungen sind alle Raucher betroffen. Statistisch gesehen muss die Mehrheit mit schweren und tödlichen Krankheiten durch das Rauchen rechnen. Die Lebenserwartung von Rauchern ist (je nach Konsumverhalten) um 8 bis 20 Jahre verkürzt. In Deutschland sterben jährlich etwa 110.000 bis 140.000 Menschen an den Folgen des Rauchens, und damit mehr als durch Unfälle, Straftaten, Suizide, Alkohol und Drogen zusammen. Rauchen ist damit die häufigste Todesursache für Menschen in mittleren Jahren.

Wegen des hohen Gesundheitsrisikos – auch für Passivraucher – sinkt in den letzten Jahren die gesellschaftliche Akzeptanz des Rauchens. Nichtraucherschutz und Maßnahmen zur Raucherentwöhnung sind daher auch am Arbeitsplatz ein Thema.

1.1 Wer raucht?

Nach Informationen der Bundeszentrale für gesundheitliche Aufklärung rauchen in Deutschland etwa 30 % der Bevölkerung. Der Gesamtanteil der Raucher ist leicht rückläufig, überproportional bei Jugendlichen. Hier wirken neben einem möglicherweise gestiegenen Gesundheitsbewusstsein wohl auch die hohen Kosten für Tabakerzeugnisse. Generell rauchen nach wie vor mehr Männer (34 %) als Frauen (26 %), wobei rauchende Männer etwas häufiger zur Zigarette greifen. Weil aber der Anteil rauchender Männer in den letzten Jahren stärker rückläufig war, während die Zahl der Frauen nahezu konstant blieb, wird mit einem allmählichen Ausgleich gerechnet, zumal nicht länger gesellschaftliche Normen das Rauchen von Frauen besonders negativ bewerten.

Besonders häufig wird im jüngeren Erwachsenenalter geraucht, danach (ab ca. 40 Jahren) geht der Raucheranteil zurück.

Rauchverhalten steht deutlich in einer Beziehung zu Bildungsgrad, Lebensstandard und -zufriedenheit. Dabei spielt neben einem möglicherweise geringeren Aufklärungsstand in bildungsferneren Bevölkerungsschichten wohl der für das Suchtverhalten typische Belohnungsanreiz eine Rolle, der umso stärker wirkt, desto weniger Anerkennung und Selbstwertgefühl ein Mensch erhält bzw. aufbauen kann. Menschen mit Hauptschulabschluss rauchen fast doppelt so häufig wie solche mit Hochschulreife. Während etwa 50 % der Arbeitnehmer ohne Berufsausbildung rauchen, trifft das nur auf ca. 15 % der Ärzte, Lehrer und Ingenieure zu.

1.2 Warum wird geraucht?

Das Rauchverhalten wird v. a. durch die **suchtauslösenden Substanzen** im Tabakrauch gesteuert. Nikotin führt relativ schnell zur körperlichen Abhängigkeit. Es wirkt intensiv auf bestimmte Rezeptoren im Gehirn und greift so in den Hormonhaushalt ein. Die dadurch u. a. angeregte Ausschüttung von Dopamin («Glückshormon») ruft den Belohnungseffekt hervor, den das Rauchen für den Konsumenten bedeutet. Andere durch Nikotin beeinflusste Prozesse sorgen dafür, dass das Rauchen als Befriedigung körperlicher Bedürfnisse und existentiell notwendig erlebt wird.

Weitere **körperliche Wirkungen**, die Raucher am Tabakkonsum schätzen, sind erhöhte Aufmerksamkeit und Leistungsfähigkeit (durch Nikotin und Koffein im Tabakrauch) sowie den damit verbundenen erhöhten Grundumsatz, der verbunden mit einer appetitzügelnden Wirkung des Rauchens dazu beitragen kann, dass Raucher weniger schnell Übergewicht aufbauen.

Zu den **psychischen Faktoren**, die das Rauchen attraktiv machen, gehört für viele Raucher v. a. die «Zigarettenpause», die die Möglichkeit bietet, monotonen oder stressigen Situationen kurzzeitig auszuweichen und zwanglose Kommunikation mit anderen auszuüben. Auf diese Weise wird Rauchen als entspannend und beruhigend erlebt. Aber auch der Wunsch, in einer Gruppe akzeptiert zu werden, fördert vor allem bei jungen Menschen das Rauchen.

Wichtig: Psychische Abhängigkeit
Verstärkend kommt hinzu, dass sich mit der Zeit die als angenehm empfundene Situation derart mit dem dabei ausgeübten Rauchen verknüpft, dass Rauchen als solches als Bedingung für positive Gefühle empfunden wird. So entsteht neben der körperlichen auch eine psychische Abhängigkeit, die oft besonders schwer zu überwinden ist.

2 Rauchen am Arbeitsplatz: Rechtliche Situation

Tabakrauch ist aufgrund seiner krebserregenden und toxischen Wirkungen der gefährlichste unter den typischen Innenraumschadstoffen. In den Zeiten, bevor am Arbeitsplatz ein konsequenter Nichtraucherschutz umgesetzt wurde, waren mehr Beschäftigte durch Tabakrauch gefährdet als durch alle anderen → *Gefahrstoffe* zusammen. Der Nichtraucherschutz im Betrieb ist in § 5 Arbeitsstättenverordnung geregelt: «Der Arbeitgeber hat die erforderlichen Maßnahmen zu treffen, damit die nichtrauchenden Beschäftigten in Arbeitsstätten wirksam vor den Gesundheitsgefahren durch Tabakrauch geschützt sind.»

Ausnahmen sind für → *Arbeitsstätten* mit Publikumsverkehr vorgesehen (§ 5 Abs. 2 ArbStättV). Deren Bedeutung sinkt jedoch durch die mittlerweile weitreichenden Rauchverbote im öffentlichen Bereich.

Achtung: Tabakrauch = krebserregender Arbeitsstoff
Tabakrauch (bezogen auf das Passivrauchen) in inzwischen in der Liste der krebserregenden Arbeitsstoffe in TRGS 905 aufgeführt. Damit kann Tabakrauch nicht wie früher als Belästigung eingestuft werden, über deren Zumutbarkeit im Rahmen eines Interessensausgleichs zu entscheiden ist. Er stellt vielmehr eine Gefährdung dar, gegen die der Arbeitgeber vorgehen muss! Daraus ergeben sich u. a. Beschäftigungsverbote für bestimmte Personengruppen an Arbeitsplätzen, an denen Tabakrauch auftritt.

Praxis-Beispiel: Jugendliche
In Gaststätten, in denen geraucht wird («Raucherclubs»), dürfen grundsätzlich keine Jugendlichen eingesetzt werden.

3 Nichtraucherschutz

3.1 Absolutes Rauchverbot

Aus technischer Sicht ist ein absolutes Rauchverbot in den Betriebsräumen die einfachste und wirkungsvollste Maßnahme, um die Beschäftigten vor Tabakrauch zu schützen. Viele Betriebe haben in den letzten Jahren deshalb so verfahren, oft mit der Ausnahme von «Raucherzonen» (s. u.).

Grundsätzlich kann ein Betrieb das Rauchen auch auf dem **gesamten** Betriebsgelände ausnahmslos verbieten, z. B. wenn das für die Umsetzung der Unternehmensziele oder für die Außenwirkung erforderlich ist (z. B. bei Krankenhäusern, Einrichtungen für Kinder und Jugendliche). Andernfalls ist ein so umfassendes Rauchverbot schwer umsetzbar, weil es i. d. R. nicht mit dem Schutz der nichtrauchenden Beschäftigten begründet werden kann.

Da Rauchen grundsätzlich legal ist, muss der Arbeitgeber den Persönlichkeitsschutz der Raucher beachten und darf sie nicht dadurch diskriminieren, dass sie z. B. unnötig lange Wege zurücklegen müssen, um rauchen zu können. Davon unbeeinträchtigt sind natürlich Rauchverbote aus Sicherheitsgründen (Brand- und Explosionsgefahr), die immer Vorrang haben.

Der Arbeitgeber kann verlangen, dass «Raucherpausen» nicht zur bezahlten Arbeitszeit gerechnet werden. Wenn eine Zeiterfassung vorhanden ist, muss dann vor dem Rauchen ausgebucht werden.

> **Achtung: Konsequent sein!**
> Im Interesse der Glaubwürdigkeit nach außen und innen sollte darauf geachtet werden, dass ein absolutes Rauchverbot tatsächlich eingehalten wird. Heimliches Rauchen ist oft mit der nicht sachgerechten Entsorgung von Zigarettenkippen verbunden und führt so zu Verschmutzungen und zu einem erhöhten Brandrisiko.

> **Wichtig: Eingeschränkte Mitbestimmungspflicht**
> Nichtraucherschutz ist eine elementare Schutzpflicht des Arbeitgebers, die nicht verhandelbar ist. Alle Fragen zur Umsetzung, zu Pausenregelungen usw. sind aber mitbestimmungspflichtig und müssen ggf. mit dem → *Betriebs-* oder Personalrat abgestimmt werden.

3.2 Einrichtung von Raucherzonen

Wenn, wie in der Praxis üblich, im Freien oder im Gebäude Raucherbereiche eingerichtet werden, ist genau darauf zu achten, dass dadurch benachbarte Bereiche nicht beeinträchtigt werden (z. B. weil Rauch auf Flure oder von außen durch geöffnete Fenster eindringt). Das ist auch die (schwer einzuhaltende) Bedingung dafür, dass es toleriert wird, wenn in Arbeitsräumen geraucht wird, in denen sich nur Raucher aufhalten.

> **Achtung: Keine Aufweichung des Rauchverbots**
> Auf keinen Fall darf der Arbeitgeber akzeptieren, dass in Arbeitsräumen geraucht wird, wenn die Nichtraucher vorgeblich «nichts dagegen haben». Eine solche Aussage unterliegt oft Loyalitätskonflikten und gilt im Umgang mit → *Gefahrstoffen* generell nicht.

Zeitliche Rauchverbote («In der Kantine darf während der Pause nicht geraucht werden») sind zum sicheren Nichtraucherschutz ungeeignet, weil kaum ein definierter Luftwechsel zu gewährleisten ist und in jedem Fall die Geruchsbelästigung erhalten bleibt.

Wenn der Betrieb Wert darauf legt, Raucher nicht in abgelegene Bereiche oder nach draußen zu «verbannen», kann er auf professionelle Raucherkabinen zurückgreifen, die in vielfältigen Variationen angeboten werden. Sie bieten durch ausgefeilte Absaug- und Filterverfahren die Möglichkeit, dass arbeitsplatznah, in Aufenthalts- oder Besprechungsbereichen geraucht werden kann, ohne dass Tabakrauch das Umfeld irgendwie beeinträchtigt. Solche Lösungen sind durchaus praxistauglich, aber mit erheblichen (auch laufenden) Kosten verbunden.

Abb. 1: Raucherkabine im Bürobereich (Quelle: BIK TEC GmbH)

4 Wie wirkt sich das Rauchverhalten der Mitarbeiter aus?

Die Gesamtkosten des Rauchens für die Gesellschaft sind schwer zu beziffern und nur beschränkt aussagefähig, weil Kosten und Einnahmen an unterschiedlichen Stellen im System anfallen. Erkennbar ist, dass die durch Rauchen verursachten Krankheitskosten (inklusive Arbeitsausfall, Frühverrentung usw.) deutlich über den Einnahmen durch die Tabaksteuer liegen. Schwer bezifferbar und oft wenig seriös wird es, wenn die statistisch durch den früheren Tod von Rauchern «gesparten» Rentenbezugsjahre berücksichtigt werden.

Auch auf den einzelnen Betrieb bezogen können die Folgen des Rauchverhaltens nur schwer eingeschätzt werden. Zwar geht durch Raucherpausen, erst recht wenn sie mit weiteren Wegen verbunden sind, Arbeitszeit verloren. Allerdings ist nachvollziehbar, dass kurze Pausen verbunden mit Bewegung und einem Ortswechsel durchaus geeignet sind, die Leistungsfähigkeit wieder anzuheben. Außerdem können sie zum Teil im Sinne des Arbeitgebers genutzt werden (interne Kommunikation). Zudem sind auch nichtrauchende Beschäftigte am Arbeitsplatz nicht durchgehend gleich konzentriert.

Maßnahmen zur Verringerung des Tabakkonsums im Betrieb dienen nicht nur dazu, die Pflicht zum Nichtraucherschutz vollständig umzusetzen. Sie rechtfertigen sich v. a. unter dem Aspekt, langfristig etwas für den persönlichen Gesundheitsschutz der Beschäftigten zu tun, um so ihre Arbeits- und Leistungsfähigkeit zu erhalten oder zu verbessern.

5 Raucherentwöhnung

Raucherentwöhnung ist ein sinnvoller Baustein der → *betrieblichen Gesundheitsförderung*. Rauchen ist die wichtigste durch Verhaltensänderung vermeidbare Krankheitsursache überhaupt. Ein relativ hoher Prozentsatz der Raucher trägt sich stets mit dem Gedanken ans Aufhören, es fehlt aber oft lange am letzten Anstoß bzw. am nötigen Selbstvertrauen, es schaffen zu können. In dieser Situation wird ein Angebot des Arbeitgebers (z. B. ein Rauchfrei-Kurs) gern aufgenommen. Bei gut strukturierten und durch Fachleute begleiteten Raucherentwöhnungsprogrammen können langfristige Erfolgsquoten von 30 % erzielt werden, was als gut gelten kann. Allerdings sind nicht für jeden Typ von Raucher alle möglichen Entwöhnungsmaßnahmen wie Gruppentherapien, Akkupunktur, Hypnose, Autogenes Training, Medikamente usw. in gleicher Weise geeignet. Hier ist die Beratung durch den → *Betriebsarzt* hilfreich.

Praxis-Tipp: Rauchfrei-Aktionen

Impulsangebote wie ein Raucher-Selbsttest, der die Motivation zum Aufhören ermittelt oder demonstrative Schadstoffmessungen im Zigarettenqualm eignen sich für «Gesundheitstage». Sehr gutes und vielfältiges Infomaterial stellt die Bundeszentrale für gesundheitliche Aufklärung weitgehend kostenfrei zur Verfügung, darunter viele interessante Online-Angebote (www.bzga.de). Außerdem beraten die Krankenkassen.

Cornelia von Quistorp

Raumabmessungen

Arbeitsräume müssen gemäß Arbeitsstättenrecht einen ausreichend großen Luftraum, ausreichende Grundfläche und Höhe haben. Da die ArbStättV jedoch keine konkreten Vorgaben enthält, muss der Arbeitgeber in einer Gefährdungsbeurteilung nachweisen bzw. begründen, dass die gewählten Parameter für die Mitarbeiter ausreichend sind.

Gesetze, Vorschriften und Rechtsprechung

Die Regelungen zu Raumabmessungen sind in Anhang 1.2 Arbeitsstättenverordnung (ArbStättV) enthalten.

1 Keine gesundheitlichen Beeinträchtigungen

Neben den Arbeitsplätzen müssen auch → *Sanitätsräume*, → *Pausen- und Bereitschaftsräume*, → *Erste-Hilfe-Räume* und → *Unterkünfte* ausreichend groß sein. Eine angemessene Raumhöhe bzw. lichte Höhe hängt von der Grundfläche des Raums, von der Art der körperlichen Beanspruchung und von der Anzahl der Beschäftigten sowie der sonstigen anwesenden Personen ab.

Insgesamt sollen Raumabmessungen und Luftraum in Arbeitsräumen so bemessen sein, dass die Beschäftigten ohne Beeinträchtigung ihrer Sicherheit, ihrer Gesundheit oder ihres Wohlbefindens ihre Arbeit verrichten können.

Für alle weiteren Räume richten sich die Abmessungen nach der Art der Nutzung.

2 Richtwerte

In Büroarbeitsräumen sollte die Fläche je Arbeitsplatz einschließlich allgemein üblicher Möblierung und anteiliger Verkehrsflächen im Mittel nicht weniger als 8 m^2 bis 10 m^2 betragen. In Großraumbüros (ab 400 m^2) ist die Störwirkung größer als in kleinen Räumen. Daher sollte dort die Fläche pro Arbeitsplatz 12 m^2 bis 15 m^2 betragen.

Die folgenden Richtwerte sind die Grundlage, um die benötigte Fläche abzuschätzen:

- Arbeitsräume müssen eine Grundfläche von mindestens 8,00 m^2 haben.
- Räume dürfen als Arbeitsräume nur genutzt werden, wenn die lichte Höhe
  - bei einer Grundfläche von nicht mehr als 50 m^2 mindestens 2,50 m,
  - bei einer Grundfläche von mehr als 50 m^2 mindestens 2,75 m,
  - bei einer Grundfläche von mehr als 100 m^2 mindestens 3,00 m,
  - bei einer Grundfläche von mehr als 2.000 m^2 mindestens 3,25 m

beträgt.

Bei Räumen mit Schrägdecken darf die lichte Höhe im Bereich von Arbeitsplätzen und Verkehrswegen an keiner Stelle 2,50 m unterschreiten.

- Die Maße können bei Verkaufsräumen, Büroräumen und anderen Arbeitsräumen, in denen überwiegend leichte oder sitzende Tätigkeit ausgeübt wird, oder aus zwingenden baulichen Gründen um 0,25 m herabgesetzt werden, wenn dagegen keine gesundheitlichen Bedenken bestehen. Die lichte Höhe darf nicht weniger als 2,50 m betragen.
- In Arbeitsräumen muss für jeden ständig anwesenden Arbeitnehmer folgender Mindestluftraum vorhanden sein:
  - 12 m^3 bei überwiegend sitzender Tätigkeit,
  - 15 m^3 bei überwiegend nichtsitzender Tätigkeit,
  - 18 m^3 bei schwerer körperlicher Arbeit.

  Der Mindestluftraum darf durch Betriebseinrichtungen nicht verringert werden.
- Wenn sich in Arbeitsräumen mit natürlicher Lüftung neben den ständig anwesenden Arbeitnehmern auch andere Personen nicht nur vorübergehend aufhalten, ist für jede zusätzliche Person ein Mindestluftraum von 10 m^3 vorzusehen.

Nadine Gotzen

Raumakustik

Die Raumakustik ist ein Gebiet der Akustik, das sich mit der Auswirkung der baulichen Gegebenheiten eines Raumes auf die in ihm stattfindenden Schallereignisse beschäftigt. Ziel der Raumakustik ist es, einen Raum optimal auf seinen Bestimmungszweck abzustimmen. So benötigen Räume, in denen vor allem Sprache übertragen werden soll, z. B. Vortragsräume oder Klassenzimmer, aber auch Büroräume eine eher kurze Nachhallzeit von 0,5–1 Sekunde. Im Büro kommt der Raumakustik eine besondere Bedeutung zu, da die Leistungsfähigkeit und das Wohlbefinden der Mitarbeiter im Spannungsfeld Kommunikation/Konzentration direkt vom akustischen Komfort, also der Eignung für die spezifischen Büroaufgaben abhängt. Die bekannteste Kenngröße der Raumakustik ist die Nachhallzeit als die Zeitspanne, in der der Schalldruckpegel eines Schallereignisses in einem Raum um 60 dB, also auf den tausendsten Teil des Anfangsschalldrucks abgenommen hat.

Gesetze, Vorschriften und Rechtsprechung

Grundlegende Vorschriften sind Anhang 3.7 Arbeitsstättenverordnung (ArbStättV) und Anhang Nr. 17 Bildschirmarbeitsverordnung (BildschArbV) sowie die Lärm- und Vibrations-Arbeitsschutzverordnung (LärmVibrationsArbSchV). Darüber hinaus sind folgende Normen relevant:

- DIN 33 410 «Sprachverständigung in Arbeitsstätten unter Einwirkung von Störgeräuschen»
- DIN EN ISO 9921:2004 – 02 «Ergonomie; Beurteilung der Sprachkommunikation Teil 6 Leitsätze an die Arbeitsumgebung»
- DIN 18041 «Hörsamkeit in kleinen bis mittelgroßen Räumen (2004) Ermittlung von Beurteilungspegeln aus Messungen. Teil 2: Geräuschemissionen am Arbeitsplatz»
- VDI 2569 «Schallschutz und akustische Gestaltung im Büro»

1 Wann wird Schall zu Lärm?

Bevor diese Frage beantwortet werden kann, ist zu klären was Schall ist. **Schall** bezeichnet allgemein das Geräusch, den Klang, den Ton, den Knall (Schallarten), wie er von Menschen mit dem Gehör, also dem Ohr-Gehirn-System, aber auch von Tieren auditiv wahrgenommen werden kann. Schall stellt die Ausbreitung von kleinsten Druck- und Dichteschwankungen in einem elastischen Medium (Gase, Flüssigkeiten, Festkörper) dar. Man unterscheidet:

- den **Nutzschall**, wie Musik oder die Stimme beim Gespräch;
- den **Störschall**, wie Baustellen- oder Verkehrslärm.

Wann wird aus dem Schall *Lärm*?

- je höher die Frequenz, desto störender ist der Schall; dies gilt bis ca. 6.000 Hertz;

- je stärker der Schall, desto störender wirkt er;
- je länger die Einwirkungsdauer, desto störender;
- an- und abschwellende (dynamische) Schall-Ereignisse stören mehr als gleichmäßige (konstante);
- bei vorwiegend geistiger Arbeit ist der Mensch störanfälliger als bei überwiegend körperlicher Arbeit;
- Menschen, die unfreiwillig Schall ausgesetzt sind, fühlen sich stärker gestört als Lärm-Verursacher;
- ermüdete und kranke Menschen fühlen sich stärker gestört als ausgeruhte und gesunde.

2 Wichtige Begriffe zur Akustik/Raumakustik

Akustik

Die Lehre vom Schall und dessen Ausbreitung.

Grenzwerte

In der ArbStättV sind die Maximalwerte für alle Arbeitsplätze in Deutschland auf den Grenzwert von 85 dB(A) festgeschrieben.

In der LärmVibrationsArbSchV werden ein unterer und oberer Auslösewert für den Tages-Lärmexpositionspegel und für die Spitzenwerte festgelegt. Das bedeutet, dass ab einem Tages-Lärmexpositionswert von 80 dB(A) vorbeugende Maßnahmen zur Minderung des Lärmpegels zu ergreifen sind.

> **Wichtig: Optimale Grenzwerte am Büroarbeitsplatz**
>
> Diese Grenzwerte sind für die Büroarbeit viel zu hoch, hier sind die Angaben aus Abschn. 7.4.3 BGI 650 und Abschn. 2.2.6 BGI 5001 zu beachten:
>
> - **max. 55 dB(A)** für überwiegend geistige Tätigkeiten, wie dispositive Büroarbeiten, Bildschirmarbeiten etc.;
> - **max. 70 dB(A)** für einfache oder überwiegend mechanisierte Bürotätigkeiten.
>
> Fachleute halten diese Werte für zu hoch. Empfohlen wird eher ein Beurteilungspegel **zwischen 35 und 40 dB(A)**.

Grundgeräuschpegel

Der Grundgeräuschpegel ist die Summe aller Geräusche in einem Raum. Dazu zählen Arbeitsgeräusche, Büromaschinen, Telefonklingeln, Telefongespräche, laute Rufe quer durch den Raum und die von außen eindringenden Geräuschkulisse. Dieser Grundgeräuschpegel sollte etwa 40 – 45 dB betragen – dann wird er nicht als störend empfunden und verhindert zumeist ungewolltes Mithören der Gespräche.

> **Praxis-Tipp: Nicht störender Grundgeräuschpegel**
>
> Dieser Grundgeräuschpegel wird i. d. R. erreicht, wenn das Verhältnis zwischen der
> **äquivalenten Schallabsorptionsfläche im Büro (m^2)/Raumvolumen (m^3)**
> einen Faktor von 0,33 bis 0,35 ergibt.

Daraus abgeleitet ergibt sich, dass sich eine gute akustisch wirksame Decke, ein absorbierender Teppichboden und Stellwände ergänzen müssen.

Ein als angenehm empfundener Grundgeräuschpegel, ermöglicht die Erledigung der Arbeitsaufgaben ohne große Störungen, bei bestmöglicher Zufriedenheit der Mitarbeiter.

> **Wichtig: Voraussetzung für eigenverantwortliche Kommunikation und Konzentration**
>
> Mitarbeiter sollten das erforderliche Maß bei Kommunikation und Konzentration weitgehend selbst steuern können. Ein ausgewogenes Verhältnis von absorbierenden und reflektierenden Materialien ermöglicht dies.

Hörbare Frequenzen

Frequenzen werden in Hertz (Hz) gemessen und ausgedrückt. Nicht alle Frequenzen sind vom menschlichen Gehör erfassbar:

- Infraschall (0 Hz bis 16 Hz), nicht hörbar für den Menschen;
- Normalschall (16 Hz bis 16.000 Hz), dieser Bereich ist für den Menschen hörbar;
- Ultraschall (16.000 Hz bis 10 Mrd. Hz), nicht hörbar für den Menschen.

Bei Schallpegelmessungen werden die hörbaren Frequenzen im Messgerät über den Filter A «nachgestellt» (Bewertungsfilter haben für eine ganz bestimmte Lautstärke ein ähnliches Frequenzverhalten wie das menschliche Ohr). Entsprechend diesem Zusammenhang sind auch alle Grenzwerte für Schallpegel in dB(A) angegeben. Der Mensch ist für Schall im Bereich von 500 und 2.000 Hz am sensibelsten; niedrigere und höhere Frequenzen werden weniger laut oder gar nicht empfunden bzw. gehört.

> **Praxis-Beispiel: Bandbreite der Sprachfrequenz**
>
> Frequenz der menschlichen Stimme – 125 bis 2.000 Hz;
> Frequenz allgemeiner Bürogeräusche – 100 bis 4.000 Hz.

Lärm

Als → *Lärm* werden Geräusche (Schalle) bezeichnet, die durch ihre Lautstärke und Struktur für den Menschen und die Umwelt gesundheitsschädigend oder störend bzw. belastend wirken. Dabei hängt es von der Verfassung, den Vorlieben und der Stimmung eines Menschen ab, ob Geräusche als Lärm wahrgenommen werden.

Nachhallzeit

Zeitfenster in geschlossenen Räumen, in welchem sich der Schalldruckpegel um 60 dB(A) verringert, nachdem die Schallquelle abgeschaltet wurde.

Raumakustik

Auswirkung der baulichen Gegebenheiten auf die im Raum entstehenden Schallereignisse unter Berücksichtigung des menschlichen Gehörs, Wahrnehmung der Spracheigenschaften und der subjektiven Hörgewohnheiten.

Satz- und Wortverständlichkeit

Wichtig ist, dass die «richtigen» Frequenzen absorbiert werden. Studien zeigen, dass sich Menschen während der Büroarbeit von Geräuschen zwischen 1.000 und 2.000 Hertz (Hz) am stärksten gestört fühlen. In diesem Bereich liegt genau die Hauptverständlichkeit von Sätzen und Worten, deshalb sollten gerade hier die Werte der Decke besonders gut sein.

Schall

Schall bezeichnet allgemein das Geräusch, den Klang, den Ton, den Knall (Schallarten), wie er von Menschen mit dem Gehör (Ohr-Gehirn-System) aber auch von Tieren auditiv wahrgenommen werden kann. Schall stellt die Ausbreitung von kleinsten Druck- und Dichteschwankungen in einem elastischen Medium (Gase, Flüssigkeiten, Festkörper) dar. Man unterscheidet den *Nutzschall*, wie Musik oder die Stimme beim Gespräch, und den *Störschall*, wie Baustellen- oder der Verkehrslärm.

Schallabsorption

Schallabsorption entsteht, wenn Schallwellen auf biegeweiche, poröse bzw. deformierbare Materialien treffen und die Schallwellenenergie hierbei in Wärme umgewandelt wird.

Raumakustik

Schallausbreitung im Raum

Schall breitet sich strahlen- und kugelförmig aus. Das bedeutet, dass sich mit zunehmender Entfernung zur Schallquelle die Schallverbreitung im Raum extrem vergrößert. Durch Reflexionen auf schallharten Flächen wird zudem die Schallgeschwindigkeit erhöht, was zu immer kürzeren Wahrnehmungsintervallen führt. Das macht es umso wichtiger, hier mit entsprechenden schallabsorbierenden Maßnahmen so nah wie möglich an die Schallquelle zu gehen und dort einen Großteil der entstehenden Schallenergie zu reduzieren. Dafür eignen sich besonders hochwertig absorbierende Stellwände.

Schalldämmung = Schallisolation

Darunter versteht man die Verhinderung des Schalldurchtritts durch eine Trennfläche, der Schall wird folglich reflektiert. Damit der Körperschall vermieden wird, ist sicher zu stellen, dass die Trennfläche selbst nicht mehr in Schwingungen versetzt wird. Um dies zu erreichen, müssten meterdicke, teure Betonwände Verwendung finden. Optimaler ist es den Körperschall so zu konditionieren, dass er im ankommenden Raum den Umgebungsgeräuschpegel nicht bzw. nur geringfügig überschreitet.

Schalldämpfung = Schallabsorption

Bei der Schallabsorption reiben sich die durch Schallwellen in Bewegung versetzten Luftteilchen an einem porigen Absorber. Dabei wird ein Teil der Schallenergie in Wärmeenergie verwandelt. Daraus folgt, dass der bekannte Echoeffekt, wie man ihn aus leeren Räumen kennt, verringert wird. In einem leeren Raum fühlt man sich, bedingt durch diesen Echohalleffekt, unwohl. Stellt man Möbel und andere Einrichtungsgegenstände in diesen Raum, verändert sich das Empfinden positiv. Durch Vorhänge, Lamellen-Stores und weitere Absorptionsmaterialien, wird eine weitere Verbesserung und angenehmere Raumempfindlichkeit erzielt.

> **Praxis-Beispiel: Wer stört, ist der Mensch mit seiner Stimme**
>
> In einem Call-Center entstehen die meisten Störgeräusche durch die menschliche Stimme, deren Frequenzbereich bei 125 bis 2.000 Hz liegt. Sinnvoll ist es folglich, für die schalldämpfenden Elemente in Call-Centern solche auszuwählen, die im Bereich von 125 bis 2.000 Hz die besten Schalldämmwerte aufweisen.

Schalldruckpegel

Verhältnis des Schalldrucks zu einem Referenzwert, der ähnlich zur menschlichen Hörschwelle ist. Während im freien Umfeld der Schallpegel mit zunehmender Entfernung von der Schallquelle abnimmt, ist er in einem geschlossenen Raum, bedingt durch die Reflexionen der eingesetzten Materialien und dem Abstand zur Schallquelle, nicht mehr genau zuordenbar.

Schallreflexion

Darunter versteht man die Reflexion von Schallwellen, die auf schallharte Oberflächen treffen.

3 Lärmschutz am Arbeitsplatz

Lärmschutz sollte zu allererst bei der Lärmquelle ansetzen. Bei Maschinen oder Produktionsanlagen kann dies durch leisere Maschinen, Einsatz neuer Technologien wie Verfahren, Dämmen und Dämpfen des Schalls (Isolierung, Kapselung) gelingen.

Der stärkste Lärmverursacher im Büro, das Gespräch, lässt sich dagegen kaum vermeiden, geschweige denn verbieten. Schließlich ist es ja auch das effektivste Kommunikationsmittel. Im Büro wollen Menschen störungsfrei und uneingeschränkt kommunizieren und zugleich durch die Gespräche anderer in ihrer Konzentration nicht beeinträchtigt werden. Dieses Dilemma kann nur im Kompromiss lösen: die Arbeitsplätze so weit wie möglich akustisch gegeneinander abschirmen, gleichzeitig so wenig wie möglich die Kommunikation einschränken.

Der Stellenwert der Lärm-Belästigung durch Gespräche im Büro ist heute wesentlich größer als früher. Dafür sind v. a. 2 Faktoren ausschlaggebend:

- verbesserte Raumakustik,
- leisere Geräte.

Die Akustik ist in vielen Büros erheblich verbessert worden, Gründe sind:

- Akustik-Decken,
- schallschluckende Bodenbeläge,
- schalldämmende Fenster und Türen.

Wichtig: Paradoxon der modernen Büroakustik

Paradox aber wahr: In vielen Büros ist es heutzutage einfach zu still. Der Grundgeräusch-Pegel ist zu niedrig. Folge: Der Pegel-Abstand zwischen der Geräusch-Kulisse im Hintergrund und der menschlichen Kommunikation ist zu groß. Jedes Gespräch übertönt das Grundgeräusch um ein Vielfaches und stört deswegen besonders stark.

Daran wird deutlich, wie wichtig eine notwendige professionelle Schallabsorption ist. Bei den in modernen Büroräumen und Gebäuden immer mehr eingesetzten Materialien und Werkstoffen, wie Glas, harte Bodenbeläge (Fliesen, Parkett, Laminat), Sichtbeton ist eine professionelle Schallabsorption dringend notwendig! Da es sich dabei um schallharte Flächen (schallreflektierende Oberflächen) handelt, die sich negativ auf die akustischen Raum- und Arbeitsbedingungen auswirken, ist ein effizientes Arbeiten nicht gewährleistet.

Es geht folglich um akustischen Komfort, also eine akustische Umgebung, die es erlaubt, die gestellten Arbeitsaufgaben ohne Beeinträchtigung durch Lärm zu erfüllen. Solchen Komfort erreicht man nicht durch Einzelmaßnahmen, vielmehr sind akustische Konzepte gefragt. Solche Konzepte sind für Laien nicht beherrschbar, was den Einsatz von Fachleuten nahezu unverzichtbar macht.

Peter Klatte

Raumklima

Das empfundene Raumklima setzt sich aus den Komponenten Lufttemperatur, Luftfeuchte, Oberflächentemperatur umgebender Körper und Flächen sowie Luftbewegungen zusammen, die einander bedingen und beeinflussen. Außerdem empfinden Menschen raumklimatische Gegebenheiten individuell höchst unterschiedlich. Auch die jeweilige Arbeitssituation und die Frage, ob bestimmte klimatische Bedingungen tätigkeitsspezifisch oder betriebstechnisch vorgegeben sind, spielt bei deren Beurteilung eine wesentliche Rolle. Das macht es im betrieblichen Alltag oft sehr schwer, für ein soweit wie möglich allgemein zufriedenstellendes Raumklima zu sorgen bzw. Klimaprobleme zu analysieren und zu beheben. Das allerdings ist durchaus wichtig, weil ein als unangenehm empfundenes Raumklima die Arbeitszufriedenheit erheblich senkt und gesundheitliche Belastungen auslösen kann.

Gesetze, Vorschriften und Rechtsprechung

Grundlegend ist die Arbeitsstättenverordnung. Sie enthält allgemeine Hinweise auf die Schutzpflicht des Arbeitgebers (§ 3a), zur gesundheitlich zuträglichen Raumtemperatur in Arbeitsräumen und Aufenthalts- und Sanitärbereichen (Anhang 3.5) und zu natürlicher und künstlicher Lüftung (Anhang 3.6).

Die Angaben zu Raumtemperaturen werden in den zugehörigen Arbeitsstättenregeln ASR A3.5 «Raumtemperaturen» und ASR A3.6 «Lüftung» konkretisiert.

Damit ist allerdings nur ein grober Rahmen vorgegeben, in dem viele der in der Praxis auftretenden Probleme nicht völlig geklärt werden können. Branchenspezifisch sind dazu div. berufsgenossenschaftliche Dokumente hilfreich (z. B. BGI 7003 ff. – Beurteilung des Raumklimas, BGI 5018 Gesundheit im Büro u. a.). Für Detailfragen muss auf das umfangreiche Normenwerk zurückgegriffen werden, das z. B. bei der Auslegung und Steuerung von Raumlufttechnischen Anlagen (RLT) zugrunde gelegt wird.

1 Lufttemperatur

Nach ASR A3.5 ist Lufttemperatur die Temperatur der den Menschen umgebenden Luft ohne die Einwirkung von Wärmestrahlung und Luftfeuchte. Die Raumtemperatur umfasst demgegenüber auch die Wärmestrahlung umgebender Flächen. Werden weitere Größen wie die Luftfeuchte einbezogen, spricht man von Klimasummenmaßen, die zwar u. U. besonders aussagefähig sind, aber größeren messtechnischen Aufwand bedeuten.

Die ASR A3.5 bezieht ihre Aussagen im Wesentlichen auf die Lufttemperatur – ein sehr praxisnaher Ansatz, weil

- im Alltag gängige Temperaturangaben sich auch darauf beziehen,
- sie sich einfach bestimmen lässt und
- sie für die Vielzahl klimatisch «normaler» Arbeitsplätze ausreichend zur Beurteilung der Arbeitsbedingungen ist.

Allerdings wird ausdrücklich darauf verwiesen, dass unter klimatisch besonderen Bedingungen (hohe Luftfeuchte, Wärmestrahlung, Luftgeschwindigkeit) gesonderte Analysen stattfinden müssen (Abschn. 4.1.4 ASR A3.5).

Das gilt auch für Arbeitsräume bzw. Tätigkeiten mit erheblichen betrieblich bedingten Belastungen, z. B. durch Wärmlasten (Maschinen, heiße Materialien), aber auch andere belastende Einflüsse (Geruch, besondere Bekleidung usw.).

Die ASR A3.5 enthält Temperaturangaben und Maßnahmenvorschläge für die in **Tab. 1** aufgeführten Fälle.

Überwiegende Körperhaltung	Arbeitsschwere		
	mittel	leicht	schwer
Sitzen	+20 °C	+19 °C	–
Stehen, Gehen	+19 °C	+17 °C	+12 °C

Tab. 1: Mindestlufttemperaturen in Arbeitsräumen in Abhängigkeit von der ausgeübten Tätigkeit

Bei Abweichungen sind zunächst ergänzende technische Maßnahmen (z. B. Zusatzheizungen, Heizmatten) vor organisatorischen (z. B. Vorwärmphasen) und persönlichen Maßnahmen (Bekleidung) zu ergreifen. In anderen Aufenthalts- und Sanitärbereichen muss eine Temperatur von 21 °C während der Nutzungsdauer gegeben sein (in Duschen 24 °C).

1.1 Maximallufttemperaturen in Arbeitsräumen bei Außentemperaturen von unter 26 °C

Die Maximallufttemperaturen in Arbeitsräumen bei Außentemperaturen von unter 26 °C sollen 26 °C nicht überschreiten. Wenn eine solche Überschreitung durch Sonneneinstrahlung ausgelöst wird, sind an den entsprechenden Bauteilen (Fenstern, Fassaden, Oberlichtern) geeignete, effektive Sonnenschutzeinrichtungen erforderlich (z. B. Verschattung außen, in der Verglasung angeordnete oder innenliegende reflektierende Rollos o. Ä., Sonnenschutzverglasungen).

1.2 Lufttemperaturen in Arbeitsräumen bei Außentemperaturen von über 26 °C

Lufttemperaturen innen über 26 °C

Nach ASR A3.5 wird das als eine Belastung eingestuft, die in Einzelfällen zu einer Gesundheitsgefährdung führen könnte, z. B. bei schwerer körperlicher Arbeit, besonderer Arbeits- oder Schutzbekleidung oder bei besonders Schutzbedürftigen (Jugendliche, Ältere, Schwangere, Menschen mit Vorerkrankungen). Hier *sollte* der Arbeitgeber (über den bereits erwähnten effektiven Sonnenschutz hinaus) geeignete Maßnahmen ergreifen. Vorgeschlagen werden (Tabelle 4 in Abschn. 4.4 ASR A3.5):

- effektive Steuerung des Sonnenschutzes (z. B. Jalousien auch nach der Arbeitszeit geschlossen halten),
- effektive Steuerung der Lüftungseinrichtungen (z. B. Nachtauskühlung),

- Reduzierung der inneren thermischen Lasten (z. B. elektrische Geräte nur bei Bedarf betreiben),
- Lüftung in den frühen Morgenstunden,
- Nutzung von Gleitzeitregelungen zur Arbeitszeitverlagerung,
- Lockerung der Bekleidungsregelungen,
- Bereitstellung geeigneter Getränke (z. B. Trinkwasser).

Lufttemperatur innen über 30 °C

In diesen Fällen muss der Arbeitgeber wirksame Maßnahmen gemäß → *Gefährdungsbeurteilung* ergreifen, um die Beanspruchung der Beschäftigten zu reduzieren. Dabei gehen technische und organisatorische gegenüber personenbezogenen Maßnahmen vor.

Lufttemperatur innen über 35 °C

Für die Zeit einer solchen Überschreitung ist ein Raum nicht als Arbeitsraum geeignet, wenn nicht weitergehende Maßnahmen ergriffen werden, wie sie bei Hitzearbeit zwar üblich, im betrieblichen Alltag aber kaum durchführbar sind (Luftduschen, Entwärmungsphasen, Hitzeschutzbekleidung).

> **Praxis-Tipp: Strahlungsgeschütztes Thermometer verwenden**
>
> Lufttemperaturmessungen müssen nach ASR A3.5 strahlungsgeschützt erfolgen. Das ist wichtig, um «Phantasiewerte» zu vermeiden, die z. B. ein Thermometer in der prallen Sonne misst und die oft Auslegungspunkt erregter Debatten sind. Speziell strahlungsgeschützte Thermometer sind zu kaufen, aber teure Profigeräte. Alternativ sollte man bei Messungen darauf achten, Wärmestrahlung von Sonne, Heizkörpern usw. entsprechend abzuschirmen.

> **Wichtig: Was ist warm, was kalt?**
>
> Klimaparameter – egal ob Temperatur, Feuchtigkeit oder Luftbewegung – können vom Menschen nicht absolut wahrgenommen werden. Das ist auch nicht nötig, weil der menschliche Organismus in einer vergleichsweise sehr großen Spannbreite in der Lage ist, sich in seinen lebenserhaltenden Funktionen den Umgebungsbedingungen anzupassen. Deshalb sind alle normierten raumklimatischen Vorgaben in gewisser Weise nur Annäherungen, die sich empirisch bewährt haben, deren Einhaltung eigentlich aber keinen Selbstzweck bedeutet.

2 Luftfeuchtigkeit

Die Luftfeuchtigkeit in Innenräumen schwankt in einem großen Bereich. Sie ist unmittelbar an die Lufttemperatur gekoppelt (warme Luft kann mehr Feuchtigkeit halten als kalte) und hängt außerdem ab vom Außenwetter, von der Beschaffenheit des Raums (z. B. Oberflächenmaterialien und -temperaturen) und der Nutzung z. B. Zahl der anwesenden Personen, ausgeübte Tätigkeiten). Relative Luftfeuchtigkeiten von 30 bis 60 % werden i. Allg. als zuträglich angesehen. Eine sehr geringe Luftfeuchtigkeit wird mit gesundheitlichen Belastungen wie Augenbrennen, Austrocknen der Atemwege, Kopfschmerzen in Verbindung gebracht und verstärkt Probleme mit elektrostatischer Aufladung. Eine sehr hohe Luftfeuchtigkeit erschwert die körpereigene Wärmeregulation und wird als drückend empfunden. Außerdem kann sie auf dem Baukörper übergehen und an kalten Stellen zu Schimmelbildung führen.

Auffällig ist, dass der Einfluss der Luftfeuchtigkeit auf das Wohlbefinden oft als sehr hoch eingeschätzt und eine zu geringe Luftfeuchtigkeit als Ursache vieler Übel angesehen wird. Studien zeigen jedoch, dass gerade die relative Luftfeuchtigkeit von Gebäudenutzern kaum realistisch eingeschätzt werden kann und Messwerte weit von dem abweichen, was als aktuelle Empfindung geäußert wird (u. a. in BGI 5018 «Gesundheit im Büro»).

Am zuträglichsten scheint es zu sein, die Luftfeuchtigkeit im natürlichen Gleichgewicht der oben beschriebenen Faktoren zu belassen und geringe Ausreißer nach oben oder unten in Kauf zu nehmen. Insbesondere die künstliche Luftbefeuchtung wirkt sich nicht unbedingt wie erwartet auf das Wohlbefinden aus und bringt erhebliche Nachteile mit sich, v. a. durch die mögliche Keim- und tatsächliche Geräuschbelastung durch Befeuchtungsgeräte und durch Kondensatbildung an unerwünschten Stellen. Sie empfiehlt sich nur im Rahmen von komplexen raumlufttechnischen Anlagen (s. u.) oder wenn betrieblich unvermeidlich (z. B. in der Papierverarbeitung).

3 Weitere raumklimatisch relevante Größen

Wichtig: Unterschiedliche Arten des Wärmetransports

Um Klimaprobleme in Räumen verstehen zu können, z. B. anhaltende Unbehaglichkeit trotz ausreichender Lufttemperatur oder Zugeffekte ohne erkennbare Luftbewegungen, ist es wichtig zu wissen, dass Wärme auf 3 ganz unterschiedlichen Wegen transportiert werden kann:

- Wärmeleitung durch einen Körper (gut leitende Körper wie Metall fühlen sich daher kalt an, schlechte Leiter wie Styropor warm);
- Wärmestrahlung – erfolgt ohne ein Übertragungsmedium, auch im luftleeren Raum (Heizkörper oder Sonne strahlt warm, Fensterflächen oft kalt);
- Konvektion – Transport von Wärme über ein Medium wie Luft oder Flüssigkeit («echter» Zug unter einer undichten Tür, Warmluftgebläseheizung).

3.1 Oberflächentemperaturen

Die gefühlte Temperatur an einem Punkt im Raum wird neben der vorhandenen Lufttemperatur auch von der von umgebenen Körpern abgegebenen Wärmestrahlung bestimmt. Bei Raumklimaproblemen wirken sich häufig kalte Oberflächen nachteilig aus. Typisch sind schlecht isolierte Wände oder Fußböden und große Fensterflächen.

Um die Auswirkung der Kältestrahlung auszugleichen wird meist versucht, eine höhere Lufttemperatur einzustellen. Allerdings können lokale Strahlungskälteeffekte dadurch nicht überlagert werden. Im Ergebnis stellt sich eine extrem ungünstige und belastende Wärmeverteilung ein («kalte Füße – heißer Kopf»). Am sinnvollsten ist es in solchen Situationen, an den Ursachen zu arbeiten (z. B. Fenster oder Wände besser isolieren). Wo das nicht möglich ist, können Abschirmungen helfen (z. B. Bodenmatte oder Teppich am Arbeitsplatz, Raumteiler zwischen Arbeitsplatz und Fenster).

3.2 Wärmeverteilung

Ungünstige Wärmeverteilung kann eine Folge von kalt strahlenden Flächen sein (s. o.), aber auch von Konvektion. Das kann z. B. bei Warmluftheizungen auftreten, wo sich u. U. die warme Luft oben staut, während unten (z. B. durch Zustrom von außen, aus wenig geheizten Treppenräumen o. Ä.) kalte Luftschichten stehen.

Unterstützt wird dieser Effekt, wenn Raumoberflächen und Material (z. B. in wenig genutzten/geheizten Räumen) nicht gleichmäßig mit der Lufttemperatur mit erwärmet werden. Wichtig ist, möglichst schon in der Planung Raumgröße und -nutzung mit Heiz- und Lüftungsmöglichkeit abzustimmen und Strukturen zu schaffen, deren Raumklima in den nötigen Grenzen beherrschbar ist.

3.3 Luftbewegung

Besonders der Strom kälterer Luftmengen, der von außen in einen wärmeren Raum eintritt, wird als äußerst unangenehm empfunden. Dadurch wird die Lufttemperatur vermindert bzw. wärmere Luft verdrängt. Außerdem wird u. U. dem menschlichen Körper ständig Wärme entzogen, was zu Gesundheitsbelastungen (z. B. Muskelverspannungen) führen kann. Zugluft entsteht z. B. durch Undichtigkeiten in der Raumaußenhülle oder durch Druckausgleichsströmungen in der Nähe von Aus- und Eingängen.

Zugeffekte können aber auch innerhalb eines Raums auftreten (z. B. durch Fallwinde an hohen Glasfassaden) oder sie beruhen nicht auf tatsächlichen Luftbewegungen, sondern kalter Strahlung (s. o.). Zugeffekte sind oft kaum messtechnisch zu erfassen, weil schon sehr geringe Luftbewegungen bei entsprechenden Temperaturdifferenzen die beschriebenen Effekte auslösen können. Ursachenforschung geht hier vor Messungen.

Wichtig: Wohlfühlklima ist mehr als nur Physik

Auch wenn sich Klimaparameter mit entsprechender Sorgfalt detailgenau bestimmen lassen – Behaglichkeit am Arbeitsplatz ist leider keine exakte Messgröße. Beleuchtung und Farbgestaltung wirken sich z. B. unmittelbar auf das Klimaempfinden aus: Mit Leuchtstofflampen erleuchtete, aber auch dunkle Räume werden z. B. als kühler wahrgenommen, während bestimmte Farbtöne einen Raum wärmer erscheinen lassen.

Auch die psychische Situation, in der ein Raumnutzer sich sieht und die die ganze Bandbreite positiver und negativer Gefühle und Stimmungen mit sich bringen kann, wirkt sich auf die Klimawahrnehmung aus und kann nicht zuletzt auch eine wesentliche Ursache der mit Raumklimaproblemen in Zusammenhang gebrachten Gesundheitsbelastungen sein. Das Wissen um diese Zusammenhänge entbindet nicht davon, vermuteten Klimaproblemen auf den Grund zu gehen und wo möglich Abhilfe zu schaffen. Es hilft aber, manche unerwartete Reaktion oder Einschätzung in solchen Situationen zu verstehen.

4 Lüftung

Durch Lüftung wird dafür gesorgt, dass in ihrer Qualität beeinträchtigte Luft am Arbeitsplatz durch frische Außenluft ausgetauscht wird. Unter Beeinträchtigungen der Luft am Arbeitsplatz werden dabei verstanden:

- Feuchtelasten, z. B. durch Wasserdampfabgabe der im Raum befindlichen Personen oder durch ablaufende Arbeitsprozesse;
- Wärmelasten, z. B. durch Geräte und Anlagen, Sonneneinstrahlung, Beleuchtungsanlagen oder Personen.;
- Stofflasten.

Unter Stofflasten werden nach ASR A3.6 Stoffe verstanden, die in der Raumluft auftreten können und deren Zusammensetzung verändern, z. B.

- CO_2 und Geruchsstoffe, die durch anwesende Personen eingebracht werden,
- Emissionen aus Bauprodukten oder Einrichtungsgegenständen (flüchtige organische Stoffe, Fasern, Geruchsstoffe),
- Schimmelsporen bei Schimmelbefall,
- Radon, das in einigen Gebieten Deutschlands natürlicherweise aus dem Untergrund in Gebäude eindringen kann.

Grundsätzlich sollen diese Lasten unter Arbeitsschutzgesichtspunkten möglichst gering gehalten werden oder quellennah abgeführt werden. Die Raumlüftung sorgt dafür, dass verbliebene Lasten Wohlbefinden und Gesundheit der Beschäftigten nicht dauerhaft beeinträchtigen. Für CO_2 (als Stofflast in Räumen mit hoher Personendichte) und Feuchtelasten weist die ASR A3.6 Grenzwerte aus. In der Regel wird dabei davon ausgegangen, dass die außerhalb eines Gebäudes zur Verfügung stehende Außenluft gesundheitlich zuträgliche Atemluft ist und zur Luftverbesserung im Innenraum geeignet ist. Sollte es im Einzelfall vorkommen, dass die Außenluft die entsprechende Qualität nicht hat, weil sie z. B. durch starke Verkehrsimmissionen oder Fortluft aus Absaug- oder Lüftungseinrichtungen benachbarter Gebäude oder Bereiche belastet ist, muss durch entsprechende Maßnahmen für eine einwandfreie Frischluftzufuhr gesorgt werden, z. B. durch Änderung der Luftführung oder Beseitigung von Emissionsquellen. Die meisten Arbeitsstätten werden nach wie vor frei belüftet, d. h. der Austausch von Innen- und Außenluft vollzieht sich ohne anlagentechnische Unterstützung über Fenster, → *Türen*, Lüftungsöffnungen, -schächte u. ä. Die ASR A3.6 gibt dazu Mindestöffnungsflächen für unterschiedliche Raumanordnungen und kontinuierliche bzw. Stoßlüftung vor, wobei bei hohen Lasten (s. o.) unter Umständen mehr Lüftungsmöglichkeiten erforderlich sind.

5 Raumlufttechnische Anlagen

Abhängig von Gebäudestruktur und -nutzung kann auf raumlufttechnische Anlagen oft nicht verzichtet werden. Sie können einzelne oder alle klimatischen Parameter umfassen. Bei optimaler Auslegung, Ausführung, Steuerung und Wartung können damit zuträgliche Klimabedingungen erzielt werden, die (besonders bezogen auf mögliche Kühlung im Sommer) als sehr komfortabel empfunden werden.

Allerdings sind RLT-Anlagen nie Selbstläufer. Der Aufwand für Planung, Bau und Betrieb ist hoch (ca. 20 % der Bausumme bei Vollklimatisierung), Veränderungen an der Gebäudestruktur und -nutzung sind nicht ohne Anpassungen möglich. RLT-Anlagen sind damit sicher kein Allheilmittel gegen Raumklimaprobleme – im Bestand sind sie eher eine Notlösung, wenn andere Maßnahmen nicht greifen.

Cornelia von Quistorp

REACH

REACH steht für eine europäische Verordnung, mit der das Chemikalienrecht in der EU umfassend neu strukturiert wurde. Das Regelwerk besteht aus mehreren Bausteinen. Dies spiegelt sich auch in dem Begriff «REACH» wider: Er ist eine Abkürzung und steht für die Registrierung («Registration»), Bewertung («Evaluation»), Zulassung («Authorisation») und Beschränkung chemischer Stoffe («Chemicals»).

Gesetze, Vorschriften und Rechtsprechung

Die REACH-Verordnung (EG) Nr. 1907/2006 zur Registrierung, Bewertung, Zulassung und Beschränkung chemischer Stoffe ist zum 1.6.2007 in Kraft getreten und damit unmittelbar für alle EU-Mitgliedsstaaten verbindlich. Die Bestimmungen gelten selbst für die Herstellung, das Inverkehrbringen und die Verwendung von chemischen Stoffen (als solche oder auch in Gemischen bzw. Erzeugnissen) und für das Inverkehrbringen von Gemischen. Hauptziel von REACH ist der Schutz der menschlichen Gesundheit und der Umwelt.

1 Registrierung

Jeder Stoff, der in einer Menge von mindestens einer Jahrestonne von einem Hersteller oder Importeur produziert bzw. in die EU eingeführt wird, unterliegt der Registrierungspflicht. Dabei ist jeder Hersteller bzw. Importeur grundsätzlich selbst für die Registrierung «seines» chemischen Stoffes verantwortlich. Die betroffenen Unternehmen sind jedoch gehalten, sich zu sog. Konsortien zusammenzuschließen und die Stoffregistrierung für jeweils gleiche Stoffe gemeinsam durchzuführen.

Für die Registrierung reicht der Hersteller oder Importeur bei der zentralen europäischen Behörde – der Europäischen Chemikalienagentur (ECHA) – ein Registrierungsdossier ein. Das Registrierungsdossier umfasst ein technisches Dossier und bei Stoffen, die in einem Umfang von 10 Jahrestonnen oder mehr hergestellt oder eingeführt werden, zusätzlich einen → *Stoffsicherheitsbericht*. Sobald das Registrierungsdossier vollständig ist, weist die ECHA dem betreffenden Stoff eine Registrierungsnummer zu.

> **Achtung: Stoffe in Gemischen und Erzeugnissen**
>
> Auch Stoffe in Gemischen oder Erzeugnissen können von der Registrierungspflicht betroffen sein. So muss beim Import von Gemischen in die EU jeder enthaltene Inhaltsstoff, der die Mengenschwelle von einer Jahrestonne erreicht oder überschreitet, vom Importeur registriert werden, es sei denn es gelten spezielle Ausnahmen von der Registrierungspflicht. Ein Produzent bzw. Importeur von Erzeugnissen muss einen darin enthaltenen Stoff dann registrieren, wenn der Stoff unter üblichen Verwendungsbedingungen freigesetzt werden soll und in einer Menge von insgesamt mehr als einer Tonne pro Jahr in diesen Erzeugnissen enthalten ist.

Registrierungspflichtige Stoffe, die nicht registriert worden sind, dürfen weder hergestellt noch vermarktet werden. Für → *Phase-in-Stoffe* (im Wesentlichen Altstoffe, die bereits vor 1981 auf dem Markt waren) gelten Übergangsbestimmungen: Die Registrierung muss erst bis zum 1.12.2010, 1.6.2013 oder 1.6.2018 erfolgen, je nach Gefährlichkeitsmerkmalen und Menge, mit der die betreffende Stoff hergestellt oder eingeführt wird. Um diese Übergangsfristen in Anspruch zu nehmen, mussten Phase-in-Stoffe «vorregistriert» werden. Die 6-monatige Vorregistrierungsfrist begann am 1.6.2008 und endete am 1.12.2008. Nur für den erstmaligen Import bzw. die erstmalige Herstellung ist unter bestimmten Rahmenbedingungen auch noch eine nachträgliche Vorregistrierung möglich.

Wirkstoffe zur Verwendung in Pflanzenschutzmitteln oder Biozid-Produkten gelten als registriert, soweit sie den einschlägigen Richtlinien entsprechen. Außerdem gilt eine Anmeldung von Stoffen, die bereits nach der EG-Richtlinie 67/548/EWG durchgeführt wurde, als Registrierung.

Darüber hinaus sieht die REACH-Verordnung etliche Ausnahmen von der Registrierungspflicht vor, z. B. für Abfälle, Stoffe in Arzneimitteln, Stoffe in Lebensmitteln, bestimmte Naturstoffe oder nicht-isolierte Zwischenprodukte (weitere Ausnahmen: siehe Art. 2 sowie Anhang IV und Anhang V REACH-Verordnung). Sonderregelungen gibt es ebenfalls für Polymere: Während es für das Polymer an sich grundsätzlich keine Registrierungspflicht gibt, müssen die im Polymer enthaltenen Monomere ggf. registriert werden (siehe Art. 6 REACH-Verordnung). Erleichterungen können unter gewissen Rahmenbedingungen für isolierte Zwischenprodukte in Anspruch genommen werden (siehe Art. 17 und 18 REACH-Verordnung); außerdem können Stoffe für die produkt- und verfahrensorientierte Forschung für einen bestimmten Zeitraum von der Registrierungspflicht ausgenommen werden (siehe Art. 9 REACH-Verordnung).

2 Bewertung

Die Bewertung steht für eine Überprüfung des Registrierungsdossiers durch die Behörden. Man unterscheidet zwischen der sog. «Dossierbewertung» und «Stoffbewertung».

Die Dossierbewertung wird von der ECHA durchgeführt und dient vorwiegend der Qualitätssicherung der Daten und der Vermeidung überflüssiger Tierversuche. Die ECHA prüft zum einen sämtliche eingereichten Versuchsvorschläge, zum anderen werden die eingereichten Unterlagen stichprobenartig auf Vollständigkeit und Plausibilität überprüft.

Bei Verdacht auf ein entsprechendes Risiko für die menschliche Gesundheit oder Umwelt kann ein Stoff außerdem einer Stoffbewertung unterzogen werden. Die Stoffbewertung wird von den nationalen Behörden der Mitgliedsstaaten durchgeführt bzw. von diesen in Auftrag gegeben. In Zusammenarbeit mit der ECHA wird eine Liste von Stoffen erarbeitet, die einer Stoffbewertung unterzogen werden sollen. Als Folge der Stoffbewertung können ggf. weitere Untersuchungsdaten nachgefordert werden oder es können weitere Restriktionen wie z. B. eine Zulassungspflicht bzw. Beschränkung eines Stoffes geprüft werden.

3 Zulassung

Stoffe mit besonders besorgniserregenden Eigenschaften können einer gesonderten Zulassungspflicht unterliegen. Für ein Zulassungsverfahren kommen z. B. krebserzeugende, erbgutverändernde, fortpflanzungsgefährdende, persistente oder bioakkumulierbare Stoffe infrage.

Die zulassungspflichtigen Stoffe werden nach und nach in Anhang XIV REACH-Verordnung gelistet. Die dort gelisteten Stoffe werden mit einem «Ablauftermin» versehen. Nach dem «Ablauftermin» darf der betreffende Stoff ohne eine Zulassung weder in Verkehr gebracht noch verwendet werden. Es besteht die Möglichkeit, dass bestimmte Anwendungen des betreffenden Stoffs von der Zulassungspflicht ausgeklammert werden.

> **Wichtig: Zulassungsantrag**
>
> Ein Antrag auf Zulassung muss spätestens 18 Monate vor Ablauf des «Ablauftermin» bei der ECHA eingereicht werden (sog. «Antragsschluss»). Sowohl Hersteller, Importeure als auch nachgeschaltete Anwender können den Antrag stellen. Die Entscheidung über die Zulassungsanträge trifft die EU-Kommission. Um eine Zulassung zu erhalten, muss der Antragsteller nachweisen, dass die Risiken des Stoffs bei seinem Einsatz angemessen beherrscht sind. Gegebenenfalls muss der Antragsteller außerdem einen Nachweis erbringen, dass der sozioökonomische Nutzen die Risiken überwiegt und es keine geeigneten Alternativstoffe bzw. -technologien gibt. Sind geeignete Alternativen verfügbar, muss der Antrag auf Zulassung darüber hinaus einen Substitutionsplan umfassen, mit dem dargelegt wird, durch welche Maßnahmen der zulassungspflichtige Stoff langfristig ersetzt werden soll.

Wird eine Zulassung erteilt, so bezieht sich diese ausschließlich auf einen oder mehrere Verwendungszwecke. Gegebenenfalls sind mit der Zulassung weitere Auflagen hinsichtlich der Überwachung des betreffenden Stoffs verbunden. Für jede Zulassung wird außerdem eine einzelfallbezogene Überprüfungsfrist festgelegt. Für den Erhalt der Zulassung muss spätestens 18 Monate vor Ablauf dieser Frist erneut ein Überprüfungsbericht vorgelegt werden. Unabhängig davon kann die EU-Kommission – z. B. bei neuen Informationen über Ersatzstoffe – eine Überprüfung der Zulassung einfordern, die unter den entsprechenden Rahmenbedingungen eine Widerrufung der Zulassung nach sich ziehen kann.

Die Zulassung eines Stoffs mit seinen erlaubten Anwendungen wird mit einer Zulassungsnummer versehen und in einer Datenbank öffentlich publiziert. Werden zulassungspflichtige Stoffe in einem Gemisch in Verkehr gebracht, muss der Zulassungsinhaber die Zulassungsnummer auf das Etikett aufbringen, bevor das Gemisch in Verkehr gebracht wird. Nachgeschaltete Anwender, die Stoffe im Rahmen einer bereits zugelassenen Anwendung einsetzen, unterliegen außerdem einer Meldepflicht an die ECHA.

Ausnahmen von der Zulassungspflicht gelten z. B. für → *Zwischenprodukte*, für die Verwendung von Stoffen im Rahmen der wissenschaftlichen Forschung und Entwicklung und der Verwendung in Pflanzenschutzmitteln und Biozid-Produkten.

4 Beschränkung

Weitere umfangreiche Regelungen, die es bisher schon für die Beschränkung der Herstellung, das Inverkehrbringen und die Verwendung bestimmter sehr gefährlicher Chemikalien gab, sind in die REACH-Verordnung integriert worden (sog. «Stoffverbote»; siehe Art. 67 ff. bzw. Anhang XVII REACH-Verordnung). Die bisher maßgebliche «Beschränkungs-Richtlinie» 76/769/EWG wurde dafür mit Wirkung vom 1.12.2009 aufgehoben. Zeitgleich traten die Bestimmungen zur Beschränkung aus der REACH-Verordnung in Kraft.

5 Das Sicherheitsdatenblatt

Die bisher für das Sicherheitsdatenblatt maßgebliche Richtlinie 91/155/EWG wurde zum 1.6.2007 aufgehoben und in den Anhang II der REACH-Verordnung überführt. Nach erfolgter Registrierung von chemischen Stoffen wird das Sicherheitsdatenblatt ggf. um einen Anhang ergänzt (sog. «erweitertes Sicherheitsdatenblatt»). In diesem Anhang zum → *Sicherheitsdatenblatt* werden – als Ergebnis des Stoffsicherheitsberichts – Risikomanagementmaßnahmen für bestimmte Verwendungen in Form von sog. «Expositionsszenarien» bzw. «Verwendungs- und Expositionskategorien» aufgeführt.

Benedikt Vogt

Reinigungsarbeiten

Reinigungs- und Raumpflegearbeiten kommen in jedem Betrieb unabhängig von Größe und Branche vor. Die damit verbundenen Risiken stehen meist nicht im Vordergrund betrieblicher Sicherheitsüberlegungen. Allerdings sind bestimmte Maßnahmen des Arbeits- und Gesundheitsschutzes für Raumpflegepersonal unverzichtbar.

Gesetze, Vorschriften und Rechtsprechung

Es gibt keine hochrangige grundlegende Arbeitsschutzvorschrift zum Bereich Reinigung und Raumpflege, wohl aber Dokumente der Berufsgenossenschaften, die dem Arbeitgeber helfen sollen, solche Arbeiten sicher zu gestalten:

- BGR 209 «Umgang mit Reinigungs- und Pflegemitteln»
- BGI 659 «Gebäudereinigung» (bezogen vor allem auf Arbeiten des professionellen Gebäudereinigungshandwerks)

Ggf. müssen auch Anforderungen nach Gefahrstoffrecht eingehalten werden, z. B. beim Umgang mit als gefährlich eingestuften Reinigungskonzentraten und bei Feuchtarbeiten. Für Reinigungsarbeiten im Gesundheits- und Fürsorgebereich gilt u. U. die BGR 208 «Reinigungsarbeiten mit Infektionsgefahr in medizinischen Bereichen».

1 Allgemeiner Hautschutz

Hautgefährdung ist das Hauptrisiko für alle Personen, die mit Reinigungsmaßnahmen befasst sind. Seitdem die Gefahrstoffbelastung durch Reinigungsmittelkonzentrate rückläufig ist, stehen Hautgefährdungen durch das feuchte Milieu im Vordergrund. Kontakt mit Wasser ist bei konventionellen Reinigungsarbeiten unvermeidlich. Wasser schädigt die Haut durch das Aufquellen der oberen Hautschichten. Dieser Effekt wird verstärkt durch die zugesetzten reinigungsaktiven Substanzen, die das schützende Hautfett auswaschen.

Die Folge sind Abnutzungserscheinungen der Haut wie spröde, rissige Haut, Hautrötungen usw., die im fortgeschrittenen Stadium als Abnutzungsdermatose bezeichnet werden. Diese wiederum begünstigen das Auftreten von Entzündungen oder allergischen Reaktionen (Kontaktekzeme), z. B. gegenüber bestimmten Inhaltsstoffen von Reinigungsmitteln oder auch Handschuhmaterialien.

Hautprobleme führen nicht selten dazu, dass Betroffene langzeitig schwer beeinträchtigt oder arbeitsunfähig erkrankt sind bzw. konventionelle Reinigungstätigkeiten gar nicht mehr ausüben können. Allerdings neigen die Beschäftigten gerade beim Thema Hautschutz dazu, die Notwendigkeit vorbeugender Maßnahmen in Zweifel zu ziehen, wenn noch keine akuten Probleme erkennbar sind. Deshalb sind konsequente Aufklärung und Hautschutzmaßnahmen unerlässlich:

- **Hautschutzplan** aufstellen und **Hautschutz-, Reinigungs- und Pflegemittel** zur Verfügung stellen. Dabei ist weniger der sauber ausgehängte schriftliche Plan ausschlaggebend, sondern die praktische Einweisung und Anleitung der Beschäftigten, die diesen auch die Möglichkeit gibt, ihre Erfahrungen bezüglich Gebrauchstauglichkeit und Verträglichkeit der eingesetzten Produkte zurückzumelden.

- Bei regelmäßiger → *Feuchtarbeit* sollten unbedingt **Schutzhandschuhe** eingesetzt werden. Zwar ist die Widerstandsfähigkeit der Haut individuell verschieden, aber grundsätzlich ist die Verwendung von Schutzhandschuhen im Reinigungsdienst Standard. Dabei muss die Handschuhtragezeit aber auf die unbedingt nötige Zeitdauer reduziert werden, weil das Tragen von Handschuhen seinerseits durch die Einwirkung der Hautfeuchtigkeit (Mazeration) eine Belastung darstellt. Dem wird durch Hautschutz- und Pflegeprodukte (s. o.), aber auch die Beschaffenheit der Handschuhe entgegengewirkt. Reinigungshandschuhe sollten ein Textilfutter haben, das Feuchtigkeit aufnehmen kann und hautschonend wirkt (Vorsicht: Besonders preiswerte Beflockungen der Handschuhinnenflächen sind oft nur auf den ersten Griff angenehm. Sie nutzen unter lästiger Knötchenbildung oft schnell ab). Handschuhe müssen so abgelegt werden, dass sie austrocknen können und müssen bei Verschmutzung ersetzt werden (besonders, wenn Reinigungsmittel in den Handschuh eingedrungen sind). Bei bereits erheblich strapazierter oder geschädigter Haut kann es erforderlich sein, Baumwoll-Innenhandschuhe zu verwenden (die Reinigungshandschuhe müssen dann entsprechend größer gewählt werden).

- Arbeitsverfahren sollten so gewählt werden, das Kontakt mit Reinigungsmitteln (besonders solchen, die als Gefahrstoffe gekennzeichnet sind – s. u.) grundsätzlich vermieden wird (Einsatz von Maschinen, Arbeitshilfen zum Dosieren, Aufbringen, Auswringen usw.).

- Betriebsärztliche → *Vorsorgeuntersuchungen* sind erforderlich (s. u.).

2 Umgang mit Gefahrstoffen

Allgemein ist der Einsatz kennzeichnungspflichtiger → *Gefahrstoffe* innerhalb der Raumpflege rückläufig und sollte auf ein Mindestmaß beschränkt bleiben. Trotzdem sind viele **Reinigungsmittelkonzentrate** als gesundheitsschädlich oder reizend eingestuft. Für solche Produkte sind Dosierhilfen (als Dosieranlagen oder aufsteckbare Handpumpen o. Ä.) Stand der Technik, mit denen direkt auf die Großgebinde zugegriffen werden kann, sodass ein Umfüllen «aus der Hand» nicht nötig ist. Wenn auf diese Weise ein Verspritzen sicher vermieden wird, ist auch keine erweiterte Schutzausrüstung beim Umgang mit solchen Konzentraten erforderlich.

Anders ist das bei ätzenden **Spezialreinigern**, die häufig im → *Küchen-* und Sanitärbereich anzutreffen sind. Auch hier sind Dosier- und Abfüllhilfen ein absolutes Muss, trotzdem ist wegen des höheren Gefahrenpotenzials besondere Schutzausrüstung zu tragen (i. d. R. mindestens säurefeste Handschuhe mit langer Stulpe und Schutzbrille, je nach Verfahren auch Gummischürze und Gummistiefel, wenn die Gefahr des Verschüttens besteht). Besondere Aufmerksamkeit ist für den Umgang mit Abflussreinigern erforderlich, die schon bei geringfügig fehlerhafter Anwendung (z. B. gleichzeitiger Einsatz saurer und alkalischer Produkte, Kontakt mit Metallen, Einsatz in heißem Umfeld usw.) sehr heftig reagieren können (Gasbildung, Verspritzen).

Brennbare Reinigungsmittel sind meist entbehrlich und sollten wegen des hohen Brand- und Explosionsrisikos für allgemeine Reinigungszwecke nicht mehr eingesetzt werden.

Da i. d. R. die vorgehaltene Lagermenge wenige Kanister nicht übersteigt, sind meist keine besonderen Gefahrstofflagerräume erforderlich. Zur ordnungsgemäßen **Lagerung von Gefahrstoffen** im Reinigungsbereich gehört:

- Produkte müssen dem Zugriff Unbefugter entzogen sein, d. h., möglichst in verschlossenen Räumen aufbewahrt werden.
- Es sollten nur Originalgebinde, auf jeden Fall ordnungsgemäß gekennzeichnete geeignete Behälter verwendet werden.
- Ausgelaufene Produkte müssen sicher aufgenommen und ein Eindringen in die Kanalisation muss vermieden werden, d. h. gefliese Räume ohne Bodenablauf, ggf. Auffangwannen, auch für Abfüllstationen.
- In dem Bereich sollte nicht geraucht und gegessen werden.
- Reste, z. B. von nicht mehr verwendeten Produkten, müssen entsorgt werden.

Wegen des sehr unterschiedlichen Gefahrenpotenzials der eingesetzten Produkte ist eine gute **Dokumentation und Aufklärung** der Beschäftigten erforderlich:

Genaue Einweisung aller Beschäftigten im sachgerechten Umgang mit den Produkten führt nicht nur zu mehr Sicherheit, sondern erhöht auch die Arbeitsqualität. Dazu kann auch gut auf die Unterstützung der Anbieterfirmen zurückgegriffen werden. Oft ist eine kurze Vorführung eines in Reinigungsfragen erfahrenen Außendienstmitarbeiters ohne großen Aufwand schlicht überzeugender und kommt bei den Beschäftigten besser an als die → *Unterweisung* durch «fachfremde» Vorgesetzte oder Sicherheitsfachkräfte. Gut ist auch ein mit Abbildungen versehener Reinigungsmittelplan zum Aushang, in dem auch die jeweils erforderlichen Handschuhe abgebildet sein können.

Erforderlich sind selbstverständlich aktuelle, treffend formulierte → *Betriebsanweisungen* und richtige → *Kennzeichnung*. Dabei ist darauf zu achten, dass nicht Sprachprobleme den Informationsfluss hemmen.

3 Ergonomische Arbeitsbedingungen

Reinigungsverfahren und -abläufe sollten beispielsweise im Rahmen der → *Gefährdungsbeurteilung* auf menschengerechte Gestaltung überprüft werden. Wichtige Punkte sind z. B.:

- Putzmittelwagen sollten von guter Qualität und Gestaltung sein. Wichtig sind ausreichend stabile, leicht laufende Rollen, Bestückung entsprechend der Arbeitsabläufe und gute Handhabbarkeit der Behälter und Wringhilfen. Auch die Wischmoppsysteme sollten praxiserprobt sein und unter Beteiligung der Beschäftigten ausgewählt werden.
- Der Einsatz von Maschinen muss an die Arbeitsabläufe ebenso wie an die Körperkräfte der betroffenen Beschäftigten angepasst werden. Reinigungsmaschinen erleichtern zwar auf entsprechend großen Flächen die Arbeit entscheidend, schwere, handgeführte Geräte (z. B. Bohner- und Poliermaschinen) sind für kleine Personen aber oft schwer handhabbar.
- Transport, Lagerung und Abfüllung von Reinigungsmitteln sollte so organisiert sein, dass Belastungen durch das Heben und Tragen der oft mehr als 20 kg schweren Behälter vermieden werden (Einsatz von Wagen, Abfüllhilfen, niedrige oder ebenerdige Lagerung).

4 Unfallschutz

4.1 Rutsch- und Sturzunfälle

Bei allgemeinen Reinigungsarbeiten wird i. d. R. privates **Schuhwerk** benutzt, dem betrieblich wenig Aufmerksamkeit geschenkt wird. Trotzdem gibt es gute Gründe, ähnliche Maßstäbe zu setzen wie z. B. in der Pflege. Demnach sollten im Reinigungsdienst getragene Schuhe folgende Eigenschaften aufweisen:

- griffige, rutschfeste Sohlen,
- keine hohen Absätze,
- fester Halt am Fuß,
- zum Schutz der Zehen vorne geschlossen.

Rutschgefahr tritt häufig bei Nassreinigung auf. Standard ist die Kennzeichnung der Arbeitsbereiche mit entsprechenden Aufstellern, um Unbeteiligte auf die Gefahr hinzuweisen. Aber auch durch gezielte Abstimmung von Reinigungsverfahren und -mitteln kann die Rutschgefahr bei Reinigungsarbeiten (und darüber hinaus) verringert werden.

→ *Leitern* sind bei vielen Reinigungsarbeiten unverzichtbar. Stabile und praktische Aluminiumleitern sind in vielen Größen und Ausführungen erhältlich. An einer ausreichenden Zahl passender Leitern bzw. Aufstiegshilfen, entsprechend der Arbeitsaufgabe und Körpergröße der Beschäftigten, sollte nicht gespart werden: Nur wenn die Leitern griffbereit und gut handhabbar sind, werden gefährliche Kletterpartien auf Möbeln usw. unterlassen. Langdauernde Reinigungsarbeiten sollten nicht von Leitern aus vorgenommen werden. Hier sollten Arbeitsgerüste eingesetzt werden, die in leichten Alu-Ausführungen auch gut handhabbar sind. Grundsätzlich können nur Personen auf Leitern eingesetzt werden, die angstfrei und sicher in der entsprechenden Höhe arbeiten können. Leitern und Aufstiegshilfen müssen regelmäßig auf Verschleiß und Schäden kontrolliert und ausgewechselt oder repariert werden (Betriebssicherheitsverordnung).

Achtung: Risiko Fensterputzen

Fensterputzen wird im haushaltsnahen und kleingewerblichen Bereich üblicherweise vom allgemeinen Reinigungsdienst miterledigt. Dabei darf nicht übersehen werden, dass Arbeiten unter Absturzgefahr (und das betrifft oft schon das Besteigen von innenliegenden Fensterbänken) auf keinen Fall ohne geeignete Schutzmaßnahmen durchgeführt werden dürfen. Als ausreichend sicher können Arbeiten eingestuft werden, die mit festem Stand vom Boden oder von einer geeigneten → *Stehleiter* mit Haltebügel ausgeführt werden können (wenn dabei nicht die Gefahr besteht, bei geöffnetem Fenster hinauszufallen). Für alle darüber hinausgehenden Arbeiten (hoch liegende oder anders schwer erreichbare Fensterflächen oder solche, die von außen geputzt werden müssen usw.) empfiehlt es sich dringend, Fachunternehmen zu beauftragen und darauf zu achten, dass diese die vorgeschriebenen Sicherheitsmaßnahmen tatsächlich einhalten, z. B. das Anlegen von Sicherheitsgeschirren. Dazu kann es erforderlich sein, entsprechende bauliche Vorkehrungen (Anschlagpunkte, Arbeitspodeste o. Ä.) zu schaffen.

4.2 Brandschutz

Der Umgang mit Abfällen, besonders Zigarettenrückständen, ist ein nicht unerhebliches betriebliches Brandrisiko. Strikte Anweisungen zur Entsorgung von Asche und Zigarettenstummeln, zur Lagerung von Abfallsäcken und zu Rauchverboten auf dem Betriebsgelände sind unerlässlich.

4.3 Alleinarbeit

Wenn Reinigungsarbeiten außerhalb der allgemeinen Arbeitszeiten durchgeführt werden und Beschäftigte dabei alleine in einem Gebäude oder weitläufigen Gebäudeteil beschäftigt sind (→ *Alleinarbeit*), ergeben sich besondere Anforderungen an das Sicherheitskonzept, z. B.:

- Aufzüge dürfen nur betrieben werden, wenn hinreichend schnelle Hilfe beim Steckenbleiben auch zu diesen Zeiten gewährleistet ist.

Reinigungsarbeiten

- Die Alarmierung in Notfällen muss möglicherweise anders ablaufen als zu Betriebszeiten. Das ist im → *Alarmplan* entsprechend zu berücksichtigen. Auch sollten Reinigungskräfte über den Betrieb von Brandmelde- oder anderen Alarmanlagen orientiert sein und wissen, wie sie sich im Alarmfall zu verhalten haben. Wo Beschäftigte ganz oder weitgehend allein arbeiten, sollten sie stets ein Mobiltelefon mit Notruffunktion in der Arbeitskleidung bei sich tragen.
- Es muss sichergestellt sein, dass sich die Beschäftigen sicher im und am Gebäude bewegen können (ausreichende Beleuchtung, ggf. sicherer Parkplatz in Gebäudenähe usw.).

Hinweis: Alleinarbeit nicht generell verboten

- Generell spricht nichts dagegen, dass Reinigungskräfte außerhalb der Betriebszeiten weitgehend alleine in Bereichen tätig sind, wenn für risikoabhängig für eine entsprechende Notfallorganisation gesorgt ist. Nur bei besonderer Gefährdung muss der Arbeitgeber für besondere Überwachungsmaßnahmen (→ *Personennotsignalanlagen* nach BGR 139) sorgen. Eine → *Gefährdungsbeurteilung* dafür kann mithilfe der BGR 139 vorgenommen werden, besondere Maßnahmen sind jedoch bei konventionellen Reinigungsarbeiten wegen des vergleichsweise geringen Risikos i. d. R. nicht erforderlich.
- Es kann aber sinnvoll sein, betriebsintern festzulegen, dass z. B. Arbeiten auf → *Leitern* in Alleinarbeit nicht durchgeführt werden dürfen.

5 Sicherheitsorganisation

Bei allen **Gestaltungsfragen** im Gebäudebereich sollte die Unterhaltsreinigung möglichst schon bei der Planung berücksichtigt werden. Eingesetzte Bau- und Ausstattungsmaterialien sowie Gestaltungslösungen müssen daraufhin überprüft werden, ob der Reinigungsaufwand auch unter Sicherheitsaspekten vertretbar ist. Gerade die modernen Baustoffe Holz (vor allem unbehandelt), Metall und Glas können Probleme aufwerfen.

5.1 Gefährdungsbeurteilung

Gerade wenn eigene Angestellte den Reinigungsdienst innerhalb eines Betriebs versehen, dürfen sie bei der betrieblichen → *Gefährdungsbeurteilung* nicht übersehen werden. Diese muss gesondert vorgenommen werden, weil die Tätigkeiten und Arbeitszeiten meist völlig von denen der übrigen Beschäftigten abweichen. Besonders zu berücksichtigen ist der Faktor Feuchtigkeit (nach Gefahrstoffverordnung) und Gefährdung durch → *Biostoffe*, wenn Toiletten gereinigt werden müssen. Dabei ist zu bewerten, ob ein gegenüber dem normalen Lebensbereich erhöhtes Infektionsrisiko durch den Kontakt mit Fäkalien besteht, das entsprechende Impfungen (Hepatitis A) erforderlich machen würde.

5.2 Betriebsärztliche Betreuung

Nach Anhang ArbMedVV muss ab einer arbeitstäglichen Dauer von 2 Stunden → *Feuchtarbeiten* die Vorsorgeuntersuchung G 24 «Hautgefährdung» angeboten und ab 4 Stunden verbindlich durchgeführt werden. Da Handschuhtragen ausdrücklich auch als → *Feuchtarbeit* eingestuft wird, dürften diese Einstufungen für nahezu alle Reinigungskräfte relevant sein.

Gegebenenfalls wird entsprechend der → *Gefährdungsbeurteilung* auch noch die G 42 «Biologische Gefährdung» zzgl. entsprechender Impfungen erforderlich.

5.3 Unterweisung

Sprachprobleme und hohe Fluktuation führen oft dazu, dass keine oder nicht ausreichend dokumentierte → *Unterweisungen* im Reinigungsdienst durchgeführt werden. Hilfreich ist es, niederschwellig und praxisnah anzusetzen, am jeden Fall unter Mitwirkung der nächsten Vorgesetzten, Vorarbeiterinnen o. Ä. Sprachprobleme lassen sich oft durch eine Übersetzungshilfe innerhalb der Arbeitsgruppen überwinden. Mehr Sorgfalt bei der Unterweisung kann so auch zu mehr Akzeptanz und besserer Arbeitsmotivation der Beschäftigten führen. Auch Fremdfirmenbeschäftigte müssen ggf. in Regie des auftraggebenden Betriebs unterwiesen werden (Verhalten im Notfall, Zutrittsverbote, Brandschutz usw.).

5.4 Einsatz von Fremdfirmen

Wenn Reinigungsarbeiten fremd vergeben sind, sollte der auftraggebende Betrieb im Interesse einer ungetrübten Außenwirkung sowie der Sicherheit der eigenen Beschäftigten (z. B. → Stolper-/Sturzgefahren, Einsatz von → Gefahrstoffen) wie auch zur Abwehr von Haftungsansprüchen (bei offensichtlichen gravierenden Sicherheitsverstößen innerhalb der → Fremdfirma) auf sicherheitsgerechtes Verhalten achten und darauf bestehen.

Cornelia von Quistorp

Repetitive Strain Injury (RSI)

RSI ist ein internationaler Fachbegriff, der in der deutschen Übersetzung «Schädigung durch wiederholte Belastung» bedeutet. Er wird von Arbeitsmedizinern und Ergonomie-Spezialisten zur Beschreibung für arbeitsbedingte Muskel-Skelett-Erkrankungen an Bildschirm-Arbeitsplätzen benutzt, die verursacht werden durch:

- extrem schnelle Bewegungen und extrem häufige sich ständig wiederholende gleichartige Bewegungen (Tastatur- und Mausarbeit, Klick/Doppelklick),
- zig-tausendfache Wiederholungen (Repetitionen),
- schlechte ergonomische Arbeitsbedingungen,
- schlechte Arbeitshaltung,
- Stress, Zeitdruck,
- fehlende Pausen,
- fehlende Mischarbeit,
- den überwiegenden Teil der Arbeitszeit am Bildschirm.

1 Wie entsteht RSI?

Obwohl RSI sich zur typischen Berufserkrankung des Multimedia-Zeitalters entwickelt hat, war das Krankheitsbild schon im Mittelalter bekannt. Die stereotypen Bewegungen der Landsknechte, die auf den langen Märschen stundenlang trommelten, führten zur sog. «Trommlerlähmung». Dabei wurde die Strecksehne des Daumens einseitig überfordert.

Sehnen und Muskeln können durch schnelle, kurze und täglich zig-tausendfach wiederholte Bewegungen (z. B. einseitige Mausarbeit) so geschädigt werden, dass sie sich in der nächtlichen Ruhephase nur unzureichend erholen. Die am nächsten Tag noch nicht vollständig reparierten Schäden summieren sich bei weiterer Bildschirmarbeit und im Verlaufe eines mehrjährigen Berufslebens zu Schmerzen und Funktionseinschränkungen. Die geschädigten und verkürzten Muskeln und Sehnen vermitteln Schmerzempfindungen. Auch vor Jugendlichen macht RSI nicht halt. Es haben sich Begriffe wie «Daddelfinger» und «Nintendodaumen» geprägt, die durch den modernen Zeitvertreib an Playstation und Gameboy entstanden sind.

2 RSI in Deutschland

RSI ist in Deutschland nahezu unbekannt. Es gibt viele RSI-Betroffene, aber die neue **Krankheit des Multimedia Zeitalters** ist nicht anerkannt. In den Niederlanden, England und Australien haben sich RSI-Zentren etabliert, in denen Betroffene medizinisch kompetent betreut werden. In Deutschland hingegen stehen RSI-Erkrankte alleine mit ihrer Krankheit da und haben nicht selten eine Odyssee auf der Suche nach Ärzten, die helfen können, hinter sich. In der Medizin ist der Begriff RSI noch nicht etabliert.

3 Welche Symptome treten auf?

Die Intensität und die Lokalisation der Symptome eines RSI-Syndroms wechseln häufig, in manchen Fällen täglich. Meist sind die Symptome schon im Ruhezustand vorhanden und verschlimmern sich rasch, nachdem die Arbeit wieder aufgenommen wurde. Bei intensiver Tastatur- und/oder Mausarbeit ohne entsprechende regelmäßige Pausen kommt es lt. Prof. Hardo Sorgatz von der TU Darmstadt zu kleinsten Muskelfaserrissen. Diese Muskelschmerzen werden im Anfangsstadium jedoch kaum wahrgenommen. Eine automatische Schonhaltung und Unterdrückung der Schmerzen sowie beruflicher Stress «Ich muss unbedingt noch fertig werden!!!» verhindern den notwendigen Heilungsprozess. Es entstehen weitere Muskelrisse und Schäden an den Sehnen, die zu mechanischer Reibung in den Sehnenscheiden und Handgelenken führen.

Das RSI äußert sich durch:

- steife Gelenke in Schultern, Armen und Händen,
- Schmerzen in Gelenken, Handrücken, Unterarm,
- Kraftlosigkeit,
- Taubheitsgefühl oder Kribbeln in Fingern, Händen oder Unterarmen,
- Kalte und schmerzende Hände vor allem morgens,
- Koordinationsstörungen der Arme und Hände.

4 Wie kann man dem RSI-Syndrom vorbeugen?

Einige Dinge kann man sofort ändern, um eine RSI-Erkrankung zu vermeiden: Die wichtigsten Vorbeugemaßnahmen sind regelmäßige Pausen beim Schreiben am Computer, z. B. Pausenprogramme (Bewegungsanimation am Bildschirm) i. V. mit Dehn- und Entspannungsübungen.

- den Arbeitsplatz systemergonomisch gestalten,
- die ergonomischen Eingabegeräte richtig nutzen (Trackball, optische Maus, V-förmige Tastatur) (Bildschirm-Kompetenztraining),
- ergonomisch richtige Arbeitshaltung (Bildschirm-Kompetenztraining),
- Mausklickgeschwindigkeit auf langsam stellen, Tastenkombinationen (Shortcuts) nutzen und die Mausarbeit möglichst vermeiden,
- Mischarbeit zur Entlastung der Hände und Arme,
- Füßchen der Tastatur einklappen,
- Schreiben mit 10 Fingern,
- Hand entspannen.

5 Berufskrankheit RSI?

Australien erkannte 1984 als erstes Land RSI als Berufskrankheit an. In Australien, Kanada und den USA ist RSI heute die Berufskrankheit Nummer eins. In den Ländern der Europäischen Union befasst man sich seit 1999 sehr intensiv mit dem Thema RSI. Die Ergebnisse wurden von der Europäischen Agentur für Sicherheit und Gesundheitsschutz bei der Arbeit in einem umfangreichen Bericht veröffentlicht («Schädigungen durch wiederholte Belastungen (RSI) in den EU-Mitgliedsstaaten» vom August 2000).

Die Zahlen verdeutlichen, dass sich die RSI-Erkrankungen in den letzten Jahren in den EU-Staaten weiter verbreitet haben. Die Niederlande wollen über einen Zeitraum von vier Jahren eine Reduzierung der RSI-Erkrankungen um 10 % bzw. 100.000 Personen erreichen.

Obwohl die durch jahrelange Bildschirmarbeit verursachte Schmerzkrankheit (Repetitive Strain Injury) seit Jahren diskutiert wird und in vielen Ländern längst als Berufskrankheit anerkannt ist, wird sie hierzulande i. d. R. kaum als solche akzeptiert.

Für die Anerkennung einer Erkrankung als Berufskrankheit müssen in Deutschland die folgenden zwei Bedingungen zwingend erfüllt werden:

- **Die Krankheit muss auf der Berufskrankheitenliste stehen.**
- **Die Krankheit muss durch den Beruf verursacht sein (Kausalitäts-Prinzip).**

Sehnenerkrankungen können der Berufskrankheit mit der Ziffer BK 2101 zugeordnet werden, wobei die Auslegung sehr eng gefasst und auch sehr restriktiv ausgelegt wird.

Meist steht am Ende einer mehrjährigen Krankheitsgeschichte die komplette Berufsunfähigkeit, ohne dass finanzielle Unterstützung durch die Berufsgenossenschaft gewährt wird.

Wolfgang Vogel, Caren Poppinga

Rettungskette

Die Rettungskette ist eine schematische Darstellung der Hilfeleistung nach einer Vergiftung, Erkrankung oder einem Unfall, die mit den einfachen Sofortmaßnahmen beginnt und bei der Versorgung im Krankenhaus endet.

1 Glieder der Rettungskette

Die Rettungskette besteht aus den einzelnen Gliedern

- Sofortmaßnahmen,
- weitere Maßnahmen,
- Rettungsdienst,
- Krankenhaus.

Es gibt auch Darstellungen, die den → Notruf als gesondertes Glied der Rettungskette darstellen.

1.1 Sofortmaßnahmen

Die Sofortmaßnahmen sind das erste und mitunter auch wichtigste Glied der Rettungskette.

Dazu gehören Maßnahmen wie

- Absichern einer Unfall- oder Gefahrenstelle,
- Herz-Lungen-Wiederbelebung,
- stabile Seitenlage,
- Stillen starker und bedrohlicher Blutungen.

Die Sofortmaßnahmen dienen dazu, die lebenswichtigen Funktionen aufrecht zu erhalten oder wiederherzustellen und den Verletzen vor weiteren akuten Gefährdungen zu bewahren.

1.2 Weitere Maßnahmen

Das zweite Glied der Rettungskette sind die sog. «weiteren Maßnahmen». Darzu gehören Maßnahmen wie

- Verbinden kleinerer, nicht lebensbedrohlicher Wunden,
- Versorgen von Brüchen,
- Betreuung der Verletzten.

Die weiteren Maßnahmen dienen dazu, den Betroffenen bis zur weiteren Behandlung durch den Rettungsdienst adäquat weiterversorgen zu können.

Die Glieder Sofortmaßnahmen und weitere Maßnahmen bilden gemeinsam die → Erste Hilfe und stellen damit die Maßnahmen dar, die i. d. R. durch Laienhelfer durchgeführt werden, bevor der Betroffene fachgerecht weiterversorgt werden kann.

1.3 Rettungsdienst

Das dritte Glied der Rettungskette ist die rettungsdienstliche Versorgung des Betroffenen. Der Rettungsdienst versorgt den Betroffenen weiter und führt evtl. die Maßnahmen der → Ersthelfer fort. Anschließend wird der Betroffene durch den Rettungsdienst in ein entsprechendes Krankenhaus transportiert.

1.4 Krankenhaus

Das Krankenhaus ist das letzte Glied der Rettungskette.

Hier wird der Betroffene ärztlich weiterversorgt und evtl. bis zur vollständigen Heilung der Verletzungen aufgenommen.

2 Aufbau der Rettungskette

Häufig wird die Rettungskette als eine Art Treppe dargestellt, bei der ganz unten die Sofortmaßnahmen und ganz oben das Krankenhaus dargestellt sind. Diese Darstellung der Rettungskette verdeutlicht die Qualifikationen des Personals, das Hilfe leistet.

Die beiden ersten Glieder, die die → *Erste Hilfe* bilden, sollten allerdings nicht außer Betracht gelassen werden.

Zum einen ist es der → *Ersthelfer*, der die Rettungskette erst in Gang setzt und damit die qualifizierte Versorgung durch Rettungsdienst und Krankenhaus gewährleistet. Zum anderen können in bestimmten Notfällen die Überlebenschancen des Betroffenen, der nicht die entsprechenden Maßnahmen der Ersten Hilfe erfährt, sehr stark sinken.

Entsprechend dieser Tatsache und der besonderen Bedeutung des Ersthelfers lässt sich die Grundregel: «Jede Kette ist nur so stark, wie ihr schwächstes Glied» auch für den Bereich der Notfallmedizin aufstellen.

Steffen Pluntke

Risikowerte

Risikowerte gelten für krebserzeugende Stoffe, für die derzeit kein *Arbeitsplatzgrenzwert* (AGW) festgelegt werden kann. Der Ausschuss für Gefahrstoffe (AGS) legt diese stoffspezifischen Konzentrationen fest auf der Grundlage des Risikos, an Krebs zu erkranken. Die Risiken beziehen sich auf «eine Arbeitslebenszeit von 40 Jahren bei einer kontinuierlichen arbeitstäglichen Exposition»:

- Das **Akzeptanzrisiko** liegt übergangsweise bei 4:10.000, spätestens ab 2018 bei 4:100.000. Schadenseintritt ist möglich.
- Das **Toleranzrisiko** beträgt 4:1.000. Hier ist ein Schadenseintritt wahrscheinlich, Beschäftigte dürfen höheren Konzentrationen nicht ausgesetzt werden.

Aus den festgelegten Akzeptanz- bzw. Toleranzrisiken ergeben sich 3 Risikobereiche:

- Unterhalb des Akzeptanzrisikos: Bereich der Grundmaßnahmen;
- Zwischen Akzeptanz- und Toleranzrisiko: Maßnahmen sind erforderlich;
- Oberhalb des Toleranzrisikos: Gefahrenbereich.

Gesetze, Vorschriften und Rechtsprechung

Bekanntmachung zu Gefahrstoffen 910 «Risikowerte und Exposition-Risiko-Beziehungen für Tätigkeiten mit krebserzeugenden Stoffen». Es gilt:

- die festgelegten Risikogrenzen beziehen sich auf das Einzelstoffrisiko;
- enthält Maßnahmenkonzept zur Risikominderung.

Bettina Huck

Rohrleitungen

Rohrleitungen sind feste oder flexible Leitungen, die zum Durchleiten von Fluiden (Flüssigkeiten, Gase, Dämpfe) oder Feststoffen (Partikel, Stäube etc.) dienen. Rohrleitungen sind wesentliche Bestandteile von technischen Anlagen, die aus Rohren oder Rohrsystemen bestehen. Die Verbindung der Rohre untereinander erfolgt über lösbare oder nichtlösbare Verbindungselemente (Schweißnaht, Schraubverbindung, Flansch etc.). Rohrleitungen enthalten Absperreinrichtungen wie Ventile oder Schieber sowie Armaturen. Besondere Anforderungen gelten für druckbeaufschlagte Rohrleitungen.

Gesetze, Vorschriften und Rechtsprechung

- Betriebssicherheitsverordnung

- Druckgeräterichtlinie 97/23/EG
- Druckgeräteverordnung (14. ProdSV)
- TRBS 1201 Teil 2 «Prüfungen bei Gefährdungen durch Dampf und Druck»
- TRBS 1203 «Befähigte Personen»
- TRBS 2141 «Gefährdungen durch Dampf und Druck – Allgemeine Anforderungen»
- TRBS 2141 Teil 3 «Gefährdungen durch Dampf und Druck bei Freisetzung von Medien»
- Die Technischen Regeln Rohrleitungen (TRR) sind zum 1.1.2013 außer Kraft getreten. Sie können aber als Erkenntnisquelle dienen, sofern sie nicht den Inhalten der Betriebssicherheitsverordnung bzw. der bereits bestehenden TRBS widersprechen.

1 Grundlegende Anforderungen

An Rohrleitungen werden unterschiedliche Anforderungen gestellt. Bedingungen für Ausführung und Betrieb einer Rohrleitung hängen von folgenden Parametern ab:

- Art und Menge des Mediums, das durch die Rohrleitungen transportiert wird,
- Verlauf der Rohrleitungen (ober- oder unterirdisch),
- Lage der Rohrleitungen (auf dem Betriebsgelände oder zum Ferntransport von Stoffen),
- Druck,
- Temperatur.

Zu den grundlegenden Anforderungen an Rohrleitungen gehört, dass sie so montiert, installiert und betrieben werden müssen, dass die in den Leitungen transportierten Fluide nicht austreten oder dass Undichtigkeiten schnell erkannt werden können. Rohrleitungen müssen

- so angeordnet werden, dass sie nicht unbeabsichtigt beschädigt werden können,
- den auftretenden mechanischen, chemischen, thermischen und biologischen Beanspruchungen standhalten,
- gegen Alterung beständig sein.

Zudem muss eine Absperrmöglichkeit der Rohrleitung in einem sicheren Bereich gegeben sein. Gem. DIN 2403 müssen Rohrleitungen bezüglich des Durchflussmediums gekennzeichnet werden (**Tab. 1**).

Durchflussstoff	Kennfarbe der Rohrleitung
Wasser	grün
Wasserdampf	rot
Luft	grau
entzündbare (bisher: brennbare) → *Gase*	gelb
nicht entzündbare → *Gase*	schwarz
Säuren	orange
Laugen	violett
brennbare Flüssigkeiten	braun
nicht brennbare Flüssigkeiten	schwarz
Sauerstoff	blau

Tab. 1: Kennzeichnung von Rohrleitungen

2 Spezielle Anforderungen

Werden → *Gefahrstoffe* in Rohrleitungen transportiert, fordert die Gefahrstoffverordnung, dass die Rohrleitungen so gekennzeichnet sind, dass mindestens die enthaltenen Gefahrstoffe sowie die davon ausgehenden Gefahren eindeutig identifizierbar sind (§ 8 Abs. 2 Nr. 3 GefStoffV).

Werden Rohrleitungen mit einem zulässigen inneren Betriebsdruck von über 0,5 bar beaufschlagt, dann müssen sie bei der Beschaffung den Anforderungen der Richtlinie 97/23/EG (DGRL; Anhang I enthält die grundlegenden Sicherheitsanforderungen) entsprechen. Der Betreiber hat die Pflichten aus der Betriebssicherheitsverordnung zu erfüllen. Rohrleitungen mit entzündbaren, ätzenden oder giftigen Gasen, Dämpfen oder Flüssigkeiten unter innerem Überdruck zählen zu den → *überwachungsbedürftigen Anlagen*. Die Betriebssicherheitsverordnung fordert für diese überwachungsbedürftigen Anlagen die Prüfung vor Inbetriebnahme und wiederkehrende → *Prüfungen*. Für Rohrleitungen für sonstige → *Gase* und Dämpfe (z. B. Wasserdampf) gelten andere Prüfanforderungen. Rohrleitungen müssen im Zuge der Anlagensicherheit gewartet werden. Die Wartung der Rohrleitungen umfasst Reinigung, Korrosionsschutzmaßnahmen sowie Prüfungen (z. B. Sichtprüfung, Druckprüfung).

Dagmar Hettrich

R-Sätze

R-Sätze sind Teil der Kennzeichnung von Gefahrstoffen und enthalten Hinweise auf besondere Gefahren nach der EU-Stoff-Richtlinie. Mit der Einführung des Global Harmonisierten Systems zur Einstufung und Kennzeichnung von Chemikalien (GHS) müssen gefährliche Stoffe und Zubereitungen bzw. Gemische stattdessen mit sog. Gefahrenhinweisen (Hazard Statements, H-Sätze) gekennzeichnet werden. Für Stoffe gilt das seit 1.12.2010, für Zubereitungen bzw. Gemische ab 1.6.2015.

Gesetze, Vorschriften und Rechtsprechung

Die R-Sätze sind in der EU-Stoff-Richtlinie (Anhang III 67/548/EWG) festgelegt. Die Vorgaben zur Kennzeichnung nach GHS sind in Art. 21 i V. m. Anhang III 1272/2008/EG (CLP-Verordnung) enthalten.

1 Die R-Sätze im Überblick

	R-Sätze
R1	In trockenem Zustand explosionsgefährlich
R2	Durch Schlag, Reibung, Feuer oder andere Zündquellen explosionsgefährlich
R3	Durch Schlag, Reibung, Feuer oder andere Zündquellen besonders explosionsgefährlich
R4	Bildet hochempfindliche explosionsgefährliche Metallverbindungen
R5	Beim Erwärmen explosionsfähig
R6	Mit und ohne Luft explosionsfähig
R7	Kann Brand verursachen
R8	Feuergefahr bei Berührung mit brennbaren Stoffen
R9	Explosionsgefahr bei Mischung mit brennbaren Stoffen
R10	Entzündlich
R11	Leichtentzündlich
R12	Hochentzündlich
R14	Reagiert heftig mit Wasser
R14/15	Reagiert heftig mit Wasser unter Bildung hochentzündlicher Gase
R15	Reagiert mit Wasser unter Bildung hochentzündlicher Gase
R15/29	Reagiert mit Wasser unter Bildung giftiger und hochentzündlicher Gase
R16	Explosionsgefährlich in Mischung mit brandfördernden Stoffen
R17	Selbstentzündlich an der Luft
R18	Bei Gebrauch Bildung explosionsfähiger/leichtentzündlicher Dampf-Luftgemische möglich

	R-Sätze
R19	Kann explosionsfähige Peroxide bilden
R20	Gesundheitsschädlich beim Einatmen
R20/21	Gesundheitsschädlich beim Einatmen und bei Berührung mit der Haut
R20/21/22	Gesundheitsschädlich beim Einatmen, Verschlucken und Berührung mit der Haut
R20/22	Gesundheitsschädlich beim Einatmen und Verschlucken
R21	Gesundheitsschädlich bei Berührung mit der Haut
R21/22	Gesundheitsschädlich bei Berührung mit der Haut und beim Verschlucken
R22	Gesundheitsschädlich beim Verschlucken
R23	Giftig beim Einatmen
R23/24	Giftig beim Einatmen und bei Berührung mit der Haut
R23/24/25	Giftig beim Einatmen, Verschlucken und bei Berührung mit der Haut
R23/25	Giftig beim Einatmen und Verschlucken
R24	Giftig bei Berührung mit der Haut
R24/25	Giftig bei Berührung mit der Haut und beim Verschlucken
R25	Giftig beim Verschlucken
R26	Sehr giftig beim Einatmen
R26/27	Sehr giftig beim Einatmen und bei Berührung mit der Haut
R26/27/28	Sehr giftig beim Einatmen, Verschlucken und bei Berührung mit der Haut
R26/28	Sehr giftig beim Einatmen und Verschlucken
R27	Sehr giftig bei Berührung mit der Haut
R27/28	Sehr giftig bei Berührung mit der Haut und beim Verschlucken
R28	Sehr giftig beim Verschlucken
R29	Entwickelt bei Berührung mit Wasser giftige Gase
R30	Kann bei Gebrauch leicht entzündlich werden
R31	Entwickelt bei Berührung mit Säure giftige Gase
R32	Entwickelt bei Berührung mit Säure sehr giftige Gase
R33	Gefahr kumulativer Wirkungen
R34	Verursacht Verätzungen
R35	Verursacht schwere Verätzungen
R36	Reizt die Augen
R36/37	Reizt die Augen und die Atmungsorgane
R36/37/38	Reizt die Augen, Atmungsorgane und die Haut
R36/38	Reizt die Augen und die Haut
R37	Reizt die Atmungsorgane
R37/38	Reizt die Atmungsorgane und die Haut
R38	Reizt die Haut
R39	Ernste Gefahr irreversiblen Schadens
R39/23	Giftig: ernste Gefahr irreversiblen Schadens durch Einatmen
R39/23/24	Giftig: ernste Gefahr irreversiblen Schadens durch Einatmen und bei Berührung mit der Haut
R39/23/24/25	Giftig: ernste Gefahr irreversiblen Schadens durch Einatmen, Berührung mit der Haut und durch Verschlucken
R39/23/25	Giftig: ernste Gefahr irreversiblen Schadens durch Einatmen und durch Verschlucken

	R-Sätze
R39/24	Giftig: ernste Gefahr irreversiblen Schadens bei Berührung mit der Haut
R39/24/25	Giftig: ernste Gefahr irreversiblen Schadens bei Berührung mit der Haut und durch Verschlucken
R39/25	Giftig: ernste Gefahr irreversiblen Schadens durch Verschlucken
R39/26	Sehr giftig: ernste Gefahr irreversiblen Schadens durch Einatmen
R39/26/27	Sehr giftig: ernste Gefahr irreversiblen Schadens durch Einatmen und bei Berührung mit der Haut
R39/26/27/28	Sehr giftig: ernste Gefahr irreversiblen Schadens durch Einatmen, Berührung mit der Haut und durch Verschlucken
R39/26/28	Sehr giftig: ernste Gefahr irreversiblen Schadens durch Einatmen und Verschlucken
R39/27	Sehr giftig: ernste Gefahr irreversiblen Schadens bei Berührung mit der Haut
R39/27/28	Sehr giftig: ernste Gefahr irreversiblen Schadens bei Berührung mit der Haut und durch Verschlucken
R39/28	Sehr giftig: ernste Gefahr irreversiblen Schadens durch Verschlucken
R40	Irreversibler Schaden möglich
R40/20	Gesundheitsschädlich: Möglichkeit irreversiblen Schadens durch Einatmen
R40/20/21	Gesundheitsschädlich: Möglichkeit irreversiblen Schadens durch Einatmen und bei Berührung mit der Haut
R40/20/21/22	Gesundheitsschädlich: Möglichkeit irreversiblen Schadens durch Einatmen, Berührung mit der Haut und durch Verschlucken
R40/20/22	Gesundheitsschädlich: Möglichkeit irreversiblen Schadens durch Einatmen und durch Verschlucken
R40/21	Gesundheitsschädlich: Möglichkeit irreversiblen Schadens bei Berührung mit der Haut
R40/21/22	Gesundheitsschädlich: Möglichkeit irreversiblen Schadens bei Berührung mit der Haut und durch Verschlucken
R40/22	Gesundheitsschädlich: Möglichkeit irreversiblen Schadens durch Verschlucken
R41	Gefahr ernster Augenschäden
R42	Sensibilisierung durch Einatmen möglich
R42/43	Sensibilisierung durch Einatmen und Hautkontakt möglich
R43	Sensibilisierung durch Hautkontakt möglich
R44	Explosionsgefahr bei Erhitzen unter Einschluß
R45	Kann Krebs erzeugen
R46	Kann vererbbare Schäden verursachen
R48	Gefahr ernster Gesundheitsschäden bei längerer Exposition
R48/20	Gesundheitsschädlich: Gefahr ernster Gesundheitsschäden bei längerer Exposition durch Einatmen
R48/20/21	Gesundheitsschädlich: Gefahr ernster Gesundheitsschäden bei längerer Exposition durch Einatmen und durch Berührung mit der Haut
R48/20/21/22	Gesundheitsschädlich: Gefahr ernster Gesundheitsschäden bei längerer Exposition durch Einatmen, Berührung mit der Haut und durch Verschlucken
R48/20/22	Gesundheitsschädlich: Gefahr ernster Gesundheitsschäden bei längerer Exposition durch Einatmen und durch Verschlucken
R48/21	Gesundheitsschädlich: Gefahr ernster Gesundheitsschäden bei längerer Ex-

	R-Sätze
	position durch Berührung mit der Haut
R48/21/22	Gesundheitsschädlich: Gefahr ernster Gesundheitsschäden bei längerer Exposition durch Berührung mit der Haut und durch Verschlucken
R48/22	Gesundheitsschädlich: Gefahr ernster Gesundheitsschäden bei längerer Exposition durch Verschlucken
R48/23	Giftig: Gefahr ernster Gesundheitsschäden bei längerer Exposition durch Einatmen
R48/23/24	Giftig: Gefahr ernster Gesundheitsschäden bei längerer Exposition durch Einatmen und durch Berührung mit der Haut
R48/23/24/25	Giftig: Gefahr ernster Gesundheitsschäden bei längerer Exposition durch Einatmen, Berührung mit der Haut und durch Verschlucken
R48/23/25	Giftig: Gefahr ernster Gesundheitsschäden bei längerer Exposition durch Einatmen und durch Verschlucken
R48/24	Giftig: Gefahr ernster Gesundheitsschäden bei längerer Exposition durch Berührung mit der Haut
R48/24/25	Giftig: Gefahr ernster Gesundheitsschäden bei längerer Exposition durch Berührung mit der Haut und durch Verschlucken
R48/25	Giftig: Gefahr ernster Gesundheitsschäden bei längerer Exposition durch Verschlucken
R49	Kann Krebs erzeugen beim Einatmen
R50	Sehr giftig für Wasserorganismen
R50/53	Sehr giftig für Wasserorganismen, kann in Gewässern längerfristig schädliche Wirkungen haben
R51	Giftig für Wasserorganismen
R51/53	Giftig für Wasserorganismen, kann in Gewässern längerfristig schädliche Wirkungen haben
R52	Schädlich für Wasserorganismen
R52/53	Schädlich für Wasserorganismen, kann in Gewässern längerfristig schädliche Wirkungen haben
R53	Kann in Gewässern längerfristig schädliche Wirkungen haben
R54	Giftig für Pflanzen
R55	Giftig für Tiere
R56	Giftig für Bodenorganismen
R57	Giftig für Bienen
R58	Kann längerfristig schädliche Wirkungen auf die Umwelt haben
R59	Gefährlich für die Ozonschicht
R60	Kann die Fortpflanzungsfähigkeit beeinträchtigen
R61	Kann das Kind im Mutterleib schädigen
R62	Kann möglicherweise die Fortpflanzungsfähigkeit beeinträchtigen
R63	Kann das Kind im Mutterleib möglicherweise schädigen
R64	Kann Säuglinge über die Muttermilch schädigen
R65	Gesundheitsschädlich: kann beim Verschlucken Lungenschäden verursachen
R66	Wiederholter Kontakt kann zu spröder oder rissiger Haut führen
R67	Dämpfe können Schläfrigkeit und Benommenheit verursachen
R68	Irreversibler Schaden möglich

	R-Sätze
R68/20	Gesundheitsschädlich: Möglichkeit irreversiblen Schadens durch Einatmen
R68/21	Gesundheitsschädlich: Möglichkeit irreversiblen Schadens bei Berührung mit der Haut
R68/22	Gesundheitsschädlich: Möglichkeit irreversiblen Schadens durch Verschlucken
R68/20/21	Gesundheitsschädlich: Möglichkeit irreversiblen Schadens durch Einatmen und bei Berührung mit der Haut
R68/20/22	Gesundheitsschädlich: Möglichkeit irreversiblen Schadens durch Einatmen und durch Verschlucken
R68/21/22	Gesundheitsschädlich: Möglichkeit irreversiblen Schadens bei Berührung mit der Haut und durch Verschlucken
R68/20/21/22	Gesundheitsschädlich: Möglichkeit irreversiblen Schadens durch Einatmen, Berührung mit der Haut und durch Verschlucken

Bettina Huck

Sammelstellen

Die Menge der in Handwerk und Industrie anfallenden gefährlichen Abfälle nimmt kontinuierlich zu. Da gefährliche Abfälle überwiegend nicht im Unternehmen selbst verwertet oder beseitigt werden können, müssen sie zu Entsorgungsanlagen transportiert werden. Der Transport erfolgt direkt oder über Sammelstellen bzw. Zwischenlager, sie nehmen gefährliche Abfälle in begrenzten oder haushaltsüblichen Mengen an. Es werden nur solche Abfälle angenommen, die nachfolgende Entsorgungsanlagen übernehmen.

In Sammelstellen werden gefährliche Abfälle beurteilt, ggf. gekennzeichnet und verpackt, bevor sie zur Abholung bereitgestellt werden. Zwischenlager dienen dagegen ausschließlich zur Lagerung. Die gesammelten bzw. zwischengelagerten gefährlichen Abfälle werden regelmäßig abgeholt und zu Anlagen zur Verwertung oder Beseitigung transportiert. Im Gegensatz zu Entsorgungsanlagen findet in Sammelstellen und Zwischenlagern keine Verwertung von Abfällen statt. Der Betrieb von Sammelstellen und Zwischenlagern ist der zuständigen Behörde anzuzeigen.

Gesetze, Vorschriften und Rechtsprechung

Es gelten folgende Vorschriften:

- Kreislaufwirtschaftsgesetz
- Bundesimmissionsschutzgesetz
- Arbeitsstättenverordnung
- Gefahrstoffverordnung
- Betriebssicherheitsverordnung
- Anlagenverordnungen (VAwS) der Länder (für Baden-Württemberg z. B.: Anlagenverordnung wassergefährdende Stoffe – Verordnung des Umweltministeriums über Anlagen zum Umgang mit wassergefährdenden Stoffen und über Fachbetriebe).
- TRGS 520 «Errichtung und Betrieb von Sammelstellen und zugehörigen Zwischenlagern für Kleinmengen gefährlicher Abfälle»

1 Bedeutung für den Arbeitsschutz

Fallen größere Mengen → *gefährlicher Abfälle* im Unternehmen an, lohnt sich eine regelmäßige Abholung. Gefährliche Abfälle werden dann direkt zur Verwertung oder Beseitigung transportiert. Für kleine Mengen eignet sich eher eine Anlieferung in Sammelstellen oder Zwischenlagern in der Nähe. Das Unternehmen muss dann nicht selbst Lagerplatz vorhalten bzw. spezielle

Schutzmaßnahmen umsetzen. Vorab ist zu klären, welche Arten von gefährlichen Abfällen angenommen werden.

> **Wichtig: Aufbewahrung in Behältern**
> Gefährliche Abfälle müssen gekennzeichnet sein und in geeigneten Behältern aufbewahrt werden. Besonders wichtig ist, dass Behälter dicht und nicht zu voll sind und außen keine Verschmutzungen anhaften. Dies gewährleistet einen sicheren Umgang, es schützt die Beschäftigten im Unternehmen, der Sammelstellen und Zwischenlager sowie des nachfolgenden Entsorgers vor Gesundheitsschäden.

2 Anlagen

2.1 Sammelstellen

In Sammelstellen für → *gefährliche Abfälle* erfolgen:

- Annahme,
- Beurteilung,
- ggf. Kennzeichnung,
- Sortierung,
- Verpackung: Gefährliche Abfälle müssen in geeignete Verpackungen eingestellt werden. Umfüllen ist ausschließlich zur Gefahrenabwehr und zur Sicherstellung zulässig, z. B. bei schadhaften Verpackungen,
- Bereitstellung zum Abtransport.

Sammelstellen können stationäre oder mobile Anlagen sein:

- stationär, d. h. ortsfest: bestehen aus Verkehrsbereich, Annahme- und Arbeitsbereich sowie Sozial-, Hygiene- und Aufenthaltsbereich,
- mobil: LKWs mit geschlossenem festen Aufbau oder Absetzcontainer.

2.2 Zwischenlager

Zwischenlager sind ortsfeste Anlagen. Sie dienen zum Lagern gefährlicher Abfälle vor der endgültigen Entsorgung, d. h. Verwertung oder Beseitigung. Sie gliedern sich i. Allg. in folgende Bereiche:

- Verkehr,
- Umschlag,
- Lagerung,
- Hygiene-, Sozial- und Aufenthaltsräume.

3 Standorte

Ortsfeste Sammelstellen und Zwischenlager dürfen nicht eingerichtet werden in

- Wasserschutzgebieten (Zone I-III),
- Heilquellenschutzgebieten (Zone I-III),
- Überschwemmungsgebieten,
- Katastrophenabflussbereichen von Staudämmen und Speicheranlagen.

Bei der Standortwahl ist zu berücksichtigen, dass er für Schwerlastverkehr, Feuerwehr und Rettungsdienste gut zugänglich sein muss. Sammelstellen und Zwischenlager liegen häufig in räumlicher Nähe.

Mobile Sammelstellen können auf geeigneten Plätzen stehen. Ausgenommen sind Flächen in unmittelbarer Nähe von Kindergärten, sowie auf Schul- und Krankenhausgelände.

4 Gefahren

Gefährliche Gase, Dämpfe oder Schwebstoffe können entweichen und die Gesundheit der Beschäftigten schädigen. Beim Umfüllen können Dämpfe oder Spritzer freigesetzt werden und die Gesundheit schädigen.

Flüssige gefährliche Abfälle aus undichten, beschädigten, überfüllten oder ungeeigneten Behältern können in Erdreich und Grundwasser gelangen und so Mensch und Umwelt schädigen. Nicht oder falsch gekennzeichnete Abfälle bergen unbekannte Gefahren.

5 Maßnahmen

Eine Übersicht über die unterschiedlichen Anforderungen an mobile Sammelstellen sowie stationäre Sammelstellen und Zwischenlager liefert Anlage 4 TRGS 520. Daraus ergeben sich u. a. folgende Maßnahmen:

Technisch:

- Bauliche Ausführung: u. a. fugenfreie befestigte Wege, ausreichend breite → *Flucht- und Rettungswege* (mind. 1 m), flüssigkeitsdichte, säure- und chemikalienfeste, elektrisch ableitende Böden, Bodenwanne;
- Betriebliche Ausstattung: z. B. Abzug, Anlage zur Be- und Entlüftung;
- Baulicher → *Brandschutz*: z. B. Brandmeldeanlage, Blitzschutzanlage, feuerbeständige Bauteile, → *Löschwasser-Rückhaltebecken*.

Organisatorisch:

- Einsatz von Fachkräften: Fachkräfte müssen eine chemie-spezifische Fachausbildung haben und sich regelmäßig fortbilden. Sie müssen zusätzlich ausgebildete Ersthelfer und nach Kapitel 1.3 ADR geschult sein. Sicherheitsingenieure und → *Fachkräfte für Arbeitssicherheit* gelten als Fachkräfte im Sinne der TRGS 520. Es muss kein Betriebsbeauftragter für Abfall bestellt werden.
- Verzeichnis der gefährlichen Abfälle,
- Betriebstagebuch,
- Zusammenlagerungsverbot beachten,
- Zugangsbeschränkungen für Unbefugte,
- → *Betriebsanweisung* und → *Unterweisung*,
- → *Alarmplan*.
- im Annahme- und Arbeitsbereich von Sammelstellen sowie im Umschlag- und Lagerbereich von Zwischenlagern darf nicht geraucht werden («Feuer, offenes Licht und Rauchen verboten» P02), ein Mobiltelefon darf nur dann benutzt werden («Mobilfunk verboten» P18), wenn es explosionsgeschützt ausgeführt ist., dies gilt auch für ortsveränderliche Geräte wie Radiogeräte, Funkgeräte oder Rufmelder.

Persönlich:

- Schutzkleidung
- Schutzhandschuhe
- → *Augenschutz*
- Sicherheitsschuhe
- → *Atemschutz* für Notfälle

Bettina Huck

Sanitätsraum

Sanitätsräume sind Räume, in denen bei einem Unfall oder bei einer Erkrankung im Betrieb Erste Hilfe geleistet oder die ärztliche Erstversorgung durchgeführt wird. Fahrzeuge (Sanitätswagen) oder transportable Raumzellen (Sanitätscontainer) sowie besonders hergerichtete, vom übrigen Raum nicht abgetrennte Sanitätsbereiche gelten als vergleichbare Einrichtungen.

Gesetze, Vorschriften und Rechtsprechung

Regelungen zu Sanitätsräumen sind enthalten in § 6 ArbStättV und ASR A4.3 «Erste-Hilfe-Räume, Mittel und Einrichtungen zur Ersten Hilfe».

1 Wann muss ein Sanitätsraum eingerichtet werden?

In einem Unternehmen muss mind. ein Sanitätsraum oder eine vergleichbare Einrichtung vorhanden sein, wenn

- mehr als 1.000 Arbeitnehmer beschäftigt sind oder
- mit besonderen Unfallgefahren zu rechnen ist und mehr als 100 Arbeitnehmer beschäftigt sind,
- bei → *Baustellen* mit mehr als 50 Beschäftigten.

2 Lage und Kennzeichnung

Sanitätsräume sollen sich möglichst im Erdgeschoss befinden, sodass sie mit einer Krankentrage oder einem → *Fahrzeug* möglichst schnell erreicht werden können.

Sanitätsräume oder vergleichbare Einrichtungen müssen durch das weiße Kreuz auf grünem Untergrund gekennzeichnet sein. Die Zugänge zum Sanitätsraum müssen durch einen weißen waagerechten Pfeil auf einem rechteckigen grünen Untergrund mit weißer Umrandung gekennzeichnet werden.

3 Bauliche Gestaltung

Um die erforderlichen Einrichtungen und Ausstattungen aufnehmen zu können, müssen folgende Räume zur Verfügung stehen:

- **Sanitätsraum:** Raum mit einer Grundfläche von mind. 20 qm und einer lichten Höhe von 2,5 m
- **Sanitätscontainer:** Raum mit einer Grundfläche von mind. 5,35 × 2,35 m und einer lichten Höhe von 2,30 m

3.1 Zugänge

Um den Sanitätsraum oder eine vergleichbare Einrichtung besser erreichen zu können, sollen sich vor diesem möglichst keine Stufen befinden. Höhenunterschiede sollen durch eine Rampe ausgeglichen werden.

Die Transportwege zum Sanitätsraum sollen möglichst so gestaltet werden, dass die verletzte Person einen ausreichenden Schutz vor Witterungseinflüssen (z. B. Regen, Schnee) hat.

3.2 Eingänge

Die Eingangstüren zu Sanitätsräumen sollen dicht schließen und feststellbar sein. Sie sollen eine lichte Weite von mind. 1,2 m und eine Höhe von mind. 2 m aufweisen.

3.3 Fußböden, Wände, Decken

Wichtig ist, dass Fußböden, Wände und Decken leicht zu reinigen und zu desinfizieren sind.

4 Einrichtung und Ausstattung

4.1 Einrichtung

Folgende Einrichtungen müssen mind. in Sanitätsräumen oder vergleichbaren Einrichtungen installiert werden:

- Waschbecken mit Spiegel und Konsole, Seifenspender, Desinfektionsmittelspender, fließendes Kalt- und Warmwasser (bis 60 °C) aus der Mischbatterie;
- Telefon, von dem aus inner- und außerbetriebliche Stellen angewählt werden können.

Zudem sollte sich in der Nähe des Sanitätsraums eine Toilette befinden.

4.2 Ausstattung

Folgende Ausstattung gehört in einen Sanitätsraum:

- Schreibtisch
- Schreibstuhl
- Papierkorb
- «Anleitung zur Ersten Hilfe bei Unfällen»
- Verbandbuch oder Verbandkartei
- Krankentrage (DIN 13025)
- fahrbares Gestell für Krankentragen (DIN 13034 oder DIN 13046)
- Liege (Kopf- und Fußende verstellbar)
- Infusionsständer (höhenverstellbar)
- verschließbare Schränke zur übersichtlichen Aufbewahrung von Materialien und Medikamenten
- Abwurfbehälter

4.3 Erste-Hilfe-Material und Transportmittel

Folgendes Material ist ebenfalls vorzuhalten:

- Einwegdecken
- Einweglaken für Tragen und Liegen
- Decken
- Schienen zum Ruhigstellen von Extremitäten
- → *Defibrillator (AED)*
- HWS-Immobilisationskragen
- Vakuummatratze
- Inhalt von mind. 2 Verbandkästen DIN 13169-E (ohne Scheren)
- Guedeltuben Größen 2,3 und 5
- Sauerstoffmasken
- Beatmungsbeutel
- Beatmungsmasken
- Absauggerät mit Absaugkathetern
- Infusionslösung 500 ml zur Schockbekämpfung
- Infusionsbesteck mit steriler Venenpunktionskanüle
- Einmalspritzen und Kanülen
- Alkoholtupfer
- Blutdruckmessgerät
- Stethoskop
- Augenspülflasche

4.4 Pflegegeräte

Folgende Pflegegeräte gehören zur Grundausstattung des Sanitätsraumes:

- Wärmflasche
- Steckbecken mit Deckel
- Einweg-Urinale
- Einweg-Nierenschalen

- Einweg-Trinkbecher
- Einmalhandschuhe
- Schutzmäntel
- Einwegkleidung

4.5 Reinigungs- und Desinfektionsmaterial

Folgendes Reinigungs- und Desinfektionsmaterial sollte vorhanden sein:

- Seife für Seifenspender
- Reinigungsmittel
- Hautschutzcreme
- Nagelbürste
- Nagelschere
- Nagelpfeile
- Zellstoff

4.6 Arzneimittel

Arzneimittel werden entsprechend der ärztlichen Vorgabe vorgehalten und unter Verschluss aufbewahrt.

Christian Piehl, Steffen Pluntke

Schichtarbeit

Schichtarbeit ist ein häufig praktiziertes Arbeitszeitmodell. Schichtarbeit oder Schichtdienst bedeutet Arbeiten zu wechselnden oder konstant ungewöhnlichen Zeiten (z. B. Dauernachtschicht), wobei sich mehrere Arbeitnehmer einen Arbeitsplatz teilen. Ziel von Schichtsystemen ist, über die individuelle Arbeitszeit hinaus Produktions-, Service- bzw. Öffnungszeiten zu verlängern. Im Produktionsbereich sollen dadurch Maschinenlaufzeiten verlängert und Produktionsanlagen effektiv genutzt werden sowie Prozesse ununterbrochen laufen. Im Dienstleistungsbereich soll ein Rund-um-die-Uhr-Service ermöglicht werden.

Etwa jeder 4. Beschäftigte in Deutschland arbeitet gelegentlich in Schichtarbeit, mit steigender Tendenz. Ca. 8 % der Beschäftigten arbeiten nachts. Schichtarbeit gibt es in nahezu allen Branchen.

Gesetze, Vorschriften und Rechtsprechung

Grundlegende Vorschriften sind das Arbeitszeitgesetz, das Jugendarbeitsschutzgesetz, das Mutterschutzgesetz und das Ladenschlussgesetz.

1 Modelle

Der Mensch und seine Arbeitszeit werden zunehmend den Prozessen angepasst. In Produktionsbetrieben (z. B. Stahlindustrie, Chemische Industrie) sowie im Dienstleistungsbereich (u. a. Polizei, Feuerwehr, Krankenhaus, Gaststätten) werden Produktions- bzw. Servicezeiten ausgedehnt. Dies ist nur möglich, wenn Beschäftigte in Schichtsystemen arbeiten.

Es werden viele, unterschiedliche Systeme angewendet, in Abhängigkeit von Branche, Prozess und Bedürfnissen der Kunden.

Abhängig vom Zeitpunkt des Arbeitsbeginns spricht man von:

- Frühschicht (F), häufig von 6–14 Uhr,
- Spätschicht (S), häufig von 14–22 Uhr,
- Nachtschicht (N), häufig von 22–6 Uhr.

Schichtarbeit

> **Wichtig: Definition Nachtzeit**
>
> Nachtzeit ist von 23 bis 6 Uhr, in Bäckereien und Konditoreien von 22 bis 5 Uhr. Nachtarbeit ist jede Arbeit, die mehr als 2 Stunden der Nachtzeit umfasst (§ 2 ArbZG).

Je nach betrieblichen Erfordernissen wird im 2-, 3-, 4- oder gar 5-Schichtbetrieb gearbeitet. Mit zunehmender Anzahl der Schichten nimmt die Möglichkeit zu, Schichtpläne zu optimieren (s. → *Abschn. 3*).

Der **dis- oder teilkontinuierliche** Betrieb erfolgt i. Allg. von Montag bis Freitag mit Unterbrechung am Wochenende und an Feiertagen, beim **vollkontinuierlichen** Betrieb wird auch an Wochenenden und Feiertagen gearbeitet, die Arbeitsplätze sind dann jeden Tag 24 Stunden lang besetzt.

Schichten können u. a.

- festgelegt sein, d. h. jeder Beschäftigte hat immer die gleiche Schicht (permanente – oder Dauerschicht),
- täglich wechseln oder rollierend sein, d. h., die Lage der Schichten wiederholt sich in wöchentlichem oder über einen längeren Zeitraum reichenden Rhythmus (Wechselschicht).

Folgende Schichtfolgen sind verboten: SF, NF, NS (s. Ruhezeiten § 5 ArbZG)

Dauernachtschicht kommt seltener und nur in speziellen Branchen vor (Nachtwächter, Sicherheitsdienste).

> **Wichtig: Tagesarbeit statt Nachtarbeit**
>
> Beschäftigte müssen auf Verlangen grundsätzlich auf einen geeigneten Tagesarbeitsplatz umgesetzt werden, wenn
>
> - weitere Nachtarbeit die Gesundheit gefährdet (arbeitsmedizinische Feststellung erforderlich),
> - ein Kind unter 12 Jahren betreut werden muss oder
> - schwerpflegebedürftige Angehörige zu versorgen sind.
>
> Wenn «**betriebliche Erfordernisse**» dem entgegenstehen, muss der Betriebs- oder Personalrat dazu gehört werden. Dieser kann dem Arbeitgeber Vorschläge für eine Lösung unterbreiten (§ 6 Abs. 4 ArbZG).

§ 6 ArbZG regelt Nacht- bzw. Schichtarbeit. Nachtarbeiter

- dürfen werktags grundsätzlich 8 bis max.10 Stunden arbeiten. § 7 formuliert Ausnahmeregelungen, z. B. wenn in die Arbeitszeit regelmäßig Arbeitsbereitschaft oder Bereitschaftsdienst fällt;
- sind berechtigt, sich arbeitsmedizinisch untersuchen zu lassen, und zwar vor Beginn der Beschäftigung und danach in regelmäßigen Abständen von nicht weniger als 3 Jahren, nach Vollendung des 50. Lebensjahres jedes Jahr;
- erhalten für die geleisteten Arbeitsstunden während der Nachtzeit eine angemessene Zahl bezahlter freier Tage oder einen angemessenen Zuschlag auf das Bruttoarbeitsentgelt.
- müssen den gleichen Zugang zu betrieblicher Weiterbildung und «aufstiegsfördernden Maßnahmen» erhalten wie die übrigen Beschäftigten.

Der Arbeitgeber kann Schichtarbeit anordnen, der Betriebsrat hat Mitbestimmungsrecht. Genaue Regelungen u. a. zu Arbeitszeiten und Zuschlägen werden in Tarifverträgen und Betriebsvereinbarungen festgelegt.

> **Achtung: Regelungen für Jugendliche sowie werdende und stillende Mütter beachten**
>
> Bei der Beschäftigung **Jugendlicher** darf die Schichtzeit «10 Stunden, im Bergbau unter Tage 8 Stunden, im Gaststättengewerbe, in der Landwirtschaft, in der Tierhaltung, bei Bau- und Montagestellen 11 Stunden nicht überschreiten» (§ 12 JArbSchG). Schichtzeit ist die tägliche Arbeitszeit mit Ruhepausen (§ 4 Abs. 2 JArbSchG).
>
> **Jugendliche** sowie **werdende und stillende Mütter** dürfen zwischen 20 und 6 Uhr grundsätzlich nicht beschäftigt werden (§ 14 Abs. 1 JArbSchG bzw. § 8 Abs. 1 MSchG).

2 Gefahren

Obwohl Schichtarbeit nachts, an den Wochenenden und Feiertagen dem Beschäftigten mehr Geld einbringt und derartige Schichten deshalb beliebt sind, stehen dem hohe physische und psychische Belastungen gegenüber.

Vor allem Nacht- oder Schichtarbeiter mit ungünstigen Schichtplänen tragen ein erhöhtes **gesundheitliches Risiko**. Häufig auftretende gesundheitliche Beeinträchtigungen sind u. a.

- Appetit- und Schlafstörungen,
- Kopfschmerzen,
- Depressionen,
- Bluthochdruck,
- Magen-Darm-Beschwerden,
- Nervosität.

Studien belegen, dass durch ungünstige Schichtpläne die sog. Circadianrhythmik des Menschen gestört wird, denn Körpertemperatur, Herztätigkeit, Atmung, Verdauung und Muskulatur unterliegen einem 24-stündigen Rhythmus. Das bedeutet für Nachtarbeit z. B., dass der Körper nachts Leistung erbringen muss, obwohl seine «innere Uhr» auf Ruhe und Erholung programmiert ist, was u. a. mit verminderter Atmung, Herztätigkeit und Verdauung verbunden ist.

Schichtarbeit **behindert soziale Aktivitäten** mit Familie, Freunden oder im Verein.

Und schließlich häufen sich nachts Fehler, die **Unfallgefahr** steigt. Das Leistungstief liegt zwischen 0 und 6 Uhr[107]. Der sog. Sekundenschlaf ist Ursache für jeden vierten Verkehrsunfall (gilt z. B. auch für die Wege von und zur Arbeit) sowie zahlreiche Arbeitsunfälle[108].

3 Maßnahmen

Die Arbeitszeit der Nacht- und Schichtarbeiter muss nach den «gesicherten arbeitswissenschaftlichen Erkenntnissen über die menschengerechte Gestaltung der Arbeit» festgelegt werden (§ 6 Abs. 1 ArbZG).

Schichtarbeit kann verträglicher gestaltet werden, wenn Schichtpläne optimiert werden. Dafür stehen Softwarelösungen zur Verfügung (z. B. BASS (www.baua.de), OPTI*SCHICHT*®). Wichtige Kriterien für optimale Schichtpläne sind laut BKK[109] v. a.:

- max. 3 Nacht- bzw. Frühschichten in Folge,
- schneller Wechsel von Schichten,
- möglichst frühes Ende der Nachtschichten,
- möglichst lange Ruhepause nach einer Nachtschichtphase (vgl. Ruhezeiten),
- Vorwärtswechsel von der Früh- zur Spät- und dann zur Nachtschicht bevorzugen,
- ungünstige Schichtfolgen vermeiden,
- Frühschichtbeginn gegen 8 Uhr,
- möglichst lange freie Wochenenden,
- mind. ein freier Abend innerhalb der Woche,
- kurzfristige Schichtplanänderungen vermeiden.

Grundsätzlich muss die Ruhezeit nach der letzten Schicht 11 Stunden, in bestimmten Branchen mind. 10 Stunden betragen (§ 5 ArbZG).

Ob Schichtarbeit v. a. nachts als belastend empfunden wird, ist individuell sehr unterschiedlich. Für Menschen, die eher am Abend aktiv sind, kann es z. B. leichter sein als für «Morgenmenschen».

---

[107] Deutsche Gesellschaft für Arbeitsmedizin und Umweltmedizin e. V., Arbeitsmedizinische Leitlinie «Nacht- und Schichtarbeit», 2009.
[108] BKK, Besser leben mit Schichtarbeit – Hilfe für Schichtarbeiterinnen und Schichtarbeiter, 6. Aufl. 2005.
[109] BKK, Besser leben mit Schichtarbeit – Hilfe für Schichtarbeiterinnen und Schichtarbeiter, 6. Aufl. 2005.

Weniger gut für Schichtarbeit geeignet sind deshalb i. d. R.
- Menschen, die früh aufstehen und tagsüber aktiv sind und abends früh ins Bett gehen («Morgenmenschen»),
- Personen mit Erkrankungen des Verdauungs- oder Herz-Kreislauf-Systems, der Leber oder der Schilddrüse,
- über 50-Jährige.

Bei Einführung neuer Schichtsysteme empfiehlt es sich, die Mitarbeiter daran zu beteiligen und Fachkraft für Arbeitssicherheit und Betriebsarzt – und ggf. auch weitere Berater – zur Unterstützung hinzuziehen. Weitere wichtige Aspekte für ein besseres Leben mit Schichtarbeit sind auch
- gesunde Ernährung sowie
- Pflege sozialer Kontakte.

Bettina Huck

Schleifmaschinen

Schleifmaschinen sind angetriebene Werkzeuge zum Glätten von Oberflächen oder zum Entfernen von Beschichtungen auf Oberflächen. Das Schleifen ist ein Verfahren zur spanenden Bearbeitung der verschiedensten Materialien, wie z. B. Metall, Stein/Keramik, Glas und Holz. Dabei kommen die unterschiedlichsten Schleifwerkzeuge und -maschinen zum Einsatz. Wesentliche Bestandteile zur Charakterisierung eines Schleifwerkzeugs sind das Schleifmittel und die Bindung. Schleifmaschinen, die nach 1995 in Verkehr gebracht wurden, müssen den grundlegenden Sicherheits- und Gesundheitsanforderungen der Maschinenrichtlinie entsprechen.

Gesetze, Vorschriften und Rechtsprechung

Aus folgenden Vorschriften ergeben sich in erster Linie Anforderungen an Schleifmaschinen:
- BGR 500 «Betreiben von Arbeitsmitteln»
- BGR 109 «Schleifen, Bürsten und Polieren von Aluminium»
- BGI 543 «Schleifer»
- BGI 760 «Lärmgeminderte Schleifscheiben»
- BGI 839 «Elektromagnetische Felder in Metallbetrieben»
- BGI 5083 «Feuerfestbauarbeiten»
- BGG 930 «Baumusterprüfung und Zertifizierung von Schleifkörpern»
- Technische Regeln zur Lärm- und Vibrations-Arbeitsschutzverordnung

1 Arten von Schleifmaschinen

Es gibt handgeführte Maschinen wie
- Winkelschleifer,
- Schwingschleifer (auch Exzenterschleifer und Deltaschleifer).

In Industrie und Handwerk sind z. B. folgende Maschinen im Einsatz:
- Einscheiben- und Dreischeiben-Schleifmaschinen,
- Doppelschleifmaschine (Abb. 1),
- Bandschleifmaschinen,
- Kantenschleifmaschinen,
- Flachschleifmaschinen (**Abb. 2**),
- Rundschleifmaschinen,
- Trennschleifmaschinen,
- Spindelschleifmaschinen,
- Steinschleifmaschinen,

- Werkzeugschleifmaschinen.

Doppelschleifmaschine

Abb. 1: Beispiel für einen Doppelschleifbock

Präzisions-Flachschleifmaschine

Abb. 2: Beispiel für eine Flachschleifmaschine

2 Anforderungen an Schleifmaschinen

Der Unternehmer muss dafür sorgen, dass Schleifmaschinen nur mit den zugehörigen Schutzeinrichtungen (z. B. den Schleifkörperschutzhauben) betrieben werden.

Nachstellbare Schutzhauben müssen der Abnutzung des Schleifkörpers entsprechend eingestellt werden. Die Werkstückauflagen der Schleifmaschinen für Handschliff (Schleifböcke) müssen stets allseitig dicht an den Schleifkörper herangestellt werden.

3 Maßnahmen gegen mechanische Gefahren

Die charakteristischste mechanische Gefährdung bei der Benutzung von Schleifmaschinen entsteht durch den Bruch eines Schleifkörpers. Schleifmaschinen müssen daher grundsätzlich mit Schutzhauben ausgerüstet sein, die die Bruchstücke sicher auffangen und in für Personen ungefährliche Bereiche ableiten. Daneben dienen sie auch als Berührungsschutz.

Bei Trennschleifarbeiten besteht die Gefahr des Verkantens und – daraus resultierend – dass Bruchteile der Trennscheiben wegfliegen. Auch hier müssen Schutzeinrichtungen (z. B. Führungsschlitten) vorhanden sein und von den Mitarbeitern benutzt werden.

Die Schutzeinrichtungen hängen von der Art der Schleifmaschine und der Schleifwerkzeuge ab. Dazu gibt es spezielle Anforderungen an Schutzhauben bezüglich

- Wandstärken,
- Nachstellbarkeit,
- Öffnungen,
- Maschinensteuerung.

Wichtig: Ausnahmen

In Ausnahmefällen kann sowohl mit ortsfesten wie auch mit handgeführten Schleifmaschinen ohne Schutzhaube gearbeitet werden. Diese Ausnahmen werden u. a. in der BGI 543 «Schleifer» näher beschrieben.

Achtung: Unkontrolliertes Wegschleudern

Bei handgeführten Schleifmaschinen besteht auch die Gefahr des unkontrollierten Wegschleuderns der Maschine selbst. Daher ist das Ablegen nach dem Ausschalten mit noch nachlaufender Scheibe zu unterlassen. Zum Ablegen muss der Stillstand abgewartet werden oder es müssen geeignete Ablageeinrichtungen benutzt werden.

Praxis-Tipp: Sicherheitseinrichtungen

Insbesondere höherwertige Winkelschleifer haben mittlerweile eine Vielzahl zusätzlicher Funktionen und Einrichtungen, die die Sicherheit deutlich erhöhen, die aber nicht ausdrücklich gefordert werden. Dazu gehören Bremseinrichtungen, die ein Abbremsen der Schleifscheibe in weniger als 2 Sekunden bewirken, aber auch Einrichtungen zur Anlaufstrombegrenzung (Sanftlauf), zur Verhinderung des Wiederanlaufs nach einem Spannungsausfall oder zur Reduzierung der Rückschlaggefahr.

4 Maßnahmen gegen Brand- und Explosionsgefahren

Typisch für das Schleifen ist die Entstehung von Schleiffunken. Benachbarte Arbeitsbereiche sollten daher immer vor Funkenflug geschützt werden, z. B. durch Stellwände oder Vorhänge. Brennbare und explosionsfähige Stoffe müssen vor Arbeitsbeginn aus der Arbeitsumgebung beseitigt werden. Dies betrifft u. a. Staubablagerungen, Pappe, Packmaterial, Textilien, Holz und Holzspäne, aber auch → brennbare Flüssigkeiten und → Gase.

Die beim Schleifen und Polieren von Aluminium, Magnesium und deren Legierungen anfallenden Stäube sind brennbar und können im Gemisch mit Luft explosionsfähige Atmosphäre bilden. Die Bearbeitung dieser Werkstoffe macht daher die Anwendung besonderer Verfahren zur

Staubbeseitigung erforderlich. Dazu müssen die Maschinen mit entsprechenden Einrichtungen ausgerüstet sein. Mögliche Verfahren sind:

- Nassbearbeitung,
- Trockenbearbeitung mit Nassabscheidung des Schleifstaubs.

Bei der Trockenbearbeitung mit Nassabscheidung im Nassabscheider ist ein wechselseitiges Bearbeiten von Leichtmetallen und funkenreißenden Werkstoffen nicht zulässig ist, außer die Maschine ist mit getrennten Absaugsystemen ausgerüstet.

Die Brand- und Explosionsgefahren beim Schleifen von Magnesium sind noch wesentlich höher einzuschätzen als bei Aluminium. Das liegt u. a. daran, dass Magnesium insbesondere in Form von Staub ein sehr reaktionsfreudiges Metall ist, zur Selbstentzündung neigt, mit extrem hoher Temperatur verbrennt und mit Wasser, intensiver als Aluminium, unter Freisetzung von Wasserstoff reagiert.

Folgende Schutzmaßnahmen sind zu ergreifen:

- Verringerung von Brandlasten,
- Vermeidung von → *explosionsfähiger Atmosphäre*,
- Vermeidung von → *Zündquellen*,
- Maßnahmen zur Brandbekämpfung und
- Verhinderung der Brandausbreitung (geeignete Löschmittel).

Bei der Verwendung nicht wassermischbarer → *Kühlschmierstoffe*, z. B. Mineralöle, kann es zu Bränden oder Verpuffungen im Bearbeitungsbereich kommen, wenn sich dort zündfähige Ölnebel-Luft-Gemische bilden und diese, z. B. durch einen Funken oder eine heiße Oberfläche, gezündet werden. Begünstigt wird die Entstehung solcher Ölnebel durch hohe Bearbeitungsgeschwindigkeiten und hohe Kühlschmierstoffdrücke und -temperaturen.

Siehe dazu BGR 109 «Schleifen, Bürsten und Polieren von Aluminium – Vermeiden von Staubbränden und Staubexplosionen» sowie BGR 204 «Umgang mit Magnesium»

4.1 Schleifstaub

Beim Trockenschleifen entsteht Schleifstaub, der die Atemluft des Schleifers belastet. Meist wird der Staub zum überwiegenden Teil aus Werkstoffpartikeln des zu bearbeitenden Materials/Werkstücks bestehen. Ob von diesem Schleifstaub eine gesundheitsgefährdende Wirkung, z. B. auf Atemwege und Lunge, zu erwarten ist, hängt von der Zusammensetzung und Konzentration des Staubs in der Luft am Arbeitsplatz ab. Dies ist im Einzelfall zu ermitteln. Zur Beurteilung ist der allgemeine Staubgrenzwert heranzuziehen. Er setzt sich zusammen aus den Grenzwerten für:

- die alveolengängige Fraktion (A-Staub) und
- die einatembare Fraktion (E-Staub).

Grundsätzlich ist die Entstehung gesundheitsgefährdender → *Stäube* zu vermeiden, z. B. durch Anwendung von Nassverfahren. Lässt die Bearbeitungsaufgabe dies nicht zu, ist der Staub an der Entstehungsstelle abzusaugen. Sind die technischen Maßnahmen nicht ausreichend, muss der Schleifer geeigneten → *Atemschutz* benutzen.

Beim Trockenschleifen besteht stets die Gefahr von Augenverletzungen durch wegfliegende Werkstück- und Werkzeugteilchen. Daher muss geeigneter → *Augenschutz* getragen werden. Ausgenommen sind leichtere, kurzfristige Arbeiten, wenn die Schleifmaschinen mit geeigneten Schutzfenstern gegen Funken- und Teileflug ausgerüstet sind.

4.2 Einsatz von Kühlschmierstoffen

An ortsfesten Maschinen kommen häufig Nassschleifverfahren zur Anwendung. Dabei hat der Maschinenbediener Umgang mit → *Kühlschmierstoffen* (KSS). Bei unsachgemäßem Umgang mit dem

KSS können Gesundheitsschäden auftreten, insbesondere:

- Hauterkrankungen durch direkten Kontakt des Kühlschmierstoffs mit der Haut,
- Reizungen und Erkrankungen der Atemwege und der Lunge durch Einatmen der Kühlschmierstoffdämpfe und Aerosole,

- Erkrankungen innerer Organe durch Aufnahme der KSS oder einzelner Kühlschmierstoffbestandteile über die Atemwege, die Haut oder den Mund in den Körper.

Die spezielle Hautbelastung durch KSS resultiert u. a. aus dem Entzug des natürlichen Schutzfettes (entfettende Wirkung) und der Zerstörung des natürlichen Säureschutzmantels der Haut. Dadurch verliert die Haut ihren Schutz gegenüber chemischen und bakteriellen Einflüssen. Zur Verhinderung

von Hautkrankheiten ist daher direkter Hautkontakt zum KSS zu vermeiden. Dies muss zuerst durch technische Maßnahmen angestrebt werden, wie geschlossene Maschine, automatische Beschickung, Einsatz von Spritzschutz usw. Gewähren technische Maßnahmen keinen ausreichenden Schutz, sind → *PSA* zu benutzen, insbesondere geeignete → *Schutzhandschuhe*.

4.3 Lärm und Vibration

Die beim Schleifen auftretenden Geräuschemissionen erreichen häufig Werte, die das Gehör schädigen und zu Lärmschwerhörigkeit führen können. Erreichen oder überschreiten die ermittelten Werte die in der Lärm- und Vibrations-Arbeitsschutzverordnung festgelegten Grenzen, sind die darin vorgeschriebenen Schutzmaßnahmen durchzuführen. An ortsfesten Schleifmaschinen lassen sich technische Maßnahmen zur Lärmminderung wirkungsvoll durchführen, z. B. durch Kapselung der gesamten Maschine oder Teilkapselung einzelner Lärmquellen. Ansonsten ist geeigneter → *Gehörschutz* zu tragen (siehe auch BGI-760 «Geräuschminderung bei der spanabhebenden Metallbearbeitung Lärmgeminderte Schleifscheiben»).

Beim Schleifen und Trennschleifen mit Handmaschinen ist grundsätzlich davon auszugehen, dass der Lärmpegel gesundheitsgefährdende Werte erreicht. Die Benutzung von Gehörschutz ist daher Pflicht.

Das Schleifen mit in der Hand gehaltenen oder handgeführten Maschinen, ist ein typisches Arbeitsverfahren, bei dem mit Einwirkungen von → *Schwingungen* auf das Hand-Arm-System des Bedieners zu rechnen ist. Die gesundheitlichen Folgen einer längerzeitigen Einwirkung von Hand-Arm-Schwingungen können Durchblutungsstörungen, Nervenfunktionsstörungen, Muskelveränderungen sowie Knochen- und Gelenkschäden sein. Besonders bekannt ist die sog. «Weißfinger-Krankheit», verursacht durch Durchblutungsstörungen in den Fingern aufgrund langjähriger Vibrationsbelastungen im höheren Frequenzbereich. Das Risiko für das Auftreten dieser Erkrankungen erhöht sich bei Arbeiten in der Kälte.

Ähnlich wie bei der Exposition gegenüber Lärm sind zur Beurteilung der Vibrationsbelastungen die Tagesexpositionen zu ermitteln und die für Hand-Arm-Vibration in der Lärm- und Vibrations-Arbeitsschutzverordnung festgelegten Expositionsgrenzwerte und → *Auslösewerte* zu beachten.

Bei Erreichen oder Überschreiten dieser Werte müssen technische und organisatorische Maßnahmen gemäß den Anforderungen der Verordnung vom Arbeitgeber festgelegt und durchgeführt werden (u. a. Maßnahmen zur Senkung der Exposition, → *Unterweisung*, → *arbeitsmedizinische Vorsorgeuntersuchungen*). Zur Ermittlung der Schwingungsbelastung am Arbeitsplatz ist eine besondere Sachkunde erforderlich.

Katja Graf

Schutzeinrichtungen

Viele Risiken beim Betrieb von Maschinen lassen sich nur durch den Einsatz von Schutzeinrichtungen reduzieren. Dabei wird zwischen trennenden, nicht trennenden und abweisenden Schutzeinrichtungen unterschieden. Eine trennende Schutzeinrichtung ist ein Maschinenteil, das Schutz vor einem Gefahrenbereich mittels einer physischen Barriere bietet. Eine nicht trennende Schutzeinrichtung ist eine Einrichtung ohne trennende Funktion, die alleine oder in Verbindung mit einer trennenden Schutzeinrichtung das Risiko vermindert, einen Gefahrenbereich zu erreichen. Abweisende Schutzeinrichtungen ergeben keinen vollständigen Schutz, sondern reduzieren lediglich die Möglichkeit des Eingreifens in Gefahrbereiche durch Begrenzung des freien Zugangs.

Gesetze, Vorschriften und Rechtsprechung

Grundsätzliche Anforderungen an Schutzeinrichtungen für Maschinen enthält Anhang I Nr. 1.4 2006/42/EG (EG-Maschinen-Richtlinie). Daneben sind einige Schutzeinrichtungen (z. B. Einrichtungen zur Personendetektion), als «Sicherheitsbauteile» klassifiziert. Für diese sind vom jeweiligen Hersteller spezielle Zulassungskriterien nach Art. 12 2006/42/EG zu beachten. Die Beschaffenheit und Anwendung der verschiedenen Schutzeinrichtungen an kraftbetätigten Arbeitsmitteln wird in zahlreichen, europäisch harmonisierten Normen zur Maschinensicherheit genau geregelt (z. B. EN 574 «Zweihandschaltungen», EN 953 «Trennende Schutzeinrichtungen») (die aktuell gültige Normenliste für Maschinen kann unter folgendem Link abgerufen werden: http://eur-lex.europa.eu/de/index.htm).

Anhang I Betriebssicherheitsverordnung (BetrSichV) und die Technischen Regeln für Betriebssicherheit (TRBS) der Reihe 2111 «Mechanische Gefährdungen» (TRBS 2111, TRBS 2111-1, TRBS 2111-2, TRBS 2111-3) enthalten Anforderungen an die Notwendigkeit und Nutzung von Schutzeinrichtungen an Arbeitsmitteln.

Berufsgenossenschaftliche Informationen geben dem Praktiker einen guten Überblick über Art und Auswahl von Schutzeinrichtungen an Maschinen, z. B. BGI 575 «Auswahl und Anbringung von elektromechanischen Verriegelungseinrichtungen für Sicherheitsfunktionen», BGI 670 «Auswahl und Anbringung von Näherungsschaltern für Sicherheitsfunktionen» und BGI 703 «Schutzeinrichtungen».

Für die Bewertung von älteren kraftbetriebenen Arbeitsmitteln sind die noch gültigen berufsgenossenschaftlichen Sicherheitsregeln (ZH1/...) bei der Metallbearbeitung zu beachten:

- ZH 1/281 «Sicherheitsregeln für berührungslos wirkende Schutzeinrichtungen an kraftbetriebenen Pressen der Metallbearbeitung»
- ZH 1/457 «Sicherheitsregeln für Steuerungen an kraftbetriebenen Pressen der Metallbearbeitung»
- ZH1/508 «Sicherheitsregeln für bewegliche Abschirmungen an kraftbetriebenen Exzenter- und verwandet Pressen der Metallbearbeitung»
- ZH 1/597 «Sicherheitsregeln für berührungslos wirkende Schutzeinrichtungen an kraftbetriebenen Arbeitsmitteln».

1 Trennende Schutzeinrichtungen

1.1 Feststehende trennende Schutzeinrichtungen

Feststehende trennende Schutzeinrichtungen sind Verkleidungen und trennende Distanzschutzeinrichtungen, wie Umzäunungen, Umwehrungen und tunnelförmige Schutzeinrichtungen. Durch solche Schutzeinrichtungen werden v. a. mechanische Gefährdungen an kraftbetätigten → *Arbeitsmitteln* minimiert, indem eine direkte Erreichbarkeit von Gefahrenstellen für die unteren und oberen Extremitäten verhindert wird.

Zäune oder Umwehrungen müssen so ausgeführt sein, dass – in Abhängigkeit vom gewählten Abstand zwischen Gefahrenstelle und Schutzeinrichtung – ein Hindurchgreifen durch und ein Hinübergreifen über die Schutzeinrichtung nicht möglich sind.

Feststehende Schutzeinrichtungen sind entweder nicht lösbar (z. B. durch Schweißverbindungen oder Vernietung) oder dürfen sich nur mit einem Werkzeug entfernen lassen (Verschraubung). Nach 2006/42/EG müssen Befestigungsmittel von feststehenden Schutzeinrichtungen auch nach dem Lösen an der Schutzeinrichtung oder aber an der Maschine/Anlage verbleiben, damit sie nicht verloren gehen (s. dazu Tabellen 1 und 2 der DIN EN ISO 13857 «Sicherheitsabstände gegen das Erreichen von Gefahrenstellen mit den oberen und unteren Gliedmaßen»).

1.2 Bewegliche trennende Schutzeinrichtungen

Bewegliche trennende Schutzeinrichtungen sind i. d. R. mechanisch mit dem Maschinengestell oder angrenzenden festen Bauteilen verbunden und können ohne Verwendung von Werkzeugen geöffnet werden. Zu diesen Einrichtungen gehören kraftbetriebene Schutzeinrichtungen und selbsttätig schließende Schutzeinrichtungen, wie z. B. die bewegliche Schutzhaube einer Kreissäge, die selbsttätig in ihre geschlossene Stellung zurückkehrt, sobald das Werkstück das Werkzeug verlassen hat.

1.3 Einstellbare trennende Schutzeinrichtungen

Einstellbare trennende Schutzeinrichtungen haben mind. 2 Einstellpositionen, die bei bestimmten Betriebsphasen eingenommen werden können. Derartige Einrichtungen befinden sich z. B. höhenverstellbar an Bohrmaschinen und Sägen zur Abdeckung der Werkzeuge.

1.4 Verriegelte trennende Schutzeinrichtungen

Verriegelte trennende Schutzeinrichtungen haben zusätzlich eine Verriegelungseinrichtung (z. B. elektrischer Art). Bei geöffneter Schutzeinrichtung kann die Maschinenfunktion nicht ausgeführt werden. Ist die Schutzeinrichtung geschlossen und wird anschließend geöffnet, muss für die Maschinenfunktion ein Not-Halt-Befehl ausgelöst werden. Durch das Schließen der Schutzeinrichtung alleine dürfen keine weitere Maschinenfunktionen erfolgen, es ist dann stets eine bewusste Handlung des Bedieners erforderlich, in der er die Maschinenfunktion wieder in Gang setzt, z. B. durch Betätigten eines Resetknopfs.

1.5 Verriegelte trennende Schutzeinrichtungen mit Zuhaltung

Verriegelte trennende Schutzeinrichtungen mit Zuhaltung haben neben der Verriegelung noch eine Zuhaltung, die gewährleistet, dass Gefahrbereiche erst erreicht werden können, wenn gefährdende Maschinenfunktionen zum Stillstand gekommen sind. Läuft z. B. ein Antriebsritzel hinter einer trennenden Schutzeinrichtung nach Auslösung eines Not-Halt-Befehls oder eines normalen Haltebefehls noch eine Weile weiter (Nachlauf), kann die Schutzeinrichtung erst geöffnet werden, wenn der Nachlauf beendet ist.

2 Nicht trennende Schutzeinrichtungen

2.1 Verriegelungseinrichtungen

Verriegelungseinrichtungen sollen sicherstellen, dass beim Öffnen von Schutzeinrichtungen die Maschinenbewegungen stillgesetzt werden bzw. im geöffneten Zustand nicht anlaufen können. Häufig werden dafür Positionsschalter (elektromechanische) oder Näherungsschalter (elektronische) verwendet.

2.2 Zustimmungseinrichtungen

Zustimmungseinrichtungen sind zusätzliche, handbetätigte Steuereinrichtungen, die in Verbindung mit einer Starteinrichtung benutzt werden und nur bei ständiger Betätigung eine Maschinenfunktion zulassen (z. B. Totmannschalter an Handbediengeräten).

Handbediengeräte gestatten dem Bediener mehr Bewegungsfreiheit bei Einricht- oder Rüstarbeiten. Sie dürfen nur eingesetzt werden, wenn der Handbetrieb ausdrücklich über einen Betriebsartenwahlschalter angewählt werden kann und die gefahrbringenden Bewegungen der Maschine steuerungstechnisch so eingeschränkt werden (z. B. durch reduzierte Geschwindigkeiten), dass ein sicheres Arbeiten im Gefahrenbereich möglich ist.

2.3 Steuerung mit selbstständiger Rückstellung

Das sind Einrichtungen, bei denen das Stellteil durch ständiges Betätigen eine Maschinenfunktion aufrecht erhält. Nach Loslassen des Stellglieds geht dieses selbsttätig in die Ausgangsposition zurück und die Maschine wird stillgesetzt (z. B. an Handsteuerungen «Tippbetrieb»).

2.4 Zweihandschaltungen

→ *Zweihandschaltungen* sind ortsbindende Steuereinrichtungen mit selbsttätiger Rückstellung, die Maschinenbewegungen nur bei gleichzeitiger Betätigung von 2 Stellteilen ermöglichen.

Diese Art von Schutzeinrichtung ist z. B. im Bereich von → *Pressen* weit verbreitet. Diese Schutzeinrichtung muss stets in Abhängigkeit vom Nachlauf der Maschinen in einem ausreichenden Sicherheitsabstand von der Gefahrenstelle angeordnet sein.

2.5 Schutzeinrichtungen mit Annäherungsreaktion

Durch diese Schutzeinrichtungen werden → *Maschine* oder Maschinenfunktion stillgesetzt bzw. die Maschine in einen sicheren Betriebszustand versetzt, wenn eine Person oder ein Körperteil sich dem Gefahrenbereich nähert. Schutzeinrichtungen mit Annäherungsreaktion können mechanisch betätigt oder berührungslos wirksam werden.

Mechanisch betätigte Einrichtungen sind z. B. Schaltmatten und Schaltleisten. Dazu gehören auch sog. «Bumper», die z. B. fahrerlose → *Flurförderzeuge* in allen Bewegungsrichtungen absichern.

Dagegen benötigen berührungslos wirkende Schutzeinrichtungen (BWS) keinen körperlichen Kontakt mit der zu schützenden Person. Sie lösen einen Schaltvorgang aufgrund ihrer Eigenschaft als Laserscanner, Lichtpunkt oder Lichtvorhang berührungslos aus. Auch hier muss im Rahmen der Risikobeurteilung nach 2006/42/EG festgestellt werden, in welchem Sicherheitsabstand zum Gefahrenbereich die Personenerkennung («Detektion») erfolgen muss, damit die gefahrbringende Bewegung noch mit einer ausreichenden Zeitreserve zum Stillstand gebracht werden kann. Zur korrekten Beurteilung, wann und wie berührungslos wirkende Schutzeinrichtungen eingesetzt werden können, sind Kenntnisse über die Ansprechzeit der BWS, der gesamten Steuerung der betreffenden Maschine und der Nachlaufzeit notwendig.

In vielen Fällen muss eine Wiederanlaufsperre vorhanden sein, mit der die gefahrbringende Bewegungen erst nach Verlassen des Gefahrenbereichs wieder bewusst in Gang gesetzt werden dürfen.

Zur Berechnung des Sicherheitsabstands S siehe auch DIN EN ISO 13855 «Anordnung von Schutzeinrichtungen im Hinblick auf Annäherungsgeschwindigkeiten von Körperteilen».

2.6 Durch Formschluss wirkende Schutzeinrichtungen

Dies sind einfache mechanische Schutzeinrichtungen, die durch Formschluss gefährliche Bewegungen von Maschinenelementen verhindern, z. B. das Herabfallen von Teilen. Ein klassischer Vertreter dieser Schutzeinrichtung wäre eine Fangvorrichtung. Diese Einrichtung stellt ein mechanisches Hindernis (Keil, Spindel, Strebe, Anschlag, Bolzen etc.) dar, das selbsttätig und zuverlässig durch Formschluss wirkt.

2.7 Begrenzungseinrichtungen

Begrenzungseinrichtungen verhindern, dass eine Maschine oder eines ihrer Elemente eine vorgegebene Grenze überschreitet (z. B. durch Druckbegrenzung oder Wegbegrenzung).

2.8 Schrittschaltungen

Sie lassen nur eine begrenzte Wegstrecke bei Betätigung von Steuereinrichtungen zu. Jede weitere Bewegung ist so lange verhindert, bis das Stellteil komplett freigegeben und daraufhin erneut betätigt worden ist.

Detlef Burghammer

Schweißen und Schneiden

Schweißen und Schneiden sind schweißtechnische Arbeiten. Schweißen ist ein Verfahren zum Vereinigen metallischer Werkstoffe unter Anwendung von Wärme oder Kraft oder von beiden mit oder ohne Schweißzusatz. In der Praxis werden zunehmend Kombinationen mehrerer Schweißverfahren angewendet. Schneiden hingegen ist ein thermisches Trennen metallischer Werkstoffe.

Die benötigte Wärme zum Schweißen oder Schneiden wird v. a. durch Verbrennen von Gasen (z. B. Acetylen, Wasserstoff, Flüssiggas oder Erdgas) oder durch elektrischen Strom erzeugt. Die Verfahren Schweißen und Schneiden besitzen ein hohes Gefährdungspotenzial durch entstehende Rauche und Gase, Strahlung und elektrischen Strom.

Gesetze, Vorschriften und Rechtsprechung

Die folgenden Regelungen sind für das Thema Schweißen und Schneiden grundlegend:

- Gefahrstoffverordnung
- Betriebssicherheitsverordnung
- TRGS 528 «Schweißtechnische Arbeiten»
- TRGS 900 «Arbeitsplatzgrenzwerte»
- TRBS 1112 Teil 1 «Explosionsgefährdungen bei und durch Instandhaltungsarbeiten – Beurteilung und Schutzmaßnahmen»
- TRBS 1201 Teil 1« Prüfung von Anlagen in explosionsgefährdeten Bereichen und Überprüfung von Arbeitsplätzen in explosionsgefährdeten Bereichen»
- TRBS 2141 «Gefährdungen durch Dampf und Druck» (Teile 1, 2 und 3)
- TRBS 2152 «Gefährliche explosionsfähige Atmosphäre» (Teile 1, 2, 3 und 4)
- TRBS 2153 «Vermeidung von Zündgefahren infolge elektrostatischer Aufladungen»
- BGR 500 «Betreiben von Arbeitsmitteln», Kap. 2.26 «Schweißen, Schneiden und verwandte Verfahren»
- BGI 593 «Schadstoffe beim Schweißen und bei verwandten Verfahren»
- BGI 743 «Nitrose Gase beim Schweißen und verwandten Verfahren»
- BGI 746 «Umgang mit thoriumoxidhaltigen Wolframelektroden beim Wolfram-Inertgasschweißen (WIG)»
- DIN EN 14513 «Ortsbewegliche Gasflaschen»

1 Schweißverfahren

Verfahren zum Schweißen und Schneiden sind z. B.:

Gasschweißen und verwandte Verfahren:

- Flammlöten
- Flammspritzen
- Brennschneiden
- Flammstrahlen
- Flammrichten
- Flammwärmen
- Flammhärten

Lichtbogenschweißen:

- Lichtbogenhandschweißen
- Schutzgasschweißen (MAG, MIG, WIG)

Sonstige Verfahren:

- Widerstandsschweißen
- Plasmaschweißen, -schneiden und -spritzen
- Laserstrahlschweißen und -schneiden
- Thermisches Spritzen
- Gießschmelzschweißen

2 Gefahren

Gefährdungen beim Schweißen und Schneiden entstehen in Abhängigkeit vom angewendeten Verfahren, den eingesetzten Werkstoffen sowie den spezifischen Bedingungen am Arbeitsplatz. Es müssen Schweiß- und Schneideverfahren ausgewählt werden, bei denen die Gefährdung insgesamt am geringsten ist.

Nach § 5 Arbeitsschutzgesetz muss eine → *Gefährdungsbeurteilung* durchgeführt und Maßnahmen für Sicherheit und Gesundheit der Beschäftigten festgelegt und umgesetzt werden. Gefährdungen beim Schweißen und Schneiden sind v. a.:

- **Rauche** (partikelförmige Stoffe, v. a. Metalloxide und Chrom(VI)-Verbindungen) können eingeatmet werden und Gesundheitsschäden verursachen, Chrom(VI)-Verbindungen und Nickeloxid sind krebserregend.
- → *Gase*: entstehende nitrose Gase (Stickstoffmonoxide und -dioxide) bzw. Ozon sind giftig.
- **Strahlung:** Strahlen sichtbaren Lichts, Infrarot- und UV-Strahlen können das Sehen beeinträchtigen bzw. die Augen schädigen (z. B. Wärme- bzw. Feuerstar durch infrarote Strahlung); Röntgenstrahlen können Veränderungen im menschlichen Körper bis hin zu Krebs auslösen; Laserstrahlen können menschliches Gewebe zerstören.
- **Verbrennungen** durch UV-Licht, Flamme, glühende oder flüssige Metalle oder Schlaketeilchen sind möglich.
- → *Lärm* kann beim Zünden der Flamme oder beim Arbeiten mit großen Düsen entstehen und das Gehör schädigen (Lärmschwerhörigkeit).
- **Elektrischer Strom** kann – bei Durchströmung des Körpers – Herzrhythmusstörungen bis hin zum Tod verursachen.
- **Brand- und Explosionsgefahr** besteht v. a. durch Spritzer, Schlacke, glühende oder flüssige Metallteilchen, durch Acetylen, das explosionsartig zerfallen kann oder durch undichte Gasbehälter.

Für Arbeiten in → *engen Räumen* oder in Bereichen mit Brand- und Explosionsgefahr sind besondere Schutzmaßnahmen erforderlich.

Achtung: Besondere Gefahren in engen Räumen

Schweiß- oder Schneidarbeiten in engen Räumen bedeuten eine sehr hohe Gefährdung durch:

- Anreicherung mit Gasen, die gesundheitsschädlich, leicht entzündbar bzw. verbrennungsfördernd sind;
- Verarmung an Sauerstoff (Erstickungsgefahr);
- Verdrängung der Luft durch Schutz- oder Formiergase;
- erhöhte Gefährdung durch elektrischen Strom bei Kontakt mit elektrisch leitfähigen Teilen (Wand, Rohre, Böden);
- erhöhte Menge an Rauchen.

Druckgasbehälter bzw. spezielle Schweißstromquellen müssen außerhalb des Arbeitsraumes aufgestellt werden, isolierende Unterlage und schwer entflammbare Schutzanzüge sind Pflicht. Je nach Gefährdungspotenzial muss ein Sicherheitsposten außerhalb des engen Raumes abgestellt werden, eine umgebungsluftunabhängige Atemluftversorgung sowie das Tragen von Sicherheitsgeschirr können erforderlich sein.

3 Maßnahmen

Der Unternehmer hat vor Beginn der Schweißarbeiten sicherzustellen, ob es sich in dem jeweiligen Arbeitsbereich um einen Bereich mit besonderen Gefahren gemäß Abschn. 2 Nr. 5 Kap. 2.26 BGR 500 handelt. Schutzmaßnahmen müssen nach dem TOP-Prinzip ausgewählt und umgesetzt werden.

3.1 Technische Maßnahmen

- Auswahl schadstoffarmer Verfahren;
- Wahl günstiger Parameter bei verschiedenen Verfahren zum Schweißen und Schneiden;
- Absaugung im Entstehungsbereich (mobil oder in Kabinen) oder Raumlüftung;
- Sauerstoffversorgung;
- Arbeiten in geschlossenen Kabinen bzw. Kammern;
- Schutz der in der Nähe arbeitenden Beschäftigten durch Abschirmung;
- Werkstücke vor Schweißen oder Schneiden reinigen, da Beschichtungen bzw. Verunreinigungen erhöhte Konzentrationen an Rauchen verursachen.

3.2 Organisatorische Maßnahmen

- → *Betriebsanweisungen* erstellen und regelmäßige → *Unterweisungen* durchführen;
- Schweißarbeiten dürfen nur von Personen ausgeführt werden, die das 18. Lebensjahr vollendet haben. Ausgenommen sind Jugendliche, für die es erforderlich ist Schweißarbeiten im Rahmen ihrer Ausbildung durchzuführen. Der Schutz für die Jugendlichen muss durch einen Aufsichtsführenden gewährleistet sein, und die Luftgrenzwerte bei gesundheitsgefährdenden Stoffen dürfen nicht überschritten werden;
- Wirksamkeitsüberprüfung: mind. jährliche Überprüfung der technischen Schutzmaßnahmen auf Funktion und Wirksamkeit;
- Kontrollen der Sauerstoffkonzentration;
- Messungen, um Einhaltung der → *Arbeitsplatzgrenzwerte (AGW)* zu überwachen;
- Schweißerlaubnis (Beispiel s. Anhang 1 Kap. 2.26 BGR 500), falls die Brandgefahr nicht restlos beseitigt werden kann; Befahrerlaubnis für spezielle Arbeiten an Behältern oder Anlagen;
- Begrenzung der Anzahl der Beschäftigten im Arbeitsbereich.

3.3 Persönliche Maßnahmen

Der Arbeitgeber muss geeignete Arbeitskleidung zur Verfügung stellen. Sie sollte freiliegende Hautflächen bedecken, sowie die Eigenschaften des «Schwerentflammens» nach BGR 189 erfüllen. Zum Einsatz kommen in Abhängigkeit vom angewendeten Verfahren:

- Schweißerschutzanzug: beim Umgang mit Sauerstoff muss Schutzkleidung öl- und fettfrei sein (Brandgefahr),
- Lederschürze,
- → *Atemschutzgerät* (BGR/GUV-R 190),
- → *Gesichtsschutz*: Schutzbrille, Schweißerschutzhaube aus Leder,
- ggf. → *Gehörschutz*,
- Stulpenhandschuhe, ohne elektrisch leitfähige Teile,
- Schweißerschutzschuhe.

Bettina Huck

Schutzkleidung

Schutzkleidung ist eine Persönliche Schutzausrüstung, die den Rumpf, die Arme und die Beine vor schädigenden Einwirkungen bei der Arbeit schützt. Nicht zur Schutzkleidung gehören Arbeitskleidung (die anstelle, in Ergänzung oder zum Schutz der Privatkleidung bei der Arbeit getragen wird), Berufskleidung (berufsspezifische Arbeitskleidung, die als Standes- oder Dienstkleidung getragen wird) und Reinraumkleidung (schützt die Umgebung gegen Einflüsse, die vom Träger dieser Kleidung ausgehen können, z. B. Hautpartikeln, Textilfasern).

Gesetze, Vorschriften und Rechtsprechung

Ergibt die Gefährdungsbeurteilung, dass trotz technischer und organisatorischer Schutzmaßnahmen mit Gefährdungen der Hände/Arme durch Chemikalien zu rechnen ist, müssen den Mitarbeitern Chemikalienschutzhandschuhe zur Verfügung gestellt werden. Neben der PSA-Benutzungs-Richtlinie 89/656/EWG ist auch die PSA-Benutzungsverordnung zu berücksichtigen (Persönliche Schutzausrüstung). Weitere Vorgaben ergeben sich hauptsächlich aus der BGR 189 „Einsatz von Schutzkleidung". Anhang 5 BGR 189 enthält die für Schutzkleidung relevanten Normen.

1 Arten von Schutzkleidung

Schutzkleidungen schützen entweder nur Körperbereiche oder den gesamten Körper. Dabei kann es sich z. B. um eine Schürze, einen Kittel, einen zweiteiligen oder einen einteiligen Anzug handeln. Einteilige Anzüge gibt es mit oder ohne Stiefel, Handschuhe und Kopfhaube. Stiefel und Handschuhe können fest eingearbeitet oder abnehmbar sein. Die Kopfhaube kann offen sein; eine geschlossene Haube erfordert das Benutzen eines geeigneten Atemschutzgerätes. **Tab. 1** enthält Beispiele unterschiedlicher PSA Schutzkleidung.

Art	Beschreibung
Schutzanzüge gegen das Erfasstwerden von sich bewegenden Teilen	- Schutz vor Erfassen/Einziehen der Arbeitskleidung an bewegten Maschinenteilen. - Kleidung liegt eng an. - Im Bereich der Ärmel und Beinabschlüsse liegt diese Kleidung eng an bzw. ist verstellbar. Es gibt keine Außentaschen und die Knopfleiste ist verdeckt.
Schutzanzüge gegen Kontakt mit Flammen	- Schutz bei kurzzeitiger Gefährdung durch Flammeneinwirkung. - Kleidung ist schwerentflammbar. - Einsatz mind. für die Dauer einer Schicht.
Schutzkleidung gegen Wärmestrahlung bei leichter Beanspruchung	- Kleidung schützt mind. 8 s vor Strahlungswärme (Wärmestromdichte von 20 kW/cm²) und der Einwirkung einer Flamme. - Material darf nicht länger als 2 s weiterbrennen. - Die Kleidung ist nicht für die Feuerwehr und nicht für Schweißer geeignet.
Schutzkleidung gegen Wärmestrahlung bei schwerer Beanspruchung	- Kleidung schützt mind. 151 s vor Strahlungswärme (Wärmestromdichte von 20 kW/cm²) und der Einwirkung einer Flamme. - Tragedauer über Wärmeschutzanzug leichter Beanspruchung mind. 30 min. - Einsatz in Bereichen, in denen die Umgebungsluft noch atembar ist. - Asbestfasergewebe darf aufgrund der krebserzeugenden Wirkung nicht mehr eingesetzt werden.
Schutzanzüge gegen heißen Dampf	- Schutz vor Verbrühungen durch plötzlich auftretenden heißen Dampf. - Auf der Innenseite der Kleidung darf im Zeitraum von 3 Min. keine höhere Temperatur als 45 °C auftreten. - Kleidung muss schnell ausgezogen werden können. Sie wird an der Seite geschlossen.
Vollschutzanzüge	- Einsatz in Bereichen mit intensiver Flammeneinwirkung. - Besondere Rückenteile ermöglichen das geschützte Tragen von Atemschutzgeräten.
Schweißerschutzanzüge	- Kleidung schützt vor Einwirkung vor Metallspritzern, kurzzeitigem Kontakt mit Flammen und UV-Strahlung. - Durch Zwangshaltung beim Schweißen können im Schutzanzug Falten entstehen, in denen sich herabfallende Schweißperlen festsetzen. Um dies zu verhindern, haben sich in der Praxis Faltenabdeckung, Schutzärmel, Gamaschen, Schutzschürzen aus Leder oder anderem schwer entflammbaren Material bewährt.

Chemikalienschutzanzüge (allgemein)	- Kleidung schützt vor Chemikalien. - Angaben des Herstellers beachten, gegen welche Chemikalien die Kleidung schützt! Einteilung in: - Typ 1A: Vollschutzanzug mit innenliegender Atemluftversorgung - Typ 1B: Vollschutzanzug mit integrierter Vollmaske und Atemluftversorgung von außen - Typ 1C: Anzug mit Druckluftschlauchversorgung - Typ 2: nicht gasdicht Die Typen 1A, 1B und 1C sind als Chemikalienschutzanzüge für schwere Beanspruchung, Typ 2 für leichte Beanspruchung geeignet.
Chemikalienschutzanzüge für leichte Beanspruchung	- Schutzwirkung für die Dauer einer Schicht. - Fremdbelüftung des Schutzanzuges ist nicht erforderlich. - Das Material des Chemikalienschutzanzuges ist begrenzt beständig gegen das Durchdringen von Chemikalien.
Chemikalienschutzanzüge für schwere Beanspruchung	- Schutz gegenüber direktem Kontakt mit Chemikalien (Flüssigkeiten, Gase oder Dämpfe), die bei Hautkontakt eine Verätzung verursachen würden bzw. die durch die Haut aufgenommen würden. - Die flüssigkeits- bzw. gasdichte Eigenschaft erlaubt für den Träger keinen Wärmeaustausch. Das Tragen erhöht mit zunehmender Tragedauer die Körperkerntemperatur.
Schutzanzüge für das Ausbringen von Pflanzenschutzmitteln	- Schutz vor Aufnahme von Pflanzenschutzmitteln über die Haut. - Sonderform des Chemikalienschutzanzugs für leichte Beanspruchung mit Kapuze. - Die permeations- und penetrationsfeste Ausführung bedingt, dass die PSA nur eine begrenzte Zeit getragen werden darf. Aussagen über die Tragezeitdauer macht der Hersteller.
Strahlerschutzanzüge	- Schutz vor mechanischer Gefährdung durch körnige Strahlmittel. - An den Arm- und Beinöffnungen müssen Manschetten den Staubeintritt verhindern. - Einsatz nur in Verbindung mit Atemschutz. Weitere Anforderungen: - keine Außentaschen zulässig, - leicht zu reinigen, - lassen sich eigenständig an- und ablegen, - auch bei geringer Luftzufuhr verhindert ein ausreichender Überdruck einen hohen Schadstoffeintritt, - bei allen Arbeitshaltungen ist ein Luftaustritt aus dem Anzuginneren möglich, - die Temperatur im Anzuginneren soll max. 20 °C betragen.
Schutzkleidung für Arbeiten an unter Spannung stehender Teile	- Schutz gegen elektrische Körperdurchströmung. Sie ist begrenzt auf Anlagen bis 500 V Wechselspannung bzw. 750 V Gleichspannung. - Diese PSA ist eine isolierende Schutzkleidung.
Antistatische Schutzkleidung	- Statische Aufladungen werden im Allgemeinen dadurch verhindert, dass ableitfähiges Schuhwerk (z. B. Sicherheitsschuhe) getragen wird.

	• Wenn in explosionsgefährdeten Bereichen zündauslösende Entladungen ausgeschlossen werden sollen, kann Schutzkleidung erforderlich sein. • Antistatische Schutzanzüge weisen keinen Schutz gegen Brand- oder Explosionsauswirkungen auf!
Kontaminationsschutzanzüge (Kontamination mit radioaktivem Material)	• Schutz vor Kontamination mit radioaktiven Stoffen (Stäube, Flüssigkeiten oder Gase). • **Kein Schutz vor radioaktiver Strahlung!** • Liegen die Stoffe in atembarer Form vor, muss Atemschutz getragen werden.
Schutzanzüge für den begrenzten Mehrfacheinsatz (Einwegkleidung)	• Schutz vor Schmutz oder Gefahrstoffen. • Keine Reinigung nach Gebrauch, sondern Entsorgung. Daher auch als "Einwegkleidung" bezeichnet. • Material i. d. R. Vlies oder Folie.
Schutzkleidung im medizinischem Bereich	• Schutz vor Mikroorganismen bzw. dem ungewolltem Verschleppen von Mikroorganismen.
Wetterschutzkleidung	• Schutz vor Einwirkungen durch Nässe, Wind und Umgebungskälte bis −5 °C. • Moderne Wetterschutzkleidung ist aus Materialien gefertigt, die einen geringen Wasserdampfdurchgangswiderstand Ret besitzen. Wasser wird von außen abgehalten, hingegen kann Wasserdampf nach außen gelangen. • Wetterschutzkleidung wird in 3 Klassen eingeteilt: • Klasse 1: $40 <$ Ret Klasse 2: $20 <$ Ret ≤ 40 Klasse 3: Ret ≤ 2 • BGR 189 enthält Tragezeitbegrenzungen bezogen auf die Klassen.

Kälteschutzkleidung	• Schutz vor Umgebungstemperaturen unterhalb −5 °C.
	• Entscheidende Rahmeninformationen sind:
	  − Lufttemperatur,
	  − mittlere Strahlungstemperatur,
	  − Luftgeschwindigkeit,
	  − relative Feuchte,
	  − Angaben über die Tätigkeit der Beschäftigten (Arbeitsschwere).

Warnkleidung	• Schutz des Benutzers bei Arbeiten im Verkehrsraum. Er wird für andere Verkehrsteilnehmer aus ausreichender Entfernung frühzeitig erkennbar. • Tagsüber ist die Warnkleidung durch eine fluoreszierende Warnfarbe und bei Dunkelheit durch Reflexstreifen gut erkennbar. • Warnkleidung ist in 3 Klassen eingeteilt. Die Klasse 1 hat die geringsten und die Klasse 3 die höchsten Flächenanteile, bezogen auf Hintergrundmaterial und reflektierendes Material. • Einteilung der Klassen: − Klasse 1: nur für privaten Einsatz Klasse 2: für den beruflichen und privaten Gebrauch Klasse 3: für gewerbliche Abschlepp-, Bergungsarbeiten, Pannenhilfen, Instandsetzungsarbeiten im Straßenverkehr sowie Einsatz im Rettungsdienst.

Schutzschürzen	- Schutz der Körpervorderseite. Hauptsächlich werden Schutzschürzen gegen folgende Einwirkungen hergestellt: - mechanische Einwirkung, - Schweißarbeiten (Funken/Strahlung), - Spritzer feuerflüssigen Materials, - Chemikalien, - Nässe, - Verschmutzung.
Röntgenschutzmantel	- Schutz vor Röntgenstrahlung. - In die Kleidung ist Blei als Abschirmung eingearbeitet, um die Einwirkung der Röntgenstrahlung zu reduzieren.
Schutzkleidung für den Umgang mit Kettensägen	- Schutz vor Schnittverletzung durch handgeführte Kettensägen. - Die Schutzwirkung wird dadurch erreicht, dass die Kette das Schutzkleidungsmaterial nicht schneidet oder dass Fasern in den Antrieb gezogen werden und dadurch die Kettenbewegung blockiert wird.
Unterkleidung	- Für einige Anwendungsbereiche ist es zwingend erforderlich, dass eine spezielle Unterkleidung getragen wird, damit die Schutzwirkung nicht negativ beeinflusst wird (z. B. in chemie-, flammen- und explosionsgefährdeten Bereichen). - In Kältebereichen spielt entsprechende Unterkleidung eine besondere Rolle.

Tab. 1: Arten von Schutzkleidung (in Anlehnung an BGR 189)

Schutzkleidung wird aus folgenden Materialien hergestellt:
- Faserstoffe,
- Naturfasern (z. B. Baumwolle),
- Chemiefasern (z. B. Viskose),
- antistatische Fasern,
- Spezialfasern (z. B. Glasfasern),
- Sondermaterialien (z. B. Gummi, Kunststoff, Leder, Metallfäden).

2 Gefährdungsbeurteilung und Auswahl

Das Arbeitsschutzgesetz und die PSA-Benutzungsverordnung schreiben eine Gefährdungsbeurteilung vor (vgl. auch "Persönliche Schutzausrüstung". Ergibt sich aus der Gefährdungsbeurteilung, dass trotz technischer und organisatorischer Maßnahmen Gefährdungen für den Körper vorliegen, ist der Einsatz von Schutzkleidung erforderlich. Die Anhänge 2 bis 4 BGR 189 zeigen mögliche Risken, die den Einsatz von Schutzkleidung erforderlich machen bzw. aufgrund des Einsatzes bestehen können.

Das Gebotszeichen M010 "Schutzkleidung benutzen" aus **Abb. 1** weist entweder in Form von Schildern, Aufklebern oder als Bestandteil von Betriebsanweisungen auf die Tragepflicht hin.

Abb. 1: Gebotszeichen Schutzkleidung benutzen

3 Kennzeichnung

Schutzkleidung muss neben der CE-Kennzeichnung mind. mit folgenden Angaben deutlich erkennbar und dauerhaft gekennzeichnet sein:

- Name oder Kennzeichnung des Herstellers oder Lieferers,
- Typenangabe oder Modellnummer,
- Größenangabe.

Die Kennzeichnung muss folgende Informationen beinhalten:

- Name, Handelsname oder andere Formen zur Identifikation des Herstellers bzw. seines autorisierten Vertreters im Land eines CEN-Mitgliedes,
- Typbezeichnung, Handelsnamen oder Codes,
- Größenbezeichnung,
- Nummer der speziellen EN-Norm,
- Piktogramm und wo zutreffend, Angabe der Leistungsstufe, die den einzelnen Normen zu entnehmen ist.

Eine Textil- und Pflegekennzeichnung ist ebenfalls erforderlich.

4 Einsatz

Schutzkleidung ist bestimmungsgemäß unter Beachtung der Herstellerinformation zu benutzen. Sie darf keinen Einflüssen ausgesetzt werden, die ihren sicheren Zustand beeinträchtigen kann. Schutzkleidung ist vor jeder Benutzung auf Beschädigungen (Risse, Löcher, defekte Schließelemente) zu prüfen. Ist die Schutzwirkung beeinträchtigt, und lässt sich die Schutzkleidung nicht wieder instand setzen, muss sie ersetzt werden.

Die **Tragedauer** von Schutzkleidung kann neben Verschmutzung oder Kontamination auch aufgrund der Materialeigenschaften begrenzt sein:

- Schutzkleidung für den begrenzten Mehrfacheinsatz,
- Verschleiß,
- Wirksamkeitsverlust (z. B. Alterung, Waschzyklen).

Die Unterweisung der Beschäftigten (vor Arbeitsaufnahme, mind. jährlich) muss folgende Inhalte haben:

- die besonderen Anforderungen der einzelnen Schutzkleidung,
- Angaben über die bestimmungsgemäße Benutzung,
- Angaben über die ordnungsgemäße Aufbewahrung,
- Sichtprüfung vor Benutzung,
- Informationen und Beispiele, wie Schäden erkannt werden.

> **Achtung: Schutzkleidung geschlossen tragen**
> Die Schutzwirkung der Schutzleidung kann in den meisten Fällen nur gewährleistet werden, wenn die Schutzkleidung geschlossen getragen wird. Ärmel dürfen nur nach innen umgeschlagen werden.

Dirk Haffke, Hemmingen

Selbstentzündliche Stoffe

Selbstentzündliche Stoffe sind Stoffe, die sich ohne äußere Flammeneinwirkung bzw. Wärmezufuhr erhitzen und schließlich selbst entzünden. Die Gefahr der Selbstentzündung entsteht unter bestimmten Umgebungsbedingungen durch eine

- physikalische (Anlagerung von Sauerstoff an der Oberfläche, z. B. von Metallpulver),
- chemische (stoffliche Veränderung bzw. Bildung neuer Stoffe),
- biologische (Einwirken von Bakterien oder Pilzen z. B. Gärung)

Reaktion mit Luft und/oder Wasser, die innerhalb von Sekunden erfolgen kann oder erst nach einigen Monaten.

Pyrophore Flüssigkeiten oder Feststoffe entzünden sich schon in kleinen Mengen innerhalb von 5 Minuten selbst. Als selbsterhitzungsfähig bezeichnet man Stoffe bzw. Gemische, die sich nur in großen Mengen und nach längerer Zeit (Stunden oder Tage) entzünden.

Gesetze, Vorschriften und Rechtsprechung

Es gelten folgende Regelungen:

- Gefahrstoffverordnung
- Betriebssicherheitsverordnung
- TRGS 800 «Brandschutzmaßnahmen»
- TRBS 2210 „Gefährdungen durch Wechselwirkungen
- BGR 104 «Explosionsschutz-Regeln»

1 Gefahren

1.1 Reaktion mit Luft bzw. Sauerstoff

Stoffe, die sich unter bestimmten Bedingungen unter Einwirkung von Luft selbst entzünden sind z. B.:

- weißer Phosphor
- Aerosole von Metallpulver z. B. Eisen, Aluminium
- Magnesiumstäube bzw. -späne
- Lithium
- Kohle in Kohlehalden, Kohlelagern
- Rückstände von flüssigen Beschichtungsstoffen z. B. Naturharze
- fett- oder ölgetränkte Lappen oder Putzwolle

> **Achtung: Gefahren beim Umgang mit reinem Sauerstoff**
> Bei Anwesenheit von reinem Sauerstoff – besonders auch in flüssigem Zustand – entzünden sich viele Stoffe besonders leicht. Dies gilt v. a. für Kohlenwasserstoffe. Armaturen von Sauerstoffflaschen müssen deshalb frei von Ölen und Fetten sein, um Selbstentzündung zu verhindern.

1.2 Reaktion mit Wasser

Unter Einwirkung von Wasser (Luftfeuchtigkeit kann ausreichen) sind folgende Stoffe unter bestimmten Bedingungen selbstentzündlich:

- Natrium bzw. Kalium (Lagerung unter Paraffinöl)
- organische Stoffe wie Papier, Heu, Kompost, Abfälle auf Deponien

Hinweis

- Brandgefahr in Lagern für Recyclingstoffe
- In Zwischenlagern für Recyclingstoffe kommt es häufig zu Bränden. Ein Viertel der Brände wird laut Bundesanstalt für Materialforschung und -prüfung (BAM) durch Selbstentzündung ausgelöst. Durch geeignete Form (Haldengeometrie) und Dauer der Lagerung kann Selbstentzündung vermieden werden.

2 Maßnahmen

Von besonderer Bedeutung sind Maßnahmen zum → *Brand-* und → *Explosionsschutz*, v. a.:

- Zutritt von Luft bzw. Sauerstoff oder Wasser verhindern
- Überwachung der Temperatur
- gute Be- und Entlüftung bei Lagerung, damit ggf. entstehende Wärme abgeleitet werden kann
- ggf. Kühlung
- ölgetränkte Putzlappen nicht zusammen mit anderen Abfällen lagern oder entsorgen, Entsorgung in Metallgefäßen.

Bettina Huck

Sensibilisierende Stoffe

Sensibilisierende Stoffe sind Stoffe, die bei der Aufnahme über die Haut oder die Atemwege eine spezifische Überempfindlichkeit hervorrufen können. Diese Überempfindlichkeit ist abhängig von der Intensität des Kontaktes mit der Haut oder den Atemwegen. Nachdem eine Sensibilisierung gegenüber einem bestimmten Stoff festgestellt wurde, reichen oft schon kleine Mengen aus, um eine Reaktion hervorzurufen. Um festzustellen, gegen welche/n Stoff/e eine Sensibilisierung besteht, ist der zuständige Facharzt bzw. Betriebsarzt hinzuzuziehen.

Gesetze, Vorschriften und Rechtsprechung

Neben der Gefahrstoffverordnung sind insbesondere die folgenden Technischen Regeln für Gefahrstoffe grundlegend

- TRGS 401 «Gefährdung durch Hautkontakt – Ermittlung, Beurteilung, Maßnahmen»
- TRGS 402 «Ermitteln und Beurteilen der Gefährdungen bei Tätigkeiten mit Gefahrstoffen: Inhalative Exposition»
- TRGS 907 «Verzeichnis sensibilisierender Stoffe»

1 Grundlagen

Im Rahmen der → *Gefährdungsbeurteilung* nach § 5 Arbeitsschutzgesetz hat der Unternehmer die Pflicht, im Hinblick auf die eingesetzten Stoffe Art, Ausmaß und Dauer der Exposition der Mitarbeiter zu ermitteln und zu beurteilen. Stellt sich im Rahmen der Gefährdungsbeurteilung heraus, dass die eingesetzten Stoffe eine sensibilisierende Wirkung haben, müssen die Mitarbeiter darüber informiert werden.

Der Arbeitgeber muss nach § 16 Abs. 2 Gefahrstoffverordnung (GefStoffV) prüfen, ob für den verwendeten Stoff ein → *Ersatzstoff* verfügbar ist, welcher weniger gesundheitsgefährlich ist.

2 Schutzmaßnahmen

Nach § 7 Abs. 4 GefStoffV ist die Gefährdung von Sicherheit und Gesundheit der Beschäftigten durch die eingesetzten Stoffe zu minimieren. Bei Stoffen, die sensibilisierend über die Atemwege wirken, ist dies besonders wichtig. Kontakt mit der Haut ist möglichst zu vermeiden. Entsprechende Schutzkleidung, → *Handschuhe* und → *Arbeitsmittel* sind vom Arbeitgeber bereitzustellen.

Sensibilisierende Stoffe müssen in wiederverschließbaren Behältern aufbewahrt werden.

3 Kennzeichnung

Sensibilisierend nach Kat.1 R43 (neu: H317)   *Atemwegssensibilisierend Kat.1 R42 (neu: H334)*

Bettina Huck

Sicherheits- und Gesundheitsschutzkennzeichnung

Sicherheits- und Gesundheitsschutzkennzeichnungen müssen eingesetzt werden, wenn Risiken für Sicherheit und Gesundheit der Beschäftigten nicht anders zu vermeiden sind oder nicht ausreichend verringert werden können. Im Rahmen der Gefährdungsbeurteilung muss ermittelt werden, ob und welche Zeichen notwendig sind. Die Kennzeichnung bezieht sich auf einen bestimmten Gegenstand, eine bestimmte Tätigkeit oder eine bestimmte Situation.

Gesetze, Vorschriften und Rechtsprechung

Zu beachten sind v. a.:

- Arbeitsstättenverordnung
- ASR A1.3 «Sicherheits- und Gesundheitsschutzkennzeichnung»
- ASR V3a.2 «Barrierefreie Gestaltung von Arbeitsplätzen», v. a. Anhang A1.3
- DIN EN ISO 7010 «Graphische Symbole – Sicherheitsfarben und Sicherheitszeichen»
- DIN ISO 23601 «Sicherheitskennzeichnung – Flucht- und Rettungspläne»

1 Arten

1.1 Sicherheitszeichen

Sicherheitszeichen sind Zeichen mit Sicherheitsaussage und können sein:

- Verbotszeichen,
- Gebotszeichen,
- Warnzeichen,
- Rettungszeichen,
- Brandschutzzeichen.

Geometrische Form	Bedeutung	Sicherheitsfarbe	Kontrastfarbe zur Sicherheitsfarbe	Farbe des graphischen Symbols	Anwendungsbeispiele
Kreis mit Diagonalbalken	Verbot	Rot	Weiß[a]	Schwarz	Rauchen verboten Kein Trinkwasser Berühren verboten
Kreis	Gebot	Blau	Weiß[a]	Weiß[a]	Augenschutz benutzen Schutzkleidung benutzen Hände waschen
gleichseitiges Dreieck	Warnung	Gelb	Schwarz	Schwarz	Warnung vor heißer Oberfläche Warnung vor Biogefährdung Warnung vor elektrischer Spannung
Quadrat	Gefahrlosigkeit	Grün	Weiß[a]	Weiß[a]	Erste Hilfe Notausgang Sammelstelle
Quadrat	Brandschutz	Rot	Weiß[a]	Weiß [a]	Brandmeldetelefon Mittel und Geräte zur Brandbekämpfung Feuerlöscher

Tab. 1: Kombination von geometrischer Form und Sicherheitsfarbe und ihre Bedeutung für Sicherheitszeichen (s. Tab. 1 ASR A1.3)

Wichtig: Alte Sicherheitszeichen in bestehenden Arbeitsstätten

Folgende Zeichen wurden in der Neufassung der ASR A1.3 erheblich verändert:

- Feuerlöscher (F001)
- Löschschlauch (F002)
- Feuerleiter (F003)

Sicherheits- und Gesundheitsschutzkennzeichnung

- Mittel und Geräte zur Brandbekämpfung (F003)
- Brandmelder (F004)
- Brandtelefon (F005)
- Arzt (E009)
- Warnung vor Gasflaschen (W029)

Allerdings besteht keine generelle Pflicht, die alten Sicherheitszeichen durch neue Zeichen zu ersetzen. Laut ASR A1.3 kann die alte Kennzeichnung beim Betreiben von bestehenden Arbeitsstätten weiterhin angewendet werden, wenn im Rahmen der → *Gefährdungsbeurteilung* ermittelt wurde, dass die verwendeten Sicherheitszeichen in der Fassung von 2007 ausreichenden Schutz für Sicherheit und Gesundheit der Beschäftigten gewährleisten.

Sicherheitszeichen müssen deutlich erkennbar und dauerhaft angebracht sein, d. h. (Abschn. 5.1 Abs. 6-9 ASR A1.3):

- in geeigneter Höhe (fest oder beweglich);
- bei ausreichender Beleuchtung;
- ggf. aus lang nachleuchtenden Materialien (vgl. ASR A3.4/3);
- Verbots-, Warn- und Gebotszeichen am Zugang zum Gefahrenbereich;
- Rettungs- bzw. Brandschutzzeichen in lang gestreckten Räumen (z. B. Fluren) in Laufrichtung jederzeit erkennbar: Dies wird z. B. durch Winkelschilder gewährleistet;
- aus Werkstoffen, die gegen Umgebungseinflüsse widerstandsfähig sind, d. h. folgende Faktoren müssen berücksichtigt werden: mechanische oder chemische Einflüsse, feuchte Umgebung, Lichtbeständigkeit, Versprödung von Kunststoffen, Feuerbeständigkeit;
- Erkennungsweite und Größe der Zeichen aufeinander abgestimmt (vgl. Tab. 3 ASR A1.3).

1.2 Zusatzzeichen

Zusatzzeichen können Sicherheitszeichen ergänzen. Werden sie zusammen verwendet, spricht man von Kombinationszeichen, z. B. Brandschutzzeichen mit Richtungspfeil:

Abb. 1: Richtungspfeile für Brandschutzzeichen

1.3 Weitere Kennzeichnungsarten

Folgende weitere Kennzeichnungsarten werden eingesetzt:

- Sicherheitsmarkierungen für Hindernisse und Gefahrstellen,
- Markierungen für Fahrwege,
- Leuchtzeichen,
- Schallzeichen,
- verbale Kommunikation,
- Handzeichen.

1.3.1 Sicherheitsmarkierungen für Hindernisse und Gefahrstellen

Für Sicherheitsmarkierungen gilt (Abschn. 5.2 ASR A1.3):

- müssen dauerhaft ausgeführt sein;
- die Streifen müssen in einem Neigungswinkel von etwa 45° angeordnet sein und ein Breitenverhältnis von 1:1 haben;
- an Scher- und Quetschkanten mit Relativbewegung zueinander müssen Streifen gegensinnig geneigt zueinander angebracht sein;
- die Kennzeichnung soll den Ausmaßen der Hindernisse oder Gefahrstellen entsprechen.

Abb. 2: Sicherheitsmarkierungen

Farbe	Anwendung	Beispiele
gelbschwarz	vorzugsweise für ständige Hindernisse und Gefahrstellen, ggf. lang nachleuchtend	Stellen, an denen besondere Gefahren des Anstoßens, Quetschens, Stürzens bestehen
rotweiß	vorzugsweise für zeitlich begrenzte Hindernisse und Gefahrstellen zu verwenden	Baugruben

Tab. 2: Einsatz gelbschwarzer bzw. rotweißer Sicherheitsmarkierungen (vgl. Abschn. 5.2 ASR A1.3)

1.3.2 Markierungen von Fahrwegen

Fahrwegsbegrenzungen müssen wie folgt ausgeführt sein (Abschn. 5.3 ASR A1.3):

- farbig: vorzugsweise weiß oder gelb (ausreichenden Kontrast zur Farbe der Bodenfläche beachten);
- durchgehend;
- falls auf dem Boden, dann z. B. mind. 5 cm breite Streifen oder Nagelreihe aus mind. 3 Nägeln pro Meter.

Lang nachleuchtende Produkte für die Markierung gewährleisten, dass sich die Beschäftigten bei Ausfall der Allgemeinbeleuchtung besser orientieren können.

1.3.3 Leuchtzeichen

Anforderungen an Leuchtzeichen sind (Abschn. 5.4 ASR A1.3):

- Helligkeit unterscheidet sich deutlich von der Helligkeit der umgebenden Fläche;
- blendfrei;
- nur in Betrieb, um Gefahr zu kennzeichnen oder für Hinweise;
- blinkend betrieben, nur wenn eine unmittelbare Gefahr droht (Warnung). Hinweisende Leuchtzeichen müssen dagegen kontinuierlich betrieben werden.

1.3.4 Schallzeichen

Schallzeichen (z. B. Notsignal) müssen sein (Abschn. 5.5 ASR A1.3):

- deutlich wahrnehmbar;
- ihre Bedeutung betrieblich festgelegt;
- eindeutig.

Sicherheits- und Gesundheitsschutzkennzeichnung

Sie müssen so lange wie erforderlich eingesetzt werden.

1.3.5 Verbale Kommunikation

Verbale Kommunikation am Arbeitsplatz muss sein (Abschn. 5.6 ASR A1.3):

- kurz;
- eindeutig;
- verständlich formuliert.

Ob der Einsatz von z. B. Lautsprecher oder Megaphon erforderlich ist, muss im Rahmen der → *Gefährdungsbeurteilung* festgelegt werden.

1.3.6 Handzeichen

Handzeichen müssen sein (Abschn. 5.7 und Anhang 2 ASR A1.3):

- eindeutig eingesetzt;
- leicht durchführbar;
- erkennbar;
- sich deutlich von anderen Handzeichen unterscheiden;
- symmetrisch gegeben werden, wenn sie mit beiden Armen gleichzeitig erfolgen.

Einweiser müssen geeignete Erkennungszeichen tragen, z. B. Westen, Kellen, Manschetten, Armbinden, Schutzhelme, vorzugsweise in gelber Farbe (ggf. lang nachleuchtend, retroreflektierend).

Anlass	Beispiel	Art der Kennzeichnung
Für ständige Verbote, Gebote, Warnungen und sonstige sicherheitsrelevante Hinweise	Standorte von Feuerlöschern	Schilder, Aufkleber oder aufgemalte Kennzeichnung (dauerhaft ausgeführt)
Für Hinweise auf zeitlich begrenzte Risiken oder Gefahren sowie Notrufe zur Ausführung bestimmter Handlungen	Brandalarm	Übermittlung durch Leucht-, Schallzeichen oder verbale Kommunikation
Für zeitlich begrenzte risikoreiche Tätigkeiten	Anschlagen von Lasten im Kranbetrieb, Rückwärtsfahren von Fahrzeugen mit Personengefährdung	Anweisungen mittels Handzeichen nach Anhang 2 ASR 1.3 oder verbale Kommunikation

Tab. 3: Übersicht über Anlass und Art der Kennzeichnung mit Beispielen

2 Allgemeine Anforderungen

Um Sicherheit und Gesundheit der Beschäftigten zu gewährleisten, gelten folgende Anforderungen an die Sicherheits- und Gesundheitsschutzkennzeichnung (vgl. Abschn. 4 und 5 ASR A1.3):

- sie sollte bereits bei der Planung von → *Arbeitsstätten* berücksichtigt werden;
- sie muss deutlich erkennbar sein;
- sie darf nur für Hinweise zu Sicherheit und Gesundheitsschutz verwendet werden;
- die Art der Kennzeichnung muss entsprechend der → *Gefährdungsbeurteilung* ausgewählt werden;
- verschiedene Kennzeichnungsarten dürfen gemeinsam verwendet werden, wenn eine Kennzeichnungsart allein nicht ausreicht;

- die Wirksamkeit einer Kennzeichnung darf nicht durch eine andere Kennzeichnung oder sonstige betriebliche Gegebenheiten beeinträchtigt werden, z. B. Schallzeichen darf bei starkem Umgebungslärm nicht verwendet werden;
- Kennzeichnungen, die eine Energiequelle benötigen (z. B. Warnleuchte, Hupe), müssen bei Stromausfall grundsätzlich eine «selbsttätig einsetzende Notversorgung» haben;
- bei eingeschränktem Hör- oder Sehvermögen, z. B. durch Tragen von → *Persönlicher Schutzausrüstung*, muss eine geeignete ergänzende oder alternative Kennzeichnungsart eingesetzt werden;
- Brandschutzzeichen müssen sowohl zur Kennzeichnung von Material und Ausrüstung zur Brandbekämpfung als auch von deren Standorten verwendet werden.

Barrierefreie Kennzeichnung

Werden im Unternehmen Menschen mit Behinderung beschäftigt, kann dies Auswirkungen auf die Sicherheits- und Gesundheitsschutzkennzeichnung haben:

Art der Behinderung	taktil	akustisch	visuell
Blinde oder sehbehinderte Personen	Braille'sche Blindenschrift oder Profilschrift, erhabene Markierungsstreifen, in ausreichendem Abstand von Hindernissen und Gefahrenstellen	funkgestütztes Informations- oder Leitsystem	ggf. Zeichen vergrößern
Gehörlose oder hörgeschädigte Personen	Vibrationsalarm	–	–
Rollstuhlbenutzer oder Kleinwüchsige	–	–	Zeichen in ihrer Augenhöhe erkennbar

Tab. 4: Beispiele für alternative Sicherheits- und Gesundheitsschutzkennzeichnung bei Beschäftigten mit Behinderung

3 Unterweisung

Die Beschäftigten müssen vor Arbeitsaufnahme und danach in regelmäßigen Abständen (i. d. R. jährlich) sowie bei Änderungen über die Bedeutung der im Unternehmen eingesetzten Sicherheits- und Gesundheitsschutzkennzeichnung → *unterwiesen* werden. Besonders wichtig ist dabei auch, über die Bedeutung selten eingesetzter Zeichen zu informieren.

Für Einweiser, die Handzeichen anwenden, muss eine spezifische Unterweisung erfolgen (Abschn. 4 Abs. 12 ASR A1.3).

4 Kontrolle und Instandhaltung

Einrichtungen für die Sicherheits- und Gesundheitsschutzkennzeichnung müssen wirksam sein, sie müssen daher regelmäßig kontrolliert und ggf. instand gehalten werden. Dies gilt v. a. für

- Leucht- und Schallzeichen,
- lang nachleuchtende Materialien sowie
- Lautsprecher und Telefone.

In welchen Intervallen die Kontrolle erfolgen soll, wird im Rahmen der → *Gefährdungsbeurteilung* festgelegt (Abschn. 4 Abs. 13 ASR A1.3).

> **Praxis-Tipp: Kontrollplan erstellen**
>
> Der Arbeitgeber muss dafür sorgen, dass Kontrolle und Instandhaltung durchgeführt werden. Es empfiehlt sich, einen Plan mit Terminen, Aufgaben und Zuständigkeiten zu erstellen.

Bettina Huck

Sicherheits- und Gesundheitsschutzplan

Der Sicherheits- und Gesundheitsschutzplan (SiGePlan) dient dem koordinierten Zusammenwirken mehrerer Arbeitgeber, die bei der Realisierung eines Bauvorhabens gleichzeitig oder nacheinander tätig werden. Dieses Dokument enthält grundsätzlich die Einteilung der notwendigen Arbeiten, die jeweiligen koordinationsrelevanten Gefährdungen, die notwendigen Schutzmaßnahmen und die anzuwendenden Arbeitsschutzbestimmungen. Außerdem berücksichtigt er ggf. betriebliche Tätigkeiten auf dem Baugelände oder in dessen unmittelbarer Nähe. Die Erstellung des SiGePlans ist Aufgabe des Koordinators nach Baustellenverordnung und hat während der Planung der Ausführung zu erfolgen. Der Plan muss vor der Eröffnung der Baustelle vorliegen.

Gesetze, Vorschriften und Rechtsprechung

Die Pflicht zur Erstellung eines SiGePlans beruht auf § 2 Abs. 3 Baustellenverordnung (BaustellV).

Die Regel zum Arbeitsschutz auf Baustellen 31 (RAB 31) gibt den Stand der Technik bezüglich des Sicherheits- und Gesundheitsschutzplans wieder. Die RAB 31 enthält inhaltliche Mindestanforderungen und Empfehlungen für einen SiGePlan.

1 Auslösekriterien

§ 2 Abs. 3 BaustellV fordert, dass ein SiGePlan immer dann zu erstellen ist, wenn auf einer → *Baustelle*

- Beschäftigte mehrerer Arbeitgeber tätig werden und eine → *Vorankündigung* zu übermitteln ist oder
- Beschäftigte mehrerer Arbeitgeber tätig werden und besonders gefährliche Arbeiten nach Anhang II BaustellV ausgeführt werden.

Diese Auslösekriterien sind durch ein Urteil des Europäischen Gerichtshofes vom 7.10.2010 (Rs. C-224/09) sogar noch strenger formuliert worden. Demnach gilt nach der europäischen Baustellenrichtlinie 92/57/EWG, die auch der BaustellV zugrunde liegt, die Pflicht, vor Eröffnung der Baustelle einen SiGePlan zu erstellen, für alle Baustellen, auf denen Arbeiten verrichtet werden, die mit besonderen Gefahren verbunden sind oder für die eine Vorankündigung erforderlich ist. **Auf die Zahl der auf der Baustelle anwesenden Unternehmen kommt es nicht an.** Damit steht die BaustellV im Widerspruch zur Baustellenrichtlinie 92/57/EWG und zum EuGH-Urteil. Bauherren sind daher gut beraten, die strengeren Auslösekriterien des EuGH zu berücksichtigen.

Demnach ist ein SiGePlan zu erstellen, wenn

- die Arbeiten voraussichtlich mehr als 30 Arbeitstage dauern und
- auf der Baustelle mehr als 20 Beschäftigte gleichzeitig tätig werden oder
- der Umfang der Arbeiten voraussichtlich 500 Personentage überschreitet.

Außerdem muss der Plan erarbeitet werden, wenn besonders gefährliche Arbeiten gem. des Anhangs II BaustellV ausgeführt werden.

2 Anforderungen

Der SiGePlan ist das zentrale Werkzeug des → *Koordinators*, in dem er die Maßnahmen zum arbeitsschutzbezogenen Zusammenwirken der beteiligten Arbeitgeber dokumentiert, die er geplant und ergriffen hat. Gleichzeitig schafft der Koordinator damit auch einen schriftlichen Nachweis seiner Tätigkeit gegenüber seinem Bauherrn bzw. Auftraggeber.

Um den Plan erstellen zu können, muss eine Analyse des jeweiligen Planungsstands vorgenommen werden. Dafür müssen dem Koordinator die notwendigen Planungsunterlagen zur Verfügung gestellt werden. Auf dieser Basis werden auftretende Gefährdungen ermittelt und die notwendigen Maßnahmen abgeleitet. Durch eine rechtzeitige SiGe-Planung ist zu gewährleisten, dass bereits bei der Angebotsbearbeitung den später auf der → *Baustelle* tätigen Arbeitgebern und Selbstständigen die relevanten Inhalte des SiGePlans zur Verfügung stehen. Dafür reicht es aus, wenn die geplanten Anforderungen und Maßnahmen in den Leistungsverzeichnissen in Form von Vorbemerkungen oder LV-Positionen wiedergegeben werden.

Während der Ausführung des Bauvorhabens soll der Plan auf der Baustelle einsehbar sein. Damit zeigt der Plan den beteiligten Unternehmen während der gesamten Bauzeit die koordinationsrelevanten Schutzmaßnahmen. In diesem Zusammenhang empfiehlt es sich, den SiGePlan an einer Tafel («Schwarzes Brett») oder im Büro der Bauleitung auszuhängen oder zu hinterlegen. Auch die Verteilung von SiGe-Plandokumenten per E-Mail oder das Einstellen in virtuelle Projekträume sind mögliche Varianten der Bekanntmachung. Der SiGePlan ist als ein dynamisches Dokument zu verstehen. Er ist bei Bedarf der Entwicklung des Bauvorhabens in der weiteren Planung und der Ausführung laufend anzupassen.

> **Achtung: Arbeitsschutzpflichten bleiben erhalten**
>
> Die beauftragten Arbeitgeber und sonstigen Personen werden durch die Festlegungen im SiGePlan in keiner Weise von ihren Pflichten gem. Arbeitsschutzgesetz und anderen für sie zutreffenden Arbeitsschutzbestimmungen entbunden. Die Pflicht zur → *Gefährdungsbeurteilung*, zur → *Unterweisung*, zur Organisation der → *arbeitsmedizinischen Vorsorge* u. v. a. bleiben von der SiGe-Planung des Koordinators unberührt.

Eine große Bedeutung kommt dem SiGePlan für den Fall eines schweren oder tödlichen → *Arbeitsunfalls* auf der Baustelle zu, denn die ermittelnden Behörden beziehen bei Verdacht auf mangelnde Koordination den Plan in ihre Ermittlungen ein. Schriftliche Festlegungen im SiGePlan bieten in diesem Zusammenhang eine höhere Rechtssicherheit als mündliche Absprachen auf der Baustelle.

Der Sicherheits- und Gesundheitsschutzplan ist bei den Arbeitsschutzbehörden nicht vorlagepflichtig und wird grundsätzlich von diesen auch nicht bewertet oder für «Gültig» erklärt.

3 Mindestinhalte

Die in der Baustellenverordnung sehr knapp beschriebenen Inhalte eines SiGePlans reichen in der Praxis nicht aus, um die Maßnahmen zu dokumentieren, die für mehrere Unternehmen relevant sind oder die der einzelne Unternehmer alleine nicht ergreifen kann. Daher ist es geboten, die RAB 31 als → *Stand der Technik* für die notwendigen Inhalte heranzuziehen.

> **Praxis-Tipp: Umfang der Dokumentation**
>
> Ein SiGePlan sollte nicht nur aus einem ggf. großformatigen Plan bestehen, in dem alle Maßnahmen und Randbedingungen aufgelistet werden. In der Praxis hat es sich bewährt, den eigentlichen SiGePlan auf das notwendige Maß zu beschränken und dann mitgeltende Unterlagen zu definieren. Dazu gehört z. B. die Baustellenordnung, in der alle allgemein geltenden Arbeitsschutzanforderungen für die Baustelle formuliert werden können.

3.1 Arbeitsabläufe/Gewerkeinteilung

Auf Basis des geplanten Bauablaufs und der vorgesehenen Vergabe von Leistungen (z. B. in Form eines Losverzeichnisses) sind die Arbeitsabläufe in geeigneter Weise zu ermitteln. Bewährt haben sich dabei Gewerkbezeichnungen nach VOB Teil C ATV DIN 18300 ff. Bezogen auf das konkrete Bauvorhaben können diese Abläufe noch feiner untergliedert (z. B. nach Bauteilen oder Ebenen) oder aber auch zusammengefasst werden (z. B. für bestimmte Ausbaugewerke).

Die möglichen Wechselwirkungen zwischen den Arbeitsabläufen sollten durch eine geeignete zeitliche und/oder räumliche Zuordnung dargestellt werden. Hierzu wird häufig der Bauzeitenplan integriert, obwohl dafür keine Verpflichtung besteht. Alternative Darstellungsformen nutzen Gefährdungsmatrizen oder eingebettete Bauzeichnungen.

3.2 Gefährdungen

Auf Basis der Baubeschreibung, der Planungszeichnungen und der Ablaufplanung werden die gewerkbezogenen und gewerkübergreifenden Gefährdungen ermittelt. Der Schwerpunkt liegt dabei auf Gefährdungsfaktoren, die übergreifende Auswirkungen auf andere Gewerke haben können (z. B. Absturz oder herabfallende Gegenstände). Mit in die Ermittlung einzubeziehen

Sicherheits- und Gesundheitsschutzplan

sind die möglichen Einflüsse von Tätigkeiten auf dem Baugelände oder in dessen Nähe. Anhand des geplanten Bauablaufs ist zu prüfen, ob gegenseitige Gefährdungen zwischen den Gewerken aus zeitlichen oder örtlichen Abhängigkeiten vermieden werden können.

> **Achtung: Gefährdungsbeurteilung vs. SiGePlan**
>
> Die Ermittlung der Gefährdungen im Rahmen der SiGe-Planung ersetzt in keinem Fall die → *Gefährdungsbeurteilung* des Arbeitsgebers nach Arbeitsschutzgesetz. Auch wenn es hierbei fachliche Parallelen gibt, beruhen die Ermittlungen auf 2 unterschiedlichen Ansätzen. Der → *Koordinator* betrachtet das gesamte Bauvorhaben, in der Planungsphase sogar unabhängig von den später beauftragten Firmen. Ein Arbeitsgeber führt die Gefährdungsbeurteilung für seine Leistungen unter Einbeziehung der innerbetrieblichen → *Arbeitsschutzorganisation*, im Idealfall auch baustellenbezogen durch.

3.3 Schutzmaßnahmen

Können gegenseitige Gefährdungen zwischen den Gewerken aus zeitlichen oder örtlichen Abhängigkeiten nicht vermieden oder die damit verbunden Risiken auf ein akzeptables Maß begrenzt werden, müssen geeignete Schutzmaßnahmen getroffen werden. Zu den ermittelten Gefährdungen werden also mögliche Schutzmaßnahmen festgelegt.

Aus diesen vorgeschlagenen Lösungen sind in Abstimmung mit den in der Planung Verantwortlichen unter Berücksichtigung der geltenden staatlichen und berufsgenossenschaftlichen Vorschriften die jeweiligen Maßnahmen festzulegen. Des Weiteren sind für bestehende Wechselwirkungen zwischen den betrieblichen Tätigkeiten und den Bauarbeiten geeignete Schutzmaßnahmen festzulegen. Dabei spielt die Rangfolge der Schutzmaßnahmen eine Rolle. Technische Schutzmaßnahmen, die auch noch von mehreren Gewerken genutzt werden können, haben Vorrang vor individuellen Lösungen.

Die Leistungen, die sich für einen Arbeitsgeber ergeben, sind aus dem SiGePlan in die Leistungsverzeichnisse zu übernehmen. Sind die Leistungen in der VOB Teil C schon als Nebenleistung erfasst, sollte ein Hinweis in den Vorbemerkungen dazu erfolgen. Die VOB/C – DIN 18299 schreibt dies sogar vor: «0.1.16. Gegebenenfalls gem. der Baustellenverordnung getroffene Maßnahmen».

Eine ausdrückliche Erwähnung mit selbstständiger Vergütung hat zu erfolgen, wenn die Kosten der Nebenleistung, z. B. eine Schutzmaßnahme, von erheblicher Bedeutung sind. Das kann u. U. das Anbringen von Auffangnetzen für die Montage von Profiltafeln sein.

Besondere Leistungen sind «Sicherungsmaßnahmen zur Unfallverhütung für Leistungen anderer Unternehmer» (VOB/C – DIN 18299 Punkt 4.2.4). Das heißt, dass eine gemeinsam genutzte Schutzmaßnahme für den jeweils verantwortlichen Arbeitsgeber eine besondere Leistung ist, dementsprechend eine eigene Ordnungsnummer bekommt und im Leistungsverzeichnis aufgenommen wird. Allen nutzenden Gewerken ist in den Vorbemerkungen mitzuteilen, dass die Maßnahme «bauseits» gestellt wird und nicht in Kalkulation der Nebenleistungen einfließen muss.

Vom SiGePlan können die Maßnahmen ausgenommen werden, zu denen der Arbeitsgeber nach den Arbeitsschutzbestimmungen verpflichtet ist und die seiner Direktions- und Entscheidungspflicht gegenüber den Beschäftigten unterliegen, z. B. → *Unterweisungen*, Bereitstellung geeigneter und sicherer → *Arbeitsmittel*, → *Persönliche Schutzausrüstung*.

3.4 Arbeitsschutzbestimmungen

Sowohl die EG-Baustellenrichtlinie 92/57/EWG, als auch die darauf beruhende BaustellV fordern, dass der SiGePlan für die betreffende → *Baustelle* die anzuwendenden Arbeitsschutzbestimmungen erkennen lassen muss. Diese Anforderung wird i. Allg. erfüllt, wenn den Schutzmaßnahmen die staatlichen oder berufsgenossenschaftlichen Arbeitsschutzbestimmungen, ggf. auch Normen zugeordnet werden.

4 Empfehlungen

Neben den inhaltlichen Mindestanforderungen ist zu empfehlen, dass der SiGe-Plan weitere Elemente enthält. Dazu gehören:

- **Auftragnehmer:** Um die Schutzmaßnahmen im SiGePlan eindeutig mit Verantwortlichkeiten zu versehen, sollte die beauftragten Formen und der/die jeweils Verantwortliche/n benannt werden.
- **LV-Positionen:** Die in die Ausschreibung eingeflossenen Informationen des Koordinators sind im SiGePlan wieder aufzunehmen. Dazu gehört die Ordnungsnummer für die Schutzeinrichtungen.
- **Informations- und Arbeitsmaterialien:** Über die Arbeitsschutzbestimmungen hinausgehende Informationen zu ausgewählten Maßnahmen können dem Beteiligten als Verweis, ggf. auch in kompletter Form bereitgestellt werden. Hier hat sich in der Praxis die «Gelbe Mappe» der BG Bau bewährt.
- **Mitgeltende Unterlagen:** Zu den jeweiligen Maßnahmen kann auch auf Dokumente verwiesen werden, die arbeitsschutzrechtlich von den jeweiligen Auftragnehmern verlangt werden. Dazu gehören z. B. die Abbruchanweisung, der Plan für den Gerüstauf- und -abbau, die Montageanweisung oder der Schweißerlaubnisschein.

5 Software

Da die BaustellV keine Vorgaben für das Aussehen des Plans macht, ist es grundsätzlich die Entscheidung des Koordinators, in welcher Form die geforderten Mindestinhalte dargestellt werden sollen. Inhaltliche Richtschnur ist die RAB 31.

Wichtig; Keine Vorgaben für das Aussehen eines SiGePlans

Die Baustellenverordnung stellt keine Anforderungen an das Aussehen eines Sicherheits- und Gesundheitsschutzplanes. Er muss die Mindestanforderungen gem. § 2 Abs. 3 enthalten und sollte sich an der RAB 31 orientieren.

SiGePläne findet man in der Praxis in unterschiedlichsten Formen – von einer handschriftlich verfassten A4-Seite über das Arbeiten mit Gewerklisten für Standard-Office-Anwendungen bis hin zu speziellen Computerprogrammen, die sich dieser Problematik angenommen haben. Bei der Suche nach der passenden Softwarelösung sollte man sich genügend Zeit lassen und die Angebote mit den individuellen Bedürfnissen abgleichen.

Praxis-Tipp: Softwareübersicht

Die Bundesanstalt für Arbeitsschutz und Arbeitsmedizin (BAuA) führt auf Ihren Internetseiten zum Branchenschwerpunkt Bauarbeiten und Baustellen eine Liste der Softwareanbieter für die SiGe-Planung (www.baua.de).

Sicherheitsbeauftragter

Unternehmen mit regelmäßig mehr als 20 Beschäftigten müssen Sicherheitsbeauftragte bestellen. Sicherheitsbeauftragte unterstützen den Unternehmer bei den Maßnahmen zur Verhütung von Arbeitsunfällen und Berufskrankheiten. Diese Aufgabe übernehmen sie ohne direkte Verantwortung.

Gesetze, Vorschriften und Rechtsprechung

Die Pflicht zur Bestellung von Sicherheitsbeauftragten ist in § 22 SGB VII niedergelegt, verstärkt um einen entsprechenden Passus in § 20 BGV A1 «Allgemeine Vorschriften». Ergänzende praktische Informationen enthält BGI 587 «Sicherheitsbeauftragte».

1 Zuständigkeiten für Arbeitssicherheit

Die Verantwortung für die Arbeitssicherheit trägt der Unternehmer. Dieser kann diese Aufgabe meist nicht allein ausführen und delegiert seine Verantwortung in Teilen an ihm unterstellte

Mitarbeiter. Dies sind z. B. leitende Angestellte, Meister oder andere Vorgesetzte. Über die besondere Funktion von → *Betriebs-*/Personalrat und → *Sicherheitsfachkraft* zum Thema Arbeitssicherheit siehe dort.

Es sollte demnach ausreichend Mitarbeiter in einem Unternehmen geben, die sich mit Verantwortung um die Arbeitssicherheit bemühen. Dennoch wird im § 22 SGB VII gefordert:

*(1) In Unternehmen mit regelmäßig **mehr als 20 Beschäftigten hat der Unternehmer** unter Beteiligung des →* Betriebsrates *oder Personalrates **Sicherheitsbeauftragte unter Berücksichtigung der im Unternehmen für die Beschäftigten bestehenden Unfall- und Gesundheitsgefahren und der Zahl der Beschäftigten zu bestellen**.*

Als Beschäftigte gelten auch die nach § 2 Abs. 1 Nr. 2, 8 und 12 Versicherten. In Unternehmen mit besonderen Gefahren für Leben und Gesundheit kann der Unfallversicherungsträger anordnen, dass Sicherheitsbeauftragte auch dann zu bestellen sind, wenn die Mindestbeschäftigtenzahl nach Satz 1 nicht erreicht wird. Für Unternehmen mit geringen Gefahren für Leben und Gesundheit kann der Unfallversicherungsträger die Zahl 20 in seiner Unfallverhütungsvorschrift erhöhen.

(2) Die Sicherheitsbeauftragten haben den Unternehmer bei der Durchführung der Maßnahmen zur Verhütung von → Arbeitsunfällen *und Berufskrankheiten (**zu unterstützen**, insbesondere sich von dem Vorhandensein und der ordnungsgemäßen Benutzung der vorgeschriebenen →* Schutzeinrichtungen *und →* persönlichen Schutzausrüstungen *zu überzeugen und auf Unfall- und Gesundheitsgefahren für die Versicherten aufmerksam zu machen.*

*(3) **Die Sicherheitsbeauftragten dürfen** wegen der Erfüllung der ihnen übertragenen Aufgaben **nicht benachteiligt werden**.*

Diese Forderung wurde in der alten BGV A1 «Allgemeine Vorschriften» in der Durchführungsanweisung zu § 9 noch erläutert. Es wird dort klargestellt, dass Sicherheitsbeauftragte für die Wahrnehmung ihrer Aufgaben als Sicherheitsbeauftragte nicht verantwortlich sind. Somit dürfen Vorgesetzte (z. B. leitende Angestellte, Meister oder andere betriebliche Vorgesetzte) nicht gleichzeitig die Aufgabe des Sicherheitsbeauftragten übernehmen, da sie nämlich für die Arbeitssicherheit verantwortlich sind.

2 Aufgaben von Sicherheitsbeauftragten

Sicherheitsbeauftragte sollen die Vorgesetzten unterstützen. Sie werden z. B. in einem Seminar einer Berufsgenossenschaft für diese Aufgaben aus- und fortgebildet. Fallen den Sicherheitsbeauftragten im Betrieb sicherheitstechnische Mängel auf oder erhalten sie derartige Hinweise von ihren Kollegen, geben sie die Mängel dem dafür zuständigen Vorgesetzten bekannt. Dieser wird die Mängel hinsichtlich des Ausmaßes der möglichen Gefährdung bewerten und nach Prioritäten beseitigen.

Sicherheitsbeauftragte nehmen an den Betriebsbesichtigungen der Technischen Aufsichtsbeamten teil. Ebenso werden Sicherheitsbeauftragte bei Unfalluntersuchungen hinzugezogen. Die → *Unfallanzeige* wird vom Unternehmer (oder Stellvertreter), dem Betriebs- oder Personalrat und einem Sicherheitsbeauftragten unterschrieben.

Der → *Arbeitsschutzausschuss*, der mind. vierteljährlich zusammenkommt, findet unter Beteiligung von Sicherheitsbeauftragten statt.

3 Eignung für die Aufgaben des Sicherheitsbeauftragten

Da die Aufgaben der Sicherheitsbeauftragten ehrenamtlich und ohne Verantwortung durchgeführt werden, kommt der Auswahl geeigneter Mitarbeiter für diesen Posten eine große Bedeutung zu. Nur ausreichend motivierte Mitarbeiter, die diese Aufgabe freiwillig übernehmen und zur Verbesserung der Arbeitssicherheit beitragen wollen, sind geeignete Mitarbeiter. Einen Mitarbeiter gegen seinen Willen in dieses Amt zu bestellen führt nicht zum gewünschten Ziel. Die ehrenamtliche Wahrnehmung der Aufgaben bedeutet nicht, dass sie in der Freizeit erfolgt. Den Sicherheitsbeauftragten muss vielmehr während ihrer Arbeitszeit Gelegenheit zu Wahrnehmung ihrer Aufgaben gegeben werden.

Anregungen von Sicherheitsbeauftragten zur Verbesserung der Arbeitssicherheit sollten daher als willkommene Hilfe betrachtet werden. Es gibt manchmal jedoch unterschiedliche Auffassungen, mit welcher Priorität die Umsetzung erfolgen soll. Begründen Sie Ihre Entscheidungen daher, wenn Sie eine andere Auffassung vertreten. Nicht jeder Vorschlag bedarf der Umsetzung. Aufwand und Nutzen müssen natürlich auch in einem angemessenen Verhältnis zueinander stehen.

Dirk Rittershaus

Sicherheitsbeleuchtung

Die Sicherheitsbeleuchtung soll bei Ausfall der Allgemeinbeleuchtung das gefahrlose Verlassen der Arbeitsstätte und die Verhütung von Unfällen ermöglichen. Kritische Arbeiten und Prozesse können beendet und/oder die Arbeitsräume und -bereiche sicher verlassen werden, wenn eine entsprechende Ausleuchtung und ggf. eine integrierte Rettungswegekennzeichnung mit Richtungsangabe vorhanden ist. Sicherheitsbeleuchtungen können mit Leuchten (mit oder ohne Rettungszeichen) und als bodennahe optische Sicherheitsleitsysteme ausgeführt werden.

Gesetze, Vorschriften und Rechtsprechung

Für die Seite des Baurechts sind die Landesbauordnungen der Bundesländer grundlegend. Für den Arbeitsschutz Anhang 2.3 und Anhang 3.4 ArbStättV, ASR A3.4/3 «Sicherheitsbeleuchtung, optische Sicherheitsleitsysteme», ASR A2.3 «Fluchtwege, Notausgänge, Flucht- und Rettungsplan» und BGR 216 «Optische Sicherheitsleitsysteme».

1 Wo wird eine Sicherheitsbeleuchtung benötigt?

Die Notwendigkeit von Sicherheitsbeleuchtungen ist i. d. R. durch Bau- oder Betriebsvorschriften vorgegeben und betrifft v. a. bestimmte Branchen, größere Gebäude oder Sonderbauten. Dennoch muss jeder Arbeitgeber in einer Gefährdungsbeurteilung klären, ob eine Sicherheitsbeleuchtung erforderlich ist. Durch das **Baurecht** sind Sicherheitsbeleuchtungen z. B. erforderlich in

- Krankenhäusern,
- Gaststätten und Beherbergungsbetrieben,
- Hochhäusern,
- Garagen,
- Versammlungsstätten,
- Personenaufzügen usw.

Grundlage sind die jeweiligen landesrechtlichen Bestimmungen, Sonderbauverordnungen bzw. branchenspezifischen Normen.

Nach **Arbeitsschutzrecht** sind Sicherheitsbeleuchtungen erforderlich in Arbeitsstätten

- mit großer Personenbelegung, hoher Geschosszahl, Bereichen erhöhter Gefährdung oder unübersichtlicher Fluchtwegführung,
- die durch ortsunkundige Personen genutzt werden,
- in denen große Räume durchquert werden müssen (z. B. Hallen, Großraumbüros oder Verkaufsgeschäfte),
- ohne Tageslichtbeleuchtung, wie z. B. bei Räumen unter Erdgleiche.

(Anhang 2.3 und Anhang 3.4 ArbStättV, ASR A3.4/3 «Sicherheitsbeleuchtung, optische Sicherheitsleitsysteme», ASR A2.3 «Fluchtwege, Notausgänge, Flucht- und Rettungsplan», BGR 216 «Optische Sicherheitsleitsysteme»).

2 Gestaltung von Sicherheitsbeleuchtungen

Sicherheitsbeleuchtungsanlagen werden meist durch Batterien gespeist (Zentral- oder Gruppenbatterieanlagen, bei kleinen Anlagen oder Nachrüstungen auch Einzelbatterieversorgung). Ersatzstromanlagen (mit Stromerzeugungsaggregat) kommen dort infrage, wo eine netzunabhängige Stromversorgung für weitere Bereiche benötigt wird (wichtige Betriebsmittel wie Aufzüge, OP-Bereiche, sensible DV-Systeme usw.). Typischerweise ist das in Krankenhäusern, öffentlichen Gebäuden, großen Verwaltungen etc. der Fall.

Sicherheitsbeleuchtungen können mit einfachen Notleuchten oder Rettungszeichenleuchten (gem. ASR A1.3 «Sicherheits- und Gesundheitsschutzkennzeichnung») ausgestattet sein. In jedem Fall sind vielfältige Anforderungen zu beachten, z. B.:

- Beleuchtungsstärke (u. a. abhängig davon, ob es um Arbeitsplätze oder Fluchtwege geht und ob das Risiko «nur» im Stromausfall oder im Brandfall (Verrauchung) gesehen wird)
- Einschaltverzögerung
- Betriebsdauer
- ggf. Feuerwiderstandsdauer (der Installation)
- Prüfvorschriften

Projektierung, Bau und Prüfung größerer Anlagen verlangen daher entsprechende Fachkenntnis.

3 Optische Sicherheitsleitsysteme

Bodennahe optische Sicherheitsleitsysteme mit lang nachleuchtenden Elementen oder elektrisch betriebenen Leuchtmitteln finden zunehmend Würdigung in den staatlichen Arbeitsschutzvorschriften (ASR A2.3 und ASR A3.4/3). Grund: Optische Sicherheitsleitsysteme ermöglichen gerade in sensiblen Bereichen (z. B. Schiffbau, Tunnelanlagen, große Veranstaltungs- und Beherbergungsbetriebe) mehr als alle anderen Sicherheitsbeleuchtungen oder -kennzeichnungen eine schnelle und sichere Orientierung – auch und gerade bei drohender Verrauchung.

Für diese Systeme liegen mittlerweile konkrete Bau- und Betriebsvorschriften vor (ASR A3.4/3, BGR 216). Eine gute Beratung ist auch hier wesentlich, weil es z. B. bei lang nachleuchtenden Produkten eine Vielzahl von technischen Spezifikationen gibt (verschiedene Auflade- und Abstrahlzeiten, Beständigkeit der Materialien usw.). Außerdem muss hier technisch und/oder organisatorisch sichergestellt werden, dass die erforderliche Belichtung erzielt wird und die Materialien unbeschädigt und sauber bleiben. Bei entsprechender Auslegung kann ein mit nachleuchtenden Produkten gestaltetes optisches Leitsystem eine herkömmliche elektrische Sicherheitsbeleuchtung entbehrlich machen.

Praxis-Tipp: Nachleuchtende Kennzeichnung – vielfältig und preiswert

In jedem Fall bietet die Verwendung lang nachleuchtender Produkte (als Klebefolien, Profile, Farben usw.) jederzeit die Möglichkeit, mit verhältnismäßig geringem Aufwand Bereiche aufzuwerten, die mit oder ohne Sicherheitsbeleuchtung im Rahmen der → *Gefährdungsbeurteilung* als unzureichend im Dunkeln begehbar erachtet werden.

Cornelia von Quistorp

Sicherheits-Certifikat-Contraktoren (SCC)

SCC ist ein speziell für Kontraktoren entwickeltes, zertifizierbares AMS-Konzept. Es beschreibt ein SGU-Managementsystem (SGU steht für Sicherheit, Gesundheits- und Umweltschutz). SCC ist keine Norm, sondern ein branchenspezifischer Standard, der zur Gestaltung und zum Aufbau eines unternehmensspezifischen SGU-Managementsystems (erweitertes AMS), zur Anwendung, zur internen Bewertung des praktizierten AMS (Basis für interne SCC-Audits) und zur externen Bewertung (Zertifizierung) genutzt werden kann. Das SCC-Regelwerk unterscheidet 2 Betriebskategorien (Scopes): Kontraktoren/produzierendes Gewerbe, hier findet das eigentliche SCC Anwendung und Personaldienstleister. Für Letztere wurde SCP (Sicherheits Certifikat Personaldienstleister) als Ausschnitt aus dem SCC entwickelt.

Gesetze, Vorschriften und Rechtsprechung

Das AMS-Konzept «SCC:2011 und SCP:2011» geht von einer freiwilligen Einführung eines Managementsystems für Sicherheit, Gesundheit und Umweltschutz aus, wobei die Freiwilligkeit bei den Unternehmen, deren Kunden den Nachweis eines SCC-Zertifikats wünschen oder verlangen, sicherlich nur sehr begrenzt vorhanden ist.

Arbeitsschutz-Managementsysteme, wie SCC oder SCP, werden derzeit in Deutschland weder vom Gesetzgeber noch von den Unfallversicherungsträgern explizit gefordert. Dass die Anwendung eines AMS seitens des Gesetzgebers sowie der Unfallversicherungsträger gewünscht ist, belegt insbesondere die Herausgabe «eigener» AMS-Konzepte, wie dem Nationalen Leitfaden für Arbeitsschutz-Managementsysteme NLA:2003) sowie impliziten Forderungen, insbesondere im Arbeitsschutzgesetz.

1 Ursprung des SCC-Systems

SCC hat seinen Ursprung in der petro-chemischen Industrie. Hier ist bereits seit Jahren ein Trend zum verstärkten Einsatz von Fremdfirmen (Kontraktoren) zu verzeichnen. Bei einer Revision arbeiten z. B. in einer Raffinerie häufig viel mehr Beschäftigte von Kontraktoren, als eigene Mitarbeiter. Die Kontraktoren übernehmen aufgrund eines Dienst- oder Werkvertrags v. a. technische Dienstleistungen. Darunter fallen häufig auch sicherheitsrelevante Arbeiten, wie z. B. Reinigen von Kesseln, Materialprüfungen, Wartungsarbeiten an Produktionsanlagen, Instandhaltungsarbeiten sowie Neu- und Umbauten von Anlagen.

Während die Unternehmen der petro-chemischen Industrie bereits einen sehr hohen Sicherheitsstandard erreicht haben, weisen die auf dem Werksgelände beschäftigten Fremdfirmen (Kontraktoren) häufig im Durchschnitt wesentlich höhere Unfallzahlen auf – auch wegen den deutlich gefährlicheren Tätigkeiten, die diese Kontraktoren ausführen. Sie stellen damit teilweise auch ein zusätzliches Unfall- bzw. Sicherheitsrisiko für das beauftragende Unternehmen und dessen Mitarbeiter dar. Durch ihr Management und durch das Verhalten ihrer Mitarbeiter wirken Kontraktoren wesentlich auf den Sicherheits-, Gesundheitsschutz- und Umweltschutzstandard ihrer Auftraggeber und damit auch auf deren Qualitätsstandard ein.

Vor diesem Hintergrund ist es seit Langem üblich, dass Auftraggeber ihre (potenziellen) Kontraktoren hinsichtlich deren Qualität auch im Arbeits- und Umweltschutz insbesondere durch → *Audits* bei den Kontraktoren bewerten. Da Kontraktoren für mehrere Kunden arbeiten und diese unterschiedliche Auditsysteme nutzten, führte dies zwangsläufig zu Mehrfachauditierungen und einem hohen Auditaufwand auch bei den Auftraggebern. Diese sowohl für die Unternehmen der petro-chemischen Industrie als auch für deren Kontraktoren unbefriedigende Situation führte in den Niederlanden zur Entwicklung des SCC-Systems.

2 Intentionen der SCC-Entwicklung

Um den Aufwand der Begutachtung der Kontraktoren für die Kontraktoren und die Auftraggeber zu reduzieren, wurde bereits Anfang der 1990er-Jahre in den Niederlanden ein einheitliches System zur Bewertung der Sicherheitsstandards von Kontraktoren entwickelt und 1994 unter der englischen Bezeichnung «Safety Certificate Contractors (SCC)» veröffentlicht. Federführend war dabei die niederländische Mineralölindustrie.

Neben der Reduzierung des Aufwands für die Begutachtung der Kontraktoren verfolgte die SCC-Entwicklung folgende Ziele:

- Verbesserung des Arbeits-, Gesundheits- und Umweltschutzes bei den potenziellen Kontraktoren durch eine einfache Anforderungscheckliste (Beschreibung von Mindestforderungen, die die Kontraktoren zur Realisierung eines Arbeits-, Gesundheits- und Umweltschutzes mit System veranlassen soll);
- Schaffung eines anerkannten Systems zur Bewertung der Sicherheit sowie des Gesundheits- und Umweltschutzes (SGU) von Kontraktoren;
- Initiierung eines Zertifizierungssystems.

3 Anwendung in Deutschland

Mitte der 1990er-Jahre beschlossen die im deutschen Mineralölwirtschaftsverband zusammengeschlossenen Unternehmen, das niederländische SCC-System zu übernehmen, an das deutsche Arbeitsschutzrecht anzupassen und bei der Auswahl ihre Kontraktoren, die mehr als

Sicherheits-Certifikat-Contraktoren (SCC)

10 Mitarbeiter beschäftigen, konsequent anzuwenden. Um das Kürzel SCC beibehalten zu können, wurde die Bezeichnung «Sicherheits Certifikat Contraktoren» gewählt.

1995 wurde das SCC-System von der Trägergemeinschaft für Akkreditierung (TGA) in das deutsche Akkreditierungssystem aufgenommen. Für die Pflege der entsprechenden normativen Dokumente richtete man das Untersektorkomitee SCC (U-SK SCC) bei der TGA ein. Im Zuge der Neuordnung des Akkreditierungswesens in Deutschland ist Ende 2010 die Umwidmung des U-SK SCC der bisherigen TGA/DGA in ein Sektorkomitee Sicherheits Certifikat Contraktoren (SK SCC) der DAkkS erfolgt. Die DGMK (Deutsche Wissenschaftliche Gesellschaft für Erdöl, Erdgas und Kohle e. V.) fungiert als «Normensetzer». Dem von ihr eingerichteten DGMK-Arbeitskreis «Normative SCC-Dokumente »obliegt die Erarbeitung und Pflege des Normativen SCC-Regelwerks (SCC-Dokumente und SGU-Prüfungsfragenkatalog). Die DGMK hat Mitte 2011 das Normative SCC-Regelwerk Version 2011 veröffentlicht und kann auch nur dort bezogen werden. Angaben zum Zertifizierungs- und Akkreditierungsverfahren sind von der DAkkS in der Anleitung zur Akkreditierung von SCC-Zertifizierungsstellen (SCC 2011) unter der Nr. 71 SD 6 017 dokumentiert. Die Akkreditierungsvorgaben der DAkkS sind bei der DAkkS erhältlich.

SCC ist heute das in Deutschland am weitesten verbreitete Arbeitsschutz-Managementsystem.

4 Das SCC-System

Das SCC-System beschreibt ein allgemeines Verfahren zur Zertifizierung eines betrieblichen Managementsystems für Sicherheit, Gesundheit und Umweltschutz (SGU). Im Vergleich zu anderen → *AMS-Konzepten* ist das SCC-System kein Leitfaden für den Aufbau, die Einführung und die Anwendung eines AMS im eigentlichen Sinne, sondern eher ein Fragenkatalog im Rahmen eines Auditierungssystems, dem jedoch ein entsprechender Managementsystemansatz zugrunde liegt.

Das SCC-System umfasst im Wesentlichen eine Verfahrensbeschreibung, Fragenkataloge (die SCC- bzw. SCP-Checkliste), Durchführungsanweisungen sowie Erläuterungen.

Das normative SCC-Regelwerk, Version 2011

Den Kern bildet ein in 12 Elemente (s. **Tab. 1**) gegliederter Fragenkatalog (die SCC-Checkliste), der 49 Fragen bzw. Anforderungen bzgl. der Organisation und Umsetzung der betrieblichen Sicherheit, des Gesundheitsschutzes sowie des Umweltschutzes des Kontraktors umfasst.

Das SCC-System differenziert 2 Betriebskategorien (Scopes):

- Scope I – Kontraktoren/produzierendes Gewerbe (SCC) und
- Scope II – Personaldienstleister (SCP).

Das SCC-System unterscheidet bei der SCC-Zertifizierung – nur bei Scope I – zwischen 3 möglichen Zertifikaten:

1. **SCC* = eingeschränktes Zertifikat:** Hier erfolgt die Zertifizierung indem die Realisierung des SGU-Managementsystems direkt am Arbeitsplatz beurteilt wird. Dies nur zulässig bei kleineren Unternehmen mit durchschnittlich max. 35 Beschäftigten pro Kalenderjahr (einschließlich Auszubildende, Zeitarbeitskräfte und Praktikanten im gesamten Unternehmen), wenn sie keine Subunternehmen (Werkverträge) für technische Dienstleistungen einsetzen.

2. **SCC** = uneingeschränktes Zertifikat:** Hier erfolgt die Zertifizierung indem sowohl die SGU-Managementaktivitäten direkt am Arbeitsplatz, als auch das SGU-Managementsystem des Unternehmens beurteilt wird. Diese Vorgehensweise ist für Unternehmen mit durchschnittlich mehr als 35 Beschäftigten pro Kalenderjahr (einschließlich Auszubildende, Zeitarbeitskräften und Praktikanten im gesamten Unternehmen) bestimmt.

3. **SCCP = uneingeschränktes Zertifikat für die Petrochemie:** Neben den unter SCC** genannten Beurteilungskriterien wird hier zusätzlich die Erfüllung spezifischer Anforderungen in der petrochemischen Industrie und in Raffinerien erwartet.

Die hierfür verwendeten Fragenkataloge – die SCC-Checkliste und die SCP-Checkliste – sind gleich strukturiert, unterscheiden sich aber deutlich im Umfang (die SCP-Checkliste umfasst «nur» die Elemente 1 bis 5, 9 und 12 mit insgesamt 35 Fragen).

Elemente	Fragen gesamt	Pflichtfragen (PF) u. Ergänzungsfragen (EF)					
		SCC*		SCC**		SCC^p	
		PF	EF	PF	EF	PF	EF
1 SGU: Politik, Organisation und Engagement des Managements	8	4	0	6	2	7	1
2 SGU-Gefährdungsbeurteilung	4	4	0	4	0	4	0
3 SGU-Schulung, Information und Unterweisung	9	9	0	9	0	9	0
4 SGU-Bewusstsein	2	0	0	1	1	2	0
5 SGU-Projektplan	5	0	0	5	0	5	0
6 Umweltschutz	2	1	0	1	1	1	1
7 Vorbereitung auf Notfallsituationen	2	1	0	1	1	1	1
8 SGU-Inspektionen	2	1	0	1	1	2	0
9 Betriebsärztliche Betreuung	4	2	0	2	2	2	2
10 Beschaffung und Prüfung von Maschinen, Geräten, Ausrüstungen und Arbeitsstoffen	2	2	0	2	0	2	0
11 Beschaffung von Dienstleistungen	3	0	0	3	0	3	0
12 Meldung, Registrierung und Untersuchung von Unfällen, Beinaheunfällen und unsicheren Situationen	6	3	0	5	1	6	0
Summe	**49**	**27**	**0**	**40**	**9**	**44**	**5**

Tab. 1: Struktur der SCC-Checkliste (Dok. 003, Version 2011)

Will sich ein Unternehmen nach dem SCC- bzw. SCP-Konzept prüfen lassen, ist dafür ein nach den SCC-Kriterien gestaltetes und nachweislich angewendetes SGU-Managementsystem erforderlich. Wünschen Kunden von ihren Partnern (Kontraktoren, Lieferanten etc.) den Nachweis eines praktizierten AMS entsprechend dem SCC-/SCP-Standard, initiiert diese Forderung oder die eigene Einsicht in die Notwendigkeit eines solchen AMS bei diesen Unternehmen die Einführung eines Sicherheits-, Gesundheits- und Umweltschutz-Managementsystems (SGU).

Für eine SCC-Zertifizierung müssen alle Pflichtfragen erfüllt sein und eine Obergrenze der Unfallhäufigkeit unterschritten werden. Für das SCC**-Zertifikat sind darüber hinaus 5 der 9 Ergänzungsfragen sowie für das SCCP-Zertifikat zusätzlich 3 der 5 Ergänzungsfragen zu erfüllen. SCC fordert, dass alle Arbeitsunfälle (nicht nur die meldepflichtigen) lückenlos erfasst und untersucht werden. Die Ergebnisse der Unfalluntersuchungen und die Wirksamkeit der getroffenen Maßnahmen sind zu dokumentieren.

Für eine SCC-Zertifizierung müssen alle Pflichtfragen erfüllt sein und eine Obergrenze bezüglich der Unfallhäufigkeit unterschritten werden. Für das SCC**-Zertifikat sind darüber hinaus 50 % der Ergänzungsfragen zu erfüllen. SCC fordert, dass alle Arbeitsunfälle (nicht nur die meldepflichtigen) lückenlos erfasst und untersucht werden. Die Ergebnisse der Unfalluntersuchungen und die Wirksamkeit der getroffenen Maßnahmen sind zu dokumentieren.

SCC sieht eine Auditierung durch akkreditierte Zertifizierer vor. Einige Unfallversicherungsträger bieten inzwischen als Ergänzung zur berufsgenossenschaftlichen Systemkontrolle auch eine Begutachtung auf Basis von SCC bzw. SCP an. Wie bei anderen Managementsystemen, ist das Zertifikat 3 Jahre gültig und kann dann durch ein Wiederholungs-Audit erneuert werden. I. d. R. praktizieren Unternehmen, die SCC benötigen, auch ein Qualitäts- und teilweise auch ein Umwelt-Managementsystem. In diesen Fällen ist das SCC mit den anderen Managementsystemen zu einem integrierten Managementsystem zusammenzuführen. Auch die Zertifizierung sollte schon aus Kostengründen gemeinsam erfolgen.

5 Bewertung und Verbreitung des Standards SCC

Durch die Forderungen der petro-chemischen Industrie – aber inzwischen auch anderer Industrien – praktizieren derzeit vergleichsweise viele Kontraktoren ein AMS entsprechend dem AMS-Konzept SCC. Bei den Personaldienstleistern ist die Verbreitung von SCP noch gering, sie steigt aber in den letzten Jahren deutlich.

SCC ist ein eher «strenges» Managementsystem, das für «rustikale» Branchen, denen die Mehrheit der Kontraktoren angehören, gut geeignet ist.

Inzwischen hat sich eine europäische SCC-Plattform etabliert, an der derzeit die Sektorkomitees aus Belgien, Deutschland, den Niederlanden und Österreich beteiligt sind. Diese Plattform soll v. a. die Vergleichbarkeit der Zertifizierungssysteme und die gegenseitige Anerkennung gewährleisten.

Albert Ritter

Sicherheitsdatenblatt

Das Sicherheitsdatenblatt ist die zentrale Informationsquelle für den gewerblichen Anwender gefährlicher Stoffe und Gemische/Zubereitungen. Es muss v. a. Angaben darüber enthalten, um welchen Gefahrstoff es sich handelt, welche Gefährdungen bestehen und welche Maßnahmen geeignet sind, um Gesundheit und Sicherheit der Beschäftigten zu gewährleisten. Inhalt und Struktur legt die REACH-Verordnung fest. Das Sicherheitsdatenblatt ist das einzige, rechtlich verbindliche Informationssystem, das der Hersteller, Inverkehrbringer bzw. Importeur gefährlicher Stoffe oder Zubereitungen dem gewerblichen Anwender zur Verfügung stellen muss.

Informationen aus dem Sicherheitsdatenblatt sind die Grundlage für die Durchführung der Gefährdungsbeurteilung und die Erstellung von Betriebsanweisungen. Beschäftigte müssen Zugang zu den für sie relevanten Sicherheitsdatenblättern haben. Das Vorliegen eines vollständigen und fehlerfreien Sicherheitsdatenblattes ist daher für Arbeits- und Umweltschutz im Unternehmen wesentlich.

Gesetze, Vorschriften und Rechtsprechung

- § 6 Gefahrstoffverordnung (GefStoffV)
- Die REACH-Verordnung 1907/2006/EG legt Inhalt und Struktur des Sicherheitsdatenblatts fest, insbesondere ist Art. 31 i. V. m. Anhang II «Leitfaden für die Erstellung eines Sicherheitsdatenblattes» zu beachten.
- Die GHS-Verordnung 1272/2008/EG macht u. a. Vorgaben zur Einstufung gefährlicher Stoffe und Gemische in Punkt 2 «Mögliche Gefahren» des Sicherheitsdatenblattes.
- Die Bekanntmachung 220 «Sicherheitsdatenblatt» liefert Arbeitshilfen zur Umsetzung von 1907/2006/EG.

1 Bedeutung für den Arbeits- und Umweltschutz

Das Sicherheitsdatenblatt ist die zentrale Informationsquelle für einen sicheren Umgang mit Gefahrstoffen im Unternehmen. Erschreckend hoch ist die Zahl fehlerhafter Sicherheitsdatenblätter: Im Rahmen des ECLIPS-Projektes (European Classification and Labelling Inspections of Preparations, including Data Sheets) wurde 2004 ermittelt, dass 69 % der untersuchten Sicherheitsdatenblätter Mängel aufwiesen.

Fehleinschätzungen aufgrund fehlerhafter Angaben können zu Schäden für Mensch und Umwelt führen. Liegen dem Anwender keine Sicherheitsdatenblätter vor, muss er sie anfordern. Nur so können Gefährdungen für Sicherheit und Gesundheit beurteilt und geeignete Maßnahmen festgelegt werden und zwar vor Aufnahme der Tätigkeit mit → *Gefahrstoffen* (§ 7 Abs. 1 GefStoffV). Im Gefahrstoffverzeichnis muss auf die Sicherheitsdatenblätter hingewiesen werden (§ 6 Abs. 10 GefStoffV).

2 Inhalt

Folgende Angaben müssen im Sicherheitsdatenblatt enthalten sein (Art. 31 1907/2006/EG):

1. Bezeichnung des Stoffs bzw. des Gemisches und des Unternehmens;
2. Mögliche Gefahren
3. Zusammensetzung/Angaben zu Bestandteilen
4. → *Erste-Hilfe*-Maßnahmen
5. Maßnahmen zur Brandbekämpfung
6. Maßnahmen bei unbeabsichtigter Freisetzung
7. Handhabung und Lagerung;
8. Begrenzung und Überwachung der Exposition/Persönliche Schutzausrüstungen
9. Physikalische und chemische Eigenschaften
10. Stabilität und Reaktivität
11. Toxikologische Angaben
12. Umweltspezifische Angaben
13. Hinweise zur Entsorgung
14. Angaben zum Transport
15. Rechtsvorschriften
16. sonstige Angaben

Die Anforderungen an die Sicherheitsdatenblätter gelten in allen europäischen Staaten gleichermaßen.

> **Achtung: Anpassung der Sicherheitsdatenblätter**
>
> Alle **neu erstellten** Sicherheitsdatenblätter müssen die Anforderungen von 1907/2006/EG erfüllen. **Bei Änderungen** müssen Inhalt und Struktur ebenfalls an REACH angepasst werden, dies gilt z. B. bei einer veränderten Einstufung. Eine lediglich **formale Anpassung** an REACH ist nicht notwendig, dies gilt jedoch nur dann, wenn sich sonst nichts geändert hat. Wegen der Änderungen durch die GHS-Verordnung 1272/2008/EG, z. B. die veränderte → *Einstufung*, ist zu erwarten, dass nur wenige Sicherheitsdatenblätter in alter Form bestehen bleiben.

3 Bedeutung für den Hersteller, Inverkehrbringer bzw. Importeur

Sicherheitsdatenblätter müssen von einer fachkundigen Person erstellt und regelmäßig aktualisiert werden. Dies soll gewährleisten, dass sie fachlich richtig und vollständig sind (§ 6 Abs. 1 GefStoffV, Anlage 2 Abs. 1 Bekanntmachung 220 «Sicherheitsdatenblatt»). Anforderungen an die Fachkunde regelt Anlage 2 Nr. 2 der Bekanntmachung 220. Hersteller, Inverkehrbringer bzw. Importeure müssen Sicherheitsdatenblätter kostenlos zur Verfügung stellen (Art. 31 Abs. 8 1907/2006/EG). Dies kann in Papierform oder elektronisch erfolgen. Eine Aktualisierung ist erforderlich, wenn neue Informationen vorliegen, eine Zulassung erteilt oder versagt oder sobald eine Beschränkung erlassen wurde (Art. 31 Abs. 8 1907/2006/EG).

> **Wichtig: Pflichten des Herstellers**
>
> Laut Abschn. 4 Abs. 6 Bekanntmachung 220 muss der Hersteller Sicherheitsdatenblätter kostenlos übermitteln und zwar «spätestens bei der ersten Lieferung» und «nach jeder Überarbeitung» aufgrund wichtiger neuer Informationen. Das bloße Bereitstellen im Internet erfüllt dabei nicht die Verpflichtung «zur Übermittlung der Sicherheitsdatenblätter an seine Kunden». In der Praxis vereinbart der Lieferant jedoch mit seinen Kunden, dass die aktuellen Versionen auf der Homepage des Lieferanten zur Verfügung gestellt werden.

4 Bedeutung für den Anwender

Gewerbliche Anwender bzw. «→ *nachgeschaltete Anwender*» (nach REACH) müssen Sicherheitsdatenblätter und sonstige Informationen für die Gefährdungsbeurteilung beschaffen (§ 6 Abs. 2 GefStoffV). Es empfiehlt sich, dass Anwender in einem festgelegten Turnus beim Hersteller die aktuelle Version anfordern. Sie müssen das Sicherheitsdatenblatt auf Fehler, Mängel oder fehlende Angaben hin überprüfen und ggf. ein neues, fehlerfreies und vollständiges Exemplar anfordern. Für die Plausibilitätsprüfung können Gefahrstoffportale und -datenbanken genutzt werden. Aus dem Sicherheitsdatenblatt können dann bestimmungsgemäßer Gebrauch abgeleitet und ggf. geeignete Schutzmaßnahmen festgelegt werden. Das Sicherheitsdatenblatt ist die Grundlage für die Durchführung der → *Gefährdungsbeurteilung* (§ 6 GefStoffV) sowie die Erstellung von → *Betriebsanweisungen*. → *Unterweisungen* müssen durchgeführt werden, Inhalte sind u. a. Betriebsanweisungen (§ 14 GefStoffV). Die Beschäftigten müssen nach § 14 Abs. 1 GefStoffV Zugang «zu allen Sicherheitsdatenblättern über die Stoffe und Gemische/Zubereitungen erhalten, mit denen sie Tätigkeiten durchführen» (Abschn. 4 Abs. 2 TRGS 555).

Erweitertes Sicherheitsdatenblatt

Für Stoffe, die in großen Mengen (ab 10 t/Jahr und Hersteller bzw. Importeur) hergestellt bzw. importiert werden, muss nach Art. 14 REACH-Verordnung eine Stoffsicherheitsbeurteilung durchgeführt werden. Expositionsszenarien müssen erstellt werden, wenn der zu beurteilende Stoff

- als gefährlich gemäß GHS-Verordnung bzw. Richtlinie 67/548/EWG eingestuft und/oder
- ein PBT- oder vPvB-Stoff (s. Anhang XIII REACH-Verordnung) ist.

Die Expositionsszenarien müssen für jede Verwendung und jede Lebensphase erstellt und in das Sicherheitsdatenblatt eingebunden oder als Anhang des SDB geliefert werden (erweitertes Sicherheitsdatenblatt (eSDB)). Anhand der Informationen muss der «nachgeschaltete Anwender» prüfen, ob die eigene Verwendung abgedeckt ist. Ist dies nicht der Fall, muss er beim Lieferanten anfragen, ggf. den Lieferanten wechseln oder selbst eine Stoffsicherheitsbeurteilung für die eigene Verwendung durchführen (www.reach-info.de/sicherheitsdatenblatt.htm) Bei Gemischen enthält das erweiterte Sicherheitsdatenblatt die Expositionsszenarien der enthaltenen Stoffe oder das Szenario des Gemisches als Anhang.

5 Umsetzung der GHS-Verordnung

Die GHS-Verordnung 1272/2008/EG trat am 20. Januar 2009 in Kraft. Sie hat auch Auswirkungen auf Inhalte des Sicherheitsdatenblattes. Ziel der GHS-Verordnung ist, ein hohes Schutzniveau für die menschliche Gesundheit und Umwelt zu erreichen und den weltweiten Warenverkehr zu erleichtern. Wichtige Änderungen sind:

- rechteckige, orangefarbene Gefahrensymbole werden ersetzt durch Gefahrenpiktogramme (rot umrandete Raute mit schwarzem Symbol auf weißem Grund);
- Gefahrenklassen und Gefahrenkategorien ersetzen Gefahrenmerkmale;
- veränderte Einstufungskriterien, z. B. Grenzwerte;
- H-Sätze (hazard statements) lösen → *R-Sätze* ab;
- → *P-Sätze* (precautionary statements) ersetzen → *S-Sätze*;
- 2 → *Signalwörter* werden neu eingeführt: Gefahr, Achtung.

Es gelten Übergangsfristen: Seit 1.12.2010 müssen Stoffe nach der GHS-Verordnung eingestuft und gekennzeichnet werden (Lagerware muss seit dem 1.12.12 umetikettiert werden), für Gemische gilt dies spätestens ab dem 1.6.2015. Erlaubt ist dies jetzt schon, allerdings dürfen dann für → *Gemische* nur entweder die Kennzeichnung nach altem oder neuem Recht verwendet werden. Für Sicherheitsdatenblätter bedeutet das:

- Stoffe müssen in einer Übergangsphase vom 1.12.10 bis 31.5.2015 nach altem und neuem Recht eingestuft werden.
- Für Gemische ist die Einstufung nach GHS-Verordnung ab 1.6.2015 zwingend, bis dahin dürfen sie nach altem oder neuem Recht eingestuft werden.

> **Wichtig: Begriffe «Zubereitungen» und «Gemische»**
> Mit der Umsetzung der GHS-Verordnung wird der Begriff «Zubereitungen» zukünftig durch den Begriff «Gemische» ersetzt. Der Begriff «Zubereitungen» stammt aus der bisher gültigen Zubereitungsrichtlinie, die zum 1.6.2015 außer Kraft gesetzt wird.

6 Umsetzung vom Anhang II der REACH-Verordnung

Anhang II 1907/2006/EG beschreibt die Anforderungen an die Erstellung von Sicherheitsdatenblättern. Mit der Neufassung dieses Anhangs vom Mai 2010 soll eine bessere Anpassung an die UN-GHS Vorgaben zum Sicherheitsdatenblatt sowie an die GHS-Verordnung 1272/2008/EG erreicht werden.

Die Änderungsverordnung enthält 2 Fassungen des Anhangs II:

- **Fassung 1** gilt für den Zeitraum vom 1.12.2010 bis 31.5.2015 und berücksichtigt, dass während der Übergangsfrist der GHS-Verordnung Gemische, sowohl noch nach den alten Regeln als auch optional schon nach den GHS-Regeln eingestuft und gekennzeichnet werden können.
- **Fassung 2** gilt ab dem 1.6.2015.

Die Übergangsfristen sind nicht identisch mit den Übergangsfristen der GHS-Verordnung (s. o.). Es gelten folgende Fristen für die Anwendung des neuen Anhang II:

- Für neue **Stoffe und neue Gemische** wird Anhang II (gemäß Fassung 1) seit 1.12.2010 angewendet.
- Ist ein **Stoff bereits vor dem 1.12.2010** nach den Kriterien der GHS-Verordnung mit GHS-Einstufung und Kennzeichnung in Verkehr gebracht worden, muss für diese Lieferung das Sicherheitsdatenblatt seit 1.12.2012 durch ein Sicherheitsdatenblatt nach den Vorgaben des Anhangs II gemäß Fassung 1 ersetzt werden (abgesehen von der Aktualisierungspflicht nach Art. 31 Abs. 9 1907/2006/EG).
- Sicherheitsdatenblätter für **Gemische, die vor dem 1.12.2010 mind. einem Abnehmer zur Verfügung gestellt wurden**, durften bis zum 30.11.2012 unverändert bleiben (abgesehen von der Aktualisierungspflicht nach Art. 31 Abs. 9 1907/2006/EG).
- Ab dem 1.6.2015 muss für neue Gemische Anhang II 1907/2006/EG gemäß Fassung 2 angewendet werden. In der Zwischenzeit muss der Lieferant von (gefährlichen bzw. nicht gefährlichen) Gemischen bestimmte, in der Änderungsverordnung festgelegte Zusatzinformationen in die entsprechenden Sicherheitsdatenblätter aufnehmen.
- Ist ein **Gemisch bereits vor dem 1.6.2015 in den Verkehr gebracht worden** und muss – in Übereinstimmung mit der GHS-Verordnung – nicht erneut gekennzeichnet und verpackt werden, muss das Sicherheitsdatenblatt erst ab dem 1.6.2017 den Vorgaben des Anhangs II gemäß Fassung 2 entsprechen.

Registrierungsnummer im Sicherheitsdatenblatt

Für Stoffe muss die Registrierungsnummer angegeben werden, bei Gemischen sind im Sicherheitsdatenblatt der Handelsname oder die Bezeichnung gemäß Zubereitungsrichtlinie anzugeben.

Bettina Huck

Sicherheitshinweise

Mit der Einführung des Global Harmonisierten Systems zur Einstufung und Kennzeichnung von Chemikalien (GHS) müssen gefährliche Stoffe u. a. mit sog. Sicherheitshinweisen (Precautionary Statements) gekennzeichnet werden. Sicherheitshinweise beschreiben empfohlene Maßnahmen, um schädliche Wirkungen zu vermeiden bzw. zu begrenzen und sind vergleichbar mit den bisher verwendeten S-Sätzen. Sicherheitshinweise bestehen aus dem Kürzel P (Precautionary Statements) mit einer dreistelligen Zahl. Die erste Ziffer gibt Auskunft, welche der fünf Arten von Sicherheitshinweisen bei dem derart gekennzeichneten Stoff bzw. Gemisch zu beachten ist.

Gesetze, Vorschriften und Rechtsprechung

Die Verwendung von Sicherheitshinweisen ist in Art. 22 1272/2008/EG «Einstufung, Kennzeichnung und Verpackung von Stoffen und Gemischen» geregelt.

1 Allgemeines

P101	Ist ärztlicher Rat erforderlich, Verpackung oder Kennzeichnungsetikett bereithalten.
P102	Darf nicht in die Hände von Kindern gelangen.
P103	Vor Gebrauch Kennzeichnungsetikett lesen.

2 Prävention

P201	Vor Gebrauch besondere Anweisungen einholen.
P202	Vor Gebrauch alle Sicherheitshinweise lesen und verstehen.
P210	Von Hitze, heißen Oberflächen, Funken, offenen Flammen sowie anderen Zündquellenarten fernhalten. Nicht rauchen.Nicht rauchen.
P211	Nicht gegen offene Flamme oder andere Zündquelle sprühen.
P220	Von Kleidung/…/brennbaren Materialien fernhalten/entfernt aufbewahren.
P221	Mischen mit brennbaren Stoffen/… unbedingt verhindern.
P222	Kontakt mit Luft nicht zulassen.
P223	Keinen Kontakt mit Wasser zulassen.
P230	Feucht halten mit …
P231	Unter inertem Gas handhaben.
P232	Vor Feuchtigkeit schützen.
P233	Behälter dicht verschlossen halten.
P234	Nur im Originalbehälter aufbewahren.
P235	Kühl halten.
P240	Behälter und zu befüllende Anlage erden.
P241	Explosionsgeschützte elektrische Betriebsmittel/Lüftungsanlagen/Beleuchtung/… verwenden.
P242	Nur funkenfreies Werkzeug verwenden.
P243	Maßnahmen gegen elektrostatische Aufladungen treffen.
P244	Ventile und Ausrüstungsteile öl- und fettfrei halten.
P250	Nicht schleifen/stoßen/…/reiben.
P251	Nicht durchstechen oder verbrennen, auch nicht nach Gebrauch.
P260	Staub/Rauch/Gas/Nebel/Dampf/Aerosol nicht einatmen.
P261	Einatmen von Staub/Rauch/Gas/Nebel/Dampf/Aerosol vermeiden.

P262	Nicht in die Augen, auf die Haut oder auf die Kleidung gelangen lassen.
P263	Kontakt während der Schwangerschaft/und der Stillzeit vermeiden.
P264	Nach Gebrauch … gründlich waschen.
P270	Bei Gebrauch nicht essen, trinken oder rauchen.
P271	Nur im Freien oder in gut belüfteten Räumen verwenden.
P272	Kontaminierte Arbeitskleidung nicht außerhalb des Arbeitsplatzes tragen.
P273	Freisetzung in die Umwelt vermeiden.
P280	Schutzhandschuhe/Schutzkleidung/Augenschutz/Gesichtsschutz tragen.
P282	Schutzhandschuhe/Gesichtsschild/Augenschutz mit Kälteisolierung tragen.
P283	Schwer entflammbare/flammhemmende Kleidung tragen.
P284	[Bei unzureichender Belüftung] Atemschutz tragen.
P231+P232	Unter inertem Gas handhaben. Vor Feuchtigkeit schützen.
P235+P410	Kühl halten. Vor Sonnenbestrahlung schützen.

3 Reaktion

P301	Bei Verschlucken:
P302	Bei Berührung mit der Haut:
P303	Bei Berührung mit der Haut (oder dem Haar):
P304	Bei Einatmen:
P305	Bei Kontakt mit den Augen:
P306	Bei Kontakt mit der Kleidung:
P308	BEI Exposition oder falls betroffen:
P310	Sofort GIFTINFORMATIONSZENTRUM/ Arzt/… anrufen.
P311	GIFTINFORMATIONSZENTRUM/Arzt/… anrufen.
P312	Bei Unwohlsein GIFTINFORMATIONSZENTRUM/ Arzt /… anrufen.
P313	Ärztlichen Rat einholen/ärztliche Hilfe hinzuziehen.
P314	Bei Unwohlsein ärztlichen Rat einholen/ärztliche Hilfe hinzuziehen.
P315	Sofort ärztlichen Rat einholen/ärztliche Hilfe hinzuziehen.
P320	Besondere Behandlung dringend erforderlich (siehe … auf diesem Kennzeichnungsetikett).
P321	Besondere Behandlung (siehe … auf diesem Kennzeichnungsetikett).
P330	Mund ausspülen.
P331	Kein Erbrechen herbeiführen.
P332	Bei Hautreizung:
P333	Bei Hautreizung oder -ausschlag:
P334	In kaltes Wasser tauchen/nassen Verband anlegen.
P335	Lose Partikel von der Haut abbürsten.
P336	Vereiste Bereiche mit lauwarmem Wasser auftauen. Betroffenen Bereich nicht reiben.
P337	Bei anhaltender Augenreizung:
P338	Eventuell Vorhandene Kontaktlinsen nach Möglichkeit entfernen. Weiter ausspülen.
P340	Die Person an die frische Luft bringen und für ungehinderte Atmung sorgen.
P342	Bei Symptomen der Atemwege:
P351	Einige Minuten lang behutsam mit Wasser ausspülen.

Sicherheitshinweise

P352	Mit viel Wasser/… waschen.
P353	Haut mit Wasser abwaschen/duschen.
P360	Kontaminierte Kleidung und Haut sofort mit viel Wasser abwaschen und danach Kleidung
P361	Alle kontaminierten Kleidungsstücke sofort ausziehen.
P362	Kontaminierte Kleidung ausziehen und vor erneutem Tragen waschen.
P363	Kontaminierte Kleidung vor erneutem Tragen waschen.
P364	Und vor erneutem Tragen waschen.
P370	Bei Brand:
P371	Bei Großbrand und großen Mengen:
P372	Explosionsgefahr bei Brand.
P373	Keine Brandbekämpfung, wenn das Feuer explosive Stoffe/Gemische/Erzeugnisse erreicht.
P374	Brandbekämpfung mit üblichen Vorsichtsmaßnahmen aus angemessener Entfernung.
P375	Wegen Explosionsgefahr Brand aus der Entfernung bekämpfen.
P376	Undichtigkeit beseitigen, wenn gefahrlos möglich.
P377	Brand von ausströmendem Gas:
P378	… zum Löschen verwenden.
P380	Umgebung räumen.
P381	Alle Zündquellen entfernen, wenn gefahrlos möglich.
P390	Verschüttete Mengen aufnehmen, um Materialschäden zu vermeiden.
P391	Verschüttete Mengen aufnehmen.
P301+P310	BEI VERSCHLUCKEN: Sofort GIFTINFORMATIONSZENTRUM/ Arzt/… anrufen.
P301+P312	BEI VERSCHLUCKEN: Bei Unwohlsein GIFTINFORMATIONSZENTRUM/ Arzt /… anrufen.
P301+P330+P331	Bei Verschlucken: Mund ausspülen. Kein Erbrechen herbeiführen.
P302+P334	Bei Kontakt mit der Haut: In kaltes Wasser tauchen/nassen Verband anlegen.
P302+P352	BEI BERÜHRUNG MIT DER HAUT: Mit viel Wasser/… waschen.
P303+P361+P353	BEI BERÜHRUNG MIT DER HAUT (oder dem Haar): Alle kontaminierten Kleidungsstücke sofort ausziehen. Haut mit Wasser abwaschen/duschen.
P304+P340	BEI EINATMEN: Die Person an die frische Luft bringen und für ungehinderte Atmung sorgen.
P305+P351+P338	Bei Kontakt mit den Augen: Einige Minuten lang behutsam mit Wasser spülen. Vorhandene Kontaktlinsen nach Möglichkeit entfernen. Weiter spülen.
P306+P360	Bei Kontakt mit der Kleidung: Kontaminierte Kleidung und Haut sofort mit viel Wasser abwaschen und danach Kleidung ausziehen.
P308+P311	BEI Exposition oder falls betroffen: GIFTINFORMATIONSZENTRUM/ Arzt/… anrufen.
P308+P313	Bei Exposition oder falls betroffen: Ärztlichen Rat einholen/ärztliche Hilfe hinzuziehen.
P332+P313	Bei Hautreizung: Ärztlichen Rat einholen/ärztliche Hilfe hinzuziehen.
P333+P313	Bei Hautreizung oder -ausschlag: Ärztlichen Rat einholen/ärztliche Hilfe hinzuziehen.
P335+P334	Lose Partikel von der Haut abbürsten. In kaltes Wasser tauchen/nassen Verband anlegen.

P337+P313	Bei anhaltender Augenreizung: Ärztlichen Rat einholen/ärztliche Hilfe hinzuziehen.
P342+P311	Bei Symptomen der Atemwege: GIFTINFORMATIONSZENTRUM/ Arzt/... anrufen.
P361+P364	Alle kontaminierten Kleidungsstücke sofort ausziehen und vor erneutem Tragen waschen.
P362+P364	Kontaminierte Kleidung ausziehen und vor erneutem Tragen waschen.
P370+P376	Bei Brand: Undichtigkeit beseitigen, wenn gefahrlos möglich.
P370+P378	Bei Brand: ... zum Löschen verwenden.
P370+P380	Bei Brand: Umgebung räumen.
P370+P380+P375	Bei Brand: Umgebung räumen. Wegen Explosionsgefahr Brand aus der Entfernung bekämpfen.
P371+P380+P375	Bei Großbrand und großen Mengen: Umgebung räumen. Wegen Explosionsgefahr Brand aus der Entfernung bekämpfen.

4 Aufbewahrung

P401	... aufbewahren.
P402	An einem trockenen Ort aufbewahren.
P403	An einem gut belüfteten Ort aufbewahren.
P404	In einem geschlossenen Behälter aufbewahren.
P405	Unter Verschluss aufbewahren.
P406	In korrosionsbeständigem/... Behälter mit korrosionsbeständiger - Auskleidung aufbewahren.
P407	Luftspalt zwischen Stapeln/Paletten lassen.
P410	Vor Sonnenbestrahlung schützen.
P411	Bei Temperaturen von nicht mehr als ... °C/...aufbewahren.
P412	Nicht Temperaturen über 50 °C/122 °F aussetzen.
P413	Schüttgut in Mengen von mehr als ... kg bei Temperaturen von nicht mehr als ... °C aufbewahren.
P420	Von anderen Materialien entfernt aufbewahren.
P422	Inhalt in/unter ... aufbewahren
P402+P404	In einem geschlossenen Behälter an einem trockenen Ort aufbewahren.
P403+P233	Behälter dicht verschlossen an einem gut belüfteten Ort aufbewahren.
P403+P235	Kühl an einem gut belüfteten Ort aufgewahren.
P410+P403	Vor Sonnenbestrahlung schützen. An einem gut belüfteten Ort aufbewahren.
P410+P412	Vor Sonnenbestrahlung schützen. Nicht Temperaturen über 50 °C/122 °F aussetzen.
P411+P235	Kühl und bei Temperaturen von nicht mehr als ... °C aufbewahren.

5 Entsorgung

P501	Inhalt/Behälter ... zuführen.
P502	Informationen zur Wiederverwendung/Wiederverwertung beim Hersteller/Lieferanten erfragen

Sicherheitsmanagementsystem

Betreiber von Betriebsbereichen, die der Störfall-Verordnung unterliegen, müssen ein Sicherheitsmanagementsystem betreiben. Es enthält managementspezifische Verfahren und Prozesse zur Verhinderung von Störfällen und zur Begrenzung ihrer Auswirkungen. Ein Sicherheitsmanagementsystem regelt die Themen Organisation und Personal, Ermittlung und Bewertung der Gefahren von Störfällen, Überwachung des Betriebs, sichere Durchführung von Änderungen, Planung für Notfälle, Überwachung der Leistungsfähigkeit des Sicherheitsmanagementsystems, systematische Überprüfung und Bewertung.

Ein Sicherheits-Managementsystem stellt ein spezielles Arbeitsschutz-Managementsystem zur Verhinderung von Störfällen dar. Der Begriff Sicherheitsmanagementsystem wird z. T. auch für Managementsysteme verwendet, deren Schwerpunkt die Sicherheit in einem Unternehmen (oder allgemeiner in einer Organisation) ist.

Gesetze, Vorschriften und Rechtsprechung

Die Störfallverordnung (StörfallV) fordert von allen unter ihren Geltungsbereich fallenden Betrieben bzw. Betriebsbereichen ein Konzept zur Verhinderung von Störfällen. Betriebe, die wegen großer Mengen gefährlicher Stoffe den erweiterten Pflichten der Verordnung unterliegen, müssen zusätzlich ein Sicherheitsmanagementsystem (SMS) nachweisen können. Dabei ist es dem Unternehmen überlassen, ob es ein separates Sicherheitsmanagementsystem aufbaut (ggf. unter Nutzung von Elementen eines anderen Managementsystems) oder ob es einen integrierten Ansatz wählt (Einbindung des SMS in ein bereits vorhandenes Managementsystem).

Unternehmen, die auf freiwilliger Basis bereits ein Arbeitsschutz-Managementsystem (z. B. gem. dem nationalen Leitfaden für AMS) praktizieren, decken die Forderung nach einem Sicherheitsmanagementsystem gem. Störfallverordnung bereits weitgehend ab, sofern das unternehmensspezifische AMS explizit auch die Verhinderung von Störfällen zum Inhalt hat und dies auch nachweisbar managt.

Ein Sicherheitsmanagementsystem ist auch für Unternehmen interessant, die nicht unter die Störfallverordnung fallen, aber mit gefährlichen Anlagen oder Stoffen umgehen und den sicheren Umgang mit diesen organisieren wollen.

1 Managen – Was ist das?

Bei einer zeitgemäßen Unternehmensführung werden heute alle wesentlichen betrieblichen Aufgaben «gemanagt». Damit kommt zum Ausdruck, dass sie Teil der Führungsaufgaben in einem Unternehmen sind und Managementmethoden zur Bewältigung dieser Aufgabe eingesetzt werden. Dies trifft auch für die Aufgabe «Verhindern von Störfällen» zu.

Managen umfasst dabei ganz allgemein das Ausrichten, Planen, Steuern, Initiieren, Kontrollieren und → *kontinuierliches Verbessern* von Strukturen, Prozessen und Tätigkeiten. Ihm liegt ein Regelkreis, der bekannte → *PDCA-Zyklus* zugrunde. Ein Kernpunkt des Managens ist die Abfolge

- **Planen (plan):** Wesentliche Aufgaben dabei sind Analyse der Ausgangssituation, Formulierung von Zielen und Erarbeitung eines Maßnahmenplanes.
- **Umsetzen (do):** Hier erfolgt die (ggf. pilotartige) Umsetzung der Maßnahmen – also die Realisierung entsprechend der Planung.
- **Überprüfen/Bewerten (check):** Bereits bei der Umsetzung beginnt die Überprüfung, ob die Maßnahmen geeignet und zielführend sind. Die Ergebnisse fließen in die Steuerung oder Lenkung der Umsetzung ein. Der Arbeitsschritt umfasst darüber hinaus die Ermittlung der Wirksamkeit der Maßnahmen sowie der Zielerreichung sowie die Bewertung des Ergebnisses.
- **Handeln/Anwenden (act):** Ausgehend von den Ergebnissen des dritten Schrittes werden bei einem positiven Ergebnis die Maßnahmen als Standard definiert. Bei Soll-Ist-Abweichungen werden dagegen Korrekturen und ein Verbesserungsprozess eingeleitet.

Vor diesem Hintergrund verwundert es nicht, dass gemanagte Aufgaben eine hohe Effektivität und Effizienz besitzen. Deshalb fordert die Störfallverordnung zur Verhinderung von Störfällen ein entsprechendes → *Managementsystem*.

2 Störfälle

Ein Störfall i. S. der Störfallverordnung ist ein Ereignis, wie z. B. eine Emission, ein Brand oder eine Explosion größeren Ausmaßes, das unmittelbar oder später innerhalb oder außerhalb des Betriebsbereichs zu einer ernsten Gefahr oder zu (erheblichen) Sachschäden führt und bei dem gefährliche Stoffe beteiligt sind (§ 2 Nr. 3 StörfallV).

Unter einer ernsten Gefahr wird in der Störfallverordnung (§ 2 Nr. 4 StörfallV) eine Gefahr verstanden, bei der schwerwiegende oder lebensbedrohende Gesundheitsbeeinträchtigungen von Menschen zu befürchten sind, die Gesundheit einer großen Zahl von Menschen beeinträchtigt werden kann oder erhebliche und nachhaltige Umweltbeeinträchtigungen verursacht werden.

3 Wie ein Sicherheitsmanagementsystem funktioniert

Ein Sicherheitsmanagementsystem steht für ein systematisches, zielorientiertes Organisieren der Verhinderung von Störfällen und die gemeinsame, professionelle, von den Führungskräften gemanagte Umsetzung der damit verbundenen Aufgaben. Damit ist das Sicherheitsmanagement Teil der Führung eines Unternehmens bzw. das Subsystem, das die konsequente, effektive und effiziente Erfüllung der Verpflichtungen aus der Störfallverordnung managt.

Die Anforderungen an das Managementsystem sind in Anhang III StörfallV aufgeführt. Detailliertere Ausführungen veröffentlichte die Störfallkommission in ihrem Leitfaden SFK-GS-24.

Ein Sicherheitsmanagementsystem umfasst nach der Störfallverordnung Regelungen zu folgenden Punkten (Anhang III StörfallV):

3.1 Organisation und Personal

Es ist eine geeignete Organisation mit definierten Aufgaben und Zuständigkeiten zu schaffen und sicherzustellen, dass die Beschäftigten ausreichend qualifiziert sind, angewiesen werden und einbezogen werden.

Dafür sieht das Sicherheitsmanagementsystem vor:

- die Feststellung der Hauptverantwortung des Betreibers;
- eindeutige Zuordnung von Aufgaben, Funktionen und Zuständigkeiten (Aufbauorganisation);
- Regelung der für die Erfüllung der StörfallV relevanten Abläufe (Ablauforganisation), soweit sie nicht in anderen Abschnitten des Sicherheits-Managementsystems geregelt sind;
- Einrichtung bzw. Festlegung von Ausschüssen und Gremien;
- Vorgaben zur Qualifikation und Schulung, ggf. auch der von Fremdfirmen;
- Vorgaben für die Einbeziehung der Beschäftigten, ggf. auch der von Fremdfirmen.

3.2 Ermittlung und Bewertung der Gefahren von Störfällen

Dafür werden festgelegte und angewendete Verfahren und Anweisungen zur systematischen Ermittlung der Gefahren von Störfällen bei bestimmungsgemäßem und nicht bestimmungsgemäßem Betrieb sowie Abschätzung der Wahrscheinlichkeit und der Schwere solcher Störfälle gefordert.

Das Sicherheitsmanagementsystem sieht dafür vor:

- Vorgaben zur systematischen Identifizierung von Gefahrenquellen sowie zur Ermittlung der Eintrittswahrscheinlichkeiten und der Auswirkungen;
- Festlegung, wann und durch wen entsprechende Überprüfungen durchgeführt werden müssen;
- Festlegung der anzuwendenden Methoden und wie deren Aktualisierung sichergestellt wird;
- Regelung zur Einbeziehung der Erkenntnisse des Bedienungspersonals sowie der Erkenntnisse aus → *Audits* und aus (→ *Beinahe-*)Unfällen.

3.3 Überwachung des Betriebs

Dafür werden festgelegte und angewendete Verfahren und Anweisungen für den sicheren Betrieb, einschließlich der → *Wartung* der Anlagen, für Verfahren, Einrichtung und zeitlich begrenzte Unterbrechungen gefordert.

Durch das Sicherheitsmanagementsystem ist sicherzustellen, dass für alle sicherheitsrelevanten Vorgänge

- schriftliche Arbeits- und Betriebsanweisungen vorhanden sind,
- die Beschäftigten unterwiesen werden (ggf. einschließlich praktischer Übungen) sowie
- die Wirksamkeit und Einhaltung dieser Anweisungen angemessen kontrolliert werden.

3.4 Sichere Durchführung von Änderungen

Dafür werden festgelegte und angewendete Verfahren und Anweisungen zur Planung von Änderungen bestehender Anlagen oder Verfahren zur Auslegung einer neuen Anlage oder eines neuen Verfahrens gefordert.

Fehler bei oder nach Änderungen von Verfahren und Anlagen gehören zu den häufigsten Ursachen von Störfällen. Daher muss diesem Punkt besondere Aufmerksamkeit gewidmet werden. Der Arbeitsschutz im engeren Sinne wird zwar bei Anlagenänderungen durch bewährte Instrumente wie die Erlaubnisscheine gewährleistet. Auch unterliegen Anlagenänderungen prinzipiell einer Anzeige- oder sogar Genehmigungspflicht nach dem Bundesimmissionsschutzgesetz. Diese Vorschrift greift jedoch erst ab einer gewissen Relevanz der Änderungen. Wie diese Schwelle im konkreten Fall zu bestimmen ist und welche Sicherheitsmaßnahmen unterhalb dieser Schwelle zu ergreifen sind, bedarf dringend einer systematischen Regelung durch das Sicherheitsmanagementsystem.

3.5 Planung für Notfälle

Dafür werden festgelegte und angewendete Verfahren und Anweisungen zur Ermittlung vorhersehbarer Notfälle aufgrund einer systematischen Analyse und zur Erstellung, Erprobung und Überprüfung der Alarm- und Gefahrenabwehrpläne, um in Notfällen angemessen reagieren zu können, gefordert.

Die Erstellung von Alarm- und Gefahrenabwehrplänen wird in § 10 StörfallV gefordert. Sie stellen eines der wichtigsten Instrumente zur Begrenzung von Störfallauswirkungen dar. Dieser Punkt des Anhang III StörfallV fordert nun, dass die Erstellung dieser Pläne einen Teil des Sicherheitsmanagementsystems bildet. Es muss sichergestellt werden, dass die den Plänen zugrunde liegenden Notfallszenarien aufgrund einer systematischen Analyse ermittelt werden. Außerdem ist festzulegen, wie und durch wen die Pläne erstellt, erprobt und überprüft werden. Zur Schnittstelle der internen und externen Notfallplanung hat die Störfallkommission den Leitfaden SFK-GS-45 erarbeitet.

3.6 Überwachung der Leistungsfähigkeit des Sicherheits-Managementsystems

Dafür werden festgelegte und angewendete Verfahren und Anweisungen gefordert. Und zwar zur ständigen Bewertung der Erreichung der Ziele, die der Betreiber im Rahmen des Konzepts zur Verhinderung von Störfällen und des Sicherheitsmanagementsystems festgelegt hat, sowie zur Einrichtung von Mechanismen zur Untersuchung und Korrektur bei Nichterreichung dieser Ziele. Die Verfahren müssen ein System umfassen

- für die Meldung von Störfällen und Beinahe-Störfällen, v. a. bei Versagen von Schutzmaßnahmen,
- für die entsprechenden Untersuchungen und die Folgemaßnahmen, wobei einschlägige Erfahrungen zugrunde zu legen sind.

Das Sicherheitsmanagementsystem bedarf wie jedes Managementsystem einer ständigen Überwachung sowohl des zugrunde liegenden Konzepts als auch der Wirksamkeit der einzelnen Elemente. Das Ergebnis dieser Überwachung muss mit den vorgegebenen Sicherheitszielen verglichen werden. Diese Überwachung muss sowohl aktiv als auch reaktiv erfolgen.

Die Meldung von Störfällen und anderen sicherheitsrelevanten Ereignissen ist gem. § 19 StörfallV vorgeschrieben. Darüber hinaus ist v. a. auch die Auswertung von kleineren Störungen und Beinaheunfällen von großem Wert für die Unternehmen. Das Sicherheitsmanagementsystem sollte daher Vorgaben dafür machen, wie Störfälle und andere sicherheitsbedeutsame Ereignisse systematisch erfasst und ausgewertet sowie verfügbar gehalten werden.

Das Unternehmen hat die Zuständigkeiten für die Einleitung von Untersuchungen und von Abhilfemaßnahmen festzulegen. Dabei ist insbesondere darauf zu achten, inwieweit Vorgaben des

Sicherheitsmanagementsystems nicht eingehalten wurden oder unzureichend waren, um daraus entsprechende Konsequenzen zu ziehen.

3.7 Systematische Überprüfung und Bewertung

Dafür werden festgelegte und angewendete Verfahren und Anweisungen zur regelmäßigen und systematischen Bewertung des Konzepts zur Verhinderung von Störfällen sowie der Wirksamkeit und Angemessenheit des Sicherheitsmanagementsystems gefordert. Von der Leitung des Betriebsbereichs werden gefordert: Eine dokumentierte Überprüfung der Leistungsfähigkeit des bestehenden Konzepts und des Sicherheitsmanagementsystems sowie seine Aktualisierung.

Zusätzlich zur Überwachung sind durch das Sicherheitsmanagementsystem regelmäßige interne → *Audits* vorzuschreiben. Diese sind durch das Sicherheitsmanagementsystem zu regeln. Die Ergebnisse dieser Audits, aber auch der Überwachung sind durch die Unternehmensleitung zu bewerten, um festzustellen, ob das Konzept zur Verhütung von Störfällen und das Sicherheitsmanagementsystem in sich schlüssig und wirksam sind.

Um diesen wichtigen Punkt des → *PDCA-Zyklus* zu gewährleisten, muss im Sicherheitsmanagementsystem v. a. festgelegt werden, wer hierfür innerhalb der Unternehmensleitung zuständig ist, in welchen Abständen dieses Review durchgeführt werden muss, wie es dokumentiert und seine Ergebnisse kommuniziert werden und wer für die Festlegung und Verfolgung der aus dem Review abgeleiteten Maßnahmen zuständig ist.

Albert Ritter

Sicherheitsnotduschen

Sicherheitsnotduschen sind Geräte, die speziell zu dem Zweck konstruiert wurden, Flüssigkeiten zum Löschen von Flammen zu liefern oder um Kontaminationen ausreichend abzuwaschen bzw. sie zu verdünnen, um ihre Schädlichkeit zu verringern.

Gesetze, Vorschriften und Rechtsprechung

In folgenden Vorschriften bzw. Regeln werden Anforderungen an Sicherheitsnotduschen gestellt:

- TRGS 526 «Laboratorien»
- ASR A1.3 «Sicherheits- und Gesundheitsschutzkennzeichnung»
- BGI 850-0 «Sicheres Arbeiten in Laboratorien»
- DIN EN 15154-1 «Sicherheitsnotduschen – Teil 1: Körperduschen mit Wasseranschluss für Laboratorien»
- DIN EN 15154-2 «Sicherheitsnotduschen: Teil 2: Augenduschen mit Wasseranschluss»
- DIN EN 15154-3 «Sicherheitsnotduschen: Teil 3: Körperduschen ohne Wasseranschluss»
- DIN EN 15154-4 «Sicherheitsnotduschen – Teil 4: Augenduschen ohne Wasseranschluss»
- DIN 12899-3: Sicherheitsnotduschen – Teil 3: Körperduschen für Betriebe und Umschlaganlagen

1 Arten von Sicherheitsnotduschen

Hinsichtlich der Wasserversorgung können 2 Arten von Sicherheitsnotduschen unterschieden werden:

- Sicherheitsnotduschen, die an die Wasserversorgung angeschlossen sind,
- Sicherheitsnotduschen, die über einen Speichertank verfügen und wahlweise an eine kontinuierliche oder temporäre Wasserversorgung angeschlossen sein können.

Hinsichtlich der abzuduschenden Körperteile werden Sicherheitsnotduschen unterschieden in:

- Körperduschen (**Abb. 1**),
- Augenduschen (**Abb. 2**).

Abb. 1: Körperdusche

Abb. 2: Augendusche

2 Anforderungen an Sicherheitsnotduschen

Anforderungen an Sicherheitsnotduschen mit Wasseranschluss bestehen hinsichtlich des Wasservolumens, der Wasserverteilung, der Wasserqualität und der Wassertemperatur. Zusätzlich werden Anforderungen an die Installation und die Armaturen gestellt.

Bei Sicherheitsduschen ohne Wasseranschluss richten sich die Anforderungen im Wesentlichen an Qualität und die Behälter der Spülflüssigkeit und an die Funktion der Sicherheitsnotduschen.

2.1 Körperduschen mit Wasseranschluss

Körperduschen mit Wasseranschluss müssen eine konstante Wasserabgabe von mind. 15 min. gewährleisten. Der Fließdruck muss angegeben und gemessen werden.

Für die Wasserverteilung wird in Abschn. 4.2 DIN EN 15154-1 ein bestimmtes Baumusterverfahren vorgeschrieben. Dabei muss bei einer feststehenden Messhöhe eine bestimmte Wassermasse auf eine festgeschriebene Fläche fallen.

Die Wasserqualität muss Trinkwasser oder Wasser ähnlicher Qualität sein. Diese Qualität darf von den Werkstoffen der Dusche nicht beeinflusst werden.

Als Wassertemperatur wird lauwarmes Wasser empfohlen, Die Mindesttemperatur ist dabei 15 °C.

Zusätzliche Anforderungen werden in DIN EN 15154-1 hinsichtlich der Installationshöhe der Dusche (2200 mm $\pm$ 100 mm) bzw. der Armatur (max. 1750 mm über Niveau) und des Platzbedarfs vorgegeben.

Die Absperrarmatur muss nach 90° Drehung oder 200 mm Zug vollständig offen sein. Die zur Bedienung notwendige Kraft darf nicht mehr als 100 N bzw. 7 Nm Drehmoment betragen. Körperduschen müssen nach 1 s ganz geöffnet sein. Die Absperrarmatur darf nach dem Öffnen nicht selbstständig schließen. Der Duschkopf muss sich zwischen Absperrarmatur und Ausfluss selbstständig entleeren.

2.2 Augenduschen mit Wasseranschluss

Augenduschen mit Wasseranschluss müssen eine konstante Wasserabgabe von 6 l/min für mind. 15 min. gewährleisten. Die Wassergeschwindigkeit muss niedrig sein, damit der Benutzer nicht verletzt wird. Die Austrittsöffnungen müssen vor Luftverunreinigungen geschützt sein, dieser Schutz muss aber im Bedarfsfall schnell zu entfernen sein.

Der erzeugte Strahl muss zwischen 100 und 300 mm hoch sein, bevor er umkippt oder in sich zusammenfällt.

Analog der Körperduschen muss die Wasserqualität Trinkwasser oder Wasser ähnlicher Qualität sein. Diese Qualität darf von den Werkstoffen der Dusche nicht beeinflusst werden.

Als Wassertemperatur wird lauwarmes Wasser empfohlen. Die Mindesttemperatur ist dabei 15 °C. Temperaturen über 37 °C haben sich als schädlich für die Augen erwiesen.

Zusätzliche Anforderungen enthält DIN EN 15154-2 hinsichtlich der Installationshöhe der Augendusche (1000 mm $\pm$ 200 mm).

Analog der Körperduschen muss die Absperrarmatur nach 90° Drehung oder 200 mm Zug vollständig offen sein. Die zur Bedienung notwendige Kraft darf nicht mehr als 100 N bzw. 7 Nm Drehmoment betragen. Körperduschen müssen nach 1 s ganz geöffnet sein. Die Absperrarmatur darf nach dem Öffnen nicht selbstständig schließen.

Die Augendusche muss es ermöglichen, beide Augenlieder offenzuhalten, während sich die Augen im Wasserstrahl befinden.

2.3 Körperduschen ohne Wasseranschluss

Körperduschen ohne Wasseranschluss werden unterschieden in:
- fest installierte Körperduschen
- transportable Körperduschen
- tragbare Körperduschen

Fest installierte Körperduschen müssen ein Nutzvolumen von mindestens 100 l besitzen (oder bei anderen Spülflüssigkeiten Volumen mit gleichwertiger Wirksamkeit).

Transportable Körperduschen müssen ein Nutzvolumen von mindestens 15 l besitzen (oder bei anderen Spülflüssigkeiten Volumen mit gleichwertiger Wirksamkeit). Sie müssen Rollen oder Räder für einen einfachen Transport haben.

Das Gewicht tragbarer Körperduschen muss kleiner als 15 kg sein. Tragbare Körperduschen müssen ein Nutzvolumen von mind. 10 l besitzen (oder bei anderen Spülflüssigkeiten Volumen mit gleichwertiger Wirksamkeit).

Die Spülflüssigkeit muss aus Wasser oder Lösungen bestehen und darf nicht toxisch oder anderweitig gefährlich für den Benutzer sein. Bei Wasser muss die Wasserqualität Trinkwasser oder Wasser ähnlicher Qualität sein. Lösungen müssen den jeweiligen normativen Vorgaben entsprechen.

Bei Benutzung muss auf jedes Körperteil ein geregelter Strom von Flüssigkeit treffen und zwar so, dass der Benutzer nicht verletzt wird.

Die Qualität der Flüssigkeit darf von den Werkstoffen der Dusche nicht beeinflusst werden.

Das Nutzvolumen der Spülflüssigkeitsbehälter muss ausreichen, um eine sofortige Spülung zu liefern.

2.4 Augenduschen ohne Wasseranschluss

Augenduschen ohne Wasseranschluss werden unterschieden in:
- transportable Körperduschen
- tragbare Körperduschen
- persönliche Augenduschen

Sie können Einmalaugenduschen oder Mehrfachaugenduschen (als Einwegprodukt bzw. zur Wiederbefüllung) sein.

Transportable Augenduschen von 2 kg bis 15 kg benötigen Handgriffe oder müssen mit Transportmitteln bewegbar sein. Über 15 kg müssen Augenduschen mit Rollen ausgestattet sein.

Das Gewicht tragbarer Augenduschen muss kleiner als 2 kg sein. Das Nutzvolumen muss mind. 400 ml betragen (oder bei anderen Spülflüssigkeiten Volumen mit gleichwertiger Wirksamkeit).

Persönliche Augenduschen müssen mindestens 150 ml (oder bei anderen Spülflüssigkeiten Volumen mit gleichwertiger Wirksamkeit) aufweisen und für eine Sofortspülung ausreichen.

Die Spülflüssigkeit muss aus Wasser oder Lösungen bestehen und darf nicht toxisch oder anderweitig gefährlich für den Benutzer sein. Bei Wasser muss die Wasserqualität Trinkwasser oder Wasser ähnlicher Qualität sein. Lösungen müssen den jeweiligen normativen Vorgaben entsprechen.

Bei Benutzung muss auf den ganzen Bereich des Auges einschließlich der Augenlider ein geregelter Strom von Flüssigkeit treffen und zwar so, dass das Auge des Benutzers nicht verletzt wird.

Die Qualität der Flüssigkeit darf von den Werkstoffen der Dusche nicht beeinflusst werden.

Einmalaugenduschen und Mehrwegaugenduschen benötigen einen manipulationssicheren Verschluss.

Bei Mehrwegaugenduschen muss eine Kontamination und Infektion ausgeschlossen werden.

Bei wiederbefüllbaren Augenduschen muss ein Kennzeichnen und Wiederkennzeichnen mit Fülldatum und Verfallsdatum möglich sein.

Die Aktivierungszeit von Augenduschen (auch mit geschlossenen Augen) darf max. 5 s sein.

3 Kennzeichnung und Prüfung

Eine gute Erreichbarkeit der Sicherheitsnotduschen ist zu gewährleisten. Der Zugang muss ständig freigehalten werden.

Der Standort von Körperduschen muss mit dem Rettungszeichen E012 «Notdusche» nach ASR A1.3 gekennzeichnet sein.

Der Standort von Augenduschen muss mit dem Rettungszeichen E011 «Augenspüleinrichtungen» nach ASR A1.3 gekennzeichnet sein.

Nach Abschn. 7.2 BGI 850-0 müssen Körper- und Augennotduschen mind. einmal monatlich durch eine vom Unternehmer beauftragte Person auf Funktionsfähigkeit geprüft werden.

Bei der Prüfung sind neben dem Volumenstrom das Bild der Wasserverteilung des Kopfes und die Qualität des Wassers durch Inaugenscheinnahme zu beurteilen. So bleiben die Betätigungsventile leichtgängig und der Duschkopf durchgängig. Durch häufigen Wasserwechsel lassen sich zudem Verunreinigungen und Verkeimungen der Wasserleitung vermeiden.

Es ist zu empfehlen, Augennotduschen häufiger zu betätigen.

Katrin Höhn

Sicherheitsregeln für Arbeiten an elektrischen Anlagen

Zur Verhinderung von Unfällen durch elektrischen Schlag und als Voraussetzung für ein sicheres Arbeiten an elektrischen Anlagen, müssen Grundregeln der Elektrotechnik eingehalten werden. Diese als «5 Sicherheitsregeln» zusammengefassten Handlungsaufforderungen lauten:

- Freischalten,
- Gegen Wiedereinschalten sichern,
- Spannungsfreiheit allpolig feststellen,
- Erden und Kurzschließen,
- Benachbarte, unter Spannung stehende Teile abdecken oder abschranken.

Diese 5 Regeln sollen vor den Arbeiten an elektrischen Anlagen in der genannten Reihenfolge angewendet und nach Beendigung der Arbeiten in umgekehrter Reihenfolge aufgehoben werden.

Gesetze, Vorschriften und Rechtsprechung

- BGR A3 «Arbeiten unter Spannung»
- BGI 519 «Sicherheit bei Arbeiten an elektrischen Anlagen»
- BGI 548 «Elektrofachkräfte»

- DIN VDE 0105-100 (VDE 0105-100:2009-10) «Betrieb von elektrischen Anlagen Teil 100: Allgemeine Festlegungen»
- DIN EN 61243-1 (VDE 0682-411:2010-09) «Arbeiten unter Spannung – Spannungsprüfer – Teil 1: Kapazitive Ausführung für Wechselspannungen über 1 kV»
- DIN EN 61243-2 (VDE 0682-412:2001-12) «Arbeiten unter Spannung – Spannungsprüfer – Teil 2: Resistive (ohmsche) Ausführungen für Wechselspannungen von 1 kV bis 36 kV»
- DIN EN 61243-3 (VDE 0682-401:2011-02) «Arbeiten unter Spannung – Spannungsprüfer – Teil 3: Zweipoliger Spannungsprüfer für Niederspannungsnetze (IEC 61243-3:2009)»;
- DIN EN 61243-5 (VDE 0682-415:2002-01) «Arbeiten unter Spannung – Spannungsprüfer – Teil 5: Spannungsprüfsysteme»

1 Freischalten

Das Freischalten ist in der Elektrotechnik das allseitige Ausschalten oder Abtrennen einer elektrischen Anlage oder eines Teils der → *elektrischen Anlage* von allen nicht geerdeten Leitern. Das Trennen der jeweiligen Leitung erfolgt allpolig und allseitig.

Das Freischalten elektrischer Anlagen und Betriebsmittel kann z. B. erfolgen durch:

- Betätigen von Hauptschaltern,
- fachgerechtes Entfernen von Sicherungen,
- Ziehen von Steckverbindungen.

> **Achtung: Der Zustand der Spannungsfreiheit ist keine Bestätigung der vollzogenen Freischaltung**
>
> Eine festgestellte Spannungsfreiheit bietet nicht die Gewähr dafür, dass die elektrische Anlage für die Dauer der auszuführenden Arbeiten wirksam allseitig und allpolig ausgeschaltet oder abgetrennt wurde.

In den Fällen, in denen die aufsichtführende oder die allein arbeitende Person nicht selbst freischaltet, sondern eine Freischaltung z. B. über eine Leitwarte erfolgt, müssen organisatorische Regelungen zur Gewährleistung der Sicherheit getroffen werden.

Unter der Angabe von Name, Dienststelle bzw. Betrieb ist der Vollzug der Freischaltung dem Aufsichtsführenden bzw. Arbeitenden schriftlich, fernschriftlich (elektronisch), telefonisch oder mündlich zu melden. Von ihnen werden mündliche oder telefonische Meldungen gegenüber der freischaltenden Stelle wiederholt. Anschließend muss die Gegenbestätigung der Freischaltung abgewartet werden. Unzulässig ist das Arbeiten an elektrischen Anlagen auf Grundlage einer gegenseitigen Verabredung auf einen Freischaltzeitpunkt bei gleichzeitigem Verzicht auf die erforderlichen Meldungen.

> **Wichtig: Freischaltung von Beleuchtungsanlagen**
>
> Bei elektrischen Beleuchtungsanlagen unterbricht der Installationsschalter nur einen Leiter. Bei Arbeiten an diesen elektrischen Anlagen ist der Leitungsschutzschalter auszuschalten, die Sicherungseinsätze oder die einschraubbaren Leitungsschutzschalter herauszunehmen, denn bei fehlerhafter Installation kann sogar bei ausgeschalteter Beleuchtung an beiden Zuleitungen zur Leuchte die volle Netzspannung anliegen.

2 Gegen Wiedereinschalten sichern

Unter dem Sichern gegen Wiedereinschalten versteht man Handlungen zum wirksamen Verhindern eines irrtümlichen Einschaltens einer → *elektrischen Anlage* an der im spannungsfreien Zustand gearbeitet wird oder gearbeitet werden soll. Mit dieser Maßnahme sollen Unfälle verhütet werden, die dadurch entstehen, dass eine Anlage bzw. ein Betriebsmittel, an der/dem gearbeitet wird, durch irrtümliches Wiedereinschalten plötzlich unter Spannung steht. Grundsätzlich müssen alle Betätigungs- und Trennvorrichtungen, z. B. Leitungsschutzschalter, Steuerorgane, Schaltknöpfe, Schalter, Trennstücke, Sicherungen, mit denen die Spannungsfreiheit hergestellt wurde, gegen Wiedereinschalten gesichert werden.

Sicherheitsregeln für Arbeiten an elektrischen Anlagen

Die Art der Sicherung hängt u. a. von der jeweiligen Anlage und den Zutritts- bzw. Zugriffsmöglichkeiten für Laien oder Unbefugte ab. Möglichkeiten zur Sicherung gegen Wiedereinschalten sind:

- Abschließen der Betätigungs- und Trennvorrichtungen mit einem Vorhängeschloss (Sperrschloss);
- Einsatz abschließbarer Sperrelemente;
- Abschließen des Schaltschranks oder des Sicherungskastens;
- Aufsetzen einer Schutzabdeckung für Leitungsschutzschalter;
- Einsetzen von Einsätzen mit Warnaufdruck z. B. für Diazed- und Neozedsicherungen;
- Einschrauben bzw. Einsetzen von Sperrstöpseln oder NH-Blindelementen, die isoliert und nur mit einem Spezialsteckschlüssel zu entfernen sind;
- Anbringen eines Schaltverbotsschildes (z. B. mit Angabe des Ortes der Arbeiten, des Datums und der befugten Person zur Aufhebung der Sicherung) (s. **Abb.1**);
- Setzen einer virtuellen Schaltsperre (durch Softwarekonfiguration) in ferngesteuerten Hochspannungsanlagen;
- Zuverlässiges Übertragen der Stellungsanzeige zur Fernsteuerstelle (Leitwarte) durch sichere Übertragungswege.

Abb.1: Schaltverbotsschild

Herausgenommene Leitungsschutzschalter oder Sicherungseinsätze zum Abtrennen der Leitungen sind sicher zu verwahren. Für Betätigungsvorrichtungen (z. B. Schalter), die mit einem hydraulischen, pneumatischen, elektrischen oder mechanischen Kraftantrieb funktionieren, sind vorhandene Einrichtungen zur Unterbrechung der Antriebskraft (Absperren der Druckluft, Entlüften bzw. Ablassen der Rohrleitungen, Entkuppeln, Unterbrechen des Steuerstromes usw.) zu benutzen.

> **Wichtig: Anbringen von Verbotsschildern**
>
> Verbotsschilder dürfen nicht an aktive Teile der elektrischen Anlage gehängt werden. Sie müssen außerdem so befestigt werden, dass sie sich nicht lockern und herunterfallen können. Ist eine Gefahr durch eine Berührung von Teilen, die unter Spannung stehen, gegeben, müssen Schild und Aufhängevorrichtung aus Isolierstoff bestehen.

Für das Sichern gegen Wiedereinschalten gibt es viele ausgereifte und erprobte technische Lösungen. Im Rahmen der → *Gefährdungsbeurteilung* und dem damit verbundenen Festlegen der Schutzmaßnahmen sind die geeigneten Lösungen zu planen und vor Beginn der Arbeiten bereit zu stellen. Insbesondere bei ferngesteuerten, elektrischen Anlagen, bei denen die Sicherung gegen Wiedereinschalten durch programmierte (virtuelle) Sperren erfolgt, muss an auffälliger Stelle eine Anweisung ausgehängt werden, auf der benannt ist, auf wessen Anweisung bzw. mit wessen Zustimmung Schalthandlungen durchgeführt werden dürfen. Diese eingeschränkten Befugnisse für Schalthandlungen können dem Personal z. B. in Form einer → *Betriebsanweisung* bekannt gegeben werden.

3 Spannungsfreiheit allpolig feststellen

Unter dem Feststellen der Spanungsfreiheit werden die Tätigkeiten an einer Arbeitsstelle bezeichnet, bei denen mit einem geeigneten Prüfgerät der spannungsfreie Zustand der → *elektrischen Anlage* zuverlässig festgestellt wird. Elektrische Anlagen sind unabhängig von ihrem

Schalt- oder Betriebszustand grundsätzlich als spannungsführend anzusehen, bis das Gegenteil (Spannungsfreiheit) festgestellt wurde. Auch nach dem Freischalten kann aus verschiedenen Gründen (Ersatzstromversorgung, Rücktransformation, Hilfseinspeisung, Induktion (parallele Leiter), Kapazitäten in der Anlage, falsche freigeschaltete Leitung, unbekannte Querverbindungen) an einer Anlage eine elektrische Spannung anliegen. Die Spannungsfreiheit muss allpolig an der Arbeitsstelle oder so nahe wie möglich an ihr festgestellt werden. Diese Arbeiten dürfen nur durch eine → *Elektrofachkraft* oder durch eine → *elektrotechnisch unterwiesene Person* durchgeführt werden.

> **Achtung: Arbeiten unter Spannung**
>
> Das Feststellen der Spannungsfreiheit an elektrischen Anlagen gilt als → *Arbeiten unter Spannung*. Eine Gefahr für den Prüfer besteht sowohl bei höheren als auch bei niedrigeren Anlagenspannungen (elektrischer Schlag, Lichtbogenbildung). Daher dürfen diese Tätigkeiten nur von hierzu → *befähigten Personen* mit den geeigneten Prüfmitteln ausgeführt werden.

Spannungsprüfer dürfen nur bei der Nennspannung/dem Nennspannungsbereich eingesetzt werden, die am Typenschild angegeben ist. Diese Angabe befindet sich auch in der Bedienanleitung des Prüfmittelherstellers. Spannungsprüfer für Anlagen mit Nennspannungen über 1 kV (gemäß DIN EN 61243-1/VDE 0682-411) ist ein einpolig an das zu prüfende Anlageteil anzulegendes Gerät. Es gibt 2 mechanisch unterschiedliche Bauarten, Spannungsprüfer als zusammengehörige Bauart und Spannungsprüfer als getrennte Bauart.

> **Achtung: Spannungsprüfer auf Funktion testen**
>
> Spannungsprüfer sind unmittelbar vor und nach ihrem Einsatz auf ihre Funktion zu überprüfen. Der Vorab-Test dient der Feststellung von Defekten oder Mängeln. Der Test nach der Spannungsprüfung soll zeigen, ob das Prüfmittel während der Messung einen Defekt davongetragen hat. Bei Spannungsprüfern, die keine Eigenprüfvorrichtung haben, erfolgt die Prüfung auf einwandfreie Funktion stets durch Anlegen an ein unter Betriebsspannung stehendes Anlageteil.

4 Erden und Kurzschließen

Unter den Begriffen Erden und Kurzschließen werden die Handlungen zusammengefasst, bei denen die Leiter und die Erdungsanlage mit kurzschlussfesten Erdungs- und Kurzschließvorrichtungen miteinander verbunden werden. Das Erden und Kurzschließen bezieht sich grundsätzlich auf die Anlagenteile, an denen im spannungsfreien Zustand gearbeitet werden soll. Die Maßnahme dient dem unmittelbaren Schutz aller dort Beschäftigten gegen die Gefahren eines → *elektrischen Schlags*. Mit dem Erden und Kurzschließen soll erreicht werden, dass bei irrtümlichem Einschalten die vorgeschalteten Überstromschutzeinrichtungen auslösen und dass sich parallel liegende Leitungen (z. B. bei Freileitungen) nicht aufladen.

> **Wichtig: Erst erden, dann kurzschließen**
>
> Die verwendete Erdungs- und Kurzschließvorrichtung ist stets zuerst mit der Erdungsanlage oder einem Erder und dann mit dem zu erdenden Anlagenteil zu verbinden, falls Erdung und Kurzschließung nicht gleichzeitig, z. B. mit einem Erdungsschalter, durchgeführt werden.

Einrichtungen zum Erden und Kurzschließen (Erdungs- und Kurzschließvorrichtungen) sind z. B.:
- Erdungsschalter,
- Erdungswagen,
- Anschließstellen,
- Seile oder Schienen mit ausreichendem Querschnitt.

An der Arbeitsseite dürfen Erdungs- und Kurzschließseile aus Kupfer mit einer Querschnittsfläche von 25 mm² verwendet werden, wenn an allen Ausschaltstellen kurzschlussfest geerdet

Sicherheitsregeln für Arbeiten an elektrischen Anlagen

und kurzgeschlossen wurde. Dies gilt für Ausschaltstellen von → *elektrischen Anlagen* und Freileitungen mit Nennspannung über 1 kV.

Ist Erdung und Kurzschließung nicht sichtbar, dann muss zusätzlich eine Erdung oder eine Anzeigevorrichtung oder eine eindeutige Kennzeichnung an der Arbeitsstelle angebracht werden (**Abb. 2** bzw. 3).

Abb. 2: Symbol für Schutzerde

Abb.3: Symbol für Erde (allg.)

> **Achtung: Sichtbarkeit**
> Erdung und Kurzschließung müssen von der Arbeitsstelle aus sichtbar sein.

Auf gute Kontaktgabe an den Erdungs- und Kurzschlussstellen muss geachtet werden. Nicht isolierte Freileitungen und blanke elektrische Leiter, die in den jeweiligen Arbeitsbereich hineinführen, sind ebenfalls allseitig und allpolig zu erden und kurzzuschließen.

5 Abdecken oder Abschranken benachbarter, unter Spannung stehender Teile

Zum Abdecken oder Abschranken benachbarter, unter Spannung stehender Teile → *elektrischer Anlagen* gehören alle Tätigkeiten bei denen aktive Teile, deren spannungsfreier Zustand nicht hergestellt werden kann und die eine Gefahr für das Arbeiten an der elektrischen Anlage bedeuten, ausreichend mechanisch geschützt werden.

Da das Arbeiten in der Nähe unter Spannung stehender Teile möglichst zu vermeiden ist (Gefährdungsvermeidung), ist immer zu prüfen, ob der spannungsfreie Zustand der benachbarten aktiven Teile hergestellt werden kann. Ergibt diese Prüfung, dass ein Arbeiten im spannungsfreien Zustand der benachbarten Anlagenteile nicht realisiert werden kann, müssen diese aktiven Teile für die Dauer der Arbeiten durch Abdeckungen oder Abschrankungen geschützt werden. Dabei sind insbesondere die Höhe der Spannung, der Arbeitsort, die Art der Arbeit und die dafür eingesetzten → *Arbeitsmittel* zu berücksichtigen.

Bei der Aufstellung von Abschrankungen ist darauf zu achten, dass der Mindestabstand zwischen Mensch und Gefahrstelle, bei dem die Gefahrstelle nicht mehr erreichbar ist, eingehalten wird. Hierfür sind Annäherungszonen definiert, die als begrenzte Bereiche sich an die Gefahrenzonen anschließen und außen durch den Schutzabstand D_v begrenzt werden.

> **Wichtig: Umfang der Sicherung**
> Es ist immer darauf zu achten, dass alle unter Spannung stehenden Anlagenteile, die die tätigen Personen unmittelbar oder auch mittelbar z. B. durch Arbeitsmittel, Werkstücke, Leitungsschienen, → *Leitern* oder Gerüstteile gefährden, abgedeckt sind. Sind Abdeckungen nicht zu realisieren, können auch Absperrungen, die ein gefährliches Annähern verhindern sollen, eingesetzt werden.

Die eingesetzten Abdeckungen müssen ausreichend isolierend und allen zu erwartenden mechanischen Beanspruchungen gewachsen sein. In Hochspannungsanlagen müssen die angegebenen Mindestabstände zwischen Abdeckungen und unter Spannung stehenden Teilen eingehalten werden.

> **Achtung: Isolierende Formstücke oder Gummimatten sind nur in Anlagen bis 1.000 V einsetzbar!**
>
> Diese Abdeckungen müssen so befestigt sein, dass sie nicht verrutschen können. In Anlagen über 1.000 V isolierende Schutzplatten verwenden. Isolierende Schutzplatten sollten in einen geöffneten Trenner eingeschoben werden, da Trennschalter, die zum Freischalten von Anlageteilen bzw. zum Herstellen der erforderlichen Trennstrecke benutzt werden, mit ihrer Zuleitungsseite unter Spannung stehen.

Möglichkeiten des Abdecken oder Abschrankens sind:

- isolierende Tücher/Abdecktücher
- Schläuche,
- Isolierende Schutzplatten/Kunststoffabdeckungen,
- Absperrgitter,
- Einschiebwände oder -gitter z. B. für offene Innenraumschaltanlagen ohne Zwischenwände,
- Absperrschranken,
- Seile.

Zur Kennzeichnung der Gefahrenbereich können zum Einsatz kommen:

- Warntafeln
- Warnbänder

> **Achtung: Kennzeichnung ist nicht gleich Absperrung**
>
> Die Kennzeichnung der Gefahrenbereiche mit Flaggen oder Flatterleinen ersetzt nicht die geforderte Abschrankung. Insbesondere das rot-weiße Flatterband, häufig auch als Absperrband bezeichnet, ist nur eine Form der Kennzeichnung und keine wirksame Absperrung eines Gefahrenbereiches.

Das Anbringen von Abdeckungen auf unter Spannung stehenden Teilen gilt als Arbeiten an unter Spannung stehenden Teilen. Ist ein gefahrloses Anbringen nicht möglich, muss die ausführende Person eine geeignete → *Persönliche Schutzausrüstung* tragen.

Sicherheitsschränke

Sicherheitsschränke dienen zur Lagerung von Gefahrstoffen in Arbeitsräumen. Es sind ortsfeste Schränke mit begrenztem Inhalt, die aus einem Korpus mit Brandschutzisolierung, Zu- und Abluftventilen und Erdungsanschluss bestehen. Sicherheitsschränke sollen vor allem Brand- und Explosionsgefahren ausschalten und im Brandfall verhindern, dass die darin gelagerten Stoffe den Brand fördern oder zu Explosionen führen. Im Notfall sollen Beschäftigte und Dritte ausreichend Zeit haben, den betroffenen Bereich gefahrlos zu verlassen und Notfall- und Rettungspersonal und Feuerwehrleute gefahrlosen Zugang haben. Auch giftige und ätzende Stoffe müssen in Sicherheitsschränken gelagert werden, u. a. um unbefugten Zugriff zu verhindern.

Gesetze, Vorschriften und Rechtsprechung

Für Sicherheitsschränke und die sichere Aufbewahrung von brennbaren Flüssigkeiten bzw. von Gasen sind grundlegend §§ 8 Abs. 6, 12 Gefahrstoffverordnung (GefStoffV) und die Betriebssicherheitsverordnung (BetrSichV). Es gelten auch:

- TRBS 1201 Teil 1 «Prüfung von Anlagen in explosionsgefährdeten Bereichen und Überprüfung von Arbeitsplätzen in explosionsgefährdeten Bereichen»
- TRBS 1201 Teil 2 «Prüfungen bei Gefährdungen durch Dampf und Druck»
- TRBS 2141 «Gefährdungen durch Dampf und Druck» (Teile 1, 2 und 3)
- TRBS 2152 «Gefährliche explosionsfähige Atmosphäre» (Teile 1, 2, 3 und 4)
- TRBS 2153 «Vermeidung von Zündgefahren infolge elektrostatischer Aufladungen»

- TRGS 510 «Lagerung von Gefahrstoffen in ortsbeweglichen Behältern»
- DIN EN 14470, Teile 1 und 2 «Feuerwiderstandsfähige Lagerschränke».

1 Ausführungen von Sicherheitsschränken

Wichtiges Kriterium für Sicherheitsschränke ist die **Feuerwiderstandsfähigkeit (FWF)** im Brandfall. Sicherheitsschränke werden je nach Ausführung in verschiedene Feuerwiderstandsklassen eingeteilt. Gegen eine mögliche elektrostatische Aufladung und damit verbundene Explosionsgefahr müssen Sicherheitsschränke mit einem Erdungsanschluss ausgestattet sein. Ein Abluftanschluss gewährleistet, dass eine technische Lüftung installiert werden kann. Sicherheitsschränke müssen grundsätzlich geschlossen gehalten werden, mit entsprechenden Warnzeichen gekennzeichnet und für Unbefugte unzugänglich sein. Die Eigenschaften der gelagerten Stoffe bestimmen die Ausführung des Sicherheitsschrankes.

1.1 Sicherheitsschränke für entzündbare Flüssigkeiten

Die Gefahrstoffverordnung teilte brennbare Flüssigkeiten in Abhängigkeit vom Flammpunkt bisher in entzündlich, leicht- und hochentzündlich ein, nach CLP-Verordnung werden sie nun als extrem bzw. leicht entzündbar und entzündbar bezeichnet. → *Brennbare Flüssigkeiten* dürfen am Arbeitsplatz nur in den Mengen bereitgehalten werden, die zum Fortgang der Arbeit notwendig sind. Es darf nur der Tagesbedarf bzw. der Bedarf für eine Schicht am Arbeitsplatz vorhanden sein. Darüber hinausgehende Mengen müssen in Arbeitsräumen sicher gelagert werden – und das ist nur in Sicherheitsschränken gewährleistet (vgl. Abschn. 4.15.1 TRGS 526).

Für die Lagerung entzündbarer Flüssigkeiten in Sicherheitsschränken gilt (s. Anlage 3 Nr. 1 TRGS 510):

- Die sicherheitstechnischen Anforderungen gelten als erfüllt, wenn Sicherheitsschränke mind. die Anforderungen der DIN EN 14470-1 erfüllen und eine Feuerwiderstandsfähigkeit (FWF) von mind. 90 Minuten aufweisen: Typ 90 hält unter definierten Bedingungen einem Feuer von innen und außen 90 Minuten lang stand.
- Unter bestimmten Bedingungen kann eine FWF von mind. 30 Minuten ausreichend sein.
- Alternativ können vorhandene Sicherheitsschränke nach DIN 12925-1 mit FWF 20 weiterhin betrieben werden (Bestandsschutz).
- Es muss eine Betriebsanweisung erstellt, die Mitarbeiter müssen unterwiesen werden.

Wichtig: Wichtige Inhalte der Betriebsanweisung

- Im Sicherheitsschrank darf ausschließlich gelagert und z. B. nicht umgefüllt werden;
- Verpackungen dürfen an der Außenseite keine Kontaminationen aufweisen;
- Schutzmaßnahmen, falls eine explosionsfähige Atmosphäre entstehen kann;
- Maßnahmen nach einem Brandfall, z. B. bzgl. gefahrlosem Öffnen des Sicherheitsschranks.

Werden entzündbare Flüssigkeiten in Sicherheitsschränken gemäß Anlage 3 gelagert, gelten die Anforderungen von Abschn. 12 TRGS 510 als erfüllt.

Achtung: Regelungen für bestimmte Gefahrstoffe

In Sicherheitsschränken in Arbeitsräumen dürfen folgende Stoffe nicht zusammen gelagert werden:

- Entzündbare Flüssigkeiten zusammen mit Stoffen, die zur Entstehung von Bränden führen können, z. B. selbstzersetzliche oder pyrophore Stoffe (s. Anlage 3 Nr. 1 Abs. 7 TRGS 510)
- Stoffe mit einer Zündtemperatur unter 200 °C sowie Stoffe, die mit R12 oder H224 eingestuft sind, dürfen nur in belüfteten Schränken mit mind. FWF 90 gelagert werden, dabei muss eine frühzeitige Branderkennung und -bekämpfung sichergestellt sein (s. Anlage 3 Nr. 1 Abs. 8 TRGS 510).

Lageranlagen für entzündbare, leicht- und extrem entzündbare Flüssigkeiten mit einem Gesamtrauminhalt von mehr als 10.000 l sind überwachungsbedürftige Anlagen (§ 1 Abs. 2 Nr. 4 BetrSichV).

Sicherheitsschränke für brennbare Flüssigkeiten sind – je nach Eigenschaften der gelagerten Stoffe – mit oder ohne technische Lüftung ausgestattet.

1.1.1 Sicherheitsschrank mit technischer Lüftung

Die technische Lüftung verhindert im Normalbetrieb, dass im Innern des Sicherheitsschranks eine explosionsfähige Atmosphäre entsteht. Die Abluft muss an eine ungefährdete Stelle geführt werden, i. d. R. durch den Anschluss an eine Abluftanlage, die ins Freie führt (Anlage 3 Nr. 2.1 TRGS 510).

1.1.2 Sicherheitsschrank ohne technische Lüftung

Sicherheitsschränke ohne technische Lüftung müssen über einen Potenzialausgleich geerdet werden. Sie sollen das Lagergut im Brandfall davor schützen, dass es sich erwärmt oder sich entstehende explosionsfähige Gemische entzünden.

Im Schrankinnern dürfen sich keine Zünquellen befinden. Kann dies nicht ausgeschlossen werden, müssen im Rahmen der Gefährdungsbeurteilung geeignete Maßnahmen festgelegt und umgesetzt werden, mind. entsprechend der Zone 2 nach TRBS 2152, Teil 3 (Anlage 3 Nr. 2.2 TRGS 510).

1.2 Sicherheitsschränke für Druckgasflaschen (Sicherheitszelle)

Druckgasflaschen sollten bevorzugt außerhalb von Arbeitsräumen aufgestellt bzw. gelagert werden. Ist eine Lagerung in Arbeitsräumen dennoch notwendig, weil keine Lagerung im Freien möglich ist bzw. keine zentrale Gasversorgung existiert, müssen Druckgasflaschen in Sicherheitsschränken gelagert werden (für Labore s. TRGS 526 und BGI 850-0). In Arbeitsräumen dürfen Druckgasbehälter nur in Sicherheitsschränken mit einer FWF von mind. 30 Minuten gelagert werden, geeignet sind sie insbesondere, wenn sie der DIN EN 14470-2 entsprechen (Abschn. 10.3 Abs. 3 TRGS 510).

Die EN 14470-2 gilt für Sicherheitsschränke für Druckgasflaschen mit einem Gesamtvolumen von max. 220 l und legt u. a. Folgendes fest:

Sicherheitsschränke für Druckgasflaschen sind in Abhängigkeit von der Feuerwiderstandsfähigkeit in 4 Klassen eingeteilt: G 15, 30, 60, 90. Ein Sicherheitsschrank der Klasse G 90 hält einem Brand 90 Minuten lang stand. Wegen der erhöhten Gefahr müssen Sicherheitsschränke für Druckgasflaschen an ein technisches Lüftungssystem angeschlossen werden und so mind. einen 10-fachen Luftwechsel gewährleisten. Für bestimmte → *Gase* ist sogar ein mind. 120-facher Luftwechsel pro Stunde vorgeschrieben. Die Luftwechselrate ist also abhängig vom Gefährdungspotenzial der gelagerten Gase.

> **Praxis-Beispiel: Eigenschaft bestimmt Luftwechselrate**
> - Akut toxische Gase der Kategorien 1 bis 3 bzw. sehr giftige und giftige Gase (H330 oder H331 bzw. R23 oder R26) dürfen nur in technisch belüfteten Sicherheitsschränken mit 120-fachem Luftwechsel pro Stunde gelagert werden.
> - Oxidierende Gase (H270 bzw. R8) oder entzündbare Gase (H220 oder H221 bzw. R12) dürfen nur in technisch belüfteten Sicherheitsschränken mit 10-fachem Luftwechsel pro Stunde gelagert werden (Abschn. 10.3 Abs. 3 TRGS 510).

Der Sicherheitsschrank ist mit dem Warnzeichen W029 «Warnung vor Gasflaschen» sowie weiteren Warnzeichen – entsprechend der Eigenschaften der gelagerten Gase – zu kennzeichnen.

1.3 Sonstige Sicherheitsschränke

Da → *Gefahrstoffe* Gesundheit und Umwelt schaden können, werden auch Sicherheitsschränke verwendet für:

- Gefahrstoffe, die gekühlt gelagert werden müssen;
- nicht brennbare Flüssigkeiten: Säuren, Laugen, Gifte, Wasser gefährdende Stoffe;

- Gefahrstoffe, die kombiniert gelagert werden.

2 Zusammenlagerung von Chemikalien

Die TRGS 510 gibt Informationen darüber, was zusammen, getrennt oder separat gelagert werden soll (s. Abschn. 7 TRGS 510). Grundsätzlich ist eine → *Zusammenlagerung* – auch in Sicherheitsschränken – nur dann zulässig, wenn dadurch keine Gefährdungserhöhung entsteht. Zusammenlagerung ist z. B. dann möglich, wenn gleiche Temperaturbedingungen erforderlich oder gleiche Löschmittel geeignet sind oder ähnliche Zusammenlagerungsverbote gelten z. B. für:

- Stoffe, die miteinander unter Bildung entzündbarer oder giftiger Gase reagieren oder
- Stoffe, die miteinander unter Entstehung eines Brandes reagieren (Abschn. 7.1 Abs. 8 TRGS 510); Stoffe, die selbst korrosiv sind oder korrosive Gase oder Dämpfe abgeben wie z. B. hochkonzentrierte anorganische Säuren und Laugen dürfen nicht in Sicherheitsschränken zur Lagerung brennbarer Stoffe gelagert werden, da die Funktionsfähigkeit der Absperreinrichtungen für Zu- und Abluft durch Korrosion gefährdet sein kann. .

3 Betriebsanweisung und Prüffristen

Für Sicherheitsschränke ist eine → *Betriebsanweisung* zu erstellen, die z. B. für die Lagerung entzündbarer Flüssigkeiten u. a. auch Angaben darüber enthält, nach welcher Zeit ein Sicherheitsschrank nach einem Brand geöffnet werden darf (s. Anlage 3 Nr. 1 Abs. 6 TRGS 510).

Sicherheitsschränke müssen regelmäßig durch → *befähigte Personen* geprüft werden (§§ 3, 10 BetrSichV, DIN EN 14470). Die Prüffristen werden im Rahmen der → *Gefährdungsbeurteilung* festgelegt.

Bettina Huck

Signalwörter

Mit der Einführung des Global Harmonisierten Systems zur Einstufung und Kennzeichnung von Chemikalien (GHS) werden gefährliche Stoffe u. a. mit sog. Signalwörtern gekennzeichnet. Die Signalwörter beschreiben den relativen Gefährdungsgrad und weisen auf die potenzielle Gefahr beim Umgang mit Stoffen bzw. Gemischen hin. Das Signalwort «Gefahr» ist für «schwerwiegende Gefahrenkategorien» zu verwenden, das Signalwort «Achtung» tragen Stoffe bzw. Gemische der weniger «schwerwiegenden Gefahrenkategorien» als Kennzeichnung. Bei Einstufung eines Stoffs oder Gemischs in mehrere Gefahrenklassen und der Zuordnung beider Signalwörter, ist das Signalwort mit dem höheren Stellenwert nämlich «Gefahr» zu verwenden.

Gesetze, Vorschriften und Rechtsprechung

Die Verwendung von Signalwörtern ist in Art. 20 1272/2008/EG «Einstufung, Kennzeichnung und Verpackung von Stoffen und Gemischen» geregelt.

Bettina Huck

Sitz-Steh-Dynamik

Sitz-Steh-Dynamik ist der häufige Wechsel zwischen Sitzen, Stehen und Bewegen bei der Büroarbeit mit dem Ziel, die einseitige Belastung durch langes Sitzen zu vermeiden. Die Sitz-Steh-Dynamik will einen durch Dauersitzen geprägten Arbeitsstil durch den Wechsel zwischen Sitzen und Stehen zugunsten von mehr Bewegung verändern, um Gesundheit, Wohlbefinden und Leistung zu verbessern. Davon zu unterscheiden ist die Steh-Sitz-Dynamik. Hier geht es um den Wechsel vom Stehen zum Sitzen mit dem Ziel, die einseitige Belastung durch langes Stehen zu vermeiden.

Gesetze, Vorschriften und Rechtsprechung

§ 5 Bildschirmarbeitsverordnung fordert die Sitz-Steh-Dynamik indirekt: «Der Arbeitgeber hat die Tätigkeit der Beschäftigten so zu organisieren, dass die tägliche Arbeit an Bildschirmgeräten durch andere Tätigkeiten oder durch Pausen unterbrochen wird, die jeweils die Belastung durch die Arbeit an Bildschirmgeräten verringern». Die DIN V EN V 26385 zur Gestaltung von Arbeitssystemen fordert, dass der arbeitende Mensch in der Lage sein sollte, zwischen Sitzen und Stehen zu wechseln. Ein Wechsel der Körperhaltungen soll möglich sein. Im berufsgenossenschaftlichen Regelwerk ist die BGI 650 «Bildschirm- und Büroarbeitsplätze» bedeutsam, insbesondere Abschn. 7.3.1.

1 Lebensprinzip Bewegung

Bewegung ist nicht alles, aber ohne Bewegung ist alles nichts. Das Baby benötigt die Bewegung um sein Gehirn überhaupt entwickeln zu können. Bewegung tut Not, auch wenn Sie nur im Bett liegen oder als Astronaut im All der Schwerelosigkeit ausgesetzt sind.

Ohne Bewegung

- keine Atmung,
- kein Herzschlag,
- kein venöser Rückfluss,
- keine Bandscheibenernährung.

Wir stehen auf, um uns zu setzen. Wir sind mobiler, aber nicht bewegter, folglich sind Rückenprobleme durch den Sitzmarathon bereits seit vielen Jahren die Volkskrankheit Nr. 1.

Die Missachtung des Lebensprinzips Bewegung kostet die Gesellschaft Milliarden.

Wissenschaftliche Studien der letzten Jahre haben eindeutig gezeigt, dass keine Lösungen zu erwarten sind, wenn wir das Sitzen noch bequemer machen. Es gilt, das «dynamische System» unseres Körpers anzusprechen, ohne dabei Einbußen in den notwendigen Arbeitsprozessen hinnehmen zu müssen.

Sitzen ist immer eine rückenfeindliche Körperhaltung. Insbesondere das Arbeiten am PC bringt unseren Organismus – ein dynamisches System, bestehend aus 632 Muskeln, die normalerweise über 50 % unserer Körpermaße ausmachen – in eine Zwangshaltung, die «zwangsläufig» zu Schäden führen muss. Der Mensch ist das einzige Wesen auf der Erde, das mit einer senkrechten Körperachse ausgestattet ist. Verändert er diese auf Dauer (8 Stunden Schreibtisch), müssen an der Architektur der Wirbelsäule Schäden entstehen, wie es millionenfach nachgewiesen ist:

Rückenschmerzen waren 2007 für 7,1 % aller Arbeitsunfähigkeitstage verantwortlich, die sonstigen Erkrankungen der Wirbelsäule nochmals für 1,3 %, sonstige Bandscheibenschäden für 2,2 % und Spondylose für 0,7 %. Bei ca. 437 Mio. Arbeitsunfähigkeitstagen entfallen dann etwa 50 Mio. AU-Tage auf die o. g. **Diagnosegruppen**, was einem Produktionsausfall von etwa 4,5 Mrd. EUR und einem Verlust an **Arbeitsproduktivität** von etwa 8,2 Mrd. EUR entspricht"[110].

Die einzige Möglichkeit, diesem Teufelskreis zu entkommen, ist der Wechsel zwischen Sitzen, Stehen und Bewegen – nur das bringt den gesundheitlichen Gewinn. Sitz-Steh-Dynamik und Steh-Sitz-Dynamik beugen durch gezielte Bewegungsförderung bei der Arbeit vor.

Wichtig: Kernpunkte

- Der Wechsel macht's (Nutzungshäufigkeit) d. h. häufiger Wechsel (2- bis 4-mal pro Stunde) ist besser als lange Stehphasen.
- Der Nutzwert entsteht durch den häufigen Wechsel durch den Benutzer (Mitarbeiter).
- Die Arbeitsaufgabe bestimmt das passende Sitz-Steh-Konzept und die dazugehörige Sitz-Steh-Lösung.

---

[110] Quelle: www.dierueckenschule.de/Firmenkurse%20/zahlenmaterial
(www.dierueckenschule.de/Firmenkurse%20/zahlenmaterial)

- Der Mitarbeiter ist der Spezialist an seinem Arbeitsplatz, sein Wissen muss in die Auswahl des Sitz-Steh-Konzeptes und dessen Form einfließen.
- Die Wahlfreiheit unter den beiden Konzepten und den verschiedenen Formen erhöht die Nutzungshäufigkeit durch die Akzeptanz für die selbstbestimmt ausgewählte Lösung.
- Präventive Belege für eine Sitz-Steh-Dynamik weist nur das zum Zonen-Konzept gehörige integrierbare nachrüstbare Stehpult desk von officeplus in einer Langzeitstudie nach.
- Bei der Nutzungshäufigkeit (Nutzwert) bei Sitz-Steh-Tischen (Flächenkonzept) ist die Gasfeder-Lift-Technik der elektromotorischen Verstellung weit überlegen.

Achtung: Nur Benutzen bringt Nutzen

Beschaffte Produkte (z. B. motorisch verstellbarer Tisch) erhalten nur dann einen Nutzwert, wenn Sie vom Mitarbeiter auch zum häufigen Wechsel zwischen Sitzen und Stehen genutzt werden. Damit das angeschaffte Produkt nicht nur theoretisch die beste Lösung ist, sondern durch den Mitarbeiter auch wirklich genutzt wird, sind folgende Punkte zu beachten:

- Mitarbeiter in den Beschaffungsprozess einbinden, denn: Nicht jeder Mitarbeiter ist gleich und so ist ein für alle Mitarbeiter gleichartiges Sitz-Steh-Konzept nicht unbedingt für jeden Mitarbeiter die richtige Lösung.
- Mitarbeiter mit dem Produkt nicht allein lassen, sondern ein Sitz-Steh-Kompetenztraining durchführen.

2 Voraussetzungen einer erfolgreichen Sitz-Steh-Dynamik

Eine erfolgreiche Sitz-Steh-Dynamik braucht die technischen Voraussetzungen für den Wechsel zwischen Sitzen, Stehen und Bewegen (sog. Verhältnisprävention).

- Die Arbeitsaufgabe und -organisation bestimmen die Auswahl der Sitz-Steh-Lösung und nicht die potenziell bequemste Lösung, die der Bürofachhändler empfiehlt, z. B. elektronischer Sitz-Steh-Tisch. Der Wechsel bringt den Gewinn und ein elektronisch verstellbarer, aber nicht genutzter Tisch ist und bleibt eine Fehlinvestition.
- Aus diesem Grund ist neben der richtigen Auswahl der Sitz-Steh-Lösung für die gestellte Arbeitsaufgabe die Einweisung und Aufklärung des Mitarbeiters. Die Mitarbeiter müssen gleichzeitig über den Sinn der Verhältnisse informiert werden (Verhaltensprävention).
- Ein Sitz-Steh-Kompetenztraining ist wichtig, denn was nützt gerade der häufige Wechsel, wenn der Mitarbeiter falsch aufsteht oder hinsitzt.

Wichtig: Was nützt wird auch benutzt

Die Optimierung des Arbeitsplatzes (Verhältnisprävention) ist nur die notwendige, aber nicht ausreichende Bedingung für Sitz-Steh-Dynamik. Erfolgreich ist nur die Umsetzung des dynamischen Arbeitsstils durch dauerhafte Verhaltensänderung – hier ist ein Sitz-Steh-Kompetenztraining am sinnvollsten. Der Wechsel zwischen Sitzen, Stehen und Bewegen bestimmt den Nutzwert – was nützt, wird auch benutzt.

3 Die wichtigsten Anforderungen an die Sitz-Steh-Dynamik

- Häufiger Wechsel der Körperhaltung und 2 bis 4-mal pro Stunde kurz Aufstehen ist günstiger als lange Stehphasen.
- Eine Stehphase sollte nicht länger als 20 Minuten dauern.
- Dynamisches Stehen mit Abstützen der Oberarme entlastet beim Stehen. Ebenso die Verwendung einer Fußstütze, die wir alle aus der Bar kennen.

4 Sitz-Steh-Konzepte und ihre Formen

Der Markt ist unübersichtlich, deshalb lohnt es sich zur besseren Übersicht die Sitz-Steh-Lösungen nach ihrem Grundkonzept und den technischen Formen einzuteilen.

Zu unterscheiden sind bei Sitz-Steh-Arbeitsplätzen 2 grundlegende Konzepte:

- dynamisches Sitz-Steh-Zonenkonzept, d. h., Sitz-Steh-Dynamik findet in einer bestimmten Zone auf der Arbeitsfläche statt;
- statisches Flächenkonzept, d. h., die gesamte Arbeitsfläche wird vom Sitzen zum Stehen gebracht.

Abb. 1 und **2** geben einen Überblick über die wichtigsten Punkte der beiden Konzepte.

- **Definition:** Bestimmte Zonen der Arbeitsfläche werden als feste oder variable Sitz-Stehzone eingerichtet.
- **Begründung:** Die Arbeitsfläche weist Arbeitszonen auf:
  - Schreiben und Lesen,
  - PC-Arbeit und Besprechung,
  - Ablage und Hilfsmittel.
- **Ziel:** Die Arbeitsaufgaben im Stehen werden als Impulsgeber für einen wiederkehrenden Wechsel genutzt.

Abb. 1: Zonenkonzept – Wiederkehrende Arbeitsaufgabe im Stehen sorgt für Wechsel

Die Arbeitsaufgabe und die Nutzung durch den Mitarbeiter entscheiden über das richtige Sitz-Steh-Konzept und die dafür optimal geeignete technische Lösung (Form). Der Nutzwert definiert sich aus dem dauerhaft in den Büroalltag integrierten Haltungswechsel.

Definition:
Die gesamte Tischfläche wird vom Sitzen zum Stehen gebracht.

Ziel:
Alles im Stehen machen zu können.

Technikvarianten:

- gewichtsabhängige Gasfederlift-Technik
- motorische Verstellung
- Scherenverstell-Technik
- Monosäule

Abb. 2: Flächenkonzept – In der Theorie ein schlüssiges Konzept, in der Praxis mit Nutzungsbarrieren versehen

Tab. 1 weist den beiden Konzepten die jeweils verfügbaren Formen (technischen Varianten) zu.

Konzept	Formen	Technikvarianten
	Sitz-Steh-Tisch mit - gewichtsabhängiger Gasfederlifttechnik	- fixes Gewicht - anpassbares Gewicht durch Gewichtsausgleich - Fußauslösung - Handauslösung - In der Breite stufenweise 120, 140, 160, 180 cm verstellbar
	Scherenverstelltechnik	anpassbar von 0-120 kg
	Sitz-Steh-Tisch mit - motorischer Verstellung (besonders auch für Produktionsarbeitsplätze geeignet)	Gestellvarianten - 2 bzw. 4 oder mehrere synchronisierte Füße - in der Breite von 117 – 170 cm stufenlos verstellbar - Monosäule - Innläufer (gute Nachrüstung an Produktionsarbeitsplätze)
		Steuerungsvarianten - Up-down-Schalter - Memotaste mit Sitz- und Stehposition - Speicherfunktion für 2 Nutzer
Zone	**Stehpulte**	Freistehende - mobile freistehende Stehpulte - stationäre freistehende Stehpulte
		Möbelvarianten - Stehcontainer - 3 Ordner hoher Schrank
	Integrierte Stehpulte	Möbelgebundene, herstellerspezifische Stehpulte
		Möbelunabhängige, nachrüstbare Stehpulte - Systeme mit Klemmbefestigung - Systeme mit universeller Haftbefestigung - Pultaufsätze für Schreibtische
	Zonen-Arbeitsplätze	- Gasfederlifttechnik - motorische Verstellung

Tab. 1: Sitz-Steh-Konzepte – Formen und technische Varianten im Überblick

5 Nutzen von Sitz-Steh-Dynamik

Durch die nachhaltige Verbesserung der Bewegungsergonomie durch gesundheitsfördernde Sitz-Steh-Dynamik gewinnen beide Seiten:

- die **Mitarbeiter**, weil ihr Wohlbefinden und ihre Arbeitszufriedenheit am Arbeitsplatz steigen;
- das **Unternehmen**, weil die Produktivität steigt und sich die Qualität der Aufgabenerledigung verbessert – eine klassische Win-Win-Situation.

Das Nutzen-Kosten-Verhältnis (Benefit-Cost-Ratio) kann dabei 1:12 erreichen[111]. Das bedeutet, dass sich für jeden investierten Euro in Sitz-Steh-Dynamik mit integrierten Stehpulten eine Investitionsrendite (Return-on-Investment) von 12 EUR ergibt.

Ein einfaches Rechenbeispiel macht die Dimension des wirtschaftlichen Potenzials deutlich: Ergreift ein Unternehmen keine sitz-steh-dynamischen Maßnahmen, «verschenkt» es pro Mitarbeiterin bzw. Mitarbeiter jährlich

---

[111] officeplus, Evaluation des Einsatzes von office-Stehpulten bei der Drägerwerk AG, 2005.

- 200 EUR wegen Krankheitsausfall,
- 1.500 EUR wegen Produktivitätseinbußen,
- also insgesamt 1.700 EUR.

Bei 18 Millionen Beschäftigten in Verwaltung und Büro sind das jährlich über 30 Mrd. (!) EUR.

Achtung: Ergonomie kein Kostenfaktor
Ergonomie ist ein Wirtschafts-, kein Kostenfaktor. Wer nichts tut, spart am falschen Ende und zahlt drauf.

6 Geschichte der Sitz-Steh-Dynamik

Mit der Idee des integrierten stehplus desk hat ein schwäbischer Erfinder mit der Firma officeplus Rottweil, die Sitz-Steh-Dynamik seit 1992/93 in den Markt getragen. Parallel stellten Firmen wie BZ Plankenhorn, Leuwico, Nestler, Riefler und Reiss bereits Sitz-Steh-Tische für technische Arbeitsplätze (CAD) her. Seit 1996 führen viele Bürohersteller Sitz-Steh-Tische in ihrem Programm. Eine vergleichende Studie über die Effizienz der verschiedenen Sitz-Steh-Konzepte liegt leider noch nicht vor. Nur integrierte Stehpulte belegen in Langzeitstudien Ihren Nutzen.

7 Institutionen und Links

Innovative Systemergonomie und Gesundheit

Lebensprinzip Bewegung

Michael Schurr

Sonderbauten

Sonderbauten sind bauliche Anlagen, Gebäude oder Räume, die besondere Eigenschaften im Hinblick auf ihre Art, Größe oder Höhe aufweisen bzw. für eine besondere Nutzung vorgesehen sind. Dazu gehören z. B. Hochhäuser, Versammlungsstätten, Krankenhäuser oder Schulen. Sonderbauten werden auch als «Gebäude und Anlagen besonderer Art und Nutzung» bezeichnet.

Gesetze, Vorschriften und Rechtsprechung

Sonderbauten werden in den §§ 2 Abs. 4 und 51 Musterbauordnung geregelt. Da das Baurecht Ländersache ist, werden die Regelungen zu Sonderbauten in die jeweiligen Landesbauordnungen übernommen und in einzelnen Bundesländern durch spezielle Sonderbauverordnungen weiter konkretisiert.

1 Definition von Sonderbauten im Landesrecht

Zunächst definieren die Bauordnungen der Länder Gebäude als selbstständig benutzbare, überdeckte bauliche Anlagen, die von Menschen betreten werden können, die geeignet sind, dem Schutz von Menschen, Tieren oder Sachen zu dienen (z. B. Begriffsbestimmungen aus § 2 der Brandenburgischen Landesbauordnung). Weiter werden Gebäude in unterschiedliche Gebäudeklassen (gemäß der Musterbauordnung) oder nach der Höhe differenziert.

Die Definition von Sonderbauten erfolgt in den Bundesländern durch

- die Begriffsdefinition nach § 2 Musterbauordnung oder
- einen separaten Paragrafen wie z. B. in Nordrhein-Westfalen in § 54 LBO «Sonderbauten» (vgl. **Tab. 1**).

Sonderbauten sind

- entsprechend der Begriffsdefinition in § 2 Musterbauordnung Anlagen und Räume besonderer Art und Nutzung, *die einen vordefinierten Tatbestand erfüllen*;

- nach den Bauordnungen einiger Bundesländer Anlagen und Räume besonderer Art und Nutzung *an die besondere Anforderungen und Erleichterungen gestellt werden können.*

> **Achtung: Unterschiedliches Verständnis von Sonderbauten**
>
> Auch die Festlegung welche Bauten konkret als Sonderbauten gelten, unterscheidet sich von Bundesland zu Bundesland. Dem Anwender bleibt also nichts anderes übrig, als sich durch die einzelnen Landesbauordnungen durchzuarbeiten. Dies ist, v. a. für bundesweit tätige Unternehmen, ein Nachteil, da ein wesentlich größerer Aufwand für betriebsinterne Festlegungen erforderlich ist.

Bundesland	Definition von - Sonderbauten in § 2	Eigener Paragraf zu Sonderbauten	Zahl der Sonderbauvorschriften
Baden-Württemberg		§ 38	
Bayern	Art. 2 Abs. 4		
Berlin	§ 2 Abs. 4		4
Brandenburg		§ 44	
Bremen		§ 51	
Hamburg	§ 2 Abs. 4		
Hessen	§ 2 Abs. 8		
Mecklenburg-Vorpommern	§ 2 Abs. 4		
Musterbauordnung	*§ 2 Abs. 4*	*§ 51*	
Nordrhein-Westfalen		§ 54	
Niedersachsen		§ 51	
Rheinland-Pfalz		§ 50	
Saarland		§ 50	
Sachsen		§ 51	
Sachen-Anhalt		§ 50	
Schleswig-Holstein		§ 51	
Thüringen		§ 52	

Tab. 1: Definition von Sonderbauten im Landesrecht im Überblick

2 Regelungsumfang der Sonderbauvorschriften

Die Musterbauordnung unterteilt Sonderbauten nach der Nutzung und/oder Ausdehnung der baulichen Anlagen. Nach § 2 MBO sind Sonderbauten Anlagen und Räume besonderer Art oder Nutzung, die einen der nachfolgenden Tatbestände erfüllen:

- **Hochhäuser** (Gebäude mit einer Höhe von mehr als 22 m);
- **bauliche Anlagen mit einer Höhe von mehr als 30 m**;
- **Gebäude mit mehr als 1.600 m^2 Grundfläche** des Geschosses mit der größten Ausdehnung, ausgenommen Wohngebäude;
- **Verkaufsstätten**, deren Verkaufsräume und Ladenstraßen eine Grundfläche von insgesamt mehr als 800 m^2 haben;
- Gebäude mit Räumen, die einer Büro- oder Verwaltungsnutzung dienen und einzeln eine Grundfläche von mehr als 400 m^2 haben;
- Gebäude mit Räumen, die einzeln für die Nutzung durch mehr als 100 Personen bestimmt sind;
- **Versammlungsstätten mit Versammlungsräumen**, die insgesamt mehr als 200 Besucher fassen, wenn diese Versammlungsräume gemeinsame Rettungswege haben;

- **Versammlungsstätten im Freien** mit Szenenflächen und Freisportanlagen, deren Besucherbereich jeweils mehr als 1.000 Besucher fasst und ganz oder teilweise aus baulichen Anlagen besteht;
- **Schank- und Speisegaststätten** mit mehr als 40 Gastplätzen;
- **Beherbergungsstätten** mit mehr als 12 Betten;
- **Spielhallen** mit mehr als 150 m² Grundfläche;
- **Krankenhäuser**, Heime und sonstige Einrichtungen zur Unterbringung oder Pflege von Personen;
- **Tageseinrichtungen** für Kinder, behinderte und alte Menschen;
- **Schulen, Hochschulen** und ähnliche Einrichtungen;
- **Justizvollzugsanstalten** und bauliche Anlagen für den Maßregelvollzug;
- Camping- und Wochenendplätze;
- Freizeit- und Vergnügungsparks;
- **Fliegende Bauten**, soweit sie einer Ausführungsgenehmigung bedürfen;
- **Regallager** mit einer Oberkante Lagerguthöhe von mehr als 7,50 m;
- bauliche Anlagen, deren Nutzung durch **Umgang oder Lagerung von Stoffen mit Explosions- oder erhöhter Brandgefahr** verbunden ist;
- weitere Anlagen und Räume, deren Art oder Nutzung mit vergleichbaren Gefahren verbunden ist wie bei den oben aufgeführten Sonderbauten.

Tab. 2 gibt eine kurze (nicht vollständige) Übersicht der in den einzelnen Bundesländern geltenden Vorschriften für Gebäude besonderer Art und Nutzung. Diese Vorschriften sind in einigen Bundesländern als Verordnung, in anderen Bundesländern als Richtlinie veröffentlicht, teilweise gibt es auch Mischungen. Der neue Trend geht zu einer Sonderbauverordnung, in der diverse Bereiche abgedeckt werden (Berlin und NRW).

Sonderbauten

Bundesland	Alten-, Pflege-, Wohnheime	Campingplätze	Elektrische Betriebsräume	Feuerungsanlagen	Garagen	Beherbergungs- / Gaststätten	Gemeinschaftsunterkünfte	Hochhäuser	Krankenhäuser	Schulen	Verkaufsstätten	Versammlungsstätten	Sonderbauverordnungen	Prüfverordnungen	Brand-/Feuer-/Gefahrenverhütungsschau	Industriebau	Fliegende Bauten
Baden-Württemberg		x	x	x	x			x³			x	x			x		
Bayern			x	x	x	x		x³			x	x			x		x
Berlin			x	x	1	1				1	1	x	x	x	x		x
Brandenburg		X²	x	x	x	x			x		x	x			x	x	x
Bremen			x	x	x			x³							x		
Hamburg			x	x	x						x	x			x		
Hessen			x	x	x			x³		x³	x	x			x		x
Mecklenburg-Vorpommern		X²	x	x	x	x	x	x³	x³	x	x	x			x	x	x
Niedersachsen			x	x	x				x³			x			x	x	x
Nordrhein-Westfalen	X³		1	x	1	1		1	x³		1	1	x	x	x		
Musterbauordnung																	
Rheinland-Pfalz			x	x	x				x³			x			x		
Saarland	X³	x	x	x	x			x³	x³	x	x				x		x
Sachsen			X³	x	x	X³		X³			x	x³			x		
Sachsen-Anhalt		x	X³	x	x			X³	X³	X³		X³			x	x	
Schleswig-Holstein	X³	x	x	x	x			X³	X³	X³		X³			x	x	
Thüringen			x	x					X³		x				x		x

² = Wochenendhaus
³ = Richtlinie

Tab. 2: Landesvorschriften für Sonderbauten

3 Besondere Anforderungen an Sonderbauten

Eine weitere Differenzierung von Sonderbauten und die damit verbundenen besonderen Anforderungen und Erleichterung ergibt sich aus § 51 MBO. Die unten aufgeführten einzelnen Punkte wurden in einigen Bundesländern in unterschiedlicher Weise übernommen, sodass auch hier keine Verallgemeinerung stattfinden kann.

An Sonderbauten können zur Verwirklichung der allgemeinen Anforderungen an bauliche Anlagen (§ 3 Abs. 1 MBO) **besondere Anforderungen** gestellt werden. Umgekehrt sind auch **Erleichterungen** möglich, wenn die Einhaltung bestimmter Vorschriften wegen der besonderen Art oder Nutzung baulicher Anlagen oder Räume oder wegen besonderer Anforderungen nicht erforderlich ist (§ 51 MBO).

Die besonderen Anforderungen und Erleichterungen können sich insbesondere erstrecken auf:

- Anordnung der baulichen Anlagen auf dem Grundstück;

- Abstände von Nachbargrenzen, von anderen baulichen Anlagen auf dem Grundstück und von öffentlichen Verkehrsflächen sowie auf die Größe der freizuhaltenden Flächen der Grundstücke;
- Öffnungen nach öffentlichen Verkehrsflächen und nach angrenzenden Grundstücken;
- Anlage von Zu- und Abfahrten;
- Anlage von Grünstreifen, Baumpflanzungen und anderen Pflanzungen sowie die Begrünung oder Beseitigung von Halden und Gruben;
- Bauart und Anordnung aller für die Stand- und Verkehrssicherheit, den Brand-, Wärme-, Schall- oder Gesundheitsschutz wesentlichen Bauteile und die Verwendung von Baustoffen;
- Brandschutzanlagen, -einrichtungen und -vorkehrungen;
- → *Löschwasserrückhaltung*;
- Anordnung und Herstellung von Aufzügen, Treppen, Treppenräumen, Fluren, Ausgängen und sonstigen Rettungswegen;
- Beleuchtung und Energieversorgung;
- Lüftung und Rauchableitung;
- Feuerungsanlagen und Heizräume;
- Wasserversorgung;
- Aufbewahrung und Entsorgung von Abwasser und festen Abfallstoffen;
- Stellplätze und Garagen;
- → *barrierefreie Nutzbarkeit*;
- zulässige Zahl der Benutzer, Anordnung und Zahl der zulässigen Sitz- und Stehplätze bei Versammlungsstätten, Tribünen und Fliegenden Bauten;
- Zahl der Toiletten für Besucher;
- Umfang, Inhalt und Zahl besonderer Bauvorlagen, insbesondere eines Brandschutzkonzepts;
- weitere zu erbringende Bescheinigungen;
- Bestellung und Qualifikation des Bauleiters und der Fachbauleiter;
- Betrieb und Nutzung einschließlich der Bestellung und der Qualifikation eines Brandschutzbeauftragten;
- Erst-, Wiederholungs- und Nachprüfungen und die Bescheinigungen, die darüber zu erbringen sind.

Wichtig: Schutzziele der Regelungen für Sonderbauten

Die Erleichterungen oder Änderungen spiegeln sich letztendlich in den für Sonderbauten zu erstellenden Brandschutzkonzepten wieder. Das Schutzziel ist primär die Rettung von Menschen. Das gefahrlose Verlassen der Nutzer und die Rettungsmöglichkeiten durch die Einsatzkräfte stehen hier an erster Stelle. Die entstehende Gefährdung aus z. B. Ortsunkenntnis hat hierbei einen sehr großen Stellenwert. Auch Ansammlungen von größeren Personengruppen muss Rechnung getragen werden. Weitere Schutzziele sind der Sachwerteschutz und der Umweltschutz.

Andreas Pohl

S-Sätze

S-Sätze sind Teil der Kennzeichnung von Gefahrstoffen und enthalten Sicherheitsratschläge nach der EU-Stoff-Richtlinie. Mit der Einführung des Global Harmonisierten Systems zur Einstufung und Kennzeichnung von Chemikalien (GHS) müssen gefährliche Stoffe und Zubereitungen bzw. Gemische stattdessen mit sog. Sicherheitshinweisen (Precautionary Statements, P-Sätze) gekennzeichnet werden. Für Stoffe gilt das seit 1.12.2010, für Zubereitungen bzw. Gemische ab 1.6.2015.

Gesetze, Vorschriften und Rechtsprechung

Die S-Sätze sind in der EU-Stoff-Richtlinie (Anhang IV 67/548/EWG) festgelegt. Die Vorgaben zur Kennzeichnung nach GHS sind in Art. 22 i. V. m. Anhang IV 1272/2008/EG (CLP-Verordnung) enthalten.

1 Die S-Sätze im Überblick

	S-Sätze
S1	Unter Verschluß aufbewahren
S1/2	Unter Verschluß und für Kinder unzugänglich aufbewahren
S2	Darf nicht in die Hände von Kindern gelangen
S3	Kühl aufbewahren
S3/7	Behälter dicht geschlossen halten und an einem kühlen Ort aufbewahren
S3/9/14	An einem kühlen, gut gelüfteten Ort aufbewahren, entfernt von ... (die Stoffe, mit denen Kontakt vermieden werden muß, sind vom Hersteller anzugeben)
S3/9/14/49	Nur im Originalbehälter an einem kühlen, gut gelüfteten Ort aufbewahren, entfernt von ... (die Stoffe, mit denen Kontakt vermieden werden muß, sind vom Hersteller anzugeben)
S3/9/49	Nur im Originalbehälter an einem kühlen, gut gelüfteten Ort aufbewahren
S3/14	An einem kühlen Ort aufbewahren, entfernt von ... (die Stoffe, mit denen Kontakt vermieden werden muß, sind vom Hersteller anzugeben)
S4	Von Wohnplätzen fernhalten
S5	Unter...aufbewahren (geeignete Flüssigkeit vom Hersteller anzugeben)
S6	Unter...aufbewahren (inertes Gas vom Hersteller anzugeben)
S7	Behälter dicht geschlossen halten
S7/8	Behälter trocken und dicht geschlossen halten
S7/9	Behälter dicht geschlossen an einem gut gelüfteten Ort aufbewahren
S7/47	Behälter dicht geschlossen und nicht bei Temperaturen über ... °C aufbewahren (vom Hersteller anzugeben)
S8	Behälter trocken halten
S9	Behälter an einem gut gelüfteten Ort aufbewahren
S12	Behälter nicht gasdicht verschließen
S13	Von Nahrungsmitteln, Getränken und Futtermitteln fernhalten
S14	Fernhalten von ... (inkompatible Substanzen vom Hersteller anzugeben)
S15	Vor Hitze schützen
S16	Von Zündquellen fernhalten – Nicht rauchen
S17	Von brennbaren Stoffen fernhalten
S18	Behälter mit Vorsicht öffnen und handhaben
S20	Bei der Arbeit nicht essen und trinken
S20/21	Bei der Arbeit nicht essen, trinken, rauchen
S21	Bei der Arbeit nicht rauchen
S22	Staub nicht einatmen
S23	Gas/Rauch/Dampf/Aerosol nicht einatmen
S24	Berührung mit der Haut vermeiden
S24/25	Berührung mit den Augen und der Haut vermeiden
S25	Berührung mit den Augen vermeiden
S26	Bei Berührung mit den Augen sofort gründlich mit Wasser abspülen und den Arzt

	S-Sätze
	konsultieren
S27	Beschmutzte, getränkte Kleidung sofort ausziehen
S27/28	Bei Berührung mit der Haut beschmutzte Kleidung sofort ausziehen und sofort abwaschen mit viel ... (vom Hersteller anzugeben)
S28	Bei Berührung mit der Haut sofort abwaschen mit viel ... (vom Hersteller anzugeben)
S29	Nicht in die Kanalisation gelangen lassen
S29/35	Nicht in die Kanalisation gelangen lassen; Abfälle und Behälter müssen in gesicherter Weise beseitigt werden
S29/56	Nicht in die Kanalisation gelangen lassen
S30	Niemals Wasser hinzu gießen
S33	Maßnahmen gegen elektrostatische Aufladungen treffen
S35	Abfälle und Behälter müssen in gesicherter Weise beseitigt werden
S36	Bei der Arbeit geeignete Schutzkleidung tragen
S36/37	Bei der Arbeit geeignete Schutzhandschuhe und Schutzkleidung tragen
S36/37/39	Bei der Arbeit geeignete Schutzkleidung, Schutzhandschuhe und Schutzbrille/Gesichtsschutz tragen
S36/39	Bei der Arbeit geeignete Schutzkleidung und Schutzbrille/Gesichtsschutz tragen
S37	Geeignete Schutzhandschuhe tragen
S37/39	Bei der Arbeit geeignete Schutzhandschuhe und Schutzbrille / Gesichtsschutz tragen
S38	Bei unzureichender Belüftung Atemschutzgerät anlegen
S39	Schutzbrille/Gesichtsschutz tragen
S40	Fußboden und verunreinigte Gegenstände reinigen mit ... (vom Hersteller anzugeben)
S41	Explosions- und Brandgase nicht einatmen
S42	Beim Räuchern/Versprühen geeignetes Atemschutzgerät anlegen
S43	Zum Löschen verwenden ... (vom Hersteller anzugeben) (wenn Wasser die Gefahr erhöht, einfügen: Kein Wasser verwenden)
S45	Bei Unfall oder Unwohlsein sofort Arzt hinzuziehen (wenn möglich dieses Etikett vorzeigen)
S46	Bei Verschlucken sofort ärztlichen Rat einholen und Verpackung oder Etikett vorzeigen
S47	Nicht bei Temperaturen über ... °C aufbewahren (vom Hersteller anzugeben)
S47/49	Nur im Originalbehälter bei einer Temperatur von nicht über ... °C (vom Hersteller anzugeben) aufbewahren
S48	Feucht halten mit ... (geeignetes Mittel vom Hersteller angeben)
S49	Nur im Originalbehälter aufbewahren
S50	Nicht mischen mit ... (vom Hersteller anzugeben)
S51	Nur in gut gelüfteten Bereichen verwenden
S52	Nicht großflächig für Wohn- und Aufenthaltsräume zu verwenden
S53	Exposition vermeiden – vor Gebrauch besondere Anweisungen einholen
S56	Diesen Stoff und seinen Behälter der Problemabfallentsorgung zuführen
S57	Zur Vermeidung einer Kontamination der Umwelt geeignete Behälter verwenden
S59	Informationen zur Wiederverwendung/Wiederverwertung beim Hersteller/Lieferanten erfragen

	S-Sätze
S60	Dieser Stoff und sein Behälter sind als gefährlicher Abfall zu entsorgen
S61	Freisetzung in die Umwelt vermeiden. Besondere Anweisungen einholen/Sicherheitsdatenblatt zu Rate ziehen
S62	Bei Verschlucken kein Erbrechen herbeiführen. Sofort ärztlichen Rat einholen und Verpackung oder dieses Etikett vorzeigen
S63	Bei Unfall durch Einatmen: Verunfallten an die frische Luft bringen und ruhigstellen
S64	Bei Verschlucken Mund mit Wasser ausspülen (nur wenn Verunfaller bei Bewußtsein ist)

Bettina Huck

Stand der Technik

Als Stand der Technik gilt im Arbeitsschutzrecht i. Allg. der Entwicklungsstand fortschrittlicher Verfahren, Einrichtungen und Betriebsweisen, der die praktische Eignung einer Maßnahme zum Schutz der Gesundheit und zur Sicherheit der Beschäftigten gesichert erscheinen lässt. Bei der Bestimmung des Stands der Technik sind insbesondere vergleichbare Verfahren, Einrichtungen oder Betriebsweisen heranzuziehen, die mit Erfolg in der Praxis erprobt sind. Gleiches gilt für die Anforderungen an die Arbeitsmedizin und Arbeitsplatzhygiene.

1 Definition schwierig

Wie schwierig es ist, zum Zeitpunkt einer rechtlichen oder wirtschaftlichen Entscheidung genau zu sagen, was gerade Stand der Technik ist, hat das Bundesverfassungsgericht bereits vor über 30 Jahren in seiner Entscheidung vom 8.8.1978 (2 BvL 8/77) betreffend den Bau des «Schnellen Brüters» in Kalkar festgestellt[112].

Das Bundesverfassungsgericht führte u. a. aus: «Der rechtliche Maßstab für das Erlaubte oder Gebotene wird jedoch an die Front der technischen Entwicklung verlagert, da die allgemeine Anerkennung und die praktische Bewährung allein für den Stand der Technik nicht ausschlaggebend sind. Bei der Formel vom Stand der Technik gestaltet sich die Feststellung und Beurteilung der maßgeblichen Tatsachen der Behörden und Gerichte allerdings schwieriger. Sie müssen in die Meinungsstreitigkeiten der Technik eintreten, um zu ermitteln, was technisch notwendig, geeignet, angemessen und vermeidbar ist».

2 Nationale Regelungen des Arbeitsschutzrechts

2.1 Arbeitsschutzrecht

Ungeachtet der Tatsache, dass das Arbeitsschutzgesetz viele Vorgaben und «Leitlinien» für die daran anschließenden Verordnungen enthält, findet sich darin keine Legaldefinition des Begriffs «Stand der Technik».

Nach § 4 Nr. 3 ArbSchG muss der Arbeitgeber bei Maßnahmen des Arbeitsschutzes neben zahlreichen weiteren Grundsätzen den Stand der Technik, Arbeitsmedizin und Hygiene sowie sonstige gesicherte arbeitswissenschaftliche Erkenntnisse berücksichtigen.

Die Erläuterungen des Gesetzgebers greifen dabei auf § 3 Abs. 6 BImSchG zurück, der den Stand der Technik definiert, wie vorstehend beschrieben.

---

[112] NJW 1979, S. 359 ff.

2.2 Legaldefinition im Bereich der Verordnungen

Textidentische **Legaldefinitionen** im Sinne von Begriffsbestimmungen nach § 2 ArbSchG finden sich zum Begriff Stand der Technik in

- § 2 Abs. 7a Biostoff-Verordnung,
- § 2 Abs. 11 Gefahrstoffverordnung,
- § 2 Abs. 10 Verordnung über künstliche optische Strahlung,
- § 2 Abs. 6 Lärm- und Vibrations-Arbeitsschutzverordnung.

An allen diesen Stellen wird der Stand der Technik unisono wie folgt beschrieben:

> **Wichtig: Stand der Technik**
>
> Stand der Technik ist der Entwicklungsstand fortschrittlicher Verfahren, Einrichtungen und Betriebsweisen, der die praktische Eignung einer Maßnahme zum Schutz der Gesundheit und zur Sicherheit der Beschäftigten gesichert erscheinen lässt. Bei der Bestimmung des Standes der Technik sind insbesondere vergleichbare Verfahren, Einrichtungen oder Betriebsweisen heranzuziehen, die mit Erfolg in der Praxis erprobt sind. Gleiches gilt für die Anforderungen an die Arbeitsmedizin und Arbeitsplatzhygiene.

Damit bilden diese 4 Verordnungen hinsichtlich der Begrifflichkeit und Interpretation den Maßstab für alle übrigen Regelungsbereiche des Arbeitsschutzes, die lediglich mit dem Begriff «Stand der Technik» operieren, ohne ihn aber zu erläutern. Angesichts der Tatsache, dass § 2 Abs. 7a Biostoff-Verordnung ebenso wie die GefStoffV und die beiden anderen Verordnungen aus den letzten Jahren datieren, hat der Verordnungsgeber offensichtlich vergleichsweise spät das Bedürfnis erkannt, diesen zentralen Begriff des nationalen Arbeitsschutzrechts zu erläutern.

3 Regelungen in weiteren Arbeitsschutzverordnungen

3.1 Arbeitsstättenverordnung

Nach § 3a Abs. 1 Satz 1 der ArbStättV muss der Arbeitgeber dafür sorgen, dass die → *Arbeitsstätten* entsprechend den Vorschriften der Verordnung einschließlich ihres Anhangs so eingerichtet und betrieben werden, dass von ihnen keine Gefährdungen für die Sicherheit und die Gesundheit der Beschäftigten ausgehen.

Gemäß Anhang 1.3 Abs. 3 ArbStättV muss die → *Sicherheits- und Gesundheitsschutzkennzeichnung* in der Arbeitsstätte oder am Arbeitsplatz nach dem Stand der Technik erfolgen. Den an den technischen Fortschritt angepassten Stand der Technik geben die in § 7 Abs. 4 ArbStättV bekannt gemachten Regeln (Arbeitsstätten-Regeln) wieder.

3.2 Baustellenverordnung

Nach § 3 Abs. 2 Nr. 1 BaustellV hat der Koordinator während der Ausführung des Bauvorhabens die Anwendung der allgemeinen Grundsätze nach § 4 ArbSchG zu koordinieren. Hierzu zählen auch die bereits dargestellten Regelungen aus § 4 Nr. 3 ArbSchG, also auch der Stand von Technik, Arbeitsmedizin und Hygiene.

3.3 Betriebssicherheitsverordnung

§ 4 BetrSichV regelt die Anforderungen an die Bereitstellung und Benutzung von → *Arbeitsmitteln*. Abs. 2 Satz 2 der Vorschrift verlangt, dass die in § 4 Abs. 1 eingehend beschriebenen Maßnahmen dem Ergebnis der → *Gefährdungsbeurteilung* nach § 3 BetrSichV und dem Stand der Technik entsprechen. Nach § 12 Abs. 1 BetrSichV müssen → *überwachungsbedürftige Anlagen* nach dem Stand der Technik montiert, installiert und betrieben werden. Bei der Einhaltung des Stands der Technik sind die vom Ausschuss für Betriebssicherheit ermittelten und vom Bundesarbeitsministerium im Gemeinsamen Ministerialblatt veröffentlichten Regeln und Erkenntnisse (Technische Regeln für Betriebssicherheit) zu berücksichtigen.

3.4 Biostoffverordnung

Neben einer Legaldefinition (§ 2 Abs. 7a BioStoffV) bietet die Verordnung weitere Fundstellen, an denen der Begriff Verwendung findet.

Wenn im Rahmen der → *Gefährdungsbeurteilung* bei nicht gezielten Tätigkeiten (§ 7 Abs. 3) eine Tätigkeit einer Schutzstufe nicht zugeordnet werden kann, sind nach dem Stand der Technik (vgl. dazu § 2 Abs. 7a) Art, Ausmaß und Dauer der Exposition der Beschäftigten gegenüber biologischen Arbeitsstoffen zu ermitteln und die Gefährdung zu beurteilen.

Nach § 10 Abs. 2 BiostoffV sind biologische Arbeitsstoffe, die eine Gesundheitsgefahr für Beschäftigte darstellen, soweit dies zumutbar ist und nach dem Stand der Technik möglich ist, durch biologische Arbeitsstoffe zu ersetzen, die für die Beschäftigten weniger gefährlich sind.

Werden Verfahren eingesetzt, bei denen Tätigkeiten mit biologischen Arbeitsstoffen in technischen Anlagen oder unter Verwendung von technischen Arbeitsmitteln durchgeführt werden, muss der Arbeitgeber die zum Schutz der Beschäftigten erforderlichen Maßnahmen und Vorkehrungen nach dem Stand der Technik treffen (§ 10 Abs. 8 BioStoffV).

3.5 Gefahrstoffverordnung

Auf der Basis der zu § 2 Abs. 7a BioStoffV textgleichen Legaldefinition in § 2 Abs. 11 GefStoffV wird der Begriff Stand der Technik mehrfach verwendet.

Im Rahmen der Grundpflichten zum Schutz der Beschäftigten (§ 7 GefStoffV) muss der Arbeitgeber Gefährdungen in einer vorgegebenen Rangordnung auf ein Minimum reduzieren, wenn sie sich nicht völlig beseitigen lassen (§ 7 Abs. 4 GefStoffV).

An erster Stelle dieser Rangordnung steht die Verpflichtung zur Gestaltung geeigneter Verfahren und technischer Steuerungseinrichtungen, der Einsatz emissionsfreier oder emissionsarmer Verwendungsformen und die Verwendung geeigneter Arbeitsmittel und Materialien nach dem Stand der Technik.

§ 9 GefStoffV beschreibt zusätzliche Schutzmaßnahmen, die der Arbeitgeber bei Tätigkeiten mit hoher Gefährdung vorzusehen hat. Darunter ist auch die Verpflichtung, die Exposition der Beschäftigten nach dem Stand der Technik so weit wie möglich zu verringern (§ 9 Abs. 2 Satz 2 GefStoffV).

§ 20 GefStoffV regelt Zusammensetzung und Aufgabenstellung des beim BMAS angesiedelten Ausschusses für Gefahrstoffe. Zu den Aufgaben des Ausschusses gehört es, dem Stand der Technik, Arbeitsmedizin und Arbeitshygiene entsprechende Regeln und sonstige gesicherte wissenschaftliche Erkenntnisse für Tätigkeiten mit Gefahrstoffen, einschließlich deren Einstufung und Kennzeichnung zu ermitteln.

3.6 Künstliche optische Strahlungsverordnung

Auch die nach ihrer Entstehungsgeschichte jüngste Verordnung zum Thema künstliche → *optische Strahlung* verwendet, ausgehend von der Legaldefinition in § 2 Abs 10 OStrV (identisch zur Biostoff- und zur Gefahrstoffverordnung) mehrfach den Begriff Stand der Technik.

Nach § 4 Abs. 1 Satz 1 OStrV muss der Arbeitgeber sicherstellen, dass Messungen und Berechnungen nach dem Stand der Technik fachkundig geplant und durchgeführt werden. § 7 Abs. 1 Satz 1 iVm § 3 Abs. 1 Satz 7 verpflichtet den Arbeitgeber dazu, die nach § 3 Abs. 1 Satz 7 festgelegten Schutzmaßnahmen nach dem Stand der Technik durchzuführen, um Gefährdungen der Beschäftigten auszuschließen oder soweit wie möglich zu verringern.

Sofern der Arbeitgeber nach § 10 OStrV einen Antrag an die zuständige Behörde stellt, um Befreiungen von bestimmten Pflichten der OStrV eingeräumt zu bekommen, muss dieser Antrag bestimmte Mindestangaben enthalten. Eine dieser Mindestangaben muss Aussagen treffen zu dem Stand der Technik bezüglich der Tätigkeiten und der angewandten Verfahren sowie zu den technischen, organisatorischen und persönlichen Schutzmaßnahmen. Nach § 11 Abs. 1 Nr. 3 OStrV handelt ordnungswidrig, wer vorsätzlich oder fahrlässig die nach § 4 Abs. 1 Satz 1 näher beschriebenen Messungen und Berechnungen gemäß dem Stand der Technik nicht sicherstellt.

3.7 Lärm- und Vibrations-Arbeitsschutzverordnung

Ausgehend von der Legaldefinition des § 2 Abs. 6 LärmVibrationsArbSchV findet der Stand der Technik mehrfach Erwähnung.

Nach § 4 Abs. 1 Satz 1 muss der Arbeitgeber sicherstellen, dass Messungen nach dem Stand der Technik durchgeführt werden.

§ 10 Abs. 1 Satz 1 LärmVibrationsArbSchV verpflichtet den Arbeitgeber dazu, die nach § 3 Abs. 1 Satz 5 festgelegten Schutzmaßnahmen nach dem Stand der Technik durchzuführen, um die Gefährdung der Beschäftigten auszuschließen oder soweit wie möglich zu verringern.

Ein Antrag des Arbeitgebers bei der zuständigen Behörde auf Befreiung von bestimmten Pflichten (§ 15 LärmVibrationsArbSchV) muss eine Reihe von Mindestangaben enthalten (Abs. 1). Unter anderem (Nr. 4) sind geforderte Angaben zum Stand der Technik bezüglich der Tätigkeiten und der Arbeitsverfahren sowie den technischen, organisatorischen und persönlichen Schutzmaßnahmen. Verstößt der Arbeitgeber gegen die Verpflichtung aus § 4 Abs. 1 Satz 1, Messungen nach dem Stand der Technik durchzuführen, wird dies nach § 16 Abs. 1 Nr. 3 als Ordnungswidrigkeit gewertet.

3.8 Mutterschutzrichtlinienverordnung

In dieser Verordnung wird der Stand der Technik zweimal mittelbar und einmal direkt in Bezug genommen.

§ 1 (Beurteilung der Arbeitsbedingungen) und § 2 (Unterrichtung) heben in ihren jeweils letzten Sätzen hervor, dass die Pflichten nach dem Arbeitsschutzgesetz unberührt bleiben. Damit gehört auch die Aufgabe nach § 4 Nr. 3 ArbSchG zum Pflichtenkreis der MuSchRLVO.

§ 3 regelt weitere Folgerungen aus der → *Gefährdungsbeurteilung*. Ist die Umgestaltung der Arbeitsbedingungen oder ggf. der Arbeitszeiten unter Berücksichtigung des Stands der Technik, Arbeitsmedizin und Hygiene sowie sonstiger arbeitswissenschaftlicher Erkenntnisse nicht möglich oder wegen des nachweislich unverhältnismäßigen Aufwandes nicht zumutbar, so trifft der Arbeitgeber die erforderlichen Maßnahmen für einen Arbeitsplatzwechsel der betroffenen Arbeitnehmerinnen (§ 3 Abs. 2).

4 Stand von Wissenschaft und Technik

Neben den zahlreichen Normen, die sich mit dem Stand der Technik befassen, enthält die Biostoffverordnung weitergehende Maßstäbe.

Werden biologische Arbeitsstoffe nicht nach § 4 Abs. 1 BioStoffV erfasst, hat der Arbeitgeber bei gezielten Tätigkeiten eine Einstufung in die Risikogruppen entsprechend dem **Stand von Wissenschaft und Technik** vorzunehmen (§ 4 Abs. 2 Satz 1).

Dem Ausschuss für biologische Arbeitsstoffe obliegt nach nach § 17 Abs. 3 Nr. 3 BioStoffV u. a. die Aufgabe, dem jeweiligen Stand von Wissenschaft, Technik und Medizin entsprechende Vorschriften vorzuschlagen.

Damit schreibt die BioStoffV einen Standard vor, wie er sich außerhalb des Arbeitsschutzrechts z. B. auch im Atomgesetz (§ 7 Abs. 2 Nr. 3) und im Gesetz zur Regelung des Transfusionswesens (§ 12 Abs. 1) findet.

Stand von Wissenschaft und Technik beschreibt danach die neuesten wissenschaftlichen Erkenntnisse. Er hat den größten Fortschrittswert, der zwar durch Forschung und Experiment erprobt ist, allerdings bislang noch nicht in der Praxis umgesetzt wurde. Die allgemeine Akzeptanz ist hier am geringsten, das Sicherheitsniveau am höchsten, weil neueste Entwicklungen berücksichtigt sind.

5 Nationale Regelungen außerhalb des Arbeitsschutzrechts

5.1 Patentgesetz

In Anlehnung an das Europäische Patentübereinkommen (EPÜ) regelt § 3 Abs. 1 Patentgesetz in Deutschland den Stand der Technik wie folgt: Eine Erfindung gilt als neu, wenn sie nicht zum Stand der Technik gehört. Der Stand der Technik umfasst alle Kenntnisse, die vor dem für den Zeitrang der Anmeldung maßgeblichen Tag durch schriftliche oder mündliche Beschreibung, durch Benutzung oder in sonstiger Weise der Öffentlichkeit zugänglich gemacht geworden sind.

5.2 Bundes-Immissionsschutzgesetz

Im § 3 Abs. 6 BImSchG wird – schon etwas ausführlicher – der Stand der Technik anders dargestellt. «Stand der Technik» im Sinne dieses Gesetzes ist der Entwicklungsstand fortschrittlicher Verfahren, Einrichtungen und Betriebsweisen, der die praktische Eignung einer Maßnahme zur Begrenzung von Emissionen in Luft, Wasser und Boden, zur Gewährleistung der Anlagensicherheit, zur Gewährleistung einer umweltverträglichen Abfallentsorgung oder sonst zur Vermeidung oder Verminderung von Auswirkungen auf die Umwelt zur Erreichung eines allgemein hohen Schutzniveaus für die Umwelt insgesamt gesichert erscheinen lässt. Bei der Bestimmung des Stands der Technik sind insbesondere die im Anhang aufgeführten Kriterien zu berücksichtigen.

Kurt Kreizberg

Stäube

Stäube sind disperse Verteilungen fester Stoffe in Gasen, die durch mechanische Prozesse oder durch Aufwirbelung entstanden sind. Für arbeitsmedizinische Belange ist der im Trägergas Luft dispergierte Staub von Bedeutung. Stäube gehören zusammen mit Rauchen und Nebeln zu den Aerosolen. Sie können aus organischen Bestandteilen, z. B. Kohlenstaub, Holzstaub, Mehlstaub, oder anorganischen, z. B. Metallstaub, Zementstaub, Mineralfasern, bestehen. Ein charakteristisches Merkmal der Stäube ist die Partikelgröße. Dies unterscheidet Stäube von Gasen und Dämpfen. Hinsichtlich der Partikelgröße und Geometrie können einatembarer Staub, alveolengängiger Staub, ultrafeine Aerosole sowie Faserstaub unterschieden werden.

Achtung: Im Umweltschutz liegen den Definitionen andere Konventionen zugrunde. Teilweise werden auch Begrifflichkeiten aus beiden Rechtsbereichen vermischt oder Fachbegriffe durch umgangssprachliche Formulierungen ersetzt («Feinstaub»), sodass es zu Missverständnissen kommen kann.

Gesetze, Vorschriften und Rechtsprechung

Aus sicherheitstechnischer Sicht sind explosive und gesundheitsgefährdende Eigenschaften von Stäuben zu betrachten. Entsprechend gibt es zu beiden Risiken eine Reihe von Vorschriften und Regeln:

- Gefahrstoffverordnung (GefStoffV): Gesundheitsschutz, Brand- und Explosionsgefahren;
- Betriebssicherheitsverordnung (BetrSichV): Festlegung explosionsgefährdeter Bereiche, die durch brennbare Stäube verursacht werden.

Vertiefende Inhalte in:

- Explosionsschutzverordnung (11. ProdSV)
- TRGS 559 «Mineralischer Staub»
- TRGS 519 «Asbest: Abbruch-, Sanierungs- oder Instandhaltungsarbeiten»
- TRGS 553 «Holzstaub»
- TRGS 521 «Abbruch-, Sanierungs- und Instandhaltungsarbeiten mit alter Mineralwolle»
- TRGS 900 «Luftgrenzwerte»
- TRBS 2152 «Gefährliche explosionsfähige Atmosphäre»
- Anlage 4 BGR 104 «Explosionsschutz-Regeln»

1 Gesundheitsgefahren

Bei der Beurteilung der Gesundheitsgefahren von Stäuben sind die Größenverteilung der Partikel sowie deren spezifische, toxikologische Eigenschaften zu berücksichtigen. Je kleiner der Partikeldurchmesser bzw. der aerodynamische Durchmesser, desto tiefer können die Partikel in die Lunge eindringen.

Hinsichtlich der Partikelform und -größe lassen sich folgende Stäube unterscheiden:

- Einatembarer Staub (E-Staub): Massenanteil aller Schwebstoffe, der durch Mund und Nase eingeatmet wird. Er ist definiert bis zu einem aerodynamischen Durchmesser von 100 µm.
- Alveolengängiger Staub (A-Staub): Massenanteil der eingeatmeten Partikel, der bis in die Lungenbläschen vordringt. DIN EN 482 definiert A-Staub als mathematische Abscheidefunktion (Abscheidegrad η nach aerodynamischem Durchmesser: 1,5 µm: 95 %, 3,5 µm: 75 %, 5 µm: 50 %, 7,1 µm: 0 %). D. h. es lässt sich für A-Staubteilchen keine genaue Größe angeben, sondern lediglich eine Größenverteilung.
- Faserstäube: Luftgetragene organische oder anorganische Partikel, die eine längliche Geometrie besitzen. Zu den Faserstäuben gehören z. B. Asbest-, Glas- und Mineralfasern. Eine besondere Rolle spielen dabei Fasern, die eine Länge von > 5 µm, einen Durchmesser < 3 µm und ein Längen-Durchmesser Verhältnis von 3 : 1 überschreiten, da nur sie in die tieferen Atemwege vordringen können (WHO-Fasern).
- Ultrafeine Aerosole (U-Staub): Stäube, die aus Partikeln/Nanopartikeln mit einem Durchmesser < 100 nm bestehen. Einheitliche Konventionen zur Messung dieser Stäube existieren noch nicht. Anders als beim A- und E-Staub wird die Ablagerung der Partikel im Atemtrakt nicht durch Sedimentation, sondern durch Diffusionsbewegung bestimmt.

Wichtig: Gefährliche Eigenschaften von Stäuben

Stäube können folgende physikalische und biologisch-toxische Eigenschaften besitzen:
- kanzerogen (krebserzeugend): z. B. Asbest, Arsen, Chromate, Azofarben,
- fibrogen/irritativ: z. B. Asbest, Quarz, künstliche Mineralfasern, Kalk oder auch allgemeiner Staub. Fibrogene Stäube bewirken vorwiegend Gewebeveränderungen in der Lunge.
- toxisch: z. B. Cadmium, Farbstäube, Blei, Antimon,
- sensibilisierend: z. B. Nickel, Kobalt, Mehlstaub, Chromate (Zementstaub),
- ionisierend: Uran, Thorium.

Das Spektrum möglicher Erkrankungen durch Staubexposition reicht von akuter, irritativer oder ätzender Wirkung auf die Atemwege bis zur Verursachung chronisch, entzündlicher Prozesse und der Bildung von Tumoren. Betroffen davon sind meist die Bronchien, z. B. allergisches Bronchialasthma und die Lunge, aber auch die Schleimhäute der Nase und der Augen, die Haut und, bei sog. systemisch wirkenden Schadstoffen, weitere Zielorgane im ganzen Körper. Typische Erkrankungen, die von Staub verursacht und als Berufskrankheit anerkannt werden können, sind z. B. Silikose, obstruktive Bronchitis oder Siliko-Tuberkulose.

Wichtig: Grenzwerte für A- und E-Staub

Für Stäube ohne spezielle toxische Wirkung sind → *Arbeitsplatzgrenzwerte* in der TRGS 900 veröffentlicht. Für den A-Staub (alveolengängiger Staub) gilt ein Grenzwert von 3 mg/m³, für den E-Staub (einatembarer Staub) liegt der Grenzwert bei 10 mg/m³. Die Gesamtheit der Werte für A- und E-Staub wird als «Allgemeiner Staubgrenzwert» bezeichnet. Für beide Werte ist ein Überschreitungsfaktor «2» für Expositionsspitzen festgelegt. Das bedeutet, dass in einem Zeitraum von 15 Minuten in einer Schicht der jeweilige Grenzwert um das bis zu 2-fache überschritten werden darf. Eine Reihe von Grenzwerten für gesundheitsschädliche Stäube sind 2006 mit der Neufassung der TRGS 900 außer Kraft gesetzt worden. Die vor diesem Zeitpunkt gültigen MAK-Werte können jedoch bis zur Festlegung neuer Grenzwerte als «Richtwerte» zur Beschreibung des → *Stands der Technik* verwendet werden.

2 Brand- und Explosionsgefahren

Brennbare Stäube können in aufgewirbeltem Zustand im Gemisch mit Luft explosionsfähig sein. Durch eine Zündquelle mit ausreichender Zündenergie kann es zu einer Staubexplosion kommen. Brennbare Stäube sind organische Materialien wie Holz, Mehl, Cellulose und Metallpulver wie Aluminium- oder Magnesiumpulver. Eine zündfähige Partikelgröße ist eine Korngröße von 20 µm bis < 400 µm. Wichtige Kennwerte zur Beurteilung der Explosionsgefährlichkeit eines Staubs sind die Staubexplosionsgrenzen.

Die **Staubexplosionsgrenzen** werden in einem geschlossenen → *Druckbehälter* untersucht, in dem der Staub in unterschiedlichen Konzentrationen gleichmäßig durch einen Luftstoß verwirbelt und mit einer elektrischen Zündquelle gezündet wird. Die untere Staubexplosionsgrenze ist die niedrigste Staubkonzentration, bei der eine Staubexplosion bei Zündung auftritt. Die obere Staubexplosionsgrenze wird i. d. R. nicht bestimmt. Weitere sicherheitstechnische Kenngrößen, die für die Ermittlung der Staubexplosionsfähigkeit wichtig sind:

- maximaler Explosionsdruck,
- Druckanstiegsgeschwindigkeit,
- Mindestzündtemperatur einer Staubwolke,
- elektrische/elektrostatische Kenngrößen,
- Glimmtemperatur abgelagerter Stäube.

Stäube werden nach ihrer Druckanstiegsgeschwindigkeit (K_{st}-Wert) in Staubexplosionsklassen eingeteilt. Der K_{st}-Wert ist abhängig von:

- Korngrößenverteilung,
- Oberflächenstruktur des Staubs,
- Turbulenz des Staub-Luft-Gemischs,
- → *Zündquelle*,
- weiteren Einflussgrößen.

Achtung: Staub kann aufgewirbelt werden

Im Unterschied zu Gasen kann Staub sedimentieren, sodass die Staubkonzentration in der Luft inhomogen ist und sich ändern kann. Abgelagerter Staub kann aufgewirbelt werden. Grob kann davon ausgegangen werden, dass eine abgelagerte, 1 cm dicke Schicht brennbaren Staubs bei Aufwirbelung einen normal hohen Raum komplett mit einem explosionsfähigen Staub-Luft-Gemisch ausfüllen kann.

3 Schutzmaßnahmen

Nach GefStoffV muss grundsätzlich geprüft werden, ob Stoffe mit einem geringeren gesundheitlichen Risiko verwendet werden können. Können → *Gefahrstoffe* nicht substituiert werden, sind Schutzmaßnahmen erforderlich.

Arbeitsverfahren sind so zu gestalten, dass gefährliche Dämpfe und Schwebstoffe nicht frei werden. Ein Entweichen von Stäuben kann z. B. durch staubdichte Anlagen oder durch Vakuumbetrieb vermieden werden. Das Freiwerden von Staub ist in vielen Bereichen jedoch nicht zu verhindern. Dann muss eine möglichst vollständige Erfassung bereits an der Austritts- oder Entstehungsstelle erfolgen. Werden die → *Grenzwerte* trotz Ausschöpfung aller technischen Maßnahmen nicht eingehalten, müssen Staubmasken getragen werden.

Im Anhang III Nr. 2 GefStoffV werden speziell auf die Exposition gegenüber einatembaren Stäuben zugeschnittene, ergänzende Schutzmaßnahmen beschrieben. Auch die TRGS 500 «Schutzmaßnahmen» geht auf die Besonderheiten von Feststoffen, Stäuben und Rauchen ein. Neben o. g. technischen Maßnahmen wie Absauganlagen oder kompletten Entstaubungsanlagen, führt die Beachtung der Grundsätze zur Staubminderung in vielen Fällen zu einer erheblichen Verbesserung der Staubbelastung:

- Verwendung möglichst geschlossener Systeme,
- Anwendung von staubarmen Verfahren und Geräten, z. B. Granulate statt Pulver,
- Vermeiden und regelmäßige Beseitigung von Staubablagerungen,
- Minimieren von Abwurfhöhen,
- ausreichende und geeignete Lüftung,
- sachgemäße und regelmäßige Reinigung.

Nicht zuletzt ist die regelmäßige und vor allem sachgemäße Reinigung der Betriebseinrichtungen ganz wesentlich bei der Staubbekämpfung. Statt der Verwendung von geeigneten Staubsaugern oder der Nassreinigung wird immer noch das verbotene Trockenkehren mit dem Besen angewandt. Wichtig zur Umsetzung der zum Teil auch verhaltensabhängigen Maßnahmen ist daher vor allem auch die regelmäßige → *Unterweisung* der Mitarbeiter mithilfe geeigneter → *Betriebsanweisungen*. Lässt sich die Bildung explosionsfähiger Atmosphäre durch Stäube nicht sicher verhindern, muss der gefährdete Bereich nach BetrSichV in Explosionszonen eingeteilt werden. Je nach Zone müssen nun Maßnahmen ergriffen werden, um wirksame Zündquellen zu vermeiden.

Lassen sich auch wirksame → *Zündquellen* nicht sicher vermeiden, sind weitere Maßnahmen zum → *Explosionsschutz* erforderlich, z. B. nach TRBS 2152 Teil 4. Hier kommen z. B. in Betracht:

- Explosionsunterdrückung, etwa durch eine Funkenlöschanlage oder
- Einrichtungen zur Begrenzung des Ausmaßes einer Explosion (Explosionsdruckentlastung).

    Anlage 4 BGR 104 «Explosionsschutz-Regeln» enthält Maßnahmen und Beispiele zur Vermeidung von *Staubexplosionen*.

Martin Köhler

Staubexplosion

Unter geeigneten Bedingungen kann nicht nur Gas, sondern auch Staub explodieren. Sowohl organische als auch anorganische Stoffe können explosionsfähige Staub-Luft-Gemische bilden. Durch Einsatz von Schutzmaßnahmen wird dies verhindert.

Gesetze, Vorschriften und Rechtsprechung

Die TRBS 2152 «Gefährliche explosionsfähige Atmosphäre – Allgemeines» beschreibt sowohl für Gase als auch für Stäube grundlegende Maßnahmen zum Erkennen und Vermeiden von Explosionsgefährdungen. Die allgemeinen Maßnahmen werden in der TRBS 2152 Teil 2 «Vermeidung oder Einschränkung gefährlicher explosionsfähiger Atmosphäre» konkretisiert.

1 Voraussetzung für Staubexplosion

Neben → *Gasen* und Dämpfen können auch Stäube zur Explosion führen. Bedingungen für eine Staubexplosion sind:

- Vorhandensein von Sauerstoff,
- geeignete → *Zündquelle*,
- ausreichendes Mischungsverhältnis und
- Vorliegen fein zermahlener und gleichzeitig brennbarer Substanzen.

2 Welche Stäube können zur Explosion gebracht werden?

Staubexplosionen sind bei organischen und anorganischen Staub-Luft-Gemischen möglich. Beispiele für Stäube, die unter geeigneten Bedingungen explosionsfähig sind:

- Kohle,
- Mehl,
- Stärke,
- Zellulose,
- Kakao,
- Kaffee oder
- Aluminium.

3 Schutzmaßnahmen und Zoneneinteilung

Gemäß § 5 BetrSichV muss der Arbeitgeber explosionsgefährdete Bereiche unter Berücksichtigung der → *Gefährdungsbeurteilung* in → *Zonen einteilen*. Ein explosionsgefährdeter Bereich ist dabei ein Bereich, in dem gefährliche → *explosionsfähige Atmosphäre* auftreten kann.

Die TRBS 2152 «Gefährliche explosionsfähige Atmosphäre – Allgemeines» beschreibt sowohl für Gase als auch für Stäube grundlegende Maßnahmen zum Erkennen und Vermeiden von Explosionsgefährdungen. Die Schutzmaßnahmen im Umgang mit Stäuben werden in Abhängigkeit von der jeweils vorliegenden Zone (20, 21 oder 22) festgelegt.

- **Zone 20** ist ein Bereich, in dem gefährliche explosionsfähige Atmosphäre in Form einer Wolke aus in der Luft enthaltenem brennbaren Staub **ständig, über lange Zeiträume oder häufig** vorhanden ist (der Begriff «häufig» ist im Sinne von «zeitlich überwiegend» zu verstehen).
- **Zone 21** ist ein Bereich, in dem sich bei Normalbetrieb **gelegentlich** eine gefährliche explosionsfähige Atmosphäre in Form einer Wolke aus in der Luft enthaltenem brennbaren Staub bilden kann.
- **Zone 22** ist ein Bereich, in dem bei Normalbetrieb eine gefährliche explosionsfähige Atmosphäre in Form einer Wolke aus in der Luft enthaltenem brennbaren Staub **normalerweise nicht oder aber nur kurzzeitig auftritt** (das ist gleichbedeutend damit, dass gefährliche explosionsfähige Atmosphäre nur selten und auch nur kurzzeitig auftritt).

Die allgemeinen Maßnahmen werden in der TRBS 2152 Teil 2 «Vermeidung oder Einschränkung gefährlicher explosionsfähiger Atmosphäre» konkretisiert.

Dirk Rittershaus

Stech- und Schnittschutz

Stech- und Schnittverletzungen entstehen v. a. beim Umgang mit scharfen Arbeitsmitteln wie z. B. Handmessern oder Kettensägen. Stech- und Schnittschutz als Persönliche Schutzausrüstung hilft dann gegen diese Gefahren, wenn technische und organisatorische Schutzmaßnahmen nicht greifen.

Beim Umgang mit Handmessern oder scharfen Gegenständen besteht v. a. Verletzungsgefahr für Hände und Oberkörper; bei handgeführten Kettensägen besteht v. a. die Gefahr, dass Beine oder Füße verletzt werden. Stech- und Schnittschutzbekleidung soll vor diesen Gefahren schützen. Je nach Tätigkeit kommen dafür verschiedene Ausführungen und Materialien zum Einsatz. Einen hundertprozentigen Schutz gibt es nicht.

Gesetze, Vorschriften und Rechtsprechung

Grundlegend für die Benutzung von Stech- und Schnittschutz sind BGR 189 «Benutzung von Schutzkleidung» und BGR 196 «Benutzung von Stechschutzbekleidung».

1 Grundlage Gefährdungsbeurteilung

Gefährdungen beim Umgang mit handgeführten Kettensägen, Handmessern oder scharfen Gegenständen können nur teilweise durch technische oder organisatorische Schutzmaßnahmen vermieden werden, z. B. durch

- Gestaltung von Messergriffen gegen Abrutschen oder versenkbare Klingen,
- räumliche und/oder zeitliche Trennung der Beschäftigten von der Gefahrenquelle.

Sind technische und organisatorische Maßnahmen ausgeschöpft und können Sicherheit und Gesundheit der Beschäftigten dennoch nicht ausreichend gewährleistet werden, muss der Arbeitgeber Schnittschutz als → *Persönliche Schutzausrüstung (PSA)* zur Verfügung stellen (§ 3 ArbSchG). Die Art der PSA wird im Rahmen der → *Gefährdungsbeurteilung* festgelegt (§ 5 ArbSchG).

Achtung: Anforderungen an Persönliche Schutzausrüstung (PSA)
Für alle Arten von PSA gilt grundsätzlich: Sie muss bei der ausgeübten Tätigkeit ausreichenden Schutz vor Verletzung bieten und dem Beschäftigten passen. Außerdem darf sie ihn bei seiner Tätigkeit nicht behindern und keine zusätzlichen Gefahren verursachen.

Berufsgenossenschaftliche Regeln (BGR) und Normen konkretisieren die spezifischen Anforderungen an die PSA. Eine spezielle Kennzeichnung von Schutzkleidung – u. a. zu Leistungsklasse und -stufe – ist Pflicht und dient als Entscheidungshilfe bei der Auswahl.

Die Tragepflicht für Stech- bzw. Schnittschutz sollte möglichst im Arbeitsvertrag vereinbart und in der → *Betriebsanweisung* festgelegt werden. Eine → *Unterweisung* muss nach Bedarf, jedoch mind. einmal jährlich, erfolgen. Mindestanforderungen für die Unterweisung sind enthalten in den o. g. entsprechenden BGR.

2 Ausführungen

2.1 Stech- und Schnittschutz

Stech- und Schnittschutz ist vor allem in den folgenden Bereichen erforderlich:

- Küchenbetriebe,
- Schlachthäuser,
- Holzschnitzereien,
- beim Umgang mit Glas, Blech, Kunststoff, Werkstücken aus Metall.

Je nach Tätigkeit werden verschiedene Ausführungen als Stechschutz- bzw. Schnittschutz eingesetzt. Stechschutzbekleidung besteht i. d. R. aus Metall:

- Verwendet werden Metallringe aus Stahl oder Titan. Schutzkleidung aus Titan bietet höheren Tragekomfort als Stahl, da sie leichter ist und sich aufgrund der geringeren Leitfähigkeit wärmer anfühlt.
- Auch Schutzausrüstungen aus – mit Metallringen verknüpften – Aluminiumplättchen kommen zum Einsatz. Sie sind weniger beweglich als solche aus Metallringen, bieten jedoch besseren Schutz vor Verletzungen.

Im Einzelfall ist abzuwägen, welche Schutzausrüstung für die ausgeübte Tätigkeit am besten geeignet ist, d. h. den größtmöglichen Schutz für den Beschäftigten gewährleistet und die sonstigen Anforderungen an Schutzkleidung erfüllt.

2.2 Schnittschutz

Für den Umgang mit Handmessern und scharfen Gegenständen sind auch Schnittschutzhandschuhe geeignet.

Achtung: Kein ausreichender Stechschutz
Schnittschutzhandschuhe bieten nur Schutz gegen Schnitte, aber keinen oder nur geringen Stechschutz!

Schnittschutzhandschuhe bestehen z. B. aus Spectra- oder Kevlargewebe.

Je nach Verwendungszweck kann Schnittschutzhandschuhe mit zusätzlichen Stoffen beschichtet bzw. ausgerüstet sein oder aus einer Kombination verschiedener Materialien bestehen. Schnitthemmendes Gewebe kann auch als Futter dienen, z. B. bei Lederhandschuhen mit Futter aus Kevlar. Materialkombinationen werden dann verwendet, wenn zusätzlich zum Schnittschutz auch andere Schutzfunktionen erfüllt werden sollen. Im Fall der Lederhandschuhe ist dies z. B. der zusätzliche Schutz vor hohen Temperaturen.

Sollen bestimmte Bereiche der Hand gegen Schnitte geschützt werden, bestehen nur definierte Bereiche des Schutzhandschuhs aus schnitthemmendem Gewebe, z. B. nur Daumen, Zeigefinger bzw. Handfläche. Schnittschutzhandschuhe sind eher schnitthemmend als schnittfest.

Auch beim Umgang mit handgeführten Kettensägen – v. a. bei Wald- und Forstarbeiten – ist Schnittschutz erforderlich (vgl. Kettensäger-Schutzkleidung).

3 Kennzeichnung

Das Inverkehrbringen von → *Persönlichen Schutzausrüstungen* regelt die 8. ProdSV. Die Vorgaben für die Kennzeichnung von Stechschutzbekleidung sind in Abschn. 3.1.4 BGR 196 enthalten. Präzisiert werden hier folgende Angaben:

- Kennzeichnung der Außenseite des Kleidungsstücks, da evtl. sonst ausreichender Schutz nicht gewährleistet ist;
- Leistungsklasse und -stufe: Schutzkleidung der Leistungsklasse 1 schützt vor Schnitten und nur bedingt vor Stichen, Leistungsklasse 2 vor Schnitten und Stichen.

Schnittschutzhandschuhe sind Schutzhandschuhe gegen mechanische Risiken und werden gem. DIN EN 388 mit Piktogramm und 4 Ziffern (Leistungsindex) gekennzeichnet. Die Ziffern unter dem Piktogramm geben die Leistungsstufen an. Kriterien für Schutzhandschuhe sind Abriebfestigkeit, Schnittfestigkeit, Reißfestigkeit und Stichfestigkeit. Sie werden in Leistungsstufen von 1 bis 5 klassifiziert. Je höher die Leistungsstufe, desto besser sind die Eigenschaften des Schutzhandschuhs. Die Ziffer an zweiter Stelle bezeichnet die Leistungsstufe für den Schnittschutz. Anforderungen an Schnittschutzkleidung beim Umgang mit handgeführten Kettensägen regelt die DIN EN 381 Teile 1 bis 11.

Bettina Huck

Steharbeitsplätze

Tätigkeiten, die über einen längeren Zeitraum im Stehen ausgeübt werden, stellen eine große körperliche Belastung dar. Typische Steharbeitsplätze sind Arbeitsplätze mit Verkaufstätigkeiten, beispielsweise im Lebensmitteleinzelhandel oder in Kaufhäusern. Bei verschiedenen Tätigkeiten in der Industrie ist es ebenfalls nicht möglich, im Sitzen bzw. im Wechsel zwischen Stehen und Sitzen zu arbeiten. Mit verschiedenen Maßnahmen, wie Unterbrechung des Stehens, geeignetes Schuhwerk, Stehhilfen oder dämpfende Matten, können die Probleme vermindert werden.

Gesetze, Vorschriften und Rechtsprechung

BGI 523 «Mensch und Arbeitsplatz»

1 Typische Beschwerden durch langes Stehen

Klagen von Personen an Steharbeitsplätzen über körperliche Beschwerden sind überdurchschnittlich häufig. Schmerzen und Kreislaufbeschwerden werden hier an erster Stelle genannt. Dementsprechend verursachen Erkrankungen des Halteapparates und des Gefäßsystems überdurchschnittlich viele Ausfalltage.

Bei langem Stehen ermüdet die Muskulatur: Die Wirbelsäule kann nicht mehr ausreichend unterstützt werden und wird aus der natürlichen Form gebracht. Dadurch nimmt die Belastung der Bandscheiben zu – Verkrampfungen sind die Folge, die schmerzhafte Verhärtungen und Muskelkater verursachen. Durch die dann auftretende einseitige Körperhaltung (Zwangshaltung) treten ähnliche Folgen auch in anderen Muskelpartien auf, z. B. im Nacken.

Langes Stehen und mangelnde Bewegung können Kreislaufbeschwerden auslösen. Die «Muskelpumpe», bei der durch die Muskelbewegung die Blutgefäße zusammengedrückt und wieder entspannt werden und damit die Blutzirkulation unterstützt wird, funktioniert bei langem Stehen nicht mehr. «Schwere Beine» und schmerzhafte Blutstauungen sind die Folge. Längerfristig wird die Bildung von Krampfadern gefördert.

2 So werden Beschwerden vermieden

- Das **Stehen zu unterbrechen** ist die wichtigste Maßnahme gegen diese Beschwerden, da der menschliche Körper auf diese einseitige Belastung nicht eingestellt ist. Dabei muss man nicht zwingend sitzen. Auch Gehen bedeutet eine Entlastung für den Körper.

- Bedarfssitze oder Stehhilfen:
  - **Bedarfssitze** sind Sitzgelegenheiten, die in der Nähe des Stehtarbeitsplatzes liegen und zum kurzzeitigen Ausruhen genutzt werden können (z. B. während Wartezeiten). Dabei sollte die Regel gelten, dass die Nutzung dieser Sitzgelegenheiten von den Vorgesetzten durchaus erwünscht ist und die Mitarbeiter kein «schlechtes Gewissen» haben müssen.
  - Eine Vielzahl unterschiedlicher **Stehhilfen** ermöglicht eine kurzzeitige Entlastung der Beschäftigten, wenn die Arbeitsverhältnisse die Einrichtung einer Sitzgelegenheit nicht erlauben.
- **Richtige ergonomische Gestaltung von Steharbeitsplätzen.** Die folgenden Grundsätze sollten dabei beachtet werden:
  - ausreichend freie Bewegungsfläche am Arbeitsplatz;
  - an der (den) Körpergröße(n) und der Art der Tätigkeit ausgerichtete Arbeitshöhe. Höhenverstellbare Arbeitstische sind hier am besten geeignet.
- **Jede Gelegenheit nutzen, sich zu bewegen.** Beispiele: Leichtes Wippen (abwechselndes Stehen auf Fußballen und Ferse), die Bewältigung kürzerer Wegstrecken zu Fuß (und nicht mit dem Aufzug), gezielte Gymnastik, Fußbäder und Fußmassagen in der Freizeit. Schwimmen, Wandern oder Radfahren stärken die Muskulatur und fördern die Durchblutung. Solche Aktivitäten werden auch von den meisten Krankenkassen unterstützt.
- **Geeignete Schuhe tragen.** Hohe Absätze behindern die Blutzirkulation in der Wade und bedeuten eine hohe Belastung für den Vorderfuß. Die Absatzhöhe sollte 2 – 4 cm betragen. Außerdem sollte die Sohle des Schuhs in der Lage sein, beim Gehen auftretende Stoßkräfte abzufedern. Eine gute Passform und ein der Form des Fußes angepasstes Fußbett sollten selbstverständlich sein.

  Auf dem Markt sind auch eigens entwickelte «Serviceschuhe» erhältlich. Informationen darüber erhalten Sie bei den Berufsgenossenschaften oder ggf. bei den beratenden Betriebsärzten der Unternehmen.
- **Informieren Sie die betroffenen Personen über gesundheitsfördernde Maßnahmen** – das ist nach Arbeitsschutzgesetz ohnehin Verpflichtung. Dabei kann der Betriebsarzt mitwirken und den Mitarbeitern z. B. Gymnastik als Ausgleichsprogramm für stehende Tätigkeiten nahe bringen.
- Insbesondere für Steharbeitsplätze in der Industrie, beispielsweise an Bedienplätzen von Maschinen, werden häufig **begehbare Matten** eingesetzt. Diese Matten federn Stoßkräfte ab, können Belastungen durch langes Stehen mindern und werden von den Mitarbeitern erfahrungsgemäß als angenehm empfunden.

Martin Köhler

Stehleitern

Die Stehleiter besteht aus 2 Schenkeln, die am Gelenken klappbar miteinander verbunden sind. Dadurch ist sie frei im Raum aufstellbar. Schenkel, die über Stufen bzw. Sprossen betreten werden können, werden «Steigschenkel» genannt. Die Stufen bzw. Sprossen sind durch Bördelung, Nietung, Verschraubung oder Verschweißung fest mit 2 Holmen verbunden. Der Schenkel, der lediglich dem Abstützen des Steigschenkels dient, ist der «Stützschenkel». Auch dieser besteht aus zwei Holmen, die mit Profilen fachwerkartig miteinander verbunden sind.

Es gibt verschiedene Stehleiterbauarten, die auch höhenverstellbar und fahrbar ausgeführt sein können. Stehleitern werden bis zu einer Höhe von etwa 5 m hergestellt.

Gesetze, Vorschriften und Rechtsprechung

- Produktsicherheitsgesetz (ProdSG)
- BGV D36 «Leitern und Tritte»
- BGI 637 «Podestleitern»
- EN 131 Teil 1 «Leitern; Benennungen, Bauarten, Funktionsmaße»
- EN 131 Teil 2 «Leitern; Anforderungen, Prüfung, Kennzeichnung»

- EN 131 Teil 3 «Leitern; Benutzerinformationen»
- prEN 131-7 «Podestleitern»
- ÖNORM Z1501 «Leitern; Beidseitig besteigbare Sprossenleitern für den besonderen beruflichen Gebrauch; Abmessungen, Anforderungen, Normenkennzeichnung»

1 Stehleitern mit Plattform und Haltevorrichtung

Stehleitern mit Plattform und Haltevorrichtung besitzen Stufen und werden bevorzugt dann eingesetzt, wenn eine gleichbleibende Arbeitshöhe vorhanden ist, z. B. an Regalen in Lagerbereichen (s. **Abb. 1**).

Die Haltevorrichtung ist mind. 600 mm hoch; die Plattformgröße beträgt mind. 250 mm × 250 mm. Die Plattform dient bevorzugt als Standfläche oder der Zwischenablage mitgenommener kleinerer Gegenstände.

Abb. 1: Stehleiter mit Stufen, Plattform und Haltebügel (Quelle: KRAUSE)

Beim Aufstellen der Leiter senkt sich die Plattform über einen Hebemechanismus (Brückenheber) ab und liegt auf ihrem Auflagerohr am Stützschenkel auf. Manche Plattformen haben in diesem Bereich Aussparungen für den formschlüssigen Sitz der Plattform. In diesem Fall wirkt die Plattform gleichzeitig als Spreizsicherung. Deshalb ist es wichtig, auf das vollständige «Einrasten» der Plattform zu achten. Zur Sicherstellung einer guten Gebrauchstauglichkeit darf die Plattform beim Betreten nicht zu stark aufwippen (max. 6°). Darauf wird bei der Herstellung der Leiter bereits geachtet (EN 131-2; Prüfschritt «Aufwippprüfung der Plattform»).

Zur Sicherheit bzw. ab einer bestimmten Leitergröße sind zusätzliche Spreizsicherungen in Form von z. B. Gurten oder Seilen angebracht.

2 Podestleitern

Podestleitern unterscheiden sich von herkömmlichen einseitig besteigbaren Stufenstehleitern mit Plattform und Haltevorrichtung durch eine deutlich größere Plattform, die – mit Ausnahme des Zugangs – durch ein Geländer mit einer 3-teiligen Absturzsicherung (Handlauf, Knie- und Fußleiste) umwehrt sein muss (s. **Abb. 2**).

Abb. 2: Podestleiter (Quelle: KRAUSE)

Die Plattform ist wie bei der Stehleiter der bevorzugte Arbeitsplatz, kann – je nach Größe – aber gleichzeitig auch Platz zum Ablegen von Werkzeugen und Materialien bieten. Die Plattformgröße einer Podestleiter ist derzeit noch auf max. 0,5 m^2 begrenzt; im Zuge der aktuellen Erarbeitung der Norm EN 131 – 7 (der Entwurf der prEN 131 – 7 liegt bereits vor) soll dieser Wert jedoch erhöht werden. Der Handlauf am Geländer liegt mit 1.000 mm im Gegensatz zu einer Haltevorrichtung an einer Stehleiter deutlich höher, da er nicht nur als Halt, sondern auch als Absturzsicherung bei den auf der Podestleiter umfangreicheren Tätigkeiten dient. Zum Schutz gegen Durchfallen unter dem Handlauf sowie Herabfallen kleinerer Gegenstände sind noch eine Knieleiste sowie eine mind. 50 mm hohe Fußleiste angebracht.

Gegenüber der Stehleiter herkömmlicher Bauart weist die Podestleiter eine deutlich höhere Standsicherheit auf. Sie ist schwerer als andere Stehleitern und deshalb am Fußende mit 2 oder 4 Rollen zum leichten Transport ausgerüstet.

Podestleitern werden bevorzugt dort eingesetzt, wo Arbeiten größeren Umfangs in einer bestimmten Höhe über einen längeren Zeitraum durchzuführen sind, z. B. bei Arbeiten an Maschinen, Regalen (Einlagern sperriger Ware in Baumärkten) oder an Flugzeugen, und sicherere Arbeitsmittel (z. B. Gerüste) nicht verwendet werden können.

Konkrete Anforderungen an Podestleitern enthält die BGI 637 «Podestleitern».

3 Beidseitig besteigbare Stehleitern

Beidseitig besteigbare Stehleitern werden mit Stufen (**Stufenstehleitern**) oder Sprossen (**Sprossenstehleiter**) hergestellt (s. **Abb. 3**) und gern auch als «Bockleiter» bezeichnet.

Abb. 3: Stehleiter, beidseitig besteigbar, mit Stufen (Quelle: KRAUSE)

Diese Leiterbauart wird überwiegend dann verwendet, wenn Arbeitshöhe und Arbeitsplatz häufig variieren, z. B. auf Baustellen bei der Ausführung handwerklicher Tätigkeiten. Bei Sprossenstehleitern für den Industriebereich sind die am häufigsten benutzen (drittobersten) Sprossen oft als Breitsprossen mit ca. 50 mm Tiefe ausgeführt.

Die Malerleiter ist eine beidseitig besteigbare Sprossenstehleiter besonderer Art. Sie wird vorwiegend aus Holz hergestellt. Die Malerleiter unterscheidet sich von einer Sprossenstehleiter nach EN 131 nur durch die Abstände der jeweils oberen 3 Sprossen untereinander. Diese Sprossenabstände dürfen statt 250 bis 300 mm gleichbleibend 320 bis 350 mm betragen.

Die Verwendung der Malerleiter hat sich ausschließlich im Malerhandwerk durchgesetzt. Die über viele Jahre gesammelten Erfahrungen mit den großen Sprossenabständen zeigen, dass die Malerleiter dem Maler aufgrund der Entlastung der Knieschleimbeutel einen ergonomisch günstigeren Arbeitsplatz im oberen Bereich bietet:

- wenn der Maler die Leiter spreizbeinig benutzt (Grätschstellung),
- wenn der Maler die beiden oberen Sprossen als Sitzfläche benutzt.

Konkrete Anforderungen an Malerleitern sind in der BGV D36 und den DIN- bzw. EN-Normen nicht festgelegt. Mit Blick darauf, dass die Malerleiter von der Grundsatzforderung nach gleichen Sprossenabständen abweicht, sind analog zu vergleichbaren Regeln in BGV D36 die jeweils dritten Sprossen von oben gezählt als oberste besteigbare Sprossen zu kennzeichnen.

Hingewiesen sei auf die österreichische Norm ÖNORM Z1501, die als einzige nationale Norm Malerleitern im europäischen Raum regelt.

4 Höhenverstellbare Stehleitern

Die höhenverstellbare Stehleiter ist eine beidseitig besteigbare Sprossenstehleiter (Oberteil) mit 2 zusätzlichen Verlängerungsschenkeln (Unterteilen).

Zur Höhenverstellung werden die Unterteile von Hand aus dem Oberteil ausgezogen und in der gewünschten Höhe arretiert. Dazu dienen die auch bei Schiebeleitern eingesetzten Hakenbeschläge mit Abhebesicherungen. Durch die Möglichkeit, die Unterteile unterschiedlich weit auszuziehen, ist diese Leiter auch in Treppenbereichen einsetzbar.

Höhenverstellbare Stehleitern sind konstruktiv bedingt schwerer gebaut als andere Stehleitern. Weil ihrer Standsicherheit die max. einstellbare Höhe zugrunde liegt, sind sie in nicht voll ausgefahrenen Positionen standsicherer als vergleichbar hohe Stehleitern. Sie bieten somit einen wesentlichen Vorteil gegenüber konventionellen Stehleitern.

5 Fahrbare Stehleitern

Fahrbare Stehleitern sind beidseitig besteigbare Stehleitern, die an allen 4 Holmenden mit Fahrwerken (z. B. federgelagerten Rollen) ausgestattet sind. Die sonst flexiblen Spreizsicherungen müssen dann druckfest ausgeführt sein.

Saalleitern (werden auch als Montageleitern bezeichnet) sind einseitig besteigbare, fahrbare Stehleitern mit einem über Seilzug ausfahrbaren aufgesetzten Schiebteil (Oberleiter). Sie sind mit Stützeinrichtungen auf je 2 fahrbaren Quertraversen montiert (s. **Abb. 4**).

Abb. 4: Saalleiter

Bei Benutzung wird die Saalleiter durch Stützspindeln auf dem Untergrund fest aufgesetzt. Dabei können auch Bodenunebenheiten ausgeglichen werden. Mit dem Seilzug wird die Oberleiter ausgeschoben, abgesenkt und über die Hakenbeschläge, die auch bei Seilzugleitern eingesetzt werden, arretiert. Am oberen Leiterende ist eine Plattform mit Haltebügel vorhanden, die dem Leiterbenutzer eine verbesserte Standmöglichkeit bietet.

Die Saalleiter wird dort eingesetzt, wo Arbeiten geringen Umfangs, jedoch in großer Höhe ausgeführt werden müssen, z. B. bei Wartungsarbeiten an Deckenleuchten. Bevorzugte Einsatzorte sind z. B. großräumige Hallen wie Sporthallen, Mehrzweckhallen sowie Säle.

6 Teleskopstehleitern

Die Teleskopstehleiter ist eine aus 2 Teleskopanlegeleitern und 2 selbsttätig einrastenden Gelenken zusammengesetzte Leiter. Durch die individuell ausziehbaren Leiterschenkel kann sie auch auf Absätzen, z. B. in Treppenbereichen, eingesetzt werden. Wie bei Teleskopanlegeleitern ist es bei der Stehleiterausführung besonders wichtig, auf die Verriegelung aller Holmsegmente zu achten, bevor die Leiter bestiegen wird. Bei z. B. einer 2 × 11-sprossigen Leiter sind dies immerhin 44 Verriegelungen. Mit Blick auf die bei der Teleskopanlegeleiter leichter Bauart («Haushaltsqualität») genannten Schwachstellen kann auch der Einsatz von Teleskopstehleitern im rauen gewerblichen Bereich nicht empfohlen werden.

Jürgen Chilian

Steigbolzen, Steigbolzengänge

Steigbolzen und Steigbolzengänge werden als Zugangseinrichtungen für gelegentliche Arbeiten an Masten (z. B. Instandhaltungsarbeiten an Gittermasten der Energiewirtschaft) eingesetzt. Unterschieden werden:

- **Steigbolzen** sind einzelne, an senkrechten oder nahezu senkrechten Bauteilen fest angebrachte bolzenförmige Auftritte.
- **Steigbolzen mit Sicherungseinrichtung** sind Steigbolzen mit einer Einrichtung, die zur Aufnahme eines Sicherungsseiles dient.
- **Steigbolzengänge** sind Aufstiege mit zweiläufig übereinander angeordneten Steigbolzen.

Gesetze, Vorschriften und Rechtsprechung

Die Anforderungen an die Beschaffenheit, Gestaltung und Benutzung von Steigbolzen und Steigbolzengängen sind in BGR 140 «Steigbolzen und Steigbolzengänge» enthalten.

1 Anforderungen

Steigbolzen und Steigbolzengänge werden vor allem als Zugangseinrichtungen für gelegentliche Arbeiten (z. B. Instandhaltungsarbeiten) an

- Gittermasten,
- Betonmasten,
- Stahlvollwandmasten,
- Stahlrohrmasten,
- Portalmasten und Portalen

verwendet. Sie kommen vorwiegend an senkrechten oder nahezu senkrechten Bauteilen zum Einsatz.

Die grundsätzlichen Anforderungen an Steigbolzen und Steigbolzengänge sind in BGR 140 enthalten. Sie müssen u. a.

- ausreichende Festigkeit besitzen,
- trittsicher befestigt sein,
- für eine auf das freie Ende des Bolzens lotrecht wirkende Kraft, d. h. für eine Einzellast von mindestens 1500 N bemessen sein (entspricht der Last durch eine einzelne Person mit einem Gewicht von 100 kg inklusive einer zu befördernden Last),
- eine Auftrittsbreite von mindestens 150 mm haben,
- eine Auftrittstiefe von mindestens 20 mm oder einen Durchmesser bei Rundprofilen von mindestens 24 mm haben,
- am freien Ende des Bolzens eine Seitenbegrenzung gegen Abrutschen besitzen (z. B. eine Scheibe oder Abkröpfung) und
- grundsätzlich einen gleichbleibenden Abstand von ≤ 333 mm aufweisen.

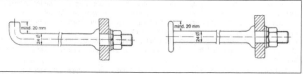

Abb. 1: Beispiele für Steigbolzen mit Abkröpfung und Scheibe gegen seitliches Abrutschen nach BGR 140

Steigbolzengänge sollten möglichst mit Steigschutzeinrichtungen ausgestattet sein.

An Freileitungsmasten dürfen Steigbolzen nach Abschnitt 2 Nr. 1 nach den für Ausnahmebelastung zulässigen Beanspruchungen gemäß DIN VDE 0210 «Bau von Starkstrom-Freileitungen mit Nennspannungen über 1 kV» bemessen sein.

Steigbolzen mit Sicherungseinrichtung müssen für eine auf den Anschlagpunkt wirkende Kraft von 20 kN bemessen sein. Die Sicherungseinrichtung muss so ausgeführt sein, dass die zum Einsatz kommenden Sicherungsseile reibungsarm geführt werden.

2 Benutzung

Steigbolzen oder Steigbolzengänge dürfen nicht benutzt werden, wenn sie unzureichend befestigt oder schadhaft sind (vor Benutzung Sichtprüfung durchführen).

Steigbolzengänge dürfen nur von geeigneten Personen unter Anwendung der Drei-Punkt-Methode benutzt werden und wenn die jederzeitige Möglichkeit zum Einsatz von persönlichen Schutzausrüstungen zum Schutz gegen Absturz gegeben ist.

Drei-Punkt-Methode ist eine personenbezogene Maßnahme zum Schutz gegen Absturz für Situationen, in denen der Einsatz → *persönlicher Schutzausrüstungen gegen Absturz* aufgrund der Eigenart und des Fortgangs durchzuführender Arbeiten nicht oder noch nicht gerechtfertigt ist. Sie gewährleistet ein sicheres Festhalten.

Ein sicheres Festhalten ist möglich, wenn beide Hände und ein Fuß oder beide Füße und eine Hand gleichzeitig Kontakt mit Konstruktionsteilen von Freileitungsmasten haben. Dabei müssen die zum Festhalten genutzten Konstruktionsteile mit den Händen ausreichend umgriffen werden können.

Steigbolzen dürfen nicht als Anschlagpunkte für Absturzsicherungen benutzt werden, da sie die Anforderungen an die dabei auftretenden Lasteinwirkungen nicht erfüllen.

Gunter Weber

Steigeisengänge

Steigeisen sind einzelne, vorwiegend an senkrechten Bauteilen fest angebrachte Auftritte. Steigeisengänge sind Aufstiege mit ein- oder zweiläufig übereinander angeordneten Steigeisen. Sie werden eingesetzt an Gebäudeteilen, Masten, Behältern, Maschinen und sonstigen Betriebseinrichtungen sowie in Gruben und Schächten.

Gesetze, Vorschriften und Rechtsprechung

Die Anforderungen an Steigeisengänge sind in Anhang 1.11 Arbeitsstättenverordnung festgelegt. Weiterführende sicherheitstechnische Empfehlungen enthalten die Arbeitsstättenrichtlinie ASR A1.8 «Verkehrswege», insbesondere Abschn. 4.6 «Steigeisengänge und Steigleitern» und die BGR 177 «Steiggänge für Behälter und umschlossene Räume».

1 Allgemeine Anforderungen

Steigeisengänge finden dort Anwendung, wo der Einbau einer Treppe entweder betrieblich nicht möglich oder wegen geringer Gefahr nicht nötig ist, z. B. wenn der Zugang nur gelegentlich von einer geringen Anzahl unterwiesener Beschäftigter genutzt wird, die im Besteigen geübt und mit den Gefahren vertraut sind. In bestimmten Bereichen mit besonderen Gefährdungen dürfen keine Steigeisengänge oder Steigleitern eingesetzt werden, dies gilt z. B. für Bereiche in denen Erstickungsgefahr droht wie in Deponieschächten mit innerer Bauhöhe von mehr als 5 m.

Steigeisengänge finden dort Anwendung, wo der Einbau einer Treppe entweder betrieblich nicht möglich oder wegen geringer Gefahr nicht nötig ist. Steigeisengänge müssen sicher begehbar sein. Dazu gehört, dass sie

- nach Notwendigkeit über Schutzvorrichtungen gegen Absturz (z. B. Steigschutzeinrichtungen) verfügen,
- an ihren Austrittsstellen Haltevorrichtungen haben,

- nach Notwendigkeit in abgemessenen Abständen mit Ruhebühnen ausgestattet sind.

Steigeisengänge und Steigleitern müssen

- aus dauerhaften Werkstoffen hergestellt und gegen Korrosion geschützt sein, ihre Befestigungen müssen zuverlässig und dauerhaft sein,
- nach den jeweiligen Betriebsverhältnissen ausgewählt werden,
- sicher begehbare Ein- und Ausstiege haben,
- trittsicher, rutschhemmend und ihre Auftritte ausreichend breit sein.

> **Wichtig: Mindestmaße für Auftrittsbreiten (Abschn. 4.6.2 ASR A1.8)**
> - 30 cm bei einläufigen bzw. 15 cm bei zweiläufigen Steigeisengängen;
> - 35 cm bei Sprossen an Steigleitern mit Seitenholmen; bzw.
> - beidseitig der Führungsschiene 15 cm bei Sprossen an Steigleitern mit Seitenholmen mit Steigschutzeinrichtung;
> - beidseitig 15 cm bei Sprossen an Steigleitern mit Mittelholm.

Der Transport von Werkzeugen oder anderen Gegenständen durch die Beschäftigten darf die sichere Nutzung nicht wesentlich behindern. Die Rettung der Beschäftigten muss jederzeit sichergestellt sein.

2 Spezielle Anforderungen

Befinden sich Steigeisengänge in explosionsgefährdeten Bereichen (z. B. Einsteigschächte von umschlossenen Abwasserkanälen), sind besondere Anforderungen zu beachten (s. TRBS 2152 Teil 1), z. B. muss auf geeigneten (funkenarmen) Werkstoff geachtet werden. Steigeisengänge ab 5 m Absturzhöhe müssen Einrichtungen zum Schutz gegen Absturz von Personen haben, z. B. (Abschn. 4.6.3 Abs. 4 ASR A1.8):

- mitlaufendes Auffanggerät mit fester oder an beweglicher Führung,
- durchgehendem Rückenschutz,
- Bauteil oder Streben, die einen Rückenschutz ersetzen.

Bei den folgenden Steigeisengängen und Steigleitern dürfen nur PSA gegen Absturz vorgesehen werden (Abschn. 4.6.3 Abs. 5 ASR A1.8):

- die bei der Rettung von Personen begangen werden müssen,
- in umschlossenen und engen Räumen (z. B. Silo, Schacht),
- an Masten und Gerüsten von elektrischen Freileitungsnetzen und Schaltanlagen und
- in Anlagen der Siedlungswasserwirtschaft.

Wird PSA gegen Absturz verwendet, so muss ein Rettungssystem zur Verfügung stehen.

Josef Sauer

Stetigförderer

Stetigförderer gehören zu den innerbetrieblichen Transportsystemen. Sie eignen sich für den Transport großer Materialmengen oder kontinuierlich benötigter Materialien auf festgelegten Strecken. Sie sind stetig (ständig) in Bewegung. Auch getaktete Montagebänder werden zu den Stetigförderern gezählt.

Gesetze, Vorschriften und Rechtsprechung

Stetigförderer sind einfache Maschinen nach EG-Maschinenrichtlinie 2006/42/EG und müssen, da sie meist einzeln in Verkehr gebracht werden, den Mindestanforderungen an Sicherheit und Kennzeichnung von Maschinen genügen.

1 Was sind Stetigförderer?

Stetigförderer gehören zu den innerbetrieblichen Transportsystemen. Sie eignen sich für den Transport großer Materialmengen oder kontinuierlich benötigter Materialien auf festgelegten Strecken. Sie sind stetig (ständig) in Bewegung. Auch getaktete Montagebänder werden zu den Stetigförderern gezählt.

Stetigförderer haben oft eine einfache Bauart. Sie lassen sich leicht automatisieren, sind jedoch oft recht unflexibel hinsichtlich der fest vorgegebenen Transportstrecke sowie einer nicht erweiterbaren Transportkapazität.

Stetigförderer lassen sich in folgende Gruppen unterteilen:

- Mechanische Förderer
  - Rollenförderer mit Antrieb
  - Schwingförderer
  - Kreisförderer
  - Umlaufförderer (Paternoster)
  - Bandförderer
  - Zellenradschleusen
  - Becherwerke
  - Kettenförderer
- Schwerkraftförderer
  - Rutschen
  - Rollen- und Kugelbahnen ohne Antrieb
- Strömungsförderer
  - pneumatische Förderung (Transportgebläse für Schüttgut, Rohrpostanlage)
  - hydraulische Förderung (Pipeline)

2 Anforderungen an Stetigförderer

Steigförderer sind einfache Anlagen, für die generell die grundlegenden Sicherheits- und Gesundheitsschutzanforderungen der EG-Maschinenrichtlinie gelten.

Da Stetigförderer meist einzeln in Verkehr gebracht werden, müssen sie entsprechend der Mindestanforderungen der Maschinenrichtlinie ausgestattet sein. Das heißt insbesondere, dass

- an diesen Anlagen ein Typenschild vorhanden sein muss und
- sie mit einer EG-Konformitätserklärung und mit einer Betriebsanleitung ausgeliefert werden müssen.

Sämtliche Gefahrstellen müssen durch feststehende trennende → *Sicherheitseinrichtungen* (Schutzabdeckungen) gesichert und an der Anlage mind. ein Not-Aus-Schalter vorhanden sein, sofern Gefahr bringende Bewegungen durch Antriebe erzeugt werden.

Andreas Lott

Stoffsicherheitsbericht

Der Stoffsicherheitsbericht (Chemical Safety Report – CSR) ist ein unter REACH anzufertigendes stoffspezifisches Dokument, das die Dokumentation der sog. Stoffsicherheitsbeurteilung darstellt. Bei der Stoffsicherheitsbeurteilung werden die schädlichen Wirkungen eines Stoffes ermittelt und ggf. eine Expositionsabschätzung und eine Risikobeschreibung ausgearbeitet. Einen Stoffsicherheitsbericht müssen Registrierungspflichtige anfertigen, die einen Stoff in einem Umfang von 10 Tonnen oder mehr pro Jahr herstellen oder importieren. Der Stoffsicherheitsbericht ist Teil des Registrierungsdossiers, das der Registrierungspflichtige im Rahmen seiner Registrierung bei der ECHA einreichen muss. Jeder Registrant, der eine Stoffsicherheitsbeurteilung durchführen muss, ist dazu verpflichtet, seinen Stoffsicherheitsbericht auf dem neuesten Stand zu halten.

Gesetze, Vorschriften und Rechtsprechung

Rechtsgrundlage für den Stoffsicherheitsbericht ist Art. 14 Verordnung (EG) Nr. 1907/2006 (REACH-Verordnung). Das Format für den Stoffsicherheitsbericht wird in Anhang I REACH-Verordnung festgelegt. Für Stoffe, die nur in geringen Konzentrationen in Gemischen eingeführt oder hergestellt werden, ist gemäß Art. 14 Abs. 2 REACH-Verordnung kein Stoffsicherheitsbericht erforderlich. Auch nachgeschaltete Anwender sind unter bestimmten Rahmenbedingungen dazu verpflichtet, einen Stoffsicherheitsbericht zu erstellen. Dies ist nach Art. 37 Abs. 4 REACH-Verordnung dann der Fall, wenn die Verwendung des nachgeschalteten Anwenders von den Bedingungen der im Anhang zum Sicherheitsdatenblatt aufgeführten Expositionsszenarien abweicht oder der Lieferant explizit von der entsprechenden Verwendung abrät. Spezifische Ausnahmetatbestände für die Erstellung eines Stoffsicherheitsberichts durch den nachgeschalteten Anwender sind ebenfalls in Art. 37 Abs. 4 REACH-Verordnung festgelegt. In Teil F der umfangreichen ECHA-Leitlinien zu Informationsanforderungen und Stoffsicherheitsbeurteilung werden das Format und die Anforderungen für die Erstellung des Stoffsicherheitsberichts beschrieben.

Benedikt Vogt

Stolpern und Stürzen

Das Gehen ist unbewusst und läuft automatisch ab. Daher sind während des Gehens andere Aktivitäten möglich, die die Aufmerksamkeit für Bodenunebenheiten, Hindernisse oder Stufen einschränken, z. B. wenn man gleichzeitig ein Gespräch führt oder mit dem Handy telefoniert. Stolpern kann die Folge sein. Bei der Benutzung von Treppen (v. a. beim Abwärtsgehen) oder Arbeiten auf Podesten, Leitern oder anderen hochgelegenen Arbeitsplätzen sowie Laderampen oder Ladeflächen besteht die Gefahr, zu stürzen. Sturzunfälle ereignen sich auch als Folge von Ausrutschen, Stolpern oder Fehltreten. Stolpern und Stürzen sind – zusammen mit Rutschen – die häufigsten Unfälle mit oft schweren Verletzungen wie Gehirnerschütterungen oder Knochenbrüche. Stürze aus großer Höhe oder gefährliche Verletzungen enden oft tödlich. Täglich ereignen sich am Arbeitsplatz mehr als 1.000 Unfälle durch Stolpern, Rutschen oder Stürzen.

Gesetze, Vorschriften und Rechtsprechung

Konkrete Vorgaben und Handlungsanweisungen für stolper- und sturzsicheres Arbeiten enthalten v. a. Anhang 1.5 Arbeitsstättenverordnung (ArbStättV) und die ASR A1.5/1,2 «Fußböden». Im berufsgenossenschaftlichen Vorschriften- und Regelwerk sind bedeutsam: BGV A8 «Sicherheits- und Gesundheitsschutzkennzeichnung am Arbeitsplatz», BGV D36 «Leitern und Tritte», BGI 561 «Merkblatt für Treppen», BGI 588 «Merkblatt für Metallroste» und BGI 5013 «Damit Sie nicht ins Stolpern kommen».

1 Pflichten des Arbeitgebers und der Beschäftigten

Im Rahmen der → *Gefährdungsbeurteilung* (§ 5 ArbSchG) muss der Arbeitgeber ermitteln, ob z. B.

- Oberflächen bzw. Bodenbeläge geeignet und unbeschädigt sind;
- → *Treppen*, → *Leitern* oder → *Gerüste* sicher sind;
- Gefahren ausreichend gekennzeichnet sind;
- geeignete Schuhe – evtl. als Teil der → *persönlichen Schutzausrüstung* – getragen werden.

Der Arbeitgeber kann die → *Fachkraft für Arbeitssicherheit* beauftragen, eine Gefährdungsbeurteilung durchzuführen (s. § 7 ArbSchG). Die Fachkraft für Arbeitssicherheit kann bei Neu- und Umbauten auch den ausführenden Architekten bzw. Bauunternehmer beraten.

Der Arbeitgeber ist auf die Mitarbeit seiner Beschäftigten angewiesen. Ihre Aufgabe ist es, erkannte Mängel entweder selbst zu beheben oder falls dies nicht möglich ist, ihrem Vorgesetzten zu melden (§ 16 ArbSchG). Ziel ist immer, Gefahren an ihrer Quelle zu bekämpfen (§ 4 ArbSchG). Die nachfolgend aufgeführten Ursachen und Maßnahmen zu Stolpern und Stürzen gelten auch für Rutschunfälle, da Stolpern, Rutschen und Stürzen (SRS) im Bereich der Arbeitssicherheit gemeinsam betrachtet wird.

2 Ursachen für Stolpern und Stürzen

2.1 Persönliches Verhalten

Das eigene Verhalten gilt als Hauptursache für Stolpern und Stürzen:

- Oft wird ein Risiko falsch eingeschätzt. So erwartet man in einem sonst aufgeräumten Raum keine herumliegenden Gegenstände auf dem Boden.
- Bequemlichkeit verleitet dazu, einen großen Aktenstapel zu tragen, der die Sicht einschränkt. Besser wäre in diesem Fall, zweimal mit halber Last und freier Sicht zu gehen.
- Gewohnheiten führen zu nachlassender Achtsamkeit: «Hier steht nie etwas».
- Ablenkung, z. B. durch ein Gespräch, bindet die Aufmerksamkeit, die Umgebung wird dann kaum wahrgenommen.
- Unaufmerksamkeit bedeutet Gefahr.
- Verantwortungslosigkeit gefährdet auch die Anderen: Das Hindernis, das erkannt aber nicht beseitigt wird, bringt möglicherweise den Kollegen zu Fall.

2.2 Technische Faktoren

Gefährdungen können entstehen durch:

- ungeeignete oder beschädigte Oberflächen,
- unzureichende Beleuchtung,
- schlechtes oder ungeeignetes Schuhwerk,
- Störungen an → *Maschinen* und Anlagen,
- schlechter Zustand der → *Verkehrswege*.

2.3 Organisatorische Ursachen

Finden Planung und Kommunikation nicht ausreichend statt, so können folgende organisatorische Ursachen für Stolpern und Stürzen identifiziert werden:

- Planungsfehler,
- mangelnde Absprachen,
- blockierte → *Verkehrswege*,
- schlecht gekennzeichnete Verkehrswege,
- keine getrennten Wege für Fußgänger und → *Fahrzeuge*,
- fehlende Ordnung und Sauberkeit,
- nicht beseitigte Gefahrenquellen,
- fehlende Hinweise auf Gefahren,
- mangelhafte → *Unterweisung*.

2.4 Umwelteinflüsse

Auch Witterungseinflüsse müssen berücksichtigt werden:

- Regen,
- Schnee,
- Glatteis.

Bei ungünstiger Witterung müssen deshalb Wege und Zufahrten geräumt bzw. sicher gemacht werden. Auch im Eingangsbereich sollten unter derartigen Witterungsbedingungen Maßnahmen ergriffen werden, um Nässe und Schmutz nicht ins Gebäude einzutragen.

3 Maßnahmen

3.1 Verhalten

Da Gehen eigentlich eine Selbstverständlichkeit ist, nutzt ein Gehtraining kaum. Eine wirkungsvolle Prävention besteht dagegen darin, über mögliche Gefahren und geeignete Maßnahmen zu informieren und für stolper- und sturzfreies Arbeiten zu sensibilisieren. Die Berufsgenossenschaften haben hier ein großes Potenzial zur Prävention erkannt und führen laufend Aktionen durch. Verhaltensänderungen werden u. a. erreicht durch:

- Kampagnen,
- Informationsmaterial, z. B. Plakate und Quiz,
- Schulung und Unterweisung,
- Parcours mit eingebauten Stürz- und Stolperstellen.

3.2 Technik

Aufwendiges Nachbessern kann vermieden werden, wenn bereits bei der Planung berücksichtigt wird, Stolpern und Stürzen zu vermeiden. Dies betrifft die Bereiche:

- Bodenbeläge,
- → *Verkehrswege*,
- → *Beleuchtung*,
- Transport- und Fördereinrichtungen.

Das Institut für Arbeitsschutz der DGUV liefert u. a. Positivlisten für geeignete Bodenbeläge, → *Leitern* und → *Tritte* usw. Gegen Witterungseinflüsse müssen ebenfalls geeignete Maßnahmen ergriffen werden. Hier können z. B. überdachte Verkehrswege im Außenbereich, stolpersichere Fußmatten an den Zugängen wirksame Maßnahmen sein.

3.3 Organisation

Der Arbeitgeber muss gewährleisten, dass gesetzliche Vorgaben eingehalten und festgelegte Maßnahmen umgesetzt werden. Dies sind u. a.:

- Tragen der → *persönlichen Schutzausrüstung*, z. B. Arbeitsschuhe, die festen Halt geben, mit flachem Absatz und rutschfester, griffiger Sohle.
- Beim Gehen auf Treppen und Stufen sollte der Handlauf benutzt werden. Beläge auf Treppen und Stufen müssen rutschfest und mit gut sichtbarer und rutschfester Markierung der Vorderkanten ausgestattet sein, auch Rampen sind zu markieren.
- Fußmatten und Teppiche dürfen nicht verrutschen, die Kanten müssen sicher gemacht werden.
- Ordnung am Arbeitsplatz ist wichtig, das gilt auch für den Boden.
- Reinigung und Wartung verhindern Verunreinigungen, z. B. Öl auf dem Boden.
- Der Bodenbelag sollte laufend auf Schäden überprüft werden.
- → *Verkehrs-* und → *Fluchtwege* müssen von Hindernissen freigehalten werden.
- Kabel dürfen Verkehrswege nur dann kreuzen, wenn sie durch Kabelabdeckungen gesichert sind.
- Regelmäßige Prüfung des ordnungsgemäßen Zustands von → *Leitern* und → *Tritten* (§ 29 BGV D 36) sowie von Arbeitsbühnen und Gerüsten ist Pflicht.

Bettina Huck

Strahlenschutz

In Forschung, Technik und Medizin werden strahlenaussendende radioaktive Stoffe und ionisierende Strahlung aus anderen Quellen, wie beispielsweise die Röntgenstrahlung, in vielfältiger Weise nutzbringend eingesetzt. Diese Strahlung kann aber auch schädliche Wirkungen in

Mensch und Umwelt hervorrufen, vor denen möglicherweise Betroffene geschützt werden müssen. Der diesem Zweck dienende Strahlenschutz erarbeitet als interdisziplinäre Wissenschaft aus Biologie, Medizin und Physik die Grundlagen unseres Wissens über die Auswirkungen und Risiken der ionisierenden Strahlung. Der operative Strahlenschutz setzt dieses Wissen in praktische Schutzvorschriften und -maßnahmen vor Ort um. Das Gleiche gilt für den Strahlenschutz bei der Anwendung nicht ionisierender Strahlung (NIR, Non-ionizing Radiation), wie Laser oder Mobilfunk. Der operative Strahlenschutz wird heute zunehmend als Bestandteil des betrieblichen Arbeitsschutzes angesehen und in diesen integriert.

Gesetze, Vorschriften und Rechtsprechung

Der Strahlenschutz für ionisierende Strahlen wird im Wesentlichen durch die Strahlenschutzverordnung (StrlSchV) und die Röntgenverordnung (RöV) geregelt. Zu beiden Verordnungen gibt es zahlreiche, die praktische Umsetzung einzelner Vorschriften im Detail regelnde Richtlinien. Dazu kam in der Folge des Tschernobyl-Unfalls noch das Strahlenschutzvorsorgegesetz (StrVG).

1 Die Grundsätze des Strahlenschutzes

Die **Internationale Strahlenschutzkommission (ICRP)** baut ihre Schutzempfehlungen auf 3 Grundsätze auf, die auch in Teil 2 Kapitel 1 der Strahlenschutzverordnung verankert sind.

(1) Der allgemeine Grundsatz der **Rechtfertigung** (§ 4 StrlSchV): Demzufolge müssen alle Tätigkeiten, die mit einer Strahlenexposition verbunden sein können, unter Abwägung ihres «wirtschaftlichen, sozialen oder sonstigen Nutzens gegenüber möglichen gesundheitlichen Beeinträchtigungen» gerechtfertigt sein.

(2) Die konkreten Anweisungen zur **Dosisbegrenzung** (§ 5 StrlSchV): Die vorgeschriebenen Dosisgrenzwerte dürfen nicht überschritten werden.

(3) Schließlich, noch über die Dosisbegrenzung hinausgehend, die Forderungen nach **Dosisreduzierung und Vermeidung unnötiger Strahlenexposition** (§ 6 StrlSchV). Die für den Strahlenschutz Verantwortlichen sind demgemäß dazu verpflichtet, bei allen Tätigkeiten «jede Strahlenexposition oder Kontamination von Mensch und Umwelt unter Berücksichtigung des Stands von Wissenschaft und Technik und unter Berücksichtigung aller Umstände des Einzelfalls auch unterhalb der Grenzwerte **so gering** wie möglich zu halten». International ist diese Forderung schon seit den 70er Jahren als ALARA-Prinzip bekannt. ALARA steht für As Low As Reasonably Achievable, so niedrig wie vernünftigerweise erreichbar.

2 Schwerpunkte des praktischen Strahlenschutzes

Zentraler Punkt des praktischen Strahlenschutzes ist die **Überwachung der Strahlenexposition** der Beschäftigten. Zurzeit werden in der Bundesrepublik etwa 340.000 beruflich strahlenexponierte Personen mit amtlichen Dosimetern überwacht, davon rund 2 Drittel in der radiologischen Medizin. Zur **Reduzierung der Exposition** gibt es zahlreiche konkrete Maßnahmen, wie Abschirmungen, Zugangsbeschränkungen, Beschränkungen der Arbeits- und Aufenthaltsdauer, Kontrolle der Arbeitsabläufe und nicht zuletzt die gute Ausbildung und die ständige Unterweisung der Mitarbeiter.

> **Wichtig: Schutzmaßnahmen**
>
> Beim Umgang mit radioaktiven Stoffen ist die wichtigste Schutzmaßnahme für die Beschäftigten die **Vermeidung von Kontamination**, also der Schutz vor der unkontrollierten Verbreitung dieser Stoffe. Radioaktive Substanzen dürfen weder in den menschlichen Organismus aufgenommen werden, etwa durch Einatmen oder Verschlucken, noch aus Kontrollbereichen (→ *Strahlenschutzbereiche*) in unzulässiger Weise in die Umwelt gelangen.

> **Praxis-Tipp: Regelmäßige Messungen erforderlich**
>
> Alle Schutzmaßnahmen müssen ständig messtechnisch überprüft werden. Dazu **geeignete Messgeräte** und eine richtig eingesetzte **Messtechnik** sind deshalb unverzichtbarer Bestandteil eines effektiven Strahlenschutzes.

3 Was wissen wir über das Strahlenrisiko?

Ionisierende Strahlung ist ein Energieträger. Wird diese Energie in Materie absorbiert, so bewirkt sie dort Strukturänderungen der unterschiedlichsten Art. In lebendem Gewebe bedeutet das von der Höhe der Dosis abhängige Zellschäden mit negativen Auswirkungen auf den Gesamtorganismus. Allerdings sind die Reaktionen der einzelnen Zelle und des Zellverbands außerordentlich komplex und noch nicht abschließend erforscht. Unstrittig ist jedenfalls, dass das Ausmaß der Schädigung von der Höhe und von der zeitlichen Verteilung der Dosis abhängt.

Bei kurzzeitigen hohen Ganzkörperdosen ab einigen Sievert entstehen **akute Strahlenschäden**, die durch das Versagen einzelner Organe in meist kurzer Zeit zum Tod führen. In der Krebstherapie werden hohe Dosen punktuell und gezielt eingesetzt, um die kranken Zellen der Geschwulst abzutöten. Niedrigere Dosen führen zu Zellmutationen, die nach einer gewissen **Latenzzeit** (Zeit zwischen Exposition und Ausbruch der Krankheit) von bis zu 30 Jahren zur Krebsentstehung führen können, aber nicht zwangsweise müssen.

Diese verzögert und statistisch bedingt auftretende Schädigung nennt man im Jargon der Wissenschaftler **stochastische Strahlenschäden**. Die Wahrscheinlichkeit, dass es nach einer bestimmten Dosis zum Schadenseintritt kommt, ist das **Strahlenrisiko**.

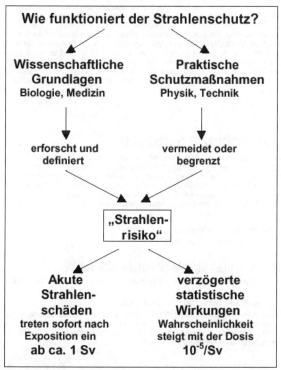

Abb. 1: Wie funktioniert der Strahlenschutz?

Die Ansichten über das Ausmaß des Risikos und über die Notwendigkeit seiner Minimierung haben sich im Laufe der Zeit ständig zur größeren Vorsicht hin geändert. Die Internationale Strahlenschutzkommission ICRP geht heute von der Annahme aus, dass das Strahlenrisiko von Null aus ab der kleinsten Dosis proportional zur Dosis zunimmt. Die ICRP nennt dafür in ihrem Report Nr. 60 einen Faktor von 5×10^5/mSv, d. h. von 100.000 kurzzeitig mit 1 mSv exponierten Personen bekommen wahrscheinlich fünf im Laufe der Zeit ein strahlenbedingtes Karzinom (das entspräche einer Erhöhung der «natürlichen» Krebsrate um etwa 0,5 %). Diese so genannte **LNT-Hypothese** (Linear, No Threshold, der Schaden tritt von Null aus linear und nicht erst ab einer Schwelle ein) wird aufgrund der neueren biologischen Zellforschung allerdings zunehmend kontrovers diskutiert. Es gibt Anzeichen dafür, dass kleine Strahlendosen den Reparaturmechanismus der Zelle stimulieren und dadurch sogar zu einem negativen Risiko führen können. Bis zur endgültigen wissenschaftlichen Klärung dieses Sachverhalts wird die LNT-Hypothese jedoch weiterhin Richtlinie des Strahlenschutzes bleiben.

4 Wer ist für den Strahlenschutz zuständig?

Die für den Strahlenschutz zuständige Bundesbehörde ist das **Bundesamt für Strahlenschutz** (BfS). Das Amt ist dem Bundesministerium für Umwelt, Naturschutz und Reaktorsicherheit (BMU) unterstellt (www.bfs.de). Die **Strahlenschutzkommission** (SSK) berät das Bundesministerium für Umwelt, Naturschutz und Reaktorsicherheit (BMU) in allen Angelegenheiten des Schutzes vor ionisierenden und nicht-ionisierenden Strahlen (www.ssk.de). Auf beruflicher Ebene haben sich schon 1966 die Strahlenschutzfachleute aus Deutschland und der Schweiz im **Fachverband für Strahlenschutz** (FS) zusammengeschlossen. Der Fachverband hat heute rund 1.500 Mitglieder, die in allen Sparten des wissenschaftlichen und praktischen Strahlenschutzes einschließlich des nicht ionisierenden Strahlung tätig sind. Der FS ist Mitgliedsgesellschaft der Internationalen Strahlenschutz-Gesellschaft IRPA. Er gibt die Vierteljahres-Fachzeitschrift «StrahlenschutzPRAXIS» heraus. Weitere Informationen im Internet unter www.fs-ev.de.

Rupprecht Maushart

Strahlenschutzbeauftragter

Ein Strahlenschutzbeauftragter (SSB) leitet und beaufsichtigt Tätigkeiten zur Gewährleistung des Strahlenschutzes beim Umgang mit radioaktiven Stoffen und ionisierender Strahlung. Dem oder den Strahlenschutzbeauftragten werden vom → *Strahlenschutzverantwortlichen* definierte Aufgaben und Pflichten zur Wahrnehmung der betrieblichen Erfordernisse des Strahlenschutzes übertragen. Strahlenschutzbeauftragte müssen die erforderliche Fachkunde im Strahlenschutz besitzen. Die Bestellung von Strahlenschutzbeauftragten muss der zuständigen Behörde mitgeteilt werden.

Gesetze, Vorschriften und Rechtsprechung
§§ 31 – 35 Strahlenschutzverordnung (StrlSchV)

1 Wie wird man Strahlenschutzbeauftragter?

Strahlenschutzbeauftragte werden vom → *Strahlenschutzverantwortlichen* schriftlich bestellt.

Achtung: Persönliche und fachliche Voraussetzungen

Es dürfen nur Personen zu Strahlenschutzbeauftragten bestellt werden, bei denen keine Tatsachen vorliegen, aus denen sich gegen ihre Zuverlässigkeit Bedenken ergeben, und die die erforderliche Fachkunde im Strahlenschutz besitzen. Die Bescheinigung des Erwerbs der Fachkunde muss bei der Bestellung bereits vorliegen.

Wichtig: Definition von Aufgaben und Befugnissen
Der künftige Strahlenschutzbeauftragte sollte bei seiner Ernennung darauf achten, dass seine genau definierten Aufgaben, sein innerbetrieblicher Entscheidungsbereich und die zur Wahrnehmung seiner Aufgaben erforderlichen Befugnisse schriftlich festgelegt sind. Das wird besonders wichtig, wenn im gleichen Betrieb mehrere Strahlenschutzbeauftragte tätig sind.

2 Was tut der Strahlenschutzbeauftragte?

Die StrlSchv definiert in den §§ 31–35 ausführlich und detailliert die Stellung und die Pflichten des Strahlenschutzbeauftragten. Zusammenfassend lässt sich sagen, dass der Strahlenschutzbeauftragte – natürlich nur im Rahmen seiner Befugnisse – für Durchführung, Leitung und Beaufsichtigung aller Tätigkeiten und Maßnahmen zuständig ist, die für den → *Strahlenschutz* erforderlich sind.

Ungeachtet dessen trägt die Verantwortung für die Einhaltung der Anforderungen weiterhin der Strahlenschutzverantwortliche. Um dem gerecht werden zu können, muss er allerdings rechtzeitig und zutreffend über Schwierigkeiten oder Probleme informiert sein. Demzufolge muss der Strahlenschutzbeauftragte gem. § 32 StrlSchV dem → *Strahlenschutzverantwortlichen* unverzüglich alle Mängel mitteilen, die den Strahlenschutz beeinträchtigen. Das gilt beispielsweise für unzureichende Schutzeinrichtungen oder Messgeräte ebenso wie für renitente Kollegen.

Kann sich der Strahlenschutzbeauftragte über eine von ihm vorgeschlagene Behebung von aufgetretenen Mängeln mit dem Strahlenschutzverantwortlichen nicht einigen, so hat dieser dem Strahlenschutzbeauftragten die Ablehnung des Vorschlages schriftlich mitzuteilen und zu begründen und dem → *Betriebsrat* oder dem Personalrat und der zuständigen Behörde je eine Abschrift zu übersenden.

3 Was geschieht, wenn der Strahlenschutzbeauftragte seinen Pflichten nicht nachkommen kann?

In § 32 StrlSchV ist auch der Fall geregelt, dass der Strahlenschutzbeauftragte infolge unzureichender Befugnisse, unzureichender Fachkunde im Strahlenschutz oder fehlender Zuverlässigkeit oder aus anderen Gründen seine Pflichten nur unzureichend erfüllen kann. Wenn die zuständige Behörde davon Kenntnis erhält, kann sie gegenüber dem → *Strahlenschutzverantwortlichen* die Feststellung treffen, dass dieser Strahlenschutzbeauftragte nicht als Strahlenschutzbeauftragter im Sinne dieser Verordnung anzusehen ist.

Rupprecht Maushart

Strahlenschutzbereiche

Ein Strahlenschutzbereich ist ein räumlich abgetrennter Bereich, in dem Personen einer Exposition durch ionisierende Strahlung oder radioaktive Stoffe ausgesetzt sein können, die oberhalb des Grenzwerts für das allgemeine Staatsgebiet liegt. Insbesondere in betrieblichen Strahlenschutzbereichen unterliegen beim Umgang mit ionisierender Strahlung oder radioaktiven Stoffen Beschäftigte oder auszubildende Personen besonderen Schutzmassnahmen. Die Bereiche müssen gekennzeichnet sein, der Zutritt ist eingeschränkt.

Gesetze, Vorschriften und Rechtsprechung
Grundlegend sind § 36 Strahlenschutzverordnung (StrlSchV) und § 19 Röntgenverordnung (RöV).

1 Was für Strahlenschutzbereiche gibt es?

Strahlenschutzbereiche werden in § 36 StrlSchV (Strahlenschutzverordnung) festgelegt. Mit wachsender Höhe einer zu erwartenden Strahlenexposition wird unterschieden zwischen **Überwachungsbereichen** und **Kontrollbereichen**. Innerhalb des Kontrollbereichs gibt es noch

Sperrbereiche. Bei der Strahlenexposition sind äußere und innere Komponenten zu berücksichtigen. In den Strahlenschutzbereichen muss, je nach der Art des Umgangs, einzeln oder in Kombination die Ortsdosis oder Ortsdosisleistung, die Kontamination des Arbeitsplatzes oder die Konzentration radioaktiver Stoffe in der Luft gemessen werden. An Personen, die sich im Kontroll- oder Sperrbereich aufhalten, ist die Körperdosis zu ermitteln (Dosis).

Die niederste Stufe des Strahlenschutzbereichs ist der **Überwachungsbereich**. Überwachungsbereiche sind definiert als nicht zum Kontrollbereich gehörende betriebliche Bereiche, in denen Personen unter Berücksichtigung der Aufenthaltsdauer im Kalenderjahr eine effektive Dosis von mehr als 1 mSv – man könnte auch sagen, überhaupt eine zusätzliche Dosis – erhalten können. Für bestimmte Organe sind höhere Dosen zugelassen, wie etwa 15 mSv für die Augenlinse oder 50 mSv für die Haut. Das ist vor allem beim Umgang mit Beta-Strahlern von Bedeutung.

Der nächst höhere und meistgebrauchte Bereich ist der **Kontrollbereich**. In Kontrollbereichen wird damit gerechnet, dass Personen im Kalenderjahr eine effektive Dosis von mehr als 6 mSv oder höhere Organdosen als 45 mSv für die Augenlinse oder 150 mSv für die Haut erhalten können.

Die höchste Kategorie sind **Sperrbereiche**. In Sperrbereichen sind höhere Ortsdosisleistungen als 3 mSv/h zu erwarten. Meist handelt es sich dabei um die unmittelbare Nähe von starken Strahlenquellen oder Strahlengeneratoren.

Bei der Festlegung der Grenzen von Strahlenschutzbereichen ist eine **Aufenthaltsdauer** von 40 Stunden pro Woche und 50 Wochen im Kalenderjahr anzunehmen, wenn keine anderen begründeten Angaben über die Aufenthaltszeit vorliegen.

2 Wie ist der Zutritt zu Strahlenschutzbereichen geregelt?

Der Zutritt zu Strahlenschutzbereichen ist in § 37 StrlSchV sehr detailliert geregelt. Voraussetzung für die Zutrittserlaubnis ist, dass die betreffende Person eine **dem Betrieb dienende Tätigkeit** ausübt und dass diese Tätigkeit zur Durchführung oder Aufrechterhaltung der darin vorgesehenen Betriebsvorgänge erforderlich ist. In Überwachungsbereichen dürfen sich außerdem auch Besucher, Patienten oder helfende Personen aufhalten, in Kontrollbereichen muss deren Aufenthalt von einer fachkundigen Person überwacht werden. Auszubildende oder Studierende dürfen Kontroll- und Überwachungsbereiche betreten, wenn dies zur Erreichung ihres Ausbildungsziels erforderlich ist. Darüber hinaus kann die zuständige Behörde zulassen, dass der → *Strahlenschutzbeauftragte* auch anderen Personen den Zutritt zu Strahlenschutzbereichen gestattet. In Sperrbereichen dürfen sich Personen nur unter ständiger Überwachung durch eine vom → *Strahlenschutzverantwortlichen* beauftragte fachkundige Person aufhalten.

3 Wie sind Strahlenschutzbereiche zu kennzeichnen?

Kontroll- und Sperrbereiche sind so abzugrenzen, dass die Zugangskontrolle gewährleistet werden kann, und «deutlich sichtbar und dauerhaft» mit dem in Anlage IX der StrlSchV vorgegebenen Strahlenwarnzeichen und dem Zusatz «Kontrollbereich – kein Zutritt» oder «Sperrbereich – kein Zutritt» zu kennzeichnen.

> **Wichtig: Sperrung des Kontrollbereichs**
> Bei ortsveränderlichen Bestrahlungseinrichtungen, etwa in der Radiografie, muss der Kontrollbereich nicht nur gekennzeichnet, sondern auch **in geeigneter Weise** abgesperrt sein.

Rupprecht Maushart

Strahlenschutzverantwortlicher

Strahlenschutzverantwortlicher ist, wer Tätigkeiten ausführt, die nach Atomgesetz, Strahlenschutzverordnung oder Röntgenverordnung einer Genehmigung oder Anzeige bedürfen oder wer radioaktive Mineralien aufsucht, gewinnt oder aufbereitet. Der Strahlenschutzverantwortliche hat eine entscheidende Rolle bei Organisation und Durchführung des betrieblichen Strahlenschutzes. Er hat dafür zu sorgen, dass alle relevanten Vorschriften eingehalten werden. In der Regel wird er jedoch die Überwachungsaufgaben im Betrieb selbst nicht persönlich ausüben, sondern dazu einen oder mehrere → *Strahlenschutzbeauftragte* einsetzen.

Gesetze, Vorschriften und Rechtsprechung

Grundlegend sind §§ 31-33 Strahlenschutzverordnung (StrlSchV) und § 13 Röntgenverordnung (RöV).

1 Wer ist Strahlenschutzverantwortlicher?

Der Strahlenschutzverantwortliche ist grundsätzlich derjenige, der eine **Umgangsgenehmigung** besitzt oder eine den Behörden anzuzeigende Tätigkeit im Sinn der StrlSchV ausübt.

Juristisch gesehen gibt es allerdings mehrere Möglichkeiten zur Person. Bei dem Strahlenschutzverantwortlichen kann es sich auch um eine **juristische Person** oder um eine **teilrechtsfähige Personengesellschaft** handeln. Dann werden die Aufgaben des Strahlenschutzverantwortlichen von der durch Gesetz, Satzung oder Vertrag zur Vertretung berechtigten Person wahrgenommen. Besteht das vertretungsberechtigte Organ aus mehreren Mitgliedern oder sind bei nicht rechtsfähigen Personenvereinigungen mehrere vertretungsberechtigte Personen vorhanden, so ist der zuständigen Behörde mitzuteilen, welche dieser Personen die Aufgaben des Strahlenschutzverantwortlichen wahrnimmt. Die Gesamtverantwortung aller Organmitglieder oder Mitglieder der Personenvereinigung bleibt hiervon unberührt.

2 Welches sind die Pflichten des Strahlenschutzverantwortlichen?

Die Pflichten des Strahlenschutzverantwortlichen sind in § 33 StrlSchV geregelt.

Er ist schlicht dafür zuständig, dass alle einschlägigen formalen und konkreten **Vorschriften der StrlSchV** eingehalten werden. Dafür hat er insbesondere, so steht es explizit in § 33, zu sorgen «durch Bereitstellung geeigneter Räume, Ausrüstungen und Geräte, durch geeignete Regelung des Betriebsablaufs und durch Bereitstellung ausreichenden und geeigneten Personals», und zwar «unter Beachtung des Stands von Wissenschaft und Technik», also mit modernen Ausrüstungen und Geräten.

Er hat weiterhin eine **Strahlenschutzanweisung** zu erlassen, in der die zu beachtenden Strahlenschutzmaßnahmen aufgeführt werden. Das betrifft z. B. die Aufstellung eines Plans für die Organisation des → *Strahlenschutzes*, von Festlegungen zur Funktionsprüfung und Wartung von Bestrahlungsvorrichtungen, Anlagen, Ausrüstungen und Geräten und die Regelung der für den Strahlenschutz wesentlichen Betriebsabläufe. § 34 StrlSchV enthält eine ausführliche Aufzählung von Sachverhalten, zu denen in der Strahlenschutzanweisung Aussagen enthalten sein müssen.

> **Wichtig: Verantwortung bei Unfällen**
> Der Strahlenschutzverantwortliche muss dafür sorgen, dass bei Gefahr für Mensch und Umwelt, also bei einem Zwischenfall oder Unfall, unverzüglich geeignete Maßnahmen getroffen werden. Dazu gehören auch **Alarmübungen** und **Notfall-Einsatzpläne** (§ 33 StrlSchV).

3 Enge Zusammenarbeit zwischen Strahlenschutz und Arbeitssicherheit

Große Bedeutung misst die StrlSchV auch der guten Zusammenarbeit von Strahlenschutz- und → *Arbeitssicherheitsfachkräften* sowie den Kontakten mit dem → *Betriebsrat* zu. § 32 StrlSchV verlangt explizit, dass der Strahlenschutzverantwortliche und der Strahlenschutzbeauftragte bei der Wahrnehmung ihrer Aufgaben mit dem Betriebsrat oder dem Personalrat und den Fachkräften für Arbeitssicherheit zusammenarbeiten und sie über wichtige Angelegenheiten des Strahlenschutzes unterrichten müssen. Der Strahlenschutzbeauftragte hat den Betriebsrat oder Personalrat auf dessen Verlangen in Angelegenheiten des Strahlenschutzes zu beraten.

4 Verstöße gegen die Pflichten des Strahlenschutzverantwortlichen

Fahrlässige oder vorsätzliche Verstöße gegen die Pflichten des Strahlenschutzverantwortlichen werden gem. § 116 StrlSchV als **Ordnungswidrigkeiten** geahndet.

Rupprecht Maushart

Stress

Zur Beschreibung psychischer Belastungen wird häufig der Begriff «Stress» gebraucht. Er wird unterschiedlich verwendet: Im Alltagssprachgebrauch meint jemand, der «im Stress ist», dass er viel zu tun und wenig Zeit hat. Wer «Stress mit seinem Kollegen» hat, befindet sich in einer Konfliktsituation. Auch in der Wissenschaft gibt es unterschiedliche Stressmodelle. In der Werkstoffkunde beschreibt der Begriff den Zug oder Druck auf ein Material. Je nachdem, welches Modell man zugrunde legt, ergeben sich daraus unterschiedliche Ansätze für Maßnahmen zur Stressvermeidung oder zum Stressabbau.

Gesetze, Vorschriften und Rechtsprechung

§ 3 BildscharbV: Bei der Durchführung einer Gefährdungsanalyse müssen auch psychische Belastungen ermittelt und beurteilt werden.

Im berufgenossenschaftlichen Regelwerk helfen in der Praxis weiter: BGI 609 «Stress am Arbeitsplatz» und BGI 5107 «Aktiv Ressourcen nutzen: Vom richtigen Umgang mit Stress».

1 Stressauslöser und Stressfolgen

Im umgangssprachlichen Gebrauch werden Stressauslöser und Stressreaktionen häufig synonym verwendet: «Ich hatte heute furchtbar viel Stress auf der Arbeit.» wird i. Allg. verstanden als ein Leiden unter sehr hohem Arbeitsaufkommen. Sinnvoll ist es jedoch, die Stressauslöser, auch Stressoren genannt, und die Stressreaktion zu trennen. Das Wahrnehmen von Stressoren und die gefühlte Reaktion darauf können von Person zu Person sehr unterschiedlich sein.

Wenn man Stressoren und Stressreaktionen gleichsetzt, ergibt sich daraus eine Erwartungshaltung, sich bei möglicherweise Stress auslösenden Ereignissen auch persönlich gestresst zu fühlen. Es muss aber nicht jeder bei Zeitdruck mit einem Gefühl von Hektik und Getriebensein reagieren, einige Menschen werden dann auch einfach ihren Zeitplan neu ordnen oder Aufgaben delegieren. Es gibt auch unterschiedliche Interventionsansätze, die entweder eher bei den auslösenden Stressoren oder aber bei den individuellen Stressfolgen eines Menschen ansetzen.

Die psychische Leistungsfähigkeit bzw. Belastung der Mitarbeiter wird von verschiedenen Faktoren beeinflusst. Die wichtigsten Einflüsse sind:

- Arbeitsaufgabe und -inhalt, z. B. geringer Handlungsspielraum;
- physikalische Arbeitsbedingungen, z. B. → *Beleuchtung*, → *Klima*, → *Lärm*;
- sozialer Kontext und Organisationsbedingungen, z. B. schlechtes Führungsverhalten;

- gesellschaftliche Belastungen, z. B. Arbeitsplatzunsicherheit.

Bei lang andauerndem Stress verändern und verschärfen sich die Stressreaktionen. Es kommt immer wieder vor, dass engagierte Menschen, die immer wieder ihre eigenen Leistungsgrenzen überschreiten, auf diese Weise völlig erschöpfen und «ausbrennen» (→ *Burnout-Syndrom*). Häufig bedeutet dies eine massive körperliche, psychische und soziale Erschöpfung. Die Betroffenen brauchen oft sehr lange, bis sie sich von diesem tiefgreifenden Erschöpfungszustand und der oft damit verbundenen Depression erholt haben. Viele Menschen können auch gar nicht mehr an ihren Arbeitsplatz zurückkehren.

2 Stresskonzepte

Die aktuelle Forschung verfolgt ein arbeitspsychologisches Stressmodell, damit sind Vorstellungen vom «positiven» und «negativen» Stress überholt.

Die wichtigsten Stresskonzepte (vgl. → *Psychische Belastungen*) sind:

- Belastungs-Beanspruchungs-Konzept;
- transaktionales Stressmodel;
- arbeitspsychologisches Stressmodell.

2.1 Belastungs-Beanspruchungs-Konzept

Der Begriff der → *psychischen Belastungen* wird allgemein nach der DIN EN ISO 10075-1 definiert. Psychische Belastungen werden verstanden als «die Gesamtheit aller erfassbaren Einflüsse, die von außen auf den Menschen zukommen und psychisch auf ihn einwirken.» Nach dieser Definition entstehen psychische Belastungen durch objektiv erfassbare Belastungsfaktoren. Die DIN-Norm unterscheidet 4 Gruppen von Anforderungen, die zu Belastungen führen können:

- **Arbeitsaufgabe**, z. B. deren Dauer und zeitlicher Verlauf;
- **physikalische Arbeitsbedingungen**, z. B. Beleuchtung, Klima, Lärm;
- **sozialer Kontext** und **Organisationsbedingungen**, z. B. Betriebsklima, Zusammenarbeit, Konflikte;
- **gesellschaftliche Belastungen**, z. B. die wirtschaftliche Lage.

Diese Belastungen können auf den Menschen einwirken und bei ihm zu einer psychischen Beanspruchung führen. Eine psychische Beanspruchung ist nach der DIN-Norm «die unmittelbare (nicht langfristige) Auswirkung der psychischen Belastung im Individuum in Abhängigkeit von seinen jeweiligen überdauernden oder augenblicklichen Voraussetzungen, einschließlich der individuellen Bewältigungsstrategien».

Psychische Belastungen sind dabei alle äußeren Einflüsse, die auf den Menschen zukommen und auf ihn psychisch einwirken. Die **psychische Beanspruchung** ist die individuelle Auswirkung der Belastungen im Menschen. Die Beanspruchung hängt von seinen individuellen Voraussetzungen und seinem Zustand ab. Da Belastungen durch die Menschen unterschiedlich verarbeitet werden, können gleiche Belastungen zu unterschiedlicher Beanspruchung bei verschiedenen Personen führen.

> **Wichtig: Möglichkeiten zur Reduktion der Beanspruchung**
>
> Das Belastungs-Beanspruchungs-Modell bietet damit grundsätzlich 2 Möglichkeiten, die psychische Beanspruchung zu reduzieren: Man kann
> - die äußeren Belastungen verringern oder
> - die Fähigkeit der Menschen steigern, diesen Belastungen zu widerstehen und damit eine geringere Beanspruchung zu empfinden.

Die Kritik an diesem Modell besagt, dass Belastung und Beanspruchung nicht so eindeutig unterschieden werden können. Außerdem gibt das Modell keine Erklärungen dafür, wie Belastungen verarbeitet werden. So liefert dieses Modell wenig Ansatzpunkte für ein Stressmanagement. Im Alltagsverständnis wird man auch nicht das neutrale Wort «Belastung» als angemessen empfinden, da Stress meist als negativ empfunden wird.

2.2 Transaktionales Stressmodell

Das transaktionale Stressmodell ist in der Psychologie seit langem akzeptiert. Es konzentriert sich auf die Entstehung von Stress und dabei besonders auf die psychischen Bewertungs- und Bewältigungsprozesse. Sie erklären, warum sich gleiche psychische Belastungen nicht auf alle Menschen gleich auswirken.

Der Begriff «transaktional» bezieht sich in diesem Modell auf die Beziehung zwischen der Person und ihrer Umwelt. Im Mittelpunkt des Modells steht die individuelle Bewertung von Ereignissen und Situationen. Erst durch die kognitiven Bewertungen einer Person wird eine Situation stressrelevant. Durch diese Bewertungen und Einschätzungen wird bestimmt, ob die momentane Beziehung zwischen der Person und ihrer Umwelt als stressend wahrgenommen wird.

Im transaktionalen Stressmodell wird zwischen der primären und der sekundären Bewertung unterschieden. In der **primären Bewertung** geht es um die Einschätzung der Situation hinsichtlich des eigenen Wohlbefindens. Die (unbewusste) Fragestellung wäre hier: «Was kann mir passieren? Wie wird es mir gehen?».

Die Einschätzung der primären Bewertung könnte als Ergebnis haben:

- Bedrohung – es könnte eine Schädigung eintreten;
- Schädigung oder Verlust – es ist bereits eine Schädigung eingetreten;
- Herausforderung – es könnte eine Schädigung eintreten, aber die positiven Folgen stehen stärker im Vordergrund.

Die **sekundäre Bewertung** bezieht sich darauf, welche Bewältigungsmöglichkeiten für diese möglicherweise Stress auslösende Situation vorhanden sind. Jetzt werden die Möglichkeiten und Fähigkeiten zur Bewältigung der Situation eingeschätzt. Die Fragestellung wäre hier: «Schaffe ich das?». Auch diese Bewertung findet nicht immer bewusst statt. Beide Bewertungsprozesse beeinflussen sich gegenseitig: Wenn die sekundäre Bewertung ergibt, dass sich das Ereignis gut bewältigen lässt, wird es in der primären Bewertung auch nicht als Bedrohung eingeschätzt werden. Die primäre und sekundäre Bewertung folgen also nicht zeitlich aufeinander, sondern hängen miteinander zusammen.

2.3 Arbeitspsychologisches Stressmodell

Das arbeitspsychologische Stressmodell («BGW-Stresskonzept») baut auf den o. g. Stressmodellen auf und erweitert sie. In diesem Modell werden Stressoren/Risikofaktoren, Ressourcen/Kraftquellen, Bewertung, Bewältigung und Stressfolgen als wichtigste Faktoren angesehen, die miteinander in Wechselwirkung stehen. Stress ist nach diesem Modell ein eindeutig **negativer** Zustand.

Stressoren und Risikofaktoren können aus den Eigenschaften und Kompetenzen der einzelnen Person oder aus der Umwelt stammen, z. B. Arbeitsaufgabe oder -organisation. Stressoren sind nach diesem Modell Merkmale, die mit erhöhter Wahrscheinlichkeit zu Stressfolgen führen können. Auch Ressourcen können sowohl in der Person, als auch in den äußeren Bedingungen liegen. Personenbezogene Ressourcen können z. B. soziale Kompetenzen oder Problemlösestrategien sein. Die wichtigsten bedingungsbezogenen Ressourcen sind Kontrolle, Handlungsspielraum, Autonomie sowie soziale Unterstützung. Das arbeitspsychologische Stressmodell sieht wie das transaktionale Stressmodell auch die primäre («Ist dieses Ereignis für mich ein Stressfaktor?») und sekundäre Bewertung («Kann ich dieses Stress auslösende Ereignis bewältigen?») der Ereignisse als zentrale Elemente an.

Es können kurz- und langfristige Stressfolgen entstehen. Diese Stressfolgen können sich auf 4 Ebenen zeigen (vgl. **Tab. 1**):

- somatische Ebene
- kognitive Ebene
- emotionale Ebene
- Verhaltensebene

	kurzfristige **Reaktion**	langfristige Reaktion
somatische Ebene	Ausschüttung von Stresshormonen, Erhöhung von Blutdruck und Herzfrequenz	psychosomatische Erkrankungen, organische Krankheiten

	kurzfristige **Reaktion**	langfristige Reaktion
kognitive Ebene	Konzentrationsstörungen, psychische Ermüdung	Fehlerhäufigkeit, unüberlegte Entscheidungen
emotionale Ebene	Gereiztheit, Ärger, Frustration	Depressivität, Arbeitsunzufriedenheit, → Burn-out
Verhaltensebene	ungünstiges Gesundheitsverhalten, mehr Konflikte, weniger Team-Verhalten	→ Absentismus, Kündigung, Leistungsverweigerung, Einschränkung des Freizeitverhaltens und der sozialen Kontakte, ungünstiges Gesundheitsverhalten

Tab. 1: Beispiele für kurz- und langfristige Stressfolgen auf verschiedenen Ebenen

Stressfolgen betreffen also nicht nur die die gestresste Person selber, sondern auch die Organisation oder den Betrieb und das soziale Umfeld, wie Team, Familie, Partner, Freunde[113].

2.4 Die biologische Funktion von Stress

Eigentlich bedeutet die Stressreaktion eine Vorbereitung des Organismus auf lebensbedrohliche Notfallsituationen. Die körperliche Reaktion bei Stress läuft zunächst immer gleich ab: durch die Ausschüttung von Stresshormonen (u. a. Adrenalin) und die Aktivierung des sympathischen Nervensystems werden alle Körpersysteme auf erhöhte körperliche Leistungsbereitschaft eingestellt. So steigt der Blutdruck, die Herz- und Atemfrequenz steigen an, die Muskeln spannen sich. Innerhalb kürzester Zeit ist der Mensch zum Kampf oder zur Flucht bereit. Man spricht von der Alarmreaktion des Körpers, die bei einer Gefährdung automatisch erfolgt.

Der heutige Mensch kann i. d. R. – im Gegensatz zum Tier und zum Urmenschen – weder fliehen noch kämpfen. Die entstandene Anspannung und die starke Reaktion der inneren Organsysteme werden deshalb nicht mehr abgebaut. Eine gelegentliche körperliche Stressreaktion kann der Mensch noch gut kompensieren. Bei Dauerstress entsteht jedoch eine ständige Alarmbereitschaft des Körpers, die zu verschiedenen psychosomatischen und organischen Erkrankungen führen kann. Stress ist für die schnelle Bewältigung von Notsituationen lebensnotwendig.

3 Interventionsansätze zur Stressreduktion

Aus dem arbeitspsychologischen Stressmodell ergeben sich verschiedene Ansätze für Interventionen. Auf jeden Fall sollten die spezifischen Stressoren und Ressourcen analysiert werden, bevor präventive Maßnahmen geplant und ergriffen werden.

3.1 Verringerung von bedingungs- und personenbezogenen Stressoren

Im ersten Schritt zur Verringerung der Stressbelastung wird analysiert, welche Arbeitsbedingungen zu Stress und gesundheitlichen Beeinträchtigungen führen. Diese Analyse kann z. B. über Mitarbeiterbefragungen oder einen Gesundheitszirkel durchgeführt werden. Aus den ermittelten Belastungsschwerpunkten ergeben sich verschiedene grundsätzliche Ansatzpunkte zu deren Verringerung:

- Veränderungen bei Arbeitsaufgaben und -organisation: Maßnahmen zur Umorganisation von Arbeits- und Informationsabläufen, realistische Zeitplanung, Verringerung von Störungen usw.;
- Beseitigung negativer Einflüsse der Arbeitsumgebung. Dies geschieht meist durch technische Lösungen, z. B. Lärmschutz.

Außerdem kann bei den Risikofaktoren der einzelnen Mitarbeiter angesetzt werden, z. B. in Form von Stressmanagement-Seminaren. Personenbezogene Risikofaktoren, die sich verän-

---

[113] Vgl. Bamberger et al., BGW-Stresskonzept – Das arbeitspsychologische Stressmodell, 2006.

dern lassen, sind z. B. negative Verhaltensmuster oder pessimistische und hilflose Einstellungen und Überzeugungen.

3.2 Aufbau von bedingungs- und personenbezogenen Ressourcen

Auch der Aufbau von Ressourcen, also Kraftquellen und Hilfsmöglichkeiten, kann ein hilfreicher Ansatz sein, um Stressbelastungen zu verringern. In der Arbeitsumgebung können z. B. folgende Ressourcen helfen:

- Erweiterung des Handlungsspielraums;
- Verbesserung der Zusammenarbeit im Team;
- gesundheitsgerechter Führungsstil.

Jeder Einzelne kann ebenfalls seine Kraftquellen erweitern, z. B. durch den Ausbau des sozialen Netzwerks oder durch die Aneignung von Fachkenntnissen oder Fähigkeiten, z. B. durch ein Zeitmanagement-Seminar.

3.3 Veränderung von Bewertung, Bewältigung und Stressfolgen

Da das Gefühl einer Stressbelastung häufig durch die Bewertung der Situation entsteht, kann es sinnvoll sein, sich diese Bewertungsmuster zu verdeutlichen und durch besser geeignete zu ersetzen. Dazu gehört auch, sich Hilfsmöglichkeiten bewusst zu machen und sie bei Bedarf auch zu nützen, z. B. Zeitpläne neu zu priorisieren oder Aufgaben auch wieder abgeben zu können. Im Sinne der Förderung der Resilienz – also der Widerstandsfähigkeit gegenüber Krisen oder Dauerstress – kann es auch nützlich sein, sich klarzumachen, dass wir aus Krisen oft auch Neues lernen und neue Fähigkeiten entwickeln.

Zum Aufbau neuer Bewältigungsstrategien können z. B. Techniken der Problemlösung erlernt werden. Wichtig ist auch eine Unternehmenskultur, in der das «Nein-Sagen» bei Überforderung erlaubt ist.

Stressfolgen lassen sich auch durch Entspannungsübungen, z. B. Autogenes Training oder Yoga, sowie durch körperliche Bewegung abbauen und verringern. Entsprechende Angebote können z. B. über die → *Betriebliche Gesundheitsförderung* vorgehalten werden.

Julia Scharnhorst

Tageslicht

Bei der Frage nach Tageslicht oder einer Sichtverbindung nach außen geht es darum, inwieweit es für die Gestaltung von Arbeitsstätten sinnvoll oder erforderlich ist, dass die Beschäftigten durch geeignete Fenster hinaussehen können und Tageslicht zur Verfügung haben. Durch den Verzicht auf konkretere Vorgaben in der aktuellen Arbeitsstättenverordnung ist die Frage nach Tageslichteinfall und Sichtverbindung in Arbeitsräumen weitgehend Sache der Gefährdungsbeurteilung geworden.

Gesetze, Vorschriften und Rechtsprechung

Nach Anhang 3.4 Arbeitsstättenverordnung müssen Arbeitsstätten «möglichst ausreichend Tageslicht erhalten». Das wird in ASR A3.4 «Beleuchtung» präzisiert, so dass ohne einen wichtigen betrieblichen Grund Arbeitsstätten nicht ohne Tageslichteinfall betrieben werden dürfen.

Demgegenüber war die Rechtslage vor 2004 so, dass sämtliche Aufenthaltsräume in Arbeitsstätten (also neben Arbeits- auch Pausen-, Bereitschafts- und Sanitätsräume usw.) i. d. R. nicht nur Tageslichtbeleuchtung, sondern auch Sichtverbindung nach außen durch entsprechende Fensterflächen haben mussten. Diese Vorgabe, die z. B. dazu führte, dass Räume mit hohen Fensterbrüstungen oder ausschließlich Oberlichtern für sitzende Tätigkeiten generell als ungeeignet eingestuft wurden, existiert so nicht mehr.

Die BGI 7007 «Tageslicht am Arbeitsplatz – leistungsfördernd und gesund» enthält viele ergänzende und vertiefende Informationen und Praxisbeispiele.

1 Beleuchtungseigenschaften

Das menschliche Auge ist naturgemäß an die Eigenschaften natürlichen Lichts (Lichtstreuung und Farbspektrum) besonders gut angepasst. Dadurch wird Tageslicht z. B. auch in vergleichsweise hohen Beleuchtungsstärken viel weniger blendend empfunden als Kunstlicht. Auch die Farbwahrnehmung ist unter Tageslicht problemlos, was an Arbeitsplätzen mit besonderen Sehaufgaben wichtig sein kann.

Daher lassen sich mit natürlicher Beleuchtung i. d. R. einfacher und erfolgreicher zuträgliche Beleuchtungsbedingungen schaffen, als wenn das ausschließlich über künstliche Beleuchtung geschieht. Letztere ist allerdings bei guter Auslegung sicher auch nicht grundsätzlich schädlich. Die Imitation natürlichen Lichts durch Lampen mit entsprechend ausgelegtem Farbspektrum gelingt i. d. R. nur unvollständig und kann keineswegs als vollwertiger Ersatz gewertet werden. Im Gegenteil werden solche Leuchten oft als fremdartig und grell empfunden.

2 Einfluss von Tageslicht auf die Vitalfunktionen des Menschen

Tageslichteinfluss und erst recht Sichtverbindung nach außen ist mehr als nur eine Frage der Beleuchtung. Bei der Frage, ob und unter welchen Umständen auf Tageslicht am Arbeitsplatz verzichtet werden kann, müssen alle Einflussfaktoren berücksichtigt werden.

Unzweifelhaft unterstützt Tageslicht die Lebenskraft eines Menschen auf unterschiedliche Weise. Dabei ist es kaum möglich und für die betriebliche Praxis auch nicht nötig, zwischen physiologischen Faktoren (z. B. Einwirkungen von Sonnenlicht auf bestimmte Stoffwechselprozesse) und psychischen Faktoren zu trennen. Tatsache ist aber, dass manche Menschen extrem empfindlich auf den Entzug von Tageslicht reagieren (Beispiel Winterdepression) und dann unter Beschwerden wie Abgeschlagenheit, Müdigkeit, Abwehrschwäche usw. leiden.

> **Achtung: Kritische Arbeitsplätze in der Gefährdungsbeurteilung regelmäßig überprüfen**
>
> Gesundheitliche Probleme, die mit fehlendem Tageslichteinfluss zusammenhängen und für die Betroffenen zu einem ernsten Problem werden können, treten manchmal auch erst nach längerer Zeit auf, nachdem der tageslichtlose Arbeitsplatz zunächst gut akzeptiert wurde.

Tageslicht wird (gerade in jüngeren architektonischen Konzepten) den Arbeitsräumen nicht nur durch Fenster und (Glas-)Türen, sondern auch durch Dachoberlichter und weitere lichtdurchlässige Bauteile zugeführt. Als ausreichend gilt der Tageslichteinfall nach Abschn. 4.1 ASR A3.4, wenn

- am Arbeitsplatz ein Tageslichtquotient größer als 2 %, bei Dachoberlichtern größer als 4 % erreicht wird oder
- mindestens ein Verhältnis von lichtdurchlässiger Fenster-, Tür- oder Wandfläche bzw. Oberlichtfläche zur Raumgrundfläche von mindestens 1:10 (entspricht ca. 1:8 Rohbaumaße), eingehalten ist.

Der Tageslichtquotient D ist dabei das Verhältnis der Beleuchtungsstärke an einem Punkt im Innenraum Ep zur Beleuchtungsstärke im Freien ohne Verbauung Ea bei bedecktem Himmel. D = Ep/Ea × 100 %.

Dasselbe gilt auch für → *Pausenräume*. Wenn ein ausreichender Tageslichteinfall nicht gewährleistet werden kann, weil zwingende betriebliche Gründe dagegen sprechen oder weil im Bestand der Aufwand unangemessen wäre, sollen im Interesse des Gesundheitsschutzes geeignete Ausgleichsmaßnahmen ergriffen werden, z. B. wechselnde Arbeitsbereiche, Pausenaufenthalt in Räumen mit Tageslichteinfall usw.

> **Praxis-Tipp: Tageslichtlenkung**
>
> Systeme zur optischen Weiterleitung von Tageslicht in Bereiche, die sonst keinen Lichteinfall haben, sind zwar noch selten, aber durchaus erprobt und stehen baureif zur Verfügung. Damit können mind. punktuell kritische Arbeitsbedingungen entschärft werden. Das künstlich geleitete Tageslicht ist nicht nur eine angenehme und energiesparende Beleuchtung, sondern

beugt durch den erkennbaren Wechsel der Tageszeiten auch etwas dem Effekt des «Eingesperrtseins» vor, der durch fehlenden Sichtkontakt entsteht (s. u.).

3 Sichtverbindung nach außen

Unabhängig vom Tageslichteinfall (der ja auch über Oberlichter, Milchglasscheiben oder Lichtlenkung erzielbar ist) zielt die Forderung nach Sichtverbindung nach außen darauf ab, dass Beschäftigte sich in Arbeitsräumen nicht eingesperrt oder abgekapselt vorkommen. Auch wenn diese Forderung nach aktueller Arbeitsstättenverordnung nicht mehr verbindlich ist, sollte berücksichtigt werden, dass solche Belastungen auftreten können. Ob das der Fall ist, hängt wesentlich von der Raumgröße und der Raumgestaltung ab.

Grob lässt sich sagen, dass auf Sichtkontakt je eher verzichtet werden kann, desto größer der Raum ist und desto mehr seine Nutzung durch betriebliche Gegebenheiten bestimmt wird, Das ist z. B. in bestimmten Labor- und medizinischen Bereichen oder im Bereich von Handel, Unterhaltungsbranche und Gastronomie der Fall, wo der fehlende Sichtkontakt bereits bisher in vielen Fällen nicht als Mangel angesehen wurde.

4 Belüftung und Wärmeverteilung

Häufig geht es bei tageslichtarmen Räumen um Kellerräume, deren Nutzung als Arbeitsräume zu beurteilen ist. Diese können zwar mit entsprechend großen Fenstern und Fensterböschungen mit ausreichend Tageslicht und Sichtkontakt versorgt werden, aber dabei ist neben den Licht- und Sichtverhältnissen auch die Frage der Wärme- und Luftverteilung zu berücksichtigen. Kellerräume sind auch im ausgebauten Zustand oft bodenkalt, sodass sich bei üblicher Ausstattung mit Heizkörpern unter den Fenstern manchmal keine gute Wärmeverteilung und in der Folge auch keine ausreichende Luftzirkulation im Raum ergibt. Solche Bedingungen können, wenn sie nicht abzustellen sind, dagegen sprechen, dass Kellerräume als Arbeitsräume nutzbar sind.

Wichtig: Rettungswege berücksichtigen

In Räumen, in denen Tageslichteinfluss über Dachoberlichter oder feste lichtdurchlässige Bauelemente realisiert wird, kann es Probleme mit dem zweiten Rettungsweg geben. Besonders bei Umbauten und Umnutzungen, wenn vom bestehenden Genehmigungsstand abgewichen wird, sollte diese Frage unbedingt bauaufsichtlich geprüft werden.

Cornelia von Quistorp

Tankstellen

Tankstellen sind ortsfeste Anlagen, die der Versorgung von Land-, Wasser- und Luftfahrzeugen mit entzündlichen, leichtentzündlichen oder hochentzündlichen Flüssigkeiten dienen. Dazu gehören auch Lager- und Vorratsbehälter, Füll- und Entleerstellen brennbarer Flüssigkeiten, Füllanlagen (z. B. für Autogas). Flugfeldbetankungsanlagen sowie Umfüllstellen sind hingegen keine Tankstellen (gem. BetrSichV).

Gesetze, Vorschriften und Rechtsprechung

Tankstellen sind überwachungsbedürftige Anlagen und nach § 13 BetrSichV erlaubnisbedürftig. Dies gilt nicht für reine Dieseltankstellen, da Diesel nach § 4 Gefahrstoffverordnung nicht als leicht oder hochentzündlich eingestuft wird. Die Erlaubnis muss schriftlich beantragt werden. Informationen zum Erlaubnisverfahren erteilen die zuständigen Behörden auf der Bundesländer. Sofern Tankstellen von Arbeitnehmern genutzt werden, ist der Abschnitt über Arbeitsmittel der BetrSichV zu beachten.

Werden an Tankstellen wassergefährdende Stoffe abgefüllt bzw. gelagert (z. B. Benzin oder Dieselkraftstoff), müssen Abschnitt 3 des Wasserhaushaltsgesetzes (WHG) und die Verordnungen der Bundesländer über wassergefährdende Anlagen und Fachbetriebe (VAwS) beachtet werden.

Im Hinblick auf die Sicherheit und den Gesundheitsschutz bei der Arbeit an Tankstellen ist die BGR 147 «Tankstellen» zu beachten.

Als allgemein anerkannte technische Regel ist die TRBS 3151/TRGS 751 «Vermeidung von Brand-, Explosions- und Druckgefährdungen an Tankstellen und Füllanlagen zur Befüllung von Landfahrzeugen» zu beachten. Sie enthält Anforderungen an Montage, Installation und Betrieb von Tankstellen für Landfahrzeuge und dient dem Schutz Beschäftigter und Dritter vor Druck-, Brand und Explosionsgefährdungen.

Für die Beschaffenheit von Anlagenteilen von Tankstellen galten bis zum 31.12.2012 neben den Anhängen A bis F der TRbF 40 die Anhänge M bis O der TRbF 20 (Läger) und die TRbF 50 (Rohrleitungen). Diese TRbF sind nicht mehr gültig, können jedoch als Erkenntnisquelle herangezogen werden.

1 Sicherheitsvorkehrungen an Tankstellen

Tankstellen müssen so installiert, montiert und ausgerüstet sein und so unterhalten und betrieben werden, dass bei ihrem Betrieb die Sicherheit von Beschäftigten, Benutzern und Dritten gewährleistet ist, v. a. vor Brand- und/oder Explosionsgefahren.

Die erforderlichen Sicherheitsmaßnahmen sind abhängig von der Menge der gelagerten → *brennbaren Flüssigkeit*, dem Ort und der Art der Lagerung, der Menge der abgefüllten brennbaren Flüssigkeit, dem Ort und der Art der Abfüllung sowie den Eigenschaften der gelagerten brennbaren Flüssigkeit.

2 Ermittlung von Gefährdungen

Zunächst müssen die Maßnahmen zur Bereitstellung, Montage, Installation, Benutzung und zum Betrieb einer Tankstelle im Rahmen der Gefährdungsbeurteilung gemäß TRBS 1111 und TRGS 400 zum Schutz von Beschäftigten und Dritten ermittelt werden. Insbesondere folgende Anlagenteile sind dabei zu berücksichtigen:

- Austrittsmündungen der Entlüftungs- und Entspannungsleitungen der Behälter für Kraftstoffe,
- Abgabeeinrichtungen für Kraftstoffe,
- Domschächte der Lagerbehälter für Kraftstoffe,
- Fernbefüllschächte der Lagerbehälter für Kraftstoffe,
- Lagerbehälter für Kraftstoffe,
- Füllleitungen für Kraftstoffe,
- Entlüftungsleitungen, Gaspendel- und Gasrückführungsleitungen,
- Entnahmeleitungen für Kraftstoffe,
- Abscheideranlagen für Leichtflüssigkeiten,
- Schlammfang der Leichtstoffabscheideranlage,
- Blitzschutzanlagen.

Neben dem Normalbetrieb als bestimmungsgemäßer Betriebsweise der Tankstelle oder Füllanlage und deren Anlagenteilen sind auch Betriebsstörungen sowie vorhersehbare Abweichungen vom Normalbetrieb (z. B. An- und Abfahrvorgänge, vorübergehende Stilllegung) zu berücksichtigen. Zum Normalbetrieb gehören v. a.

- Füll-, und Entleervorgänge,
- Reinigungsarbeiten,
- Probenahmen,
- Inspektions- und Wartungsarbeiten,
- Füll-, Umfüll- und Abfüllbetrieb,
- Prüfungen.

Die aus der Gefährdungsbeurteilung abgeleiteten Maßnahmen hinsichtlich Prüfungen im Rahmen der Bereitstellung und Benutzung von Tankstellen und deren Anlagenteilen werden in der TRBS 1201 konkretisiert. Um Gefährdungen bereits bei der Bereitstellung der Tankstelle zu minimieren, sind die Anforderungen an Planung und Konzeption, Anlagenteile und Montage der TRBS 3151 zu beachten.

3 Unterhalt und Betrieb

Anforderungen an den Unterhalt und Betrieb beziehen sich auf

- → *Betriebsanweisungen* und besondere Weisungen,
- Alarm- und Einsatzpläne,
- Sicherheitsmaßnahmen bei Betriebsstörungen,
- das Ergreifen von erforderlichen Schutzmaßnahmen bei Arbeiten zum Reinigen, → *Instandhalten* oder Instandsetzen,
- den Umbau von Tankstellen (TRBS 1122),
- die Festlegung von Explosionsbereichen und entsprechender Vermeidung von → *Zündquellen*,
- geeignete Gefäße bei der Abgabe von Kraftstoffen,
- die jährliche → *Unterweisung* der Beschäftigten,
- die Aufstellung und Vorhaltung einer Anlagenbeschreibung mit Überwachungs-, Instandhaltungs- und Alarmplan nach VAwS,
- die Sicherung der Anlage bei Stillsetzung und Außerbetriebnahme sowie auf
- die Überwachung durch den Betreiber.

Der Betreiber muss dafür sorgen, dass innerhalb des Abfüllplatzes der Boden so beschaffen bleibt, dass auslaufende Kraftstoffe erkannt und beseitigt werden können und nicht in ein oberirdisches Gewässer, eine hierfür nicht geeignete Abwasseranlage oder in das Erdreich gelangen können.

4 Prüfungen

Prüfpflichten ergeben sich aus der BetrSichV sowie aus dem Wasserhaushaltsgesetz. Eine → *überwachungsbedürftige Anlage* darf *erstmalig* und nach einer wesentlichen Veränderung nur in Betrieb genommen werden, wenn die Anlage unter Berücksichtigung der vorgesehenen Betriebsweise durch eine → *zugelassene Überwachungsstelle* auf ihren ordnungsgemäßen Zustand hinsichtlich der Montage, der Installation, den Aufstellungsbedingungen und der sicheren Funktion geprüft worden ist.

Eine überwachungsbedürftige Anlage und ihre Anlagenteile müssen in bestimmten Fristen *wiederkehrend* auf ihren ordnungsgemäßen Zustand hinsichtlich des Betriebs durch eine zugelassene Überwachungsstelle geprüft werden. Der Betreiber muss die Prüffristen der Gesamtanlage und der Anlagenteile auf der Grundlage einer sicherheitstechnischen Bewertung ermitteln. Die Auflagen des Erlaubnisbescheids sind zu beachten. Hinweise zur Prüfung sind der TRBS 1201 Teil 5 zu entnehmen.

Gem. § 62 Abs. 4 Wasserhaushaltsgesetz (WHG) hat der Betreiber von Anlagen zum Umgang mit wassergefährdenden Stoffen, nach Maßgabe des Landesrechts, die Anlagen durch zugelassene Sachverständige auf den ordnungsgemäßen Zustand überprüfen zu lassen. Das gilt bei Inbetriebnahme oder Wiederinbetriebnahme sowie für den laufenden Betrieb von Tankstellen. Erdtanks außerhalb von Wasserschutzgebieten müssen i. d. R. alle 5 Jahre wiederkehrend geprüft werden.

Martin Köhler

Toner

Was die Tinte im Füller, ist der Toner im Laserdrucker oder -kopierer. Toner bezeichnet den Farbstoff, mit dem beim Druck- oder Kopiervorgang die Buchstaben und Bilder aufs Papier gebracht werden. Hauptbestandteile des Toners sind Pigmente, polymere Bindemittel, zusätzliche

Ladungsträger oder Hilfsmittel. Tonerpartikel sind im Durchmesser kleiner als 1/10.000 mm und werden deshalb den Nanopartikeln zugerechnet. Wegen ihrer geringen Größe bergen sie gesundheitliche Risiken. So ist Tonerstaub u. a. in den Verdacht geraten, sich in den Lungenbläschen, aber auch in anderen Organen des Menschen abzusetzen und Allergien und Krankheiten zu verursachen.

Gesetze, Vorschriften und Rechtsprechung

Der Ausschuss für Gefahrstoffe (AGS) des Bundesministeriums für Arbeit und Soziales legt den Grenzwert für Tonerstaub fest. Aktuell liegt er bei 60 Mikrogramm pro m^2 Raumluft. Erst bei höheren Werten wird das Akzeptanzrisiko für krebserzeugende Stoffe am Arbeitsplatz überschritten. Im Jahr 2018 soll der Wert auf 6 Mikrogramm gesenkt werden. In der BGI 820 «Laserdrucker sicher betreiben» sind sicherheitstechnische und arbeitsorganisatorische Aspekte zum Umgang mit Toner zu finden.

1 Inhaltsstoffe

Tonermaterialien sind synthetische Kohlestoff- (Carbon Black) oder Eisenoxidpartikel, die durch Kunstharz gebunden sind. Je nach Hersteller sind die Inhaltsstoffe sehr unterschiedlich. U. a. Styrol, Benzol, Phenol, Nickel, Kobalt, Tributylzinn, Aluminium oder ein anderes Schwermetall enthalten sein.

2 Gefahrstoff

Die meisten Inhaltsstoffe des Toners zählen zu den → *Gefahrstoffen*. Toner ist deshalb gefährlich für Augen, Haut und Atemwege. Von daher muss man im direkten Umgang mit Toner – etwa beim Nachfüllen – vorsichtig sein und entsprechende Schutzmaßnahmen einhalten.

Immer wieder werden die Emissionen von Laser-Druckern mit gesundheitlichen Beschwerden und chronischen Erkrankungen in Verbindung gebracht. Doch bisher ist umstritten, ob überhaupt, wann und in welchen Mengen Tonerstaub beim Drucken freigesetzt wird. Toner setzt sich heute aus ultrafeinen Teilchen zusammen – ein Tonerstaubpartikel misst ein Zehntausendstel Millimeter. Das ist so klein, dass man es nicht sehen kann.

Dass Laserdrucker und Kopierer die Raumluft mit Feinstaub belasten, ist hingegen unumstritten. Das ergab 2008 eine Untersuchung des Bundesinstituts für Risikobewertung (BfR). Doch aus der Studie geht der Anteil an Tonerstaub nicht hervor. Kritiker weisen immer wieder darauf hin, dass es dafür generell kaum geeignete Messverfahren gibt. Bei der Gefährdungsanalyse von Nanopartikeln hinkt die Forschung allgemein hinterher. Und das, obwohl nachgewiesen ist, dass Tonerstaub krebserregend sein kann.

Bei der Gefahreneinstufung geht das Institut für Arbeitsschutz der DGUV (IFA) 2010 aufgrund des Forschungsstands davon aus, dass Emissionen aus Druckern und Kopierern bei sachgemäßem Umgang keine besondere Gesundheitsgefahr darstellen.

3 Umgang mit Toner

Die größten Gefahren bei der Nutzung von Tonern liegen im falschen oder unvorsichtigen Handeln. Deshalb ist es wichtig, dass alle im Unternehmen über den richtigen Umgang mit Geräten, bei denen Toner zum Einsatz kommt, informiert werden. Das sind vor allem die Nutzer, aber auch das Reinigungspersonal.

3.1 Hinweise für Nutzer von Drucker und Kopierer

- Jeder darf Papier im Gerät nachlegen.
- Beim Kopiervorgang sollte der Deckel stets geschlossen werden. Denn «Trauerränder» erhöhen die Schadstoffabgabe und verschmutzen die Walze.
- Nach längeren Kopier- oder Ablagearbeiten empfiehlt es sich, die Hände zu waschen.

Achtung: Hände waschen – aber richtig
Die Hände nach dem Kontakt mit Toner immer gründlich mit kaltem Wasser und Seife reinigen. Warmes Wasser verklebt den Tonerstaub auf der Haut!

3.2 Aufgaben von Gerätekundigen

Aus Gründen der Sicherheit und Gesundheit sollte für jeden Drucker und Kopierer eine Person im Betrieb verantwortlich sein. Um sich mit dem Gerät vertraut zu machen, empfiehlt sich eine Einweisung durch den Servicetechniker. Der Name der gerätekundigen Person wird auf einem Aufkleber am Gerät vermerkt. Aufgaben des Gerätekundigen sind:

- die Vorratsbehälter für Toner in einem abschließbaren Schrank lagern;
- den Toner mit Einweg- oder Haushaltshandschuhen nachfüllen, Tonerkartuschen oder verschmutzte Ozonfilter wechseln;
- kleinere Betriebsstörungen, wie etwa einen Papierstau, beheben;
- verschütteten Toner laut Sicherheitsdatenblatt aufwischen;
- leere Tonerkartuschen, Tonerabfälle und -reste ordnungsgemäß entsorgen;
- die Walze mit Reinigungsmittel ohne Chlorwasserstoff reinigen;
- regelmäßig einen Servicetechniker für die Wartung beauftragen;
- nach Wartungs- und Reinigungsarbeiten den Raum lüften;
- das Umweltdatenblatt sowie mitgelieferte → *Sicherheitsdatenblätter* zum Toner verwahren.

Wichtig: Papierstau sicher entfernen
Papier sollte niemals gewaltsam entfernt werden, denn dadurch kann unfixierter Tonerstaub freigesetzt werden.
Ein Servicetechniker sollte bei der Einweisung erklären,
- wie Papierreste zwischen den Walzen entfernt werden können und
- wie die Staubbildung dabei gering gehalten werden kann.

Wenn ein Papierstau entfernt wurde, sollte die Geräteumgebung mit einem feuchten Tuch abgewischt werden. Anschließend Hände mit kaltem Wasser und Seife waschen.

3.3 Wichtige Hinweise für Reinigungskräfte

- Laserdrucker und Kopierer dürfen niemals ausgeblasen oder gefegt werden.
- Die Geräteumgebung ist regelmäßig feucht zu wischen. Danach sollten die Hände mit kaltem Wasser gewaschen werden.

4 Mögliche gesundheitliche Beschwerden

Immer wieder treten in Büros gesundheitliche Beschwerden auf, deren Ursachen sich nicht eindeutig bestimmen lassen. Zu den Symptomen zählen:

- Bindehautreizungen;
- Beschwerden des Atemtrakts, z. B. Bronchitis;
- Rachenschleimhautreizungen.

Unter Verdacht steht neben der Raumluftbelastung durch Ausdünstungen aus Büromöbeln, Fußbodenbelägen oder Baumaterialien auch Tonerstaub. Bei Untersuchungen während des Druckvorgangs wurden Emissionen unterschiedlichster Art gemessen, selten jedoch Tonerbestandteile. Allerdings waren die wenigsten Messmethoden dafür bestimmt. Ob der Feinstaub an sich oder ob spezielle Inhaltsstoffe des Toners krank machen können, ist bisher nicht geklärt.

5 Präventive Maßnahmen

Gefahren durch Tonerstaub können wissenschaftlich bisher nicht ausschlossen werden. Deshalb sollten am Arbeitsplatz Vorsorgemaßnahmen getroffen werden.

5.1 Separater Druckerraum

Am besten schützt man sich vor gesundheitlichen Belastungen durch Toner bzw. Tonerstaub aus Bürogeräten, indem man sie in einem extra Raum aufstellt. Damit bleiben übrigens auch alle anderen Emissionen wie Lärm oder auch Wärme außen vor.

5.2 Nachrüstfilter

Ob und wie Nachrüstfilter vor Tonerstaub schützen, wird immer wieder diskutiert. Einige Hersteller behaupten, dass mit ihrem Produkt über 90 % der Feinstaubpartikel aus der Abluft herausgefiltert würden.

Allerdings gibt es Drucker, die bis zu 8 Öffnungen haben – plus Papierausgabefach. Auch technisch unterscheiden sich die einzelnen Modelle: die einen sind mit einem blasenden, andere dagegen mit einem saugenden Ventilator ausgerüstet und wieder andere haben gar keinen. So muss für jedes Gerät geprüft werden, ob es für die Nachrüstung mit einem Filter geeignet ist.

5.3 Gerätetausch

Bei der Anschaffung von neuen Geräten sollte überlegt werden, ob der Einsatz von Tintenstrahldruckern möglich ist. Denn diese gelten als gesundheitlich unbedenklich.

6 Prüfsiegel und Zertifikate

6.1 Blauer Engel

Zu den Anforderungen an Toner für die Vergabe des «Blauen Engels», Umweltzeichen RAL-UZ 55, gehören u. a. folgende Kriterien:

- Tonermodule und -behälter müssen so verschlossen sein, dass bei Lagerung und Transport kein Tonerstaub austreten kann.
- Der Toner darf keine Stoffe enthalten, die gemäß Gefahrstoffverordnung zu den gefährlichen Stoffen und Zubereitungen zählen.
- Stoffe mit der Kennzeichnung «Sensibilisierung durch Hautkontakt möglich» dürfen nicht enthalten sein.
- Tonern dürfen keine Stoffe zugesetzt sein, die Quecksilber-, Cadmium-, Blei-, Nickel- oder Chrom-VI-Verbindungen als konstitutionelle Bestandteile enthalten. Hier gibt es allerdings Ausnahmen beim Farbmittel und bei herstellungsbedingten Verunreinigungen.
- Emissionshöchstwerte: Für den Blauen Engel werden die flüchtigen organischen Verbindungen als Summenparameter TVOC (Total Volatile Organic Compounds) und darüber hinaus Benzol, Styrol, Ozon und Staub bestimmt.

6.2 Siegel der LGA Bayern

Auch die Landesgewerbeanstalt in Bayern kennzeichnet schadstoffarmen Toner mit seinem **Siegel der LGA Bayern**.

> **Achtung: Ultrafeiner Emissionsstaub nicht berücksichtigt**
> Tonerstaub ist heute ultrafein. Die Anforderungen der Prüfsiegel RAL-ZU 55 und des LGA Bayern berücksichtigen noch keine Emissionen mit dieser geringen Größe.

Bettina Brucker

Treppen

Ortsfeste Treppen – kurz Treppen – sind im Gegensatz zu beweglichen Treppen fest im Gebäude oder an Maschinen vorgebaute Aufstiege mit Stufen und Geländer sowie ggf. Plattform.

Ein wesentliches Unterscheidungsmerkmal bei festen Treppen ist die Ausbildung bzw. die Führung der Lauflinie im Treppengrundriss, die als gedachte Linie den üblichen Weg eines Treppenbenutzers vorsieht. Die Steigung von Treppen liegt zwischen 20° und 45°, wobei der Bereich zwischen 30° und 38° bevorzugt werden sollte.

Gesetze, Vorschriften und Rechtsprechung
- Musterbauordnung (MBauO)
- Bauordnungen der Länder
- Arbeitsstättenverordnung (ArbStättV)
- ASR A1.8 «Verkehrswege»
- BGI/GUV-I 561 «Treppen»
- EN ISO 14122-1/A1 «Ortsfeste Zugänge zu maschinellen Anlagen; Teil 1: Wahl eines ortsfesten Zuganges zwischen zwei Ebenen»
- EN ISO 14122-3/A1 «Ortsfeste Zugänge zu maschinellen Anlagen; Teil 3: Treppen, Treppenleitern und Geländer»
- DIN 18065 «Gebäudetreppen»

1 Treppenbauformen

1.1 Gerade Treppe

Die gerade Treppe hat einen oder mehrere Treppenläufe mit jeweils gerader Lauflinie, die durch Zwischenpodeste miteinander verbunden sind. Die Steigungen liegen vorzugsweise zwischen 30° und 38°. Übliche Bauformen sind einläufige und mehrläufige Treppen. Mehrläufige Treppen können gewinkelt oder gegenläufig sein (vgl. **Abb. 1**).

Treppen mit geraden Läufen

Einläufige gerade Treppe

Zweiläufige gerade Treppe mit Zwischenpodest

Zweiläufige gewinkelte Treppe mit Zwischenpodest

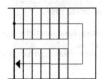

Zweiläufige gegenläufige Treppe mit Zwischenpodest

Abb. 1: Zweiläufige gegenläufige Treppe mit Zwischenpodest

1.2 Gewendelte Treppe

Die gewendelte Treppe ist eine Treppe, deren Lauflinie eine nicht geschlossene Kurve (z. B. Kreissegment, Ellipsensegment) ist oder deren Lauflinie aus solchen Teilstücken zusammengesetzt ist. Eine Treppe mit geraden Läufen, die am Antritt oder Austritt gewendelt ist, wird als teilgewendelte, z. B. «viertelgewendelt» bezeichnet (vgl. **Abb. 2**).

Treppen mit gewendelten Läufen

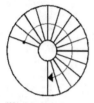

Wendeltreppe
Treppe mit Treppenauge

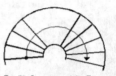

Zweiläufige gewendelte Treppe
mit Zwischenpodest

Treppen mit geraden und gewendelten Laufteilen

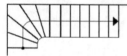

Einläufige, im Antritt viertelgewendelte Treppe

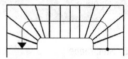

Einläufige, zweimal viertelgewendelte Treppe

Abb. 2: Schematische Darstellung gewendelter Treppenläufe

1.3 Wendeltreppe

Die Wendeltreppe ist eine Treppe, deren Lauflinie eine geschlossene Kurve (z. B. Kreis, Ellipse) ist, mit einer ebenso ausgebildeten Öffnung im Treppenzentrum; man spricht hier vom *offenen Treppenauge*. In der Lauflinie soll das Steigungsverhältnis dem einer geradläufigen Treppe mit Stufenabmessungen nach der Schrittmaßformel entsprechen.

1.4 Spindeltreppe

Die Spindeltreppe ist eine Sonderausführung der Wendeltreppe, deren Lauflinie ein Kreis ist. Die Stufen sind an einer Säule (Spindel) im Treppenzentrum angebracht; man spricht in diesem Fall vom *geschlossenen Treppenauge* (vgl. **Abb. 3**).

Abb. 3: Spindeltreppe

1.5 Steiltreppe

Die Steiltreppe ist eine Sonderform der geraden Treppe (Normaltreppe) mit wesentlich größerem Steigungswinkel bis 45°. Als Treppe zu maschinellen Einrichtungen wird sie auch **Hilfstreppe** genannt.

2 Unfallgeschehen und Unfallvermeidung

2.1 Unfallgeschehen

Nach der Unfallstatistik der gewerblichen Berufsgenossenschaften ereignen sich jährlich etwa 50.000 meldepflichtige Unfälle auf Treppen in gewerblichen Unternehmen. Etwa 2.000 der Unfälle sind so schwerwiegend, dass bleibende Körperschäden eintreten; etwa 40 Unfälle verlaufen tödlich.

Wichtig: Die wichtigsten Erkenntnisse

- Generell waren überproportional zur Anzahl verbauter Treppen gewinkelte Treppen betroffen.
- Die meisten der untersuchten Unfälle ereigneten sich auf Treppen ohne gravierende (unfallauslösende) bauliche Mängel und zwar beim Abwärtsgehen, v. a. am Treppenanfang und -ende. Hierbei waren v. a. übermäßige Eile, Nichtbenutzen des Handlaufes und Tragen von ungeeignetem Schuhwerk zu verzeichnen.
- Wenn Treppen bauliche Mängel aufwiesen, dann meistens durch zu geringe Stufentiefen, durch ausgearbeitete/ausgebrochene Stufenkanten und ungleiche Stufenabstände und zu hoch stehende Stufenkantenprofile.
- Abgestellte Gegenstände auf der Treppe, aber auch unzureichende Beleuchtung haben das Unfallgeschehen gefördert.

2.2 Unfallvermeidung

Unfälle lassen sich vermeiden, wenn die folgenden Punkte beachtet werden:

Praxis-Tipp: Planung und Benutzung von Treppen
- möglichst gerade Treppen ohne gewinkelte Läufe einplanen,
- auf Treppen konzentriert und ohne Hast gehen,
- immer den Handlauf benutzen,
- Treppen von Gegenständen frei halten,
- beim Transport von Gegenständen auf freie Sicht achten,
- Treppen nicht in Hauptnutzungszeiten reinigen,
- für ausreichende Beleuchtung sorgen,
- Außentreppen vor Witterungseinflüssen schützen,
- Schäden an Treppen sofort beheben.

Jürgen Chilian

Tritte

Tritte sind Aufstiege mit einer Standhöhe von max. 1 m. Wie Leitern sind sie zur Verrichtung von Arbeiten geringen Umfangs vorgesehen. In Abhängigkeit vom Einsatzort und den von einem Tritt aus durchzuführenden Arbeiten werden 4 klassische Trittbauarten unterschieden: Leitertritt, Treppentritt, Tritthocker und tonnenförmiger Tritt (Rolltritt). Tritte sind häufig hohen Beanspruchungen ausgesetzt, was – je nach Qualitätsniveau – zu frühzeitigem Versagen des Trittes führen kann. Deshalb müssen Tritte genauso wie Leitern regelmäßig geprüft werden.

Türen und Tore

Türen und Tore in Arbeitsstätten dienen dazu, Arbeitsräume von anderen Arbeitsräumen oder gegen den Außenbereich abzugrenzen. Darüber hinaus haben sie Wärme- und Schallschutzfunktionen und dienen dem Rauch- und Brandschutz. Je nach Bauweise wird unterschieden zwischen Drehflügel-, Schiebe- und Faltflügeltüren und -toren, Karusselltüren sowie Roll-, Sektional- und Kipptoren. Zugänge zu Maschinen und Anlagen (z. B. Aufzugsanlagen, Produktionsstraßen usw.) werden hingegen nicht als Türen und Tore angesehen. Alle Türen und Tore können manuell oder kraftbetrieben bewegt werden. Gefährdungen können z. B. durch Einzugs-, Quetsch- und Scherstellen an beweglichen Teilen von Türen und Toren, durch unbeabsichtigte Bewegungen (z. B. das Abstürzen oder Umstürzen von Torflügeln) oder fehlende Umsetzung von Brandschutzanforderungen entstehen. Daher machen das Arbeitsstätten- und das Baurecht detaillierte Vorgaben für deren Gestaltung und Betrieb.

Gesetze, Vorschriften und Rechtsprechung

Allgemeine arbeitsschutzrechtliche Anforderungen an Türen und Tore sind vor allem in Anhang 1.7 Arbeitsstättenverordnung verankert. Sie werden in der ASR A1.7 «Türen und Tore» konkretisiert. Die ASR A1.7 bezieht sich auf alle Türen und Tore (manuell und kraftbetrieben) in Gebäuden und vergleichbaren Einrichtungen und auf dem Betriebsgelände, zu denen Beschäftigte im Rahmen ihrer Arbeit Zugang haben (mit Ausnahme der Zugänge zu Maschinen und Anlagen). Details liefern außerdem die BG-Informationen BGI 861-1 und 861-2 für Tore bzw. Türen. Darüber hinaus gibt es an Türen und Tore häufig Anforderungen aus dem Baurecht, wobei es besonders darum geht, die Ausbreitung von Rauch und Feuer wirksam zu unterbinden. Vorgaben dazu finden sich vor allem in den Landesbauordnungen, den Industriebaurichtlinien und diversen Sonderbauvorschriften.

1 Bauformen

Türen und Tore werden nach der Bauweise unterschieden in (Abschn. 3 ASR A1.7, **Tab. 1**):
- Drehflügeltüren/-tore
- Schiebetüren/-tore
- Faltflügeltüren/-tore
- Karusselltüren
- Rolltore
- Sektionaltore
- Kipptore

Innerhalb von Toren können außerdem Schlupftüren vorhanden sein (Türen, die den Personenverkehr bei geschlossenem Tor ermöglichen). Alle Türen und Tore können manuell oder kraftbetrieben bewegt werden.

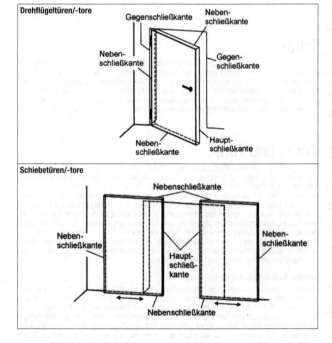

Türen und Tore

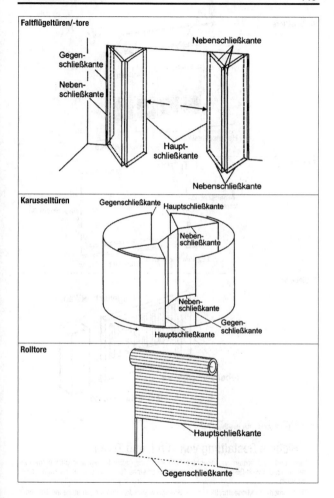

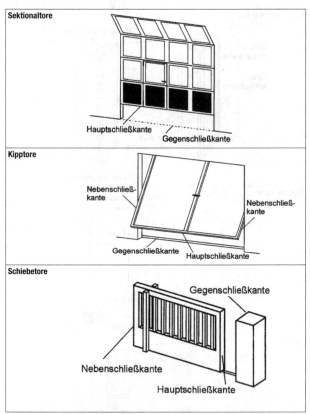

Tab. 1: Tür-/Tortypen nach Abschn. 3 ASR A1.7

2 Sichere Gestaltung von Türen und Toren

- Türen und Tore sollten so angeordnet werden, dass Gefährdungen möglichst vermieden werden (z. B. durch Quetschstellen beim Schließen eines Türflügels oder durch Zugluft bzw. Windlast).
- Die erforderliche Mindestbreite von → *Verkehrswegen* darf durch offen stehende Tür- oder Torflügel nicht eingeengt werden.
- Die Mindestbreite und -höhe von Türen und Toren müssen stets den Mindestmaßen von → *Fluchtwegen* nach Abschn. 5 ASR A2.3 entsprechen (**Tab. 2**) bei einer einzuhaltenden Mindesthöhe von 1,95 m. Türen in selten benutzten Zugängen, die nur der Bedienung, Überwachung und Wartung dienen, dürfen minimal 0,50 m breit und 1,80 m hoch sein (wobei die verringerte Durchgangshöhe entsprechend zu kennzeichnen ist).

Personenzahl	
bis 5	0,875 m
bis 20	1,00 m
bis 200	1,20 m
bis 300	1,80 m
bis 400	2,40 m

Tab. 2: Mindestmaße von Fluchtwegen gemäß Abschn. 5 ASR A2.3 «Fluchtwege und Notausgänge, Flucht- und Rettungsplan»

- Rahmen von Türen und Toren dürfen keine Stolperstellen bilden. Ggf. müssen Türschwellen gekennzeichnet oder Höhenunterschiede durch Schrägen angeglichen werden.
- In Arbeitsstätten verwendete Türen müssen den jeweiligen Normen entsprechen. I. d. R. wird das dadurch erreicht, dass als Bauprodukte genormte Türen verwendet werden. Bei Einzelanfertigungen muss der Hersteller dafür garantieren.
- Besondere Anforderungen an die Beschaffenheit von Türen und Toren, die sich aus dem Betrieb in den Arbeitsräumen ergeben, müssen berücksichtigt werden (z. B. selbstständiges und dichtes Schließen von Türen, wenn mit der Entstehung von gesundheitsgefährdenden Raumluftschadstoffen zu rechnen ist, oder wenn besondere Temperaturunterschiede zwischen Räumen bestehen). Ebenso müssen die Brandschutzanforderungen nach Baugenehmigung bzw. Brandschutzkonzept realisiert werden (dicht schließende Türen, Rauch- oder Brandschutztüren).

Achtung: Türen mit Brandschutzanforderungen

Türen mit Brandschutzanforderungen sind nicht immer ohne weiteres als solche zu erkennen. Besonders im Altbestand, nach Umbau oder Umnutzung ist oft nicht mehr offensichtlich, welche Kriterien wo zu greifen haben. Allerdings ist die ordnungsgemäße Funktion dieser Türen aus Brandschutz- und versicherungstechnischen Gründen sehr wichtig. Der Betreiber eines Gebäudes sollte sich daher an Hand der Genehmigungsunterlagen oder in Zusammenarbeit mit den zuständigen Behörden bzw. dem Sachversicherer einen Überblick über alle Türen mit Brandschutzanforderung verschaffen und auf den ordnungsgemäßen Zustand achten. Als Faustregel kann gelten: Rauch- und Brandschutztüren moderner Bauweise tragen ein Baumuster-Prüfsiegel in der Zarge (**Abb. 1**). An solchen Türen dürfen keinerlei Veränderungen (Aufnieten oder Anschrauben von Schildern o. Ä.) vorgenommen werden.

Abb. 1: Baumuster-Prüfzeichen einer Brandschutztür

- Türen und Tore müssen bruchsicher ausgeführt werden. Für durchsichtige Flächen muss Sicherheitsglas oder gleichwertiger Kunststoff verwendet werden, oder es müssen feste Abschirmungen (z. B. Gitter) vorhanden sein, die verhindern, dass Füllungen beim Öffnen oder schließen zerstört oder Personen durch sie hindurch gedrückt werden können. Ganzglastüren aus bruchsicheren Gläsern sind in Arbeitsstätten mittlerweile aber zulässig. Allerdings müssen Türen und Tore, die zu mehr als drei Vierteln ihrer Fläche aus einem durchsichtigen Werkstoff bestehen, in Augenhöhe deutlich erkennbar gekennzeichnet werden (z. B. durch Tönungen oder Satinierungen, Bildzeichen o. Ä.).

- Türen und Tore sollten so gestaltet sein, dass Quetsch- und Einzugsstellen an den Oberflächen vermieden werden (z. B an Türgriffen, den Oberflächen von Schiebetüren oder Rollgittern).
- Tore müssen in geöffnetem Zustand gesichert werden können, damit sie nicht (z. B. durch Windeinwirkung) unbeabsichtigt zuschlagen können.
- Schiebetüren und -tore müssen z. B. durch eine Führung in einer Bodenschiene gegen Querpendeln geschützt sein.
- Senkrecht bewegte Torflügel müssen durch Gegengewichte, Federn oder Antriebe so geführt sein, dass sie nicht unbeabsichtigt absinken können. Dabei müssen Federn und Gegengewichte ihrerseits so geschützt sein (z. B. durch Abdeckungen), dass durch ihre Bewegung z. B. keine Quetschgefahr entsteht.
- Senkrecht oder waagerecht in Führungen laufende Tür- oder Torflügel müssen gegen Aushaken und Absturz durch Versagen der Tragmittel geschützt sein. Dazu kommen unterschiedliche Maßnahmen wie Stopper, mechanische Aushaksicherungen, redundante Aufhängungen oder Fangvorrichtungen in Frage.

3 Kraftbetriebene Türen und Tore

3.1 Sicherer Betrieb

Für kraftbetriebene Türen und Tore gibt es zahlreiche spezielle Anforderungen. Sie sollen sicherstellen, dass insbesondere mechanische Gefährdungen für Personen durch die Bewegung von solchen Türen/Toren vermieden werden. Das wird z. B. erreicht durch:

- Einhalten von für verschiedene Einbausituationen vorgegebenen Sicherheitsabständen zwischen Tür/Tor und festen Bauteilen,
- trennende Schutzeinrichtungen wie Verkleidungen, Abdeckungen, Abweisern (auf einer Höhe von 2,50 m vom Boden aus),
- Begrenzungen in der Antriebskraft,
- Einbau von schaltenden Schutzeinrichtungen (auf Druck oder berührungslos wirkend).

Die einzelnen Schutzmaßnahmen können je nach Sachlage einzeln oder in Kombination wirksam werden. Dabei hat auch die Tür-/Torsteuerung besonderen Einfluss. Kraftbetriebene Türen und Tore können grundsätzlich mit Selbsthaltung (Impulssteuerung, einmalige Schalterbedienung) oder ohne Selbsthaltung (Totmannsteuerung, Schalter muss gedrückt gehalten werden) gesteuert werden. In Abhängigkeit von der Einbausituation (Schließkraft und -geschwindigkeit, Einsehbarkeit, Nachlaufzeit usw.) sind dementsprechend die weiteren Schutzmaßnahmen abzustimmen.

Kraftbetätigte Tore mit Schlupftür dürfen nur dann in Bewegung gesetzt werden können, wenn die Schlupftür geschlossen ist. Die Bewegung muss sofort unterbrochen werden, wenn die Schlupftür geöffnet wird.

An kraftbetätigten Türen müssen dauerhaft und gut lesbar angegeben sein:

- Hersteller/Lieferant,
- Typ,
- Klassifizierung,
- Norm: DIN 18650 Teile 1 und 2,
- Baujahr und Monat.

Mit der Tür ist vom Hersteller bzw. Lieferant eine Konformitätserklärung mit Hinweis auf die eingehaltenen Europäischen Richtlinien und technischen Regeln und Normen mitzuliefern (Abschn. 8 BGI 861-2).

3.2 Not-Halt-Einrichtung

Kraftbetriebene Türen und Tore müssen mit einer Not-Halt-Einrichtung versehen sein, wenn eine Gefährdungsbeurteilung das nötig erscheinen lässt. Zwingend ist dies für Karuselltüren erforderlich.

3.3 Abschaltung, Ausfall der Antriebsenergie

Der Antrieb von kraftbetriebenen Türen und Toren muss (bei elektrischen Antrieben) allpolig vom Netz durch einen Stecker oder Schalter zu trennen und gegen Wiedereinschalten zu sichern sein. Auch bei anderen Antriebsformen muss die Antriebsenergie abschaltbar sein. Kraftbetriebene Türen und Tore müssen sich bei Ausfall der Antriebsenergie ohne besonderen Kraftaufwand von Hand öffnen lassen und es müssen geeignete Bedieneinrichtungen (Kurbeln, Haspeln, Klinken, Griffe) vorhanden sein. Wenn sich Türen oder Tore nicht von Hand bewegen lassen, müssen geeignete Hilfsmittel (hydraulische oder pneumatische Zug- oder Hebegeräte) oder Ersatzenergiequellen für den Notfall vorhanden sein.

4 Türen und Tore in Fluchtwegen

Türen und Tore in → *Fluchtwegen* müssen so ausgeführt sein, dass sie die erforderliche Fluchtwegsbreite nicht einengen und jederzeit leicht und ohne Hilfsmittel bedient und passiert werden können. Manuell bediente Türen müssen in Fluchtrichtung aufschlagen. Manuell bediente Dreh- und Schiebetüren sind in Fluchtwegen verboten. Automatische Türen sind in Fluchtwegen nur bei Räumen mit geringen Risiken zulässig. Sie müssen sich natürlich auch bei Ausfall der Antriebsenergie leicht manuell betätigen lassen.

An automatischen Karuselltüren müssen sich Teile der Innentüren leicht und ohne Kraftaufwand so entriegeln und öffnen lassen, dass sie in jeder Stellung der Karuselltür die erforderliche Fluchtwegsbreite freigeben. Alternativ muss daneben eine entsprechend breite Flügeltür als Notausgangstür vorhanden sein.

Türen in Fluchtwegen dürfen nie verschlossen werden und müssen sich jederzeit, soweit sich überhaupt Menschen im Gebäude aufhalten, leicht und ohne Hilfsmittel öffnen lassen. Schlüssel aller Art sind nicht zulässig, lediglich zugelassene mechanische oder elektrische Entriegelungseinrichtungen («Panikschlösser») (Abschn. 6 ASR A2.3).

> **Wichtig. Über Notfallfunktionen an Türen informieren**
>
> Notfallfunktionen an Türen werden in vielen Fällen so gut wie nie benutzt. Weil es im Notfall aber meist sehr schnell gehen muss, sollten solche Funktionen allen Beschäftigten regelmäßig vorgeführt und im Rahmen einer → *Unterweisung* ausprobiert werden (Funktion von Schlupftüren, Entriegelungen, mechanisches Bewegen von kraftbetriebenen Türen und Toren usw.).

5 Instandhaltung/Prüfung

Generell müssen Türen und Tore nach den Angaben der Hersteller durch Personen → *instand gehalten* werden, die mit solchen Arbeiten vertraut sind. Die erforderlichen Unterlagen dafür sind in der → *Arbeitsstätte* aufzubewahren. Als Hinweis zur Instandhaltung gibt Abschn. 10.1 ASR A1.7 vor, dass der Kraftaufwand für das Öffnen und Schließen von Hand nicht mehr als 220 N für Türen und 260 N für Tore betragen darf und dass Ganzglastüren und -elemente regelmäßig auf Kantenverletzungen und festen Sitz der Beschläge überprüft werden sollten.

Kraftbetriebene Türen und Tore sind i. d. R. vor Inbetriebnahme, nach wesentlichen Änderungen sowie wiederkehrend min. jährlich auf ihren sicheren Zustand durch geeignete Sachkundige zu überprüfen.

Brandschutztüren und -tore sind nach den baurechtlichen Bestimmungen ebenfalls nach der Abnahme min. jährlich durch Sachkundige zu überprüfen und häufiger durch den Betreiber auf Funktion (alle 1–3 Monate).

Z. T. enthalten auch die länderspezifischen baurechtlichen Bestimmungen (Sonderbauverordnungen, Technische Prüfverordnungen) Prüffristen für kraftbetriebene Türen und Tore und Brandschutztüren und -tore, die i. d. R. ebenfalls jährliche Prüfintervalle vorsehen.

Bestandteil der Prüfung ist auch die Vollständigkeit der technischen Dokumentation.

Cornelia von Quistorp

Überwachungsbedürftige Anlagen

Überwachungsbedürftige Anlagen sind Anlagen, die für Beschäftigte und Dritte besonders gefährlich sind und daher einer besonderen Überwachung unterliegen. Dazu zählen z. B. Dampfkessel, Druckbehälter oder Aufzugsanlagen. Für überwachungsbedürftige Anlagen gelten besondere Errichtungs- und Betriebsvorschriften.

Gesetze, Vorschriften und Rechtsprechung

Welche Anlagen zu den überwachungsbedürftigen Anlagen zählen, ist in § 2 Nr. 30 Produktsicherheitsgesetz (ProdSG) festgelegt. Spezielle Vorschriften, z. B. über die Prüfung überwachungsbedürftiger Anlagen, enthalten §§ 34ff. ProdSG.

1   Was sind überwachungsbedürftige Anlagen?

Es gibt Anlagen, die für Beschäftigte und Dritte besonders gefährlich sind und einer besonderen Überwachung unterliegen. Diese Anlagen werden «überwachungsbedürftige Anlagen» genannt. Was überwachungsbedürftige Anlagen sind, wird in § 2 Nr. 30 ProdSG definiert:

1. → *Dampfkesselanlagen*, mit Ausnahme von Dampfkesselanlagen auf Seeschiffen,
2. → *Druckbehälteranlagen* außer Dampfkesseln,
3. Anlagen zur Abfüllung von verdichteten, verflüssigten oder unter Druck gelösten → *Gasen*,
4. Leitungen unter innerem Überdruck für brennbare, ätzende oder giftige Gase, Dämpfe oder Flüssigkeiten,
5. Aufzugsanlagen,
6. Anlagen in explosionsgefährdeten Bereichen,
7. Getränkeschankanlagen und Anlagen zur Herstellung kohlensaurer Getränke,
8. Acetylenanlagen und Calciumcarbidlager,
9. Anlagen zur Lagerung, Abfüllung und Beförderung von → *brennbaren Flüssigkeiten*.

Zu den Anlagen gehören auch Mess-, Steuer- und Regeleinrichtungen, die dem sicheren Betrieb der Anlage dienen.

2   Vorschriften für Errichtung und Betrieb

Der §§ 34ff. ProdSG befassen sich mit den besonderen Vorschriften für die Errichtung und den Betrieb überwachungsbedürftiger Anlagen. Darin wird die Bundesregierung ermächtigt, durch Rechtsverordnung zu bestimmen, dass

- Errichtung, Inbetriebnahme, Veränderungen und besondere Umstände angezeigt werden müssen,
- Errichtung, Betrieb und Veränderungen der Zustimmung der zuständigen Behörde bedürfen,
- Errichtung, Herstellung, Bauart, Werkstoffe, Ausrüstung, Unterhaltung und Betrieb bestimmten Anforderungen nach dem Stand der Technik entsprechen müssen,
- überwachungsbedürftige Anlagen einer Prüfung vor Inbetriebnahme, regelmäßig wiederkehrenden Prüfungen und Prüfungen auf Grund behördlicher Anordnungen unterliegen.

3   Anlagenprüfung

Die Prüfungen von überwachungsbedürftigen Anlagen werden zum großen Teil von der → *Zugelassenen Überwachungsstelle (ZÜS)* durchgeführt (früher: Sachverständige). Der Eigentümer einer überwachungsbedürftigen Anlage muss die Zugelassene Überwachungsstelle bei der Durchführung seiner Arbeiten entsprechend unterstützen:

- Anlage zugänglich machen und Prüfungsdurchführung gestatten,
- dafür erforderliche Arbeitskräfte und Hilfsmittel bereitstellen,
- erforderliche Unterlagen bereitstellen.

Ordnungswidrig handelt, wer dies vorsätzlich oder fahrlässig nicht macht.

Dirk Rittershaus

Umkleideräume

In Umkleideräumen haben die Beschäftigten die Möglichkeit, ihre Straßenkleidung gegen die Arbeitskleidung zu wechseln. Entsprechende Möglichkeiten der Kleideraufbewahrung sind vorzusehen.

Gesetze, Vorschriften und Rechtsprechung
- § 6 Abs. 2 Arbeitsstättenverordnung
- Anhang 4.1 Arbeitsstättenverordnung
- ASR 34/1-5 «Umkleideräume»

1 Bereitstellung von Umkleideräumen

Umkleideräume müssen dann zur Verfügung gestellt werden, wenn bei der Tätigkeit besondere Arbeitskleidung getragen werden muss, und es den Beschäftigten nicht zumutbar ist, sich in einem anderen Raum umzuziehen.

Letzteres kann dann der Fall sein, wenn die Arbeitskleidung nur übergezogen wird, wie beim klassischen Laborkittel. Wird bei der Arbeit hingegen vollständige Arbeitskleidung getragen, kommt man i. d. R. um die Errichtung eines Umkleideraums nicht herum. Das ist z. B. in einer Schlosserei der Fall, wo die Kleidung den Beschäftigten vor übermäßiger Verschmutzung schützen soll. In einer → Küche wiederum muss die Arbeitskleidung aus hygienischen Gründen getragen werden.

Umkleideräume müssen für Männer und Frauen getrennt eingerichtet werden, außer es kann eine zeitlich getrennte Nutzung sichergestellt werden. Hier ermöglicht § 6 Abs. 2 Arbeitsstättenverordnung kleineren Unternehmen die Möglichkeit mittels einer Regelung auch bei Vorhandensein nur eines Umkleideraums Männer wie Frauen zu beschäftigen.

In der Nähe der Umkleideräume müssen sich auch Toilettenräume und Waschgelegenheiten bzw. Waschräume befinden.

2 Beschaffenheit und Ausstattung von Umkleideräumen

Umkleideräume müssen leicht zugänglich und von ausreichender Größe sein, sodass sich die Beschäftigten (bzw. eine Schicht) hier ungehindert umziehen können. Geeignete Sitzgelegenheiten sind erforderlich. Pro vier Schrankeinheiten sollte eine Sitzgelegenheit zur Verfügung stehen. Als weitere Ausstattung in Umkleideräumen müssen Spiegel und Abfallbehälter zur Verfügung gestellt werden.

Aus verständlichen Gründen muss in Umkleideräumen die Möglichkeit der Lüftung bestehen. Hierbei ist jedoch zu beachten, dass Umkleideräume von außen nicht eingesehen werden können.

Fußböden in Waschräumen müssen leicht zu reinigen sein, dürfen aber auch in feuchtem Zustand ihre rutschhemmende Eigenschaft nicht verlieren.

Ist regelmäßig mit nasser Arbeitskleidung zu rechnen (z. B. bei Tätigkeiten außerhalb geschlossener Räume), muss diese Kleidung bis zum nächsten Arbeitsbeginn getrocknet werden können. Falls dies bei der üblichen Aufbewahrung nicht gewährleistet ist, müssen andere Möglichkeiten – z. B. ein gesonderter Raum – geschaffen werden.

Bei sehr stark schmutzenden Tätigkeiten ist es sinnvoll, vor dem Umkleideraum eine Schuhreinigungsanlage bereitzustellen.

3 Aufbewahrung der Kleidung

Es muss die Möglichkeit bestehen, die Straßen- bzw. Arbeitskleidung im Umkleideraum aufzubewahren. Dies erfolgt üblicherweise im Spind. Weitere, wenn auch seltener genutzte Möglichkeiten sind Kleideraufzüge (häufig in Bergwerken zu sehen) oder entsprechende Haken- oder Bügelgestelle (Garderobenhaken).

Sofern Straßen- und Arbeitskleidung getrennt aufbewahrt werden müssen (aufgrund von Verschmutzung oder Hygiene), müssen Schränke in der Längsachse unterteilt sein. Bei Kleideraufzügen müssen in diesem Fall bestimmte Mindestabstände untereinander eingehalten werden.

4 Schwarz-Weiß-Anlagen

Sofern Beschäftigte in stärkerem Maße mit infektiösen, giftigen, gesundheitsschädlichen, ätzenden, reizenden oder stark geruchsbildenden Stoffen umgehen bzw. starker Verschmutzung ausgesetzt sind, muss eine getrennte Aufbewahrung zwischen Arbeitskleidung (Schwarz) und Straßenkleidung (Weiß) eingerichtet werden. In der Regel handelt es sich um zwei getrennte Räume, die durch einen Waschraum miteinander verbunden sind. Der Vorteil dieser Anlagen ist, dass eine sichere Trennung beider Bereiche vorliegt. Durch die Benutzung des Waschraums (üblicherweise mit Duschen) wird hier der Weißbereich nur nach ausgiebiger Reinigung betreten.

Andreas Terboven

Umweltmanagement

Umweltmanagement bedeutet, den betrieblichen Umweltschutz mittels eines Managementsystems zu praktizieren, um in einem Gleichgewicht mit der natürlichen Umwelt arbeiten zu können. Dafür sind aufeinander abgestimmte Tätigkeiten zum Leiten und Lenken eines Unternehmens bzw. allgemein einer Organisationseinheit hinsichtlich des Umweltschutzes erforderlich. D. h., Umweltaspekte werden in die Unternehmenspolitik integriert, Umweltziele erarbeitet, deren systematische Umsetzung geplant, die Umsetzung entsprechend den Vorgaben durch die verantwortlichen Führungskräfte und Mitarbeiter betrieben und gelenkt, die Wirksamkeit der Umweltschutzaktivitäten und die Erreichung der Umweltziele ermittelt, bei Soll-Ist-Abweichungen Korrekturen und Verbesserungen vorgenommen und kontinuierlich nach Verbesserungsmöglichkeiten Ausschau gehalten.

1 Umweltmanagement – warum?

Angesichts der Umweltproblematik und der Relevanz dieses Themas in der Öffentlichkeit ist ein vorsorgliches und offensives Umweltengagement für alle Unternehmen heute sowohl ökologisch als auch ökonomisch sinnvoll. Neben der Sinnhaftigkeit eines unternehmensspezifisch gestalteten Umweltmanagements bestehen auch Notwendigkeiten für einen Umweltschutz mit System – aber keine Verpflichtungen des Gesetzgebers.

Die Notwendigkeiten resultieren einerseits aus der praktischen Erkenntnis, dass die umfangreichen Verpflichtungen, die sich aus dem Umweltrecht für ein Unternehmen ergeben, effektiv und effizient sowie sehr gut nachweisbar durch ein → *Managementsystem* umgesetzt werden können. Da sich ein Umweltmanagement hervorragend in andere Managementsysteme (z. B. ein Qualitäts- oder → *Arbeitsschutz-Managementsystem*) einbinden lässt, ist der Zusatzaufwand für das Anwenden und Aufrechterhalten eines Umweltschutzes mit System erfahrungsgemäß vertretbar. Die einschlägigen umweltschutzorientierten Gesetze und Verordnungen müssen in jedem Fall umgesetzt werden.

Andererseits erwarten und fordern immer mehr Kunden von ihren Auftragnehmern ein besonderes Engagement im Umweltschutz sowie teilweise auch den Nachweis eines wirksamen Umweltschutzes. Ein Beispiel dafür ist die petro-chemische Industrie. Hier fordern die Unternehmen von ihren Kontraktoren den Nachweis eines wirksamen Sicherheits-, Gesundheits- und

Umweltschutz-Managementsystems (SGU) i. d. R. entsprechend dem Standard → *Sicherheits-Certifikat-Contractoren (SCC)* bzw. → *Sicherheits-Certifikat-Personaldienstleister (SCP).*

2 Managen – Was ist das?

Bei einer zeitgemäßen Unternehmensführung werden heute alle wesentlichen betrieblichen Aufgaben «gemanagt». Damit kommt zum Ausdruck, dass sie Teil der Führungsaufgaben in einem Unternehmen sind und Managementmethoden zur Bewältigung dieser Aufgabe eingesetzt werden. Dies gilt selbstverständlich auch für den betrieblichen Umweltschutz.

Managen umfasst dabei ganz allgemein das Ausrichten, Planen, Steuern, Initiieren, Kontrollieren und → *kontinuierliches Verbessern* von Strukturen, Prozessen und Tätigkeiten. Ihm liegt ein Regelkreis, der bekannte → *PDCA-Zyklus*, zugrunde. Ein Kernpunkt des Managens ist die Abfolge

- **Planen (plan):** Wesentliche Aufgaben dabei sind Analyse der Ausgangssituation, Formulierung von Zielen und Erarbeitung eines Maßnahmenplanes.
- **Umsetzen (do):** Hier erfolgt die (ggf. pilotartige) Umsetzung der Maßnahmen – also die Realisierung entsprechend der Planung.
- **Überprüfen/Bewerten (check):** Bereits bei der Umsetzung beginnt die Überprüfung, ob die Maßnahmen geeignet und zielführend sind. Die Ergebnisse fließen in die Steuerung oder Lenkung der Umsetzung ein. Der Arbeitsschritt umfasst darüber hinaus die Ermittlung der Wirksamkeit der Maßnahmen sowie der Zielerreichung sowie die Bewertung des Ergebnisses.
- **Handeln/Anwenden (act):** Ausgehend von den Ergebnissen des dritten Schrittes werden bei einem positiven Ergebnis die Maßnahmen als Standard definiert. Bei Soll-Ist-Abweichungen werden dagegen Korrekturen und ein Verbesserungsprozess eingeleitet.

Vor diesem Hintergrund verwundert es nicht, dass gemanagte Aufgaben eine hohe Effektivität und Effizienz besitzen.

> **Wichtig: Auch der Umweltschutz sollte gemanagt werden**
>
> Um ein Gleichgewicht mit der natürlichen Umwelt zu erreichen, ein systematisches, umweltgerechtes Handeln aller Beschäftigten sicherzustellen und den betrieblichen Umweltstandard mit einem akzeptablen Aufwand weiter zu verbessern, sollte auch der Umweltschutz gemanagt werden.

3 Umweltschutz

Umweltschutz zielt auf die Erhaltung der natürlichen Systemabläufe, die insbesondere durch die Einwirkungen der Industriegesellschaft auf die Natur geschädigt werden. Diese schädlichen Umwelteinwirkungen (z. B. Luft-, Wasser- oder Bodenverunreinigungen sowie Lärm) haben in den letzten Jahren ein kritisches Niveau erreicht, sodass die Notwendigkeit, die Umwelt (Menschen, Tiere, Pflanzen, die Atmosphäre, das Wasser, den Boden bis hin zu Kultur- und sonstigen Sachgütern) zu schützen, mittlerweile durchweg anerkannt wird.

Ziel ist die Minimierung der Umweltbelastung unter Beachtung der Nachhaltigkeit sowie Sicherstellung der Einhaltung der einschlägigen Gesetze sowie normativer Rahmenbedingungen. Zu diesem Zweck wurden Systeme entwickelt, die dabei helfen sollen, ein Unternehmen so zu managen, dass es in einem Gleichgewicht mit der natürlichen Umwelt existieren kann. Der betriebliche Umweltschutz umfasst den vorbeugenden Umweltschutz als Mittel der Gefahrenabwehr und Risikominimierung, den → *Emissionsschutz* und den Schutz der Böden und Gewässer. Wichtige Teilbereiche, in dem auch die Mitarbeiter aktiv mitwirken können, sind der Lärmschutz sowie die Abfallwirtschaft. Bei beiden geht es primär um die Vermeidung bzw. Verminderung (des Lärms bzw. des Abfalls). In der Abfallwirtschaft kommen noch die Abfallverwertung und die Abfallentsorgung dazu.

Der Umweltschutz überschneidet sich thematisch zum Teil mit dem Arbeitsschutz, insbesondere in den Bereichen Anlagensicherheit, → *Gefahrstoffe* und → *Lärm*.

4 Umweltschutz mit System managen – Warum?

Umweltschutz hat insbesondere durch die Umweltproblematik sowie die Präsenz des Themas in der Öffentlichkeit inzwischen eine hohe praktische Relevanz erlangt. Ein Unternehmen kann es sich deshalb heute nicht mehr leisten, dieses Thema nicht engagiert anzugehen.

Wichtig: Umweltrisiken sind Unternehmensrisiken
Was liegt näher, als den Umweltschutz auch durch ein → *Managementsystem* zu praktizieren? Helfen Sie dem Management durch Beispiele, Szenarien etc., dass es erkennt, Umweltrisiken sind immer auch Unternehmensrisiken. Dadurch steigt die Bereitschaft, sich ernsthaft mit dem Thema Umweltmanagement auseinanderzusetzen.

Wesentliche Beweggründe für die Anwendung eines Managementsystems für den betrieblichen Umweltschutz sind:

- Nutzung eines erprobten Managementwerkzeuges zur erfolgversprechenden Vermeidung von Umweltrisiken;
- Reduzierung bzw. Verminderung von Haftungsrisiken;
- Senkung der Kosten durch Nutzung von Synergien sowie einen präventiven, produktionsintegrierten Umweltschutz;
- Vermeidung unnötiger Kosten durch Abfallvermeidung sowie die Einsparung von Material-, Entsorgungs- und Energiekosten;
- Erhöhung der Rechtssicherheit (das Risiko, rechtliche Anforderungen nicht zu kennen wird reduziert, die Verantwortlichkeiten für die Umsetzung geklärt und die Umsetzung verfolgt, bewertet und kontinuierlich verbessert);
- Anregungen für ökologische Produkt- und Verfahrensinnovationen;
- Verbesserung der Wettbewerbs- und Zukunftsfähigkeit des Unternehmens;
- Aussicht auf einen betrieblichen Nutzen.

Wichtig: Betrieblicher Nutzen
Ein betrieblicher Nutzen des Umweltschutzes entsteht v. a. durch:
- eine Risikominimierung infolge geregelter Abläufe bei Notfällen und umweltrelevanten Unfällen;
- ein verbessertes Unternehmensimage (Schaffung von Vertrauen);
- eine höhere Identifikation der Mitarbeiter mit dem Unternehmen und damit eine Steigerung der Motivation;
- Marktvorteile durch umweltverträglichere Produkte.

5 Was ist ein Umwelt-Managementsystem?

Die Einführung eines betrieblichen Umwelt-Managementsystems (UMS) ist freiwillig. Ein UMS umfasst die systematische Planung, Steuerung, Überwachung und Verbesserung aller Maßnahmen des betrieblichen Umweltschutzes sowie eine umweltorientierte Betriebs- und Mitarbeiterführung. Die Einführung eines UMS basiert auf der freiwilligen Entscheidung eines Unternehmens. Es existiert hierfür derzeit keine gesetzliche Verpflichtung und es ist auch keine zu erwarten.

Für den Aufbau eines zertifizierbaren/validierbaren UMS kann man zwei verschiedene Wege gehen:

- nach DIN ISO 14001:2009 oder
- nach EMAS (Environmental Management and Audit Scheme).

Beide Systeme gewährleisten eine kontinuierliche Verbesserung des betrieblichen Umweltschutzes, wobei EMAS über die Einhaltung der gesetzlichen Anforderungen als Mindeststandard hinausgeht.

Umweltmanagement

Wichtig: Parallelen zum → *Arbeitsschutzmanagement*

Ein UMS dient primär dem betrieblichen Umweltschutz. Infolge seiner Parallelen zum Arbeitsschutz (z. B. Berücksichtigung von Arbeits- und Umweltschutzbelangen bei Beschaffungen, sicherer und umweltverträglicher Umgang mit Gefahrstoffen, ganzheitliche Ein- und Unterweisungen, integrierte Sicherheits- und Öko-Audits) trägt es auch zur Reduzierung von Gefährdungen, z. B. durch → *Gefahrstoffe*, bei. Verknüpft ein Unternehmen beides, verschafft es sich wirkungsvolle Strukturen und Verantwortlichkeiten, mit denen sich der Arbeits- und Umweltschutz in die betrieblichen Prozesse integrieren und kontinuierlich verbessern lässt. Ein Beispiel hierfür ist → *SCC*.

6 Wie funktioniert ein Umwelt-Managementsystem?

Umweltschutz mit System managen steht für ein systematisches, zielorientiertes Organisieren des betrieblichen Umweltschutzes und die gemeinsame, professionelle, von den Führungskräften gemanagte Umsetzung. Damit ist das Umweltmanagement Teil der Führung eines Unternehmens bzw. das Subsystem, das die konsequente, effektive und effiziente Erfüllung der öffentlich-rechtlichen Verpflichtungen und sonstiger Vorgaben bezüglich des Umweltschutzes managt.

Ein Kernstück eines Umwelt-Managementsystems ist die Festlegung der innerbetrieblichen Abläufe, der Zuständigkeiten und Verantwortungen zur Verbesserung der betrieblichen Umweltsituation. Durch die Erkenntnis, dass auch unsere Umwelt als ein begrenzter Produktionsfaktor gleichbedeutend neben den Faktoren Arbeit und Kapital nicht frei verfügbar ist, sind umweltbewusst agierende Unternehmen auch bereit, zukunftssichere, umweltverträgliche und kostensparende Lösungen für ihren Betrieb einzusetzen.

Ein Umwelt-Managementsystem setzt sich aus den folgenden Phasen zusammen:

Phase 1: Umweltprüfung

Sie stellt eine erstmalige Bestandsaufnahme dar. Diese erfasst zunächst alle relevanten Umweltvorschriften. Vor dem Hintergrund der deutschen Regelungsdichte ist dieser Schritt mühsam, doch Checklisten, die beispielsweise bei Verbänden erhältlich sind, können helfen.

Ferner sind alle wichtigen Umweltauswirkungen der Tätigkeiten, Produkte und Dienstleistungen (z. B. Schadstoffemissionen, Energieverbrauch) zu erfassen und zu dokumentieren. Auf Grundlage dieser Informationen werden die Schwachstellen im betrieblichen Umweltschutz bestimmt, die später auch im Mittelpunkt der Verbesserungsbemühungen des Umweltprogramms stehen sollen.

Phase 2: dem betrieblichen Umweltschutz eine klare Ausrichtung geben

Durch eine formulierte und kommunizierte Umweltpolitik sowie regelmäßig neu festzulegende und zu vereinbarende Umweltziele (inkl. → *Kennzahlen*);

Phase 3: Planung

Alle relevanten Umweltaspekte werden erfasst und beim Aufbau der Umweltorganisation berücksichtigt. Die Organisation des betrieblichen Umweltschutzes schafft eine Struktur, regelt Zuständigkeiten, beschreibt → *Prozesse* und stellt Hilfsmittel, wie Formulare, Checklisten etc. zur Verfügung. Dadurch wird ein systematisches Vorgehen sichergestellt. Ein Umweltprogramm wird aufgestellt.

Phase 4: Verwirklichung und Betrieb

Die in der Planung festgelegten Verfahren (z. B. die Übertragung von Aufgaben und Verantwortung) nehmen das Management und die Beschäftigten in die Verantwortung. Durch Sensibilisierungs- und Qualifizierungsmaßnahmen sowie konkrete Mitwirkungsmöglichkeiten werden die Beteiligten in die Lage versetzt, umweltbewusst und umweltgerecht zu arbeiten und motiviert Eigeninitiative und Eigenverantwortung zu übernehmen. Die Umsetzung wird durch Beratung, Coaching und Rückmeldung unterstützt und gelenkt.

Phase 5: Überprüfung

Es werden Verfahren eingeführt, die sowohl die alltägliche Arbeit hinsichtlich ihrer Umweltauswirkungen kontrollieren und die Erfüllung der Vorschriften überwachen, als auch die Eignung, Funktionsfähigkeit und Wirksamkeit des gesamten UMS ermitteln, bewerten (Durchführung eines → *Audits*) und lenken (Einleitung von Korrekturen und Verbesserungen).

Phase 6: Managementbewertung (Management-Review)

Die Eignung, Funktionsfähigkeit und Wirksamkeit des gesamten UMS wird regelmäßig aufgrund der Ergebnisse des internen sowie ggf. eines externen Audits durch die Geschäftsführung bewertet und bei Bedarf eine Verbesserung des UMS eingeleitet.

Parallel dazu erfolgt die Dokumentation, die auch die Nachweisbarkeit sicherstellt.

7 Umweltmanagement: Integraler Bestandteil der Unternehmensführung

Ein Umweltmanagement sollte immer integraler Bestandteil aller organisatorischen und führungstechnischen Methoden (z. B. Prozessmanagement, Zielvereinbarung) eines Unternehmens sein. Dadurch steht Umweltschutz nicht außerhalb der «normalen» Führungs- und Geschäftsprozesse und ganzheitliche, prozessorientierte Maßnahmen sind erfahrungsgemäß wirkungsvoller. Empfehlenswert ist deshalb die Einbindung des UMS in ein umfassendes prozessorientiertes Managementsystem (integriertes Managementsystem). Dadurch lassen sich Synergien nutzen und die Aufrechterhaltung wird erleichtert.

Albert Ritter

Unfallanzeige

Der Eintritt eines Versicherungsfalls, d. h. eines Arbeits- oder Wegeunfalls, ist unter bestimmten Voraussetzungen gegenüber der gesetzlichen Unfallversicherung durch eine Unfallanzeige mitzuteilen.

Gesetze, Vorschriften und Rechtsprechung

§ 193 SGB VII legt die «Pflicht zur Anzeige eines Versicherungsfalls durch den Unternehmer» fest. Details wie z. B. die Form der Anzeige regelt die Unfallversicherungs-Anzeigeverordnung (UVAV).

1 Meldepflicht von Unfällen

Die §§ 7–13 SGB VII definieren die Versicherungsfälle, für die Versicherungsschutz in der gesetzlichen Unfallversicherung für den versicherten Personenkreis (gemäß §§ 2–6 SGB VII) besteht.

§ 193 SGB VII legt die «Pflicht zur Anzeige eines Versicherungsfalls durch den Unternehmer» fest.

Danach sind insbesondere Unfälle mit Todesfolge oder Unfälle mit einer Ausfallzeit von mehr als drei Tagen gegenüber dem Unfallversicherungsträger anzuzeigen (Arbeitsunfälle, Wegeunfälle, Unfälle beim versicherten Betriebssport etc.). In derartigen Fällen spricht man auch von **meldepflichtigen Unfällen**. Bei einem Unfall mit einer geringeren Unfallschwere ist diese Anzeige grundsätzlich nicht erforderlich (nicht meldepflichtige Unfälle). Hier reicht der Eintrag in das → *Verbandbuch* aus.

Das SGB VII regelt zwar, dass ein Versicherungsfall anzuzeigen ist, die Form der Anzeige wird hier aber nicht festgelegt. Dies geschieht in der Unfallversicherungs-Anzeigeverordnung (UVAV): Die in § 2 UVAV genannten Unfälle müssen auf «Vordrucken nach den Mustern der Anlagen 1 oder 2» der UVAV erstattet werden. Diese Vordrucke tragen den Namen **Unfallanzeige**.

2 Inhalt der Unfallanzeige

Eine Unfallanzeige enthält z. B. Angaben

- zur versicherten Person (Name, Geburtstag, Anschrift, Geschlecht, Staatsangehörigkeit),
- zum Vorliegen eines besonderen Beschäftigungsverhältnisses (Leiharbeitnehmer, Auszubildender),
- zum Arbeitgeber (oder der Tageseinrichtung, Schule oder Hochschule im Fall von versicherten Kindern in Tageseinrichtungen, Schülern oder Studenten),
- zur Dauer der Lohnfortzahlung und der Krankenkasse und
- zum Unfallereignis.

Das **Unfallereignis** wird dabei aufgeteilt in

- Unfallzeitpunkt,
- die ausführliche Schilderung des Unfallhergangs,
- die Nennung von verletzten Körperteilen,
- die Nennung der Verletzungsart und
- die Nennung von Zeugen (Unfallzeugen oder Person, die zuerst vom Unfall Kenntnis erhalten hat).

Die Unfallanzeige wird vom Unternehmer und (sofern vorhanden) vom → *Betriebs-* oder Personalrat unterschrieben, ein Ansprechpartner für Rückfragen wird eingetragen.

3 Pflichten des Unternehmens

Die Unfallanzeige ist entsprechend § 193 Abs. 4 SGB VII binnen drei Tagen nach Kenntniserhalt des Unfalls zu erstatten. Innerhalb ihrer Satzungen regeln die Unfallversicherungsträger entsprechend § 191 SGB VII darüber hinaus geltende Unterstützungspflichten des Unternehmers. So legt z. B. die Berufsgenossenschaft der Feinmechanik und Elektrotechnik in ihrer Satzung fest, dass die Berufsgenossenschaft über Unfälle mit Todesfolge, oder Ereignisse, bei denen mehr als drei Personen gesundheitlich geschädigt werden, **unverzüglich** zu benachrichtigen ist.

Die Unfallanzeige ist auch für die Fälle zu verwenden, bei denen eine Beschädigung oder der Verlust eines Hilfsmittels gegenüber dem Unfallversicherungsträger angezeigt werden soll.

Hierbei handelt es sich am häufigsten um

- Zahnschäden oder der
- Beschädigung der Sehhilfe (Brille, Kontaktlinse).

Dabei muss gewährleistet sein, dass der Verlust oder die Beschädigung des Hilfsmittels in Zusammenhang mit einem Unfallereignis steht. Eine unfallbedingte Ausfallzeit muss nicht gleichzeitig vorliegen. Bei Zahnschäden kann es sich um das Hilfsmittel (Prothese, Brücke, Implantat) oder um die Behandlung «echter» Zähne handeln.

Die Unterschrift des Unternehmers unter der Unfallanzeige bestätigt vorrangig, dass der geschilderte Unfall sich so zugetragen hat bzw. haben kann. Sofern Zweifel über die Glaubwürdigkeit der Angaben bestehen, sind diese dem Unfallversicherungsträger mitzuteilen. Zusätzlich zu dieser Unternehmeranzeige sind u. U. Zusatzfragebögen der Unfallversicherungsträger zu entrichten, die nach Erstattung der Unfallanzeige vom Unfallversicherungsträger verschickt werden. Zu nennen sind hier z. B. Zusatzfragebögen in folgenden Fällen:

- Wegeunfall,
- Unfall beim Zurücklegen eines Dienstweges außerhalb der Betriebsstätte (Sonderform des Wegeunfallfragebogens, bei dem der Unternehmer vorrangig die dienstliche Begründung des zurückgelegten Weges bestätigen muss, damit ein Versicherungsfall anerkannt werden kann) oder
- Unfall im Zusammenhang mit betrieblichen Gemeinschaftsveranstaltungen (Betriebssport, Betriebsausflug).

Praxis-Tipp: Elektronische Unfallmeldung

Die Unfallanzeige kann in Abstimmung mit dem Unfallversicherungsträger auch durch Datenübertragung übermittelt werden.

Der Unternehmer hat gemäß § 193 Abs. 5 SGB VII die → *Sicherheitsfachkraft* und den → *Betriebsarzt* über jede Unfallanzeige in Kenntnis zu setzen.

Achtung: Statistische Auswertungen

Vor Inkrafttreten der UVAV (1. August 2002) enthielt die bis dahin gültige Unfallanzeige eigenständige Felder, die vom Unfallversicherungsträger zur statistischen Auswertung genutzt wurden (Unfallstelle, Angaben über getroffene technische Schutzvorrichtungen oder Maßnahmen, benutzte persönliche Schutzausrüstung und Angaben zu präventiven Maßnahmen zur Vermeidung ähnlicher Unfälle). Diese Felder ließen es auch zu, dass innerbetriebliche Unfallauswertungen erleichtert wurden. Diese Felder gibt es in der neuen Unfallanzeige nicht mehr. Die Unfallanzeige bietet nur im Rahmen des Feldes «Ausführliche Schilderung des Unfallhergangs» die Möglichkeit, dass derartige Informationen erfasst werden. Sofern Sie diese Angaben für eine statistische Auswertung oder Ihre Präventionsarbeit benötigen, sollten Sie einen innerbetrieblichen Zusatzfragebogen zur gesetzlichen Unfallanzeige oder eine andere Form der Datenerhebung in Ihrem Unternehmen installieren.

Dirk Rittershaus

Unfallstatistik

Das gesamte Arbeitsschutzsystem beruht auf dem Prinzip der Gefährdungsanalyse. Um dabei Risiken richtig einordnen zu können, ist es u. a. notwendig, das Unfallgeschehen und ggf. auftretende Berufskrankheiten zu untersuchen und auszuwerten. Eine sinnvoll strukturierte Unfallstatistik bietet dazu eine Datenbasis. Sie erlaubt zum Beispiel Unfallschwerpunkte aufzudecken und Schutzmaßnahmen zu entwickeln bzw. auf ihre Effektivität zu prüfen.

Gesetze, Vorschriften und Rechtsprechung

Eine Unfallstatistik ist eine strukturierte Form der Dokumentation des Unfallgeschehens. Diese wiederum ist Bestandteil wesentlicher Rechtsnormen im Arbeitsschutz. So fordert § 6 Arbeitsschutzgesetz, dass Unfälle mit Todesfolge oder mehr als 3 Tagen Arbeitsunfähigkeit vom Arbeitgeber erfasst werden. §§ 3, 6 Arbeitssicherheitsgesetz weisen dem Betriebsarzt und der Fachkraft für Arbeitssicherheit zudem die Aufgabe zu, die Durchführung des Arbeitsschutzes und der Unfallverhütung zu beobachten und im Zusammenhang damit Ursachen von Arbeitsunfällen zu untersuchen, die Untersuchungsergebnisse zu erfassen und auszuwerten und dem Arbeitgeber Maßnahmen zur Verhütung dieser Arbeitsunfälle vorzuschlagen.

1 Wann ist eine Unfallstatistik sinnvoll?

Der Begriff «Statistik» bezeichnet genau genommen nicht nur irgendeine Art von Datenerhebung, sondern auch bestimmte mathematische Verfahren, die geeignet sind, empirische Daten sinnvoll und nachvollziehbar zu analysieren. Für eine regelgerechte Statistik müssen bestimmte mathematische Rahmenbedingungen eingehalten werden, die erst ab einer relativ hohen Ereigniszahl überhaupt Sinn machen. In kleineren und mittleren Unternehmen werden solche Unfallzahlen üblicherweise nicht erreicht.

Ab welcher Ereignisanzahl eine Unfallstatistik sinnvoll ist, kann nicht an einem bestimmten Grenzwert festgemacht werden. Es ist aber wichtig, bei kleinen Ausgangsmengen die erhobenen Zahlen nicht überzuwerten.

Wichtig: Statistische Schwankungen

Je kleiner die Datenbasis, desto zurückhaltender muss mit den Schlüssen umgegangen werden, die daraus gegebenenfalls gezogen werden.

In einem Kleinstbetrieb mit sehr geringen jährlichen Unfallzahlen ist eine Tabelle, in der alle Einzelereignisse erfasst sind, eine ausreichende und sinnvolle Dokumentationsform.

Auch in vielen Klein- und Mittelbetrieben werden die jährlichen Unfallzahlen nicht ausreichend sein, um eine regelgerechte statistische Auswertung zu ermöglichen. Trotzdem kann eine Auswertung des Unfallgeschehens nach einzelnen, auszuwählenden Kriterien hilfreiche Anregungen für die Sicherheitsarbeit bringen.

Praxis-Tipp: Aufklärung und Unterweisung

Auch wenn die Datenbasis für eine «echte» statistische Auswertung nicht ausreicht, veranschaulicht eine nach einfachen Kriterien zu erstellende betriebsinterne Unfallstatistik das Unfallgeschehen wirkungsvoll. Sie macht z. B. das Thema Arbeitsschutz für Unternehmer, Führungskräfte und Mitarbeiter fassbar und ist hilfreich für Risikobetrachtungen im Rahmen der Gefährdungsbeurteilung.

2 Datenerhebung

Die Datenerhebung erfolgt i. d. R.:

- anhand der standardisierten Unfallmeldungen bzw. Berufskrankheitsanzeigen;
- ggf. durch eigene, betriebsinterne Unfallanalysen;
- aus Verbandbucheintragungen;
- ggf. unter Berücksichtigung der unfallbedingten Fehlzeiten.

Achtung: Datenschutz

Unfalldaten sind schützenswerte, persönliche Daten. Die Auswertung, z. B. die Aufnahme der Daten aus den Unfallanzeigen, muss unter Datenschutzgesichtspunkten sicher erfolgen. Anonymisierte Auswertungen sind nicht personenbezogen und können betriebsintern kommuniziert werden.

3 Mögliche Kriterien

Sinnvolle Kriterien für eine Auswertung des Unfallgeschehens können u. a. sein:

- Unfall auslösender Umstand/Gegenstand
- Unfälle bezogen auf Abteilungen des Betriebes
- Unfälle bezogen auf Berufsgruppen
- betroffene Körperteile, Verletzungsarten, Berufskrankheiten;
- Unfallort
- Unfallkosten (dafür werden neben den Unfallanzeigen ergänzende Daten benötigt, mind. die AU-Zeiten)

Dabei können ggf. mehrere Kriterien kombiniert werden.

Praxis-Beispiel: Auswahl von Kriterien

In einem Krankenhaus kann es sinnvoll sein zu untersuchen, welche Berufsgruppen in welchem Maße von Stich- und Schnittverletzungen mit Infektionsgefahr betroffen sind (Pflegekräfte, Ärzte, Entsorgungsdienst …). Daraus sind Schlüsse für Gefährdungsbeurteilung, Unterweisung und Vorsorgeuntersuchungen abzuleiten.

Achtung: Keine absoluten Unfallzahlen vergleichen

Bei einer Unfallauswertung nach Berufsgruppen oder Abteilungen ist zu berücksichtigen, wie viele Mitarbeiter in diesen Bereichen beschäftigt sind, z. B. in dem eine Unfallquote pro Vollzeitkraft ermittelt wird.

Die Kriterien, nach denen später eine Auswertung erfolgen soll, sind sorgfältig auszuwählen. Nicht jedes denkbare Kriterium ist wirklich sinnvoll und aussagefähig. Kriterien, die man allerdings bei der Aufnahme der Einzelereignisse nicht mit berücksichtigt, können später auch nicht ausgewertet werden. Das gilt erst recht, wenn eine interne Vergleichbarkeit dadurch erreicht werden soll, dass die Unfallstatistik über mehrere Jahre geführt werden soll.

4 Betriebs- und branchenübergreifende Unfallstatistiken

Vergleichbarkeit von Unfallstatistiken ist sehr schwer zu erzielen. Schon betriebsintern unterscheiden sich gleich bezeichnete Abteilungen oft in der Art des Betriebes, sodass sich unterschiedliche Unfallrisiken ergeben. Am ehesten können Unfallstatistiken aus möglichst identisch aufgebauten Standorten innerhalb einer Betriebs- oder Unternehmensstruktur verglichen werden, wenn sichergestellt ist, dass die Erhebung nach den gleichen Kriterien erfolgt.

Branchenspezifische Daten verschiedener Betriebe stehen zum Vergleich i. d. R. nicht öffentlich zur Verfügung und werden aus datenrechtlichen Gründen auch auf Anfrage nicht herausgegeben. Lediglich in Einzelfällen veröffentlichen z. B. → *Unfallversicherungsträger* oder Aufsichtsbehörden Unfallzahlen bezogen auf einzelne Unfallursachen, Branchen oder Berufsgruppen (z. B. Unfallquoten für bestimmte Berufsgruppen, aufgetretene → *Berufskrankheiten* in bestimmten Branchen).

Eine Vielzahl interessanter und gut aufbereiteter Daten stellt die Deutsche gesetzliche Unfallversicherung branchenübergreifend für ganz Deutschland regelmäßig als «DGUV-Statistiken für die Praxis» zur Verfügung. Allerdings ist hier die Rasterung relativ grob (unterschieden werden öffentliche und gewerbliche Arbeitgeber und bei den letztgenannten die BG-Zugehörigkeit).

Wichtig: Rechengröße Vollarbeiter

Um angesichts unterschiedlichster Beschäftigungsverhältnisse und Arbeitszeiten Vergleichbarkeit zu schaffen, wird in den DGUV-Statistiken als Rechengröße der «Vollarbeiter» verwendet. Dabei entspricht der Vollarbeiter der durchschnittlich von einer vollbeschäftigten Person im produzierenden Gewerbe und Dienstleistungsbereich tatsächlich geleisteten Arbeitsstundenzahl pro Jahr (zur Zeit ca. 1.600 Stunden). Unfallquoten werden demnach z. B. bezogen auf 1.000 Vollarbeiter ermittelt.

Einige ergänzende Statistiken finden sich auf der Internetseite der Bundesanstalt für Arbeitsschutz und Arbeitsmedizin, z. B. zum Gesamtunfallgeschehen in der Gesellschaft, zu tödlichen Arbeitsunfällen und Haus- und Freizeitunfällen.

Cornelia von Quistorp

Unfallversicherung

Die Unfallversicherung ist einer der 5 Zweige der Sozialversicherung. Sie ist nach Wirtschaftszweigen gegliedert. Die Beiträge hierfür zahlen ausschließlich die Arbeitgeber. Denn durch ihre Beitragszahlung werden sie in der Regel von der Haftung für Arbeits- und Wegeunfälle sowie für Berufskrankheiten ihrer Beschäftigten befreit. Grundsätzlich ist jeder Arbeitnehmer in Deutschland gesetzlich unfallversichert. Das Leistungsspektrum ist gesetzlich geregelt und besteht aus der Vorbeugung (Prävention) von Arbeitsunfällen, Berufskrankheiten und arbeitsbedingten Gesundheitsgefahren, der Wiederherstellung der Gesundheit (Rehabilitation) nach einem Unfall, sowie ggf. der Entschädigung des Verletzten und seiner Hinterbliebenen durch Geldleistungen.

Gesetze, Vorschriften und Rechtsprechung

Arbeitsrecht: Wichtige Gesetze und Vorschriften sind das Arbeitsschutzgesetz, das Arbeitssicherheitsgesetz sowie die Vorschriften und Regelwerke der Berufsgenossenschaften (Satzungen, Berufsgenossenschaftliche Vorschriften).

Lohnsteuer: Die Steuerfreiheit der Beiträge des Arbeitgebers beruht auf § 3 Nr. 62 EStG. Für Leistungen aus der gesetzlichen Unfallversicherung gilt die Steuerbefreiung nach § 3 Nr. 1a EStG.

Sozialversicherung: Die gesetzlichen Grundlagen für die gesetzliche Unfallversicherung sind im SGB VII geregelt.

Arbeitsrecht

1 Rechtsgrundlagen

Grundsätzlich richten sich Ansprüche der Arbeitnehmer auf Leistungen der Unfallversicherung nach dem Sozialversicherungsrecht gegen die gesetzliche Unfallversicherung.

Allerdings verpflichten sich Arbeitgeber insbesondere in **Arbeitsverträgen** leitender Angestellter häufig, zugunsten des Arbeitnehmers eine **private Unfallversicherung** abzuschließen.

In solchen Fällen ist der Arbeitgeber dann arbeitsvertraglich verpflichtet, die zur Erhaltung des Versicherungsschutzes erforderlichen **Versicherungsprämien** zu entrichten.

2 Verantwortlichkeit des Unternehmers

Träger der Unfallversicherung sind gem. § 114 Abs. 1 Satz 1 SGB VII die → *Berufsgenossenschaften*. Außer der Unfallversicherung haben die Berufsgenossenschaften Unfallverhütung zu betreiben.

Die in der Berufsgenossenschaft zusammengeschlossenen **Unternehmer** haben in ihrer **Gesamtheit** für die Folgen eines Arbeitsunfalls aufzukommen, weil sie und nicht die Arbeitnehmer die Beiträge zur Unfallversicherung leisten.

Das ist der gesetzgeberische Grund, warum die **Schadensersatzpflicht** des Unternehmers bei Arbeitsunfällen wegen Personenschadens auf **Vorsatz** beschränkt ist[114].

Lohnsteuer

3 Gesetzliche Unfallversicherung

Beiträge des Arbeitgebers an die Träger der gesetzlichen Unfallversicherung (Berufsgenossenschaften) gehören zu den Leistungen für die Zukunftssicherung der Arbeitnehmer[115]. Sie sind steuerfrei, weil der Arbeitgeber die Berufsgenossenschaftsbeiträge aufgrund eigener gesetzlicher Verpflichtung zu zahlen hat[116].

> **Hinweis: Gesellschafter-Geschäftsführer von GmbHs**
>
> Bei Gesellschafter-Geschäftsführern von GmbHs, die freiwillig in der gesetzlichen Unfallversicherung versichert sind, können die vom Arbeitgeber gezahlten Beiträge nicht nach § 3 Nr. 62 Satz 1 EStG steuerfrei bleiben, da der Arbeitgeber keine gesetzlich geschuldete Zukunftssicherungsleistung erbringt. Mit einer Versicherung in der Berufsgenossenschaft wird allerdings auch das Unfallrisiko bei beruflichen Auswärtstätigkeiten abgedeckt. Der Beitrag bleibt also i. H. v. 40 % als Reisenebenkostenvergütung steuerfrei[117]. Lediglich 60 % des Beitrags unterliegen dem Lohnsteuerabzug. In gleicher Höhe ist ein Werbungskostenabzug im Rahmen der Einkommensteuerveranlagung möglich. Eine Saldierung der steuerpflichtigen Beiträge mit den abzugsfähigen Werbungskosten durch den Arbeitgeber ist nicht zulässig.

Leistungen aus der gesetzlichen Unfallversicherung sind für Pflichtversicherte und freiwillig Versicherte steuerfrei. Dies gilt unabhängig davon, ob es sich um Bar- oder Sachleistungen

---

[114] S. Arbeitgeberhaftung.
[115] § 2 Abs. 2 Nr. 3 LStDV.
[116] § 3 Nr. 62 Satz 1 EStG.
[117] § 3 Nr. 16 EStG.

handelt, ob sie dem ursprünglich Berechtigten oder seinen Hinterbliebenen zufließen[118]. Die Steuerfreiheit kann auch für Leistungen aus einer ausländischen gesetzlichen Unfallversicherung in Betracht kommen[119].

Sozialversicherung

4 Träger der Unfallversicherung

Träger der gesetzlichen Unfallversicherung sind zurzeit die gewerblichen → *Berufsgenossenschaften*, die landwirtschaftliche Berufsgenossenschaft (als Träger der Unfallversicherung innerhalb der Sozialversicherung für Landwirtschaft, Forsten und Gartenbau), die Unfallkasse des Bundes, die Eisenbahn-Unfallkasse, die Unfallkasse Post und Telekom, die Unfallkassen der Länder, die Gemeindeunfallversicherungsverbände und die Unfallkassen der Gemeinden, die Feuerwehr-Unfallkassen sowie die gemeinsamen Unfallkassen für den Landes- und den kommunalen Bereich[120].

Die gewerblichen Berufsgenossenschaften sind für alle Unternehmen der gewerblichen Wirtschaft zuständig, soweit sich nicht eine Zuständigkeit der landwirtschaftlichen Berufsgenossenschaft oder der Unfallversicherungsträger der öffentlichen Hand ergibt. Im Einzelnen ist die Zuständigkeit in den §§ 121ff. SGB VII geregelt. Unternehmer können sich ihre Berufsgenossenschaft nicht frei aussuchen. Die Zuständigkeit einer bestimmten Berufsgenossenschaft ergibt sich aus der Branche.

5 Versicherter Personenkreis

5.1 Kraft Gesetzes Versicherte

In der Unfallversicherung sind alle Beschäftigten kraft Gesetzes versichert[121], darüber hinaus noch zahlreiche andere Personengruppen wie z. B.

- Lernende bei der beruflichen Aus- und Fortbildung,
- Unternehmer in der Landwirtschaft und deren Ehegatten,
- ehrenamtlich Tätige, die für Körperschaften, Anstalten, Stiftungen des öffentlichen Rechts, deren Verbände und Arbeitsgemeinschaften oder für öffentlich-rechtliche Religionsgemeinschaften und deren Einrichtungen oder für privatrechtliche Einrichtungen unter bestimmten Voraussetzungen tätig sind,
- Schüler, Studenten, Kinder in Kindergärten und beim Besuch aller Tageseinrichtungen für Kinder (Kinderkrippen, -horte),
- Helfer in Unglücksfällen, Blut- und Organspender,
- Personen, die eine einer Straftat verdächtige Person verfolgen oder festnehmen bzw. sich zum Schutz eines widerrechtlich Angegriffenen einsetzen,
- Personen, bei denen der Gesetzgeber im Rahmen des § 2 Abs. 2 SGB VII die Wertung getroffen hat, dass auch sie – obwohl nicht Beschäftigte – unter dem Schutz der gesetzlichen Unfallversicherung stehen sollen, sowie
- Personen in sogenannten «1-Euro-Jobs», obwohl es sich hier weder arbeitsrechtlich noch sozialversicherungsrechtlich um echte Beschäftigungsverhältnisse handelt.

Auch sämtliche geringfügig Beschäftigten (Minijobber) sind gesetzlich unfallversichert.

---

[118] § 3 Nr. 1a EStG.
[119] BFH, Urteil v. 7.8.1959, VI R 299/57, BStBl 1959 III S. 462.
[120] § 114 Abs. 1 SGB VII.
[121] § 2 Abs. 1 Nr. 1 SGB VII.

> **Wichtig: Geringfügig Beschäftigte in Privathaushalten**
>
> Geringfügig Beschäftigte in Privathaushalten sind ebenfalls kraft Gesetzes unfallversichert. Unter den Begriff der sog. «Haushaltshilfen» fallen u. a. Reinigungskräfte, Babysitter, Küchen- und Gartenhilfen sowie Kinder- und Erwachsenenbetreuer. Auch Pflegepersonen bei häuslicher Pflege sind unfallversichert. Für diese Versicherung muss der Beschäftigte selbst keine Beiträge entrichten; hierfür ist ausschließlich der haushaltsführende Arbeitgeber zuständig.
>
> Träger der gesetzlichen Unfallversicherung für Haushaltshilfen ist jeweils die Unfallkasse oder der Gemeindeversicherungsverband des Wohngebiets. Die Deutsche Gesetzliche Unfallversicherung hilft bei der Suche nach dem richtigen Träger. Die Anmeldung der geringfügig beschäftigten Haushaltshilfen erfolgt über die Minijob-Zentrale.
>
> Der Beitrag zur gesetzlichen Unfallversicherung für Haushaltshilfen im Rahmen von Minijobs beträgt bundeseinheitlich 1,6 % des Arbeitsentgelts. Diesen von ihr berechneten Beitrag zieht die Minijob-Zentrale zusammen mit den anderen Abgaben zweimal jährlich per Lastschriftverfahren ein und leitet sie an den zuständigen Unfallversicherungsträger weiter. Für alle anderen Haushaltshilfen variieren die Beiträge je nach zuständiger Unfallkasse und Zahl der Beschäftigungstage pro Jahr zwischen rund 20 EUR und rund 60 EUR.
>
> Die Anmeldung der Haushaltshilfen kann auch online beim örtlich zuständigen Träger erfolgen.
>
> Alle anderen geringfügig Beschäftigten (außer in der Landwirtschaft) sind bei den für die Branche zuständigen gewerblichen Berufsgenossenschaften versichert.

5.2 Freiwillig Versicherte

Freiwillig versichern können sich Unternehmer, die weder kraft Gesetzes noch kraft Satzung versichert sind. Zu diesen Unternehmern gehören nach § 6 SGB VII:

- Unternehmer und ihre im Unternehmen mitarbeitenden Ehegatten; ausgenommen sind Haushaltsführende, Unternehmer von nicht gewerbsmäßig betriebenen Binnenfischereien oder Imkereien, von nicht gewerbsmäßig betriebenen landwirtschaftlichen Unternehmen und ihre Ehegatten sowie Fischerei- und Jagdgäste.
- Personen, die in Kapital- oder Personenhandelsgesellschaften regelmäßig wie Unternehmer selbstständig tätig sind.

Daneben können sich gewählte oder besonders beauftragte Ehrenamtsträger in gemeinnützigen Vereinen, Personen, die ehrenamtlich für Parteien tätig sind, sowie Vertreter von Arbeitgeber- oder Arbeitnehmerorganisationen freiwillig versichern.

Anders als die Pflichtversicherung ist die freiwillige Versicherung nur auf Antrag möglich. Sie beginnt frühestens am Tag nach dem Eingang des Antrags bei der Berufsgenossenschaft. Die freiwillige Unfallversicherung erlischt bei Zahlungsrückstand[122].

Der Versicherungsschutz bei der Pflicht- und der freiwilligen Versicherung erstreckt sich auch auf die im Zusammenhang mit der versicherten Tätigkeit stehenden Wege.

6 Aufgaben und Leistungen der Unfallversicherung

6.1 Vorbeugung (Prävention)

Die Unfallversicherungsträger haben mit allen geeigneten Mitteln für die Verhütung von Arbeitsunfällen, → *Berufskrankheiten* und arbeitsbedingten Gesundheitsgefahren und für eine wirksame erste Hilfe zu sorgen. Dabei sollen sie den Ursachen von arbeitsbedingten Gefahren für Leben und Gesundheit nachgehen. Bei der Beratung und Überwachung der Unternehmen arbeiten sie im Rahmen der Gemeinsamen Deutschen Arbeitsschutzstrategie (GDA) mit allen Stellen zusammen, die ebenfalls Unfallverhütung betreiben. Diese Zusammenarbeit hat das Ziel, Sicherheit und Gesundheit der Beschäftigten durch einen abgestimmten und systematisch wahrgenommenen Arbeitsschutz – ergänzt durch Maßnahmen der betrieblichen Gesundheitsförderung – zu erhalten, zu verbessern und zu fördern.

---

[122] § 6 Abs. 2 Satz 2 SGB VII.

Bei der Verhütung arbeitsbedingter Gesundheitsgefahren arbeiten die Unfallversicherungsträger mit den Krankenkassen zusammen[123].

Die Berufsgenossenschaften haben das (autonome) Recht, eigene Vorschriften zur Unfallverhütung – sogenannte BG-Vorschriften (künftig: DGUV-Vorschriften) zu erlassen[124]. Nach dem Erlass der Rahmenvorschrift «Grundsätze der Prävention» (BGV-V A1) werden die Berufsgenossenschaften künftig kaum noch von diesem Recht Gebrauch machen. Im Rahmen der Unfallverhütung dürfen die Unfallversicherungsträger auch ausländische Unternehmen, die eine Tätigkeit im Inland ausüben, überwachen, und zwar auch dann, wenn diese keinem Unfallversicherungsträger angehören.

Zur Überwachung setzen die Unfallversicherungsträger Aufsichtspersonen (früher: Technische Aufsichtsbeamte) ein. Sie sind befugt, die Geschäfts- und Wohnräume zu jeder Tages- und Nachtzeit zu betreten, wenn dies zur Gefahrenabwehr erforderlich ist. Das Grundrecht der Unverletzlichkeit der Wohnung ist insoweit eingeschränkt. Die Unfallversicherungsträger beschränken sich aber nicht nur auf Überwachung, sondern bieten viele Leistungen an, mit denen sich Fragen der Prävention im Vorfeld klären lassen. Hierzu gehören die Beratung z. B. beim Bau von Produktionsstätten, bei der Büroeinrichtung und die Schulung.

6.2 Rehabilitation

Die Unfallversicherungsträger haben **mit allen geeigneten Mitteln** möglichst frühzeitig darauf hinzuwirken, dass Personen, die einen Arbeitsunfall, Wegeunfall oder eine → *Berufskrankheit* erlitten haben, wieder gesund werden. Damit unterscheidet sich die Unfallversicherung im Leistungsspektrum von der Krankenversicherung. Der Gesundheitsschaden soll beseitigt oder gebessert, seine Verschlimmerung verhütet und seine Folgen gemildert werden[125]. Es gilt der Grundsatz: Rehabilitation vor Rente.

Die Heilbehandlung umfasst ambulante und stationäre Behandlung – gegebenenfalls bei dazu besonders ermächtigten Ärzten (den sog. Durchgangsärzten) und den berufsgenossenschaftlichen Kliniken – sowie die Versorgung mit Arzneien, Heil- und Hilfsmitteln.

> **Praxis-Tipp: Keine Zuzahlungen nach einem Arbeitsunfall**
>
> Eigenanteile – wie in der gesetzlichen Krankenversicherung – sind bei den Leistungen der Unfallversicherung vom Versicherten nicht zu tragen. Auch die Praxisgebühr entfällt. Soweit für Arznei- und Verbandmittel in der Krankenversicherung Festbeträge bestimmt sind, übernimmt der Unfallversicherungsträger die Kosten nur bis zur Höhe des Festbetrags. Benötigt der Verletzte Zahnersatz, so übernimmt die Unfallversicherung die vollen Kosten.

Die weiteren Aufgaben der Unfallversicherung neben der Heilbehandlung sind unter Beachtung des SGB IX

- Leistungen zur Teilhabe am Arbeitsleben
- Leistungen zur Teilhabe in der Gesellschaft
- ergänzende Leistungen
- Leistungen bei Pflegebedürftigkeit.

6.3 Verletztengeld

Ist der Verletzte arbeitsunfähig, gewährt der Unfallversicherungsträger Verletztengeld[126]. Es beträgt 80 % des Brutto-Arbeitsentgelts, darf jedoch das Nettoarbeitsentgelt nicht übersteigen[127]. Steuerfreie Nacht-, Sonntags- und Feiertagszuschläge sowie Einmalzahlungen werden bei der Berechnung berücksichtigt.

Kann der Arbeitnehmer keine Entgeltfortzahlung beanspruchen, weil

---

[123] § 14 SGB VII.
[124] § 15 SGB VII.
[125] § 26 SGB VII.
[126] § 45 SGB VII.
[127] § 47 SGB VII.

- die Arbeitsunfähigkeit aufgrund eines Arbeitsunfalles in den ersten 4 Wochen des Arbeitsverhältnisses eingetreten ist oder
- der Arbeitsunfall durch grobfahrlässiges Verschulden des Arbeitnehmers verursacht wurde,

wird dem Arbeitnehmer Verletztengeld in voller Höhe gezahlt.

Leistet der Arbeitgeber Entgeltfortzahlung nur in Höhe von 80 %, weil der Arbeitsunfall in einem anderen Arbeitsverhältnis oder bei Ausübung einer unfallversicherten gemeinnützigen Tätigkeit (z. B. als Blutspender) eingetreten ist, erhält der Arbeitnehmer die Differenz zum vollen Arbeitsentgelt als Verletztengeld-Spitzbetrag[128]. Verletztengeld wird für die Dauer von höchstens 78 Wochen gezahlt, es sei denn, der Verletzte befindet sich zu diesem Zeitpunkt in stationärer Behandlung.

6.4 Übergangsgeld bei Umschulung

Sofern die Schwere der Verletzung zur weiteren Teilhabe am Arbeitsleben eine Umschulung erfordert, trägt der Unfallversicherungsträger alle hiermit in Zusammenhang stehenden Aufwendungen und zahlt für die Dauer der Umschulung Übergangsgeld[129].

6.5 Unfallrenten

Ist die Erwerbsfähigkeit des Versicherten infolge eines Arbeitsunfalls gemindert, wird Verletztenrente gezahlt. Sie wird gewährt, wenn die Minderung der Erwerbsfähigkeit um mindestens 20 % über die 26. Woche nach dem Unfall andauert[130]. Die Minderung wird nicht individuell festgestellt, sondern richtet sich nach den Arbeitsmöglichkeiten auf dem gesamten Gebiet des Erwerbslebens (abstrakte Schadensbemessung). Bemessungsgrundlage ist der Jahresarbeitsverdienst des Verletzten in den 12 Monaten vor dem Unfall. Bei einer Minderung der Erwerbsfähigkeit um 100 % beträgt die Rente ⅔ von dem Arbeitsunfall oder der Berufskrankheit erzielten Jahresarbeitsverdienstes (**Vollrente**), bei teilweiser Minderung der Erwerbsfähigkeit den Teil der Vollrente, der dem Grad der Minderung der Erwerbsfähigkeit entspricht (Teilrente).

Schwerverletzte – das sind Unfallrentenbezieher, deren Erwerbsfähigkeit um 50 % oder mehr gemindert ist – erhalten eine Erhöhung um 10 %, wenn keine Erwerbstätigkeit mehr ausgeübt werden kann und keine Rente aus der gesetzlichen Rentenversicherung bezogen wird. Werden mehrere Renten bezogen, so dürfen sie zusammen ⅔ des höchsten der den Renten zugrunde liegenden Jahresarbeitsverdienstes ohne Schwerbeschädigtenzulage nicht übersteigen.

Die Unfallversicherung gewährt auf Antrag beim Bezug von Verletztenrente **Abfindungen** in Höhe des voraussichtlichen Rentenaufwands.

Vom 1. Juli jeden Jahres an werden die Unfallrenten und das Pflegegeld angepasst.

6.6 Hinterbliebenenrenten und Sterbegeld

Bei **Tod durch Arbeitsunfall** haben die Hinterbliebenen Anspruch auf

- Sterbegeld,
- Erstattung der Kosten der Überführung an den Ort der Bestattung,
- Hinterbliebenenrenten und
- Beihilfe.

Das **Sterbegeld** beträgt ein Siebtel der jährlichen Bezugsgröße[131].

Vom Todestag an besteht Anspruch auf **Hinterbliebenenrente** für den hinterbliebenen Ehegatten und die Waisen. Für die ersten 3 Monate nach dem Tod erhält der hinterbliebene Ehegatte ⅔ des Jahresarbeitsverdienstes. Danach beträgt die Witwenrente regelmäßig ³/₁₀ des Jahresarbeitsverdienstes. Sie wird auf 40 % erhöht, wenn der hinterbliebene Ehegatte das 45. Lebensjahr vollendet hat oder solange er mindestens ein waisenrentenberechtigtes Kind er-

---

[128] § 52 SGB VII.
[129] § 49 SGB VII.
[130] § 56 SGB VII.
[131] § 18 SGB IV.

zieht oder teilweise erwerbsunfähig oder (vollständig) erwerbsunfähig ist. Bei Wiederverheiratung erhält der Ehegatte eine Abfindung.

Die **Rente für Halbwaisen** beträgt $^1/_5$ des Jahresarbeitsverdienstes. Vollwaisen erhalten eine Rente in Höhe von $^3/_{10}$ des Jahresarbeitsverdienstes.

Bei Bezug von eigenem Einkommen oder Vermögen ist im Einzelfall eine Anrechnung auf die Hinterbliebenenleistungen möglich.

7 Finanzierung

Die Mittel für die Unfallversicherung werden bei den Berufsgenossenschaften durch Beiträge der Unternehmer aufgebracht. Die Versicherten sind an der Finanzierung nicht beteiligt. Die Höhe der Beiträge richtet sich nach dem Arbeitsentgelt der im Betrieb beschäftigten Arbeitnehmer bis zu einer Beitragsbemessungsgrenze und nach dem Grad der Unfallgefahr in dem Unternehmen. Der Beitrag kann – individuell bei besonders vielen oder schweren Unfällen oder bei einer besonders geringen Unfallbelastung – durch Zuschläge bzw. Nachlässe erhöht oder reduziert werden.

Für die Beitragsberechnung haben die Unternehmen der Berufsgenossenschaft innerhalb von 6 Wochen nach Ablauf des Geschäftsjahres einen Entgeltnachweis einzureichen. Zum 15. April muss das Entgelt pro Arbeitnehmer und pro Gefahrtarifstelle ferner mit der Jahresmeldung im DEÜV-Verfahren gemeldet werden.

Constanze Oberkirch, Gudrun Leichtle, Manuela Gnauck-Stuwe

Unterkünfte

Nach Arbeitsstättenrecht sind Unterkünfte Räume im Bereich von Arbeitsstätten, die den Beschäftigten zu Wohnzwecken in der Freizeit dienen. Dazu zählen neben Betriebswohnungen, Wohnheimen usw. auch Baracken, Wohncontainer, Wohnwagen und andere Raumzellen. Bereitschafts- und Pausenräume sind in diesem Sinne keine Unterkünfte.

Gesetze, Vorschriften und Rechtsprechung

Unterkünfte sind gem. § 2 Abs. 4 ArbStättV Arbeitsstätten und fallen damit unter den Geltungsbereich der Arbeitsstättenverordnung. Bereitstellen muss der Arbeitgeber Unterkünfte insbesondere auf Baustellen (§ 6 Abs. 5 ArbStättV). Anforderungen an die Ausstattung von Unterkünften sind in Anhang 4.4 ArbStättV enthalten. Detaillierte Anforderungen enthält ASR A4.4 «Unterkünfte».

1 Wann müssen Unterkünfte bereitgestellt werden?

1.1 Unterkünfte auf Baustellen

Unterkünfte sind nur auf → *Baustellen* zwingend erforderlich, wenn Sicherheits- und Gesundheitsschutzgründe es nötig machen (§ 6 Abs. 5 ArbStättV). Dafür werden in Abschn. 6 ASR A4.4 sehr spezielle Beispiele aufgeführt:

- Arbeiten unter erschwerten Bedingungen wie Druckluft- und Taucherarbeiten;
- Sicherstellung des Betriebes von Versorgungseinrichtungen, unvorhersehbare Kontroll- und Notdienste, z. B. auf Druckluftbaustellen, Spülfeldern, bei Grundwasserabsenkung;
- technologisch bedingte verkürzte oder lange Arbeitszeiten oder kurze Schichtwechsel, z. B. bei gezeitenabhängigen Arbeiten auf oder an der See, oder wegen Zwangspausen infolge von Arbeitszeitbegrenzungen (z. B. → *Hitzearbeiten* oder Arbeiten unter → *Atemschutz*);
- unzumutbarer Zeitbedarf für eine tägliche Heimfahrt und/oder eine nicht mehr ausreichende Ruhezeit;
- häufig wechselnde → *Arbeitsstätten* infolge kurzer Bauzeiten z. B. für Spezialisten bestimmter Bauverfahren;

- Baustelle nicht mit üblichen Verkehrsmitteln erreichbar (z. B. ohne Anschluss an das öffentliche Straßennetz, im Hochgebirge, auf Inseln oder schwimmenden Geräten).

Aber selbst in diesen Fällen kann der Arbeitgeber auf die Einrichtung von Unterkünften verzichten, wenn

- den Beschäftigten seitens des Arbeitgebers der mit der Beschaffung der Unterkunft verbundene Mehraufwand (z. B. besondere Personentransportdienstleistungen) ausgeglichen wird und die Beschäftigten ihre Unterkunft selbst beschaffen (soweit die Umstände es überhaupt ermöglichen und dadurch keine Schutzbestimmungen wie → *Arbeitszeitregelungen* verletzt werden);
- örtliche Unterbringungsmöglichkeiten (z. B. Hotels, Pensionen) oder andere geeignete Räume in vorhandenen Gebäuden für die Unterbringung zur Verfügung gestellt werden.

1.2 Unterkünfte außerhalb von Baustellen

Außerhalb von → *Baustellen* erfolgt die Einrichtung von Unterkünften nicht aus arbeitsschutzrechtlichen, sondern aus betrieblichen Gründen, z. B. häufig in Landwirtschaft und Gartenbau, in der Gastronomie, im Tourismusgewerbe und bei Gesundheitsdienstleistern. Typische betriebliche Gründe für die Einrichtung von Unterkünften sind:

- Arbeitsverhältnisse oder Einsätze von beschränkter Dauer (Saisonbetrieb, Service- und Reparatureinsätze);
- ausgefallene → *Arbeitszeiten*;
- Ausbildungs- und Schulungsbetrieb, z. B. Schulungsstätten;
- Kasernen u. ä.

Grundsätzlich können natürlich auch Gründe, wie sie für Baustellen gelten, in besonderen Fällen dazu führen, dass für Arbeitnehmer Unterkünfte zu schaffen sind.

Kommt es allerdings zu einem Mietvertrag zwischen Arbeitgeber und Arbeitnehmer, dann handelt es sich um Personalwohnungen oder -zimmer, die nicht als Unterkünfte im Sinne des Arbeitsstättenrechtes gelten. Hier gelten die üblichen baurechtlichen Bestimmungen für Wohnräume, bei der Unterbringung von ausländischen Saisonkräften außerdem die «Richtlinien für die Unterkunft ausländischer Arbeitnehmer in der Bundesrepublik Deutschland» des Bundesministeriums für Arbeit und Sozialordnung.

> **Wichtig: Nicht jede Personalwohnung ist eine Unterkunft**
>
> Unterkünfte sind immer Teil der → *Arbeitsstätte* und werden mietfrei zur Verfügung gestellt. Hintergrund ist, dass der Aufenthalt in der Unterkunft durch die besonderen Arbeitsbedingungen erforderlich ist, während der Arbeitnehmer an anderer Stelle seine Wohnung behält. Faktisch ist das zwar auch bei Personalzimmern oder -wohnungen häufig der Fall, aber dabei ist es (von besonderen arbeitsvertraglichen Vereinbarungen abgesehen) grundsätzlich in das Ermessen des Arbeitnehmers gestellt, ob er umzieht, ein Personalzimmer bzw. eine andere Zweitwohnung in der Nähe anmietet oder eine weitere Anfahrt in Kauf nimmt.

2 Ausführung von Unterkünften

Bei den Anforderungen an Unterkünfte handelt es sich dem Sinn nach um Mindestanforderungen, die relativ detailliert ausgeführt sind, um zu verhindern, dass Arbeitnehmer in unzumutbaren Verhältnissen untergebracht werden. Für viele Arten von Betriebsunterkünften (z. B. Schulungsstätten) sind sie daher kaum von Belang, weil dafür ohnehin weitergehende Komfort- und Attraktivitätsstandards maßgeblich sind.

> **Wichtig: Baurecht berücksichtigen**
>
> Für Unterkünfte gelten grundsätzlich auch die bauordnungsrechtlichen Bestimmungen der Länder und Kommunen, z. B. die jeweilige Landesbauordnung (für Gebäude und Containeranlagen) oder Beherbergungsstättenverordnungen (z. T. für Schulungsstätten).

2.1 Planung und Organisation

Unterkünfte müssen an ungefährdeter Stelle eingerichtet werden (z. B. keine Gefahren durch Verkehr, Kran- oder→ *Gerüstbetrieb*, → *Gefahrstoffe* oder → *elektrische Anlagen*). Sie dürfen nicht gleichzeitig zur Aufbewahrung von Geräten und Arbeitsstoffen dienen, die nichts mit dem Betrieb der Unterkunft zu tun haben.

Unterkünfte sollen nach Möglichkeit direkten Zugang zum öffentlichen Verkehrsraum haben und müssen für Rettungsdienste leicht erreichbar sein.

Für Frauen und Männer muss innerhalb der Unterkunft eine getrennte Unterbringung möglich sein.

Bei Schichtbetrieb muss die Unterbringung so organisiert sein, dass die einzelnen Schichten über getrennte Schlafbereiche verfügen.

Ab einer Bettenzahl von 50 muss ein separater Raum für erkrankte Personen zur Verfügung stehen, in dem Trinkwasser oder ein anderes alkoholfreies Getränk verfügbar sein muss.

Der Arbeitgeber muss sich um die Organisation der Unterkunft kümmern und folgende Unterlagen in den Sprachen der Beschäftigten bereitstellen:

- Hausordnung, die Betrieb, Reinigung und Verhalten regelt;
- → *Brandschutzordnung* und → *Alarmplan*;
- Hinweise zur → *Ersten Hilfe* bei medizinischen Notfällen.

Die Beschäftigten sind entsprechend zu unterweisen.

2.2 Größe

Die Mindestgröße von Unterkünften richtet sich nach **Tab. 1**:

Anzahl der Bewohner pro Schlafbereich	Nutzfläche der Unterkunft pro Bewohner	Davon für den Schlafbereich bzw. Schlafbereich mit Vorflur zur Verfügung stehende Fläche pro Bewohner
bis 6	mind. 8 m^2	mind. 6 m^2
mehr als 6 bis max. 8	mind. 8,75 m^2	mind. 6,75 m^2

Tab. 1: Mindestgröße von Unterkünften

Diese Minimalgrößen dürften allerdings nur dann realisierbar sein, wenn → *Küchen-* und Sanitärbereiche zusätzlich gestellt oder in anderen Bereichen mit genutzt werden können (s. u.).

Die lichte Raumhöhe muss mind. 2,50 m betragen (Ausnahmen nach Baurecht der Länder möglich).

2.3 Ausstattung

- Fußböden, Wände und Decken müssen gegen Feuchtigkeit geschützt und gegen Wärme und Kälte gedämmt ausgeführt werden.
- Außentüren müssen dicht und verschließbar und möglichst mit einem Windfang ausgerüstet sein. Durchsichtige Trennwände, Türen und Fenster müssen mit ausreichendem Sichtschutz versehen sein.
- Unterkünfte müssen während der Nutzungsdauer auf mind. 21 °C geheizt werden können.
- Unterkünfte müssen frei belüftet werden können (z. B. Fenster, Oberlichter). Sie müssen ausreichend → *Tageslicht* erhalten und mit einer angemessenen künstlichen → *Beleuchtung* ausgestattet sein (auch Tisch-, Lese- und Orientierungslampen). Bezüglich der → *Sicherheitsbeleuchtung* gelten die allgemeinen Vorschriften für Arbeitsstätten (ASR A3.4/3).
- Unterkünfte müssen über ausreichende Sanitäreinrichtungen verfügen.
- In Containern und ähnlichen Raumzellen dürfen nicht mehr als 4 Betten pro Einheit aufgestellt sein, in Gebäuden 8 Betten pro Raum. Bei Etagenbetten dürfen nicht mehr als 2 Betten übereinander stehen. Für jeden Bewohner müssen vorhanden sein: eigenes Bett mit Matratze und Kopfkissen, Sitzgelegenheit und Tischfläche in angemessener Größe, verschließbarer Schrank für Wäsche, Bekleidung oder persönliche Gegenstände.

- Türen zu Schlafbereichen müssen von innen verschließbar sein.
- Wenn keine anderweitige Verpflegungsmöglichkeit vorhanden ist (z. B. Kantine oder Lieferung von Fertigessen), muss es eine separate → *Küche* mit Trinkwasseranschluss, ausreichenden und hygienisch einwandfreien Zubereitungs-, Aufbewahrungs-, Kühl- und Spülgelegenheiten geben, sowie verschließbaren Fächern für jeden Beschäftigten.
- Sofern mehr als 4 Bewohner länger als eine Woche gemeinsam untergebracht werden, soll ein separater Wohnraum oder -bereich zur Verfügung stehen (mind. mit angemessen großem Tisch und einer Sitzgelegenheit je Bewohner). Er muss so groß sein, dass für jeden Nutzer 1 m² Freifläche zur Verfügung steht.
- Wenn Beschäftigte länger als eine Woche untergebracht werden und keine Wäscherei zur Verfügung steht, müssen in ausreichendem Maß Waschmaschinen, Trockner und Bügeleisen vorhanden sein.

Wichtig: Unterkünfte nur zum Schlafen

Wenn in zumutbarer Erreichbarkeit bestehende Einrichtungen, wie → *Küchen*, Vorratsräume, sanitäre Einrichtungen und Mittel zur Ersten Hilfe vorhanden sind, kann in der Unterkunft darauf verzichtet werden. Die Wege speziell zu Sanitärräumen müssen aber witterungsgeschützt begehbar sein.

- Es muss ausreichend Steckdosen in Wohn- und Schlafbereichen geben.
- Jeder Raum muss Mülleimern aus schwer entflammbarem Material ausgestattet sein.

Wichtig: Rauchverbot

Das allgemeine Rauchverbot nach § 5 ArbStättV gilt auch für Unterkünfte. I. d. R. darf darin nicht geraucht werden (es sei denn, es kann ein separater Raucherraum ausgewiesen werden, durch den die anderen Räume nicht beeinträchtigt werden).

- Unterkünfte müssen mit → *Erste-Hilfe-* sowie → *Feuerlöscheinrichtungen* (ggf. auch Brandmeldern) ausgestattet sein, die entsprechend gekennzeichnet sein müssen. Außerdem muss es mind. ein Telefon für Notfälle geben.

Wichtig: Wohnfahrzeuge als Unterkünfte

Wohnmobile und Wohnanhänger sind nach ASR A4.4 als Unterkünfte mit aufgeführt, allerdings treffen die bestehenden Anforderungen darauf in der Regel nicht voll zu. Weil moderne, gut ausgestattete Wohnfahrzeuge 1 bis 2 Personen guten Komfort bieten, spricht grundsätzlich wohl nichts gegen eine solche Lösung. Nach den (älteren) «Richtlinien für die Unterkunft ausländischer Arbeitnehmer ...» sind Wohnfahrzeuge allerdings ausgeschlossen.

Cornelia von Quistorp

Unterlassene Hilfeleistung

Eine Person macht sich wegen unterlassener Hilfeleistung strafbar, wenn sie bei Unglücksfällen, gemeiner Gefahr oder Not keine Hilfe leistet, obwohl dies erforderlich und ihr den Umständen nach zumutbar ist, v. a. ohne erhebliche eigene Gefahr und ohne Verletzung anderer wichtiger Pflichten. Die Unterlassene Hilfeleistung wird mit Freiheitsstrafe bis zu einem Jahr oder mit Geldstrafe bestraft.

Gesetze, Vorschriften und Rechtsprechung

Die Unterlassene Hilfeleistung ist in § 323c StGB geregelt.

1 Unglücksfall

Unter einem Unglücksfall versteht man i. Allg. ein plötzlich eintretendes Ereignis, von dem erhebliche Gefahren für Menschen oder Sachen ausgehen können. Dabei kommt es darauf an, dass ein Eingreifen durch einen Dritten erforderlich wird.

2 Gemeine Gefahr oder Not

Dabei handelt es sich um eine konkrete Gefahr für Leib und Leben einer größeren Anzahl von Menschen oder für erhebliche Sachwerte. Der Begriff der gemeinen Gefahr überschneidet sich mit dem Begriff der gemeinen Not, wobei unter letzterer eine die Allgemeinheit betreffende Notlage von gewisser Erheblichkeit, verstanden wird.

3 Erforderlichkeit der Hilfeleistung

Die Erforderlichkeit der Hilfeleistung ist gegeben, wenn diese geeignet und notwendig ist, weitere drohende Schäden abzuwenden oder den Schadenseintritt erheblich zu mindern.

4 Zumutbarkeit

Die Hilfeleistung muss dem Helfer zumutbar sein.

Achtung: Unzumutbarkeit

Nicht zumutbar ist die Hilfeleistung, wenn sich der Helfer in deren Rahmen einer erheblichen eigenen Gefahr aussetzt. Unter dem Begriff der eigenen Gefahr versteht man die Bedrohung eines Rechtsgutes, z. B. Leben, körperliche Unversehrtheit.

Ein weiterer Aspekt, der die Zumutbarkeit der Hilfeleistung verneint, ist die mögliche Verletzung anderer wichtiger Pflichten.

Dabei kommt es darauf an, dass im Rahmen einer Abwägung der widerstreitenden Interessen die andere wichtige Pflicht die Hilfeleistungspflicht deutlich überwiegt, es sich um ein gewichtiges Eigeninteresse des Helfers handelt. Ein solch gewichtiges Eigeninteresse liegt z. B. in der Fürsorge- und Aufsichtspflicht gegenüber Minderjährigen.

Christian Piehl, Steffen Pluntke

Unterweisung

Jeder Arbeitnehmer hat das Recht auf einen sicherheitsgerechten Arbeitsplatz. Das Unternehmen muss daher dafür sorgen, dass Sicherheit und Gesundheitsschutz am Arbeitsplatz gewährleistet sind. Eine sichere Technik und eine gute Organisation reichen jedoch erfahrungsgemäß nicht aus. Um hier die optimalen Voraussetzungen dafür zu schaffen, dass keine oder möglichst wenige Unfälle passieren, muss auch das Sicherheitsbewusstsein der Mitarbeiter geweckt und gefördert werden. Das soll mit der regelmäßigen Unterweisung der Mitarbeiter erreicht werden.

Gesetze, Vorschriften und Rechtsprechung

Grundlegend im staatlichen Arbeitsschutzrecht ist § 12 Arbeitsschutzgesetz, im berufsgenossenschaftlichen Recht § 4 Abs. 1 BGV A1. Forderungen nach Unterweisung der Mitarbeiter finden sich aber auch in zahlreichen weiteren Vorschriften wie z. B. Arbeitsstättenverordnung (ArbStättV), Betriebssicherheitsverordnung (BetrSichV), Gefahrstoffverordnung (GefStoffV), Jugendarbeitsschutzgesetz (JArbSchG), Lärm- und Vibrations-Arbeitsschutzverordnung (LärmVibrationsArbschV) und PSA-Benutzungsverordnung (PSA-BV).

Mangelnde Unterweisung kann zu Schadensersatzansprüchen evtl. geschädigter Mitarbeiter führen (BAG, Urteil vom 14.12.2006 – 8 AZR 628/05).

Unterweisung

1 Unterweisungspflicht

Die Forderung an den Unternehmer, Mitarbeiter zu unterweisen, ist in vielen staatlichen und berufsgenossenschaftlichen Vorschriften festgeschrieben: z. B. in § 12 Arbeitsschutzgesetz, § 29 Jugendarbeitsschutzgesetz oder § 14 Gefahrstoffverordnung. § 4 Abs. 1 BGV A1 «Grundsätze der Prävention» verlangt:

«Der Unternehmer hat die Versicherten über die bei ihren Tätigkeiten auftretenden Gefahren sowie über die Maßnahmen zu ihrer Abwendung vor der Beschäftigung und danach in angemessenen Abständen, mindestens jedoch jährlich, zu unterweisen.»

Wann und wie oft diese Unterweisungen zu erfolgen haben ist in § 12 Abs. 1 ArbSchG wie folgt geregelt:

«Die Unterweisung muss bei der Einstellung, bei Veränderungen im Aufgabenbereich, der Einführung neuer Arbeitsmittel oder einer neuen Technologie vor Aufnahme der Tätigkeit der Beschäftigten erfolgen. Die Unterweisung muss an die Gefährdungsentwicklung angepasst sein und erforderlichenfalls regelmäßig wiederholt werden.»

Welche Zeitabstände unter regelmäßiger Wiederholung zu verstehen sind, legt § 4 BGV A1 mit mindestens «jährlich» fest.

Eine Ausnahme enthält § 29 Abs. 2 JArbSchG. Dort versteht man unter dem Begriff «angemessene Zeitabstände» eine mindestens halbjährliche Wiederholung der Unterweisungen.

2 Wer sollte unterweisen?

Der Unternehmer trägt die Gesamtverantwortung und damit auch die Verantwortung dafür, dass die Forderungen der Unfallverhütungsvorschriften eingehalten und umgesetzt werden. Dazu zählt auch die Unterweisungspflicht. Natürlich ist es nicht sinnvoll, dass der Unternehmer Unterweisungen selbst durchführt, da er u. U. über die speziellen Gefahren am jeweiligen Arbeitsplatz gar nicht genau informiert ist. Daher müssen Unterweisungen immer vom nächsten Vorgesetzten durchgeführt werden, also dem Abteilungs-, Team- oder Gruppenleiter.

Der Inhalt und die Form der Unterweisung sind natürlich wichtig für das Ergebnis, das man erzielen will. Daher ist es notwendig, betriebliche «Spezialisten» in die Vorbereitungen miteinzubeziehen. Dies sind die → *Fachkräfte für Arbeitssicherheit* und die → *Betriebsärzte*. Da dieser Personenkreis i. d. R. beratend tätig ist, fehlen ihm disziplinarische Vollmachten und meist auch Weisungsrechte. Daher kann eine → *Sicherheitsfachkraft* diese Unterweisungen formell nicht selbst durchführen.

3 Wie sollte eine Unterweisung vorbereitet werden?

Das Ziel einer Unterweisung muss es sein, möglichst sicherheitsgerechtes Verhalten aller Mitarbeiter und damit sicherheitsgerechte Zustände im Betrieb zu schaffen. Den Mitarbeitern muss im Rahmen der Unterweisungen Wissen – also Informationen – vermittelt werden. Nur derjenige, der ausreichend über die Entstehung und Vermeidung von Gefahren informiert wurde, kann Gefahrenquellen minimieren oder sie umgehen.

Die Mitarbeiter müssen zu sicherheitsgerechtem Arbeiten angeleitet und motiviert werden. Dazu gehört eine enge Einbindung der Teilnehmer durch Fragen, Dialoge und Diskussionen. Die Zuhörer sollten selbst aktiv werden und dadurch erfahren, dass ihnen die angestrebte Verhaltensweise von Nutzen ist und einer Verbesserung des Arbeits- und Gesundheitsschutzes bewirkt. **Sind die Teilnehmer am Ende davon überzeugt, werden sie sich auch danach richten.** Sicherheitsgerechtes Verhalten kann nur so erreicht werden. Eine ständige Kontrolle ist nicht sinnvoll und in der Praxis nicht durchzuführen.

Eine weitere Grundvoraussetzung ist natürlich, dass eine ausreichende **Fertigkeit** und das Können erlangt zu haben, z. B. eine Maschine richtig bedienen zu können.

Unterweisungen müssen für jeden **verständlich** sein. Das bedeutet zuerst einmal, dass die Unterweisungen in der **geeigneten Sprache** stattfinden sollen. Beschäftigte, die die deutsche Sprache nicht beherrschen, müssen in ihrer Landessprache unterwiesen werden.

Unterweisungen sollten die Mitarbeiter nicht überfordern und nicht zu lange dauern. Welche **Kenntnisse und Fähigkeiten** können vorausgesetzt werden? Unterteilen Sie bei mehreren

Themen die Unterweisungen, d. h., informieren Sie immer nur über **ein Thema**. Auch der Personenkreis sollte nicht zu groß sein. Mitarbeiterveranstaltungen größeren Ausmaßes oder Betriebsversammlungen sind für eine Arbeitsschutzunterweisung völlig ungeeignet und wenig Erfolg versprechend. In **kleineren Kreisen**, von ca. fünf bis acht Personen entwickeln sich schneller Gespräche und Diskussionen und haben die Unterwiesenen eher die Möglichkeit, die Themen auch praktisch zu üben. Fünf bis zehn Minuten regelmäßig über ausgewählte Themen zu informieren ist effektiver als eine Großveranstaltung einmal im Jahr.

Zu Unterweisungen sollten zusätzlich schriftliche Unterlagen gehören. Anlehnend an die in § 14 Abs. 1 GefStoffV geforderten schriftlichen → *Betriebsanweisungen* bietet sich diese Form zu allen Themen an. Grundsätzlich sollte sich der Unterweisende die Teilnahme schriftlich bestätigen lassen. Dies dient natürlich auch als Nachweis der Erfüllung der gesetzlichen Vorgaben. Unterweisungen oder Betriebsanweisungen sollten zusätzlich an den betreffenden Arbeitsplätzen ausgehängt und bekannt gemacht werden. Gesetzlich vorgeschrieben ist der Aushang nur bei **Gefahrstoff-Betriebsanweisungen** (§ 14 GefStoffV).

4 Anlässe für Unterweisungen

Der Gesetzgeber und die Berufsgenossenschaften unterscheiden zwischen sog. **Erstunterweisungen** und **Wiederholungsunterweisungen**. Unbedingt berücksichtigt werden müssen auch Anlässe aus **besonderem Grund**. Darunter fallen Veränderungen im Aufgabenbereich (z. B. ein Arbeitsplatzwechsel, die Einführung eines neuen Arbeitsmittels oder einer neuen Technologie) aber auch, obwohl nicht zwingend geregelt, Arbeitsunfälle oder sog. Beinaheunfälle.

5 Was ist bei Erstunterweisungen zu berücksichtigen?

Alle neuen Mitarbeiter müssen vor Arbeitsaufnahme über allgemeine Gepflogenheiten und betriebsinterne Vorgaben und Verhaltensrichtlinien informiert werden, und zwar unabhängig der Hierarchiestufe. Themenbeispiele sind:

- Verhalten im Brand- und Alarmfall (Alarmeinrichtungen, Feuerlöscherbedienung und Standorte von Löschgeräten, Evakuierungsmaßnahmen),
- allgemeine Verhaltensvorschriften,
- vorbeugende → *Brandschutzmaßnahmen* und damit verbundene Gebote und Verbote (z. B. Rauchverbot),
- → *Flucht- und Rettungswege* sowie → *Notausgänge*,
- Verhalten bei Arbeits- und Wegeunfällen,
- → *Erste-Hilfe*-Organisationen und Einrichtungen,
- Einsatz von → *Persönlichen Schutzausrüstungen*.

Um das Ziel einer erhöhten Sicherheit im Unternehmen zu erreichen, reicht eine Unterweisung allein erfahrungsgemäß nicht aus. Es müssen nach Einweisungen regelmäßige, konsequente Kontrollen der Fachvorgesetzten stattfinden und die Mitarbeiter immer wieder auf das richtige Verhalten hingewiesen werden. Uneinsichtige Mitarbeiter, die sich ständig sicherheitswidrig verhalten, müssen deutlich auf die Konsequenzen und ihre Pflichten hingewiesen werden. So regeln § 15 Abs. 1 ArbSchG und § 14 Abs. 1 BGV A1 die Pflichten der Versicherten in nahezu identischem Wortlaut wie folgt:

«Die Versicherten haben nach ihren Möglichkeiten alle Maßnahmen zur Verhütung von Arbeitsunfällen, Berufskrankheiten und arbeitsbedingten Gesundheitsgefahren zu unterstützen und die entsprechenden Anweisungen des Unternehmers zu befolgen.» Es versteht sich von selbst, dass zu einem sicherheitsbewussten Verhalten der Mitarbeiter i. S. der Unfallverhütung natürlich auch das entsprechende «Vorleben», d. h. das vorbildliche Verhalten des Vorgesetzten, dazugehört.

Veranstaltungen

Viele Betriebe führen außerhalb des üblichen Geschäftsbetriebs Veranstaltungen durch: Betriebsfest, Tag der offenen Tür, Hausmessen, Produktpräsentationen usw. Während große Betriebe nicht selten über spezielle, genehmigte Versammlungsräume verfügen und Veranstaltungen von eigenen Fachkräften oder professionellen Agenturen vorbereiten und durchführen lassen, werden Veranstaltungen in kleinerem Umfang nicht selten improvisiert und finden in einer rechtlichen Grauzone statt.

Gesetze, Vorschriften und Rechtsprechung

Nach § 823 BGB «Schadenersatzpflicht» ist der Betreiber eines Unternehmens oder einer Einrichtung grundsätzlich für Schäden haftbar, die ein Kunde, Besucher o. Ä. auf dem Betriebsgelände durch seine Schuld erleidet. Diese Verkehrssicherungspflicht gilt natürlich auch bei einer Veranstaltung und muss dann umso sorgfältiger beachtet werden, weil die Verhältnisse vom Normalbetrieb abweichen.

Im Detail sind davon unterschiedliche sicherheitsrelevante Rechtsbereiche betroffen, u. a. das Baurecht (z. B. Sonderbaubestimmungen aus der Versammlungsstättenverordnung, verkehrs- oder ordnungsrechtliche Bestimmungen.

Unter dem Schutz der gesetzlichen Unfallversicherung stehen bei einer Veranstaltung nur Personen, die dort im Rahmen eines versicherungspflichtigen Arbeitsverhältnisses tätig sind. Z. B. sind bei einer Hausmesse auf dem eigenen Betriebsgelände die eigenen Beschäftigten über die zuständige BG des Betriebs versichert, die anwesenden Kunden (soweit sie im Rahmen eines versicherungspflichtigen Arbeitsverhältnisses teilnehmen) über deren BG, während private Kunden oder Angehörige nicht unter dem Schutz der gesetzlichen Unfallversicherung stehen.

1 Allgemeine Anforderungen nach Verkehrssicherungspflicht

Bei einer Veranstaltung sollten folgende Bedingungen besonders eingehend überprüft werden, z. B.:

- Sind die → *Verkehrswege* eben und breit genug und (im Freien) ausreichend trittsicher?
- Sind Verkehrswege für → *Fahrzeuge* und Fußgänger möglichst getrennt (z. B. bei der Einrichtung von Besucherparkplätzen)?
- Sind Betriebsbereiche, Anlagen usw., die von Unbefugten nicht betreten werden dürfen, ausreichend gesichert? Achtung: Für Kinder sind Hinweisschilder, Flatterband usw. kein hinreichendes Zutrittshindernis.
- Gehen von den Veranstaltungsangeboten (Vorführungen, Spiele usw.) keine unangemessenen Risiken aus?

2 Technische Anforderungen nach Versammlungsstättenverordnung

Die Versammlungsstättenverordnung gilt für

- Versammlungsräume, die mehr als 200 Personen fassen (in einem Raum oder in mehreren benachbarten Räumen),
- bauliche Anlagen im Freien, die mehr als 1.000 Personen fassen.

Sie stellt bestimmte Anforderungen an Bauweise, → *Fluchtwege*, Sicherheitsausstattung usw. Bei strenger Auslegung des Bauordnungsrechts kann man davon ausgehen, dass bei Veranstaltungen ab dieser Größenordnung, die in ansonsten anders genutzten Räumen (z. B. Werk- oder Lagerräumen) durchgeführt werden, eine «Umnutzung» der Räume vorliegt. Folglich müsste zumindest eine Sondergenehmigung der Bauordnungsbehörde eingeholt werden.

In erster Linie sind kommunale Stellen Ansprechpartner, die ihren Ermessensspielraum unterschiedlich nutzen – nicht jedes Kindergartenfest kann behördlich geprüft und genehmigt werden. Werden Veranstaltungen regelmäßig und/oder mit vielen Besuchern durchgeführt, sollten

Sie mit der Bauordnungsbehörde sprechen. Schließlich sind gerade Brandschutzanforderungen an Gebäuden ganz erheblich von der normalen Nutzung bestimmt. Sie verändert sich bei Veranstaltungen deutlich, wenn statt vergleichsweise wenigen Beschäftigten ein Vielfaches an zumeist ortsunkundigen Besuchern die Betriebsräume bevölkert. Auch das zuständige Sachversicherungsunternehmen sollte informiert werden.

Folgende Punkte nach Versammlungsstättenverordnung sollten auch bei kleineren Veranstaltungen berücksichtigt werden:

- Auf 2 voneinander unabhängige Fluchtwege achten, die ohne Einschränkungen passierbar und ausreichend ausgeschildert sein müssen. Fluchtwege müssen nach Versammlungsstättenverordnung mind. 1,20 m breit sein und dürfen von keinem Standpunkt länger als 30 m sein. Auf keinen Fall Türen zustellen oder -hängen (Dekorationen!) oder aus «Sicherheitsgründen» (zum Schutz vor unbefugtem Zutritt) abschließen. Darauf achten, dass auch im Außenbereich die Fluchtwege frei und sicher zu begehen sind (Rettungsdienst).
- Veranstaltungen nicht in oder in unmittelbarer Nähe von Bereichen mit erhöhter Brandlast (z. B. → *Lager*) durchführen.
- Einen Bestuhlungsplan festlegen und darauf achten, dass er eingehalten wird – am besten sichtbar aushängen. Dabei geht es vor allem darum, dass im Notfall der bestuhlte Bereich schnell und ohne großes Risiko (Umstürzen von Mobiliar) verlassen werden kann. Stuhlreihen müssen grundsätzlich gekoppelt sein, damit im Fluchtfall nicht einzelne umgestoßene Stühle den Weg versperren. Maße und Abstände für Tisch- und Stuhlreihen können der Versammlungsstättenverordnung entnommen werden.
- Vorsicht bei Feuer und offenem Licht zu Dekorations- oder Unterhaltungszwecken. Zwar sind Kerzen auf Tischen und Speisenwärmer nach Versammlungsstättenverordnung erlaubt, allerdings ist auch hier Vorsicht geboten, gerade wenn das Umfeld eben keine herkömmliche Versammlungsstätte ist, sondern z. B. eine Werkhalle (Versicherungsschutz!). Grillstationen im Freien sind bei sachgemäßem Betrieb kein Problem. Ein geeigneter → *Handfeuerlöscher*, ggf. auch eine Löschdecke, sollten aber immer in Griffweite sein. Von anderem Gebrauch von Feuer, Fackeln, Feuerwerk sollte man besser absehen – oder einen Profi-Veranstalter beauftragen und die geplante Aktion mit der zuständigen Feuerwehr abstimmen.
- Brandschutzeinrichtungen (Rauch- und Feuerschutztüren, Brandmelde- und Löschanlagen) müssen uneingeschränkt in Betrieb sein.
- Es sollte ein Notfallplan (Brandfall, Stromausfall, evtl. auch Gefahren durch gewalttätige oder randalierende Personen) vorliegen und den zuständigen Betriebsangehörigen vertraut, ggf. auch mit Feuerwehr und Rettungsdienst abgestimmt sein.
- Die Räume müssen stets ausreichend beleuchtet sein, sodass die Ausgänge schnell und sicher begangen werden können. Völlige Verdunkelung (z. B. im Rahmen von Präsentationen und künstlerischen Darbietungen) ist i. d. R. unzulässig.
- Bei Stromausfall darf es nicht zu einer Gefährdung der anwesenden Personen kommen. Wenn keine Sicherheitsbeleuchtung bzw. Sicherheitsstromversorgung vorhanden ist, ist unter Umständen eine angemessene mobile Notstromversorgung sinnvoll.
- Fliegende Kabel müssen sicher (z. B. unter Gummimatten) verlegt sein. Die Anschlussstellen (Schaltschränke, Kabeltrommeln, Baustromverteiler) sollten für die Besucher nicht zugänglich sein.
- Der Betrieb sollte analog zur Versammlungsstättenverordnung einen Veranstaltungsleiter benennen, der für den technischen Ablauf und die Koordination von Sicherheitsfragen im Rahmen der Veranstaltung zuständig ist. Bei größeren Veranstaltungen nach Versammlungsstättenverordnung ist darüber hinaus die Anwesenheit eines «Verantwortlichen für Veranstaltungstechnik» erforderlich. Dabei handelt es sich um Fachkräfte mit einer abgeschlossenen Ausbildung im Bereich Veranstaltungstechnik, die bestimmte Phasen der Vorbereitung und die Veranstaltung selber beaufsichtigen.

3 Lebensmittelhygiene

Wenn eine Bewirtung stattfindet, greift u. U. die Lebensmittelhygieneverordnung. Sie gilt für die hygienischen Anforderungen an das gewerbsmäßige Herstellen, Behandeln und Inverkehrbringen von Lebensmitteln. Ob das im Rahmen eines Betriebsfests o. Ä. zutrifft, ist unterschiedlich zu bewerten. Wenn die eigene Kantine oder ein Catering-Unternehmen die Bewirtung übernimmt, ist von einer gewerblichen Tätigkeit auszugehen. Allerdings sind diese in aller Regel auch über die Anforderungen nach Lebensmittelhygieneverordnung informiert und für die Einhaltung verantwortlich. Schwieriger wird die Einschätzung, wenn der Betrieb in eigener Regie z. B. Kuchen und Würstchen verkauft oder gratis anbietet. Im Zweifel empfiehlt sich eine Anfrage beim örtlichen Ordnungsamt bzw. bei der Gesundheitsbehörde (auf kommunaler oder Kreisebene).

In jedem Fall sollten elementare Hygieneregeln eingehalten werden:

- auf Haltbarkeit der Lebensmittel achten;
- Lebensmittel sauber und geschützt vor Insekten aufbewahren;
- Kühlkette für empfindliche Lebensmittel möglichst ohne Unterbrechung einhalten;
- auf gute allgemeine und persönliche Hygiene achten (Hände waschen, ggf. Einmalhandschuhe und Einmalhandtücher verwenden, schmutziges Geschirr und Essensreste von sauberem Geschirr und Lebensmitteln trennen, separate Wischtücher (für Boden, Tische, saubere und schmutzige Bereiche) verwenden …;
- auf besonders verderbliche Lebensmittel ggf. verzichten (Speisen mit Mayonnaise und frischer Sahne, nicht durchgegartes Fleisch bzw. Eier);
- betroffene Mitarbeiter darauf hinweisen, dass Personen mit Symptomen von Magen-Darm-Infektionen bei sich selbst oder im häuslichen Umfeld an der Zubereitung und Ausgabe von Lebensmitteln nicht beteiligt sein dürfen.

Cornelia von Quistorp

Verantwortung

Verantwortung ist die Zuständigkeit und Verpflichtung, bestimmte Aufgaben zur Förderung und Bewahrung der Sicherheit und Gesundheit bei der Arbeit zu erfüllen.

Gesetze, Vorschriften und Rechtsprechung

Aufgaben und Pflichten im Arbeitsschutz, die den Rahmen der Verantwortung regeln, ergeben sich aus dem Arbeitsschutzgesetz und der BGV A1. Wer verantwortlich ist, regelt insbesondere § 13 ArbSchG.

1 Was ist Verantwortung?

Verantwortung ist die Zuschreibung einer Pflicht zu einer handelnden Person oder Personengruppe gegenüber einer anderen Person oder Personengruppe. Grundlage dafür ist eine Norm, die durch eine Instanz eingefordert werden kann und vor dieser zu rechtfertigen ist.

Im Rechtsbereich wird Verantwortung als die Pflicht einer Person verstanden, für ihre Entscheidungen und Handlungen im Hinblick auf die Einhaltung dokumentierter Vorschriften Rechenschaft abzulegen. Wird z. B. einer Person eine Aufgabe und die zugehörige Kompetenz zugewiesen, muss sie diese ausführen und bei Fehlern für die Folgen einstehen. Man unterscheidet:

- Handlungsverantwortung: Art der Aufgabendurchführung,
- Ergebnisverantwortung: Zielerreichung,
- Führungsverantwortung: wahrzunehmende Führungsaufgaben.

Im Arbeitsschutzrecht ist Verantwortung die Zuständigkeit und Verpflichtung, bestimmte Aufgaben zur Förderung und Bewahrung der Sicherheit und Gesundheit bei der Arbeit zu erfüllen.

2 Wer ist verantwortlich?

§ 13 ArbSchG regelt, wer die für den Arbeitsschutz verantwortlichen Personen sind. Dabei handelt es sich um

- den Arbeitgeber,

- seine gesetzlichen Vertreter,
- das vertretungsberechtigte Organ einer juristischen Person,
- den vertretungsberechtigten Gesellschafter einer Personenhandelsgesellschaft,
- Personen, die mit der Leitung eines Unternehmens oder eines Betriebs beauftragt sind, im Rahmen der ihnen übertragenen Aufgaben und Befugnisse,
- sonstige nach § 13 Abs. 2 ArbSchG oder nach einer auf Grund dieses Gesetzes erlassenen Rechtsverordnung oder nach einer Unfallverhütungsvorschrift beauftragte Personen im Rahmen ihrer Aufgaben und Befugnisse und
- zuverlässige und fachkundige Personen, die schriftlich damit beauftragt wurden, dem Arbeitgeber gemäß ArbSchG obliegende Aufgaben in eigener Verantwortung wahrzunehmen.

Achtung: Abschließende Aufzählung
Diese Aufzählung ist abgeschlossen. Alle außer dem Arbeitgeber genannten Verantwortlichen sind neben dem Arbeitgeber verantwortlich, d. h. dieser entzieht sich seiner Verantwortung nicht durch die Beauftragung Dritter!

3 Verantwortlichkeit und Haftung

→ *Haftung* ist die Verantwortlichkeit für Forderungen, die sich aus der Schädigung anderer ergeben. Im betrieblichen Arbeits- und Gesundheitsschutz ergibt sich die Verantwortlichkeit aus verschiedensten Vorschriften und trifft Mitarbeiter und Beauftragte aller Unternehmensebenen sowie Dritte, die als → *Sicherheitsfachkraft* oder → *Betriebsarzt* bestellt sind.

Joachim Schwede

Verbandbuch

Jede Erste-Hilfe-Leistung muss aufgezeichnet und diese Dokumentation 5 Jahre aufbewahrt werden (§ 24 BGV A1). Das Verbandbuch ist die am häufigsten verwendete Form.

Gesetze, Vorschriften und Rechtsprechung
- § 24 BGV A1 «Grundsätze der Prävention»
- BGI 511-1 «Kleines Verbandbuch (kartoniert)»
- BGI 511-2 «Großes Verbandbuch (gebunden)»

1 Dokumentationspflichten

§ 24 BGV A1 «Grundsätze der Prävention» fordert, dass **jede** Erste-Hilfe-Leistung dokumentiert wird. Dabei sind folgende Angaben zu erfassen, die die → *Erste-Hilfe*-Leistung nachvollziehbar machen:

- Angaben zum Unfallereignis: Zeitpunkt, Ort (Unternehmensteil), Unfallhergang bzw. Hergang des Gesundheitsschadens und Art und Umfang von Verletzung und Erkrankung.
- Angaben zur Erste-Hilfe-Leistung: Zeitpunkt, Art und Weise der Erste-Hilfe-Maßnahme, Name des Versicherten (Verletzten), Name(n) von Zeugen, Namen der Personen, die Erste Hilfe geleistet haben.

Weiterhin wird gefordert, dass diese Daten für die Dauer von fünf Jahren wie Personalunterlagen aufbewahrt werden.

Wer vorsätzlich oder fahrlässig den Bestimmungen des § 24 BGV A1 zuwiderhandelt, begeht eine Ordnungswidrigkeit, die mit bis zu 10.000 Euro geahndet werden kann.

Die letzten beiden Absätze verdeutlichen, dass jede beliebige Form der Dokumentation möglich ist (Schmierzettel, Karteikarte, Schichttagebuch, Dokumentation im Rahmen der elektronischen Datenverarbeitung (Textverarbeitung, Tabellenkalkulation, EDV-Anwendung)), aber als Nachweis u. U. nicht praxistauglich ist. Daher haben die Berufsgenossenschaften Musterlösungen zur Dokumentation von Erste-Hilfe-Leistungen geschaffen, die sich als Nachweis durchgesetzt haben. Zu nennen sind

- Kleines Verbandbuch, BGI 511-1 und
- Großes Verbandbuch, BGI 511-2.

Das kleine Verbandbuch eignet sich z. B. zur Aufbewahrung im Verbandskasten, während das große Verbandbuch in ständig besetzten Sanitätsstationen verwendet wird.

Vorteil dieser Verbandbücher ist, dass die erforderlichen Daten tabellarisch erfasst werden können. Die Heftform (DIN A5 oder kleiner) des kleinen Verbandbuches oder die Kladdenform (DIN A4) des großen Verbandbuches tragen dazu bei, dass die Dokumentation nicht so leicht abhanden kommt.

Im kleinen Verbandbuch können (je nach Ausgabe) mehr als 100 Erste-Hilfe-Maßnahmen dokumentiert werden. Ist dies zweckmäßig? Eigentlich ist es das nicht. Es ist schon zu beobachten, dass teilweise kleine Verbandbücher in Form gefalteter Einzelblätter von Berufsgenossenschaften erhältlich sind. Dies eignet sich besonders dann, wenn Erste-Hilfe-Maßnahmen erfolgen. Derartig kleine Verbandbücher sind schneller gefüllt, und können dann auch einer Archivierung zugeführt werden (z. B. Aufbewahrung im Personalbüro).

2 Verbesserung der Sicherheitsarbeit durch Auswertung der Verbandbücher

Verbandbücher oder gleichwertige Dokumentationen sollten als Teil einer erfolgreichen Sicherheitsarbeit regelmäßig ausgewertet werden. Die darin enthaltenen Eintragungen sind die Nachweise über Gefährdungen mit Verletzungsfolge im Betrieb. Besonders in Bereichen mit einem hohen Anteil manueller Tätigkeiten sind Verbandbucheintragungen häufig anzutreffen.

Damit es zu einer umfassenden Auswertung kommen kann, sollten auch Verletzungen dokumentiert werden, bei denen eine Erste-Hilfe-Leistung nicht erfolgt ist. So können Prellungen hier auch in einem Verbandbuch eingetragen werden. Dies dient als Nachweis bei einer späteren Ausfallzeit.

Die Auswertung kann z. B. zu Maßnahmen führen, damit Bagatellverletzungen sich nicht ständig wiederholen. Oft reichen nämlich geringfügige Änderungen am Unfallhergang aus, damit aus einer Bagatellverletzung ein Unfall mit einer langen Ausfallzeit wird.

Eine → *Unfallanzeige* ist der Nachweis über den Eintritt von Unfällen mit langer Ausfallzeit. Das Ausfüllen der Unfallanzeige entbindet nicht von der allgemeinen Dokumentation der Erste-Hilfe-Leistung. Über eine Unfallanzeige müssen die Sicherheitsfachkraft und der Betriebsarzt in Kenntnis gesetzt werden. An Verbandbucheintragungen kommt man hingegen nur durch aktives Handeln z. B. im Rahmen von Bereichsinspektionen. Die Auswertung von Verbandbucheintragungen kann dazu beitragen, Fehlzeiten zukünftig zu verringern. Dadurch sinkt indirekt auch die Anzahl der meldepflichtigen Unfälle.

Dirk Rittershaus

Verbandkasten

In einem Verbandkasten befindet sich das notwendige Material, das bei einer Hilfeleistung bei Unfall, Vergiftung oder Erkrankung im Betrieb benötigt wird.

Gesetze, Vorschriften und Rechtsprechung

Regelungen zum Verbandkasten sind enthalten im Medizinproduktegesetz (MPG), § 4 ASR A3.4 «Erste-Hilfe-Räume, Mittel und Einrichtungen zur Ersten Hilfe», DIN 13157 «Erste-Hilfe-Material – Verbandkasten C» und DIN 13169 «Erste-Hilfe-Material – Verbandkasten E».

1 Begriff des Verbandmittels

Unter dem Oberbegriff Verbandstoffe werden Erzeugnisse auf Fasergrundlage zusammengefasst, die dazu dienen, Wunden zu versorgen bzw. Blutungen zu stillen.

> **Achtung: Verbandstoffe mit Beschichtung**
> Sind auf dem Verbandstoff auch Wirkstoffe aufgetragen, handelt es sich um ein Arzneimittel. Deswegen sind derartige Stoffe kein Bestandteil der Verbandkästen.

2 Größe

Für den Bereich der Betriebe haben sich 2 verschiedene Verbandkästen herausgebildet, der kleine und der große Verbandkasten. Der Unterschied zwischen beiden Verbandkästen besteht lediglich in der Menge der enthaltenen Erste-Hilfe-Materialien. Grundsätzlich entspricht der Inhalt eines großen Verbandkastens genau dem Inhalt von 2 kleinen Verbandkästen.

Welcher Verbandkasten im Betrieb benötigt wird, richtet sich i. Allg. danach, wie viele Beschäftigte sich im Betrieb aufhalten und wie hoch das Gefahrenpotenzial der ausgeführten Tätigkeit ist (**Tab. 1**).

Betriebsart	Zahl der Versicherten	Kleiner	Großer[1]
		Verbandkasten	
Verwaltungs- und -Handelsbetriebe	1–50	1	
	51–300		1
	301–600		2
	für je 300 weitere Beschäftigte		+ 1
Herstellungs-, Verarbeitungs- und vergleichbare Betriebe	1–20	1	
	21–100		1
	101–200		2
	für je 100 weitere Beschäftigte		+ 1
Baustellen und baustellenähnliche Einrichtungen	1–10	1	
	11–50		1
	51–100		2
	für je 50 weitere Beschäftigte		+ 1

Tab. 1: Zahl der Verbandkästen gemäß ASR A4.3«Erste-Hilfe-Räume, Mittel und Einrichtungen zur Ersten Hilfe»

3 Inhalt

3.1 Kleiner Verbandkasten

Folgendes Material gehört zur Grundausstattung des kleinen Betriebsverbandkastens (DIN 13157):

- 5× Heftpflaster DIN 13019 – A 5 × 2,5
- 8× Wundschnellverband DIN 13019 – E 10 × 6
- 4× Fingerkuppenverband
- 4× Fingerverband 120 mm × 20 mm
- 4× Pflasterstrip 25 mm × 72 mm
- 1× Verbandpäckchen DIN 13151 – K
- 3× Verbandpäckchen DIN 13151 – M
- 1× Verbandpäckchen DIN 13151 – G
- 1× Verbandtuch DIN 13152 – A

- 6× Kompresse ca. 100 mm × 100 mm
- 2× Augenkompresse
- 1× Kältesofortkompresse Fläche mind. 200 ccm
- 1× Rettungsdecke 2100 mm × 1600 mm
- 2× Fixierbinde DIN 61634 – FB 6
- 2× Fixierbinde DIN 61634 – FB 8
- 2× Dreiecktuch DIN 13168 – D
- 1× Schere DIN 58279 – B 190
- 2× Folienbeutel
- 5× Vliesstofftuch
- 4× Einmalhandschuhe nach DIN EN 455
- 1× Erste-Hilfe-Broschüre
- 1× Inhaltsverzeichnis

3.2 Großer Verbandkasten

Folgendes Material gehört zur Grundausstattung des großen Betriebsverbandkastens (DIN 13169):

- 2× Heftpflaster DIN 13019 – A 5 × 2,5
- 16× Wundschnellverband DIN 13019 – E 10 × 6
- 8× Fingerkuppenverband
- 8× Fingerverband 120 mm × 20 mm
- 8× Pflasterstrip 25 mm × 72 mm
- 2× Verbandpäckchen DIN 13151 – K
- 6× Verbandpäckchen DIN 13151 – M
- 2× Verbandpäckchen DIN 13151 – G
- 2× Verbandtuch DIN 13152 – A
- 12× Kompresse ca. 100 mm × 100 mm
- 4× Augenkompresse
- 2× Kältesofortkompresse Fläche mind. 200 ccm
- 2× Rettungsdecke 2100 mm × 1600 mm
- 4× Fixierbinde DIN 61634 – FB 6
- 4× Fixierbinde DIN 61634 – FB 8
- 4× Dreiecktuch DIN 13168 – D
- 1× Schere DIN 58279 – B 190
- 4× Folienbeutel
- 10× Vliesstofftuch
- 8× Einmalhandschuhe nach DIN EN 455
- 1× Erste-Hilfe-Broschüre
- 1× Inhaltsverzeichnis

4 Verfallsdaten

Seit Inkrafttreten des Medizinproduktegesetzes (MPG) sind Verbandstoffe keine Arzneimittel mehr, sondern Medizinprodukte, für die die Anforderungen des MPG volle Gültigkeit haben. Nach dem MPG ist die Angabe eines Verfallsdatums auf dem Verbandmittel nicht vorgeschrieben, da sterile Verbandstoffe bei sachgerechter Lagerung und unbeschädigter Verpackung ihre Sterilität nicht verlieren. Nach dem MPG muss Verbandmaterial eine → *CE-Kennzeichnung* sowie das Herstellungsdatum tragen.

> **Achtung: Verfallsdatum beachten**
> Es ist den Herstellern frei gestellt, ob sie dem Verbandmaterial ein Verfallsdatum aufdrucken. Trägt Verbandmaterial ein Verfallsdatum so ist dies verbindlich. Das MPG verbietet dementsprechend, dass ein Verbandstoff mit aufgedrucktem Verfallsdatum verwendet wird. Bei Missachtung des MPG droht eine Ordnungsstrafe.

Kommt es nachweislich zu Infektionen aufgrund nicht mehr sterilen Materials, ist der Hersteller nur innerhalb der angegebenen Frist regresspflichtig. Um Kosten zu sparen, empfiehlt es sich, nur solche Verbandstoffe zu kaufen, die zwar eine CE-Kennzeichnung, aber kein Verfallsdatum besitzen.

Verbrauchtes, beschädigtes oder verschmutztes Verbandmaterial muss aber auf jeden Fall entsorgt und ersetzt werden. Ebenso muss auch unverbrauchtes Material regelmäßig überprüft werden. Einige Materialien werden mit der Zeit unbrauchbar, da z. B. der Klebstoff durch Alterung, begünstigt durch hohe Temperaturen, seine Klebekraft verliert. Darüber hinaus können die Einmalhandschuhe unter Umständen mit der Zeit porös werden.

5 Verbrauchsmaterial

Das Material, das im Zuge der Versorgung von Verletzungen verbraucht worden ist, muss unverzüglich wieder in den Verbandkasten neu eingelegt werden, um auch weiterhin eine effektive Erste Hilfe sicherstellen zu können.

6 Kennzeichnung und Aufbewahrung

Der Aufbewahrungsort von Erste-Hilfe-Material wie dem Verbandkasten muss nach ASR A1.3 «Sicherheits- und Gesundheitsschutzkennzeichnung» durch ein weißes Kreuz auf quadratischem grünen Feld mit weißer Umrandung (Rettungszeichen E003 «Erste Hilfe») gekennzeichnet werden. Besonders in Fluren empfiehlt es sich, in den Raum hineinragende Rettungszeichen zu verwenden, die auf Erste-Hilfe-Einrichtungen hinweisen. Die Beschäftigten sind über die Bedeutung dieser Kennzeichnung zu unterrichten. Auf den nächstgelegenen Aufbewahrungsort ist durch einen weißen Pfeil auf rechteckigem grünem Feld mit weißer Umrandung zusammen mit dem Rettungszeichen «Erste Hilfe» hinzuweisen.

Nach § 25 Abs. 2 BGV A1 muss der Unternehmer für folgende Voraussetzungen sorgen:

- Die Verbandkästen müssen jederzeit schnell erreichbar sein.

Sie müssen leicht zugänglich in geeigneten Behältnissen (Verbandkästen oder Verbandschränken) geschützt gegen schädigende Einflüsse wie Temperatur, Feuchtigkeit und Schmutz aufbewahrt werden. Wo die Verbandkästen aufbewahrt werden, richtet sich insbesondere nach dem Unfallschwerpunkt und der Struktur (Ausdehnung, Mitarbeiterverteilung, Betriebsart) des Unternehmens. Beide Kriterien müssen im Rahmen der → *Gefährdungsbeurteilung* ermittelt werden.

- Die Verbandkästen sollten so verteilt sein, dass sie von ständigen Arbeitsplätzen höchstens 100 m Wegstrecke oder höchstens eine Geschosshöhe entfernt sind.
- Das Verbandmaterial ist in ausreichender Menge bereitzuhalten.

7 Überprüfung

Wer für die regelmäßige Überprüfung des Verbandkastens zuständig ist, regelt das Unternehmen eigenständig. Sinnvollerweise sollte diese Aufgabe dennoch von einem → *Ersthelfer*, dem → *Betriebsarzt* oder dem → *Sicherheitsbeauftragten* übernommen werden. Entnimmt jemand Verbandmaterial, sollte er dies den Verantwortlichen mitteilen, damit die verbrauchten Verbandstoffe zeitnah ersetzt werden können. Nur so wird gewährleistet, dass beim nächsten Notfall genügend Verbandmittel bereitstehen. Jedem Verbandkasten liegt ein Inhaltsverzeichnis bei, anhand dessen man die fehlenden Materialien leicht auffüllen kann.

Steffen Pluntke

Verfahrens- und stoffspezifische Kriterien (VSK)

Verfahrens- und stoffspezifische Kriterien (VSK) beschreiben für bestimmte Tätigkeiten mit Gefahrstoffen den Stand der Technik, der Arbeitshygiene und der Schutzmaßnahmen unter Berücksichtigung von Brand und Explosionsgefahren, sowie der Art, des Ausmaßes und der Dauer der inhalativen und der dermalen Exposition. Durch die Verwendungen von VSK wird die Erstellung einer Gefährdungsbeurteilung wesentlich erleichtert. VSK können für mehrere vergleichbare Arbeitsbereiche eines Unternehmens genutzt werden.

Gesetze, Vorschriften und Rechtsprechung

Grundlegend sind die Gefahrstoffverordnung und insbesondere die TRGS 420 «Verfahrens- und stoffspezifische Kriterien (VSK) für die Gefährdungsbeurteilung».

1 VSK und Arbeitsplatzgrenzwerte

Werden die VSK für → *Gefahrstoffe* mit einem → *Arbeitsplatzgrenzwert (AGW)* angewendet und diese Grenzwerte eingehalten, kann nach § 9 Abs. 4, § 10 Abs. 2 und § 11 Abs. 1 GefStoffV darauf verzichtet werden, weitere Arbeitsplatzmessungen oder Beurteilungsmethoden durchzuführen. Wenn VSK für Tätigkeiten mit Stoffen ohne AGW nach § 9 Abs. 8 GefStoffV vorzufinden sind, kann davon ausgegangen werden, dass die zu treffenden Maßnahmen und die Wirksamkeitskontrolle nach GefStoffV erfüllt sind.

2 KMR-Stoffe

Der Arbeitgeber kann davon ausgehen, dass bei Anwendung von VSK für → *krebserzeugende, erbgutverändernde, fruchtbarkeitsgefährdende Stoffe* der Kategorien 1 und 2 ohne einen AGW, die Anforderungen der GefStoffV in Bezug auf die erforderlichen Maßnahmen und der Wirksamkeitskontrolle erfüllt sind.

3 Stoffgemische

Werden mehrere → *Gefahrstoffe* an Arbeitsplätzen verwendet bzw. eingesetzt, ist darauf zu achten, ob in den VSK → *Stoffgemische* berücksichtigt wurden. Ist dies der Fall, kann der Arbeitgeber davon ausgehen, dass die zu treffenden Maßnahmen der Gefahrstoffverordnung erfüllt sind.

Bettina Huck

Verkehrssicherheit

Etwa die Hälfte der tödlichen Arbeits- und Wegeunfälle sind Verkehrsunfälle. Daher stellen Verkehrsunfälle aus Sicht der Unfallversicherungsträger ein hohes Risiko dar, das in vielen Branchen die übrigen Arbeitsplatzrisiken bei Weitem übersteigt. Daher unterstützen sie in vielfältiger Weise Programme und Maßnahmen für eine höhere Sicherheit im Straßenverkehr, auch wenn dieser Bereich rechtlich gesehen weitgehend durch öffentliches Recht geregelt wird.

Gesetze, Vorschriften und Rechtsprechung

Der Bereich Ordnung und Sicherheit im Straßenverkehr stellt einen großen und differenzierten Bereich des öffentlichen Rechtes dar und ist Bundesrecht. Wesentlich sind v. a.:

- Straßenverkehrsgesetz (StVG): regelt die Grundlagen des Verkehrsrechtes, die in den nachgehenden Verordnungen ausgeführt werden;
- Straßenverkehrsordnung (StVO): regelt Verhalten im Verkehr, Verkehrsregeln, Verkehrszeichen, Bußgeldvorschriften;

- Straßenverkehrszulassungsordnung (StVZO): wird abgelöst, weil in diesem Teil das Verkehrsrecht konform mit entsprechenden EU-Regelungen neu strukturiert wird. Sie regelt zurzeit noch bestimmte Bereiche der Fahrzeugzulassung, z. B. die Hauptuntersuchung von PKW und soll in Zukunft in neue Teilverordnungen überführt werden;
- Fahrzeugzulassungsverordnung (FZV) und Fahrerlaubnisverordnung (FeV) sind bereits neue Abkömmlinge der StVZO. Die FeV regelt die Zulassung von Personen zum Straßenverkehr, Führerscheinfragen, das Zentrale Fahrerlaubnisregister (Flensburg) sowie die Fahreignungsbegutachtung (Medizinisch-psychologische Untersuchung MPU). Die FZV regelt grundlegende Fragen der Zulassung von Fahrzeugen zum Straßenverkehr, An- und Abmeldungen, Kennzeichen, Sonderzulassungen usw.

Zusätzlich gibt es viele Schnittstellen mit anderen Rechtsbereichen, z. B. dem Straßenbau- und Planungsrecht, dem Gefahrgutrecht usw.

Innerhalb des Satzungsrechtes der Unfallversicherungsträger ist v. a. die BGV D 29 «Fahrzeuge» relevant, die den betrieblichen Einsatz von allen Arten von (nicht schienengebunden Land-) Fahrzeugen im Betrieb und im öffentlichen Verkehrsraum regelt. Sie enthält neben Bauvorgaben (z. B. für Spezialfahrzeuge) v. a. Betriebsvorschriften, z. B. die Eignung von Arbeitnehmern zum Führen von Fahrzeugen, nötige Einweisungen und Zustandskontrollen, Warnkleidung usw.

1 Daten zum Risiko Straßenverkehr

Zum Unfallrisiko im Straßenverkehr gibt die BAuA für 2009 Folgendes an:

- ca. 50 % der tödlichen → *Arbeits*- und → *Wegeunfälle* (zusammen ca. 800) sind Verkehrsunfälle;
- ca. 11,2 % der angezeigten Arbeits- und Wegeunfälle (zusammen etwas über 1 Mio.) sind Verkehrsunfälle.

Zum Vergleich: Insgesamt verunglückten in Deutschland in 2009 gut 19.000 Personen tödlich, davon

- 506 Personen bei der Arbeit (ohne Verkehrsunfälle);
- 4.377 Personen im Verkehr (davon 491 beruflich bedingt und 45 Schüler);
- 14 Schüler (ohne Verkehrsunfälle);
- 7.030 Personen im Haus;
- 6.754 Personen bei Sportunfällen.

Insgesamt gesehen ist das Risiko eines tödlichen Verkehrsunfalls also deutlich höher als das eines tödlichen Arbeitsunfalls.

2 Technische Sicherheit

Für den sicheren Zustand eines → *Fahrzeuges* sind sowohl Halter als auch Fahrer zuständig (ergibt sich aus öffentlichem wie BG-Recht).

2.1 Halter

Ist der Betrieb Halter von → *Fahrzeugen*, muss er z. B. für folgende Punkte sorgen:

- ordnungsgemäße Instandhaltung (z. B. Reifenkontrolle, Beleuchtungsanlage);
- regelmäßige Prüfungen (nach § 57 BGV D 29 einmal jährlich, wobei die Hauptuntersuchung nach StVZO mitzählt);
- Reparaturen nur von fachkundigem Personal;
- geeignete Einrichtungen zur → *Ladungssicherung*;
- ordnungsgemäße Zulassung des → *Fahrzeuges*.

> **Wichtig: Zulassungsfragen bei Betriebsfahrzeugen, fahrenden Arbeitsmaschinen u. ä.**
>
> Während bei Pkw die Zulassung meist keine besonderen Fragen aufwirft, müssen bei allen Arten von Sonderfahrzeugen oft Einzelfragen geklärt werden, wenn sie eine Straßenzulassung

haben oder bekommen sollen, z. B. bezüglich Zuladungsgrenzen und Anhängerbetrieb, Anbaugeräten, Höchstgeschwindigkeit usw.

Auf keinen Fall sollten Arbeitsmaschinen oder Betriebsfahrzeuge ohne Straßenzulassung über öffentliche Verkehrsflächen bewegt werden, auch wenn es nur kurze Strecken sind. Im Falle eines Unfallschadens kann es zu unübersehbaren Kosten kommen, weil kein Versicherungsschutz besteht.

Ob Sonderausstattungen wie Navigationssysteme, Klimaanlagen oder besondere Sitze für betrieblich genutzte → *Fahrzeuge* nötig sind, ist nicht pauschal geregelt und sollte über eine Gefährdungsbeurteilung entschieden werden. Ggf. ist eine erweiterte Sicherheitsausstattung sinnvoll, z. B.

- «Winterwerkzeug» wie Eiskratzer, Handfeger,
- Antirutschmatten,
- Taschenlampe,
- Warnleuchte,
- → *Feuerlöscher*,
- Gurttrenner,
- Decke,
- «Notfallhandy», mit dem ein → *Notruf* abgesetzt werden kann.

> **Wichtig: M&S-Reifenpflicht berücksichtigen**
>
> Seit 2010 ist auch in der StVO verankert, was vorher bereits in der Rechtsprechung gelebt wurde: Bei winterlichen Straßenverhältnissen darf ein → *Fahrzeug* nur unterwegs sein, wenn die Reifen mit dem M&S-Symbol für «Matsch und Schnee» gekennzeichnet sind (Winterreifen oder entsprechende Ganzjahresreifen).

2.2 Fahrer

Der Fahrer ist zuständig für

- die Kontrolle auf verkehrssicheren Zustand vor Fahrtantritt;
- das Abstellen von Mängeln bzw. das Stillsetzen des → *Fahrzeuges* bei sicherheitsrelevanten Mängeln;
- den verkehrssicheren Zustand des Fahrzeuges während der Fahrt (z. B. Gurtpflicht, Ladungssicherung).

Ist der Fahrer auch Halter des Fahrzeuges, wie es bei dienstlich genutzten Privatfahrzeugen der Fall ist, ist er selbst dafür verantwortlich, ein verkehrssicheres Fahrzeug einzusetzen. Der damit verbundene Aufwand gilt i. d. R. mit der vom Arbeitgeber ausgezahlten Fahrtkostenerstattung als abgegolten.

> **Praxis-Tipp: Betriebliche Regelung sinnvoll**
>
> Für die dienstliche Nutzung privater → *Fahrzeuge* empfiehlt sich ebenso wie für die Nutzung von Dienstfahrzeugen eine schriftliche Vereinbarung oder Firmenrichtlinie, die nicht nur die organisatorischen, finanziellen und versicherungsrechtlichen Fragen, sondern auch die Fahrzeugsicherheit und Haftung klärt.

> **Wichtig: Warnwesten für alle Insassen verpflichtend**
>
> Im Gegensatz zur StVO ist nach BGV D29 für alle Insassen eines → *Fahrzeuges* eine Warnweste für Pannen und Notfälle verpflichtend.

3 Fahreignung

Der Arbeitgeber darf nach § 35 BGV D 29 einen Beschäftigten zum Führen eines → *Fahrzeuges* nur beauftragen, wenn dieser mindestens 18 Jahre alt ist, über ausreichende geistige und körperliche Eignung verfügt, seine Befähigung gegenüber dem Unternehmer nachgewiesen hat und hinlänglich zuverlässig ist.

Das bedeutet, dass der Arbeitgeber sich auf jeden Fall den Führerschein eines Beschäftigten vorlegen lassen sollte, darüber hinaus aber auch verpflichtet ist zu reagieren, wenn begründete Zweifel an der Fahrtüchtigkeit bestehen (z. B. durch Sucht- oder andere schwerwiegende Erkrankungen).

Z. B. kann er eine betriebsärztliche Untersuchung nach dem berufsgenossenschaftlichen Grundsatz G 25 Fahr-, Steuer- und Überwachungstätigkeit veranlassen (BGG 904-25), bei der die gesundheitliche Eignung untersucht wird.

Außerdem gehört lt. Rechtsprechung zur Sorgfaltspflicht des Arbeitgebers, dass er sich die Fahrerlaubnis von Beschäftigten, die betrieblich unterwegs sind, regelmäßig (mind. halbjährlich) vorlegen lässt.

> **Wichtig: Betriebliche Fahrerlaubnis**
>
> Nach § 35 BGV D29 muss der Unternehmer Beschäftigte zum Führen eines → *Fahrzeuges* ausdrücklich bestimmen, wozu die Schriftform empfohlen wird. Wo das nicht schon über den Arbeitsvertrag abgedeckt ist (z. B. bei Außendienstmitarbeitern), sind innerbetriebliche Fahrerlaubnisse sinnvoll.
>
> Auf keinen Fall sollten Neulinge im Betrieb, Auszubildende, Aushilfen oder Praktikanten ohne Weiteres zu Fahrten im Straßenverkehr losgeschickt werden, wenn über deren Fahreignung und Erfahrung nichts bekannt ist.
>
> Außerdem ist zu bedenken, dass wegen der geänderten Führerscheinklassen nicht jeder Führerscheininhaber Anhänger und große Transporter fahren darf.

4 Verkehrssicherheit in der betrieblichen Prävention

Wegen des relativ hohen Unfallrisikos sind Maßnahmen für mehr Sicherheit im Straßenverkehr auch für den betrieblichen Arbeitsschutz ein sinnvolles Thema.

Schulung und → *Unterweisung*

Die DGUV betreibt häufig in Zusammenarbeit mit dem Deutschen Verkehrsrat (DVR) entsprechende Kampagnen und Programme. Umfangreiche Materialien für die betriebliche Präventionsarbeit stehen dazu online zur Verfügung.

Verkehrssicherheitstraining

Wird von vielen Berufsgenossenschaften gefördert, in dem die Teilnahmegebühren für versicherte Beschäftigte, die beruflich ein → *Fahrzeug* führen, ganz oder teilweise übernommen werden. Ob und unter welchen Bedingungen und Kontingenten der jeweils zuständige Unfallversicherungsträger Verkehrssicherheitstrainings fördert, muss erfragt werden.

> **Praxis-Tipp: Rettungskarte zur schnelleren Bergung nach schweren Unfällen**
>
> Wegen der verbesserten Aufprallsicherheit der Fahrzeuginnenräume und der Vielfalt neuer Materialien im Fahrzeugbau haben sich die Zeitspannen deutlich verlängert, die nötig sind, um ein schwer verletztes Unfallopfer aus einem stark deformierten Auto zu befreien. Etablierte Bergungswerkzeuge reichen nicht aus, wenn nicht genau bekannt ist, wo sie an welchem Fahrzeugtyp anzusetzen sind, um den Innenraum entsprechend öffnen zu können.
>
> Damit wird die für eine medizinisch erfolgreiche Versorgung des Verletzten zur Verfügung stehende Frist immer häufiger überschritten. Ein internationales System zur Bereitstellung notwendiger Informationen online ist in Vorbereitung, aber noch auf Jahre nicht betriebsbereit. Übergangsweise kann man über den ADAC ein Vordruck und typspezifische Informationen herunterladen, die jeder Halter in seinem → *Fahrzeug* in bestimmter Weise deponieren kann, damit sie von den Einsatzkräften leicht eingesehen werden können.

Cornelia von Quistorp

Verkehrswege

Verkehrswege sind Wege, Flure, Treppen, Gänge, Rampen, Fahrstraßen und Gleisanlagen, die innerbetrieblich durch Fußgänger oder Fahrzeuge genutzt werden. Sie stellen die vertikale oder horizontale Verbindung von einzelnen Betriebsteilen dar.

Gesetze, Vorschriften und Rechtsprechung

- § 4 Abs. 4 Arbeitsstättenverordnung
- Anhang 1.8 Arbeitsstättenverordnung
- ASR A1.8 «Verkehrswege»
- BGI 5013 «Damit Sie nicht ins Stolpern kommen»

1 Auslegung von Verkehrswegen

Sämtliche Verkehrswege müssen so angelegt sein, dass sie je nach Bestimmung sicher begangen und befahren werden können und Beschäftigte nicht gefährdet werden.

Verkehrswege müssen immer nach der Anzahl der Nutzer und der Art der Nutzung ausgelegt sein. Das bedeutet, dass bei der Tragfähigkeit eines Weges das zulässige Gesamtgewicht des schwersten → *Fahrzeuges* beachtet werden muss. Ist dies nicht grundsätzlich gegeben, müssen diese Verkehrswege für schwere → *Fahrzeuge* gesperrt werden.

Bei der Planung der Verkehrswegbreite ist die zu erwartende Fahrzeug- oder Personenanzahl zu beachten.

Entsprechende Werte bezüglich der Maße von Verkehrswegen können Sie der ASR A1.8 (Verkehrswege) entnehmen. Stellen die Verkehrswege jedoch auch Fluchtwege dar, sind die Werte in Abschnitt 5 ASR A2.3 «Fluchtwege, Notausgänge, Flucht- und Rettungsplan» zu berücksichtigen.

2 Wahrung der Verkehrssicherung

Da der Betreiber von Verkehrswegen (i. d. R. der Unternehmer) die Verkehrssicherungspflicht hat, muss er stets für eine gefahrlose Nutzung sorgen. Dies bedeutet z. B., dass in angemessener Zeit Schadstellen (Schlaglöcher, Stolperstellen) beseitigt werden sollten. Auch sollte auf die Beleuchtung des Verkehrsweges geachtet werden.

Im Winter sind Verkehrswege der Nutzung entsprechend von Schnee und Eis zu räumen (im Herbst ggf. von feuchtem Laub), sodass eine gefahrlose Nutzung möglich ist.

3 Verkehrswegtrennung

Wann immer es möglich ist, sollten Verkehrswege für → *Fahrzeuge* (z. B. Lkw oder Flurförderzeuge) und Fußgänger voneinander getrennt werden, um einen Unfallschwerpunkt zu beseitigen.

So dürfen i. d. R. Regalgassen in → *Lägern* nur dann von Personen begangen werden, wenn sich im betreffenden Gang kein Flurförderzeug befindet. Technische Lösungen (Personenschutzanlage) schließen hier einen Missbrauch aus.

Kreuzungen einzelner Verkehrswege sollten möglichst vermieden werden. Teilweise ist dies durch grundsätzliche Betrachtungen und Planungen der Hauptverkehrswege zu lösen. In einem → *Lager* müssen z. B. Wareneingang und -ausgang räumlich voneinander getrennt werden, sodass es hier nicht zu Überschneidungen kommt.

Eine Trennung von Verkehrswegen ist auch beim Übergang von einer zur nächsten Halle möglich, indem → *Flurförderzeuge* das Hallentor durchfahren, Personen hingegen grundsätzlich die daneben befindliche Tür nutzen.

Selbstverständlich ist eine Trennung der Verkehrswege nicht in jedem Fall möglich. Wo dies nicht möglich ist, sollte eine intensive Betrachtung dieser Stellen – wie im folgenden Beispiel erläutert – erfolgen.

Praxis-Beispiel: Fußweg vor Hallenausfahrt

In einem Betrieb führt ein häufig benutzter Fußweg unmittelbar vor einer mäßig beleuchteten Hallenausfahrt vorbei. Dieses Hallentor wird oft durch Gabelstapler passiert. Aufgrund der Betriebsgröße fahren die Stapler auch hier mit erhöhter Geschwindigkeit. Unfälle mit fatalen Folgen sind vorprogrammiert. Neben der Anweisung, im Bereich der Torausfahrt die Geschwindigkeit zu reduzieren, bietet sich in diesem Fall auch eine technische Lösung an. Beim Verlassen der Halle wird durch eine Lichtschranke rechtzeitig an der Außenseite eine auffällige Blitzleuchte aktiviert, die Personen vor dem nahenden Stapler warnt.

4 Beschäftigung von Behinderten

Sofern in einem Betrieb → *Menschen mit Behinderung* beschäftigt werden, muss der Arbeitgeber die Arbeitsstätte so einrichten und betreiben, dass den besonderen Belangen dieser Beschäftigten im Hinblick auf Sicherheit und Gesundheitsschutz Rechnung getragen wird. Dies gilt insbesondere für die barrierefreie Gestaltung von Verkehrswegen (z. B. für Rollstuhlfahrer), wie auch Türen, → *Notausgängen*, → *Treppen*, → *Fluchtwegen* oder Orientierungssystemen.

5 Fluchtwege

Sofern ein Verkehrsweg auch als Fluchtweg deklariert ist, muss er gemäß der Unfallverhütungsvorschrift ASR A1.3 «Sicherheits- und Gesundheitsschutzkennzeichnung» mit Hinweisschildern gekennzeichnet werden. Fluchttüren müssen sich jederzeit von innen ohne besondere Hilfsmittel öffnen lassen, solange sich Beschäftigte in der → *Arbeitsstätte* befinden. Damit ist auch ein Öffnen einer Fluchtür mittels eines Schlüssels – er stellt in diesem Zusammenhang ein besonderes Hilfsmittel dar – nicht zulässig.

Andreas Terboven

Verkettete Anlagen

Als verkettete Anlage (Maschinenanlage, komplexe Anlage) wird im allgemeinen Sprachgebrauch eine Anlage aus mehreren Maschinen bezeichnet, die zusammenwirken sollen und dazu so angeordnet und betätigt werden, dass sie als Gesamtheit funktionieren.

Gesetze, Vorschriften und Rechtsprechung

In der EG-Maschinenrichtlinie 2006/42/EG werden neben den Einzelmaschinen auch Regelungen für die sog. «Gesamtheit von Maschinen» getroffen. Da die Regelungen der Maschinenrichtlinie nicht eindeutig sind, hat das BMAS in Abstimmung mit den Ländern und den Unfallversicherungsträgern das Interpretationspapier «Gesamtheit von Maschinen» veröffentlicht, das die Voraussetzungen für verkettete Anlagen definiert und diesen Sachverhalt eindeutig regelt.

1 Was sind verkettete Anlagen?

Die Maschinenrichtlinie (2006/42/EG) regelt das In-Verkehr-Bringen und somit den freien Warenverkehr von → *Maschinen* im Europäischen Wirtschaftsraum (EWR). In der EG-Maschinenrichtlinie wird der Begriff «Maschine» sehr weit gefasst.

Eine Maschine ist eine «Gesamtheit von Maschinen…die, damit sie zusammenwirken, so angeordnet und betätigt werden, dass sie als Gesamtheit funktioniert» (Art. 2a 2006/42/EG), die im allgemeinen Sprachgebrauch als Maschinenanlage, verkettete Anlage oder komplexe Anlage bezeichnet wird.

Verkettete Anlagen in diesem Sinne können z. B. Maschinenanlagen in der Metallverarbeitung, Papiermaschinen, Fertigungsstraßen in der Automobilindustrie, aber auch Anlagen in der Nahrungsmittelproduktion wie z. B. Getränkeabfüllanlagen sein.

2 Anforderungen

Wenn der Betreiber einzelne Maschinen zukauft und zu einer Gesamtanlage zusammenbaut, ist er verpflichtet, diesen Zusammenbau ebenfalls nach den Anforderungen der Maschinenrichtlinie zu betrachten.

Der Hersteller muss bei Maschinen oder Maschinenteilen, die für ein Zusammenwirken konzipiert sind, die Maschine so konzipieren und bauen, dass die Befehlseinrichtungen zum Stillsetzen, einschließlich der Notbefehlseinrichtung, nicht nur die Maschine stillsetzen können, sondern auch alle vor- und/oder nachgeschalteten Einrichtungen, falls deren weiterer Betrieb eine Gefahr darstellen kann (Anhang I, Nr. 1.2.4.4 2006/42/EG).

Dies gilt demnach nur dann, wenn die Verkettung der Anlagenkomponenten so tief greifend ist, dass beim Abschalten einer einzelnen Maschine der Anlage der weitere Betrieb der vor- oder nachgeschalteten Maschinen zu einer Gefährdung führen kann. In einem solchen Fall, wenn verknüpfungsbedingte Gefahren bestehen, die eine sicherheitstechnische Verknüpfung erfordern, unterliegt eine «Maschinenanlage» als «Gesamtheit von Maschinen» insgesamt den Anforderungen der Maschinenrichtlinie.

Aus dieser Definition ergibt sich, dass ein Zusammenbau von Maschinen dann relevant ist, wenn eine sicherheitstechnische Verknüpfung besteht und diese sog. verkettete Anlage sicherheitstechnisch als Gesamtheit funktioniert.

Eine verkettete Anlage, deren Komponenten z. B. durch einen Materialpuffer entkoppelt sind, ist keine Gesamtanlage i. S. der Maschinenrichtlinie.

Zur Klärung der Frage, welche Voraussetzungen solche Anlagen erfüllen müssen, um als «Gesamtheit von Maschinen» i. S. der Maschinenrichtlinie zu gelten, hat das Bundesministerium für Arbeit und Sozialordnung in Abstimmung mit den Ländern und den Unfallversicherungsträgern im November 2005 ein Interpretationspapier veröffentlicht, um dieses Thema (zumindest für Deutschland) eindeutig zu regeln.

Andreas Lott

Versicherungspflicht (Unfallversicherung)

Die gesetzliche Unfallversicherung ist ein Sozialversicherungszweig mit einem sehr breit gefächerten versicherungspflichtigen Personenkreis, welcher immer wieder erweitert wird. Er reicht von den Arbeitnehmern bis zu Helfern im Zivilschutz oder bei Katastrophen.

In erster Linie besteht die Versicherungspflicht kraft Gesetzes. Es gibt darüber hinaus auch versicherungspflichtige Personen aufgrund der jeweiligen Satzung eines Unfallversicherungsträgers. Außerdem ist eine freiwillige Versicherung vorgesehen.

Gesetze, Vorschriften und Rechtsprechung

Die Versicherungspflicht der gesetzlichen Unfallversicherung ist in § 2 SGB VII geregelt. § 3 SGB VII bestimmt über die Versicherung kraft Satzung, während es in § 4 SGB VII um die Versicherungsfreiheit (z. B. von Beamten) und in § 5 SGB VII um die Möglichkeit der Befreiung von der Unfallversicherungspflicht geht. Letzteres gibt es nur in der Landwirtschaft. § 6 SGB VII regelt die freiwillige Unfallversicherung.

1 Versicherte Personen kraft Gesetzes

1.1 Versicherungsschutz im Rahmen einer Erwerbstätigkeit

Kraft Gesetzes unfallversichert[132] sind zunächst verschiedene Erwerbstätige, so beispielsweise

---

[132] § 2 SGB VII.

- Beschäftigte in einem Arbeits- oder Dienstverhältnis (dazu zählen auch Heimarbeiter oder Auszubildende). Beschäftigte sind ohne Rücksicht auf die Höhe ihres Arbeitsentgelts versicherungspflichtig;
- Entwicklungshelfer, die Entwicklungs- oder Vorbereitungsdienst leisten. Dies gilt auch für Personen, die einen entwicklungspolitischen Freiwilligendienst leisten;
- Personen, die eine Tätigkeit bei einer zwischen- oder überstaatlichen Organisation ausüben und deren Beschäftigungsverhältnis im öffentlichen Dienst während dieser Zeit ruht (etwa bei Unfällen infolge einer Verschleppung oder Gefangenschaft);
- Lehrkräfte an Schulen im Ausland, soweit durch das Bundesverwaltungsamt vermittelt;
- landwirtschaftliche Unternehmer sowie deren mitarbeitende Ehegatten oder gleichgeschlechtliche Lebenspartner;
- Hausgewerbetreibende[133] und Zwischenmeister[134] sowie deren mitarbeitende Ehegatten oder Lebenspartner;
- selbstständige Küstenschiffer und Küstenfischer sowie ihre mitarbeitenden Ehegatten oder Lebenspartner.

Außerdem sind all jene in den Unfallversicherungsschutz einbezogen, die wie Beschäftigte tätig sind, ohne es jedoch zu sein. Darunter fallen z. B. im Rahmen der Nachbarschaftshilfe Renovierungsarbeiten oder Gartenarbeiten[135].

1.2 Versicherungsschutz für weitere Personengruppen

Darüber hinaus gibt es aber eine Vielzahl weiterer Personenkreise, die «von Amts wegen» gegen das Risiko von bestimmten Unfällen oder Erkrankungen pflichtversichert sind und somit Versicherungsschutz genießen.

Personenkreis	Beschreibung
Behinderte Menschen	in anerkannten Werkstätten und Blindenwerkstätten (auch bei Heimarbeit für diese Einrichtungen).
Kinder	während des Besuchs von Tageseinrichtungen (Kindergärten, Kinderhorte, Kinderkrippen) oder in Tagespflege. Die Kinder sind während des Aufenthalts sowie auf dem Weg zur und von einer Tagespflegestelle bzw. einer Tagesmutter unfallversichert. Eine besondere Anmeldung bei den zuständigen Landesunfallkassen durch die Eltern ist nicht erforderlich. Voraussetzung für den Versicherungsschutz ist allerdings, dass die Tagespflegeperson beim Träger der öffentlichen Jugendhilfe registriert ist.
Schüler	während des Besuchs von allgemein- oder berufsbildenden Schulen.
Studenten	während der Aus- und Fortbildung an Hochschulen.
Lernende	in beruflicher Aus- oder Fortbildung, z. B. Fachschüler.
Personen	die im Gesundheitswesen oder der Wohlfahrtspflege selbstständig oder unentgeltlich, vor allem ehrenamtlich tätig sind, z. B. Hebammen, Krankenpfleger, Schwestern oder Mitarbeiter in Caritasverbänden.
Ehrenamtlich tätige Personen	die für öffentlich-rechtliche Einrichtungen, deren Verbände oder Arbeitsgemeinschaften, für öffentlich-rechtliche Religionsgemeinschaften oder im Bildungswesen ehrenamtlich tätig sind oder an Ausbildungsveranstaltungen hierfür teilnehmen.

---

[133] § 12 Abs. 1 SGB IV.
[134] § 12 Abs. 4 SGB IV.
[135] § 2 Abs. 2 Satz 1 SGB VII.

Versicherungspflicht (Unfallversicherung)

	Dazu zählen z. B. ehrenamtliche Gemeindebeigeordnete, Mitglieder der Vertreterversammlung und des Vorstands bei den Sozialversicherungsträgern.
Personen zur Unterstützung staatlicher Diensthandlung	z. B. Schülerlotsen oder Personen, die als Zeugen von Gerichten, Polizeibehörden, Versicherungsämtern oder anderen öffentlichen Stellen herangezogen werden (Zeugenschutz).
Helfer bei Unglücksfällen	die in einem Unternehmen zur Hilfe bei Unglücksfällen oder im Zivilschutz unentgeltlich, insbesondere ehrenamtlich tätig sind (z. B. beim DRK, Malteserhilfsdienst) sowie Teilnehmer an Ausbildungsveranstaltungen dieser Unternehmen einschließlich der Lehrenden (z. B. Erste-Hilfe-Kurse zum Erwerb des Führerscheins).
Nothelfer	die bei Unglücksfällen oder gemeiner Gefahr Hilfe leisten (z. B. bei einem Brand, einer Naturkatastrophe, Pannenhilfe) oder jemanden, der sich in Lebensgefahr befindet, retten.
Blut- und Organspender	auch bei Voruntersuchungen oder Nachsorgemaßnahmen anlässlich der Spende. Dabei gilt als Versicherungsfall auch der Gesundheitsschaden, soweit er über die durch die Blut-, Organ-, Organteil- oder Gewebeentnahme regelmäßig entstehenden Beeinträchtigungen hinausgeht und in ursächlichem Zusammenhang mit der Spende steht. Werden dadurch Nachbehandlungen erforderlich und treten Spätschäden auf, die als Aus- oder Nachwirkungen der Spende oder des aus der Spende resultierenden erhöhten Gesundheitsrisikos anzusehen sind, wird vermutet, dass diese hierdurch verursacht worden sind[136].
Personen mit Zivilcourage	die sich bei der Verfolgung oder Festnahme von Strafverdächtigen oder zum Schutz eines widerrechtlich Angegriffenen persönlich einsetzen («Zivilcourage»).
Arbeitsuchende	im Rahmen ihrer Meldepflichten nach dem SGB II/SGB III, z. B. auch auf dem Weg zu einem Vorstellungsgespräch in einem Betrieb. Das gilt für Anspruchsberechtigte nach dem SGB II auch, wenn sie an einer Maßnahme teilnehmen, wenn sie oder die Maßnahme von einem Leistungsträger des SGB II gefördert werden.
Patienten	in stationärer oder teilstationäre Krankenhausbehandlung bzw. während stationärer, teilstationärer oder ambulanter medizinischer Rehabilitationsleistungen.
Umschüler	die zur Vorbereitung von Leistungen zur Teilhabe am Arbeitsleben den zuständigen Leistungsträger oder eine andere Stelle aufsuchen.
Teilnehmer an vorbeugenden Maßnahmen	auf Kosten eines Unfallversicherungsträgers an Maßnahmen i. S. v. § 3 BKV (Berufskrankheit).
Selbsthilfe	z. B. beim Bau eines Eigenheims oder einer Eigentumswohnung, sofern damit öffentlich geförderter Wohnraum geschaffen wird.
Pflegepersonen	bei der nicht erwerbsmäßigen Pflege eines Pflegebedürftigen (Pflegebedürftigkeit). Eine Mindeststundenzahl für die Pflegetätigkeit wird hier – im Gegensatz zur gesetzlichen Rentenversicherung – nicht gefordert.

---

[136] § 12a SGB VII.

Gefangene (Inhaftierte)	die wie Beschäftigte tätig werden, sofern sie nicht bereits als Arbeitnehmer (siehe Beschäftigte) versichert sind.

2 Versicherung aufgrund Satzungsregelung

Durch den Unfallversicherungsschutz kraft Satzung[137] wird kein unmittelbarer Versicherungsschutz begründet, sondern den Unfallversicherungsträgern eingeräumt, per Satzung einen genau bezeichneten Personenkreis in die Versicherung einzubeziehen:

- Unternehmer und ihre im Unternehmen tätigen Ehegatten oder Lebenspartner,
- betriebsfremde Personen, die sich auf dem Betriebsgelände berechtigterweise aufhalten (für Arbeitnehmer des Betriebs gilt bereits § 2 Abs. 1 SGB VII),
- Personen, die im Ausland bei einer staatlichen deutschen Einrichtung beschäftigt werden,
- Personen, die im Ausland von einer staatlichen deutschen Einrichtung anderen Staaten zur Arbeitsleistung zur Verfügung gestellt werden,
- ehrenamtlich Tätige und bürgerschaftlich Engagierte.

Diese Pflichtversicherung kommt allerdings nur zum Tragen, sofern nicht bereits Versicherungspflicht von Gesetzes wegen nach § 2 SGB VII besteht, z. B. für landwirtschaftliche Unternehmer oder Hausgewerbetreibende.

Horst Marburger

Vibrationen

Unter Vibrationen werden alle mechanischen Schwingungen verstanden, die durch Gegenstände auf den menschlichen Körper übertragen werden und zu einer mittelbaren oder unmittelbaren Gefährdung von Sicherheit und Gesundheit der Beschäftigten führen können. Vibrationen treten bei der Benutzung von Arbeitsmitteln auf. Es werden 2 Arten von Vibrationen unterschieden:

- Hand-Arm-Vibrationen (HAV) sind definiert als mechanische Schwingungen, die bei Übertragung auf das Hand-Arm-System des Menschen Gefährdungen verursachen können.
- Ganzkörper-Vibrationen (GV) sind mechanische Schwingungen, die bei Übertragung auf den gesamten Körper Gefährdungen verursachen können.

Aufgabe des Arbeitsschutzes ist es, derartige physikalische Einwirkungen am Arbeitsplatz zu vermeiden oder zu verringern.

Gesetze, Vorschriften und Rechtsprechung

Es gelten:

- Arbeitsschutzgesetz
- LärmVibrationsArbSchV: Sie setzt die beiden EU-Richtlinien für Lärm- und Vibrationsexposition (20031/10/EG, 2002/44/EG) um.
- Technische Regeln zur Lärm- und Vibrationsarbeitsschutzverordnung

1 Gesundheitsgefahren durch Vibrationen

Vibrationen können die Gesundheit der Beschäftigten akut oder chronisch gefährden. Leistungsminderung bis hin zu Gesundheitsschäden sind mögliche Folgen. Hand-Arm-Vibrationen können Gelenkschäden oder Durchblutungsstörungen auslösen (z. B. die sog. «Weißfingerkrankheit»), Knochen des Hand-Arm-Systems schädigen sowie neurologische oder Muskelerkrankungen zur Folge haben. Ganzkörper-Vibrationen können die Bandscheiben und damit die

---

[137] § 3 SGB VII.

Wirbelsäule schädigen und Rückenschmerzen verursachen. In Europa sind «etwa 1 – 2 Mio. Beschäftigte Gefährdungen ihrer Sicherheit und Gesundheit durch Hand-Arm-Vibrationen und etwa 600.000 Beschäftigte durch Ganzkörper-Vibrationen ausgesetzt» (www.osha.europa.eu). Krankheiten des Muskel-Skelett-Systems gehören zu den häufigsten Leiden in Deutschland: ca. 25 % aller betrieblichen Fehlzeiten sind auf Muskel-Skelett-Erkrankungen zurückzuführen und sie verursachen insgesamt die meisten Arbeitsunfähigkeitstage. Die Kosten für Unternehmen und Allgemeinheit sind enorm.

Das Berufskrankheitenrecht in Deutschland nennt 3 Berufskrankheiten, die durch mechanische Einwirkungen durch Vibrationen ausgelöst werden:

- BK 2103 «Erkrankungen durch Erschütterung bei Arbeit mit Druckluftwerkzeugen oder gleichartig wirkenden Werkzeugen oder Maschinen»;
- BK 2104 «Vibrationsbedingte Durchblutungsstörungen an den Händen ...»;
- BK 2110 «Bandscheibenbedingte Erkrankungen der Lendenwirbelsäule durch langjährige, vorwiegend vertikale Einwirkung von Ganzkörperschwingungen im Sitzen ...».

Betroffen sind hier häufig die Land- und Forstwirtschaft oder die Bauindustrie (z. B. Land- und Forstmaschinen, Bagger, Presslufthammer). Prävention ist deshalb sehr wichtig und in der LärmVibrationsArbSchV entsprechend festgelegt. → *Arbeitsmedizinische Vorsorge*untersuchungen sind vom Arbeitgeber regelmäßig zu veranlassen (§ 13 LärmVibrationsArbSchV).

2 Auslösewerte und Expositionsgrenzwerte

§ 3 LärmVibrationsArbSchV konkretisiert § 5 ArbSchG und verpflichtet den Arbeitgeber, Gefährdungen am Arbeitsplatz zu ermitteln und zu beurteilen. Als erster Schritt muss festgestellt werden, ob die Beschäftigten Vibrationen ausgesetzt sind oder sein könnten. Eine derartige Gefährdungsbeurteilung kann auf der Basis von Messungen oder durch Schätzungen auf der Grundlage von Herstellerangaben durchgeführt werden.

Zum Schutz der Vibrationen sind für Hand-Arm- und Ganzkörpervibrationen sog. → *Auslösewerte* und Expositionsgrenzwerte festgelegt (§ 9 LärmVibrationsArbSchV). Bei Überschreiten der Auslösewerte müssen bestimmte Schutzmaßnahmen festgelegt werden. Der Expositionsgrenzwert ist festgelegt als der Wert, dem der Beschäftigte max. ausgesetzt sein darf.

Zu den Pflichten des Arbeitgebers gehören deshalb Messung und Bewertung der Vibrationen sowie die Information und Unterweisung der Beschäftigten. Die Unterweisung muss «*vor Aufnahme der Beschäftigung und danach in regelmäßigen Abständen, jedoch immer bei wesentlichen Änderungen der belastenden Tätigkeit erfolgen*» § 11 LärmVibrationsArbSchV).

3 Vermeiden bzw. Verringern von Vibrationsexposition

Der Arbeitgeber ist verpflichtet, Maßnahmen zur Vermeidung oder Verringerung der Exposition zu veranlassen (Minimierungsgebot). Die Schutzmaßnahmen sind nach dem → *Stand der Technik* durchzuführen (§ 10 LärmVibrationsArbSchV). Maßnahmen zum Schutz der Beschäftigten können sein (in der Reihenfolge ihrer Priorität):

- technisch: z. B. vibrationsarme Maschinen, Werkzeuge, → *Fahrzeuge*, spezielle vibrationsmindernde Sitze;
- organisatorisch: z. B. Beschränken der vibrationsintensiven Arbeitszeiten, alternative Arbeitsverfahren;
- persönlich: z. B. Antivibrations-Schutzhandschuhe (HAV).

4 Weiterführende Informationen

Deutsche gesetzliche Unfallversicherung www.dguv.de Kennwertrechner für Hand-Arm--Vibrationsbelastungen, Broschüre «Schutz vor Vibration»

Katalog repräsentativer Lärm- und Vibrationsdaten am Arbeitsplatz KarLA (www.lasbb.de/karla)

Bundesanstalt für Arbeitsschutz und Arbeitsmedizin www.baua.de: u. a. Merkblatt zu BK 2110

Bettina Huck

Vorankündigung

Die Vorankündigung ist ein Dokument, dass der jeweils zuständigen Behörde übermittelt und auf der Baustelle ausgehängt wird, um den Adressaten u. a. über Art, Lage, Beginn und Dauer des Bauvorhabens zu informieren. Außerdem werden die nach Baustellenverordnung wesentlichen Baubeteiligten bekannt gegeben.

Gesetze, Vorschriften und Rechtsprechung

Die Pflicht zur Erstellung und Übermittlung der Vorankündigung resultiert aus § 2 Abs. 2 Baustellenverordnung (BaustellV). Weitere Erläuterungen zur Vorankündigung enthält die RAB 10 «Begriffsbestimmungen».

1 Verantwortung

Der Bauherr oder ein von ihm nach § 4 BaustellV beauftragter Dritter ist verantwortlich dafür, dass die Vorankündigung der zuständigen Behörde übermittelt und sichtbar auf der → *Baustelle* angebracht wird.

2 Auslösekriterien

§ 2 Abs. 2 BaustellV fordert, dass eine Vorankündigung immer erfolgen muss, wenn auf einer Baustelle

- die voraussichtliche Dauer der Arbeiten mehr als 30 Arbeitstage beträgt und auf der mehr als 20 Beschäftigte gleichzeitig tätig werden, oder
- der Umfang der Arbeiten voraussichtlich 500 Personentage überschreitet.

Gleichzeitig tätig werden heißt, dass planmäßig mind. 21 Beschäftigte auf der → *Baustelle* über eine Dauer von mind. einer Arbeitsschicht zur selben Zeit Arbeiten ausführen. Ein Personentag umfasst die Arbeitsleistung einer Person über eine Arbeitsschicht (8 Stunden).

3 Fristen

Die Vorankündigung ist spätestens 2 Wochen vor Einrichtung der → *Baustelle* der zuständigen Behörde zu übermitteln. «Die Einrichtung der Baustelle im Sinne der BaustellV beginnt mit den wesentlichen vorbereitenden Arbeiten am Ort des Bauvorhabens, die unmittelbar vor dessen Durchführung erforderlich sind, z. B. Aufbau von Sozialeinrichtungen, Installation von Ver- und Entsorgungseinrichtungen, Anlieferung von Baumaterialien, Maschinen und Geräten» (Abschn. 9 RAB 10).

4 Zuständige Behörden

Die zuständigen Behörden sind die für den Arbeitsschutz zuständigen Aufsichtsbehörden der jeweiligen Bundesländer. Aufgrund von Funktional- und Gebietsreformen sind die Behörden auf ganz unterschiedlichen Organisationsebenen eingebunden. Sie reichen von der kommunalen Ebene (z. B. Fachabteilungen in Landratsämtern) bis hin zu landeseigenen Strukturen (Staatliche Gewerbeaufsichtsämter). In einigen Bundesländern wurden sie Zuständigkeiten auch den Baubehörden oder den Trägern der gesetzlichen Unfallversicherung übertragen.

Praxis-Tipp: Auskunft über die Zuständigkeit einer Behörde

Auskünfte über die Zuständigkeit der Behörden erhält man bei den obersten Arbeitsschutzbehörden der Länder in den entsprechenden Ministerien (Arbeits- oder Sozialministerium). Die Bundesanstalt für Arbeitsschutz und Arbeitsmedizin hat auf ihrer Homepage (www.baua.de) eine Datei mit den Adressen der für den Arbeitsschutz zuständigen staatlichen Behörden bereitgestellt.

5 Inhalt

Die Vorankündigung muss enthalten:
- Bezeichnung und Ort der Baustelle,
- Name und Anschrift des Bauherrn,
- Art des Bauvorhabens,
- Name und Anschrift des anstelle des Bauherrn verantwortlichen Dritten,
- Name und Anschrift des(r) → *Koordinators(en)* (sofern erforderlich),
- Voraussichtlicher Beginn und Ende der Arbeiten,
- Voraussichtliche Höchstzahl der gleichzeitig Beschäftigten auf der → *Baustelle*,
- Voraussichtliche Zahl der Arbeitgeber und der Unternehmer ohne Beschäftigte,
- Angaben zu bereits ausgewählten Arbeitgebern und Unternehmern ohne Beschäftigte.

Ein Muster der Vorankündigung enthält Anlage A RAB 10.

6 Bekanntgabe auf der Baustelle

Die Vorankündigung ist auf der Baustelle sichtbar und vor Witterungseinflüssen geschützt auszuhängen. Ihre Lesbarkeit muss während der Dauer der Bauarbeiten erhalten bleiben.

> **Praxis-Tipp: Aushängen der Vorankündigung**
>
> In der Praxis hat es sich bewährt, die Vorankündigung laminiert an einem schwarzen Brett oder sichtbar am Bauleitungsbüro auszuhängen. Auch das Einbetten der Vorankündigung in einen Baustellenaushang (Bauherrenerklärung) ist ein praktikabler Weg.

7 Anpassung

Bei erheblichen Änderungen ist die Vorankündigung zu aktualisieren. Eine erneute Mitteilung an die Behörde ist nicht erforderlich. Erhebliche Änderungen können gem. Abschn. 11 RAB 10 z. B. sein:

- Wechsel des/r Bauherren oder des von ihm nach § 4 BaustellV beauftragten Dritten;
- erstmalige Bestellung des → *Koordinators* bzw. Wechsel des/r bereits bestellten Koordinators/en;
- Verkürzung der Dauer der → *Bauarbeiten*, sofern dadurch verstärkt gleichzeitig oder in nicht geplanter → *Schichtarbeit* gearbeitet werden muss;
- erstmaliges Tätigwerden von Beschäftigten mehrerer Arbeitgeber;
- wesentliche Erhöhung der Höchstzahl gleichzeitig Beschäftigter oder der Anzahl der Arbeitgeber oder der Anzahl der Unternehmer ohne Beschäftigte.

8 Rechtsfolgen

Wer vorsätzlich oder fahrlässig der zuständigen Behörde eine Vorankündigung nicht, nicht richtig, nicht vollständig oder nicht rechtzeitig übermittelt, handelt ordnungswidrig im Sinne von § 25 Abs. 1 Nr. 1 Arbeitsschutzgesetz.

Vorsorgekartei

Die Vorsorgekartei dient dazu, die gesetzlich vorgeschriebene arbeitsmedizinische Vorsorge zu organisieren und zu dokumentieren. Die Vorsorgekartei enthält sensible personenbezogene Daten. Um dem Prinzip der Datensparsamkeit gerecht zu werden, sind der Umfang zu dokumentierender Daten sowie die Aufbewahrungspflichten für den Betrieb nach neueren Rechtsgrundlagen reduziert worden. Den Arbeitnehmer trifft daher eine erweiterte Selbstverantwortung dafür, dass Untersuchungsergebnisse aufbewahrt werden und über das gesamte Berufsleben zur Verfügung stehen.

Gesetze, Vorschriften und Rechtsprechung

Die Pflicht des Arbeitgebers, eine Vorsorgekartei zu führen, ist in § 4 Abs. 3 Arbeitsmedizinische Vorsorgeverordnung (ArbMedVV) geregelt.

1 Inhalt

§ 4 Abs. 3 ArbMedVV bezieht sich ausdrücklich nur noch auf Pflichtuntersuchungen. Angebotsuntersuchungen wie die weit verbreitete G 37 für Bildschirmarbeit müssen nicht offiziell dokumentiert werden.

Verbindlicher Inhalt der Vorsorgekartei ist nur noch

- Anlass der Untersuchung,
- Tag der Untersuchung,
- Ergebnis.

Sieht man von Name und Anschrift des Versicherten ab, die aus der Sache heraus unverzichtbar sind, damit die Daten der Kartei entsprechend zu zuordnen sind, sind weitere Angaben nicht unbedingt erforderlich.

Daraus folgt, dass die Mindestanforderungen an die Dokumentation in der Vorsorgekartei bereits mit der ärztlichen Bescheinigung der durchgeführten Untersuchung abgedeckt sind.

Dessen ungeachtet muss aber in der Praxis für die Organisation der → *arbeitsmedizinischen Vorsorge* gesorgt werden, wozu auch die Verfolgung der Fristen bis zur nächsten Wiederholungsuntersuchung gehört. Auch das kann über die Vorsorgekartei abgewickelt werden, ist aber kein verbindlicher Bestandteil. In diese Richtung geht der Hinweis in § 4 Abs. 3 ArbMedVV, dass die Vorsorgekartei auch automatisiert, z. B. als Datenbank mit Wiedervorlagefunktion geführt werden kann.

Wichtig: Untersuchungsangebote dokumentieren

Auch wenn Angebotsuntersuchungen ausdrücklich nicht Bestandteil der Vorsorgekartei im aktuellen Sinne sind, ist der Arbeitgeber neuerdings aufgerufen, das Angebot dazu schriftlich an betroffene Beschäftigte zu machen (AMR Nr. 1 zu § 5 ArbMedVV). Auch hier ergeben sich also Dokumentationspflichten, die in die Organisation der arbeitsmedizinischen Vorsorge im Betrieb eingearbeitet werden müssen.

Wichtig: Vorsorgekartei nach BGV A4

Viele der in Gebrauch befindlichen oder z. B. von → *Unfallversicherungsträgern* zur Verfügung gestellten Formblätter zur Vorsorgekartei folgen der zurückgezogenen BGV A4, in der weitaus mehr Informationen verbindlicher Bestandteil der Vorsorgekartei waren, wie z. B. Tag der Einstellung und des Ausscheidens, Rentenversicherungsnummer, zuständiger Krankenversicherungsträger und

Angaben über frühere Tätigkeiten, bei denen eine Gefährdungsmöglichkeit bestand.

Dieser höhere Dokumentationsaufwand ist aber nicht mehr erforderlich und im Sinne des Datenschutzes wohl auch nicht mehr erwünscht.

Achtung: Neue Struktur im Arbeitsschutzrecht

Sämtliche Vorgaben zur Durchführung der arbeitsmedizinischen Vorsorge wurden seit 2008 in der ArbMedVV zusammengeführt. Dadurch sind auch für die Vorsorgekartei Rechtsbezüge weggefallen, z. B. in der zurückgezogenen BGV A4 und in den früheren Versionen von Gefahrstoffverordnung, Lärm- und Vibrationsarbeitsschutzverordnung.

2 Umgang mit der Vorsorgekartei

Da es sich um personenbezogene Daten handelt, muss damit gemäß den geltenden Datenschutzbestimmungen (Bundesdatenschutzgesetz) umgegangen werden, auch ohne dass Detailregelungen dazu in der ArbMedVV aufgeführt wären. Konkret bedeutet das:

- Es muss eine verbindliche Zugriffsregelung bestehen, d. h. die Vorsorgekartei muss unter Verschluss aufbewahrt werden, z. B. in einem verschließbaren Schrank, dessen Schlüssel nur befugten Personen zugänglich ist. In elektronischen Datenverarbeitungssystemen muss ein Berechtigungskonzept dafür sorgen, dass nur die berechtigten Personen auf die Datenablage oder entsprechende Programme zugreifen können.
- Alle Personen, die mit der Vorsorgekartei umgehen, müssen entsprechend § 5 Bundesdatenschutzgesetz schriftlich auf das Datengeheimnis verpflichtet werden und entsprechend geschult sein.

Wichtig: Keine sensiblen personenbezogenen Informationen in der Vorsorgekartei

Genauso wie die ärztlichen Bescheinigungen über durchgeführte Vorsorgeuntersuchungen, die dem Arbeitgeber zugestellt werden, darf die Vorsorgekartei nur das Untersuchungsergebnis in dem Sinn enthalten, ob Bedenken gegen eine Beschäftigung in der entsprechenden Weise bestehen oder nicht. Details der persönlichen ärztlichen Beratung werden, wenn überhaupt, nur in der Bescheinigung für den Arbeitnehmer, nicht aber in der für den Arbeitgeber und schon gar nicht in der Vorsorgekartei festgehalten. So ist sichergestellt, dass auch sehr sensible Themen wie chronische Krankheiten oder Suchtprobleme vertraulich mit dem Betriebsarzt unter Wahrung der ärztlichen Schweigepflicht angesprochen werden können und der Arbeitgeber davon keine Kenntnis erhält.

Auf Anordnung einer zuständigen Behörde (i. d. R. der zuständige → *Unfallversicherungsträger* oder die staatliche Arbeitsschutzaufsicht) erhält diese Einblick in die Kartei.

3 Wer führt die Vorsorgekartei?

Bei größeren Betrieben mit eigenen betriebsärztlichen Diensten wird die Vorsorgekartei direkt dort geführt, sonst meistens von der Personalabteilung oder einer vergleichbaren Stelle im Betrieb, die bei der Organisation der → *arbeitsmedizinischen Vorsorge* mit dem (dann meist externen) → *Betriebsarzt* zusammenarbeitet.

4 Aufbewahrungsfristen

Die Arbeitsmedizinische Regel AMR Nr. 1 zu § 6 ArbMedVV «Fristen für die Aufbewahrung ärztlicher Unterlagen» ist eine ergänzende Rechtsnorm zur ArbMedVV, die den Charakter einer amtlichen Empfehlung hat. Sie bezieht sich ausdrücklich nicht auf die Vorsorgekartei selbst: «Die Vorsorgekartei nach § 4 Abs. 3 ArbMedVV gehört nicht zu den ärztlichen Unterlagen im Sinne dieser Regel und ist nicht Gegenstand dieser AMR. Unbeschadet davon gehört eine Kopie der Bescheinigung nach § 6 Abs. 3 ArbMedVV zu den ärztlichen Unterlagen.» (Abschn. 2 AMR Nr. 1 zu § 6 ArbMedVV)

Inwieweit in der Praxis gerade in kleineren und mittleren Betrieben die Vorsorgekartei von den ärztlichen Bescheinigungen zu trennen ist, sei dahin gestellt. Für ärztliche Bescheinigungen gelten danach folgende Aufbewahrungsfristen:

- Für Untersuchungen, die Tätigkeiten mit krebserzeugenden oder erbgutverändernden Stoffen oder Zubereitungen der Kategorie K 1 oder K 2 im Sinne der Gefahrstoffverordnung betreffen sowie bei Tätigkeiten, die zu Berufskrankheiten gem. Berufskrankheiten-Verordnung (BKV) führen und eine längere Latenzzeit haben können: 40 Jahre oder 10 Jahre nach dem Tod des Beschäftigten.
- Für alle übrigen Untersuchungen: 10 Jahre nach der letzten Untersuchung.

5 Was passiert beim Ausscheiden des Beschäftigten?

Nach ArbMedVV bekommt der Arbeitnehmer beim Ausscheiden eine Kopie der ihn betreffenden Angaben aus der Vorsorgekartei ausgehändigt. Ähnliches gilt auch in Bezug auf Unterlagen zum Umgang mit besonders kritischen → *Gefahrstoffen* während der Betriebszugehörigkeit (§ 14 Abs. 4 GefStoffV). Da ein Beschäftigter darüber hinaus ohnehin persönlich eine ärztliche Bescheinigung über jede durchgeführte Untersuchung erhält, verfügt er somit bei sorgfältiger Aufbewahrung über eine komplette Dokumentation der in seinem Berufsleben durchgeführten arbeitsmedizinischen Vorsorge.

Der Arbeitgeber muss darüber hinaus ärztliche Bescheinigungen über Pflichtuntersuchungen entsprechend AMR Nr. 1 zu § 6 ArbMedVV aufbewahren. Alle anderen Informationen in der Vorsorgekartei, soweit sie nicht durch behördliche Anweisungen oder zukünftige AMR geschützt sind, müssen gelöscht werden.

Achtung: Aufklärung erforderlich
Solange keine Probleme auftreten, erkennen viele Beschäftigte nicht die Bedeutung der durchgeführten Vorsorgeuntersuchungen und die Notwendigkeit, die Unterlagen sorgfältig aufzubewahren. Daher ist es wichtig, im Rahmen der Unterweisung entsprechend aufzuklären und z. B. die Vorstellung zu korrigieren, dass die entsprechenden Daten von dritter Stelle (z. B. dem zuständigen Unfallversicherungsträger) gesammelt würden.

6 Was passiert, wenn der Betrieb eingestellt wird?

Bis vor wenigen Jahren musste die Vorsorgekartei bei kritischen Risiken (z. B. dem Umgang mit krebserzeugenden oder erbgutverändernden Stoffen) bei Erlöschen des Betriebes komplett dem Unfallversicherungsträger übergeben werden. Zurzeit gibt es keine entsprechenden Regelungen mehr. Da mit dem Erlöschen des Betriebes ja auch Arbeitsverhältnisse in der bestehenden Form beendet werden, greifen demnach dieselben Regelungen wie beim Ausscheiden eines Beschäftigten.

Cornelia von Quistorp

Wegeunfall

Als Wegeunfall wird in der gesetzlichen Unfallversicherung ein Unfall bezeichnet, der sich auf dem Weg von der Wohnung zum Betrieb oder vom Betrieb zur Wohnung ereignet.

Gesetze, Vorschriften und Rechtsprechung

Der Wegeunfall wird in § 8 Abs. 2 SGB VII behandelt.

1 Ausdehnung des Unfallversicherungsschutzes auf Wegeunfälle

Der Versicherungsschutz in der Unfallversicherung gilt auch für Wegeunfälle, d. h.: Wer auf dem Weg zur oder von der Arbeit verunglückt und dabei ein Körperschaden erleidet, hat Anspruch auf Leistungen aus diesem gesetzlichen Sozialversicherungszweig. Ein Anspruch auf Verletztenrente entsteht beispielsweise, wenn die unfallbedingte Minderung der Erwerbsfähigkeit mindestens 20 % beträgt.

Der Versicherungsschutz für → *Arbeitsunfälle* existiert auch für

- den «normalen» Wegeunfall,
- den Wegeunfall in Verbindung mit der Unterbringung von Kindern wegen Berufstätigkeit,
- den Wegeunfall bei Fahrgemeinschaften,
- den Wegeunfall beim Aufsuchen der Familienwohnung und
- Unfälle beim Umgang mit Arbeitsgeräten außerhalb des betrieblichen Bereichs.

Abheben des Lohns/Gehalts

Das Abheben des Lohns/Gehalts vom Bankkonto fällt nicht unter den erweiterten Versicherungsschutz[138]. Die Regelung ist wegen der inzwischen sehr unterschiedlichen Zahlungsformen (z. B. Homebanking) und den damit verbundenen Zufälligkeiten des Versicherungsschutzes nicht in das SGB VII übernommen worden.

Unfall auf dem Weg zur Arbeit

Der Unfall auf dem Weg zur Arbeit muss in engem zeitlichen und inneren Zusammenhang mit der versicherten Tätigkeit stehen. Versichert sind alle Tätigkeiten, für die Unfallversicherungsschutz

- kraft Gesetzes oder
- Satzung[139] oder
- aufgrund einer freiwilligen Versicherung

besteht.

2 Unmittelbarer Weg

Versichert ist stets der unmittelbare Weg von der Wohnung zum Ort der Tätigkeit. Der unmittelbare Weg muss nicht der kürzeste, der direkte Weg sein. Es muss sich um einen Weg handeln, der in unmittelbarem Zusammenhang mit der Tätigkeit steht und durch sie veranlasst worden ist. Versichert ist in der Regel der Weg, der nach den Vorstellungen des Versicherten unter Berücksichtigung des benutzten Verkehrsmittels der günstigste Weg oder auch der sicherste Weg ist.

Grundsätzlich ist es für den Unfallversicherungsschutz nicht von Bedeutung, ob der Weg zur und von der Arbeitsstätte mit einem Verkehrsmittel zurückgelegt wird. Es ist auch unwichtig, ob dieses Verkehrsmittel für die gesamte Wegstrecke benützt wird.

Voraussetzung für die Anerkennung eines Unfalls als Wegeunfall ist immer, dass der Versicherte mit der Zurücklegung des Weges keine andere Absicht verfolgt, als nach Hause bzw. zur Arbeitsstätte zu gelangen. Zu diesen grundsätzlichen Überlegungen ist das BSG[140] in seiner Entscheidung vom 31.10.1968 gekommen.

Betrieb wird nicht zu Zwecken der Arbeit aufgesucht

Unfallversicherungsschutz kann auch in Fällen bestehen, in denen der Betrieb nicht zum Zwecke der Verrichtung der Arbeit aufgesucht wird. Vielmehr ist ein Weg zum Betrieb der Tätigkeit zuzurechnen, wenn der Arbeitnehmer den Betrieb aufsucht, um arbeitsvertragliche Pflichten zu erfüllen.

In einem Urteil nennt das BSG als Beispiele die Anzeige und den Nachweis der Arbeitsunfähigkeit[141]. Es führt ferner aus, dass ein Versicherungsschutz dann besteht, wenn die Fahrt zum Betrieb unternommen wird, um eine drohende Kündigung des Arbeitsverhältnisses abzuwenden bzw. gegen sie beim Betriebsrat Einspruch zu erheben.

Versicherungsschutz besteht demnach auch dann, wenn der Weg zum Personalbüro, also nicht etwa zum Produktionsbereich, in dem der Betreffende beschäftigt ist, führt. Voraussetzung ist aber, dass die Fahrt nicht nur den eigenen Interessen des Arbeitnehmers, sondern auch den Interessen des Unternehmens dient. Letzteres kann (beispielsweise) vorliegen, wenn die Fahrt wegen der Behebung von Unklarheiten über die Art der Beschäftigung oder die Höhe der Vergütung erfolgt.

---

[138] § 548 Abs. 1 Satz 2 RVO a. F.
[139] S. Unternehmerversicherung.
[140] BSG, Entscheidung v. 31.10.1968, 2 RU 72/66; USK 68100.
[141] BSG, Urteil v. 23.10.1970, 2 RU 162/68.

3 Beginn des Weges

Der Weg zur versicherten Tätigkeit beginnt mit dem Verlassen der Wohnung, bei Mehrfamilienhäusern unmittelbar nach dem Verlassen des Hauses. Unfälle auf dem Weg zur Arbeit, die sich vor dem Durchschreiten der Haustür ereignen, sind nicht versichert, weil sie dem privaten Bereich zuzuordnen sind. Zum versicherten Weg gehört damit auch das Aufsuchen einer Garage, die nicht ohne Verlassen des Wohnhauses zu erreichen ist. Der Weg endet mit dem Erreichen der Arbeitsstätte, d. h. mit dem Betreten des Betriebsgeländes. Wird die versicherte Tätigkeit nicht von der Wohnung, sondern von einem anderen Ort aufgesucht, ist der Weg zur Arbeit nur dann versichert, wenn der Aufenthalt an diesem Ort im Wesentlichen nicht eigenwirtschaftlichen Interessen diente, somit im Vordergrund stand, die versicherte Tätigkeit von diesem Ort aus aufzunehmen.

Rechtsprechung zur Unterbrechung des Weges zur Arbeitsstelle

In einer Entscheidung des BSG vom 2.12.2008[142] ging es um eine Arbeitnehmerin, die sich auf dem Weg zu ihrer Arbeitsstelle befand und dabei eine Brotzeit kaufte. Der Kauf fand vor dem Fahrantritt statt. Sie ging zu ihrem PKW zurück, den sie für die Fahrt zur Arbeit benutzen wollte. Auf diesem Weg rutschte sie bei Glatteis aus und zog sich eine Fraktur des rechten Schien- und Wadenbeines zu. Das BSG stellte fest, dass ein Arbeitsunfall nicht vorlag. Nach seiner Ansicht änderte daran auch der Umstand nichts, dass sich der Unfall nur wenige Meter neben dem Bürgersteig ereignet habe. Trotzdem – so das BSG – lag eine Unterbrechung des Weges zum Betrieb vor und der Unfall ereignete sich während der Unterbrechung auf dem Abweg und nicht auf dem «normalen» Weg zum Betrieb.

4 Um- oder Abwege

Bei Umwegen oder Abwegen vom Arbeitsweg oder Unterbrechungen des Arbeitsweges ist die Versicherung des weiteren Weges grundsätzlich ausgeschlossen.

Wird allerdings ein Umweg eingeschlagen, um eine bessere Wegstrecke oder eine schnellere befahrbare oder weniger verkehrsreiche Straße zu benutzen, besteht Versicherungsschutz.

Wird der Weg zu oder vom Betrieb unterbrochen, ist lediglich für den Abweg Versicherungsschutz nicht gegeben. Nach der Unterbrechung kann Versicherungsschutz wieder eintreten, wenn der Versicherte wieder den «üblichen» Weg erreicht hat. Allgemein wird davon ausgegangen, dass bei einer Unterbrechung des Heimweges von mehr als 2 Stunden die Verbindung zum Betrieb gelöst worden ist. In einem solchen Fall kommt es auch nach Rückkehr zum «üblichen» Weg nicht zu einem Aufleben des Versicherungsschutzes.

4.1 Versicherungsschutz von Kindern und bei Familienheimfahrten

Unter Versicherungsschutz stehen auch Kinder auf einem Abweg von dem unmittelbaren Weg zur versicherten «Tätigkeit» (z. B. Kindergarten- oder Schulbesuch), wenn sie wegen der beruflichen Tätigkeit der Eltern/des Lebenspartners in fremde Obhut gegeben werden müssen.

Längere Unterbrechungen des Arbeitsweges aus privaten Gründen oder größere Umwege oder Abwege führen dazu, dass der Zusammenhang zwischen dem Weg und der versicherten Tätigkeit gelöst wird, sofern nicht Ausnahmen (erforderliche Kinderbetreuung, Fahrgemeinschaft) vorliegen. Ob bei einem Wegeunfall noch ein innerer Zusammenhang zwischen der versicherten Tätigkeit und dem weiteren regulären Arbeitsweg vorliegt, wenn es zu Unterbrechungen, Um- und Abwegen kam, hängt entscheidend von den Umständen des Einzelfalls ab. Unterbrechungen von mehr als 2 Stunden aus eigenwirtschaftlicher Veranlassung beenden den Versicherungsschutz für den noch verbleibenden Weg von der versicherten Tätigkeit.

Familienheimfahrten

Hat ein Versicherter wegen der räumlichen Entfernung seiner Familienwohnung zum Ort der Tätigkeit an diesem oder in dessen Nähe eine Unterkunft, stehen Familienheimfahrten, auch in das Ausland, unter Unfallversicherungsschutz. Familienwohnung ist die Wohnung, die den

---

[142] BSG, Urteil v. 2.12.2008, B 2U 15/07 R.

ständigen Mittelpunkt der Lebensverhältnisse des Versicherten bildet. Familienwohnung ist auch die Wohnung des Lebensgefährten, wenn der Versicherte dort seinen Lebensmittelpunkt hat.

4.2 Wechsel der Straßenseite keine Unterbrechung des Weges

Eine Unterbrechung des Weges tritt nicht ein, wenn lediglich die Straßenseite gewechselt und deshalb die Fahrbahn überquert wird. Es kommt hier der von der Rechtsprechung entwickelte Grundsatz zum Ausdruck, dass nur eine bedeutsame Unterbrechung den Zusammenhang zwischen der versicherten Tätigkeit und dem betreffenden Weg löst. Die Rechtsprechung sieht deshalb den Unfallversicherungsschutz während betriebsfremder Tätigkeit, die zeitlich und räumlich nur einen geringen Bewegungsaufwand erfordern, als erhalten an.

Damit der Versicherungsschutz nach einem Abweg wieder aufleben kann, ist es erforderlich, dass der Versicherte den öffentlichen Verkehrsraum, in dem er sich bei der Zurücklegung des Weges zu oder von dem Ort der Tätigkeit bewegte, wieder erreicht hat. An einer solchen Stelle beginnt im Übrigen auch die Unterbrechung.

4.3 Verletzung bei der Wiederherstellung der Betriebsfähigkeit eines Beförderungsmittels

In der Praxis kommt es immer wieder vor, dass sich Arbeitnehmer bei der Wiederherstellung der Betriebsfähigkeit ihres Beförderungsmittels (z. B. privateigener PKW) verletzen. Hier bleibt der Versicherungsschutz erhalten, wenn die Reparatur unvorhergesehen während des Zurücklegens eines Weges zu oder vom Betrieb erforderlich wird.

Der Versicherungsschutz erlischt auch dann nicht, wenn der Versicherte wieder in seinen häuslichen Bereich (z. B. Garage) zurückkehrt, um dort die Reparaturarbeiten auszuführen. Dies gilt insbesondere dann, wenn Wetter- oder Straßenverhältnisse eine Reparatur im Freien nicht zulassen und der Weg zurück relativ kurz ist.

4.4 Bestimmung des Endpunktes des Heimweges

Am 12.5.2009 beschäftigte sich das BSG mit dem Fall eines Arbeitnehmers, der als Nachtschichtler tätig war[143]. Er hatte seine Nachtschicht beendet und war anschließend in die gemeinsam mit der Ehefrau bewohnte Wohnung gefahren. Dort hatte er sich geduscht und gefrühstückt und war nach weniger als einer Stunde weiter zur knapp 30 km entfernt liegenden Wohnung seines Bruders gefahren, um dort zu schlafen. In seiner eigenen Wohnung konnte er tagsüber nicht schlafen, weil er dort Bauarbeiten durchführen ließ. Auf dem Weg zum Bruder erlitt er einen Verkehrsunfall, an dessen Folgen er kurze Zeit darauf starb. Das BSG verneinte das Vorliegen eines Arbeitsunfalls. Der Verunglückte hatte keine in der gesetzlichen Unfallversicherung versicherte Tätigkeit verrichtet, als er zum Verkehrsunfall kam. Deshalb hatte er dadurch keinen Versicherungsfall im Sinne des Unfallversicherungsrechts erlitten. Das Zurücklegen des Weges zur Wohnung des Bruders war nicht nach § 8 Abs. 2 Nr. 1 SGB VII (Wegeunfall) versichert. Der mit seiner versicherten Tätigkeit zusammenhängende unmittelbare Weg von dem Ort der Tätigkeit war mit seiner Ankunft in der von ihm und seiner Ehefrau bewohnten Wohnung beendet. Der später Verunglückte hätte zwar die Wohnung des Bruders als «Dritten Ort» zum Endpunkt seines Heimweges bestimmen können, dann aber nicht zuvor seine eigene Wohnung aufsuchen dürfen.

Endpunkt des Heimweges kann nach Auffassung des BSG nur entweder die Wohnung (oder Familienwohnung) oder der «Dritte Ort» sein. Die eigene Wohnung kann nicht als «Zwischenort» für eine Unterbrechung des Heimweges bestimmt werden. Wird sie erreicht, ist der versicherte Heimweg beendet.

4.5 Gemischte Tätigkeit

In Zusammenhang mit Wegeunfällen wird auch der Begriff der «gemischten Tätigkeit» verwendet. Dabei geht es um Tätigkeiten, die sowohl den Interessen des Unternehmens als auch pri-

---

[143] BSG, Urteil v. 12.5.2009, B 2 U 11/08 R.

vaten Interessen des Versicherten dienen. Tätigkeiten dieser Art lassen sich nicht eindeutig in einem unternehmensbedingten und einen unternehmensfremden Teil zerlegen.

Dienen solche Tätigkeiten (insbesondere Besorgungen) dem Unternehmen zwar nicht überwiegend aber doch wesentlich, so ist der Versicherungsschutz gegeben. Allerdings stellt beispielsweise das Einwerfen von Geschäftspost in den Briefkasten während des Abendspazierganges lediglich einen unwesentlichen Nebenzweck des privaten Handelns dar und begründet deshalb keinen Unfallversicherungsschutz.

4.6 Leichtsinniges Verhalten des Versicherten

Durch leichtsinniges Verhalten des Versicherten wird der Unfallversicherungsschutz nicht beseitigt. Allerdings muss das Verhalten allein dem Bestreben entspringen, rascher das Ziel des Heimweges zu erreichen (z. B. Überqueren eines Bahnkörpers). So ist auch das Abspringen von einem anfahrenden Zug nicht unbedingt in so hohem Grade vernunftwidrig, dass dadurch der Versicherungsschutz entfällt[144].

5 Ausnahmen von Erfordernis des unmittelbaren Weges

Ein Abweichen vom unmittelbaren Weg ist unschädlich und steht damit unter Versicherungsschutz, wenn Grund dafür ist, dass der Versicherte mit anderen berufstätigen oder versicherten Personen eine Fahrgemeinschaft bildet.

6 Ausnahmen vom Versicherungsschutz

Kein Versicherungsschutz besteht für den Arbeitsweg, wenn der Versicherte wegen Konsums von **Alkohol, Drogen oder Medikamenten** fahruntüchtig ist und die Fahruntüchtigkeit die allein wesentliche Unfallursache ist.

Fahruntüchtigkeit kann im Übrigen auch bei einer Blutalkoholkonzentration von weniger als 0,8 Promille gegeben sein, wenn dafür entsprechende beweiskräftige Indizien bestehen. Allerdings genügt nach der Rechtsprechung die Wahrscheinlichkeit für das Vorliegen alkoholbedingter Verkehrsuntüchtigkeit nicht, um den Versicherungsschutz auszuschließen.

Auch ein Fußgänger kann infolge Alkoholgenuss verkehrsuntüchtig sein. Das gilt auch bei anderen Verkehrsteilnehmern, wie beispielsweise Radfahrern und bei Mofafahrern.

7 Sonderfälle

Unfälle auf dem Weg zur und von der Agentur für Arbeit in Erfüllung der Meldepflicht sowie zu und von einer anderen Stelle (Vorstellung bei einem Arbeitgeber, Untersuchung) auf Veranlassung der Arbeitsagentur sind keine Wegeunfälle, sondern Unfälle bei einer versicherten Tätigkeit (Arbeitsunfall).

Versicherungsschutz besteht auch für Unfälle, die beim Umgang mit Arbeitsgeräten (z. B. beim Verwahren, Instandhalten, Erneuern) oder bei der Erstbeschaffung solcher «Geräte» (z. B. Maschinen, Werkzeuge, auch Schulbücher für neue Unterrichtsfächer) geschehen.

8 Unfallanzeige

Auch Wegeunfälle sind dem zuständigen Unfallversicherungsträger durch den Arbeitgeber in Form einer Unfallanzeige zu melden. Im Gegensatz zu reinen Betriebsunfällen wirken sich Wegeunfälle aber nicht auf die Höhe der vom Unternehmen zu zahlenden Unfallversicherungsbeiträge aus.

Horst Marburger

---

[144] BSG, Urteil v. 30.1.1970, 2 RU 194/66; USK 7024.

Werkzeugmaschinen

Werkzeugmaschinen sind kraftbetätigte Maschinen zur Kaltbearbeitung von Metall.

Beispiele für Werkzeugmaschinen sind:

- hydraulische, pneumatische und mechanische Pressen,
- Dreh-, Bohr- und Fräsmaschinen,
- Bearbeitungszentren,
- Schleifmaschinen,
- Tafelscheren,
- Gesenkbiegepressen,
- Funkenerodiermaschinen.

Gesetze, Vorschriften und Rechtsprechung

Für die Beschaffenheit von Werkzeugmaschinen gelten die Anforderungen des Anhang I 2006/42/EG. Für den sicheren Betrieb von Werkzeugmaschinen sind außerdem die Betriebssicherheitsverordnung (BetrSichV) und die Technischen Regeln für Betriebssicherheit (TRBS) zu beachten.

Die erhaltenswerten Bestandteile der alten Unfallverhütungsvorschriften wurden in der BGR 500 «Betreiben von Arbeitsmitteln» zusammengefasst, z. B. für Pressen (Kap. 2.3), für Schleifmaschinen (Kap. 2.19) und für Maschinen der Metallbearbeitung (Kap. 2.20). Sie enthalten Vorgaben für den sicheren Betrieb, jedoch keine Beschaffenheitsanforderungen.

Konkrete Hilfestellungen zu Fragestellungen für den sicheren Betrieb von Werkzeugmaschinen enthalten:

- BGR 237 «Hydraulik-Schlauchleitungen – Hinweise für den sicheren Einsatz»
- BGI 575 «Auswahl und Anbringung von elektromechanischen Verriegelungseinrichtungen für Sicherheitsfunktionen»
- BGI 703 «Schutzeinrichtungen»
- BGI 718 «Minimalmengenschmierung in der spannenden Fertigung»
- BGI 719 «Brand- und Explosionsschutz an Werkzeugmaschinen»
- BGI 724 «Pressenprüfung»
- BGI 5003 «Maschinen der Zerspannung»

1 Beschaffenheitsanforderungen

Werkzeugmaschinen fallen unter die Definition der EG-Maschinen-Richtlinie. Daher gelten für sie die grundsätzlichen Sicherheitsanforderungen in Anhang I 2006/42/EG. Neben den grundlegenden europäisch harmonisierten Normen zur Sicherheit von → *Maschinen* sind in einer Reihe sogenannter C-Normen zum Teil sehr detaillierte Sicherheitsanforderungen an bestimmte Arten von Werkzeugmaschinen enthalten.

Praxis-Tipp: Geltende Normen

Unter http://eur-lex.europa.eu/de/index.htm finden Sie die aktuell gültige Normenliste für Maschinen.

Werkzeugmaschinen, die vor dem 1.1.1993 hergestellt wurden, unterlagen den damals gültigen nationalen Beschaffenheitsanforderungen (z. B. Unfallverhütungsvorschriften). Zwischen 1.1.1993 und 31.12.1994 hatten die Hersteller die Wahl, die nationalen Unfallverhütungsvorschriften oder die grundsätzlichen Anforderungen der damals bereits gültigen europäischen Maschinen-Richtlinie 89/392/EWG zu berücksichtigen. Seit 1995 waren bei der Herstellung und beim Inverkehrbringen von Werkzeugmaschinen die Anforderungen aus 89/392/EWG verbindlich.

2 Gefährdungsarten

2.1 Mechanische Gefährdungen

An Werkzeugmaschinen bestehen hohe mechanische Gefährdungen durch Einklemmen, Quetschen und Erfasstwerden aufgrund

- der teilweise hohen Geschwindigkeiten von Spindeln und
- hoher Kräfte von Achsbewegungen (z. B. bei automatischen Werkzeugwechslern).

Die Hersteller sind gehalten, diese Gefährdungen durch ein Sicherheitskonzept mit darauf abgestimmten technischen Schutzmaßnahmen ausreichend zu minimieren. Das wird z. B. durch eine Auswahl von trennenden und nicht trennenden → *Schutzeinrichtungen* (Hardware) erreicht, die z. T. über eine sicherheitsgerichtete Maschinensteuerung (Software) gesteuert werden.

> **Achtung: Unfallgeschehen**
>
> Es kommt immer wieder zu schweren Unfällen an Werkzeugmaschinen, wenn vorhandene Schutzeinrichtungen beim Betrieb nicht funktionsfähig sind, sei es durch Fehlfunktionen (Herstellerverantwortung) oder aber – wesentlich häufiger – durch Manipulation von Schutzeinrichtungen (Betreiberverantwortung)[145].

2.2 Sonderfall: Schutzscheiben an Werkzeugmaschinen

In Werkzeugmaschinen werden technologisch bedingt häufig → *Kühlschmierstoffe (KSS)* eingesetzt. Außerdem werden zum Reinigen von Werkzeugmaschinen auch häufig Lösemittel verwendet. Bei älteren Werkzeugmaschinen besteht das Schutzscheibenmaterial von beweglichen trennenden → *Schutzeinrichtungen* zuweilen noch aus Plexi- oder Acrylglas. Diese Materialien neigen nach einer gewissen Einwirkdauer von KSS oder lösemittelhaltigen Reinigungsmitteln zum Versprüden und sind dann in ihrem Rückhaltevermögen stark eingeschränkt. Untersuchungen ergaben, dass nach einer Verwendungsdauer von 5 Jahren das Rückhaltevermögen um bis zu 70 % vermindert sein kann.

Daher sollte im Rahmen einer → *Gefährdungsbeurteilung* ermittelt werden, ob Schutzscheiben ggf. rechtzeitig gegen moderne Polycarbonatscheiben ausgewechselt werden müssen[146].

2.3 Einrichtbetrieb

Im Einrichtbetrieb besteht die Möglichkeit, Werkzeugmaschinen ohne trennende bzw. nicht trennende → *Schutzeinrichtungen* zu betreiben. Der Einrichter bzw. der Bediener ist in dieser Betriebsart nicht gegen wegfliegende Werkstücke bzw. Werkzeuge geschützt. Daher sind in dieser Betriebsart die zulässigen Geschwindigkeiten (Drehzahlen, Vorschübe, etc.) normgemäß stark vermindert und der Betreiber muss alle notwendigen Bewegungen über eine Befehlseinrichtung mit selbsttätiger Rückstellung auslösen («Totmannschaltung»).

Außerdem sind dazu noch zusätzliche organisatorische Maßnahmen bzw. Festlegungen durch den Betreiber zu treffen (u. a. zur Qualifikation des Bedienpersonals).

Für das Arbeiten mit → *Pressen* enthält z. B. Kap. 2.3 Abschn. 3.5 BGR 500 exakte Vorgaben, welche organisatorischen Maßnahmen für den Einrichtbetrieb umzusetzen sind.

2.4 Altmaschinenbestand

Ältere Werkzeugmaschinen, die vor Inkrafttreten der Maschinen-Richtlinie erstmalig rechtmäßig in Verkehr gebracht worden sind (also vor 1995 bzw. 1993), verfügen i. d. R. nicht über die heute üblichen technischen Sicherheitsvorkehrungen. An Drehmaschinen fehlen z. B. häufig trennende → *Schutzeinrichtungen* wie Schiebetüren und Spannfutterschutzhauben.

---

[145] Metall-BG, Alles gegen Manipulation?, FA-Infoblatt, Nr. 22 (11.2007).
[146] Metall-BG, Schutzscheiben an Werkzeugmaschinen der Metallbearbeitung, FA-Infoblatt, Nr. 40 (07.2010).

Im Rahmen einer → *Gefährdungsbeurteilung* nach Anhang I BetrSichV sollten die Betreiber solcher Maschinen prüfen, ob zumindest die Mindestvorschriften an → *Arbeitsmittel* erfüllt sind oder ggf. durch zusätzliche Schutzmaßnahmen erkannte Gefährdungen minimiert werden müssen.

2.5 Brand- und Explosionsschutz an Werkzeugmaschinen

Beim Einsatz von modernen Werkzeugmaschinen zeichnen sich 2 Trends deutlich ab:

- vermehrter Einsatz von niedrigviskosen brennbaren → *Kühlschmierstoffen (KSS)* bei sehr hohen Drücken und
- immer höhere Vorschub- und Schnittgeschwindigkeiten.

Dadurch erhöht sich das Brandrisiko innerhalb von Werkzeugmaschinen erheblich. Ziel einer → *Gefährdungsbeurteilung* muss es daher sein, durch geeignete technische Schutzmaßnahmen das Brand- und ggf. auch das Explosionsrisiko an Werkzeugmaschinen so niedrig wie möglich zu halten[147].

Detlef Burghammer

Wertschätzung

Wertschätzung ist zugleich ein menschliches Grundbedürfnis und eine Haltung, die sich in einer wohlwollenden Lenkung der Aufmerksamkeit auf positive Aspekte des Gegenübers zeigt und sich in Verhalten ausdrückt und zwar insbesondere in der Kommunikation.

Damit ist sie gleichzeitig aktiv – die Aufmerksamkeit wird bewusst gesteuert, das Verhalten entsprechend praktiziert – und passiv konzipiert: Sie kann gegeben und empfangen werden. Sie kann sich in Lob ausdrücken, aber sie ist weit mehr als das. Auch Dank, Interesse an der Person oder das Übertragen wichtiger Aufgaben können Ausdruck von Wertschätzung sein. Wertschätzung ist nie Mittel zum Zweck und damit – anders als Lob – in jedem Fall frei von Manipulationsverdacht.

1 Wertschätzung als Gesundheits- und Produktivitätsfaktor

1.1 Zusammenhänge zwischen Wertschätzung und Gesundheit

Der Zusammenhang zwischen Gesundheit und Wertschätzung wird immer dort besonders deutlich, wo Wertschätzungsdefizite auftreten. Wenn Menschen sich durch Missachtung gekränkt fühlen, steigt ihr Blutdruck, die Muskeln werden angespannt, die Atmung wird oberflächlicher, der Pulsschlag geht nach oben, die Stimmung wird gereizt, das Verhalten aggressiv – der Mensch geht in «Hab-Acht-Stellung».

Im Gegensatz dazu hat Wertschätzung zahlreiche gesundheitsfördernde Effekte: Sie

- reduziert Ängste,
- sorgt für Entspannung und
- steigert das Wohlbefinden durch Freisetzung von Endorphinen und Oxytozin (dem sog. Vertrauenshormon). Zudem wird das Depressionsrisiko reduziert.

Für den betrieblichen Kontext sind darüber hinaus folgende Effekte der Wertschätzung von Bedeutung: Die Arbeitsfähigkeit älterer Beschäftigter wird verbessert, sobald man sich durch den direkten Vorgesetzten wertgeschätzt fühlt. Und sog. Gratifikationskrisen werden vermieden. Darunter versteht man ein Ungleichgewicht zwischen Verausgabung und Belohnung. Wenn also ein Mitarbeiter den Eindruck hat, seine Tätigkeit würde nicht hinreichend gewürdigt in Form von Lohn, Aufstiegschancen, Entwicklungsmöglichkeiten oder Imagesteigerung, dann gerät er in ei-

---

[147] Metall-BG, Brand- und Explosionsschutz an Werkzeugmaschinen, FA-Infoblatt Nr. 32 (10.2009); Metall-BG, Brand an Werkzeugmaschinen – Was ist zu beachten, FA-Infoblatt Nr. 43 (12.2009).

ne Gratifikationskrise. Diese geht mit einem erhöhten Risiko für Herz-Kreislauf-Erkrankungen einher.

Neben den gesundheitlichen Effekten spielt das Thema Wertschätzung auch im Zusammenhang mit Motivation und Mitarbeiterbindung eine wichtige Rolle: Wer der Meinung ist, dass seine Arbeit nicht gesehen wird oder er als Person nicht zur Kenntnis genommen wird, reduziert langfristig sein Engagement oder sucht sich einen anderen Arbeitgeber. Wertschätzung ist damit zugleich ein Gesundheits- und ein Produktivitätsfaktor.

1.2 Psychosozialer Arbeitsschutz und Unternehmenskultur

Psychosozialer Arbeitsschutz hat zum Ziel, die zwischenmenschlichen Arbeitsbedingungen salutogen zu gestalten, sodass sich alle am Arbeitsplatz wohlfühlen. Wertschätzung trägt stark zum Wohlbefinden im Betrieb bei und ist folglich Bestandteil eines ganzheitlich ausgerichteten psychosozialen Arbeitsschutzes.

Dies gilt nicht nur für den Umgang der Führungskräfte mit ihren Mitarbeitern, auch das Miteinander der Kollegen untereinander beeinflusst das Betriebsklima und damit das Befinden. Es kann von Kränkungen und Missachtung geprägt sein, sodass es arbeitsbedingte Gesundheitsgefahren birgt. Es kann aber auch psychosoziale Ressourcen beinhalten, nämlich dann, wenn Kollegen sich gegenseitig stärken und unterstützen.

Wie **Abb. 1** zeigt, besteht zwischen Betrieblichem Gesundheitsmanagement und Wertschätzung eine Wechselbeziehung.

Sobald sich Beschäftigte von ihrem Unternehmen und seinen Vertretern persönlich wertgeschätzt fühlen, verstehen sie Maßnahmen des Betrieblichen Gesundheitsmanagements und Maßnahmen zum Arbeits- und Gesundheitsschutz (AuG) als Ausdruck von Wertschätzung. Sie «glauben» die positive Intention; folglich ist die Akzeptanzquote der zugehörigen Maßnahmen hoch. Die Maßnahmen können ihre Wirkung voll entfalten und erreichen viele Beschäftigte.

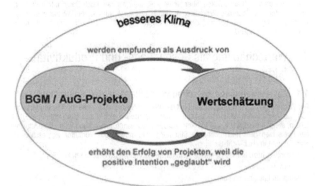

Abb. 1: Das Verhältnis von Wertschätzung und Betrieblichem Gesundheitsmanagement Arbeits- und Gesundheitsschutz (AuG)[140]

Wichtig: Wertschätzung – ein Erfolgsfaktor für das BGM

Wo sich Beschäftigte hingegen (noch) nicht wertgeschätzt fühlen, fehlt auch (noch) die Akzeptanz der BGM-Maßnahmen. Wenn die Kultur in einem Unternehmen in der Vergangenheit

---

[140] aus: Matyssek, Wertschätzung im Betrieb. Impulse für eine gesündere Unternehmenskultur, 2011.

geprägt war von der Betrachtung des Menschen als Kostenfaktor, dann ist Geduld erforderlich.

1.3 Wertschätzung als salutogene Grundhaltung

Wertschätzung lässt sich verstehen als wohlwollende Lenkung der Aufmerksamkeit auf positive Aspekte des Gegenübers – diese Fokussierung kann sich auf den Mitarbeiter beziehen, aber auch auf das Unternehmen als Ganzes oder auf Teilaspekte wie z. B. den Arbeitsschutz oder den Betriebssport.

Im Umgang mit anderen Menschen zeigt sich die positive Herangehensweise z. B. im Übertragen von Verantwortung. Die dahinter stehende Haltung lautet, dass man dem Mitarbeiter diese Aufgaben zutraut.

Ein zweites Beispiel ist die sog. «Rote-Tage-Regelung» mancher Betriebe; sie bedeutet, dass jeder Mitarbeiter pro Jahr 2 Tage daheim bleiben kann, wenn er sich nicht wohl fühlt. Dahinter steht die Haltung «Wir trauen unseren Mitarbeitern zu, dass sie verantwortlich mit dem Thema Krankheit bzw. Abwesenheit umgehen». Auch hier offenbart sich ein positives Menschenbild, das in der Praxis oft entsprechend belohnt wird. Die meisten Menschen wollen etwas zurückgeben, wenn sie merken, dass man ihnen wertschätzend begegnet. (Umgekehrt «bestrafen» Mitarbeiter eine misstrauische Haltung seitens der Geschäftsleitung durch das bewusste Suchen von Schlupflöchern.)

Ein drittes Beispiel aus dem Betriebsalltag: Bei einer wertschätzenden Haltung lenkt eine Führungskraft ihr Augenmerk auch auf die 98 % der Mitarbeiterleistungen, die einwandfrei erledigt werden; sie schaut nicht ausschließlich auf die 2 % fehlerhaften Leistungen.

Wenn Menschen ihren Kolleginnen und Kollegen ablehnend gegenüberstehen, diese innerlich abwerten oder nicht mögen, ist es schwierig für sie, sich wertschätzend zu verhalten. Denn die Grundhaltung stimmt nicht. Wertschätzung vorzuheucheln ist hier nicht zielführend; gefragt ist stattdessen eine Reflexion des Menschen- bzw. Mitarbeiterbildes und der zugrundeliegenden Haltung.

> **Wichtig: Ohne wertschätzende Haltung kein wertschätzendes Verhalten**
>
> Eine von Wertschätzung geprägte Grundhaltung ist die Basis für wertschätzendes Verhalten. Menschen, die so tun, als ob sie ihr Gegenüber schätzten, werden als unauthentisch erlebt.

2 Selbstwertschätzung als Basis

2.1 Selbstwertschätzung als Teil einer gesunden Psyche

Eine gesunde Psyche beinhaltet ein robustes Selbstwertgefühl. Ein Mensch, der sich selbst schätzt, wird auch im Kontakt mit anderen selbstbewusst auftreten und für seine Rechte eintreten. Er kann Kritik an seiner Leistung akzeptieren, ohne sich gleich als Person infrage gestellt zu sehen. Das Selbstwertgefühl wird zwar in der frühen Kindheit geprägt, es lässt sich aber in späteren Lebensjahren noch fördern und entwickeln.

> **Wichtig: Ohne Selbstwertschätzung keine Wertschätzung anderer**
>
> Selbstwertschätzung ist die Basis, um anderen Menschen wertschätzend begegnen zu können.

Ohne Selbstwertschätzung ist es schwierig, anderen Menschen mit Wertschätzung zu begegnen. Dementsprechend ist die Ursache für arrogantes oder aggressives Verhalten häufig in mangelnder Selbstwertschätzung zu finden. Menschen mit geringer Selbstachtung müssen andere abwerten, um selber größer dazustehen. Ein erster Schritt für mehr Wertschätzung im Betrieb besteht daher in einer Stärkung des Selbstwertgefühls der handelnden Akteure und Kulturträger. Die Zusammenarbeit wird dadurch erleichtert.

Achtung: Überheblichkeit ist nicht Ausdruck eines starken Selbstwertgefühls

Menschen, die auf andere herabblicken, haben dies i. d. R. nötig, um sich selbst aufzuwerten. Menschen mit einem starken Selbstwertgefühl haben es nicht nötig, andere kleinzumachen.

2.2 (Selbst-)Wertschätzung in Konfliktsituationen

Insbesondere in Konfliktsituationen ist es schwierig, den Gesprächspartner weiterhin wertzuschätzen, wenn man sich selbst angegriffen fühlt. Ein stabiles Selbstwertgefühl ist daher wichtig, um in Konfliktsituationen einen kühlen Kopf zu bewahren und nicht seinerseits aggressiv und abwertend zu reagieren. Die Kränkungsanfälligkeit wird durch ein starkes Selbstwertgefühl reduziert.

Ähnliches gilt für Kritikgespräche. Diese eskalieren immer dann, wenn der Mitarbeiter sich durch die Äußerungen der Führungskraft als Person abgewertet sieht. Dann möchte er sich als Person verteidigen und greift zu aggressiven Mitteln – während die Führungskraft glaubt, sie hätte lediglich Kritik an der Leistung, nicht aber an der Person geübt. Die Gefahr ist groß, dass die Führungskraft den Mitarbeiter daraufhin als rebellisch erlebt – während dieser nur sein Selbstwertgefühl verteidigen will, das er angegriffen sieht.

Zur Vermeidung von Eskalationen in Kritik- oder Konfliktgesprächen ist es daher sinnvoll, präventiv das Selbstwertgefühl zu stärken. Dafür sind alle Tätigkeiten geeignet, bei denen man sich als kraftvoll und aktiv agierend erlebt (Sport, Hobbys, Vereinsarbeit etc.).

3 Wertschätzung im Arbeitsalltag

3.1 3 Formen der Anerkennung

Anerkennung lässt sich als Oberbegriff verstehen für Dank, Lob und Wertschätzung.

- **Dank** bezieht sich auf den Einsatz des Kollegen oder der Mitarbeiterin. Er ist unabhängig vom Ergebnis der Bemühungen oder von Sympathie. Diese Form der Anerkennung kommt also auch dann infrage, wenn die Führungskraft beispielsweise den Mitarbeiter nicht mag.
- **Lob** bezieht sich immer auf eine Leistung und beinhaltet eine (positive) Bewertung dieser Leistung. Letztlich stellt auch negatives Feedback eine Form von Anerkennung dar, denn auch Kritik beinhaltet, dass man sich die Leistung näher angeschaut hat und damit auch den Leistungserbringer zur Kenntnis genommen hat. Im Arbeitsalltag wird Kritik allerdings häufig negativ erlebt – dies ist vor allem dann der Fall, wenn die Wertschätzung aus Sicht des Kritikempfängers nicht gegeben ist.
- Die **Wertschätzung** der Person ist die Königsklasse der Anerkennung. Hier geht es um den Menschen als Ganzes – nicht nur in seiner Funktion als Leistungserbringer. Sie äußert sich z. B. in Form von Interesse für die Arbeit, aber auch für das Privatleben des Kollegen (falls gewünscht). Die meisten Beschäftigten halten die Wertschätzung ihrer Person für wichtiger als das Lob für ihre Leistung.

Wichtig: Macht Lob klein?

Während lange Zeit die motivationsfördernde Wirkung von Lob beschrieben wurde, mehren sich in den letzten Jahren Stimmen, die Lob als «Selbstwertkiller» bezeichnen und behaupten, Lob erziehe Mitarbeiter zu Kraftlosigkeit. Wer nach Lob durch Vorgesetzte schiele, sei unmündig wie ein Kind, denn er arbeite für die Führungskraft und nicht für sich selbst, und es ginge ihm auch nicht um einen Sinn in seiner Tätigkeit.

In der Praxis schildern Beschäftigte i. d. R., dass sie beide Aspekte kennen: Eine reife Persönlichkeit ist nicht abhängig von der Anerkennung durch andere – dennoch kann Lob eine wohltuende und auch motivationsfördernde Wirkung haben.

Achtung: Lob ist nur der Notnagel

Mitarbeiterbefragungen ergeben branchen- und hierarchiestufenübergreifend die Klage von Mitarbeitern, sie erhielten zu wenig Lob. Ein Grund kann darin liegen, dass in den Fragebögen der Erhebung nur nach Lob für Leistungen und nicht nach Wertschätzung der Person gefragt wird. Idealerweise sollten Erhebungsinstrumente Items für beide Aspekte der Anerkennung beinhalten.

3.2 Wertschätzendes Verhalten

Wertschätzung zeigt sich im Betrieb im täglichen Umgang, z. B. im Umgangston. Ist dieser geprägt von Freundlichkeit, Höflichkeit und Respekt, so fühlen Beschäftigte sich i. d. R. wohl. Dazu gehören auch zahlreiche «kleine» Gesten wie die Ansprache mit Namen, das Willkommenheißen nach einer Abwesenheit und der häufige Gebrauch der Wörter «bitte» und «danke».

Das Betriebsklima wird positiv beeinflusst, wenn man Lästern unterlässt bzw. es – seitens der Führungskraft – unterbindet. Gleiches gilt für Diskriminierungen. Gleichbehandlung ist wichtig, um Kränkungsgefühle zu vermeiden. Kollegen stehen füreinander ein und vermeiden Ausgrenzungen, wenn sie den Eindruck haben, dass auch sie selber zu ihrem Recht kommen und geschätzt werden.

Von besonderer Bedeutung für ein wertschätzendes Miteinander ist auch die oben erwähnte soziale Unterstützung. Sie umfasst Verhaltensweisen wie Zuhören, den Rücken stärken, Misserfolge erlauben, Trost spenden oder praktische Hilfen. In einer Kultur der Wertschätzung sprechen Mitarbeitende und Führungskräfte positiv übereinander (und auch über Angebote des Unternehmens wie z. B. die Kantine). Sie haben das Vertrauen, Konfliktherde offen anzusprechen, sodass eine Eskalation vermieden wird.

Praxis-Tipp: Führungskräfte gewinnen

Da Wertschätzung im Betrieb maßgeblich durch die Führungskräfte des Unternehmens geprägt wird, ist es wichtig, diese für das Thema zu gewinnen. Sie müssen für ihre Aufgaben im Zusammenhang mit gesundheitsgerechter Mitarbeiterführung sensibilisiert, geschult und motiviert werden.

4 Weitere Informationsquellen

- INQA, Unternehmenskultur und wirtschaftlicher Erfolg, 2006
- www.wertschaetzung-im-betrieb.de
- www.demowerkzeuge.de

Anne Katrin Matyssek

Winden

Winden sind Geräte, die allein oder in Verbindung mit anderen Einrichtungen (z. B. Krane, Erdbaumaschinen, Fahrzeuge) zum Ziehen von Lasten, zum Spannen oder zum Heben und Senken von Personen verwendet werden.

Gesetze, Vorschriften und Rechtsprechung

Für Winden, die gleichzeitig Maschinen sind, gelten die Beschaffenheitsanforderungen der Maschinenverordnung (außer Altmaschinen). Für alle Winden sind die Mindestanforderungen der Betriebssicherheitsverordnung (BetrSichV) hinsichtlich Beschaffenheit und Betrieb zu beachten. Darüber hinaus hat der Unternehmer dafür zu sorgen, dass Winden entsprechend den Bestimmungen der BGV D8 «Winden, Hub- und Zuggeräte» beschaffen sind und betrieben werden.

1 Arten von Winden

Winden sind z. B.:

- Trommelwinden,
- Winden für hochziehbare Personenaufnahmemittel,

- Ankerwinden, Verholwinden, Bootswinden (Davitswinden), Mastwinden, Schleppwinden auf Wasserfahrzeugen,
- Slipwinden,
- Spille,
- Schraubenwinden,
- Zahnstangenwinden und ähnliche Geräte.

2 Beschaffenheitsanforderungen

Für Winden, die unter den Anwendungsbereich der Maschinenverordnung fallen, gelten die Beschaffenheitsanforderungen gemäß Maschinenverordnung (9. ProdSV). Der Unternehmer darf diese Winden erstmals nur in Betrieb nehmen, wenn die Voraussetzungen der §§ 2 bis 4 Maschinenverordnung erfüllt sind.

Das gilt nicht

10. für Winden – ausgenommen in Nummer 2 aufgeführte –, die den Anforderungen von Abschnitt II «Bau und Ausrüstung» der BGV D8 «Winden, Hub- und Zuggeräte» entsprechen und bis zum 31. Dezember 1994 in den Verkehr gebracht worden sind;

11. für Winden zum Heben und Senken von Personen, die den Anforderungen von Abschnitt II «Bau und Ausrüstung» der BGV D8 «Winden, Hub- und Zuggeräte» entsprechen und bis zum 31. Dezember 1996 in den Verkehr gebracht worden sind.

Winden, die unter den Anwendungsbereich der EU-Arbeitsmittelbenutzungs-Richtlinie (89/655/EWG) fallen, müssen seit 1. Januar 1997 mindestens den Anforderungen dieser EU-Richtlinie bzw. Anhang 1 Betriebssicherheitsverordnung (BetrSichV) entsprechen, insbesondere Abschnitt 3.2 «Mindestvorschriften für Arbeitsmittel zum Heben von Lasten».

Darüber hinaus muss der Unternehmer dafür sorgen, dass Winden entsprechend den Bestimmungen von Abschnitt II «Bau und Ausrüstung» der BGV D8 «Winden, Hub- und Zuggeräte» beschaffen sind.

Dort sind u. a. die folgenden Themen geregelt:
- Transport- und Befestigungseinrichtungen,
- hand- und kraftbetriebene Geräte,
- Anforderungen an Steuereinrichtungen,
- Rücklaufsicherung der Last,
- Sicherung von Lasten gegen freien Fall,
- Bremseinrichtungen, allgemein,
- Notwendigkeit von Hilfsbremsen,
- Sicherung gegen Überlastung,
- Anforderungen an Seil- und Kettentriebe,
- Notendhalteinrichtungen,
- Anforderungen an Sicherheitseinrichtungen.

3 Kennzeichnung

An Hubgeräten müssen mind. folgende Angaben dauerhaft und gut lesbar angegeben sein:

1. Hersteller oder Lieferant,
2. Baujahr,
3. Typ, falls Typenbezeichnung vorhanden,
4. Fabriknummer oder Seriennummer,
5. zulässige Belastung.

Zu weiteren spezifischen erforderlichen Angaben am Gerät siehe § 3 BGV D8 «Winden, Hub- und Zuggeräte».

4 Prüfungen

Für Winden müssen nach Betriebssicherheitsverordnung (BetrSichV) Art, Umfang und Fristen erforderlicher → *Prüfungen* ermittelt und die notwendigen Voraussetzungen ermittelt und festgelegt werden, welche die Personen erfüllen müssen, die mit der Prüfung oder Erprobung von Winden beauftragt werden (→ *befähigte Person*).

Winden sind auch nach den Bestimmungen von Abschnitt III «Prüfungen» «der BGV D8 Winden, Hub- und Zuggeräte» sicherheitstechnisch zu überprüfen. Danach müssen Winden, einschließlich der Tragkonstruktion sowie Seilblöcke, vor der ersten Inbetriebnahme und nach wesentlichen Änderungen sowie vor der Wiederinbetriebnahme, durch eine befähigte Person (Sachkundigen) auf die ordnungsgemäße Aufstellung und Betriebsbereitschaft geprüft werden. Der Unternehmer muss außerdem dafür sorgen, dass Geräte einschließlich der Tragkonstruktion sowie Seilblöcke min. einmal jährlich durch eine befähigte Person (Sachkundigen) geprüft werden. Er muss Winden darüber hinaus entsprechend den Einsatzbedingungen und den betrieblichen Verhältnissen nach Bedarf zwischenzeitlich durch eine befähigte Person (Sachkundigen) prüfen lassen.

Die Prüfung erstreckt sich im Wesentlichen auf die Vollständigkeit, Eignung und Wirksamkeit der Sicherheitseinrichtungen sowie auf den Zustand des Gerätes, der Tragmittel, der Rollen, der Ausrüstung und der Tragkonstruktion. Sicherheitseinrichtungen sind z. B. Rückschlagsicherungen, Rücklaufsicherungen, Bremseinrichtungen, Hilfsbremsen, Seilwickeleinrichtungen, Einrichtungen zum Sperren der Lastwelle, Sicherungen gegen Überlastung, Notendhalteinrichtungen.

5 Betrieb

Für den Betrieb von Winden sind die Festlegungen von Anhang 2 BetrSichV zu beachten, insbesondere Pkt. 4. «Mindestanforderungen für die Benutzung von Arbeitsmitteln zum Heben von Lasten».

Eine Spezifizierung der Betriebsvorschriften enthält Abschnitt IV «Betrieb» der BGV D8 «Winden, Hub- und Zuggeräte».

Dort sind u. a. die folgenden Themen geregelt:

- Anforderungen an Personen, Beauftragung,
- Betriebsanleitung, → *Betriebsanweisung*,
- Aufstellung, Befestigung,
- zulässige Belastung,
- Prüfung vor Arbeitsbeginn,
- Feststellung und Beseitigung von Mängeln,
- Anschlagen der Last,
- Einleiten der Lastbewegung,
- Unterbrechen des Kraftflusses,
- Verlassen des Steuerstandes von unter Last stehenden Geräten,
- Personentransport,
- Anforderungen an Geräte, abhängig von der Verwendungsart,
- Anfahren von Notendhalteinrichtungen
- zusätzliche Bestimmungen für Trommelwinden,
- Ablauf der theoretischen Nutzungsdauer von Geräten.

Gunter Weber

Zeit- und Zielmanagement

Zeit ist das Kostbarste, das wir haben. Doch im Gegensatz zu Geld oder anderen Dingen lässt sich Zeit nicht vermehren. Und wir können sie auch nicht managen. Der Begriff Zeitmanagement ist deshalb eine ungenaue Wortzusammensetzung. Managen lassen sich im Zusammenhang mit der Zeit aber Abweichungen von Zielen und Ergebnissen.

Im Berufsalltag erledigen immer weniger Personen immer mehr Aufgaben in immer weniger Zeit. Um ein Projekt oder einen Arbeitsprozess zeitlich zu planen oder die Verwaltung und Organisation zu terminieren, gibt es Methoden und Hilfsmittel. Vor der Zeitplanung steht allerdings die Zielformulierung. Denn ohne Ziel ist es nicht möglich zu bestimmen, wer etwas wie – und v. a. bis wann – tun soll. In der Arbeitswelt geht es darum, Zeit optimal zu nutzen oder Zeit «zu gewinnen», auch z. B. um mehr Freizeit zu haben.

1 Selbstmanagement

Zeitmanagement hilft, vorhandene Zeit effektiver zu nutzen und Stress zu vermeiden. Arbeitsvorgänge können damit rationalisiert werden. So hat man mehr Zeit fürs Wesentliche.

Zeitmanagement ist v. a. Selbstmanagement. Man spricht häufig auch vom Zielmanagement. Grundlage dafür ist eine Situationsanalyse, also der Blick auf das Jetzt. Davon ausgehend wird das Ziel formuliert. Bewährt hat sich dabei z. B. der Management-Regelkreis.

Wenn man nicht weiß, was man will bzw. was das Ergebnis sein soll, braucht man gar nicht erst mit der Arbeit beginnen. Ein Ziel ist dann präzise bestimmt, wenn es machbar und messbar ist. Um es zu erreichen, muss auch geplant werden, wie und bis wann die Aufgabe bearbeitet werden soll. Danach muss man sich für einen Weg entscheiden und das Geplante in die Tat umsetzen. Über einen Soll-Ist-Vergleich kontrolliert man die Zielvorgabe – zwischendurch und am Ende – mit dem (Teil-)Ergebnis. In einem größeren Projekt, an dem mehrere beteiligt sind oder bei einer Teamaufgabe, muss jeder Einzelne für sich seine Ziele und die ihm zur Verfügung stehende Zeit kennen. Jeder ist selbst verantwortlich, den anderen mitzuteilen, wenn er erkennt, dass er ein Ziel in der vorgegebenen Zeit nicht erreichen kann.

> **Praxis-Tipp: So gelingt es, termingerecht und effizient zu arbeiten**
> - Termine mit sich vereinbaren.
> - Leistungshochs und -tiefs bei der Planung einbeziehen.
> - Zeitlimits bei Besprechungen und Terminen setzen.
> - Arbeitsblöcke für größere oder gleichwertige Aufgaben bilden.
> - Größere Aufgaben in kleine Teile portionieren.
> - Allen Arbeiten das Grundprinzip Prioritäten zugrunde legen.
> - Möglichst nur das Wesentliche tun.
> - Schwerpunktaufgaben früh erledigen.
> - Schwierige Aufgaben im persönlichen Leistungshoch erledigen.
> - Technische Hilfsmittel wie Checklisten, Excelprojektlisten oder Mindmaps nutzen.
> - Delegation nutzen – auch als bezahlte Dienstleistung.
> - Ordnung halten.
> - Analyse und effizienter Umgang mit Störungen.
> - Sich auch einmal bewusst abschirmen.

2 Verbreitete Methoden für den Umgang mit der Zeit

Mithilfe von Uhren und Kalendern teilt der Mensch schon seit Jahrtausenden die Zeit ein. Die Regelmäßigkeit eines Jahres, eines Monats, einer Woche und eines Tages erlaubt, termingerecht zu arbeiten. Die Zeitabstände werden dabei immer kürzer. Beim Aktienhandel entscheiden heute tausendstel Sekunden über Gewinn oder Verlust. Aber auch in anderen Berufsbereichen wird mit der Zeit minutiös geplant. Modelle und Methoden aus der Produktion und Betriebswirtschaft werden immer wieder aufs Büro übertragen, um auch in der Verwaltung und Organisation schneller zu sein. Denn Zeit ist Geld.

Damit die wichtigen und nicht die dringenden Dinge zum Zuge kommen, muss die Wochen- und Monatsplanung ständig im Auge behalten werden. Haben sich Veränderungen oder Abweichungen ergeben, müssen korrektive Maßnahmen ergriffen werden. Die Planung muss also immer wieder an neue Gegebenheiten angepasst werden, bei Bedarf sogar täglich.

2.1 ABC-Analyse

Die ABC-Analyse ist ursprünglich ein betriebswirtschaftliches Analyseverfahren. Übertragen auf das Zeitmanagement bedeutet, Aufgaben zu klassifizieren. Die Kategorien A, B und C geben die jeweilige Prioritätsstufe an.

2.2 Wichtig-Dringlich-Regel (Eisenhower-Prinzip)

Auch beim Eisenhower-Prinzip (**Abb. 1**) – benannt nach dem früheren US-Präsidenten – werden anstehende Aufgaben in Kategorien eingeteilt. Dabei wird zwischen Dringlichkeit und Wichtigkeit unterschieden. Nur was wichtig und dringlich ist, muss sofort erledigt werden. Was als unwichtig und nicht dringend eingestuft wird, landet im Papierkorb.

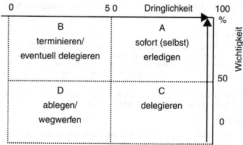

Abb. 1: Eisenhower-Prinzip

Die Übertragung des ursprünglich militärischen Prinzips auf ein modernes Zeitmanagement wird heute kritisch bewertet. Denn bei einer umsichtigen und vorausschauenden Planung werden Zeiträume und Pufferzeiten so berechnet, dass erst gar kein Zeitdruck durch dringende Aufgaben entstehen kann.

2.3 PEPE-Regel setzt Schwerpunkte

Priorität vor **E**iligkeit vor **P**erfektion vor schnellem **E**rfolg – oder anders gesagt: «... Leadership bedeutet, die richtigen Dinge zu tun», so der amerikanische Wirtschaftswissenschaftler Peter F. Drucker.

Mit der PEPE-Regel werden also zunächst die «richtigen Dinge» festgelegt und so von Anbeginn ein Maximum an Effektivität ermöglicht. Dazu gehören immer auch die Kernaufgaben des eigenen Arbeitsbereichs. An zweiter Stelle kommt alles, was an diesem Tag unbedingt erledigt werden muss. Danach werden die Dinge erledigt, die perfekt sein müssen. Denn Perfektionismus kostet viel Zeit und Energie. Manche Aufgaben müssen mehrfach oder mit anderen zusammen bearbeitet werden, um ein perfektes Ergebnis zu erzielen. Die verbleibende Zeit gehört dann den Aufgaben, die schnellen Erfolg bringen. Sie erfordern nur wenig Ausdauer und kaum Energie. Und als Erfolgserlebnis am Ende eines Arbeitstags vermitteln sie ein gutes Gefühl.

2.4 ALPEN-Methode plant Tagesetappen

Die A-L-P-E-N-Methode nach Lothar J. Seiwert, Experte für Zeit- und Lebensmanagement, ist eine einfache Art, einen Tagesablauf ohne spezielle Hilfsmittel zu planen. Es braucht nur wenige Minuten, um einen schriftlichen Tagesplan zu erstellen. Die 5 Eckpunkte dafür lauten:

- **A**ufgaben, Termine und geplante Aktivitäten notieren,

- Länge schätzen,
- **P**ufferzeiten einplanen,
- **E**ntscheidungen treffen,
- **N**achkontrolle.

Auf dem Papier werden die Anforderungen des Tages sichtbar. Der Tagesplan ist dann realistisch, wenn er nur das beinhaltet, was auch tatsächlich in der zur Verfügung stehenden Zeit bewältigt werden kann.

2.5 Zeitaufwand-Ergebnis-Regel

Zeitaufwand und Ergebnis stehen häufig in einem umgekehrten Verhältnis: Die Gesamtzahl der täglich anfallenden Aufgaben besteht zu 20 % aus wichtigen Aufgaben und zu 80 % aus relativ nebensächlichen. Die wenigen wichtigen Aufgaben tragen allerdings zu 80 % zum Arbeitserfolg bei, während die nebensächlichen nur mit 20 % zu Buche schlagen. Untersuchungen zeigen aber immer wieder, dass für Nebensächlichkeiten häufig 80 % der Arbeitszeit – oder sogar mehr – eingesetzt werden.

Die 80 : 20-Regel wird auch **Pareto-Prinzip** genannt, nach dem italienischen Ingenieur, Soziologen und Ökonomen Vilfredo Pareto.

2.6 Die «einsame Stunde»

Die ersten und die letzten 30 Minuten eines Arbeitstages werden bei Zeitmanagern als «einsame Stunde» bezeichnet. Bei Ankunft im Büro wird als Erstes der Tag geplant und strukturiert. Am besten alleine. Erst danach werden Post und E-Mails gecheckt. Das verhindert, dass andere Einfluss nehmen können. Denn die meisten vermeintlich dringenden Aufgaben kommen von außen.

Am Tagesende nimmt man sich dann noch einmal eine halbe Stunde Zeit. Jetzt heißt es aufräumen, vorbereiten und sich darüber freuen, was man alles geschafft hat.

2.7 Mind-Mapping

Als Methode bietet sich auch Mind-Mapping an. Dabei werden Gedanken bildhaft dargestellt. Statt Worte werden vor allem Bilder und Symbole eingesetzt. So entsteht eine «Gedankenkarte». Damit lassen sich auch Informationen, Aufgaben und sogenannte Meilensteine bzw. Etappenziele in einer hierarchischen Struktur erarbeiten. Oder besser gesagt: Die Systematik entwickelt sich sozusagen nebenbei. Und am Schluss wird jeder Aufgabe ein Termin zugeordnet.

Mit Mind-Mapping-Software lässt sich die «Gedächtniskarte» per Mausklick auch als Tabelle oder Diagramm darstellen.

3 Die Zielformulierung

3.1 Lebensziel

«Leben um zu arbeiten» bzw. die Umkehrung «Arbeiten um zu leben» – dieses alte Sprichwort gilt nicht mehr. In der heutigen Zeit spielt der Begriff Work-Life-Balance für viele eine wichtige Rolle. Das richtige Mittelmaß zwischen aktiv und passiv, Anspannung und Entspannung, Disziplin und Genuss, Arbeitszeit und Freizeit soll gefunden werden. Mal Zusammenspiel, mal Kontrast: Balance ist nur möglich für den, der den Sinn des Lebens kennt und Lebensziele formuliert hat, im privaten wie im beruflichen Bereich.

3.2 Jahresziel

Jährliche Mitarbeitergespräche mit Zielvereinbarungen sind in den Unternehmen gang und gäbe. Damit unterstützen die Vorgesetzten ihre Mitarbeiter, Ziele zu formulieren und umzusetzen. Werden die Vorgaben erfolgreich umgesetzt, gibt es z. B. Gratifikationen.

3.3 Monats- und Wochenziele

Fast jedes Ziel braucht Etappenziele. So wird das Jahresziel in Quartals- oder Monatsziele unterteilt. Ist die Frist abgelaufen, sollte eine Zwischenprüfung stattfinden.

Wichtig: Zieldefinition

Gerade bei beruflichen Zielvorgaben ist darauf zu achten, dass nicht nur Erfolg und Gewinn zählen. Für die Mitarbeiter spielen immer auch andere Faktoren eine Rolle wie z. B. Kundenzufriedenheit, Vertrauen oder Ehrlichkeit. Wie wichtig es für die Mitarbeiter ist, eigene Wertvorstellungen und gesellschaftliche Normen im Berufsalltag leben zu können, zeigte sich in den vergangenen Jahren in der Banken- und Versicherungsbranche. Unter dem ständigen Druck der Gewinnmaximierung und schneller Abschlüsse, stiegen dort die Krankenzahlen durch psychische Erkrankungen deutlich an.

4 Hilfsmittel

Ein Tag, eine Woche, ein Monat, Quartal oder Jahr. Für alle Zeitabschnitte ist es sinnvoll, rechtzeitig einen Plan zu erstellen und die Termine schriftlich festzuhalten. Wenn unterschiedliche Personen über Termine informiert sein müssen, bietet es sich an, z. B. über Outlook einen Kalender einzurichten, den alle Beteiligten einsehen und bearbeiten können.

4.1 Kalender und Terminbücher

Ob die Zeitplanung im klassischen Taschenkalender oder elektronisch mit Notebook, iPad, Personal Digital Assistent (PDA), Handy oder Blackberry gemacht wird, ist Geschmackssache. Beide Formen haben ihre Vor- und Nachteile (**Tab. 1**).

Papier		elektronisch	
Vorteile	**Nachteile**	**Vorteile**	**Nachteile**
• persönlicher - Begleiter	• muss jedes Jahr neu gekauft werden	• gemeinsame Terminabsprache mit Kollegen schnell möglich	• unterwegs eingetragene Termine müssen mit dem Arbeitsplatz-PC regelmäßig abgeglichen werden
• kann problemlos beruflich und privat geführt werden	• Format ist begrenzt	• Neueinträge, -Löschen oder -Verschieben von Terminen ist einfach	• Änderungen können nachträglich nicht mehr rekonstruiert werden
• schriftlich fixierte Termine	• oft wenig flexibel in der Gestaltung	• oft wenig flexibel in der Gestaltung	• Datenverlust bei Hardwarefehler oder leeren Akkus
• individuelle - Gestaltung und Nutzung von Anfang an möglich	• braucht Platz beim Aufbewahren	• Mobilität: Daten stehen auch unterwegs zur Verfügung	• Software ändert sich immer wieder und muss aktualisiert werden
• Änderungen hinterlassen Spuren		• weitere Vorgänge können direkt veranlasst werden	
• gängige Form, mit der jeder vertraut ist		• effizient	
• bewährte Methode mit reichlich - Erfahrungswerten		• macht auf Termine aufmerksam	
		• zentrale Terminverwaltung möglich	

Tab. 1: Vor- und Nachteile von klassischer und elektronischer Terminplanung

4.2 Formblätter

Besprechungen, Projekte, Telefonate, Korrespondenz, Organisation – alles braucht seine Zeit, ob im Job oder Privatleben. Deshalb sollte bei Besprechungen außer der Anfangszeit auch ein Endpunkt festgeschrieben sowie Telefonate und Korrespondenz zu bestimmten Tageszeiten eingeplant werden. Mit Formblättern für Maßnahmepläne, Besprechungsprotokolle, To-do-Listen, Telefonnotizen etc. lassen sich viele Aufgaben schnell und systematisch abarbeiten. Elektronische Vorlagen lassen sich dafür individuell anpassen.

Auf einer **Checkliste** lässt sich abstreichen, was zu tun ist. Oft legt sie auch die Reihenfolge fest. Durch Checklisten müssen Routinevorgänge nicht immer wieder neu durchdacht werden. Das Risiko, etwas zu vergessen, sinkt. Für viele Bereiche gibt es vorgefertigte Checklisten, die meist auf die eigenen Anforderungen und Bedürfnisse angepasst werden können.

Was ist zu tun? Mithilfe der **To-do-Liste** wird dies schriftlich fixiert. Eine To-do-Liste sollte begrenzt sein. Nur dann ist es möglich, die einzelnen Punkte auch wirklich zu erledigen, und nur dann verspricht sie Erfolg und vermittelt das Gefühl, etwas erreicht zu haben. Deshalb ist es besser, immer wieder eine neue Liste anzulegen. Wird eine vorhandene Liste erweitert, hat man schnell das Gefühl, nichts zu Ende zu bringen.

5 Der andere Teil der Arbeitszeit

5.1 Pufferzeit

Unvorhergesehenes kann einen Zeitplan zum Scheitern bringen. Vor allem dann, wenn zu knapp geplant wurde. Deshalb ist es wichtig, Pufferzeiten einzuplanen. 40 % der täglichen Arbeitszeit sollten für Unvorhergesehenes als Puffer bleiben, so Zeitmanagement-Coach Lothar Seiwert. Das sind bei einem 8-Stunden-Tag gut 3 Stunden.

5.2 Pausen

Pausen sind keine Zeitverschwendung. Sie bringen Energie und Leistung zurück. Untersuchungen haben ergeben, dass nach einer Stunde konzentrierter Arbeit 10 Minuten Pause genügen, um sich zu regenerieren!

Bei der täglichen Zeitplanung sollten auch die Pausen von Anfang an berücksichtigt sein. Als wichtigste Zeitregel gilt hier: regelmäßig kurze Pausen.

5.3 Störfaktoren

Wer nach Zeitplan arbeitet, weiß, dass die beste Planung nichts nutzt, wenn Störungen auftreten. Oft sind es andere Menschen, die einen stören:

- der Chef
- die Kollegen
- Mitarbeiter, aber auch
- Kunden oder
- die eigene Familie

Nimmt man Personen regelmäßig als Störfaktor wahr, kann das an einer mangelhaften Zeitplanung liegen. Der Fehler kann aber auch in der Arbeitsorganisation stecken. Hier kann es hilfreich sein, feste Termine zu vereinbaren, aber auch Zeiten, in denen nicht gestört werden darf.

5.4 Zeitfallen

Verspricht eine Aufgabe wenig Spaß, tappt man vor lauter «Aufschieberitis» gerne in sog. Zeitfallen. Dazu zählen:

- **Der Computer:** Sitzt man erst einmal daran, vergeht meist viel mehr Zeit, als man meint. Recherchen im Internet dauern länger als erwartet, man klickt von einem Link zum nächsten.
- **Der Präsentismus:** Mitarbeiter sitzen ihre Zeit nur ab, ohne wirklich etwas zu tun. So vermuten Fachleute auch hinter den sinkenden Krankheitstagen solche Anwesenheit ohne (volle) Leistung.

- **Nicht-«nein»-sagen-können:** Dieses Verhalten führt dazu, dass der eigene Zeitplan nicht eingehalten werden kann.

6 Delegieren

Man kann und muss nicht alles selbst machen. Es gibt immer Personen, die in einem bestimmten Bereich kompetenter, besser und schneller sind. Wer diese Ressourcen gezielt nutzt, verringert meist auch zeitlichen Druck.

Neben dem Zeitgewinn – etwa für Folgetätigkeiten oder die eigene Freizeit – werden alle Aufgaben effizient durchgeführt. Wer Aufgaben abgibt, verringert den eigenen Zeitdruck und die Last der Verantwortung. Richtig delegieren fördert außerdem die Leistungsmotivation, die Zufriedenheit und den Gemeinschaftssinn im Unternehmen.

7 Zeitmanagement als Anti-Stress-Mittel

Je mehr der Mensch Stressoren durch fehlendes oder mangelhaftes Zeitmanagement ausgesetzt ist, desto häufiger tritt Stress auf und belastet. Die hier genannten Techniken und Methoden helfen, negativen Stress zu reduzieren bzw. zu vermeiden.

Vielleicht sollten wir uns von dem Gedanken frei machen, je länger wir arbeiten, desto besser und erfolgreicher sind wir. Denn Untersuchungen haben ergeben, dass Teilzeitbeschäftigte mit ihrer geringeren Arbeitszeit effektiver umgehen.

Bettina Brucker

Zoneneinteilung

Explosionsgefährdete Bereiche werden im Explosionsschutz nach Betriebssicherheitsverordnung in Zonen mit unterschiedlicher Explosionsgefährdung eingeteilt. Dies ist die Zoneneinteilung.

Gesetze, Vorschriften und Rechtsprechung

Grundlage für die Zoneneinteilung ist § 5 Betriebssicherheitsverordnung (BetrSichV). Danach hat der Arbeitgeber explosionsgefährdete Bereiche gem. Anhang 3 BetrSichV in Zonen einzuteilen. Dies muss unter Berücksichtigung der Ergebnisse der Gefährdungsbeurteilung, also Art der explosionsfähigen Atmosphäre, Auftretenswahrscheinlichkeit und -dauer geschehen.

Zudem sind die Mindestvorschriften nach Anhang 4 BetrSichV anzuwenden, sprich: organisatorische Maßnahmen, Unterweisung der Beschäftigten, Kennzeichnung der Bereiche, Explosionsschutzmaßnahmen etc.

1 Kriterien der Zoneneinteilung

Die Zoneneinteilung kommt in der Auswahl der → *Arbeitsmittel* zum Tragen, an die je nach Zone spezielle explosionsschutztechnische Anforderungen gestellt werden.

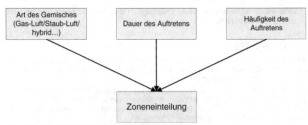

Abb. 1: Kriterien der Zoneneinteilung

2 Zoneneinteilung gem. Betriebssicherheitsverordnung

Im → *Explosionsschutz* existieren 6 verschiedene Zoneneinteilungen:

- Zonen 0, 1, 2 für Gas-Luft-Gemische und
- Zonen 20, 21, 22 für Staub-Luft-Gemische.

Diese Zonen sind in Anhang 3 BetrSichV folgendermaßen definiert (vgl. auch **Tab. 1**):

- **Zone 0** ist ein Bereich, in dem gefährliche → *explosionsfähige Atmosphäre* als Gemisch aus Luft und brennbaren Gasen, Dämpfen oder Nebeln ständig, über lange Zeiträume oder häufig vorhanden ist.
- **Zone 1** ist ein Bereich, in dem sich bei Normalbetrieb gelegentlich eine gefährliche explosionsfähige Atmosphäre als Gemisch aus Luft und brennbaren Gasen, Dämpfen oder Nebeln bilden kann.
- **Zone 2** ist ein Bereich, in dem bei Normalbetrieb eine gefährlich explosionsfähige Atmosphäre als Gemisch aus Luft und brennbaren Gasen, Dämpfen oder Nebeln normalerweise nicht oder aber nur kurzzeitig auftritt.
- **Zone 20** ist ein Bereich, in dem gefährliche explosionsfähige Atmosphäre in Form einer Wolke aus in der Luft enthaltenem brennbaren Staub ständig, über lange Zeiträume oder häufig vorhanden ist.
- **Zone 21** ist ein Bereich, in dem sich bei Normalbetrieb gelegentlich eine gefährliche explosionsfähige Atmosphäre in Form einer Wolke aus in der Luft enthaltenem brennbaren Staub bilden kann.
- **Zone 22** ist ein Bereich, in dem bei Normalbetrieb eine gefährliche explosionsfähige Atmosphäre in Form einer Wolke aus in der Luft enthaltenem brennbaren Staub normalerweise nicht oder aber nur kurzzeitig auftritt.

Auftreten		System	
Häufigkeit	Dauer	Gas-Luft	Staub-Luft
ständig/häufig	lange Zeiträume	0	20
gelegentlich	k. A.	1	21
normalerweise nicht	kurzzeitig	2	22

Tab. 1: Zoneneinteilung nach Anhang 3 BetrSichV

Die Zoneneinteilung ist für den **Normalbetrieb** vorzunehmen. Dieser ist in Anhang 3 BetrSichV definiert als «Zustand, in dem Anlagen innerhalb ihrer Auslegungsparameter benutzt werden.»

Wichtig: Hybride Gemische

Bei → *hybriden Gemischen* sind stellenweise sowohl die Zoneneinteilungen für Gas-Luft- als auch jene für Staub-Luft-Gemische anzuwenden und Geräte dementsprechend auszuwählen.

Praxis-Tipp: Beispiele für Zoneneinteilungen

Beispielhafte Zoneneinteilungen sind im Anhang 4 der BGR 104 «Explosionsschutz-Regeln» zu finden. Des Weiteren sind in einschlägigen Regeln wie der BGI 740 «Lackierräume und -einrichtungen für flüssige Beschichtungsstoffe» die Zoneneinteilung solcher Anlagen zu finden. Auch im staatlichen Regelwerk wie der TRGS 510 «Lagerung von Gefahrstoffen in ortsbeweglichen Behältern» finden sich entsprechende Vorgaben zur Zoneneinteilung.

Fabian Kratzke

Zugelassene Überwachungsstellen

Zugelassene Überwachungsstellen (ZÜS) wurden im Rahmen der Liberalisierung des Prüfwesens in Deutschland eingeführt. Sie können seit dem 1.1.2008 die Prüfungen von überwachungsbedürftigen Anlagen (Alt- und Neuanlagen) durchführen, die bisher von den amtlich anerkannten Sachverständigen der Überwachungsorganisationen (TÜV) durchgeführt wurden. Damit wurde ein Wechsel vollzogen vom personengebundenen Prüfwesen (Sachverständige) zum organisationsbezogenen Prüfwesen (zugelassene Überwachungsstellen).

Gesetze, Vorschriften und Rechtsprechung

Zugelassene Überwachungsstellen müssen die Anforderungen von § 37 Abs. 5 ProdSG und die besonderen Anforderungen von § 21 Abs. 2 Betriebssicherheitsverordnung (BetrSichV) erfüllen. Als zugelassene Überwachungsstellen können auch Prüfstellen von Unternehmen eingesetzt werden, wenn sie die besonderen Anforderungen von § 21 Abs. 3 BetrSichV erfüllen. Prüfstellen von Unternehmen dürfen ausschließlich für das Unternehmen arbeiten, dem sie angehören.

1 Akkreditierung und Benennung

Um als → *zugelassene Überwachungsstelle* tätig werden zu können, ist eine Akkreditierung und eine Benennung nötig. In einem Akkreditierungsverfahren muss die Kompetenz und Eignung der ZÜS gegenüber der Zentralstelle der Länder für Sicherheitstechnik (ZLS) in mind. einem der Anwendungsbereiche Druckgeräte, Aufzuganlagen oder Explosionsschutzanlagen nachgewiesen werden. Eine ZÜS kann in einem oder mehreren Anwendungsbereichen akkreditiert werden. Die ZLS hat entsprechende Akkreditierungsrichtlinien für die jeweiligen Bereiche herausgegeben.

Unter Beachtung von länderspezifischen Akkreditierungsbedingungen besitzt die Akkreditierung Gültigkeit im gesamten Bundesgebiet. Alle akkreditierten ZÜS müssen durch die einzelnen Bundesländer bzw. durch die ZLS dem Bundesministerium für Arbeit und Soziales benannt werden. Für das Benennungsverfahren haben die Bundesländer entsprechende Verordnungen erlassen. Eine Benennung ist auf das Land beschränkt, für das sie ausgesprochen wird. Die Länder führen diese Benennung entweder selbst durch (sog. «zweistufiges Verfahren») oder übertragen sie der ZLS. Im letztgenannten Fall wird die ZLS neben dem Akkreditierungs- auch das Benennungsverfahren für das Land durchführen (sog. «einstufiges Verfahren»).

2 Aufgaben

Gemäß BetrSichV haben ZÜS die folgenden Aufgaben:

- Gutachterliche Äußerung im Rahmen des Erlaubnisverfahrens für bestimmte → *überwachungsbedürftige Anlagen* (§ 13 BetrSichV),
- Prüfungen nach § 14 BetrSichV vor Inbetriebnahme (erstmalig oder nach einer wesentlichen Veränderung) bestimmter → *überwachungsbedürftiger Anlagen*,
- wiederkehrende Prüfungen von → *überwachungsbedürftigen Anlagen* (§ 15 BetrSichV).

Darüber hinaus können i. d. R. die zugelassenen Überwachungsstellen auch für → *Prüfungen* beauftragt werden, die gem. BetrSichV auch von befähigten Personen durchgeführt werden dürfen.

3 Liste der zugelassenen Überwachungsstellen

Alle benannten zugelassenen Überwachungsstellen werden im Bundesanzeiger bekannt gegeben oder unter www.baua.de, ebenso die Liste der Prüfstellen von Unternehmen und Unternehmensgruppen für die jeweils in der Tabelle genannten Aufgabenbereiche nach § 37 Abs. 5 Satz ProdSG.

4 Beteiligung in technischen Ausschüssen

In die technischen Ausschüsse sind neben Vertretern der beteiligten Bundesbehörden und oberster Landesbehörden, der Wissenschaft und der zugelassenen Überwachungsstellen im Sinne des § 37 ProdSG insbesondere Vertreter der Arbeitgeber, der Gewerkschaften und der Träger der gesetzlichen Unfallversicherung zu berufen (§ 34 Abs. 2 ProdSG).

Bettina Huck

Zuggeräte

Zuggeräte sind Geräte, die allein oder in Verbindung mit anderen Einrichtungen zum Ziehen von Lasten oder zum Spannen verwendet werden. Zuggeräte sind z. B. Seil- und Kettenzüge (Flaschenzüge), Mehrzweckzüge mit Kette oder Seil oder Elektro- und Druckluftzüge mit Seil, Kette oder Band.

Gesetze, Vorschriften und Rechtsprechung

Für Zuggeräte, die gleichzeitig Maschinen sind, gelten die Beschaffenheitsanforderungen der Maschinenverordnung (außer für Altmaschinen). Für alle Zuggeräte sind die Mindestanforderungen der Betriebssicherheitsverordnung (BetrSichV) hinsichtlich Beschaffenheit und Betrieb zu beachten. Darüber hinaus muss der Unternehmer dafür sorgen, dass Zuggeräte entsprechend den Bestimmungen der BGV D8 «Winden, Hub- und Zuggeräte» beschaffen sind und betrieben werden.

1 Beschaffenheitsanforderungen

Für Zuggeräte, die unter den Anwendungsbereich der Maschinenverordnung fallen, gelten die Beschaffenheitsanforderungen gemäß Maschinenverordnung (9. ProdSV). Der Unternehmer darf diese → *Winden* erstmals nur in Betrieb nehmen, wenn die Voraussetzungen der §§ 2 bis 4 Maschinenverordnung erfüllt sind.

Das gilt nicht für Zuggeräte, die den Anforderungen von Abschnitt II «Bau und Ausrüstung» der BGV D8 «Winden, Hub- und Zuggeräte» entsprechen und bis zum 31. Dezember 1994 in den Verkehr gebracht worden sind.

Zuggeräte, die unter den Anwendungsbereich der EU-Arbeitsmittelbenutzungs-Richtlinie (89/655/EWG) fallen, müssen seit 1. Januar 1997 mindestens den Anforderungen dieser EU-Richtlinie bzw. Anhang 1 Betriebssicherheitsverordnung (BetrSichV) entsprechen, insbesondere Abschnitt 3.2 «Mindestvorschriften für Arbeitsmittel zum Heben von Lasten».

Darüber hinaus muss der Unternehmer dafür sorgen, dass Zuggeräte entsprechend den Bestimmungen von Abschnitt II «Bau und Ausrüstung» der BGV D8 «Winden, Hub- und Zuggeräte» beschaffen sind. Dort sind u. a. die folgenden Themen geregelt:

- Transport- und Befestigungseinrichtungen,
- hand- und kraftbetriebene Geräte,
- Anforderungen an Steuereinrichtungen,
- Rücklaufsicherung der Last,
- Sicherung von Lasten gegen freien Fall,
- Bremseinrichtungen, allgemein,
- Notwendigkeit von Hilfsbremsen,

- Sicherung gegen Überlastung,
- Anforderungen an Seil- und Kettentriebe,
- Notendhalteinrichtungen,
- Anforderungen an Sicherheitseinrichtungen.

2 Kennzeichnung

An Zuggeräten müssen mind. folgende Angaben dauerhaft und gut lesbar angegeben sein:
1. Hersteller oder Lieferant,
2. Baujahr
3. Typ, falls Typenbezeichnung vorhanden,
4. Fabriknummer oder Seriennummer,
5. zulässige Belastung.

Zu weiteren spezifisch erforderlichen Angaben am Gerät siehe § 3 BGV D8 «Winden, Hub- und Zuggeräte».

3 Prüfungen

Für Zuggeräte müssen nach Betriebssicherheitsverordnung (BetrSichV) Art, Umfang und Fristen erforderlicher → *Prüfungen* ermittelt und die notwendigen Voraussetzungen ermittelt und festgelegt werden, welche die Personen erfüllen müssen, die mit der Prüfung oder Erprobung von → *Winden* beauftragt werden (→ *befähigte Person*).

Zuggeräte sind auch nach den Bestimmungen von Abschnitt III «Prüfungen» der BGV D8 «Winden, Hub- und Zuggeräte» sicherheitstechnisch zu überprüfen. Danach müssen Zuggeräte, einschließlich der Tragkonstruktion sowie Seilblöcke, vor der ersten Inbetriebnahme, und nach wesentlichen Änderungen vor der Wiederinbetriebnahme durch eine befähigte Person (Sachkundigen) auf die ordnungsgemäße Aufstellung und Betriebsbereitschaft geprüft werden. Der Unternehmer muss außerdem dafür sorgen, dass Geräte einschließlich der Tragkonstruktion sowie Seilblöcke mind. einmal jährlich durch eine → *befähigte Person* (Sachkundigen) geprüft werden. Er muss Zuggeräte darüber hinaus entsprechend den Einsatzbedingungen und den betrieblichen Verhältnissen nach Bedarf zwischenzeitlich durch eine → *befähigte Person* (Sachkundigen) prüfen lassen.

Die Prüfung erstreckt sich im Wesentlichen auf die Vollständigkeit, Eignung und Wirksamkeit der Sicherheitseinrichtungen sowie auf den Zustand des Gerätes, der Tragmittel, der Rollen, der Ausrüstung und der Tragkonstruktion. Sicherheitseinrichtungen sind z. B. Rückschlagsicherungen, Rücklaufsicherungen, Bremseinrichtungen, Hilfsbremsen, Seilwickeleinrichtungen, Einrichtungen zum Sperren der Lastwelle, Sicherungen gegen Überlastung, Notendhalteinrichtungen.

4 Betrieb

Für den Betrieb von Zuggeräten sind die Festlegungen von Anhang 2 BetrSichV zu beachten. Eine Spezifizierung der Betriebsvorschriften enthält Abschnitt IV «Betrieb» der BGV D8 «Winden, Hub- und Zuggeräte». Dort sind u. a. die folgenden Themen geregelt:

- Anforderungen an Personen, Beauftragung,
- Betriebsanleitung, → *Betriebsanweisung*,
- Aufstellung, Befestigung,
- zulässige Belastung,
- → *Prüfung* vor Arbeitsbeginn,
- Feststellung und Beseitigung von Mängeln,
- Anschlagen der Last,
- Einleiten der Lastbewegung,
- Unterbrechen des Kraftflusses,

- Verlassen des Steuerstandes von unter Last stehenden Geräten,
- Personentransport,
- Anforderungen an Geräte, abhängig von der Verwendungsart,
- Anfahren von Notendhalteinrichtungen,
- zusätzliche Bestimmungen für Trommelwinden,
- Ablauf der theoretischen Nutzungsdauer von Geräten.

Gunter Weber

Zündquellen

Eine Zündquelle ist grundsätzlich jede Art von Energie, die theoretisch in der Lage ist, Stoffe oder explosionsfähige Atmosphäre zu entzünden. Nach TRBS 2152 ist eine Zündquelle bedingt durch einen physikalischen, chemischen oder technischen Vorgang, Zustand oder Arbeitsablauf, der geeignet ist, die Entzündung einer explosionsfähigen Atmosphäre auszulösen. Je nach Art des Stoffs oder der explosionsfähigen Atmosphäre, die entzündet werden könnten, muss die Zündquelle einen bestimmten Energieinhalt (Mindestzündenergie) aufweisen, um wirksam und damit zur Ursache einer Zündung zu werden. Die Wirksamkeit wird jedoch auch von weiteren Parametern wie der Geometrie der Zündquelle oder deren Einwirkungsdauer bestimmt. Zündbereitschaft des Stoffs und Zündquelle müssen als Einheit gesehen werden. Zur Bestimmung sicherheitstechnischer Kennwerte von z. B. Gasen, sind die Zündquellen genormt. Nach Zündung setzt sich der Verbrennungsvorgang zumindest eine gewisse Zeit selbstständig fort.

Gesetze, Vorschriften und Rechtsprechung

Lässt sich die Bildung explosionsfähiger Atmosphäre nicht sicher verhindern, so sind nach Betriebssicherheitsverordnung wirksame Zündquellen zu vermeiden. Lassen sich auch wirksame Zündquellen nicht vermeiden, so sind weitere Maßnahmen zum Explosionsschutz erforderlich (z. B. nach TRBS 2152 Teil 4). In der Vielzahl von Regelungen zum Brandschutz ist die Vermeidung wirksamer Zündquellen eine zentrale Maßnahme, da sich brennbare Stoffe aus unserer Umwelt praktisch nicht entfernen lassen. 13 Arten von möglichen Zündquellen sind in der TRBS 2152 Teil 3 bzw. in der BGR 104 beschrieben. In der BGR 104 ist auch eine hilfreiche Beispielsammlung zum Brand- und Explosionsschutz enthalten. Anforderungen zur Vermeidung von Zündgefahren durch elektrostatische Aufladungen sind in der TRBS 2153 «Vermeidung von Zündgefahren infolge elektrostatischer Aufladungen» zu finden. In explosionsgefährdeten Bereichen sind Geräte und Schutzsysteme entsprechend den Kategorien gemäß der Explosionsschutzverordnung (11. ProdSV) i. V. m. 94/9/EG (Explosionsschutzrichtlinie) auszuwählen.

1 Arten von Zündquellen

In der TRBS 2152 werden 13 verschiedene Arten von → *Zündquellen* beschrieben, von denen die ersten 6 die höchste betriebliche Relevanz besitzen. TRBS 2152 befasst sich mit dem → *Explosionsschutz*. Die Beschreibung der Zündquellenarten kann natürlich auch für die Betrachtung der Zündung anderer brennbarer Stoffe im Rahmen einer Zündquellenanalyse genutzt werden. Insbesondere bei der Zündquellenbetrachtung brennbarer Feststoffe kommt der Möglichkeit der Wärmeabfuhr im Wirkbereich einer potenziellen → *Zündquelle* eine besondere Bedeutung zu.

2 Heiße Oberflächen

Kommt → *explosionsfähige Atmosphäre* mit erhitzten Oberflächen (heiße → *Rohrleitungen*, Heizkessel, heiße Lagerstellen) in Berührung, kann es zu einer Entzündung kommen. Die eine Entzündung auslösende Temperatur hängt von Größe und Gestalt des erhitzten Körpers, vom Konzentrationsgefälle im Bereich der Wand und z. T. auch vom Wandmaterial ab. Drehende Teile in Lagern, Wellendurchführungen, Stopfbuchsen usw. können bei ungenügender Schmierung zu → *Zündquellen* werden.

3 Flammen und heiße Gase

Flammen sind exotherme chemische Reaktionen, die bei Temperaturen von etwa 1.000 °C und mehr schnell ablaufen und häufig von Leuchterscheinungen begleitet sind. Als Reaktionsprodukte treten heiße → *Gase*, bei Staubflammen oder rußenden Flammen auch glühende Feststoffpartikel auf. Sowohl die Flammen selbst als auch die heißen Reaktionsprodukte können → *explosionsfähige Atmosphäre* (und natürlich Feststoffe oder Flüssigkeiten) entzünden. Flammen, auch sehr kleiner Abmessungen, zählen zu den wirksamsten → *Zündquellen*.

4 Mechanisch erzeugte Funken

Durch Reib-, Schlag- und Schleifvorgänge können aus festen Materialien Teilchen abgetrennt werden, die eine erhöhte Temperatur auf Grund der beim Trennvorgang aufgewandten Energie annehmen. Bestehen die Teilchen aus oxidierbaren Substanzen, wie z. B. Eisen oder Stahl, können diese Teilchen aufgrund des Oxidationsprozesses auf Temperaturen bis weit über 1.000 °C gelangen; die Teilchen werden zu Funken.

Beim → *Schweißen und Schneiden* entstehende Schweißperlen sind Funken mit sehr großer Oberfläche und sie gehören deshalb zu den wirksamsten Zündquellen. Bei energiereichen Schlägen mit einer Schlagenergie von 200 J und mehr von hartem Stahl auf ebenfalls hartem Metall und beim Gebrauch von Trennscheiben entstehen Funken mit hoher Zündenergie.

5 Elektrische Anlagen

Bei → *elektrischen Betriebsmitteln* (z. B. Mess-, Steuer- und Regeleinrichtungen, Motoren) können selbst bei geringen Spannungen elektrische Funken (z. B. beim Öffnen und Schließen elektrischer Stromkreise und bei Ausgleichsströmen) sowie heiße Oberflächen als → *Zündquellen* auftreten. Fehlerhafte elektrische Geräte sind häufige → *Zündquellen*, z. B. in Verwaltungsbetrieben.

6 Elektrische Ausgleichsströme, kathodischer Korrosionsschutz

In elektrisch leitfähigen Anlagen oder Anlagenteilen können zeitweise oder dauernd Ausgleichsströme (auch Streu- oder Leckströme genannt) fließen:

- als Rückströme zu Stromerzeugungsanlagen (v. a. im Bereich vor elektrischen Bahnen und großen Schweißanlagen), wenn z. B. im Erdreich verlegte elektrisch leitfähige Anlagenteile wie Schienen, Rohre und Kabelmäntel den Widerstand dieses Rückstromwegs verringern;
- infolge von Körper- und Erdschluss bei Fehlern in → *elektrischen Anlagen*;
- infolge von Induktion (z. B. in der Nähe von elektrischen Anlagen mit großen Stromstärken oder hohen Frequenzen);
- infolge von Blitzschlag.

Werden derartige Anlagenteile getrennt, verbunden oder überbrückt, kann selbst bei geringen Potenzialdifferenzen durch elektrische Funken → *explosionsfähige Atmosphäre* entzündet werden. Ferner sind Entzündungen durch Erwärmung dieser Stromwege möglich.

7 Statische Elektrizität

Als Folge von Trennvorgängen, können unter bestimmten Bedingungen zündfähige Entladungen statischer Elektrizität auftreten.

Besonders leicht kann die Entladung aufgeladener, isoliert angeordneter leitfähiger Teile zu zündfähigen Funken führen. An aufgeladenen Teilen aus nicht leitfähigen Stoffen, zu denen die meisten Kunststoffe, aber auch andere Stoffe gehören, sind Büschelentladungen und in besonderen Fällen bei schnellen Trennvorgängen (z. B. Ablaufen von Folien über Walzen, Treibriemen) auch Gleitstielbüschelentladungen möglich.

Büschelentladungen können i. A. nur explosionsfähige Gemische von → *Gasen* und Dämpfen, Funken- und Gleitstielbüschelentladungen darüber hinaus auch explosionsfähige Staub-Luft- und Nebel-Luft-Gemische entzünden.

8 Blitzschlag

Wenn ein Blitz in → *explosionsfähige Atmosphäre* einschlägt, wird diese stets gezündet. Daneben besteht eine Zündmöglichkeit auch durch starke Erwärmung der Ableitwege des Blitzes. Von Blitzeinschlagstellen aus fließen starke Ströme, die auch in größeren Entfernungen nach allen Richtungen von der Einschlagstelle zündfähige Funken und Sprühfeuer auslösen können.

9 Elektromagnetische Felder

Elektromagnetische Felder im Bereich der Frequenzen von 9 kHz bis 300 GHz gehen von allen Anlagen aus, die hochfrequente elektrische Energie erzeugen und benutzen (Hochfrequenzanlagen). Dazu gehören z. B. Funksender (u. a. Handy) oder medizinische, wissenschaftliche und industrielle Hochfrequenzgeneratoren zur Erwärmung, Trocknung, Härtung und zum → *Schweißen oder Schneiden*. Sämtliche im Strahlungsfeld befindlichen leitenden Teile wirken als Empfangsantenne (sog. Empfangsgebilde) und können bei ausreichender Stärke des Feldes und genügender Größe der Empfangsgebilde eine → *explosionsfähige Atmosphäre* entzünden.

10 Elektromagnetische Strahlung

Elektromagnetische Strahlung im Bereich der Frequenzen von 3×10^{11} Hz bis 3×10^{15} Hz bzw. Wellenlängen von 1000 µm bis 0,1 µm (optischer Spektralbereich) kann insbesondere bei Fokussierung durch Absorption in → *explosionsfähige Atmosphäre* oder an festen Oberflächen zur Zündquelle werden.
Sonnenlicht kann z. B. eine Zündung auslösen, wenn Gegenstände eine Bündelung der Strahlung herbeiführen (gefüllte Spritzflasche, Hohlspiegel usw.).
Bei → *Laserstrahlung* (z. B. Nachrichtenübermittlung, Entfernungsmesser, Vermessungswesen) kann auch in großen Entfernungen noch die Energie- bzw. Leistungsdichte selbst des unfokussierten Strahls so groß sein, dass Zündung möglich ist.

11 Ionisierende Strahlen

→ *Ionisierende Strahlung* (erzeugt z. B. durch UV-Strahler, Röntgenröhren, Laser, radioaktive Stoffe, Beschleuniger oder Kernreaktoren) kann → *explosionsfähige Atmosphäre* (v. a. explosionsfähige Atmosphäre mit Staubpartikeln) infolge Energieabsorption entzünden. Darüber hinaus kann sich auch die radioaktive Quelle selbst durch Eigenabsorption von Strahlungsenergie so hoch erwärmen, dass die Zündtemperatur umgebender explosionsfähiger Atmosphäre überschritten wird.

Unter Einwirkung → *ionisierender Strahlung* können durch Radiolyse und chemische Zersetzung oder Umwandlung, insbesondere bei Bildung sehr reaktionsfähiger Radikale, explosionsfähige Stoffe und Gemische erzeugt und damit weitere Explosionsgefahren geschaffen werden.

12 Ultraschall

Bei Anwendung von Ultraschall werden große Anteile der vom Schallwandler abgegebenen Energie von festen oder flüssigen Stoffen absorbiert. Im beschallten Stoff tritt dabei infolge innerer Reibung eine Erwärmung auf, die in Extremfällen bis über die Zündtemperatur führen kann.

13 Adiabatische Kompression, Stoßwellen, strömende Gase

In Stoßwellen und bei adiabatischer Kompression können so hohe Temperaturen auftreten, dass → *explosionsfähige Atmosphäre* (auch abgelagerter Staub) entzündet werden kann. Die Temperaturerhöhung hängt in Wesentlichem vom Druckverhältnis, nicht aber von der Druckdifferenz ab. Stoßwellen bilden sich z. B. beim plötzlichen Entspannen von Hochdruckgasen in → *Rohrleitungen* aus. Sie dringen dabei mit Überschallgeschwindigkeit in Gebiete niederen Drucks vor.

14 Chemische Reaktionen

Durch chemische Umsetzungen unter Wärmeentwicklung können sich Stoffe oder Stoffsysteme erhitzen und dadurch zur Zündquelle werden.

Die den Selbsterhitzungen zugrunde liegenden Reaktionen können schon bei Raumtemperatur ablaufen. Nur verlaufen sie bei niedrigen Temperaturen i. d. R. so langsam, dass die dabei frei werdende Wärme i. A. schnell an die Umgebung abgeleitet wird, so dass das System auf konstanter Temperatur verharrt. Durch Behinderung der Wärmeableitung oder durch Lagerung bei erhöhter Temperatur kann jedoch die Reaktionsgeschwindigkeit zunehmen, bis schließlich die zur Entzündung notwendigen Voraussetzungen erreicht sind.

Martin Köhler

Zusammenlagerung (Gefahrstoffe)

Die ungeordnete Lagerung von Stoffen mit unterschiedlichen Gefährdungspotentialen kann zu gefährlichen Reaktionen führen. Eine Zusammenlagerung von Gefahrstoffen ist deshalb nur dann erlaubt, wenn dadurch keine Gefährdungserhöhung entsteht.

Gesetze, Vorschriften und Rechtsprechung

Die Lagerung von Gefahrstoffen ist in vielen Rechtsgebieten beschrieben. Je nach Schutzziel – z. B. Umweltschutz, Brand- und Explosionsschutz, Arbeitsschutz – gibt es entsprechende Gesetze, Verordnungen und Technische Regeln. Die Regeln zur Zusammenlagerung sind allerdings grundsätzlich für alle Gefahrstoffe in ortsbeweglichen Behältern in einem Regelwerk zusammengefasst worden – in Abschn. 7 TRGS 510 «Lagerung von Gefahrstoffen in ortsbeweglichen Behältern».

1 Regeln der Zusammenlagerung

Grundsätzlich sind beim Lagern von Stoffen die Gefahrstoffeinstufung und die Mengen zu ermitteln.

Die Einstufung der Stoffe in → *Gefahrstoffe* ist dem Sicherheitsdatenblatt zu entnehmen.

Befinden sich verschiedene Stoffe in ortsbeweglichen Behältern[149] in einem Lagerabschnitt[150], einem Container oder Sicherheitsschrank, liegt eine Zusammenlagerung vor. Handelt es sich dabei um Gefahrstoffe und werden die Mengen nach Abschn. 7.1 Abs. 6 TRGS 510 überschritten sind die Regeln der Zusammenlagerung nach Abschn. 7 TRGS 510 zu beachten.

---

[149] Ortsbewegliche Behälter sind dazu bestimmt, dass in ihnen Gefahrstoffe transportiert und gelagert werden. Zu den ortsbeweglichen Behältern gehören Verpackungen, Großpackmittel (IBC), Großverpackungen, Tankcontainer/ortsbewegliche Tanks und Druckgasbehälter (Abschn. 2 Abs. 7 TRGS 510).

[150] Lagerabschnitt ist der Teil eines Lagers, der von anderen Lagerabschnitten oder angrenzenden Räumen in Gebäuden durch Wände und Decken, die die sicherheitstechnischen Anforderungen erfüllen, oder im Freien durch entsprechende Abstände oder durch Wände getrennt ist. Sicherheitsschränke mit einer Feuerwiderstandsfähigkeit von 90 Minuten gelten als Lagerabschnitt (Abschn. 2 Abs. 3 TRGS 510).

2 Zusammenlagerungstabelle

Zur Beurteilung wird in Abschn. 7.2 TRGS 510 eine Zusammenlagerungstabelle zur Verfügung gestellt. Anhand der spezifischen Gefahrenmerkmale sind die zu lagernden Stoffe und Gemische in Lagerklassen (LGK) klassifiziert. Diese dienen ausschließlich zur Festlegung der Zusammenlagerung.

Die Lagerklassen 1 bis 13 sind in Anlage 4 TRGS 510 näher beschrieben. Jeder → *Gefahrstoff* wird nur in eine Lagerklasse eingestuft.

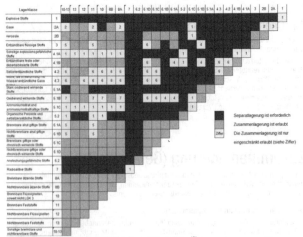

Abb. 1: Zusammenlagerung in Abhängigkeit von der Lagerklasse[151]

Die Zusammenlagerungsmatrix führt zu 3 Entscheidungskategorien:

- Separatlagerung ist erforderlich;
- Zusammenlagerung ist erlaubt;
- Zusammenlagerung ist nur eingeschränkt erlaubt.

2.1 Erlaubte Zusammenlagerung

Eine Zusammenlagerung ist auch nur dann erlaubt, wenn die einzelnen Stoffe einer Lagerklasse oder unterschiedlicher Lagerklassen nicht zu einer wesentlichen Gefahrenerhöhung führen.

Praxis-Beispiel: Verschiedene Aerosole

Unterschiedliche Stoffe die alle der LGK 2B (Aerosole) zugeordnet sind, dürfen laut Tabelle zusammen gelagert werden. Eine Zusammenlagerung ist allerdings nicht erlaubt, wenn diese:

- unterschiedliche Löschmittel benötigen,
- unterschiedliche Temperaturbedingungen erfordern,
- miteinander unter Bildung entzündbarer oder giftiger Gase reagieren oder

---

[151] Quelle: Abschn. 7.2 TRGS 710.

- miteinander unter Entstehung eines Brandes reagieren.

Dieselben Kriterien gelten für die Zusammenlagerung von unterschiedlichen Lagerklassen, z. B.: LGK 2B (Aerosole) und LGK 3 (Entzündbare flüssige Stoffe).

Die TRGS 510 erlaubt im Einzelfall Abweichungen, wenn geeignete Brandschutzkonzepte und/oder → *Gefährdungsbeurteilungen* vorliegen. Weitere Ausnahmen ergeben sich für → *Gefahrgüter*.

2.2 Separatlagerung

Eine Separatlagerung ist vorhanden, wenn die unterschiedlichen Lagerabschnitte mit einer Feuerwiderstandsdauer oder -fähigkeit von mind. 90 Minuten voneinander getrennt sind.

In einer Separatlagerung dürfen nur Stoffe derselben Lagerklasse gelagert werden.

2.3 Eingeschränkt erlaubte Zusammenlagerung

Die Einschränkungen werden im Anhang der Zusammenlagerungstabelle in Abschn. 7.2 TRGS 510 erläutert. Hier ist u. a. die Getrenntlagerung eine Möglichkeit zur Reduzierung von Gefährdungen für bestimmte Stoffe derselben LGK oder Stoffe unterschiedlicher LGKs.

Werden in einem Lagerabschnitt verschiedene Stoffe durch ausreichend Abstände oder durch Barrieren (z. B. Wände, Schränke aus nicht brennbarem Material) voneinander getrennt, liegt eine Getrenntlagerung vor.

Katja Graf

Zweihandschaltungen

Zweihandschaltungen zwingen den Bediener einer Maschine, sich außerhalb des Gefahrenbereiches aufzuhalten, damit eine Körper- oder Teilkörperverletzung ausgeschlossen werden kann.

1 Aufgabe

Zweihandschaltungen werden überwiegend bei Arbeitsprozessen eingesetzt, bei denen Menschen durch Hineingreifen oder Hineingehen in Gefahrenbereiche gefährdet sind. Das ist z. B. dann gegeben, wenn Mitarbeiter an Pressenarbeitsplätzen Werkstücke in die Presse einlegen und nach dem Pressvorgang das geformte Werkstück wieder entnehmen müssen.

Zweihandschaltungen sind in diesem Fall eine wirtschaftlich günstige Möglichkeit, den Menschen durch technische Maßnahmen zu schützen. Sie hindern ihn daran, den Gefahrenbereich zu erreichen.

2 Funktionsweise

Zweihandschaltungen als bindende Schutzmaßnahme zwingen den Benutzer einer → *Maschine*, die Schaltung mit beiden Händen gleichzeitig (in einem max. Abstand von 0,5 Sekunden) zu betätigen. Wird die Zweihandschaltung losgelassen, wird der gefahrbringende Vorgang sofort beendet. Ihre Schutzwirkung entfaltet die Zweihandschaltung nun durch den Sicherheitsabstand zur Gefahrenstelle: Er muss so groß sein, dass der Benutzer die Gefahrenstelle im Zeitraum zwischen Loslassen der Schaltung und Beendigung des gefahrbringenden Vorgangs nicht erreichen kann.

Sind mehrere Personen in der Nähe des Gefahrenbereichs tätig, sind entsprechend viele Zweihandschaltungen erforderlich.

Der ungeschützte Aufenthalt im Gefahrenbereich ist verboten.

Dirk Rittershaus

Zwischenprodukte

Zwischenprodukte sind Stoffe, die für die chemische Weiterverarbeitung hergestellt und dabei verbraucht oder verwendet werden, um in einen anderen Stoff umgewandelt bzw. synthetisiert zu werden. Unterschieden wird zwischen nicht-isolierten und isolierten Zwischenprodukten. Nicht-isolierte Zwischenprodukte werden während der Synthese außer für Stichprobenzwecke nicht vorsätzlich aus dem Gerät entfernt, in dem die Synthese stattfindet (z. B. Reaktionsbehälter). Sie sind vom Anwendungsbereich der REACH-Verordnung ausgenommen. Die isolierten Zwischenprodukte unterliegen demgegenüber den REACH-Anforderungen. Sie können unter bestimmten Voraussetzungen unter vereinfachten Rahmenbedingungen registriert werden. Zu diesen Voraussetzungen gehört insbesondere die Handhabung unter «streng kontrollierten Bedingungen» so z. B., dass das isolierte Zwischenprodukt während seines gesamten Lebenszyklus durch technische Mittel strikt eingeschlossen wird. Bei den isolierten Zwischenprodukten werden zusätzlich standortinterne und transportierte isolierte Zwischenprodukte unterschieden. Merkmal der transportierten isolierten Zwischenprodukte ist v. a. die Lieferung oder der Transport des Zwischenproduktes an andere Standorte.

Gesetze, Vorschriften und Rechtsprechung

Der Begriff des Zwischenproduktes wird in Art. 3 Abs. 15 Verordnung (EG) Nr. 1907/2006 (REACH-Verordnung) und Art. 2 Abs. 21 bzw. Abs. 22 Verordnung (EG) Nr. 1272/2008 (CLP-Verordnung) definiert. Die Bestimmungen zur Registrierungspflicht und den Informationsanforderungen für standortinterne isolierte Zwischenprodukte und transportierte isolierte Zwischenprodukte sind in Art. 17-19 REACH-Verordnung festgeschrieben. In dem ECHA-Leitfaden zu Zwischenprodukten werden v. a. die Rahmenbedingungen beschrieben, unter denen die besonderen Bestimmungen für die Registrierung von isolierten Zwischenprodukten angewandt werden können.

Benedikt Vogt